Pätzold/Weißbecker
Geschichte der NSDAP

Kurt Pätzold/Manfred Weißbecker

Geschichte der NSDAP
1920-1945

PapyRossa Verlag

Sonderausgabe 2002
© 1998/2002 by PapyRossa Verlags GmbH & Co. KG, Köln
Alle Rechte vorbehalten
Umschlag: Willi Hölzel
Satz: Volker Hirsekorn
Druck: Interpress

Die Deutsche Bibliothek – CIP-Einheitsaufnahme

Ein Titeldatensatz für diese Publikation
ist bei der Deutschen Bibliothek erhältlich

ISBN 3-89438-260-0

Inhalt

Vorwort 7

Kapitel 1
Eine „schneidige Nationalpartei" wird geboren 11

Kapitel 2
Das 25-Punkte-Programm: chauvinistischer Dünkel
und rassistischer Wahn 31

Kapitel 3
Vom Abenteuer mit Kapp zum Putsch
in Bayerns Hauptstadt 53

Kapitel 4
In der zweiten Reihe 76

Kapitel 5
Aufstieg zur wählerstärksten Partei des Kapitals 104

Kapitel 6
Formierung und Zerfall einer Front 138

Kapitel 7
Vor den verschlossenen Toren der Wilhelmstraße 171

Kapitel 8
Kampf und Intrigen um die Vernichtung der Republik 213

Kapitel 9
Ein verbrecherisches Regime wird errichtet 248

Kapitel 10
Partei und Staat, SA und Wehrmacht 278

Kapitel 11
Terror, Demagogie und Organisationen 317

Kapitel 12
Führer in den Zweiten Weltkrieg 361

Kapitel 13
Mobilmachung der „politischen Soldaten" 403

Kapitel 14
Auf dem Kreuzzug gegen den „jüdischen Bolschewismus" 431

Kapitel 15
„Aktivierung" für den totalen Krieg 458

Kapitel 16
„... bis alles in Scherben fällt" 480

Nachwort 512
Abkürzungen 522
Anmerkungen 524
Bildnachweis 574
Personenregister 575

Vorwort

In diesem Buch wird die Geschichte einer deutschen Partei dargestellt, die vor einem halben Jahrhundert schmählich und schändlich endete. Sie war von den alliierten Mächten, die im besetzten Deutschland die Regierung übernahmen, augenblicklich verboten worden. Ihre Mitgliedschaft, schließlich auf geschätzte 8 Millionen angeschwollen, schien da schon in alle Winde zerstoben. Für die exponiertesten Führer bestimmten Gerichtshöfe den Strang oder langjährige Haftstrafen. Andere entgingen der Aburteilung, indem sie wie der oberste Parteiführer selbst Hand an sich legten. Hunderte versteckten sich im eigenen Lande oder flohen ins Ausland. Tausende Funktionäre fanden sich in Internierungslagern wieder. Zehntausende hatten sich vor Kommissionen einzufinden, die sie in die mehr oder weniger folgenschweren Kategorien von „Hauptbelasteter" bis „Mitläufer" einordneten. Befürchtungen, daß Teile dieser Partei illegal fortleben könnten, erwiesen sich als gegenstandslos. Ideologisch, politisch, organisatorisch und vor allem auch moralisch war sie vollkommen bankrott. Die Deutschen hatten von ihr übergenug. Denn durch sie war das Land in eine Katastrophe gestürzt worden, die geschichtliche Vergleiche vergeblich suchte.

Heute, am Jahrhundertende, sind die Mitglieder dieser Partei, die zwischen 1920 und 1945 existierte, bis auf einen geringfügigen Rest nicht mehr am Leben. Dennoch scheinen „die Nationalsozialisten", Hitlers Gefolgschaft, von Josef Goebbels einst selbst – einen Begriff ihrer Gegner aufnehmend – Nazis genannt, noch immer allgegenwärtig zu sein. Täglich rücken Zeitungen und Zeitschriften, Kino- und Fernsehfilme sie in langen zivilen und uniformierten Reihen ins Gesichtsfeld. Geredet, geschrieben und gestritten wird über individuelle und gemeinschaftliche Schuld für Krieg und Vernichtung, Gewalttat und Massenmord. Die Deutschen sind nicht an das Ende ihres langen Abschieds von jenen Jahren ihrer Geschichte gelangt, in denen sie in Europa und über die Grenzen des Kontinents hinaus im Zeichen des Hakenkreuzes so viel Unheil angerichtet hatten.

Fällt heute der Begriff „Nationalsozialisten", wird häufig nicht gesagt, wer eigentlich gemeint ist. Die Kennzeichnung verkommt – und nun zum zweiten Mal – zunehmend zu bloßer Sprachfloskel, mit der Nachdenken mehr blockiert denn befördert wird. Die Geschichtsschreibung in Deutschland hat zu wenig getan, dem entgegen zu wirken. Mit der seit Jahren produzierten Überfülle an Untersuchungen, deren Gegenstand einzelne

Organisationen und einzelne Parteiführer bilden und die jede für sich ihre Verdienste besitzen, mit der Vorliebe für das Detail und das isolierte Faktum wird das Ganze mehr und mehr verschüttet. So verfahrend, kann die kausale Analyse auch gemieden werden.

Die Autoren dieses Bandes haben vor mehr als anderthalb Jahrzehnten die Geschichte der Nationalsozialistischen Deutschen Arbeiterpartei in einem Überblick dargestellt und mit ihm den Versuch unternommen, deren Ideologie und Aktivitäten zu beschreiben und zu analysieren, den Ursachen ihrer Erfolge nachzuspüren sowie ihren Platz und ihre Rolle in der deutschen Gesellschaft zu bestimmen. Das Buch – eines der wenigen, die sich direkt mit der Parteigeschichte befassen – erschien seinerzeit in zwei Verlagen, von denen sich der eine in Berlin (Ost), der andere in Köln befand. Nun hat uns ein dritter Verlag den Gedanken einer Neufassung nahegebracht. Wir sind ihm vor allem aus zwei Gründen gefolgt: Zum einen ergab sich die Möglichkeit, neuere Forschungen, unsere eigenen eingeschlossen, zu berücksichtigen. Nicht weniger wichtig war uns, daß sich mit den Veränderungen in Deutschland und mit dem Wechsel der Generationen auch Perspektiven auf die Geschichte veränderten. Eindringlicher und schärfer als früher fragen die Nachgeborenen, wie Hunderttausende von Deutschen dazu kamen, sich in den Zeiten einer deutschen Republik dieser Partei oder ihren Verbänden anzuschließen, und warum Millionen sich zu deren Wählerschaft formierten. Diese Fragen finden ihre Fortsetzung im Suchen nach Gründen, warum sich seit 1933 immer mehr Menschen aus allen Teilen und Kreisen der Bevölkerung für das von dieser Partei aufgerichtete und repräsentierte Regime entscheiden, ja dafür begeistern konnten. Die Fragelinie mündet in verbreiteter Verwunderung und auch in Ratlosigkeit darüber, warum diese Gefolgschaft von „Partei-" und „Volksgenossen", die den Kern der Basis des ganzen Regimes bildete, nicht mit der Kriegswende abbröckelte und zerfiel, so daß zerschlagen werden mußte und nicht zusammenbrach, was fluch-, blut- und verbrechensbeladen war.

Von der Millionengefolgschaft der NSDAP wird und muß in diesem Buch also besonders die Rede sein. Doch sie bestimmte weder das Programm, noch den Kurs und das Ziel der Partei. Das tat deren Führungsgruppe, in deren Kalkül jene Millionen ein unentbehrliches Instrument und Faustpfand im Kampf um die Staatsmacht darstellten. Als diese erste Wegstrecke zurückgelegt war, wurde die Parteimitgliedschaft ein aktiver Teil jenes stabilen Fundaments der zwölfjähriger Herrschaft. Führer, Funktionäre und Mitglieder der NSDAP und ihrer Vorfeldorganisationen, der Gliederungen und angeschlossenen Verbände, erhielten die Aufgabe, das ganze Volk hinter den Machthabern zu formieren, es zu dirigieren und zu kontrollieren, es für den Kriegspfad zu gewinnen und auf ihm voran zu bringen. Indem die NSDAP-Mitglieder auch diese Rolle übernahmen, verstrickten sie sich aus freien Stücken in eine auf Eroberung fremder Länder und Unterjochung von deren Bevölkerung orientiertes verbrecherisches Programm. Führer der NSDAP hatten es gemeinsam mit konservativen deutschen Politikern, Militärs und Wirtschaftsmagnaten erdacht und seine Verwirklichung zielstrebig ins Werk gesetzt. Dieses Programm reichte weit über die nicht erreichten Ziele des ersten Weltkriegs hinaus. Der 1. September des Jahres 1939 erwies sich als die Konsequenz des 30. Januar 1933, und der 8. Mai 1945 wurde zur Folge beider.

So hatten sich die Parteimitglieder Verlauf und Ende der Geschichte des „Dritten Reiches" und die versprochene Volksgemeinschaft der Deutschen nicht vorgestellt. Denn von vielen war ebenso wie von der NSDAP-Wählerschaft die Parole des „nationalen Sozialismus" ernst und mit der Vorstellung von einer Gesellschaft sozial ausgleichender Gerechtigkeit verbunden worden. Zu viele der zeitigen und der späteren Gefolgsleute ließen sich auch von den Friedensbeteuerungen der Parteiführer sowie von den innen- und außenpolitischen Anfangserfolgen des Regimes einnehmen. Sie erwarteten, „Großdeutschland" werde allein durch die erpresserische militärische Drohung geschaffen und der Krieg vermieden werden. Wie die Geschichte jeder politischen Partei ist auch diejenige der NSDAP voller Widersprüche zwischen „oben und unten", zwischen dem Führerkorps und den von ihm dirigierten und befehligten Massen und erfüllt von Richtungs-, Rivalitäts- und Machtkämpfen. Doch die Frage, mit der sich bis auf den heutigen Tag jeder Blick in die Geschichte dieser Partei verbindet, betrifft die Tatsache, daß die Mehrheit der Deutschen als Mitglieder der NSDAP, in ihren Verbänden und Gliederungen oder als deren „Gefolgschaft ohne Mitgliedsbuch" sich gegen ihre ureigenen Lebensinteressen mobilisieren ließ.

Jedoch wurden die organisierten „Nationalsozialisten", die sich nach 1945 gern als „kleine Pgs" bezeichneten, nicht einfach Opfer ihrer in gutem Glauben gefaßten Entschlüsse. Denn je länger je mehr hatten sie sich die national- und rassenchauvinistischen Lehren ihrer bewunderten Führer angeeignet und sich zu deren frag- und skrupellosen Gefolgsleuten gemacht. Viele sahen sich als Angehörige der vom Schicksal oder – wie Hitler ihnen vorsprach – der „Vorsehung" auserwählten europäischen Herrenschicht. Sie betrachteten den kriegerischen und mörderischen Weg zur Errichtung eines „großgermanischen Weltreiches", in dem sie sich selbst ihren Platz an der Sonne erhofften, als gerechtfertigt. Auf dem Weg zu eigenem Wohlleben galt ihnen das Los und das Leben „der Anderen" nichts. Aus dieser Sicht läßt sich die Geschichte der NSDAP als eine gültige Warnung begreifen. Es gehört zu den Absichten der Autoren, daß sie verstanden und von möglichst vielen jenen Deutschen übermittelt wird, die fälschlich glauben, im faschistischen Müllhaufen der deutschen Geschichte irgend etwas zu finden, was ihnen von künftigem Nutzen sein könnte.

1981 stellten wir unserem Buch die Feststellung voran, es biete eine Zwischenbilanz. Das möchten wir im Wissen um viele schon in Angriff genommene Forschungen wiederholen. Gleiches gilt für unseren auch damals schon ausgedrückten Dank an alle, die den Autoren beistanden und dem Unternehmen freundlich halfen. Er richtet sich – im voraus – an jede und jeden, die durch ihre Kritik die unbeendete Arbeit an einem uns wichtigen Thema fördern wollen.

Berlin/Jena zu Jahresanfang 1998

Kapitel 1
Eine „schneidige Nationalpartei" wird geboren

Völlig unbemerkt von der Öffentlichkeit entstand am fünften Tag des Jahres 1919 in der Hinterstube eines kleinen Münchener Gasthauses eine neue Partei. Sie gab sich – großspurig, vieldeutig und nichtssagend zugleich – den Namen „Deutsche Arbeiterpartei". Der Vorgang an sich war banal und zufällig, er schien ein bloßes Vorkommnis zu sein und alles andere als ein Ereignis von geschichtlicher Bedeutung. Und dennoch: Auch in ihm spiegelten sich die gewaltigen Erschütterungen, die aufgewühlten Zeiten nach dem Ende des Ersten Weltkrieges. Unter dem Eindruck der militärischen Niederlage und als Folge einer breiten Volksbewegung, die ein überlebtes System angemaßter Autorität und sozialer Ungleichheit beseitigen wollte, vollzog sich ein tiefgreifender revolutionärer Wandel in den deutschen Verhältnissen. Ihn begleiteten erbitterte Auseinandersetzungen zwischen jenen, die einen erfolgversprechenden Ausweg aus all der Armut und dem Elend suchten, welche der Krieg mit sich gebracht hatte, und anderen, die sich nicht bereit zeigten, das Ergebnis des Krieges, den Sturz des verschlissenen wilhelminischen Regimes und den Übergang zur parlamentarisch-demokratischen Republik von Weimar zu akzeptieren. Nahezu jeder, den das barbarische Kriegsgeschehen und seine verheerenden Folgen aus der beruflichen und persönlichen Lebensbahn geworfen hatte, stand vor der Frage, was er jetzt anfangen, welchen Platz er in der Gesellschaft einnehmen solle. Hoffnungen und Ängste, Erwartungen und Befürchtungen prägten das alltägliche und sich erheblich politisierende Leben unter den neuen Gegebenheiten.

Auch im deutschen Parteienwesen vollzogen sich während der Novemberrevolution weitreichenden Veränderungen.[1] Unmittelbar nach dem Sturz der Monarchie und im Vorfeld der für den 19. Januar 1919 anberaumten Wahlen zu einer verfassunggebenden Nationalversammlung gaben sich einige der bestehenden politischen Parteien ein neues Erscheinungsbild und wohlklingende Namen. Als „Volksparteien" erhofften sie sich, die drohende Abwanderung ihrer Mitglieder und Wähler nach links aufhalten zu können. Unter Liberalen und den Konservativen, die sich beim Namenswechsel besonders hervortaten, erscholl laut der Ruf nach „Sammlung" ihrer zersplitterten Organisationen, während andere von der nunmehr gebotenen Assoziationsfreiheit Gebrauch machten und völlig neue Parteien ins Leben riefen. Gleichzeitig entstand eine Vielzahl neuer Verbände und Vereine. Mit dem Blick auf ihre wachsende Rolle in einem republikanisch-parlamentarischen Herrschaftssystem suchten die bürgerlichen Parteien sich den neuen Bedingungen anzupassen, die organisationspolitischen Unzulänglichkeiten des Charakters von „Honoratioren"-Parteien abzustreifen und über den traditionellen Stamm von Wählern hinaus einen breiten Massenanhang zu gewinnen.

Die Gründung der DAP bedeutete mehr als kleinliche Vereinsmeierei und bloßen Hintertreppenspuk. Hier fanden sich – wie auch in zahlreichen anderen Orten und Ländern – Kräfte zusammen, die auf bislang unbekannte Art Politik betreiben wollten. Ihre Strömung wurde bald überall – die Selbstbezeichnung der italienischen Schwarzhemden-Bewegung Mussolinis übernehmend – als Faschismus bezeichnet, dessen allgemeine Merkmale in militantem Chauvinismus und weitreichendem Expansionsbestreben bestanden, verbunden mit einer brutal-terroristisch praktizierten Feindschaft gegen Marxismus und Demokratie, Parlamentarismus und jegliche Form politischer oder geistig-kultureller Liberalität, darüber hinaus auch mit der Bereitschaft, alle gesellschaftlichen Konflikte in Krieg und Bürgerkrieg zu lösen, mit friedensfeindlicher Kriegsverherrlichung, völkisch-rassistischem Ungeist und sozialdarwinistisch geprägter Weltanschauung, demonstrativer Antibürgerlichkeit und einer einzig und allein auf die jeweilige Nation bezogenen Sozialpolitik. Von Land zu Land kennzeichneten ihn erheblich voneinander abweichende Spezifika. In Deutschland entwickelte sich der Nationalsozialismus zunächst als eine Variante des Faschismus, seit Mitte der zwanziger Jahre jedoch als seine prägende Kraft.[2] Mit der DAP, die sich ein Jahr darauf in Nationalsozialistische Deutsche Arbeiterpartei umbenannte, setzte hier die Formierung derer ein, die ihr nationalistisch-rassistisches Sinnen und äußerst militantes Trachten voll und ganz auf das Ziel richteten, die Ergebnisse des verlorenen Krieges und der ihr verhaßten Novemberrevolution so rasch und so gründlich wie möglich rückgängig zu machen, verbunden mit der Bereitschaft, sich für ihre Ziele und Zwecke aller verfügbaren Gewaltmittel zu bedienen, selbst um den Preis eines neuen Krieges nach außen und eines Bürgerkrieges im Lande.

Den Vorsitz in der DAP übernahm Anton Drexler, ein ganz im Banne nationalistischen und antisemitischen Denkens stehender Werkzeugschlosser. Er hatte sich seine ersten politischen Sporen bereits als Mitglied alldeutscher Organisationen erworben, und dies in einer Weise, die manche Historiker veranlaßt, ihn als „ferngesteuert" und frei von „privaten Initiativen" zu charakterisieren.[3] Seine Forderungen galten der „Adelung des deutschen Arbeiters ... als ein dem Mittelstande gleichgestellter Staatsbürger" sowie einer resoluten „Aufklärung unter den Arbeitermassen über den Verrat ihrer undeutschen Führer". Undeutsch – dieser Vorwurf galt

Eine „schneidige Nationalpartei" wird geboren 13

Anton Drexler

allen: Sozialdemokraten und Kommunisten gleichermaßen wie auch den Pazifisten und Anhängern einer parlamentarischen Demokratie, denn diese seien es, auf deren Schuldkonto sowohl das militärische Desaster als auch die Revolution lasten würden. Programmatisch formulierte er, es müsse in der „neuen kommenden Weltordnung ... ein neues geeinigtes Deutschland erstehen." Ihm ging es vorrangig um einen „festen Nationalismus", dem Parteihader, Klassenkampf und Bruderhaß zu weichen hätten. „Aus den politisch Obdachlosen, die zu Hunderttausenden unter den Beamten, Kleinbürgern und Arbeitern aus Unzufriedenheit mit ihren alten Parteien entstanden sind, soll ein neuer 'nationaler Bürgerbund' (oder wie man es sonst nennen will) entstehen." Drexlers Überlegungen gipfelten in der Warnung vor einem „Zusammenbruch der deutschen Wirtschaft", falls die von breiten Teilen der deutschen Arbeiterbewegung in der Novemberrevolution 1918/19 angestrebte Sozialisierung, die Vergesellschaftung der wichtigsten Produktionsmittel, durchgesetzt würde. In seinen „Richtlinien" für die Arbeit der DAP schlußfolgerte Drexler, das „Großkapital" sei „als Brot- und Arbeitgeber zu schützen". Er verband dies mit der verschwommenen, sich an der bürgerlichen Sozialpolitik orientierenden Einschränkung, es dürfe „rücksichtsloseste Ausbeutung des Arbeiters diesem ein menschenwürdiges Dasein" nicht unmöglich machen.[4]

Bereits in ihren Anfängen ließ die DAP den gesellschaflichen Hintergrund erkennen, den Schoß - um mit Bertolt Brecht zu sprechen -, „aus dem das kroch". Sie gehörte in das breite Umfeld konservativ-deutschnationaler und paramilitärischer Organisationen, in das Geflecht völkischer Verlage, Zeitschriften, Gesellschaften und Zirkel, das die Herausbildung frühfaschistischer Gruppen und Parteien außerordentlich begünstigte. Mit etwa 200 anderen Parteien, Bünden und Vereinen[5] wuchs die DAP auf dem sie alle reichlich nährenden Boden am rechten Rand der deutschen Gesellschaft. Von Anfang an fanden sie Unterstützung und Förderung eindeutig zu erkennender Kräfte aus den Reihen wirtschaftlicher, militärischer, politischer und geistig-kultureller Oberschichten, denen ihre Entfaltung aus unterschiedlichsten Gründen dienlich und von politischem Nutzen schien. Sie ermöglichten damit auch den späteren Aufstieg jener Partei , die sich als Schmelztiegel aller nationalistischen, völkisch-rassistischen und gegen die Republik gerichteten Organisationen erweisen sollte.

Die neue Partei – eine „Mischung von Geheimbund und Dämmerschoppen"[6] – entstand inmitten gewaltiger politischer Auseinandersetzungen über den weiteren Weg nach Krieg und Revolution. Die großen Entscheidungen über Krieg oder Frieden, Monarchie oder Republik, Parlamentarismus oder Räteherrschaft waren allerdings bereits im November und Dezember 1918 gefallen. Gegen die neuen Verhältnisse – sie fanden ihren Niederschlag im Ergebnis der Wahlen vom 19. Januar 1919, in der neuen Reichsverfassung sowie in der Annahme des Friedensvertrages von Versailles – formierten sich rasch restaurative, antirepublikanische und auch rechtsextreme Kräfte. Keineswegs zufällig engagierten sich hohe Militärs in einem besonderen Maße. Die Generäle der Obersten Heeresleitung, die sich nur widerwillig mit der Abdankung ihres obersten Kriegsherrn abgefunden hatten, stellten sich zwar den neuen Regierungen – zunächst dem „Rat der Volksbeauftragten", dann dem vom Mehrheitssozialdemokraten Philipp Scheidemann geleiteten ersten Kabinett – für die „Aufrechterhaltung von Ordnung und Disziplin" und für die „Bekämpfung des Bolschewismus" zur Verfügung[7], organisierten jedoch zugleich die Bildung zahlreicher Freikorps und anderer paramilitärischer Verbände, mit deren Hilfe die Revolution der „unbotmäßig" Gewordenen und aus ihrer Befehlsgewalt Ausgebrochenen niedergeschlagen werden sollte. Alles lief darauf hinaus, die Machtgrundlagen der durch Krieg und Revolution in ihren Grundfesten erschütterten kapitalistischen Gesellschaft zu retten.

Begierig griff die DAP das Gedankengut einer Vielzahl bereits seit längerem bestehender rechtsextremer Organisationen auf. Sie stand in der

Tradition des berüchtigten Alldeutschen Verbandes[8] sowie der zahlreichen antisemitischen Parteien. Sie knüpfte direkt an die gescheiterte annexionistische Deutsche Vaterlandspartei[9] an, deren großindustrielle und junkerliche Gründer in den letzten beiden Kriegsjahren eine Massenbasis für die Militärdiktatur der Obersten Heeresleitung unter Hindenburg und Ludendorff sowie deren abenteuerliche „Siegfrieden"-Pläne hatten schaffen wollen. Zu ihren Mitgliedern hatte auch Drexler gehört. Er war im Sommer 1918 in den Reichsausschuß des mehrere hunderttausend Mitglieder erfassenden „Freien Arbeiterausschusses für einen guten Frieden", in München sogar an die Spitze eines gleichnamigen Ausschusses gewählt worden.[10] Drexler hatte seinerzeit die Gründung der Vaterlandspartei euphorisch als „Lichtstrahl" begrüßte und vom Erwachen einer neuen Hoffnung geschrieben, mit dieser Partei könne „alles noch zum Guten" geführt werden. Bedauernd stellte er 1919 fest, daß die deutsche Arbeiterschaft darüber anders gedacht habe; sie hätte an der Spitze der Vaterlandspartei „keine Männer des Volkes" gesehen. Er schlußfolgerte: „Also für die Arbeiter war die Sache in dieser Form nichts. Ich entschloß mich deshalb, einen Aufruf zu schreiben, um die Arbeiterschaft zu gewinnen und mehr 'deutschen Interessen' zugänglich zu machen."[11]

Drexler verfügte dank seiner Tätigkeit in der Vaterlandspartei auch über enge Verbindungen zu wirtschaftsfriedlichen und „gelben" Arbeitervereinen, insbesondere aber zu jenen alldeutschen und rassistisch-antisemitischen Organisationen, die sich selbst als „völkisch" bezeichneten und ihre diffuse Vorstellung von Volk und Rasse über Staat und Nation stellten.[12] Dazu gehörten in München vor allem die Thule-Gesellschaft, eine im August 1918 entstandene Tarnvereinigung des 1912 nach freimaurerischem Vorbild gegründeten völkischen Germanenordens. Beide waren alles andere als dem Okkultismus und der Esoterik verfallene Vereine. In München wurde die Thule-Gesellschaft von dem Abenteurer Rudolf von Sebottendorff geleitet. Er verbreitete in ihrer Zeitung, dem „Münchener Beobachter", nationalistischen Ungeist und antisemitische Losungen wie: „Bolschewismus ist Judenmacht! Bolschewismus ohne Juden gibt es nicht!"[13] Die Thule-Gesellschaft – Vorläuferorganisation und maßgeblicher Wegbereiter der NSDAP[14] – stellte in Bayerns Metropole das organisatorische Zentrum fast aller nationalistischen und antisemitischen Kräfte dar. Auf sie ging nicht allein die Gründung der DAP zurück, sondern auch die der Deutschsozialistischen Partei, deren Vorsitzender Alfred Brunner sich in gleicher Weise gegen den „Judensozialismus", aber auch gegen den „Überkapitalismus" wandte und „sozialistische" Forderungen erhob.[15] Nahm die Thule-Gesellschaft neue Mitglieder auf, verlangte sie einen Nachweis über eine bis ins dritte Glied reinblütige deutsche Abkunft. Zu ihren rund 1500 Mitgliedern zählten auch der alldeutschen Verleger J. F. Lehmann, Rudolf

Heß, Alfred Rosenberg, Dietrich Eckart und Gottfried Feder. Sie alle sollten später in der NSDAP und für sie eine wichtige Rolle spielen ...

In München nahm auch der rassistisch-sozialdarwinistische Ungeist einen breiten Raum ein. Das Thule-Mitglied Professor Max von Gruber, Direktor des Hygienischen Instituts an der Münchener Universität, tat sich in dieser Hinsicht lautstark hervor. Er hatte bereits 1911 auf der Internationalen Hygiene-Ausstellung in Dresden eine besondere Abteilung für „Rassenhygiene" eingerichtet. Im Februar 1919 verkündete er in den rechtskonservativen „Süddeutschen Monatsheften" seine kruden Gedankengänge über die Notwendigkeit, ein neues Volk zu züchten: „Die Minderwertigen, die Schwächlichen, Untüchtigen und Krankhaften bedeuten eine ungeheure Last und bilden das allergrößte Hindernis gegen die Herstellung befriedigender Zustände in Staat und Gesellschaft ... Da Erfolge der Pflanzen- und Tierzüchter dagegen lehren, wie außerordentlich Großes in einer kurzen Spanne Zeit durch zielbewußte Fortpflanzungsauslese erreicht werden kann, so daß kein Zweifel übrigbleibt, daß, wenn ähnlich in den menschlichen Gesellschaften vorgegangen werden könnte, in kurzer Zeit Geschlechter erzielt werden würden, die an Gesundheit und Tüchtigkeit Göttern glichen."[16]

Zu den Aktivposten der Gegenrevolution gehörten ferner neue Verbände, die sich direkt und primär gegen die mit der Oktoberrevolution in Rußland eingeleiteten Veränderungen und gegen die Kommunisten in Deutschland richteten. Die während der Novemberrevolution entstandene und reichlich mit Geldmitteln aus industriellen Kreisen ausgestattete „Antibolschewistische Liga" und das „Generalsekretariat zum Studium und zur Bekämpfung des Bolschewismus"[17] führten die Deutschland erschütternden sozialen und politischen Auseinandersetzungen in erster Linie auf die russische Revolution von 1917 zurück. Sie diffamierten die tragenden Kräfte der Novemberrevolution als antinational, setzten sich die „Aufklärung" deutscher Arbeiter zum Ziel und versahen bereits Anfang 1919 einige ihrer Schriften mit Hakenkreuzen. Eduard Stadtler – ein fanatischer Antikommunist und Leiter der „Antibolschewistischen Liga" – behauptete, „daß unser Antibolschewismus unter keinen Umständen nur negativ sei oder gar eine Spitze gegen die Arbeiterschaft enthalte". Sein Programm sah die Bildung einer „nationalsozialistischen Vereinigung" vor, einer „Partei der Zukunft", in der nicht nur der bürgerliche Nationalismus mit dem Gedanken des Sozialismus verknüpft, sondern alle alten bürgerlichen Parteien eingeschmolzen werden sollten.[18]

Auch jene Gruppen und Strömungen, die seit längerem einen „nationalen Sozialismus" auf ihre Fahnen geschrieben hatten[19] und später in die Bewegung des deutschen Faschismus eingingen, waren bereits vor der Gründung der DAP mit großer Energie und allen Mitteln gegen die Arbeiterbewegung, gegen pazifistische Kräfte und gegen die Verfechter eines parlamentarisch-demokratischen Herrschaftssystems tätig gewesen. Ihre Intentionen hatten mit den Interessen und Überlegungen jener Teile der herrschenden Eliten übereingestimmt, die noch im letzten Jahr des Krieges, ja selbst noch im Herbst 1918 eine opferreiche Politik des „Durchhaltens" betrieben und Prinz Max von Baden, den letzten Reichskanzler des wilhelminischen Reichs, zum Einsatz „diktatorischer Macht" aufgefordert hatten.

Solchen Wurzeln entstammten von Anfang an auch die auffällig starken rassistischen, insbesondere die antisemitischen Forderungen der DAP. Auf einer Sitzung der Hauptleitung und des Geschäftsführenden Ausschusses des Alldeutschen Verbandes hatte dessen Vorsitzender, der in seinen expansionistischen Forderungen maßlose Rechtsanwalt Heinrich Claß, am 19. und 20. Oktober 1918 den gezielten Einsatz des Antisemitismus als ideologische Stütze einer neuen rechtsextremistischen Taktik gefordert und begründet. Claß wollte „die Judenfrage nicht nur wissenschaftlich-politisch, sondern auch praktisch-demagogisch" behandelt wissen.[20] Eingehend wurde darüber beraten, wie am besten „die Massen einzufangen" wären, wie es möglich sei, mit Hilfe des Antisemitismus „an das Volk heranzukommen". Damit meinten die Alldeutschen sowohl das Bestreben, von den sozialen und politischen Auseinandersetzungen abzulenken und Teile der Bevölkerung gegeneinander auszuspielen, als auch den Versuch, einen ihren Zwecken dienlichen, fanatisierten und aktivistischen Massenanhang zu gewinnen. Bereits vor dieser aufschlußreichen Tagung, am 3. Oktober 1918, hatte sich Claß mit Nachdruck für die Schaffung „einer großen, tapferen und schneidigen Nationalpartei und rücksichtslosesten Kampf gegen das Judentum, auf das all der nur zu berechtigte Unwille unseres guten und irregeleiteten Volkes *abgelenkt* werden muß", ausgesprochen.[21] Die Bamberger Erklärung des ADV vom 16. Februar 1919 sagte der Weimarer Republik entschiedenen Kampf an und rief zu einem Revisionskrieg gegen die siegreichen Mächte der Entente auf. Gleichzeitig beschlossen die Alldeutschen, einen Deutschen Schutz- und Trutzbund zu gründen, der am 1. Oktober 1919 mit dem Deutschvölkischen Bund zum Deutschvölkischen Schutz- und Trutzbund fusionierte. Zu Beginn der zwanziger Jahre vereinigte dieser mehr als 200.000 Mitglieder in seinen Reihen.[22]

Schneidig, rücksichtslos, terroristisch – das gewalttätige Erscheinungsbild dieser im Entstehen begriffenen Organisationen war unübersehbar. Offen und unverhüllt wurde eine „tierische Bestialität" zum „Aktionsprinzip" erhoben[23], das facettenreich auf jeder Stufe der an Barbarei und Verbrechen so reichen Geschichte der NSDAP zum Vorschein kommen sollte. Dies und ihr Programm ließ sie zu einer bürgerlichen Partei „neuen Typs"[24] heranwachsen. Zahlreiche Pazifisten, humanistische Schriftsteller und

Künstler, Christen, demokratische Kräfte des Bürgertums und Antifaschisten aus allen Arbeiterparteien erblickten von Anfang an im offenen und Schrecken verbreitenden Terror ein wesentliches Merkmal und spezifisches Kennzeichen des neuartigen politischen Alltagsleben der Weimarer Republik. Sie sahen in ihm ein bisher in diesem Umfang und in dieser Form noch unbekanntes Phänomen der Politik, ein neues und ungewöhnliches Mittel politischer Auseinandersetzungen. Nach dem Urteil des Sozialdemokraten Julius Deutsch habe die bloße Pose einer Machtentfaltung des Proletariats der Reaktion genügt, „um mit Mord und Totschlag über die Arbeiterklasse herzufallen."[25] Überall verstärkten neu organisierende rechtsextreme Kräfte „die Brutalität, den unverhüllten Zynismus, die Niedertracht aller ihrer Vorgänger", wie Rosa Luxemburg für das Programm der KPD formuliert hatte.[26] Unmittelbar nach dem Ersten Weltkrieg zeigte sich in allen politischen, wirtschaftlichen und sonstigen Auseinandersetzungen eine gegenüber früheren Zeiten gewachsene kämpferische Militanz. Sie ging einher mit menschenverachtender Intoleranz. Traditionelle humanistische Werte der bürgerlichen Gesellschaft schienen als Folgewirkung der furchtbaren Erlebnisse in den Schützengräben, aber auch unter dem Eindruck einer sie über alle Maßen verherrlichenden Kriegsliteratur generell außer Kraft gesetzt zu sein. Das Leben für die Schlachtfelder hatte auch über den Krieg hinaus einen Abbau humanistischer Werte bewirkt und das alltägliche Leben verrohen lassen. Leben und Tod wurden von vielen geringschätzig behandelt. Es wuchs die Gewöhnung an das scheinbar Unvermeidliche, das man vier Jahre lang Tag für Tag erlebt hatte. Gleichzeitig traten eine Idealisierung des Opfers und der Kult um die gefallenen Krieger in den Vordergrund. Der These von George L. Mosse ist zuzustimmen, wonach der Erste Weltkrieg „zum Bestimmungselement für das normale Leben" geworden ist. Die allgemeine „Brutalisierung der Politik" machte sich insbesondere bei den rechten Parteien – von der Deutschnationalen Volkspartei bis zur NSDAP – bemerkbar. Diese Parteien seien geradezu „das zwingendste Beispiel für den Prozeß der Brutalisierung und der Einbeziehung des Krieges in das alltägliche Leben" gewesen.[27] Die demonstrativsten Akte der Gewalt und der „Philosophien des Terrors" kamen aus dem nationalistischen Rechtsextremismus.[28] Es war das nationalistisch und militaristisch motivierte Gewaltdenken, das den Kampf gegen die parlamentarische Demokratie der Weimarer Republik antrieb. Sein Fanal war Mord an politischen Gegnern, dem 1919 die Kommunisten Rosa Luxemburg und Karl Liebknecht, die unabhängigen Sozialdemokraten Kurt Eisner und Karl Gareis und in der Folgezeit die bürgerlich-demokratische Repräsentanten des neuen Staates – Reichsfinanzminister Matthias Erzberger im Jahre 1921 und Reichsaußenminister Walther Rathenau ein Jahr darauf – zum Opfer fielen.

Eine „schneidige Nationalpartei" wird geboren

Militärs, Unternehmer und Politiker gingen in Deutschland bereits 1919 dazu über, neue Voraussetzungen für weitestgehende Korrekturen der Ergebnisse des Weltkrieges zu schaffen. Darüber kam es zu äußerst heftigen Differenzen; während die Mehrheit eine parlamentarisch-demokratische Politik betrieb, verfolgte die Minderheit einen anderen Kurs. Sie zielte auf eine gewaltsame Beseitigung der verfassungsmäßigen Ordnung der Republik und hoffte, in offener Konfrontation zu den westlichen Rivalen die verlorenen Positionen Deutschlands wiedergewinnen zu können. Für ihre Zwecke strebte sie einen nationalistisch durchtränkten Massenanhang an – vergleichbar jenen Scharen, die 1914 voller Begeisterung und völlig frei von kritischen Bedenken in den Krieg gezogen waren, ihm allerdings vier Jahre darauf mit ihrer revolutionären Erhebung auch ein Ende bereitet hatten und nun dem Gedanken „Nie wieder Krieg!" anhingen. Diese Kreise der deutschen Eliten waren es auch, die im Interesse ihres Weges in einen neuen Krieg alles unternehmen wollten, um ihrer Parole „Nie wieder ein 9. November 1918!" zum Erfolg zu verhelfen. Hierfür bedurften sie neuer Mittel und Methoden in den innenpolitischen Auseinandersetzungen, daher befürworteten sie das Aufkommen des Rechtsextremismus und bereiteten seinen Organisationen den Weg. Zielgerichtet wurde in diesen Kreisen auf eine Kombination von brutalem Terror und raffinierter ideologischer Beeinflussung der deutschen Bevölkerung – insbesondere der Arbeiterschaft – orientiert.

Die NSDAP erwuchs aus dem generell friedensfeindlichen, militant-terroristischen und rassistischen Potential der deutschen Gesellschaft, dem die regierenden Parteien der Republik – weder die liberale Deutsche Demokratische Partei, noch das katholische Zentrum und die SPD, die 1919/20 sich zur sogenannten Weimarer Koalition zusammengefunden hatten, noch die großbürgerlich orientierte Deutsche Volkspartei oder gar die Deutschnationale Volkspartei – und auch antifaschistisch-demokratische Kräfte nur unzulänglich begegneten. Sie entstand nicht als eine autonome, von den ökonomisch Mächtigen und politisch Herrschenden völlig unabhängige Bewegung, allerdings verdankt sie ihre Existenz auch nicht direkten Eingriffen deutscher Monopolisten.[29] Sie verkörperte kleinbürgerlich-nationalistisches Milieu, in dem tiefer Haß auf die Sieger des Ersten Weltkrieges und sozialimperialistische Vorstellungen dominierten, und formierte sich auf der Grundlage neuer Bedürfnisse, von denen sich ein Teil der deutschen Oberschichten im Kampf gegen die Republik leiten ließ. Entstehung und Formierung der NSDAP resultierten letztlich aus den krisenhaften innen- und außenpolitischen Existenzbedingungen des Deutschen Reiches. Die neuen politischen Organisationen ihres Typs wurden gebraucht, um unveränderte Expansionsabsichten und innenpolitischen Antidemokratismus artikulieren und mit einiger Aussicht auf die Gewinnung einer sie unterstützenden breiten Anhängerschaft anstreben zu können. Zu diesem Zweck sollte vor allem die organisierte Arbeiterbewegung – in ihr wurde der Hauptträger der ungeliebten Republik, ja auch künftiger Revolutionen gesehen – präventiv ausgeschaltet und weitgehend zerschlagen werden. Gleichzeitig wurde versucht, auch ohne größere soziale Zugeständnisse möglichst große Teile der Werktätigen ideologisch einzubinden und für die eigene Massenbasis zu gewinnen; daher die Selbstbezeichnung als „Arbeiterpartei", daher die Verwendung des Begriffes „Sozialismus", daher die Orientierung auf eine „deutsche Volksgemeinschaft", deren soziale und politische Interessen vorgeblich nur im siegreichen Kampf gegen andere Völker verwirklicht werden könnten. Im Spektrum der bis dahin entstandenen und existierenden bürgerlichen Parteien fehlte ein Organisationstyp für die Realisierung solcher Zukunftsvorstellungen, die – im einzelnen sehr diffus und widersprüchlich – nach dem Krieg Denken und politisches Verhalten zahlreicher Angehöriger der deutschen Oberschichten erfaßt hatten.[30]

Die DAP konstituierte sich ebensowenig zufällig in Bayern. Hier besaß die Gegenrevolution eine besonders starke Heimstatt, seit am 7. November 1918 der erste deutsche Königsthron gestürzt worden war und ein von der USPD dominierter Arbeiter-, Soldaten- und Bauernrat das Land zur demokratischen Republik erklärt hatte. Rasch spitzten sich hier die politischen Auseinandersetzungen zu. Am 8. Januar 1919 ermordeten reaktionäre Kräfte zwei Teilnehmer einer friedlichen Demonstration von Arbeitslosen in München und verletzten vier weitere schwer. Nicht ohne Berechtigung sah der Revolutionäre Arbeiterrat darin einen Versuch von Lockspitzeln, „durch Inszenierung eines Blutbades eine Hetze gegen die Spartakisten zu eröffnen, die man als Räuber und Mörder hinstellt, um besser das um seine Befreiung kämpfende Proletariat niederhalten zu können".[31] Bei den Landtagswahlen vom 12. Januar errangen die bürgerlichen Parteien Bayerns sogar einen Sieg; von den 180 Abgeordneten des neuen Parlaments gehörten 66 der großbürgerlich-katholischen Bayerischen Volkspartei[32], dagegen nur 61 der SPD und drei der USPD an.

In den Gebieten zwischen den Alpen und dem Böhmerwald polarisierten sich revolutionäre und gegenrevolutionäre, demokratische und strikt antirepublikanische Kräfte rasch und in besonderer Intensität. Dies war unter anderem das Ergebnis der ökonomischen und sozialen Rückständigkeit des süddeutschen Landes, des Fehlens schwerindustrieller Zentren und Überwiegens einer bäuerlich-mittelständischen Struktur der Bevölkerung, der Traditionen des bayerischen Partikularismus, des starken klerikalen und weiß-blauen monarchistischen Einflusses. Der Freistaat erwies sich als ein besonders günstiger Boden für rechtsextremistische Gruppierungen, von denen 1918/19 allein in München etwa 15 wirkten, für Kriegervereine und paramilitärische Formationen.³³ In ihren Veranstaltungen wurden Themen behandelt wie „Warum der Krieg gekommen", „Warum wir den Krieg gewinnen mußten", „Deutschlands größter Feind - der Jude", „Hätten wir den Krieg gewinnen können?", „Wodurch wurde der Krieg verloren?", „Was sind die Folgen des verlorenen Krieges?" und „Wie ist eine Besserung der Lage Deutschlands möglich?" Darin wiederholte sich immer und immer wieder die nationalistisch-demagogische Behauptung, daß die Schuld an der militärischen Niederlage und an der Revolution die Juden und ihre revolutionären Handlanger trügen, insbesondere die Kommunisten und die Sozialdemokraten. Das deutsche Volk hätte den Krieg gewinnen können, wenn es nur einig gewesen und von besseren „Führern" befehligt worden wäre - was im Klartext hieß: wenn es nicht die sozialen Kämpfe und die Friedensbemühungen der deutschen Arbeiterbewegung, wenn es nicht die als zu schwach und lasch eingeschätzte Reichsleitung gegeben hätte.

Vorträge solcher Art hielten in der DAP neben Drexler und Karl Harrer auch Gottfried Feder, Dietrich Eckart, Friedrich Krohn, Paul Tafel u.a.m. Sie gehörten alle der Thule-Gesellschaft an und gingen im Münchener Nobel-Hotel „Vier-Jahres-Zeiten" – dessen Büro- und Tagungsräume standen ihnen zur Verfügung, wann immer sie wollten – ein und aus. Harrer avancierte zum Stellvertreter Drexlers in der DAP und galt gleichzeitig als Reichsvorsitzender des Nationalsozialistischen Arbeitervereins in der Thule-Gesellschaft. Gemeinsam mit Drexler und Michael Lotter – ein für 10000 Mark gekaufter Matrose, der auch an der Verschwörung gegen den bayerischen Ministerpräsidenten Kurt Eisner beteiligt war – gründete er am 24. März 1919 einen sogenannten Politischen Arbeiterzirkel. Dieser bestimmte nahezu wie eine konspirative Führungszelle die Arbeit der DAP, ungleich stärker übrigens als der offiziell an deren Spitze stehende Arbeitsausschuß.

Feder, Ingenieur und in den Jahren von 1908 bis 1918 Leiter eines größeren Bau-Unternehmens, trat als Verfasser finanzpolitischer Pamphlete und mit der demagogisch-zugkräftigen, im Grunde aber völlig nichtssagenden Losung von der „Brechung der Zinsknechtschaft" hervor. Der völkische Literat Eckart gab seit Dezember 1918 eine „Wochenschrift für Ordnung und Recht" mit dem Titel „Auf gut deutsch" heraus, in der chauvinistische Auffassungen in antisemitischer Verbrämung verbreitet wurden. Den größten geistigen Einfluß auf Drexler und die DAP übte in dieser Zeit Tafel aus, ein führendes Mitglied des Germanenordens und ab 1920 Vorsitzender einer 40 Verbände umfassenden Sammelorganisation, die als Bayerischer Ordnungsblock firmierte. Unter den verschiedenen völkisch-antisemitischen Gruppen der Münchener Szene gab es kaum einheitliche Auffassungen zu tagespolitischen und organisatorischen Fragen.

Einig waren sie sich jedoch in ihrem fanatischen Haß gegen diejenigen, die sie als „jüdische Novemberverbrecher" beschimpften. Gemeinsam war ihnen die Angst vor jeder Veränderung der gesellschaftlichen Verhältnisse, ja selbst vor den liberalen und demokratischen Reformansätzen, die nach ihrer Auffassung nur eine Unterstützung revolutionärer Prozesse bedeuten würden. Ihre Aufgabe sahen sie in der Verhinderung jeglicher Aktionen, die zu einer sozialen Umgestaltung der Gesellschaft hätten führen können.

Als Mitte April 1919 in der bayerischen Hauptstadt der Versuch unternommen wurde, eine Räterepublik zu errichten und die Novemberrevolution einen letzten Höhepunkt erlebte, als Betriebsräte die Kontrolle über die Produktion ausübten und wichtige Funktionen der Stadtverwaltung übernahmen, als die proletarische Rote Armee in einigen Teilen des bayerischen Landes zunächst erfolgreich kämpfte und die bürgerliche Presse verboten wurde - da verkrochen sich die extrem reaktionären Vereinigungen aller Schattierungen und wühlten im politischen Untergrund. Im Namen eines Bürgerrates forderten Sebottendorff und Werner von Heimburg den nach Bamberg geflüchteten sozialdemokratischen Ministerpräsidenten des Landes Bayern auf, ihnen Waffen nach München zu übersenden.[34] Unter Leitung des ersteren entstand im April 1919 aus dem „Kampfbund Thule" das Freikorps „Oberland", das in den weiteren Kämpfen eine berüchtigte Rolle spielen sollte. Erst nach dem Sieg der schwerbewaffneten Regierungstruppen Anfang Mai 1919 traten auch die Rechten wieder stärker an die Öffentlichkeit. Sie beteiligten sich an der „Abrechnung" mit den Kämpfern der Räterepublik, die nun begann und nahezu 2.000 Menschen das Leben kostete.[35]

In dieser Zeit – zwischen dem 16. Mai und dem 28. August 1919 – fanden nur fünf Versammlungen der immer noch völlig bedeutungslosen DAP statt, an denen insgesamt 105 Personen teilnahmen. Dennoch geriet auch diese Partei in das Blickfeld politisierender Reichswehroffiziere, u.a. des Generalmajors Arnold von Möhl, Chef des Reichswehrgruppenkommandos Nr. 4, des Oberst Konstantin Hierl, der Hauptleute Ernst Röhm und Karl Mayr. Sie fühlten sich berufen, „eine sinnvolle Neubegründung aller innerstaatlichen Verhältnisse"[36] durchzusetzen, betrieben aber keineswegs eine Politik auf eigene Faust. Ihre Tätigkeit entsprach der von der zentralen Reichswehrführung gestellten Aufgabe, die Funktionstüchtigkeit des inneren Unterdrückungsapparates zu erhöhen. Deutschland, so erklärte der an der Spitze der Reichswehr stehende Generalleutnant Wilhelm Groener, müsse „vor allen Dingen innere Politik treiben". Dies sei die „Aufgabe für die nächsten Jahre" und dazu gehöre „in erster Linie die restlose Wiederherstellung der Staatsautorität". Solche Auffassungen unterstützten auch die Positionen extrem reaktionärer Generäle und Offiziere in der Reichswehrführung, die seit Sommer 1919 einen Putsch gegen

Eine „schneidige Nationalpartei" wird geboren   23

Ernst Röhm

die Republik vorbereiteten und ihn schließlich im März 1920 auslösten. Zu ihnen gehörte z.B. General Walther Freiherr von Lüttwitz, der für das Militär nachdrücklich eine „Mitwirkung ... bei allen richtunggebenden staatspolitischen Entschlüssen" verlangte.[37] Mit der brutalen Niederschlagung der Münchener Räterepublik betrachteten die bayerischen Reichswehroffiziere im Sommer 1919 ihr blutiges Geschäft noch nicht als abgeschlossen. Spezielle Untersuchungskommandos fahndeten nach beteiligten Soldaten und Arbeitern, unterstützt von einem ausgedehnten politischen Nachrichtendienst. Das Reichswehrgruppenkommando 4 begann darüber hinaus, eine neue Welle antisozialistischer und nationalistischer Propaganda zu entfachen. In einer Siegesmeldung des bayerischen Ministeriums für militärische Angelegenheiten vom 5. Mai 1919 hieß es dazu: „Die Arbeiterschaft, auch die bessere, sogar ein Teil der Bürgerschaft sind in den vergangenen drei Wochen derart verhetzt worden, daß es unbedingt nötig ist, in Reden durch gewandte Aufklärer Aufklärung zu schaffen."[38] Ein vertrauliches Rundschreiben von Möhls kündigte am 16. Mai 1919 die Fortsetzung „der Untersuchungen gegen Spartakisten" an und warnte vor deren Aktionen nach dem geplanten

Abzug der preußischen Truppen. Sehr wichtig seien aus diesem Grunde die Förderung der „Werbetätigkeit" für die Reichswehr und „die kräftige Bekämpfung jeden Widerstandes gegen die Werbung". Einige Zeit später, am 12. Juli 1919, meldeten die Generäle der bayerischen Regierung voller Sorge, daß revolutionäre Kräfte „größte politische Werbetätigkeit" entfalten würden, eine „Gegenwirkung der bürgerlichen Parteien ... überhaupt nicht wahrnehmbar" und die der Mehrheitssozialisten so gering sei, daß sie kaum ins Gewicht falle. Sie hielten es für unerläßlich, daß die übrigen Parteien zu „etwas regerer Gegenwirkung angeregt werden."[39]

„Beobachten" und „anregen" - diese Aufgabenstellung bezog sich auch auf die Vorgabe neuer Ziele und Leitbilder. So erklärte sich Möhl in einem umfangreichen handschriftlichen Brief mit dem Thule-Mitglied Major a.D. Fritz von Trützschler völlig einverstanden, der in seiner sogenannten Pfingstschrift[40] „die langsame Schaffung einer moralischen Macht" gefordert hatte. Es gelte, ein „mächtiges, hochaufgerichtetes Hakenkreuzbanner" zu schaffen, um das sich ein von „Feuergeistern" geleitetes Volk zu scharen habe. An den Chef des Gruppenkommandos hatte der Major geschrieben: „Das einzige, was heute in München sichtbar von Führung und Zielbewußtheit des Handelns zeugt, sind die militärischen Kommandos, die Maschinengewehre und der Stacheldraht. Das Militär in Ehren und aus dem Spiel hier. Aber kein vernünftiger Mensch und kein Offizier wird glauben, daß man auf die Dauer mit Stacheldraht und Maschinengewehren wird Politik machen können ... Worauf es ankommt ist, daß unter dem Schutze des Militärs jetzt seitens der Bürgerschaft etwas Bleibendes, Brauchbares, Wetterbeständiges aufgebaut wird. Wir müssen eine *Macht* schaffen, an der sowohl die bolschewistische Welle wie der Vernichtungswille unserer Feinde schließlich zu Schanden werden. Eine solche Macht läßt sich nicht von heute auf morgen schaffen, sie muß frühzeitig vorbereitet und aufgebaut werden." Grundsätzlich bekannte er: „Wir wollen den Kapitalismus, und in kontrollierter Weise auch den Großkapitalismus erhalten, *aber wir wollen sein System auch auf die arbeitenden Klassen angewandt wissen.*"[41]

Es waren kaum militärische Aufgaben, denen sich die bayerischen Militärs im Sommer 1919 mit großer Intensität zuwandten. Auf ihre Liste der zu observierenden Organisationen setzten sie 49 Parteien und Verbände.[42] Ihrer faktischen Polizeiaufsicht[43] unterlagen selbstverständlich die Arbeiterparteien SPD, USPD und KPD, aber auch die BVP sowie andere bürgerliche Parteien und Verbände. Dies galt erst recht für die DAP, die den Beobachtenden noch ein relativ unbeschriebenes Blatt war. Die Thule-Gesellschaft blieb bezeichnenderweise unbehelligt. Unter Führung des Hauptmanns Karl Mayr richteten die Militärs eine Propaganda- und Presseabteilung beim Reichswehrgruppenkommando ein, die teils mit

Eine „schneidige Nationalpartei" wird geboren 25

Hitler, 1921

Mitteln der Berliner Reichsverwaltung, teils aus privaten Fonds finanziert wurde. Die Dienststelle I b/P organisierte die finanzielle Unterstützung nationalistischer Organisationen und Verlage und half bei der Verbreitung von Propagandamaterial, darunter auch der 1919 erschienenen Schriften von Drexler, Feder und Eckart. Außerdem begann sie, „antibolschewistische Lehrgänge" durchzuführen. Offiziere, Unteroffiziere und Soldaten wurden zum Zwecke der „Aufklärung" geschult.

Einer dieser als „Ausbildungsoffiziere" und „Aufklärer" tätigen Vertrauensleute der Reichswehr tat sich während der Lehrgänge besonders aktiv hervor: Adolf Hitler.[44] In der Reichswehr begann seine „Karriere". Als nach ausstrahlungsfähigen, die Massen ansprechenden „Trommlern" des Chauvinismus, Rassismus und Antikommunismus gesucht wurde, fiel Hitler erstmals auf. Der Lebensweg dieses damals dreißigjährigen unverheirateten Mannes hatte bis dahin nichts Bemerkenswertes aufzuweisen: 1889 in Braunau am Inn geboren und in der Nähe von Linz aufgewachsen, hätte ihm die gutsituierte, kleinbürgerliche Stellung seiner Eltern wohl das Verbleiben in einem ähnlichen sozialen Milieu ermöglichen können. Aber schon frühzeitig ließ Hitler seine Abneigung gegen systematische Arbeit jeder Art erkennen. Was ihm seine verwitwete Mutter und nach deren Tod eine hinreichende Pension finanziell bieten konnten, vertat er in der Hauptstadt der österreichisch-ungarischen Monarchie. Auch als er vor Beginn des Ersten Weltkrieges in München lebte, verbrachte er seine Tage sinn- und ziellos, verrichtete er nur gelegentlich Arbeiten. Das einzige, was Hitler in jenen Jahren aufnahm und was ihm später zugute kam, war eine Gesinnung, deren wesentliche Bestandteile großdeutscher Nationalismus, haßerfüllte Feindschaft gegenüber der organisierten Arbeiterbewegung, rasistisch-antisemitische Lehren sowie elitetheoretische Vorstellungen bildeten. 1914 meldete er sich freiwillig für das kaiserlich-imperialistische Heer und kam für mehr als vier Jahre in Verhältnisse, die durch militärische Befehle klar geregelt waren.

In diesen Umständen und in der Verwendung als Melder eines frontnahen Stabes fühlte sich Hitler offensichtlich wohl. Der Gefreite – bis zu dieser ersten Beförderungsstufe brachte es der Kriegsfreiwillige – war das Muster eines deutschen Chauvin. Er setzte sich bis zuletzt für diesen Krieg ein und erwartete sehnsüchtig den Sieg, ohne daß sich damit Pläne für die fernere Gestaltung seines eigenen Lebens verbanden. Als das militärische Fiasko eintrat und die Revolution begann, drohte ihm, der sich kriegsverwundet in einem Lazarett aufhielt, erneut das ziel- und bedeutungslose Vorkriegsleben. Um dem solange wie möglich zu entrinnen, klammerte sich Hitler auch weiterhin an die Armee, wo er Tisch und Bett, Verpflegung und Gesellschaft besaß und ihm eigene Entscheidungen durch Befehle weiter abgenommen wurden.

Hitler nutzte ehrgeizig und ebenso geschickt die Chance, die ihm seit Frühjahr 1919 die politischen Aktivitäten der bayerischen Reichswehr boten. Dienst in ihren Reihen – das konnte ein Ende der sozialen Unsicherheit seiner Lebensumstände bedeuten, ihm darüber hinaus auch fester Halt für seine eigenen doch recht wirren politisch-ideologischen und weltanschaulichen Gedanken sein. Hitlers Karriere und seine parteipolitische Tätigkeit begannen nach ersten Auftritten in den „Aufklärungskursen" mit einem Auftrag Hauptmann Mayrs. Dieser schickte ihn – in Begleitung von drei weiteren Vertrauensleuten des Reichswehrgruppenkommandos[45] – am 12. September 1919 in den Gasthof „Sterneckerbräu" in München, wo die DAP eine Versammlung abhielt. Nach dem Vortrag Feders, der mehrfach auch in den Lehrgängen des Reichswehr-Aufklärungsstabes geredet hatte, ergriff der aus Österreich stammende, nun aber staatenlose Hitler das Wort, um gegen die von einem der 46 Teilnehmer geäußerte Meinung zu polemisieren, Bayern müsse sich separieren und mit Österreich eine Union bilden. Von Drexler gedrängt, trat er bald darauf der DAP bei. Er wurde als 555. Mitglied gezählt – die Liste begann jedoch erst mit der Nummer 500 – und als 7. Mitglied in deren leitenden Arbeitsausschuß aufgenommen. In ihm fungierte er während der nächsten zwei Jahre offiziell als Werbeobmann und Verantwortlicher für Propaganda.

Entgegen der verlogenen autobiographischen Darstellung in seinem 1924/25 verfaßten Buch „Mein Kampf" vollzogen sich Hitlers Eintritt in die Politik und seine quasi hauptberufliche Mitarbeit als Propaganda-Verantwortlicher viel nüchterner und auch ohne jene sofort zu spektakulären Massenveranstaltungen drängende Hektik, von der später die Legenden zu schwärmen wußten. Bis Februar 1920 führte die DAP wie vorher pro Monat nur ein bis zwei Versammlungen mit insgesamt etwa tausend Besuchern durch.[46] Die Zahl der DAP-Mitglieder erhöhte sich nur langsam. Im Januar 1920 war man bei 190 angekommen. Obwohl sich die Partei bemühte, insbesondere Arbeiter zu gewinnen, fand sie jedoch vorrangig in anderen sozialen Kreisen Resonanz. Aus den ersten erhalten gebliebenen Mitgliederverzeichnissen – die wie leider auch viele andere Quellen nicht allzu zuverlässig sind und lediglich quantitative Angaben über die soziale Zusammensetzung der Partei erlauben – ergibt sich, daß der DAP 22 Vertreter freier akademischer Berufe (14,5 Prozent) angehörten und 14 Prozent Beamte und Angestellte, 13 Prozent Soldaten und Offiziere, 16 Prozent Vertreter kaufmännischer Berufe und Geschäftsinhaber, 7 Prozent Studenten und 2,5 Prozent ungelernte Arbeiter waren. Unter den Facharbeitern und Handwerkern, die 33 Prozent ausmachten, befanden sich hauptsächlich die aus Drexlers persönlichem Bekanntenkreis stammenden Beschäftigten einer Münchener Eisenbahnwerkstätte.[47]

Wer zunächst zur DAP stieß, stand in der Regel wie Hitler noch im Dienste der Reichswehr, u.a. Vizefeldwebel Rudolf Schüssler, der seit Ende 1919 als erster Geschäftsführer der Partei tätig war; Hermann Esser, Verantwortlicher für die Presse im Stabe Mayrs; Ernst Röhm, im Gruppenkommando zuständig für die „Betreuung" der Einwohnerwehren und Organisator des nationalistischen Geheimbundes „Eiserne Faust", später SA-Führer und bis zu seiner Ermordung einer der wenigen Duzfreunde Hitlers; Offiziers-Stellvertreter Karl Beggel, der zeitweilig in der DAP die Funktion eines Kassierers ausübte, u.a.m. Mit ihrer Hilfe erhielt die DAP die für sie so lebenswichtige Unterstützung durch verschiedene Einrichtungen der Reichswehr, organisiert hauptsächlich durch Mayr und Röhm. Soldaten in Uniform übernahmen auch den Schutz der Parteiveranstaltungen und warfen unliebsame Zwischenrufer hinaus.[48]

Hitler selbst gehörte der Reichswehr bis zum 31. März 1920 an und nutzte gleichermaßen Räume wie Material für die DAP, ohne auf dienstliche Schwierigkeiten in der sich nach außen unpolitisch und neutral gebenden Reichswehr zu stoßen. In einem aufschlußreichen Brief an Wolfgang Kapp – die führende Figur des konservativ-militaristischen Putsches vom März 1920 – stellte Mayr die neue Partei als eine „Organisation des nationalen Radikalismus" und sogar als seine Schöpfung hin: „Die nationale Arbeiterpartei muß die Basis geben für den starken Stoßtrupp, den *wir* erhoffen. Das Programm ist gewiß noch etwas unbeholfen und vielleicht auch lückenhaft. *Wir* werden es ergänzen. Sicher ist nur, daß *wir* unter dieser Fahne doch schon recht viele Anhänger gewonnen haben. Seit Juli vorigen Jahres (1919! d. Vf.) schon suche ich soweit mir möglich die Bewegung zu stärken ... Ich *habe sehr tüchtige junge Leute auf die Beine gebracht*. Ein Herr Hitler z. B. ist eine bewegende Kraft geworden, ein Volksredner 1. Ranges ... In der Ortsgruppe München haben wir über 2.000 Mitglieder, während es im Sommer 19 noch keine 100 ware. Im Juli oder August unternommen, hätte Ihre große Tat den nötigen Rückhalt, den nötigen Wiederhall hier gefunden ... Wir werden, und zwar nicht im parlamentarisch geruhsamen Tempo der deutsch-nationalen Volkspartei, einen glühenden Nationalismus pflegen. Bolschewismus, Separatismus, Aufgehen in westlerischer Pseudokultur und wirtschaftliches Helotentum von Englands und Frankreichs Gnaden werden wir mit Hörnern und Klauen bekämpfen."[49]

Ende 1919 und vor allem zu Beginn des Jahres 1920 suchten einige der führenden DAP-Mitglieder nach Möglichkeiten einer Vergrößerung und Stabilisierung ihrer Organisation. Dabei geriet die Partei in eine erste Zerreißprobe, ging es doch um eine grundsätzliche Entscheidung über ihre weitere Entwicklung. Unterschiedliche Auffassungen prallten aufeinander. Harrer sah - wie die Thule-Gesellschaft - seine Aufgabe mehr darin, im Hintergrund zu agieren und mit den Mitteln indirekter Einflußnahme zu wirken. Hitler machte sich dagegen zum Fürsprecher der Auffassung, man müsse hauptsächlich an die Öffentlichkeit treten. Der Streit um die von Drexler und Hitler gemeinsam erarbeitete neue Geschäftsordnung eskalierte. Harrer unterlag und schied aus der DAP aus. Den neuen Weg beschritt nicht allein diese Partei, auch der Deutschvölkische Schutz- und Trutzbund begann im Winter 1919/20 antisemitische Massenveranstaltungen durchzuführen.[50]

In gewisser Weise widerspiegelten sich in diesen Auseinandersetzungen die Debatten, die innerhalb der herrschenden Kreise Deutschlands um die Frage geführt wurden, welcher Weg zur weiteren Festigung ihrer innen- und außenpolitischen Macht der erfolgversprechendste sein würde. Sie berührten zwangsläufig auch den Platz, den dabei die Reichswehr und die neu geschaffenen paramilitärischen Organisationen einzunehmen hätten. Führende Militärs – unter ihnen vor allem General Hans von Seeckt, der im April 1920 zum Chef der Heeresleitung avancierte - begannen mit

Eine „schneidige Nationalpartei" wird geboren 29

dem Gedanken zu spielen, die Armee als Kern eines Massenheeres für künftige revanchistische Aggressionskriege aufzubauen. Es war diese in die Zukunft reichende Sichtweise, die Seeckt in einer Verfügung an die Generalstabsoffiziere erklären ließ: „Wenn wir arbeiten wollen, so müssen wir heraus aus dem Lärm des Tages. Daß der Offizier Verständnis gewonnen hat für die Fragen der Öffentlichkeit, daß er Teil nimmt am politischen Leben des Volkes, ist ein Fortschritt unserer Zeit. Daß so viele sich verpflichtet fühlen, ihre Ansichten der breiten Masse mitzuteilen, in den Kampf des Tages mit lauter Stimme einzugreifen, ist eine schlechte Sitte ..."[51] Andere, vor allem General Walther von Lüttwitz, Kommandeur des Gruppenkommandos Nr. 1 der Reichswehr in Berlin, Erich Ludendorff, 1916 bis 1918 als Erster Generalquartiermeister führend in der Obersten Heeresleitung tätig, Oberst Max Bauer, ein enger Mitarbeiter Ludendorffs während des Krieges, bereiteten mit direkter Unterstützung der Schwerindustriellen Hugo Stinnes, Gustav Krupp von Bohlen und Halbach, Paul Reusch und des deutsch-nationalen Generallandschaftsdirektors Wolfgang Kapp – er gehörte zu den Mitgliedern des Aufsichtsrates der Deutschen Bank – einen Putsch zur Errichtung einer Militärdiktatur vor.

Beides – sowohl die Lösung vom „Lärm des Tages" als auch die Putschtaktik – beförderte die Entwicklung der völkisch-faschistischen und antisemitischen Organisationen in vielen Teilen Deutschlands. Führenden Militärs erschienen diese gerade in Bayern außerdem als nützliches politisches Auffangbecken für jene Angehörigen der Truppe, die unter dem Druck der Entente bei der Verkleinerung des Heeres auf 100.000 Mann entlassen werden mußten und nicht alle in den Einwohnerwehren oder sonstigen paramilitärischen Verbänden zu erfassen waren. Sie sollten aber auch Bestandteil jenes vielgegliederten antirepublikanischen Lagers sein, ohne das weder bei dem geplanten Putsch, noch bei der weiteren Entwicklung nach rechts auszukommen war.[52] Die bayerischen Protektoren der DAP wußten seit langem um die Vorbereitungen zum Kapp-Lüttwitz-Unternehmen. Vor dem Startschuß für die putschenden und sich mit Hakenkreuzen schmückenden Reichswehrbrigaden sollten jedoch ihre Ziele schon über zivile Kanäle propagiert werden. Es ist sicher kein Zufall, daß gerade Hitler, der „Aufklärer" der Reichswehr in der DAP, im Januar und Februar 1920 auf die Durchführung einer für die Maßstäbe dieser Partei außerordentlich großen Massenveranstaltung drängte.

Während sich deutschnationale und andere Kräfte darauf vorbereiteten, an die Stelle der Republik eine als „nationale Regierung" verbrämte Militärdiktatur zu setzen, lud die DAP für den 24. Februar 1920 zu einem öffentlichen Vortrag in den großen Saal des Hofbräuhauses am Platzl, einem der bekanntesten Bierpaläste im Zentrum Münchens. Es ist im einzelnen ungeklärt, aber nicht unerklärlich, woher das Geld für Saalmiete sowie für Zeitungsannoncen, Flugblatt- und Plakatdruck genommen wurde, die diese Kundgebung publik machten. Sie fand einen starken, gemessen an Veranstaltungen ähnlicher Organisationen aber nicht ungewöhnlichen Zulauf von nahezu 2.000 Teilnehmern. „Was uns not tut!" - lautete das Thema der Rede des Arztes Johannes Dingfelder, der als nationalistischer Sprecher in der Landeshauptstadt an der Isar kein Unbekannter war. Hitlers Name und die Absicht, ein 25 Punkte umfassendes Parteiprogramm sowie die Namensänderung der Organisation in „Nationalsozialistische Deutsche Arbeiterpartei" bekanntzugeben, ließen die Werbeplakate unerwähnt.[53]

Kapitel 2
Das 25-Punkte-Programm: chauvinistischer Dünkel und rassistischer Wahn

Mit Bedacht erinnerte Hitler, als er vier Jahre später das weit verbreitete und wenig gelesene Buch „Mein Kampf" verfaßte, am Schluß seines ersten Bandes an den 24. Februar und die Veranstaltung. „Ein Feuer war entzündet", schrieb er – nur sein eigenes Auftreten erwähnend und das Ereignis mystifizierend. Aus der Glut dieses Feuers werde das Schwert kommen, „das dem germanischen Siegfried die Freiheit, der deutschen Nation das Leben wiedergewinnen soll. Und neben der kommenden Erhebung fühlte ich die Göttin der unerbittlichen Rache schreiten für die Meineidstat des 9. November 1918 ... Die Bewegung nahm ihren Lauf."[1]
Von Bewegung konnte damals zwar noch nicht die Rede sein, wohl aber ließen diese Veranstaltung und das Programm bereits erkennen, wohin die Reise gehen sollte ...

Was später in der parteiamtlichen Geschichtsklitterung als eigentlicher Gründungsakt der NSDAP gefeiert wurde und den Anlaß stetig wiederkehrender demonstrativer Bekundungen hergab, stellte – darin der Parteigründung vergleichbar – nicht mehr als eine bloße Episode in den kampferfüllten Nachkriegsjahren dar. Dennoch bot sie Aufschluß: In ihr stießen erstmalig Faschisten und Antifaschisten aufeinander. Die erbitterte Auseinandersetzung zwischen ihnen, ihr unversöhnlicher Kampf kennzeichneten schließlich alle Vorgänge und Erscheinungen bis zur Vernichtung der Weimarer Republik und der folgenden zwölf Jahre; selbst in der zweiten Hälfte des 20. Jahrhunderts sollten sie noch nachwirken. Eine kleine Schar von Antifaschisten, Widersprechenden und Zwischenrufern war in das Hofbräuhaus gekommen. Sie protestierte, wie ein polizeilicher Überwachungsbericht überliefert, gegen nationalistische Hetze und das verlogene Programm und verließ den Saal gegen Ende der Versammlung – regelrecht hinausgeprügelt, doch mit Hochrufen auf die Internationale und auf die proletarische Räterepublik.

Andererseits ließ sich nicht übersehen, daß diese faschistische Partei bereits zahlreiche Münchener anzuziehen vermochte. Sie kamen aus unterschiedlichen sozialen Schichten, doch alle sahen ihre Existenzgrundlagen bedroht, sei es durch Krieg und Niederlage, durch Revolution und Münchener Räterepublik, durch Nachkriegselend und einsetzende Inflation. Bislang hatten sie zumeist keiner politischen Organisation angehört, wandten sich jetzt jedoch – von allen anderen Parteien enttäuscht und keine Besserung ihrer Lage erhoffend – voller Tatendrang der neuen Strömung zu, die eine Alternative zu jener Republik verhieß, in der sie selbst die Ursache allen Übels sehen wollten. Nicht zuletzt schien ihnen auch der physische Terror Erfolg zu versprechen, der nun in die Versammlungssäle Einzug hielt. Je größer der Zulauf in die Reihen und Kundgebungen der NSDAP wurde, desto ungehemmter verschmähte sie jede Form „friedlicher" Veranstaltungen. Das „behördliche Maß an Anständigkeit" wurde bewußt gesprengt. Im Vordergrund stand das Ziel, wie Hitler später schrieb, einen „fanatischen Ausbruch völkischer und nationaler Leidenschaft" zu erreichen. Inhalt und Form ihrer Veranstaltungen hatten nach den Plänen ihrer Organisatoren immer den Gegner „zu reizen", was mit einem kraftlosen „Gewäsch" bürgerlicher Referenten nicht erreicht werden könne.[2] Auch die 25 Punkte des am 24. Februar 1920 verkündeten Parteiprogramms[3] widerspiegelten die Entschlossenheit, alle verfügbaren Mittel zum Machtgewinn im Inneren und zur Durchsetzung aggressiver Ziele nach außen einzusetzen. So trat die Partei ihren Weg durch die deutsche Geschichte des folgenden Vierteljahrhunderts im Zeichen des gegenrevolutionären Terrors an, der von Anfang an ihr unverkennbares Kainsmal darstellte. „In der ewig gleichmäßigen Anwendung der Gewalt allein liegt die allererste Voraussetzung zum Erfolge" – lautete einer der Grundsätze Hitlers.[4]

Die 25 Programmpunkte – von Demagogen der NSDAP als „Glaubensbekenntnis" gepriesen oder, Luthers legendenumwobenen Thesenanschlag an einer Wittenberger Kirche assoziierend, gar „Thesen" genannt – beinhalteten ein eklektisches Sammelsurium weitreichender chauvinistischer Forderungen, schlimmster rassistischer Leitsätze und hochtrabender sozialpolitischer Versprechungen. Die weltanschauliche und ideologische Beschreibung des eigenen Standortes richtete sich gleichermaßen gegen Kommunisten, Sozialdemokraten, Gewerkschafter, Pazifisten, Demokraten und Liberale, gegen Demokratie und Parlamentarismus, gegen ethnische Minderheiten, die pauschal als „Nicht-Deutsche" rassistischen Verdikten unterworfen werden sollten. So skurril und wolkig manches auch formuliert sein mochte: Hinter dem Gemisch von Leitsätzen und Gemeinplätzen, von Bekenntnis und Berechnung sowie von wohlklingend formuliertem Vorsatz und verlogenem Versprechen verbargen sich ein weit über die deutschen Grenzen hinausreichender Expansionismus sowie schlimmste Menschen- und Fortschrittsfeindlichkeit. In ihnen kam die Bereitschaft zu offener Gewaltanwendung gegen die organisierte Arbeiterschaft zum Vorschein. Verbunden mit ihrer totalen Feindschaft gegen Demokratie und Parlamentarismus ließen sie zugleich ihren Haß auf die Juden, ihren sich zu jeder Barbarei berechtigt fühlenden Antisemitismus erkennen.

So klar und eindeutig diese Hauptziele NSDAP auch waren und nie aus den Augen ihres Mitverfassers Hitler gelassen wurden, die 25 Punkte selbst blieben in vielen einzelnen Formulierungen relativ unbestimmt und vielfältig deutbar. Diese Verschwommenheit des Programms war selbst programmatisch. Sie beruhte auf der Unausgegorenheit des politischen und weltanschaulichen Denkens der Parteiführer. Ihm lag eine radikale Weltsicht zugrunde, die sich in allgemeinen Postulaten und älterem Gedankengut vieler national-sozialer Bewegungen erschöpfte.[5] Die diesseitsbezogene materiell-trivialisierte „Heilslehre" ließ kaum wirkliche Visionen erkennen, sondern sich allein von Aversionen und blindem Haß leiten. Ein solcher „Allerweltseintopf"[6] erlaubte – ganz nach Situation und Bedarf – unterschiedliche und jeweils als nützlich betrachtete Interpretationen; veränderten sich die konkreten Bedingungen des Ringens um die faschistische Beeinflussung der Deutschen, so konnten auch die Deutungen wechseln.

Heterogenität und leere Formelhaftigkeit boten der Partei und ihren Führern die Möglichkeit, die damals unter den Deutschen verbreiteten Erwartungen und Sehnsüchte vielfältiger Art aufzugreifen sowie unterschiedlichste Hoffnungen zu wecken.[7] Zynisch und offenherzig charakterisierte Hitler die 25 Punkte als ein Werbeprogramm, das „psychologisch richtig auf die Seele derjenigen eingestellt" sein müsse, „ohne deren Hilfe die schönste Idee ewig nur Idee bleiben würde".[8] Die Masse, die in diszipliniertem Gehorsam Gefolgschaft zu leisten habe[9], würde das Wesen seiner Zielsetzungen „weniger im Buchstaben unserer Leitsätze" suchen als „vielmehr in dem Sinne, den wir ihnen zu geben imstande sind".[10] Obwohl, so argumentierte er, mit dem Programm „in erster Linie dem Mann aus dem Volke ein *grobes* Bild des Wollens der Bewegung" gegeben werde, wirke sich jeder Versuch, eine „bessere Formulierung" zu suchen, verhängnisvoll aus: „Denn wie will man Menschen mit blindem Glauben an die Richtigkeit einer Lehre erfüllen, wenn man durch dauernde Veränderungen am äußeren Bau derselben selbst Unsicherheit und Zweifel verbreitet?"[11] Selbst noch so wohlgemeinte, d.h. von reinen Nützlichkeitserwägungen ausgehende Änderungen würden nur „endlose Debatten" auslösen, zu „programmatischen Kämpfen" führen und die Aktivität der Bewegung nach außen herabsetzen. Es handelt sich folgerichtig um zwei Seiten einer Medaille, wenn die Parteiführer das Programm einerseits als grundlegend und „unabänderlich" bezeichneten, es andererseits jedoch als ein bloßes „Zeitprogramm" ansahen.

Aus zahlreichen Gründen sollte vor einem Sieg der NSDAP keinerlei Programmänderung vorgenommen werden; ja selbst nachfolgenden Generationen wurde auferlegt, alles so zu belassen, wie es Anfang 1920 niedergeschrieben und verlesen worden war. Zur Rechtfertigung dieses Stand-

Das Programm der Nationalsozialistischen Deutschen Arbeiterpartei

Das Programm der NSDAP ist ein Zeitprogramm. Die Führer lehnen es ab, nach der Erreichung der im Programm aufgestellten Ziele neue aufzustellen, nur zu dem Zweck, durch künstlich gesteigerte Unzufriedenheit den Massen des Volkes das Fortbestehen der Partei zu ermöglichen.

1. *Wir fordern den Zusammenschluß aller Deutschen auf Grund des Selbstbestimmungsrechts der Völker zu einem Großdeutschland.*
2. *Wir fordern die Gleichberechtigung des Deutschen Volkes gegenüber den anderen Nationen, Aufhebung der Friedensverträge von Versailles und St. Germain.*
3. *Wir fordern Land und Boden (Kolonien) zur Ernährung unseres Volkes und Ansiedlung unseres Bevölkerungsüberschusses.*
4. *Staatsbürger kann nur sein, wer Volksgenosse ist. Volksgenosse kann nur sein, wer deutschen Blutes ist, ohne Rücksicht auf Konfession. Kein Jude kann daher Volksgenosse sein.*
5. *Wer nicht Staatsbürger ist, soll nur als Gast in Deutschland leben können und muß unter Fremdengesetzgebung stehen.*
6. *Das Recht über Führung und Gesetze des Staates zu bestimmen, darf nur dem Staatsbürger zustehen. Daher fordern wir, daß jedes öffentliche Amt, gleichgültig welcher Art, gleich ob im Reich, Land oder Gemeinde, nur durch Staatsbürger bekleidet werden darf.*
   Wir bekämpfen die korrumpierende Parlamentswirtschaft einer Stellenbesetzung nur nach Parteigesichtspunkten ohne Rücksicht auf Charakter und Fähigkeiten.
7. *Wir fordern, daß sich der Staat verpflichtet, in erster Linie für die Erwerbs- und Lebensmöglichkeit der Staatsbürger zu sorgen. Wenn es nicht möglich ist, die Gesamtbevölkerung des Staates zu ernähren, so sind die Angehörigen fremder Nationen (Nicht-Staatsbürger) aus dem Reiche auszuweisen.*
8. *Jede weitere Einwanderung Nichtdeutscher ist zu verhindern. Wir fordern, daß alle Nichtdeutschen, die seit dem 2.August 1914 in Deutschland eingewandert sind, sofort zum Verlassen des Reiches gezwungen werden.*
9. *Alle Staatsbürger müssen gleiche Rechte und Pflichten genießen.*

10. *Erste Pflicht jedes Staatsbürgers muß sein, geistig und körperlich zu schaffen. Die Tätigkeit des Einzelnen darf nicht gegen die Interessen der Allgemeinheit verstoßen, sondern muß im Rahmen des Gesamten und zum Nutzen aller erfolgen.*

Daher fordern wir:
11. *Abschaffung des arbeits- und mühelosen Einkommens.*
Brechung der Zinsknechtschaft.
12. *Im Hinblick auf die ungeheuren Opfer an Gut und Blut, die jeder Krieg vom Volke fordert, muß die persönliche Bereicherung durch den Krieg als Verbrechen am Volke bezeichnet werden. Wir fordern daher restlose Entziehung aller Kriegsgewinne.*
13. *Wir fordern die Verstaatlichung aller (bisher) bereits vergesellschafteten (Trusts) Betriebe.*
14. *Wir fordern Gewinnbeteiligung an Großbetrieben.*
15. *Wir fordern einen großzügigen Ausbau der Altersversorgung.*
16. *Wir fordern die Schaffung eines gesunden Mittelstandes und seine Erhaltung, sofortige Kommunalisierung der Groß-Warenhäuser und ihre Vermietung zu billigen Preisen an kleine Gewerbetreibende, schärfste Berücksichtigung aller kleinen Gewerbetreibenden bei Lieferung an den Staat, die Länder oder Gemeinden.*
17. *Wir fordern eine unseren nationalen Bedürfnissen angepaßte Bodenreform, Schaffung eines Gesetzes zur unentgeltlichen Enteignung von Boden für gemeinnützige Zwecke. Schaffung des Bodenzinses und Verhinderung jeder Bodenspekulation.*
Anm. gegenüber der verlogenen Auslegungen des Punktes 17 durch Gegner der Partei ist noch folgende Feststellung notwendig: Da die NSDAP auf dem Boden des Privateigentums steht, ergibt sich von selbst, daß der Passus "Unentgeltliche Enteignung" nur auf die Schaffung gesetzlicher Möglichkeiten Bezug hat, Boden, der auf unrechtmäßige Weise erworben wurde oder nicht nach den Gesichtspunkten des Volkswohls verwaltet wird, wenn nötig zu enteignen. Dies richtet sich demgemäß in erster Linie gegen die jüdischen Grundstücksspekulationsgesellschaften. München, den 13. April 1928. Gez. Adolf Hitler
18. *Wir fordern den rücksichtslosen Kampf gegen diejenigen, die durch ihre Tätigkeit das Gemeininteresse schädigen. Gemeine Volksverbrecher, Wucherer, Schieber usw. sind mit dem Tode zu bestrafen, ohne Rücksichtnahme auf Konfession und Rasse.*

19. Wir fordern Ersatz für das der materialistischen Weltanschauung dienende römische Recht durch ein deutsches Gemeinrecht.
20. Um jedem fähigen und fleißigen Deutschen das Erreichen höherer Bildung und damit das Einrücken in führende Stellung zu ermöglichen, hat der Staat für einen gründlichen Ausbau unseres gesamten Volksbildungswesens Sorge zu tragen. Die Lehrpläne aller Bildungsanstalten sind den Erfordernissen des praktischen Lebens anzupassen. Das Erfassen des Staatsgedankens muß bereits mit dem Beginn des Verständnisses durch die Schule (Staatsbürgerkunde) erzielt werden. Wir fordern die Ausbildung besonders veranlagter Kinder armer Eltern ohne Rücksicht auf deren Stand oder Beruf auf Staatskosten.
21. Der Staat hat für die Hebung der Volksgesundheit zu sorgen durch den Schutz der Mutter und des Kindes, durch Verbot der Jugendarbeit, durch Herbeiführen der körperlichen Ertüchtigung mittels gesetzlicher Festlegung einer Turn- und Sportpflicht, durch größte Unterstützung aller sich mit körperlicher Jugendbildung beschäftigenden Vereine.
22. Wir fordern die Abschaffung der Söldnertruppe und die Bildung eines Volksheeres.
23. Wir fordern den gesetzlichen Kampf gegen die bewußte politische Lüge und ihre Verbreitung durch die Presse. Um die Schaffung einer deutschen Presse zu ermöglichen, fordern, wir, daß:
    a) sämtliche Schriftleiter und Mitarbeiter von Zeitungen, die in deutscher Sprache erscheinen, Volksgenossen sein müssen,
    b) nichtdeutsche Zeitungen zu ihrem Erscheinen der ausdrücklichen Genehmigung des Staates bedürfen. Sie dürfen nicht in deutscher Sprache gedruckt werden,
    c) jede finanzielle Beteiligung an deutschen Zeitungen oder deren Beeinflussung durch Nichtdeutsche gesetzlich verboten wird und fordern als Strafe für Übertretungen die Schließung eines solchen Zeitungsbetriebes sowie die sofortige Ausweisung der daran beteiligten Nichtdeutschen aus dem Reich.
    Zeitungen, die gegen das Gemeinwohl verstoßen, sind zu verbieten. Wir fordern den gesetzlichen Kampf gegen eine Kunst- und Literaturrichtung, die einen zersetzenden Einfluß auf unser Volksleben ausübt, und die Schließung von Veranstaltungen, die gegen vorstehende Forderungen verstoßen.
24. Wir fordern die Freiheit aller religiösen Bekenntnisse im Staat,

> soweit sie nicht dessen Bestand gefährden oder gegen das Sittlichkeits- und Moralgefühl der germanischen Rasse verstoßen. Die Partei als solche vertritt den Standpunkt eines positiven Christentums, ohne sich konfessionell an ein bestimmtes Bekenntnis zu binden. Sie bekämpft den jüdisch-materialistischen Geist in und außer uns und ist überzeugt, daß eine dauernde Genesung unseres Volks nur erfolgen kann von innen heraus auf der Grundlage:
> Gemeinnutz geht vor Eigennutz.
> 25. Zur Durchführung alles dessen fordern wir: Die Schaffung einer starken Zentralgewalt des Reiches. Unbedingte Autorität des politischen Zentralparlaments über das gesamte Reich und seine Organisationen im allgemeinen.
> Die Bildung von Stände- und Berufskammern zur Durchführung der vom Reich erlassenen Rahmengesetze in den einzelnen Bundesstaaten.
> Die Führer der Partei versprechen, wenn nötig unter Einsatz des eigenen Lebens, für die Durchführung der vorstehenden Punkte rücksichtslos einzutreten.
> München, den 24. Februar 1920.

punktes berief sich Hitler auch ausdrücklich auf die bewährte geistige und praktische Verführungskunst der katholischen Kirche und auf das Prinzip ihrer vatikanischen Spitze, an verkündeten Dogmen nicht zu rühren. Davon habe man auch in der Politik zu lernen. Schließlich wurde das Parteiprogramm am 22. Mai 1926 auch offiziell für unabänderlich erklärt – nicht zufällig in einer Situation, als interne Auseinandersetzungen die Mitglieder der NSDAP zu verwirren drohten und Hitler sich intensiv darum bemühte, seine Position als „Führer" zu festigen: Das, was er einmal verkündet hatte, durfte in seiner Partei auch als nicht mehr verbesserungsfähig gelten ...

Für konkrete Politik reichten die 25 Punkte bei weitem nicht hin. Hitlers Interpretation des NSDAP-Programms und die Erklärung seiner „Unabänderlichkeit" ließen daher auch erkennen, daß sich die Partei in der Praxis durchaus bereit zeigen würde, sich mit potentiellen Partnern über die Ausdeutung des Programms im einzelnen noch zu verständigen. Und wenn auch der „gemeine Mann", sofern er überhaupt zum Programmtext griff, darin viele seiner Fragen nicht beantwortet fand, so standen Hitler und die anderen Führer der NSDAP zur Verfügung, ihm in exegetischen Erläuterungen den angeblichen „inneren Sinn" des Dokumentes bloßzulegen.

Obwohl die Parteigründer ihre Intentionen vorwiegend aus ihrem weltanschaulichen Selbstverständnis sowie den innenpolitischen Problemen Deutschlands nach dem Ersten Weltkrieg und der Novemberrevolution abgeleitet hatten, standen knapp formulierte, inhaltlich jedoch außerordentlich weitreichende außenpolitische Forderungen an der Spitze des Programms. Gleich im ersten der 25 Punkte wurde der „Zusammenschluß aller Deutschen auf Grund des Selbstbestimmungsrechts der Völker zu einem Großdeutschland" verlangt. In seinen parteiamtlichen Erläuterungen zum Programm postulierte Rosenberg, „daß gleiches Blut und gleiche Sprache und gleiche Kulturüberlieferung auch *einen* Staat bilden müssen."[12] Darin kam ein expansionistisches, nur in neuen Kriegen gewaltigen Ausmaßes zu verwirklichendes Ziel zum Vorschein. Der zweite Punkt forderte die „Gleichberechtigung des deutschen Volkes gegenüber den anderen Nationen und Aufhebung der Friedensverträge von Versailles und St. Germain" und der dritte den Erwerb von „Land und Boden (Kolonien)". Dies alles richtete sich nicht nur gegen die 1919 erfolgten Gebietsabtretungen an Polen, Litauen, Dänemark, Belgien, Frankreich und Italien, sondern auch gegen die Zerschlagung der Doppelmonarchie Österreich-Ungarn und gegen die Bestimmung, daß der österreichische Staat sich mit dem Deutschen Reich nicht vereinigen durfte.

Indessen reichte das Verlangen nach einem „Zusammenschluß aller Deutschen" noch über die – auch von anderen deutschen Parteien verlangte – Wiederherstellung der Grenzen des Reiches von 1914 oder 1866 hinaus. Da von den rund 90 Millionen Menschen deutscher Nationalität etwa ein Drittel außerhalb der Grenzen des Deutschen Reiches lebte, enthielt diese Formel auch den wahnwitzigen Anspruch, sich in die Angelegenheiten eines jeden Landes einmischen zu können, in dem eine deutsche Minderheit lebte, und das war u.a. in der Tschechoslowakei, in Polen, Jugoslawien, Rumänien, in den baltischen Staaten, Rußland und auch in Übersee der Fall. Unumwunden forderte die NSDAP Zuwachs an „Land und Boden" für das Reich, worunter sie vor allem osteuropäische Gebiete, aber auch die verlorenen Kolonien in Afrika, Asien und Ozeanien verstand. Begründet wurde dies mit demographischen und geopolitischen Argumenten; angeblich erforderten die Bevölkerungsdichte und die Ernährungssituation in Deutschland eine territoriale Expansion. Es widerspreche jeglicher natürlichen Ordnung, ließ wiederum Rosenberg wissen, „daß 36 Millionen Franzosen über ein größeres Land verfügen als 63 Millionen Deutsche; daß auf einen Russen 20mal mehr Grund und Boden kommt als auf einen Deutschen. Dieses naturwidrige Verhältnis muß entweder zur vollkommenen Verkrüppelung des deutschen Volkes führen, oder es wird in einer Weise ein Ende nehmen,wie sich die Dinge in der Geschichte noch immer zugetragen haben: durch einen völkischen Machtkampf. Es gibt auch hier nur Durchsetzung unserer Lebensnotwendigkeiten oder Untergang."[13] In wenigen, nahezu lapidaren Sätzen brachte die NSDAP nicht nur größte Gebietsansprüche, sondern auch die Absicht zum Ausdruck, das Ergebnis des ersten Weltkrieges mit militärischen Mitteln wieder rückgängig zu machen. Zu diesem Zweck verlangte Punkt 22 des Programms, ein Massenheer („Volksheer") zu schaffen, wobei dies mit der Forderung nach „Abschaffung der Söldnertruppen" verknüpft wurde. Die bewußt knapp und unklar gehaltene Formulierung dieses Punktes erhielt in den propagandistischen Erläuterungen deutlichere Konturen, vor allem durch die Lobpreisungen des alten kaiserlichen Heeres. Dieses sei die „gewaltigste Schule der deutschen Nation" gewesen, habe das unbedingte Gehorchen geübt, die Massen „zum Idealismus und zur Hingabe an das Vaterland" erzogen und ein „einziges Volk gegenüber der Trennung in Klassen" geformt.[14] Glorifizierend beschrieb Rosenberg, der erst nach dem Zusammenbruch des Kaiserreichs nach Deutschland gekommen war, das kaiserliche Heer als einen „Fels im trüben Morast des Händlergeistes unserer Zeit". Ehre und Pflicht wären noch treibende Kräfte des Lebens gewesen. Dank straffer Mannszucht und dem Bewußtsein völkischer Zusammengehörigkeit wären Millionen Deutscher vor 1918 – trotz der zahlreichen Mängel des wilhelminischen Regimes – bereit gewesen, „ihr Gut und Blut fürs Deutsche Reich herzugeben." In Deutschland dürfe der Wehrwillen nicht einschlafen und müßten „die Überlieferungen aus großer Zeit wieder ins Leben" zurück gerufen werden.[15] Auch aus diesen Gründen enthielt das 25-Punkte-Programm die Forderung, den „persönlichkeitslosen Parlamentarismus" konsequent zu beseitigen. Er führe nicht zu einer Auslese der Besten, sondern der „Skrupellosesten", des „charakterlosen Strebertums und der kurzsichtigen Mittelmäßigkeit".[16]

Die NSDAP griff auf die traditionelle konservative Kritik an Parlamentarismus und Demokratie zurück und sagte dem Weimarer Staat entschiedenen Kampf an. Punkt 5 des Programms enthielt die Bekundung, gegen die „korrumpierende Parlamentswirtschaft" kämpfen zu wollen. Stellenbesetzungen dürften nicht „nach Parteigesichtspunkten ohne Rücksicht auf Charakter und Fähigkeiten" vorgenommen werden. Es ist dies zugleich die einzige Stelle im Programm, in der die politischen Parteien überhaupt erwähnt wurden. Daß deren Rolle in der Gesellschaft grundsätzlich negativ dargestellt wurde, ergab sich nicht allein aus der Frontstellung gegen die dem politischen Gegner zugeschriebene „Parteienwirtschaft"[17], auch nicht aus der Idee einer „deutschen Volksgemeinschaft". Die NSDAP begann frühzeitig, sich als eine „Partei über den Parteien" und als „Bewegung" zu charakterisieren. Nach widersprüchlichen Positionsbestimmungen[18] bildete sich ein Selbstverständnis ihrer Organisation heraus, das diese als Keimzelle und Kern eines künftigen völkischen Staates sah, was allerdings mit der Bezeichnung „Partei" keinesfalls adäquat abgedeckt werden konnte. Dennoch blieb es – und das nicht allein aus Gründen der Taktik – für sie unverzichtbar, sich im Weimarer Parteienstaat als Partei darzustellen und zu verhalten. Auch wer sich grundsätzlich gegen jedes Parteiwesen wende, so erklärte Hitler am 25. November 1922 im „Völkischen Beobachter", müsse sich darüber klar sein, daß zur Verwirklichung dieses Ziels eine Partei zu gründen sei, „um die anderen Parteien, die kein Volksganzes wollen, bekämpfen zu können."

Schillernd glänzten die gesellschafts- und die wirtschaftspolitischen Formulierungen des Programms der NSDAP. An ihnen fiel – im Unterschied zu den bürgerlichen Parteien des alten Typs – am meisten auf, daß in ihnen kein ausdrückliches Bekenntnis zum Privateigentum an den Produktionsmitteln formuliert war. Die NSDAP trat für das Fortbestehen der Großbetriebe ein und sprach sich mit Punkt 13 zwar für eine Verstaatlichung aller Trusts aus, verband dies jedoch mit der vielsagenden Klausel, daß es sich dabei nur um die „bisher bereits vergesellschafteten Betriebe" handeln dürfe. Beruhigt konnten die besitzenden Schichten allerdings konstatieren, daß im 25-Punkte-Programm das für sie so schreckliche Wort „Sozialismus" nicht ein einziges Mal auftauchte. Auch die später häufig gebrauchten Formeln von einem „deutschen Sozialismus" oder vom „nationalen Sozialismus" enthielten nicht die ihnen zuweilen unterstellten „letzten" revolutionären Ziele[19], eher das Gedankengut eines einfältigen, kleinbürgerlich-nationalistischen Vulgärsozialismus, der sich erkennbar nur gegen jüdische Kapitalisten richtete.[20]

Die zwar im Programm, aber nicht in den zahlreichen Erläuterungen fehlende offene Parteinahme für den Kapitalismus behinderte später die Entwicklung der Beziehungen zwischen NSDAP und Teilen der bürgerlichen Eliten mitunter recht erheblich, so daß sich Hitler am 13. April 1928 zu einer offiziellen Verlautbarung genötigt sah. Diese beteuerte – in einem Tone, als würde die selbstverständlichste Sache verkündet –, daß die NSDAP „auf dem Boden des Privateigentums" stehe. Gleichzeitig beseitigte Hitler damit ein programmatisches Hindernis für engere Bindungen von Großagrariern an die Partei. Er erläuterte den Punkt 17 des 25-Punkte-Programms über die „Schaffung eines Gesetzes zur unentgeltlichen Enteignung von Boden für gemeinnützige Zwecke" als eine „in erster Linie gegen die jüdischen Grundstücksspekulations-Gesellschaften" gerichtete Forderung.[21] Damit war selbst die völlig unbestimmt gehaltene Passage des NSDAP-Programms über eine „Bodenreform" hinfällig geworden. Die Großagrarier konnten zufrieden sein, und den Anhängern des Nationalsozialismus blieb der Kampf gegen ein Phantom, denn der Grundbesitz in den Händen deutscher Juden war lächerlich gering.

Phrasenhafter Wortradikalismus kennzeichnete die sozialpolitischen Teile des Programms: „Abschaffung des arbeits- und mühelosen Einkommens", „restlose Einbeziehung aller Kriegsgewinne", „Abschaffung des Bodenzinses" und vom „rücksichtslosen Kampf gegen diejenigen, die durch ihre Tätigkeit das Gemeininteresse schädigen". Dies und die geringfügigen Versprechungen der NSDAP an die Adresse der Proletarier („Gewinnbeteiligung an Großbetrieben", „Ausbau der Altersversorgung" in den Punkten 14 und 15), wurden in den offiziellen Interpretationen des Programms vielfach als antikapitalistisch gedeutet, ja sogar mit dem noch mehr irreführenden Etikett „revolutionär" versehen. Im Programm selbst war jedoch weder von „Antikapitalismus" noch von „Revolution" die Rede. Obwohl an proletarische Forderungen angeknüpft wurde, vermieden seine Verfasser, von Arbeitern oder von Arbeiterschaft zu sprechen. Die „Köder", mit deren Hilfe sie erhofften, Proletarier gewinnen zu können, waren nicht exakt formuliert. Demgegenüber wurde in Punkt 16 direkt die „Schaffung eines gesunden Mittelstandes" gefordert. Die NSDAP gab vor, die „Groß-Warenhäuser" kommunalisieren, deren Verkaufsräume an kleine Gewerbetreibende billig vermieten und die Kleinhändler bei der Belieferung von Staat, Ländern und Kommunen bevorzugen zu wollen. Sie versprach den „kleinen Leuten", daß ihre bisher durch das Bildungsmonopol der Reichen benachteiligten Kinder künftig auf Staatskosten ausgebildet würden und jeder Befähigte „in führende Stellung" einrücken könne. Wandten sich diese Zusicherungen an soziale Interessen des Kleinbürgertums, das seiner Existenzbedrohung entrinnen wollte und nach „oben" strebte, so wurden andere Passagen an das geistige Spießertum adressiert. Dazu gehörte die Ankündigung des staatlichen Kampfes gegen eine zersetzende „Kunst- und Literaturrichtung" (Punkt 23) und das Eintreten für „das Sittlichkeits- und Moralgefühl der germanischen Rasse" (Punkt 24).

Als Eckpfeiler ihres Programms bezeichneten führende Nationalsozialisten immer wieder zwei Losungen, von denen die eine jeder kapitalistischen Versicherungsgesellschaft als Werbespruch, jeder Schrebergarten-Kolonie als Panier, jedem Lotterie-Verein als Devise hätte dienen können. Brecht nannte den Satz, wonach „Gemeinnutz vor Eigennutz" gehen solle, einen der populärsten Sätze des Hitlerfaschismus, wurde doch in ihn nicht nur hineingelesen, daß die Interessen der „kleinen Leute" im Mittelpunkt der Politik stehen sollten. In Wirklichkeit lief er auf den bloßen Appell an die Angehörigen aller Klassen und Schichten hinaus, sich als Glieder einer „deutschen Volksgemeinschaft" zu fühlen und einander zu nützen, um schließlich vereint dem um Machtpositionen in der Welt ringenden deutschen Staat dienen zu können. Die andere Parole postulierte die „Brechung der Zinsknechtschaft". Mit ihr, so hohl sie politökonomisch war, erzielten die Nationalsozialisten dennoch den beabsichtigten, nahezu magischen Effekt. Ihr unterlegten diejenigen, welche der NSDAP beitraten oder sie wählten, den Sinn, sie würden in einem faschistischen Staat von Schulden und anderen finanziellen Existenzbedrohungen befreit sowie in sozialer Sicherheit leben können. Insbesondere Klein- und Mittelbauern, die vielfach Haus, Hof, Vieh und Acker verpfänden mußten, um sich im unerbittlichen Konkurrenzkampf behaupten zu können und oft doch nur eine qualvolle Verlängerung des Elends erreichten, verbanden mit dieser Formel die Vision von einem völlig neuen Dasein. Gerieten Hitler und die anderen Parteiführer mit dieser Losung aber an Angehörige der Bourgeoisie, die wissen wollten, ob sie künftig besser und völlig ungehindert über ihr Kapital und seinen Einsatz verfügen könnten, so bogen sie ihre zugkräftige Parole nationalistisch um und erklärten, Existenzform der „Zinsknechtschaft" sei die Reparationspflicht des Deutschen Reiches aus dem Versailler Vertrag und nur gegen diese richte sich ihr Spruch.

Zu einer Reihe von Fragen – darunter solche, die in den ersten Jahren der Republik unter den Rechtskräften umstritten waren – bezog das Programm keine Stellung. Dazu gehörte die Organisationsform des angestrebten neuen Staatswesens. Monarchische Spitze oder „Führerstaat" – das wurde offengelassen und vor dem 30. Januar 1933 nicht verbindlich festgelegt. So konnten sich der NSDAP Monarchisten verschiedenster Couleur, darunter Prinzen aus den früher regierenden Häusern Preußens, Hessens, Schaumburg-Lippes, Mecklenburgs u.a. ebenso anschließen wie jene, die eine monarcho-faschistische Staatsform – etwa nach dem Vorbild Italiens – strikt ablehnten. Das Programm erweckte in einigen vagen Wendungen den Eindruck, als sollten unter dem angestrebten Regime sogar bürgerliche Rechte und Freiheiten gewahrt werden. In Punkt 6 las man von dem Recht der Staatsbürger, „über Führung und Gesetze des Staates zu bestimmen", während der letzte ein „politisches Zentralparlament" mit unbedingter Autorität sowie eine wirtschaftliche Gesetzgebung durch „Stände- und Berufskammern" versprach. Insbesondere die Forderung nach einer „starken Zentralgewalt" ließ erwarten, daß die Partei eine uneingeschränkte und rücksichtslose Diktatur ausüben würde, sollte sie an die Macht gelangen.[22]

Offen ließen die Führer der NSDAP auch, wie die geforderte Zentralgewalt und die Fortexistenz von „Bundesstaaten", jener Ergebnisse feudaler Staatlichkeit in Deutschland, miteinander in Einklang gebracht werden sollten. Die Partei hatte auf die Tatsache Rücksicht zu nehmen, daß ihr bisheriger Einfluß sich nahezu allein auf Bayern beschränkte, wo jede einseitige Betonung des Zentralismus unweigerlich auf den Widerstand sowohl föderalistischer Interessen als auch partikularistischer Borniertheit stoßen mußte. Später dann, als die NSDAP an die Macht gekommen war, setzte sie zentralistische Führungsprinzipien durch, allerdings weniger im

Sinne einer gegen den Föderalismus gerichteten „Reichsreform" als vielmehr im Einklang mit ihren Kriegsplänen, die eine äußerste Zusammenfassung aller Kräfte erforderten. Ähnlich unbestimmt las sich auch die Erklärung in Punkt 24, daß sich die Partei konfessionell nicht an eine bestimmte Religion binde und den Standpunkt eines „positiven Christentums" vertrete. Ihre Forderung nach der Freiheit aller religiösen Bekenntnisse schränkte die Partei allerdings ein. Sie gelte lediglich, soweit diese im deutschen Staat „nicht dessen Bestand gefährden oder gegen das Sittlichkeits- und Moralgefühl der germanischen Rasse verstoßen."

Neben dem politischen Kern des Programms standen unverkennbar rassistische und namentlich antisemitische Forderungen an der Spitze der offiziellen weltanschaulichen Verlautbarungen der NSDAP. Fremdenhaß und Judenfeindschaft kamen in nahezu allen Programmpunkten zum Vorschein, ohne daß in diesen freilich bereits die Konturen von Auschwitz vorgezeichnet gewesen wären. Klar wurde in den Punkten 5 bis 8 ausgesprochen, daß die in Deutschland lebenden „Nicht-Deutschen" – womit in erster Linie Juden, aber nicht nur sie gemeint waren – in einem von der NSDAP beherrschten Reich alle staatsbürgerlichen Rechte verlieren und jene „Nicht-Deutschen", die nach 1914 aus Osteuropa eingewandert waren, „sofort zum Verlassen des Reiches gezwungen", d.h. ausgewiesen werden sollten. Unmißverständlich kündigte das Programm auch die Absicht an, die Juden unter Sondergesetze zu stellen, ihnen jede öffentliche Anstellung in Reich, Ländern und Gemeinden zu entziehen. Ihnen sollte zudem jede Betätigung in Kunst, Literatur und Journalistik verboten werden. Damit drohte Zehntausenden, nicht allein schikaniert, sondern regelrecht auch ihrer Existenzgrundlage beraubt und aus dem Reichsgebiet vertrieben zu werden. Außerdem sollte die Betätigung des jüdischen Glaubensbekenntnisses untersagt werden. Es war eine dreiste Lüge, wenn Parteigänger des Nationalsozialismus später – beispielsweise vor dem Nürnberger Tribunal gegen die deutschen Hauptkriegsverbrecher – behaupteten, in ihrem Programm hätte sich der Antisemitismus nur in der Ankündigung einer gegen jüdische Menschen gerichteten Fremden-Gesetzgebung ausgedrückt, sie seien doch lediglich für eine „ritterliche Lösung" eingetreten.[23]

In zeitgenössischen wie in späteren Urteilen über die 25 Punkte der NSDAP finden sich häufig Vokabeln wie dürftig, dilettantisch, nichtssagend u.ä.m. Tatsächlich war das Programm ein rasch formuliertes Flickwerk, zusammengeschustert aus nationalistischen Phrasen und Utopien, aus sozialreformerischen und feudalreaktionären Ideen. Es diente in erster Linie der Absicht, eine große Anhängerschar zu gewinnen. Doch nur wenige der von ihm Bedrohten erhoben warnend ihre Stimme. Der Weg der Faschisten werde, wie der Kommunist Hermann Duncker schrieb, nur um einen hohen Preis erfolgreich sein – um den „des Verderbens der Nation, des Niedergangs der Kultur und des Ruins der Wirtschaft, der in kurzem die Intelligenz und den Mittelstand in den Abgrund reißen muß".[24] Von ihm stammt auch das in der praktischen Politik zu wenig berücksichtigte Wort, daß Kommunisten und Sozialdemokraten kein „blutrünstigerer Gegner als die Drahtzieher des völkischen Nationalsozialismus" gegenüberstünde.[25]

Der NSDAP diente das 25-Punkte-Programm als Grundlage ihres Versuches, eine eigene Weltanschauung zu fixieren. Mit der Absicht, dem Marxismus eine „gleichwertige" Lehre entgegensetzen zu wollen, ging es ihr um eine historisch-philosophische Legitimierung ihres Vorgehens. Manche ihrer Führer trieb der Ehrgeiz, sich als „Denker" zu profilieren und Anerkennung auch unter den geistigen Eliten des Reichs zu gewinnen. Dennoch kam kein wie auch immer geartetes wissenschaftliches, sachlich und in sich logisch begründetes Denkgebäude zustande. Alles diente eher dem Anspruch, die gewünschte Erziehung der Volksmassen zu blindem politischem Glauben und kämpferischem Fanatismus auch „theoretisch" abzusichern. In erster Linie war zwar beabsichtigt, die „Waffe der Gewalt" beharrlich und rücksichtslos einzusetzen, doch wußte Hitler auch, daß Terror allein auf Dauer nichts bewirken könne. Der nationalsozialistische Kampf müsse daher die „Form des Angriffs für eine neue geistige Einstellung" der Massen erhalten. Weil dies gefehlt habe, sei „bislang noch immer die Bekämpfung des Marxismus" gescheitert. Man brauche, so erklärte er, für den Fall der Vernichtung des Marxismus eine Weltanschauung und eine Bewegung, von der zu erwarten wäre, daß sie „die großen Scharen der nun mehr oder weniger führerlos gewordenen Arbeiter in ihren Bann zu ziehen" vermögen. Und begründend fügte er den entlarvenden Satz hinzu: Diese Arbeiter würden doch nicht „augenblicklich in eine bürgerliche Partei ... einrücken".[26]

Die nationalsozialistische Programmatik richtete sich weder gegen den Kapitalismus, noch enthielt sie irgendwelche revolutionäre Ideen und hatte alles andere als sozialistische Gesellschaftsverhältnisse zum Ziel. Ihre Verfechter vertraten mit der These vom „deutschen Sozialismus" einen demagogischen Anspruch. Programm und Ideologie verhüllten die tatsächlichen Herrschaftsverhältnisse und sollten die Massen, von denen sie annehmen konnten, sie würden im Sozialismus die Alternative zum Kapitalismus sehen, für ihre Interessen mobilisieren.[27] Sie gingen – nicht unbegründet – von der Annahme aus, daß mit einer direkten Apologetik der bürgerlichen Wirtschafts- und Gesellschaftsordnung wenig Einfluß auf die Arbeiterschaft zu gewinnen war; zu sehr hatte sich in deren Augen der Kapitalismus durch Militarismus und Krieg, soziale Ungerechtigkeit und undemokratische Herrschaft diskreditiert. Ihre auf der Grundlage des 25-

Das 25-Punkte-Programm: chauvinistischer Dünkel und ...

Punkte-Programms betriebene antikapitalistische und pseudosozialistische Propaganda verknüpfte die NSDAP mit einem Aktivismus, der sich „am Bilde der kriegerisch-gewaltsamen Aktion orientierte, ... Kadavergehorsam forderte und diesen Gehorsam allein an den Befehl, jedoch an keine Legalität band".[28] Die Theoretiker der Partei ersetzten den tiefen Pessimismus, die Untergangsstimmung vieler zeitgenössischer Philosophen durch eine Art Mobilisierungsideologie, mit deren Hilfe breite Massen im Sinne einer fanatischen Aktivismus-Bereitschaft manipuliert werden sollten. Daher gehörte auch der Mißbrauch von Symbolen, Liedern und Traditionen der Arbeiterbewegung zu ihrer Beeinflussung des werktätigen Volkes.

In Ideologie und Programm der NSDAP fand alles Eingang, was es an reaktionären Ideen des 19. und 20. Jahrhunderts gegeben hat. Im Grunde stellte das, was sich nahezu bar an eigenen Gedanken als Nationalsozialismus ausgab, eine neue politische Synthese aller ausgesprochen menschenfeindlichen Strömungen der bürgerlichen Philosophie, Staatslehre, Geschichtsschreibung, Soziologie und anderer Wissenschaftsgebiete dar. Trotz seines eklektizistischen und widersprüchlichen Charakters bemühte sich die Partei, den Eindruck zu erwecken, die Überwindung der Krise bürgerlichen Denkens zu sein. Bei aller Unterschiedlichkeit der von ihr aufgegriffenen Ideen und benutzten Quellen – der direkt übernommenen wie auch der indirekt und über vielfältige, alltägliche Kanäle vermittelten – waren den 25 Forderungen der NSDAP gemeinsam: Antimarxismus und sozialpolitische Versprechungen, gepaart mit chauvinistisch-militaristischer Abenteuerlichkeit, mit Rassismus und Antisemitismus, mit Antidemokratismus und Antiparlamentarismus, völliger Verkehrung und Mystifizierung der realen gesellschaftlichen Zusammenhänge. Gerade die Zerrbilder von den „Nicht-Deutschen", destruktive Stereotype des Hasses auf andere Völker und gewaltmobilisierende Klischees von vorgeblichen „Feinden" des deutschen Volkes zeugten von nationalistischer Überheblichkeit und arischem Herrenmenschentum. Alles zielte auf eine systematische und restlose Beseitigung progressiver Gedanken und humanistischen Geistes. Die Leitideen der NSDAP verabsolutierten den Gedanken, die Deutschen seien vom Schicksal zur Herrschaft über die Welt „auserwählt" worden. Um dieses Ziel erreichen zu können, sei der klassen- und schichtenüberwindende Zusammenschluß zu einer „deutschen Volksgemeinschaft" erforderlich und müsse das dem Militärwesen entlehnte Führer-Gefolgschafts-Prinzip konsequent verwirklicht werden.

Die Partei der deutschen Faschisten setzte die Traditionslinie der chauvinistisch-antidemokratischen und rassistischen Varianten der bürgerlichen Ideologie des 19. und des beginnenden 20. Jahrhunderts fort. Sie übernahm sowohl das Programm des Alldeutschen Verbandes als auch den scheinbaren Antikapitalismus der konservativ-antisemitischen, christlichsozialen Bewegung um den Hofprediger Adolf Stoecker. Sie stützte sich auf den Philosophen Friedrich Nietzsche und die ihm zugeschriebenen Ideen vom „Willen zur Macht" und vom „Übermenschen", die mit einer Absage an wissenschaftliche Formen des Denkens und deren vollendeter Abstraktion im Mythos verbunden waren[29], jedoch auch für die Zwecke des Nationalsozialismus vielfach zurechtgestutzt worden sind.[30] In ihrem Rassismus berief sich die NSDAP auf den französischen Schriftsteller Joseph Arthur de Gobineau, der als Ideologe der feudalen Reaktion in seinem „Versuch über die Ungleichheit der Menschenrassen" (1853) den Rassenkampf zur Triebkraft der Geschichte erklärt hatte, auf den englischen, aber in Deutschland lebenden Geschichtsphilosophen Houston Stewart Chamberlain, der in „Die Grundlagen des 19. Jahrhunderts" (1899) die aggressiven und expansionistischen Ziele der Alldeutschen begründen half, auf Georg Ritter von Schönerer, einen leidenschaftlichen Verfechter all- und großdeutscher Interessen in Österreich, auf den deutschen Religionshistoriker Paul Anton de Lagarde und seine vor allem in den „Deutschen Schriften" vertretenen irrationalistisch-mystischen Auffassungen, auf den Schriftsteller Julius Langbehn („Rembrandt als Erzieher", 1894), auf den Herausgeber des „Handbuches der Judenfrage" (1887), Theodor Fritsch, sowie auf den Historiker Heinrich von Treitschke, der 1879 verkündet hatte: „Die Juden sind unser Unglück!"[31]

Diese im wilhelminischen Deutschland weit verbreiteten, nach 1919/20 noch mehr Einfluß gewinnenden alldeutsch-chauvinistischen Thesen und Klischees bildeten eine der wesentlichsten ideengeschichtlichen Wurzeln des Parteiprogramms. Die Punkte 3 bis 6, 14, 16 und 23 schienen sogar mehr oder weniger direkt dem berüchtigten Buch „Wenn ich der Kaiser wär" des Alldeutschen Heinrich Claß aus dem Jahre 1912 entnommen zu sein.[32] Die sich selbst „Völkische" nennenden Ideologen und Politiker begründeten ihre extremen Forderungen darüber hinaus auch mit den Theorien, denen geographischer Determinismus zugrunde lag, und der Geopolitik, wie sie Karl Haushofer[33] in seiner „Zeitschrift für Geopolitik" vertrat und über seinen Studenten Rudolf Heß an Hitler übermittelte. Programm und Weltanschauung der NSDAP orientierten sich ferner am Malthusianismus und am Sozialdarwinismus, dessen Verfechter Darwins Evolutionskonzeption vom „Kampf ums Dasein" und von der „Auslese der Tauglichsten" mechanisch auf die menschliche Gesellschaft übertrugen und alle sozialen Beziehungen biologistisch und mystifizierend interpretierten. Nicht zuletzt übernahmen sie die elitären und psychologisierenden Theorien Gustave Le Bons („Psychologie der Massen", 1895, deutsch 1908) und Scipio Sigheles („Psychologie des Auflaufs und der Massenverbrechen", 1897).

In den Jahren der Weimarer Republik griff die NSDAP systematisch auch auf die Ideen der Jungkonservativen zurück. Diese gehörten zu den entscheidenden theoretischen Wegbereitern des faschistischen Diktaturregimes in Deutschland.[34] Konservative und Jungkonservative wie Oswald Spengler („Der Untergang des Abendlandes", 1918; „Preußentum und Sozialismus", 1914), Arthur Moeller van den Bruck („Das dritte Reich", 1923), Edgar Jung („Die Herrschaft der Minderwertigen. Ihr Zerfall und ihre Ablösung durch das Neue Reich", 1927), Ernst Jünger („In Stahlgewittern", 1920; „Der Kampf als inneres Erlebnis", 1922) und anderer mehr verherrlichten wie die Faschisten den Krieg, schmähten die Weimarer Republik und bereiteten deren Untergang theoretisch und politisch vor. Sie suchten nach einem – vom Althergebrachten abweichenden, vor allem erfolgversprechenden – Weg, die krisenhafte Entwicklung der bürgerlichen Gesellschaft beenden zu können. Ihnen ging es um das geistige Fundament einer als notwendig betrachteten Neuorientierung der deutschen Eliten. Den Gemeinsamkeiten in der Ideologie des Jungkonservatismus und des Nationalsozialismus gegenüber fielen die Unterschiede nur unerheblich ins Gewicht. Differenzpunkte gab es in den Vorstellungen über die Form des angestrebten neuen Staates, über diverse Führungsansprüche im eigenen Lager, vor allem aber über die den Massen zugedachte Rolle im Prozeß der Rechtsentwicklung. Die Konservativen beherrschte ein tiefes Mißtrauen gegen alle Versuche, die Masse des Volkes nicht nur unterdrücken, sondern auch aktivieren zu wollen. Darin sahen sie eine potentielle Gefahr für die bestehenden sozialökonomischen und politischen Verhältnisse.

Programm, Ideologie und die Ziele der NSDAP fanden vier Jahre nach der Verkündung der 25 Punkte eine umfassende und autoritative Interpretation in jenem Buch Hitlers, das den Titel „Mein Kampf"[35] erhielt und von Antifaschisten gelegentlich als „Kannibalenbibel" bezeichnet worden ist. Es erschien in zwei Bänden: 1925 der stärker autobiographisch angelegte erste Band („Eine Abrechnung")) und 1926 der zweite („Die nationalsozialistische Bewegung"). Später wurden sie zusammengefaßt und bis 1945 in nahezu 10 Millionen Exemplaren aufgelegt. „Mein Kampf" enthielt philosophisch verbrämte Bekenntnisse zu extrem reaktionären Zielen, vermischt mit der Darstellung persönlicher Erlebnisse und der Geschichte der NSDAP. Im Leitartikel-Stil faschistischer Zeitungen trug der Verfasser seine von Haß und Wut getragene Feindschaft gegenüber der in KPD, SPD und Gewerkschaften organisierten Arbeiterbewegung vor. Sie lasse Nationalismus und Antisemitismus vermissen, daher müsse sie entschieden bekämpft werden. Weil die jüdische Demokratie und das parlamentarische Mehrheitsprinzip, eine Sünde „wider den aristokratischen Grundgedanken der Natur"[36], zu keiner nationalen Einheit führen würden, lehnte er auch diese ab.

Gleich einem roten Faden zog sich die Darstellung der „schrecklichen"

Gegenwart durch das Buch. Von ihr befürchtete Hitler Verderbnis und Untergang. Gegen wen auch immer gerichtet, gleich ob gegen Juden, Marxisten, Pazifisten, Liberale, Parlamentarier: Hitler malte stets regelrechte Schreckensvisionen vom „Zusammenbruch der menschlichen Kultur", von einer „Verödung der Welt", von „Völkerkrankheiten", deren Urheber „wahre Teufel" und „Ungeheuer" gewesen seien. „Chaos", „Kulturverfall", „Zerstörung der gesamten Menschheit" würden zur „Herrschaft des Minderwertigen" führen.[37] Ein pathologisches Wahnbild schien ihn zu verfolgen: „Siegt der Jude mit Hilfe seines marxistischen Glaubensbekenntnisses über die Völker dieser Welt, dann wird seine Krone der Totentanz der Menschheit sein, dann wird dieser Planet wieder wie einst vor Jahrmillionen menschenleer durch den Äther ziehen." An anderer Stelle sprach er sogar vom Untergang der Menschheit „im ewigen Frieden".[38]

Für alle Wurzeln solchen Ungemachs und der postulierten Menschheitsbedrohungen präsentierte der Antisemit Hitler einen alleinschuldigen Universalfeind: den Juden. Kam er auf ihn zu sprechen, fehlte in seinem Sprachschatz kein Schimpfwort, kein schäbiger Vergleich. Die Juden seien eine „sich blutig bekämpfende Rotte von Ratten", ein Volk ohne jede wahre Kultur und „immer nur Parasit im Körper anderer Völker". Wie schädliche Bazillen und Schmarotzer wirkend, sterbe, wo sie auftreten, „das Wirtsvolk nach kürzerer oder längerer Zeit ab." Das Judentum strebe nicht allein nach einer „wirtschaftlichen Eroberung der Welt, sondern auch deren politische Unterjochung" an. Überall lauere die Gefahr einer jüdischen Weltverschwörung. Dazu bemühte er die gefälschten „Protokolle der Weisen von Zion", die „mit geradezu grauenerregender Sicherheit das Wesen und die Tätigkeit des Judenvolkes aufdecken und in ihren inneren Zusammenhängen sowie den letzten Schlußzielen darlegen" würden. Niemand brauche sich zu wundern, „wenn in unserem Volke die Personifikation des Teufels als Sinnbild alles Bösen die leibhaftige Gestalt des Juden annimmt."[39]

Demgegenüber suchte Hitler nach „letzter Rettung" und dem „Kampf mit allen Waffen, die menschlicher Geist, Verstand und Wille zu erfassen vermögen, ganz gleich, wem das Schicksal dann seinen Segen in die Waagschale senkt." Für ihn existierte daher lediglich „das eherne Gesetz der Notwendigkeit und des Rechtes des Sieges des Besten und Stärkeren."[40] Es tobe in der gesamten Weltgeschichte ein unerbittlicher „Kampf ums Dasein", in dem stets der Sieger das Recht auf Gewalt über andere besitze. Solche sozialdarwinistischen, biologistischen Formeln verknüpfte er apodiktisch mit seiner Rassenideologie, ohne auf Widersprüchlichkeiten und Gedankenfehler zu achten, unsäglich menschen- und menschenrechtsfeindlich. Aus der Negierung der „kulturzerstörerischen" jüdischen Rasse und anderer bloß „kulturtragender" Rassen leitete er alle Rechte für den

„kulturschöpferischen" Arier ab. Diesem allein stehe aus Gründen seiner Rasse, seines Blutes und seiner Geschichte heraus das Recht zur absoluten Herrschaft über andere Rassen und Völker zu. Machtorientiertes Denken prägte das gesamte Buch. Für Hitler war Macht jedoch ohne Krieg undenkbar, ja sogar völlig sinnlos. Daher kreisten seine Gedanken immer wieder um die Frage, weshalb Deutschland den Krieg verloren habe und wie dies am besten zu revidieren sei. Er hielt einen neuen Krieg um die deutsche Vorherrschaft in der Welt für unvermeidlich, und dieser könne nur dank besserer Vorbereitung gewonnen werden. Mehrere Kapitel befassen sich ausschließlich mit den Ursachen und Folgen der Niederlage Deutschlands von 1918. Eines der umfangreichsten trug direkt den Titel „Ursachen des Zusammenbruchs" und fand seine unmittelbare Fortsetzung in den Betrachtungen zu „Volk und Rasse". Besonders die letzten drei Kapitel des zweiten Teils („Deutsche Bündnispolitik nach dem Kriege", „Ostorientierung oder Ostpolitik", „Notwehr als Recht") zielten in programmatischer Weise auf die Außenpoltik des zukünftigen Reiches. Hitlers auschließliches Denken in den Kategorien von Gewalt, Terror und Krieg verknüpfte sich mit einer in den zwanziger und dreißiger Jahren immer wieder postulierten „Friedensliebe"; wie demagogisch er allerdings mit dem Begriff des Friedens umging, offenbarte sein Gedanke, daß die „pazifistisch-humane Idee" vielleicht dann ganz gut sei, „wenn der höchststehende Mensch sich vorher die Welt in einem Umfange erobert und unterworfen hat, der ihn zum alleinigen Herrn dieser Erde macht."[41]

Breit ließ sich Hitler auch darüber aus, was nach seiner – keineswegs originären – Auffassung von den deutschen Oberschichten und Kaiser Wilhelm II. im Ersten Weltkrieg und vor der Novemberrevolution alles falsch gemacht worden sei. Der notwendige Kampf gegen den Marxismus, „dessen letztes Ziel die Vernichtung aller nichtjüdischen Nationalstaaten" sei und bleiben würde[42], wäre unzureichend geführt worden. Man müsse nunmehr den internationalistischen Ideen der Arbeiterschaft mit anderen Mitteln beggenen. Die Führung des kaiserlichen Reiches habe der „Pestilenz" des Marxismus, dem Parlamentarismus und der bürgerlich-liberalen Demokratie zu wenig Gewalt und keinen „neuen zündenden Gedanken" entgegengesetzt. Sie hätte die Führer der Arbeiterklasse besser „hinter Schloß und Riegel setzen, ihnen den Prozeß machen und sie der Nation vom Halse schaffen" sollen. „Man mußte rücksichtslos die gesamten militärischen Machtmittel einsetzen zur Ausrottung dieser Pestilenz."[43] In dieser Art spürte er durchgängig vermeintlichen und tatsächlichen Ursachen des Zusammenbruchs von 1918 nach und zog Schlußfolgerungen für den künftigen Weg in einen neuen, erfolgversprechenderen Krieg, an dessen Ende kein neuer 9. November, keine alles Bestehende infragestellende Revolution stehen sollte.

Hitler postulierte den „Grundsatz ..., daß für die Menschheit der Segen nie in der Masse lag" und man daher „den besten Köpfen die Führung und den höchsten Einfluß im ... Volke sichern" müsse. Der durch die Klassenkämpfe des Proletariats und vor allem durch die Novemberrevolution verschreckte Führer der NSDAP stellte den „Marxismus ... als den in Reinkultur gebrachten Versuch des Juden dar, auf allen Gebieten des menschlichen Lebens die überragende Bedeutung der Persönlichkeit auszuschalten und durch die Zahl der Masse zu ersetzen". Der „Masse" aber käme „politisch die parlamentarische Regierungsform" und „wirtschaftlich das System einer Gewerkschaftsbewegung"[44] zugute. Die günstigste „Lösung der deutschen Zukunft" sei daher an deren Beseitigung sowie „an die nationale Gesinnung der breiten Masse unseres Volkes" gebunden. Folgerichtig erklärte Hitler, die „Nationalisierung der Massen" sei die „höchste und gewaltigste Aufgabe" sowie das „oberste Ziel" des Nationalsozialismus.[45]

Ausführlich beschäftigte sich der NSDAP-Führer auch mit den Notwendigkeiten und Möglichkeiten systematisch betriebener Propaganda. Eine seiner Schlußfolgerungen lautete, daß „die Vorsicht bei der Vermeidung zu hoher geistiger Voraussetzungen gar nicht groß genug sein" könne. Seine Auffassungen – im Sommer 1928 in einem weiteren, damals allerdings nicht veröffentlichten Buchmanuskript noch viel offener und brutaler formuliert[46] – verbanden den extremen Revanchismus nach dem Ersten Weltkrieg mit einem vor allem gegen Polen und die Sowjetunion gerichteten Kriegs- und Eroberungsprogramm. Er rechtfertigte in aggressiven, rassistischen Formeln eine diktatorische Herrschaft nach innen, den Terror gegen alle nicht-nationalsozialistischen Kräfte, die Zerstörung der parlamentarischen Demokratie sowie die Versklavung und Vernichtung anderer Völker.

1928 ging Hitler erneut mit seinen außenpolitischen Zielsetzungen grundsätzlich und weit über die Forderung nach einer Revision des Versailler Vertrages hinaus. Es handele sich, so dozierte er, um mehr als nur um die „Wiederherstellung der Grenzen des Jahres 1914". Bliebe man dabei stehen, sei dies „ein politischer Unsinn", der in seinen Ausmaßen und Folgen ein „Verbrechen" sei. Die Reichsgrenzen von 1914 – auch die im Westen – wären weder logisch noch vollständig oder vernünftig gewesen. Deutschland müsse im Kampf gegen Frankreich und England zu einer „Weltmacht" werden, „Schwert und Blut" einsetzen für den „Gewinn eines Siedlungsgebietes, das die Grundfläche des Mutterlandes selbst erhöht und dadurch ... der gesamten Raummenge jene Vorteile sichert, die in ihrer vereinten Größe liegen".[47] Eindeutig wurde die Richtung der künftigen Eroberungskriege bestimmt: Deutschland habe dort anzusetzen, „wo man vor sechs Jahrhunderten endete. Wir stoppen den ewigen Germanenzug nach dem Süden und Westen Europas und weisen den Blick nach dem Land im Osten. Wir schließen endlich ab die Kolonial- und Handelspolitik der Vorkriegszeit und gehen über zur Bodenpolitik der Zukunft. Wenn wir aber heute in Europa von neuem Grund und Boden reden, können wir in erster Linie nur an Rußland und die ihm untertanen Randstaaten denken."[48]

Mit betonter Verblüffung ist später, in und nach den Jahren des Zweiten Weltkrieges, vielfach auf Übereinstimmungen zwischen dem 25-Punkte-Programm und seinen frühen programmatischen Erläuterungen und dem tatsächlichen Ablauf der Ereignisse aufmerksam gemacht worden. Mitunter schlossen Historiker daraus auf einen „Fahrplan", den der „Welteroberer Hitler"[49] zunächst selbständig ausgearbeitet und dann in eigener Regie bzw. kraft eigener Selbstherrlichkeit in die Realität umsetzen wollte. Eine solche Interpretation von Hitlers Wollen übersieht bzw. macht vergessen, daß expansionistische und annexionistische Pläne dutzendfach auch von anderen Angehörigen und Interessenvertretern der deutschen Oberschichten vorgelegt wurden.[50]

Zu den wichtigsten und am weitesten verbreiteten, das 25-Punkte-Programm direkt erläuternden und ergänzenden Schriften gehörten die von Gottfried Feder. Dieser „Programmatiker der Bewegung" veröffentlichte 1923 eine Broschüre unter dem Titel „Der deutsche Staat auf nationaler und sozialer Grundlage. Neue Wege in Staat, Finanz und Wirtschaft" und 1927 in der von ihm herausgegebenen Reihe „Nationalsozialistische Bibliothek" als erstes Heft „Das Programm der NSDAP und seine weltanschaulichen Grundgedanken". In letzterem fügte sich Anklage an Anklage gegen den Marxismus. Die hier enthaltenen Attacken gegen das Kapital schwächten sich im Laufe der zwanziger Jahre jedoch ab. Zunächst hieß es noch: „Riesenbetriebe (Konzerne, Syndikate, Trusts) werden verstaatlicht"; in der 7. Auflage von 1932 stand allerdings schon zu lesen: „Der Nationalsozialismus wird auch größere industrielle Werke, solange sie in Privatbesitz bleiben (wir denken an Krupp, Mannesmann, Thyssen usw.), keineswegs als den Interessen der Gesamtheit zuwiderlaufend behandeln."[51]

Neben Feders Exegese des Programmtextes wurde seit 1922 vor allem die bereits erwähnte Schrift „Wesen, Grundsätze und Ziele der NSDAP" von Rosenberg verbreitet. Ihr aus weißgardistischen baltendeutschen Kreisen stammender und von fanatischem Antikommunismus beseelter Autor hob hauptsächlich den Rassismus als Grundelement mystizistischer Welteroberungsideen hervor. An Nietzsche und Chamberlain anknüpfend, kritisierte er später in seinem Hauptwerk „Der Mythus des 20. Jahrhunderts" vor allem den Marxismus und Sozialismus sowie jeglichen Humanismus, Demokratismus und politischen Liberalismus. Er beklagte den sogenannten Kulturverfall und warf der christlichen Religion ebenso wie den Kirchen vor, ihre Ideale von einer „Verchristlichung" und „Humanisierung der Welt" hätten den „Strom blutigroten wirklichen Lebens" mißachtet.[52] Das Bürgertum sei „dank humanitärer Verblödung ... am 9. November 1918" zerbrochen. Allein die nordisch-arische Rasse könne Rettung bringen: „Eine neue Zeit deutscher Mystik ist angebrochen, der Mythus des Blutes und der Mythus der freien Seele" seien – natürlich mit dem Faschismus – zu „neuem bewußtem Leben" erwacht.[53]

Auch alle anderen programmatischen Verlautbarungen, Äußerungen und Reden über die von der NSDAP angestrebte Zukunft im „Dritten Reich" – dieses sollte auf das erste, bis 1806 existierende „Heilige Römische Reich Deutscher Nation" und das zweite der Jahre 1871 bis 1918 folgen und sie an Macht und Glanz noch übertreffen – liefen auf das gleiche hinaus: allen alles zu versprechen, Dummheit und Verzweiflung, Hoffnungslosigkeit und Gutgläubigkeit, Begeisterungsfähigkeit und Opferbereitschaft gewissenlos auszunutzen. Die Schriften von Walther Darré, Joseph Goebbels, Gregor Strasser, Julius Streicher u.a.m.[54] zielten wie die von Hitler und Rosenberg auf die Schaffung eines Massenanhangs für ihr Streben, in Europa und der Welt eine Vorherrschaft der Deutschen zu errichten, nach dem „großdeutschen" ein „großgermanisches", weltumspannendes Imperium zu schaffen, wobei unverhohlen an die alte, reaktionäre Tradition der „Reichsidee" angeknüpft wurde.[55]

Je mehr die NSDAP in der zweiten Hälfte der zwanziger und zu Beginn der dreißiger Jahre an Einfluß gewann, je aussichtsreichere Plätze sie im Kampf um die Führung im Deutschen Reich errang, desto stärker trat ihre „sozialistische" Propaganda zurück und ihr Nationalismus hervor. Gleichzeitig fielen der rigide Wortradikalismus, den ihre Mitglieder und Anhänger geboten bekamen, und der gemäßigte Ton parteioffizieller Verlautbarungen immer mehr auseinander. Befriedigt konstatierte eine im zweiten Halbjahr 1932 angefertigte Expertise der Deutschen Reichsbank, das sogenannte wirtschaftliche Sofortprogramm der NSDAP, das am 29. Juli 1932 bekanntgegeben worden war, sei „im Vergleich zu den bekannten früheren Forderungen der NSDAP merklich abgemildert". Die sachverständigen Banker stellten nicht ohne Genugtuung fest: „Die schon seit längerer Zeit zu beobachtende Tendenz eines Abrückens von allzu extremen Wirtschaftsforderungen scheint sich also in der NSDAP durchgesetzt zu haben."[56]

Kapitel 3
Vom Abenteuer mit Kapp zum Putsch in Bayerns Hauptstadt

Mit dem Ziel, eine direkte Verbindung zwischen den reaktionärsten Kreisen Bayerns und der vom 13. bis 17. März 1920 agierenden „Regierung" des Wolfgang Kapp sowie den putschenden Reichswehreinheiten in der Reichshauptstadt herzustellen, entsandte Hauptmann Mayr im März 1920 zwei Mitarbeiter seines Stabes nach Berlin: Hitler und Eckart. Allerdings setzte der mächtige Generalstreik von zwölf Millionen Arbeitern und anderer demokratischer Kräfte dieser Mission – wie dem gesamten Versuch, eine offene Militärdiktatur zu errichten – ein rasches Ende. Als die beiden unverrichteterdinge wieder nach München zurückkehrten, konnten die Rechten hier dennoch zufrieden sein: Fast alle Ziele des Putsches waren in Bayern erreicht worden, sozusagen auf kaltem Wege: Das sozialdemokratische Kabinett – von Möhl und den 300.000 Mitglieder zählenden bayerischen Einwohnerwehren massiv unter Druck gesetzt – mußte am 16. März einer rein bürgerlichen Regierung unter dem rechtskonservativen Monarchisten Gustav Ritter von Kahr weichen[1], der in den kommenden Jahren eine entscheidende Rolle spielen sollte. Vertrauensleute der Einwohnerwehren besetzten weitere Schaltstellen des Beamtenapparates, die sie für die Förderung aller rechtsextremistischen Parteien und Verbände nutzten. Es gelang ihnen, den Freistaat Bayern zur „Ordnungszelle" Deutschlands zu machen, zu einer Hochburg monarchistisch-partikularistischer Kräfte, zum Schlupfwinkel rechtsradikaler Terrorgruppen und damit auch zur Brutstätte völkisch-faschistischer Organisationen.

Die NSDAP profitierte von den veränderten Verhältnissen. In der Zeit zwischen dem Kapp-Putsch und dem 21. Januar 1921 konnte sie 46 große Versammlungen mit mehr als 60.000 Besuchern durchführen. Doch darin erschöpften sich ihre Aktivitäten keineswegs. Es fanden ferner wöchentlich „Sprechabende" im Parteilokal (ab September 1920 im großen Saal des Hofbräuhauses) und Dutzende von Werbeveranstaltungen auch außerhalb Münchens statt. Gegenüber dem ersten Jahr waren die Themen, über die geredet wurde, viel globaler gewählt („Der Weltkrieg und seine Macher", „Betrogen, verraten und verkauft") und häufig mit polarisierenden Fragestellungen („Macht oder Recht", „Reichszertrümmerer und Französlinge", „Dummheit oder Verbrechen?") verbunden.[2] Stets wurden nationalistische Gefühle angesprochen und rassistische Vorurteile der Zuhörer hochgepeitscht. Nahezu regelmäßig kam es bei Veranstaltungen zu Krawallen und handgreiflichen Auseinandersetzungen mit Angehörigen der Arbeiterparteien und anderer Organisationen, deren Versammlungen wiederum häufig überfallen und gesprengt wurden.

Die Münchener Behörden schritten in solchen Fällen selten ein. Ernst Pöhner, Polizeipräsident der Stadt, und Wilhelm Frick, Leiter der Politischen Polizei, deckten mit den ihnen zur Verfügung stehenden Mitteln das Treiben der NSDAP. Ebenso hielt die neue bayerische Landesregierung schützend ihre Hände über die Partei, empfand sie diese doch als eine willkommene Unterstützung ihrer eigenen Bestrebungen gegen die Reichsregierung, ihrer partikularistischen und teilweise sogar separatistischen Vorhaben. Die Verhältnisse im Norden Deutschlands bezeichnete sie als „bereits halb bolschewistisch", die Reichsregierung in Berlin als eine „verschleierte Sowjetregierung". Im Mai 1921 empfing Kahr erstmalig eine Delegation der NSDAP, vom Willen geleitet, alle „nationalen Kräfte" gegen die vom Zentrumspolitiker Joseph Wirth geleitete Reichsregierung zu sammeln. Die Aktivitäten der deutschen Faschisten pauschal entschuldigend wie auch gleichzeitig rechtfertigend, begründete Kahr sein Verhalten mit dem Satz: „Gäbe es keinen linksgerichteten Radikalismus, so gäbe es auch keinen rechtsgerichteten nationalistischen ..."[3]

Nach ihren Versammlungen schlossen sich zahlreiche Teilnehmer spontan der NSDAP an. Sie zeigten sich beeindruckt von der vermeintlichen Konsequenz, mit denen soziale und politische Nöte dargestellt wurden, angetan vom pathetischen Stil der Redner sowie vom stets demonstrierten Übermaß an Aktivität und Draufgängertum. Die soziale Struktur der Mitgliedschaft wurde in den frühen zwanziger Jahren vor allem von entwurzelten Offizieren und Soldaten, notleidenden und notfürchtenden Gewerbetreibenden, politisch Obdachlosen und Enttäuschten, geistig Anspruchslosen und leicht Verführbaren, Studenten und lumpenproletarischen Elementen[4] geprägt. Sie jubelten den Phrasen und Schlagworten der chauvinistisch-rassistischen Redner zu. Bereitwillig begeisterten sie sich an fanatischen Morddrohungen gegen Andersdenkende, brüllten sie „aufhängen" oder „totschlagen", wann immer die Versammlungsleiter oder sie selbst dies für richtig hielten. Was mancher zunächst als anziehendes „Gaudi" empfand, als abwechslungsreiche Politik-Spielerei, verwandelte sich rasch in blutigen Ernst, dem sich zu entziehen nur wenigen gelang.

Zwischen Mai 1920 und Januar 1921 wuchs die Zahl der NSDAP-Mitglieder von 675 auf 2500. Bis 1923 stieg sie auf ca. 6000 an. Außerhalb Münchens formierten sich 1920 die ersten Ortsgruppen. Diese standen vor allem unter der Leitung von Gewerbetreibenden, Kaufleuten, niederen Beamten, Angestellten und Lehrern. Nach einer Übersicht über 94 Ortsgruppenleiter und Führer der nationalsozialistischen Schlägergarden, die im Mai 1923 von der Münchener Polizeidirektion angefertigt wurde, befanden sich unter ihnen nur 13 Facharbeiter bzw. Handwerker, 5 Landwirte, 22 Intellektuelle und Offiziere, 19 Angestellte und Beamte sowie 35 selbständige Gewerbetreibende.[5] Immer wieder beklagte die Parteiführung den geringen Anteil von „Handarbeitern", waren doch für sie sogar – nach einer Festlegung von 1922 – zwei Drittel aller Funktionen in den Ortsgruppenleitungen vorgesehen. Die NSDAP strebte „den Charakter einer wahrhaftigen Volkspartei" an[6], worunter Hitler eine Partei verstand, die „nicht nur aus intellektuellen Führern, sondern auch aus Handarbeitern besteht."[7] Wie die anderen bürgerlichen Parteien, die sich mit dem Namen einer Volkspartei schmückten, und wie die katholische Zentrumspartei bemühte sich auch die NSDAP, nicht nur eine bestimmte Klientel zu vertreten, sondern in ihren Reihen Angehörige aus allen Klassen und Schichten zu erfassen. Dies ging – mehr oder weniger erfolgreich – Hand in Hand mit dem Versuch, größere Teile der Arbeiterschaft zu gewinnen.

Von den neuen Mitgliedern konnten sich später viele im persönlichen Erfolg sonnen. Ihr Beitritt wurde zum Ausgangspunkt einer mitunter zweiten Karriere, die ihre Namen in ganz Deutschland und nach 1933 weit über dessen Grenzen hinaus bekannt werden ließ. Zu den „alten Kämpfern" gehörte Alfred Rosenberg, dem die Leitung des „Völkischen Beobachters" übertragen wurde, aber auch Hermann Göring. Dieser mit dem begehrten preußischen Kriegsorden „Pour le mérite" dekorierte Fliegerhauptmann und Kommandeur des Richthofen-Jagdgeschwaders im Weltkrieg nutzte seine zahlreichen und guten Beziehungen zu militärischen, konservativ-nationalistischen Kreisen für die NSDAP. Ihr traten in dieser Zeit auch bei: der ehemalige Feldwebel Hitlers, Max Amann, der als Geschäftsführer die parteieigenen Verlage zu einem Monopolunternehmen aufbauen half, der baltendeutsche Abenteurer Max Erwin von Scheubner-Richter, der ebenso wie Emil Gansser, ein Freund Eckarts, immer wieder neue Geldmittel auftrieb und von Hitler als unentbehrlich bezeichnet wurde, der bald an die zweite Stelle der NS-Hierarchie gelangende Rudolf Heß und der Apotheker Gregor Strasser. Zur Partei stießen auch kleinbürgerliche „Landsknechtsnaturen", denen der Terror Genuß ist"[8], darunter der Schreibwarenhändler Josef Berchthold, der Metzger Ulrich Graf, Leutnant Johann Ulrich Klintzsch, der Uhrmacher Emil Maurice – ebenfalls ein Duzfreund Hitlers – und Julius Schreck. Unterstützung erhielt die NSDAP auch durch Ludendorff, der im Sommer 1920 seinen Wohnsitz nach München verlegte und seine Beziehungen zu einflußreichen Kreisen auch zugunsten der Partei Hitlers spielen ließ.

Im Dezember 1920 ging der „Völkische Beobachter" von der Thule-Gesellschaft in den Besitz der NSDAP über. Das Geld für den Ankauf stammte zur Hälfte (60.000 Mark) von General Franz Ritter von Epp, vermittelt durch Eckart und Röhm. Der Restbetrag wurde von mehreren Förderern getragen, u.a. von dem Augsburger Fabrikanten Gottfried Grandel. Die Schuldenlast des neuen Organs betrug zusätzlich zum Kaufpreis rund 400.000 Mark.[9] Die laufenden Ausgaben für die Herausgabe des Blattes, aber auch für die sonstige schriftliche und mündliche Propaganda sowie für den Parteiführer – Hitler begann einen aufwendigen Lebensstil zu pflegen – waren außerordentlich hoch. Diese Kosten beeinträchtigten dennoch Tätigkeit und Aufstieg der NSDAP in keiner Weise. Obwohl die Münchener Hauptgeschäftsstelle alles unternahm, um die Mitglieder der Partei und die Versammlungsteilnehmer zu schröpfen, reichten die so gewonnenen Beträge bei weitem nicht aus, um die stets als leer beklagten Kassen erneut zu füllen. Im Januar 1921 wurde der Parteibeitrag von 0,50 auf eine Mark erhöht. Satzungsgemäß zahlten die Mitglieder ab August 1921 monatlich zwei Mark als Mitgliedsbeitrag einschließlich 0,50 Mark Pressesteuer. Diese Steuer sowie 20 Prozent der Mitgliedsbeiträge und außerdem 50 Prozent der Wahl- und Werbebeiträge hatten die Ortsgruppen an die Hauptgeschäftsstelle in München abzuliefern. Eine großzügige Überschlagsrechnung ergibt, daß von durchschnittlich 2.500 Mitgliedern – falls sie alle zahlten, und das lassen die Unterlagen der Partei als zweifelhaft erscheinen – 60.000 bis 70.000 Mark eingenommen wurden, wovon die zentrale Leitung der NSDAP, der Ausschuß, etwa 40 Prozent beanspruchte. Selbst wenn noch das bei den Versammlungen geforderte Eintrittsgeld und Sammelergebnisse in Rechnung gestellt werden, konnten so die sich in der Inflationszeit ständig erhöhenden Kosten nicht gedeckt worden sein. Die parteioffiziellen Behauptungen und auch die mancher Historiker[10], die Partei hätte sich hauptsächlich oder sogar ausschließlich durch die Groschen der Mitglieder finanziert, erscheinen daher als unglaubwürdig.

Von Anfang an verbargen die Führer der NSDAP ihr Finanzgebaren und vor allem ihre Finanzquellen unter dem Schleier des Geheimnisvollen. Demgegenüber betonten sie stets tatsächliche und angebliche Schwierigkeiten ihrer Kasse. Kein Wunder, daß zahlreiche Gerüchte um die offensichtlich reichhaltigen Fonds verbreitet wurden. Einige ließen sich inzwischen durch Akten belegen, manche sind bis heute noch nicht zu beweisen, andere haben sich als haltlos herausgestellt. Als sicher muß jedoch die an und für sich schon aufschlußreiche Tatsache gelten, daß selbst in der Leitung der NSDAP nur wenige – vor allem Hitler und Amann – vollständige Kenntnis über die Finanzgeschäfte besaßen. Hitler untersagte den Teilnehmern einer Versammlung sogar, seine Mitteilungen über finanzielle Aktionen zugunsten der österreichischen Nationalsozialisten mitzuschreiben oder stenographisch festzuhalten. In der Münchener Wohnung des Schreibwarenhändlers Anton Voll traf sich Hitler mit Geldgebern und Gönnern, über deren Verbindung zur NSDAP niemand etwas erfahren sollte.[11] Zu den einträglichen Beziehungen gehörten die zu den Familien des Pianofabrikanten Carl Bechstein, des Verlegers Hugo Bruckmann und Ernst Hanfstaengls, ferner die zu einer Vielzahl mittelständischer Unternehmer und hohen Beamten der bayerischen Unternehmerverbände. Geldgeber Hitlers war der Konsul Eduard Scharrer.[12] Wichtige Verbindungen ermöglichten Feder und Eckart, letzterer auch Kontakte zum Alldeutschen Verband in Berlin und zu Gansser. Dieser – häufig als Hitlers „erster Finanzminister" bezeichnet – besorgte nicht nur Geld von den vaterländischen Verbänden, sondern vermittelte auch Hitlers Vorträge vor dem alldeutsch orientierten Berliner „Nationalen Klub" im Dezember 1921 und Mai 1922. Hitler verdankte ihm ebenso die Bekanntschaft mit Karl Burhenne, einem Direktor der Siemens-Werke, und weiteren Industriellen, vornehmlich Mitglieder des aus dem Bayerischen Industriellen-Verband, dem die antisozialistische und gewerkschaftsfeindliche Argumentation der NSDAP sehr gelegen kam.[13] Außerdem transferierte Gansser Mittel aus der Schweiz und organisierte Reisen Hitlers in das Land der Eidgenossen. Finanziell ergiebige Quellen erschloß seit Sommer 1922 auch Kurt Luedecke, der aus einer wohlhabenden Familie stammte, jedoch ein sehr unstetes Leben führte. Sowohl im September 1922 als auch zwölf Monate darauf – nun als „Bevollmächtigter Hitlers bei der italienischen Regierung" – weilte er in Italien und suchte Kontakte zu Mussolini.[14] Scheubner-Richter, dem enge Beziehungen zum Reusch-Haniel-Konzern nachgesagt wurden, erschloß Finanzquellen für Ludendorff, der sie an verschiedene völkische Organisationen weiterleitete, darunter auch an die NSDAP. Insgesamt hielt sich die finanzielle Unterstützung für sie 1920/21 noch in begrenztem Rahmen; die Partei hatte erst einmal zu beweisen, daß es sich lohnen würde, in sie zu „investieren" ...

Die Blicke der NSDAP-Führer gingen bereits 1920 über die bayerischen Landesgrenzen hinaus. Sie trachteten danach, rechtsextreme Organisationen in Deutschland zusammenführen und unter ihrer Regie zusammenzuschließen. Gemeinsam mit Vertretern der 1919 entstandenen völkischen Deutschsozialistischen Partei (DSP) des Ingenieurs Alfred Brunner, der Deutschen Arbeiterpartei Württembergs, der Deutschen Nationalsozialistischen Arbeiterpartei in der Tschechoslowakei und der Nationalsozialen Partei Oberschlesiens nahmen Drexler und Hitler am 7. und 8. August 1920 an der „Zwischenstaatlichen Tagung der Nationalsozialisten des gesamten deutschen Sprachgebietes" sowie am Parteitag der deutsch-österreichischen Nationalsozialisten in Salzburg teil. Für die angestrebte „Nationalsozialistische Partei des deutschen Volkes" – einer über die Grenzen des Reiches hinausgreifenden Organisation – wurde die Bildung einer

Kanzlei unter Leitung des Österreichers Walther Riehl beschlossen. Während die NSDAP nach dem euphorisch gefeierten, in Wirklichkeit jedoch unrealen und völlig wirkungslosen Zusammenschluß die österreichischen Nationalsozialisten mit Geld und Rednern unterstützte, verstärkten sich die Spannungen zwischen ihr und der Partei Brunners. Zwar waren Vereinbarungen über die Abgrenzung der Wirkungsgebiete in Süd- und Nordwestdeutschland getroffen worden, doch blieben sie unbeachtet. Differenzen in taktischen Fragen und in der jeweils unterschiedlichen, immer aber demagogischen Hervorhebung des „Nationalen" oder des „Sozialen" verhinderten die beschworene völkische Einheit. Beide Parteien verfolgten das Ziel, die neue Bewegung zu konzentrieren, zugleich aber unter die eigene Führung zu bekommen. Es war Hitler, der jede Fusionsbestrebung ablehnte. Er strebte nach einer Unterordnung der anderen Gruppen unter seine Partei und Person, weil er befürchtete, Kompromisse eingehen zu müssen und damit die NSDAP zu schwächen. Der DSP warf er vor, sie gebe sich mit der „traditionell gewordenen Kampfesweise von früher ... zufrieden" und habe sich vollständig „in das sogenannte demokratische Prinzip" verrannt.[15]

In der Führung der NSDAP gingen die Meinungen zur Übereinkunft mit der DSP weit auseinander. Die Partei durchlebte ihre erste große Krise.Trotz einer offiziellen Absage erschien Drexler Ende März 1921 auf dem Parteitag der Deutschsozialisten in Zeitz. Er und andere Ausschußmitglieder der NSDAP suchten nach einem Kompromiß mit der DSP, der als Grundlage für eine Vereinigung beider Parteien und anderer völkischer Organisationen hätte dienen können. In den eigenen Reihen meldeten sich Kritiker Hitlers zu Wort. In einer „Erklärung des bisherigen revolutionären Ausschusses der NSDAP" wurde gegen den „König von München" gewettert. Eine andere Gruppe gab vor, den „im Laufe der Zeit durch demagogische Schädlinge und diktatorische Streber in die Partei getragenen Geist bekämpfen zu wollen, der dem uns bei anderen Parteien so verhaßten Bonzentum aufs Haar gleicht."[16]

Die Gruppe um Drexler nutzte eine zeitweilige Abwesenheit Hitlers, um ihre Auffassungen auch in der Münchener Organisation durchzusetzen. Auf ihre Einladung hin referierte Otto Dickel von der Augsburger „Deutschen Werkgemeinschaft" und erklärte u. a., daß der „Großgrundbesitz ... an Gefährlichkeit dem Judentum gleichstünde".[17] Gerade diese und weitere Aussagen konnten, ja sie mußten sogar als Kritik an einigen Punkten des rassistisch-antisemitischen Programms der NSDAP und insbesondere an Hitler empfunden werden. Dickels werkgemeinschaftliche und von Oswald Spengler beeinflußte „abendländische" Ideen paßten nicht in das Konzept jener Anhänger Hitlers, die gerade im ersten Halbjahr 1921 die Aktivierung der NSDAP und ihrer terroristisch-demagogischen Methoden zur Gewinnung größerer Anhängerscharen betrieben. So stellten sie ihre Taktik strikt der von Dickel, Drexler und anderen vertretenen Konzeption entgegen, mit anderen Kompromisse einzugehen, um möglichst viele völkisch-rassistische und sonstige extrem reaktionäre Organisationen vereinigen zu können.

Die innerparteilichen Auseinandersetzungen ergaben sich ferner aus unterschiedlichen Auffassungen über die von Deutschland in dieser Situation zu betreibende Außenpolitik. Unter dem Druck der Siegermächte mußte die Regierung im Juni 1921, nach langem Sträuben, auch in Bayern die Einwohnerwehren auflösen. In Deutschlands wirtschaftlichen und politischen Eliten spitzte sich der Streit um die Reparationszahlungen zu. Realistisch denkende Kräfte zeigten sich bereit, die Reparationsforderung teilweise und auf Kosten der Werktätigen zu erfüllen. Sie demonstrierten „guten Willen" und versuchten, mit den Entente-Mächten ein Übereinkommen zu erzielen und diese zum Nachgeben zu bewegen, gestützt auf das drohend gebrauchte Argument, bei einer zu starken Ausbeutung und Ausplünderung der werktätigen Bevölkerung würde in Deutschland die Gefahr einer sozialistischen Revolution gegeben sein. Gegenüber diesen „Erfüllungspolitikern" traten andere – häufig als abenteuerlich-militaristisch bezeichnete[18] – Kräfte dafür ein, die Reparationsforderungen nicht zu erfüllen, selbst wenn daraus chaotische Verhältnisse erwachsen sollten. Die „Katastrophenpolitiker" gerieten jedoch in eine ausweglose Lage, als die Siegermächte im Frühjahr 1921 die Höhe der Reparationen fixierten und bekanntgaben. Angesichts des Londoner Ultimatums, das die Anerkennung der Reparationen in Höhe von 132 Milliarden Goldmark forderte, demissionierte die vom Zentrumspolitiker Konstantin Fehrenbach geleitete Regierung. Sie machte Anfang Mai 1921 einem Kabinett Platz, das zur „Erfüllung" der alliierten Bestimmungen bereit war, dem Joseph Wirth vorstand und Walther Rathenau als Außenminister angehörte.

Ähnlich wie zu Beginn des Jahres 1920 setzte sich im Juli 1921 in der NSDAP die Hitlersche Linie durch. Ein Kompromiß mit der DSP hätte in dieser Situation dazu führen können, die extrem rechten Positionen des „Werbeobmanns" der Partei zu schwächen. Hitler erklärte am 11. Juli 1921, nachdem die innerparteilichen Querelen nicht abflauen wollten und keine der beiden Gruppierungen über die andere triumphieren konnte, seinen Austritt aus der NSDAP. Mag dieser Schritt aus Unnachgiebigkeit, aus Enttäuschung über die eigene Ausstrahlungskraft oder als berechnendes Druckmittel erfolgt sein – die NSDAP geriet dadurch in ein Dilemma. Weil Drexler und seine Anhänger Hitler als gewieften Demagogen und als „Trommler" der Partei nicht entbehren wollten bzw. die von ihm beabsichtigte Gründung einer neuen Partei fürchteten, gaben sie nach. Hitler zeigte sich daraufhin sofort bereit, seinen Austritt zu revidieren. Jedoch formulierte er am 14. Juli sechs Bedingungen, von deren Realisierung er seinen Wiedereintritt abhängig machte.[19] Der Ausschuß sollte binnen kurzer Zeit von einer außerordentlichen Mitgliederversammlung neugewählt werden, wobei Hitler für sich den Posten des ersten Vorsitzenden forderte. Die Partei müsse von „fremden Elementen" gereinigt werden, wozu ein eigener Aktionsausschuß einzusetzen sei. Hitlers Forderungen nach „diktatorischer Machtbefugnis" bezogen sich zunächst auf das Recht, einen solchen dreiköpfigen Aktionsausschuß zu benennen. Ferner wollte er festgelegt wissen, daß München der Sitz der Bewegung zu bleiben habe und keine Vereinigung mit anderen Parteien stattfinde. Jede „weitere Veränderung des Namens oder des Programms" sollte nach Hitlers - übrigens völlig unlogischen - Worten „ein für allemal zunächst auf die Dauer von sechs Jahren vermieden" werden.

Nach der Annahme dieser Bedingungen raffte sich der alte, offiziell noch an der Spitze der NSDAP stehende Ausschuß doch noch einmal auf und versuchte, dem Propaganda-Verantwortlichen den Boden für allzu große Ansprüche zu entziehen. Hermann Esser, ein fanatischer Anhänger Hitlers, wurde ausgeschlossen. Oskar Körner, der ebenfalls Hitler unterstützte, mußte von seinem Amt als stellvertretender Parteivorsitzender zurücktreten. Am 20. Juli 1921 verbreiteten einige Parteimitglieder das anonyme Flugblatt „Adolf Hitler Verräter?", das zahlreiche Vorwürfe enthielt und nach Hitlers „dunklen Hintermännern" fragte.[20] Von den Beamten der Münchener Polizeidirektion erbat Drexler am 21. Juli faktisch um Unterstützung seiner Richtung, die „den gesetzlichen, parlamentarischen Weg einschlage", gegenüber der Hitlerschen Richtung, die nach seinen Worten „die Parteiziele auf revolutionärem Wege unter Anwendung von Gewalt verwirklichen wolle".[21] Vor der für den 26. Juli angekündigten Gründung einer neuen Partei Hitlers kapitulierte Drexler jedoch endgültig und „versöhnte" sich mit Hitler, wobei Eckart zu vermitteln verstanden hatte.

Am 29. Juli 1921 wurde Hitlers Forderung entsprochen. Eine außerordentliche Mitgliederversammlung wählte ihn zum Vorsitzenden der NSDAP und schob Drexler auf den Posten eines Ehrenvorsitzenden ab. Obwohl er vorrangig weitere Auseinandersetzungen verhindern wollte, gingen die mit der Juli-Krise beginnenden Veränderungen in der Führungsstruktur der Partei in ihrem Umfang und in ihrer Bedeutung weit über vergleichbare Regelungen in den politischen Parteien hinaus. Ihm wurden diktatorische Vollmachten zugesprochen, mit deren Hilfe er beginnen konnte, wesentliche Elemente des militärischen Führer-Gefolgschafts-Prinzips auf eine zivile Organisation zu übertragen. Mit seinen Forderungen hatte Hitler unmittelbar auf die zerfahrene Situation reagiert. Jedoch bedeuteten die Entscheidungen keinesfalls den Abschluß irgendeiner längst eingeleiteten und planmäßig vorbereiteten Aktion, um sich selbst als „Führer" durchzusetzen.[22] Die Konsequenz der Entwicklung zu einer diktatorisch geleiteten, jeglichen demokratischen Gebarens entbehrenden bürgerlichen Partei lag in der Sache begründet: Wie anders konnte ein terroristisches Regime angestrebt werden als mit einem Diktator, einem Führer, einem „Auserwählten" und von Gott Begnadeten an der Spitze. Der Ehrgeiz, Geltungsdrang und Machtwillen Hitlers entsprachen dieser Tatsache und prägten im Verlaufe der Geschichte immer stärker die Entwicklung der NSDAP zu einer „Führer"-Partei.

Die innerparteilichen Veränderungen vom Juli 1921 und die allen autoritär-hierarchisch strukturierten Organisationen wesenseigene Tendenz, einen „starken Mann" an ihrer Spitze herauszustellen, ermöglichten das Wirken Hitlers als eines unumstrittenen und allgemein anerkannten „Führers" der NSDAP. Sie bildeten ebenso wie die allgemeinen Führererwartungen jener Zeit einen tragfähigen Boden für eine sich schrittweise steigernde Beweihräucherung und Verherrlichung Hitlers, die sich zu einem schließlich umfassende und teilweise auch makabre Formen annehmenden Kult um ihn auswuchsen. Zunächst wurde 1921/22 jedoch – um die nach wie vor in der Partei schwelenden Mißstimmungen über die Juli-Krise und die bewußt im Zeichen scheinbarer Kontinuität veränderte Taktik zu unterbinden – die mühsam durchgesetzte Entscheidung als ein Problem von lediglich personeller Natur hingestellt.

Hitlers Fähigkeiten und Leistungen wurden in der Partei frühzeitig besonders herausgehoben. Als einer der ersten veröffentlichte Eckart bereits am 4. August 1921 im „Völkischen Beobachter" eine Lobeshymne auf den – alsbald so titulierten – „Chef" der Partei. Ihm ging es dabei weniger um die Person als vielmehr um die Verbreitung seiner Vorstellung von einem neuen „Führer", einem Diktator. Das geht auch aus den bezeichnenden Worten hervor, mit denen er in internem Kreise Notwendigkeit und Gestalt eines Führers beschrieb: „Wir brauchen einen Mann an der Spitze, der das Geknatter eines Maschinengewehrs aushalten kann. Dem Pöbel muß man Angst in die Hosen machen. Wir können keine Offiziere gebrauchen, denn vor denen haben die Leute keinen Respekt mehr. Das beste wäre ein Arbeiter, der zu reden versteht ... Er braucht nicht viel Verstand zu haben, denn Politik ist das dümmste Geschäft der Welt, und jedes Marktweib in München versteht mehr davon als die Herren in Weimar. Mir ist ein eitler Affe, der den Roten eine gesalzene Antwort geben kann und nicht wegrennt, wenn die Leute die Stuhlbeine schwingen, lieber als ein Dutzend gelehrter Professoren. Er muß Junggeselle sein, dann bekommen wir die Weiber."[23] In untertäniger Euphorie nahm sich – lange bevor Joseph Goebbels zum Prediger des Hitlerkultes avancieren sollte – vor allem Rudolf Heß der selbstgestellten Aufgabe an, Hitler als den neuen „Führer" zu preisen. Nach der Juli-Krise schrieb er: „Seid ihr wirklich blind dagegen, daß dieser Mann die Führerpersönlichkeit ist, die allein den Kampf durchzuführen vermag? Glaubt ihr, daß ohne ihn die Massen sich im Zirkus Krone stauten?"[24]

Auch die Statuten der NSDAP widerspiegelten den Prozeß, in dem sich das hierarchisch-antidemokratische Führer-Gefolgschafts-Prinzip durchzusetzen vermochte. Im Juli 1921 erfuhr die ursprüngliche, vom 30. September 1920 stammende Satzung erhebliche Abänderungen. Danach galt der „erste Vorsitzende" nur noch als verantwortlich gegenüber der jährlichen Generalmitgliederversammlung. Seine Wahl entfiel 1923. Alle anderen Führer der Partei besaßen eine untergeordnete und beratende Funktion. Aufgaben und Rechte der Mitglieder wurden nie fixiert. Von diesen forderte die Parteispitze lediglich ein hohes Maß an Einsatzbereitschaft und dazu die blinde Anerkennung ihrer Entscheidungen und Befehle. Rücksichten auf die Vereinsgesetzgebung des Deutschen Reiches waren es, die den Parteiführern überhaupt eine formelle Satzung als notwendig erscheinen ließ, erhielt doch ihre Organisation nur dadurch Rechtscharakter. Unverkennbar dominierten jedoch seit 1921 autoritäre Strukturen, die zusammen mit ihrem Programm und ihrer Gewaltbereitschaft ein weiteres Kennzeichen der NSDAP werden sollte, das sie erheblich von anderen politischen Parteien unterschied.

Eine der wichtigsten organisatorischen Veränderungen vollzog sich wenige Tage nach der außerordentlichen Mitgliederversammlung. Während der Juli-Krise hatte sich Hitler bereits mit einer „Schutz"-Truppe umgeben. Mit einem Tagegeld zwischen 15 und 60 Mark bezahlte er Schläger aus den Reihen des Freikorps Oberland, das in Oberschlesien bei den bewaffneten Auseinandersetzungen mit Polen geschlagen worden und nach München zurückgekehrt war. Nun wurde am 3. August 1921 die Sport- und Turn-Abteilung ins Leben gerufen, jene bald als Sturm-Abteilung (SA) bezeichnete Schlägergarde der NSDAP. Ihr erster Leiter, Hans Ulrich Klintzsch, kam aus der berüchtigten Marinebrigade II unter Kapitän Hermann Ehrhardt. Gleich ihm fanden auch andere in der SA eine neue „Heimat", nachdem unter dem Druck der Entente die Einwohnerwehren und andere paramilitärische Verbände endgültig aufgelöst worden waren. Die SA sollte alle jugendlichen Parteimitglieder umfassen. Sie wurde mit der Aufgabe betraut, den „Saalschutz" für die eigenen Veranstaltungen zu gewährleisten, erwies sich jedoch von Anfang an als Bestandteil jener Vielzahl von Versuchen, die in Deutschland unternommen wurden, um die militärischen Bestimmungen des Versailler Vertrages zu unterlaufen. Unbekümmert sprach Klintzsch im „Völkischen Beobachter" vom 14. August 1921 über die Aufgabe der SA, „eiserne Organisation" und „Sturmbock" zu sein. Eine weitere Aufgabe der SA sei es, „Trägerin des Wehrgedankens eines freien Volkes" zu sein. Für Röhm, den „Ziehvater" der SA, galt die Politik ohnehin nur als die Fortsetzung des Krieges mit anderen Mitteln.[25] Die unterschiedlichen Aufgaben der SA widersprachen einander nicht; während einzelner Etappen der Entwicklung der NSDAP traten sie in unterschiedlichem Maße hervor, so daß diverse Streitereien und Meinungsverschiedenheiten über ihre Funktion stets auf der Tagesordnung standen.

In den eigenen Veranstaltungen und in Versammlungen anderer Organisationen, faktisch bei jeder sich bietenden Gelegenheit, probte die SA den Bürgerkrieg. Mit Gummiknüppeln, Totschlägern, Reitpeitschen und Pistolen gingen ihre Mitglieder, aufgeputscht durch antimarxistische und antisemitische Parolen, äußerst brutal vor. Äußerlich kennzeichneten sie sich durch eine Armbinde mit dem Hakenkreuz, jenem indogermanischen Zeichen des Sonnen- und Fruchtbarkeitskults, das schließlich zu einem in aller Welt verhaßten Symbol werden sollte. In rascher Folge entstanden eine Motorstaffel unter der Leitung des Pferdehändlers Christian Weber, ein vom Parkettfabrikanten Fürst Karl Wrede finanziertes Reiterkorps sowie eine Nachrichtenabteilung, die Heß ins Leben rief. 1923 bestand die SA aus 13 allgemeinen Kompanien, einer Wachkompanie, dem „Stoßtrupp Hitler" – Vorläufer der späteren Schutzstaffel (SS) –, der Motorstaffel, einer Fahrradabteilung, einer Artillerieabteilung, dem Reiterkorps, einer Technischen Abteilung und einem Musikkorps. Zur SA gehörte auch der im Mai 1922 gegründete Jugendbund der NSDAP, der Vorläufer der „Hitlerjugend". Ihn leitete Gustav Adolf Lenk, der vor seinem Eintritt in die Partei Mitglied des Deutsch-Nationalen Jugendbundes gewesen war und großen Anteil an der Gewinnung von Jugendlichen im „wehrfähigen" Alter nahm. Ungefähr 15.000 SA-Männer standen im November 1923 für das Vorhaben bereit, den Kapp-Putsch von Bayern aus zu wiederholen.

Formierung und Ausbau der SA wären ohne die eilfertige Hilfe der Reichswehr, ohne Unterstützung und Ausbildung durch Ehrhardt, Epp, Röhm und andere Reichswehroffiziere nicht möglich gewesen. Erst dadurch konnte sie sich als ein Sammelbecken von Nationalisten, Rassisten und Terroristen großen Anteil an der Entfaltung der nationalsozialistischen Bewegung und am Weg in die Diktatur erwerben. Allerdings stieß das provozierend-gewalttätige Auftreten der paramilitärischen Verbände der NSDAP nicht allein bei den Arbeiterparteien, sondern auch in Teilen des Bürgertums und des Adels auf Ablehnung und Widerstand. Der Protest, der sich in Deutschland nach der Ermordung des Zentrumspolitikers Matthias Erzberger im August 1921 und des Außenministers Walther Rathenau im Juni 1922 durch Mitglieder der Organisation Consul[26] erhob, richtete sich auch gegen die SA. Millionen Menschen traten für die Auflösung aller antirepublikanischen und faschistischen Organisationen ein. Sie forderten die Säuberung der Verwaltung, der Justiz, der Reichswehr und der Polizei von Anhängern der extremen Reaktion.

Die Protestaktionen drängten 1921/22 den Einfluß der Rechtsradikalen etwas zurück und unterstützten zugleich die außenpolitische Linie, die die Reichsregierung mit dem am 16. April 1922 abgeschlossenen Vertrag von Rapallo zwischen Deutschland und Sowjetrußland eingeschlagen hatte. Zeitweilig isolierte sich die NSDAP mit ihrer strikten Ablehnung dieses Vertrages. Daher versuchte Scheubner-Richter in seiner wöchentlich erscheinenden „Wirtschaftspolitischen Aufbau-Korrespondenz über Ostfragen und ihre Bedeutung für Deutschland" deutlich zu machen, daß die „Gefahren für Deutschland", die angeblich aus dem Vertrag erwüchsen, beseitigt werden könnten. Bedingung sei, daß das deutsche Volk von einer „starken nationalen Regierung geführt" und ein „gesundes nationales Selbstbewußtsein" haben müsse.[27] Der Wind blies der NSDAP stärker ins Gesicht, als eine antifaschistische Massenbewegung die Regierungen einzelner Länder zwang, auf der Grundlage des am 18. Juli 1922 vom Reichstag verabschiedeten Gesetzes zum Schutz der Republik Verbote gegen extrem reaktionäre Organisationen auszusprechen.

Mehr als eine zeitweilige Behinderung sollte daraus der NSDAP jedoch nicht erwachsen. Die Gesetzgebung ließ genügend Lücken, die sie nutzen konnte. Ersatz- und Nachfolgeorganisationen entstanden en masse, Bündnisse und Absprachen über eine zweckmäßige Arbeitsteilung zwischen rechtsextremen Organisationen häuften sich. In Bayern gab es keinerlei nennenswerte Schwierigkeiten für sie. Auch Überlegungen zur Ausweisung des staatenlosen Hitler verliefen im Sande. Da die bayerische Regierung das Republikschutzgesetz nicht anerkennen wollte, erließ sie am 24. Juli 1922 eine eigene Notverordnung „zur Aufrechterhaltung der öffentlichen Sicherheit und Ordnung". Weil diese jedoch Bestimmungen enthielt, die in erster Linie die Stoßrichtung des „Schutzes" der Weimarer Republik gegen die deutschen Linken markierten, verstärkten sich im Sommer 1922 die ohnehin permanenten Spannungen zwischen Bayern und dem Reich, zwischen Zentralismus und Partikularismus, wovon die NSDAP kräftig profitierte.

Als der sozialdemokratische Reichspräsident Friedrich Ebert und die Regierung des Freistaates einen Kompromiß eingingen, erhob sich unter den bayerischen Rechten wiederum Protest. Die NSDAP war ein willkommener Partner für die am 16. August 1922 stattfindende Kundgebung der nationalistischen Verbände in München. In seiner Rede bekräftigte Hitler, daß er Bayern „zur Zeit als das deutscheste Land im Deutschen Reich" betrachte.[28] In der Entschließung hieß es noch deutlicher: „Bayerns Sache ist Deutschlands Sache! Millionen von Männern und Frauen in allen Gauen des Reiches setzen ihre letzte Hoffnung auf Bayern als Wahrer deutscher Würde und als Stütze des Widerstandes gegen die bolschewistische Flut!" Der Reaktion in Bayern schien alles recht und nützlich, was sich für den Kampf gegen Republik und demokratische Bewegungen mobilisieren ließ. Sie begrüßte die provokatorischen Zwischenfälle, die in München anläßlich eines Besuches des Reichspräsidenten Ebert von rechten Kräften initiiert wurden, und hielt die NSDAP für „notwendig als ausgleichendes Moment gegenüber den Anmaßungen der freien Gewerkschaften", wie es in einem Bericht der Münchener Polizei hieß. Deren Überwachung erfolge nur, um das „Überschäumen des jugendlichen Kraftgefühls rechtzeitig verhindern zu können".[29] Die Deutsche Vereinigung – eine nationalistische Organisation, in deren Führung katholische Großindustrielle und -agrarier den Ton angaben und die in Opposition zur Zentrumspartei und zur BVP stand[30] – brachte zum Ausdruck, was viele dachten. Sie ließ in ihrer Presse verlauten, daß sie in der neuen Partei „gute Ansätze" erkenne: „Als Werkzeug der Befreiung verspricht sie, gute Dienste zu tun, zur Führung fehlt ihr noch ein Mussolini; und um große Teile der Arbeiterschaft zum nationalen Gedanken dauernd zurückzugewinnen, ist nicht nur ehrliche Begeisterung nötig, sondern noch mehr zielbewußte, systematische, unverdrossene Kleinarbeit, Erziehung von Mann zu Mann, ähnlich wie sie die DV in ihren über das ganze Reich ausgedehnten Lehrabenden für Arbeiter verrichtet."[31]

Als sich Ende 1922 unter Wilhelm Cuno, dem Generaldirektor der Schiffahrtsgesellschaft HAPAG, eine neue Reichsregierung bildete – die reaktionärste seit der Revolution – und diese erneut „Katastrophenpolitik" zu betreiben begann, gestalteten sich die Entwicklungsbedingungen und Wirkungsmöglichkeiten der NSDAP günstiger als bislang. Cuno sabotierte die Reparationszahlungen und verschärfte die außenpolitischen Beziehungen Deutschlands zu Frankreich. Gegensätze zwischen den Siegermächten ausnutzend, strebte er nach beschleunigter Revision des Versailler Vertrages. Zugleich unternahm die Regierung kaum etwas gegen die immer schneller erfolgende Geldentwertung. In der neuen Phase der Inflation verstärkten sich die Angriffe auf politische und soziale Rechte der Arbeiterschaft. In Bayern übernahm mit Eugen Ritter von Knilling ein Vertreter des rechten Flügels der BVP das Amt des Ministerpräsidenten.

Als in Italien die Organisation der Schwarzhemden unter der Führung von Benito Mussolini im Oktober 1922 den „Marsch auf Rom" inszenierte und die Regierung übernahm, bejubelten die deutschen Faschisten dieses Ereignis als „vorbildlich". Zum ersten Male, erklärte Scheubner-Richter, habe sich „die Erkenntnis praktisch Bahn gebrochen", daß der Kommunismus nur durch „konsequente Kampfführung gebrochen" werden könne. Unverblümt hieß es weiter: „Daß der Bolschewismus in Deutschland noch nicht gesiegt hat, haben wir weder unseren Regierungen noch unseren Parlamenten zu verdanken, sondern der Volkskraft, die sich *außerhalb* dieser Institutionen ... bildete. Was die deutschen Freikorps schüchtern taten, wurde in Italien leidenschaftlich betrieben. Die Faschisten traten nach der Niederwerfung des Bolschewismus nicht demütig vom Schauplatz ab, um den unfähigen Parlamentarismus weiter fortwursteln zu lassen, sondern bauten ihre Organisation über das ganze Land aus."[32] In einer Versammlung drohte Esser am 3. November: „Nicht unmöglich ist das, was in Italien einer Handvoll beherzter Männer möglich war. Den Mussolini Italiens haben wir auch in Bayern. Er heißt Adolf Hitler."[33] Nach einem anderen Bericht soll Esser nicht nur von Bayerns, sondern sogar von „Deutschlands Mussolini" gesprochen haben.[34] Ob es Beziehungen der NSDAP zu der auch in Deutschland tätigen Partito Nazionale Fascista gab, läßt sich nicht belegen.[35]

Faschistische Organisationen waren in vielen europäischen Ländern entstanden, neben Italien und Deutschland auch in Bulgarien, Ungarn, Spanien, Portugal u.a.m. Sie stellten für die Arbeiterparteien und Gewerkschaften dieser Länder eine wachsende Gefahr dar. Ihr widersetzten sich antifaschistische Kräfte, die einen konsequent und kämpferisch, andere orientierten darauf, die neuen Bewegungen aufmerksam zu „beobachten". Im „Vorwärts", der Zeitung der SPD, hieß es am 18. November 1922: „Deutschland ist nicht Italien. Nicht jede Erscheinung des italienischen Faschismus ist in Deutschland gleichermaßen möglich." Für manche Sozialdemokraten stand der Feind sogar eher links; sie argumentierten, die ganze Agitation der Faschisten habe „einen stark primitiv sozialistischen, oft kommunistischen Einschlag". Aber auch sie warnten eindringlich vor der Gefahr des Faschismus in anderen kapitalistischen Ländern. Ob Kommunisten oder Sozialdemokraten, sie teilten alle die Auffassung – wenngleich nicht die Schlußfolgerungen, die daraus gezogen wurden –, daß der Faschismus „der stärkste, konzentrierteste ..., der klassische Ausdruck der Generaloffensive der Weltbourgeoisie in diesem Augenblick" sei und die Arbeiterklasse „einen außerordentlich gefährlichen und furchtbaren Feind" vor sich habe. Es war Clara Zetkin, die 1923 eingehend die faschistische Bewegung analysierte und erklärte, die Bourgeoisie könne ihre Herrschaft nicht mehr von den „regulären Machtmitteln ihres Staates allein" erwarten. Daher brauche sie „eine außerlegale, außerstaatliche Machtorganisation. Eine solche wird ihr gestellt durch den bunt zusammengewürfelten Gewalthaufen des Faschismus. Deshalb nimmt die Bourgeoisie nicht nur mit Kußhand die Dienste des Faschismus an und gewährt ihm weiteste Bewegungsfreiheit im Gegensatz zu all ihren geschriebenen und ungeschriebenen Gesetzen. Sie geht weiter, sie nährt und erhält ihn und fördert seine Entwicklung mit allen ihr zu Gebote stehenden Mitteln des Geldschrankes und der politischen Macht. Es liegt auf der Hand, daß der

Hitler und Streicher (1922)

Faschismus in den einzelnen Ländern verschiedene Charakterzüge trägt, je nach den vorliegenden konkreten Verhältnissen. Jedoch zwei Wesenszüge sind ihm in allen Ländern eigen: ein scheinrevolutionäres Programm, das außerordentlich geschickt an die Stimmungen, Interessen und Forderungen breitester sozialer Massen anknüpft, dazu die Anwendung des brutalsten, gewalttätigsten Terrors."[36]

Ein sogenannter „Deutscher Tag" bildete Mitte Oktober 1922 den Auftakt zu neuen und erheblich gesteigerten Aktivitäten der NSDAP. Gemeinsam mit anderen rechtsextremen Verbänden marschierte sie durch die oberfränkische Stadt Coburg, die seit 1920 zu Bayern gehörte. In München fanden am 30. November gleichzeitig fünf und am 13. Dezember sogar zehn Massenveranstaltungen statt, die alle einen zwar kurzen, aber spektakulär organisierten Auftritt Hitlers erlebten. Veranstaltungen anderer Parteien wurden rigoros gesprengt, protestierende Antifaschisten brutal zusammengeschlagen. Morddrohungen gegenüber revolutionären Arbeitern, pazifistischen Demokraten und regierenden Sozialdemokraten häuften sich. Mit dem Übertritt des in Nürnberg und im Fränkischen agierenden Antisemiten Julius Streicher, des späteren Herausgebers des Hetzblattes „Der Stürmer", brach auch der Widerstand der DSP gegen einen bedingungslosen Anschluß an die NSDAP zusammen. Ihr öffnete sich damit auch eine Tür über die bayerischen Landesgrenzen hinaus. In einer für finanzstarke Kreise gedachten und unter bayerischen Industriellen verbreiteten Denkschrift begründete Hitler Ende Oktober 1922 die Notwendigkeit des Ausbaus der NSDAP. Dieser habe mit „äußerster Schnelligkeit" und auf zwei Ebenen zu erfolgen. An erster Stelle sollten die „Vervollständigung und Vertiefung der Propagandaorganisation" stehen, denn – so Hitler –, was „durch Papierkugeln zu gewinnen" sei, das brauche „nicht durch stählerne gewonnen zu werden". Zweitens ging es ihm um den „Ausbau der praktischen Machtmittel der Bewegung (Sturmabteilungen)", mit deren Hilfe die revolutionäre Arbeiterbewegung bekämpft und „die nationale Wirtschaft in Gang" gehalten werden sollte.[37] Pedantisch, nahezu naiv listete Hitler auf, wofür seine Partei dringend Geld benötige. Erforderlich wären u.a. vier Millionen Mark für die Ausstattung von 12-15 Geschäftsstellen, drei Millionen Mark für 12 Geschäftsführer, über fünf Millionen Mark für Papierbeschaffung, zwei Millionen für die Einstellung von vier Wanderrednern, ferner jeweils acht Millionen Mark zur „Anschaffung und großzügigsten Verbreitung von Flugblättern und sonstigem Propagandamaterial für die kommenden drei Monate", für den Aufbau einer Kraftwagenstaffel sowie für die Einkleidung der SA. Sein Kostenvoranschlag forderte „zu einem augenblicklich durchzuführenden großzügigen Ausbau der Bewegung 53.240.000 Mark, das sind in Friedenswährung rund 95.000 Mark."[38]

Als Ende 1922 in Deutschland überall rechtsextreme Kräfte ihre Aktivitäten verstärkten und größere Anhängerscharen gewannen, flossen auch für die NSDAP reichlicher finanzielle Mittel aus den Kassen großbürgerlicher Kreise und mittelständischer Unternehmer. Sie erlaubten, den „Völkischen Beobachter" seit Dezember 1922 als Tageszeitung erscheinen zu lassen. Die Spendenbeträge wurden größer, der gesellschaftliche Rang der Spender immer gewichtiger. Zu ihnen gehörte u.a. Ernst von Borsig, der spätere Vorsitzende der Vereinigung der Deutschen Arbeitgeberverbände und Leiter des Gesamtverbandes Deutscher Metallindustrieller. Die von ihm bereitgestellten Mittel gelangten über Dr. Valentin Litz, den Direktor der Borsig-Werke in Tegel, an Pöhner, den aktiven Nationalsozialisten ohne Mitgliedsbuch im Münchener Polizeipräsidium. Zu den Großindustriellen, die früh als Finanziers der Partei in Erscheinung traten, zählte auch Hugo Stinnes, Generaldirektor der Deutsch-Luxemburgischen Bergwerk- und Hütten AG. Emil Kirdorf, Gründer des deutschen Kohlensyndikats und Generaldirektor der Gelsenkirchener Bergwerk AG, und Fritz Thyssen, der nach dem Tode seines Vaters 1926 an die Spitze der Vereinigten Stahlwerke AG rückte und einer der mächtigsten Männer des Ruhrgebietes war. Sie interessierten sich ebenfalls bereits seit 1922 für die NSDAP, wobei letzterer im Herbst 1923 mehrere Versammlungen der NSDAP besuchte sowie an Ludendorff und Hitler 100.000 Goldmark überwies.[39]

Während der Inflationszeit erhielt die NSDAP Zuwendungen in Goldmark, was von erheblichem Vorteil war, da sie ihre Schulden in wertlosem Inflationsgeld zurückzahlen konnte. Auch einige SA-Führer bekamen ihren Sold teilweise in Devisen ausgezahlt. Gansser vermittelte von Schweizer Industriellen 35.000 Schweizer Franken, während Luedecke Gelder von französischen Magnaten besorgte und im Auftrage Hitlers Verbindungen nach Rom und Budapest herstellte. Eine Reihe adliger Damen und Herren spendeten für die Partei, darunter Prinz Arenberg, Gertrud von Seydlitz und der Herzog von Coburg. Auslandsdeutsche Gönner rührten sich in Amerika, in der Tschechoslowakei, in Schweden, Finnland und anderen Ländern. Noch nach dem Putsch vom 8./9. November 1923 besaß die NSDAP ein beachtliches Vermögen von rund 170.000 Goldmark.[40]

Im Januar 1923 – als sich die Auseinandersetzung im Reich um die Erfüllungs- bzw. die Katastrophenpolitik aufs äußerste zuspitzte und die französische Regierung Sanktionen ankündigte – führte die NSDAP ihren ersten „Reichsparteitag" durch, ein Spektakel mit 12 Massenkundgebungen, einer „Fahnenweihe" und einer Parade der z.T. schon völlig uniformierten SA auf dem Münchener Marsfeld. Angesichts der allgemeinen Empörung in Deutschland gegen die am 11. Januar 1923 erfolgte militärische Besetzung des Ruhrgebietes durch französische und belgische Truppen wagte sie sogar eine Machtprobe mit der bayerischen Regierung, in deren Konzept Propaganda für einen aktiven Widerstand an Rhein und Ruhr und für den sofortigen Sturz der Reichsregierung nicht paßte. Ministerpräsident von Knilling unterstützte die Taktik des „passiven Widerstandes", mit der die Reichsregierung auf die Ruhrbesetzung reagierte. Hitler versprach, nichts gegen die bayerische Regierung zu unternehmen, und das genügte, um ihn und seine Anhänger doch gewähren zu lassen. Prompt wurden die Bestimmungen des Ausnahmezustandes – obwohl die Reichsregierung den NSDAP-Parteitag zum formellen Anlaß für seine Verhängung genommen hatte – nicht gegen diese Partei angewandt. Alle auf ihm beruhenden Maßnahmen richteten sich lediglich gegen Veranstaltungen der Arbeiterbewegung. Gerade dieses regierungsoffizielle Entgegenkommen steigerte den Zustrom neuer Mitglieder und ermunterte die NSDAP nun zur unmittelbaren Vorbereitung einer größeren Aktion.

Alles, was die Nationalsozialisten während des Jahres 1923 unternahmen, stand im Zeichen ihrer Vorbereitung auf einen Putsch, auf eine erneute Aktion à la Kapp. Nach italienischem Vorbild strebten sie einen „Marsch auf Berlin" und die Einsetzung einer neuen Reichsregierung an. Pläne und Einsatzbefehle nahmen eine immer konkretere Gestalt an. Die seit März 1923 von Göring geführte SA gebärdete sich offen als ein Wehrverband und veranstaltete in Bayern eine militärische Übung nach der anderen. Im Frühjahr 1923 wurde – wie immer, wenn sich rechtsradikale Verbände formierten und zum Losschlagen bereit hielten – das Gerücht ausgestreut, ein „Linksputsch" stünde bevor. Den Kommunisten, Sozialdemokraten und Gewerkschaftern drohte Hitler, ihre für den 1. Mai vorgesehenen Demonstrationen würden nur stattfinden, wenn sie über seine

„Leiche marschieren" könnten.[41] In den frühen Morgenstunden des 1. Mai rotteten sich in München 1.300 SA-Leute und etwa 4.000 Mitglieder der vaterländischen Verbände – des Bundes Oberland, der Reichsflagge, des Blücher-Bundes, der Zellergruppe u.a.m. – aus ganz Bayern zusammen. Das militärische Kommando führte Hermann Kriebel, ein Vertreter der vaterländischen Verbände. Die politische Führung lag in den Händen Hitlers. Röhm sorgte dafür, daß sie zusätzlich zu ihren Gewehren, Handgranaten und Pistolen aus den Beständen der Reichswehr Maschinengewehre und ein Geschütz erhielten.

Die Trupps der NSDAP standen Gewehr bei Fuß. Sie warteten jedoch vergebens auf das Zeichen ihrer Führer, die friedliche Demonstration der Münchener Arbeiter zu überfallen. Die bayerische Reichswehrführung unterband jede größere Aktion und verlangte die Rückgabe ihrer Waffen, was wiederum von Röhm organisiert wurde. Nach den Gesetzen der Republik und Bayerns hätte Hitler bereits in dieser Situation wegen staatsgefährdender Betätigung und der Aktion vom 1. Mai 1923 zu einer zweijährigen Gefängnisstrafe verurteilt werden können. Doch Justitias rechtes Auge erwies sich wieder einmal als blind. Selbst die Verabschiedung Röhms aus der Truppe, die der Reichswehrminister Otto Geßler persönlich verfügt hatte, scheiterte am Einspruch des Generals Otto Hermann von Lossow, der die Reichswehr in Bayern kommandierte. Gegen die NSDAP gerichtete Untersuchungen eines Münchener Staatsanwalts wurden rasch abgeschlossen, als Hitler drohte, mit „landesverräterischen Enthüllungen"[42] aufzuwarten. Ungeachtet des am 11. Mai verhängten Ausnahmezustandes traten die paramilitärischen Wehrverbände weiter auf; sie hielten Übung auf Übung ab und formierten sich zu einer „Kampfgemeinschaft nationaler Verbände" unter Ludendorffs und Hitlers Führung. Ohne Einschränkungen konnten die Nationalsozialisten ihren „Helden" Albert Leo Schlageter feiern, der am 26. Mai 1923 von den französischen Besatzungsorganen im Ruhrgebiet wegen Sabotageaktionen hingerichtet worden war. Zu einem einwöchigen Verbot des „Völkischen Beobachters" kam es im Juli 1923 nur, weil in seiner Ausgabe vom 14. Juli allzu selbstbewußt erklärt worden war, im Falle von Behinderungen durch die Polizei werde sich die NSDAP der bayerischen Regierung nicht mehr als „Notpolizei" zur Verfügung stellen.

Als im August 1923 Reichskanzler Cuno durch einen von der KPD initiierten Generalstreik aus dem Amt gezwungen und einen Monat später die Taktik des „passiven Widerstands" gegen die Ruhrbesetzung aufgegeben wurde, verkündete der neue Reichskanzler und DVP-Vorsitzende Gustav Stresemann: „Die beste außenpolitische Aktivität, die wir entfalten können, ist die Ordnung der deutschen Verhältnisse im Innern."[43] Die Beilegung des Ruhrkonflikts und der Kurs auf die Stabilisierung der Währung wurden von einer erneuten Verhängung des Ausnahmezustandes flankiert. Im Grunde handelte es sich dabei um einen Bruch der Weimarer Verfassung, in der kein Wort über ihn stand. Sollte er verfassungsmäßig gedeckt sein, wäre ein im Artikel 48 angekündigtes Gesetz erforderlich gewesen. Ein solches Gesetz war noch nicht ergangen. Auch auf diese Weise organisierte die neue Regierung selbst einen Rechtsruck, der die politische Macht in Deutschland mit militärischen Mitteln absichern sollte und auf einen rechtsgewendeten Parlamentarismus hinauslief.[44] Darüber entbrannten in den Reihen derer, die konkrete Diktatur-Pläne verfolgten, neue Auseinandersetzungen. Während die Reichsregierung und die Parteien der sogenannten Mitte das Schwergewicht der politischen Entscheidungen von der Legislative zur Exekutive verschieben wollten, ohne erstere zu beseitigen, traten nahezu alle konservativ-nationalen Kräfte mehr oder weniger offen für eine Militärdiktatur ein. Das von Stinnes propagierte Programm einer „Zerschmetterung des Kommunismus", der Notverfassungsentwurf des Alldeutschen Verbandes und vieler extrem reaktionärer Kräfte, darunter auch jene der NSDAP und der bayerischen Wehrverbände, stimmten weitgehend überein. Als Ziel galt: Unterdrückung ihrer Gegner mit rücksichtsloser Gewalt, Auflösung der Parlamente, Verhängung des Standrechts, Todesstrafe für Streikende, Aufhebung der Pressefreiheit, Verbot der Gewerkschaften. Meinungsverschiedenheiten bestanden vor allem in der Frage, ob sich das angestrebte Regime vorrangig auf die Reichswehr oder auf rechtsextreme Bürgerkriegsorganisationen stützen solle. Der Einsatz der Reichswehr erschien vielen als aussichtsreicher, war diese doch zweifellos viel disziplinierter und militärisch schlagkräftiger als die Wehrverbände. Letztlich stellte ihr Einsatz auch das kleinere Risiko dar; eine Generalsherrschaft ließ sich in gewisser Hinsicht immer noch mit der Fassade „legaler" Mittel drapieren. Die Diktatur-Kandidaten der Wehrverbände vertrauten hingegen auf ihre Resonanz unter breiten Teilen der deutschen Bevölkerung, insbesondere unter den Mittelschichten.

In Bayern gingen die monarchistisch-partikularistischen Gruppen unter dem Triumvirat von Kahr, Lossow und Oberst Hans Ritter von Seißer, dem Chef des Landespolizeiamtes, und die NSDAP lange Zeit Hand in Hand bei der Vorbereitung eines gemeinsamen Putsches gegen die Reichsregierung und den parlamentarisch-demokratischen Staat von Weimar. Für einen solchen Zweck wurde die Partei der Faschisten weiter gepäppelt, obwohl sie mehr und mehr mit eigenen Forderungen hervortrat und aus der Rolle eines nur regional wirksamen und beliebig zu dirigierenden Juniorpartners herauszuwachsen begann. Sie organisierte am 2. September einen „Deutschen Tag" in Nürnberg. An dieser provokatorischen Machtdemonstration nahmen rund 100.000 Menschen teil. Unter den „Ehrengästen" befanden sich Ludendorff, der sich offen zum Nationalsozialismus bekannte, Prinz Ludwig Ferdinand von Bayern, der Herzog von Coburg,

Admiral Reinhard Scheer und zahlreiche bayerische Generäle und Offiziere. Am gleichen Tag entstand unter aktiver Mitwirkung der NSDAP der „Deutsche Kampfbund", der die organisatorische Grundlage für die weiteren Putschvorbereitungen bot. Die Nürnberger Generalprobe für den geplanten Umsturz verlief verheißungsvoll, zumal sich SPD und KPD nicht auf eine gemeinsame Gegenwehr zu einigen vermochten. Drei Wochen später gelang es Röhm, die Wahl Hitlers zum politischen Leiter des „Kampfbundes" durchzusetzen.

Die NSDAP, die während des Jahres 1923 in ihren Mitgliederlisten über 35.000 Neuaufnahmen verzeichnen konnte, profitierte vor allem von den gegen Berlin gerichteten Maßnahmen der bayerischen Regierung. Diese ernannte am 26. September Kahr zum Generalstaatskommissar, stattete ihn mit diktatorischen Vollmachten aus und kam Forderungen der Reichsregierung nach einem Verbot des „Völkischen Beobachters" nicht bzw. nur mit erheblicher Verzögerung nach. Kahr stellte nicht nur die Ausnahmegesetze des Landes über die des Reiches, er ließ sogar die Reichswehrtruppen des Münchener Wehrkreises auf die bayerische Landesregierung vereidigen. Lossow traf sich im Herbst mehrere Male mit dem Führer der NSDAP und versicherte, er sei mit Hitlers Auffassungen „in neun von zehn Punkten völlig einig".[45]

Trotz ihrer Gemeinsamkeiten entflammte im Herbst 1923 zwischen dem rechtskonservativen weiß-blauen und dem nationalsozialistischen Flügel der Putschistenfronde dennoch offene Rivalität. Der gemeinsam propagierte und intensiv vorbereitete „Marsch auf Berlin", für den Lossow am 24. Oktober vor Vertretern der Reichswehr, der Landespolizei, der vaterländischen Verbände und des „Kampfbundes" die Parole „Sonnenaufgang" ausgab, entsprach nicht in allem den Plänen der Weiß-Blauen. Deren hauptsächliches Ziel bestand in einem weitgehend eigenständigen, von revolutionären Einflüssen aus den übrigen Teilen Deutschlands abgeschirmten Bayern. Dafür wurden zwar alle Aktivitäten der NSDAP als nützlich einkalkuliert, die Ansprüche auf eine Führungsrolle und auf Realisierung ihrer Ziele aber als überflüssig und ihrer eigenen Sache abträglich betrachtet, gingen sie doch weit über die von Kahr und Lossow hinaus. So erklärte Hitler am 30. Oktober im Zirkus Krone, für ihn sei „die deutsche Frage erst gelöst, wenn die schwarzweißrote Hakenkreuzfahne vom Berliner Schloß" wehe.[46] Keineswegs wollte er sich mit einer starken „nationalen" Regierung oder einer Militärdiktatur zufrieden geben, sondern erreichen, daß eine nationalsozialistische Herrschaft in den Sattel gehoben werde.

Für Kahr und die von ihm repräsentierten Kreise war diese Alternative zu ihren eigenen Plänen jedoch erledigt, als sich im Reich die Verhältnisse zu stabilisieren begannen. Am 13. Oktober beschloß der Reichstag ein Ermächtigungsgesetz, das erlaubte, von den verfassungsmäßig garantierten demokratischen Grundrechten abzugehen. Ende Oktober marschierte die Reichswehr auf Veranlassung des Reichspräsidenten und der Regierung in Sachsen und Thüringen ein, wo die legalen, von Sozialdemokraten und Kommunisten gebildeten Landesregierungen abgesetzt wurden. Ein Aufstandsversuch der KPD, der in Hamburg begann, wurde niedergeschlagen. Die Übergabe der gesamten vollziehenden Gewalt an Reichswehrchef General Hans von Seeckt zeichnete sich ab. Für Kahr schien sich nunmehr die Aufgabe der bayerischen „Ordnungszelle" erübrigt zu haben, mit dem „Saustall in Berlin" aufzuräumen. Nicht zuletzt bröckelte die sogenannte nationale Opposition gegen den Kurs der Machthaber in Berlin, weil sich die Zeichen einer Wende der inneren Verhältnisse Deutschlands mehrten. Sie waren mit der beginnenden Stabilisierung der Mark und stützenden finanzpolitischen Maßnahmen der USA verbunden. Mit Gespür für die veränderte Situation begriff ein Teil der bayerischen Rechten, daß unter Deutschlands ökonomisch Mächtigen und politisch Herrschenden sich jene Richtung durchgesetzt hatte, die eine parlamentarische Staatsform für unentbehrlich und vorläufig lediglich graduelle Veränderungen am politischen Herrschaftssystem für erreichbar hielt. Kahr, Los-

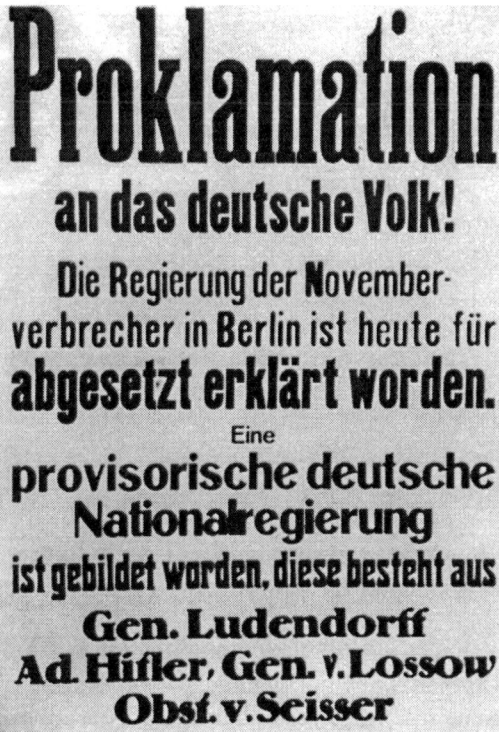

sow und Seißer eröffneten am 6. November den Führern der vaterländischen Verbände, daß einzig und allein sie das Kommandorecht beanspruchen und jede Eigenmächtigkeit brechen würden. Dies kam einer Distanzierung vom nationalsozialistischen Flügel der Putschistenfront gleich. Die Führung der NSDAP versuchte dennoch am 8. November 1923 vollendete Tatsachen zu schaffen. Angesichts der für sie ungünstigen Entwicklung wollte sie wenigstens retten, was zu retten war.[47] Sie befürchtete auch, ihre aufgeputschten Anhänger nicht mehr bei der Fahne halten zu können, und sorgte sich um den drohenden Zerfall der so mühsam unter ihrem Kommando formierten „Kampfbund"-Einheiten.[48] Hitler drang an der Spitze einer bewaffneten SA-Formation in den Münchener Bürgerbräukeller ein, wo Kahr gerade eine programmatische Rede halten wollte. Mit ausgesprochenem Sinn für theatralische Effekte verkündete der NSDAP-Führer nach einer kurzen Beratung im Nebenzimmer (und einer Versammlungspause, in der Göring die erregten Teilnehmer unter anderem mit dem Argument beruhigte, die Bayern würden auch künftig ihr Bier bekommen!) den Beginn einer „nationalen Revolution" und die Bildung einer neuen Reichsregierung. Dieser würden außer ihm auch Ludendorff, Kahr, Lossow, Seißer und Feder angehören. Die Verantwortlichen für die Revolution von 1918/19 – wüst als „Novemberverbrecher" beschimpft – sollten vor ein Gericht gestellt und innerhalb von drei Stunden hingerichtet werden. „Tumultuarisches begeistertes Geschrei" und das Deutschlandlied gellten danach durch den Saal.[49] Nach anfänglicher und erzwungener Zustimmung zogen sich Kahr, Lossow und Seißer jedoch in der Nacht von diesem Unternehmen zurück und wandten sich gegen den Putsch. Die Verbrüderungsszene mit den Nationalsozialisten und die Anerkennung einer Reichskanzlerschaft Hitlers vergaßen sie rasch. Kahr wechselte die Front und erklärte die NSDAP und den „Kampfbund" für aufgelöst; zugleich verbot er – ohne jede Begründung – ebenfalls die KPD. Aus anderen bayerischen Garnisonen wurden Reichswehreinheiten nach München beordert.

In der Nacht vom 8. zum 9. November 1923 gaben die Putschisten eine Probe ihres propagandistischen und terroristischen „Könnens". Aus der Kasse einer Buchdruckerei „besorgten" sie sich Sold für die SA-Leute. Der „Stoßtrupp Hitler" stürmte und verwüstete auf Görings Befehl das Verlagsgebäude der sozialdemokratischen „Münchener Post". Unter Leitung Röhms besetzte eine Gruppe das Wehrkreiskommando. Heß organisierte die Geiselnahme und Bewachung von Mitgliedern der bayerischen Regierung und des Münchener Stadtrates. Wahllos wurden vor allem jüdische Bürger verhaftet.[50] In blinder Hoffnung glaubte Hitler – darin von Ludendorff nachhaltig unterstützt – noch immer, durch den ohne Erfolgsaussicht begonnenen Putsch eine Wende erzwingen zu können. Er befahl seine Anhänger für die späten Vormittagsstunden des 9. November zu einem „Er-

Vom Abenteuer mit Kapp zum Putsch in Bayerns Hauptstadt

Putschisten in Aktion: 9. November 1923

kundungs- und Demonstrationsmarsch" durch die Münchener Innenstadt. Eine Polizeisperre konnte den Zug zunächst nicht aufhalten; beim ersten Schuß, so drohte Göring, werde man die inhaftierten Geiseln erschießen. Als die SA-Leute und Mitglieder des Bundes Oberland das Regierungsviertel erreichten, fiel ein Schuß, dem für etwa eine Minute ein heftiger Feuerwechsel folgte. Bei der Feldherrnhalle – einem zum Ruhme Wittelsbacher Heerführer erbauten klassizistischen Gebäude – stoppten einige Salven der hier aufmarschierten Landespolizei die vordringenden Putschisten endgültig. 16 Mitglieder der NSDAP und drei Polizisten lagen tot oder sterbend auf der Straße. Ludendorff, Drexler, Frick und einige wenige ließen sich an Ort und Stelle verhaften. Eilig zerstreuten sich die etwa 3.000 Faschisten, die sich am Marsch beteiligt hatten. Mancher stob in wilder Flucht davon. Auch hierin sollte sich der um seine eigene Rettung bemühte Hitler als „Führer" erweisen. Zunächst konnte er sich in einem Landhaus der befreundeten Familie Hanfstaengl verbergen, bevor er am 11. November verhaftet wurde. Göring, Esser, Feder, Berchtold und andere flüchteten ins Ausland. Die Parteigeschichtsschreibung, die dem fehlgeschlagenen Staatsstreich stets einen zentralen Platz in ihrer heroisierenden Selbstdarstellung einräumte, konstruierte so manche Legende und fälschte viele Details des Geschehens, um Abenteuerlichkeit und Dilettantismus vergessen zu machen. Das braune Regime feierte später die Toten als „Blutopfer" und „Helden der Bewegung". Ihrer wurde regelmäßig und in düsterem Pomp gedacht.

Ausgezogen, nach Berlin zu marschieren und die Macht zu erobern, kamen die Putschisten am 5. Jahrestag der Novemberrevolution nicht weit. Die Endstation hieß: Feldherrnhalle. Vorläufig.

Kapitel 4
In der zweiten Reihe

Am 5. Januar 1924 stellte das bayerische Staatsministerium für Finanzen auf Antrag Kahrs 3.000 Goldmark für einen besonderen Zweck zur Verfügung: Zwanzig hauptamtliche Angestellte der NSDAP erhielten eine Abfindung, da sie durch das Verbot der Partei „arbeitslos" geworden seien.[1] Dieser „freundliche" Akt im Umgang mit den Hochverrätern des 9. November 1923 sollte nicht der einzige bleiben ...
Die Anhänger des Putschistenführers hatten es nicht nötig, in die Illegalität zu gehen. So gaben sie rasch ihre vorsorglichen Bemühungen auf, mit geheimen Anweisungen, Richtlinien und Decknamen zu arbeiten, z.b. mit dem Anagramm „Rolf Eidhalt" statt Adolf Hitler.[2] Insbesondere die bayerische Landesregierung hielt schützend ihre Hände über die am Putsch Beteiligten. Komplikationslos konnten sich mehrere Ersatzorganisationen der NSDAP in die Vereinsregister bayerischer Städte eintragen lassen. Eine von ihnen konstituierte sich am 7. Januar als „Völkischer Block in Bayern", eine andere am Ende des Monats als „Großdeutsche Volksgemeinschaft", deren Gründer sich auf einen gegenüber Rosenberg geäußerten Wunsch Hitlers berufen. Eine dritte entstand unter Drexlers Führung als „Großdeutsche Arbeiterpartei", eine „Deutsche Arbeiterpartei" hörte in Nürnberg auf Streichers Kommando. Daneben formierten sich als kurzlebige Verbände: der „Deutsche Bund" in Würzburg, der „Völkische Bund" in Bayreuth, der „Völkische Treubund Staffelstein", die „Altreichsflagge" und andere mehr. Röhm sammelte die versprengten Einheiten des „Kampfbundes", gab ihnen den Namen „Frontbann" und unterstellte diese Ersatz-SA mit ihren rund 30.000 Mitgliedern formell Ludendorff.[3]
Indessen konnte die bayerische Regierung es sich nicht leisten, einem provozierenden Antrag des Rechtsanwalts Lorenz Roder zu entsprechen. Das Verbot der NSDAP, das durch Seeckt am 23. November 1923 für das gesamte Reichsgebiet ausgesprochen worden war, solle aufgehoben werden, hatte dieser am 7. Dezember 1923 verlangt. Doch solches ließ sich von ihr, noch dazu in so kurzer Zeit nach dem Putsch, nicht bewerkstelligen. Aber sie half, indirekt und direkt und so gut es ihr die Umstände eben erlaubten. Ausgerechnet Kahr, den Hitlers Anhänger als „Verräter" zu beschimpfen nicht müde wurden und 1934 schließlich ermordeten, leistete erhebliche Hilfe für die rechtsradikalen Ziehkinder seines Landes. Zwar konnte des Rechtsanwalts demagogische Behauptung, nur die SA

In der zweiten Reihe

und nicht die Partei sei am Putsch beteiligt gewesen, den Generalstaatskommissar nicht sonderlich beeindrucken, anders dürfte es mit der Erinnerung daran ausgesehen haben, daß er die ihm und seiner Regierung bekannte Gesinnung der putschenden Partei niemals „beanstandet" hatte. Reaktionäre Solidarität und die Angst um den Erhalt eigener Machtpositionen bestimmten die Fortsetzung des freundlichen Kurses gegenüber der faschistischen Partei, zumal Roder am 7. Dezember 1923 auch versichert hatte: „Falls der Herr Generalstaatskommissar die Aufhebung der Verbote an Bedingungen knüpfen will, so *besteht Bereitwilligkeit, diese Bedingungen anzunehmen,* soweit sie irgendwie annehmbar sind."[4]

Für den künftigen Weg der NSDAP sollte ausschlaggebend werden, daß die politisch herrschenden Kreise in Deutschland ihr zwar eine Niederlage bereitet hatten, sie jedoch nicht zerschlagen oder vernichten wollten. Dennoch sank ihr Kurswert ebenso wie der für Politiker und Führer vom „Typ Hitler". So erwiesen sich die Erhaltung der NSDAP und die Sicherung ihrer Existenz zunächst als eine grundlegende Voraussetzung aller weiteren Tätigkeit der deutschen Faschisten. Chancen lagen für sie vor allem in einer zunehmenden Entfernung der Gesellschaft von jenen Grundprinzipien der Demokratie und des Parlamentarismus, die in der Weimarer Verfassung fixiert worden waren. Jeder Abbau, jede Einschränkung und Verletzung der 1918/19 errungenen sozialen und politischen Rechte durch die Regierung und die bürgerlichen Parteien diente allein den Rechten und Rechtsextremen des Landes. Letzteren mußte auch zugute kommen, wenn die ökonomisch und politisch Mächtigen des Reiches die neu entstandenen Bedingungen – die Inflation war überwunden, ein wirtschaftlicher Aufschwung schien sich anzubahnen – dazu nutzen konnten, ihr strategisches Ziel einer Revision der Ergebnisse des Ersten Weltkrieges und der Revolution von 1918 konkreter ins Auge zu fassen. Dafür boten sich alsbald günstigere Ausgangspositionen. Den maßgebenden Politikern blieb dennoch bewußt, daß sie noch nicht in der Lage waren, die Ergebnisse der Revolution von 1918 völlig abzubauen. Die Reichswehr konnte auf die Dauer weder in der Lage noch angesichts ihrer äußeren Funktion willens sein, eine Militärdiktatur im Innern auszuüben. Aus dieser Situation ergaben sich nahezu zwangsläufig die Aufhebung des Ausnahmezustandes und der Verzicht auf allzu weitreichende antiparlamentarische Stabilisierungskonzepte. Dennoch ging das Interesse an allen nach wie vor bestehenden rechtsextremistischen Organisationen nicht verloren. Wer unter den Bedingungen der zeitweiligen und brüchigen Hochkonjunktur die politische Entwicklung nach rechts trieb, dem war jedes Mittel recht, auch jede antiparlamentarisch-terroristische Partei, mochte sie auch noch so klein sein.

Die bis dahin regierenden und parlamentarische Herrschaftsmethoden bevorzugenden bürgerlichen Parteien erwiesen sich bei den Reichstagswahlen vom 4. Mai 1924 als die großen Verlierer. Die Deutsche Demokratische Partei[5] und die Deutsche Volkspartei[6] büßten über 1,4 Millionen Stimmen ein, während die konservative Deutschnationale Volkspartei[7] zwei Millionen Stimmen gewann und die stärkste bürgerliche Fraktion des Parlaments stellte. Die Reichsregierung wurde ohne sozialdemokratische Beteiligung gebildet, wobei im Januar 1925 erstmalig auch deutschnationale Politiker Aufnahme in das Kabinett fanden. Zum deutlichsten Zeichen der politischen Rechtsdrift geriet nach dem Tode Eberts die Wahl des ehemaligen kaiserlichen Generalfeldmarschalls Paul von Hindenburg und Benneckendorff zum Staatsoberhaupt. Sie stärkte die offen antirepublikanische Fronde, die Vielzahl militaristischer und nationalistischer, völkisch-antisemitischer und faschistischer Organisationen. In ihr nahmen solche Organisationen wie die zahlreichen paramilitärischen Wehrverbände, darunter der „Stahlhelm. Bund der Frontsoldaten e.V."[8] mit einer Million Mitglieder, der „Verein der vaterländischen Verbände Deutschlands"[9], der „Arbeitsausschuß Deutscher Verbände"[10] und viele andere mehr einen zunächst wesentlich bedeutsameren Platz als die NSDAP ein.

Die Partei der Nationalsozialisten war in die zweite Reihe geraten. Dennoch brauchte sie nicht zu befürchten, aufgelöst zu werden und wohlwollende Unterstützung entbehren zu müssen. Zwar hatte sich nach dem Scheitern ihres Putsches das Kräfteverhältnis zwischen den verschiedenen rechtsextremen Organisationen zu ihren Ungunsten verändert, doch es entwickelte sich in keiner Weise *gegen* sie. Auch in der zweiten Reihe blieb sie eine Gefahr, die nicht unterschätzt werden durfte. In den absehbaren neuen ökonomischen und politischen Krisensituationen konnte sie rasch aktiviert werden; materielle, finanzielle, politische und ideologische Unterstützung waren ihr grundsätzlich sicher.

Die sich ihr bietenden Chancen verstand die NSDAP weidlich zu nutzen. Das kam bereits im juristischen Nachspiel des 9. November 1923 zum Vorschein. Der Prozeß gegen Hitler und weitere neun Angeklagte, darunter Ludendorff, Frick, Kriebel, Röhm und Pöhner fand nicht vor dem Staatsgerichtshof zum Schutz der Republik beim Reichsgericht in Leipzig statt, sondern lediglich vor dem Volksgericht für den Landgerichtsbezirk München I.[11] Die bayerische Regierung hatte sich entschieden und erfolgreich einer Anwendung der Reichsgesetze widersetzt. Sie wußte schon, warum – in Leipzig wäre es ihr kaum so leicht gefallen, die eigenen Pläne vor der Öffentlichkeit zu verbergen. Zweifellos war für sie günstiger, in selbständiger Regie alle Verantwortung auf die faschistischen Kumpane zu schieben, diese „augenzwinkernd", sofern sie ihre Rolle als Schuldige zu spielen bereit waren, als ehrenwerte Leute zu behandeln und sie mit geringen Strafen davonkommen zu lassen.

In der zweiten Reihe 79

Der Prozeß fand vom 26. Februar bis zum 27. März 1924 statt. Er verlief alles in allem entsprechend den Vorstellungen der bayerischen „Ordnungszellen"-Politiker. Die Angeklagten wurden eines hochverräterischen Unternehmens geziehen, doch fiel über die eigentlichen Ursachen des Putsches und das fördernde Mitwirken des Triumvirats Kahr-Lossow-Seißer kaum ein Wort; lediglich in jenen Sitzungen, von denen die Öffentlichkeit ausgeschlossen war, kam zur Sprache, welche Vereinbarungen und Abreden in den Wochen und Monaten vor dem 9. November 1923 Reichswehr, Polizei und „Kampfbund" getroffen hatten. Statt dessen erhielten die Angeklagten so reichlich das Wort zu ihrer Rechtfertigung, daß selbst bürgerliche Regierungsmitglieder bedenklich die Köpfe schüttelten.¹² Ein Journalist beschrieb nachträglich die Atmosphäre des Verfahrens, dessen Verlauf und Abschluß so gänzlich anders aussahen als das gegen die Revolutionäre vom Mai 1919: „Ein Gerichtshof, der den ‚Herren Angeklagten' immer wieder Gelegenheit gibt, stundenlange Propagandareden ‚zum Fenster hinaus' zu halten; ein Beisitzer, der nach Hitlers erster Rede (ich hab's mit eigenen Ohren gehört!) erklärt: ‚Doch ein kolossaler Kerl, dieser Hitler!'; ein Vorsitzender, der duldet, daß von der höchsten Spitze des Reiches als von ‚Seiner Hoheit, Herrn Fritz Ebert' gesprochen wird (Hitler) und daß man die Reichsregierung eine ‚Verbrecherbande' nennt (Kriebel); ein Generalstaatsanwalt, der in einer Sitzungspause einem der Angeklagten vertraulich auf die Schulter schlägt: ‚Na, mein lieber Pöhner' ... – gehört all das nicht in den makabren Münchener Bilderbogen vom großen politischen Karneval, der mit einem fürchterlichen Erwachen am Aschermittwoch endet?!"¹³

Das am 1. April 1924 verkündete Urteil mochte manchem unglaubwürdig und verfassungswidrig erscheinen. Doch in der Tatsache der Bestrafung und in der Milde des Urteils widerspiegelte sich Konsequenz: Die Richter kamen nicht umhin, deutlich zu machen, daß der Putsch zur falschen Zeit, mit falschen Mitteln und mit falschen Verbündeten versucht worden war. „Straferschwerend" (!), so hieß es in der Urteilsbegründung, sei die Tatsache, daß durch das Unternehmen „die Gefahr eines Bürgerkriegs heraufbeschworen, schwere Störungen des wirtschaftlichen Lebens des gesamten Volkes und vermutlich auch außenpolitische Verwicklungen herbeigeführt" worden wären.¹⁴ Hitler, Kriebel, Pöhner und Friedrich Weber erhielten fünf Jahre Festungshaft zugesprochen, allerdings stellte das Gericht ihnen die Entlassung mit Bewährungsfrist nach einem halben Jahr in Aussicht. Fünf Angeklagte wurden zu einem Jahr und drei Monaten Festungshaft verurteilt, jedoch sofort mit Bewährungsfrist auf freien Fuß gesetzt. Ein Freispruch erging für Ludendorff; sein Ruhm als ehemaliger kaiserlicher Feldherr sollte wohl nicht geschmälert werden ...

Die Sprache der Urteile war eindeutig: Distanzierung von der Tat, nicht jedoch von den Tätern und erst recht nicht von deren Gesinnung und

»Verurteilte« Hochverräter (Bildmitte Ludendorff, daneben Hitler und Röhm)

Zielen. Die „Hochverräter" wurden, da sie von rechts kamen, noch gebraucht und sollten nicht völlig verprellt werden. So unterblieb trotz der verhängten „Strafen" alles, was die NSDAP entscheidend getroffen hätte. Selbst nach den Bestimmungen des Republikschutzgesetzes vom 16. Juli 1922 wäre anderes möglich, ja sogar notwendig gewesen: längere Haftzeiten, Bestrafung weiterer Putschisten, schärfere Haftbestimmungen und nicht zuletzt die Ausweisung des aus Österreich stammenden Hitler. So unterschiedlich die Faschistenpartei, ihr Putsch und ihre Führer im einzelnen auch bewertet wurden – es bestand eine Art stillschweigender Übereinkunft: Die NSDAP hatte einerseits mit ihren gescheiterten Plänen einer putschartig zu errichtenden Diktatur und beschleunigter Kriegsvorbereitungen in den Hintergrund zu treten. Sie sollte im deutschen Parteien- und Verbändesystem eine untergeordnete Stelle einnehmen, wobei manche – so der Vorsitzende des Alldeutschen Verbandes – sogar glaubten, sie nicht mehr zum Leben erwecken zu können.[15] Andererseits sollte sie jedoch keinem Verbot, keiner Auflösung und strikten Bekämpfung unterliegen. Jeder erfolgreiche Schlag gegen rechts, wo ja nach den bekannten Worten des Zentrumspolitikers Wirth der eigentliche Feind des Weimarer Staates stand, wäre den ungeliebten demokratisch-republikanischen Kräften zugute gekommen ...

Wie günstig Prozeß und Urteil von München sich für die Rechtsradikalen auswirkten, zeigte sich bereits am 6. April 1924, als in Bayern ein neuer Landtag gewählt wurde. Der „Völkische Block" nahm nach BVP und SPD den dritten Rang ein und erhielt mehr als eine halbe Million Stimmen (17,1 %).[16] Ihm fielen 23 der 129 Sitze des Landtages zu. In München erhielt er sogar von allen Parteien die meisten Stimmen, ein Erfolg, der den Nationalsozialisten erst wieder im Juli 1932 gelang. Bei den Wahlen im Land Thüringen errang sie mit einer „Liste der Vereinigten Völkischen" sieben, in Mecklenburg-Schwerin 13 und in Lübeck 6 Mandate. Erstmalig zog sie nach der Wahl vom 4. Mai 1924 auch in den Reichstag ein.[17] Nahezu zwei Millionen Wähler votierten für die Wahlgemeinschaft von 26 völkischen Verbänden Bayerns, Thüringens, Sachsens, Württembergs, Hessens, Badens und des Rheinlands, deren Kandidaten eine Reichsliste der Vereinigten Nationalsozialistischen und der Deutschvölkischen Freiheitspartei gebildet hatten. Unter ihren 32 Abgeordneten befanden sich auch die rechtskräftig verurteilten und unter die Auflage der Bewährung gestellten Putschisten Röhm und Frick. Doch als bereits am 7. Dezember 1924 der Reichstag erneut gewählt wurde, gab es Rückschläge: Gewählt mit 900.000 Stimmen, gelangten nur noch 14 Nationalsozialisten in den Reichstag.[18]

Die zeitweilig beträchtlichen Wählergewinne des völkisch-faschistischen Lagers standen im Widerspruch zu seiner inneren Situation. Es befand sich in einer Krise und gruppierte sich fast täglich neu. Trotz der taktisch begründeten Verständigung auf einheitliche Listen wurde unversöhnlich um die Lehren der gescheiterten Aktion vom November 1923 gestritten. Inhaltlich ging es hauptsächlich um die Frage, welcher Weg zur Macht künftig eingeschlagen bzw. in der Öffentlichkeit betont werden sollte: der eines gewaltsamen Umsturzes oder der einer weitgehenden Ausnutzung der Legalität. Für Hitler, der den Gerichtssaal mit der Erklärung verlassen hatte, er werde seine Ziele weiter verfolgen und bei der erstbesten Gelegenheit in die Tat umsetzen, stand die Entscheidung bald fest. In kleinem Kreise verkündete er: „Wenn ich meine Tätigkeit wieder aufnehme, werde ich eine neue Politik befolgen müssen. Statt die Macht mit Waffengewalt zu erobern, werden wir zum Verdruß der katholischen und marxistischen Abgeordneten unsere Nase in den Reichstag stecken. Zwar mag es länger dauern, sie zu überstimmen als sie zu erschießen, am Ende aber wird uns ihre eigene Verfassung den Erfolg zuschieben. Jeder legale Vorgang ist langsam."[19] Die NSDAP ließ jedoch auch nach 1925 nicht erkennen, daß sie ihren destruktiven und faktisch illegalen Kurses grundsätzlich aufgeben wollte[20], obwohl sich an dieser Frage immer wieder interner Streit entfachte. Bei den zahlreich abgegebenen gegenteiligen Erklärungen spielten vorwiegend taktische, aber auch viele andere Erwägungen eine Rolle.

Die Auseinandersetzungen im völkisch-faschistischen Lager spitzten sich mehr und mehr auf einen süddeutschen und einen norddeutschen Flügel zu, die beide wiederum in sich selbst alles andere als homogen waren.

Zeitweilig gewann außerhalb Bayerns die Deutschvölkische Freiheitspartei[21] etwas Oberwasser. Die Ende 1922 aus einer rechten Abspaltung der DNVP entstandene Organisation wurde von Albrecht von Graefe, einem erzreaktionären mecklenburgischen Gutsbesitzer, später von Reinhold Wulle geleitet. Sie trieb vor allem in den preußischen und den mecklenburgischpommerschen Gebieten ihr terroristisches Unwesen. Ungeachtet ihrer ausgeprägt antikommunistischen, chauvinistischen, rassistischen und teilweise auch monarchistischen Propaganda stellte sie sich auf den Boden des bürgerlichen Parlamentarismus, was sie wesentlich von der Münchener NSDAP unterschied. Als sich Ludendorff mit der DVFP verband und eine Einigung beider Flügel erkennbar wurde, delegierte der bayerische „Völkische Block" Gregor Strasser in die „Reichsführerschaft" der neuen Organisation, die sich zunächst als „Nationalsozialistische Freiheitsbewegung", bald jedoch als „Nationalsozialistische Freiheitspartei" bezeichnete.

Um über einen gemeinsamen Standpunkt gegenüber den Deutschvölkischen zu beraten, trafen sich am 20. Juli 1924 Vertreter aller nationalsozialistischen Gruppen in Weimar. Die Tagung endete jedoch ohne ein greifbares Ergebnis. Nach dem Bericht Röhms verlief die Aussprache „zum Teil sehr erregt". Es verhärteten sich mindestens fünf unterschiedliche Standpunkte zu den Fragen nach dem Stellenwert der Parlamentstaktik sowie der Führung.[22] In der „Großdeutschen Volksgemeinschaft", die sich am entschiedensten gegen den Zusammenschluß mit der DVFP und gegen die Anwendung parlamentarischer Taktiken wandte, wurde Rosenberg am 9. Juli durch Esser und Streicher von der Spitze verdrängt. Der Weimarer Parteitag der „Nationalsozialistischen Freiheitspartei" von Mitte August 1924 geriet zu einem Fiasko. Die Risse im Lager der Völkischen und der Nationalsozialisten ließen sich nicht einmal mehr notdürftig kitten. Niemand wollte sich anderen, jeder sich alle anderen unterordnen. Entscheidungen konnten nicht an Verhandlungstischen gefunden werden. Erbittert geführte Streitereien und Kämpfe prägten für längere Zeit den Konzentrationsprozeß innerhalb des Lagers der deutschen Faschisten, aus dem schließlich die NSDAP als größte, massenwirksamste und erfolgreichste Partei hervorgehen sollte.

Hitler – nunmehr in Haft auf der Festung Landsberg – versuchte zunächst, sich aktiv in den Prozeß der Sammlung seiner Partei und in deren Auseinandersetzungen mit den Anhängern Ludendorffs und Graefes einzuschalten. Obwohl er täglich bis zu sechs Stunden Besuch empfangen durfte und ihm außerordentlich günstige Bedingungen eingeräumt wurden, ließen sich eine gewisse Isolierung und der damit verbundene Prestigeverlust nicht völlig vermeiden. Auch undeutliche und hinhaltende Äußerungen, die von jedem außerhalb seines unmittelbaren „Hofstaates" nach eigenem Gutdünken ausgelegt werden konnten, begannen seinen Einfluß zusehends abzuschwächen. Die mehrfach, jedoch nicht immer deutlich geäußerte Absicht, schlagartig von der bisherigen Putschtaktik zu einer neuen, der Legalitätstaktik umzuschalten und auf dieser Grundlage der Zersplitterung im Lager der Rechtsextremisten zu begegnen, konnte er nicht durchsetzen. Daher gab er am 7. Juli offiziell seinen Rücktritt als Vorsitzender der NSDAP bekannt. Seinen sich bald als raffiniert und vorteilhaft erweisenden Schachzug begründete er mit dem heuchlerischen Argument, er strebe kein Ministeramt oder ähnliches an. Ein „Propagandist und Weckrufer", ein „Trommler" zu sein – das sei für ihn „das Höchste".[23] Hitler hielt sich durch diesen Schritt damit geschickt aus dem Streit der einander immer heftiger befehdenden Rivalen und Cliquen heraus. Er profitierte von seiner Rolle als vielfach angerufener „Schiedsrichter" und konnte vortäuschen, „über den streitenden Parteien" zu stehen.

In Wirklichkeit bediente sich Hitler aller verfügbaren Mittel, um seine erschütterte Stellung erneut zu festigen und auszubauen. Er unternahm alles, auch persönlich dem in den Jahren zuvor geschaffenen Führer-Mythos zu entsprechen. Sowohl dazu als auch zur Klärung der vielen offenen taktischen Fragen begann er mit der Arbeit an seinem Buch, dem er ursprünglich den Titel „Viereinhalb Jahre Kampf gegen Lüge, Dummheit und Feigheit" geben wollte. Ein halbes Jahr lang schrieb bzw. diktierte er seinem Privatsekretär Heß Rechtfertigungen seiner bisherigen politischen Aktivitäten sowie Begründungen für die von der Partei neu einzuschlagende Taktik. Klarer als andere erkannte Hitler, daß die NSDAP auch weiterhin in hohem Maße von einer direkten und indirekten Unterstützung durch die Reichswehr abhängen würde. Außerdem hielt er es jetzt für erforderlich, die Unterstützung des katholischen Klerus für die Aktivitäten seiner Partei als einen wichtigen, bisher nicht beachteten Faktor zu berücksichtigen. Daher richtete sich seine Kritik nunmehr insbesondere gegen Ludendorff. Dieser beschuldigte Kirche und Freimaurertum, die Urheber der Niederlage vom 9. November 1923 gewesen zu sein, und propagierte – unter dem Einfluß seiner zweiten Frau – immer stärker eine abstruse deutsch-germanische „Religion". Hitler beließ es nicht bei kritischen und auf eine neue Taktik zielenden Worten.

Bereits am 20. Dezember 1924 aus der Haft entlassen und mit einem neu erstandenen Auto abgeholt – auch diese Szene verdeutlichte, daß da kein geschlagener Führer die Strafanstalt verließ – bemühte er sich als erstes um ein Gespräch mit dem neuen bayerischen Ministerpräsidenten Heinrich Held, um diesem seine „legalen" Absichten gegenüber der Staatsmacht und seine Loyalität gegenüber der katholischen Kirche zuzusichern. Dabei beteuerte er auch, der Putsch sei ein Fehler gewesen, aber jetzt verfolge er als höchstes Ziel, der Regierung im Kampf gegen den Kommunismus beizustehen.[24] Prompt erging Mitte Februar 1925 die Aufhebung des Verbots der NSDAP.

Am 27. Februar, einen Tag nach dem erneuten Erscheinen des „Völkischen Beobachters", vollzog sich die Wiederbegründung der NSDAP in einer Versammlung mit etwa 4.000 Teilnehmern. Hitler referierte zum Thema „Deutschlands Zukunft und unsere Bewegung". Seine Bemerkung, das nächste Mal werde entweder der Feind über seine Leiche oder er über die des Feindes gehen, trug ihm ein zweijähriges Redeverbot in Bayern ein; mehr nicht, obwohl er die Auflagen seiner Bewährungsfrist verletzt hatte und eigentlich wieder in Haft zu nehmen gewesen wäre. Auch in anderen Ländern des Deutschen Reiches durfte er öffentlich nicht auftreten. Um so eifriger redete er allerdings in geschlossenen Veranstaltungen aller Art. So blieb denn selbst das Redeverbot eine harmlose Maßnahme der Republik und behinderte die Partei kaum. Die rechtlich gegebene Möglichkeit, den staatenlosen Hitler aus Deutschland auszuweisen, wurde ernstlich nie erwogen. Die von Hitler verkündeten „Grundsätzlichen Richtlinien" für den Wiederaufbau der NSDAP knüpften voll und ganz an die Zielsetzungen der alten NSDAP an, orientierten jedoch in wesentlichen Punkten auf eine veränderte Taktik. Diese betraf insbesondere die Verwendung der SA. Sie sollte künftig – um demonstrieren zu können, daß die Vereinsgesetze der Republik strikt eingehalten werden – waffenlos auftreten.[25]

Die taktischen Weisungen stießen nicht nur auf Zustimmung, sondern bei einem Teil der Anhänger auch auf Enttäuschung, Unverständnis und ernsthaften Widerstand. Zunächst bekannten sich lediglich sechs der 25 völkisch-faschistischen Landtagsabgeordneten Bayerns zur neuen NSDAP. Von 14 Mandaten im Reichstag fielen ihr nur vier zu. Röhm sträubte sich gegen den neuen Kurs. Sein „Frontbann" sollte nach wie vor ein offen militaristischer Wehrverband und von der politischen Organisation unabhängig sein. Die Führerbesprechung des „Frontbanns" vom 1. und 2. März 1925 in Wolmirstedt bei Magdeburg erkannte Hitler nur als Kopf der „nationalsozialistischen Bewegung" an und gelobte erneut dem „Schirmherrn" Ludendorff Treue. Als die NSDAP kurze Zeit später ihren Anhängern „empfahl", beim zweiten Wahlgang um das Amt des Reichspräsidenten für Hindenburg und nicht für Ludendorff zu stimmen, war der Bruch mit dem einstigen Putschgenossen perfekt. Röhm, der ehemalige Hauptmann und aktive Förderer Hitlers, gab am 1. Mai 1925 seinen Rücktritt von der Leitung des Frontbanns bekannt. Die Führung der SA wollte er nicht übernehmen; er zog sich aus dem politischen Leben zurück und wurde 1928 Offizier in der bolivianischen Armee. Die Neuformierung der SA unter dem direkten Einfluß der NSDAP-Führung wurde dadurch nicht aufgehalten, es standen noch genügend Militaristen aus den ehemaligen Freikorps und sonstiger Herkunft bereit ...

Andere Streitereien, so beispielsweise die in München, wo sich manche persönlich nicht mehr mit Esser oder Streicher verstanden und gegen Hitler Ergebene wetterten, blieben völlig belanglos. Nicht so glimpflich verlief dagegen der Streit über die Frage, wie ein Einbruch in die Reihen der proletarischen Organisationen erreicht werden könne. Bisher hatte die NSDAP hauptsächlich völkisch und rassistisch-antisemitisch denkende Kräfte angezogen, also im Grunde nur Gleichgesinnte aus anderen politischen Parteien und Strömungen oder aus dem großen Feld der bislang politisch unorganisierten Deutschen. Sie begann „um die Gefolgschaft der arbeitenden Massen" zu buhlen, was von antifaschistischen Kräften aufmerksam beobachtet wurde. So schrieb die KPD in einem Aufruf vom 2. April 1924: „Neue Demagogen treten auf ... Sie gaukeln eine alles einigende Volksgemeinschaft, eine nationale Diktatur (vor), die das Befreiungswerk nach innen und außen vollziehen werde. Sie predigen den Schafen und Wölfen die Einheit des Tierreiches. Sie hetzen gegen das jüdische Kapital, aber die christlichen Wucherer, Ausbeuter und Blutsauger wollen sie als ‚schaffendes Kapital' erhalten und schützen. Sie reden von ‚Werksgemeinschaften' und meinen damit die Beseitigung der Gewerkschaften, der Betriebsräte, des Kollektivvertrages, des staatlichen Arbeitsschutzes."[26] Ähnliche Aussagen trafen auch Sozialdemokraten und Gewerkschafter.[27]

Wollte die NSDAP in den Hochburgen der Arbeiterparteien, im Ruhrgebiet, in den mitteldeutschen Gebieten, in Hamburg und Berlin, nicht total ins Leere stoßen, mußte sie sich zwangsläufig anderer Parolen und Methoden als im überwiegend agrarisch-kleinbürgerlichen Bayern bedienen. Daher betraute sie bereits im März 1925 einen der fähigsten ihrer Funktionäre – Gregor Strasser, der von 1921 bis 1923 Gauleiter und SA-Führer von Niederbayern gewesen war – mit der Verantwortung für alle in Nord- und Nordwestdeutschland existierenden nationalsozialistischen Gruppen. Er schien dafür prädestiniert, denn ebenso wie sein Bruder Otto wollte er den Nationalsozialismus eher als einen „nationalen Sozialismus" verstanden wissen. Stärker als vor 1923 bevorzugten beide antikapitalistische, sozialdemagogische und revolutionäre Losungen. Als Otto Strasser – in dieser Zeit der eigentliche Repräsentant des sogenannten linken Flügels der Partei – am 29. Juni 1926 von einem Vertrauten einen Zeitungsartikel erbat, schrieb er: „Das Thema lasse ich Ihnen selbstverständlich völlig frei, weil ich weiß, daß unsere Ansichten so sehr konform gehen, daß ich ohne weiteres mit Ihren Ausführungen einverstanden bin. Worauf es mir am meisten ankommt, ist natürlich immer die Betonung unserer sozialistischen Grundideen, die, wie wir ja wissen, in den programmatischen Äußerungen der Partei noch immer recht stiefmütterlich behandelt werden. Also bitte schreiben Sie mir über irgend etwas, das den Unterschied zwischen dem marxistischen und dem nationalen Sozialismus scharf herausarbeitet, wobei aber gleichzeitig unser nationaler Sozialismus als der wahre und der allein Rettung bringende erscheint."[28] Der Adressat des Briefes hieß Dr. Joseph Goebbels, ein scharfzüngiger und redegewandter Intellektueller, der in seiner ursprünglich beabsichtigten schriftstellerischen Laufbahn gescheitert war und sich der Politik zugewandt hatte. Er ließ sich zunächst von Gregor Strasser und bald darauf von Hitler protegieren. Gregor Strasser lehnte zwar die Radau- und Krawallmethoden seiner Münchener Kollegen nicht grundsätzlich ab, meinte aber, sie würden sich für die weitere Entwicklung der NSDAP nicht fördernd auswirken, da mit ihnen in den Arbeiterbezirken wenig auszurichten sei. Er bemühte sich um eine organisatorische Zusammenfassung der nationalsozialistischen Kräfte nördlich des Mains, die ähnlichen Problemen gegenüberstanden. Die NSDAP-Gauleiter von Rheinland Nord und -Süd (Robert Ley, Heinz Haake), Westfalen (Franz Pfeffer von Salomon), Hannover und Hannover-Süd (Bernhard Rust), Hessen-Nassau (Karl Dincklage), Lüneburg-Stade (Otto Telschow), Schleswig-Holstein (Hinrich Lohse), Pommern (Theodor Vahlen) und Göttingen (Ludolf Haase, Hermann Fobke) gründeten am 10. September 1925 im westfälischen Hagen eine „Arbeitsgemeinschaft der Nord- und Nordwestdeutschen Gaue der NSDAP". An deren Tätigkeit beteiligten sich auch Helmuth Brückner aus Schlesien, Karl Kaufmann aus Hamburg, Ernst Schlange aus Berlin u.a.m. Der Gauleiter Mecklenburgs, Friedrich Hildebrandt, wurde mit der Begründung, dieser Gau gehöre „nicht unmittelbar zur nordwestlichen Industriegruppe", nur als „korrespondierendes" Mitglied aufgenommen.[29] Die Leitung der Arbeitsgemeinschaft lag in den Händen von Gregor Strasser, der durch seinen Bruder Otto vielfältige Unterstützung fand. Für die organisatorischen Arbeiten sowie die Herausgabe des Organs der Arbeitsgemeinschaft, der „Nationalsozialistischen Briefe", war de facto Goebbels zuständig.

Mit der Gründung dieses Zusammenschlusses beabsichtigten die Beteiligten, ihre organisatorische und propagandistische Tätigkeit untereinander abzustimmen. Dies schien ihnen angesichts mehrerer widersprüchlicher Anweisungen der Münchener Leitung, die z.B. die Vorbereitung der preußischen Kommunal- und Provinziallandtagswahlen betrafen, besonders wichtig zu sein. Die zunächst rein taktisch bedingten Unterschiede entwickelten sich jedoch rasch auch zu anderen, teilweise sogar programmatischen Differenzen zwischen den Münchener „Nationalsozialisten" und den nord- und nordwestdeutschen „nationalen Sozialisten". Allerdings gingen diese nie über den Rahmen gemeinsamer Tätigkeit in der NSDAP hinaus. Die nord- und nordwestdeutschen Gauleiter dachten ebensowenig an eine Spaltung der Partei, sie waren sich aber einig in der Kritik an der Verschwommenheit des 25-Punkte-Programms. Nach ihrer Meinung ließ dieses allzu viele Fragen offen, auf die es ihnen bei der praktischen Werbung in ihren Gebieten besonder ankam. Die lange Liste der in der Arbeitsgemeinschaft diskutierten Probleme widerspiegelte die Notwendigkeit klarerer politischer Stellungnahmen zu aktuellen Fragen deutscher Innen- und Außenpolitik sowie zu den Vorstellungen über Aufbau und Beschaffenheit des künftigen Staates. Nicht zuletzt ging es auch um die Frage, ob die Partei eigene Gewerkschaften organisieren solle und wie man sich zu den „gelben" Arbeitervereinen stellen müsse.

Gregor Strasser plädierte in seinem Programmentwurf für einen autoritären Staat mit einem von sogenannten Berufsständen zu beschickenden Parlament. Alle Betriebe mit mehr als 20 Beschäftigten seien in eine Aktiengesellschaft umzuwandeln. Je nach Wichtigkeit der Betriebe sollten 49 oder 51 Prozent der Aktien in die Hände der „Allgemeinheit" – was das war, wurde nicht erklärt – überführt werden, und davon wiederum 10 Prozent in die der jeweiligen Belegschaft. Von der Sache her unterschied sich der Entwurf von den parteiamtlichen 25 Punkten so gut wie gar nicht, sieht man von Strassers Forderung nach der Schaffung eines Bundes der „Vereinigten Staaten von Europa" ab. Jedoch verdeutlichten gerade die Ausführlichkeit und Konkretheit des Entwurfs die Ungereimtheiten und Diskrepanzen im NSDAP-Programm.

Die entscheidende Tagung der Arbeitsgemeinschaft fand am 24. Januar 1926 in Hannover statt, als über die Stellung ihrer Partei zu den 1918/19 ungeklärt gebliebenen Eigentumsverhältnissen der deutschen Fürsten beraten wurde. Gegen deren Forderungen nach einer finanziellen Entschädigung für ihre „Vermögensverluste" während und nach der Revolution hatte sich in Deutschland ein Sturm des Protestes erhoben. Von der Forderung der KPD und der SPD nach einer entschädigungslosen Enteignung ging eine starke, viele Millionen Deutsche anziehende Wirkung aus. Die bürgerlichen Parteien, der Staatsapparat, die Kirchen und alle Institutionen der Reaktion zogen mit allen zur Verfügung stehenden Mitteln gegen das Volksbegehren und den Volksentscheid (März bzw. Juni 1926) ins Feld. Während sie vorgaben, nicht allein den Besitz der Fürsten, sondern das generell bedrohte Privateigentum an den Produktionsmitteln zu verteidigen, gerieten die „sozialistisch" argumentierenden Politiker der NSDAP in ein Dilemma. Nur durch Zustimmung und Unterstützung der Volksbewegung gegen die Fürsten konnten sie Stimmen und Mitglieder aus den Unterschichten gewinnen, nur so konnten sie ihrem Antikapitalismus einen Schein von Glaubwürdigkeit verleihen. Andererseits wäre die NSDAP im „Börsenkurs" der politischen Macht gesunken, hätte sie sich, wenn auch nur in einem Fall, aus taktischen Beweggründen gegen das Privateigentum an den Produktionsmitteln erklärt, dessen Rechtfertigung und Verteidigung den heiligsten Grundsatz der kapitalistischen Wirtschafts- und Gesellschaftsordnung bildet.

Gregor Strasser legte einen Resolutionsentwurf mit einer eindeutig positiven Aussage zugunsten der Fürstenenteignung vor. Doch darin wollte die Arbeitsgemeinschaft ihm ebensowenig folgen wie die Münchener Zentrale, die entschieden gegen das Volksbegehren Stellung bezog. So zeitigte die Tagung der Arbeitsgemeinschaft ein unklares und widersprüchliches Ergebnis. Einerseits wurde erklärt: „Die ungeheure Notlage ... läßt es nicht zu, daß unter Berufung auf ein formales Recht Hunderte von Millionen den ehemaligen Fürsten ... bewilligt werden."[30] Andererseits und gleichsam als Kompensation orientierte sie auf eine verstärkte antimarxistische und antisemitische Hetze.

In den Debatten um Strassers Programmentwurf spielten auch außenpolitische Aspekte eine wichtige Rolle. Zu ihnen gehörte die Frage nach der Haltung des Weimarer Staates zur Sowjetunion, die in Deutschland von den bürgerlichen Parteien bis zur Sozialdemokratie äußerst umstritten war. Viele gingen von der Erkenntnis aus, daß die sozialistische Sowjetmacht nicht vor einem ihnen wünschenswerten Zusammenbruch stand und empfahlen eine auf dem Rapallo-Vertrag beruhende Zusammenarbeit mit der UdSSR, was wirtschaftliche und politische Vorteile bot. Auf diesen Standpunkt stellten sich auch Strasser und seine Anhänger. Wie manche Mitglieder der DNVP und anderer Rechtsparteien sahen auch die Vertreter der Arbeitsgemeinschaft in der Politik der Siegermächte das Haupthindernis für einen „deutschen Wiederaufstieg" und die getarnte Kriegsvorbereitung. Die Mehrheit der deutschen Eliten aber hatte sich schon für eine Zusammenarbeit mit den Westmächten, insbesondere mit den USA auf der Grundlage des Dawes-Planes entschieden. Strasser behauptete, der Völkerbund, in den Deutschland 1926 aufgenommen worden war, diene einzig dazu, den Versailler Vertrag „zu verewigen". Im Kampf gegen Versailles und für eine Vormachtstellung des deutschen Imperialismus in Mitteleuropa sei „Rußland selbstverständlich der natürliche Bundesgenosse".[31] Ein „nationalsozialistisches Deutschland" könne sich, wenn es um das Nahziel gehe, den Versailler Vertrag zu annullieren, „selbst mit dem Teufel verbinden, ohne Schaden an seiner Seele zu nehmen".[32] Goebbels notierte euphorisch: „Lieber mit dem Bolschewismus den Untergang, als mit dem Kapitalismus ewige Sklaverei."[33] Diese Haltung hob die Grundsätze nationalsozialistischer Politik und Ideologie keineswegs auf; sie war lediglich ein situationsbedingter Ausdruck unterschiedlicher Vorstellungen darüber, wie und in welcher Reihenfolge die Opfer ihres künftigen expansionistischen Kurses bestimmt werden sollten.

In den programmatisch-politischen Auseinandersetzungen der NSDAP während der Phase ihres Neuaufbaus kritisierten die in der Arbeitsgemeinschaft agierenden Gauleiter auch Parteichef Hitler. Noch standen sie ihm nicht kritiklos, begeistert oder gar fasziniert gegenüber. Er sei ein begabter Agitator und „Trommler" der Partei, hieß es vielfach, aber kein „Politiker", der strategisch und taktisch zu führen verstünde. Mehr oder

In der zweiten Reihe 89

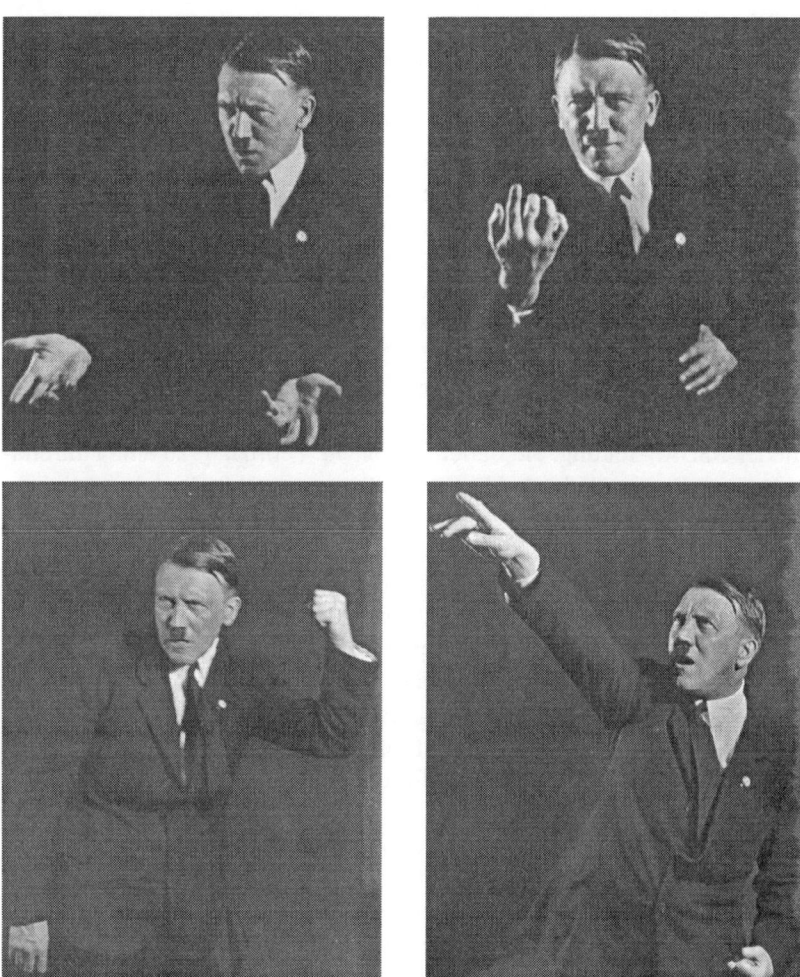

Der »Trommler«

weniger deutlich lehnten sie auch den Stil seiner Führungstätigkeit ab. Im einzelnen bemängelten sie seine hinhaltende Unentschlossenheit, sein Desinteresse an der alltäglichen politischen Kärrnerarbeit sowie sein als unausgewogen betrachtetes Verhältnis zur Taktik gegenüber der Arbeit in den Parlamenten. Ihre Kritik richtete sich aber auch auf den persönlichen Lebensstil, den sich Hitler in der „feinen" Gesellschaft Münchens zugelegt hatte, gegen sein enges Verhältnis zu umstrittenen Personen wie Esser und Streicher. Franz Freiherr Pfeffer von Salomon, ein ehemaliger Hauptmann des kaiserlichen Heeres und Leiter des NSDAP-Gaues Westfalen, nahm Anstoß daran, daß Hitler nicht als Offizier im Kampf Verantwortung getragen und 1923 bei der ersten Probe kläglich versagt habe.[34] Die Mißstimmung kulminierte in der vielzitierten abschätzigen Äußerung von Goebbels, daß „der kleine Bourgeois" Hitler aus der Partei ausgeschlossen werden müsse.[35]

Indessen fand sich – wie in allen anderen Fragen faschistischer Ziele und Politik – die Arbeitsgemeinschaft nicht zu einem Bruch mit Hitler und damit zu einer Spaltung der NSDAP bereit. Nach dem Motto: „Lieber einen Führer mit Mängeln als gar keinen"[36] ging man auseinander, allerdings nicht ohne gleichzeitig am Ende der Januar-Tagung zu beschließen, daß der Einfluß der nordwestdeutschen Gauleiter in der Leitung der Partei verstärkt und die SA Hitlers Kommando entzogen werden müsse. Diese unentschiedene Haltung erleichterte den Erfolg des Gegenzuges der Münchener NSDAP-Leitung. Sie berief für den 14. Februar 1926 eine Führertagung nach Bamberg ein und lud sorgfältig ausgewählte Partei-Prominenz. Die Vertreter der Arbeitsgemeinschaft blieben in der Minderheit, denn etwa 50 der rund 60 Teilnehmer kamen aus süddeutschen Landen. In einer nahezu fünfstündigen Rede nannte Hitler die Agitation zugunsten einer Enteignung der Fürsten „verlogen", denn die Partei müsse das Privateigentum verteidigen. In außenpolitischer Hinsicht legte er ein Strategiekonzept vor, das den Kampf gegen Versailles nur als eine Etappe auf dem Wege zum „Wiederaufstieg" und zur Erringung der „Weltgeltung" ansah. Ein „Bündnis" mit der UdSSR hielt er angesichts der Aufgabe, den Bolschewismus zu „zertrümmern" für undenkbar. Es könne außerdem zur „Bolschewisierung Deutschlands" führen.[37] Wie stets in der Geschichte der NSDAP setzten sich bei den internen Auseinandersetzungen die extremste Variante und deren Verfechter durch. Der Programmentwurf Strassers wurde zur Diskussion nicht zugelassen. In der etwa halbstündigen Debatte wandten sich auch Feder und Ley gegen Strasser.

Die Bamberger Tagung verhinderte eine stärkere Einflußnahme der nord- und nordwestdeutschen Gauleiter auf die NSDAP, ohne jedoch die Differenzen beseitigt zu haben. Die Mitglieder der Arbeitsgemeinschaft, die sich eine Woche darauf trafen, nahmen ihre Niederlage hin und beendeten offiziell die Programmdiskussion; sie beschlossen aber gleichzeitig, weiter im Sinne ihrer Positionen zu arbeiten.[38] Daß sie auch weiterhin über nicht unerhebliche und vielfach aus München stammende finanzielle Mittel verfügten, zeigte die Gründung des Kampf-Verlages, der ab 1. März 1926 begann, in einigen nord- und westdeutschen Gauen eigene Zeitungen mit dem eindeutig gegen München gerichteten Titel „Der nationale Sozialist" herauszugeben. Für diese Blätter und für die „Nationalsozialistischen Briefe" wurde intensiv die Reklametrommel gerührt. Ihre Auflagen stiegen rasch.

In der zweiten Reihe 91

Obwohl die Arbeitsgemeinschaft kaum noch in Erscheinung trat, bewirkte ihre Tätigkeit einige Arrangements zwischen den innerparteilichen Flügeln. Hitler trennte sich im April von Esser und setzte im Sommer Pfeffer als Obersten SA-Führer ein. Im September berief er Gregor Strasser auf den Posten des Propagandaleiters der NSDAP, im Januar 1927 sogar auf den eines Reichsorganisationsleiters. Ohne Einspruch der „Linken" fixierte demgegenüber die Generalmitgliederversammlung vom 22. Mai 1926 noch einmal das Prinzip der Unabänderlichkeit des 25-Punkte-Programms, und – wichtiger noch – sie stärkte die Stellung Hitlers durch Veränderungen in der Vereinssatzung. Hitler bestätigte in seinen Ausführungen vor den willkürlich ausgewählten 657 Teilnehmern, die etwa 30.000 Mitglieder „vertraten", daß eine „lokale Färbung" des Nationalsozialismus in den einzelnen Ländern möglich sei, wenn nur alle „im Prinzip" auf das gleiche Ziel losmarschieren.[39]

Daß Hitler unter diesem Ziel auch die unumschränkte Anerkennung seiner Führerrolle verstand, war selbstverständlich und wurde auch entsprechend aufgefaßt. Die weitere Entwicklung der NSDAP zu einer diktatorisch geleiteten bürgerlichen Partei vollzog sich mit ihm und seinen ehrgeizigen Wünschen. Ziel und Programm der NSDAP waren es, die diesen diktatorischen Führungsstil in ihr verursachten und schrittweise durchsetzten. Die NSDAP besaß – wie im Grunde auch jede andere politische Partei – den ihrer Herrschaftsmethodik adäquaten Führungsstil sowie die ihrem Charakter entsprechenden Repräsentanten und Führer. Das Streben nach offener Gewaltherrschaft, die innere Hohlheit des nationalsozialistischen Programms und die Unmöglichkeit, eine einheitliche und in sich geschlossene Theorie als Grundlage für die politisch-ideologische Manipulation der werktätigen Massen zu entwickeln – alles das verstärkte eine Entwicklungstendenz, die in allen rechtsextremen Organisationen der zwanziger Jahre zum Vorschein kam: die Ergänzung des allen alles versprechenden, demagogischen Programms durch das dem Militärwesen entlehnte Führer-Gefolgschafts-Prinzip. Die Ursachen dieser Erscheinung sind objektiver Natur, denn angesichts der terroristischen und menschenfeindlichen Zielsetzungen konnte von den Mitgliedern und Anhängern der NSDAP lediglich eine widerspruchslose, fanatische Befehlserfüllung verlangt werden. Mitdenken oder gar selbständiges, an den eigenen Problemen orientiertes Handeln waren verpönt. Blind sollten die Mitglieder den Zielen faschistischer Parteipolitik folgen, nicht etwa ihren eigenen Interessen, bedenkenlos Handelnde und keine Fragen stellende Ausführende sein. Striktes Akzeptieren aller Entscheidungen der NSDAP-Führer und vor allem des „Führers" wurde Mitte der zwanziger Jahre auf jeder Stufe der Parteihierarchie durchgesetzt. Die prinzipielle Ablehnung der bürgerlichen Demokratie und des Parlamentarismus bedingte antidemokratische Leitungsstrukturen, die aggressiven und expansionistischen Bestrebungen der Partei verboten nahezu von selbst auch jede Form innerparteilicher Diskussion. Allgemeine oligarchische Tendenzen, die in allen politischen Parteien anzutreffen sind, bewirkten in der NSDAP einen zusätzlichen Schub hin zur „Führerpartei".

Die diktatorische Organisationshierarchie der NSDAP schloß den Parteiführer ein und verkörperte sich gleichsam in einer Person, die nun einmal auf Grund der bisherigen Geschichte der NSDAP und ebenso des kopflosen Durcheinanders im rechtsextremen Lager nach dem gescheiterten Putsch Adolf Hitler und nicht anders hieß. Die Einführung des Heil-Hitler-Grußes, des SA Eides auf Hitler, des „Hoheitszeichens" (ein Adler mit Kranz und Hakenkreuz) und die zunehmend kultische Formen aufweisende Verehrung des „Führers" u.a.m. brachten zum Ausdruck, wie sich die NSDAP zu einer von innerparteilicher Diktatur gekennzeichneten Organisation entwickelte, zugleich beförderten und beschleunigten sie ihren Ausbau zur Führerpartei. Hitler wurde seiner integrativen Funktion gegenüber den Strömungen in der Partei und des völkischen Lagers gerecht. Die wachsende Übereinstimmung von Führererwartung, Führeridee und Führerprinzip erwies sich als ein Faktor, der den Aufstieg der Partei förderte, in manchen Phasen ihrer Geschichte erheblich beschleunigte und auch absichern konnte. Mehr und mehr bestand Übereinstimmung zwischen der Programmatik der Partei und dem absoluten Führungsanspruch Hitlers, zwischen der nationalsozialistischen Ideologie und den Hitlerschen Ideen. Von allen Parteifunktionären und -mitgliedern wurde stets Treue zur „Idee" und zum „Führer" verlangt, was zugleich alle verbindlichen Normen eines Parteilebens nahezu vollständig auf die Autorität Hitlers bzw. im regionalen Bereich auf die der Gauleiter beschränken half.[40]

Die Front der nord- und nordwestdeutschen Gauleiter brach weiter auseinander, als Goebbels wenige Wochen nach der Bamberger Tagung auf die Linie der Münchener Parteizentrale umschwenkte und – gleichsam als Dankesgabe – am 26. Oktober 1926 als Gauleiter mit der Führung der Partei in Berlin betraut wurde. Die Einrichtung eines Parteigerichts mit der Bezeichnung Untersuchungs- und Schlichtungsausschuß (Uschla) und dessen umfangreiche Tätigkeit halfen ebenfalls, die NSDAP zu stabilisieren. Der Weimarer Parteitag vom Juli 1926 demonstrierte in aller Öffentlichkeit, wie sich die Partei seit ihrer Neukonstituierung als eine faschistische Organisation entwickelt hatte. Hitlers Rede, vom „Völkischen Beobachter" apostrophiert als eine mit „ganz große(n) Gedanken, aus einem naturhaft-mystischen Urgrund quellend", galt bezeichnenderweise dem Thema „Politik, Idee und Organisation". Um jede Diskussion und kontroverse Meinungsäußerung zu vermeiden – Anträge und Meldungen dazu lagen vor, wurden aber an Sonderkommissionen verwiesen[41] –, gestaltete die Führung den Parteitag als Kundgebung, umrahmt von Aufmärschen, Standarten- und Fahnenweihen.

Die NSDAP erfuhr nach ihrer Wiederbegründung vielfältige Unterstützung durch Angehörige der wirtschaftlichen, militärischen, staatsbürokratischen und geistigen Eliten der deutschen Gesellschaft. Großzügige Duldung, stillschweigendes Umgehen gesetzlicher Vorschriften, tatenlose Hinnahme nationalsozialistischer Terrorakte, verständnisvolle Entschuldigungen von Verstößen gegen die Weimarer Verfassung, diskrete Empfehlungen zur Verbesserung von Programm und Taktik, ständige Einbeziehung in den großen Kreis revanchistischer und chauvinistischer Organisationen sowie die fördernd-fordernde Anerkennung jedes militanten Antikommunismus – diese Faktoren bestimmten Mitte der zwanziger Jahre das Verhältnis der Herrschenden zur Partei des deutschen Faschismus. Sie prägten auch die Beziehungen zwischen der NSDAP-Führung und einer Reihe von Großindustriellen und Großagrariern, die umfangreiche und wirksame Formen annahmen. Die geheimen Treffen Hitlers mit einzelnen Großindustriellen, seine Vorträge vor „gehobenen" Kreisen und sonstige – auch finanzielle – Aktionen knüpften alte Verbindungen aus der Zeit der revolutionären Nachkriegskrise neu, festigten und ergänzten sie.

Fast auf den Tag genau ein Jahr nach der Wiederbegründung der NSDAP referierte deren Chef vor dem „Hamburger Nationalclub von 1919", einem angesehenen Verein Hamburger Reeder, Werftbesitzer und Großkaufleute.[42] Am 18. Juni und 3. Dezember 1926 sprach Hitler vor einem größeren Kreis von Industriellen in Essen, am 1. Dezember in Königswinter. Das Essener Publikum erlebte ihn wieder am 27. April und am 5. Dezember 1927. In seinen Reden stellte er hauptsächlich die antimarxistischen und außenpolitischen Grundpositionen seiner Partei dar. Der Antisemitismus blieb ausgespart. Stürmischen Beifall erhielt er für seine Vorstellungen, wie in Deutschland die Verhältnisse zuungunsten der Arbeiterbewegung und aller demokratischen Kräfte zu verändern seien. Wenn es um die Ziele: weitere Entrechtung der Arbeiter, Errichtung eines autoritären Staates, Expansionen und um die Zukunftsvision einer deutschen Vorherrschaft in der Welt ging, da hielten sich die geladenen Herren weder mit ihren Ovationen noch mit diversen Spenden zurück. Das Protokoll verzeichnet auch stürmischen Beifall, als Hitler die terroristischen Mittel schilderte, die er und seine Partei gegen die Arbeiterbewegung anzuwenden beabsichtigten: „Wenn man begriffen hat, daß die Schicksalsfrage darin besteht, daß der Marxismus gebrochen wird, dann muß auch jedes Mittel recht sein, das zum Erfolg führen kann ... Wenn ich die breite Masse in den Schoß der deutschen Nation zurückzuführen vermag, wer wird mir da später Vorwürfe über die Mittel machen?" Diese beschrieb er sehr konkret: „Wir haben nicht eher Ruhe, bis die letzte Zeitung vernichtet ist, die letzte Organisation erledigt ist, die letzte Bildungsstätte beseitigt ist und der letzte Marxist bekehrt oder *ausgerottet* ist."[43]

Die extreme Feindschaft gegen die Arbeiterbewegung entsprach dem Anliegen nationalkonservativer Teile der deutschen Wirtschaftsoligarchie, die in jenen Jahren erstarkten. Die fortschreitende Konzentration der Produktion und des Kapitals, das Entstehen neuer Monopolorganisationen und der intensiv betriebene Prozeß kapitalistischer Rationalisierung führten zu einer wesentlich verstärkten Ausbeutung der Arbeiterschaft. Die Reichswehr begann in dieser Zeit, die geheime Wiederaufrüstung zu forcieren und Voraussetzungen für den Übergang zu einer offenen Aufrüstung zu schaffen. Die NSDAP und ihr Führer fanden daher grundsätzlich offene Ohren, wenn sie die strikte Fortsetzung des Kurses auf das wirtschaftliche und politische „Wiedererstarken Deutschlands" forderten, selbst auf die Gefahr hin, daß dies ohne Bürgerkrieg sowie ohne einen künftigen, großangelegten mörderischen Expansionskrieg nicht möglich sein konnte.

Sobald Hitler in den genannten Veranstaltungen über die Darlegung seiner Ziele und der von ihm als notwendig erachteten Wege zu deren Realisierung hinaus das Thema behandelte, wie die Massen irrezuführen und zu organisieren seien, traten unter der Zuhörerschaft allerdings auch Bedenken und Skepsis auf den Plan. Diese äußerten sich in zweierlei Hinsicht: Zum einen ging es um die mit Sorge beobachtete Tatsache, daß es der NSDAP nicht – wie beabsichtigt – gelingen wollte, die kommunistischen und sozialdemokratischen Arbeiter zu „nationalisieren", d.h. zur Abwendung von ihren Parteien und zum Übergang auf ihre Seite zu veranlassen.[44] Damit war ein erfolgreiches Funktionieren der NSDAP als „Arbeiterpartei" in Frage gestellt. Ferner ging es den Zweifelnden um die ihnen notwendig erscheinenden „Garantien", die die Führung der NSDAP zu bieten hatte, falls ihre Anhänger – mit sozialdemagogischen und „sozialistischen" Parolen angefüttert – sich eines Tages doch gegen die herrschenden Verhältnisse wenden sollten. Über beide Fragen konnten jedoch nur spekulative Überlegungen angestellt werden, die politische Praxis mußte ihre Richtigkeit oder aber ihre Überflüssigkeit erweisen.

Als eine der zentralen Figuren im Beziehungsgeflecht von Großindustrie und NSDAP trat Mitte der zwanziger Jahre der Montanindustrielle Emil Kirdorf in Erscheinung. Er hatte sich bereits 1923 zugunsten Hitlers spendabel gezeigt. Am 4. Juli 1927 traf er sich erstmalig mit Hitler zu einer persönlichen, viereinhalb Stunden während Unterredung im Hause des Münchener Verlegers Hugo Bruckmann. Seinen Eintritt in die Partei erklärte er am 1. August 1927, verbunden mit einer Spende in Höhe von 100.000 RM. Das Geld wurde allem Anschein nach in Absprache mit Alfred Hugenberg – Pressezar und bis 1928 außerdem einflußreicher Wirtschaftspolitiker im Ruhrbergbau und dann Vorsitzender der DNVP – dem politischen Fonds des Bergbaulichen Vereins bzw. des Zechenverbandes entnommen.[45] Kirdorf – keineswegs ein „Einzelgänger" – forderte Hitler auf, eine geheime Denkschrift zu verfassen, um auch anderen Großindustriellen das Programm der NSDAP verdeutlichen und ans Herz legen zu können. Dieser schrieb daraufhin seine geheime (und erst 1972 veröffentlichte) Broschüre mit dem Titel „Der Weg zum Wiederaufstieg".[46]

In dieser Schrift setzte sich Hitler mit den als „Optimisten" bezeichneten bürgerlichen Kräften auseinander, welche der Auffassung seien, Deutschland habe im Verlauf des konjunkturellen Aufschwungs seit 1924 schon viel erreicht. Für eine wirkliche „Konsolidierung" und „Sanierung" der Wirtschaft sei jedoch mehr vonnöten: „Das schwierigste Problem für die Zukunft wird aber keineswegs die Steigerung der Produktion sein, als vielmehr die Organisation des Absatzes." Als politische Voraussetzung für den nur mit „der Kraft des Schwertes" zu erreichenden „Wiederaufstieg" sah er „die Bildung eines einheitlichen Nationalkörpers" und „die restlose Einbeziehung des sogenannten vierten Standes in die Volksgemeinschaft" an. In aufschlußreichen Worten hieß es, die NSDAP wünsche, „daß diese Millionenmasse unseres Volksgutes aus den Händen ihrer derzeitigen internationalen, meist undeutschen Verführer und Leiter genommen wird und ihre volle Eingliederung in den Rahmen der Nation und des Staates findet."

Hitler charakterisierte die NSDAP als eine Partei, die diesen Prozeß zunächst und vorbildlich in ihren eigenen Reihen vollziehe, womit sie den Beweis für die Durchführbarkeit dieses Entschlusses liefere: „Sie sieht dabei die Erfüllung sozial berechtigter Ansprüche als selbstverständliche, *in Wahrheit überhaupt nur scheinbare Konzessionen* an, denen der immense Wert einer die gesamte Nation umfassenden innigen Gemeinschaft Aller und der daraus entsprießenden Kraft gegenübersteht". Hitlers Pamphlet schloß mit dem Gedanken, daß die nationalsozialistische Organisation „keine parlamentarische Partei" darstelle, sondern eine „Kampforganisation zur Überwindung des heutigen Staates" und als ein „Staat im Staate" herangewachsen sei. Sie werde sich dem Heer und dem traditionellen Preußentum „in demselben Maße nähern, in dem der offizielle Staat völkisch korrupter, persönlich entwertet und pazifistisch feiger wird".[47]

Obwohl Kirdorf im Jahr darauf aus der NSDAP austrat – ihm ging die „antikapitalistische" Propaganda ihrer Mitglieder in seinem „Revier" zu weit, und er sah in der DNVP unter Hugenbergs Führung bessere parteipolitische Voraussetzungen – unterstützte er sie weiterhin tatkräftig und generös. Auf dem Nürnberger Parteitag von 1929 erschien er als Ehrengast. Auch andere Unternehmer und Wirtschaftspolitiker verstärkten die Reihen und die Kassen der Partei. Im Frühjahr 1927 trat Wilhelm Keppler ihr bei, ein Leiter der Chemischen Werke GmbH, der kurze Zeit später zu Hitlers wirtschaftspolitischem Berater avancierte und eine koordinierende Rolle spielte. Otto Dietrich, Wirtschaftsredakteur der deutsch-nationalen „Münchner-Augsburger Abendzeitung" wurde ebenfalls bereits 1927 Mitglied. Durch seine verwandtschaftliche Beziehung mit Theodor Reismann-Crone, der die „Rheinisch-westfälische Zeitung", das politische Sprachrohr der Bergbauunternehmen, herausgab, stärkte er die Verbindung der Nationalsozialisten zu den Ruhrmagnaten. 1928 schaltete sich erneut Thyssen in die Finanzierungsaktionen zugunsten der NSDAP ein.

Vor allem großindustrielle Kreise an Rhein und Ruhr strebten danach, die wiedererstarkende ökonomische Macht – 1928 überschritt Deutschland das Niveau der Industrieproduktion und des Außenhandels von 1913 – und die forcierte Wiederaufrüstung relativ rasch und nach entsprechenden innenpolitischen Veränderungen für die Gewinnung einer Vormachtstellung in Europa zu nutzen. Angesichts der militärischen Schwäche des Reiches ging die Mehrheit der ökonomisch und politisch Mächtigen Deutschlands allerdings auch davon aus, daß friedenserhaltende Vereinbarungen mit den westlichen Rivalen (Dawes-Plan, Locarno-Pakt u.a.m.) zu treffen und auch mit der UdSSR zu kooperieren sei. In innenpolitischer Hinsicht bewirkte die negative Erfahrung der Putschisten vom März 1920 und November 1923 eine weitgehende Absage an vergleichbare Versuche, die wiederum zu gefährlichen, den eigenen Absichten völlig entgegengesetzten Ergebnissen führen würden. Die politische Leitlinie der großen bürgerlichen Parteien bestand darin, einen einheitlichen, rechtsgerichteten „nationalen" Block zu schaffen oder mit Hilfe einer konservativen Sammlungspartei den Parlamentarismus systematisch abzubauen. Zu dieser politischen Linie bot die NSDAP keine Alternative, wohl aber das Konzept einer konsequenten Weiterführung. Dies ließ sie in den Augen zahlreicher Weimarer Politiker und Militärs als eine Ergänzung und abrufbereite Reserve erscheinen.

Die Zeit für die Durchsetzung eines weiterreichenden und nur mit terroristischen Mitteln zu verwirklichenden Konzepts brach an, als die vielbejubelte Konjunktur der „goldenen" zwanziger Jahre zu scheitern begann und die Weltwirtschaftskrise drohend ihre düsteren Schatten voraus warf, als sich Ende 1928/Anfang 1929 eine neue Streikwelle erhob und politische Kampfaktionen der Arbeiterorganisationen ankündigten, als angesichts dieser Entwicklung in den Büros der Herrschenden mit menschenfeindlicher und rüstungsfreundlicher Energie an alten und neuen Diktaturplänen gearbeitet wurde. Es handelte sich um konkret zu bestimmende Ziele und ausufernde politische Machtinteressen, die für ihre Verfechter die Schaffung einer hurrapatriotischen, nationalistisch mobilisierbaren Anhängerschaft erforderlich machten. Sie bestimmten das unermüdliche, trick- und erfindungsreiche Bestreben der Nationalsozialisten, immer größere Teile der werktätigen Bevölkerung zu beeinflussen und eine große Massenpartei zu werden. Wie in anderen Ländern auch, maßen die deutschen Faschisten insbesondere der Schaffung eines umfassenden Systems von Organisationen große Bedeutung bei. Dabei spielten bezeichnenderweise paramilitärische Formationen eine herausragende Rolle. Sie und ebenso alle anderen nationalsozialistischen Verbände ordneten sich der Aufgabe zu, möglichst große Teile der Bevölkerung gegen jedweden Versuch einer Veränderung der gesellschaftlichen Verhältnisse zu immunisieren, revolutionäre Kräfte niederzuhalten und die Deutschen ideologisch auf einen neuen Krieg vorzubereiten. Deshalb beschränkten sie sich nicht darauf, bürgerliche Kreise neu zu organisieren, sondern wollten „auch Kanonenfutter für die Konterrevolution unter allen anderen Schichten der Bevölkerung" werben.[48]

Obwohl Ende 1926 die Zahl der Mitglieder von Anfang November 1923 noch nicht wieder erreicht worden war, begann die Reichsleitung der NSDAP einen außerordentlich umfangreichen Apparat aufzubauen, der nur für eine mehrere Millionen umfassende Organisation gedacht sein konnte. Die Räume der Münchener Parteizentrale wurden schon 1926 beträchtlich erweitert. Eine zentrale Kartei erfaßte alle Mitglieder nach mehreren Registraturprinzipien. Das Netz der Abteilungen und Unterabteilungen geriet immer feinmaschiger. Hierarchisch-bürokratische Prinzipien bestimmten die Beziehungen der Zentrale zu den Gauleitungen sowie deren regionale Führungskompetenzen und ihre Beziehungen zu den Ortsgruppen.[49] Die Zentralisierung aller Entscheidungsbefugnisse war verbunden mit der konsequenten Ablehnung aller Versuche, kollektive Führungsorgane – z. B. nach dem Senats-Modell der italienischen Faschisten – zu schaffen. Der Ausbau der Parteiorganisation auf der unteren Ebene vollzog sich zunächst hauptsächlich in den von der Arbeitsgemeinschaft beeinflußten Gebieten, während die bayerische „Hausmacht" gewisse Verluste erlitt, die erst 1928/29 wieder ausgeglichen werden konnten.[50]

Ab 1926 schufen sich die Nationalsozialisten neben der Parteiorganisation und den relativ selbständigen SA-Standarten weitere Verbände, die spezielle Aufträge übertragen bekamen und unterschiedliche Bevölkerungsgruppen erfassen sollten. Den Auftakt bildete die Gründung des Nationalsozialistischen Studentenbundes am 14. Februar 1926, der bereits 1928 bei den Wahlen zu den studentischen Ausschüssen an den Universitäten und Hochschulen beachtliche Stimmengewinne für sich verbuchen konnte. Am 4. Juli 1926 entstand die Hitlerjugend, die aus der 1925 zunächst in Sachsen gegründeten „Großdeutschen Jugendbewegung" hervorging. Bis

1931 wurde sie von Kurt Gruber geleitet und unterstand bis 1932 der SA. Das galt auch für die schwarz-uniformierte SS, die – 1925 von Berchtold und Schreck gegründet – sich rasch zu einer Organisation terroristischen und verbrecherischen Zuschnitts entwickelte. Nach den Vorstellungen ihrer Gründer sollte in ihr die „Elite" der Nationalsozialisten erfaßt werden. Sie bekam neben dem „Schutz" der Parteiführer bald zahlreiche „Sonder"-Aufgaben übertragen, unter anderem auch Spitzeldienste in und außerhalb der NSDAP sowie Femeaktionen. Bis Januar 1933 erfaßte sie etwa 50.000 Mitglieder, d.h. 10 % der SA.

1927 beschloß der erstmals in Nürnberg durchgeführte Parteitag die Bildung einer „Nationalsozialistischen Wissenschaftlichen Gesellschaft", die die Aufgabe haben sollte, die faschistische Ideologie „in Kreise zu tragen, die durch Massenversammlungen im allgemeinen nicht erfaßt werden" konnten.[51] Diese Organisation trat ab 1928 unter dem Namen „Kampfbund für deutsche Kultur" und Rosenbergs Leitung an die Öffentlichkeit. Die Zahl der Mitglieder des „Kampfbundes" erhöhte sich zwischen 1929 und 1933 von 300 auf 38.000. In den Jahren 1928/29 wurde auch damit begonnen, die einzelnen nationalsozialistischen Gruppen unter den im Ausland lebenden Deutschen zusammenzufassen; offiziell entstand die „Auslands-Abteilung" der NSDAP erst 1931. Ebenso formierten sich zu dieser Zeit der „Nationalsozialistische Lehrerbund", der „Bund Nationalsozialistischer Deutscher Juristen", der „Nationalsozialistische Deutsche Ärztebund" und der „Nationalsozialistische Schülerbund". Letzterer versuchte, die Jugendlichen an höheren Schulen zu beeinflussen, bevor er 1933 in der HJ aufging. Als „Deutscher Frauenorden Rotes Hakenkreuz" wurden die von Elsbeth Zander geführten Frauengruppen der NSDAP 1928 eine Gliederung der Partei. Die Parteiführung betrachtete es nicht als notwendig, eine eigenständige nationalsozialistische Bauernorganisation aufzubauen. Gerade nach Ausbruch der Agrarkrise 1927/28 und im Zusammenhang mit deren tiefen Auswirkungen auf die Landbevölkerung nahm der Anteil von Bauern unter den Mitgliedern der NSDAP rapide zu.[52] Erst 1930 begann Richard Walther Darré mit dem Aufbau des „Agrarpolitischen Apparates" in der Reichsleitung der NSDAP. Gleichzeitig bemühte sich die Partei, in der Landvolkbewegung Fuß zu fassen, die sich vor allem in Schleswig-Holstein gegen die staatliche Agrarpolitik mit passivem Widerstand, Boykott und Sprengstoffanschlägen zur Wehr setzte. Sie versuchte ferner, spezielle Formen zur organisatorischen Bindung von Arbeitern an die NSDAP zu entwickeln, doch traten bei der Bildung eines eigenen Betriebszellenverbandes, der späteren NSBO, große Schwierigkeiten auf, obwohl es einige Betriebszellen, z. B. in Berlin, schon seit 1927 gab. Am 3. August 1929 befaßte sich im Rahmen des Reichsparteitages eine Sondertagung mit „Gewerkschaftsfragen" und beschloß, die Betriebszellen zu einer eigenständigen Organisation zusammenzufassen. Allerdings blieb dies in den beiden folgenden Jahren noch relativ unwirksam.[53] Im wesentlichen wurde der Aufbau der Gliederungen der NSDAP sowie der ihr angeschlossenen Verbände bereits vor dem Ausbruch der Weltwirtschaftskrise abgeschlossen. Alle späteren Veränderungen bauten auf einem Schema auf, das spiegelbildlich der Gesamtheit des damaligen bürgerlichen Verbandswesens glich. Darüber hinaus orientierte der „Völkische Beobachter" am 9. November 1927 auf die Bildung besonderer Organisationen, um die NSDAP „immer deutlicher zu einem *werdenden Staate* (zu) entwickeln", d. h. auf den praktischen Einsatz im Herrschaftsmechanismus der kommenden Diktatur vorzubereiten. Hand in Hand mit dieser Zielstellung nahmen die Versprechungen und Verheißungen einträglicher Ämter zu.

Ihr stetiges Ansteigen der Mitgliederzahl verdankte die NSDAP auch dem systematischen Aufbau und der umfangreichen, wenn auch in der Öffentlichkeit oft noch nicht sonderlich beachteten Tätigkeit ihrer zahlreichen Teilorganisationen. Die Zahl der NSDAP-Mitglieder blieb jedoch in der zweiten Hälfte der zwanziger Jahre, als im Deutschen Reich insgesamt etwa 62 Millionen Menschen lebten, immer noch weit hinter der anderer Parteien zurück. Von diesen verfügten die DNVP über ca. 700.000, die DVP über ca. 400.000 und die DDP über ca. 120.000 Mitglieder. Die Reichsleitung der NSDAP gab offiziell bekannt, am 1. Oktober 1928 das Mitgliedsbuch mit der Nummer 100.000 und im September 1929 das mit der Nummer 150.000 ausgestellt zu haben. Die tatsächliche Zahl ihrer Mitglieder war niedriger, da die Ausweise fortlaufend und unter Auslassung mehrerer Zahlenblöcke numeriert wurden. In der offiziellen Zählung blieb auch die Fluktuation unberücksichtigt, deren Umfang von mehreren Gauleitern mit 10 bis 15 Prozent angegeben wurde.[54]

Unter den Mitgliedern, die in den Jahren 1925 bis 1929 der NSDAP beitraten, lebten 42,6 Prozent auf dem flachen, vorwiegend von protestantischen Christen bewohnten Land, 28,4 Prozent in Klein- und 28,9 Prozent in Großstädten. Aus den nicht immer sehr konkret gehaltenen Angaben sind folgende Anteile berechnet worden: Handwerker 26,7 Prozent, ungelernte Arbeiter 16,9 Prozent, Kaufleute 13,6 Prozent, untere und mittlere Angestellte 13,6 Prozent, Facharbeiter 9,2 Prozent, Landwirte 8,1 Prozent, Studenten und höhere Schüler 4,3 Prozent, untere und mittlere Beamte 3,8 Prozent, Unternehmer 1,6 Prozent, leitende Angestellte 1,0 Prozent und Akademiker 0,5 Prozent.[55] Damit verfügte die NSDAP – wesentlich stärker als die anderen Parteien der Weimarer Republik – in sozialstruktureller Hinsicht über eine klassen- und schichtenübergreifende Mitgliedschaft. In ihr überwog (wenn auch nicht in dem Maße, wie lange

Zeit in der Forschung angenommen worden ist) die Herkunft aus den Mittelschichten.[56] Die NSDAP erwies sich bereits vor der Weltwirtschaftskrise, die nach ihrem Beginn den Zustrom an Mitgliedern und Wählern rapide anwachsen ließ, als eine Art Massenintegrationspartei, die in wechselnder, regional schwankender Stärke Zulauf aus allen Teilen der Bevölkerung, darunter auch aus der Arbeiterschaft, erhielt.[57] Allerdings beeinträchtigen die großen methodischen und quellenbedingten Schwierigkeiten, die jeder historisch-sozialstrukturellen Analyse von Mitglied- und Wählerschaft der NSDAP entgegenstehen, den Aussagewert von Verallgemeinerungen und Schlußfolgerungen. So ist einerseits kaum über die recht allgemeine These hinauszugehen, die von einer Partei des „unteren Mittelstandes" spricht[58], und andererseits die Kennzeichnung als „Volkspartei" lediglich als Ausdruck sozialer Heterogenität der Parteibasis zu fassen. In inhaltlicher Hinsicht lassen sich daraus kaum Erkenntnisse über den Charakter der NSDAP ableiten, der hauptsächlich von ihren gesellschafts- und wirtschaftspolitischen Zielsetzungen geprägt wurde.

Weshalb in der zweiten Hälfte der zwanziger Jahre viele Deutsche ihre politische Heimat in der NSDAP suchten, erklärt sich weniger aus den statischen Sozialübersichten; gewichtiger und aufschlußreicher erscheinen Untersuchungen, die von der Lebenssituation und den Motiven derjenigen ausgehen, die sich ihr damals zuwandten. Eine erhebliche Rolle spielten bei der individuellen Entscheidung zugunsten der NSDAP, wie vor allem in jüngeren Forschungen nachgewiesen werden konnte, enttäuschte Existenz- und Aufstiegserwartungen sowie das Betroffensein durch ökonomische Krisen. Der Verlust von Arbeitsplätzen, wiederholte oder längere Arbeitslosigkeit, Geschäftsaufgabe, Unterbrechung in der Berufslaufbahn, Beschäftigung unter dem Ausbildungsniveau und andere soziale Deklassierungsprozesse führten häufig zum Eintritt in diese Partei.[59] Auffällig war der hohe Anteil an Jugendlichen; unter den später als „alte Kämpfer" geehrten Parteigenossen hatte ein Drittel zum Zeitpunkt des Eintritts in die NSDAP noch nicht das aktive Wahlalter erreicht. Ein weiteres Drittel war zwischen 23 und 30 Jahren alt.[60] Ferner zeigen Wahlanalysen, daß sich der Einfluß der Partei besonders in jenen Gegenden Deutschlands verstärkte, die überwiegend evangelisch geprägt waren, was sowohl auf eine besondere Anfälligkeit von Protestanten gegenüber den Parolen der Partei als auch auf eine größere Resistenz unter den katholischen Bevölkerungsteilen schließen läßt. Und schließlich ist zu vermuten – einen sicheren Beleg lassen die überlieferten Quellen nicht zu –, daß es sich bei den neuen Parteimitgliedern vor allem um Personen handelte, die zuvor noch nicht politisch organisiert gewesen sind oder anderen Parteien und Verbänden des nationalistisch-völkischen Lagers angehört hatten.

In der zweiten Reihe

In jenen Jahren verwandte die NSDAP einen beträchtlichen Teil ihrer Mittel zur Herausgabe regionaler Zeitungen. Einige erschienen wie der „Völkische Beobachter", dessen Auflage 1929 mit 18.400 Exemplaren noch recht niedrig war, ebenfalls täglich und unterschieden sich von diesem hauptsächlich durch den jeweiligen Zeitungskopf. Größeren Einfluß erlangte die Partei mit der Herausgabe weiterer Propagandamaterialien. 15 Sondernummern des „Völkischen Beobachters" erschienen in Auflagen von jeweils mehreren hunderttausend Stück. Bis Dezember 1928 brachte der schon seit 1921 parteieigene Eher-Verlag 61 Bücher und Broschüren mit über 400.000 Exemplaren heraus. Die schriftliche Propaganda stand vorwiegend in Dienst und Schatten agiler Versammlungstätigkeit. Auf diese konzentrierte die Partei alle Kräfte, sah sie doch gerade in ihr eines ihrer werbewirksamsten Mittel. Da sich alle Tätigkeit nach „außen" zu richten hatte, fanden Mitgliederversammlungen im eigentlichen Sinne relativ selten statt. Darüber hinaus wurden sie geringschätzig abgetan; sie seien „stets nur die Quelle von Streitigkeiten, Eifersüchteleien und Stänkereien", und Hitler sah in ihnen lediglich „vergeudete Kraft, da neue Mitglieder dadurch nicht gewonnen werden ..."[61]

Nach Auffassung ihrer Führer sollte die NSDAP das Bild einer unermüdlichen Agitations- und Demonstrationspartei, einer ständigen Zurschaustellung von Geschlossenheit und militanter Einsatzbereitschaft, einer fortwährenden Marsch-Bewegung bieten. Bestimmte anziehungskräftige und zugleich einschüchternde Rituale, unabhängig vom jeweiligen Inhalt, umrahmten das Geschehen in großen Sälen wie in kleinen Kneipen. Von ihrer Wiederbegründung bis Mitte 1926 führte sie 2.370 größere Versammlungen und 3.500 sogenannte Sprechabende durch. Ende 1926 ging die Parteizentrale der NSDAP dazu über, die Namen der erfolgreichsten und geschicktesten Vortrags-Demagogen zu erfassen. Ihr Einsatz erfolgte von München aus. 1928 erfaßte die Liste 118 Redner, auf deren Konto über 4.000 Vortragsveranstaltungen ging. Im gleichen Jahr wurden nach Angaben des „Völkischen Beobachters" insgesamt 20.000 Veranstaltungen von 300 Rednern bestritten, bei denen man seit November auch über die neu entwickelten Lautsprecheranlagen verfügte. Besonders bei Wahlkampagnen setzte in vielen Gebieten eine regelrechte Flut von Versammlungen ein. Für ein solches propagandistisches Dauerfeuerwerk stellten Reichs- und Gauleitungen schriftliche „Rednerkurse" und andere Schlagwort-Materialien bereit. 1929 richtete die Partei sogar eine „Reichs-Rednerschule" ein, in der bis 1933 etwa 6.000 Redner ausgebildet wurden.

Die quantitativen Angaben widerspiegeln die Betriebsamkeit der NSDAP, weniger die „Qualität" der Referenten und ihrer Vorträge. Aber auch dazu existieren aufschlußreiche Dokumente, aus denen sich erhebliche Schwierigkeiten ablesen lassen. So stellte der Gau Schleswig-Holstein an den

Parteitag von 1929 den Antrag, einen „Ausschuß zur Behandlung der sozialen Frage und zur wissenschaftlichen Widerlegung des Marxismus" einzusetzen. In der Begründung hieß es dazu, daß höchstens 10 Prozent der eingesetzten Redner überhaupt „eine kleine Ahnung vom Marxismus" besäßen.[62] In einem Beschwerdebrief zitierte Feder die hämische Bemerkung anderer, er würde überall nur seinen „Aufwertungskaktus hinsetzen", was sich mit seinem Selbstverständnis als „Programmatiker" der Partei absolut nicht vereinbarte.[63]

Die programmatische Diffusität, die oftmals geistige Unbedarftheit und das hohle Pathos wurden von antifaschistischen Zeitgenossen in weitgehender Übereinstimmung bloßgestellt. Der Kommunist Erich Weinert sprach in diesem Zusammenhang von „Faschistengekrächz" und „Paradegetrommel". Der radikal-demokratische Herausgeber der „Weltbühne", Carl von Ossietzky, zielte auf die neue Art reaktionärer Versammlungstätigkeit und speziell auf Hitler, als er die „kreischenden Jahrmarktsorgeln" des Faschismus anprangerte. Aus einem „Marschliedchen" von Erich Kästner stammen die folgenden Zeilen:

„Ihr und die Dummheit zieht in Viererreihen
in die Kasernen der Vergangenheit.
Glaubt nicht, daß wir uns wundern, wenn ihr schreit.
Denn was ihr denkt und tut, das ist zum Schreien.
Ihr kommt daher und laßt die Seele kochen.
Die Seele kocht, und die Vernunft erfriert.
Ihr liebt das Leben erst, wenn ihr marschiert,
weil dann gesungen wird und nicht gesprochen ..."

Bei den Reichstagswahlen vom Mai 1928 zahlten sich die erhöhten Aktivitäten noch nicht aus. Die NSDAP erhielt lediglich 810.000 Stimmen (2,6 %) und 12 Mandate. Das waren 11 Prozent weniger als 1924. Allerdings fielen die Stimmenverluste aller anderen bürgerlichen Parteien, hauptsächlich der DNVP (24 %), weitaus größer aus. Dagegen konnte die SPD mit 29,8 % Stimmenanteil die Zahl ihrer Mandate um 22, die KPD mit 10,6 % um 19 erweitern. In ihrer Presse, aber auch in den Zeitungen anderer Parteien fand das Ergebnis der Nationalsozialisten so gut wie keine Beachtung. Die nahezu totale Unterschätzung der NSDAP als bedeutungslose, in den politischen Rechnungen zu vernachlässigende Randgruppe sollte verhängnisvolle Folgen zeitigen; nur zwei Jahre später sprachen dieser Partei bereits sechseinhalb Millionen Wähler ihr Vertrauen aus!

Die NSDAP-Führung betrachtete das Wahlergebnis keineswegs als eine Niederlage. Goebbels schrieb in seinem Tagebuch von einem „schönen Erfolg"[64], und Hitler schätzte den Wahltag als eine bewältigte Etappe auf dem Weg der Konsolidierung der Partei ein.⁶⁵ Über ihrem durchschnittlichen Wahlergebnis lag die Partei in den Städten mit überwiegend kleinbürgerlicher Sozialstruktur und vor allem in ländlichen Gebieten, während sie in den Großstädten wesentlich darunter blieb. In den ländlichen, und hier insbesondere in protestantisch geprägten Wahlkreisen kam sie fast auf das Doppelte ihres allgemeinen Ergebnisses. Am besten schnitt sie mit 8,1 Prozent in Franken, 6,2 Prozent in Oberbayern/Schwaben, 5,6 Prozent in der Pfalz und 5,2 Prozent im Wahlkreis Weser-Ems ab. Bei den gleichzeitigen Landtagswahlen stimmten in Bayern 6,1 Prozent und in Oldenburg 7,5 Prozent für sie, in Preußen dagegen nur 1,8 Prozent. Bei den Landtagswahlen des ersten Halbjahres 1929 in Lippe, Sachsen und Mecklenburg-Schwerin stieg ihr Stimmenanteil weiter an.⁶⁶ Die anderen rassistisch-völkischen Vereinigungen, insbesondere die DVFP und der „Völkische Block", lösten sich in zunehmendem Maße zugunsten der NSDAP auf.

Als Anfang August 1929 wiederum in Nürnberg das Spektakel eines „Reichsparteitages" veranstaltet wurde und die NSDAP den bis dahin größten Aufmarsch ihrer feldmarschmäßig ausgerüsteten Anhänger inszenierte, waren ihr tatsächlich schon mehr als 100.000 Mitglieder zugeströmt. Jetzt standen ihr bereits 50 Tageszeitungen zur Verfügung. Überall in Deutschland wurden Parteibüros eingerichtet. Der Kauf des später zu trauriger Berühmtheit gelangenden „Braunen Hauses" zu München stand bereits an. Eine Vielzahl hauptamtlicher Funktionäre betrieb einen immer kostenaufwendigeren Lebensstil und benutzte bei den zahllosen Reisen von einer Veranstaltung zur anderen teure Autos und vornehme Hotels.

Die NSDAP war, als über Deutschland die große Weltwirtschaftskrise hereinbrach, zu einer großen und wichtigen Organisation, zu einer in sich geschlossenen und skrupellos-schlagkräftigen faschistischen Garde geworden. Jetzt stand sie auf dem Sprung, in entschlossener Bereitschaft, ihren Platz in der zweiten Reihe unter den Organisationen des bürgerlichen Parteienwesens der Weimarer Republik zu verlassen ...

Kapitel 5
Aufstieg zur wählerstärksten Partei des Kapitals

Im Herbst 1929 brach in den USA eine Wirtschaftskrise aus, die sich rasch ausbreitete. Mehr als drei Jahre lang erschütterte sie auch die kapitalistischen Staaten Europas. Sie erzeugte soziale und individuelle Katastrophen, Staats- und Regierungskrisen. Millionen Arbeiter und Angestellte verloren ihre Arbeitsplätze. Kleinbürgerliche Unternehmen des Handwerks, der Dienstleistungen und Agrarbetriebe gingen massenweise bankrott. Elend und Zukunftsangst breiteten sich aus. Immer mehr Menschen wurden in die politischen und sozialen Kämpfe einbezogen. Innerhalb der Arbeiterbewegung vollzog sich ein Einflußgewinn ihres revolutionären Flügels auf Kosten des reformistischen. Reaktionäre Demagogen verschiedener Couleur schlugen ihre Münze aus Ratlosigkeit und Verzweiflung von Millionen.

In Deutschland, das von der Krise früh und besonders hart getroffen wurde, hatte die Arbeitslosenziffer die Dreimillionen-Grenze schon an der Jahreswende 1929/30 überschritten. Alsbald zeichneten sich auf dem Kräftefeld der politischen Parteien zwei Tendenzen ab. Die eine bezeugte eine zunehmende Radikalisierung auf der linken, die andere eine Konzentration auf der äußersten Rechten, deren Sammelbecken die NSDAP darstellte.[1] Sie befand sich, als Deutschland in den Strudel der Wirtschaftskrise gerissen wurde, mitten in einem demagogischen Manöver. Gemeinsam mit der DNVP, dem Stahlhelm, dem Alldeutschen Verband und weiteren reaktionären Organisationen war sie in eine nationale Kampagne gezogen, die sich gegen eine internationale Neuregelung der deutschen Reparationsschulden richtete. Nach dem neuen Plan des amerikanischen Bankiers Owen D. Young, der das Dawes-Abkommen von 1924 ersetzen sollte, hatte Deutschland bis zum Jahr 1988 Jahresraten zu tilgen. Während die KPD den Young-Plan als internationalen Kompromiß zu Lasten des Volkes bekämpfte, die SPD ihn mit der Mehrheit der bürgerlichen Parteien akzeptierte, weil er durch die Streckung der Zahlungen momentan den Staatshaushalt entlastete, nutzte die neuvereinigte Rechte die Abmachung zu wüster Aufhetzung ihrer Anhänger. Erneut wurden alle Gebrechen der Gesellschaft als Folge des Friedensvertrags von 1919 und seiner Folgeabkommen hingestellt. Am 9. Juli 1929 gründete sich ein „Reichsausschuß für das deutsche Volksbegehren gegen den Young-Plan", in den auch die

Aufstieg zur wählerstärksten Partei des Kapitals 105

„Führer"-Tagung der NSDAP

NSDAP eintreten durfte. Das kam ihrer Anerkennung als ernst zu nehmende Kraft durch jene schwerindustriellen und großagrarischen Kreise gleich, die hinter der damals noch an Einfluß mächtigeren DNVP standen. Die Lage der NSDAP verbesserte sich auch finanziell, weil sie an den Spenden partizipierte, die dem Ausschuß zuflossen und aus den Kassen derer stammten, die eine abrupte Wendung in der Außenpolitik wünschten und für möglich hielten. Das hatte die NSDAP schon immer gefordert: der „Schmach von Versailles" ein Ende zu machen und die „Ketten von Versailles" zu zerbrechen. Es begann „die Ouvertüre zum letzten Akt der Weimarer Republik".[2]

Freilich war der in der NSDAP-Reichsleitung getroffene Entschluß, sich an dem Unternehmen zu beteiligen, nicht risikolos. Sie hatte darauf zu achten, daß ihre Gemeinschaft mit als sozialreaktionär bekannten Politikern nicht gegen ihr Bestreben schlug, sich als „revolutionär" und „sozialistisch" zu drapieren. Daher betonte eine Anordnung Hitlers vom 25. Juli 1929 die selbständige Aktion seiner Partei. Gemeinsam werde nur ein

„taktisches Teilziel" angestrebt. Nur den Gauleitern wurde gestattet, Kontakte mit der DNVP und anderen Beteiligten aufzunehmen.[3] Alle NSDAP-Führer sollten aber darauf drängen, daß ihre eigenen Verlautbarungen durch Abdruck in deutschnationalen Zeitungen weitere Verbreitung fanden. So sollte dem Mangel abgeholfen werden, daß die NSDAP nicht überall schon eigene Tages- oder auch nur Wochenzeitungen besaß.

Monatelang zog die vereinigte Rechte alle Register der geistigen Verführung, nährte nationalistischen Haß, peitschte chauvinistische Emotionen gegen den „Erbfeind" Frankreich und das wegen seiner kolonialen Reichtümer besonders beneidete England hoch. Sie forderte die Aburteilung aller deutschen Politiker, die zum Abschluß des neuen Plans ihre Hand reichten. Die NSDAP-Führer gewannen in diesen Monaten neue Verbindungen zu einflußreichen Kreisen der „beseren" Gesellschaft. Hugenbergs Pressekonzern half Existenz und Wirken der Nazipartei publik machen. Das geschah in der durchaus eigennützigen Hoffnung, zwischen DNVP und ihrem als Junior gedachten neuen Partner eine dauerhafte arbeitsteilige Verbindung einrichten zu können. Während die Konservativen bürgerliche, agrarische und kleinbürgerliche Schichten weiter um das nationalistische Banner sammeln wollten, war Hitler und dessen Mitführern zugedacht, Arbeiter an sich zu ziehen und „Sozialisten internationaler Denkungsart zu Sozialisten nationaler Denkungsart zu machen".[4] Der spekulative Plan hinderte die Führerschaft der NSDAP nicht, aus dieser Verbindung ihrerseits herauszuschlagen, was sie irgend bekommen konnte. Ihre Gegenrechnung fiel um so günstiger aus, als sich die in der DNVP ohnehin schwelende Krise durch Hugenbergs „politische Bettgemeinschaft" mit Hitler und dessen als „revolutionär" und „halbmarxistisch" geltenden Nationalsozialisten[5] verschärfte. 1929 und auch späterhin war es die NSDAP, der ihr wiederholtes zeitweiliges Zusammengehen mit den Deutschnationalen zum Vorteil gereichte.

Die NSDAP hatte nichts verloren, als sich am 22. Dezember 1929 für das Volksbegehren nur 5,8 Millionen Stimmen gewinnen ließen, nicht mehr als knapp 14 Prozent aller Wahlberechtigten. Bei gleichzeitigen Wahlen in Ländern, Städten und Gemeinden zeigte sich, daß es die Führungsgruppe um Hitler verstanden hatte, aus der Kampagne den stärksten Nutzen zu ziehen. Die Partei durchstieß in mehreren politischen Landschaften die Grenze der Bedeutungslosigkeit. Geschickt und mit äußerster Schärfe klagte sie die regierenden Parteien der Verantwortung für das sich ausbreitende Krisenelend an und propagierte als Kontrastbild den Wiederaufstieg in ein herrliches „Drittes Reich". Am 27. Oktober schickte die NSDAP im katholischen Baden, wo sie nahezu 7 Prozent der Wählerstimmen einfing, sechs Abgeordnete in den Landtag, in dem sie bisher nicht vertreten war. Am 10. November eroberte sie in der Lübecker Bürgerschaft mehr als 8 Prozent der Stimmen und zog mit 6 Mitgliedern in das Stadtparlament ein, das bisher auch keine NS-Fraktion besessen hatte. Eine Woche später setzte sich diese Erfolgsserie bei den Landtagswahlen in Hessen ebenso fort wie bei den Provinziallandtags- und Gemeindewahlen in Preußen. Auch bei den Gemeindewahlen in Bayern und durch die Landtagswahl in Thüringen, wo sie mehr als 11 Prozent der Stimmen gewann, wies sie ihren gewachsenen Einfluß nach. Wie insbesondere die Stimmengewinne in den Elendsgebieten des Thüringer Waldes anzeigten, in denen die Heimarbeiter der Spielzeug- und der Glasindustrie samt ihrer Familienmitglieder schamlos ausgebeutet wurden und in tiefer Rückständigkeit lebten, verstand es die NSDAP, aus Verzweiflung und Dumpfheit ihre Münze zu prägen. Demgegenüber ließen die Resultate der Berliner Stadt- und Bezirksverordnetenwahlen erkennen, daß die Faschisten in den städtischen Quartieren der Arbeiter und den Hochburgen der organisierten Arbeiterbewegung auf schärfste Ablehnung stießen. Im Wedding, in Pankow, am Prenzlauer Berg, in Friedrichshain, Weißensee, Lichtenberg, Treptow, Köpenick und Neukölln erlitten sie Niederlagen. Dagegen gelangen ihnen in den Schöneberger und Steglitzer Vierteln der Reichen erste Einbrüche in die bürgerliche Wählerschaft. Im Stadtdurchschnitt erreichte die NSDAP 5,7 Prozent der Stimmen. Das ergab eine dreizehnköpfige Fraktion, an deren Spitze sich anfangs Goebbels setzte. Ihre Zusammensetzung verriet, daß die NSDAP ein Konkurrenzunternehmen der bürgerlichen Parteien war. Beamte, Angestellte und Intellektuelle rekrutierten nahezu die gesamte Berliner Fraktion.[6]

Wie sich am deutlichsten an den Universitäten und Hochschulen, alsbald auch an Gymnasien und Oberrealschulen zeigte, wuchs der Einfluß der NSDAP auch unter dem Teil der Jugend, der in sozial privilegierten Verhältnissen lebte. Hier erntete die Partei, was die in ihrer Mehrheit konservative, teils stockreaktionäre, parteipolitisch zu einem guten Teil deutschnational orientierte Professoren- und Lehrerschaft an nationalistischen, revanchistischen und rassistischen Ideen gesät hatte. Bei den Wahlen der Allgemeinen Studentenausschüsse erhielt der NSDStB 1929 an der Technischen Hochschule Berlin-Charlottenburg 38 Prozent, an der Tierärztlichen Hochschule Berlin 30 Prozent der Stimmen. Ein Jahr später verbuchten die Nazis gar 66,6 bzw. 50 Prozent der Wähler. Sie waren konkurrierenden Rechtskräften und vor allem den waffentragenden Verbindungen abgejagt. Die sich formierenden faschistischen Kader führten sich an den Hochschulen immer unverschämter auf. Sie störten oder boykottierten Kollegs demokratischer und liberaler Hochschullehrer sowie von Professoren jüdischer Abkunft. Sie stellten auch einen aktiven Teil der SA-Mannschaft.

Zum Einflußgewinn der NSDAP an Schulen und Hochschulen hatte beigetragen, daß ihre Führung seit 1929 ihr Organisationsgefüge mit dem

Ziel verdichtete, die nachwachsende Intelligenz und insbesondere auch deren Lehrer zu erreichen. Im April 1929 war in Hof die Gründung eines Lehrerbundes (NSLB) vorgenommen worden, an dessen Spitze der bayerische Landtagsabgeordnete Hans Schemm trat. Darauf folgte im November die Bildung eines NS-Schülerbundes. Er unterstand direkt der Reichsleitung und sollte den Einfluß auf junge Leute vergrößern helfen, deren Ansprüche an politische Führung höher lagen, als sie der Durchschnitt der HJ-Führer befriedigen konnte. An ihre jüngsten Gefolgsleute gewandt, bediente sich die Partei eines besonderen Wortradikalismus. Der Titel des Periodikums für die Schülerbünde lautete „Aufmarsch". Diese Jugend sei die Vergeltung, hieß es in den seit dem 1. April 1930 von Hitler selbst herausgegebenen „Nationalsozialistischen Monatsheften".[7]

Als eine vom Reichsministerium des Inneren einberufene Konferenz von hohen Ministerialbeamten aus Reich und Ländern die Entwicklung der NSDAP im Jahre 1929 beurteilte, wurde festgestellt, daß „sie sich mit Erfolg bemüht hat, Anhänger in den Kreisen der Intelligenz zu gewinnen, und ... darüber hinaus versucht, noch mehr wie bisher in Arbeiterkreise und in die ländliche Bevölkerung Eingang zu finden".[8] Zwar sei, wie die Wahlergebnisse ausweisen, der Einfluß der Partei auch in größeren Städten deutlich gewachsen, doch sei es offenbar „mit der Anhängerschaft der NSDAP aus der Arbeiterschaft noch nicht besonders bestellt".[9] Doch würde versucht, diesen Mangel zu beheben. Die Werber benützten nicht nur nationalistische Parolen. Indessen beruhigten sich die beamteten Beobachter des Aufstiegs der NSDAP am Ende mehr, als daß sie auf eine Mobilisierung der staatlichen Abwehrmittel setzten. Einer der Redner des Ministeriums schloß, es sei zwar schwer zu prophezeien, „aber bei der erhofften Besserung der Wirtschaftslage und der daraus resultierenden Befriedung der innerpolitischen Verhältnisse wird von der NSDAP ein Häuflein Unentwegter übrig bleiben, und wir werden eine antisemitische Bewegung wie in den Zeiten des Rektors Ahlwardt und des Grafen Pückler wiedererstehen sehen".[10]

Das Anwachsen der NSDAP im Verlauf des Jahres 1929, ihr Hervortreten aus der zweiten Reihe, fiel mit jener ideologischen und politischen Offensive zusammen, die Verbände des Bank-, Industrie- und großen Agrarkapitals trugen und die unmittelbar auf die Verbesserung ihrer wirtschaftlichen Positionen unter Krisenbedingungen zielten, darüber hinaus aber auf einen nachhaltigen Umbau des Weimarer Staates. Nach einer nur knapp fünf Jahre währenden und von Zwischen- und Teilkrisen unterbrochenen Prosperität der kapitalistischen Wirtschaft bedrohte die neue zyklische Krise nicht nur Profite und gegen die ausländische Konkurrenz im Nachkrieg schwer errungene Positionen. Gefährdet schienen auch die insgeheim gehegten Wünsche und Pläne, die sich auf eine grundstürzende

Veränderung der inneren Kräfteverhältnisse im Deutschen Reich gerichtet hatten. Sie wiederum galten als die unerläßliche Voraussetzung dafür, daß „Weltgeltung" und „Weltmacht" wiedergewonnen wurden. Mehr noch: die erneute und sich rasch verschärfende Krise wurde den vielgefächerten Gegnern der Republik zum – wie sich erweisen sollte – entscheidenden Anstoß ihres Handelns, das sie schließlich Seite an Seite sah. Noch aber waren Weg und Ziel nicht klar umrissen, konkurrierten unvereinbare Projekte, verbarrikadierten konträre Führungsansprüche die Verständigung der Republikgegner. Doch ihr genereller Kurs besaß die gleiche Tendenz. Er richtete sich auf den seit 1919 nie aufgegebenen, zeitweilig zurückgestellten Vorsatz, die bürgerlich-parlamentarischen Zustände wieder zu beseitigen und an ihre Stelle autokratische oder offen diktatorische zu setzen. Die politische und gewerkschaftliche Arbeiterbewegung sollten entscheidend geschwächt oder vollständig vernichtet und derart die Voraussetzung für eine „Nationale Sammlung" gewonnen werden, die neue Möglichkeiten für eine offensive Außenpolitik schuf. Umstritten war noch, wie der Staat beschaffen sein sollte, den die Republikgegner aufrichten wollten. Die einen wünschten die Rückkehr zur Monarchie, wobei die Anhänger dieses Projekts sich auf verschiedene Thronprätendenten orientierten. Anderen schwebte ein monarcho-faschistisches Regime vor, wie es in Italien geschaffen worden war. Die Aufrüstung der Antirepublikaner mußte, unabhängig von ihren jeweiligen Vorstellungen über das zu erstrebende Ziel, der NSDAP-Führungsgruppe Wind in ihre Segel blasen. Denn unausweichlich stellte sich die Frage, inwieweit dieser Hitler und seine Gefolgschaft sich in die eigenen Pläne einspannen und für sie ausnutzen ließen.

Zunächst sah sich die Reichsregierung der Forderung der einflußstärksten Wirtschaftskreise ausgesetzt, einen sozialreaktionären Antikrisenkurs einzuschlagen. Am 2. Dezember 1929, noch ahnte niemand Ausmaß und Dauer der hereingebrochenen Krise, publizierte der Reichsverband der deutschen Industrie seine Denkschrift „Aufstieg oder Niedergang". Deren programmatischen Charakter bestätigten seine Mitglieder auf einer außerordentlichen Versammlung. Von der Wirtschafts-, Finanz- und Sozialpolitik der Regierung wurde knapp und klar verlangt: „Förderung der Kapitalbildung", Befreiung der Unternehmen „von allen unwirtschaftlichen Hemmungen", Reduzierung der Besteuerung der Reichen und Gewährung der größtmöglichen Entscheidungs- und Handlungsräume. Der Vorsitzende des Verbandes Sächsischer Industrieller, Willy Wittke, forderte in der Debatte unumwunden, von der parlamentarischen Gesetzgebung abzugehen, wie 1923/24 sich auf eine präsidiale Diktatur zu stützen. Die Politiker hätten „Zivilcourage" und den Mut zu „vorübergehender Unpopularität" aufzubringen. Die Bemerkung eines anderen Sprechers, der „Wirtschafts-

friede" könnte nicht eher hergestellt werden, „bis 100 000 Parteifunktionäre außer Landes gewiesen sind", quittierten Teilnehmer mit Bravorufen und dem Stichwort „Mussolini".[11]
Damit war die Einlaufkurve für einen abenteuerlichen Kurs beschrieben. Denn der Entschluß, den profitschmälernden Wirkungen der zyklischen Krise mit dem Angriff auf Löhne, Gehälter, Renten, Pensionen, Sozialleistungen zu begegnen, konnte nicht ohne politische Folgen bleiben. Er stellte eine unumwundene Herausforderung an die Arbeiter und Angestellten dar. Wie sie zu beantworten war, betraf alle ihre Organisationen. Die Positionen der jeweiligen Führungen, die auf wirtschaftsfriedliche Verhandlungen eingespielt waren, wurden auch gegenüber der eigenen Mitgliedschaft erschwert. Nicht nur in den reformistischen Organisationen mußten Spannungen entstehen. Auch für die christlichen Parteien und Verbände erwuchsen Schwierigkeiten, ihre Anhängerschaft aus Proletariat und bäuerlichen Schichten weiter fest an sich zu binden. Gefährdet wurde der Einfluß von Parteien der bürgerlichen Mitte auf ihre kleinbürgerlichen Wähler, wenn sich ihre Politiker auf dieses Programm einließen. Die hereinbrechende Krise brachte die Zustände in der Republik gleichsam zum Tanzen. Sichtbar und überschaubar waren zunächst für die meisten Zeitgenossen nur die Interessen, die sich in den veränderten Zuständen geltend machten. Die entschiedensten politischen Kräfte aber wußten, welche Richtung sie der in Fluß geratenden Entwicklung geben wollten. Zu ihnen gehörte die Führungsgruppe um Hitler, die sofort erkannte, daß das Ende der Stabilisierungsphase ihre Chancen wieder ansteigen ließ.

An der Jahreswende 1929/1930 besaßen Hitler und die NSDAP noch keineswegs eine favorisierte Stellung. Ihr Einfluß wuchs, blieb aber, verglichen mit den traditionellen bürgerlichen Parteien, vor allem dem Zentrum und den Deutschnationalen, doch noch gering. Die Partei als Ganzes und viele ihrer Führer wurden von den meisten Geld- und Einflußreichen eher mißtrauisch denn vertrauensvoll beobachtet. Vorbehalte verschiedenster Art überwogen. Das „nationale Wollen" fand zunehmend Beifall, aber die sozialrebellischen Losungen wurden abgelehnt. Für diejenigen, die an der Staatsspitze eine Veränderung herbeiführen wollten, existierte keinerlei Zwang, die NSDAP in ihre Pläne und Kombinationen einzubeziehen. Denn noch gab es eine Anzahl von Optionen, mit denen erprobte politische Kräfte in Front und Aktion gebracht werden konnten.

Unter den veränderten Bedingungen wurde die Beteiligung von Sozialdemokraten an den Kabinetten im Reich und in den Länderregierungen zum wichtigsten Hindernis dafür, die sozialreaktionäre Krisenstrategie durchzusetzen. Die Reichsregierung unter dem sozialdemokratischen Kanzler Hermann Müller sollte beseitigt werden. Sie endete im März 1930, als eine Intrige der bürgerlichen Parteien das Kabinett der Großen Koalition von innen aufsprengte und die Sozialdemokraten auf die Oppositionsbänke abschob. Dieser Schritt war nur die praktische Konsequenz aus der Erfahrung, daß den SPD-Politikern bei allem in den Jahren ihrer Mitregierung erwiesenen „Mut zur Unpopularität" doch eine unübersteigbare Grenze gesetzt war, die bald erreicht sein würde. Die Partei, deren Wählermasse die politische Zeche begleichen sollte, erhielt außerhalb der Regierung ihren neuen Handlungsraum. Die Führung der Sozialdemokratie erblickte in ihrer Abdankung als Regierungspartei nur einen zeitweiligen Rückschlag. Jedoch sollten ihre Politiker nie wieder in ein Kabinett dieser Republik zurückkehren.

Für die Veränderung an der Staatsspitze war die Führungsgruppe der NSDAP nicht benötigt worden. Doch die Politik des Bürgerkabinetts unter dem Zentrumspolitiker Brüning, das mit Hindenburgs unentbehrlicher Mitwirkung Gesetze auf dem Wege der Notverordnungen erließ und das Parlament zunehmend ignorierte, lieferte ihr von Monat zu Monat mehr leicht ausbeutbaren Stoff, das „System" und seine Träger anzuklagen und sich als Verfechter der Interessen der kleinen Leute darzustellen. Neu stellte sich der Münchener Zentrale mit dem kontinuierlichen Wachstum der Partei – sie gab ihre Mitgliederzahl Ende 1929 mit 176.426 an – die Frage nach deren permanentem Einsatz, um den Weg an die Staatsmacht freizumachen. Darüber entstanden wiederum taktische Meinungsverschiedenheiten. Selbst bis in den Kreis der Gauleiter und von Angehörigen der NSDAP-Reichsleitung war der Gedanke nicht aufgegeben, die Gefolgschaft ähnlich wie 1923 eines Tages zum Sturm auf die Staatsbastionen anzuführen. Diese Absicht drückte ein Artikel Gregor Strassers unter der Überschrift „Katastrophenpolitik" aus, in dem erklärt wurde, die NSDAP wolle „die Katastrophe", weil nur sie „die Bahn freimacht".[12] Dieser Standpunkt konfrontierte die NSDAP mit allen zivilen und militärischen Inhabern der Staatsgewalt, bedeutete Frontstellung auch gegen Reichswehr und Polizei, schloß jedoch nicht aus, daß die NSDAP jede legale Aufstiegsmöglichkeit nutzte, die sich ihr bot. Vulgärer sprach der Gauleiter von Schlesien, Brückner, auf einer Kundgebung in Breslau den gleichen Gedanken aus: „Geht es nicht mehr mit dem Stimmzettel, dann geht es mit der Faust."[13] Immer wieder überboten Parteiführer einander in Wort und Schrift, wenn es darum ging, äußersten Radikalismus zu bekunden. Das neue Deutschland, hieß es in deutlicher Absage an den Parlamentarismus, würde auf der Straße errichtet werden. Nötig sei, in die Reihen der Polizei einzudringen, damit sie im Moment der Entscheidung zur SA überliefe oder deren Abteilungen gewähren ließe. Vielen Führern in Partei und SA schien das alte Rezept noch immer das am meisten oder einzig erfolgversprechende zu sein.

Neben solchen Tönen erklangen aus München auch ungleich mildere, die in der SA-Mannschaft jedoch als Bluff gewertet und befeixt wurden.

So versicherte der Reichstagsabgeordnete Stöhr dem Reichswehrminister: „Wir streben ihre Änderung (der Staatsform – d. Vf.) nicht einmal auf legalem Wege an, geschweige daß wir sie mit illegalen Mitteln zu beseitigen bestrebt wären."[14] Goebbels schrieb im „Angriff", der seit dem 1. Oktober 1929 zweimal wöchentlich erschien, daß niemand „im Ernst etwas gegen die republikanische Staatsform haben" werde.[15] Gregor Strasser nannte im Reichstag diejenigen Verbrecher oder Idioten, die der NSDAP Putschabsichten nachsagten, drohte aber, daß im kommenden Reich ein Staatsgerichtshof Köpfe fordern werde.[16] Hitler trat vor einem Gericht im schlesischen Schweidnitz auf, das sechzehn seiner Männer wegen Landfriedensbruchs anklagte. Sie hatten in Gemeinschaft mit mehr als 100 weiteren Faschisten eine sozialdemokratische Versammlung auseinandergeprügelt. Vor den Richtern beteuerte der Oberste SA-Führer die Harmlosigkeit seiner paramilitärischen Garde, deren Abkürzung SA er dreist mit „Sport-Abteilung" auflöste. Anschließend, in einer öffentlichen Versammlung, ermahnte er seine Schlagetots, sich dem Gesetz zu beugen, bis einst „mit legalen Mitteln, d.h. nach unseren Gesetzen" die Abrechnung erfolgen werde.[17] Indessen besang die SA in rachedurstigen und blutrünstigen Liedern jene Kameraden, die „noch bleich im Staub blut'ger Wahlstatt bleiben" würden. In den Liedern der Braununiformierten drückte sich klarer als in Reden und Verlautbarungen aus, daß die Gefolgschaft zur brutalsten Auseinandersetzung mit „Rotfront" und mit den für Alles und Jedes schuldigen Juden erzogen und angestachelt wurde und sich selbst vorwärtspeitschte. „Juden hatten Gewinn", „Nieder mit der Judentyrannei", „Juda – den Tod", so lauteten Stichworte aus Haßgesängen, mit denen SA-Kolonnen durch deutsche Städte zogen.

Das Wahlergebnis, das die NSDAP in Thüringen erzielt hatte und die Bereitschaft bürgerlicher Parteien, mit ihr zu koalieren, führte die Partei zu ihrem nächsten und seit Jahren das meiste Aufsehen erregenden Erfolg. Sie konnte am 13. Januar 1930 in Weimar Frick als Minister und Marschler als Staatsrat in eine Landesregierung entsenden, an der DNVP und DVP sowie Wirtschafts- und Landvolkpartei beteiligt waren. Der „Völkische Beobachter" konstatierte: „Damit beginnt ein neuer Abschnitt in der Geschichte unserer Bewegung."[18] Das galt in anderer Weise auch für die Republik: Sie duldete einen Länderminister, der sich offen als Rassist und Antisemit bekannte. Frick übernahm die Ressorts Inneres und Volksbildung. Er lancierte seine Parteileute an die Spitze des Landeskriminalamtes und in die Polizeidirektionen von Weimar und Gera. Er leitete einen in der Geschichte der Republik beispiellosen Feldzug gegen den Faschisten mißliebige Erscheinungen des Kulturlebens ein. Er ließ „artfremde" – nach seinem Verständnis „kulturbolschewistische" – Gemälde aus dem Schloßmuseum in Weimar entfernen, Bücher in öffentlichen und Schulbibliotheken aus Benutzung und Leihverkehr ziehen, „schwarze Listen" über Autoren und Titel anfertigen, Filme verbieten und einen Erlaß „Wider die Negerkultur für deutsches Volkstum" ergehen, der insbesondere das Musikleben „reinigen" sollte. Gegen den Willen von Universitätsgremien setzte er die Berufung von Hans F. K. Günther ("Rasse-Günther") an die Universität durch. Aus seinem Volksbildungsministerium erging ein Erlaß über die Einführung eines „deutschen Schulgebets". Dafür wurden mehrere Textvorschläge gemacht, durchweg chauvinistische Haßgebete gegen den Versailler Vertrag. In einem hieß es, drohend gegen die „Erfüllungspolitiker" gerichtet: „Ich glaube, Du strafst unseres Landes Verrat und segnest der Heimat befreiende Tat! Deutschland, erwache zur Freiheit!".[19] Es war eine von Reichsinnenminister Joseph Wirth vor dem Staatsgerichtshof angestrengte Klage notwendig, ehe einige dieser Verse als verfassungswidrig untersagt wurden. Jedenfalls gab Frick einen Vorgeschmack darauf, wohin die Erziehung der Schuljugend im Dritten Reich gelenkt werden sollte. Die abstoßende Wirkung dieser Schul- und Kulturpolitik, die SPD und KPD im Landtag bekämpften, blieb indessen gering, und das wies darauf hin, daß die nationalchauvinistische Stimmung weit über die Anhängerschaft der NSDAP hinausreichte.

Indessen verstrickte schon der erste Schritt in eine Landesregierung die NSDAP auch in Widersprüche. Zwar erhielt sie zusätzliche Möglichkeiten, sich als eine Kraft darzustellen, die sich von allen bisher an den Kabinetten beteiligten Politikern durch Volksverbundenheit auszeichnete. Zum Standardprogramm ihrer Demagogie gehörten fortan Anträge auf Kürzung der Ministergehälter. Andererseits setzte sie sich unvermeidlich dem Ruf aus, die Politik des Regierung im Reichstag zwar zu attackieren, sie auf Landesebene aber selbst zu exekutieren. Das kritisierte vor allem eine von Otto Strasser angeführte Gruppe von Parteimitgliedern, die den Eintritt in die Koalitionsregierung als diejenige Tatsache benannte, die „am stärksten den Glauben erschüttert" habe, daß Programm und Praxis der Partei noch übereinstimmten.[20]

Doch die Mehrheit der Führer- und Parteimitgliedschaft sah sich durch die Konstellation in Thüringen weder irritiert noch in ihren Angriffen auf die Regierung Brüning behindert. Die Agitatoren der NSDAP konnten sich vor allem den Umstand zunutze machen, daß die traditionellen bürgerlichen Parteien – vom Zentrum bis zu Teilen der Deutschnationalen – den unpopulären Kurs des Kabinetts stützten. Der Alltag von Millionen wurde zu einer unausschöpfbaren Fundgrube für Beweise, daß die Regierenden unfähig waren, Millionen Menschen ausreichend zu ernähren, zu bekleiden und zu behausen. Für all dies machte die NSDAP nicht nur das augenblickliche Kabinett, sondern das „System" und die angeblich seit dem Kriegsende existierende marxistische Herrschaft verantwortlich. Dieser Staat lasse Deutschland im Elend versinken. In der Schärfe ihrer Anklage unterschieden sich die Redner dieser Partei nicht von jenen der sozialdemokratischen und der kommunistischen. Anders lauteten die Antworten auf die Frage nach dem Ausweg. Die faschistische war die einfachste: Als Retter und Wundertäter wurde Hitler angepriesen.

Diese Agitation hatte ihre Erfolge auch der Tatsache zuzuschreiben, daß sich die NSDAP von allen anderen bürgerlichen Parteien abheben und sich jetzt auch deutlich von den Deutschnationalen distanzieren konnte. In deren Reihen war über die Stellung zum Kabinett Brüning ein scharfer innerparteilicher Kampf entbrannt, der zu Abspaltungen der Befürworter des Regierungskurses geführt und die Stellung Hugenbergs geschwächt hatte. Die DNVP, unsicher darüber, was ihr vorzeitige Neuwahlen einträgen, verhinderte zunächst gar die sofortige Auflösung des Reichstages. Der in Württemberg erscheinende „Nationale Sozialist" vom 25. April 1930 schrieb, der „Kampf gegen die Volksausbeuter" könne mit dieser Partei nicht geführt werden. Hugenberg – eben noch Partner – wurde ein „schielig mieser Zwerg" und „ohnmächtiger Nußknacker" geheißen. Goebbels behauptete, die NSDAP habe „seit eh und je in der DNVP ein überflüssiges und damit schädliches Gebilde gesehen".[21] Für die Angriffe, die deutschnationale Politik verfechte das „Interesse eines Standes", rächte sich die schwarz-weiß-rote Presse mit dem Vorwurf, die NSDAP betreibe „kommunistische" Politik. So schlugen die politischen Rivalen auf der äußersten Rechten aufs kräftigste aufeinander ein.

Als der Reichstag am 18. Juli 1930 eine Notverordnung aufhob, traf ihn nach einem Wort Thälmanns „der Generalsstiefel des Reichspräsidenten und Stahlhelmführers Hindenburg".[22] Die Parlamentsauflösung kam niemandem gelegener als der NSDAP, wuchs doch ihr Einfluß in vielen Teilen Deutschlands zählbar an. Zuletzt hatten dies am 22. Juni Wahlen in Sachsen gezeigt. Dort gewann sie gegenüber 1929 mehr als 240.000 Stimmen hinzu, erreichte einen Wähleranteil von 14,4 Prozent und wurde die stärkste bürgerliche Partei. Ihre Führer beanspruchten sofort das Amt des Ministerpräsidenten. Der „Völkische Beobachter" schrieb zwei Tage später triumphierend: „Nun ist Bayern an der Reihe." In Mittel- und Süddeutschland sollte ein „brauner Länderblock" entstehen.

Seit Oktober 1929 konnte die Reichsleitung auch einen erheblichen Zulauf an Parteimitgliedern verbuchen. Im Mai 1930 gab sie eine Gesamtzahl von 240.000 Mitgliedern an.[23] Eine zur gleichen Zeit im Preußischen Innenministerium angefertigte Denkschrift vermerkte, das Gros der Anhängerschaft werde durch den „allmählich verelendenden Mittelstand in den kleineren Städten, die kleinen Handel- und Gewerbetreibenden, ferner die von der Arbeitslosigkeit betroffenen oder bedrohten Angestellten und schließlich die bei dieser Wirtschaftslage jeder Aussicht auf späteren Broterwerb baren Kreise des akademischen Nachwuchses gebildet". Neuerdings würde sich „auch eine nicht unerhebliche Zahl von unteren und mittleren Beamten, besonders von den Verwaltungszweigen, die nicht ausgesprochene Hoheitsverwaltungen sind, wie Post-, Bahn- und Finanzverwaltung, auch aus der Lehrerschaft" der NSDAP zuwenden.[24] Wenn Prominente, so beispielsweise Generale der kaiserlichen Armee, in die NSDAP eintraten, wurde dies demonstrativ gefeiert. Im Juni 1930 gab August Wilhelm (genannt Auwi), ein Sohn des gestürzten Kaisers, bekannt, daß auch er sich jüngst zu Hitlers Gefolgschaft gesellt hatte.

1930 wuchsen die finanziellen Mittel, über welche die Reichsleitung der NSDAP gebot, zusehends und nicht nur durch den Mitgliederzulauf an. Davon zeugte der Ankauf des Barlowschen Palais im Zentrum Münchens, das nach seinem Umbau durch den Architekten Paul Troost den Namen „Braunes Haus" erhielt. Wiederholte Aufrufe an Mitglieder und Gönner, Erwerb und Einrichtung dieses verschämt „Zentralheim" genannten Palastes finanzieren zu helfen, sollten auch vertuschen, daß es schließlich vor allem eine aus einem Darlehen hervorgegangene Spende Fritz Thyssens war, die dem Zentralapparat der Faschistenpartei zu feudaler Residenz und höherer Funktionstüchtigkeit verhalf. In dem Schwerindustriellen besaß die NSDAP eine ihrer verläßlichsten Stützen im Ruhrgebiet, dessen Herren traditionell die Deutschnationalen förderten. Auch Thyssen war nach früherer Mitgliedschaft im Zentrum noch Mitglied der Deutschnationalen Volkspartei, nahm im September 1931 an ihrem Parteitag teil und blieb bis Anfang 1932 deren Stadtverordneter in Mülheim/Ruhr.[25] Seine Ehefrau war da schon Mitglied der NSDAP geworden. Thyssens etappenweise Wanderung auf den äußersten rechten Flügel des Parteienspektrums war die eines Vorreiters. Viele folgten ihm, wenn sie dies auch zumeist nicht derart demonstrativ taten.

Im Kampf für die am 14. September 1930 stattfindenden Reichstagswahlen stellte die NSDAP heraus, daß sie – im Gegensatz zu allen bürgerlichen Konkurrenten und der Sozialdemokratie – mit der Reichspolitik seit 1919 nichts zu tun gehabt hatte. Ihre Wahlstrategen zimmerten eine Anklage gegen „Novemberverbrecher" und „Systemparteien" zurecht. Plakate zeigten „saufende Minister" und „feiste Bonzen". Bestechungsskandale, in die Beamte verwickelt waren, wurden weidlich ausgebeutet, um das „verkommene" Gemeinwesen anzuprangern. Es müsse durch einen „sauberen" Staat ersetzt werden. Alle diese Attacken mobilisierten und dirigierten unausgegorene Gedanken, appellierten viel stärker aber noch an enttäuschte und verletzte Gefühle. Ein Geprassel aufwiegelnder Begriffe täuschte schärfsten Antikapitalismus vor. Dabei nahm die wachsende Gefolgschaft nicht einmal wahr, daß sorgsam vermieden wurde, die Ausbeutergesellschaft als Ganze anzugreifen. Einzelne Politiker und deren Parteien erschienen als die Alleinschuldigen am Massenelend. Ihre Beseitigung und Ersetzung durch eine von Hitler geführte Regierung erschien als der Weg ins Freie.

Schon in der Kampagne gegen den Youngplan war die nationalistische Aufhetzung als eine besonders erfolgsträchtige Werbemethode erprobt worden. Fortan gehörte sie zum Wahlrepertoire der NSDAP. Was Folge der bürgerlichen Klassenherrschaft und der zyklischen Krise war, erschien so als Ergebnis ausländischer Machtpolitik und der „Young-Sklaverei". Auf diese Weise gerieten die einheimischen „nationalen" Kapitalisten weitgehend aus der Angriffslinie, und Zorn und Haß wurden auf die internationale, angeblich jüdische „Plutokratie" gerichtet. Mit der Losung: „Für oder gegen Young"[26] knüpfte die NSDAP direkt an ihre Erfahrungen aus dem Volksbegehren an, die ihr einen Einbruch in kleinbürgerliche Massen eingetragen hatte. Es gelang Hitler und seinen Mitführern, sich auch außenpolitisch als radikalste, angeblich alles umstürzende Kraft und die Regierenden als konzept- und kraftlos darzustellen. Käme die NSDAP an die Macht, würden die „Ketten von Versailles" gesprengt, lautete die Botschaft.

Bei allen Attacken gegen die Regierung und die sie direkt oder indirekt stützenden Parteien geriet der NSDAP-Führung nicht einen Moment ihr Hauptgegner aus dem Visier. Die schärfste Konfrontation blieb gegen die Arbeiterbewegung gerichtet. Zwar konnten die Werber kaum darauf rechnen, ausgerechnet in den revolutionären und den reformistischen Flügel der politisch organisierten Arbeiter einzubrechen und KPD- und SPD-Wähler auf ihre Seite zu ziehen. Doch kompensierte die Kampfstellung gegen den „Marxismus" bis zu einem gewissen Grade Bedenken und Ablehnung, die von den antikapitalistischen Parolen in den Kreisen erzeugt wurden, die ansonsten das Wirken der NSDAP als nützlich und wertvoll anzusehen begannen. Die Agitatoren des „Nationalsozialismus" ließen sich freilich auf eine sachliche Auseinandersetzung mit den geschulten Verfechtern des „internationalen Sozialismus" nicht ein. Sie beschimpften die Konkurrenz als undeutsch, die KPD als moskauhörig und machten letztlich sie als die „Vaterlandsverräter" für alle Mißstände verantwortlich. Sie trügen die Schuld an der Kriegsniederlage, der Novemberrevolution, am Versailler Vertrag und so fort. Diese Vorwürfe erhoben seit Jahren auch andere Reaktionäre gegen die Kommunisten. Doch die NSDAP verband ihren Antikommunismus mit der obskuren Lehre von der hochwertigen arischen und der unwerten jüdischen „Rasse". Sie erklärte den Kommunismus zur Erfindung und Waffe des „internationalen Judentums" und als dessen Mittel, zum Zwecke der Errichtung der eigenen Weltherrschaft Zwietracht zwischen den Völkern zu stiften. Auf irgendeine geheimnisvolle Weise sollten es diese Juden insbesondere auf das deutsche Volk und dessen Schädigung abgesehen haben. Diese abstruse Konstruktion diente zum einen der äußersten Aufhetzung gegen die KPD. In den SA-Reihen lebte jener mörderische Geist fort, dem 1919 Liebknecht und Luxemburg und Hunderte revolutionärer Arbeiter zum Opfer gefallen waren. Zum anderen schuf der antikommunistisch eingefärbte Rassenantisemitismus eine weltanschauliche, angeblich wissenschaftliche Begründung für die Angriffe auf jüdische Deutsche, die den Attacken des individuellen Terrors wehrloser gegenüberstanden als die organisierten Arbeiter. Die Aufzählung der geschändeten Synagogen und jüdischen Friedhöfe füllte Eingaben, mit denen jüdische Organisationen verlangten, daß die Staatsmacht ihnen Schutz zuteil werden lasse.

In der Wahlkampagne 1930 und danach ging die SA zu immer rabiateren Angriffen auf ihre Gegner über. Kommunisten, Sozialdemokraten, Gewerkschafter, Angehörige des Reichsbanners wurden Opfer der in Uniform und in Zivil auftretenden Schlägertrupps. Angriffe auf Versammlungen und Demonstrationen, Anschläge auf das Eigentum von Arbeiterorganisationen (Parteilokale, Parteibüros, Gewerkschaftsheime), Überfälle auf politische Gegner mit Revolvern, Hieb- und Stichwaffen gehörten in deutschen Städten und Ortschaften zum blutigen Alltag. Lang und länger wurden die Listen der Polizei, welche die bei Durchsuchungen von Versammlungsteilnehmern und in Wohnungen gefundenen und beschlagnahmten Waffen erfaßten. Sie enthielten: Pistolen und Revolver mit der dazugehörigen Munition einschließlich von Dum-Dum-Geschossen, Totschläger, Schlagringe, Stahlruten, Gummiknüppel, feststehende Messer, Dolche und Schlagwerkzeuge aller Typen. Demonstrativ bekannten sich NSDAP und SA zum individuellen Terror, als einer der Mörder Rathenaus, Ernst Techow, am 7. Januar 1930 aus der Haft entlassen wurde. Vor dem Tor wurde er von Spielleuten mit Musik empfangen. Da bei Angriffen der SA auch deren eigene Mannschaft zu Schaden kam, sich Angehörige von Arbeiterorganisationen zur Wehr setzten, hatte die Führung ihre politischen Rowdies zunächst bei mehreren Gesellschaften versichert. Als diese wegen des unvorhergesehenen Umfangs der Kosten kündigten, wurde 1929 eine eigene, von Martin Bormann geleitete SA-Versicherung (später: Teil der Hilfskasse der NSDAP) geschaffen, in die seit dem 9. Februar 1930 jedes NSDAP-Mitglied einen monatlichen Beitrag von mindestens 0,30 RM entrichten mußte.

Wie sich die NSDAP unter den antikommunistischen Kräften der Republik hervortat, so auch unter den antisowjetischen. International stellte sich der Papst an die Spitze eines ideologischen Kreuzzuges gegen die UdSSR. Das blieb nicht ohne Einfluß auf den deutschen Katholizismus und die katholische Zentrums- und die Bayerische Volkspartei. Die Regierung Brüning verlängerte den 1926 mit einer Gültigkeitsdauer von fünf Jahren geschlossenen Berliner Vertrag mit der Sowjetunion nicht. In ihm hatten sich beide Mächte u.a. verpflichtet, keiner gegen den jeweiligen Partner gerichteten Staatengruppierung beizutreten. Jedoch verschlechterten sich die Beziehungen zur UdSSR nicht total. Dem wirkte das Interesse deutscher Industrieller entgegen, angesichts der schrumpfenden Auslandsmärkte sich sowjetische Staatsaufträge zu sichern. Auch die Reichswehrführung wünschte den Vorteil weiter zu nutzen, welchen ihr die Möglichkeit bot, laut Versailler Vertrag Deutschland verbotene Waffen auf sowjetischem Territorium zu erproben. Im Reich aber wurde der antibolschewistischen Propaganda von Parteien und Verbänden nicht nur vollkommen freie Hand gelassen. Sie war um so erwünschter, als sich in der UdSSR deutliche Anzeichen eines wirtschaftlichen Aufschwungs bemerkbar machten und Interesse an deren Gesellschaft über die Arbeiterschaft hinaus weckten.

Im Chor der Antikommunisten erhob die NSDAP die grellste und militanteste Stimme. Angeblich besäßen in der UdSSR die Juden die Macht und seien bestrebt, von Moskau aus ihre Herrschaft über den Erdball auszudehnen. Dabei scherte es sie wenig, daß Hitler in „Mein Kampf" den Deutschen ja gerade die Expansionsrichtung Moskau gewiesen hatte. Sie beriefen sich auf das Vorrecht der (germanischen, nordischen, arischen, deutschen) „Herrenrasse". Diese besitze nicht nur Anspruch auf angeblich ungenutzte Räume, sondern sei von blutswegen bestimmt, sich vorgeblich zur Staatsbildung und Kulturschöpfung unfähige slawische und asiatische Völker unterzuordnen und dienstbar zu machen. In den Denkbahnen dieser Lehre erschienen die Juden als die „Gegenrasse", hinderte sie doch die „Arier", ihren geschichtlichen Platz einzunehmen, und mußte vor allem deshalb vernichtet werden.

Wenngleich die Unterweisungen in diesen Lehren der Eroberung und Versklavung in der NSDAP hinter den Anforderungen an die praktische Aktion zurücktraten, so setzte doch schon zu Republikzeiten die geistige Aufrüstung des anwachsenden Kaders des deutschen Faschismus ein. Dabei spielte es eine untergeordnete Rolle, ob die einen erst in der NSDAP mit den rassistischen, geopolitischen und sozialdarwinistischen Theorien bekannt wurden oder ob andere, weil sie bereits zu deren Anhängern gehörten, nun zur Hitlergefolgschaft stießen. Es war nicht zuletzt diese ideologisch-politische Physiognomie der NSDAP, die ihr in Teilen der Intelligenz und bei allen Deutschen Sympathien eintrug, für die der Gedanke an Revanche und Rache fester Bestandteil ihrer eigenen Vorstellungen von der Zukunft des Reiches war. Das galt insbesondere für die Generalität und das Offizierskorps der Reichswehr.

Wie seine Vorgänger sorgte sich auch der Reichswehrminister Groener darum, republikanischen Geist von Heer und Marine fernzuhalten. Das Ziel, das er in einer Besprechung am 25. Oktober 1930 „die Befreiung unseres Landes" nannte, könne jedoch nicht im Sturm erreicht werden. Er trachte gegen Widerstände, die er im parlamentarischen System zu überwinden habe, die „Wehrmacht für diese kommende Zeit als das scharfe schlagfertige Instrument modernster Kriegführung auf die höchste Stufe zu entwickeln und es zu gegebener Zeit weiter auszubauen".[27] Mit diesem Ziel stimmten auch die Führer der NSDAP überein. Doch führte das nicht zu ihrem bedingungslosen Ja zur Haltung der Reichswehr. Deren Generalität gab sich staatstreu und betonte, was freilich eine verschämte, aber erkennbare Distanz zur Republik bedeutete, die Armee habe unpolitisch zu sein. Mit dieser Haltung konnte das 100.000-Mann-Heer unter Umständen eine Barriere gegen den Machtanspruch der NSDAP werden.

Da das Verhältnis zur Reichswehr also für die Pläne der Partei von ausschlaggebender Bedeutung werden konnte, hatte es Hitler schon 1929 in einer grundlegenden Rede erörtert, die er in München hielt. Das Zentralblatt der Partei veröffentlichte ihren Wortlaut in einer Sondernummer. Hitler erwies sich dabei als ein intimer Kenner der Stimmungen im Offizierskorps und dem Mannschaftsbestand. Er zielte folglich genau auf die Ablehnung der Republik und – an der Spitze des Kabinetts stand damals noch Hermann Müller – der verächtlich als „Sozis" bezeichneten Sozialdemokraten. Unverblümt forderte er, die „unpolitische" Haltung zugunsten einer Parteinahme aufzugeben, die „Herrschaft der Bürogenerale" zu beenden und sich am italienischen Beispiel zu orientieren. Dort habe das Heer die Partei Mussolinis ergriffen. Die Reichswehr stünde vor der Entscheidung für oder gegen den Marxismus, denn wenn sie weiterhin die Ruhe und Ordnung des gegenwärtigen Staates verteidigen würde, liefen ihre Offiziere Gefahr, eines Tages „politische Kommissare" zu werden.[28]

Das unmittelbare Interesse der NSDAP-Führer galt der strikten Ausrichtung von Reichswehr und Polizei gegen die organisierte Arbeiterbewegung. Diese Gemeinsamkeit und die Frontstellung gegen Demokraten, Republikaner, Pazifisten würde die sicherste Garantie dafür bieten, daß sich aus den Reihen der bewaffneten Formationen des Staates im vorgedachten Moment der Machtübernahme kein Widerstand erhob. Jedoch vertrauten die Prätendenten nicht völlig auf die Wirkung ihrer grundsätzlichen Übereinstimmung. Sie nahmen sich vor, in der Armee Zellen ihrer Anhänger zu bilden. Zunächst wurden einstige Angehörige der Reichswehr unter den NSDAP-Mitgliedern erfaßt, um über sie Einfluß auf militärische Kommandostellen und in Kasernen zu gewinnen.

So freilich hatte sich die Reichswehrgeneralität die Entwicklung nicht gedacht, und dies um so weniger, als es ein offenes Geheimnis war, daß die erfahrenen und teils hochdekorierten einstigen Offiziere unter den SA-Führern mit dem Sieg ihrer Partei die Erwartung verbanden, in der Wehrmacht ihre Karriere fortzusetzen. Die in Berlin (Ost), Hannover (Nord), Düsseldorf (West), Dresden (Mitte) und München (Süd) etablierten „Stellvertreter des OSAF", unter denen sich zwei Adlige befanden, hatten wie der ebenfalls mit einem Adelstitel versehene „Generalinspekteur" der Sturmabteilungen sämtlich im Weltkrieg als Offiziere gedient und es in Ränge bis zum Oberstleutnant gebracht. Gaben diese modernen politischen Kondottiere ihre allzu ehrgeizigen Pläne allerdings auf, dann konnte gerade das vielverherrlichte „Kriegserlebnis" zu einem zusätzlichen Band zwischen den aktiven Reichswehroffizieren und den 1919 zwangsweise außer Dienst Gestellten werden. Görings gute Beziehungen zu seinen „Kriegskameraden" gab dafür geradezu ein Beispiel.

Für die weitere Entwicklung erwies sich als ausschlaggebend, daß die Führer der Armee und der NSDAP sich eines nationalistischen Sinnes wußten und Deutschlands baldigen Wiederaufstieg zu einer Militärmacht wünschten. So verdichtete sich in den Planungsstäben der Reichswehr der Gedanke, die „gesunden" nationalsozialistischen Kräfte für die Wiederaufrüstung und die „Wehrhaftmachung" des Volkes zu nutzen. Schon Ende 1930 begann der Abbau der Konfrontation auf beiden Seiten. Bald wurde entschieden, daß die Mitgliedschaft in NSDAP oder SA nicht länger einen Grund für die Entlassung von Personen bilden sollte, die als Angestellte oder Arbeiter in Wehrmachtsbetrieben tätig waren. In welchem Grade sich die Haltung der Militärs zu ändern begonnen hatte, machte aber erst die Zusicherung deutlich, die Schleicher, einer der noch vor kurzem öffentlich attackierten „Bürogenerale", Röhm gab. Sie besagte, im Falle eines inneren Notstands solle auch die SA als Miliz anerkannt und durch die Reichswehrkommandos zum Einsatz herangezogen werden.[29] Fortan waren Mitglieder der SA im Grenzschutz zugelassen und denen der Partei stand die Teilnahme an militärischen Lehrgängen der Reichswehr offen.

Im Reichstagswahlkampf 1930 perfektionierte die NSDAP auch Organisation und Technik ihres öffentlichen Auftretens. In Städten mietete sie die größten Versammlungshallen und verstand es meist, sie berstend zu füllen, so daß häufig Übertragungen per Lautsprecher ins Freie oder in benachbarte Säle notwendig wurden. Das verstärkte den Eindruck, daß dieser Partei die Massen unaufhaltsam zuströmten. SA-Trupps, die vor den Rednerbühnen aufzogen, suggerierten Jugendlichkeit, Kraft und Geschlossenheit und standen bereit, jeden Zwischenrufer aus dem Saal zu prügeln. Systematisch wurde die Bevölkerung der Kleinstädte und des platten Landes bearbeitet. Die NSDAP schickte geübte Parteiredner auch in entlegene Gebiete. Manche von ihnen waren in der seit dem 1. Juli 1929 ins Leben gerufenen Rednerschule vorbereitet worden, nach deren Besuch sie eine parteiamtliche Anerkennung erfuhren. Sie hatten ein festgelegtes Pensum von Einsätzen zu bestreiten und ihre Dienste wurden nach jedem Einsatz auch finanziell belohnt.

Die NSDAP profitierte auf dem Lande auch davon, daß beide Arbeiterparteien in der Bauernschaft nur schwache Positionen besaßen. Immer besser verstanden es Hitlers Werber, sich auf die lokalen Situationen einzustellen. Sie begaben sich vor Ort und gewannen ein sicheres Gefühl dafür, welche Parolen und Versprechen ihre Zuhörerschaft besonders ansprachen. Am Tage der Versammlung rückten dann zu Fuß, per Fahrrad oder in Lastwagen SA-Leute aus dem Umkreis heran, die den Demagogen – wie es in einer ministeriellen Analyse hieß – „schon durch ihre Anwesenheit einen beachtlichen Rückhalt" gaben. Sie halfen die Säle der Gasthäuser füllen, übten den Versammlungsschutz aus, lockten Sympathisierende und Neugierige an und beeindruckten durch ihre Aufmärsche in Uniform vornehmlich die jüngere Ortsbevölkerung. Wenn die Nazitrupps abzogen, hatten sie in den Gemeinden meistens eine Ortsgruppe oder wenigstens einige Vertrauensleute gewonnen.[30]

Kurz vor Beginn des Wahlkampfes brachen in der NSDAP schwelende innere Gegensätze auf. Eine Gruppe, deren Führer Otto Strasser und deren Sprachrohr die Presse des Kampf-Verlages war, widersetzte sich der legalen Taktik und gab sich betont „sozialistisch" und „revolutionär". Sie, nicht weniger antikommunistisch als die Münchener Führung, kritisierte, daß die NSDAP sich immer einseitiger „gegen den Marxismus" richte, und wandte sich gegen „Verbürgerlichung" und „Verbonzung der Partei".[31] In den SA-Reihen machten Verse die Runde, die sich auch direkt gegen Hitler richteten. So hieß es in einem Text: „Wir schieben ja so gerne Kohldampf, damit es unseren 'lieben Führern" mit ihren 2.000-5.000 Mk. Monatseinkommen recht wohl ergehe. Hocherfreut waren wir auch, als wir hörten, daß sich unser Adolf Hitler auf der Berliner Automobilausstellung einen neuen großen Mercedeswagen für RM. 40.000 gekauft hat."[32] Der Sachverhalt war nicht aus der Luft gegriffen. Hitler, der mehr und mehr Wert auf Repräsentation legte und zugleich ein Autonarr war, hatte eine permanente Verbindung zu dem Vertreter der Stuttgarter Autofirma in München und bezog über Jakob Werlin, der sich später durch eine exzellente Karriere reich belohnt sah, seine Luxuskarossen. Ähnliche Attacken wie die der Strasserleute wurden auch in anderen oppositionellen Gruppen hörbar. Eine in Hessen-Nassau verbreitete Publikation nannte die Verbindung zwischen dem dankbaren „Adolf" und seinen Geldgebern als Ursache dafür, daß „er seinen 'Kampf gegen das Finanzkapital'" eingestellt habe.[33]

Derartige Kritik aus den eigenen Reihen drohten das gewünschte Bild vollkommener Einheit zu zerstören und die Anziehungskraft der Partei zu paralysieren. Sie war zugleich geeignet, die Beziehungen zu gefährden, welche die NSDAP zu Industriellen und Großgrundbesitzern zunehmend herstellte. Schließlich konnte das revoluzzerhafte Auftreten der Anhänger Strassers obendrein zum Verbot der Partei führen. Mitte 1930 wurde die

Bereinigung der Situation unaufschiebbar. Legalitäts- oder Putschtaktik, Ausrichtung der Demagogie vor allem auf die kleinbürgerlichen oder auf die proletarischen Massen – so lauteten, verkürzt und vereinfacht – die Differenzen. Vergeblich versuchte Hitler, der sich mit Otto Strasser mehrfach traf, den Abweichler auf seine Linie festzulegen. Anfang Juli trennte sich die Strasser-Gruppe von der Partei und verkündete: „Die Sozialisten verlassen die NSDAP". Sie schloß sich in einer „Kampfgemeinschaft Revolutionärer Nationalsozialisten" zusammen, die sich seit 1931 „Schwarze Front" nannte. Die Organisation blieb auf Stützpunkte in Nord- und Mitteldeutschland beschränkt und hatte Schwierigkeiten, sich von der Hitlerrichtung programmatisch abzugrenzen, zumal sie deren rassistische und extrem nationalistische Ausrichtung teilte.

Die NSDAP-Presse Berlins, des Zentrums der Auseinandersetzungen, drohte den noch unentschlossenen Sympathisanten der Abtrünnigen: „Wer sich nicht einordnen will, wird eben hinausgefeuert."[34] Da die Meinungsverschiedenheiten über den Weg an die Macht auch Ausbildung und Einsatz der SA betrafen, wurde an Führer, die noch immer mit dem Gedanken an einen Gewaltstreich spielten – zu ihnen gehörte der Weltkriegsoffizier und spätere Polizeihauptmann a. D. Walter Stennes, der 1928 zur SA gestoßen war und dem seit 1929 alle Braununiformierten ostwärts der Elbelinie unterstanden –, die Warnung adressiert: „Wir denken nicht daran, unsere herrliche SA ... gegen Reichswehr und Polizei in sinnlosen Barrikadenkämpfen verbluten zu lassen."[35]

Insgesamt konnte die NSDAP aus der Auseinandersetzung mit Otto Strasser, dessen Bruder Gregor zu Hitler hielt und in der Partei weiter aufstieg, sogar Nutzen ziehen. Thälmann kommentierte ihn mit der Feststellung: „Der Hinauswurf der sogenannten linken Opposition aus der faschistischen Partei war eine Ergebenheitskundgebung Hitlers an das Kapital, ein Bekenntnis, daß alle soziale Demagogie der Faschisten nur zur Verschleierung ihrer Dienste für das Unternehmertum bestimmt ist."[36] Die Trennung hob Hitlers Ansehen in den Kreisen, von denen die nationalistische Propaganda gebilligt, die abenteuerlichen sozialen Phrasen aber mit äußerstem Unbehagen wahrgenommen wurden. Hitler selbst wurde kaum noch verdächtigt, ein Sozialist zu sein. Doch bezweifelt wurde weiter, ob er und die mit ihm Gleichgesonnenen an der Parteispitze die mit Versprechungen vollgepumpten Massen auch künftig würden beherrschen und lenken können. Denn es ließ sich absehen, daß der Konflikt zwischen der die Kapitalinteressen respektierenden Politik der Führer und den Wünschen ihrer zumeist kleinbürgerlichen Gefolgsleute keineswegs ein für allemal ausgestanden war.

Seit dem erneuten und bedrohlichen Anwachsen der NSDAP hatte die KPD ihre Anstrengungen vermehrt, „die Massen gegen die faschistischen

Pläne und Anschläge der Bourgeoisie, gegen die Terrorbanden der braunen Mordpest, gegen die nationalsozialistischen Hilfstruppen des deutschen Unternehmertums und des internationalen Finanzkapitals" zu sammeln.[37] Die kommunistische Parteiführung wertete die sächsischen Wahlergebnisse als Beweis, daß Wähler von den alten bürgerlichen Parteien zur NSDAP überzulaufen begannen. Diese Warnung werde in den eigenen Reihen vielfach noch nicht verstanden.[38] Die wehrhafte Auseinandersetzung mit den Nationalsozialisten müsse durch die Bloßstellung ihrer Demagogie ergänzt werden.

Das Zentralkomitee der KPD veröffentlichte Mitte Juni 1930 eine Resolution über den Kampf gegen den faschistischen Plan die offene Diktatur aufzurichten, die Arbeiterbewegung blutig zu zerschmettern und das Volk einem Regime des weißen Terrors, der Standgerichte und des Meuchelmordes zu unterwerfen. Die Gegenwehr war darin dem eigenen offensiven revolutionären Konzept zugeordnet. Thälmann nannte die Hitlerpartei in einer Wahlkampfrede in Hamburg „das gefährlichste und schmutzigste Werkzeug des deutschen Finanzkapitals".[39] Am 24. August 1930 publizierte das Zentralkomitee auch mit dem Blick auf den näherrückenden Wahltag eine „Programmerklärung zur nationalen und sozialen Befreiung des deutschen Volkes".[40] Vom Faschismus, der sich als Retter der Nation aufspielte, drohe dem ganzen Volk in Wahrheit eine Katastrophe. Gegen die Demagogie der NSDAP wurde erklärt, der Hauptfeind stehe – wie zu Zeiten Karl Liebknechts – im eigenen Land. Es seien die deutschen Kapitalisten, die den Werktätigen mit der Errichtung der Diktatur alles nehmen wollten, was sie von den Errungenschaften der Novemberrevolution noch hatten bewahren können. Die Abwendung all dieser Gefahren bestehe im Kampf der Arbeiterklasse für die Aufrichtung ihrer Diktatur. Die zentrale kommunistische Parole laute: Sowjetdeutschland. Damit war die Stimmung der Minderheit von Proletariern ausgedrückt, die ihr Vorbild im Weg der UdSSR erblickten, zugleich aber eine Barriere gegen eine Verständigung mit allen anderen Kräften in der Arbeiterbewegung errichtet, die den sowjetischen Weg ablehnten. Nachhaltiger noch wirkte die Beurteilung der Sozialdemokraten als „Sozialfaschisten" negativ, wodurch ihnen eine verwandtschaftliche Nähe zum Nationalfaschismus angedichtet wurde. Daß die reformistischen Führer mit gleicher Münze zahlten und beispielsweise der Parteivorsitzende Otto Wels Bolschewismus und Faschismus Brüder nannte[41], erneuerte und vertiefte Verfeindungen, die seit dem konkurrierenden Nebeneinander von KPD und SPD existierten.

Der 14. September 1930 brachte der NSDAP einen spektakulären Wahlsieg. 6.379.672 Wähler stimmten für ihre Liste, die 18,3 Prozent aller abgegebenen Stimmen verbuchte. Den höchsten Stimmenanteil gewann die Partei in den norddeutschen Gebieten, in denen eine überwiegend evangelische Bevölkerung lebte, die bisher deutschnational gewählt hatte: 27 Prozent in Schleswig-Holstein, 22,5 in Ostpreußen bezeichneten die Spitzenergebnisse. Die Geographie der Stimmengewinne bestätigte auch die Richtigkeit der Feststellung, „daß die Stoßkraft der NSDAP vom Süden auf den Norden übergegangen und in diesem wieder auf den Osten gerichtet ist."[42] Weit unter ihrem Reichsdurchschnitt lagen die Resultate in industriellen Zentren und in Wahlkreisen mit katholischer Bevölkerung: in Württemberg 9,4, im oberschlesischen Oppeln 9,5 in Berlin 12,8 Prozent. In der Reichshauptstadt hatte die KPD die Sozialdemokraten als bis dahin wählerstärkste Partei abgelöst. Die Arbeiterparteien – die KPD gewann mehr als 1,3 Millionen Stimmen, die SPD verlor nahezu 600.000 Stimmen – sammelten jedoch einen relativ geringeren Teil des Wahlvolks als 1928. Massen von Neu- und bisherigen Nichtwählern – die Wahlbeteiligung war von 75, 6 auf 82 Prozent angestiegen – hatten sich offenkundig der NSDAP zugewandt. Spätere Untersuchungen zur sozialen Struktur der NSDAP-Wähler bestätigten die Vermutungen und Eindrücke von Zeitgenossen. Die Partei hatte den Hauptteil ihrer Stimmen aus den Schichten des alten und des neuen Mittelstands gewonnen. Sie vermochte Wähler an sich zu ziehen, die vordem für die Deutschnationalen und die bürgerlichen Parteien votiert, sich von ihnen aber nun abgewandt hatten, weil sie den unpopulären Kurs der Regierung mehr oder weniger offen unterstützten. Unberührt von solchen „Abgaben" an die NSDAP waren einzig die beiden katholischen Parteien geblieben. Eine weitere Quelle des Wählerzustroms war unter der werktätigen Landbevölkerung erschlossen worden.

Wenn sie auch nach ihrer absoluten Zahl nicht ins Gewicht fielen, so war für die NSDAP doch bedeutsam, daß ihr auch in den Vierteln der Begüterten und Reichen mehr Stimmen zugefallen waren. Dort hatte sie bereits während der Wahlkampfes mehr und mehr finanzielle Förderer gefunden, zu denen vor allem kleine und mittlere Unternehmer gehörten. Wie sich aus Akten der NSDAP-Gauleitung Rheinland feststellen ließ, erstreckte sich das Spektrum dieser Gönner „von Besitzern und Leitern mittelgroßer Industriebetriebe über Großhändler, Juweliere, Kaufleute, freie Berufe, Inhaber von Dienstleistungsbetrieben, Handwerker bis zu Grundbesitzern, Pächtern und Bauern".[43] Schon wenige Tage nach der Wahl machte der gut informierte Direktor des Hansa-Bundes für Gewerbe, Handel und Industrie, Ernst Mosisch, die Beobachtung daß man sich in „vielen Teilen des Unternehmerlagers auf eine Zusammenarbeit mit der NSDAP" einrichte.[44] In welchem Maße die NSDAP nach den Septemberwahlen im bürgerlichen und kleinbürgerlichen Milieu als Partner angenommen wurde, bezeugte die Liste der Veranstalter einer Kundgebung in Hamburg, die unter der Losung „Für Privateigentum" und „Gegen den wirtschaftszerstörenden Marxismus" stattfand. Gemeinsam mit der Deutschen Volkspartei und der Deutschnationalen Volkspartei, der Wirtschaftspartei, einer Konservativen Partei und mehreren Vereinen von Grundstückseigentümern, Haus- und Hypothekenmaklern lud dazu auch die NSDAP ein.[45] Zugleich spülte die Erfolgswoge neue Mitglieder in die NSDAP-Reihen, die von den älteren vielfach herabsetzend als „Septemberlinge" bezeichnet wurden. Mit ihnen festigte sich – der monatliche Mindestsatz des Parteibetrags war inzwischen von 80 Pfennige auf 1, 20 RM erhöht worden – die eigene finanzielle Basis der Partei.

Nach dem Wahltag, dessen Ergebnis als politischer Erdrutsch gewertet wurde, standen die NSDAP-Führer an der Spitze der wählerstärksten bürgerlichen Partei. Einen zahlreicheren Anhang besaß nur noch die Sozialdemokratie. Während sich diese aber zu einer stillschweigenden Duldung der Regierung entschloß, ging die NSDAP augenblicklich zur politischen Offensive über. Denn der Wahlerfolg hatte ihr nicht sogleich die Chance eröffnet, an die Spitze der Staatsmacht vorzustoßen. Die Politik Brünings war zwar von der Wählermehrheit abgelehnt worden, doch befand sich sein Kabinett zunächst in Übereinstimmung mit der Mehrheit der Forderungen, welche von den Verbänden der Bank- und Industriekapitalisten erhoben wurden. So sahen deren Führer keinen Grund, den Tausch des Zentrumskanzlers gegen ein „Experiment mit Hitler" auch nur zu erörtern. Indessen verstärkten sich die Erwägungen, ob sich die NSDAP nicht aus ihrer absoluten Oppositionsrolle herausholen und ihre Gefolgschaft als politische Manövriermasse nutzen ließe. Dazu waren Angebote an Hitler und seine Mitführer erforderlich, die sich im Kampf um das Wahlvolk als die Erfolgreichsten erwiesen hatten. Eine Woche nach dem Wahltag schrieb Friedrich Werner von der Schulenburg an Schleicher, den Chef des Ministeramtes im Reichswehrministerium, „daß die national-sozialistische Bewegung eingefangen werden muß, was nur dadurch geschehen kann, daß sie mit in die Verantwortung eingespannt wird." Der Graf plädierte für eine „Sammlung der Großen Rechten".[46]

Hitler vermochte auf einer Siegeskundgebung in München keine bestimmten Erwartungen zu nähren. Eindringlich warnte er seine Anhänger jedoch davor, den Wahlsieg gewaltsam ausbeuten zu wollen. Das Ziel heiße „nicht Putsch, sondern Revolution der deutschen Seele, Eroberung des deutschen Menschen. Die Abrechnung mit den Verführern überlassen wir dann dem souveränen deutschen Volk".[47] Weniger Augenmaß zeigte Goebbels, der schon im Wahlkampf geschrieben hatte, auf den „September-Reichstag" dürfe „nur noch eins folgen: das Dritte Reich".[48] Nun forderte er im Berliner Sportpalast die Ämter des Innen- und des Wehrministers, zudem Neuwahlen in Preußen und auch dort die Führung des Innenministeriums und des Berliner Polizeipräsidiums. Die NSDAP-Führer hatten sich offenkundig darauf verständigt, zur Aufrichtung der Diktatur jene staatlichen Kommandohöhen zu gewinnen, von denen aus sich die gewaltsame Unterdrückung aller Gegner sicher bewerkstelligen ließ. Fortan fehlte, wenn es um die Bedingungen der Regierungsbeteiligung ging, die Forderung nach den Innenministerien nicht mehr. Im Oktober 1930 aber stieß sie, da sich ein Partner nicht fand, ins Leere. Zwei Wochen nach der Wahl schrieb Goebbels kleinlaut: „Was nun werden soll? Wir wissen es nicht, und wahrscheinlich weiß es noch niemand. Wir lassen die Dinge an uns herankommen."[49] Da innerhalb der Mitgliedschaft gefragt wurde, ob die Naziführer das Bündnis mit den Deutschnationalen erneuern würden, versicherte der Berliner Gauleiter, die NSDAP bleibe radikal. Aus der Parteizentrale verlautete, es werde auch keine Fraktionsgemeinschaft mit der Partei Hugenbergs geben.[50]

Obwohl der Wahlerfolg der NSDAP den Bestand der Regierung Brüning nicht gefährdete, brachte er ihr außenpolitische Schwierigkeiten. In Paris, London und Washington wurde befürchtet, daß es zu einem Putsch kommen, eine aus ihm hervorgehende Regierung Hitler den Versailler Vertrag brechen und alle finanziellen Verbindlichkeiten des Reiches ignorieren könnte. Diese Besorgnisse beeinträchtigten die wirtschafts- und finanzpolitischen Auslandsbeziehungen. Regierung und Reichspräsident suchten zu beruhigen. In Deutschland existiere keine Umsturzgefahr, und obendrein stehe genug Macht bereit, ihr zu begegnen. Es stärkte die Glaubhaftigkeit solcher Erklärungen, daß auch die NSDAP-Führungsgruppe um Hitler ein Interesse besaß, den Ludergeruch des Putschismus vollends loszuwerden. Eine demonstrative Gelegenheit dazu ergab ein Prozeß vor dem Leipziger Reichsgericht, der vom 23. September bis zum 4. Oktober 1930 gegen drei ehemalige Reichswehroffiziere stattfand, die in Kontakt mit SA-Führern versucht hatten, im Heer nationalsozialistische Zellen zu bilden. Hitler konnte auf Antrag des prozeßerfahrenen NS-Verteidigers Hans Frank als „Zeuge" eine zweistündige Rede über die angebliche vollkommene Legalität der Methoden und Ziele seiner Partei halten. Obwohl dem obersten Gericht der Republik haufenweis Dokumente vorlagen, durch welche die illegale und hochverräterische Tätigkeit der NSDAP bewiesen wurde, ließen die Richter Hitler behaupten, seine gesamte Partei lehne eine gewaltsame Beseitigung der Verfassung ab. Die SA sei ohne militärischen Charakter, waffenlos und lediglich als Schutztruppe gegen „links" bestimmt. Wenn in seiner Bewegung von „Revolution" gesprochen werde, dann wäre ein geistiger Prozeß gemeint. Als Hitler darauf eine vielzitierte Stelle aus den regelmäßig erscheinenden „Nationalsozialistischen Briefen" vorgehalten wurde, wonach er selbst drohend angekündigt hatte, daß im Kampf Köpfe in den Sand rollen würden, gab er dem die provokatorische Auslegung, der Henker werde erst nach dem Sieg seiner Bewegung und dann auf der Grundlage von Urteilen eines Staatsgerichtshofes in Aktion treten.[51]

Übrigens war der taktische Rückzug auf die „geistige Revolution" nicht Hitlers Einfall. Frick hatte den Trick schon im Juni während einer Reichstagsdebatte praktiziert, als ihn ein Zwischenrufer an die Revolutionsforderung erinnerte. Hitlers Rede signalisierte keine Kursänderung oder gar eine Zäsur in der Parteigeschichte. Es waren die Stellung des „Zeugen" und der Ort seines Auftritts, die dem Vorkommnis Bedeutung und Denkwürdigkeit gaben. Weder hatte die Regierung ihren Experten für die Beobachtung und Analyse der Partei nach Leipzig entsandt, noch verzichtete das Gericht auf Hitlers Vereidigung, womit dessen Aussage von vornherein relativiert worden wäre. Dafür hätte allein ein gegen den „Zeugen" anhängiges Ermittlungsverfahren in gleicher Sache hinreichend Grund gegeben.

Hitlers zuvorkommende Behandlung erklärte sich auch aus der Absicht Brünings, mit dem NSDAP-Führer eine Verständigung anzubahnen, um die Zahl der Regierungsgegner zu vermindern und die Stellung des Kabinetts zu festigen. Dieses Interesse traf sich mit dem der Richter, das dem wiederum ganz ähnelte, das schon die „Volksrichter" in Bayern 1924 geleitet hatte. Auch in Leipzig zeigte sich, daß Sympathien für die von der NSDAP verfolgten politischen Ziele in der Richterschaft dominierten. Der gleiche Senat des Reichsgerichts machte ein Jahr später deutlich, wie unterschiedlich er den Militaristen Hitler und den Pazifisten Carl von Ossietzky zu behandeln verstand. Er verurteilte den Herausgeber der „Weltbühne" durch eine haltlose juristische Konstruktion wegen Landesverrats zu eineinhalb Jahren Gefängnis und ließ ihn gefangensetzen.

Die radikal klingenden, seinen Anhängern imponierenden und von ihnen in Reden immer wieder bejubelten Drohungen hatte Hitler bei seinem Auftritt in Leipzig nicht preisgegeben. Sie waren von nun an reichsgerichtlich als verfassungskonform anerkannt. Fortan konnten die Demagogen blutige Abrechnung ankündigen und erklären, ihre Gefolgsleute sollten die Kinder Seiler lernen lassen, damit man im „Dritten Reich" ausreichend Galgenstricke habe, und brauchten dem nur hinzuzufügen, das Hängen werde strikt nach Gesetz und Recht vor sich gehen. Die braunen Scharlatane konnten ihre „Revolution" ankündigen und sich – wenn nötig – auf den umstürzlerischen Geist herausreden. Wilhelm Pieck nannte den „Legalitätseid" in einer Reichstagsrede „eine einzige Reklame für die Hitlerpartei".[52] Nicht nur das Reichsgericht gab der NSDAP zusätzliche Gelegenheit, sich laut ins Rampenlicht der politischen Szene zu stellen. Die Prozesse, die zumeist von deutschnationalen Richter gegen Redner und Redakteure der NSDAP wegen deren fortgesetzten Verstößen gegen die Verfassung und gegen Angehörige der SA wegen Körperverletzung, Totschlag und Mord geführt werden mußten, reihten sich in den letzten Jahren der Republik zu einer Kette von Justizskandalen aneinander. Während

Mitglieder der KPD, aber auch der SPD, des Reichsbanners, der freien Gewerkschaften und auch konsequente Demokraten bürgerlicher Herkunft und Haltung mit aller Gesetzesschärfe verfolgt wurden, erblindeten Richter und Staatsanwälte auf dem rechten Auge zusehends.

Hitlers Leipziger „Legalitätseid" besaß mehrere Adressaten, deren Haltung zur NSDAP insgesamt für deren weiteren Aufstieg wichtig war. Die Absage an den Staatsstreich bedeutete in erster Linie der Reichswehrführung, die NSDAP-Führung werde die Generalität nicht in eine Lage zwingen, die Armee innenpolitisch gegen „rechts" zu verwenden. Die Absage an illegales Vorgehen zielte unmittelbar auch darauf, Angehörige des Heeres und der Reichsmarine, der Polizei und ganz generell Staatsbeamte, die sich nur wegen ihrer Rücksichten auf Beruf und Karriere nicht offen zur NSDAP und als deren Mitglieder bekennen wollten, vor Benachteiligungen und Entlassungen zu schützen. Die Rivalen sollten glauben, diese Partei würde die parlamentarischen Spielregeln doch respektieren und sich also schließlich auch bündniswillig zeigen müssen. Die Gegner aber, die eine entschiedenere Bekämpfung der NSDAP von staatswegen forderten, sahen sich nun noch stärker mit dem faulen Argument abgespeist, es handle sich beim Terror ja nicht um den Parteikurs, sondern einzig um Übergriffe von unteren Führern und Mannschaften.

Freilich wurde nicht nur auf der Linken der taktische Coup durchschaut. Doch die NSDAP konnte es sich getrost gefallen lassen, daß jahrelang und bis nach dem 30. Januar 1933 darüber debattiert wurde, ob Hitler die Verfassung wirklich achten werde, ob seine Unterführer ihm dann noch folgen würden, ob Goebbels ein Putschist und Göring ein Legalist sei usw. Als ob es für das deutsche Volk nicht völlig belanglos sein würde, ob die Faschisten die Staatsmacht legal oder illegal ausgeliefert erhielten! Die Naziführer machten sich geradezu einen politischen Jux daraus, Ermittlungs- und Justizorgane, Politiker, Beamte und Journalisten immer aufs neue zum Rätselraten über die „wahren" Absichten der NSDAP zu verleiten. Die Demagogen mischten Legalitätsschwüre mit verschwommen-geheimnisvollen Ankündigungen über die Anwendung anderer Kampfmittel. So erklärte Göring: „Wir bekämpfen diesen Staat und das heutige System, weil wir ihn (!) ausrotten wollen ... aber nur auf legalem Weg – für die langohrigen Kriminalbeamten! Wir hassen diesen Staat, so sagten wir ohne Republikschutzgesetz, unter dem Republikschutzgesetz sagen wir: Wir lieben ihn, und jeder weiß doch, was wir meinen."[53] Mitunter wurden auch Liedtexte, die sich zum gewaltsamen Umsturz bekannten, auf einfache Weise umgedichtet. Doch wußte jede SA-Kolonne, wenn sie brav sang „...bald flattern Hitlerfahnen über allen Straßen", daß es gestern noch aufrührerisch geheißen hatte, „...bald flattern Hitlerfahnen über Barrikaden".

Aufstieg zur wählerstärksten Partei des Kapitals 129

Als das wichtigste Ergebnis von Hitlers Auftritt vor dem Reichsgericht aber konnte die Partei verbuchen, daß bis an die Spitze des Staatsapparats nun allen ein Argument gegeben war, mit dem sie ihre „milde" Praxis gegenüber der NSDAP begründen konnten. Dafür lieferte auch das Treffen Brünings mit Hitler, das erste, das einen Reichskanzler und den NSDAP-Führer zusammenführte, zusätzlichen Grund. Es fand zwar noch nicht in den Amtsräumen des Regierungschefs statt, sondern in der Privatwohnung des Ministers Gottfried Treviranus, doch bewies es, daß Hitler auf dem Wege war, auch regierungssalonfähig zu werden.[54] Obwohl Brünings Erkundung, ob sich die erstarkte Partei zur Unterstützung seiner Politik gebrauchen lassen würde, negativ ausging, war er es, der sich bald darauf im Kabinett gegen den Reichsinnenminister wandte, der anhand von unwiderlegbaren Dokumenten Hitlers Legalitätseid als taktischen Schwindel darstellte und daraus politische Konsequenzen zu ziehen wünschte. Der Kanzler war nicht bereit, die NSDAP auf jene Gefährlichkeitsstufe einzuordnen, in der für ihn die Kommunisten figurierten. Reichspostminister Schätzel von der bayerischen Schwester der Zentrumspartei machte sich die juristisch spitzfindige Unterscheidung zu eigen, man müsse zwischen den Mitgliedschaft in der NSDAP und der Betätigung für sie unterscheiden. Die erstere bilde kein Hindernis für die Zugehörigkeit zur Staatsbeamtenschaft.[55] Das begünstigte die Werbungen der Partei sehr, die gerade im sekundären Bereich des Staatsapparats – so bei Reichspost, Reichsbahn und in der Finanzverwaltung – bereits Anhänger und Stützpunkte besaß.

Der 14. September 1930 lenkte auch die Aufmerksamkeit des Auslands auf den Aufstieg des Faschismus in Deutschland. In der großbürgerlichen Presse widerspiegelte sich das Interesse der Gläubiger an verläßlichen Informationen darüber, wie sich ein Kabinett, an dem die NSDAP beteiligt sein würde, zu Deutschlands Schulden stellen werde. Hitler und seine Mitführer nutzten das neugewonnene Interesse, um jenseits der Grenzen Förderer zu gewinnen und auch dort Mißtrauen abzubauen. Ihr dafür entworfenes Konzept war denkbar einfach. Das gemeinsame antisozialistische Grundinteresse aller Kapitalkreise ausbeutend, erklärten sie, Deutschland werde entweder nationalsozialistisch oder „bolschewistisch" sein. Dazu malten sie den westlichen Siegermächten die Gefahr aus, die ihren Ansprüchen und ihrem Eigentum drohe, wenn sie ein von Kommunisten regiertes Deutschland zum Nachbarn bekämen. Die NSDAP hingegen bekenne sich zum „rechtsverbindlichen Charakter von Privatschulden, ganz gleich, aus welchem Anlaß sie aufgenommen worden sind".[56]

Diese Verlautbarung erfolgte nicht nur zu eigenem Nutzen. Sie zeigte die Bereitschaft des NSDAP-Führers, auch in der Opposition und ohne jede Bedingung akute Interessen der deutschen Finanzoligarchie zu respektieren. Denn auf den Sieg der unberechenbaren Partei und die Ungewißheit der deutschen Verhältnisse hin hatten ausländische Geldgeber sofort ihre Sicherheitsbedürfnisse geltend gemacht. Es war zum Abzug oder der Nichtverlängerung eines Teils ihrer Kredite gekommen und auch die internationalen Börsen reagierten. Zudem war deutsches Kapital ins Ausland transferiert worden. Im Widerspruch zu ihrer bisherigen Politik hatte die Reichsbank den Diskontsatz heraufsetzen müssen. Die beruhigende Erklärung des Wahlsiegers war folglich den deutschen Finanzkreisen hochwillkommen. Mit ihr erwies die NSDAP-Führung staatsmännisches Verständnis und bekundete, daß sie keineswegs die Partei eines internationalen Wirtschaftschaos sein wollte. Allerdings konnte diese Einzelaktion die Skepsis gegen die Pläne der NSDAP noch keineswegs vollständig beheben. In einer Studie, die in der volkswirtschaftlichen, für derartige Expertisen zuständigen Abteilung der Reichsbank unmittelbar nach den Reichstagswahlen angefertigt wurde, betrachteten die Autoren vor allem die nach wie vor vertretene These von der „Brechung der Zinsknechtschaft" als gefährlich. Sie machte ihnen den Eindruck, diese Partei wolle eine Art zinsloses Wirtschaften einführen. Nachteile für internationale Geschäfte würden auch aus dem Antisemitismus erwachsen, der als „übertrieben" gekennzeichnet wurde.

Unmittelbar nach den Wahlen gab der Zeitungsmagnat Lord Rothermere Hitler die willkommene Gelegenheit, die NSDAP britischen Lesern als eine Partei des Friedens, der Völkerversöhnung, ja selbst der Abrüstung vorzustellen. Unbekümmert um alle seine haßerfüllten antifranzösischen Auslassungen in „Mein Kampf" beteuerte Hitler einem französischen Politiker, die Nazis wünschten auch Freundschaft mit Frankreich und würden für internationale Beziehungen ohne Militärbündnisse eintreten. Derartige Erklärungen waren auch auf ihre innenpolitische Wirkung berechnet. Sie sollten deutschen politischen, militärischen und Wirtschaftsführern anzeigen, daß die NSDAP-Politiker, gelangten sie an die Staatsmacht, sich nicht ohne alle Kalkulation in ausländische Abenteuer stürzen würden, sondern die Revision des Versailler Vertrages mit Bedacht fortsetzen und deren schon erreichte Ergebnisse nicht aufs Spiel setzen wollten. Hitlers programmatische Erläuterungen zur Innen- und zur Außenpolitik lieferten seinen einflußstarken Förderern, die für einen Parteienblock unter Einschluß der NSDAP warben, geeignete Argumente, mit denen sich eine geneigtere Zuhörerschaft finden ließ.

Denn schon setzten sich einzelne, aber durchaus namhafte deutsche Wirtschaftsführer für die Aufnahme von Politikern der NSDAP in die Reichsregierung ein. Zu ihnen gehörte auch der Seniorchef der Deutschen Bank und Disconto-Gesellschaft Oscar Wassermann.[57] Freilich wurde in diesen Kreisen noch nicht daran gedacht, Hitler oder einem seiner Vertrauten den führenden Platz einzuräumen. Zumeist waren sie als stabilisierende Elemente im Brüning-Kabinett gedacht. In manchen Köpfen verband sich mit dieser Idee auch die Hoffnung, es werde damit ein abnützender Effekt verbunden sein, der den weiteren Massenzulauf zur NSDAP bremsen könnte. Reichsbankpräsident a.D. Hjalmar Schacht griff im Dezember 1930 vor dem Wirtschaftsbeirat der BVP die These an, daß sich in Deutschland nicht gegen die Sozialdemokratie regieren lasse, und postulierte demgegenüber, daß man dies auf die Dauer nicht gegen 20 Prozent NSDAP-Wähler tun könne.[58] Diese indirekte Polemik richtete sich gegen Wirtschaftsführer wie den Chef der Darmstädter und Nationalbank Jacob Goldschmidt, der auf der Meinung beharrte, daß die bürgerlichen Parteien allein für das Regierungssystem keine ausreichende Basis abgäben und die Sozialdemokraten weiter einbezogen werden müßten.[59]

Zu dieser Zeit nahm Schacht auch direkte Beziehungen zu höchstgestellten Führern der Partei auf. Das geschah im Hause von Emil Georg von Stauß, einem Vorstandsmitglied der Deutschen Bank, vielfachem Mitglied von Aufsichtsräten industrieller Unternehmen – von BMW, der Lufthansa, der Daimler-Benz AG u.a. – und Mitglied der Deutschen Volkspartei, der seinerseits schon mit Göring in Gesprächen war, um u. a. die Chancen einer Regierungsbeteiligung der NSDAP auszuloten. Dort also lernte Schacht Göring auch persönlich kennen, der – ohne im Parteiapparat eine spezielle Funktion zu besitzen und folglich ohne den Zwang zu permanenter bürokratisch-organisatorischer Arbeit – seit seiner Wahl in den Reichstag in der kleinen NSDAP-Fraktion, vor allem aber als Berliner Resident des obersten Parteiführers wirkte. Göring widmete sich ganz einer Aufgabe: Er pflegte Verbindungen zu Führern der Wirtschaft, zu Militärs und Politikern und – wie er sich Jahre später als Angeklagter in Nürnberg ausdrückte – auch in „geistige Kreise".[60] Es gelang ihm, diese Kontakte beständig zu erweitern. Seine Privatwohnung wurde Treffpunkt erlesener Gäste von Ansehen und Einfluß, die Anschluß an die NSDAP suchten, Querverbindungen von ihr zu anderen Organisationen und Personenkreisen herzustellen wünschten und jedenfalls allesamt auf die Beseitigung der Republik hinarbeiteten.

Bei Göring verkehrten der Kaisersohn Prinz August Wilhelm, Prinz Philipp von Hessen, Viktor Prinz zu Wied, deren Verbindungen weit in den Großgrundbesitz und zu maßgeblichen Militärs und parteipolitisch in die DNVP und den „Stahlhelm" reichten. Zu dessen Führern besaß der Hitler-Vertraute auch eigene Kontakte. Durch direkte Bekanntschaft und über seine Kriegskameraden pflegte Göring Beziehungen in die Luftfahrtindustrie und zu Personen in der Reichswehr, die mit der geheimen Luftrüstung beschäftigt waren. Am wichtigsten wurde für ihn und die Parteispitze jedoch seine zunehmende Vertrautheit mit führenden Männern aus der

Bankwelt und der Schwerindustrie. Auf solchen Wegen entwickelte sich Göring zu demjenigen unter allen Mitführern Hitlers, der über Interessenlagen und -kämpfe in den gesellschaftlichen Oberschichten, über die dort vertretenen Ansichten und verfolgten Pläne am besten informiert war. Sein zunehmendes Wissen und seine rasch verarbeiteten Erfahrungen machten ihn zum unentbehrlichen Berater des obersten Führers. Der akzeptierte dessen Rolle um so bereitwilliger, weil es für diese Funktion kaum Ersatzleute gab und Hitler mit sicherem Gespür erfaßte, daß ihm Göring ergeben war. Davon zeugte, daß er seinem Mann in Berlin zudem eine besondere Aufgabe als Schlichter in innerparteilichen Streitigkeiten übertrug. Hitler brauchte tatsächlich nie zu fürchten, daß Göring bei seinen Gesprächen mit Wilhelm II. im niederländischen Doorn, bei seinem Treffen mit Mussolini in Rom oder bei Zusammenkünften mit ausländischen Diplomaten aus den Residenzen in der Reichshauptstadt sich auf eigene Wege begab. Daß der Mann bei allen seinen Aktivitäten auf materiellen Gewinn bedacht war und sich die Taschen füllen ließ, störte Hitler damals so wenig wie später. Hitlers eigenen Lebensstil zwischen seiner repräsentativen Wohnung im Zentrum Münchens und seinem Haus „Wachenfeld" am Obersalzberg und sein Dasein im Jahre 1913 als Untermieter in der Schleißheimerstraße trennten auch längst Welten.

In Görings Haus traf Schacht bereits in den ersten Januartagen 1931 mit Hitler zusammen. Gemeinsam mit Fritz Thyssen hörte er sich dessen „voller Energie und Feuer" vorgetragene Gedanken an und kam zu dem Schluß, dies sei „ein Mann, mit dem man zusammenarbeiten könne".[61] Aus dieser Zeit stammt auch die Empfehlung Schachts, Hitler möge sich als kompetenten Wirtschaftsberater den leitenden Redakteur der „Berliner Börsen-Zeitung" Walther Funk engagieren. Der Rat wurde befolgt und Funk stellte seine reichen Kenntnisse und Beziehungen zur Verfügung. Unter seiner Leitung wurde seit Mitte Mai 1931 ein „Wirtschaftspolitischer Pressedienst der NSDAP" herausgegeben. Sein Vertrieb erschloß der Partei zudem weitere Finanzquellen, denn die Abonnenten vermochten als Bezieher ihre Förderung der NSDAP zweckdienlich zu tarnen.[62] Ohne diese und weitere Einzelheiten zu kennen, schrieb eine amerikanische Beobachterin lakonisch, daß Hitler jetzt, da er sich der Macht nähere, mit steifem Hut und Gehrock: aufträte: „Er verbündet sich mit Industriellen. Er geht zum Tee mit Prinzessinnen."[63] Vor der eigenen Gefolgschaft, die nicht auf die Idee verfallen wäre, von sich zu sagen, daß sie mit Hitler „zusammenarbeite", zeigte sich der Führer weiter im „schlichten Braunhemd".

In der Öffentlichkeit bot die NSDAP unvermeidlich ein vielfarbiges und auch verwirrendes Bild, das sich zwar entschlüsseln, aber für die Zukunft doch manche Fragen offen ließ. Als der Reichstag am 13. Oktober eröffnet wurde und 107 Abgeordnete in Parteiuniform in den Sitzungssaal einzo-

Aufstieg zur wählerstärksten Partei des Kapitals

107 uniformierte Reichstagsabgeordnete

gen, randalierte die SA in der Berliner Innenstadt und zertrümmerte – so eine von Goebbels gegebene Losung verwirklichend, wonach die Judenfeindschaft sichtbarer herausgestellt werden müsse – in der Leipziger Straße die Einrichtungen jüdischer Geschäfte. Im Parlamentssaal aber zeigte sich die Bereitschaft der Mehrheit der Abgeordneten, die NSDAP in das übliche parlamentarische Geschäft einzubeziehen und sich mit den neuen „Kollegen" zu arrangieren. Der Faschist Stöhr wurde zum 1. Vizepräsidenten des Reichstags und damit zum Stellvertreter des sozialdemokratischen Präsidenten Loebe gewählt. Frick erhielt den Vorsitz im Außenpolitischen und Frank den im Rechtsausschuß.

Die NSDAP-Fraktion nutzte die Eröffnungssitzung, um eine Serie demagogischer Anträge einzubringen, mit der sie den eigenen Anhängern ebenso imponieren wollte wie mit ihren dröhnend-theatralischen Auftritten. Zu den Forderungen gehörte u.a. die Verstaatlichung der Großbanken, Enteignung der aus Kriegs-, Inflations- oder Deflationsgewinnen stammenden Vermögen von „Bank- und Börsenfürsten" und – selbstredend – der „Juden". Wer diesen lautstarken „Antikapitalismus" genauer prüfte, kam rasch dahinter, daß die Großindustrie von jeder Forderung nach Verstaatlichung ausgelassen worden war.[64] Als Gregor Strasser seine Entgegnung auf die Regierungserklärung beendet hatte, ertönte von seinen Anhängern der Ruf „Deutschland erwache". Keine Möglichkeit skandalöser Auftritte auslassend, zog die Fraktion aus dem Plenarsaal, sobald ihr etwas nicht paßte, die Szene für sie politisch unergiebig oder wegen einer geforderten Abstimmung gar nachteilig zu werden drohte. Mitunter suchten die „Revolutionäre des Geistes" in den Wandelgängen Schlägereien zu provozieren.

Bald zeigte sich, daß die Möglichkeit der zahlenstarken NSDAP-Fraktion, Abstimmungen zu entscheiden, für das öffentliche Ansehen der Partei keineswegs nur Vorteile bot. Sollten ihre Abgeordneten in solchen Fällen den Interessen ihrer kapitalistischen Förderer Rechnung tragen und unpopulären Gesetzesvorlagen zustimmen, wie sie beispielsweise die Erhöhung von Zöllen und Massensteuern darstellten? Zeitgenössische Beobachter erfaßten das Dilemma ziemlich genau: „Die Anträge (der Fraktion – K.P./M.W.) sind darauf abgestellt, die Massen bei der Stange zu halten. Eine Partei, die auf der einen Seite mit kapitalistischen Wirtschaftsführern liebäugelt ..., sich gleichzeitig mit der sozialistischen Arbeiterschaft nicht entzweien will ... und überdies noch auf kräftigen Zuzug aus der Landwirtschaft hofft, auf der anderen Seite aber auf die Durchführung ihrer eigenen Ideologie nicht verzichtet, muß notwendiger Weise nach allen Richtungen hin weitgehend Konzessionen machen."[65] Zudem begannen auch fruchtlose Erörterungen über eine Beteiligung der NSDAP an einer Reichsregierung der Partei zu schaden. Ihre Führer hatten nicht die Absicht, das Kabinett Brüning gleichsam zu verlängern.

Als die großbügerliche „Deutsche Allgemeine Zeitung" am Jahresende 1930 fragte „Was halten Sie von einer Regierungsbeteiligung Hitlers?", reagierte der „Völkische Beobachter" darauf mit der grundsätzlichen Verlautbarung, künftig stehe nicht mehr zur Debatte, ob Hitler in eine Regierung eintreten dürfe oder wolle, sondern mit wem er einst regieren werde.[66] Am 25. Januar 1931 sagte Frick während einer Rede in Kassel, die NSDAP hätte sich nach dem 14. September „mit den beiden Ministerien des Innern und der Reichswehr begnügt", heute aber fordere sie, „daß das Volk befragt werden muß, wie eine neue Regierung aussehen soll".[67] Damit war der Führungsanspruch formuliert und denen eine Absage erteilt, die eine Stabilisierung des Brüning-Kurses durch die parteipolitische Verbreiterung der Kabinettsbasis erhofft hatten. Die NSDAP, beklagte die „Berliner Börsen-Zeitung" unter der Überschrift „Nationalsozialismus am Scheidewege", hätte eine stärkere Rechtsorientierung der Reichspolitik herbeiführen können, statt Reichstagsanträge aus dem „vernunftwidrigen Wirtschaftsprogramm" einzubringen. Sie hätte sich, auch ohne Regierungspartei zu sein, an der antimarxistischen Einheitsfront beteiligen, sich für „innere Reformen" einsetzen und ihre praktische Politik von der Agitation trennen sollen. Unverblümt forderte das Blatt von der Führungsgruppe um Hitler, sie müsse sich von Utopien lösen, das Parteiprogramm ändern und Artikel „wie z. B. die völlig sinnlose Enteignung der Bank- und Börsenfürsten" aufgeben. Wenn sich aber die NSDAP „sozialistisch mausere" und nicht auf dem „nationalen" Kurs bleibe, würde sich das Volk andere Führer suchen, denn – so glaubte das Blatt zu wissen – das Volk hätte die nationale, nicht die sozialistische Partei gewählt.[68] Das war eine reine Vermutung, denn verläßliche Quellen über die verwickelte Motivstruktur der Wähler waren nicht verfügbar. Stöhr erwiderte auf diese Strafpredigt im Reichstag kalt, die NSDAP hätte derartige Belehrung nicht nötig. Darauf erinnerte die Zeitung an die Anfangsworte des Sprichworts „Wem nicht zu raten ist ..."[69] und überließ es den Politikern in der Reichsleitung, sich klarzumachen, daß dem auch nicht geholfen werden würde.

Die Kontroverse warf ebenso ein Schlaglicht auf die gewachsenen Chancen der NSDAP-Führer wie auf die Konditionen, unter denen sie allein deren Nutznießer werden konnten. Unter maßgeblichen Kräften der deutschen Wirtschaft war es von vornherein als negativ beurteilt worden, daß die Regierung Brüning sich auf die Tolerierung durch die Sozialdemokratie hatte einlassen müssen. Darin wurde zunehmend ein – wenn auch nicht unübersteigbares – Hindernis gegen eine noch entschlossenere Fortsetzung des eingeschlagenen Kurses erblickt. Gegenüber dieser Regierungsstütze wäre der Heranziehung der NSDAP der Vorzug gegeben worden, wenn diese sich nur auf die ihr gestellten Bedingungen eingelassen haben würde. Das war nicht zu erreichen gewesen. Hitler und seine Vertrauten und Berater sahen sich nach wie vor im Aufwind und damit ihren politischen Kurswert steigen. Sie konnten darauf setzen, die Nachfolge Brünings anzutreten, statt sich als seine Partner zu verbrauchen. Erneute Wahlen schienen das geeignete Mittel zu sein, zu diesem Ziele zu gelangen. Hitler hatte – um die Überflüssigkeit jedweder Putschtaktik zu begründen – bereits vor dem Reichsgericht angekündigt: „Wenn in Deutschland noch zwei bis drei Wahlen stattfinden, wird die NSDAP in der Mehrheit sitzen."[70] Auf diesem Wege war die Teilnahme der eigenen Fraktion an den Reichstagssitzungen auf die Dauer nur hinderlich, denn sie hatte dort – obwohl das Parlament selten zusammentrat – für oder gegen eine Politik zu votieren, welche Kapital und Großgrundbesitz nach Kräften über die Krise half und dafür die Volksmassen zahlen ließ. Die Münchener Zentrale entschied, daß das gefährliche Terrain fortan zu meiden sei.

Am 10. Februar 1931 zogen die Abgeordneten aus dem „Tributreichstag". Zuvor beschuldigten sie Regierung und Parlament, die NSDAP wider Recht und Gesetz von der Herrschaft fernzuhalten, behaupteten, die „Mehrheit des Volkes" sei „längst zur nationalsozialistischen Führung abgewandert", und forderten, das „Youngparlament" aufzulösen. Die Fraktion würde in das Parlament zurückkehren, wenn sie „eine besonders tückische Maßnahme der volksfeindlichen Mehrheit" vereiteln könnte. Damit war die Möglichkeit für eine erneute taktische Wende offen gehalten.[71] Es griff zu kurz, wenn der preußische Innenminister Severing diesen Schritt vor den Ober- und Regierungspräsidenten als einen „verfrühten Fastnachtsscherz" abtat.[72] In Preußen wie in anderen Ländern des Reichs und namentlich von deren Innenministern wurde in den folgenden Wochen gemeinsam mit Reichsminister Wirth erwogen, die NSDAP, vor allem aber die SA zu verbieten. Gegenüber solchen Vorschlägen setzte sich die Auffassung durch, es seien Verbote der Uniformen, von Zeitungen und anderen Druckschriften, vorsorgliche Verbote von Versammlungen oder am Ort während ihres Stattfindens, Durchsuchungen von Wohnungen und Parteisitzen geeignet, die Partei zu bekämpfen und das weitere Ansteigen ihres Einflusses mindestens zu verlangsamen.

Indessen bezogen die Regierungen des Reichs und der Länder und auch die Minister in diesen Kollegien sowie die hohen Beamten an der Spitze von Provinzen, Regierungsbezirken und Kreisen keinerlei einheitliche Abwehrstellung gegenüber der NSDAP. Die erkennbaren Meinungsverschiedenheiten betrafen nicht nur die taktische Einstellung gegenüber dieser Opposition. Immer mehr setzten darauf, daß Hitler sich an den Legalitätskurs halten und sich innerhalb der höheren Führerschaft vollständig durchsetzen werde. Dieser innere Prozeß sollte durch repressive Maßnahmen des Staates nicht gestört werden, als deren Ergebnis diese faktischen Förderer der NSDAP auch die Abstoßung der Putschisten erwarteten. Die Frage, ob die NSDAP eine verfassungskonforme Partei sei, wurde von Brüning und seinem Kabinett absichtsvoll in der Schwebe gelassen. Die Auseinandersetzungen, die zwischen dem Reich und den Ländern Thüringen und Braunschweig, auch dort war ein NSDAP-Führer Minister geworden, über die Ernennung von Faschisten zu Polizeipräsidenten entstanden, mündeten unter der Regie des Reichsgerichtspräsidenten in einem faulen Kompromiß. Ermittlungen, die gegen Goebbels wegen Hochverrats schwebten, führten nie zu einer Anklage vor dem Reichsgericht.[73]

Am deutlichsten zeigte sich der Wandel im Verhalten der Reichswehrführung. Ihr hatte gegen Jahresende 1930 besonders die Kampagne imponiert, die unter der direkten Teilnahme von Goebbels gegen die deutsche Version des in den USA nach Remarques Roman gedrehten Films „Im Westen nichts Neues" in Berlin entfacht worden war. Störtrupps der NSDAP sprengten am 5. Dezember die Uraufführung mit Tumult, Stinkbomben, Nießpulver und weißen Mäusen. Auch an den folgenden Tagen wurden Gegendemonstrationen veranstaltet, Kinobesucher belästigt und verprügelt. Die Aktion begleitete eine wüste antisemitische Hetze. Der Regisseur hieß „Filmjude", eine Eingabe der NS-Abgeordneten im Reichstag beschimpfte das „amerikanisch-jüdische Produkt" und im Kinosaal hatten die von Goebbels Ausgesandten gerufen „Juden raus". Eigenmächtig verboten Frick in Weimar und Franzen in Braunschweig den Film für ihre

Länder. Weitere Innenminister verlangten seine Absetzung. Es folgte – nur sechs Tage nach der Auslösung der Skandale – das Verbot weiterer Aufführungen durch die oberste staatliche Prüfstelle. Erreicht war, was der Vertreter des Reichswehrministeriums bei den Vorverhandlungen nicht hatte durchsetzen können. Und die NSDAP feierte ihren Sieg bei der Verteidigung der „Ehre der Frontsoldaten" und des „deutschen Nationalgefühls".[74] So fehlte es der Reichswehrführung nicht an Beweisen dafür, daß diese Partei sich für die „Wehrfreudigkeit" einsetzte. Minister Groener erblickte darin „eine der erfreulichsten Erscheinungen der nationalsozialistischen Bewegung".[75] Den „nationalen Teil des Programms kann wohl jeder unterschreiben", konstatierte in einer Besprechung des Ministeriums sein engster Mitarbeiter Kurt von Schleicher, der das Wehrmachtsamt leitete. Nachdem Hitler versichert habe, daß seine Partei eine intakte militärische Kraft wünsche, begrüßte der General ausdrücklich die „durch die nationalsozialistische Bewegung in Gang gebrachte Entrüstungswelle gegen Bolschewismus, Landesverrat, Schmutz usw." Es sei durchaus möglich, daß sie von der Regierung benutzt werden könne, „um viele Gesetze jetzt vorwärtszubringen, die bisher stecken geblieben sind." Schleicher dachte daran, das juristische Instrumentarium zur Verfolgung von „Landesverrat, Staatsverleumdung, Verschandelung der Theater und Filme, Verderbung der Jugend und der Schulen" zu verschärfen.[76] Das bedeutete keine Distanz gegenüber der Brüning-Regierung, doch es bahnte sich ein Bündnis an, das den Kanzler und sein Kabinett überdauern sollte. Der neue Chef der Heeresleitung von Hammerstein-Equord zeigte sich über die Situation der Militärführung aufs höchste zufrieden. „Es geht uns zur Zeit sehr gut" konnte er in einem Moment von der Generalität und dem hohen Offizierskorps sagen, da sich das Massenelend in Deutschland ausbreitete und vertiefte, um dann zur Begründung fortzufahren: „Wir haben den Feldmarschall als Reichspräsident, einen ausgezeichneten Mann als Reichskanzler, der neben seinen sonstigen Fähigkeiten auch außerordentlich viel Herz für alles Militärische hat".[77]

Kapitel 6
Formierung und Zerfall einer Front

Obwohl die Zahl einflußstarker Förderer der NSDAP nach den Septemberwahlen zugenommen hatte und der Einfluß der Partei sich erkennbar erweiterte, kamen deren Führer im Verlauf des Jahres 1931 auf dem Weg zum Zielpunkt ihrer Wünsche, dem Regierungsviertel in der Berliner Wilhelmstraße, doch nicht voran. Das führte in den Reihen ihrer Anhänger wiederum zu Auseinandersetzungen über die erfolgreiche Methode des Machtgewinns. Die Reichsleitung erneuerte, damit auch der Auszug der Fraktion aus dem Reichstag nicht als Rückkehr zur Taktik des gewaltsamen Umsturzes mißverstanden wurde, ihre Abgrenzung von jedwedem Putschismus. SA-Stabschef Röhm, der – wie erwähnt – Pfeffer von Salomon abgelöst hatte, befahl seinen Untergebenen am 18. Februar, die Tugenden des „Ausharrens" und der „Disziplin" zu üben. Der „Tag der Erfüllung" werde „auf gesetzlichem Wege und mit gesetzmäßiger Sicherheit" kommen. Hitler veröffentlichte eine demagogische Warnung vor Provokateuren. Er verbot seinen Gefolgsleuten „den Besitz von Waffen", denn das Handeln der NSDAP werde durch „unerschütterliche Gesetzlichkeit" bestimmt.[1] Als Hindenburg am 28. März die Notverordnung zur „Bekämpfung politischer Ausschreitungen" erließ, die das Demonstrations- und Koalitionsrecht sowie die Pressefreiheit einschränkte, verlangte Hitler, auch dieses Gesetz strikt einzuhalten. Wer bewußt dagegen verstoße, habe Parteiausschluß zu erwarten.[2]

Derartige Beteuerungen dienten auch der Rückversicherung. Bei Bedarf ließen sie sich Richterkollegien als Beweis für den offiziellen Parteikurs präsentieren. Angriffe auf Personen und Sachen konnten dann als Eigenmächtigkeiten einzelner SA-Leute hingestellt werden. Tatsächlich aber behielt die gewalttätige Provokation im Kampfarsenal der Partei ihren festen Platz. Eine Denkschrift der Sozialdemokratie „Gewalttaten der Nationalsozialisten" verzeichnete für 1930 und 1931 1.484 Gewaltakte, durch die 62 Menschen getötet und 3.200 verletzt worden waren.[3] Weiterhin löste eine antikommunistische und antisowjetische Aktion die andere ab. In Würzburg wurden Krawalle gegen das Auftreten des Moskauer Jüdischen Theaters angezettelt. Störtrupps randalierten nach dem von Goebbels in Berlin gegebenen Beispiel gegen die Aufführung der sowjetischen Filme „Panzerkreuzer Potemkin" und der „Weg ins Leben".

Das lautstarke, herausfordernde Treiben und die brutalen Angriffe auf politische Gegner in aller Öffentlichkeit sollten einschüchtern, verängstigen, isolieren und zur Aufgabe der Gegenwehr zwingen. Zugleich gehörten Lärm und Terror zur Werbung, stellte sich die NSDAP doch derart als die unbesiegbare Partei dar. Sie forderte, wie es in der Parteihymne hieß: „Die Straße frei den braunen Bataillonen ...". Eine Entscheidungsschlacht im Krieg gegen die Republik kündigte sich damit, was immer die SA-Täter glauben mochten, jedoch nicht an. Auch als die Bürgerblockregierung in Thüringen zerfiel und Frick dort seinen Ministerposten verlor, was die „Deutsche Allgemeine Zeitung" dem mangelnden Augenmaß der NSDAP im Weimarer Landeskabinett zuschrieb, hielten Hitler, Gregor Strasser, Göring, Goebbels und Röhm unbeirrt am Legalitätskurs fest. Hitler nutzte im Mai 1931 einen Prozeß gegen SA-Schläger vor einem Berliner Gericht, um seine Legalitätstreue ein weiteres Mal zu bekunden.[4] Goebbels bezeichnete es in einem „Die Legalität" überschriebenen Artikel als „aberwitzig... auf putschistische Weise an der gegenwärtigen Situation etwas ändern zu wollen". Gleichen Tages schrieb der Berliner Gauleiter, der wegen seines Wortradikalismus noch immer als verkappter Sozialist, politischer Abenteurer und auch als Hitlers Gegenspieler in taktischen Fragen galt, an das Landgericht II in Berlin-Moabit, das Wort „Revolution" habe er stets nur in einem geistigen Sinne gebraucht.[5]

In bürgerlichen Kreisen hob sich während jener Wochen des Frühjahrs 1931 das Ansehen der NSDAP-Führer und namentlich das Hitlers – wie 1930 schon durch die Trennung von Otto Strasser – auch dadurch, daß ein erneut ausbrechender Konflikt mit dem OSAF-Ost gelöst wurde. Stennes, der wie es für alle SA-Führer seit Okober 1930 verbindlich gemacht worden war, ein Treuegelöbnis für Hitler geleistet hatte, verlor seinen Posten und schied samt seinen Anhängern aus der Partei aus. Vorausgegangen war dem die Anklage des durch die Auseinandersetzungen des Vorjahrs unbelehrten SA-Führers, die Partei hätte ihre Ideale aufgegeben und in ihr breiteten sich statt der kämpferischen bürgerlich-liberale Tendenzen aus.[6] Hitler beauftragte mit Goebbels den Mann, den Stennes zu entmachten versuchte, in Berlin die „Säuberung der Bewegung" selbst vorzunehmen. Und der Gauleiter nutzte die Gelegenheit, seine eigene Machtstellung zu befestigen und sich in dem Punkte, in dem in seine Haltung immer wieder Zweifel gesetzt worden war, unverdächtig zu machen. In einem Artikel unter der Überschrift „Unser Sozialismus" schrieb er: „Wir deutschen Sozialisten haben es nicht nötig, uns gegen den Anwurf zu verwahren, wir seien Knechte des Kapitals und Hörige des Geldes. Nicht dem Kapital, aber dem Kapitalismus haben wir den Kampf geschworen. Daß es Bergwerke, daß es Fabriken, Eisenbahnen, daß es Geld und andere Werte gibt, das ist nicht die Ursache unseres sozialen Verfalls, vielmehr die Tatsache, daß es, ohne daß der Staat oder die verantwortlichen Parteien dagegen einschreiten, in Deutschland möglich ist, die Schätze, die Produktionsmittel, das Geld – kurz gesagt, das Kapital, zum Schaden und Verhängnis des Volkes zu mißbrauchen. Diesen Mißbrauch nennen wir Kapitalismus und ihn wollen wir als Idee mit all ihren macht- und wirtschaftspolitischen Folgerungen beseitigen."7 Dieser „Sozialismus" lief mithin auf die Erziehung der Kapitalisten hinaus, die jüdischen ausgenommen, von denen nach immer wiederholten Behauptungen ja der angeblich „undeutsche" Geist des Kapitalmißbrauchs sich erst ausgebreitet habe. Keine Frage, daß derartige Verlautbarungen in Kreisen des Bank- und Industriekapitals beifällig, auch mit Erleichterung wahrgenommen wurden. In einem Kommentar zu solchen Ausdeutungen hieß es denn auch, „daß unter dem 'Sozialismus' der Nationalsozialisten ein anderer gemeint ist als der, den wir gemeinhin als solchen bezeichnen." Woraus die Schlußfolgerung gezogen wurde: „Theoretisch ließe es sich schon unter den Nationalsozialisten leben."8 Befürchtungen, die aus dem Mißverständnis erwuchsen, es handele sich bei der NSDAP um eine besondere Art von sozialistischer Bewegung, konnte auch Carl Friedrich von Siemens zerstreuen, als er auf Einladung des amerikanischen Bankiers Owen D. Young am 27. Oktober 1931 in New York auf einem Empfang der General Electric Company „vertraulich und rückhaltlos" sprach und die für manche seiner Zuhörer rätselhafte Partei als eine Sicherung gegen die „bolschewistische Gefahr" bezeichnete.9

Praktisch ergriff die Führungsgruppe um Hitler eine Reihe von Maßnahmen, durch die zusätzliche Sicherungen für das befehlsgehorsame Verhalten der SA-Mannschaften entstehen sollten. Dazu gehörte, daß die in der Organisation existierenden Schutzstaffeln als besonders zuverlässige Einheiten formiert wurden, die sich gegen disziplinlose Einheiten einsetzen ließen. Die Parole „SS-Mann, Deine Ehre heißt Treue", die 1931 ausgegeben wurde, verklärte eine Haltung, die Kadavergehorsam hieß. Zudem begann im August 1931 innerhalb der SS der Aufbau einer Spezialgruppe, des Sicherheitsdienstes (SD), als deren Führer der aus der Reichsmarine entlassene Offizier Reinhard Heydrich gewonnen wurde. Kaum ein Jahr später wurde dieser Gruppe das Monopol der sicherheitspolitischen Aufgaben innerhalb der NSDAP übertragen.

Die Goebbelschen Klarstellungen über das Sozialismus- und Kapitalismusverständnis der NSDAP waren an die Gefolgschaft gerichtet und zugleich auf die Werbung von Partnern und Verbündeten. In der Presse unterbreiteten NSDAP-Führer mehr oder weniger unbestimmte Koalitionsangebote. Sie waren so ernst nicht gemeint, wie sich vor allem daran ablesen ließ, daß sie an Bedingungen geknüpft wurden, die den Adressaten indiskutabel und gar als Zeichen von Größenwahn erschienen. Gregor Strasser hielt eine Parteienfront von der NSDAP bis zum Zentrum für möglich. Auch mit den katholischen Kirchenfürsten sei Verständigung denkbar, obwohl sie gegenwärtig den Laien noch bei Strafe des Entzugs der heiligen Sakramente untersagten, sich der NSDAP als Mitglieder anzuschließen, und damit den Zentrumsturm befestigen halfen. Solche Annäherung, die namentlich unter jugendlichen Mitgliedern der Zentrumspartei auf Ablehnung stieß, würde – wie Strasser gelassen hinzusetzte – Zeit erfordern und auch der NSDAP-Mitgliedschaft Geduld abverlangen.[10] Derartigen politischen Manövern und taktischen Finten lagen viele Kalküle zugrunde. Zum einen riefen sie den Eindruck hervor, daß die NSDAP-Führer kein absolutes Machtmonopol forderten, mit ihnen also geredet und verhandelt werden könnte. Zum anderen brachte sich die eigene Partei in den Führungen und unter Mitgliedern anderer Parteien ins Gespräch. Die NSDAP profitierte, wenn in Deutschland möglichst viele und immer wieder aufs Neue erörterten, wie es mit diesen Nationalsozialisten zu halten sei.

Die weit gesteckten Machtansprüche der NSDAP-Führer und das Vorwissen, daß der nichtputschistische Weg an die Staatsmacht Kompromisse erfordern würde, verstärkten das Interesse, die Mitgliederzahl weiter zu erhöhen und bei den kommenden Wahlen ein noch zahlenstärkeres Wahlvolk vorweisen zu können. Die NSDAP-Reichsleitung hatte deshalb die Woge des Wahlerfolgs vom September 1930 auch genutzt, um neue Mitglieder zu gewinnen und den inneren Organisationsgrad zu verbessern. Hitler rühmte sich an der Jahreswende 1930/31, seine Partei sei allein im Monat Dezember um insgesamt 27.000 Menschen angewachsen. Im Januar 1931 während einer Rede in Oberstaufen (Allgäu) bezifferte er ihre Mitgliederzahl mit 389.000. Manche regionalen Organisationen hatten sich 1930 um ein Mehrfaches vergrößert. Beispielhaft mag das die Entwicklung im Gau Ostmark verdeutlichen. Das ausgedehnte, ländlich und kleinstädtisch geprägte Gebiet zwischen Ostpommern und Niederschlesien mit den Städten Schneidemühl, Frankfurt/Oder, Guben und Cottbus umfaßte 27.000 qkm und zählte 1.625.015 Einwohner. Davon waren 1.084.677 wahlberechtigt.[11] Dort besaß die NSDAP Anfang 1930 nur 1.700 Mitglieder. Ende Juni 1930 erfaßte sie bereits ca. 5.100 Personen in 150 Ortsgruppen, und am Jahresende rechnete sie mit 9.500 eingeschriebenen Anhängern.

Obwohl für den September 1930 Zahlen nicht vorliegen, wird man annehmen können, daß weniger als ein Prozent der erwachsenen Deutschen in der NSDAP organisiert war. Jedoch gehörten ihr ungleich mehr jüngere Mitglieder an, als sie in anderen Parteien – mit der Ausnahme der KPD – angetroffen werden konnten. Zur Zeit der Reichstagswahl 1930 waren 60 Prozent der Mitgliedschaft jünger als 40 Jahre, während die gleiche Zahl für die Sozialdemokratie zehn lautete.[12] Nicht zuletzt auf diese jugendlichen und jüngeren Kräfte stützte sich die NSDAP und gewann nahezu 20 Prozent der deutschen Wähler. Diese Relation vermag auch eine ungefähre Vorstellung davon zu vermitteln, in welchem Maße die NSDAP-Führung ihre Gefolgsleute unausgesetzt beanspruchte und sie zum Einsatz anstachelte. Nichts und niemanden sollten die Ortsgruppen auf ihren Werbefeldzügen auslassen. Nur dieser Aktivismus vieler ihrer zu einem erheblichen Teil jungen Mitglieder setzte die Partei in ihrem Gau Ostmark in den Stand, während des Reichstagswahlkampfes 2.300.000 Flugblätter, Klebezettel und Wahlplakate bis in entlegene Dörfer und Winkel zu bringen.[13]

Anfang 1931 stellte sich der Münchener Leitung die Frage, ob sie das quantitative Wachstum der Mitgliedschaft weiter forcieren solle. Einerseits stiegen damit der Einfluß der Partei, ihre Einkünfte aus Beiträgen und Spenden und folglich ihr politischer Kurswert. Andererseits entstanden Sorgen, ob die sich aufblähende Organisation dann noch einheitlich ausgerichtet, gelenkt und beherrscht werden könnte, zumal mit den Hinzuströmenden der Bedarf an Unterführern wuchs und nicht mehr nur auf die „alten" und erprobten Kämpfer zurückgegriffen werden konnte. Die Herbeigelockten, an vollständige Unterordnung noch nicht Gewöhnten bildeten ein schwer zu berechnendes Risiko. Im Übereifer vermochten sie mit eigenen Initiativen die Kreise der Führungsgruppe zu stören. Jedenfalls würde die NSDAP an Homogenität einbüßen, wenn sie ihre Reihen weit öffnete.

Wie vor ähnlichen früheren und späteren Entscheidungen, bei denen Erfolg und Mißerfolg auf der Waagschale lagen, schwankte Hitler lange, bevor er sich entschied. Dann jedoch setzte er autoritativ auseinander, einer Organisation drohe dann die größte Gefahr, wenn ihr Mitgliederbestand abnorm ansteige, weil daraus innere Uneinigkeit und Spaltung erwüchsen.[14] Eine Sperre gegen Neuaufnahmen wurde jedoch nicht verkündet, erst für den Erfolgsfall sei sie unumgänglich. Gegen eine Eintrittsgebühr von 2 RM konnte sich der NSDAP jeder anschließen. Anfang Mai besaß die Partei, ihren eigenen Angaben zufolge, nach 40.000 Aufnahmen im Monat April mehr als 500.000 Mitglieder.[15] Die akademische Erörterung des Parteiführers blieb mithin folgenlos. Auch für alle Zukunft galt, daß die organisatorische Zugehörigkeit als eine sicherere Gewähr betrachtet wurde, einmal gewonnene Parteigänger dauernd zu binden, als es ein bloßes gelegentliches Votum war.

Dieses Wachstum und die Erklärungen der Führer, wonach die Partei „vor der Sturmausgangsstellung" und „kurz vor dem Endsiege" stünde[16], ließen Erwartungen auf die bald bevorstehende Machtübertragung hochschnellen und richteten das Interesse in den Parteireihen verstärkt auf programmatische Fragen. Unterführer wurden von den Mitgliedern gedrängt, über die ersten Schritte einer Regierung Hitler zu sprechen und zu erklären, wie der Zins abgeschafft, die Arbeitslosigkeit beseitigt, die Arbeiter am Gewinn beteiligt würden usf. In diesem Punkte blieben sie indessen auf ihre Phantasie angewiesen. Hitler und der Stab in der Reichsleitung nahmen demgegenüber die Haltung der Sphinx ein. Unbestimmt und ausweichend hatte Hitler schon 1929 verlauten lassen, daß die Gewinnbeteiligung „wie jede wirtschaftliche Angelegenheit von tausend praktischen Belangen bestimmt" sein werde.[17] Wie Goebbels sich wortreich um die Eigentumsfrage herumredete, wurde schon zitiert. Gregor Strasser schrieb, lästige Fragesteller generell abweisend, die Reichsleitung besitze Vorarbeiten, nach denen sie den künftigen Staat errichten werde. Die wolle sie dem Volke aber erst bekanntgeben, wenn die Partei imstande sei, „sie von der Basis eines nutzlosen Palavers zu der Entscheidung von Gesetzen emporzuheben".[18] Zwar existierte in der Münchener Zentrale in Gestalt der Organisationsabteilung II eine Gruppe von Funktionären, deren Aufgabe es unter der Leitung von Konstantin Hierl, einem Obersten aus Weltkriegstagen, war, sich mit strategischen Fragen befassen. Doch weder wurde ein Katechismus noch ein Handbuch der Wirtschaftspolitik herausgegeben, an deren Ausarbeitung zeitweilig wohl gedacht war. Auch ein Manifest zu Wirtschaftsfragen, das Strasser im Frühjahr 1931 in Aussicht stellte, erschien nie.[19] Indessen wurden öffentliche Verlautbarungen über die Unentbehrlichkeit des „schaffenden" Kapitals immer bestimmter, diejenigen über den „deutschen Sozialismus" und die Wirtschaftspolitik einer Hitlerregierung immer nebulöser. Sie schrumpften auf die abgeschmackte Formel, im höheren Interesse von Volk, Nation und Rasse, in der Volksgemeinschaft, werde ein Ausgleich zwischen den Interessen der Kapitalisten und der Arbeiter erfolgen. Dem wurde hinzugefügt, in der Bewegung der Nationalsozialisten würde dieses harmonische Zusammenleben und Zusammenarbeiten der Deutschen ja bereits beispielhaft vorweggenommen.

Dies letzte Argument erwies sich als nachprüfbar und schwach. In der Mitgliedschaft kam nämlich immer wieder Unwille über das politische Gehabe und den persönlichen Lebensstil vieler höhergestellter Führer auf, die im Vorgefühl der Macht anmaßend, großspurig und herrschsüchtig auftraten. Um die Spannungen zu mildern, bestimmte die Reichsleitung im Februar 1931, daß alle Parteigehälter um 30 Prozent gekürzt würden. In den Gauen dürfe niemand mehr als 500 RM verdienen, und Abgeordnete hätten 50 Prozent ihrer Diäten an die Parteikasse abzuführen. Parteirednern, denen die Ortsgruppen z. T. beträchtliche Honorare, Reisekosten und Spesen hatten zahlen müssen, sollten künftig nur noch ihre Unkosten erstattet werden. Von Hitler wurde auch bei diesem Anlaß das Bild äußerster Bescheidenheit kolportiert: Der „Führer" bezahle seine Reisen aus seinen Einkünften als „Schriftsteller", und die Gauleiter hätten dies künftig ebenfalls zu tun.[20]

Das Führungsproblem Nr. 1 blieben die Sturmabteilungen. Deren Reihen wuchsen durch direkten Zustrom und durch die wachsende Parteimitgliedschaft an, denn jedes für den SA-Dienst taugliche Mitglied sollte sich auch den Braununiformierten anschließen. Da die SA wie keine andere Gliederung die NSDAP nach außen repräsentierte, hing es zu einem erheblichen Teil von ihr ab, welches Bild sich in der Öffentlichkeit vom Hitlerfaschismus und den Fähigkeiten seiner Führer ergab, Menschenmassen nach ihren Plänen handeln zu lassen. Einerseits war die Verwendbarkeit des paramilitärischen Verbandes im Kampf gegen die Arbeiterorganisationen erwiesen, und auch das Reklamebild vom „inneren Idealismus" der SA-Mannschaft hatte seine Wirkung auf bürgerliche und selbst auf aristokratische Kreise nicht verfehlt. Andererseits ließ sich nicht übersehen, daß in ihren Reihen fundamentalistische Auffassungen vorherrschten, Kooperation mit anderen Parteien als Verrat an der Revolution verdächtigt, Koalitionen abgelehnt und den Beteuerungen der „Legalität" nicht mehr als taktische Bedeutung zugemessen wurden. Wer die Politik der NSDAP-Führer nach solchem Maß beurteilte, besaß wachsende Ursache zur Unzufriedenheit. Deren Erscheinungsbild schillerte bunt und war um so verwirrender, als eine direkte Kritik an der Parteispitze und an der Person Hitlers mit dem Hinauswurf aus der Partei geahndet wurde. Den besorgten die besonderen Kommissionen, die den vergleichsweise harmlosen Namen Untersuchungs- und Schlichtungsausschüsse erhalten hatten. So entzündeten sich Unwille und Streit nicht selten auf Feldern, denen sie nicht primär galten. Die SA betrachtete sich als der aktivste Teil der Partei und verlangte daher auch eine bevorzugte Berücksichtigung ihrer finanziellen Ansprüche an die Parteikasse. Das brachte sie in Konflikt mit anderen Gliederungen. Parteileiter und SA-Führer haderten wegen des strittigen Anteils an errungenen Erfolgen oder der Verantwortung für Mißerfolge. Auch die Frage nach dem Platz der SA im „Dritten Reich" spielte bereits in Meinungsverschiedenheiten hinein.

Im Spätsommer 1930 hatten sich ,- wie erwähnt – die Probleme mit der schwierigen Organisation schon einmal für kurze Zeit dramatisch zugespitzt, als Berliner SA-Einheiten die Räume der Gauleitung besetzten. Die Rebellion wurde unter Hitlers persönlicher Mitwirkung beendet. Damals verließ der Oberste SA-Führer Franz Pfeffer von Salomon nach vierjähriger Amtszeit seinen Posten. Er motivierte diesen Schritt damit, daß die Münchener Parteileitung der SA nicht „die moralische und materielle Unterstützung" gewährte, die er für erforderlich halte.[21] Damals waren die finanziellen Zuwendungen an die SA-Stäbe und der SA-Sold erhöht worden, was zur Beruhigung erheblich beigetragen hatte.[22] Hitler hatte am 2. September 1930 sich selbst an die Spitze von SA und SS gesetzt und auch dadurch seine Entschlossenheit ausgedrückt, mit seiner Autorität jede Disziplinforderung durchzusetzen. Doch übernahm er nicht das direkte Kommando über diese Parteiarmee. Das erhielt sein alter Kampfgefährte Röhm, ein politischer Haudegen nach Hitlers Geschmack, der seine frühere Rolle im Kampf gegen die Republik inzwischen in Erinnerungen beschrieben hatte, die unter dem Titel „Geschichte eines Hochverräters" erschienen waren. Röhm war nach zweijährigem Einsatz als Militärinstrukteur aus Bolivien zurückgekehrt. Ihm wurde am 5. Januar 1931 das Kommando übergeben und von Hitler der Rang des Stabschefs der SA verliehen. Zwei Jahre später kommandierte er einen Verband, der nach offiziellen Angaben etwa 300.000 Mitglieder zählte.

Die SA zog Menschen aus den verschiedensten sozialen Schichten an, vorwiegend junge Männer aus dem Kleinbürgertum, dem neuen Mittelstand, der Studentenschaft und arbeitslose Akademiker. Auch junge Arbeiter, in Städten und auf dem Lande von KPD oder SPD und durch die Gewerkschaftsbewegung nicht erreicht, mitunter von der reformistischen Politik und der Tolerierung der Brüning-Regierung abgestoßen, von deutschnationalen Lehrern an den Schulen gegen jede internationalistische Haltung eingenommen, gerieten in die SA. In ihren Reihen vermeinten sie für den radikalen und raschen Umsturz aller gesellschaftlichen Zustände zu kämpfen, die sie selbst benachteiligten oder unter denen sie zunehmend litten. Arbeitslosigkeit, Hunger und Kälte lockten junge Erwerbslose in die SA-Heime, die in zahlreichen Groß- und Mittelstädten eingerichtet wurden. Polizeiberichte gaben einen Eindruck von ihrer Organisation und Arbeitsweise: Das in Magdeburg im Mai 1931 eröffnete SAErzbergertand aus einem Aufenthalts- und einem mit 30 Schlafstellen eingerichteten Übernachtungsraum, in dem erwerbslose Mitglieder für eine gering bemessene Wochenmiete sich einquartieren konnten. Eine Küche gab Mittagsmahlzeiten auch an außerhalb des Heimes wohnende SA-Männer aus. Dafür war ein Entgelt zu entrichten, das sich nach der jeweiligen sozialen Lage staffelte. In Halle existierte eine SA-Küche in dem Gebäude, in dem sich die NSDAP-Gaugeschäftsstelle befand. Ein Erwerbsloser kochte hier Gerichte, die mittags und abends teils kostenlos, teils zu niedrigem Preis verabreicht wurden.[23] Die NSDAP bemühte sich auch um Schankkonzessionen, um diese Heime zu Anziehungspunkten zu machen. Nicht selten stellten sie für unverheiratete SA-Leute, die keine eigene Wohnung besaßen, eine Möglichkeit dar, dem tristen, vom Krisenelend geprägten, zerstörten Familienleben zu entfliehen. Das Zusammensein mit Gleichaltrigen und von gleichem oder ähnlichem Los Betroffenen vermittelte das Gefühl der Zusammengehörigkeit und der Teilhabe an einer großen Kameradschaft, und vor allem die Hoffnung, ihr eigenes Schicksal wie das der Nation wenden zu können. Die in Wahrheit Erniedrigten fühlten sich als die Herausgehobenen. Parteizentralen und SA-Stäbe besaßen in derartigen Konzentrationspunkten ständig einsatzbereite und tatendurstige Leute, über die sie per Befehl verfügten. Denn der blinde Gehorsam, der nicht nach Hintergründen und Zielen fragte, galt als die höchste Tugend der SA-Mannschaft und war geeignet, unangenehmes Fragen an die Führer im Entstehen zu ersticken.

Zu diesen Massen von Braununiformierten, für die es in der deutschen Geschichte keine Vorläufer und mit denen es also auch keine Erfahrungen gab, entwickelte sich unter bürgerlichen Politikern und – wie erwähnt – den Führern der Reichswehr ein zwiespältiges Verhältnis. Es setzte sich aus Beifall und furchtsamen Bedenken zusammen. Jener entsprang der martialischen Frontstellung gegen die gespaltene Linke und, soweit es die Militärs anging, aus ihrer Erwartung, daß sich aus dieser SA eines Tages die Reichswehr rasch zum Massenheer auffüllen lassen würde. Diese rührten aus der Ungewißheit, ob es auf die Dauer gelingen könne, die Frontstellung von Hunderttausenden Kleinbürgern und Proletariern gegen eine hochorganisierte und traditionsreiche Arbeiterbewegung aufrechtzuerhalten. Meldungen in Zeitungen, daß einzelne Angehörige oder Kleingruppen aus diesen Kampforganisationen zu den Gegnern übergelaufen waren, ließen daran zweifeln, daß die geschaffenen Bindungen extremen Belastungen standhalten würden. War nicht denkbar, daß die Arbeiterparteien und insbesondere die KPD diese äußerste Rechte schließlich aufsaugte? Leistete die SA also nicht womöglich nur Vorarbeit für eine soziale Revolution? Oder, wenn das schon nicht geschah, würde diese zum bürgerkriegsähnlichen Straßenkampf erzogene Mannschaft, sobald die Versprechen unerfüllt blieben, nicht auf eigene Faust und unbekümmert um die Befehle ihrer Führer losschlagen?

Diese Fragen, obwohl sie in erster Linie der SA galten, betrafen doch die Beurteilung der Gesamtpartei, die ohne ihre braununiformierten Formationen viel weniger Anziehungskraft besessen haben würde. Immer häufiger befaßten sich Politiker, Militärs, Ideologen, Wirtschaftsführer damit, wie das „Wertvolle" in ihren Reihen zu erhalten und an der SA wie an der ganzen NSDAP Erziehungsarbeit zu leisten wäre. Derartige Erwägungen betrafen das gewalttätige Vorgehen gegen die Arbeiterparteien nicht, wiewohl sich bürgerliche Artigkeit formal von Mordtaten distanzierte und die Brutalität der Kämpfe beklagte. Das „pädagogische" Bestreben richtete sich darauf, die imponierenden Kräfte des Faschismus voll und ganz in den eigenen antirepublikanischen Generalkurs einzuordnen. Aus dieser Absicht erwuchs eine Demobilisierung selbst der schwachen Einwände und halbherzigen Vorbehalte, die bis dahin im Bürgertum gegen die NS-Bewegung angetroffen werden konnten. An ihre Stelle trat die Idee, es auf einen Versuch ankommen zu lassen. Einmal gefaßt, begann sie ihr Eigenleben zu führen. Die Inhaber der staatlichen Machtmittel verhielten sich gegenüber den Aktivitäten der NSDAP lavierend, was unter anderem zur

Folge hatte, daß sich in den Exekutivorganen der mittleren und unteren Staatsebene Unsicherheit ausbreitete. Zwar wurden Zeitungen von Fall zu Fall verboten, für öffentliche Kundgebungen Vorschriften erlassen, gegen allzu hetzerisch auftretende Agitatoren Redeverbote gerichtet, zeitweilige Verbote gegen das Tragen von SA-Uniformen ausgesprochen – im April 1932 aufgrund einer Initiative des Innen- und Reichswehrministers Groener gar die SA insgesamt verboten –, doch sollten alle diese staatlichen Maßnahmen die Tätigkeit der NSDAP lediglich in vorgeschriebene Schranken weisen und disziplinieren. Der Gedanke, daß diese Bewegung als verfassungswidrig aufgelöst und ihre Organisationen zerschlagen werden müßten, kam im Staatsapparat schon nicht mehr auf. Es mehrten sich Zweifel, ob die eigenen Kräfte zu einem derartigen Schlag überhaupt verwendbar seien und ausreichen würden. Und: wohin würden sich diese „Nationalsozialisten" dann wenden? Auf die Seite der Linken, die für Millionen einen Ausweg aus dem Elend dieser Republik zu erstreiten suchten, und gegen deren Bestrebungen der Staatsapparat indessen nach wie vor perfekt funktionierte? Jeder Vergleich der juristischen und polizeilichen Maßnahmen gegen die NSDAP und die KPD und andere Arbeiterorganisationen bewies das aufs Neue. Der Rote Frontkämpferbund, 1929 für illegal erklärt, blieb bis zum Ende der Republik verboten.

Die immer wiederholte und nach 1933 auch in die Schulgeschichtsbücher eingegangene Behauptung, wonach die SA in heldischem Kampf und trotz dauernder Verfolgungen ins „Dritte Reich" marschiert sei, ist Legende. Schon 1930 hatte Kurt Tucholsky die Situation mit den Worten charakterisiert: „Die Nazis terrorisieren viele kleine und manche Mittelstädte, und zwar tun sie dies mit der Miene von Leuten, die ungeheuer viel riskieren ... Sie sind aber durchaus legal, geduldet, offiziös. Und hier beginnt die Schuld der Republik: eine Blutschuld."[24] Darein hatten sich auch sozialdemokratische und republikanische Politiker in Staatsstellungen vielfach verstrickt. Subjektiv mochten sie entschlossen gegen die knüppelnden, stechenden, schießenden und mordenden Sturmabteilungen vorgehen wollen. Doch die Politiker der SPD ketteten sich als Koalitionspartner und durch die Tolerierung der Regierung Brüning an Verbündete, die nicht willens waren, sich der faschistischen Gefahr mit allen Kräften entgegenzustemmen. Behindernd kam hinzu, daß die sich verschärfende Rivalität zwischen den beiden Arbeiterparteien auch die Frontstellung der Sozialdemokratie dominierte. Rudolf Breitscheid, einem ihrer maßgebenden Führer, kam es im Frühjahr 1931 so vor, daß „die kommunistische Welle ... zur Zeit bedrohlicher ist als die nationalsozialistische".[25] Damit aber fehlten an der Spitze der reformistischen Arbeiterpartei alle Voraussetzungen dafür, antifaschistische Aktionen mit der KPD auch nur zu koordinieren.

Nach den Septemberwahlen waren unter den Kommunisten haltlose Hoffnungen laut geworden, daß die NSDAP mit ihrem sensationellen Ergebnis zugleich ihren Höhepunkt erreicht hatte, von dem aus es mit ihr nur noch bergab gehen könne. Von diesem Fehlurteil mußte sich die KPD unter dem Eindruck der weiteren faschistischen Erfolge alsbald trennen. Thälmann forderte im Januar 1931 auf einer Tagung des Zentralkomitees, um jede Handbreit Boden zu ringen, den dieser Gegner zu erobern trachtete. Betrügerischen Verheißungen der NSDAP und den hinhaltenden Versprechen der Regierung stellte die KPD mit dem Bauernhilfsprogramm, einem Arbeitsbeschaffungsplan und einem Selbsthilfeprogramm der Angestellten und Beamten eigene Konzepte entgegen. Sie versuchte auch in jenen sozialen Schichten ihren Einfluß zu verstärken, aus denen die extreme Reaktion ihre Gefolgschaft gewann. Dabei waren die Chancen ungleich verteilt. Die NSDAP argumentierte denkbar einfach und eingehend, wobei sie an Vorstellungen anknüpfte, die in weiten Volkskreisen seit Generationen tief verwurzelt waren. Hitler wurde als der kommende „Erlöser" dargestellt. Gelangte er an die Staatsspitze, den Platz, der ihm allein gebührte, würde alle Not rasch enden. Es kam nur darauf an, die verbonzten Politiker des „Systems" und die Juden von Posten und Stellungen zu vertreiben. Das proletarische „... uns aus dem Elend zu erlösen, können wir nur selber tun", bezeichnete demgegenüber einen ungleich komplizierteren und längeren Weg. Nicht anders stand es um das unbestimmtere sozialdemokratische Zukunftsbild einer sich allmählich durch Reformen wandelnden kapitalistischen Gesellschaft.

Wie direkt die NSDAP den Haß auf die elenden Zustände gegen die Juden zu lenken verstand und wie wirksam sie mit dieser Methode operierte, zeigte sich am 12. September 1931 im Zentrum Berlins. Direkt vor den hohen jüdischen Feiertagen veranstalteten NSDAP und SA, die von dem adligen Bankrotteur und Lebemann Wolf-Heinrich Graf Helldorff kommandiert wurde, der sich 1930 der NSDAP und 1931 der SA angeschlossen hatte, binnen Monaten aber bereits zum Führer aller Berliner SA-Stürme aufgestiegen war, einen Marsch mehrerer ihrer Kolonnen über den Kurfürstendamm. Während die ersten in Sprechchören Arbeit verlangten, riefen die nachfolgenden „Juda verrecke". Sie attackierten Passanten, die sie für Juden hielten, und demolierten ein Café. Das geschah unter direkter Leitung Helldorfs und seines Stabschefs und Nachfolgers Karl Ernst. Die Gerichtsprozesse gegen die Täter, bei denen anfänglich beträchtliche Strafen ausgeworfen worden waren, endeten in Revisionsverfahren glimpflich, nachdem Reichskanzler Brüning in höherem Staatsinteresse mit dem Gauleiter Goebbels einen Handel abgeschlossen hatte. Helldorf, den vor Gericht Roland Freisler verteidigt hatte, wurde wegen Beleidigung eines Juden zu 100 RM Geldstrafe verurteilt.[26]

Formierung und Zerfall einer Front 149

So sehr die NSDAP mit derart brutalen und Skandal machenden Aktionen auf die Gewinnung von Arbeitern zielte und so stark 1931 ihre Reihen anwuchsen, der eklatante Widerspruch zwischen dem Anspruch, Arbeiterpartei zu sein, und der sozialen Zusammensetzung ihrer Anhänger wurde dadurch nicht gemildert. Einige Führer meinten, man solle sich mit dieser Tatsache zunächst abfinden. Frick verwies auf eine vorerst unübersteigbare Grenze, als er erklärte: „Die Masse der Arbeiter werden wir zweifellos erst gewinnen, wenn wir im Besitz der Macht sind."[27] Damit konnten sich die Gauleiter und Unterführer am wenigsten zufrieden geben, die in Zentren der Arbeiterbewegung um Anhänger und Wähler warben. Es war kein Zufall, daß zuerst in Berlin, wo noch jede Wahl die Einflußlosigkeit der NSDAP in den Arbeiterbezirken demonstriert hatte, versucht wurde, direkt in Großbetriebe einzudringen. Goebbels unterstützte die Initiative, in ihnen nach dem Vorbild der KPD Parteizellen zu schaffen. Ohne sie konnte von der „Erstürmung" des roten Berlin nicht die Rede sein. Die vor Ort tätigen Werber strebten danach, daß die NSDAP-Reichsleitung ihr Agieren auf so schwierigem Terrain – nicht anders als die inzwischen entstandenen Gliederungen für Juristen, Ärzte u.a. – anerkannte und zu einem weiteren Organisationsprinzip erklärte. Die Münchener Zentrale scheute indessen davor zurück, sich Kommunisten, Sozialdemokraten und freigewerkschaftlich organisierten Arbeitern in den Stätten direkt gegenüberzustellen, in denen zu praktischen Fragen des alltäglichen Kampfes um Arbeitsbedingungen Partei ergriffen und bei Streiks und Aussperrungen Flagge gezeigt werden mußte. Daraus konnten neue Irritationen und Konflikte mit schon gewonnenen und gesuchten Förderern aus Kreisen des Kapitals entstehen. Zunächst blieb daher die Frage offen, ob eine besondere Organisation auch für die Werbearbeit in Fabriken und Verwaltungen geschaffen werden sollte. Doch die Reichsleitung konnte auf die Dauer nicht riskieren, einen Teil ihrer Gefolgschaft zu verprellen. Daher ließ sie ihre aktivistischen Mitglieder in Betrieben zunächst gewähren.

Alsbald traten jedoch die befürchteten Verwicklungen ein. Im Oktober 1930 brach in Berlin ein von der KPD und der RGO geführter Metallarbeiterstreik aus, mit dem etwa 130.000 Arbeiter eine drastische Lohnsenkung bekämpften. Nun konnte die NSDAP-Gauleitung um den Preis einer totalen Bloßstellung nicht umhin, den Kampf zu „billigen". Das tat auch der „Völkische Beobachter"; der Streikbrechern aus den eigenen Reihen gar den Parteiausschluß androhte.[28] Dies rief prompt schärfste Kritik großbürgerlicher Zeitungen hervor. Von der NSDAP sei das Einrücken in die antimarxistische Front erwartet worden, schrieb die „Deutsche Tageszeitung" am 17. Oktober 1930, nicht der Beitritt zu einer „marxistischen" Aktion. Die „Kreuzzeitung" vom folgenden Tage zieh die beteiligten NSDAP-Führer der „Katastrophenpolitik". Es erschien notwendig, die Mitglieder in

Fabriken und Verwaltungen einheitlich zu führen und dort vor allem eigenmächtige Aktionen zu unterbinden.

Im Januar 1931 wurde mit dem Aufbau der Nationalsozialistischen Betriebszellen-Organisation (NSBO) begonnen. Mit 2.984 registrierten Anhängern startete sie kläglich genug. Obwohl alle in Betrieben tätigen Mitglieder sich diesen Zellen nun einzugliedern hatten, vermochte die NSBO bis Jahresende 1931 nur knapp 40.000 Beschäftigte zu rekrutieren. Obendrein erfaßten diese Zellen in den Produktionsstätten zumeist Angehörige des mittleren und unteren technischen und des kaufmännischen Dienstpersonals, Personen aus der vielgefächerten Gruppe der Angestellten. Die Arbeiter durchschauten zumeist, die Demagogie, der sich die NS-Betriebsfunktionäre befleißigten. Sie lief auf die Werbung für ein schiedlich-friedliches Verhältnis zwischen Unternehmern und Lohnabhängigen hinaus. Angesichts der von der Regierung notverordneten Kürzung der Löhne besaß das Zukunftsbild von der Volksgemeinschaft aller Deutschen vor dem Hintergrund des Arbeitsalltags mit seinen Entlassungen und seiner Kurzarbeit wenig Anziehungskraft. Wenn also auch Zahl und Ausmaß der Streiks zunächst weiter zurückgingen und die Abwehrkraft der Arbeitermassen spürbar erlahmte, so bedeutete das doch nicht, daß die Proletarier auf die Agitatoren der NSBO hereingefallen wären. Die Organisation, die den „Betriebsmarxismus" brechen wollte, die Konfrontation von Kapital und Arbeit als Folge ausländischer Unterdrückung und jüdischer Machinationen ausgab, im „Dritten Reich" Streiks für überflüssig hinstellte und das übereinstimmende Interesse und das einträchtige Handeln vom Betriebsführer bis zum schlechtest bezahlten Arbeiter in einer Hof- oder Transportkolonne prophezeite, blieb auch 1932 einflußarm.[29] Die Zahl der Betriebszellen – von der Reichsleitung dann mit 8.600 angegeben, in denen 16.050 Amtswalter wirkten – und die ihren Mitgliedern zugebilligten eigenen Fahnen und Uniformen vermochten darüber nicht hinwegzutäuschen. Wie in anderen bürgerlichen Parteien separate Zusammenschlüsse von Arbeitern ungeliebt waren, so auch die Betriebszellen in der NSDAP. Eine Aufwertung erfuhren sie noch einmal vor den Novemberwahlen 1932. Da verstärkte die Reichsleitung ihre Anstrengungen, in das Wählerreservoir der beiden großen Arbeiterparteien einzubrechen – allerdings vergeblich.[30]

Aufwand und Ergebnis ihrer Propaganda stellten sich für die NSDAP-Führung außerhalb der Industriearbeiterschaft ungleich günstiger dar. In den Kreisen der deutschen Bevölkerung, in denen soziale Zukunftsangst mit äußerster Rückständigkeit des politischen Urteils zusammentraf, nationalistische Erziehung in Schulen, Parteien, Verbänden und Vereinen gewirkt, der Drill in der kaiserlichen Armee und die Erziehung zur Nächstenliebe und zur Fügsamkeit in Kirchen den Boden bereitet hatten, da blühte der Weizen der Faschisten. Mit sicherem Gespür für die Anfälligkeit gerade von benachteiligten Großgruppen für radikale Parolen und Versprechungen eines baldigen Wandels, wandte sich die NSDAP an die nach Hunderttausenden zählenden schlechtversorgten Kriegsinvaliden, Kriegerwitwen und Kriegswaisen. Auch deren Not steigerte sich in der Weltwirtschaftskrise ins Unerträgliche. Die Parteizentrale richtete ein Referat für Kriegsbeschädigte ein und gab seit Mitte 1931 eine Monatsschrift unter dem herausfordernden Titel „Der Dank des Vaterlandes" heraus. Versehrten und Hinterbliebenen von Kriegstoten wurde in Rechtssachen Rat erteilt und versprochen, das „Dritte Reich" werde die „Weltkriegshelden" und ihre Familien materiell besser ausstatten und sie ideell hochachtungsvoll behandeln.[31]

Ähnlich leichte Erfolge erreichte die Agitation unter Teilen der weiblichen Bevölkerung. Millionenweise waren Frauen durch Krieg, Kriegsfolgen und Inflation aus patriarchalischen Lebensverhältnissen gerissen und in den Arbeitsprozeß gestoßen worden. Meist mit minderen und eintönigen Arbeiten beschäftigt, wurden sie obendrein schlechter entlohnt als ihre männlichen Arbeitskollegen. Viele Proletarierinnen kämpften an der Seite ihrer Männer gegen Ausbeutung, Rechtlosigkeit und Entwürdigung. Doch sehnten sich nicht wenige Frauen in die zerstörten Zustände der Vorkriegswelt zurück, die sich ihnen – so einfach und ärmlich sie gelebt hatten – nach dem Erlebnis von Krieg, Inflation und nun in der verheerenden Krise idyllisch verklärten. Ihnen versprach die NSDAP, daß sie im kommenden Reich ihrer vermeintlich wahren Bestimmung, dem Haus, dem Herd und der Kinderstube, zurückgegeben würden. Frauen aus bürgerlichen und kleinbürgerlichen Schichten gefielen besonders die wortstarke Anprangerung der Entsittlichung und die Ankündigung, „deutsche" Werte im Zukunftsreich wieder zur Geltung zu bringen, die internationalistische und natürlich „jüdische" Vergnügungsindustrie sowie Prostitution und Freikörperkultur zu bekämpfen. Der angeblichen Entheiligung der natürlichen Gefühle „der deutschen Frau", die ursprünglich „sittenrein" und „zuchtvoll" gewesen sei, solle ein Ende gesetzt werden. Solche auf eine weit verbreitete spießige Gefühlswelt zielenden Reden und Posen führten der NSDAP weibliche Wähler um so leichter zu, weil sie an eine in Mädchenschulen und Frauenvereinen, in der religiösen Unterweisung durch die Kirchen und über die Massenpresse erfolgte Erziehung problemlos anknüpfen konnte. Zwar spielten die NSDAP-Organisationen für Frauen, die 1931 gegründete Nationalsozialistische Frauenschaft (NSF), der seit 1928 existierende Frauenorden Rotes Hakenkreuz und der Bund Deutscher Mädel (BDM) im Parteigefüge nur eine untergeordnete Rolle. Das entsprach ganz der faschistischen These von der „Politik als Männersache". Dennoch wuchs die weibliche Anhängerschaft der Partei rasch an.

War schon im männlichen Teil der Hitlergefolgschaft das Verhältnis von Organisierten zu Unorganisierten erheblich, so fiel es im weiblichen noch krasser auseinander.

Die explosionsartige Entwicklung des Masseneinflusses der NSDAP setzte sich 1931 entgegen allen gegenteiligen Prognosen fort und vollzog sich vor allem auf Kosten anderer bürgerlichen Parteien. Immer mehr junge Männer stießen zur Partei und in die SA. Wenn deren Trupps aufmarschierten, reihten sich hinter den Anführern aus der Generation der Weltkriegssoldaten Burschen, die in einem Staat heranwuchsen, der sich wenig um sie gekümmert hatte und den meisten keine Lebensperspektive gab. Sie wollten ihn lieber heute als morgen gegen einen anderen, einen „jungen" Staat gegen die scheinbar altersschwache Republik, eintauschen. Die Führer der Bewegung, der sie sich angeschlossen hatten, schienen ihnen in Person für solchen Tausch gut. Sie standen ihnen von Alter und Erscheinung her ungleich näher als die verachteten „Systempolitiker". Hitler war damals gerade 42, sein ihn ständig begleitender „Privatsekretär" Hess 37, der Gauleiter in Thüringen Sauckel ebenfalls 37, Goebbels 34, SS-Führer Himmler 31 Jahre alt. Ein erheblicher Teil dieser Führer war jünger als die Elterngeneration ihrer Gefolgschaft.

Der Parteistab in München trieb die Ausweitung der Organisation unablässig voran. Für die Monate Mai und Juni 1931 wurde ein „Zweimonatsplan" zur Werbung weiterer Mitglieder verkündet. Die NSDAP-Gauleitung in Berlin forderte, die Parteireihen während der Kampagne zu verdoppeln.[32] Ein Befehl an die Gauorganisation Köln-Aachen besagte: „Die Monate Juli und August müssen uns weiterhin bei der Eroberung der Volksmassen finden, da wir im kommenden Herbst kaum Gelegenheit haben werden, uns mit der Organisation pp. zu befassen. Die krisenhafte Zuspitzung der politischen Lage wird ganz andere größere Aufgaben an uns stellen!"[33] Die Naziführer suggerierten ihren Anhängern, sie stünden, wie Goebbels schon im Frühjahr 1931 geschrieben hatte, „heute näher an der Macht als je".[34] Sie zielten damit auf die Hergabe aller Kräfte durch die, welche sie schon gewonnen hatten. Und sie gaben den mit ihnen Sympathisierenden gleichsam ein Zeichen, nicht unter die Zuspätkommenden zu geraten und drängten sie zum Eintritt in die Partei.

Woher nahmen Hitler und die Führer um ihn die Zuversicht, näher an die Macht gekommen zu sein? Zum einen aus der tagtäglichen Wahrnehmung, daß die Regierung Brüning mit jeder wirtschafts- und sozialpolitischen Notverordnung in der Masse des Volkes unpopulärer wurde. Zum anderen aus der Erfahrung, daß sie ihr eigenes Potential unter der deutschen Bevölkerung noch bei weitem nicht ausgeschöpft hatten, selbst also an Einfluß und Gewicht noch weiter gewinnen könnten, während die Regierenden in die Isolierung gerieten. Und zum dritten aus dem Wissen,

Formierung und Zerfall einer Front

daß sich gegen die Regierungspolitik auch in Wirtschaftskreisen eine Fronde zu formieren begann. Sie verlangte eine noch entschiedenere Begünstigung der Kapitaleigner durch die Lohn- und Steuerpolitik und in ihren reaktionärsten Vertretern den sukzessiven Abbau der Republik. Als der nächste Schritt auf diesem Wege galt eine Machtkonstellation, welche die SPD-Politiker entbehrlich machte, eine Regierung, die der Tolerierung durch die Sozialdemokratie nicht bedurfte. Damit geriet die Führungsgruppe der NSDAP mehr und mehr in das Interessenvisier derer, die Politik machten, ohne auf deren Hauptbühne oder gar an deren Rampe zu agieren.

Hitler konferierte 1931 u.a. mit Edmund Stinnes, Vögler, Thyssen, der nun auch selbst die Mitgliedschaft der DNVP gegen die der NSDAP eintauschte. Er empfing Industrielle und Großagrarier in seinem exklusiven Arbeitszimmer im Münchener Parteipalais und stattete seinen wichtigsten und verbindungsreichsten Gönnern in Villen und auf Gütern Besuche ab. Dabei beanspruchte der oberste Parteiführer für derartige Verbindungen kein Monopol. Wie er führten nicht nur Politiker aus seiner Münchener engsten Umgebung, sondern auch regionale Parteigrößen eine Art politisches Doppelleben. Das eine galt der Gewinnung und Formierung der Massen zu Kampfbünden. Es vollzog sich öffentlich auf Kundgebungen, bei Demonstrationen und Paraden. Es bestand aus der täglichen Arbeit in der Organisationsbürokratie. Es erforderte, immer wieder zu reden, zu appellieren und zu „trommeln". Bei alle dem gaben sich Hitler und die Reichs- und Gauleiter volksverbunden, antibürgerlich, nicht selten plebejisch, ja rebellisch und „revolutionär".

Das andere Leben galt der Verdichtung der Beziehungen zwischen der Partei und ihren Förderern, von denen wenige sich bereits offen zur NSDAP bekannten, die meisten noch verdeckte Kontakte bevorzugten. Dieser die Öffentlichkeit scheuende Teil des Wirkens der Führer war angefüllt mit vertraulichen Gesprächen, geheimen Korrespondenzen, internen Konferenzen. Es kam darauf an, Verläßlichkeit zu bekunden, von der Unwandelbarkeit der strategischen Positionen zu überzeugen, Verständnis für die Winkelzüge der eigenen Taktik zu wecken, Verunsicherungen über populistische Aktionen auszuräumen, Unzufriedenheit zu dämpfen und die Überzeugung zu stärken, daß ohne die NSDAP auf die Dauer nicht gegen das Volk zu regieren sei. Von diesen Aktivitäten war in öffentlichen Reden nichts zu hören und wurde in Parteizeitungen nicht berichtet. Gegner und Rivalen der NSDAP, solche aus den Reihen der Arbeiterparteien und auch bürgerliche Republikaner, kamen diesen bestgehüteten Geheimnissen des Führerlebens mehrfach auf die Spur und benutzten sie, um die Parteigrößen und deren antikapitalistisches Gehabe als verlogen zu kennzeichnen und bloßzustellen. Doch die meisten Tatsachen wurden erst bekannt, als sich nach 1945 Archive öffneten. Was hätten Mitglieder und Wähler auch

Karikatur aus dem „Wahren Jacob"

von einem Brief denken sollen, in dem der NSDAP-Gauleiter in Sachsen, Martin Mutschmann, einem Fabrikbesitzer offenherzig riet: „Lassen Sie sich doch nicht immer durch die Schlagworte ‚Nieder mit dem Kapitalismus!', die wir auf unsere Plakate schreiben, verwirren. Diese Schlagworte sind notwendig. Sie müssen wissen, mit der Losung ‚Deutschnational oder National' allein, würde es nie möglich sein, unser Ziel zu erreichen. Wir müssen die Sprache der verbitterten sozialistischen Arbeiter sprechen, sonst werden sich diese nie bei uns zu Hause fühlen. Aus diplomatischen Gründen können wir nicht mit unserem wirklichen Programm herauskommen, ohne dessen Durchführung von vornherein unmöglich zu machen."[35] Oder was hätten Anhänger und Bewunderer Hitlers von dem Gespräch halten mögen, das am 24. Januar 1931 zwischen ihm und Friedrich Svend Fürst Eulenburg-Hertefeld, Eigentümer von 4.200 ha land- und forstwirtschaftlicher Nutzfläche in Brandenburg, auf dessen Herrensitz Liebenberg/ Mark geführt wurde? Nach diesem Treffen machte sich der Gastgeber zum Dolmetscher und Bürgen dafür, daß Hitlers Programm mit den Interessen der großen Landeigner nicht in Widerspruch stehe. Denn im Gegensatz zu allen Versprechungen, die seine Agitatoren Kleinbauern, Halbproletariern und Gutsarbeitern tagaus und tagein machten, hatte Hitler dem Fürsten beteuert, seine Politik ziele „nie und nimmer auf eine Zerschlagung oder Enteignung größerer Güter" ab. Sie schließe auch nicht die Absicht ein, „in breitem Umfange auf deutschem Boden zu siedeln". Gesiedelt werde erst, erklärte der Gast dem Fürsten, „wenn uns der entsprechende Raum zur Verfügung steht". Das hieß: Landeroberung durch Krieg. Schon das begrenzte zeitgenössische Wissen über die belebenden Verbindungsstränge zwischen der Führungsgruppe um Hitler und Angehörigen aller sozialen Oberschichten hätte vollständig ausgereicht, in der Mitgliedschaft von NSDAP und SA Mißtrauen zu wecken. Doch genügte es deren Masse, wenn sie denn von den Enthüllungen überhaupt erfuhr oder sie zur Kenntnis nahm, daß sie ihr als feindliche Bosheit und Verleumdung hingestellt wurde.

Während seiner Zusammentreffens mit Großbürgern und Großagrariern nahm Hitler auch zu Einwänden gegen seine Taktik Stellung. Sie sei und bleibe ganz auf den „Marxismus" zugeschnitten, den der Faschismus „rücksichtslos", „ohne Erbarmen", „auch mit den alleräußersten Mitteln" und „bis zur völligen, endgültigen Vernichtung und Ausrottung" bekämpfe.[36] Wie zu Jahresanfang 1931 Schacht so kam auch Eulenburg-Hertefeld zu der Überzeugung, daß sich mit diesem Manne zusammenarbeiten ließ und konvertierte von der DNVP zur NSDAP. Andere seines Standes blieben Mitglieder der DNVP und des Stahlhelm, sympathisierten aber mehr oder weniger offen mit der NSDAP, zu deren Führern sie persönliche Beziehungen – mitunter auch vorsorglich – schon herstellten. Das tat beispielsweise Carl Eduard Herzog von Sachsen-Coburg und Gotha, der seit 1929 Präsident des Volksbundes für das Deutschtum im Ausland war. 1933, noch vor der Selbstauflösung der DNVP, schloß er sich dann der NSDAP auch als Mitglied an. Noch bei der Partei Hugenbergs bleibend, hatte es doch auch Dietloff Graf Armin-Boitzenburg, Herr über 15. 000 ha, für zweckmäßig gehalten, sich zu einem „privaten" Treffen mit Hitler einzufinden, zu dem sich 15 Großgrundbesitzer einstellten.[37] Angesichts der gesellschaftlichen und geselligen Beziehungen, die diese Angehörigen der Oberschicht zu ihren näheren und weiteren Gutsnachbarn, auch mit dem meist großen Kreis ihrer Verwandten in Wirtschaft und Offizierskorps pflegten, konnten derartige Einbrüche in traditionelle Bindungen den Aktionsradius der NSDAP-Führerschaft erheblich erweitern.

Es gehört zu den Legenden, mit denen diese frühen Beziehungen umwoben worden sind, daß die industriellen und großagrarischen Förderer des deutschen Faschismus seine wahren Absichten und Ziele nicht gekannt und sich in den NSDAP-Führern geirrt hätten. Während die Masse der Kleinbürger, die Hitlers Partei wählten, wirklich an das verkündete angeblich unveränderbare Programm mit seinen schillernden und zugkräftigen Parolen glaubten, die Versprechungen ernstnahmen, die ihnen überreichlich gemacht wurden, waren die namhaften Parteigänger der NSDAP aus Industrie, Bankwelt und Großlandwirtschaft über das, was der sächsische Gauleiter Martin Mutschmann „unser wirkliches Programm" nannte, aus erster Quelle verläßlich informiert. In diesen Kreisen war es nicht üblich, ja es galt geradezu als unschicklich, die Katze im Sack zu kaufen. Trafen sich Angehörige der Oberschichten mit NSDAP-Führern, dann waren sie keineswegs nur Zuhörer, sondern nutzten die Gelegenheit, Äußerungen von Politikern und andere Verlautbarungen der Partei sowie deren praktisches Agieren zu bewerten und zu kritisieren. Am stärksten interessierten naturgemäß die programmatischen Aussagen. Nach einem Vortrag, den Walther Funk im Herrenklub über „Nationalsozialismus und Wirtschaft" gehalten hatte, würdigte der Hauptgeschäftsführer des Verbandes Deutscher Eisen- und Stahlindustrieller, wiewohl ihm die Ausführungen insgesamt als „Enttäuschung" vorkamen, die erklärte Zustimmung zum „Bruch des Tarifwesens" und zur „Erhaltung des Privateigentums". Aber dann sah sich Hitlers Wirtschaftsberater unumwunden aufgefordert, für die Zukunft keinen radikalen Bruch im Hinblick auf die deutschen Auslandsschulden ins Auge zu fassen, da die Siegermächte wirtschaftlich wie militärisch an den längeren Hebeln säßen.[38] So wurden NSDAP-Politiker lange bevor sie Regierungsentscheidungen zu treffen hatten, von Führern der Wirtschaft und der Industriellenverbände nicht nur mit deren ihnen ja geläufigen Grundinteressen bekanntgemacht, sondern auch mit Erfahrungen und Haltungen – die waren durchaus nicht einheitlich – und derart auf ihre künftige Rolle in der Wirtschafts-, Sozial- und Außenpolitik eingestimmt und festgelegt. Anders als viele Regierungsmitglieder vor ihnen, waren Hitler und seine Mitführer nicht auf dem Wege von Karrieren im Staatsapparat oder in Verwaltung und Wirtschaft geschult. Doch in den Wünschen, die in den sozialen Oberschichten für die künftige Reichspolitik gehegt wurden, kannten sie sich zunehmend und intim aus. In ihnen sahen sie kein Gegenprogramm zu ihrem eigenen. Zunächst, 1931, stand im Zentrum aller Planungen der Republikgegner, die an die Staatsmacht drängten, der Sturz des Kabinetts Brüning. Die Chancen für einen direkten Angriff standen jedoch schlecht. Noch besaß der Zentrumskanzler einen stabilen Rückhalt in militärischen und wirtschaftlichen Führungskreisen, die keine brauchbare Alternative sahen und sich deshalb darauf konzentrierten, die Regierung auf ihrem Kurs vorwärtszudrängen und sie auch von letzten Rücksichtnahmen auf Masseninteressen abzubringen. Zudem wurde das Kabinett von Hindenburg gestützt, der an dem Kanzler auch schätzte, daß er zur Generation der „Frontkämpfer" gehörte. Unter diesen Umständen waren Umwege an die Macht zu gehen. Einer von ihnen schien gangbar und aussichtsreich. Er führte über Preußen, das im innenpolitischen Kräfteverhältnis über seine Landesgrenzen hinaus eine besondere Rolle spielte. Im größten Land des Weimarer Staates – Preußen machte annähernd zwei Drittel des deutschen Territoriums aus und umfaßte mit dem Ruhrgebiet, Berlin und Oberschlesien auch die größten Industrireviere – regierte ein Staatsministerium, dessen Mitglieder aus einer Parteienkoalition hervorgegangen waren. Die Sozialdemokraten und das Zentrum bildeten deren Kern. Die Ämter des Ministerpräsidenten, besetzt durch Otto Braun, und des Innenministers, von Carl Severing eingenommen, waren der SPD zugefallen. Damit standen die stärksten Polizeieinheiten, die ein Land aufzubieten hatte, unter dem Kommando eines Mannes, der über die Mitgliedschaft der Sozialdemokratie hinaus als ein entschlossener Arbeiterführer galt. Doch die politische Konstellation an der Spitze Preußens band die Sozialdemokratische Partei zusätzlich an die Tolerierung der Reichsregierung. Es war nicht denkbar, daß die Unterstützung Brünings aufgegeben und gleichzeitig die Braun-Severing-Regierung Bestand haben würde.

Die Konstellation in Preußen galt den traditionellen Rechtskräften und der NSDAP als Hindernis für ihre Machtambitionen. Nach der sich auf geschichtliche Erfahrung berufenden Devise „Wer Preußen hat, hat das Reich" konzentrierten sich die Absichten deutschnationaler Kreise darauf, die Regierung Braun-Severing zu beseitigen. Gelänge das und wäre die SPD wie schon im Reich vom Einfluß auf den Staatsapparat abgedrängt, dann entstünde Platz nicht nur für neue politische Kombinationen in Preußen, sondern auch im Reich. Diese Überlegungen verdichteten sich zu dem freilich risikobehafteten Plan, mittels der verfassungsmäßigen Instrumentarien des Volksbegehrens und des Volksentscheids die Regierung im größten deutschen Land zu stürzen. Er war nicht in der NSDAP-Reichsleitung, sondern von Stahlhelmführern ausgeheckt worden. Im Februar 1931 wurde er ins Werk gesetzt. Zunächst mußten in einem Begehren die erforderlichen Stimmen zusammengebracht werden, die einen Entscheid erzwangen, an dem dann alle wahlberechtigten Einwohner des Landes teilnehmen konnten.

Dieser politische Vorstoß des deutschnationalen Rivalen – die NSDAP hatte sich von diesem auch dadurch abgegrenzt, daß sie ihren Mitgliedern die Zugehörigkeit zum Stahlhelm verbot – kam der Münchener Reichsleitung vor allem aus taktischen Gründen ungelegen. Die Partei befand sich, frei von allen Zweckbündnissen mit bürgerlichen Parteien und Verbänden, im Aufwind. Sie bedurfte der „Krücken anderer" nicht.[39] Zudem hatte die Kampagne gegen den Young-Plan unlängst die Grenzen aufgezeigt, die dem Verfahren gesetzt waren, über Volksbegehren und Volksentscheid eigenen Zielen näher zu kommen. Hitler sprach intern „von einer von vornherein verlorenen Schlacht".[40] Andererseits konnten er und seine Partei sich nicht ständig als der schärfste Gegner des „Marxismus" – das Wort benutzten die Demagogen als Sammel- und Oberbegriff für Kommunisten, Sozialisten und Sozialdemokraten und selbst für bürgerliche Verteidiger parlamentarischer Zustände – herausstellen und sich nun vor einem Unternehmen beiseite drücken, das als Generalangriff gegen die bedeutendste staatliche Stellung der Sozialdemokratie angelegt war. Am 8. April rief Hitler daher seine Anhänger auf, sich in die Listen des Volksbegehrens einzuzeichnen.[41]

Mit dem Einsatz der Parteikräfte und eigenem finanziellen Aufwand hielt sich die NSDAP aber zurück. Der erwartete Fehlschlag der ganzen Aktion sollte nicht als ihre Niederlage erscheinen.[42] Und er trat ein. Der Volksentscheid kam zwar zustande, aber nicht zum Ziel. Die Mehrheit der Wähler blieb der Abstimmung fern. Nur knapp 10 Millionen Stimmberechtigte, das waren 36,8 Prozent, verlangten am 9. August 1931 Landtagsneuwahlen. Zu diesem Ergebnis hatte die KPD beigetragen, die sich spät und nach Auseinandersetzungen in ihrem Zentralkomitee und in der Führung der Kommunistischen Internationale zu dem für ihre Glaubhaftigkeit als antifaschistische Kraft folgenschwer negativen Schritt entschlossen hatte, die sozialdemokratisch geführte Koalition im Verein mit den Rechtsparteien zu stürzen, ohne ihr eine eigene Alternative entgegensetzen zu können. Das Konzept der Urheber des Volksentscheids, den Einstieg in die Machtzentren des Reiches über Preußen zu nehmen, war damit zunächst gescheitert, wenn auch nicht aufgegeben. Zudem hatte sich bei der Abstimmung gezeigt, daß sich an ihr – entgegen der Haltung der Regierungstreuen, die den Stimmlokalen ferngeblieben waren – auch preußische Beamte ungeniert beteiligt hatten. Fortan wurde die Frage, wie mit Staatsbediensteten zu verfahren sei, die für die NSDAP Partei ergriffen, von Reichs- und Landesministern wiederholt aufgeworfen, und mehrfach wurde dazu eine Entscheidung der Reichsregierung angemahnt. Doch wichen der Kanzler und mit ihm der Reichswehrminister auch in dieser Frage jeder offiziellen und verbindlichen Stellungnahme aus.

Goebbels behauptete, die NSDAP habe im Abstimmungskampf „mindestens sieben Millionen" Stimmen zusammengebracht.[43] Die Reichspressestelle der Partei ließ verlauten, nur die DNVP habe in die Kampagne ungefähr eingebracht, „was man von ihr erwarten konnte". Alle anderen Beteiligten – kleinere Parteien und politische Verbände – hätten fast vollständig versagt.[44] In einer internen Information wurde die taktische Schlappe jedoch eingestanden und angekündigt, die „Generalabrechnung" mit der Preußenregierung in einem Dreivierteljahr bei den turnusmäßigen Wahlen vorzunehmen.[45] Das Reichstagsmitglied Löpelmann rief den Bündnispartnern des Volksentscheids nach: „Wir sind froh, daß wir euch ein für allemal los sind."[46] Mit dieser Äußerung lag er neben der Münchener Führung, die bereits neue Aktionen mit der DNVP erwog. Diesmal galten sie einem direkten Angriff auf die Reichsregierung.

Deren Position begannen sich im Herbst 1931 merklich zu verschlechtern. Interessenverbände der Industriellen und der Großgrundbesitzer drängten entschiedener auf Gesetze, die weitere Möglichkeiten eröffneten, die Krisenlasten auf die Massen zu wälzen. Jeder weitere Schritt in die einmal eingeschlagene Richtung mußte aber die sozialdemokratischen Politiker in eine immer prekärere Lage versetzen. In den Reihen der SPD griff ohnehin eine Auseinandersetzung darüber um sich, bis zu welchem Punkt die Politik der Tolerierung noch getrieben werden sollte. Schon formierte sich eine innerparteiliche Opposition, die für die Preisgabe der Taktik des „kleineren Übels" eintrat, als das Brünings Regiment im Vergleich mit dem drohenden „großen Übel" Hitler bezeichnet und gestützt wurde. Linke Sozialisten, die nicht aus der Führungsgruppe der SPD kamen, trennten sich von der Partei, da sie eine Kursänderung nicht durchzusetzen vermochten und sich Disziplinappellen nicht beugen wollten. Sie gründeten die Sozialistische Arbeiterpartei Deutschlands (SAP), die in Sachsen, Schlesien und einigen anderen Reichsteilen zwar stärkere Organisationen bilden, insgesamt aber keinen zahlenstarken Anhang gewinnen konnte. Jedoch folgte die Mehrheit der Sozialdemokraten, welche den Parteiführern die Treue hielt oder sich der Parteidisziplin unterwarf, dem Parteikurs immer bedenklicher und widerwilliger. Die SPD verlor an Geschlossenheit.

Das bedeutete für die Regierung, daß ihre ausgeborgte Massenbasis brüchig zu werden begann. Vorerst indessen blieb auf die SPD-Führer noch immer Verlaß. Eine Abkehr von der Politik der Tolerierung lag außerhalb ihres pragmatischen Denkens. Im Grunde hatten die Politiker an der Spitze der Sozialdemokratie mit ihrer Entscheidung vom September

1930 auf eine selbständige Politik verzichtet. Nun erwiesen sie sich als unfähig, zu einer solchen zurückzukehren. Sie setzten ihre Hoffnungen auf eine Wende in der wirtschaftlichen Entwicklung, auf das Abflauen der zyklischen Krise. Das würde ihnen die Möglichkeit eröffnen, die Rückkehr zu jenen Regeln des parlamentarischen Regierens und Opponierens einzufordern, die sie im ersten Jahrzehnt der Republik praktiziert hatten, partiell ohne Nutzen für die arbeitende Bevölkerung. Im Grunde konnten sie sich nicht vorstellen, daß ihre Mitwirkung auf Dauer nicht mehr gebraucht werden würde. Dieser Weg, gesehen als eine Art politischer Durststrecke, verbunden mit Verlusten an Mitgliedern und Wählern, konnte aber nur zum Ziel führen, wenn die Republik behauptet wurde. Sich an diesen Gedanken klammernd, unterschätzten die führenden Sozialdemokraten nicht so sehr die offenen Gegner des parlamentarischen Regimes, wohl aber das Ausmaß, in dem sich in den Reihen ihrer bürgerlichen Koalitionspartner Stimmungen ausbreiteten, die Republik reaktionär zu „reformieren". Sie drückten sich in der DVP und im Zentrum in den sich immer mehr verflüchtigenden Hemmungen aus, die bis dahin Formen der Zusammenarbeit mit den NSDAP-Führern hinderlich im Wege gestanden hatten. Die Erfahrungen mit den Landesregierungen in Thüringen und Braunschweig waren keine Ermutigung, aber sie schreckten die Beteiligten nicht und auch nicht die reformistischen Strategen. Das Geschick der deutschen Sozialdemokratie wurde derart an Entscheidungen und Entwicklungen bürgerlicher Kräfte gekettet, nicht auf die eigene Gefolgschaft und deren selbständiges Handeln gegründet.

Im Juli 1931, wenige Wochen vor dem noch ausstehenden Volksbegehren, brach mit der Darmstädter- und Nationalbank eines der renommierten Finanzunternehmen Deutschlands zusammen. Das Kabinett griff stützend ein und mußte Bank- und Sparkassenfeiertage verkünden. Die rechten Gegner des Regierung benutzten die sich in der Bevölkerung weiter ausbreitende Unsicherheit zu erneuten Attacken, beließen es aber nicht bei bloßen Forderungen. Die Führer von NSDAP und DNVP glaubten den Moment gekommen, dem Regiment Brünings den entscheidenden Stoß versetzen und sich selbst an die Macht bringen zu können. Schon am 9. Juli 1931 berieten sie ihr weiteres strategisches und taktisches Vorgehen. Die Verhandlungspartner, seitens der NSDAP waren Hitler, Göring und Frick beteiligt, hatten in Rechnung zu stellen, daß der soeben verkündete einjährige Aufschub internationaler Zahlungen die finanzielle Situation der Reichsregierung erleichterte und ihr die Chance der Stabilisierung ließ.[47] Erkennbar war auch, daß fraglos antirepublikanisch gesinnte Kreise einer abrupten Wende noch widerrieten und begannen, „mit einem etwas umgebildeten Kabinett Brüning zu sympathisieren". Der „Angriff" rügte Schlappheit und Inkonsequenz in einem Augenblick, „wo die Entscheidung dicht bevorsteht".⁴⁸ Dennoch kamen die deutschnationalen und NSDAP-Führer überein, „den Entscheidungskampf zur Niederringung des heutigen Systems" einzuleiten.⁴⁹ Damit wurde die Abwendung der führenden Kreise in Wirtschaft, Militär und Bürokratie von der Politik Brünings von seinen Gegnern erheblich überschätzt.

Wieder mußten Unterführer und Gefolgsleute der NSDAP umlernen und sich einer erneuten taktischen Hinwendung zur Partei Hugenbergs und zum Stahlhelm anpassen. Manche hatten damit ihre Mühe. Dem Gauleiter von Brandenburg, Ernst Schlange, der sich öffentlich vom Stahlhelm abgegrenzt hatte⁵⁰, hielt Gregor Strasser ein politisches Privatissimum: „... die aktuelle politische Aufgabe, Sturz des Kabinetts, drängt und muß mit den Mitteln und Organisationen von Menschen durchgeführt werden, die gegenwärtig für diesen Zweck zur Verfügung stehen." Der Weg zu einer nationalsozialistischen Regierung werde unter diesen Umständen „über die Etappe eines sogenannten Rechtskabinetts" führen. „Ob uns das im einzelnen paßt oder nicht, spielt gar keine Rolle, die Hauptsache ist, daß wir unser erstes Ziel erreichen und dann später im Besitze der Macht an die Durchführung der Grundidee des Nationalsozialismus von einer viel stärkeren und mächtigeren Basis ausgehen." Das sei die von Hitler selbst festgelegte Politik der „nationalen Opposition"⁵¹, eine Kennzeichnung, die von den Agitatoren der NSDAP teils für die eigene Partei, teils auch für das Bündnis mit der DNVP in Anspruch genommen wurde.

In den folgenden Wochen nahm der Plan des gemeinsamen Vorgehens der beiden Parteien feste Gestalt an. Nachdem Hitler und Hugenberg sich noch einmal im oberbayerischen Bad Kreuth getroffen hatten, erklärte Frick Anfang Oktober auf einer Kundgebung in Wuppertal, man werde sich zunächst zu einer machtvollen Demonstration treffen, danach in den Reichstag zurückkehren und Brüning mit parlamentarischen Mitteln stürzen.⁵² Als geeigneter Ort für den demonstrativen Start erschien der exklusive Kurort Bad Harzburg. Er gehörte zum Land Braunschweig, in dem eine Zwei-Mann-Regierung existierte, deren Ämter je ein deutschnationaler und ein NSDAP-Politiker besetzt hatten. Diese Koalition konnte gleichsam als Modell en miniature für das erstrebte Reichsregiment erscheinen. Aus der Stadt im Westharz sollte die „legale Kriegserklärung an die Regierung Brüning" ergehen.⁵³ Bevor es jedoch zum Treffen der „Harzburger Front" – der Name wurde fortan Synonym für den politischen Zusammenschluß der Politiker, Parteien und Verbände, die dem Ruf zum Sammeln der äußersten Rechten gefolgt waren – kam, begegnete Brüning seinen Kontrahenten mit dem Schachzug einer Regierungsumbildung. Sie entsprach den Wünschen derjenigen, die das Kabinett weiter stützten, und sollte ihm mehr innere Geschlossenheit geben. Der Kanzler übernahm das Außenministerium selbst, übergab dem Reichswehrminister Wilhelm

Groener kommissarisch auch das Innenministerium und nahm Hermann Warmbold, ein Vorstandsmitglied der IG Farben AG, des größten europäischen Chemietrusts, als Wirtschaftsminister in seine zweite Regierung. Daß Konzernmanager sich direkt an die Staatsspitze setzten, bildete in der deutschen Geschichte bis dahin eine Ausnahme. Der Schritt machte sinnfällig, daß der vom Kabinett gesteuerte Kurs die Unterstützung des mächtigsten Unternehmens außerhalb der Schwerindustrie besaß. Der Name der IG Farben AG stand stellvertretend auch für die modernen Industriezweige (Chemie, Elektrotechnik, Feinmechanik/Optik), die – obgleich von der Krise selbst schwer getroffen – dennoch nicht in eine Lage geraten waren, die existenzbedrohend war. So ließ sich am Kabinett Brüning II, das am 9. Oktober gebildet wurde, ablesen, daß der mächtigen Fronde gegen die Regierung noch durchaus gleichwertige Kräfte aus den obersten Schichten der deutschen Gesellschaft entgegenstanden. Doch bedeutete das wiederum nicht, daß sie sich mit dem Zentrumskanzler auf Gedeih und Verderb verbündet hätten.

Schon vor der Kabinettsumbildung war auf Hindenburg eingewirkt worden, er möge Großindustrielle und Großgrundbesitzer mit Ministerämtern betrauen. So hatte der frühere Reichskanzler und Generaldirektor der HAPAG, Cuno, dem Reichspräsidenten am 5. Oktober 1931 nahegelegt, das Wirtschaftsministerium an Albert Vögler, das für die Finanzen an Hermann Schmitz von der IG Farbenindustrie AG und das landwirtschaftliche Ressort an den Freiherrn von Lüninck zu übergeben.[54] Gedanklich war der Aufsichtsratsvorsitzende der IG Farbenindustrie AG, Carl Duisberg, fraglos der mächtigste Mann aus dem Bereich der neuen Industrien, schon einen Schritt weitergegangen, als er am 23. Juni 1931 vor den Mitgliedern der Industrie- und Handelskammer in Düsseldorf sagte: „Kommt nun ein Mann, der bewiesen hat, daß er keine Hemmungen hat, und der gesonnen ist, den Geist der Frontgeneration in friedlicher Befreiungsarbeit einzusetzen und zu verwirklichen, so muß diesem Mann auch unbedingt Folge geleistet werden."[55] Das konnte sich nun auf Brüning ebenso beziehen wie auf Hitler. Jedenfalls aber war aus diesem Satz kein Bekenntnis zu Demokratie und Republik herauszulesen. Bemerkenswert erscheint, daß Duisberg bereits hier das später immer wieder gezeichnete Bild der Unterordnung der Wirtschaft unter einen politischen Führer benutzte, das die wirklichen Kräfteverhältnisse und Kombinationen dezent verschleierte.

Am 10. Oktober 1931 wurde Hitler, den Göring begleitete, zum ersten Mal vom Reichspräsidenten empfangen. Das bedeutete die bis dahin stärkste Aufwertung der NSDAP und ihres Führers, denn eine gewichtigere Adresse als die des Staatsoberhaupt existierte im Reich nicht. Ihr spezifisches Gewicht aber erhielt die Begegnung erst durch den Zeitpunkt ihres Stattfindens. Sie signalisierte, daß weder die Kamarilla um Hindenburg noch der Kanzler das Verhältnis zur „nationalen Opposition" zuzuspitzen wünschten. Bedeutet wurde damit auch, daß das letzte Wort mit der Bildung des zweiten Kabinetts Brüning noch nicht gesprochen, eine definitive Entscheidung über eine Regierung nicht getroffen war, der sich ein langer Bestand zutrauen ließ. Da ein gleichzeitiger Empfang Hugenbergs und der DNVP-Spitze nicht erfolgte, konnten sich Hitler und die NSDAP vor ihrem Partner und Rivalen besonders herausgehoben sehen. Möglicherweise war diese unterschiedliche Behandlung eine einfache, aber wirkungsvolle Spekulation darauf, die Auseinandersetzung über den Führungsanspruch innerhalb der „nationalen Opposition" zusätzlich zu nähren. Die Audienz erleichterte jedenfalls die Reise des „Revolutionärs" zu jener gemeinhin als stockreaktionär angesehenen Gesellschaft, die in Harzburg verabredet war. Bis in führende Kreise der NSDAP hinein hatte die Nachricht von diesem Treffen Verwunderung und auch Ablehnung ausgelöst, so daß es Frick für notwendig hielt, vor seiner Eröffnung den Mitgliedern der Reichstagsfraktion noch einmal die Strategie des Machtkampfes zu erläutern. Es handle sich nicht um die Herstellung von „Mischmasch" versicherte er und auch nicht um die Aufgabe des eigenen Führungsanspruchs. Vielmehr solle man sich an die Anfänge Mussolinis in Italien erinnern, der doch auch mit einer Koalitionsregierung begonnen habe.[56]

Das Treffen in Bad Harzburg am 11. Oktober markiert einen denkwürdigen Tag auf dem Wege zum Grab der Republik. Es machte wie kein anderes zuvor sinnfällig, wie sehr sich die Verbindungen der NSDAP zu Angehörigen der Finanz- und Industrieoligarchie, des großen Grundbesitzes und zur Militärkaste vermehrt hatten. An den Beratungen und Kundgebungen beteiligten sich Großindustrielle, die namhaftesten unter ihnen waren Thyssen und der erste stellvertretende Vorstandsvorsitzende der Vereinigten Stahlwerke, Ernst Poensgen, zugleich Vorsitzender des einflußstarken Arbeitgeberverbandes für den Bezirk der Nordwestlichen Gruppe des Vereins Deutscher Eisen- und Stahlindustrieller (kurz: Arbeit Nordwest), weitere Generaldirektoren und Direktoren aus Bergbau und Hüttenwesen, der Kali- und der Werftindustrie und auch die Bankiers Schacht, von Stauß, Regendanz, Lubarsch, Sogemeyer, die Generale Hans von Seeckt, Rüdiger Graf von der Goltz und Walther Freiherr von Lüttwitz, der Hohenzollernprinz Eitel Friedrich von Preußen sowie Großagrarier und Reichslandbundpolitiker. In dieser Gesellschaft traten die NSDAP-Führer, anders als noch zur Zeit des Volksbegehrens gegen den Young-Plan, als vollständig gleichberechtigt auf. Hitler hatte sein eigenes Verhalten jedoch genau abzuwägen, um jeglichen Eindruck einer Verbrüderung zu vermeiden. Auf seine Gefolgsleute schielend, blieb er einem festlichen Essen fern und erklärte, daß ihm solche Festessen nicht lägen und er sie angesichts des kargen Lebens so vieler Volksgenossen meide.

Nachdem Hugenberg, Hitler, die Stahlhelmvorsitzenden Seldte und Duesterberg, Graf Eberhard von Kalckreuth vom Reichslandbund, Schacht, der Vorsitzende des Alldeutschen Verbandes Heinrich Claß, und ein weiterer Graf, Joachim von der Goltz, der die Vereinigung vaterländischer Verbände Deutschlands führte, ihre Reden gehalten hatten, ging das Treffen mit einer Kundgebung und einer Parade der paramilitärischen Formationen zu Ende. Hitler verließ die Tribüne, als der Stahlhelm heranrückte. Eine von den Versammelten verabschiedete Proklamation beschwor Hindenburg, „in letzter Stunde durch Berufung einer wirklich nationalen Regierung den rettenden Kurswechsel" herbeizuführen.[57] Für den Angriff auf das Kabinett Brüning war eine, wenn auch nicht völlig geordnete, Schlachtordnung hergestellt.

Für ihre Machtübernahme rechneten sich die Führer der „nationalen Opposition" eine doppelte Chance aus: Entweder würde der Reichspräsident unter dem auf ihn ausgeübten Druck Brüning entlassen, was freilich angesichts der soeben erfolgten Regierungsumbildung unwahrscheinlich war. Oder es würde gelingen, in der unmittelbar bevorstehenden Reichstagssitzung die Regierung durch ein Mißtrauensvotum zu stürzen und mit der vorzeitigen Parlamentsauflösung Neuwahlen zu erzwingen. Dafür war schon ein Termin ins Auge gefaßt worden. Der vorzeitige Wahlgang sollte nach den Plänen der Harzburger am 8. November, dem 8. Jahrestag des Münchener Putsches, stattfinden.

Das trutzige Hervortreten der „nationalen Opposition" konnte freilich nicht überdecken, daß ihre beiden Hauptkräfte, NSDAP und DNVP; sich weder über Führung und Zusammensetzung des Kabinetts noch über dessen Programm geeinigt hatten. Da aber weder die Konservativen noch die „Nationalsozialisten" eine Chance sahen, auf eigene Faust voranzukommen, ließ sich absehen, daß über alle Meinungsverschiedenheiten hinweg sich die Versuche wiederholen würden, miteinander eine Verständigung herbeizuführen. Und weil die NSDAP eine einheitliche Parteispitze und noch zunehmenden Massenanhang aufbieten konnte, während Person und Politik Hugenbergs auch in der DNVP umstritten waren und die eigene Partei- und Wählerbasis stagnierte, war auch zu erwarten, daß Hitler und die Seinen auf dem besten Wege waren, in diesem Konzert die erste Geige zu spielen. Demgegenüber konnten die ehrgeizigen deutschnationalen Führer nur darauf vertrauen, daß sie quer durch alle Oberschichten der Gesellschaft als die politische Kraft galten, deren Haltung zu Tradition, Macht, Eigentum, Privilegien keinem Zweifel unterlag, und daß sie nicht nur die älteren, sondern auch die vertrauteren Beziehungen zu Hindenburg und den Militärkreisen besaßen. Daher maßen sie sich selbst hochmütig und eitel die Führungsrolle zu und glaubten, sie würden Hitler und seine Partei als ihre Hilfskräfte in Dienst nehmen können. Das Zustandekommen der „Harzburger Front" der entschiedensten Antirepublikaner wies stärker als jedes Ereignis vorher daraufhin, wie energisch die äußersten Rechtskräfte an die Regierung drängten. Es war angesichts dieses Bündnisses überflüssig, darüber zu spekulieren, ob die NSDAP je 50 Prozent des deutschen Wahlvolks hinter sich bringen könnte.

In der folgenden Woche überstand die Regierung im Reichstag den Mißtrauensantrag von NSDAP und DNVP. Die Erwartung, das Vorhaben würde von einer ausreichenden Zahl von Abgeordneten der kleineren bürgerlichen Parteien gestützt werden, war fehlgeschlagen. Damit hatte sich das gemeinsame Programm der beiden Parteien zum dritten Mal – nach der Kampagne gegen den Young-Plan und dem Angriff auf die Preußenregierung – und diesmal besonders rasch erschöpft, ohne das Ziel erreicht zu haben. Während Hugenberg jedoch auch nach der Abstimmungsniederlage die Harzburger Frondeure zusammenhalten wollte, gingen die NSDAP-Führer zu ihrem Partner und Rivalen augenblicklich wieder auf taktische Distanz. Sie betonten ihre Eigenständigkeit und Ungebundenheit.

Keine Woche war seit der Kundgebung in Harzburg vergangen, als in Braunschweig 100.000 SA-Leute aufmarschierten. Sie fielen in Arbeiterviertel ein, töteten drei Arbeiter und verletzten 70 schwer. Die blutige Demonstration machte wie ähnlich brutales Vorgehen in anderen Städten deutlich, gegen wen die Braununiformierten kämpften, und sorgte zugleich dafür, daß sich Hitlers Parteiarmee wegen des erneuten Zusammengehens ihrer Führer mit Exponenten der Finanz- und Adelsaristokratie keine tieferen Gedanken machte. Am 22. Oktober feierte Röhm in einem Tagesbefehl den Aufmarsch und erwähnte die „Wochen, die ... uns vom endlichen Sieg noch trennen."[58] Es gehörte zur unverfrorenen Taktik Hitlers, daß er in diesen Wochen in einem an den Reichsinnenminister gerichteten vielseitigen Brief seine Gefolgschaft als die überall Verfolgten darstellte, sich über deren angebliche „Recht- und Schutzlosigkeit" beschwerte und zudem drohte, er werde ihr, wenn die Staatsmacht sie nicht schütze, „das Notwehrrecht zubilligen".[59] So konnte nur ein Parteiführer auftreten, der sicher war, daß in der Brust der Regierenden zwei Seelen wohnten, von denen die eine voller Sympathie für das „Gesunde im Nationalsozialismus" war und meinte, daß es der deutschen Nation auf ihrem weiteren Weg nicht verloren gehen dürfe.

Der Aufmarsch in Braunschweig unterstrich noch einmal den Führungsanspruch der NSDAP innerhalb Opposition.[60] Aus dem Treffen in Harzburg, erklärte Wagner in der Berliner „Neuen Welt", könne nicht geschlossen werden, „daß Hitler mit Hugenberg Hand in Hand gehe". Nun wurden wieder die angeblich grundlegenden Differenzen zwischen NSDAP und DNVP „auf sozialem Gebiete" hervorgekehrt und die eigene Partei als Kraft des Fortschritts hingestellt.[61] Als deutschnationale Blätter die

NSDAP-Führer der Untreue bezichtigten und Meldungen über Verhandlungen zwischen der NSDAP und dem Zentrum verbreiteten, dementierte Hitler dies nicht nur, sondern erklärte, das System werde durch die NSDAP und nicht durch die DNVP gestürzt werden. Wechselseitig beschuldigten sich die Harzburger Partner, am Zerfall der Front schuld zu sein. Großbürgerliche Zeitungen mißbilligten offen, daß es wieder nicht gelungen war, die NSDAP an das Herrschaftssystem heranzuführen. „Je länger das nicht geschieht," schrieb die „Deutsche Allgemeine Zeitung" warnend, „desto radikaler der Wechsel, desto unübersehbarer die wirtschaftlichen Konsequenzen und die außenpolitischen Rückschläge". Befriedigt zitierte der „Völkische Beobachter" am 28. Oktober 1931 diese Textstelle. Sie beweise, daß sich die politische und wirtschaftliche Krise ohne die NSDAP nicht überwinden lasse.

Wie wenig die Staatsmacht dieser Partei und ihrem Kurs auf die faschistische Diktatur wirklich entgegenzusetzen entschlossen war, offenbarte sich nur wenige Wochen später. Im November 1931 wurden der Politischen Polizei durch den Kreisleiter der NSDAP in Offenburg, Hermann Schäfer, Schriftstücke zugespielt, die hessischen Parteiführer, unter ihnen der stellvertretende Gauleiter und vier Landtagsabgeordnete, am 14. September 1931 im „Boxheimer Hof" bei Worms beraten hatten.[62] Sie waren zur Verwendung am Tage X bestimmt und gaben entlarvenden und authentischen Aufschluß über das Regime, das nach der Übernahme der Staatsmacht aufgerichtet werden sollte. Widerstand würde grundsätzlich mit dem Tode bestraft, Waffenbesitz durch Erschießen auf der Stelle geahndet, Streikende in öffentlichen Betrieben und Dienststellen füsiliert. Auch auf schwere Verstöße gegen noch zu erlassende Notverordnungen folge die Todesstrafe. In scharfen Konturen trat das Bild hervor, das der faschistische Staat 14 Monate später tatsächlich bot. Autor der Papiere war der Rechtsanwalt und Amtsrichter Werner Best, ein führender Faschist in Hessen-Darmstadt, Rechtsberater der Gauleitung und Leiter ihrer Rechtsabteilung, soeben auch zum Abgeordnete der NSDAP im hessischen Landtag gewählt und zudem bereits als Fraktionsführer designiert.

Die Reichsleitung der NSDAP verstand sofort, daß diese Entdeckung die Legalität der Partei gefährden könnte. In Hitlers Auftrag ließ Göring daher am 26. November im Reichsinnenministerium protokollieren, die Münchener Zentrale habe erst durch die Presse von Existenz und Inhalt der Dokumente Kenntnis erhalten. Sie betrachte die Papiere als Privatarbeit, deren Autoren obendrein von der Annahme eines siegreichen „kommunistischen Umsturzes" ausgegangen seien. Die Pläne wären durch die Entwicklung überholt.[63] Goebbels sprach gar von „viel Lärm um Nichts". Er nannte die Verfasser ein „paar harmlose Zeitgenossen" und phantasierte von einer Provokation, die auf das Verbot der NSDAP ziele.[64] Scheinheilig forderte Hitler SA und SS wieder einmal auf, sich nicht vom Feind aufputschen zu lassen. Im gleichen Stil verkündete ein Parteibefehl vom 9. Dezember, daß die legalen Vorbereitungen zur Übernahme der Macht von der Reichsleitung getroffen würden. Angesichts der laschen Reaktion der Justizbehörden wagte Hitler nichts, als er mit der Feststellung, Strenge nach der Machtübernahme sei selbstverständlich, sich zum Inhalt der Boxheimer Dokumente bekannte.[65] Obendrein hatte die Veröffentlichung der geheimen Pläne als Folge des Verrats durch den abtrünnigen Kreisleiter, der das Jahr 1933 nicht überleben sollte[66], das Interesse an der NSDAP und den Vorsätzen ihrer Führer im In- und Ausland noch verstärkt. Während Alfred Rosenberg auf einer Englandreise britischen Presseleuten die legalen Absichten der Partei beteuerte , fand sich am 4. Dezember Karl von Wiegand, ein amerikanischer Korrespondent, bei Hitler zu einem Interview ein. Im gleichen Monat wurde der NSDAP-Führer in der Stauß-Villa mit dem amerikanischen Botschafter Sackett bekanntgemacht. Auch die Fäden zu Hindenburg erwiesen sich als unbeschädigt. Er empfing Göring am 12. Dezember zu einem vertraulichen Gespräch.[67] All das waren Zeichen dafür, daß der politische Kurswert der Politikergruppe um Hitler von dem Zwischenfall unberührt geblieben war. Die Verlegenheit, in die sie ein Überläufer gebracht hatte, verstanden sie gar, in einen Vorteil zu verwandeln, was freilich nur gelang, weil sie nicht nur im Blick auf die Zukunft, sondern mit Rücksicht auf die Gegenwart als eine wertvolle Kraft angesehen wurden.

Es gehörte zur Taktik des Vernebelns, daß der Verfasser der „Boxheimer Dokumente" von seiner parteiamtlichen Tätigkeit zeitweilig entbunden wurde. Das erschien auch angebracht, weil der Oberreichsanwalt am 30. November ein Ermittlungsverfahren eingeleitet hatte. Doch war ihm schon vor dessen Eröffnung ein abwiegelnder Wink des Reichskanzlers gegeben worden. Brüning wünschte keine erneute Auseinandersetzung darüber, ob die Tätigkeit und die Ziele der NSDAP als legal oder als illegal zu betrachten seien. Sie ging gegen das Vorhaben, mit Hitler ein weit dimensioniertes politisches Arrangement anzubahnen. Schon mitten in der Kampagne gegen die Preußenregierung hatte sich insgeheim, aber mit dem Wissen des Kanzlers der Reichsminister G. Treviranus, ein früheres Mitglied der Deutschnationalen, der in der zweiten Regierung Brüning das Verkehrsministerium erhielt, am 21. August mit Hitler bei Göring getroffen. Die Kontaktaufnahme ordnete sich der Idee Brünings zu, dadurch eine Brücke zur NSDAP-Führungsgruppe zu schlagen, daß sie für ein gemeinsames Auftreten zugunsten eines Verbleibs von Hindenburg auf dem Platze des Reichspräsidenten gewonnen wurde. Das wäre, da der Feldmarschall Brüning stützte, für sich genommen auf eine bloße Verlängerung auch von dessen Regierungszeit hinausgelaufen. Doch hatte der Kanzler einen derart primitiven Plan zur Übertölpelung Hitlers nicht im Sinne. Er unterbreitete, um ihn zum Mitgehen zu bewegen, ein lockendes Angebot. Das gemeinsame Votum für Hindenburg sollte nur einen Eröffnungsschritt bilden. Darauf würde in Etappen eine Einbeziehung Hitlers und seiner Mitführer in die Staatsführung folgen. Deren Beginn könnten Regierungskoalitionen von NSDAP und Zentrum auf der Ebene mehrerer Länder sein und als politisches Startfeld war an Hessen gedacht, wo das Kräfteverhältnis Gelegenheit dazu bot. Dieser vage, aber ernstgemeinte Plan, gegen den sich die verschiedensten Hindernisse bei seiner praktischen Durchführung noch erheben konnten, war jedoch von vornherein erledigt, wenn das höchste Gericht der Republik die „Boxheimer Dokumente" anders bewertete als sie die Münchener Parteiführung interpretierte. Prompt wurde herausgefunden, daß sich die Pläne ja gar nicht gegen die existierende Republik, sondern gegen eine nur gedachte, die durch einen kommunistischen Umsturz geschaffene Staatsmacht richteten. Das Untersuchungsverfahren wegen Hochverrat schleppte sich hin. Es wurde aus Gründen „mangelnden Beweises" nach einem Jahr, am 12. Oktober 1932, eingestellt.[68] Da erinnerten sich auch die wenigen Eingeweihten nicht mehr an die gescheiterten Kombinationen Brünings ...

Die NSDAP brauchte, entgegen allen ihren Ankündigungen über Parteiausschlüsse Ungehorsamer, sich nicht einmal von Best zu distanzieren. Der blieb in der Landtagsfraktion, wurde Kreisleiter der NSDAP in Mainz und zeitweilig auch in Bingen. Im Sommer 1932 akzeptierte ihn auch die Zentrumsfraktion des Landes, als sie mit der NSDAP – allerdings ergebnislose – Koalitionsverhandlungen führte. Der geschulte Jurist machte sich als Partei- und SS-Mitglied unentbehrlich und begann nach 1933 eine steile Karriere, die ihn an die Seite Heydrichs und Himmlers führte. Den eigentlichen Skandal bildete das Verhalten der Reichsanwaltschaft. Die Untersuchungen waren dem Reichsanwalt Jörns übertragen worden, demselben Mann, der sich seinen Namen mit der juristischen Beihilfe für die Mörder von Karl Liebknecht und Rosa Luxemburg gemacht hatte. Die Begünstigung der NSDAP durch Richter und Anwälte auf allen Stufen der Justizhierarchie erfolgte unverschämt.

Im Verlauf des Jahres 1931 hatte sich zwar die in Hitlers Neujahrsaufruf verheißene Wende nicht vollzogen, doch seine Ankündigung, die NSDAP werde eine Organisation aufbauen, „wie sie keine zweite Partei in Deutschland besitzt", war zielstrebig verwirklicht worden.[69] Alle bürgerlichen Parteien waren an Einfluß und organisatorischer Kraft nicht nur weit überflügelt, sondern auch vieler ihrer Wähler beraubt worden. Ein riesiger Parteiapparat, territorial gegliedert, auf soziale und berufliche Gruppen zugeschnitten und unterschiedlichen Aufgaben angepaßt, überzog das Reichsgebiet. Am 31. Dezember wurden – nach offizieller Verlautbarung – 806.000

Formierung und Zerfall einer Front 169

Mitglieder in 32 Gauen erfaßt. Deren Gebiet deckte sich im wesentlichen mit den 36 Reichstagswahlkreisen. Unterhalb dieser Gaue gliederte sich die Organisation in Kreise, Bezirke und Ortsgruppen, welche in größeren Städten wiederum in Sektionen und Straßenzellen unterteilt waren.[70] Reichsorganisationsinspektor Robert Ley, bisher Gauleiter in Köln und nun in der Parteibürokratie neben Gregor Strasser an führender Stelle[71], sorgte dafür, daß die Gaue nach „einheitlichen Gesichtspunkten" geleitet und „Unstimmigkeiten innerhalb der politischen Organisation" beseitigt wurden. Um unliebsame Initiativen unterer Führer zu unterbinden, waren größere Tagungen und Aufmärsche bei der Reichsleitung fortan meldepflichtig.[72] In München arbeiteten seit dem 22. Oktober 1931 spezielle Abteilungen daran, Vorhaben zu entwerfen, welche die NSDAP als Staatspartei verwirklichen wollte. Feder leitete eine ingenieurtechnische, Hans Frank eine rechtspolitische, Helmut Nicolai eine innerpolitische Abteilung und Paul Schulz ein Amt für Arbeitsdienst.

Am Jahresende 1931 zeichnete sich immer klarer die zunehmende Schwäche der Regierung Brüning ab. Kein Gedanke war in ihr, die Herausforderung durch die NSDAP auch nur deshalb aufzunehmen, um wenigstens die Stellungen und Posten zu verteidigen, die eigenen und die der zu Tausenden zählenden Beamten und Staatsangestellten, die nicht mit den Parteien der äußersten Rechten liebäugelten. Gesucht wurde der Brückenschlag für einen Kompromiß, der nach Lage der Dinge nur zugunsten der NSDAP ausfallen und ihren weiteren Aufstieg begünstigen konnte. So hing die weitere Entwicklung der deutschen Zustände ganz davon ab, ob es zu einem gemeinsamen außerparlamentarischen Abwehrkampf der Hitlergegner kommen würde. Dafür war und blieb das Verhältnis von KPD und SPD ausschlaggebend. Dauerbelastet durch die Tolerierungspolitik, hatte es sich durch die erwähnte Teilnahme der KPD am Volksentscheid gegen die Preußenregierung noch weiter verschlechtert. Daß Kommunisten und Sozialdemokraten, würde eine Regierung unter Hitler an die Macht kommen, das gleiche Schicksal zu erwarten hatten, führte die Überlegungen und Entscheidungen an der Spitze der beiden Parteien nicht aufeinander zu.

Gregor Strasser hatte offen geschrieben, daß auch die „Zerschlagung der sozialdemokratischen Partei ... das Hauptgebot der Stunde" sei.[73] Doch ging die SPD-Führung weiter von der Annahme aus, daß die faschistische Gefahr „keine dauernde sei". Sie vermeinte, der Damm könne gehalten werden, bis die braune Sturmflut (dieses Bild verglich einen politischen Vorgang irreführend mit einem natürlichen Ereignis, dessen Kräfte sich von selbst erschöpften) abzuebben beginne. Sie stellte sich und ihre Mitgliedern die Aufgabe, „unter Ausnutzung aller taktischen Möglichkeiten den uns heimischen Boden der demokratischen Legalität" zu verteidigen.[74]

Der Gedanke, mit der KPD einen Weg erfolgreicher antifaschistischer Abwehrkämpfe zu suchen, lag außerhalb dieser angeblich „überlegenen Taktik". Die Kommunisten galten den reformistischen Politikern als die Hauptgefahr, die nur zeitweilig von der Drohung überlagert sei, die von der NSDAP ausgehe. Es blieb also bei der geforderten Frontstellung gegen rechts und gegen links, obwohl die praktischen Erfahrungen der Mitglieder ihnen nahezu tagtäglich vor Augen führten, was sie von einem Sieg dieser Nationalsozialisten zu gewärtigen hatten. Daher wuchs auch das Verlangen in der Mitgliedschaft nach Selbstschutz. Dem kam entgegen, daß gegen Jahresende ein Zusammenschluß sozialdemokratischer, gewerkschaftlicher und anderer Organisationen zur „Eisernen Front" zustandekam. Damit schien eine Kraft formiert, die nötigenfalls gegen die Formationen der NSDAP in die Waagschale geworfen werden konnte. Es breitete sich die Vorstellung aus, daß dafür die Mitglieder und Anhänger der KPD gar nicht benötigt würden. Die Einheitsfront, hieß es, sei schon geschaffen. Einen tatsächlichen Zugewinn auf Seiten der Antifaschisten bedeutete die Gründung dieser Front nicht. Sie besaß kein Konzept eines permanenten politischen, organisatorischen und ideologischen Kampfes gegen die NSDAP, sondern galt als eine Potenz für den äußersten Fall, über den konkrete Vorstellungen nicht existierten. Daher erwies sich die „Eiserne Front" schließlich als eine politische Feuerwehr, die keine Alarmstufen kannte und nie aktiviert wurde. Sie trug seit ihrer Gründung aber dazu bei, insbesondere unter ihren Mitgliedern ein falsches Bewußtsein über das tatsächliche Kräfteverhältnis zu verbreiten. So verlief die Mobilisierung der Reserven des Faschismus und des Antifaschismus ungleich. Die extreme Reaktion baute ihren schon gewonnenen Vorsprung aus. Im „Angriff" schrieb Goebbels am 31. Dezember: „Das Jahr 1932 liegt als große, niemals wiederkehrende Chance vor uns."

Kapitel 7
Vor den verschlossenen Toren der Wilhelmstraße

Wie in allen Jahren vorher veröffentlichten die politischen Parteien zu Jahresanfang 1932 Erklärungen mit ihren Prognosen für das Neue Jahr. Helltönend klangen die Aufrufe der NSDAP. Geredet und geschrieben wurde vom Jahr der Entscheidung und des Sieges. Das Zentralblatt der Partei verkündete: „Wie stehen ... vor den Toren der Macht".[1] Optimismus zu verbreiten, gehörte zu den Methoden der Führer, ihre Gefolgschaft zusammenzuhalten und sie zu neuen Kraftanstrengungen voranzutreiben. Dabei gestalteten sich die Zustände, in denen Millionen Deutsche leben mußten, immer elender. Während die einen resignierten und sich in ihr Los ergaben, waren andere bestrebt, ihr Schicksal zu wenden. Darin stimmte das Interesse derer überein, die sich auf dem linken und auf dem rechten Flügel des Parteiengefüges der Republik sammelten und gegeneinander immer unversöhnlicher ankämpften.

Allein im Deutschen Reich waren zu Jahresanfang 5.668.187 Arbeitslose amtlich registriert. Sie gehörten zu einem vielfach größeren Heer von Arbeitern und Angestellten in allen kapitalistischen Staaten, die ihre Verdienstmöglichkeiten verloren hatten. Die durch ein Reichsgesetz aus dem Jahre 1927 geschaffene Versicherung, die erwerbslos gewordene Werktätige unterstützte, war von der Flut von Anträgen auf Zahlungen längst überschwemmt und ihre Kassen überfordert. Die Unterstützungssätze für Arbeitslose sanken und die Fristen der Zahlungen wurden verkürzt. Waren sie abgelaufen, gerieten die Verdienstlose in die Kategorie der Krisenunterstützten. Danach fielen sie der Armenfürsorge der Gemeinden anheim, die auch längst auf Pump existierten. In Deutschland lebten ständig mehr Menschen, die als Arbeiter und Angestellte beschäftigt gewesen waren, unterhalb des Existenzminimums.

Mit der sinkenden Kaufkraft der Massen gerieten auch immer mehr Händler und Handwerker in Zahlungsschwierigkeiten. Während die einen ihre Geschäfte schon liquidieren mußten, sahen sich andere dauernd von dieser Gefahr bedroht. In trostlose Verhältnisse gerieten Hunderttausende junger Leute, sobald sie die Schule verließen. Arbeits- oder gar Lehrstellen waren nicht zu erhalten. Auch das Dasein der alten, aus dem Arbeitsprozeß ausgeschiedenen Menschen wurde immer weniger lebenswert. Die Zahl der Selbstmorde nahm zu. Vor allem in den Arbeitervierteln der Groß- und Mittelstädte grassierten mit der Mangel- und Unterernährung Krankheiten und die Volksseuche Tuberkulose. Diese Zustände, welche die vielgerühmten und kurzen „golden twenties" abgelöst hatten, waren nicht allein das Resultat blindwirkender Kräfte der kapitalistischen Gesellschaft. Nicht wenig hatten zu ihnen auch die seit Krisenbeginn von der Regierung notverordnete Wirtschafts- und Sozialpolitik beigetragen. Und das Kabinett Brüning zeigte keinerlei Bereitschaft, seinen Kurs zu verlassen. Der verschärfte nicht nur die soziale und menschliche Not von Millionen, er schuf, und das sollte sich noch als ungleich folgenreicher erweisen, den politisch-psychologischen Boden für die Agitatoren, die den Verzweifelten und schon Hoffnungslosen versprachen, es würde mit diesem „System" Schluß gemacht werden. Die Republik, von Massen ihrer Bürger ohnehin nicht mehr als Wert betrachtet, weil sie ihnen so wenig an Werten bot und diese ihnen jetzt noch zu entreißen schien, war diskreditiert. Es fiel ihren Gegnern nicht schwer, die Idee von einer starken Macht und von einem starken Mann unter die Leute zu bringen.

Dieser Zusammenhang zwischen der Krise, der weitgehenden Abwälzung ihrer Folgen auf die ärmeren Volksschichten und der politischen Radikalisierung war voraussehbar und inzwischen längst greifbar geworden. Der Preis für die Begünstigung der Kapitalinteressen, der Aufwendungen des Staates für gefährdete Großunternehmen, der Unterstützung der Maßnahmen zur „Krisenrationalisierung", die zusätzlich Arbeitskräfte freisetzten, die Beihilfe für Unternehmen, die ihre Anteile an Auslandsmärkten behaupten oder vergrößern wollten, war die zunehmende Isolierung der Regierung Brüning und der Verlust der Anhängerschaft jener bürgerlichen „Parteien der Mitte", die diese Politik stützten oder doch stillschweigend duldeten. Stärker als alle direkten Begünstigungen, welche der NSDAP im Verlaufe des Jahres 1931 durch die Regierenden zuteil geworden waren, wirkte diese indirekte Förderung des Faschismus. Die unpopulären Gesetze und Verordnungen mit ihren unmenschlichen Folgen trieben Millionen Menschen den Demagogen der äußersten Rechten zu.

Denn die Polarisierung der Deutschen, die ein Ausmaß annahm, das sie seit dem Höhepunkt der Inflation nicht aufgewiesen hatte, verlief ungleich. Aus dem Massenelend, der Verzweiflung und Ratlosigkeit verstanden die Nationalsozialisten ihre Münze zu schlagen, während der Einfluß der Arbeiterparteien stagnierte. Zusammengenommen erreichten sie, wie die Wahlen unbezweifelbar auswiesen, nicht mehr Menschen als vor dem Hereinbruch der Krise. Die sozialdemokratische Politik des „kleineren Übels" besaß keinerlei Anziehungskraft auf diejenigen, die einen Wandel erhofften. Der Ansehensverlust der SPD war deutlich, aber auch nicht so dramatisch, daß er zu einer Überprüfung der Politik gezwungen hätte. Die Parteikrise, die in der Abspaltung einer linken Gruppe gipfelte, die sich zur Sozialistischen Arbeiterpartei Partei formierte, schien gebannt. Es erwies sich auch an der Sozialdemokratie, was Severing gelegentlich mit Blick auf die NSDAP feststellte, daß die Masse der Mitglieder dort blieb, wo das Geld, die Zeitungen, der Einfluß waren.

Gegen einen Erfolg der Werbungen der Kommunisten wirkte die von allen anderen Parteien errichtete Barriere des Antikommunismus, jedoch ebenso ein politischer Stil, der sich bei denjenigen als wenig werbewirksam erwies, die mit Parolen wie „Rotfront" und „Sowjetdeutschland" nichts anzufangen wußten. Der Versuch der KPD, sich als der bessere Anwalt nationaler Belange auszuweisen, der später immer wieder absichtsvoll mißdeutet wurde, erweiterte ihren Einfluß nicht entscheidend. So drangen die beide Arbeiterparteien nicht gravierend in neue Wählerschichten ein, sondern verbuchten eine Wählerwanderung von der Sozialdemokratie hin zu den Kommunisten. Diese war geeignet, ihre Beziehungen zueinander zusätzlich zu verschlechtern. Massenhaft wandten sich Angehörige sozialer Schichten, deren Interessen durch eine antikapitalistische Politik hätten verfochten werden müsen, nicht den Arbeiterparteien zu, sondern der NSDAP, die sich als antibürgerliche und antikapitalistische Kraft anzubieten verstand. Ihre momentane Hauptfunktion, wenngleich ihre Führer selbstredend sich damit nicht begnügten, bestand darin, daß sie Ideen und Taten von Hunderttausenden, die lebenswerte Zustände erstrebten, mißleitete. Die NSDAP blockierte die wirkliche Revolutionierung von Massen durch deren Scheinrevolutionierung. Dadurch stellte sie eine Bedingung dafür her, daß sich die Opposition gegen den sozialreaktionären Regierungskurs aufsplitterte und an Wirkung verlor. Hitler und seine Führungsgruppe bekämpften das Kabinett zwar, sie schwächten seine Position durch unausgesetzte Attacken, sie drängten an die Macht, und zugleich profitierte von dieser ihrer Aktivität niemand mehr als diejenigen Politiker, die noch die Hebel der Staatsmaschinerie bedienten. Die militanten Gefolgsleute der NSDAP bekämpften die „Marxisten", und die Anstrengungen von KPD und SPD, soweit sie sich nicht im Gegeneinander verbrauchten, nutzten sich in den Auseinandersetzungen mit ihren gefährlichsten Kontrahenten ab.

Im Verlauf des Jahres 1931 war auch erkennbar geworden, daß die Gegenwehr der Arbeiter auf ihrem ureigenen Feld, der Verfechtung ihrer Interessen in den Betrieben, des Widerstands gegen Lohnkürzungen und andere Verschlechterungen ihrer Arbeitsbedingungen erlahmte. Kämpfe vom Ausmaß des Metallarbeiterstreiks im Herbst 1930 hatten sich nirgendwo wieder entwickelt. Die Führer der Freien Gewerkschaften gingen davon aus, daß sich angesichts der permanten Drohung von Massenentlassungen die Waffe des Streiks nicht verwenden lasse. Diese Stillhaltepolitik trug ihnen unmittelbar Kritik und Austritte von Mitgliedern ein. Schwerwiegender noch waren ihre mittelbaren Resultate. Der Verzicht darauf, die eigenen Interessen in den Betrieben zu verteidigen, stiftete Resignation. Er blieb auch nicht folgenlos für das politische Verhalten der Arbeiter, die ihre Arbeitsplätze noch nicht verloren hatten. Vor dem Zentralkomitee der KPD sprach Pieck im Februar 1932 die Befürchtung aus, daß der Faschismus in Deutschland zur Macht kommen und die KPD von den Faschisten geschlagen werden könnte, ohne daß es gelänge, die Massen überhaupt in den Kampf zu führen.

Daß diese Möglichkeit, die ungünstigste unter allen denkbaren, ins Auge gefaßt werden mußte, besaß mehrere Gründe. Der wichtigste bestand darin, daß die Gefahr eines faschistischen Sieges, bis vor kurzem auch in der KPD noch nicht wahrgenommen, weithin unterschätzt und daß auf Gegenkräfte gesetzt wurde, die keine waren. Auf diesem Irrtum gründete sich auch die Politik des „kleineren Übels". Ihre Verfechter und Verteidiger glaubten, in Brüning in diesem Punkte einen Verbündeten zu haben, der indessen in seinen erst nach seinem Tode publizierten Memoiren offen gestand, daß die Behauptung der Republik sein Ziel nicht gewesen war. Noch verwegener war die Hoffnung, Hindenburg werde seine Unterschrift nie unter eine Urkunde setzen, die Hitler zum Kanzler berief. Der Feldmarschall machte keinen Hehl aus seinen Herzensbindungen an das Kaiserhaus der Hohenzollern und damit an ein Regiment, das bei der Machtverteilung dem Reichstag nur eine Nebenrolle zugestand. Das Duo Brüning-Hindenburg bildete den ungeeignetsten Garanten für den Bestand des Weimarer Staates.

Wer seine Hoffnung darauf setzte, war zum einen von tiefen Zweifeln in die Kräfte bestimmt, die von der antifaschistischen Arbeiterschaft noch mobilisiert werden konnten, und legte deren Potenzen zugleich lahm. Gleiches besorgten die Politiker der Zentrums und der Bayerischen Volkspartei, die es unterließen, die ihnen folgende katholische Arbeiterschaft auf wirksame Maßnahmen gegen die Gefahr einzustellen. Wo sich unter katholischen Laien Bestrebungen einer kämpferischen Abwehr des Faschismus regten, wie beispielsweise in den Kreuzscharen, erhielten sie vom Episkopat wenig moralischen und materiellen Rückhalt. Die Aussichten, Arbeitermassen über die Partei- und Ideologiegrenzen hinweg, in einer antifaschistischen Abwehrfront zusammenzuführen, hatten sich 1931 eher verschlechtert als verbessert. Und diese Tendenz setzte sich 1932 fort.

Obwohl Brünings wirtschafts- und sozialpolitische Notverordnungen den Wünschen der Großunternehmerschaft weitgehend Rechnung getragen hatten, ihre Stellung unter den Bedingungen der sich vertiefenden zyklischen Krise zu festigen, geriet sein Kabinett auch und gerade nach dessen Umbildung mehr und mehr in die kritischen Visiere der Wirtschaftsverbände. Die ergriffenen Maßnahmen gingen ihnen nicht weit genug und sie waren nur weiter zu treiben, wenn das Projekt der „nationalen Sammlung" aller bürgerlichen Kräfte vorangebracht würde. Mit ihm sollte die sozialreformistische Krücke, deren sich der Zentrumskanzler bisher bedienen mußte, überflüssig gemacht werden. Gerade auf diesem Felde aber operierte Brüning bisher erfolg- und glücklos. Solange das aber so blieb, war nicht daran zu denken, daß die Kapitalisten von allen – und es waren die letzten – Schranken befreit wurden, die sie noch hinderten, das millionenweise Überangebot an Arbeitskräften vollends nach eigenem Gutdünken auszubeuten. Verlangt wurde, von dem Verfahren, Tarife auszuhandeln, abzugeben, das glatte Lohn- und Gehaltsdiktat der Unternehmer zu ermöglichen und also auch die staatliche Zwangsschlichtung zu beseitigen.

Die Idee einer solchen Sammlung hatte Brüning bereits im Sommer 1930 verfochten, war damals aber an den deutschnationalen Politikern gescheitert. Nun hatte er sich nicht nur mit diesen, sondern zuerst mit denen der NSDAP auseinanderzusetzen. Erste Kontakte hatten zu einem greifbaren Ergebnis nicht geführt. Doch schien nicht nur er, sondern auch Hitler unter einem Zugzwang zu stehen, da er doch auf dem Wege zur Macht nicht vorankam. So machte sich der Reichskanzler Ende 1931/1932 zu einem Vorkämpfer für eine Parteienfront, deren Säulen das Zentrum und die NSDAP bilden sollten, die beiden wählerstärksten bürgerlichen Parteien.

Es lag in der Natur dieser schwierigen Aufgabe, daß sie nicht auf den politischen Märkten erörtert und gelöst werden konnte. Mißtrauen herrschte auf allen zu beteiligenden Seiten. Umwege, Schliche, Finessen waren notwendig. Jeder bedachte, wie er mit welchem Gewichtsverlust oder -gewinn aus einem gelungenen oder gescheiterten Einigungsversuch hervorgehen würde. Als das geeignete Vehikel, das Projekt auf den Weg zu bringen und eine schrittweise Annäherung zu erreichen, erschien Brüning die anstehende Entscheidung über die Besetzung des höchsten Staatsamtes. Die siebenjährige Wahlperiode des Reichspräsidenten war zu Ende. Hindenburg mußte sich, wenn er nicht verzichtete, wofür allein sein Alter ihm einen hinreichenden Grund geben konnte, allgemeinen Wahlen stellen. Daß der Verbleib des Vierundachtzigjährigen auf seinem Posten im Interesse Brünings und der ihn stützenden Kräfte lag, ergab sich aus ihrer eingespielten und bis dahin komplikationslosen Zusammenarbeit. Es schien auch unwahrscheinlich, daß sich diesem Manne mit Erfolgsaussicht ein Konkurrent in offener Wahlschlacht entgegenstellen würde. Brüning rechnete sich folglich für seinen Vorschlag Zustimmungsgründe aus, als er Hugenberg und Hitler nahebrachte, im Reichstag gemeinsam eine Verfassungsänderung zu beschließen, die es in einem zweiten Schritt ermöglichen sollte, Hindenburgs Amtszeit durch einen Parlamentsbeschluß verlängern zu lassen. Ein derartiges Übereinkommen hätte die Sammlung der Nation um ihren Weltkriegshelden demonstriert und sie wiederum konnte weitergehende Verständigungen über die Machtanteile anbahnen. Erneut lockte der Kanzler den NSDAP-Führer mit Offerten. Er gab sogar seine Bereitschaft zu erkennen, den Reichskanzlerstuhl für Hitler zu räumen. Zuvor wollte er einzig noch die bevorstehenden außenpolitischen Verhandlungen unter Dach und Fach bringen, deren Ziel darin bestand, weitere Bestimmungen des Versailler Vertrages und seiner Nachfolgeabkommen zugunsten Deutschlands außer Kraft zu setzen.

So wenig die NSDAP-Führung zu diesem Zeitpunkt einen realisierbaren Plan für den Marsch in die Wilhelmstraße besaß und obwohl Brünings Angebot weiter als alles ging, was ihr bisher offeriert worden war, schlug Hitler den Handel nach kurzer Bedenkzeit Mitte Januar 1932 aus. Zum einen hafteten ihm die verschiedensten Unwägbarkeiten an. Gegen seine Annahme aber sprach vor allem, daß die NSDAP sich nach wie vor im Aufwind befand und kaum von einer Verbindung profitieren konnte, die den Eindruck erweckte, ihre scharfe Gegnerschaft zur Politik dieses Kanzlers und seines Kabinetts sei gemildert oder gar aufgehoben worden.

Dem Zusammengehen mit der Zentrumspartei in einem schwarzbraunen Block, wofür auch rechtsextreme Ideologen im Lager des politischen Katholizismus den Weg ebnen wollten, lagen nicht nur politische, sondern zudem schwerwiegende ideologische Barrieren im Wege. Die deutschen Bischöfe, die verläßlichen Stützen des Zentrums und der Bayerischen Volkspartei, richteten regelmäßig ihre strikten Warnungen an das treukatholische Kirchenvolk, sich von der NSDAP und deren Organisationen fernzuhalten. Vor einer Annäherung von Nationalsozialismus und Katholizismus nach dem Vorbild Italiens, wo der faschistische Staat und der Vatikan 1929 in den Lateranverträgen ihre Beziehungen geregelt hatten, waren hohe Barrieren zu beseitigen. Mit der Lehre von den höher- und den nieder-, ja unwerten Rassen, war die Einheit der Menschheit und damit aus katholischer Sicht die Schöpfung Gottes geleugnet. Auch der Führerkult verletzte Gebote gottesfürchtigen Verhaltens. Vor allem aber war die neuheidnische und kirchenkämpferische Strömung innerhalb der NSDAP zu verabscheuen. Hitler engagierte sich in ihr nicht besonders, aber deren Haupt war doch einer seiner engsten Mitkämpfer, der Parteiideologe und Herausgeber des „Völkischen Beobachters", Rosenberg, dessen Schriften zu den wegweisenden Dokumenten „nationalsozialistischer" Heilslehren gezählt wurden.

Hitler spürte, daß er die taktische Kurskorrektur, die ihm Brüning nahelegte, nicht vornehmen sollte. Sie konnte nicht nur der Wirkung der Partei nach außen schaden, sondern zudem innerhalb der eigenen Reihen wieder unerwünschte Spannungen entstehen lassen. Daher lehnte er den vorgeschlagenen geheimen Pakt ab, denn selbstredend konnte von seinem Inhalt nicht öffentlich die Rede sein, so daß der erste Schritt vor der Mitgliedschaft nicht einmal mit dem Vorteil des gedachten letzten gerechtfertigt werden konnte. Um aber nicht den Eindruck zu erwecken, er und die NSDAP machten Front gegen die Person des „greisen Feldmarschall-Präsidenten", spielte sich Hitler als der Wahrer der Rechte des Volkes auf. Die Wahl des Staatsoberhauptes solle im Einklang mit der Verfassung erfolgen. Die Parteiführung trat weder in die von Brüning ausgelegte Schlinge, noch akzeptierte sie den Vorschlag der Deutschnationalen – Hitler und Hugenberg hatten sich am 9. Januar in Görings Wohnung getroffen – den Wahlkampf um die Reichspräsidentschaft mit einem gemeinsamen Kandidaten der beiden Partei der äußersten Rechten anzutreten.

Schon die in der ersten Januarhälfte 1932 geführten Gespräche und der in der Presse veröffentlichte Briefwechsel, den Brüning und Hitler über die Wahl des Staatsoberhauptes geführt hatten, werteten die NSDAP erneut auf. Es schien keine Frage von Bedeutung mehr zu geben, bei deren Entscheidung diese Partei und ihr Führer nicht beteiligt werden mußten. Hitler war von Brüning empfangen worden. Er hatte zum ersten Mal mit dem Reichswehr- und Reichsinnenminister Groener verhandelt. Er war dem Chef von dessen Ministeramt, General Schleicher, wiederbegegnet, dem er bereits bei einem Treffen am 29. Oktober 1931, die Beteuerung seines Leipziger Eides nur wiederholend, versichert hatte, es werde keine Zellenbildungen der NSDAP in Reichswehreinheiten geben.[2] Nun hörten die Gruppen- und Wehrkreisbefehlshaber der Reichswehr bei einer Besprechung am 11./12. Januar 1932 aus dem Munde ihres Ministers, Hitler habe ihm einen „sympathischen Eindruck" gemacht. Er sei ein „bescheidener und ordentlicher Mensch, der Bestes will". Groener unterschied scharf zwischen dem Führer und den Unruhestiftern in dessen Partei. „Absicht und Ziele Hitlers sind gut", lautete sein Generalurteil. Der Reichswehrminister kündigte an, daß nun allen NSDAP- und SA-Mitgliedern, wollten sie in Heer oder Marine eintreten, Gerechtigkeit widerfahren werde. Die „volle Legalisierung der Nazi wird in absehbarer Zeit kommen."[3]

Derart hatte die NSDAP ohne jede Gegenleistung schon aus den an sie gerichteten Umwerbungen als Partner einer Pro-Hindenburg-Front ihr politisches Kapital schlagen können. Zudem war vermieden worden, die Auseinandersetzungen sofort auf die schwierige Entscheidung „Für oder gegen den Feldmarschall" hinzulenken. Hindenburg war längst Objekt der Verehrung gerade in den gesellschaftlichen Kreisen geworden, aus denen die NSDAP weiterhin Förderer und noch mehr Wähler an sich ziehen wollte. Eine unmittelbare Attacke auf den Obersten Befehlshaber der Reichswehr war auch deshalb zu unterlassen, weil sie die so vielversprechend fester geknüpften Bande zur Reichswehrgeneralität beschädigen mußte. Und schließlich hatten Hitler und seine Mitführer zu beachten, daß Hindenburgs Urteil, solange er seinen Platz innehatte, für ihre eigene Zukunft bedeutungsvoll und unumgänglich blieb. Der eigensinnige Greis auf dem Präsidentensessel sollte daher nicht ohne Not gereizt werden. Deshalb waren die NSDAP-Redner und -Redakteure schon 1931 aus München angewiesen worden, sich jedenfalls mit Angriffen auf die Person des Feldmarschalls zurückzuhalten. Doch erwies sich bald, daß angesichts der entstehenden politischen Konfrontationen diese Schonung nicht durchzuhalten war. Es bildete sich nämlich für Hindenburgs Verbleib an der Staatsspitze eine Front, in die sich auch die Führer der Sozialdemokratie hineinbegaben, die sieben Jahre zuvor den Militaristen bei seiner ersten und erfolgreichen Kandidatur strikt bekämpft hatten. Reichspropagandaleiter Goebbels attackierte das Staatsoberhaupt im Reichstag als den Kandidaten der „Partei der Deserteure".[4] Hindenburg wurde in den Zeitungen der NSDAP mit „Kübeln von Unflat" überschüttet, als „Mastkalb der Novemberverbrecher" und gar als „jüdisch-marxistischer Hampelmann" bezeichnet.[5]

Wenn die NSDAP sich aber nicht mit den bürgerlichen Parteien und der Sozialdemokratie in eine Wahlfront stellen wollte, wie sollte sie sich dann einstellen? Hitler beschäftigte der Gedanke, selbst gegen den Amtsinhaber anzutreten, über mehrere Wochen, ohne daß er sich entscheiden konnte. Für Hindenburg engagierte sich nicht nur die parteipolitische Konkurrenz unter der Führung Brünings. Es bildete sich eine über diese Parteien weit hinausreichende Sammlung, deren Werbung von angesehenen Persönlichkeiten getragen und von sonst durchaus nicht einhellig handelnden Angehörigen der sozialen Oberschichten unterstützt wurde. Zu denen, die sich zu Hindenburg bekannten, gehörten Carl Duisberg – er hatte die Schirmherrschaft für einen Industriefonds übernommen, mit dem der Wahlkampf für den Feldmarschall finanziell unterstützt wurde[6] –, Georg Adolf Solmssen, Vorstandsmitglied der Deutschen Bank, Wilhelm Kleemann, Vorstandsmitglied der Dresdner Bank, und Gustav Krupp von Bohlen und Halbach. Unter den Geldgebern befanden sich auch der Vorsitzende der Rheinischen Braunkohlen-Syndikat GmbH, Paul Silverberg , Oscar Wassermann, einer der Direktoren der Deutschen Bank, Curt Sobernheim, Vorstandsmitglied der Commerz- und Privatbank, Carl Friedrich von Siemens u.a. Auf den Vorteil, den dieser Rückhalt der Kandidatur Hindenburgs eintrug, kam der oberste NSDAP-Führer später in seinen Wahlreden mehrfach zurück. Ihm seien „Presse" und „Kapital" und „Rundfunk" im Unterschied zu seinem Konkurrenten „verschlossen und verboten".[7] In dieser Klage drückte sich aus, daß die Reichweite der parteieigenen Presse unter der Bevölkerung noch immer gering war. Zwar trat die Reichslei-

Vor den verschlossenen Toren der Wilhelmstraße 179

tung mit immer neuen, sich an spezialle Gruppen wendenden Zeitungen hervor – 1932 begann u.a. eine NS-Beamtenzeitung zu erscheinen und auch ein Blatt mit dem Titel „Dank des Vaterlandes", das sich an die Kriegsinvaliden und Hinterbliebenen von Kriegstoten und Kriegsverletzten wandte –, doch die Auflagen der Tageszeitungen der Partei konnten mit der herkömmlichen großbürgerlichen Presse nicht annähernd konkurrieren. 1932 wurde der „Völkische Beobachter", der seit 1930 eine Münchener und eine Berliner Ausgabe besaß, in 120.000 Exemplaren gedruckt, während sich die Gesamtauflage der 59 Gauzeitungen oder der als parteioffiziell akzeptierten Tagespresse auf 780.000 bezifferte. Damit aber dürfte der Kreis der Abonnenten und regelmäßigen Käufer der NS-Zeitungen nicht weit über die Mitgliedschaft im engeren Sinne hinausgegangen sein und schon die Masse der SA-Leute nicht erreicht haben, die sich ohnehin schwer als regelmäßige Zeitungsleser vorstellen läßt. Zur NS-Tagespresse waren auch spezielle Periodika hinzugekommen, die sämtlich im Eher Parteiverlag erschienen. Max Amann, einer der Vorgesetzten Hitlers aus seiner Weltkriegszeit, leitete ihn und gleichzeitig das Presseamt in der Reichsleitung. Allwöchentlich erschienen der „Illustrierte Beobachter" und die satirische Zeitschrift „Brennessel". Goebbels in seiner Eigenschaft als Propagandaleiter gab „Unser Wille und Weg" heraus und auch Röhm verfügte mit „Der SA-Mann" über ein eigenes Publikationsorgan.[8] Doch für ihr öffentliches Wirken insgesamt und namentlich in den Zeiten der Wahlkämpfe setzte die Partei in erster Linie auf ihre zugkräftigen und an Popularität gewinnenden Redner und deren gesprochenes Wort.

Wiewohl der amtierende Reichspräsident im Wahlkampf des Spätwinters 1931/1932 über eine von Brüning organisierte weitreichende und finanzkräftige Streitmacht verfügte, die sein eigenes Hervortreten nahezu ganz überflüssig machte, war Hitlers Bewerbung um das höchste Staatsamt doch nicht aussichtslos. Zudem bildeten die Hindenburg-Förderer keine Phalanx. Ihre Parteinahme war nicht zum geringsten von dem taktischen Interesse diktiert, die auch ökonomisch unentbehrlichen Verbindungen zum amtierenden Kanzler und der Regierung nicht abreißen zu lassen. Und zudem besaßen auch Hitler und die NSDAP ihre mächtigen Förderer und deren Zahl war im Zunehmen begriffen. Sehr deutlich wurde das in jenen Wochen durch das seit längerem vorbereitete Zusammentreffen Hitlers mit Industriellen des Rhein-Ruhr-Gebietes. Ursprünglich war die Einladung zur Rede vor dem illustren Kreise an Gregor Strasser gerichtet gewesen, doch entschloß sich der NSDAP-Führer, sie selbst wahrzunehmen. Als am 9. Dezember 1931 Fritz Thyssen, der Aufsichtsratsvorsitzende der Vereinigten Stahlwerke AG, und deren Generaldirektor Albert Vögler mit Hitler sprachen, wurde auch dessen Auftritt im Düsseldorfer Parkhotel vorbereitet.

Zusammenkunft von Hitler und Göring mit Großindustriellen (1932)

Schon bald nach seinem Eintritt in die Politik hatte Hitler Reden vor Wirtschaftsführern gehalten und sich mit ihnen zu Gesprächen getroffen. Doch keine dieser Begegnungen besaß das Gewicht der nun bevorstehenden. Es ergab sich sowohl aus der Zahl und dem sozialen Gewicht der zu erwartenden Teilnehmer wie aus dem Zeitpunkt des Zusammentreffens. Was schon die Ankündigung des Auftritts des NSDAP-Führers bewirkte, teilte Karl Haniel brieflich Gustav Krupp von Bohlen und Halbach mit. Der wünschte, offenbar mit Rücksicht auf seine Stellung als eben gewählter Präsident des Reichsverbandes der deutschen Industrie zwar selbst nicht teilzunehmen, wollte aber seine Beauftragten entsenden. Nun erfuhr er eine Woche vor der Veranstaltung: „Der Andrang der Klub-Mitglieder zum Hitler-Vortrag übersteigt tatsächlich meine kühnsten Erwartungen und der größte Saal im Parkhotel ist leider nicht größer zu machen, als er nun einmal ist."[9]

Am 26. Januar 1932 versammelten sich etwa 400-500 Industrielle – die Angaben über die Teilnehmerzahl schwanken – aus dem Industriegebiet an Rhein und Ruhr. Ihnen präsentierte sich Hitler anders als seinen Gefolgsleuten. Er erschien mit seinen Begleitern, dem Stil seiner Zuhörerschaft angepaßt, im schwarzen Anzug. Hitlers Erfolg an diesem Abend besaß für ihn und die Partei auch eine ganz unmittelbare Bedeutung. Stürzten sie sich in den Kampf um das höchste Staatsamt, dann würde die Kampagne massenhaft Gelder verschlingen. Niemand verfügte über mehr Möglichkeiten, die Parteikasse dafür aufzufüllen, als die hier Erschienenen. Anders als so viele Parteimitglieder kramten sie nicht Groschen aus Hosentaschen, sondern zogen Scheckbücher und erlesenes Schreibutensil aus den Brusttaschen ihrer maßgeschneiderten Anzüge.

Hitler konnte auch vor diesem Kreis davon ausgehen, daß er wegen der Erfolge bei der Sammlung seiner Millionengefolgschaft nicht nur Aufmerksamkeit und Interesse, sondern Bewunderung erzeugt hatte. Hier nun ging es darum, Klartext über seine strategischen Absichten zu reden und Mißtrauen gegen seine Fähigkeiten und Rolle als Staatslenker abzubauen. Sorgsam beachtete er, daß seiner Zuhörerschaft der Grundsatz galt, gerade bei der Erörterung heikler Themen alle Grobschlächtigkeit zu vermeiden, sich rüder Worte zu enthalten und Gemeinheit, Intrige und selbst verbrecherische Vorhaben freundlich zu verpacken. Der Gast sprach philosophierend, bekenntnishaft, salbungsvoll und feierlich.

Hitler legte im Stil eines Dozenten für Sozialkunde dar, daß der „privaten Wirtschaft", in der persönliche Führung und Verantwortung herrsche, nicht die Demokratie, sondern der diktatorisch geführte Staat entspreche. Ihn zu schaffen, sei das Ziel nationalsozialistischer Politik, die den „Marxismus bis zur letzten Wurzel" ausrotten und das Volk in eine „Schule eiserner Disziplin" nehmen werde. Er entwarf das Bild eines Staatswesens, in dem die Volksmassen ebenso durch Befehle kommandiert werden könnten wie gegenwärtig die Männer in den Reihen seiner SA und anderer paramilitärischer NS-Verbände. Ohne sich bei Einzelheiten künftiger Außenpolitik aufzuhalten, endete Hitler mit dem für alle Anwesenden verständlichen und daher vorerst nicht weiter zu erläuternden Hinweis, daß - wie die Zerrissenheit des deutschen Volkes angeblich seine äußere Schwäche hervorgebracht habe - seine Geschlossenheit neue Möglichkeiten „der Welt gegenüber" eröffnen werde.[10] Zunächst dankte Karl Haniel, Vorsitzender des Aufsichtsrates der Gutehoffnungshütte und Mitbesitzer von deren Aktienmehrheit, dem Redner.[11] Dann beschloß Thyssen den offiziellen Teil mit dem der Mehrheit der Anwesenden noch etwas ungewohnten Ausruf „Heil, Herr Hitler!". Der so Verabschiedete wurde tags darauf gemeinsam mit Göring und Röhm, die ihn begleiteten, auf Thyssens Schloß Landsberg in Westfalen empfangen, wo sich zu weiteren Beratungen auch Vögler und Poensgen einfanden.

Hitlers Auftritt in Düsseldorf war in jenen Monaten das bedeutendste, nicht das einzige Treffen von Bank- und Industriekapitalisten mit Prominenten aus der NSDAP-Führung. Mitarbeiter aus der Parteizentrale bestritten ebenso wie Gauleiter Veranstaltungen, in denen sie vor Kapitalisten und Funktionären von Wirtschaftsverbänden das „wirkliche Programm" der NSDAP erläuterten. Sie beschrieben ihr künftiges Vorgehen als Regierungspartei und suchten Bedenken wegen der fälschlich vermuteten sozialistischen Parteiziele abzubauen. Immer ging es bei diesen Begegnungen auch darum, weitere Hilfs- und namentlich Geldquellen zu erschließen. In Düsseldorf hatten vor Hitler schon am 7. November 1931 Otto Wagener und Gottfried Feder vor etwa 1.000 Industriellen referiert.[12] Feder trat in gleicher Mission Anfang 1932 u.a. in Essen, Solingen und Aachen auf.[13] Gauleiter Florian und der Syndikus der Leverkusener Farbwerke, Dr. Klein (Ürdingen), sprachen am 13. Januar 1932 vor mehreren hundert Teilnehmern, die von der NSDAP-Ortsgruppe Solingen geladen worden waren. Daß das Netz von Verbindungen zwischen NSDAP-Führung und der Wirtschaftselite immer enger wurde, war für jeden Beobachter der politischen Szene längst kein Geheimnis mehr. Lakonisch hatte der Polizeipräsident von Wuppertal schon Anfang 1931 berichtet, daß die NSDAP „in manchen Unternehmerkreisen erhebliche Sympathien besitzt".[14] Zeitungen der parteipolitischen Rivalen, so die Zentrumspresse, machten sich gelegentlich daran, den Mythos vom Nationalsozialismus zu zerstören. Sie publizierten Beweise für die sich verdichtenden Fäden, welche die Münchener Führungsgruppe zum Großbürgertum knüpfte. Vor allem aber waren es die Presse von KPD und SPD und Publikationsorgane der Gewerkschaften, welche die sozialdemagogischen und antikapitalistischen Manöver der NSDAP als Versuch entlarvten, Arbeiter und Angestellte durch skrupellose Versprechungen zu ködern, während sich die Parteiführer gleichzeitig mit deren Ausbeutern auf vertrauten Fuß stellten. In einem Beitrag unter der Überschrift „Das deutsche Rätsel" schrieb Leo Trotzki: „Sie (die NSDAP – K.P./M.W.) sendet Blitze auf die Häupter der Kapitalisten herab und wird gleichzeitig von diesen ausgehalten."[15]

Die Urteile über die Klassennatur der NSDAP, die in Publikationen der Sozialdemokratie und des ADGB zu lesen waren, fußten nicht selten auf Analysen nach der Marxschen Methode und unterschieden sich mithin nicht oder nur in Nuancen von denen der Kommunisten. Bevor sich ihr Parteivorstand dazu entschloß, die Regierung Brüning zu tolerieren, konnten SPD-Mitglieder im „Vorwärts" lesen, daß dieses Kabinett ein „Schrittmacher des Faschismus" sei und einer der stellvertretenden Vorsitzenden des Gewerkschaftsbundes schrieb von den Träumen der Regierenden, die „halbfaschistische Herrschaft aufzubauen".[16] Doch fehlte es an der Spitze der Sozialdemokratie, auch nachdem mehr als ein Jahr praktischer Erfahrungen mit dem tolerierten Kabinett vorlagen, an jedweder Konsequenz der Entschlüsse. Das Verhältnis zum erkennbar nach rechts Anschluß suchenden Kanzler blieb unüberprüft. Zur Politik des „kleineren Übels" schien es nach dem Urteil der reformistischen Arbeiterführer eine Alternative nicht zu geben und die Entfachung von Abwehrkämpfen gegen die Angriffe des Kapitals galt ihnen unter den Bedingungen der Massenarbeitslosigkeit als aussichtslos. Die SPD hielt ihren Kurs. Sie trug sich mit der Hoffnung, die der Chefredakteur des Parteiblattes so beschrieb: „Der Hakenkreuzbewegung steht das Schicksal bevor, das bisher noch alle Bewegungen eines durch Wirtschaftskrisen radikalisierten Mittelstandes gehabt haben: Enttäuschung und Zerfall. Gelingt es, den Damm zu halten, bis die Sturzflut abzuebben beginnt, ist alles gewonnen."[17] Da aber die Regierung Brüning weiter als solcher Damm angesehen wurde, folgte daraus nichts anderes als das Festhalten an der Tolerierung und auch die Parteinahme für Hindenburg, der dieses Kabinett – und damit den Damm – ebenfalls zu befestigen schien.

Diese Politik besaß ihre Logik, aber ihre Prämisse war falsch. Brüning war kein Faschist, aber er war – wie er den erst nach seinem Tode veröffentlichten Memoiren anvertraute – auch kein Repulikaner. So wurden Millionen deutsche Arbeiter an einen Kurs gebunden, der sie demobilisierte und am Ende auch demoralisierte. Forderungen aus den eigenen Reihen, die Ernsthaftigkeit von Einheitsfrontangeboten der Kommunisten auch nur zu testen, galten als überflüssig und wurden als vergebliche Unterfangen abgelehnt. Die Führer der Sozialdemokratie bezogen gedanklich wie praktisch eine bequeme Position und beschafften sie indirekt auch den Politikern an der Spitze der KPD, die ihrerseits nicht in Verlegenheit gerieten, wenn sie begründeten, daß die „Arbeiterverräter" das Haupthindernis im erfolgreichen Kampf gegen den Faschismus darstellten, also gegen sie das Feuer gerichtet werden müsse.

Auf die Mitglieder und Wähler der NSDAP wirkten die Bloßlegungen von Verbindungen zwischen ihren Führern und renommierten Kapitalisten kaum. Die Agitatoren priesen den meist blindglaubenden Gefolgsleuten Hitler als einen gewieften und gewitzten Taktiker. Was in das Bild vom antikapitalistischen Volksbefreier nicht hineinpassen wollte, wurde als die unumgänglichen und klug ersonnenen Schachzüge auf dem Weg zum Endsieg dargestellt und mit dem Nebel des Vertraulichen und Geheimnisvollen umgeben, die weiteres Fragen und Antworten verböten. Austritte von NSDAP-Mitgliedern, die erklärten, sie verließen die Partei, weil sie sich lediglich als sozialistisch ausgäbe, in Wirklichkeit aber Kapitalinteressen vertrete, wurden mit politisch-moralischen Bannflüchen beantwortet. Den Abtrünnigen fehlte einfach der Glaube. Zudem hob solcherlei Einbuße der andauernde Zustrom bei weitem auf. Obendrein gehörten Frontwechsel und Renegatentum zum Alltag der politischen Auseinandersetzungen. Auch die NSDAP konnte sich zu Werbezwecken immer wieder der Überläufer bedienen, die von anderen Parteien zu ihr stießen. Ihr Mitgliederreservoir aber blieben jene, namentlich jüngeren Leute, die bis dahin keine politisch-organisatorischen Bindungen eingegangen waren.

Dank ihres gewachsenen Einflusses und ihrer engmaschiger gewordenen Verbindungen in die verschiedensten Schichten des Bürgertums war die NSDAP Anfang 1932 nicht nur zur mitgliederstärksten, sondern auch die finanzkräftigste bürgerliche Partei in Deutschland geworden. Mitunter wird diese Tatsache mit dem Hinweis auf ihre ständige Geldnot abgetan und behauptet, sie habe ihre kostspieligen Unternehmen auf Beiträge und Spenden der „kleinen Leute" gestützt. Wie sich die Bankkonten der NSDAP-Führung bewegten, die eine von Franz Xaver Schwarz geleitete Reichsschatzmeisterei verwaltete, wieviel Schulden die Partei machen konnte, wo sie ihre Kredite aufnahm und wer sonst ihre Geldgeber und Gläubiger waren, gehört wegen des weitgehenden Mangels an zuverlässigen Quellen zu den nur lückenhaft zu beantwortenden Fragen der NSDAP-Geschichte. Zuviel wurde schon zum Zeitpunkt der Ereignisse verdeckt und getarnt, anderes nach 1945 beiseite geschafft und vernichtet. Selbst Schwarz, der Eingeweihteste unter allen Mitwissenden, sah sich nie einer eingehenden Befragung ausgesetzt. Und wer wollte aus eigenem Antrieb offenlegen, wann und wie, aus welchen Motiven und mit welchen Zielen er diese Partei der Verbrechen unterstützt hatte? Auch der forscherische Aufwand, den verwischten Spuren zu folgen, die zu den Finanzquellen der NSDAP führen könnten, blieb gering. Deren partielle Rekonstruktionen ähnelt einem Puzzle, dessen meiste Stücke fehlen. So erhielt sich auch der Stoff für Kontroversen.

Unbestreitbar ist. daß der immer weiter verästelte und aufgeblähte Parteiapparat Riesenbeträge verschlang. 1932 verwandelte er sich geradezu in einen Moloch. Immense Geldsummen verbrauchten allein die braune Bürgerkriegsarmee und deren Einsatz, obwohl auch ihre ärmeren Mitglieder ihre Uniformstücke teilweise selbst bezahlten und in den SA-Heimen knapp gehalten wurden. Demgegenüber erreichten die Gehälter von Führern schon auf der Stufe der Gauleitungen inzwischen Höhen, die den Bezügen mittlerer und leitender Konzernbeamter gleichkamen. Im Gau Köln-Aachen, der den nördlichsten Teil der preußischen Rheinprovinz umfaßte, bezog nach dem Stand vom 1. Dezember 1931 der Gauleiter Grohé ein Grundgehalt von 650 RM, das sich durch Zuschläge aus seiner Tätigkeit als Redner und Journalist erhöhte. Sein Stellvertreter, der Mitglied des Reichstages war, verfügte mit den Diäten über ein Monatseinkommen von 1.000 RM. Bezüge in dieser Höhe strich auch der Organisationsleiter II ein. Das Salär des Gaupressewartes und Hauptschriftleiters des „Westdeutschen Beobachters" betrug 700 RM. Derartige Gehälter übertrafen das Nettoeinkommen der Arbeiter um das Fünf- bis Achtfache. Insgesamt gab es allein in der Gauleitung Köln-Aachen, ohne die in der NSDAP-eigenen Druckerei beschäftigten Arbeiter, etwa 20 besoldete Faschisten. Der Fuhrpark bestand aus vier Automobilen und drei Motorrädern mit Beiwagen. Eine Parteikarriere in der Gefolgschaft Hitlers zu machen, war lukrativ geworden und weniger entbehrungsreich, als es später in Selbstdarstellungen behauptet worden ist.[18]

Trotz der ständig steigenden fixen Ausgaben konnte die NSDAP sich in immer exklusiveren Gebäuden etablieren und sie komfortabel ausstatten. „Braune Häuser" entstanden nach dem Vorbild des Münchener Palais in allen Gauhauptstädten. Beispielsweise bezog die NSDAP-Gauleitung Hessen-Nassau-Süd am 1. Januar 1932 eine in Frankfurt/M. gekaufte Villa. Heß ließ im Mai 1931 auf seinen Namen zwei Motorflugzeuge vom Typ BFW-M 23 registrieren. In den Wahlkämpfen des Jahres 1932 unternahm Hitler mit einer Eskorte von einem halben Dutzend Unterführern und Adjutanten vier kostspielige „Deutschlandflüge", die ihn von Kundgebungsstätte zu Kundgebungsstätte führten. Anfang 1932 wurde innerhalb der SA eine exklusive Spezialorganisation, das „Nationalsozialistische Fliegerkorps" (NSFK), geschaffen. Sie faßte die bereits existierenden flugsportlichen Vereine der NSDAP zusammen, gliederte sie in Fliegerstürme und -staffeln und warb unter Mitgliedern der HJ sowie des Studenten- und Schülerbundes Flugschüler. Die Präsidentschaft übernahm Göring, während ein früherer Direktor der Verkehrsfliegerschule die Leitung des exklusiven Korps innehatte.[19]

Durch die Kassen der NSDAP flossen gewaltige Summen, die - wie gewonnen, so zerronnen - eingesetzt wurden, um den Masseneinfluß zu vergrößern und der Partei neue Geldquellen zu erschließen. Für das entscheidende Jahr ihres Aufstiegs existiert kein einziger Beleg dafür, daß Geldmangel die Partei gezwungen haben würde, ihre propagandistischen Kampagnen und andere für ihren Erfolg ausschlaggebende Initiativen auch nur zu mäßigen. Ihre Funktionstüchtigkeit wuchs, soweit sie von finanziellen Aufwendungen abhing, im Gegenteil unausgesetzt. Permanent wurde sie aus den Beiträgen der Mitglieder hergestellt, aus deren pflichtgemäßen Zahlungen in die SA-Kasse, aus ihren Spenden und den Einnahmen, die aus den Eintrittsgeldern bei Veranstaltungen herrührten, aus Überschüssen der Parteiverlage und anderer Wirtschaftsbetriebe, zu denen eine Reichszeugmeisterei gehörte, welche die Uniformen und andere Insignien der Zugehörigkeit zu den Verbänden herstellte oder vertrieb. Eine Quellengruppe bildete Zuwendungen aus dem Kreis der zahlungskräftigen Gönner. Die Motive dieser Spendenfreudigkeit waren nicht einheitlich. Während die einen die Führungsgruppe absolut favorisierten und ihre Überweisungen helfen sollten, Hitler an die Staatsführung zu bringen, mochten andere die Zeit als gekommen ansehen, sich vorerst einmal rückzuversichern. Sie vermehrten die Anzahl der von ihnen geförderten Parteien lediglich um eine weitere – die NSDAP – und waren derart für alle Wechselfälle der dahinsiechenden Republik gut gerüstet.

Verschlungen und verschieden waren auch die Wege, auf denen der Parteispitze und den Führern in den Gauen die Spenden der Gönner zukamen, die in der Öffentlichkeit ungenannt bleiben wollten. Manche Zahlungen gelangten in die Hand von Einzelpersonen, so in die von Göring, Funk oder auch von Redakteuren der NS-Presse. Andere wurden direkt an die Zentralkasse geleitet. Für einzelne Beträge ist nachgewiesen, dazu gehören Zahlungen die an Göring gelangten, daß sie von Hand zu Hand gereicht oder mit Zweitschlüsseln aus Banktresoren entnommen wurden, wo sie unauffällig deponiert gewesen waren. Daß Empfänger so übergebene Gelder auch eigenen Zwecken dienen ließen, kann vermutet, aber nicht bewiesen werden. Inzwischen war für manche Industrielle die NSDAP nicht nur Adressat von Zahlungen, sondern wegen ihrer gewachsenen Kaufkraft auch als Auftraggeber interessant geworden. Das galt beispielsweise für Firmen der Autoindustrie. Die Daimler-Benz AG und Horch konkurrierten scharf um die Gunst der Parteiführer, unter denen zahlungskräftige Käufer waren. Wenn die NS-Größen vor Kundgebungshallen vorfuhren oder in ihren Autos Paraden der SA abnahmen, bedeutete dies eine wirkungsvolle Reklame, die sich die Verkäufer ihrerseits etwas kosten lassen konnten.

Den Auftakt zur ersten Großaktion der Partei im „Entscheidungsjahr" durfte Goebbels am 22. Februar auf einer Kundgebung im Berliner Sportpalast geben. Er verkündete Hitlers Entschluß, sich um das Amt des Reichspräsidenten zu bewerben.[20] Der NSDAP-Führer mußte, um seine Kandidatur betreiben zu können, sich als Staatsbürger eines deutschen Landes ausweisen. Diese Eigenschaft hatte Hitler bereits 1930 während Fricks Zugehörigkeit zur Landesregierung in Thüringen dadurch erworben, daß ihm eine Urkunde über seine Ernennung zum Gendarmeriekommissar in Hildburghausen ausgefertigt und überreicht wurde. Der Vorgang blieb lange geheim, und Hitler schien dieser formale Akt auch nicht der ihm angemessene Erwerb der erstrebten Rechte zu sein. Da sich eine andere Gelegenheit aber bis dahin nicht ergeben hatte, genügte er der jetzt unabdingbaren Forderung, indem er sich am 25. Februar von der deutschnational-nationalsozialistischen Koalitionsregierung in Braunschweig zum „Regierungsrat" ernennen ließ, der die „Geschäfte eines Sachbearbeiters bei der Braunschweigischen Gesandtschaft in Berlin" wahrzunehmen hatte. Freilich hatte er weder die Absicht, sich den Titel öffentlich beizulegen, noch gar das Amt wahrzunehmen.[21]

Hitler wurde einer von drei Kandidaten der Rechten, die auf den Platz des Staatsoberhaupts gelangen oder – wie Hindenburg – ihn behaupten wollten. Sie waren allesamt im rechten politischen Spektrum zu verorten und – nach einem Wort Carl von Ossietzkys – „mehr oder weniger nuancierte Reaktion".[22] Zur Aufsplitterung von deren Kräften war es gekommen, weil die Deutschnationalen weder in die Kiellinie Hindenburgs noch in die Hitlers einschwenken wollten. So hatten auch sie einen eigenen Bewerber aufgeboten. Für den Wahlausgang konnte das als bedeutungslos gelten, denn der 2. Stahlhelmvorsitzende Theodor Duesterberg war gegen Hitler und Hindenburg von vornherein chancenlos. Dieses Dreigestirn von Aspiranten verdeutlichte durch Biographie und Parteinahme, wohin die deutsche Republik dreizehn Jahre nach ihrer Gründung getrieben war. Es machte zugleich sinnfällig, daß auf der Rechten konkurrierende und unvereinbare Projekte zur Überwindung des Weimarer Staates existierten. Ungeachtet der immer wieder erhobenen Forderung, die Republikgegner sollten Trennendes zurückstellen und sich zu einer „nationalen Sammlung" zusammenschließen, schien ihre Verständigung ferner denn je zu sein.

Die NSDAP-Organisationen waren schon vor der öffentlichen Bekanntgabe der Kandidatur Hitlers auf diesen Schritt eingestellt worden. In einer Instruktion der Ortsgruppe Dresden an ihre Sektionen hatte es großmäulig geheißen: „Unsere Partei tritt in die entscheidende Stunde ein. Die nächsten Wochen sehen uns entweder als Herren von Deutschland oder Deutschland geht unter." Wer in dieser Situation an der Partei Kritik übe, solle aus den Sektionen kurzerhand verwiesen werden. Jede nicht der Wahl dienende Tätigkeit, auch die der Untersuchungs- und Schlichtungsausschüsse (Uschla), sei einzustellen.[23]

Die erste Wahlredner-Information der Reichspropagandaleitung legte auch fest, wie die antikapitalistische Phraseologie zu handhaben sei. Nicht das kapitalistische Eigentum, so wurde wieder auseinandergesetzt, sei die Ursache der Ausbeutung, sondern die „Freiheiten" des Kapitalismus. Daher sollte die Forderung lauten, diese Freiheiten einzuschränken, den Außenhandel streng zu kontrollieren, Kapitalflucht aus Deutschland zu verhindern, Patente und Erfindungen ausschließlich im Inland zu nutzen, „Spekulanten" aus Direktorensesseln zu entfernen, Banken zu verstaatlichen, Schaffende am Gewinn zu beteiligen und einen Arbeitslohn zu verlangen, welcher der Leistung entspräche.[24] In einem Moment ihres Machtkampfes, den die Führung als entscheidend ansah, wollte sie jede revoluzzerhafte Agitation unterbinden, um sich den Weg zu weiteren Wählerschichten in den Kreisen der Besitzenden zu öffnen. Dennoch ließ sich jede Position auf dieser Liste immerhin als Vorsatz lesen, das kapitalistische System zu reformieren. In einem Moment, da die Unternehmer verlangten, daß der Staat sich aus der Reglementierung der Arbeits- und Ausbeutungsbedingungen zurückziehen solle, damit die Mächtigeren den Schwächeren die Lohn- und Gehaltsbedingungen diktieren konnten, fanden selbst diese mäßigen Forderungen nicht den Beifall aller Kapitalisten, denn sie liefen doch darauf hinaus, daß der Staat seine Machtmittel zu Eingriffen in das Wirtschaftsleben nutzen solle. Strikt ablehnend mußten sich zu diesem Katalog von Forderungen selbstredend alle Privatbankiers einstellen, obgleich das Thema ihrer Entschädigung dezent umgangen wurde. Wenn solche Parteipamphlete keine gravierenden Folgen für das Verhältnis deutscher Großbanken zur NSDAP zeitigten, so lag das mit hoher Wahrscheinlichkeit an deren inzwischen erworbener Fähigkeit, zwischen der Agitation der Partei und dem Programm zu unterscheiden, für das die Politiker um Hitler wirklich einstanden. Mehr noch: den Wirtschaftsführern war bewußt, daß das Dilemma der auf die Massen gerichteten Reklame, die ohne scheinsozialistische Parolen nicht auskam, und den dadurch geweckten, ihnen unerwünschten Erwartungen unbehebbar war. Dieser Widerspruch zwischen der für ihre Außenwirkung formulierten Programmatik von Parteien und ihrem tatsächlichen Platz in der Gesellschaft bildete ja kein Novum, das erst mit dem Erscheinen der NSDAP entstanden war. Neu war und abenbenteuerlich erschien einzig, daß das Ausmaß von Versprechungen und Absicht so weit auseinanderklaffte und daß die Hoffnungen in einer Anhängerschaft lebten, die so militant aufgepulvert und ausgerichtet wurde. So mußten diejenigen, die in den sozialen Oberschichten zunehmend Gefallen an dem „Wertvollen", „Gesunden" und „Vernünftigen" in der Bewegung Hitlers schon gefunden hatten und von ihrer Existenz bereits profitierten, darauf vertrauen, daß dieser Widerspruch beherrschbar bleiben und sich eines Tages nicht explosiv entladen werde. Manche scheuten dieses Risiko. Andere schwankten zwischen Ablehnung und Zustimmung. Die politisch Agilsten unter Industriellen, Bankiers und Führern kapitalistischer Interessenverbände, welche die NSDAP in ihre Kombinationen einbezogen, ließen kaum eine Gelegenheit vorübergehen, ohne auf die Parteiführer einzuwirken, damit sie die sozialdemagogische Propaganda drosselten.

Die NSDAP-Gauleitung Süd-Hannover-Braunschweig erläuterte – ganz im Sinne dieser Interessen und von Hitlers allgemein gehaltenen Wahlversprechen – die Linie des Wahlkampfes knapper und weniger angreifbar: Es ginge darum, das „System seit 1918" zu stürzen, und das solle die zentrale Wahlparole „Schluß jetzt" ausdrücken. Sie müsse jedem „eindringlichst in den Kopf gehämmert werden" und sich wie ein Lauffeuer verbreiten, so daß „in 10 Tagen niemand mehr von anderem sprechen (dürfe), als von dieser Parole". Den Unterführern wurde eingeschärft, während der Versammlungen keine Diskussionen zu gestatten und namentlich Kommunisten nicht zu Worte kommen zu lassen.[25] Hitler handelte das zentrale Wahlthema in seinen Reden so ab: „Angefangen vom Tage der Revolution ... sehen wir Fehlschlag auf Fehlschlag, Zusammenbruch auf Zusammenbruch, Elend über Elend, Verzagtheit, Lethargie, Hoffnungslosigkeit sind überall die Meilensteine dieser Katastrophen ... Der Bauernstand liegt heute am Boden, das Gewerbe bricht zusammen, Millionen haben ihre Spargroschen verloren, Millionen andere sind arbeitslos. Alles, was früher war, hat sich gewendet, alles was früher groß schien, ist gestürzt worden. Nur etwas ist uns erhalten geblieben: Die Männer und die Parteien, die das Unglück verschuldet haben."[26] Der Sturz der Regierung sollte jetzt „von oben" bewirkt werden: der Reichspräsident Hitler würde dem Reichskanzler Brüning nach dem Wahltag den Laufpaß geben. Hitler griff Hindenburg nicht als Person an, sondern als den Mann, der von seinem Platz verdrängt werden müßte, sollten die „Systempolitiker" fallen und Deutschland bessere Zeiten erleben. Er beteuerte: „Ich kämpfe nicht gegen Hindenburg, sondern gegen die Parteien, die heute hinter ihm Deckung suchen."[27]

Am 13. März verfehlte Hindenburg die im ersten Wahlgang notwendige absolute Mehrheit mit 18.651.497 Wählerstimmen, das waren mehr als 49 Prozent, nur denkbar knapp. Hitler, über dessen Erfolgsaussichten es in der Parteispitze unterschiedliche Ansichten gegeben, auf dessen Sieg jedoch mit anderen auch Himmler – er limitierte sogar für die Jubelfeiern der SS voreilig den Alkoholkonsum – vertraut hatte[28], blieb demgegenüber klar zurück. Dennoch war er, der mit 11.339.446 Stimmen die bei weitem zweitgrößte Wählergruppe mobilisierte, nicht einfach der Verlierer. Die Wählermillionen aus Bürger- und Kleinbürgertum hatten ihre Gunst auf den Sieger und seinen schärfsten Herausforderer verteilt. Eindrucksvoller als im September 1930 konnte die NSDAP anhand von Zahlen belegen, daß sie von allen bürgerlichen Parteien bei weitem die einflußreichste war. Denn die mehr als sieben Millionen Stimmen, die Hindenburg Hitler voraus hatte, waren einer dem Herzensmonarchisten und Platzhalter seines Kaisers ganz unwillkommenen, für seinen Sieg aber unentbehrlichen Hilfe entsprungen. Der Parteivorstand der SPD hatte aufgefordert, den bei seiner ersten Wahl im Jahre 1925 als Erzmilitaristen scharf bekämpften Marschall diesmal zu wählen. Er war Mitgliedern und Sympathisanten als verläßlicher Gegner des NSDAP-Führers empfohlen worden. Und die treuesten SPD-Anhänger, manche nicht ohne schwere Bedenken, hatten die Parole befolgt: „Du mußt es jedem Wähler sagen: Für Hindenburg, heißt Hitler schlagen!"

Dem setzte die KPD ihre Parole entgegen: „Wer Hindenburg wählt, wählt Hitler; wer Hitler wählt, wählt Krieg", die mit den Folgen eines Votums für den Feldmarschall auch das Programm des Nationalsozialismus einprägsam bloßlegte. Dem Aufmarsch rechter Bewerber wurde einzig Thälmann entgegengestellt. Die fast 5 Millionen Stimmen, die er im ersten Wahlgang erhielt, bestätigten den gewachsenen Einfluß der Kommunisten. Doch mußte die Konfrontation der sozialdemokratischen Hindenburgwähler mit den kommunistischen Thälmannwählern erneut zu verschärften Auseinandersetzungen zwischen den antifaschistischen Kräften führen und dazu beitragen, gerade die politisch aktiven Arbeiter einander zu entfremden und zu verfeinden.

Da am 13. März kein Kandidat die absolute Stimmenmehrheit errungen hatte, wurde ein zweiter Wahlgang notwendig. Der abgeschlagene Duesterberg verzichtete. So standen nun nur noch zwei Kandidaten der Reaktion gegeneinander. Obwohl abzusehen war, daß Hindenburg die absolute Mehrheit zufallen würde, konnte Hitler nicht einfach aufgeben. Er hastete von Stadt zu Stadt, redete in Kundgebungs- und in Fabrikhallen stillgelegter Betriebe, in Radsportarenen und Stadien, in Zelten und auf Festplätzen. An manchen Tagen bestritt er vier oder fünf Veranstaltungen. So redete er am 3. April mittags in Dresden, nachmittags in Leipzig, und am Abend zuerst in Chemnitz und dann in Plauen. Seine Energie erschien grenzenlos. Seine Ansprachen bestanden aus scharfen, meist verschwommen formulierten Anklagen und unbestimmten Versprechungen. Seine Trumpfkarte war die nationale Phrase. Die entzweiten Deutschen müßten geeint werden. Das sei sein einziges Ziel seit seinem Eintritt in die Politik gewesen. Mit der Einheit des Volkes hinter einer geschlossenen und willensstarken Führung werde sich alles wenden. Geschickt stellte Hitler seine Zuhörer auch darauf ein, daß der 10. April keine Entscheidung zu seinen Gunsten bringen werde. Dann wolle er mit ihnen weiterkämpfen. Niemals, so eine seiner stets wiederholten und bejubelten theatralischen Szenen, würde er kapitulieren. Diese zweite Etappe in Hitlers Wahlkampagne galt schon nicht mehr dem unerreichbaren Präsidentenstuhl. Sie sollte nachweisen, daß nur er beanspruchen könne, Brünings Nachfolger zu werden und den Politiker abzulösen, der zum eigentlichen Verlierer dieser doppelten Wahlschlacht wurde. Denn daß der Kanzler, um seinen Kandidaten durchzusetzen, die Mithilfe der Sozialdemokratie gebraucht hatte, war das deutlichste Eingeständnis seines persönlichen Scheiterns bei allen seinen Versuchen, die Hauptkräfte des Bürgertums um ein innen- und außenpolitisches Programm zu versammeln.

Ein zweites Mal warf die NSDAP-Führung ihre spürbar erschöpfte Parteiarmee rücksichtslos in die Kampagne. Sie forderte, „mit verzehnfachter Energie" für Hitlers Sieg einzutreten.[29] Um die strapazierten Unterführer anzutreiben, drohte die Gauleitung Westfalen-Süd, jeder würde abgelöst werden, der sich nicht voll einsetze.[30] Gauleiter Wagner forderte „unerhörte Zähigkeit" und „letzte Systematik". Er wies Klagen einiger Ortsgruppen zurück, die gemeldet hatten, sie könnten wegen fehlender finanzieller und materieller Mittel die befohlenen Aufträge nicht erfüllen, und verlangte, daß „in Westfalen-Süd kein verantwortlicher Mann mehr den Ausdruck: Das ist unmöglich" benutze. Am 10. und am 24. April (dem Tag der Landtagswahl in Preußen) würde der „endgültige Erfolg" errungen werden.[31] Der Grad, in dem die Münchener Zentrale die Kräfte überspannte, machten zwei Anordnungen des Reichsschatzmeisters sichtbar. Am 24. März wurde den Organisationen der Partei, SA und SS erlaubt bis zum 10.

April Geldsammlungen jeder Art in ihrem Zuständigkeitsbereich durchzuführen und die Erträge vollständig in den eigenen Kassen zu behalten.[32] Darüber hinaus wurde den Ortsgruppen gestattet, für die Zwecke der Wahlpropaganda in begrenztem Umfang Schulden zu machen.[33] So konnte am erneuten Wahltag nachgewiesen werden, daß der Zustrom zu Hitler sich weiter verbreiterte. Für den NSDAP-Führer stimmten 13.418.547 Deutsche. In Pommern hatte er die absolute Mehrheit der Wähler gewonnen. In den Wahlkreisen Schleswig-Holstein, Ost-Hannover, Merseburg, Thüringen, Chemnitz-Zwickau zog er mehr Stimmen als Hindenburg auf sich. In Berlin, Hamburg, Oberschlesien und den westlichen und südlichen Teilen des Reiches hingegen erwies sich der Einfluß der NSDAP nach wie vor als erheblich geringer. Wie vorausgesehen, trug der bisherige Amtsinhaber diesmal den eindeutigen Sieg davon. Er erhielt 19,3 Millionen Stimmen. Fälschlich und im Einklang mit den Wahlparolen wurde das von Hindenburgs sozialdemokratischen Protagonisten als Niederlage des Faschismus ausgegeben. In Hannover schrieb der Gauvorstand des sozialdemokratisch geführten Reichsbanners an seine Ortsgruppen: Mit diesem Wahlergebnis sei „ein Sieg für Verfassung und Demokratie erstritten" und „unser Kampf um den inneren Frieden Deutschlands ist nicht umsonst gewesen".[34] Indessen hatten sich die Bedingungen für Hitlers weiteren Vormarsch verbessert.

Nur zwei Wochen später fanden in mehreren deutschen Ländern turnusmäßige Landtagswahlen statt. Am 24. April errang die NSDAP in Preußen 36,3 Prozent der Wählerstimmen. Ihr Anhang war im wichtigsten Land, in dem drei Fünftel der deutschen Bevölkerung lebten, inzwischen größer als die Wählerschaft von KPD und SPD zusammengenommen. Auch die Wahlen in Anhalt, Württemberg und die Bürgerschaftswahlen in Hamburg wiesen die NSDAP als stärkste Partei aus. Ebenso war ihr Stimmenanteil in Bayern weiter angewachsen. Hitler sprach von einem „herrlichen Sieg" und verlangte, „keine Stunde zu ruhen".[35] In Preußen hatte das Staatsministerium, d.h. die Landesregierung, unter dem Sozialdemokraten Braun seine parlamentarische Basis verloren. Die NSDAP-Fraktion verfügte gemeinsam mit dem Zentrum über die Mehrheit des Landtagssitze. Als beide Parteien bei der Konstituierung des Landtags zusammengingen, konnte der Faschist Kerrl den Präsidentenstuhl besetzen. Das stellte den Auftakt für Fühlungnahmen zu einer Regierungsbildung dar. Doch kam das „schwarzbraune" Bündnis, der Umstieg der Zentrumspolitiker aus der Koalition mit den Sozialdemokraten in die mit der NSDAP, nicht zustande. Das Staatsministerium, in dem die Sozialdemokraten Braun und Severing die beherrschenden Figuren waren, führte die Geschäfte weiter. Seine Tage aber schienen schon gezählt.

Auch in den Präsidien und Ausschüssen anderer Länderparlamente verdrängten NSDAP-Abgeordnete Rivalen und Konkurrenten. In Anhalt beschlossen sie in die Regierung einzutreten und konnten in Dessau den Ministerpräsidenten stellen. Wenn auch in keinem der größeren Länder das Eindringen in die Regierungen gelang, so waren durch den Gewinn an sich bedeutungsarmer Ministerposten intime Informationen über die Vorhaben aller Reichsministerien zu erhalten. Zudem ließen sich vielfältige Beziehungen zu den Schaltstellen der zentralen Staatsbürokratie aufbauen. Beides kam der Parteispitze für die Bestimmung ihrer Taktik gelegen, wobei die nun verfügbaren Nachrichten aus dem Bereich des Innenministeriums den momentan größten Wert besaßen. Ein zwar öffentlich nicht wahrnehmbares, aber wichtiges Teilergebnis der Wahlsiege der NSDAP bestand darin, daß auch eine Minderheit von Beamten immer stärker das Bedürfnis spürte, sich bei dieser kommenden Partei rückzuversichern.

Ihre Verfügung über die Staatsmacht in den Ländern – so in Braunschweig und Anhalt – nutzten die NSDAP-Minister vor allem, um das Tätigkeitsfeld der Arbeiterparteien, ihrer einzigen ernstzunehmenden Gegner, einzuengen. Versammlungen und Zeitungen, vor allem der KPD, wurden unter wechselnden Vorwänden verboten. Nach dem schon von Frick in Thüringen gegebenen Beispiel erfolgte das Verbot der Vorführungen von Filmen, die in der UdSSR hergestellt worden waren oder deren pazifistischer Inhalt als mißliebig angesehen wurde. In Dessau erwirkten die Machthaber 1932 die Schließung des Bauhauses. Andererseits erwies sich – wie auch schon in Thüringen – erneut, daß der Eintritt in Länderregierungen die NSDAP in den Verruf brachte, Erfüllungsgehilfe der Notverordnungspolitik Brünings – alsbald auch der Papens – zu sein. So gesehen war es für die Werbekraft der Partei nicht unvorteilhaft, daß sie in den bevölkerungsreichen Ländern Preußen, Sachsen und Bayern, auch in Württemberg, Baden und Hessen außerhalb der Regierungen blieb. Insgesamt konnte sie sich auch weiterhin als die einzige entschiedenste Gegnerin der Kabinettspolitik darstellen.

Wieviel Kraft- und Siegesbewußtsein die Führer und die Anhängerschaft der NSDAP in den Wahlkämpfen auch gewonnen hatten, die Partei war der Inbesitznahme der Machtzentren in Berlin entgegen allen Voraussagen keinen Schritt näher gekommen. Die versprochene Entscheidung war nicht gefallen, der Durchbruch nicht erreicht. Fragen innerhalb der Partei reflektierte Anfang Mai ein Artikel Fricks, seine Überschrift lautete: „Was nun?" Der Vorsitzende der Reichstagsfraktion antwortete darauf mit der Forderung, Hitler die Reichskanzlerschaft zu übergeben, und offerierte dem Zentrum Regierungsbündnisse im Reich und in Preußen, deren Führung der NSDAP zukäme. Diese würde, beteuerte Frick, „nach den Grundsätzen der parlamentarischen Demokratie" verfahren. Der Reichstag sollte vorzeitig aufgelöst und Neuwahlen anberaumt werden.[36] Der Artikel umriß klar, wie Hitler und seine Mitführer sich die Übernahme der Regierungsgewalt nun vorstellten. Da im gegenwärtigen Parlament die beiden Parteien jedoch nicht über die Mehrheit verfügten, war als Eröffnungsschritt für die Herstellung dieser Konstellation nur denkbar, daß Hindenburg Brüning gegen Hitler auswechselte. Für das gleiche Parteienbündnis plädierte der Gauleiter und preußische Landtagsabgeordnete Kube, als er am 6. Mai auf einer Kundgebung in Kassel sagte: „Wegbegleiter auf dem Wege zur Macht lehnen wir nicht ab. Aber Adolf Hitler wird niemals bereit sein, Wegbegleiter des Zentrums zu sein."[37] Der Führungsanspruch gehörte fortan unabdingbar zu den Forderungen der NSDAP, an ihn band sie ihre Bereitschaft, mit Politikern anderer Parteien ein Regierungsbündnis einzugehen. Die Tage, da sie sich in Weimar mit der Übernahme eines Doppelministeriums begnügt hatte, lagen inzwischen hinter ihr.

Doch besaß die Partei aus eigener Kraft keine Möglichkeit, die Reichsregierung zu stürzen. Das Kabinett Brüning erhielt im Mai bei einer Abstimmung im Parlament zum letzten Mal eine, wenn auch knappe, Mehrheit. So ließ sich auch eine vorzeitige Reichstagsauflösung nicht erzwingen. Umgekehrt: Die Inhaber der Staatsgewalt hatten unmittelbar nach Hindenburgs Wahlsieg am 10. April bedeutet, daß sie noch über Mittel geboten, den NSDAP-Führern den Weg auf die Kommandohöhen der Staatsmacht zu verbauen oder sie doch zu zwingen, ihre Ansprüche zu mäßigen.

Auf eine Initiative, die Groener in seiner Eigenschaft als Reichsinnenminister nur unter dem Druck von wiederholt erhobenen Forderungen der Innenminister mehrerer Länder (u.a. Preußen, Bayern, Baden, Hessen) ergriff, wurden SA und SS drei Tage nach der Wiederwahl des Feldmarschalls verboten. Groener, der nach eigenem Urteil in den Geruch geraten war, „lieber mit den Nationalsozialisten paktieren" zu wollen, hatte damit auch der Situation sozialdemokratischer Politiker Rechnung getragen. Die benötigten eine vorweisbare Bestätigung für die Richtigkeit ihres Eintretens für Hindenburg, denn dem „linken Parteiflügel" sei damit doch eine „überstarke Belastung zugemutet worden".[38] Der Reichspräsident unterzeichnete die Auflösungsorder am 13. April, die mit der Groeners auch die Unterschriften Brünings und des Reichsjustizministers trug. Bei seiner Entscheidung berief sich das Kabinett auf illegale Maßnahmen, welche SA und SS für den Fall vorbereitet hatten, daß Hitler zum Reichspräsidenten gewählt worden wäre. Dann war beabsichtigt, seinen Sieg augenblicklich durch die verschärfte Terrorisierung aller Gegner zu befestigen.

Das Für und Wider dieses Verbots war zwischen Reich und Ländern, zwischen der Regierung und dem Staatsoberhaupt und in der Reichswehrführung lange erwogen worden. Dabei hatten sich widerstreitende Kalküle geltend gemacht. Kabinettsmitglieder debattierten, ob einem Verbot nicht ein Ultimatum an Hitler vorausgehen solle, in dem die Umstellung der SA oder deren Selbstauflösung verlangt würde. Diese Debatten bewirkten, daß das Vorhaben kein Geheimnis blieb. Schon am 12. April, einen Tag vor der Bekanntgabe des Verbots, ließ sich Hitler von einem britischen Journalisten nach seiner Reaktion auf ein Verbot befragen.[39] So fanden die eingesetzten Polizeikommandos die Parteileitungen und die SA-Stäbe überall wohlpräpariert. Nach einem Bericht aus Preußen waren die Gegenstände (Waffen, Ausrüstungen u.a.), denen eine Beschlagnahme drohte, vorsorglich beiseite geschafft worden. Die Polizeibeamten fanden, als sie Schubladen und Schränke in den NSDAP-Büros durchsuchten, ihnen gewidmete Inschriften und Spottverse vor. Eine Mitteilung aus Bayern sprach von einem „großen Spaß", den die Mitarbeiter der Reichsleitung gehabt hätten, als das „Braune Haus" besetzt worden sei.[40]

Schon das Zustandekommen des Verbots hatte die Uneinigkeit erkennen lassen, die an der Staatsspitze über die Behandlung der Partei und ihrer SA herrschte. Die einen lehnten diese Maßnahme ganz ab, weil sie gegen ihre Pläne schlug, die NSDAP an die Regierung heranzuführen und mit ihren Führer zu paktieren. Andere Gegner des Verbots kritisierten seine „Einseitigkeit". Sie wollten, nachdem der Rote Frontkämpferbund schon seit 1929 für illegal erklärt war, nun auch gegen die sozialdemokratische Eiserne Front und das Reichsbanner vorgehen, Gegner und Anhänger der Republik also auf eine Stufe gestellt wissen.[41] Der politisierende älteste Kaisersohn Wilhelm, der sich vorzugsweise an der Spitze von Stahlhelm-Formationen zeigte, schickte Groener sofort einen Brief, in dem er den Erlaß einen „schweren Fehler" nannte. Durch ihn – nicht durch das Treiben der SA – sah er „den inneren Frieden" bedroht. Der General, rüffelte der verhinderte Thronfolger, habe Mithilfe geleistet, „das wunderbare Menschenmaterial" zu zerschlagen, „das in der SA und der SS vereinigt ist und dort eine wertvolle Erziehung genießt". Darin erblickte der einstige Kronprinz einen herben Schlag gegen sein Bestreben „von jeher, ...ein Vertrauensverhältnis zwischen dem Reichswehrministerium und den nationalen Verbänden – speziell auch der NSDAP – herzustellen".[42]

Derart bekannte sich der älteste Sproß des entmachteten Kaisers, dessen zweite Gemahlin Hermine, eine Prinzessin Reuss ältere Linie, sich uneingeladen schon im Februar 1929 auf einem NSDAP-Parteitag eingestellt hatte, ausdrücklich zur Politik der „nationalen Konzentration". Schon als Wilhelm II., der im niederländischen Exil lebte, am Jahresbeginn 1932 die artigen Geburtstagswünsche seiner Söhne empfing, hatte Wilhelm, auf seine und seiner Brüder gefächerte Zugehörigkeit zu den deutschen Parteien und Organisationen anspielend, militärisch stramm gemeldet, jeder von ihnen habe in Deutschland seinen „Gefechtsstreifen", in dem er kämpfe, doch sei man sich im Ziel vollkommen einig.[43]

Nun schien diesem Denken und Planen die Gefechtsordnung durcheinander gebracht. Auch Hindenburg sah sich seiner Unterschrift unter den Verbotserlaß wegen von Standesgenossen und aus Reichswehrkreisen unter verstärkten Druck gesetzt. Hitler verbot den SA-Führern und Mannschaften indessen streng, es auf eine Kraftprobe ankommen zu lassen, und befahl, sich eine Zeitlang zurückzuziehen. Er und seine Mitführer konnten darauf vertrauen, daß dieser Schritt keine Wende im Verhältnis der Staatsmacht zur NSDAP einleitete und die Meinungsverschiedenheiten sich um so eher zugunsten der Partei geltend machen würden, je rascher die Isolierung der Regierung fortschritt. Die dachte nicht an weitergehende Maßnahmen, mit denen sie in die Lage gekommen wäre, das Aktionsfeld der NSDAP einzuengen. Vorschläge aus den Ländern, wie beispielsweise die Entfernung von Beamten, die für die antirepublikanische Partei eintraten, fanden in den Berliner Regierungskreisen taube Ohren. Hätte es für die aus der Sicht der NSDAP-Führer optimistische Beurteilung noch eines Beweises bedurft, so war er dadurch erbracht, daß sich General von Schleicher am 26. April und dann wieder am 8. Mai zu vertraulichen Gesprächen mit Hitler traf. Dabei ging es bereits um die Frage, wie sich die NSDAP-Führung zu einer Regierung „nach Brüning" einstellen würde, wenn ihr die Aufhebung des SA-Verbots und Reichstagsneuwahlen in Aussicht gestellt würden.[44] Zeugnissen der Sympathie und der Verbundenheit kamen den Parteispitzen von allen Seiten zu. Göring war am 20./21. Mai wieder Gast des Exkaisers im niederländischen Doorn. Hitler beteuerte später immer wieder, es sei einzig der Glaube gewesen, der ihn auf dem Weg zum Sieg geleitet habe. Er vergaß zu erwähnen, von wievielen Seiten er und seine Mitführer gerade in kritischen oder kritisch erscheinenden Situationen in diesem „Glauben" gestärkt worden waren.

Zudem konnte die Münchener Zentrale seit Jahresbeginn und dann nach ihren Wahlerfolgen im März und April verbuchen, daß sich immer mehr Personen aus den Führungsschichten der Wirtschaft um direkte Kontakte zu Hitler und seiner engeren Umgebung bemühten. Weithin wuchs das Interesse, sich aus erster Quelle über die Pläne informieren zu lassen, die im Falle einer Regierungsübernahme durch den NSDAP-Führer in Angriff genommen werden würden. Mitunter wurden den maßgeblichen Politikern auch branchen- oder firmenspezifischen Belange nahegebracht. Eine Isolierung als Folge des SA-Verbots war daher nicht zu fürchten und für Gelassenheit existierte viele, für panische Reaktionen keinerlei Gründe.

Mitten in den Wahlkämpfen um das höchste Staatsamt und die Sitze in den Landtagen hatte sich Hermann Reusch, der Vorstandsvorsitzende der Gutehoffnungshütte Aktienverein für Bergbau und Hüttenbetrieb, dessen Einfluß über eine Aktienmehrheit auch in die Maschinenfabrik Augsburg-Nürnberg reichte, bei Hitler in München eingefunden. Damit wurde die

Verbindung zu einem der einflußreichsten Industriellen des Rhein-Ruhr-Gebiets hergestellt. Reusch war der Urheber und „Schriftführer" der sog. Ruhrlade, einer zwölfköpfigen intimen Gesellschaft von Industrieführern aus der Kohle- und Stahlindustrie, und hatte viele Funktionen in nationalen und internationalen Vereinigungen von Unternehmen inne. Er gehörte zu jener Gruppe von Schwerindustriellen, die seit Herbst 1931 zur Brüning-Regierung in strikte Opposition getreten waren. Nun suchte er auf Hitler einzuwirken, den schon mehrfach erörterten Weg in die Staatsspitze über Bündnisse auf Länderebene zu nehmen. Bayern schien ihm wegen der denkbaren Verständigung zwischen der NSDAP und der Bayrischen Volkspartei dafür ein geeignetes Einstiegsterrain zu sein. Reusch bot seine Mithilfe an. Die von ihm beeinflußten Zeitungen in München und Nürnberg würden sich im Wahlkampf gegenüber Hitler zurückhalten, um ein so gedachtes Bündnis mit vorzubereiten.

Ähnlich sprach sich Fritz Springorum, Generaldirektor der Hoesch AG für Bergbau und Hüttenbetrieb, Mitglied der DNVP, der seit 1930 auch an der Spitze des sog. Langnamvereins stand und Kassenwart in der Ruhrlade war, im Hinblick auf Preußen aus, in dessen Landtag nach den Wahlen am 24. April eine Mehrheit von NSDAP- und Zentrumsabgeordneten erwartet wurde. Offensichtlich wollten sich Wirtschaftsführer anhand des Funktionierens solcher parteipolitischer Kombinationen in den Ländern auch praktisch davon überzeugen lassen, daß die NSDAP-Führungsgruppe zur Übernahme größerer Aufgaben befähigt sei. Zu den freundlichen Gesten aus Industriekreisen gehörte auch die Einladung, die der Vorstandssprecher der Daimler-Benz Werke, Wilhelm Kissel, an Hitler richtete. Er möge sich in den Betrieben der Firma, die ihn „schon in seinen schwersten Zeiten unterstützt" habe, zu einer Besichtigung einfinden. Damit war auch die Entscheidung des NS-Führers honoriert, derzufolge die Partei nur noch Autos dieses Typs benutzen werde.[45] Nicht nur die Stuttgarter Firmenchefs hofften darauf, daß Hitler und seine Mitführer ihren kommenden Einfluß für die Motorisierung und ein modernes Verkehrswesen einsetzen würden.

Hitler, der sich weniger auf anonyme Apparate seines expandierenden Parteigefüges orientierte, denn den Rat von Personen suchte, die ihm ergeben waren, hatte seit Jahresbeginn einen persönlichen Wirtschaftsberater an sich gezogen. Er erhielt unabhängig von den Mitarbeitern in der Münchener Organisationsabteilung II direkte Aufträge des Parteiführers. Wilhelm Keppler war, bevor er seine zweite Karriere an Hitlers Seite begann, selbst Unternehmer gewesen und hatte eine Fabrik für Fotogelantine, die Odinwerke im badischen Eberbach, geleitet, die mit seinem eigenen und ausländischem Kapital (Eastman-Kodak) arbeitete. In seiner neuen Funktion begann er im Frühjahr 1932 mit der Bildung einer Gruppe von Industriellen, deren Existenz und Wirken erst viel später und dann unter dem Namen „Keppler-Kreis" bekannt wurde und die dem obersten Parteiführer mit ihren Ratschlägen und Vorstellungen zur Verfügung stand.[46] Die Idee, einen derartigen Zirkel zu bilden, hatte zu gleicher Zeit auch Hjalmar Schacht zu verwirklichen begonnen, der seinem Unternehmen die Tarnbezeichnung „Arbeitsstelle Dr. Krämer" gegeben und dafür auch bereits Geld bei Industriellen gesammelt hatte. Nach der Beilegung von Rivalitäten vereinigten sich Schachts und Kepplers im Ziel gleichgerichtete Bestrebungen. Es war eine Frucht der Arbeit beider, daß Hitler im Juni 1932 in seiner Nobelsuite im Berliner Hotel „Kaiserhof", in Sichtweite der Reichskanzlei, einen erlesenen Kreis von Gästen empfangen konnte. Er fand Personen um sich versammelt, von denen er sicher sein konnte, daß sie seine Kanzlerschaft wünschten und dabei mittun würden, Hindernisse auf dem letzten Wegstück beiseite zu räumen. Über sie ließ sich die Zahl der industriellen und großagarischen Förderer der Partei vermehren. Und von ihnen ließ sich erfahren, welche Erwartungen die an eine von ihm geführte Regierung knüpften.

Dieser organisatorisch locker strukturierte Keppler-Kreis stand Hitler und dessen engsten Beratern am nächsten. Doch waren nun, da Brünings Kabinett wankte und die innenpolitische Situation an der Staatsspitze in Fluß geriet, immer mehr Industrielle und Verbandsfunktionäre darauf aus, zumindest nicht als absolute Gegner der aussichtsreich an die Macht drängenden Politikergruppe zu gelten. Auch Jacob Herle, eines der geschäftsführenden Mitglieder im Präsidium des Reichsverbandes der Deutschen Industrie, suchte im August 1932 Verbindungen zur Wirtschaftspolitischen Abteilung in der Münchener Zenrale herzustellen, um eine kritische Analyse der wirtschaftlichen Aussagen der NSDAP vorzulegen, welche die Interessen der Großwirtschaft betrafen.

Im Grunde blieb die wirtschaftspolitische Programmatik und das nicht wegen der ihnen intern zufließenden Ratschläge für den Moment und für die Zukunft für die Parteiführer ein Sorgenthema. Zum einen wollte, je näher der Tag der „Machtergreifung" zu sein schien, nun auch die Masse der Mitglieder und Wähler wissen, welchen Kurs ihr Kanzler Hitler einzuschlagen gedachte. Wie würde er die Krise und deren Folgen überwinden, die Arbeitslosigkeit beseitigen, die Bauern entschulden, den Handwerkern und Händler wieder zu auskömmlichen Geschäften verhelfen? Und gleichzeitig wünschte die besitzenden Förderer und Parteigänger, die nicht so nahe an der Führungsgruppe standen, als daß sie mit vertraulichen Informationen versorgt wurden, verbindliche und sie beruhigende Zusagen: Wie gedachte es die Partei mit Staatsaufträgen, Steuern und Zöllen, ganz generell mit dem Verhältnis von Staatsmacht und Privatwirtschaft zu halten?

Eine großbürgerliche Zeitung hatte noch im Frühherbst 1930 geschrieben, bei „der Lektüre des 'Völkischen Beobachters' und des Wirtschaftsprogramms des Herrn Abgeordneten Feder sträuben sich einem die Haare." Doch war der Autor nicht ohne Hoffnung. Wenn man erst zusammenarbeite, würden sich „die Probleme des Tages wohl anders darstellen." Quelle dieses Optimismus war seinerzeit schon die Rolle Fricks im Thüringischen Kabinett gewesen. Da habe sich nämlich gezeigt, „daß die Nationalsozialisten den Unterschied zwischen Opposition und Verantwortung durchaus begreifen. Sie haben dort zugestimmt einer Kopfsteuer ohne Staffelung, der Erhöhung des Schulgeldes, erheblichen Ersparnissen im Wohlfahrtswesen und im Schuletat." Ja, regierend hätten sie sogar frühere eigene Oppositionsanträge zugunsten von Erwerbslosen, Klein- und Sozialrentnern gemeinsam mit den anderen Rechtsparteien niedergestimmt.[47]

Das diffizile Problem verschärfte sich, je mehr die NSDAP Aussicht gewann, in die Reichsregierung zu gelangen. In der Wirtschaftsabteilung der Münchener Zentrale arbeiteten um Otto Wagener Funktionäre mit dem Auftrag, kleinbürgerliche Schichten zu gewinnen. Ihr Erfolg war um so größer, je bestimmter ihre Zusagen für künftige Regierungsschritte ausfielen. Es war diese mittelständische Gruppe, die einerseits für die Parteiagitation unentbehrlich blieb und die andererseits permanent Anstoß in großbürgerlichen Kreisen erregte. Hitler konnte deshalb nur auf die Zügelung ihrer Aktivitäten drängen, und schon die fiel schwer genug. Zudem hatte er den in „Mein Kampf" als Quelle seiner eigenen Erleuchtung gepriesenen „Theoretiker" Feder zum Vorsitzenden eines Parteigremiums gemacht, das großspurig Reichswirtschaftsrat hieß. Hatte Hitler sich Anfang 1931 mit dessen Mitgliedern noch zu Debatten zusammengefunden, so bevollmächtigte er nun – ein Jahr später – Keppler, die Arbeit dieser Gruppe zu ignorieren. Keppler seinerseits stand nicht an, ihre Mitglieder und deren Produktionen gegenüber seinen Partnern zu desavouieren und für unverbindlich zu erklären. Emil Helfferich, Aufsichtsratsmitglied und Generaldirektor eines Konzerns für Pflanzungen in Übersee mit Sitz in Hamburg/Batavia, erfuhr im Mai 1932 von Fritz Kranefuß, dem als Bankkaufmann ausgebildeten Mitarbeiter Kepplers, daß Hitler seinem Wirtschaftsberater ausdrücklich erklärt habe, er brauche „sich um die Theorien des Braunen Hauses absolut nicht zu kümmern". Obendrein habe Hitler versichert, er werde dafür sorgen, „daß Veröffentlichungen und Reden seitens der wirtschaftspolitischen Abteilung des Braunen Hauses unterbunden würden."[48] Das war kein bloßes Versprechen.

Schon als Wagener seinen Entwurf für „Das Wirtschaftsprogramm der NSDAP" am 27. April vorgelegt hatte, war ihm im Wirtschaftsrat von Hitlers Sekretär Hess, von Feder und Strasser widersprochen und die Verwendung des Textes als offizielle Stellungnahme der Partei untersagt worden. Er sollte nicht einmal als Material für Referenten Verwendung finden.⁴⁹ Indessen ließ sich in den Wahlkämpfen ohne wirtschaftspolitische Aussagen nicht auskommen. So wurde schließlich der Extrakt einer Rede Strassers zum „Wirtschaftlichen Sofortprogramm" erklärt und als Rednermaterial in die inzwischen eröffnete Wahlkampagne für den Reichstag gegeben. Das geschah mit dem ausdrücklichen Bemerken: „Alle Äußerungen von Parteigenossen, die von diesem Material abweichen oder ihm widersprechen, sind lediglich als private Meinungsäußerung zu betrachten."⁵⁰ Doch kam auch diese Vorlage nicht ohne Versprechen aus. Sie erregten wie alle vordem den Unwillen derer, die sich zwar schon überzeugt hatten, daß Hitler kein Sozialist war, nun aber durch seine engste Umgebung und die unmittelbare Mitführerschaft nicht immer wieder beunruhigt und unsicher gemacht werden wollten. Am 12. September, das „Sofortprogramm" hatte seine Dienste als Wahlreklame getan, konnte Schacht dem interessierten Paul Reusch endlich schreiben, daß die anstößige Broschüre – die in einer Auflage von 600.000 Exemplaren gedruckt worden war⁵¹ – nicht mehr verteilt und der Rest der Exemplare vernichtet werden würde.⁵² Am 17. September wurde zudem eine Neugliederung der Wirtschaftspolitischen Abteilung der Reichsleitung vorgenommen. Wagener blieb an ihrer Spitze, Feder erhielt die Unterabteilung Staats-, Funk die für die Privatwirtschaft. Keppler, um auch räumlich den Zentralen der Großwirtschaft bzw. deren Büros in der Reichshauptstadt nahe zu sein, verlegte als erster der engen Mitarbeiter Hitlers auch seinen Privatwohnsitz von München nach Berlin. Hitler reagierte von nun an auf jede Nachricht, daß einer seiner Mitarbeiter durch Ausführungen vor Industriellen oder Agrariern Mißfallen erregt hatte, ohne Ansehen der Person. Feder erhielt am 30. Oktober einen Brief, in dem ihm Heß unumwunden ein faktisches Verbot weiteren Auftretens in Wirtschaftsfragen mitteilte. Hitler werde sich das künftig vorbehalten und er – Feder – könnte nur nach schriftlich eingeholter Genehmigung noch Einladungen folgen.⁵³

So hatte sich schon nach kurzer Zeit seiner Existenz der Keppler-Kreis und in seinem Verein auch der außer Dienst getretene Reichsbankpräsident Schacht als ein Schaltzentrum erwiesen, das für Hitlers und seiner Mitführer Weg in der Regierung mindestens ebenso wichtig wurde wie die ganze Reichsleitung. Denn zu diesem Kreis gehörten seit seiner Gründung – neben den schon erwähnten Keppler, Kranefuß, Schacht, Vögler und Helfferich – Rudolf Bingel, Vorstandsmitglied der Siemens-Schuckertwerke AG, Regierungsrat a. D. Ewald Hecker, Ilseder Hütte und Präsident der Industrie- und Handelskammer Hannover, Carl Vincent Krogmann, Emil Meyer, Dresdner Bank AG, Friedrich Reinhart, Direktor und Aufsichtsratsvorsitzender der Commerz- und Privat-Bank und Präsident der

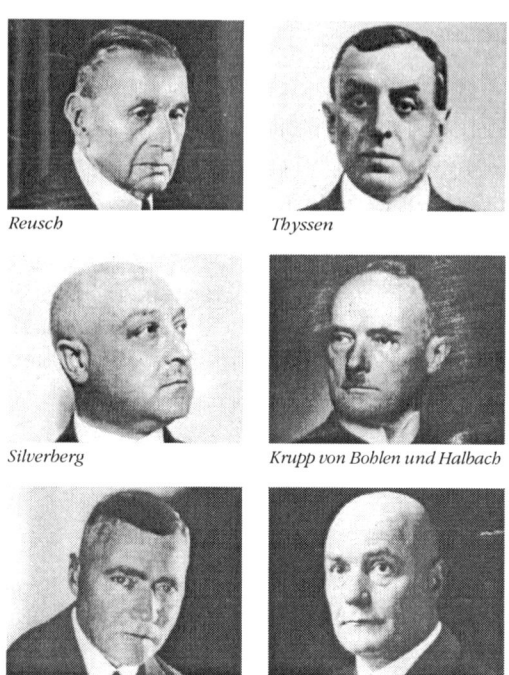

Reusch Thyssen
Silverberg Krupp von Bohlen und Halbach
Springorum Klöckner

Industrie- und Handelskammer zu Berlin, August Rosterg, Generaldirektor der Wintershall AG, Heinrich Schmidt, Rechtsanwalt und Vorsitzender mehrerer Aufsichtsräte in Norddeutschland, Otto Steinbrinck, Generalbevollmächtigter Flicks, Mitteldeutsche Stahlwerke AG und Heinrich Witthoeft, Großkaufmann und Mitinhaber der Fa. A. O.Meyer, Hamburg sowie der Privatbankier Kurt Freiherr von Schröder, der auf dem Wege des NSDAP-Führers in die Reichskanzlei noch eine Sonderrolle spielte. Offenbar war nur ein einziger Großagrarier in die illustre Gesellschaft gebeten worden, Gottfried Graf Bismarck-Schönhausen.[54] Der Enkel des ersten Reichskanzlers, der im ostpommerschen Kreis Rummelsburg auf Schloß Warzin residierte, hatte sich dort der NSDAP bereits 1929 als Gaufachberater zur Verfügung gestellt. Dieser gemischte Zirkel von Industriellen und Bankiers, Kaufleuten und Funktionären in Interessenverbänden war eine ergiebige Quelle für Informationen und Ratschläge, Stimmungen und Warnungen. Hitler konnte zwar nicht für die Reklamezwecke, wohl aber für seine eigene Orientierung auf die Vorschläge aus der Münchener Reichsleitung getrost verzichten.

Im Wissen um die zunehmende Zahl von Mächtigen der deutschen Wirtschaft, die zur Regierung Brüning in Opposition gegangen waren, konnten die NSDAP-Führer schon seit dem Frühjahr 1932 abwarten, wie sich die erkennbaren Differenzen entfalten würden. Hitlers freilich nicht sonderlich entwickelte Geduld wurde nicht überstrapaziert. Die Meinungsverschiedenheiten, die innerhalb des Kabinetts entstanden, sich zwischen dem Kanzler und dem von seinen Beratern dirigierten Reichspräsidenten entwickelten, stimmten ebenso hoffnungsvoll wie die Kritik, welche aus der Reichswehrführung und von politischen Klubs an der Regierung geübt wurde. Ende Mai 1932 stürzte das Kabinett Brüning. Die Karriere des Kanzlers, der unter allen Regierungschefs des Weimarer Staates das Amt am längsten bekleidet hatte, wurde durch einen Entscheid Hindenburgs abrupt beendet. Er hatte nicht vermocht, die rivalisierenden antidemokratischen Kräfte zu sammeln. Er war offenkundig und endgültig bei dem Versuch gescheitert, die Parteien der „Harzburger Front" mit anderen Politikern zu gemeinsamem Handeln zusammenzuführen. Vor allem hatte er es nicht fertiggebracht, die den schärferen Rechtskurs behindernde sozialdemokratische Unterstützung entbehrlich zu machen.

Hindenburg setzte – einer Empfehlung des Generals von Schleicher folgend – Franz von Papen, einen katholischen Deutschnationalen, der bisher zur Zentrumspartei gehört hatte und ein wenig beachteter Abgeordneter dieser Partei im Preußischen Landtag gewesen war, an die Spitze einer Regierung, die wegen ihrer aristokratisch-adligen Zusammensetzung bald den Namen „Kabinett der Barone" erhielt. Sein Zustandekommen bedeutete nicht mehr als eine Zwischenlösung. Jedoch wurden in den folgenden Monaten viele wirtschaftspolitische Wünsche und Forderungen erfüllt, denen sich die Regierung Brüning verweigert hatte. Das trug den Nachfolgern den offenen und geheimen Beifall der Wirtschaftsführer und ihrer Verbände ein.

Doch von Papen besaß außer der kleinen Politikergruppe der Deutschnationalen keinerlei Rückhalt im Parlament. Vom Tage seiner Ernennung an regierte er mit permanenter Mißachtung der Verfassung. Unmittelbaren politischen Nutzen zog aus dem Regierungswechsel vor allem die NSDAP, die der Kanzler am 20. Juli 1932 in seiner vor allem gegen die KPD gerichteten Rundfunkrede, wohlwollend eine „aufstrebende Bewegung" nannte.[55] Für das Papen intern gegebene und später bestrittene Versprechen, seiner Regierung nicht sofort feindselig entgegenzutreten, erhielt Hitler die Zusage, daß der Reichstag aufgelöst, Neuwahlen anberaumt und das SA-Verbot zurückgenommen werden würde. Also tolerierte die Nazipartei das neue Kabinett, aber sie tat das - wie die „Weltbühne" schrieb - mit dem Revolver in der Hand und präsentierte dem Kanzler in den folgenden Wochen Wechsel auf Wechsel.[56] Öffentliche Bekenntnisse zu Maßnahmen der Regierung wurden den NSDAP-Abgeordneten nicht abverlangt. Der Reichstag trat nicht mehr zu einer einzigen Sitzung zusammen. Papen hätte nicht wagen können, den Abgeordneten die Vertrauensfrage zu stellen. Die Verfassung wurde schon behandelt wie ein bloßer Fetzen Papier. Da die Neuwahl am 31. Juli stattfinden sollte, konnte die NSDAP-Führung ihren Mitgliedern auf die Frage „Was nun?" wieder eine bestimmtere Antwort geben. Hitler rief erneut eine „Entscheidungsschlacht" aus. Die in einem frühen Stadium befindlichen Koalitionskontakte mit dem Zentrum, die sich vor allem auf Preußen gerichtet hatten, wurden unterbrochen. Die Partei hielt es für das Vorteilhafteste, wenn sie sich wie bei allen voraufgegangenen Wahlen auch allen bürgerlichen Parteien scharf entgegenstellte und dabei blieb, sich als „antibürgerliche" Kraft auszugeben. Auch das Zentrum sah sich wieder zum Gegner erklärt und das u.a. mit der Begründung, daß dessen Politiker in Preußen nach wie vor mit Sozialdemokraten die Landesregierung bildeten, die seit den Aprilwahlen geschäftsführend amtierte. Der Wahlaufruf der NSDAP beschuldigte das Zentrum, die „Übernahme der Verantwortung durch die NSDAP" verhindert zu haben. Dafür werde man sich nun an ihm rächen. Der Hauptstoß ziele nunmehr darauf, „die Macht der schwarz-roten Parteien" (des Zentrums und der Sozialdemokratie - d. Vf.) zu brechen. „So Gott will", werde die Partei am 1. August ohne Pakt und Kompromiß im Reiche regieren.[57] Das war viel Wortgeprassell, denn auch in der Führung glaubte niemand, daß sich eine Wählermehrheit für die NSDAP entscheiden könnte.

Der Appell enthielt keinen Angriff gegen die Regierung, was den Faschisten nicht nur zeitweilig den Spottnamen „Papenkreuzler" einbrachte, sondern sie im Wahlkampf vor eine neuartige Situation stellte. Bisher waren sie stets als schärfste Opponentin der jeweiligen Reichsregierung aufgetreten und hatten ihre Stimmen nicht zuletzt aus der Unzufriedenheit der Massen mit den amtierenden Kabinettspolitikern gezogen, gegen die sie die skrupellosesten verbalen Angriffe richteten. Stets hatte die NS-Propaganda den Weimarer Staat verächtlich als „System" und alle Parteien, die an Kabinetten beteiligt waren oder sie tolerierten, als „Systemparteien" bezeichnet. Es bedurfte daher eines zusätzlichen demagogischen Aufwandes, um die taktisch begründete Schonung gerade dieses Kanzlers und seines Kabinetts zu überspielen.

Mit dem Blick auf den Wahlkampf und darüberhinaus auf den fest erwarteten Einstieg in die Staatsmacht wurden Mitte Juni mit der Reorganisation des zentralen Münchener Apparats begonnen und die Reichsleitung umstrukturiert. Es entstand eine einheitliche Organisationsleitung, an deren Spitze Gregor Strasser trat, zu dessen Stellvertreter Robert Ley aufstieg. Strasser war gleichzeitig für eine von sechs Hauptabteilungen direkt verantwortlich, zu der die Ämter bzw. Abteilungen für Innen-, Rechts-, Kommunal-, Beamten- und Frauenpolitik gehörten sowie die für Presse, Volksbildung, Volksgesundheit (mit der Unterabteilung Rassefragen), Ingenieurtechnik, Kriegsopferversorgung, Seefahrt und für die Deutschen im Ausland. Ihm wurden auch die Spezialorganisationen der NSDAP, der Juristen-, der Lehrer- und der Ärztebund, direkt unterstellt. Ausgegliedert worden war das Amt für Wehrpolitik, das nun der SA-Führung unterstand. Diese Neuregelung ließ Strasser auf den Gipfelpunkt seiner Karriere gelangen.

Die Hauptabteilung Wirtschaft leitete der ehemalige Hauptmann Otto Wagener, neben der als eigene weitere wirtschaftspolitische Hauptabteilung der Agrarpolitische Apparat etabliert wurde, die weiterhin R. Walther Darré führte. Doch verzichtete die Parteiführung auch jetzt auf die Gründung einer eigenen Organisation zur Gewinnung von Bauern. Inzwischen hatte sich schon erwiesen, daß auf dem Wege, in die vorhandenen landwirtschaftlichen Organisationen einzudringen und in deren Führungen zu gelangen, rasch und fortschreitend Erfolge erreicht werden konnten. Seit die NSDAP im März 1931 die Losung „Hinein in den Reichslandbund" ausgegeben hatte, war sie in ihm rasch zu Einfluß gelangt und bereits Ende 1931 konnte der Stellvertreter Darrés, Werner Willikens, in dessen Präsidium einziehen und einer der vier Präsidenten der von Großagrariern dominierten Organisation werden.

Für Grundsatzfragen der Wirtschaftspolitik existierte im Münchener Apparat ein besonderes Referat, dem Walther Funk vorstand, der auch die Redaktion der wirtschaftspolitischen Korrespondenz innehatte. Bernhard Köhler, einer der Wirtschaftsideologen der NSDAP[58], war für die Arbeitsbeschaffungsfragen, Fritz Reinhardt für Steuern und Finanzen, Adrian von Rentelen für die Mittelstandspolitik, Max Frauendörffer für das Projekt Ständestaat zuständig. Als Presse- und Propagandareferent für Wirtschaftspolitik wirkte mit Ottokar Lorenz ein „alter Kämpfer" der sich in seiner Dissertation mit dem Marxismus befaßt hatte und u.a. durch eine Veröffentlichung unter dem Titel „Karl Marx – der Schrittmacher des Kapitalismus" hervorgetreten war.[59] Der Charakter dieser Arbeit und der Einfluß derjenigen, die sie leisteten, wird u.a. daran deutlich, daß – abgesehen von Fritz Reinhardt, der Staatssekretär im Reichsfinanzministerium wurde – keiner von ihnen später im Staat einen herausragenden Platz im Wirtschaftsapparat bezog und irgendwelchen Einfluß auf grundlegende wirtschaftspolitische Entscheidungen gewann. Einige der in München als Amts- und Ressortchefs tätigen Mitarbeiter des zentralen Parteiapparats stiegen jedoch später weit auf: Das galt für Fritz Todt, der es wie auch Hans Frank bis zum Reichsminister brachte, für Gerhard Wagner, den „Reichsärzteführer" und für Karl Fiehler, der Oberbürgermeister im zur „Stadt der Reichsparteitage" erklärten Nürnberg wurde, und auch für Max Amann, den späteren Verlags- und Pressezaren der NSDAP. Andere erhielten ihre zwar weniger in der Öffentlichkeit sichtbaren, aber beachtlichen Plätze in der Reichsministerialbürokratie.

Zwei im Sommer 1932 neugeschaffene Reichsinspektionen sollten die NSDAP-Apparate in den Gauen führen und überwachen; sie wurden von Paul Schulz und Robert Ley geleitet. Zwischen diese Reichsinspekteure und die Gauleiter traten als neue Organisationsstufe neun Landesinspekteure. Auf diese Posten avancierten Goebbels, Martin Mutschmann und andere als besonders verläßlich und erfolgreich geltende Gauleiter, von deren Tätigkeit man sich eine straffere Beherrschung der gesamten Führer- und Mitgliedschaft und ihren effektvolleren Einsatz versprach.[60] Mit den Veränderungen erging ein Erlaß Hitlers, wonach Anträge, die NSDAP-Fraktionen in parlamentarischen Körperschaften stellen wollten, wenn sie sich „mit grundsätzlichen Fragen auch wirtschaftlichen Charakters" befaßten, vorher mit Strasser zu besprechen wären.[61] Auch dies sollte gewährleisten, daß Abgeordnete nirgendwo eine Initiative ergriffen, die in bürgerlichen Kreisen neue Irritationen über eine künftige Regierungspolitik entstehen ließen.

Bereits Anfang Mai war zudem eine „Reichsarbeitsgemeinschaft nationalsozialistischer Journalisten" gegründet worden, der nur Parteimitglieder angehörten. Der Leiter der Reichspressestelle Otto Dietrich, ein ehemaliger Redakteur der deutschnationalen, in Essen erscheinenden „Nationalzeitung" und Schwiegersohn des Besitzers der großbürgerlichen „Rheinisch-Westfälischen Zeitung", der sich zunehmend Hitlers Gunst erfreute, sollte dafür sorgen, daß alle parteieigenen Zeitungen auf dem Kurs der Führung gehalten wurden.[62] Insgesamt war allen diesen Maßnahmen die Absicht äußerster Zentralisierung und Disziplinierung der Parteikräfte abzulesen. Die „Schlagkraft der NSDAP", deren Mitgliederzahl nach offiziellen Angaben der Millionengrenze zustrebte[63], sollte erhöht und garantiert werden, daß sie ausschließlich in die befohlene Richtung gelenkt würde.

Für den Wahlkampf der NSDAP war es von äußerstem Vorteil, daß Papen am 16. Juni das Verbot der SA und der SS aufhob. Das geschah gegen den erklärten Widerspruch von Länderregierungen und mit der verlogenen Begründung, durch diese Maßnahme seien „weiteste Kreise der Bevölkerung vor den Kopf gestoßen" worden und eine „gewisse Ungerechtigkeit" entstanden.[64] Mit Vehemenz betraten die Terrorkolonnen wieder die politische Szene. Erneut nahmen sie ihren nach den Wahlkämpfen des Frühjahrs unterbrochenen blutigen und mörderischen Feldzug auf, dessen Opfer Mitglieder von KPD, SAP, SPD, ADGB, Eiserner Front und Reichsbanner wurden. Verheerend tobten sich die faschistischen Schläger in proletarischen Straßenvierteln von Großstädten aus. Gaststätten, in denen organisierte Arbeiter verkehrten, Gewerkschaftshäuser, Arbeiterwohnkolonien, Tanzvergnügen, selbst Privatwohnungen - niemand und nichts war vor ihnen sicher. Von ihren „Sturmlokalen", das waren Gaststätten, in deren Hinterzimmern sich SA-Einheiten gegen die Garantie einer Verzehrsumme auf Dauer eingemietet hatten, zogen sie mit Pistolen, Stich-, Schlag- und Hiebwerkzeugen aus, um von Versammlungen heimkehrende Antifaschisten zu überfallen. Selbst wegen ihres brutalen Vorgehens stadtbekannte SA-Einheiten, wie der berüchtigte Berliner SA-Sturm 33, blieben von der Justiz unbehelligt. Lässig, widerwillig und auch offen wohlwollend verhandelten mit deutschnationalen Sympathisanten besetzte Gerichtssenate gegen die wenigen ermittelten Täter. Die ausgeworfenen Strafen ermutigten eher, als daß sie abschreckten. Zudem konnte die mörderische Bande darauf vertrauen, daß sie eine Amnestie alsbald wieder auf freien Fuß setzen würde.

Der Wahlkampf des Juni/Juli 1932 betraf nicht nur die Zusammensetzung des künftigen Parlaments, dessen Einfluß auf die Regierungspolitik ohnehin unbedeutend sein würde. Mit der Kanzlerschaft Papens hatte dieses Staatswesen schon eine neue Qualität erreicht, aber noch die keine feste und dauerhafte Form angenommen. Die innenpolitischen Auseinandersetzungen in Deutschland spitzten sich auf die Frage zu: Faschismus oder Antifaschismus. Darin lag die eigentliche Tragweite der bevorstehenden Entscheidung. Kommunisten und nicht wenige Beobachter, die um die Zukunft der Republik fürchteten, spürten, daß die Kämpfe in ihre entscheidende Phase gelangt waren. Manche sahen richtig voraus, daß ihr Ausgang die Entwicklungsrichtung der deutschen Geschichte auf viele Jahre hinaus prägen konnte. Entweder gelang es, auf die Pläne zum vollständigen Abbau des bürgerlich-parlamentarischen Regimes, das faktisch zunehmend außer Kraft gesetzt wurde, mit einer machtvollen, abschrekkenden Gegenoffensive zu antworten, oder Deutschland drohte in die Diktatur der Faschisten mit ihren barbarischen Folgen zu versinken. Entweder die Arbeitermassen schlossen sich zusammen und veränderten durch ihre Frontstellung das Kräfteverhältnis so grundlegend, daß den Republikfeinden die Lust auf ein Kräftemessen verging, oder die Verfechter der expansionistischen und kriegerischen Vorhaben würden triumphieren. Es galt: Du mußt steigen oder sinken, Amboß oder Hammer sein. Diese Entscheidung besaß internationale Tragweite. Indessen: Ob dieser Gedanke an eine Gegenwehr nicht bereits Mitte 1932 ein schöner Wunschtraum geworden war, für dessen Verwirklichung keinerlei reale Voraussetzungen mehr existierten, ob die Weichen nicht viel früher schon unkoorigierbar gestellt waren, das bleibt umstritten wie alle Geschichte, die sich nicht ereignet hat.

Am 25. Mai 1932, als die alarmierenden Wahlresultate des April vorlagen, die NSDAP mehr Wähler in Preußen mobilisiert hatte als die beiden Arbeiterparteien, das Brüning-Kabinett in seine Endkrise geraten war und der „legale" Eintritt von NSDAP-Politikern in die Regierungen Preußens und des Reiches drohte, rief die KPD auf, sich zu einer Antifaschistischen

Aktion zusammenzuschließen. Es sollte keine neue Organisation geschaffen werden, sondern eine breite überparteiliche Massenbewegung entstehen, deren Hauptziel darin bestand, alle Pläne zur „Aufrichtung einer offenen, faschistischen Diktatur in Deutschland" zu vereiteln.[65] Kernstück und Kristallisationspunkt einer solchen Sammlung konnten nur die parteipolitisch und gewerkschaftlich organisierten Arbeiter sein. Ein Gelingen des politischen Entwurfs setzte nach Thälmanns Worten voraus, daß die „vorhandene Mauer" niedergerissen wird, „die zwischen sozialdemokratischen und kommunistischen Arbeitern steht".[66] Die Anstrengungen der KPD, die Kongresse und Kundgebungen der Antifaschistischen Aktion einberief und durch ihre Fraktionen in den Länder- und anderen Territorialparlamenten bekundete, daß sie keine Vorbedingungen für das Zusammenwirken gegen den Faschismus stellte, ausgenommen die Bereitschaft zum aktiven Kampf, führten zu Anfangserfolgen. Ein Durchbruch, der das Kräfteverhältnis entscheidend verändert hätte, gelang nicht. Er hätte zwei Voraussetzungen besessen. Die kommunistische Absage an die politische Verteufelung der Sozialdemokraten als „Sozialfaschisten" und eine grundsätzlich neues Konzept für eine Einheitsfront, das außerhalb jedes Verdachts stand, den Verbündeten vereinnahmen oder ausschalten zu wollen. Und das sozialdemokratische Eingeständnis, daß die Politik des „kleineren Übels" gescheitert war. Beide Parteien hatten ihre Politik grundlegend neuzubestimmen. Keine erwies sich dazu als fähig und jede hätte es wohl nur in dem Grade vermocht, in dem auch die Konkurrenz sich selbstkritisch zeigte. Wenn dennoch kampfbereite Mitglieder und untere Organisationseinheiten der SPD zu gemeinsamem Handeln mit Kommunisten fanden, so hatte daran die gewalttätige Verfolgung aller Antifaschisten durch die Terrorbanden des Faschismus selbst beträchtlichen Anteil.

Zur Methode, Macht zu demonstrieren, Gegner einzuschüchtern und die Gefolgschaft verschwörerisch und verbrecherisch zusammenzuschließen, gehörten – wie in Braunschweig zuletzt praktiziert – provokatorische Märsche in Wohnviertel der Arbeiter, die Hochburgen der Arbeiterparteien waren. Unter dem Schutz schwerbewaffneter Polizisten und mit der Genehmigung des sozialdemokratischen Polizeipräsidenten marschierten am 17. Juli zu solcher Demonstration aus der Stadt und ihrer weiteren Umgebung herbeikommandierte Sturmabteilungen in Altona auf, das zur preußischen Provinz Schleswig-Holstein gehörte. Als sich viele Altonaer Arbeiter dem entgegenstellten, kam es zu Straßenschlachten. Die Bilanz des Tages betrug 18 Tote, davon zwei SA-Leute. Die meisten der Getöteten waren gänzlich unbeteiligte Personen, die von der Polizei erschossen wurden, als sie „Ruhe und Ordnung" wiederherstellte.[67] Das Ereignis, das als „Altonaer Blutsonntag" in die Geschichte der Republik einging und dem nach dem Sieg der Faschisten 1933 die ersten vier gegen Antifaschisten gefällte und vollstreckte Todesurteile folgten, war ein Beweis in einer ganzen Kette dafür, wen die Papen-Regierung mit der Aufhebung des SA-Verbots freigesetzt hatte. Doch nahmen nur die kommunistischen Organisationen die Herausforderung an. Die SPD-Führer rieten ihren Anhängern, sich von der wehrhaften Auseinandersetzung mit ihren Gegnern fernzuhalten, die auch als politisch bedeutungslose Raufereien der „Radikalen von rechts und links" hingestellt wurden. Diese Haltung lief darauf hinaus, den Faschisten die Städte zu überlassen. Dadurch wiederum wurde ihnen nicht nur die Chance gelassen, die Unaufhaltsamkeit ihres Vormarsches zu demonstrieren. So ließ sich Resignation verbreiten und ein Gefühl, daß die antifaschistischen Arbeitermassen eine Machtübertragung an die NSDAP kampflos hinnehmen müßten, nachdem sie der SA das Feld vordem schon geräumt hatten. Es las sich wie ein Kommentar zur reformistischen Taktik, als die „Weltbühne" zwei Tage nach dem blutigen Ereignis in Altona schrieb: „Aber machen wir uns ... vom Vorurteil frei, daß Schläge nie ein Argument seien ... Eine ernüchternde Tracht Prügel ist in bestimmten Fällen wirksamere Widerlegung der Legende von der faszinierenden Unwiderstehlichkeit des Hakenkreuzes als die sachlichste Analyse ihres Programms. Als unlängst Hitlerstudenten in die Wiener Judengasse eindrangen, um die dort vegetierenden jüdischen Trödler anzustänkern, wurden sie von den degenerierten Untermenschen entsetzlich verhauen; das hat Hitler in Wien mehr geschadet als die Enthüllungen über die Pornographien des Gausafs (Gau-SA-Führer, d. Vf.)."[68]

Das Kabinett Papen nahm das blutige Ereignis in Altona drei Tage später zum gesuchten Vorwand, die sozialdemokratisch geführte Koalitionsregierung in Preußen per Staatsstreich zu beseitigen. An ihre Stelle trat eine Administration von Reichskommissaren, die Papen selbst leitete. Deutschnationale Politiker, auf ein Zusammengehen mit den Faschisten orientiert, übernahmen die Staatsmacht im größten Land des Reiches. Sofort wurde begonnen, sozialdemokratische und andere republikanisch gesinnte Beamte aus den Ministerien zu entfernen. Ober- und Regierungspräsidenten, Landräte, Bürgermeister, Polizeipräsidenten und Polizeikommandeure wurden durch Leute ersetzt, die als Totengräber der Republik figurieren konnten. Viele von ihnen wirkten alsbald bei der Etablierung der faschistischen Diktatur mit. Auch die etwa 90.000 Mann starke Polizei des Landes, die größte militärische Formation nach der Reichswehr, geriet unter das Kommando von Gegnern der Republik. Der Preußenschlag brachte diejenigen politischen Kräfte ihrem Ziel ein wichtiges Stück näher, die den reaktionärsten Ausweg aus der politischen Krise suchten. Mit dem Staatsstreich erhöhten sich die Chancen der Führungsgruppe um Hitler, im Reich an die Macht zu gelangen. Unverhohlener Triumph und brennendes Rachegelüst sprachen daher aus den Kommentaren der NSDAP-Politiker zum 20. Juli. Der nationalsozialistische Ministerpräsident in Oldenburg, Carl Röver, erklärte zwei Tage später auf einer Kundgebung in Kassel: „Die Burschen (die gestürzten preußischen Minister - d. Vf.) werden noch was erleben, wenn Hitler an der Macht ist. Wir sagen Euch, Euch wird nichts geschenkt ... Ich garantiere diesen Schweinehunden, daß sie gehenkt werden, und wir werden sie solange hängen lassen, bis die Krähen sie gefressen haben. Das mag grausam sein, aber der Nächste soll sich überlegen, ob er daneben hängen will."[69]

Hitler ging kein Risiko mehr ein, als er sich öffentlich zu seinen Terrorbanden bekannte und vor Beginn einer Kundgebung in Gladbeck am 24. Juli zwei SA-Leute mit Blumensträußen begrüßte, die wenige Tage zuvor ein Mitglied des Reichsbanners erschossen und fünf seiner Kameraden durch Schüsse teils schwer verletzt hatten.[70] So wenig die Regierung Brüning irgendeinen wirkungsvollen Schritt gegen den aufkommenden Faschismus unternommen und so viel sie - vor allem indirekt - zu dessen Ausbreitung beigetragen hatte, mit dem „Kabinett der deutschnationalen Barone" erreichte die Begünstigung der NSDAP eine neue Stufe. Die preußischen Reichskommissare, kaum daß sie die Stellung des Staatsministeriums usurpiert hatten, beschlossen am 29. Juli, die NSDAP nicht länger als staatsfeindliche Organisation zu behandeln und von polizeilicher Überwachung zu befreien.[71] Hitler und seinen Mitführern wurde gleichsam der Teppich ausgelegt, über den sie – freilich noch zu Bedingungen, die Papen, Hindenburg und die Ihren zu bestimmen wünschten – die Stufen zur Teilhabe an der Macht doch endlich hinaufsteigen sollten. Zuvor mußten die Reichstagswahlen bestanden werden, vor denen sich bereits abzeichnete, daß es für die Partei schwer werden würde, wiederum einen beeindruckenden Erfolg vorzuweisen.

Die gesamte NSDAP-Führerschaft war in deutschen Landen rastlos unterwegs, um gegen alle Widrigkeiten den größten Wahlsieg zu organisieren, den in Deutschland je eine Partei seit 1919 errungen hatte. Vom obersten Führer bis zum letzten SA-Mann wurden die Kräfte bis zur totalen Verausgabung eingesetzt. Hitler hetzte, wie er es zuerst im Reichspräsidentenwahlkampf getan hatte, mit einem Flugzeug von Stadt zu Stadt, von Kundgebung zu Kundgebung und war wieder „über Deutschland". Wichtig war schon nicht mehr, was er sagte und den Tausenden zuschrie, sondern daß der Führer, der gegen den Hindenburg-Mythos bereits seinen eigenen gesetzt hatte, ankam, auftrat, gesehen, bewundert, gefeiert, bejubelt, angehimmelt werden konnte. Mitunter verwandelten sich die Veranstaltungen in Stätten eines Massentaumels. Beobachter meinten, es handele sich um eine Art Krankheit, welche die Gefolgschaft erfaßt hätte. Daraus wurde geschlossen, es müsse ein „Erwachen", eine „Ernüchterung" folgen. Doch was, wenn dieser als „Befreier" und „Erlöser" auftretende Demagoge vorher an seinem Ziel war: in der Reichskanzlei?

Aus dem Vollen ihrer finanziellen Mittel schöpfend, ließen die Reichs- und Gauleitungen kein technisches Instrument aus, mit dem sie auf das staunende Wahlvolk wirken, es bluffen oder verblüffen konnten. Schon im Frühjahr, als Hitler auf Hindenburgs Platz wollte, hatten sie für ihre Reklamezwecke zum ersten Mal einen Tonfilm herstellen lassen, der den Titel „Schicksalswende" erhielt. Nun wurde eine ganze Serie von Tonfilmen gedreht, die Parteiführer auf Kundgebungen zeigten. Der Streifen mit Gregor Strasser hieß „Zuversicht und Kraft", ein anderer mit Göring „Deutsche Wehr, Deutsche Ehr'", Richard W. Darré agierte unter den Titelzeilen „Stadt und Land" und „Bauer in Not", der Film mit Feder hieß „Zinsknechtschaft", für einen mit Goebbels war „14 Jahre System" gewählt worden.[72] Marschmusik leitete die Bildstreifen jeweils ein und beendete sie, so die Besucher von Veranstaltungen ohne eine der Parteigrößen in Stimmung versetzend und ihnen den Eindruck vermittelnd, bei den Großereignissen dabei zu sein. Dem gleichen Zweck diente auch die Herstellung von Schallplatten, von denen Reden der Führer angehört werden konnten.

Neue Möglichkeiten propagandistischen Wirkens erhielt die NSDAP, als die Regierung Papen die staatlich beherrschten Rundfunkanstalten den antirepublikanischen Kräften weit öffnete. Intendanten und andere Mitarbeiter, die dem im Wege standen, wurden entfernt. Goebbels, Kube, Hochschulprofessoren, die sich zur NSDAP bekannten, und weitere Faschisten konnten sich des neuen Mittels der Massenbeeinflussung bedienen, das mit der wachsenden Hörerzahl -1932 waren im Reich etwa vier Millionen Rundfunkempfänger angemeldet - unausgesetzt Bedeutung gewann.

Wenige Tage vor der Wahl erhoben Universitäts- und Hochschullehrer ihre Stimme für die NSDAP. Elf Unterschriften allein von Angehörigen der Technischen Hochschule Dresden, acht von akademischen Lehrern der Universität Jena und viele weitere unter einem Wahlaufruf bezeugten, wie stark faschistische Gesinnungen in diesem Teil der Beamtenschaft verbreitet und in welchem Grade folglich ihre Studenten dem Einfluß extrem reaktionärer Ideen ausgesetzt waren. Zwar vermerkten die Verfasser, wie sie in geschraubter Diktion mitteilten, gegen einige „Zielgedanken der nationalsozialistischen Bewegung" nicht frei von Bedenken zu sein. Doch hätten sie diese zurückstellen können, weil das Wesentliche an dieser Partei ihr Kampf gegen den „fremdrassigen Einfluß", für die „Einschränkung des Eigennutzes", für die „Befreiung des Staates und des sozialen Lebens von der materialistischen Fessel des Finanzkapitals" sei. Von der NSDAP wäre keine Einschränkung der geistigen Freiheiten zu befürchten, betonten die Unterzeichner, zu denen der Physiker Philipp Lenard (Heidelberg), der Philosoph Erich Rothacker (Bonn) und der Historiker Johannes Haller (Tübingen) gehörten.[73] Während die bürgerlichen und großagrarischen Förderer der NSDAP aus den Kreisen der Wirtschaft sich bei ihrer Parteinahme von einer unauflösbaren Mischung aus geistigem Zuschnitt und materiellem Interesse leiten ließen, waren für die Ideologen, aus deren Federn die Professorenerklärung stammte, andere Antriebe maßgebend. Sie stimmten mit den rassistischen und nationalistischen Grundgedanken der NSDAP-Führer überein. Ihnen imponierte diese Partei mit ihrer totalen Ablehnung der Ideen der Aufklärung. Sie wirkten bereits selbst als geistige Wegbereiter von Revanche und Eroberung. Sie waren geprägt von rassistisch-elitärem Dünkel, der in die Praxis des Massenmordens ausmündete.

Der 31. Juli brachte der NSDAP den verheißenen und alles überwältigenden Triumph dennoch nicht. Sie konnte 13.779.111 Wählerstimmen, das waren 37,4 Prozent der abgegebenen, erlangen und in den Reichstag mit der bei weitem stärksten, 230 Abgeordnete zählenden Fraktion einziehen. Doch hatte es die NSDAP gegenüber den Wahlgängen vom April nicht vermocht, Provinzen zu gewinnen. Verglichen mit der Reichspräsidentenwahl betrug ihr Plus 360.000 Stimmen, nicht mehr als die Wählerzahl einer Großstadt. In manchen Industriestädten Preußens hatte sie gegenüber der ein Vierteljahr zurückliegenden Wahl zum Landtag sogar Wähler eingebüßt. Mit mehr als einem Drittel der Wahlbevölkerung war ihr Reservoir offensichtlich ausgeschöpft. Die bürgerliche Konkurrenz, mit Ausnahme des Zentrums und der Bayerischen Volkspartei, konnte sie zerreiben oder dezimieren, den Ansturm auf die Arbeiterparteien aber trotz aller antikapitalistischen Manöver nicht zum Erfolg führen. Mit 5.269.698 Stimmen erreichte die KPD den stärksten Wählereinfluß seit ihrer Gründung.

Die „Deutsche Allgemeine Zeitung" kommentierte am 14. August, Hitlers zahlenmäßige Basis im deutschen Volk könne sich „zunächst nicht mehr sehr erheblich zu seinen Gunsten verschieben". Dieses Urteil mochte sich auf die Beobachtung gründen, daß die NSDAP ihre soziale Demagogie bis aufs äußerste gesteigert hatte. Besonders eindrucksvoll, wenn auch nicht auf eigene Faust, war Gregor Strasser hervorgetreten. Noch zu Zeiten der Regierung Brüning hatte er in einer weithin beachteten Reichstagsrede von der „antikapitalistischen Sehnsucht" gesprochen, „die durch unser Volk geht". Der Text war wegen seiner Wirkung ebenfalls zur Verbreitung durch Schallplatten bestimmt worden. In einer Wahlkampfschrift hatte Strasser im Juli geschrieben: „Wir sind Sozialisten, sind Feinde, Todfeinde des heutigen kapitalistischen Wirtschaftssystems mit seiner Ausbeutung der wirtschaftlich Schwachen, mit seiner Ungerechtigkeit der Entlohnung, mit seiner unsittlichen Wertung der Menschen nach Vermö-

Vor den verschlossenen Toren der Wilhelmstraße 211

Wahlplakat 1932

gen und Geld ... und wir sind entschlossen, dieses System unter allen Umständen zu vernichten!"[74]
Diese Demagogie hatte auf die Arbeiter und gegen deren Parteien gezielt. Die Stammwählerschaft der Sozialdemokratie war nicht aufgebrochen worden. Dennoch zog die NSDAP weiter Wähler aus proletarischen Kreisen an. Sie hatten entweder den Arbeiterparteien und den Gewerk-

schaften bisher ferngestanden oder entstammten der großen Gruppe der arbeitslosen Erstwähler. Wenn sich auch der Mitgliederzulauf noch immer hauptsächlich aus nichtproletarischen Schichten rekrutierte, so erhöhte sich doch auch der Zugewinn aus Arbeiterkreisen. Er lag in den Krisenjahren insgesamt bei mehr als einem Drittel der Neugewonnenen, wobei die Zählungen der Parteistatistiker ihn eher zu hoch denn zu niedrig angeben. Auch viele Arbeiter füllten inzwischen die SA-Kolonnen, wie sich nicht zuletzt den Berichten entnehmen läßt, die bei polizeilichen und juristischen Ermittlungen der Täter von blutigen Auseinandersetzungen entstanden. Junge Erwerbslose, die über freie Zeit verfügten, gehörten zu den aktivsten Gefolgsleuten der NSDAP. Sie waren die politisch Unerfahrensten und vertrauten den Führern. Wie Millionen anderer erwarteten sie nach dem Erfolg des letzten Julitages, dessen politischen Wert sie nicht bemessen konnten, ihren Sieg.

Kapitel 8
Kampf und Intrigen um die Vernichtung der Republik

Während Kommentatoren in der Presse subtile Überlegungen zum Wahltag vom 31. Juli 1932 anstellten, wurden die Anhänger der NSDAP, führergläubig und siegestaumelnd, nur von einem Gedanken beherrscht: Hitler würde nun Reichskanzler werden. Um die nahegeglaubte Machtübergabe noch schneller zu erzwingen, suchten SA-Führer im Lande eine chaotische Situation zu schaffen. Die Untergruppe Mittelschlesien-Süd terrorisierte die Bevölkerung in den Kreisen Reichenbach, Nimptsch, Görlitz und Lauban und versuchte, die Gegner der erwarteten Machtübernahme durch Sprengstoffanschläge einzuschüchtern. In der Nacht vom 9. zum 10. August 1932 unternahm der im Gebiet von Görlitz stationierte Sturmbann in 22 Ortschaften insgesamt 25 gewalttätige Aktionen. SA-Trupps brachten in der Ortschaft Küpper einen Arbeiter um, demolierten durch Schüsse und Steinwürfe Fensterscheiben in Privatwohnungen und ließen, um ihre Urheberschaft zu tarnen, auch Häuser ihrer eigenen Parteigänger nicht aus.[1] Auch das sollte den Ruf nach dem „starken Mann" provozieren, nach Hitler, der an die Stelle des Chaos Ordnung setzen werde.

Das Treiben im Niederschlesischen zeigte zugleich, daß die SA-Bande nach einer „Nacht der langen Messer" lechzte, mit der sie Hitlers Einzug in die Wilhelmstraße zu feiern gedachte. Im oberschlesischen Ort Potempa ermordeten Faschisten ebenfalls in der Nacht vom 9./10. August einen Arbeiter in seiner Wohnung vor den Augen seiner Mutter.[2] Die Untat erregte weiteste Bevölkerungskreise. Wie unter einem Schlaglicht zeigte sich, daß sich in den SA-Reihen eine „Bandenmoral" entwickelt hatte.[3] Während die SA auf ihre Weise sich auf die Inbesitznahme der Macht einstellte, wurde im politischen Generalstab in München bereits darüber nachgedacht, mit welchen populären wirtschaftlichen Maßnahmen die Regierung Hitler ihre Tätigkeit beginnen müßte, „um uns durch ihre propagandistische Wirkung eine erhebliche Machtstärkung und eine große Resonanz im Volke (zu) verschaffen". Es müsse mit einem „konzentrischen Angriff" gegen die Arbeitslosigkeit" begonnen werden. Welche Ilusionen es über die Möglichkeiten des Einstiegs in die Staatsmacht gab, verdeutlichte die in der Wirtschaftspolitischen Abteilung der Reichsleitung erhobene Forderung, das Reichswirtschaftsministerium und die Leitung der Reichsbank in die eigenen Hände zu bekommen. Ausdrücklich warnte Adrian von Renteln davor, in einer Regierung Hitler die Wirtschaftspolitik Schacht oder dem derzeitigen Wirtschaftsminister Warmbold zu überlassen.[4] Bald sollte sich zeigen, daß die auf die Befriedigung von Forderungen des Mittelstandes orientierten Strategen der Reichsleitung mit ihren Plänen und Vorschlägen chancenlos waren.

Zwei Wochen nach der Wahl erfuhren Hitlers Anhänger durch eine frostige Erklärung aus dem Präsidentenpalais, es werde ein Kabinett ihres „Führers" zunächst nicht geben. Nachdem der NSDAP-Chef am 5. August in Fürstenberg mit Reichswehrminister von Schleicher gesprochen, seine Forderung nach der Reichskanzleramt bestimmt formuliert und Hoffnungen auf seine Ernennung geschöpft hatte, wurde er, begleitet von Frick und Röhm, acht Tage später vom Reichskanzler und danach auch von Hindenburg empfangen. Auf einer Tagung am Chiemsee hatte Hitler sich tags zuvor nach Auseinandersetzungen bestätigen lassen, daß seine Forderung auf den Platz des Kabinettschef von seinen Mitführern gebilligt wurde.[5] Statt der Regierungsführung wurde dem NSDAP-Chef jedoch nur der Eintritt in das Papenkabinett angetragen. Darin war ihm der Posten eines Vizekanzlers, mithin der zweite und wenig einflußreiche Platz, zugedacht. Auch weitere Politiker der Partei sollten in die Regierung eintreten und u. a. das Reichsinnenministerium leiten.

Hitler lehnte das Angebotene ab, und er wußte warum. Zum einen fühlte er sich in seiner ultimativen Haltung dadurch bestärkt, daß er immer mehr Angehörige der sozialen Oberschicht hinter sich wußte. Für seine Kanzlerschaft sprachen sich inzwischen Persönlichkeiten aus, die zu den Stützen und – wie im Falle von Paul Silverberg – zu den Beratern Brünings gehört hatten. Zum anderen hätte die Mitwirkung in einer im Volke weithin verhaßten Regierung seinen Anhang aufgebracht, die zugkräftige soziale Demagogie bloßgestellt und der Partei jeden weiteren Gewinn von kleinbürgerlichen und Arbeiterwählern unmöglich gemacht. In der offiziellen Erklärung der NSDAP hieß es, Hitler wolle in dieser monokelbewehrten Gesellschaft nicht verkehren.[6] In Wirklichkeit konnte er sich in diesen Kreis der „Barone" nicht begeben, wenn nicht durch seine Führerstellung erkennbar gemacht wurde, daß sich die konservativen, als sozialreaktionär bekannten Kabinettsmitglieder ihm untergeordnet hatten. Die Annahme der Vizekanzlerschaft hätte zudem bei den eigenen Anhängern den Verdacht aufkommen lassen, es ginge ihrem Führer nicht um die verheißene „nationalsozialistische Revolution", sondern um ein Ministeramt.

Bürgerliche Zeitungen kritisierten nach dem 13. August Hitlers Anspruch auf „Alleinherrschaft". Sein Beharren auf der Forderung, die Posten des Reichskanzlers und des preußischen Ministerpräsidenten zu besetzen, entsprang aber nicht allein persönlichem Ehrgeiz und Machthunger. Hitler war sich der Regeln des eigenen Aufstiegs durchaus bewußt. Nur wenn er – wie Mussolini 1922 – an der Regierungsspitze plaziert wurde, ließ sich der Eindruck erwecken, die „nationalsozialistische Bewegung" habe gesiegt und die Wünsche ihrer Anhänger würden nun befriedigt werden. Jeder Teilerfolg, jedes Erschleichen eines minderen Machtanteils ließ hingegen die hochgepeitschten Erwartungen seiner Anhänger unbefriedigt, mußte Enttäuschung wecken und Ernüchterung bewirken.

Einige großbürgerliche Stimmen reagierten auf den Fehlschlag des Versuchs, Hitler in das Papenkabinett einzubeziehen, mit Bedauern und Kritik. Die „Berliner Börsen-Zeitung" vom 14. August sprach gar von einem schwarzen Tag der deutschen Geschichte. Nüchterner schrieb die „Deutsche Allgemeine Zeitung" gleichen Tags, Hitler sei viel angeboten worden, und wenn nicht er selbst, so hätte Strasser die Vizekanzlerschaft annehmen sollen. Der „Berliner Börsen-Courier" vom 16. August sprach von Hitlers „sinnlosen Forderungen". Derartige Kommentare zielten auch in die Parteiführerschaft, in deren Reihen Zweifel aufgekommen waren, ob mit der Verweigerung der Vizekanzlerschaft nicht eine nie wiederkehrende Gelegenheit vertan würde. Sie wurden auch dadurch genährt, daß erhebliche Teile des Großunternehmertums mit der Regierungsführung durch Papen einverstanden waren und auf die Fortsetzung des sozialreaktionären Kabinettkurses ihre Hoffnungen setzten. So drückte sich in Hindenburgs und Papens Haltung wie in den Kommentaren großbürgerlicher Zeitungen auch aus, daß einflußstarke großbürgerliche und -agrarische Gruppierungen Papen nicht gegen Hitler einzutauschen wünschten, aber dem schon länger erwogenen Gedanken nicht abgeneigt waren, ihn und seine Mitführer auf nachgeordneten Regierungsplätzen als Staatspolitiker zu erproben. Hinzu kam, daß nach wie vor Bedenken gegen das doppelte Risiko bestanden, das in Hitlers Reichskanzlerschaft zu liegen schien. Sie stellte eine Herausforderung an die Arbeiterbewegung dar, und über ihr lag die Ungewißheit, wie sich die NSDAP-Führer zu den Versprechungen verhalten konnten, mit denen sie ihre Anhänger gewonnen hatten. Solche Einwände und Bedenken mußten sich freilich in dem Grade abschwächen, wie erkannt wurde, daß keine Alternative existierte, auch jenseits der NSDAP nicht in Sicht war und Hitler sich die Konditionen seiner Einbeziehung in die Staatsspitze nicht diktieren ließ. Diese ernüchternde Erwägung sprach an jenem 13. August aus Hindenburgs an Hitler gerichteten Abschiedsworten: „Wir sind ja beide alte Kameraden und wollen es bleiben, da später uns der Weg doch wieder zusammenführen kann."[7]

In der heroisierenden Geschichtsschreibung der NSDAP wurden die Ereignisse der folgenden Monate als eine Zeit hingestellt, in der die Unbeirrbarkeit und der Siegesglaube Hitlers triumphiert hätten. Doch der NSDAP-Führer stand jenen Kräften durchaus nicht einsam gegenüber, die

Rosenberg als „nationale Reaktion" bezeichnete und für die „Tragödie des 13. August" verantwortlich machte.[8] Hitler wurde in seiner zum „historischen Nein" aufgewerteten Haltung von einflußstarken, zunächst aber eine Minderheit darstellenden Bankiers, Industriellen und Agrariern unterstützt, die mehr als einen bloßen Regierungsumbau verlangten und sich - wie ihr Favorit - sorgten, daß sein Massenanhang auseinanderlaufen könnte, bevor ihm die Staatsgewalt ausgehändigt werden würde. Deshalb hatten sie ebenso auf seine Kanzlerschaft gedrängt, wie seiner Zweitplazierung widerraten. Schacht sandte Hitler am 29. August einen Brief, der in einer Zeit schwerer Hemmungen, wie er das Ergebnis des 13. August umschrieb, nicht nur Beistand schlechthin bedeutete. Aus ihm sprach die Befürchtung, die NSDAP-Führung könne sich von der Stimmung in den paramilitärischen Verbänden und wegen des einsetzenden Verlustes von Anhängern, die er als „Abfall der Konjunkturmitläufer" bezeichnete, verleiten lassen, zur Putschtaktik zurückzukehren. Hitler sei zwar in die Verteidigung gedrängt, jedoch solle er der Versuchung widerstehen, sich falschen Idolen zu verbünden. Insbesondere dürfe die NSDAP-Führung kein „detailliertes Wirtschaftsprogramm" aufstellen. Es würde - was Schacht ausdrücklich bemerkte - weder der Sammlung von so divergierend interessierten Massen dienen, noch - was er diskret verschwieg - zur Zusammenführung von konkurrierenden Projekten des Kapitals beitragen.[9] Der Ratschlag des Bankiers drückte sein intimes Wissen um den Widerspruch zwischen dem Klassenwesen der NSDAP und ihrem kleinbürgerlichen Massenanhang ebenso aus wie die Kenntnis von Gruppeninteressen im Bank- und Industriekapital. Schacht sah seine Aufgabe bei der Wegbereitung für die Diktatur darin, widerstreitende Projekte zurückzudrängen, in seinem sozialen Umfeld das allgemeine Interesse an der politischen Stabilisierung uneingeschränkt zur Geltung zu bringen und es auf Hitlers Weg in die Reichskanzlei zu konzentrieren.

Schachts Schreiben bezeugt, daß die NSDAP über einen Beraterkreis gebot, der im Hintergrund der turbulenten Szenerie wirkte und die programmatische Fixierung der Führergruppe ebenso beeinflußte wie deren Taktik. Die NSDAP hatte nicht nur den anderen bürgerlichen Parteien Millionen Anhänger abgejagt, sondern seit 1930 auch einige Dutzend von deren früheren Förderern an sich gezogen. Im Frühjahr 1932 war sie imstande, diese - im wahrsten Wortsinn - Hintermänner der NSDAP, denn sie waren in der Regel weder auf einer Parteikundgebung zu sehen, noch verlautete von ihrer Tätigkeit ein Wort in der Öffentlichkeit – in einer lockeren, aber funktionstüchtigen Weise zu organisieren. Das erleichterte es Hitler und seinem Stab, permanent auf Erfahrungen und Verbindungen führender Bank- und Industriekapitalisten zurückzugreifen und auf sie zu reagieren.[10] Aus langjährigen und neugewonnenen Förderern der NSDAP wurde ein geheimer beratender Ausschuß gebildet, dessen Existenz wohl seinerzeit schon spürbar war, über dessen Wirken Gewißheit aber erst 1945 erlangt wurde.

Das Verdienst am Zustandekommen dieses illustren Personenkreises kam in besonderem Maße dem Wirtschaftsberater Hitlers, Wilhelm Keppler, zu, der in späteren Jahren, als es um die Vergrößerung des Reiches und die Expansion des deutschen Kapitals in andere Länder ging, immer wieder mit delikaten und deshalb geheimen Aufträgen betraut wurde. Keppler, selbst Kapitalist und Manager, war 1927 in die NSDAP eingetreten, seitdem mit Hitler persönlich bekannt und seit 1931 hauptberuflich in der Reichsleitung tätig. Der nach ihm benannte und bereits charakterisierte Kreis traf sich, als das Ende der Regierung Brüning abzusehen war, am 18. Mai 1932 im Berliner Hotel „Kaiserhof" mit Hitler. Danach kam er etwa monatlich teils in München, teils in Berlin zusammen. Er beriet in den rasch wechselnden Situationen, wie sich der Plan, Hitler zum Reichskanzler zu machen, verwirklichen ließe. Rat und Tat der den Keppler-Kreis bildenden etwa 20 Bankiers, Industriellen und Großagrarier waren für die Parteiführer der NSDAP von schwer zu überschätzendem Wert. Die auch zwischen den Zusammenkünften durch Briefwechsel und Besuche Kepplers gepflegten Kontakte verlängerten gleichsam die Arme der Parteispitze in Bereiche, in die sie selbst direkt noch nicht hineinlangte. Die Herren, die Hitler favorisierten, nahmen Einfluß auf ihresgleichen in Wirtschafts- und anderen „Standes"-Organisationen, auf Regierungskreise und - nicht zuletzt - im Ausland. Und Aktion und Reaktion dieses kleinen, aber aufgrund seiner Verbindungen hochinformierten Kreises zeigten seismographisch genau, wo Gefahren auf dem Wege zur Macht lauerten. Seine eigenen Zusammenkünfte wie die seiner Berater mit führenden Monopolisten lehrten Hitler, Gesamtbelange wie Teilinteressen von Kapitalgruppen zu erkennen und sich der konkreten Erwartungen bewußt zu werden, die an seine Kanzlerschaft geknüpft wurden. So vermochte er auch die Mentalität von Angehörigen der gesellschaftlichen Oberschicht in seine Kalküle einzubeziehen.

Von allen, die im Keppler-Kreis vereint waren, spielte Schacht in diesen entscheidungsschweren Monaten des Jahres 1932 eine besondere Rolle. Durch keine ständige Verpflichtung gebunden, von der Reichsbank mit einer märchenhaft hohen Geldsumme ausgestattet, sich auf sein brandenburgisches Gut zurückziehend und dann wieder im Zentrum des Geschehens auftauchend, ganz der politischen Intrige lebend, bereitete er mit der Schläue eines alten Fuchses die Kanzlerschaft des NSDAP-Führers vor und mit ihr auch seinen eigenen Wiederaufstieg. Beides gelang: 1933 nahm er als Präsident des Reichsbankdirektoriums wieder den Platz ein, den er 1930 verlassen hatte; 1934 wurde er kommissarisch mit der Führung des

Reichswirtschaftsministeriums beauftragt; 1935 avancierte er zum Generalbevollmächtigten für die ökonomische Kriegsvorbereitung - dies alles in Personalunion. In entscheidenden Jahren auf dem Weg in den Krieg war er der Wirtschaftsdiktator, bis er, seinen Rückhalt in den Führungsschichten des Kapitals überschätzend, gleichsam in der Einlaufkurve des Kriegspfads wirtschafts- und finanzpolitische Vorstellungen entwickelte, die seinen Absturz bewirkten.

Mit dem Entschluß, die Papenregierung weiterexistieren zu lassen, war zwar die Fortsetzung des sozialreaktionären Kurses gesichert, für die langfristige Lösung der Herrschaftsprobleme dauerhaft jedoch nichts gewonnen. Das Kabinett besaß seinen Rückhalt in weiten Kreisen des Großbürgertums und der Großagrarier, doch die Anhängerschaft der DNVP konnte ihm keine dauerhafte Basis geben. Hitler sagte dem Kabinett, wie er bei Hindenburg angekündigt hatte, schärfsten Kampf an. Papen führe ins Chaos, lautete eine der NSDAP-Parolen. Allerdings wußte in Hitlers Führung niemand zu sagen, wie dieses Kabinett aus dem Sattel zu heben sei. Es besaß seine stärkste Stütze im Reichspräsidenten, dessen Geschmack der Kanzler ebenso entsprach wie seine Minister, die Hindenburg nach Überzeugung, Haltung, Stellung und bis zu ihren Umgangsformen so sympathisch waren. Zudem trugen die Notverordnungen ders Sommers 1932 den lange erhobenen, von der Regierung Brüning aber nur partiell verwirklichten Forderungen der Großindustriellen Rechnung, ihnen diktatorische Freiheiten bei der Bestimmung der Arbeits- und Ausbeutungsbedingungen zuzugestehen. Das hob das Ansehen des Kabinetts in bürgerlichen Schichten und schlug auch zugunsten der regierungstreuen Deutschnationalen Partei zu Buche, die sich verstärkter Förderung erfreute.

Unter den Anhängern der NSDAP und insbesondere in den Reihen der SA, die - wie sie im 31. Juli nur den Sieg erblickten - im 13. August nur die Niederlage zu sehen vermochten, breitete sich hingegen Niedergeschlagenheit aus. Zunächst noch äußerte sie sich vereinzelt, denn die Braununiformierten waren, um sich von den Strapazen der monatelangen Wahlkämpfe zu erholen, durch Befehl auf Urlaub geschickt worden. Als sie jedoch zum Einerlei ihres Dienstes wieder anzutreten hatten, begann das Diskutieren, Räsonieren und Rebellieren. Mannschaften und Unterführer forderten andere Kampfmethoden. Selbst Teilerfolge, wie der erneute Einzug in die Landesregierung in Thüringen – am 26. August 1932 wurde Gauleiter Fritz Sauckel Ministerpräsident und Innenminister – schufen keine durchgreifende Beruhigung. Nichts aber konnte der NSDAP-Führung ungelegener kommen als wilde Aktionen ihrer Verbände. Meldungen über ein beabsichtigtes Vorgehen nach Mussolinis „Marsch auf Rom" dementierte Hitler sofort. Es werde keine illegale Aktion geben, er brauche nicht nach Berlin zu marschieren, denn er sei ja schon in der Reichshauptstadt.[11]

Vorerst gelang es der NSDAP-Führung, größere Ausbrüche des Unwillens und des Protestes in der SA zu verhindern. Dazu trug insbesondere Hitlers Treue-Bekundung für die Mörder von Potempa bei. Da das Verbrechen nur Stunden nach dem Inkrafttreten der „Verordnung des Reichspräsidenten gegen politischen Terror" und der „Verordnung der Reichsregierung über die Bildung von Sondergerichten" begangen worden war, hatten die Täter ein abgekürztes juristisches Verfahren und die Todesstrafe zu gewärtigen. Als sie ein Schnellgericht am 22. August dazu verurteilte, solidarisierte sich Hitler mit den vom Fallbeil bedrohten Mördern und versprach ihnen baldige Befreiung.[12] Dem Gewinn an Sympathien, den ihm diese Haltung in der SA eintrug, stand ein schwer zu ermessender Verlust in bürgerlichen und kleinbürgerlichen Schichten gegenüber, die zwar Macht und Gewalt bewunderten, vor gesetzlosem Morden aber zurückschreckten. Papen scheute die Kraftprobe und begnadigte am 2. September die zum Tode Verurteilten. Darin drückte sich auch sein Bestreben aus, ähnlich wie Brüning den Faden zur Führungsgruppe der NSDAP nicht abreißen zu lassen. Deren Handlungsspielraum hatte sich verengt. Die Partei war offensichtlich am Kulminationspunkt ihres Masseneinflusses angelangt. Sie konnte nicht mehr gewinnen, ohne gleichzeitig zu verlieren. Verstärkte sie die antikapitalistische Demagogie in Wort und Tat, mußte sie um die Gunst der Großbürgertums und ihm nahestehender Schichten fürchten, schwächte sie ihre sozialpolitischen und sozialistisch eingefärbten Parolen ab, mit denen sie Kleinbürger, Arbeiter und Lumpenproletarier angezogen hatte, so gab sie diese preis. Heß klagte rückblickend in einem Bief an den Schriftsteller Hans Grimm, es seien damals alle Seiten über die NSDAP hergefallen. Der Autor des Romans „Volk ohne Raum" hatte gemeinsam mit August Winnig in einer veröffentlichten „Bitte an den Nationalsozialismus" beider Unruhe darüber ausgedrückt, daß die Partei sich an der „Arbeitnehmer-Politik alten und d.h. marxistischen Stils orientiere".[13]

In diesen kritischen Wochen nach dem 13. August entsann sich die Parteiführung einer taktischen Möglichkeit, die sie in Erwartung von Hitlers präsidial gestützter Kanzlerschaft bisher nicht genutzt hatte. NSDAP- und Zentrumsfraktion besaßen im Reichstag seit den Wahlen gemeinsam die absolute Mehrheit der Abgeordneten. Das bot ihnen die arithmetische Chance, auf parlamentarischem Wege eine Regierung zu bilden. Diese Möglichkeit beschäftigte auch Politiker des Zentrums. Der Gedanke, die NSDAP in den Ländern an Koalitionsregierungen zu beteiligen, war ihnen nicht fremd. Und Brünings darüber hinausgehende Pläne waren nicht nur seine eigenen gewesen. Im Wahlkampf waren die katholischen Agitatoren für einen großen „deutschen Ordnungsblock" eingetreten.[14] So war es nicht überraschend, daß nach dem Ergebnis der Reichstagswahl Anfang

August in der Zentrumsführung jene an Einfluß gewannen, die zusammen mit der faschistischen Partei regieren wollten. Mitte August kam es unter Beteiligung Hitlers, Görings, Strassers, Kerrls und der Zentrumspolitiker Eugen Bohle, Thomas Esser, Fritz Grass und des BVP-Führers Fritz Schäffer zu Verhandlungen beider Parteien. Erörtert wurden die Chancen einer gemeinsamen Regierungspolitik im Reich und in Preußen. Deutliche Zeichen für die Annäherung sollten sich am 30. August erkennen lassen, als sich der neugewählte Reichstag zu seiner konstituierenden Sitzung versammelte.

In der Eröffnungsrede, die ihr als Alterspräsidentin zustand, bezeichnete es Clara Zetkin als das Gebot der Stunde, die Einheitsfront aller Werktätigen zu schaffen, „um den Faschismus zurückzuwerfen, um damit den Versklavten und Ausgebeuteten die Kraft und die Macht ihrer Organisationen zu erhalten, ja sogar ihr physisches Leben".[15] Von der Berechtigung und der Dringlichkeit, die antifaschistischen Kräfte neu zu ordnen, zeugte sogleich der Fortgang der Parlamentssitzung. Zum ersten Mal in der Geschichte der Republik wurde ein Faschist Reichstagspräsident. Göring gelangte in dieses Amt, und je ein Vizepräsident des Zentrums und der BVP saß ihm zur Seite. Gemeinsam versuchten die Führer der drei Parteien auch, eine erneute Auflösung des Parlaments zu verhindern. Doch erfuhren Göring, Esser und der BVP-Politiker Hans Rauch, als sie beim Reichspräsidenten vorsprachen, daß bereits ein Mißtrauensvotum gegen Papen das rasche Ende dieses Reichstages bedeuten würde.[16] Unbekümmert um die verfassungsmäßigen Rechte des Reichstags, bestand Hindenburg darauf, daß das Kabinett weiterregieren solle. Die Weimarer Republik war bereits in der Stunde ihrer Agonie angekommen, ihr Zustand wurde durch „die Ohnmacht des Reichstages und die Allmacht des Präsidialkabinetts"[17] gekennzeichnet.

Nach diesem Besuch mußten die NSDAP Führer entscheiden, ob sie es erneut auf einen Wahlkampf ankommen lassen wollten. Am 12. September fiel die Entscheidung. Die Papenregierung erlitt im Reichstag ein beispielloses, aber folgenloses Debakel. Nur die DNVP-Fraktion stellte sich gegen den von der kommunistischen Fraktion eingebrachten Mißtrauensantrag. Darauf verlas der Kanzler die von Hindenburg bereits vorsorglich unterzeichnete Ordre. Der Reichstag war binnen vier Monaten zum zweiten Mal aufgelöst. Nach der Wahl des Reichspräsidenten, von Länderparlamenten und des Reichstags stand damit eine fünfte Wahlschlacht bevor, die wie die voraufgegangenen erneut die Kassen der NSDAP aufs äußerste strapazieren mußte. Ihr Ausgang war ungewisser als die voraufgegangenen. Dennoch feierten die NSDAP-Führer Papens blamable Niederlage, zu der die Taktik des Reichstagspräsidenten Göring beigetragen hatte, als ihren Sieg über die Regierung. Die veränderte Situation erledigte auch die

Kampf und Intrigen um die Vernichtung der Republik 221

ohnehin halbherzig hergestellten Kontakte zu den katholischen Parteiführern. Jetzt mußte die eigene ermüdete Mitgliedschaft ein weiteres Mal zu äußerster Aktivität mobilisiert werden. Ihr wurde verheißen, nach einem noch gewaltigeren Triumph werde Hitler die Kanzlerschaft und der NSDAP die Macht zufallen. Doch die siegessichere Unbeschwertheit vergangener Wahlschlachten wollte sich diesmal in den SA-Reihen nicht einstellen. Die Führerschaft beschäftigte die Frage, aus welchen Lagern überhaupt noch zusätzliche Wähler gewonnen werden konnten. Nach allen Erfahrungen waren schwerwiegende Einbrüche in das Wählerpotential der Arbeiterparteien nicht zu erzielen. Ebensowenig Erfolgsaussichten ließ das Anrennen gegen den „Zentrumsturm" erwarten, der seine stabile Hauptstütze in der katholischen Geistlichkeit und den kirchentreuen Laien besaß. So blieb die Attacke gegen die DNVP, die das Kabinett Papen stützte.

In Dortmund störten die Nazis eine deutschnationale Versammlung mit weißen Mäusen, Knallfröschen, Tränengas- und Stinkbomben. In Berlin griffen sie unter der Regie von Goebbels acht DNVP-Versammlungen an, die unterbrochen oder aufgelöst werden mußten. SA-Störtrupps, durch zivile Kleidung kaum getarnt, grölten „Hugenberg-verrecke"-Rufe und schlugen Teilnehmer erbarmungslos zusammen. Der Höhepunkt war am 6. Oktober mit einer Saalschlacht im Berliner Versammlungslokal „Neue Welt" in der Hasenheide erreicht. Der „Vorwärts" kommentierte tags darauf kühl: „Die Prügel, die die Deutschnationalen von den Nazis jetzt bekommen, sind verdient."

Wichtiger noch als die Konfrontation mit dem Kabinett und den Deutschnationalen selbst war die ideologische Aufmachung der Attacke. In einer geschichtlichen Anklage wurde der DNVP vorgeworfen, „sich 1918 feige in den Mauselöchern verkrochen", den Kaiser verlassen, seine Rückkehr nach Deutschland verhindert und den „Dawesverrat" begangen zu haben.[18] In dieser Sündenliste steckte eine wenn auch nicht verbindliche Bezugnahme auf die Monarchie und Kenner des Weges, der Mussolini nach Rom geführt hatte, mochten sich daran erinnern, daß der Führer der italienischen Faschisten, um sich den Weg auf den Platz des Ministerpräsidenten ganz freizumachen, ein Bekenntnis zur Monarchie abgelegt hatte. Die NSDAP gab die Parole „Gegen die Reaktion" aus. Sie attackierte den „Kapitalistenführer" Hugenberg und die „kapitalistische Papen-Regierung". So hofften die Demagogen, die sich in Frontstellung gegen die Politik des Kabinetts, die sich in der Arbeiterschaft und im Kleinbürgertum verhärtete, für sich einfangen zu können. Der Kulminationspunkt sozialreaktionärer Politik war mit den Notverordnungen vom 4. und 5. September erreicht, die den Unternehmern Freiheiten bei der Festsetzung von Löhnen und Gehältern schufen, die nicht einmal alle von ihnen vollständig ausschöpften.

Da der plebejische Teil von Hitlers Anhängerschaft die antikapitalistischen Angriffe begierig aufgriff, Kreise des Bürgertums diese politische Akzentuierung des Wahlkampfes durch die NSDAP als einen Rückfall in schon überwunden geglaubte Zeiten kritisierten, sorgte die NSDAP-Reichsleitung in schon erprobter Manier für die Entschärfung der Parolen. Sie wandte sich in einer weiteren Losung „Gegen Reaktion und Klassenkampf" und ließ erklären: „Wir dürfen niemals in den marxistischen Fehler verfallen, Unternehmer gleich Unternehmer zu setzen. Unser Kampf gilt allein dem unsozialen Arbeitgeber." Damit war das sozialrevolutionäre Gebell wieder auf jene Tonfolge zurückgeführt, deren sich auch liberale und klerikale Politiker bedienten. Längst hatten die NSDAP-Führer auch Konzerne als „soziale Arbeitgeber" eingestuft. Jedoch bildeten die Annoncen des Zigarettenkonzerns Reemtsma im parteioffiziellen „Illustrierten Beobachter", die in der Parteipresse zu lesenden Werbeanzeigen der Mercedes-Büromaschinen-Werke, der Weinbrand-Firma Asbach Uralt und viele ähnliche in der SA-Mannschaft den Dauerstoff für Gespräche, in denen erörtert wurde, ob diese Anzeigengeschäfte mit dem „revolutionären" Wollen der NSDAP vereinbar wären. Doch kam es nirgendwo zu ernsteren Zeichen des Mißtrauens gegen die Parteiführung. Selbst das Hofieren des Großgrundbesitzes wurde hingenommen. Die Propagandaleitung erklärte, daß sich Äußerungen gegen die großen Agrarier „nicht gegen den Adel als solchen" richten, sondern ausschließlich dem „falschen Adel" gelten würden, „der sich nur auf Namen und Besitz beruft, ohne irgendeine Leistung aufweisen zu können".[19] Diese Interpretation zielte auf jene Agrarkapitalisten, die weiterhin die DNVP unterstützten, nun aber von ihr weg und zur NSDAP gezogen werden sollten. Zugleich galt dieser Kotau Angehörigen des höheren Offizierskorps und der Generalität, die großenteils dem Adel entstammten. Die Reichsleitung konnte auf den „braunen Bolschewismus"[20] nicht verzichten, tat aber zugleich alles, um ihn für die davon Erschreckten als bloße Tünche erkennbar zu machen.

Während den Mitgliedern und Anhängern der NSDAP bestimmt versichert wurde, ein 13. August werde nicht wiederkehren, schlug Hitler in seinen Reden mitunter auch gedämpftere Töne an. Scheinbar gelassen erklärte er am 17. Oktober auf einer Kundgebung in Königsberg, es wäre im Leben des Volkes gleichgültig, ob die Partei zehn Jahre früher oder später zur Macht käme, ihre Ziele würde sie schließlich erreichen.[21] Da sagten Wahlprognosen der NSDAP für den 6. November schon einen Rückgang ihrer Stimmen voraus. Bevor noch der Wahltag anbrach, sahen sich Hitler und seine Führungsgruppe einer höchst zwiespältigen Situation gegenüber.

Schon während des September und Oktober hatten Unterführer der NSDAP wiederholt zu entscheiden, wie sie sich zu an verschiedenen Stellen des Reichs aufflammenden Streiks verhalten sollten. Mit ihnen beantworteten immer mehr Arbeiter in kleinen und Mittelbetrieben den Angriff der Regierung und von Unternehmern auf Tarifrechte und Lohntarife. In den ersten Novembertagen erreichte die Streikwelle mit der Berliner Verkehrsgesellschaft (BVG) einen Großbetrieb.[22] Die überwiegende Mehrheit der mehr als 20.000 Arbeiter sprach sich in einer Urabstimmung gegen die Hinnahme eines erneuten Lohnraubs aus, den Direktion und Gewerkschaftsführung bereits vereinbart hatten. Der gewählten Streikleitung gehörten auch je zwei Mitglieder der Sozialdemokratie, deren Leitung jedoch gegen den Streik eingestellt war, und der NSDAP an, deren Führer die Teilnahme unter wahltaktischen Erwägungen gutgeheißen hatten. Die Stillegung des Verkehrs in der Reichshauptstadt betraf die Industrie ebenso wie sie das Funktionieren der Regierungsorgane gefährdete. Der BVG-Streik, bei dem die kommunistische Revolutionäre Gewerkschaftsopposition die auslösende und vorwärtstreibende Kraft war, gewann damit eine hochpolitische Dimension, zumal sich auch andere Arbeiter und Erwerbslose mit den Streikenden solidarisierten.

Die Reichs- und die Berliner Gauleitung der NSDAP standen vor einer schwierigen Frage. Würden sie die Mitglieder ihrer Betriebszelle für Streikbrecherdienste einsetzen, mußte sie dies nicht nur in Berlin mühsam gewonnene Arbeiterwähler kosten, sondern auch Unzufriedenheit in SA und NSBO hervorrufen. Die Teilnahme am Streik aber würden bürgerliche und kleinbürgerliche Wähler mit der Abkehr von der Partei quittieren. Derart zwischen Scylla und Charybdis, entschlossen sich die Faschistenführer, die Gefahr des höheren Wählerschwundes abzuwenden. Sie ließen ihre Anhänger am Streik teilnehmen, halfen aber, ihn abzubrechen, sobald sich ihnen dank der abwiegelnden Maßnahmen der Führer von ADGB und SPD dazu Gelegenheit bot.

Wenige Tage standen im BVG-Streik Kommunisten und Gefolgsleute Hitlers scheinbar in einer geschlossenen Front - eine Tatsache, die schon von Zeitgenossen vorsätzlich mißdeutet wurde und bis auf den heutigen Tag wider besseren Wissens benutzt wird, um die Existenz einer von der KPD gewollten „rot-braunen" Einheitsfront gegen die Demokratie zu behaupten und die Doktrin vom Zangenangriff der „totalitären Parteien" auf die Republik zu stützen. Der „Vorwärts" behauptete die „Verbrüderung zwischen Nazis und Kozis" und schrieb am 5. November: „Eine neue ‚proletarische Einheitsfront' wird sichtbar. Braunjacken schmücken ihre Reihen. Adolf Hitler ist ihr Führer. Die KPD ... marschiert einfach mit ... . Der Bruderbund ist geschlossen."[23] Das stellte die Entstehung des Abwehrkampfes absichtsvoll auf den Kopf. Die Urabstimmung hatte 14.471 Stimmen für den Streik ergeben, denen 3.993 Stimmen für die Hinnahme des Lohndiktats gegenüberstanden. Und während die KPD die ökonomischen Abwehrkämpfe gegen das Kapital zu politischen Abwehrschlachten gegen den Faschismus zu steigern suchte, hatten die NSDAP-Führer ihren Anhängern die Teilnahme am Streik nur gestattet, um ihrer Wahlkampfdemagogie nicht jede Wirkung zu nehmen. Denn ihre Plakate umwarben das „Arbeitertum", sprachen Proletarier als „Arbeitsgenossen" an, priesen Hitler als „deutschen Arbeiterführer". „Wenn ich meine Leute von der Beteiligung abgehalten hätte", erklärte Hitler wenige Wochen später dem Reichspräsidenten, „hätte der Streik doch stattgefunden, aber ich hätte meine Anhänger in der Arbeiterschaft verloren; das wäre auch kein Vorteil für Deutschland."[24] Ähnliche Sorgen waren zuvor schon im Parteiausschuß der SPD zur Sprache gekommen, als eines seiner Mitglieder erklärte: „Wir können unseren Kollegen nicht zumuten, die Streikbrecher zu machen, das liefert unsere Partei der Vernichtung aus."[25]

Auch die Papenregierung wußte, daß sich die Haltung von KPD und NSDAP zum BVG-Streik prinzipiell voneinander unterschied. Sie erkannte dies durch die unterschiedliche Behandlung beider Parteien an: Während sie die „Rote Fahne" augenblicklich verbot, konnte „Der Angriff" weiter erscheinen. Die Behauptung einer „Einheitsfront" von Kommunisten und Faschisten war vor allem darauf berechnet, den Graben zwischen den beiden Arbeiterparteien bis zur vollständigen Unpassierbakeit zu vertiefen. Einerseits hatte der Ausstand demonstriert, daß die Möglichkeit noch nicht preisgegeben war, für die immer mehr geschmälerten Rechte der Arbeitenden einzutreten. Andererseits zeigten sein Verlauf und, was die unmittelbaren Ziele der Kämpfenden anging, auch sein Fehlschlag, daß sich mit der Teilnahme der NSBO an einem derartigen Kampf dessen Bedingungen noch zusätzlich verschlechtert hatten, denn die Führung der NSDAP besaß keinerlei Interesse, wiederum und zudem in einem für sie kritischen Moment in den Geruch einer klassenkämpferischen Organisation zu geraten.

Am 6. November erlitt die NSDAP eine Niederlage; sie verlor mehr als 2 Millionen Wähler und hatte rund 15 Prozent ihrer Stimmen vom Juli 1932 eingebüßt. Von der zeitweiligen Tolerierung des Papen-Kabinetts enttäuscht, die Verhandlungen mit dem Zentrum ablehnend, des langen Zuwartens auf eine Kanzlerschaft Hitlers müde, auch schon gegen die braunen Führer einen mehr oder weniger deutlichen Verdacht schöpfend, hatten sich Wähler, so rasch wie sie ihr zugelaufen waren, von der NSDAP abgekehrt. Das Ergebnis nahm ihr reichsweit den Nimbus des unaufhaltsamen Aufsteigers, den „Zauber der Unwiderstehlichkeit"[26]. Nicht in einem einzigen Wahlkreis hatte sie noch Stimmen zu gewinnen vermocht. Im Regierungsbezirk Merseburg, in Köln-Aachen, in Württemberg und weiteren Gebieten verlor sie jeden fünften ihrer früheren Wähler. In Berlin und in den zur Reichshauptstadt gehörenden Gebieten der Wahlkreise Potsdam I und II

Kampf und Intrigen um die Vernichtung der Republik

bewiesen die Ergebnisse, daß das Manöver der Faschisten während des BVG-Streiks den Stimmenschwund zwar verlangsamt, aber nicht aufgehalten hatte. Die Verluste im nördlichen und östlichen Preußen zeigten, daß ein Teil der bürgerlichen NSDAP-Wähler mit dem reaktionären Regierungskurs zufrieden und offenbar zur Partei Hugenbergs zurückgekehrt war. Sie gewann mehr als 700.000 Stimmen hinzu. Zum ersten Mal seit 1929 verbuchte die NSDAP einen Wahlkampf mit beträchtlichem Einflußverlust. Doch war damit die faschistische Gefahr nicht schon gebannt. Noch jeder dritte Wähler votierte für die von Hitler geführte Partei. Die Abtrünnigen hatten sich auch nicht durchweg anderen Parteien zugesellt. Sie waren – im November ging gegenüber dem Juli 1932 die Zahl der Wählenden um 1,4 Millionen zurück – auch in die Gruppe der Nichtwähler abgefallen.[27] Nirgendwo wurde der Rückschlag jedoch als Zufallsspiel angesehen. Die industrie- und agrarkapitalistischen Gegner der Republik, gleichgültig, ob sie Hitler als Reichskanzler sehen wollten oder seine Einbeziehung in eine antiparlamentarische Regierungskonstellation bevorzugten, hatten zu registrieren, daß die nationalsozialistische Demagogie an Wirkung verlor, und mußten sich fragen, ob sich nun die Sympathien des Wahlvolkes allmählich wieder auf die Parteien richten würden, deren Sterne so dramatisch gesunken waren.

Kurt Frhr. von Schröder, Mitinhaber des Bankhauses J. H. Stein und einer der einflußreichsten Förderer Hitlers, bekannte im Jahre 1947: „Als die NSDAP am 6. November 1932 ihren ersten Rückschlag erlitt und somit also ihren Höhepunkt überschritten hatte, wurde eine Unterstützung durch die deutsche Wirtschaft besonders dringend."[28] Nicht weniger alarmierend wirkte der Stimmenzuwachs der KPD. Den führte die angeschlagene Führungsgruppe der NSDAP augenblicklich als Argument zur Erhöhung ihres eigenen Kurswertes ins Feld. Im Zeichen der Antifaschistische Aktion, die die Interessen sowohl der Betriebsarbeiter als auch der Erwerbslosen aufgriff und diese über politische Differenzen und organisatorische Schranken hinweg in gemeinsame Abwehrkämpfe einzubeziehen versuchte, hatten die Kommunisten 700.000 Stimmen hinzugewonnen. Fast 6 Millionen Wähler ermöglichten der KPD, 100 Abgeordnete in den Reichstag zu entsenden. Zum ersten Mal seit der Gründung der Weimarer Republik zeichnete sich den Herrschenden die Gefahr ab, daß der revolutionäre Flügel der deutschen Arbeiterbewegung den reformistischen an Masseneinfluß überflügeln könnte. Immer weniger Erwerbslose oder mit Hungerlöhnen abgespeiste Arbeiter wollten noch länger unter den elenden sozialen Bedingungen dahinvegetieren. Die an sie gerichteten Werbungen trugen der NSDAP zwar Teilerfolge ein, brachten ihr aber nicht den erhofften Durchbruch.

In einer zeitgenössischen Analyse war schon in der Jahresmitte 1932

Ergebnisse der Reichtagswahlen 1928-1933 und der Landtagswahlen 1929-1932/33

1. Zeile: Zahl der Mandate, 2. Zeile: Prozentanteil der Stimmen

		Wahl-beteili-gung	NSDAP	DNVP	DVP	Zentrum/ BVP	DDP (ab 1930 DStP)	SPD	KPD
1928	Reichstag 20.5.	75,6%	12 / 2,6%	73 / 14,3%	45 / 8,7%	78 / 15,2%	25 / 4,8%	153 / 29,8%	54 / 10,6%
1929	Sachsen 12.5.	78,4%	5 / 5,0%	8 / 8,1%	13 / 13,4%	0 / 0,9%	4 / 4,3%	34 / 34,1%	12 / 12,8%
	Mecklenburg-Schwerin 23.6.	74,9%	2 / 4,0%	u.a. 23 / 44,6%	-		1 / 2,9%	20 / 38,3%	3 / 5,2%
	Baden 27.10.	61,4%	6 / 7,0%	3 / 3,7%	7 / 8,0%	34 / 36,6%	6 / 6,7%	18 / 20,1%	5 / 5,9%
	Lübeck 10.11.	85,0%	6 / 8,2%	u.a.29 / 35,5%		0 / 1,1%	2 / 3,3%	34 / 42,4%	7 / 8,6%
	Thüringen 8.12.	74,9%	6 / 11,3%	2 / 4,0%	5 / 8,8%	0 / 1,2%	1 / 2,9%	18 / 32,3%	6 / 10,7%
1930	Sachsen 22.6.	73,7%	14 / 14,4%	5 / 4,8%	8 / 8,7%	-	3 / 3,2%	32 / 33,4%	13 / 13,6%
	Reichstag 14.9.	82,0%	107 / 18,3%	41 / 7,0%	30 / 4,5%	87 / 14,8%	20 / 3,8%	143 / 24,5%	77 / 13,1%
	Braunschweig 14.9.	91,1%	9 / 22,2%	u.a.11 / 26,0%		1 / 3,0%		17 / 41,0%	2 / 6,8%
	Bremen 30.11.	78,5%	32 / 25,4%	6 / 5,7%	15 / 12,5%	2 / 2,1%	5 / 4,1%	40 / 31,0%	12 / 10,7%
	Schaumburg-Lippe 3.5.	87,1%	4 / 27,0%	1 / 10,1%	1 / 5,5%	-	1 / 5,1%	7 / 44,6%	1 / 6,4%
	Oldenburg 17.5.	74,9%	19 / 37,2%	2 / 4,8%	2 / 4,1%	9 / 17,6%	1 / 3,3%	11 / 20,9%	3 / 7,2%
	Hamburg 27.9.	83,8%	43 / 26,3%	9 / 5,6%	7 / 4,8%	2 / 1,4%	14 / 8,7%	46 / 27,8%	35 / 21,9%
	Hessen 15.11.	82,4%	27 / 37,1%	1 / 1,4%	1 / 2,3%	10 / 14,3%	1 / 1,4%	15 / 21,4%	(u.a.) 10 / 15,5%
1932	Mecklenburg-Strelitz 13.3.	86,4%	9 / 23,9%	11 / 31,0%	1 / 5,1%	-	-	10 / 26,9%	3 / 9,1%
	Preußen 24.4.	82,1%	162 / 36,3%	31 / 6,9%	7 / 1,5%	67 / 15,3%	2 / 1,5%	94 / 21,1%	57 / 12,8%
	Bayern 24.4.	79,0%	43 / 32,5%	3 / 3,3%	0 / 1,7%	45 / 32,6%	-	20 / 15,4%	8 / 6,6%
	Württemberg 24.4.	70,4%	23 / 26,4%	3 / 4,3%	0 / 1,5%	17 / 20,5%	4 / 4,8%	14 / 16,6%	7 / 9,4%
	Anhalt 24.4.	89,9%	15 / 40,9%	2 / 5,8%	2 / 3,7%	0 / 1,2%	1 / 1,5%	12 / 34,3%	3 / 9,3%
	Hamburg 24.4.	80,5%	51 / 31,2%	7 / 4,3%	5 / 3,2%	2 / 1,3%	18 / 11,3%	49 / 30,2%	26 / 16,0%
	Oldenburg 29.5.	75,6%	24 / 48,4%	2 / 5,8%	0 / 0,8%	7 / 15,5%	1 / 2,3%	9 / 18,8%	2 / 5,7%

Kampf und Intrigen um die Vernichtung der Republik

		Wahl-beteiligung	NSDAP	DNVP	DVP	Zentrum/BVP	DDP (ab 1930 DStP)	SPD	KPD
	Mecklenburg-Schwerin 5.6.	80,3%	30 49,0%	5 9,1%	-	-	-	18 30,0%	4 7,4%
	Hessen 19.6.	77,2%	32 44,0%	1 1,5%	2 3,4%	10 14,5%	-	17 23,1%	7 11,0%
	Reichstag 31.7.	84,0%	230 37,3%	37 5,9%	7 1,2%	97 15,7%	4 1,0%	133 21,6%	89 14,3%
	Thüringen 31.7.	84,3%	26 42,5%	2 3,2%	1 1,8%	1 1,9%		15 24,3%	10 16,1%
	Reichstag 6.11.	80,6%	196 33,1%	52 8,9%	11 1,9%	90 15,0%	2 1,0%	121 20,4%	100 16,9%
	Lübeck 13.11.	86,6%	27 33,1%	4 4,5%	(u.a.) 5 6,0%	1 0,9%	1 1,6%	29 36,3%	9 11,9%
1933	Lippe 15.1.	85,1%	9 39,5%	1 6,1%	1 4,4%	-	0 0,8%	7 30,2%	2 11,2%
	Reichstag 5.3	88,7%	288 43,9%	(u.a.) 52 8,0%	2 1,1%	92 13,9%	5 0,9%	120 18,3%	81 12,3%
	Preußen 5.3.	88,7%	211 43,2%	(u.a.) 43 8,8%	3 1,0%	68 14,1%	3 0,7%	80 16,6%	63 13,2%

festgestellt worden, daß die NSDAP zum einen Arbeiterwähler anderer bürgerlicher Parteien gewonnen und dann vor allem Jungwähler an sich gezogen hatte, was sich namentlich auch in der sozialen Zusammensetzung der SA ausdrückte. Zudem profitierte sie sowohl von der Enttäuschung von Arbeitern über die sozialdemokratische Politik wie von dem Unglauben an die von den Kommunisten propagierte Revolution.[29] Die NSDAP war seit 1929 mit den gesamtgesellschaftlichen Folgen der Arbeitslosigkeit gewachsen, wenn sie auch nur einen Bruchteil der Arbeitslosen um sich scharen konnte. Deren offiziell angegebene Zahl belief sich gegen Jahresende 1932 auf 5, 77 Millionen. Niemand zweifelte, daß in Wirklichkeit eine weit höhere Zahl von Werktätigen aus dem Arbeitsprozeß geworfen worden war. Der Armenfürsorge der Gemeinden anheimgefallen, wurden sie von keiner Reichsstatistik mehr erfaßt. Die sich im zweiten Halbjahr abzeichnende und sich extrem schleppend anbahnenden Belebung der Konjunktur wurde durch die saisonbedingte Arbeitslosigkeit überdeckt. Weitere Streiks und Unruhen waren nicht auszuschließen.

Die Methode, sich mit rasch aufeinanderfolgenden Reichstagswahlen, denen prompt die Auflösung des Parlaments folgte, über die ökonomische und politische Krise hinwegzuhelfen, war nicht beliebig fortzusetzen und bot folglich keinen Ausweg. So schossen verschiedenste Pläne für den offenen Verfassungsbruch ins Kraut. Von Hindenburg, Papen, Schleicher, dem Reichsinnenminister Gayl und andere Antirepublikanern wurde erwogen, nicht nur den eben gewählten Reichstag aufzulösen, sondern auch keinerlei Neuwahlen mehr anzusetzen und so faktisch das parlamentarische Regime zu „suspendieren" – in der Absicht, es nicht wieder in Geltung zu setzen. Papen war ebenso bereit wie Schleicher, sich an die Spitze dieses Weges zu stellen. Doch während der Kanzler dabei ein unberechenbares Risiko eingehen wollte, dachte Schleicher daran, diesen Kurs gegen ein folgenschweres Scheitern dadurch zu sichern, daß für ihn Rückhalt in Parteien und anderen Organisationen gesucht wurde. Eine Einigung über das Vorgehen ließ sich indessen nicht erzielen. So machte das Ergebnis des 6. November vollends das Dilemma der Papen-Regierung offenkundig, die in einer Sackgasse angekommen war. Sie amtierte noch fort. Doch besaß sie wie zuvor keinerlei nennenswerte eigene Anhängerschaft. Sie konnte wie schon nach den Juliwahlen einzig darauf spekulieren, als Leihgeber auf den Massenanhang der NSDAP zurückzugreifen. Wie aber sollten deren Führer Lust verspüren, sich für den sehr zweifelhaften Vorteil einer Regierungsbeteiligung als Lebensretter gerade für diesen im Volk verhaßten Kanzler und sein Kabinett engagieren zu lassen?

Hitlers Verlautbarung zum Wahlausgang erwähnte die verlorene Schlacht mit keinem Wort. Die gewachsene Zahl der KPD-Stimmen sei der „Hugenberg-Papenschen-Reaktion" zuzuschreiben, welche „Deutschland dem Bolschewismus" entgegentreibe.[30] Der „Völkische Beobachter" schrieb: „Papen bleibt der Kanzler ohne Volk, Hitler der einzige Schutz vor dem roten Blutrausch."[31] Sturz der Regierung heiße weiter das Ziel. „Keinerlei Kompromisse und kein Gedanke an irgendeine Verständigung mit diesen Elementen!" Verhandelt werde erst, wenn „dieses Regiment und die es deckenden Parteien" vernichtend geschlagen seien.[32] Unschwer war zu erkennen, daß Hitler, mit einer „unerhörten Stärkung des Kommunismus"[33] schreckte, auf die bürgerliche Revolutionsfurcht und den Wunsch spekulierte, stabile politische Zustände zu schaffen, die bei der Beurteilung des Wertes seiner Partei womöglich schwerer wogen als die erlittenen Stimmenverluste.

Schacht beglückwünschte den NSDAP-Führer „zu der festen Haltung ... unmittelbar nach den Wahlen" und versicherte ihm, „daß die Entwicklung der Dinge nur das eine Ende haben kann, und das ist Ihre Kanzlerschaft". Er riet, die vom Faschismus beeinflußten Massen so fest an die Kandare zu nehmen, daß sich den Gegnern einer Kanzlerschaft Hitlers nicht neue Angriffsflächen böten, und empfahl, sich auf dem angemessene Kampfesformen zu beschränken. Angriffe auf Personen sollten unterlassen werden.[34] Das betraf vor allem Hindenburg, Papen und Hugenberg; vor allem die beiden letzteren waren im Wahlkampf skrupellos attackiert worden. Schacht wollte vermieden wissen, daß persönliche Animositäten, die schon

Kampf und Intrigen um die Vernichtung der Republik 229

zur Genüge angehäuft waren, Hitlers Weg in die Reichskanzlei unpassierbar machten. Denn bevor sein Favorit Regierungschef werden konnte, mußte der Kanzler zum Rücktritt veranlaßt, der DNVP-Führer für eine Koalition gewonnen und der Reichspräsident zur Unterschrift unter die Ernennungsurkunde bewegt werden.

Durch die Erfahrungen des 13. August - so sein eigener Ausdruck - „gewitzigt"[35], blieb Hitler im Hintergrund und überließ zunächst seinen geheimen Förderern die Initiative. Schacht und der Vorsitzende des Aufsichtsrates der Ilseder Hütte, Ewald Hecker, besprachen mit Papen und Himmler, wie Hindenburg dazu gebracht werden könnte, jetzt ein Kabinett Hitler zu sanktionieren.[36] Am 19. November wurde dem Staatssekretär in der Präsidialkanzlei, Otto Meißner, von Friedrich Reinhart eine Eingabe übergeben, deren Unterzeichner vom Reichspräsidenten verlangten, Hitler, den „Führer der größten nationalen Gruppe" an die Spitze eines Präsidalkabinetts zu berufen.[37] Die Aktion war bereits vor dem Wahltag erwogen und eingeleitet worden. Hitlers Reichskanzlerschaft forderten mit ihren Unterschriften Angehörige des Keppler-Kreises, so u. a. Schacht, Schröder, Thyssen, Rosterg, Reinhart, der Großreeder Kurt Woermann, der Präsident des Reichslandbundes Eberhard Graf von Kalckreuth. Mit ihnen unterzeichneten weitere Großgrundbesitzer und Funktionäre landwirtschaftlicher Verbände die Petition: Robert Graf von Keyserlingk, Cammerau, und der Präsident der Landwirtschaftskammer für die Provinz Brandenburg, Joachim von Oppen, Dannewalde, beide Mitglieder des Deutschen Landwirtschaftsrates, der Präsident des Westfälischen Landbundes Engelbert Beckmann und Karl Gustav von Rohr-Mantze. Paul Reusch (Vorstandsvorsitzenden der Gutehoffnungshütte Aktienverein für Bergbau und Hüttenbetrieb, zugleich stellvertretender Vorsitzender des Deutschen Industrie- und Handelstages), Fritz Springorum und Albert Vögler ließen dem Reichspräsidenten separat mitteilen, daß sie „grundsätzlich voll und ganz auf dem Boden der Eingabe stehen".[38] Sie wünschten jedoch wie andere um ihre Teilnahme gebetene Personen, die sich verweigert hatten, nicht derart exponiert Partei zu nehmen. Letzteres galt auch für den Präsidenten der Rheinländischen Landwirtschaftskammer, Hermann Freiherr von Lüninck, der schon den Eintritt in das Kabinett Papens mit der Begründung abgelehnt hatte, es gehe um einen Systemwechsel, nicht nur um die Bildung einer veränderten Regierung, und der darauf verweisen konnte, daß er sich schon mündlich vor Hindenburg für „die Übertragung der Kabinettsführung an die nationalsozialistische Bewegung" ausgesprochen hatte.[39] Auf Verstand und Mentalität Hindenburgs abgestimmt, legten die Absender der Eingabe dar, daß die Beseitigung der parlamentarischen Zustände nicht durch einen offenen Verfassungsbruch, sondern nur mit Politikern voranzubringen sei, die dem Kurs auf die Vernichtung der

Republik eine „ausreichende Stütze im deutschen Volke" geben könnten. Das trauten sie den Parteien der äußersten Rechten zu. Wäre Hitler erst Reichskanzler, dann ließen sich auch die „Schlacken und Fehler" ausmerzen, die der NSDAP „wie jeder Massenbewegung notgedrungen anhaften" würden.[40] Diesen wichtigen Gesichtspunkt diskutierte Thyssen eingehender mit dem Vorsitzenden des „Vereins zur Wahrung der gemeinsamen wirtschaftlichen Interessen in Rheinland und Westfalen". Die Schuld daran, schrieb er an Max Schlenker, daß die NSDAP sich teilweise radikal gebärde, treffe jene, die sich gegen Hitlers Kanzlerschaft sperrten. Erst dadurch sei die „Erörterung der Ziele Gemeingut einer großen Masse" und die ganze von Hitler geführte Bewegung „solchen Gefährnissen" ausgesetzt worden.[41] Als die Formel, welche für die interne Verständigung ausreichte und der Masse die wahren Absichten verhüllte, galt allgemein die Berufung auf das Wohl der Nation. Sie brauche endlich geordnete und ruhige Verhältnisse. In diesem Sinne schrieb Springorum an Papen, es werde eine „stabile nationale Regierung unter Einschluß der NSDAP" benötigt.[42]

Die NSDAP-Reichsleitung konnte nach dem 6. November alsbald und getrost davon ausgehen, daß die Rückläufigkeit der faschistischen Bewegung nicht allein ihre Sorge darstellte. Für Zusammenhalt und Disziplin der unruhigen NSDAP-Gefolgschaft war damit freilich wenig gewonnen. Zwar nutzte die Führung den 9. November wieder, um an die „Gefallenen der Bewegung" von 1923 zu erinnern. Doch konnten die Anrufung der „Opfer" und der Totenkult die Risse in den eigenen Reihen nicht kitten. Zudem bewiesen schon am 13. November Kommunalwahlen in Sachsen und namentlich die Ergebnisse in den Industriestädten Chemnitz, Plauen und Zwickau[43], daß die Abwendung von der NSDAP anhielt. Im Tagebuch des Reichspropagandaleiters häuften sich die Klagen über die Folgen der erlittenen Schlappe. Goebbels stellte flaue Depression in den Parteireihen fest und beobachtete „Ärger, Streit, Mißhelligkeiten" überall.[44]

Diese Rückschläge und ihre Folgen für den inneren Zustand der faschistischen Bewegung verleiteten liberale und demokratische Kreise, aber auch Funktionäre im ADGB und in der SPD, die Gefahr des Faschismus nun vielfach gering zu achten. Der „Vorwärts" spottete am 7. November 1932 darüber, der Alleinherrschaftsanspruch Hitlers sei nun erledigt und „nur noch eine Donquichotterie". Weit verbreitete sich der aus formalparlamentarischem Denken herrührende Irrtum, es bestünde eine direkt proportionale Beziehung zwischen der Wählerzahl der NSDAP und Hitlers Aussicht, Reichskanzler zu werden. Unterschätzt wurde weithin das in den politischen, ideologischen und wirtschaftlichen Eliten permanente, durch die ökonomische Krise zwar außerordentlich verstärkte, aber nicht erst durch sie hervorgerufene Bestreben, die ungeliebten und ihnen 1919

Kampf und Intrigen um die Vernichtung der Republik 231

abgerungenen republikanischen Zustände durch autoritäre Herrschaftsverhältnisse zu ersetzen.

Zunächst kam die Regierung Papen nicht umhin, ihren Rücktritt zu erklären. Hitler wurde am 19. November, dem Tag, an dem auch die Papiere der „Industriellen-Eingabe" im Präsidialamt einlangten, zum zweiten Mal von Hindenburg empfangen und bekam, obwohl er soeben eine Schlacht verloren hatte, mehr angeboten als ein Vierteljahr zuvor. Der Reichspräsident trug Hitler die Kanzlerschaft an. Daran waren jedoch Bedingungen geknüpft. Daß sich das Staatsoberhaupt die Auswahl des Reichswehr- und des Außenministers vorbehalten wollte, hätte Hitler hinnehmen können. Anders stand es mit der Forderung, der NSDAP-Führer solle nicht – wie Papen – einem präsidial gestützten Kabinett vorstehen, sondern dessen Legitimation im Reichstag suchen. Das bedeutete, daß sich die führenden Politiker der NSDAP nicht nur mit den DNVP-Führern um Hugenberg, sondern auch mit den Zentrumspolitikern, die sich bei Hindenburg wenig verklausiert für eine Kanzlerschaft Hitlers ausgesprochen hatten, über die Zusammensetzung der Regierung hätten einigen müssen, denn nach dem Wahlergebnis des 6. November verfügten nur diese drei Parteifraktionen gemeinsam über eine Parlamentsmehrheit.

Hitler lehnte das Angebot ab. Er forderte, das Konzept seiner Inthronisierung Ende Januar 1933 vorzeichnend, zum Chef einer Präsidialregierung ernannt und zunächst so wenig wie Papen von einer Reichstagsmehrheit abhängig gemacht zu werden. Erst danach wäre das Parlament aufzulösen und ein neuer Reichstag zu wählen. Der sollte ein Ermächtigungsgesetz beschließen, das die Legislative in die Hand des Kabinetts legte. Was als Hasardspiel erscheinen konnte, beruhte auf nüchterner Rechnung und Gegenrechnung. Hitler ging davon aus, daß eine dauerhafte Überwindung der politischen Krise ohne die NSDAP nicht zu bewerkstelligen war. Darin bestärkte ihn wiederum Schacht, der in diesen Tagen sich in Berlin aufhielt und zu Hitlers Beraterstab gehörte. Der politisierende Reichsbankpräsident a.D. und die mit ihm verbundenen Großbankiers und Großindustriellen sahen alle halben Lösungen als verbraucht an. Sie steuerten, wie sie Hindenburg geschrieben hatten, eine Zeit an, „die durch Überwindung des Klassengegensatzes die unerläßliche Grundlage fü einen Wiederaufstieg der deutschen Wirtschaft erst schafft". Deutschlands Zukunft hatte für sie mit Hitler und seiner Gefolgschaft bereits verheißungsvoll begonnen."[45]

Noch aber scheiterte dieser Plan vordergründig am Widerstreben Hindenburgs und vor allem daran, daß die Meinungen der „Königsmacher" darüber auseinandergingen, wie Hitler und die NSDAP-Führerschaft „eingerahmt" werden könnten. Dieses Sprachbild wurde damals mehrfach gebraucht und nach 1945 mit der Legende ausgeschmückt, Hitler hätte daran gehindert werden sollen, sein antidemokratisches Programm durchzusetzen. Die Funktion eines politischen und personellen Rahmens war indessen so nicht gemeint, sondern anders vorgedacht. Er sollte eine Sicherung gegen die überschätzte Gefahr darstellen, daß die Führungsgruppe um Hitler, übergäbe man ihr die Staatsmacht, sozialrevolutionären Forderungen ihres Massenanhangs Zugeständnisse machte und sich auf „wirtschaftliche Experimente" einließe, die den sich ankündigenden Aufschwung stören würden. Die Idee des „Rahmens" verband sich zudem mit den ehrgeizigen Plänen jener Politiker, die wie Papen wieder oder wie Hugenberg erstmalig an das Staatsruder drängten und ihre Karrierechance an Hitlers Seite durchzusetzen hofften.

Am 21. November war definitiv klar, daß der Papen-Nachfolger nicht Hitler heißen würde. Zwei Tage später traf sich der vorerst gescheiterte Kanzleraspirant im Berliner Gebäude des Reichslandbundes mit Hugenberg, doch konnten sie auch gemeinsam nur feststellen, daß sie noch nicht an der Reihe waren.[46] Dann verließ Hitler Berlin sofort, entschlossen, den Kampf um die Staatsmacht weiterzuführen, zwar ohne rechte Vorstellung, wie dieser in der jetzigen Etappe vorangetrieben werden könne, aber doch im Wissen, daß diejenigen, die ihn abgewiesen hatten, wiederum nicht mehr besaßen als eine Zwischenlösung. Der Versuch, schrieb Hitler an Hindenburg, die Regierung einzig auf den „Schutz der Bajonette", d.h. auf die Reichswehr, zu stellen, würde „zwangsläufig im Nichts" enden.[47] Solch selbstbewußte Töne konnten freilich nicht verdecken, daß für Hitler und seine Mitführer nun wiederum Wochen eines entnervenden Wartens bevorzustehen schienen. Zudem begannen NSDAP-Führer aus Hitlers engster Umgebung zu fürchten, er werde die Gelegenheit, zur Macht zu gelangen, durch die überzogene Forderung des Alles-oder-Nichts vertun. Das zeigte sich, als Hitler mit Göring, Frick, Goebbels und Gregor Strasser Ende November in Weimar zusammentraf, wo sie sich wegen der thüringischen Kommunalwahlen aufhielten, die am 4. Dezember stattfinden sollten. Zuverlässige Nachrichten sind über ihre Gespräche nicht überliefert, doch ist sicher, daß der Reichsorganisationsleiter der eingeschlagenen Taktik widerriet. Er hielt die Beteiligung an einem Reichskabinett auch wegen der tiefgestimmten Anhängerschaft für geboten. Indessen blieb Strasser ohne Unterstützung. So konnte Hitler eine erneute Einladung Hindenburgs zu Gesprächen über die Regierungsbildung ausschlagen. Von nun an nahmen die Schritte, die in die Aufrichtung der faschistischen Diktatur mündeten, immer mehr den Charakter eines Ränkespiels an. Es fand in Bankiers- und Industriellen-Residenzen, in Hotelappartements, auf Schlössern und Gutssitzen und in Politikervillen statt. Die „Weltbühne" schrieb: „Niemals ist in Deutschland mehr intrigiert worden als heute unter der präsidialen Autorität."[48]

Zunächst machte eine derartige Intrige den bisherigen Reichswehrminister Kurt von Schleicher am 3. Dezember zum Chef eines Präsidalkabinetts, in dem die meisten Minister Papens verblieben. Der General vereinte mit den Posten des Kanzlers auch die des Wehrministers und des Reichskommissars in Preußen und verfügte damit über eine im Weimarer Staat beispiellose Machtfülle. Doch besaß auch er keinerlei Rückhalt im Parlament, geschweige denn in der deutschen Bevölkerung. Im Reichstag konnte er bald nicht einmal wie eben noch Papen mit der Unterstützung der Deutschnationalen rechnen. Schleichers phantastisches Konzept, der Regierung dadurch Stabilität und Aktionsmöglichkeiten zu verschaffen, daß er reformistische, christliche u. a. Gewerkschaftsführer für eine sozial drapierte Politik gewann, scheiterte ebenso wie der Plan, die Krise in der NSDAP auszunutzen. Die Meinungsverschiedenheiten in deren Führung weit überbewertend, spekulierte der General darauf, daß Hitler zunehmend unter den Druck von Mitführern geraten und sich zu einer Zusammenarbeit bereitfinden müßte. Dabei hoffte der Reichskanzler insbesondere auf Strassers Einfluß in der NSDAP, den er in sein Kabinett einzubeziehen gedachte. Ossietzky schrieb, Schleicher „setzt der Nazipartei, um sie bündnisreif zu machen, gleichsam Blutegel an".[49]

Thälmann kennzeichnete die Regierung als ein Übergangskabinett mit der Funktion des Platzhalters für eine „Hitlerkoalition bzw. Hitlerregierung", auf deren Zustandekommen weiter hingearbeitet werde.[50] Diese Prognose deckte sich im Kern mit großbürgerlichen Einschätzungen und Erwartungen. Die „Deutsche Allgemeine Zeitung" bemerkte am 6. Dezember 1932, zwei Tage nach der Einsetzung der Regierung Schleicher, mit diesem Kabinett sei eine Atempause geschaffen, in der „zwischen den Inhabern der Gewalt und Hitler verhandelt werden kann". Doch sollte sich bald zeigen, daß die Verhandlungsstränge nicht aus der Wilhelmstraße ins Braune Haus liefen. Wie vordem Brüning und Papen, die es je auf ihre Weise mit Hitler „versucht" hatten, scheiterte auch deren Nachfolger. Die Führung der NSDAP griff die Entscheidung des Reichpräsidenten für Schleicher und gegen Hitler scharf an. Die Partei, verlautete amtlich, lehne jede Tolerierung Schleichers „als mit dem Willen des deutschen Volkes nicht vereinbar klar und unzweideutig ab."[51] Der kaiserliche General und NSDAP-Abgeordnete Karl Litzmann, dem diesmal als Alterspräsident die Eröffnungsrede vor dem Parlament zustand, attackierte nun Hindenburg auch persönlich in aller Schärfe: „Es handelt sich darum, daß er dem historischen Fluch entgeht, unser zur Verzweiflung getriebenes Volk in die Arme des Bolschewismus geführt zu haben, obwohl der Retter bereit stand."[52] Es müsse „dem jahrelangen fruchtlosen Experimentieren" ein Ende gesetzt werden. Und dem Feldmarschall psychologisch geschickt auch moralisch die Daumenschrauben ansetzend, zieh Litzmann den ostpreußischen Gutsherrn an der Staatsspitze, er kenne die Zustände in Deutschland und das Leben des Volkes nicht.[53]

Schon als am 5. Dezember in Berlin eine Führertagung der NSDAP zusammengetreten war, lag durch das Ergebnis der thüringischen Landtagswahlen vom Vortage der unbezweifelbare Beweis vor, daß der Einflußverlust der Partei fortdauerte und auch Gebiete ergriff, in denen sie ihre ersten bedeutenden Erfolge erlangt hatte. Nun brachen Meinungsverschiedenheiten, wie gegenüber der Schleicherregierung taktiert werden solle, in einer Kontroverse zwischen Hitler und Strasser offen hervor. Während die Fraktion im Reichstag lavierte, um dessen erneute Auflösung und eine gefürchtete Neuwahl zu vermeiden, scheiterten alle Versuche, die Konzepte Hitlers und des Reichsorganisationsleiters auf einen Nenner zu bringen. Gregor Strasser, wenige Monate zuvor an die Spitze des weitverzweigten organisatorischen Apparats der NSDAP gestellt und somit aus der nur wenige Personen zählenden zweiten Reihe der Parteihierarchie noch herausgehoben, legte am 8. Dezember seine sämtlichen Ämter nieder. Offiziell verlautete, er habe „mit Genehmigung des Führers einen Krankheitsurlaub von drei Wochen" angetreten.[54] Er kehrte aus ihm nie zurück.

Indessen ließ sich der Rücktritt vor der Mitgliedschaft deshalb leicht kaschieren, weil Strasser eine öffentliche Auseinandersetzung scheute und bald resignierte. Anders als sein Bruder Otto zwei Jahre zuvor gab er kein Zeichen zur Sammlung unzufriedener Faschisten. Zwar traf er sich im Januar 1933 sowohl mit Papen wie mit Hindenburg, doch ging auf deren Seite das Interesse an einem Manne rasch verloren, der nicht einmal den Versuch gemacht hatte, seine Anhängerschaft in der NSDAP mit sich zu ziehen. Auch Gottfried Feder, der einzige mit Strassers Haltung kurzzeitig offen Sympathisierende, schwenkte in die Kiellinie Hitlers wieder ein. Am 9. Dezember fand im Palais des Reichstagspräsidenten, in dem Göring Hausherr geblieben war, eine theatralische Treuebekundung für den „Führer" statt. Hitler verpflichtete die Reichstagsabgeordneten und Gauleiter durch Handschlag zu bedingungslosem Gehorsam.

Die Strasser-Krise, wie die Episode genannt wurde, machte dennoch Sensation und schuf zusätzlich Unruhe in den Parteireihen. Sie überdeckte zugleich, daß die NSDAP zum zweiten Mal der offenen Auseinandersetzung mit einem Reichskabinett ausgewichen war,. Hatte sie aber im Juni das Kabinett Papen wegen ihres eigenen Vorteils für kurze Zeit geduldet, so hielt sie sich diesmal trotz aller verbalen Angriffe auf die Regierung zurück, ohne von ihr eine Gegenleistung zu erhalten. Das war ein nicht zu verbergendes Zeichen momentaner Schwäche. Die „Berliner Börsen-Zeitung" vom 10. Dezember 1932, die den NSDAP-Führern immer wieder taktische Ratschläge souffliert hatte, fragte nun, ob in der Partei

Kampf und Intrigen um die Vernichtung der Republik

eine „Läuterungskrise" einsetzen und die Haltung des Alles-oder-Nichts preisgegeben werde. Man hoffte auf einen „Gärungsprozeß", der dazu führe, daß die NSDAP in Zukunft „den Wert der anderen Teile der nationalen Bewegung" respektiere und „auf ihre Ausgangsstellung des reinen Nationalismus" zurückkehre. Dann könnten sich, hieß es lockend, „auch alle Konsequenzen ... von selbst einstellen". Auch andere Stimmen begrüßten Gregor Strassers Ausscheiden, der vor allem seit seiner Reichstagsrede im Mai 1932, als er von der „antikapitalistischen Sehnsucht" gesprochen hatte, fälschlich als ein Verfechter von sozialistischen Ideen angesehen worden war.

Hitler ordnete Maßnahmen an, die sichern sollten, daß sich die Partei strikt auf dem legalen Kurs hielt und erneut aufkeimende Gedanken an einen Putsch unterdrückt wurden. Die Münchener Zentrale wurde umstrukturiert. Hitler übernahm die Leitung der politischen Organisation selbst. Sein ergebener Sekretär Heß erhielt den Rang eines Amtsleiters und trat an die Spitze einer „Politischen Zentralkommission". Sie hatte u.a. alle Verlautbarungen und Anträge der Nazifraktionen in Ländern, Kreisen und Kommunen auf ihre Konformität mit dem Parteikurs zu prüfen. Von dieser Regelung blieben nur der Reichstag, der sich mit Hilfe der NSDAP-Abgeordneten auf unbestimmte Zeit vertagt hatte, sowie der Preußische und der Bayerische Landtag ausgenommen. Dort boten mit Hitler übereinstimmende und befehlsgehorsame Führer hinreichende Sicherheitsgarantien gegen Eigenmächtigkeiten. Allein die Zentralkommission durfte künftig auch die Teilnahme von NSDAP-Mitgliedern an Streiks genehmigen, womit ohne Zweifel verhindert werden sollte, daß sich die Situation des BVG-Streiks wiederholte. Die wirtschaftspolitische Abteilung und des Reichswirtschaftsrates der NSDAP wurden aufgelöst. Das kam einer Absage an eigene ökonomische Projekte gleich und minderte den Einfluß derjenigen Kräfte innerhalb der Partei, die prononciert mittelständische Interessen verfechten wollten. Verstärkt kontrolliert wurde auch der erst 1932 gegründete „Kampfbund des gewerblichen Mittelstandes". Er sollte zwar kleine Geschäftsleute und selbständige Handwerker organisatorisch an die Partei binden, aber keine Ansprüche gegenüber der mächtigeren Konkurrenz verfechten. Eine Ausnahme bildeten einzig die Attacken gegen das „jüdische Kapital". Besonderen Aufsichtsmaßnahmen wurden die Parteizeitungen unterworfen.

Mit diesen Veränderungen rückten einige Mitführer Hitlers dauernd ganz in die Spitze der Parteihierarchie, andere hingegen verloren an Einfluß. Zu den Aufsteigenden gehörte Walther Funk, der in der Zentralkommission die Unterkommission Wirtschaftspolitik leitete, Hitler in Wirtschaftsfragen beriet und den „Kampfbund" kontrollierte. Demgegenüber verringerten sich die Befugnisse Gottfried Feders, der auf dem Höhepunkt der

Strasser-Krise einen Urlaub antreten mußte. Vor allem hoben sich Stellung und Einfluß Robert Leys, zuletzt Stabsleiter im Reichsorganisationsamt. Er übernahm die organisatorische Leitung der Partei, ohne jedoch die herausragende Position seines Vorgängers zu gewinnen. Die Landesinspektionen wurden abgeschafft und territoriale Führer wie Bernhard Rust, Hinrich Lohse, Wilhelm Loeper, Martin Mutschmann wieder ganz auf die Tätigkeit an der Spitze ihrer Gauleitungen konzentriert.[55]

Neue Anweisungen erhielt auch die SA; vor allem sollten Unterführer und Mannschaften sich während ihres Dienstes weniger mit der Parteitaktik befassen.[56] Nach dem Dienstantritt hatte die Mannschaft sich künftig nicht mehr als eine halbe Stunde mit politischen Fragen zu beschäftigen, statt dessen mehr Wehr- und Geländesport zu treiben. Stimmung und Disziplin verfielen in den SA-Reihen dennoch zusehends. Vereinzelt machte sich der Unmut in Raufhändeln und Meutereien Luft. Geldsammlungen, mit denen die Braununiformierten die Parteikasse auffüllen sollten und an deren Ertrag sie auch selbst beteiligt waren - allein in Berlin klapperten am „silbernen" Vorweihnachtssonntag 2.800 SA-Leute mit Blechbüchsen –, waren außerdem dazu gedacht, zu beschäftigen, abzulenken und das quälende Zuwarten auf eine Wendung der Dinge zu verkürzen. Auch sanfte Weihnachtsstimmung sollte die Gefolgschaft beruhigen. Ihr wurde empfohlen, mit Hakenkreuzen bemalten Christbaumschmuck zu kaufen und dem „nationalsozialistischen Kind" eine „vorschriftsmäßig" gekleidete SA- oder SS-Puppe unter den Weihnachtsbaum zu legen. Nicht überall verlief der Versuch völlig reibungslos, die SA strikt an die Befehle des OSAF zu binden. Jedoch kam den Bestrebungen, die eigenen Reihen zu beruhigen und zu disziplinieren, ein politischer „Burgfrieden" entgegen: Die Regierung verbot bis zum 3. Januar 1933 öffentliche politische Versammlungen. Diese Maßnahme richtete sich hauptsächlich gegen die Aktivität der KPD, deren Arbeit durch den Wahlerfolg Auftrieb erhalten hatte. Traditionell organisierte sie während der Wochen vor Weihnachten in Großstädten Märsche von Arbeitslosen gegen Hunger und Kälte. Schleicher drohte den Kommunisten in einer Rundfunkrede „drakonische Ausnahmebestimmungen" an.[57]

Die NSDAP-Führer hingegen waren durch den „Burgfrieden" der Notwendigkeit enthoben, sich in öffentlichen Versammlungen zur Wahlniederlage und deren Folgen zu äußern. Sie konnten sich darauf konzentrieren, die Parteiapparate und Funktionärsreihen fest in die Hand zu bekommen. Hitler, Ley und andere Naziführer reisten von Gausitz zu Gausitz, um Ordnung zu schaffen. Auf einer Veranstaltung in Stettin wurde gefordert, daß die Partei sich in den kommenden Wochen vor allem antikommunistisch hervorzutun habe. Das würde Hitlers Berufung durch Hindenburg beschleunigen.[58] Nicht überall verliefen die Appelle nach der Regie der Naziführung. Wütend über die Wahlniederlagen, verwirrt durch Stras-

Kampf und Intrigen um die Vernichtung der Republik 237

sers „Urlaub", bedrückt von Geldmangel, brachen zwischen den Mitgliedern der Parteiformationen schwelende Differenzen wieder auf. In Halle kam es anläßlich einer Kundgebung mit Hitler zu schweren Schlägereien zwischen SA- und SS-Einheiten. Als der „Burgfrieden" endete, wollte die NSDAP-Führung demonstrieren, daß die Reihen, wie es in der Horst-Wessel-Parteihymne hieß, wieder fest geschlossen waren. Das Jahr 1933 werde im Zeichen der Auseinandersetzung zwischen „Hakenkreuz und Sowjetstern" stehen, erklärte Gauleiter Grohé vor 6.000 Nazis in der Großen Messehalle in Köln. Nun stünden die „entscheidende Generaloffensive" und der „Endsturm" bevor. Unumwunden attackierte Grohé die „Schleicher-Reaktion", die Banken, Börsen und Juden diene. Der SA wurde hinhaltend versichert, zu gegebener Zeit werde man der „Kraft der Idee die Kraft anderer Mittel zur Seite stellen". Während der Kundgebung marschierte eine Formation uniformierter Polizisten auf. Ein Kriminalkommissar trug ihr eine Fahne mit einem Polizeistern voran, auf dem sich anstelle des Reichsadlers ein Hakenkreuz befand. Daß im Repressivapparat tätige Beamte sich öffentlich zu einer Partei bekennen konnten, die die Vernichtung der Weimarer Republik betrieb, zeigte drastisch, wie stark der Einfluß der NSDAP in den Institutionen des Staates bereits angewachsen war.[59] Andererseits wurde an dieser Tatsache auch deutlich, wie weit unter den Regierungen Brüning, Papen und jetzt Schleicher die Staatspolitik nach rechts getrieben worden war. Den Prozeß der Umorientierung in der Gesellschaft konstatierte Kurt Tucholsky lakonisch: „Um mich herum verspüre ich ein leises Wandern. Sie rüsten zur Reise ins Dritte Reich."

Als sich in der ersten Tagesstunde des 4. Januar 1933 die abmarschierende Kölner SA auflöste und den Müden die Worte, wonach es keine Kompromisse und kein Paktieren geben werde, noch in den Ohren klingen mochten, nahte in eben dieser Stadt ein für die Zukunft der NSDAP ebenso wie für das Schicksal der Republik wichtiges Treffen. Hitler und von Papen kamen in der Villa des Bankiers von Schröder zusammen. Die Begegnung, seit Mitte Dezember vorbereitet, bezweckte den Sturz des Schleicher-Kabinetts und seine Ersetzung durch eine Regierung, „die lange Zeit an der Macht bleiben würde".[60]

Hitler und von Papen verhandelten in Gegenwart des Hausherrn miteinander, dem gegenüber Keppler noch wenige Tage zuvor die Hoffnung ausgedrückt hatte, daß es seiner „Geschicklichkeit" gelingen möge, „die letzten Hemmnisse zu beseitigen."[61] Nun wartete Keppler mit Himmler und Heß, die den „Führer" begleiteten, in einem benachbarten Raum auf das Ergebnis des Gesprächs zweier Politiker, die sich zwei Monate zuvor noch in einem hemdsärmlig geführten Wahlkampf gegenübergestanden hatten und in dem der NSDAP-Führer dem inzwischen abgetretenen Kanzler u.a. vorgeworfen hatte, sich mit einer „internationalen Judenclique" gegen die „Nation" verbündet zu haben.[62]

Hitler und Papen wußten selbstredend, daß sie zwar in erster Linie ihre eigenen Machtinteressen vertraten, auf ihnen jedoch auch Erwartungen von Industriellen und Großagrariern lagen. Endlich sollte durch die Bildung einer gemeinsamen Regierung der äußersten Rechten jene politische Krise behoben werden, die chronischen Charakter angenommen hatte. Dabei kam ihnen jene weit über ihre eigenen Anhänger hinausreichende Stimmung in großbürgerlichen, aber auch in mittelständischen Kreisen zugute, die Republik und Parlament für untauglich hielten und den starken Mann mit der festen Hand wollten. Hitler mußte zudem, anders als der ohne Massengefolgschaft gebliebene Papen, in Rechnung stellen, daß Mitgliedschaft und Wahlvolk der NSDAP immer schwerer zusammenzuhalten waren, wenn sich nicht der mehrmals verheißene Erfolg einstellte. Beide Politiker kalkulierten ein, daß keiner von ihnen allein eine Lösung zu bieten hatte. Hitler konnte davon ausgehen, daß - nachdem auch Schleicher eine Alternative zur faschistischen Massenbasis nicht hatte schaffen können - nun er an der Reihe sei. Papen verfügte hingegen über die unentbehrlichen Beziehungen zum Reichspräsidenten. Er gedachte, sie nach Kräften zu eigenem Vorteil zu nutzen. Ihre jeweilige Situation vor Augen wußten Hitler und Papen, daß es ohne Kompromisse nicht abgehen konnte. Nicht daß die beiden nach Herkunft, Stellung und Charakter so verschiedenen Republikgegner einander näher gekommen wären, der eine das Bild vom anderen korrigieren wollte und sie einander auch nur Achtung entgegengebracht hätten. Es waren die Machtkämpfe des verflossenen Halbjahrs, welche die Bedingungen reifen ließen, unter denen sie sich aussöhnen mußten, wenn sie an die Staatsspitze gelangen wollten. Ein politisches Geschäft sollte in Köln abgeschlossen werden und jeder wünschte, daraus mit dem größtmöglichen Gewinn hervorzugehen.

Hitlers Chance ergab sich aus dem Scheitern aller bisherigen Versuche, die Gesellschafts- und Staatskrise ohne die Regierungsbeteiligung der NSDAP und deren Millionenanhang zu beheben. Die politischen Kombinationsmöglichkeiten waren gleichsam durchgespielt, und sie waren gegenüber dem Jahre 1929/1930 erkennbar geschrumpft. Die traditionellen bürgerlichen Parteien der Mitte existierten mit Ausnahme der beiden katholischen nur noch als kümmerliche Reste. Der Zentrumspartei haftete, seit sie Brünings Kanzlerschaft gestützt hatte, der Geruch einer massenfeindlichen Wirtschafts- und Sozialpolitik an. Die Sozialdemokratie hätte nur um den Preis weiteren Verlustes ihrer Wähler in eine Reichsregierung zurückkehren können, doch stand sie außerhalb aller Erörterungen.

Angesichts dieses Verschleißes und Verbrauchs von Parteien und Politikern herrschte in den nicht der NSDAP zuneigenden Kreisen und Zirkeln der deutschen Oberschicht weithin Ratlosigkeit. Sie hätten Papen als Kanzler gern behalten, forderten nun von Schleicher, daß er dessen Wirtschaftskurs fortsetzte, und wußten doch schon, daß der General in gefährlicher Isolation bleiben würde. So gelangten auch jene, denen diese Hitlersche „Arbeiterpartei" ungenehm war, ungeheuer, weil unberechenbar vorkam, zu dem Schluß, daß man es mit diesem „Führer" würde versuchen müssen. Das begünstigte das Projekt der Kanzlerschaft Hitlers, für das sich eine Minderheit unter den mächtigsten Kapitaleignern und Großagrariern vehement verwandte. Ihre Stärke resultierte aus dem Einfluß, über den sie geboten, aber sie wurde durch den Umstand erheblich vergrößert, daß es ein überzeugendes Konkurrenzprojekt nicht mehr gab. Das galt für die denkbaren politischen Verbindungen von Parteien ebenso wie für die verfügbaren Personen. Wie sonst hätte sich ein Mann vom Format Papen, der kläglicher noch als Brüning bei dem Versuch einer reaktionären Sammlung gescheitert war, so rasch wieder ins Kräftespiel bringen können? Zugleich mochte der gestürzte Kanzler ebenso wie der Aspirant auf das Kanzleramt spüren, daß sie die Gunst der Stunde jetzt nutzen mußten. Jähe Wenden waren nicht auszuschließen. Militärdiktaturen besaßen in Deutschland während Friedenszeiten zwar keine Tradition, doch bedeutete das keine absolute Versicherung dagegen, daß der General auf dem Reichskanzlerstuhl es mit einem Ausnahmezustand versuchte. Hitler wünschte auch angesichts der leeren Kassen seiner verschuldeten Partei zum Zuge zu kommen, bevor es möglicherweise wieder Neuwahlen gäbe. So besaßen Hitler wie Papen ein gemeinsames Interesse daran, sich auch rasch zu einigen und Schleicher zu überrumpeln, bevor er sich noch recht etabliert hatte. Tatsächlich erzielten die beiden Politiker an jenem 4. Januar „eine prinzipielle Einigung".[63] Papen legte sich darauf fest, nun für Hitlers Reichskanzlerschaft einzutreten. Und Hitler erklärte sich damit einverstanden, daß der Exkanzler an seiner Seite eine herausragende Stellung beziehen wollte. Papen sprach von gemeinsamer Führung. Faktisch konnte das nur eine Aufwertung des bis dahin bedeutungsarmen Vizekanzlerpostens bedeuten. Auch der DNVP waren im Präsidialkabinett Ministersessel zugedacht. Deren eigensinniger Führer Hugenberg mußte alsbald in die Verhandlungen einbezogen werden.

Bereits vor dem Hitler-Papen-Treffen hatten Keppler und von Schröder das Verfahren erörtert, nach dem die Ernennung der Hitlerregierung vor sich gehen sollte. Hitler würde demnach an Schleichers Stelle treten, ohne daß der Reichstag noch einmal aufzulösen wäre. Erst wenn der NSDAP-Führer sich im Kanzlerpalais befand, sollte auf den Schwingen des Sieges und unter Ausnutzung der gewonnenen Machtfülle der Wahlkampf geführt werden. Als günstigsten Zeitpunkt für die Machtübergabe an die Faschisten wurden die ersten Monate des Jahres 1933 angesehen. Dabei spielte auch das Kalkül mit, den absehbaren Rückgang der konjunkturellen und saisonbedingten Arbeitslosigkeit dazu auszunutzen, das Regime in einem ökonomischen Aufwind segeln zu lassen.[64] Was den beiden Gästen Schröders einzig mißlang, war die Geheimhaltung ihres Treffens. Die Wahrheit dreist auf den Kopf stellend, ließ Hitler dementieren, daß es sich in Köln um einen von westdeutschen Industriellen unternommenen Vermittlungsversuch zwischen ihm und Papen gehandelt habe. Er sei einer privaten Einladung zu einer Aussprache mit dem ehemaligen Kanzler gefolgt. Auch sei es weder darum gegangen, der NSDAP aus der Krise zu helfen, noch die Partei an die „Wirtschaft" zu verkaufen.[65] Ein Jahr später war – wenn auch nicht für die Massengefolgschaft, die in dem Glauben gehalten wurde, sie habe den Sieg des 30. Januar erfochten – das Ereignis in Köln intern zu einem „geschichtlichen Wendepunkt" geworden und von Schröder lud die Teilnehmer ein, anläßlich dieses Jahrestages zu einem Frühstück an den Ort zurückzukehren.[66]

Bevor Papen sich nach Berlin begab, um in der Kamarilla um den Reichspräsidenten den vereinbarten Plan zum Sturz Schleichers voranzubringen, verhandelte er in Düsseldorf und Dortmund mit Industriellen und sprach mit ihm nahestehenden deutschnationalen Politikern. Sein Zusammentreffen am 7. Januar mit Reusch, Krupp, Springorum und Vögler war bereits vor der Begegnung mit Hitler auf den Tag vereinbart worden.[67] Papen hatte offenkundig und richtig damit gerechnet, daß er anders als im August und November 1932 diesmal mit Hitler zu einer Einigung kommen würde. Ins Zentrum der deutschen Schwerindustrie reiste am 7. Januar auch Hitler, der in Begleitung von Heß und Göring im Hause Emil Kirdorfs mit Förderern der NSDAP konferierte. Am 1. Januar 1933 hatte der sozialdemokratische „Vorwärts" noch geschrieben: „Bei der Hochfinanz, bei Schwerindustrie und Großgrundbesitz hat der Hitlerismus schon seit längerer Zeit abgewirtschaftet ... Der Mohr hat seine Schuldigkeit getan."[68] Seitdem war keine Woche vergangen, und die Verschwörung gegen die Republik entfaltete sich in raschem Tempo. Schacht beglückwünschte am 6. Januar Schröder, daß er die „Verständigung zweier Männer" angebahnt habe, „die wir beide hochschätzen", und drückte da schon seine Hoffnung aus, „daß die Unterredung in Ihrem Hause einmal historische Bedeutung gewinnen wird".[69]

In dieser entscheidungsschwangeren Phase, in der es für die Führergruppe um Hitler darauf ankam, ihre Verläßlichkeit gegenüber konkurrierenden Partnern zu beweisen und in den Fördererkreisen keine neuen Irritationen aufkommen zu lassen, verlangte Hitler von allen Parteiformationen absolute Disziplin. Aktionen gegen die Kommunistische Partei sollten die NSDAP von jedem Verdacht reinigen, sie verfolge sozialrevolutionäre Ziele. Demonstriert werden sollte auch, daß die Führer ihre Gefolgschaft fest an der Kandare hatten, die Parteikräfte wieder wuchsen und die im Innern der NSDAP noch immer nachwirkende Niederlage vom 6.November nicht mehr als eine Episode gewesen sei. Dieses Vorhaben wurde durch die „wunderbare", im einzelnen nicht zu rekonstruierende Verbesserung der Finanzlage der Partei begünstigt, die sich in Erwartung ihres Endsiegs finanziell vollständig verausgabt und hoch veschuldet hatte. Dabei ging es nicht nur um Mittel, die eigene Propaganda zu bezahlen. Sollte innerhalb der riesigen Organisation der NSDAP mit ihren hauptamtlichen Bediensteten nicht zusätzliche Unruhe entstehen, mußten Gehälter und Löhne gezahlt werden. Dafür benötigte Hitler Geld und wieder – wie die amerikanische Publizistin Dorothy Thompson schon 1931 beobachtet und in ihrem Buch „Ich sah Hitler'" gleichsam nebenbei festgestellt hatte – gaben es ihm „Banken und große Trusts".[70]

Zur Korrektur des ramponierten Erscheinungsbildes der Partei und zur Hebung der Stimmung in ihren Reihen bot sich willkommene Gelegenheit in Lippe, dem kleinsten Land des Reiches, das mit 163.000 Einwohnern nicht mehr zählte als eine deutsche Mittelstadt. Dort fanden am 15. Januar Landtagswahlen statt. Die NSDAP, die unter der überwiegend evangelischen bäuerlichen und kleinstädtischen Bevölkerung bereits starken Einfluß besaß, konnte hoffen, hier verlorene Anhänger zurückzugewinnen. Hitler, Goebbels und andere Parteiführer, sonst an die Kundgebungshallen der Städte gewöhnt, redeten in abgelegenen Dörfern, deren Namen bis dahin kaum jemand im weiteren Umkreis gehört hatte. Der Aufwand der NSDAP war riesig. Er trug ihr etwa 39 Prozent der Wählerstimmen ein und gegenüber den Reichstagswahlen vom November 1932 einen Zugewinn von nicht mehr als 5.806 Anhängern. Ihren Stimmenanteil vom Juli 1932 hatte die Partei nicht wieder erreicht. Doch die Propagandisten verstanden es, das dürftige Resultat maßlos aufzuwerten. Angeblich bestätige es, daß die Partei ihren Vormarsch fortsetze. Selbst Stimmengewinne bei einer Wahl in der kleinen westdeutschen Gemeinde Brühl und dann bei der Abstimmung für den Beamtenausschuß im Breslauer Regierungs- und Polizeipräsidium feierte die Nazipresse wie triumphale Siege.[71]

Hitler fuhr aus dem Lippeländchen zunächst nach Weimar, wo er den Gauleitern am 16. Januar das taktische Vorgehen für die kommenden Wochen noch einmal einprägte. Von da reiste er sogleich nach Berlin weiter. Dort fanden in den folgenden zwei Wochen zunehmend hektisch geheime Verhandlungen im politischen Dreieck statt, an denen NSDAP- und DNVP-Führer und als die beiden engsten Vertrauten Hindenburgs dessen Sohn Oskar und der Staatssekretär im Präsidialamt Otto Meißner teilnahmen. Erörtert wurden der bestgeeignete Zeitpunkt des Sturzes der Schleicherregierung, die personelle Besetzung des Kabinetts und die Frage, ob weitere politische Kräfte einbezogen werden sollten. Hindenburg hatte bereits am 14. Januar den Vorsitzenden der DNVP empfangen. Am 17. Januar verhandelten Hitler und Hugenberg über eine gemeinsame Regierung. Schon einen Tag später sah Hitler Papen zwecks weiterer Verständigung wieder. Am 22. Januar konspirierten in der Berliner Villa Joachim von Ribbentrops, die als geeigneter, weil verschwiegener Ort für geheime Treffen genutzt wurde, Hitler in Anwesenheit von Göring und Frick mit Papen, Staatssekretär Meißner und Oskar von Hindenburg, der als militärischer Adjutant und Ratgeber seines Vaters wirkte und mit seiner Familie ständig um das verwitwete und sichtlich hinfälliger werdende Staatsoberhaupt war. Am schwierigsten gestaltete sich die Übereinkunft zwischen Hitler und Hugenberg. Doch war es nach einem erneuten Gespräch beider am 27. Januar soweit, daß tags darauf der Feldmarschallpräsident dem Kanzlergeneral eröffnen konnte, daß seine weiteren Dienste nicht mehr benötigt würden. Wie schon bei der Entlassung Brünings zeigte sich, was der acht Monate zuvor gestürzte Reichskanzler „einen brutalen Grundzug im Charakter der Familie Hindenburg" genannt hat.[72] An diesem 28. Januar befand sich der Nachfolger bereits in den Startlöchern. Der NSDAP-Führer war sich mit den Führern der DNVP und des Stahlhelm über Regierungsbildung und Postenverteilung handelseinig geworden.

In der Atmosphäre jener Januarwochen, die Hitlers Nerven aufs äußerste strapazierte, so daß ihn seine Berater in einem kritischen Moment des Handelns um Regierungsplätze an den Verhandlungstisch zurückholen mußten, vernachlässigte er doch keinen Moment die Kontakte zur Gefolgschaft. Er sprach am 20. Januar vor Unterführern, den Amtswaltern, im Berliner Sportpalast. Am 22. Januar beschwor Göring in Dresden die Geschlossenheit der Parteireihen. Schleichers Torpedos gegen die NSDAP würden auf „Panzerplatten der Treue" treffen, mit denen die Partei angeblich versehen sei.[73] Indessen ging mit den geheimen Absprachen gleichsam oberirdisch ein Propagandafeldzug gegen Schleicher einher, bei dem so wenig wie vordem bei den Attacken gegen Papen wählerisch verfahren wurde. Am 13. Januar veröffentlichte der „Völkische Beobachter" eine Karikatur des Reichskanzlers, die sein Programm als das der Juden hinstellte und als „letzte Rettung" des Generals bezeichnete. Damit wurde in einem Moment, da Hitler seinen Fuß bereits auf der Schwelle der Reichskanzlei hatte, noch einmal klargestellt, daß nun ein Parteiführer an das Staatsruder gebracht wurde, der ein bedenkenloser Antisemit war und dem die Judenhetze für jeden beliebigen Zweck diente.

Antisemitismus und Antikomunismus waren die Merkzeichen der NSDAP, die in den letzten Wochen und Tagen ihrer Oppositionsrolle noch einmal deutlich zur Schau gestellt wurden. Unter Polizeischutz marschierten am 22. Januar Tausende von SA-Männern vor den Sitz des Zentralkomitees der KPD am Berliner Bülowplatz. Die provokatorische „Front zum

Kampf und Intrigen um die Vernichtung der Republik 243

Liebknecht-Haus" und der anschließende Marsch zum nahegelegenen Grab Horst Wessels, an dem Hitler einen Gedenkstein enthüllte, sollte vor dem In- und Ausland sichtbar machen, wen nach den italienischen auch die deutschen Faschisten als ihren Hauptfeind ansahen. Den SA- und SS-Leuten wurde sinnfällig eingeprägt, wohin sie ihre Aggressivität zu lenken hatten, wobei die braun-schwarzen Kohorten sich diesmal noch auf die Drohgebärde beschränkten und jeden Konflikt mit den zu ihrem Schutz aufgebotenen Polizeikräften vermieden. Das von der Führung in Berlin bestellte Bild kontrastierte mit den fortdauernden Gewalttakten der Nazis im ganzen Reich. Allein zwischen dem 1. und 24. Januar 1933 ermordeten sie elf Antifaschisten und verletzten etwa 300 ihrer Gegner.

Noch immer versuchte die KPD den Tempoverlust in der Mobilisierung der Hitlergegner wettzumachen und zu erreichen, daß die Kräfte des Widerstandes schneller anwuchsen „als die Kräfte der faschistischen Konzentration". Alles würde jetzt „von der Wucht der Einheitsfrontaktion der Werktätigen" abhängen.[74] Machtvolle Versammlungen und Aufmärsche fanden in Berlin, Dresden und anderen Städten statt. Am 4. Januar sprach Wilhelm Florin vor 100.000 Menschen im Berliner Lustgarten. Ernst Thälmann und Maurice Thorez wandten sich am 15. Januar in alarmierenden Appellen von den Gräbern Karl Liebknechts und Rosa Luxemburgs aus an die Arbeiter der Reichshauptstadt. Zu einer denkwürdigen Demonstration gegen den Faschismus wurde der mehrstündige Marsch, mit dem am 25. Januar die Provokation der NSDAP beantwortet wurde, die drei Tage zuvor stattgefunden hatte. Dieser Kampf gegen den zur Macht drängenden Faschismus forderte immer neue Opfer, und dies nicht allein durch den Naziterror. Neun Tote waren zu beklagen, als eine Polizeieinheit das Feuer auf die Teilnehmer einer Versammlung in Dresden richtete. Obwohl die direkte Einflußnahme der KPD in vielen Betrieben erschwert war, weil ihre Mitglieder als erste auf die Entlassungslisten geschrieben worden waren, suchten die Kommunisten vor allem die Arbeiter in den Großbetrieben zu erreichen. Ihr Handeln konnte in dem Augenblick, da die Aufrichtung der Diktatur versucht wurde, die größte Tragweite erlangen. Dann mußte sich zeigen, ob es zum politischen Generalstreik kam.

Ihre Aktionen wollte die KPD dadurch verbreitern, daß sie der von ihr ins Leben gerufenen Antifaschistischen Aktion neue Anhänger hinzugewann. Doch erreichte sie dabei nur sehr begrenzte Ergebnisse und blieb weit von ihrem Ziel entfernt, das Kräfteverhältnis zwischen Faschismus und Antifaschismus grundlegend zu verändern. Die KPD verkannte vor allem, daß sie und alle anderen Arbeiterparteien und die Gewerkschaften durch den faschistischen Angriff und als Folge ihrer Spaltung inzwischen in eine totale Defensivstellung gedrängt waren. Sie benötigten zur Verteidigung ihrer Rechte und Interessen eine gemeinsame Strategie und Taktik für Abwehrkämpfe. Statt dessen verband die Führung der KPD ihre Appelle nach wie vor mit der offensiven Zielstellung, der Machtübergabe an die Politikergruppe um Hitler durch die revolutionäre Umwälzung von Staat und Gesellschaft zu begegnen. Dafür warb sie weiter unter der Losung „Sowjetdeutschland".

Diese starre Bindung ihres Antifaschismus an das Maximalziel war realitätsfern. Sie ignorierte nicht nur, daß die Mehrheit der deutschen Arbeiter den sowjetischen Weg nicht als anziehend oder überzeugend empfand, sondern auch praktisch den sozialdemokratischen und ADGB-Führern vertraute und folgte. Deren taktische Orientierung verlangte aber, für den irgendwann einmal fälligen Entscheidungskampf bereit zu stehen und sich bis dahin zurückzuhalten. Diese wurde durch das Fehlurteil noch weiter entwertet, daß der Stern der Faschisten bereits im Sinken begriffen sei. So standen Millionen, wie sie glaubten, für den Ernstfall „Gewehr bei Fuß" und akzeptierten die Parole „Bereit sein, ist alles". Die jahrelangen Versuche der KPD, die Einheitsfront „von unten" durch die Isolierung der auch im Kampf gegen die NSDAP zaudernden SPD-Führer zu bewirken, waren erweislich ins Leere gestoßen, ohne daß eine Überprüfung dieser erfolglosen Taktik stattgefunden hätte. Die reformistische Gegenpropaganda, welche die Kommunisten als Abenteurer, das eigene Vorgehen aber als besonnen und einzig aussichtsreich hinstellte, behielt ihre disziplinierende Kraft. Die Selbsttäuschung der sozialdemokratischen Führer wurde zur Fremdtäuschung ihrer Gefolgsleute. Das Neben- und Gegeneinander der proletarischen Gegner des Faschismus, ihr Verharren in den nach dem 4. August 1914 bezogenen Gräben zeitigte verheerende Folgen.

Die Spaltung der sozialistischen Arbeiter erleichterte den Entschluß der verschworenen Feinde der Republik zum abschließenden Schlag auszuholen, den im Januar 1933 nur noch eine nicht mißzuverstehende Gegendrohung hätte aufhalten können. Sie mußte nichts anderes besagen denn: Auf den Versuch, eine Regierung Hitler zu inthronisieren, würde der Generalstreik einer über ihre Parteien hinausgreifenden Arbeiterfront folgen – und dies mit der Gewißheit des Amen-in-der-Kirche. Diese Entwicklung wurde von den Totengräbern der Republik am meisten gefürchtet. Denn die Erfahrung des Jahres 1920 schreckte sie immer noch. Aber die Gefahr der Wiederholung einer derartigen Antwort konnte – insbesondere nach den unangemessenen Reaktionen auf den 20. Juli 1932 und den jüngsten Beobachtungen während des Streiks der Verkehrsarbeiter in Berlin – als vergleichsweise gering angesehen werden. So konnten sich die Organisatoren der Intrige, die Hitler auf den Reichskanzlerstuhl bringen sollte, die Lage im Januar 1933 dahin deuten, daß der „Effekt" des Kapp-Putsches nicht ein zweites Mal eintreten werde. Zudem würde Hitler ja nicht einen herausfordernden „Marsch auf Berlin" antreten, sondern mit der Legitima-

Kampf und Intrigen um die Vernichtung der Republik 245

tion des Staatsoberhauptes von seiner Suite im Berliner Hotel „Kaiserhof" gleichsam auf die andere Seite der Wilhelmstraße in das Palais des Reichskanzlers hinüberwechseln.[75] Das gab dem Vorhaben eine hinreichende Verkleidung. Denn die Berufung eines Präsidialkabinetts stellte kein Novum in der deutschen Politik mehr dar, das schon für sich genommen als äußerstes Alarmzeichen hätte wahrgenommen werden und wirken können. Vor sich gehen würde ein Kanzlerwechsel nach jener Art, an welche die Deutschen im Verlauf des Jahres 1932, als binnen sechs Monaten drei Regierungschefs aufeinander folgten, bereits gewöhnt worden waren. Das würde sie zusätzlich hindern, die weitreichende Absicht zu durchschauen. Denn diesmal sollte die 1919 in den Kämpfen von Revolution und Gegenrevolution entstandene bürgerlich-parlamentarische Republik zur Strecke gebracht werden. Und der Plan gelang komplikationslos.

Das parteipolitische Hauptinstrument bei der Errichtung eines offen diktatorischen Regimes war nicht zufällig mit der NSDAP eine bürgerliche Partei geworden, die einen neuen aggressiven und militanten Typ verkörperte und Produkt und Triebkraft eines politischen Stils war, dessen Verfechter buchstäblich über Leichen gingen. Diese NSDAP-Führer versprachen, Bedingungen ähnlich jenen wiederherzustellen, die nach dem August 1914 mit dem Krieg, der Niederlage und dem Ende des Kaiserreichs verloren gegangen waren. Die reaktionärsten unter den politischen, militärischen, geistigen und wirtschaftlichen Kräften, die sich aus der Revolution in die Republik retteten und in ihr über alle Wechsel der Regierungen und Koalitionen hinweg dominierten, hatten sich nicht einen Moment an diese neue Staatsform dauerhaft gebunden. Sie war ihnen immer nur Zufluchtsort und ein Mittel zur Verfolgung ihrer vorerst begrenzten innen- und außenpolitischen Ziele geblieben. Stets hatte sie ihnen als nicht mehr denn eine „Republik auf Zeit"[76] gegolten, und seit langem waren sie auf der Suche nach Wegen zu ihrer Überwindung. Als strategisches Ziel schwebte ihnen nicht nur eine entscheidende Schwächung der politischen und gewerkschaftlichen Arbeiterbewegung und aller ohnehin schwachen und zersplitterten demokratischen Kräfte vor, sondern ein innerer Zustand Deutschlands, der die erfolgversprechende Wiederaufnahme des Krieges ermöglichte, den sie seit 1918 nur als unterbrochen ansahen.

Programm und Aktion der NSDAP bedienten diese Vorstellung mehr als jedes andere Angebot. Ihre Führer, zu einem erheblichen Teil selbst vom Typus jener verherrlichten Haudegen des Krieges, hatten es hochwahrscheinlich gemacht, daß sie den gedachten Generalkurs auf eine Massenbasis stellen konnten. Sie waren skrupellos, abenteuerlich, brutal bis zur Unmenschlichkeit. Sie würden mit ihren Gegnern „aufräumen" und keine Bedenken tragen, dem umworbenen, aber im Grunde tief verachteten Volke jegliche Opfer abzuverlangen. Wissend und erwartungsgeladen, nicht irrtümlich wurde Hitler und seinen Mitführern folglich die Staatsmacht übertragen. Vorsätzlich und berechnend, nicht ahnungs- und ausweglos wurde die NSDAP aus der Rolle der republikfeindlichen rechten Oppositionspartei zur führenden, bald darauf einzigen staatstragenden Partei der faschistischen Diktatur gemacht. Um sie sollte sich eine neue Volksgemeinschaft bilden, die sich ein zweites Mal und diesmal zur stabilen Kriegsgemeinschaft entwickeln ließ. So verwob sich Anfang 1933 das momentane, auf die reaktionäre Überwindung der akuten politischen und ökonomischen Krise gerichtete Interesse mit einem imperialistischen Fernplan. Um der Verwirklichung beider willen gelangte Hitler in die Wilhelmstraße. Und dabei sollte er es weit bringen.

Nach dem Mai 1945 ist die Frage, wie es zu diesem 30. Januar 1933 gekommen war, immer wieder absichtsvoll als „Betriebsunfall" oder auch als „Zufallsspiel" namenloser geschichtlicher Mächte vernebelt worden. Dabei war inzwischen erwiesen, wie die seinerzeitigen Fronten verliefen und die Interessen sich auffächerten. Die Einflußstärksten hatten zielstrebig ihren Kurs in eine deutsche Diktatur verfolgt. Zu diesen Totengräbern der Republik gesellten sich auch Politiker von Parteien, die einst mit sozialdemokratischen Führern den Weimarer Staat geschaffen hatten. Daß diese von jenen nicht angenommen wurden, lag nicht an ihrem fehlenden Wollen und Drängen, sondern daran, daß sie im entscheidenden Moment von ihren Rivalen überspielt wurden. Auch Prälat Ludwig Kaas, der Vorsitzende der Zentrumspartei, hatte sich vor Hindenburg am 18. November 1932 gegen einen Rückfall „in den Parlamentarismus", für eine „autoritäte Regierung" und die „nationale Konzentration unter Einschluß der Nationalsozialisten" ausgesprochen.[77] Doch dann hatten die Politiker der beiden katholischen Parteien zu registrieren, daß sich für sie an Hitlers und Hugenbergs Seite kein eigener Machtanteil gewinnen ließ.

Nur eine Minderheit von Deutschen – bestehend aus der Wählerschaft der Arbeiterparteien und den Mitgliedern kleinerer demokratischer Organisationen und insgesamt kaum mehr als ein Drittel der Bevölkerung des Reiches – suchte noch zu verhindern, daß die Politikergruppe um Hitler an die Staatsmacht gelangte und, als das geschehen war, sich in ihr festsetzte. Sie scheiterten nicht als Folge ihrer zahlenmäßigen Schwäche, sondern wegen der Unzulänglichkeit ihrer jeweiligen antifaschistischen Politik. Das macht sie für den 30. Januar 1933 mitverantwortlich. Doch bleibt diese Verantwortung für die Zerstörung der Republik von Weimar vielfach abgestuft. Mit sehr verschiedenem Gewicht fällt sie auf die Kanzlermacher aus den Oberschichten der deutschen Gesellschaft, auf die Führer und die Mitglieder der NSDAP, der SA, SS und der anderen faschistischen Organisationen, auf die vielen mit ihnen kooperierenden Republikgegner in den Reihen der DNVP und der militaristischen Verbände, auf die Wähler der

Kampf und Intrigen um die Vernichtung der Republik

Rechtsparteien und auch auf diejenigen, die vertrauensselig den Parteien folgten, sie sich ihnen noch als diejenigen der „Mitte" darstellten, in Wirklichkeit aber ebenfalls die Rechtswanderung schon angetreten hatten. Die historische Schuld derer, welche die Republik zerstörten, und die Mitschuld derer, die bei ihrer Verteidigung versagten, ist von deutlich unterscheidbarer Qualität. Die Versuche, alle Zeitgenossen des verhängnisvollen Januartages zu gleichen Anteilen für den Absturz in die Barbarei verantwortlich zu machen, bedienen zwar aktuelle Interessen, erfüllen aber den Tatbestand der Geschichtsverfälschung.

Kapitel 9
Ein verbrecherisches Regime wird errichtet

Am 30. Januar 1933 wurde Hitler vom Reichspräsidenten Hindenburg zum Reichskanzler ernannt, auch die anderen Minister des faschistischen Kabinetts erhielten ihre Urkunden. Die NSDAP-Führer waren dreizehn Jahre nach der Parteigründung an ihrem ersten Ziel, an dessen Erreichung sie selbst nicht immer glauben konnten und das ihnen noch vor zwei Monaten ganz zu entschwinden schien. Jetzt sahen sie sich mit dem politischen Auftrag ausgestattet, die ins Wanken geratene Herrschaft der deutschen Kapitaleigner dauerhaft zu stabilisieren, ihre Macht über die Lohnabhängigen zu festigen und den allmählichen Übergang zu einer expansiven Außenpolitik einzuleiten. Selbstredend brachten sie und namentlich Hitler ihre eigenen Vorstellungen und Pläne in das Regierungszentrum mit. Diese befanden sich, wie alsbald bei Besprechungen mit selbst machtgewohnten zivilen und militärischen Führungskreisen bekräftigt wurde, jedoch keineswegs in Widerspruch zu der bereits seit Jahren betriebenen Grundlinie der Politik, deren innenpolitische Achse die Festigung der Herrschaft der Oberschichten und deren außenpolitischer Kernpunkt die Korrektur der Ergebnisse des Weltkriegs bildeten. Übereinstimmung bestand darin, daß diese Politik in eine neue Etappe überführt werden müsse, die durch Kontinuität und Bruch mit dem Hergebrachten charakterisiert sein werde.

Das äußere Bild des 30. Januar 1933 enthüllte der Mehrheit der Deutschen zum wenigsten die Antriebe des „Regierungswechsels" oder gar die ihn leitenden Interessen. Hitler war vor dem Reichspräsidenten nicht in Parteiuniform, sondern in festlichem Zivil erschienen und die in der Presse veröffentlichten Fotos, die ihn in gehobener Stimmung vereint mit den eben noch geschmähten Papen und Hugenberg zeigten, unterschieden sich von ähnlichen Dokumenten aus früherer Zeit nicht durch eine Nuance. Auch weitere Gesichter der berufenen Regierungsmitglieder waren bereits bekannt. Der Parteipolitiker, von dem behauptet worden war, er beanspruche die „Alleinherrschaft", leitete ein Kabinett, in dem nur zwei seiner braunen Mitführer Ministerposten erhalten hatten. Frick bekam das Reichsinnenministerium, und Göring übernahm im Ministerrang das neugeschaffene Reichskommissariat für die Luftfahrt und trat gleichzeitig an die Spitze des Innenministeriums im Land Preußen. Damit war jedoch der von den Faschistenführern seit 1930 erhobenen Forderung vollständig Rechnung getragen, der NSDAP im Reich und im größten Land diejenigen

Ein verbrecherisches Regime wird errichtet

Ministerämter zu übergeben, die den befehlenden Zugriff auf die Polizeitruppen ermöglichten. Die Besetzung des Reichswehrministeriums hatte sich Hindenburg hingegen vorbehalten und dessen Leitung erhielt der mit den Faschisten sympathisierende General Werner von Blomberg.

Daß mit Hitler nur zwei weitere NSDAP-Führer in die Regierung gelangt waren und diese in ihr nicht einmal ein Drittel ausmachten, bewog zu vielerlei Spekulationen. Es entstand der Eindruck, Hitler, Göring und Frick wären gleichsam eingerahmt, so daß sie keine Chance besäßen, ihr „Programm" zu verwirklichen. Es war nicht zu übersehen, daß sich ein weiterer Rechtsruck vollzogen hatte, doch schien sich dieses Kabinett an freilich nicht mehr verfassungskonformen Regeln seiner Vorgänger zu orientieren. Der Parteivorstand der SPD sprach von „einer reaktionären großkapitalistischen und großagrarischen Konzentration".[1] Schärfer formulierte die KPD. Ihr Aufruf vom 30. Januar 1933 stellte fest: „Dies neue Kabinett der offenen, faschistischen Diktatur ist die brutalste, unverhüllteste Kriegserklärung an die Werktätigen, die deutsche Arbeiterklasse!" Über die zu erwartende Politik der Hitlerregierung wurde gesagt: „Schamloser Raub der Löhne, schrankenloser Terror der braunen Mordpest, Zertrampelung der letzten spärlichen Überreste der Rechte der Arbeiterklasse, hemmungsloser Kurs auf den imperialistischen Krieg - das alles steht unmittelbar bevor."[2]

Kein Minister, der nicht zur NSDAP gehörte, war – wie erst nach dem Ende der Diktatur behauptet wurde – in dieses Kabinett in irgendeiner schadenbegrenzenden Absicht eingetreten, etwa um Anschläge gegen das Volk und den Frieden zu verhindern. Bald erwiesen die praktischen Handlungen der Regierungsmitglieder ohne NSDAP-Parteibuch, daß sie mit Hitler, Frick und Göring grundsätzlich eines Sinnes waren. Das galt für Hugenberg, den Vorsitzenden der DNVP, der die Ministerien für Wirtschaft und Ernährung im Reich und in Preußen übernahm, ebenso wie für den Stahlhelmführer Franz Seldte, der das Arbeitsministerium leitete, und es traf gleichermaßen für den Reichsjustizminister Franz Gürtner zu, der schon vor einem Jahrzehnt als bayerischer Justizminister seine Hand schützend über die NSDAP gehalten hatte. Einträchtig arbeiteten vom ersten Tage an mit Hitler auch Reichsaußenminister Konstantin Freiherr von Neurath, Post- und Verkehrsminister Paul Freiherr Eltz von Rübenach und Finanzminister Lutz Graf Schwerin-Krosigk zusammen, die sämtlich - wie Gürtner - aus dem Kabinett Schleicher übernommen wurden. Franz von Papen, der den Posten des Vizekanzlers besetzte und zugleich das Amt des Preußischen Ministerpräsidenten als Reichskommissar erhielt, sah so seine Verdienste um das Zustandekommen dieser Regierung unter der Kanzlerschaft Hitlers belohnt. Er wähnte sich als dessen gleichberechtigter Partner und zudem als der vertraute Berater des greisenhaften Staatsoberhauptes.

Wie war es möglich, daß die NSDAP-Mitgliedschaft dieses Kabinett mit fünf Ministern, die Adelstitel besaßen – unter ihnen ein Graf, ein Baron und zwei Freiherren –, mit Hugenberg, dem ehemaligen Krupp-Direktor und Eigentümer eines Presse- und Filmkonzerns, als Ausdruck des Sieges des „Nationalsozialismus" mißverstand und vor allem am Hauptort des Geschehens in Berlin beispiellos bejubelte? Am Abend des 30. Januar marschierten SA-Kolonnen, aus dem Berliner Tiergarten durch das Brandenburger Tor kommend und ein immer dichter werdendes Spalier ihrer Anhänger teilend, durch die Wilhelmstraße. Die Arme zum Faschistengruß gereckt, aus heiseren Kehlen immer wieder Sieg und Heil herbeirufend, brachten sie Hitler eine ekstatische Huldigung dar. So war kein Kanzler vor ihm begrüßt worden. Dem Manne, der aus ihrer Mitte gekommen zu sein schien und als der Erlöser offeriert, gepriesen und angenommen worden war, erschien ihnen – ungeachtet seiner Umgebung – als der Garant für ihren Aufstieg aus Not und Elend, äußerster Lebensungewißheit und Perspektivlosigkeit. Auch in vielen anderen deutschen Städten und Ortschaften feierten die NSDAP-Mitglieder – ihre Zahl betrug nach einer Angabe aus dem Jahre 1935 damals 849.000[3] – und die Mitglieder der SA und weiterer Gliederungen den endlich erreichten Einzug ihrer Führer in die höchsten Staatsämter.

Vor allem die nächtliche Szene in der Reichshauptstadt rief den Eindruck hervor, den die Regie des Reichspropagandaleiters der NSDAP beabsichtigte. Sie sollte in Deutschland und für die Weltöffentlichkeit demonstrieren, daß von nun an ein „Volkskanzler" regiere. Zu diesem Zweck griff Goebbels, der wortgewandteste unter den Faschistenführern, selbst zum Mikrofon. Den schon nach Millionen zählenden Rundfunkhörern entwarf er ein Bild des angeblich historischen Geschehens und unterlegte der Stunde eine verlogene Bedeutung. „Deutschland erwache", so lautete die Parole jener Tage. Sie peitschte nationalistische Gefühle auf und erinnerte an die populäre Heldensage vom deutschen Kaiser, der mit seinen Recken und seinem Kriegsgerät sich nach langem Schlaf zu neuen Taten erhebt.

Hitler, der an einem Fenster der Reichskanzlei auf die Scharen seiner Getreuen herabgrüßte, die gläubig, manche verzückt zu ihm hinaufjubelten, mimte schlichte Ergriffenheit. Er strengte sich an zu verbergen, wie zermürbt und nervös er nach den Wochen und Monaten war, in denen er auf diesen Moment hingearbeitet oder mitunter auch nur gewartet hatte. Jetzt stand er, mittlerweile im 44. Lebensjahr, an den Schalthebeln eines Räderwerks, das ungleich mächtiger war als der Apparat und die Formationen der NSDAP. Beider ineinandergreifende Aktion sollte den Hauptgegner vernichten; die deutsche Arbeiterbewegung, ihre Parteien und Organisationen. Darüber hinaus sollte der terroristische Schlag alle demokratischen, liberalen, pazifistischen, kurzum freiheitlichen Regungen in Deutschland treffen und abtöten. Im Innern des Reiches würde der „totale Burgfriede" hergestellt und damit die wichtigste politische Vorbedingung geschaffen werden, ohne die an die Führung eines Revanchekrieges nicht gedacht werden konnte. Die Eröffnungsschlacht gegen Kommunisten und Sozialisten wollte Hitler mit denen schlagen, die ihn dort unten im Schein ihrer Fackeln enthusiastisch feierten und die er im Grunde seines Herzens doch tief verachtete. Noch in der gleichen Nacht setzten Trupps der SA und der SS in Berliner Arbeitervierteln ihr Siegesfest auf ihre Art fort. Sie begannen die „Abrechnung" mit ihren entschiedensten Widersachern, ihren Rachefeldzug. Die deutsche Gegenrevolution, die ihren Weg seit dem Jahresende 1918 in Etappen zurückgelegt hatte, gelangte an ihr Ziel.

Bereits am Nachmittag des 30. Januar hatte das Kabinett die Taktik festgelegt, die zur restlosen Vernichtung der republikanischen Zustände und zur Aufrichtung der faschistischen Diktatur eingeschlagen werden sollte.[4] Ein sofortiges Verbot der KPD und anderer antifaschistischer Organisationen wurde als unzweckmäßig angesehen. Statt dessen würde zunächst der Reichstag aufgelöst und erneut ein Wahlkampf eingeleitet werden. Sein Resultat sollte die Regierungsparteien als in freier Wahl von der Volksmehrheit erkorene, also legitimierte Sieger ausweisen. In diese Vorgehensweise floß die Kalkulation ein, daß die Führer der Sozialdemokratie wie schon nach dem Preußenschlag das Angebot der parlamentarischen Auseinandersetzung annehmen und auf außerparlamentarische Gegenwehr verzichten würden. Damit wäre vor allem die Gefahr abgewehrt, daß Sozialdemokraten und Kommunisten die ungefestigte Herrschaft der Faschisten mit der Waffe des Generalstreiks gemeinsam bekämpften.

Die Rechnung ging auf. Der Appell des Zentralkomitees der KPD, den Machthabern durch die Stillegung von Industrie und Verkehr, Verwaltung und Nachrichtenwesen den Kampf anzusagen[5], stieß bei den Führungen von SPD und ADGB ins Leere. Wie schon bei dem Staatsstreich Papens ein halbes Jahr zuvor warnten sie vor „Abenteuern". Dabei hätte, nicht anders als die Kapp-Putschisten 1920 und die Regierung des Reichskanzlers Cuno 1923, auch das Hitlerkabinett einem entschlossenen Gegenangriff kaum standhalten können. Und selbst wenn ihm das angesichts der für die Arbeiterorganisationen ungünstigeren Situation gelungen wäre, hätte ihnen ihr Widerstand doch einen – wenn auch schwer zu bemessenden – Vorteil eingetragen. Jedenfalls hätten sich die Startbedingungen der Machthaber erheblich verschlechtert, mithin das Tempo verlangsamt, mit dem sie dem Kriegskurs zustrebten.

Indessen publizierte der Vorstand der SPD in seinem Aufruf vom 31. Januar Ermahnungen, die sich gegen die Aktionseinheit richteten. Er forderte Bereitschaft, Kaltblütigkeit, Entschlossenheit, Disziplin und Einigkeit der Parteimitglieder, ohne ihnen eine Aktionslosung für die Stunde zu geben. Den Boden der Verfassung dürften sie solange nicht verlassen, wie es die Regierung nicht täte. Daher sollten die Mitglieder die Gesetze achten. Diese Haltung wurde auch nicht korrigiert, als am 4. Februar eine Notverordnung erlassen wurde, welche Grundrechte der Verfassung außer Kraft setzte, das politische Strafrecht verschärfte und auch für die politische Tätigkeit der SPD das Feld legaler Möglichkeiten einschränkte. Wie der Vogel, der auf die für ihn präparierte Leimrute gehüpft ist, sich nicht mehr zum Fluge erheben kann, so sehr er mit den Flügeln schlägt, so verurteilten die Politiker um Otto Wels ihre getreuesten Gefolgsleute zu vergeblicher Kraftanstrengung in einer weiteren Wahlschlacht. Doch mit dem Stimmzettel war dem sich etablierenden Faschismus nicht beizukommen. Dessen Führer erhielten, was sie vorderhand am nötigsten brauchten: Zeit. So veränderte sich bereits wenige Stunden nach der Regierungsbildung das Kräfteverhältnis zwischen Faschisten und Antifaschisten nachhaltig zuungunsten der letzteren.

Erleichtert konnte sich Hitler am 3. Februar zu einer Besprechung mit den höchsten Befehlshabern der Reichswehr und der Reichsmarine begeben: die Hilfe der Reichswehrgenerale zur Befestigung des Regimes benötigte er nicht. So durfte er dem engen Kreis sogleich die beiden strategischen Etappen der Reichspolitik erläutern, die er gemeinsam mit diesen Militärs zurückzulegen gedachte. In der ersten, kriegsvorbereitenden, gelte es, die Demokratie zu beseitigen, Marxismus und Pazifismus „mit Stumpf und Stiel" auszurotten, eine auf allgemeiner Wehrpflicht beruhende Streitmacht aufzubauen, das ganze Volk, insbesondere aber dessen Jugend, auf den Krieg einzustellen und ein Deutschlands Chancen vergrößerndes internationales Bündnissystem zu schaffen. In der zweiten würde Krieg geführt werden. Dabei ließ Hitler zunächst offen, ob er sich zuerst gegen die imperialistischen Rivalen im Westen richten oder – der Konzeption vom „Lebensraum" entsprechend – sogleich der Eroberung von Gebieten Osteuropas und deren „Germanisierung" zuwenden solle. Hitler hielt es zudem für angebracht, den Generalen die zukünftige Funktion der SA darzustellen. Im Unterschied zum faschistischen Italien sei „keine Verquikkung von Heer und SA beabsichtigt", die Stellung der Wehrmacht würde unangetastet, die Privilegien der Generalität erhalten bleiben.[6] Es sollte sich zeigen, daß dieses Versprechen so leicht nicht einzulösen war.

Hitlers Erklärung über die künftige Rolle der SA betraf ein sich erst noch schürzendes Problem, das mit dem 30. Januar für die Reichsleitung der NSDAP entstand. Es mußten die Plätze und die Aufgaben aller Organisationen der Partei neu bestimmt werden. War es bis dahin ihre Aufgabe gewesen, die Fundamente der Republik zu untergraben, so sollten die Millionen organisierter Faschisten nun zu einer der tragenden „Säulen" des Staates umgestaltet, ihr Verhältnis zu den Organen der Staatsmacht, insbesondere zur Polizei, total verändert werden. Jetzt sollte gemeinsam mit blutigem und eisernem Besen „gesäubert" werden, wobei den Sturmabteilungen die Hauptrolle zugedacht war. Der Auftrag band die Führungsgruppe mit den Parteimitgliedern und der SA-Mannschaft eng zusammen. Vertrauensvoll und befehlsgehorsam verrichtete die Gefolgschaft, was sie als „nationalsozialistische Revolution" verstand und wovon sie sich alsbald auch eigenen Vorteil versprach. Von dieser angeblich ganz deutschen Variante einer sozialen Revolution existierten in der SA-Mannschaft wie in der Masse der kleinbürgerlichen Parteimitglieder und bis in die Reihen der niederen Funktionärschaft allerdings höchst vage und keineswegs einheitliche Vorstellungen. Doch daß eine Veränderung der Verteilung von Macht, Besitz und Einfluß zugunsten der kleinen Leute – sie eben bildeten doch das Gros der Hitlergefolgschaft – erfolgen sollte, war allen diesen Vorstellungen gemeinsam. So war es ihnen angekündigt und darauf vertrauten sie.

Folglich trat zunächst nicht ins Bewußtsein, daß vom ersten Tage der – wie der sich einbürgernde offizielle Ausdruck lautete – „Machtergreifung" an sich ein Widerspruch zwischen Führern und Geführten entwickelte und beider Interessen nun auch praktisch zunehmend auseinander liefen. Die höchstgestellten NSDAP-Führer um Hitler - wie antibürgerlich sie sich immer gebärdeten – waren an der Staatsspitze angekommen, für sie und eine relativ kleine, sich später erheblich vergrößernde Schar deutscher Faschisten bedeutete der 30. Januar den Beginn einer neuen Karriere, tatsächlichen Gewinn von Macht und Prestige und gutbezahlte Posten. Sie rückten als Landesminister, Regierungs- und Polizeipräsidenten, Landräte und Bürgermeister in Schlüsselstellungen des Systems ein. Wo die bisherigen Amtsinhaber ihre Plätze nicht rasch freimachten, traten SA-Kommandos in Aktion, besetzten Behörden und Büros und sorgten für die neue Ordnung.

Die solche Befehle ausführten, vermeinten noch, sie würden derart ihren eigenen Wünschen und Interessen zuarbeiten. Die waren ungleich bescheidener. Häufig richteten sie sich auf einen Arbeitsplatz und Verdienst. Solche Glücksvorstellungen verbanden sich dunkel und dumpf mit jener den Gefolgsleuten Hitlers tief eingetrichterten Idee von Deutschlands Aufstieg ins „Dritte Reich". Der hatte nach ihrer festen Überzeugung begonnen, und niemand sollte ihn mehr behindern. Zunächst nebelte auch die anhaltende Siegestrunkenheit die sich abzeichnenden inneren Probleme der NSDAP noch dicht ein. Gleiches bewirkte die Mobilmachung für den erneuten Wahlkampf.

Hitler eröffnete ihn am 10. Februar mit einer Rede im Berliner Sportpalast. Von da an hatte die Mitgliedschaft vier Wochen hindurch wieder die ihr vertraute Aufgabe zu lösen: das Demonstrieren von unüberwindlicher Kraft während öffentlicher Märsche, das Herausbrüllen von Kampfparolen und -liedern, das Füllen von Kundgebungsplätzen und -hallen bis auf den letzten Platz, in denen sich die Stimmung der Sieger in Beifallschören, in Haßgebrüll und Hohngelächter ausdrücken konnte. Die Staatsmacht im Rücken, mit Finanzen reich ausgestattet, agierte die NSDAP reichsweit werbend und terrorisierend. Für die Arbeiterparteien verschlechterten sich die Bedingungen im Wahlkampf zunehmend. Ihre Redner wurden angegriffen, ihre Versammlungen gestört oder unmöglich gemacht oder verboten, ihre Wahlhelfer überfallen, ihre Parteilokale verwüstet, ihre Sympathisanten bedroht. Enger wurden die politischen Räume auch für die nicht an der Regierung beteiligten bürgerlichen Parteien.

Am 12. Februar verübten mehrere hundert bewaffnete SA-Leute aus dem Bezirk Halle-Merseburg unter Antifaschisten Eislebens ein Blutbad, das später „Eislebener Blutsonntag" genannt wurde. Tags darauf sprach der Führer der SA-Gruppe Mitte, Hans von Tschammer und Osten – er stieg alsbald zum Reichssportführer auf –, den Tätern seine „volle Anerkennung" dafür aus, daß sie „reinen Tisch machten". Überall sollte so vorgegangen werden, „daß dem Gegner Hören und Sehen vergeht".[7] Rache- und Mordgelüste konnten nun offen und ungestraft angestachelt werden.

Die Parteien der Regierungskoalition mit ihren paramilitärischen Verbände, SA, SS, Hitlerjugend, Stahlhelm und Jungstahlhelm, wurden nun als dem Staat „befreundete" Organisationen eingestuft und die staatlichen Behörden angewiesen, deren Tätigkeit zu fördern.[8] Politische Polizei und Justiz hatten jede Kontrolltätigkeit einzustellen, die sich bisher auf diese Parteien und ihre Organisationen gerichtet hatte, und die dabei entstandenen Ermittlungsakten zu schließen. Die Statistik über die politischen Morde wurde nicht mehr geführt. Nun wurde deutlich, warum die NSDAP-Führer in die innenpolitischen Machtzentralen gedrängt hatten. Frick verbot der KPD am 21. Februar im Freistaat Sachsen jede Betätigung unter freiem Himmel. Er und Göring sorgten dafür, daß Polizeibeamte aus dem Dienst entfernt wurden, sofern sie irgendwelcher Sympathien für die Republik auch nur verdächtig waren. Sozialdemokraten, demokratische oder liberal gesinnte Beamte, soweit sie die „Säuberungen" der Papenregierung überdauert hatten, verloren jetzt ihre Posten oder wurden in als milder beurteilten Fällen auf Arbeitsplätze außerhalb des Repressivapparats verwiesen.

In seiner Eigenschaft als preußischer Innenminister forderte Göring am 17. Februar von den ihm unterstellten Polizisten, gegen Kommunisten und andere antifaschistische Kräfte ohne Zögern bewaffnet vorzugehen. Er sicherte ausdrücklich jenen Schutz zu, die bedenkenlos von ihren Schußwaffen Gebrauch machten, und drohte Strafen für den Fall an, daß Polizisten nicht rigoros vorgingen. Fünf Tage später wurden in Preußen den paramilitärischen Formationen der „nationalen Parteien" durch einen weiteren Erlaß des Innenministers Polizeifunktionen zuerkannt. Mit der Begründung, die Berufsbeamten könnten ihre Aufgaben allein nicht bewältigen, erhielten 50 000 Mitglieder von SA, SS und Stahlhelm die Befugnisse von Hilfspolizisten.[9] Die Bestimmung, daß diese Hilfspolizisten nur unter dem Kommando von Polizeibeamten eingesetzt werden sollten, besaß faktisch keine Bedeutung. Mit leichten Infanteriewaffen ausgerüstet, patrouillierten faschistische Trupps durch die Arbeiterviertel, beteiligten sich an der Fahndung nach Antifaschisten und ihrer Verschleppung in Gefangenenanstalten. Sie betätigten sich als Vernehmungsbeamte, die Informationen und Geständnisse aus Gefangenen herausschlugen. Göring deckte die Bestialität nicht nur. Er wies an, in Polizeihaft befindliche Regimegegner zeitweilig der SA und SS zu übergeben, um durch scheußlichste Torturen Aussagen zu erpressen. In Nürnberg wurde der nach dieser Methode „verhörte" Kommunist Oskar Pflaumer dann lediglich zum Sterben in das Polizeigefängnis zurückgebracht.

Görings Erlasse vom 17. und 22. Februar 1933 leiteten einen Prozeß ein, in dessen Verlauf die traditionelle Staatsgewalt mit den Organisationen der NSDAP zu einem Herrschafts- und Unterdrückungsapparat zusammenwuchs. Unterführer und Mitglieder der Partei betätigten sich als die Aktivisten der „Revolution". Sie sahen sich erhöht, und ihre eigene Rolle machte sie glauben, daß sie Richtung und Inhalt der Geschehnisse bestimmten, während sie sich als Werkzeuge in einem Machtmechanismus betätigten, den sie nicht steuerten. Doch erzeugte ihnen ihre eigene Rolle, die ihnen als Folge der Veränderungen an der Staatsspitze gleichsam zugefallen war, den Eindruck, von nun an würde die NSDAP „dem Staat befehlen", der ihnen in der Vergangenheit mehrfach als feindliche Macht gegenübergetreten war.

So deckte eigene Erfahrung die These vom neuen Verhältnis von Partei und Staatsmacht. Dennoch mußte die Mitgliedschaft der NS-Organisationen und namentlich der SA auf die veränderten Ansprüche auch erst eingestellt werden. Zu frisch wirkten Erinnerungen an Zusammenstöße mit der Polizei und mit Beamten nach, die aus der „Kampfzeit" persönlich bekannt waren. Gelegenheit, das neue Bündnis sinnfällig zu demonstrieren, gab der Tod des Führers des berüchtigten, in der Berliner Arbeiterschaft als Mordsturm bezeichneten SA-Sturms 33, Maikowski, und des Polizeibeamten Zauritz, die bei Auseinandersetzungen mit Antifaschisten in Berlin-Charlottenburg umgekommen waren. NSDAP-Führung und Regierung veranstalteten im Berliner Dom ein Staatsbegräbnis, an dem auch Hitler teilnahm. Beide, so interpretierte die Propaganda das Ereignis, wären für die „Ordnung" und für eine gemeinsame Sache gestorben, und ihr Tod veranschauliche die Notwendigkeit, jegliches Gegeneinander von SA und Polizei zu beenden.

Als die Hauptstörenfriede auf dem Wege zu einem „nationalsozialistischen" Deutschland aber war seit Jahren die „Kommune" markiert. Nun organisierte die SA unbehindert den Kampf für „die Ausrottung des Marxismus". Ohne daß ein Parteiverbot erlassen worden wäre, sahen sich die Mitglieder und Funktionäre der KPD immer schärferen Verfolgungen ausgesetzt und die Partei in eine halblegale Existenz gedrängt. Am 17. Februar besetzten Polizeieinheiten das am Berliner Bülowplatz gelegene Karl-Liebknecht-Haus, um den zentralen Apparat der Partei stillzulegen. Eine amtliche Mitteilung besagte, es seien Beweise für hochverräterische Putschpläne entdeckt worden. Später konnte dafür kein Dokument vorgewiesen werden. Die kommunistische Führung hatte nicht vor, ihre Kader in aussichtslose bewaffnete Unternehmen zu stürzen. Sie wußte, daß sie damit nur tun würde, was die Machthaber wünschten und auszunutzen gedachten.

Schon in dieser frühen Phase der Machtstabilisierung hielten die Terrortrupps der SA, von ihrer Führung zu höchster Aktivität angestachelt und die „Revolution" auch nach eigenem Gutdünken vorantreibend, die Grenzen nicht ein, die ihnen gewiesen wurden. Es mehrten sich Gewaltakte gegen jüdische Bürger, die sich abwartend verhielten und am wenigsten daran interessiert sein konnten, die rabiaten Antisemiten herauszufordern. Auch Angriffe auf Mitglieder der katholischen Parteien nahmen zu, nachdem Hitler während einer Wahlrede in Stuttgart scharfe Attacken gegen das Zentrum und den ihm zugehörigen Württembergischen Staatspräsidenten Eugen Bolz gerichtet hatte. Tätlich griffen faschistische Rowdys den christlichen Gewerkschaftsführer und früheren Preußischen Staatsminister Adam Stegerwald an. Der eskalierende Terror ließ die Gefahr entstehen, daß die Taktik der NSDAP-Führung durchkreuzt würde, derzufolge ein Gegner und Rivale nach dem andern an die Reihe kam. Folglich wurden Befehle erlassen, welche die strikte Einhaltung der antikommunistischen und „antimarxistischen" Stoßrichtung forderten.

Der Wahlkampf, in dem Hitler 18 bis 19 Millionen Stimmen erobern, also sieben bis acht Millionen Wähler mehr gewinnen wollte, als am 6. November 1932 für die NSDAP votiert hatten, verschlang Woche für Woche riesige Geldsummen. Um die Aktionskraft der Regierungsparteien zu sichern, spendeten deutsche Monopolisten vierzehn Tage vor der Abstimmung noch einmal 3 Millionen RM, die in die Wahlfonds der NSDAP und der „Kampffront Schwarz-Weiß-Rot" flossen, die DNVP, Stahlhelm und eine Gruppe deutschnationaler Katholiken gebildet hatten und als deren Galionsfiguren Hindenburg, Papen und Hugenberg präsentiert wurden.

Ein verbrecherisches Regime wird errichtet

Zu dieser Spende war es am 20. Februar gekommen, als sich Hitler und Göring mit einem ausgewählten Kreis deutscher Bankiers und Industrieller im Berliner Palais des Reichstagspräsidenten getroffen hatten. Eingefunden hatten sich dort u.a. Schacht, Krupp von Bohlen und Halbach, Vögler, Georg von Schnitzler vom IG-Farben-Trust und weitere Eigentümer und Manager von Großunternehmen. Vor ihnen bekräftigte der Reichskanzler, daß die bevorstehende Wahl nur ein Mittel in einem umfangreicheren Instrumentarium bilde, dessen sich die Regierung bedienen werde, um die Arbeiterbewegung zu vernichten, alle demokratischen und pazifistischen Kräfte zu liquidieren und den Weg für Aufrüstung und Wehrmachtsaufbau frei zu machen. Wie zuvor den Generalen versicherte Hitler auch dieser ihm aus früheren Begegnungen großenteils bekannten Zuhörerschaft, daß politisch nichts überstürzt, sondern Schritt für Schritt vorgegangen werden würde. Am Anfang bestünde die Hauptaufgabe darin, den „Marxismus zu erledigen". Göring beteuerte den Anwesenden, daß die anstehende Wahl sicherlich für 10 , voraussichtlich aber für 100 Jahre die letzte sein werde.[10]

Den Löwenanteil der eingetriebenen Spenden verschlang in den folgenden beiden Wochen der Propagandafeldzug der NSDAP. Doch verlief er trotz der Kombination von Terror und Versprechungen nicht so verheißungsvoll, daß die Parteiführer sich im Vorgefühl sicheren Sieges wähnen konnte. Sie suchten daher einen Vorwand, um vom individuellen Terror und der Verfolgung einzelner Gruppen ihrer Gegner zum politischen Massenterror überzugehen. Sie erhielt ihn fünf Tage vor dem Wahlsonntag mit dem Reichstagsbrand. Von der Brandstiftung des 27. Februar wurde, ohne daß dafür ein einziges Indiz vorlag, sogleich behauptet, sie hätte einem kommunistischen Aufstand als Signal dienen sollen. Alle Tatsachen und Wirkungen sprachen jedoch dafür, daß es sich um eine wohlberechnete Provokation handelte und ein Spezialtrupp der SA das Großfeuer gelegt hatte. Jedenfalls konnte kein einziger Beweis dafür beigebracht werden, daß der niederländische Anarchist Marinus van der Lubbe, der, aus dem Gebäude kommend, der Polizei buchstäblich in die Handschellen gelaufen war, als ein „Werkzeug der Kommunistischen Internationale" gehandelt hatte.

Die klassische Frage aller Verbrechensaufklärung - cui bono, wem nützt es – ließ sich klar beantworten. Der Brand diente am 28. Februar zur Rechtfertigung einer schon präparierten Notverordnung des Reichspräsidenten, welche die demagogische Bezeichnung „zum Schutze von Volk und Staat" erhielt. Sie setzte grundlegende Bestimmungen der Verfassung außer Kraft und drohte den Gegnern der Regierung verschärfte Strafen an.[11] Vor allem aber war der SA mit der Lüge vom verhinderten Aufstand und von angeblich geplanten weiteren Gewalttakten das Zeichen gegeben, auf das hin sie sich nun völlig ungehemmt als Häscher, Kerkermeister und Folterknechte austobten. Sie errichteten in SA-Lokalen, -Kasernen und in Kellern der „Braunen Häuser" eigene provisorische Gefangenenanstalten, die ihre Vorläufer in den Marterhöhlen der katholischen Inquisition, den Verliesen der zaristischen Geheimpolizei und den Lagern imperialistischer Kolonisatoren hatten. Kommunisten, Sozialdemokraten und andere Antifaschisten wurden dahin verschleppt und mittelalterlichen Torturen unterworfen, um ihnen Aussagen abzupressen oder in sadistischer Wollust mit ihnen abzurechnen.

Währenddessen flog Hitler, der zugkräftigste und in seiner neuen Stellung und Würde erst recht unersetzbare unter den faschistischen Trommlern, in der letzten Woche vor der Wahl wieder von Großstadt zu Großstadt. Abend für Abend tauchte er in das Milieu, das ihm noch immer das vertrauteste und liebste war. Sich in die Rolle eines Messias hineinsteigernd, verhieß er allerorten die Überwindung der Zwietracht und Schaffung eines „geeinten Volkes", das alles soziale Elend überwinden werde. Vorbedingung für Deutschlands Aufstieg zu nationaler Größe aber sei die „Vernichtung des internationalen Marxismus". Weder über die künftige Außenpolitik noch über die nächsten innenpolitischen Maßnahmen war diesen Reden irgend etwas Konkretes zu entnehmen. Es könne, hatte Hitler in einer Kabinettssitzung gesagt, kein Wirtschaftsprogramm geben, mit dem sich die erforderliche Millionenzahl von Stimmen gewinnen ließe.[12] Er ersetzte es durch bombastische allgemeine Versprechen. Die Regierung werde einen Plan „zur Rettung des Arbeiters" und einen ebensolchen zur „Rettung des Bauern" verwirklichen. Dafür würden vier Jahre gebraucht werden. Die solle man ihm am Wahltag zugestehen. Das allein war programmatisch: Kein Kanzler der Republik hatte vier Jahr regiert.

Am 5. März wählten mehr als 17 Millionen Deutsche die NSDAP. Das bedeutete gegenüber dem Novemberergebnis einen Gewinn von mehr als fünf Millionen Stimmen. Es erwies sich erneut, daß nichts so sehr besticht wie der Erfolg. Massen von Wählern waren durch die Parole „Deutschland erwache" angezogen und von der geschickt verbreiteten Stimmung erfaßt, daß nun eine „nationale Erhebung", ja eine „Revolution" ins Werk gesetzt werde. Mit der nationalen wirkte die soziale Demagogie. Von den Regierungen des Weimarer Staates enttäuscht, der für sie folgenlosen politischen Auseinandersetzungen müde, erwartete die NSDAP-Wählerschaft von der Regierung Hitler Arbeit und Brot, soziale Sicherheit für ein Geschäft oder eine Werkstatt, Berufschancen nach einer akademischen Ausbildung, Entschuldung eines Bauernhofes, Boden für eine ländliche Siedlerstelle oder anderen geringen Gewinn. Wer sich dem erwarteten Aufschwung in die Bahn stellte, sollte weichen und mußte unterdrückt werden. Daraus ergab sich die ausdrückliche oder stillschweigende Billigung

Ein verbrecherisches Regime wird errichtet

auch des Terrors. Gewiß lehnten manche der neuen oder wieder gewonnenen Parteigänger Hitlers die Gewalttaten ab. Doch beruhigten sich viele selbst mit der Annahme, es handle sich um unvermeidliche Begleiterscheinungen auf einem richtigen Wege. Damit war die Schuld gedanklich schon den Opfern zugeschrieben.

Die „Kampffront" aus DNVP und Stahlhelm hatte nur drei Millionen Stimmen erhalten und damit gegenüber dem November nur geringfügige Gewinne erzielt, ja als Folge der gestiegenen Wählerbeteiligung prozentual sogar an Boden verloren. Doch erst ihre 8 Prozent verhalfen der Regierungskoalition über die 50-Prozent-Hürde. Gemeinsam und unanfechtbar konnten sie behaupten, hinter ihrer Regierung und deren Programm stehe die Volksmehrheit. Denn an diesem Märztag hatten die Deutschen zum letzten Mal für mehr als 12 Jahre die Chance besessen, zwischen konkurrierenden Kräften zu wählen. „Die Deutschen" hatten Hitler nicht auf den Reichskanzlerstuhl gebracht, aber ihre Mehrheit legitimierte den kalten gegenrevolutionären Staatsstreich nachträglich.

Für die Kommunisten hatten sich fast fünf Millionen Wähler entschieden. Gegenüber der Novemberwahl erlitten sie einen Verlust von einer Million Stimmen. Damit hielt sich ihre Einbuße, gemessen an dem Druck, dem ihre Mitglieder und Sympathisanten ausgesetzt waren, zunächst noch in Grenzen. Daß die KPD nun Wähler verlor, die sich ihr auf dem Höhepunkt der politischen Krise zugewandt hatten, ohne noch eine stabile Bindung an die Ideenwelt des Sozialismus zu besitzen, war unvermeidlich. Schon vor dem Wahltag waren zudem auch kommunistische Reichstagskandidaten verhaftet und verschleppt worden, Manche mußten, wie Walter Stoecker, bereits illegal leben. Auf KPD und SPD, die ihre 7 Millionen Wähler nahezu behauptete, entfiel ein knappes Drittel der Wählerstimmen. Dieses Ergebnis verdeutlichte nicht nur die Grenze ihrer Kräfte. Es machte auch die Chance des Widerstandes gegen diese Wendung der deutschen Geschichte deutlich, zumal die aktivsten Kräfte der beiden Arbeiterparteien in den Industriezentren konzentriert waren.

Von der Treue zum Antifaschismus zeugten noch einmal die Stadt- und Bezirksverordnetenwahlen in Berlin, die eine Woche nach der Reichstagswahl stattfanden. Die NSDAP erreichte nur 37,9 Prozent der Stimmen. In den Stadtbezirken Friedrichshain, Neukölln, Prenzlauer Berg, Wedding und Lichtenberg gewannen KPD und SPD zusammen die Stimmenmehrheit.[13] Doch blieben die Führer der SPD, wiewohl ihr Konzept durch Terror und Verfassungsbruch gründlich widerlegt war, auf dem einmal gewählten Kurs. Nun veränderte buchstäblich jeder Tag das Kräfteverhältnis zuungunsten der Regimegegner. Die Arbeiterparteien hatten ihre Aktionsfähigkeit bereits weitgehend verloren. Während die Kommunisten in die Illegalität gedrängt waren, fungierten die immer ärger bedrängten Sozial-

Hindenburg begrüßt Hitler am 21. März 1933 in Potsdam

demokraten schon nicht mehr als Gegenkraft, sondern mehr und mehr als Beweis dafür, daß die Machthaber mit ihren Gegnern differenziert umgingen und ihnen die Möglichkeit einräumten, zu kapitulieren und sich dem Strom derer anzuschließen, die nun ins „Dritte Reich" wanderten.

Im März entstanden am Stadtrand oder im Weichbild größerer Städte von SA-Einheiten errichtete, verwaltete und bewachte Konzentrationslager für die politischen Gegner des Regimes. So niedrig Gesinnung und Empfindung der Kommandeure und Wächter, die über diese Lager herrschten, so roh und unmenschlich waren die Zustände in Oranienburg bei Berlin, Dachau bei München, Dürrgoy bei Breslau, in der ehemaligen Vulkanwerft in Stettin, im Moorland Nordwestdeutschlands und vielen anderen Lagern, in denen Mitglieder und Funktionäre der Arbeiterparteien physisch und psychisch gefoltert wurden. Dorthin verschleppte die SA mit Vorliebe auch Antifaschisten, die als Publizisten, Redakteure oder Rechtsanwälte den Faschisten Paroli geboten hatten. Einrichtung und Existenz dieser KZ waren nicht geheimzuhalten. Sie sollten zum Zwecke der Abschreckung auch bekannt werden. Zeitungen berichteten darüber, welche Personen aufgespürt und gefangengesetzt worden waren. Frech, das Zerrbild von den „Roten" als arbeitsscheue Elemente verbreitend, wurde behauptet, die Lager dienten dazu, ihre Insassen der „Erziehung zu nützli-

Ein verbrecherisches Regime wird errichtet

cher Arbeit" zu unterwerfen und ihre „Wiedereingliederung in das Volksleben" vorzubereiten.[14] Anfänglich erschienen in der NSDAP-Presse auch Bildberichte, die ebenso den Triumph der Sieger ausdrückten, wie sie den Eindruck erwecken sollten, hinter Zäunen und Mauern existiere in den „Schutzhaftlagern" ein vorbildliches Regiment, an dem es nichts zu verheimlichen gäbe. Wie wenig die Machthaber wirklich Grund hatten, sich auf diese drakonische Weise vor ihren Gegnern zu schützen, bewies die Tatsache, daß keine der Arbeiterparteien auf die Bedingungen des illegalen Kampfes ernsthaft vorbereitet war. Davon zeugte auch, daß so viele führende Funktionäre der beiden großen Arbeiterparteien in die Hände der Häscher gerieten. Zu den Ergriffenen gehörte der Vorsitzende der KPD, Ernst Thälmann, der nach elf Haftjahren 1944 in Buchenwald ermordet wurde.

Nach dem Wahltag machte der Stabilisierungsprozeß der Hitlerregierung rasch Fortschritte, die auch durch das opportunistische Verhalten der nicht an der Regierung beteiligten Führer bürgerlicher Parteien ermöglicht und beschleunigt wurden. Die Abgeordneten des Zentrums, der DVP und der Deutschen Staatspartei erteilten dem Kabinett am 23. März im Reichstag die verlangte Ermächtigung. Sie stimmten dafür, daß die Hitlerregierung Gesetze eigenmächtig und selbst ohne nachträgliche Billigung durch das Parlament erlassen konnte. Die bürgerlichen Parteiführungen schalteten sich damit aus der Politik selbst aus und erklärten sich, noch bevor sie völlig abtraten, als überflüssig. Das Leben der Organisationen kam faktisch zum Erliegen. Zu diesem Zeitpunkt waren die Mandate der KPD bereits kassiert und weitere ihrer in den Reichstag gewählten Abgeordneten gezwungen worden, in Deutschland unterzutauchen oder über die Grenze zu fliehen, um den Konzentrationslagern zu entkommen. Wels hatte als der Sprecher der sozialdemokratischen Fraktion das Ermächtigungsgesetz in einer mutigen Rede abgelehnt, in ihr jedoch die nun vollends illegalisierte KPD mit keinem Wort erwähnt.

Unter dem Eindruck des binnen weniger Wochen grundlegend veränderten Verhältnisses der politischen Kräfte, das eine lange Regierungsdauer anzeigte, drängten aus bürgerlichen und kleinbürgerlichen Schichten nun massenhaft Menschen, die ihre Posten behaupten oder eine neue Möglichkeit eigener Karriere erkannten, in die „braunen" Reihen. Nicht alle dachten nur an den eigenen Vorteil oder gerieten als Folge mangelnder Urteilskraft in den Sog des verkündeten Aufbruchs. Es zeigte sich, wie dünn die Wand war, welche bisherige Gefolgsleute der republikanischen Parteien von Ideologie und Programm der NSDAP getrennt hatte. Viele meinten jetzt, daß es in der von Hitler verkündeten Politik doch viel Richtiges gäbe. Aber es befanden sich insbesondere unter den Anschluß suchenden „Staatsdienern" und den Angehörigen der Intelligenz Leute genug, die das Hemd stets und nun wieder nach dem Wind drehten. Für sie kam alsbald die spöttische und verächtliche Bezeichnung „Märzgefallene" auf. Deren größten Anteil stellten die Beamten, von denen 44.000, und die Lehrer, aus deren Reihen sich 13.000 schon vor dem 30. Januar 1933 der NSDAP zugesellt hatten. Nun stiegen binnen der drei Monate zwischen Februar und April die Zahlen drastisch an: 179.000 Beamte und 71.000 Lehrer traten in die NSDAP ein, bevor die Mitgliedersperre diesen Zustrom stoppte.[15] Damit aber waren bereits 20 Prozent der Beamten- und der Lehrerschaft in der Partei organisiert. Sie repräsentierten unter allen Berufsgruppen den höchsten Organisationsgrad. Wer das Mitgliedsbuch der NSDAP nicht rechtzeitig erworben hatte, für den standen mehrere Gliederungen und angeschlossene Verbände zur Auswahl, insbesondere der NS-Lehrerbund und der im Oktober 1933 gegründete Reichsbund Deutscher Beamter, dem in den folgenden Jahren faktisch alle Beamten beitraten. Sie erhielten mit Hermann Neef, der in der Reichszollverwaltung tätig gewesen war und sich früh der NSDAP angeschlossen hatte, einen „Reichsbeamtenführer".

Die „alten Kämpfer" der NSDAP empfingen die neuen Mitglieder mißtrauisch, befürchteten sie doch zurecht, daß ihnen auf diese Weise im Gerangel um lukrative Posten und Ämter nun allzu viele Konkurrenten erwüchsen. Daher begrüßten sie auch die am 19. April vom Reichsschatzmeister verkündete und am 1. Mai 1933 in Kraft tretende Aufnahmesperre, von der sie annahmen, mit ihr würden die Tore der Partei den Konjunkturrittern verschlossen. Doch war sie mit der Einschränkung verbunden, daß Angehörigen von Gliederungen der NSDAP der Parteieintritt nicht verwehrt werden solle. Bald erwies sich, daß diese nicht die einzige Ausnahme bildeten. Besaß die Führungsspitze ein Interesse, Personen an die Organisation zu binden, dann wurden die Ortsgruppen kurzerhand angewiesen, sie als Mitglieder aufzunehmen. Ersuchte beispielsweise ein Manager von der Stellung des Vorstandsvorsitzenden der Daimler-Benz AG darum, Parteigenosse zu werden, so erhielt die Gauleitung kurzerhand die Mitteilung, er sei „auf Antrag des Stellvertreters des Führers" bereits aufgenommen worden.[16] Binnen knapp zwei Jahren gerieten die „alten Kämpfer" in der Parteimitgliedschaft in eine von den Neueingetretenen geradezu überschwemmte Minderheit. Die Parteistatistik verzeichnete für den Jahresbeginn 1935, daß in den Gauen Mainfranken, Köln-Aachen und Koblenz-Trier der Anteil der Mitglieder, die vor 1933 der NSDAP beigetreten waren, unter 20 Prozent lag.[17]

Als Folge der Masseneintritte im ersten Vierteljahr nach dem 30. Januar und der faktisch nie durchgesetzten Sperre gegen Neuaufnahmen entwickelten sich innerhalb der ohnehin inhomogenen Bewegung weitere Gegensätze. Die Führung verstand sie geschickt auszunutzen. Teils dämpfte sie Konflikte, denn sie hatte die verrohten Schläger nicht weniger nötig

Ein verbrecherisches Regime wird errichtet 263

wie die in der Leitung und Verwaltung von Gesellschaft und Staat erfahrenen und gewandten neuen NSDAP-Mitglieder. Teils schürte sie Zwistigkeiten, wenn sich daraus Vorteile für die Beherrschung der gesamten Mitgliedschaft ergaben. Unter demonstrativem Beifall der langjährigen Parteigänger wurde auf einer Berliner NSDAP-Kundgebung erklärt, die vielen neuaufgenommenen Mitglieder würden „zum Teil keinen Gewinn, sondern eine Belastung der Partei" darstellen.[18] Derart wurden nicht nur die „alten Kämpfer" umschmeichelt, sondern die Hinzugestoßenen zusätzlich unter Anpassungs- und Bewährungszwang gesetzt. Zugleich begann eine immer stärkere öffentliche Verklärung der „Kampfzeit" in Reden, Romanen, Gedichten und auch im Spielfilm. Am 10. Jahrestag des Münchener Putsches wurde an ihn in einer feierlichen Prozession, dem „Marsch zur Feldherrnhalle", erinnert, den Streicher anführen durfte, dem die „Blutfahne" vorangetragen wurde und der fortan alljährlich zu den Parteiritualen gehörte.

Alle Glorifizierungen des Vergangenen vermochten jedoch nicht zu verhindern, daß sich nicht wenige untere Funktionäre, enttäuscht von der Gegenwart, zurückzogen. Andere mußten ihre Plätze räumen, weil sie den gewandelten Anforderungen nicht genügten. Von den mehr als 280.000 Hoheitsträgern und Politischen Leitern, die gemeinsam das Funktionärskorps der NSDAP und ihrer Gliederungen und Verbände bildeten, schieden 1933 und 1934 mehr als 40.000 aus ihren Funktionen, und dies betraf nicht die Inhaber von Posten der untersten Ebene, sondern die auf der dritten und vierten – nach den Reichs- und den Gauleitern – stehenden Kreis- und Ortsgruppenleiter.[19] Die freigewordenen Plätze ließen sich indessen um so leichter wiederbesetzen, als genügend Aufstiegswillige bereitstanden und willens waren, sich strikt den Weisungen der Parteiobrigkeit zu unterwerfen.

Ungeachtet dieser Fluktuation komplizierte sich die innerparteiliche Situation. Zum Hauptproblem wurden die ungestillten Erwartungen vieler Mitglieder der NSDAP und der SA. Sie begannen, jede Maßnahme der Machtetablierung zu kritisieren, die ihren Vorstellungen und Wünschen nicht genügte oder zuwiderlief, und ebenso über die ausbleibenden Schritte zu räsonieren. Sich an alle Ungeduldigen wendend, ließ die Parteispitze verlauten, daß, bevor wirtschaftliche und soziale Veränderungen eintreten könnten, die „Politik" in Ordnung gebracht werden müsse. Eigenmächtiges Vorgehen sei zu unterlassen. Schon am 10. März hatte Hitler einen an alle NSDAP-Mitglieder gerichteten Aufruf zu strengster Disziplin und unbedingter Unterwerfung unter die Weisungen und Befehle der Führer erlassen. Der Appell enthielt nur noch eine Parole: „Vernichtung des Marxismus" und warnte eindringlich vor „Störungen des Geschäftslebens" durch SA und SS.[20] Diesen Schritt kommentierten bürgerliche Zeitungen sofort beifällig. Paul Henrichs, einer der Direktoren im Zeiss-Konzern und Vorstandsmitglied des Reichsverbandes der Deutschen Industrie, schrieb einem Geschäftspartner, es habe den Anschein, „als ob die Spitzenleute nunmehr ernsthaft bemüht wären, ihrer Formationen Herr zu werden und sie in die erforderliche Disziplin hineinzuzwingen".[21]

Hitlers Weisung war Reaktion vor allem auf Aktionen von SA-Einheiten, die teils spontan erfolgten, teils aufgrund von Forderungen oder Weisungen regionaler und lokaler Parteiführer ausgelöst wurden. Sie hatten begonnen, „nationalsozialistische Revolution" auf eigene Faust und Rechnung und also aus eigenem Mißverständnis zu betreiben. Ihr Angriff richtete sich gegen Warenhäuser, Einheitspreisgeschäfte und Filialen von Konsumgenossenschaften und vorzugsweise, aber nicht nur gegen Unternehmen von Juden. Es wurde versucht, innerhalb kapitalistischer Betriebe Einfluß und Kontrolle zu gewinnen und die Rechte von Betriebsleitungen einzuschränken. Träger solcher Vorstöße waren gemeinsam mit der SA die NSBO und der erst im Dezember 1932 gegründete „Kampfbund für den gewerblichen Mittelstand", zwei für Werbezwecke gegründete Organisationen, deren Mitglieder nun versuchten, ihre Interessen gegen die mächtigere Konkurrenz durchzusetzen. Vor allem der „Kampfbund" hatte nach dem 30. Januar neue Mitglieder angezogen und schwoll binnen kurzem auf mehr als das Elffache seiner ursprünglichen Stärke an, die am 2. Mai mit 115.143 angegeben wurde.

Funktionäre der NSBO usurpierten Betriebsräte und spielten sich als Arbeitervertreter auf. Mehrfach gingen sie radikal gegen „unsoziale" Leiter von Industrieunternehmen vor und verlangten Auskunft über Gehälter der Direktoren und die Geschäftslage, über Profite und Tantiemen. SS- und SA-Trupps überfielen und besetzten in vielen Städten die Häuser der Gewerkschaften und legten deren Tätigkeit lahm. Für den 1. April 1933 bereitete die Zentrale der NSBO im gesamten Reichsgebiet einen Schlag gegen den ADGB vor, um sich dann selbst an dessen Stelle zu setzen. Das Vorhaben wurde von der Reichsleitung der NSDAP unterbunden. Noch war im Kontakt mit führenden Vertretern der Wirtschaft nicht entschieden worden, was an die Stelle der Gewerkschaften treten sollte und wie das diktatorische, die Arbeiterschaft aller Rechte beraubende Führerprinzip in den kapitalistischen Unternehmen verwirklicht werden konnte.

Mit ihrem pseudorevolutionären Auftreten disqualifizierten die NSBO-Führer sich und die von ihnen geleitete Organisation für weitere Verwendung im faschistischen Machtgefüge. Von den Kapitaleignern wegen ihrer früheren, wenn auch einzig aus taktischer Berechnung erfolgten Teilnahme an Streiks ohnehin abgelehnt, wurde die NSBO von der Parteispitze - ohne der Auflösung zu verfallen - in den Hintergrund gedrängt und gleichsam mumifiziert. Ihre Bezeichnung als „SA der Betriebe" täuschte die Stellung eines Vortrupps nur noch vor. Die mit dem Geruch einer falschen Frontstellung behaftete Organisation genoß keinerlei Förderung durch die Parteizentrale. Das Erheben von Beiträgen wurde ihr ebenso untersagt wie das Abhalten eigener Versammlungen. In Berlin, wo die Zahl der Betriebe mit mehr als 20 Werktätigen auf 20.000 geschätzt wurde, existierten zu Anfang des Frühjahrs 1934 daher in zwei Dritteln keinerlei Zellen der NSBO.[22] 1935 wurde sie der Deutschen Arbeitsfront (DAF) eingegliedert und auch das Erscheinen ihrer Presse eingestellt. Ein weiteres Jahr später war sie – ohne offiziell aufgehoben zu sein – aus der Liste der NSDAP-Organisationen verschwunden.

Die Geschichte der NSBO zeigte, daß Hitler und seine Mitführer sich vielfältiger – und keineswegs nur rabiater – Methoden bedienten, das Gefüge der vielgegliederten Partei Zug um Zug in ihre neuen Existenzbedingungen einzupassen. Davon zeugte auch, daß manche Funktionäre der ungeliebten Organisation andere Verwendung fanden. Walter Schumann, einer ihrer Begründer, erhielt später das staatliche Amt eines Treuhänders der Arbeit, in dem er die Interessen der Betriebsführer durchzusetzen hatte. Reinhold Muchow wurde das Organisationsamt der DAF übertragen.[23] Aus dem Mitgliederbestand der NSBO formierten sich die Werkscharen, auf Betriebsbasis geschaffene und wenig attraktiv uniformierte Trupps. Sie waren als Streikbrecher ebenso mobilisierbar wie als technische Nothelfer und konnten im Kriegsfall Aufgaben des Betriebsschutzes übernehmen. Hitler schätzte auch diese Scharen nicht. Wiewohl sie keinerlei Rechte gegenüber den Betriebsführern geltend machten, erinnerten sie ihn wohl noch immer an die angeblich überwundenen Zeiten des Klassenkampfes. 1937 wies er vor dem Parteitag in Nürnberg an, daß sie unter den aufmarschierenden Parteieinheiten nicht mehr erscheinen sollten.

Ein ähnlich unrühmliches, zugleich aber rascheres Ende nahm der mittelständische „Kampfbund". Anfänglich waren seine Angriffe, weil sie vor allem gegen Warenhäuser in jüdischem Besitz zielten, nicht nur geduldet, sondern ermutigt worden. Das tat Göring in seiner Eigenschaft als preußischer Innenminister, als er erklärte, die Polizei sei nicht dazu da, „jüdisches Eigentum zu schützen".[24] Die antisemitischen agitatorischen Parolen der „Kampfzeit" nun als Aktionslosungen begreifend und mit solcher Rückendeckung versehen, hatten die Mitglieder des Bundes im Verein mit SA und NSBO im März eine Boykottwelle gegen jüdische Warenhäuser und Einzelhandelsgeschäfte zu organisieren begonnen. Da nicht abzusehen war, welches Ausmaß diese Angriffe gewinnen würden, erzeugten sie in der ohnehin krisengeschwächten Wirtschaft zusätzlich Unsicherheit und Störungen. Einsprüche von Unternehmerorganisationen folgten. Der kritische Punkt des revoluzzerhaften Treibens war überschritten, als

SA-Einheiten in der bayerischen Pfalz in den Bankverkehr eingriffen. Sie drohten, Bankgebäude zu besetzen, falls ihnen der Einblick in Konten von Kapitalisten verwehrt würde. Hitlers Disziplinappell hatte nicht zum gewünschten Ergebnis geführt. Ende März sah sich die NSDAP-Reichsleitung vor der Frage, wie sich die eskalierenden Eigenmächtigkeiten unterbinden ließen, ohne die Anhänger zu verprellen. Eine reichsweite Aktion sollte dem außer Kontrolle geratenden Treiben der SA einen Höhepunkt und gleichzeitig ein Ende setzen.[25]

Der Boykott des 1. April 1933, von der Parteizentrale in München organisiert und durch das Kabinett gebilligt, richtete sich in erster Linie gegen jüdische Händler, Geschäftsinhaber und Handelskapitalisten. Vor deren Läden und Warenhäusern zogen SA- und SS-Posten auf, welche Käufer abschreckten und bedrohten. Gleichzeitig wurden Ärzte im staatlichen und kommunalen Dienst sowie Richter, Staats- und Rechtsanwälte am Betreten ihrer Dienst- und Arbeitsräume gehindert, sowie Patienten und Klienten „gewarnt". Bankhäuser und industrielle Unternehmen in jüdischem Eigentum blieben jedoch vom Boykott auf Anordnung der NSDAP-Reichsleitung verschont. Die unvermeidlich entstehende Unruhe im Binnen- und Außenhandel und im Geldverkehr sollte in Grenzen gehalten werden, zumal in den Tagen zuvor Kapitalisten und deren Interessenvertretungen nachdrücklich auf schwerwiegende Folgen hingewiesen hatten, die aus Eingriffen „Unbefugter" für die Gesamtwirtschaft erwachsen könnten. Am nachhaltigsten wirkte der Boykott an Universitäten und Hochschulen. Hier hatten die wenigen Studenten, welche den Mut besaßen, weiter Lehrveranstaltungen jüdischer Dozenten zu besuchen, vor den Hörsaaltüren die Boykottwächter des Nationalsozialistischen Studentenbundes zu passieren.

Entgegen den Erwartungen ihrer Träger wurde die antijüdische Aktion von der NSDAP-Führung nach 24 Stunden für beendet erklärt und steigerte sich nicht zum blutigen Exzeß, für dessen Beginn ein einziger Befehl genügt haben würde. Doch mehr noch als die voraufgegangenen vereinzelten Attacken gegen Juden und jüdische Unternehmen, die als „Übergriffe" ausgegeben werden konnten, schadete das reichsweite Vorgehen auch den „arischen" Geschäftsinteressen im Ausland. Dort begann sich eine Bewegung des Gegenboykotts zu formieren, die sich gegen den Kauf von Waren „Made in Germany" richtete und der sich von ganz unterschiedlichen Interessen geleitete Kräfte anschlossen. Daher hatten die SA- und SS-Posten abzuziehen. Hoffnungen, dieser Boykott werde zum vernichtenden Generalangriff gegen jüdische Konkurrenz ausgeweitet, mußten begraben werden. Heß, der Vorsitzende der Politischen Zentralkommission, erneuerte das an alle Parteigliederungen adressierte Verbot, in Wirtschaftsunternehmen, Industriewerke und Banken einzugreifen und Wirtschaftsleiter abzusetzen. Die Front wieder strikt ausrichtend, wurde dem hinzugefügt, daß es erlaubt sei, „gegen Gewerkschaften vorzugehen".[26] Damit war ein weiterer disziplinierender Vorstoß unternommen, mit dem der SA, der NSBO und dem Kampfbund Grenzen gesetzt und Richtung gewiesen wurde.

Die Konsolidierung der Diktatur geschah im März/April vor allem durch die restlose Entmachtung aller politischen Kräfte und Personen, die auf mittlerer und unterer Ebene des Staatsapparats Diener der Republik gewesen waren. An die Spitze der Länder wurden am 1. April Reichsstatthalter gesetzt, die mit diktatorischen Vollmachten auch gegenüber den Länderregierungen ausgestattet waren. Diese Schlüsselpositionen erhielten in Personalunion zumeist bewährte Gauleiter der NSDAP, Martin Mutschmann in Sachsen, Fritz Sauckel in Thüringen. Wilhelm Kube und Erich Koch besetzten die Posten der Oberpräsidenten der preußischen Provinzen Brandenburg bzw. Ostpreußen. Damit waren nicht nur skrupellose politische Karrieristen am Ziel ihrer Wünsche angekommen, sondern auch Personen zu einer außerordentlichen Machtfülle gelangt, die auf Hitler seit Jahren fest eingeschworen waren und die folglich garantierten, daß in ihren Territorien nichts geschah, was dem „Führerwillen" zuwiderlief. Mit der Etablierung der Reichsstatthalter wurde der erste Schritt zur strikten Zentralisierung der Staatsgewalt getan. Ein weiteres Reichsgesetz bestimmte, daß die Sitze in den Parlamenten der Länder, Provinzen, Kreise, Städte und Gemeinden entsprechend dem prozentualen Anteil neuvergeben wurden, den die Parteien bei der Reichstagswahl erlangt hatten. Damit verschafften sich NSDAP und DNVP die Mehrheit in allen Gremien und konnten nun auch im letzten Dorf „legal" beliebige Personalveränderungen in der Exekutive vornehmen.

Mit diesen beiden „Gleichschaltungs"-Gesetzen eröffneten sich vielen Mitgliedern der NSDAP Möglichkeiten, mehr oder weniger bedeutende Posten zu erjagen. Parteiführer sowie SA- und SS-Kommandeure wurden Länderminister, Oberpräsidenten und Präsidenten in den preußischen Provinzen bzw. Regierungsbezirken, Land- und Stadträte, Bürgermeister und Polizeipräsidenten. In Staats- und Verwaltungsbehörden waren aber auch viele mindere Posten zu vergeben. Gleiches galt für die auch infolge des Mitgliederzustroms expandieren Apparate der Parteigliederungen. Verläßliche und befehlsgewohnte Kraftfahrer, Wächter, Pförtner, Dienstboten aller Art wurden benötigt. Eine Minderheit von Parteigängern sah sich „belohnt" und zufriedengestellt.

Den ersten Maitag, der bis dahin auch in Deutschland von Millionen von Arbeitern und Angestellten als Kampftag für die Verwirklichung ihrer Interessen und Ziele begangen worden war, erklärte die Hitlerregierung zum arbeitsfreien Staatsfeiertag. Das erwies sich als geschickter Schachzug, hatte doch das „System" sich solchem Entschluß immer verweigert.

Nun also präsentierte sich der neue Staat als Initiator eines „Festes der nationalen Arbeit", sein Führer als der erste Arbeiter. Nie hatte ein Reichskanzler vordem die Rolle besetzt, die Hitler nun einnahm. Vor einer riesigen Menge alter und neuer Anhänger, die auf dem Flugfeld in Berlin-Tempelhof aufmarschierte, behauptete er, der 30. Januar habe die deutschen Arbeiter aus den Fesseln des Klassenkampfes befreit und sie der geeinten Nation wiedergegeben. Die NSDAP stellte er als Makler dar. Sie werde Kapital- und Arbeiterinteressen uneigennützig ausgleichen und die Angehörigen aller Klassen und Schichten miteinander versöhnen. Diese Darstellung gewann Glaubhaftigkeit dadurch, daß auch Leiter kapitalistischer Betriebe mit den Belegschaften auf dem Festplatz erschienen. Der Architekt Albert Speer hatte ihm eine besonders pompöse Kulisse gegeben. Dieser 1. Mai 1933 sah das erste der großen, alljährlich wiederkehrenden Partei- und Staatsspektakel. Sie dienten dem Regime zur Festigung seiner Massenbasis und zur Verschleierung seiner Ziele und schminkten ihm ein optimistisches und friedfertiges Äußeres auf.

Einen Tag später wechselte die Szenerie. Am 2. Mai wurde in einer vom Reichsorganisationsleiter Ley vorbereiteten Aktion der ADGB zerschlagen. SA-Kommandos besetzten dessen Häuser, Büros, Druckereien, Verlage, Banken und weitere Wirtschaftsunternehmen. Das Eigentum der Organisation – Millionenwerte, von Proletariern oft Pfennig für Pfennig zusammengetragen – wurde geraubt. Gewerkschaftsführer und – funktionäre wurden in Konzentrationslager verschleppt. Ihre Politik, die in dem Versuch gegipfelt hatte, sich mit dem Regime zu arrangieren, endete in einem vollständigen Fiasko.

Nur acht Tage später fand der Gewalttat in einem Staatsakt seine Fortsetzung. Mit der gesamten Parteiprominenz nahm Hitler am 10. Mai an der Gründung der Deutschen Arbeitsfront (DAF) teil. Ihr war die Rolle zugedacht, ausnahmslos alle Arbeiter und Angestellten in Industrie, Handel und Verwaltungen in Reichsbetriebsgemeinschaften zusammenfassen. In den jeweiligen Arbeitsstätten sollten diese für ein wirtschaftsfriedliches Klima und die Steigerung der Leistung wirken. An die Spitze der DAF stellte Hitler Ley. Da er das Amt des Organisationsleiters der NSDAP[27] behielt, drückte seine Wahl das Interesse aus, die neue Organisation eng an die Partei zu binden. Auch dadurch sollte gewährleistet werden, daß in ihr klassenkämpferische Tendenzen nicht aufkommen konnten. Diese Vorsorge schien angebracht, zumal in Deutschland keine Erfahrungen mit einem wirtschaftsfriedlichen Zusammenschluß dieses Typs existierten. Alsbald sammelten sich in der DAF Millionen von Arbeitern und Angestellten. Faktisch blieb ihnen keine Chance, dieser Mitgliedschaft auszuweichen, für welche die Beiträge von den Lohnbüros der Betriebe automatisch in die Kassen der „Arbeisfront" überwiesen wurden.

Ein verbrecherisches Regime wird errichtet

Die DAF-Gründung erwies sich, wiewohl der neuen Organisation massenhaft Werktätige angehörten, die vordem Gewerkschaftsmitglieder gewesen waren und an Arbeitskämpfen teilgenommen hatten und die Mitgliederzahl von Jahr zu Jahr anstieg und schließlich etwa 20 Millionen erreichte, nicht als ein Risiko. Den Arbeitern und Angestellten waren Koalitions- und Streikrecht entrissen. Die Bezeichnung „Front" stellte angesichts des Verbots von Arbeitskämpfen und der mit der DAF verfolgten Ziele genau genommen eine Verhöhnung dar. Die DAF sollte die Belegschaften gegenüber Eigentümern und Managern auch in der sich abzeichnenden Phase des Wirtschaftsaufschwungs zum Stillhalten bewegen und im Zeichen der wirtschaftlichen Aufrüstung vor allem für die Steigerung der Produktivität sorgen. Die Organisation wurde deshalb auch mit keinerlei gesetzlich fixierten Rechten ausgestattet, auf die ihre Angehörigen sich in den Betrieben und Verwaltungen hätten berufen können. Vielmehr funktionierte auch über die neuen Funktionäre, auf deren Bestimmung die Belegschaften keinen Einfluß besaßen, deren Überwachung, zumal die DAF-Funktionäre zu diesem Zwecke mit der politischen Polizei und in den Rüstungswerken mit den zuständigen Offizieren der Spionageabwehr zusammenarbeiteten. Insgesamt entsprach die gefundene, vom Vorbild des italienischen Faschismus zehrende, zugleich aber von ihm abweichende Konstruktion auch Vorschlägen aus Unternehmerkreisen. Sie waren u.a. von der Arbeitsgemeinschaft Deutscher Arbeitgeberverbände zur „Lösung der Gewerkschaftsfrage" gemacht worden.[28] Die Rolle, in welche die DAF alsbald hineinwuchs, hat 1936 vor der Reichsarbeitskammer der Wehrmachtsoffizier exakt bezeichnet, der für alle Maßnahmen der Aufrüstung zuständig war. Oberst Georg Thomas, der später ob seiner Verdienste in den Generalsrang aufstieg, formulierte die „fünf Grundforderungen" der Wehrwirtschaft an die DAF: 1. Erhaltung des sozialen Friedens und 2. einer gesunden und wehrhaften Bevölkerung, 3. Sicherung des Preis- und Lohnniveaus und 4. des Bedarfs an Facharbeitern und allen anderen Arbeitskräften, 5. Aufklärungs- und Erziehungsarbeit im wehrhaften Sinne.[29]

Mit dem Aufbau der DAF war definitiv gegen die Pläne von NSBO-Funktionären entschieden. Zugleich hatten sich auch die Vorstellungen derer nicht durchgesetzt, die ganz ohne einen organisatorischen Zugriff auf die Masse der Arbeitenden glaubten auskommen zu können. Es erschien den Parteiführern vorteilhafter, den in den Betrieben unvermeidlich auftauchenden Problemen mit einem eigenen Apparat von verläßlichen, die Arbeiter und Angestellten überwachenden Funktionären entgegenzutreten und unter Umständen Unzufriedenheit auch zu kanalisieren und zu dämpfen. Darüber äußerten sie sich öffentlich unumwunden. Rosenberg schrieb, es käme darauf an, „die augenblicklich (durch die Unterdrückung der Arbeiterparteien und die Liquidierung der Gewerkschaften

– K.P./M.W.) gestaltlos gewordenen Millionenmassen ... in jene Formen" einzufügen, „die unter dem neuen Staat entstanden sind", und nannte dazu an erster Stelle die DAF.[30] Und im gleichen Sinne dozierte Ley vor einer exklusiven Gruppe von Wirtschaftsführern, die am 20. September 1933 im Generalrat der Wirtschaft versammelt waren, es sei „nichts gefährlicher als heimatlose Menschen."[31] Damit wurde das Ziel der totalen Erfassung der Deutschen in der NSDAP oder den von ihr geführten Organisationen bekanntgegeben. Jeder müsse, ließ wiederum Ley drucken, „irgendwo in Deutschland zu einem Block" gehören, „in dem festgestellt werden kann, ob er anständig denkt und handelt."[32] Dies in den Arbeitsstätten auszumachen, fiel den Funktionären der DAF zu. Sie hatten unter allen Bedingungen für „Ruhe in den Betriebsbelegschaften" zu sorgen.[33] Das gelang ihnen nicht in allen Fällen. Kurzzeitige Streiks und Proteste von Arbeitern, welche die Grenzen des Betriebsgeländes nicht überschritten, waren nicht vollständig zu verhindern. Wo sie sich ereigneten, traten Betriebsführung, DAF und Gestapo in Aktion.[34]

Am 22. Juni 1933 führten die Machthaber den letzten Schlag gegen die deutsche Sozialdemokratie. Die ihr belassene Legalität war mehr und mehr bloße Farce geworden. Jedes öffentliche Hervortreten wurde bereits unterbunden. Selbst interne Versammlungen konnten nicht mehr stattfinden, ohne die Mitglieder zu gefährden. Gegen Presse und Verlage richtete sich Verbot auf Verbot. Viele Funktionäre befanden sich in Konzentrationslagern oder waren der Verhaftung nur durch Flucht ins Ausland entgangen. Das letzte Auftreten der Restgruppe ihrer Abgeordneten im Reichstag bildete deren Zustimmung zu einer heuchlerischen außenpolitischen Erklärung Hitlers. Nun untersagte ein Erlaß Fricks der Partei jede weitere Tätigkeit. Ihr Eigentum verfiel wie das der Gewerkschaften der Beschlagnahme. Daß die Sozialdemokratie den Kommunisten völlig gleichgestellt wurde, bezeugte ein Massaker, das SA-Einheiten in den Arbeitervierteln Berlin-Köpenicks verübten. Kommunisten, Sozialdemokraten und parteilose Antifaschisten wurden von Sturmabteilungen, unter ihnen der eigens aus Charlottenburg herbeigeschaffte Mordsturm 33, ermordet. Die zwischen dem 20. und 23. Juni begangenen Verbrechen, die durch besondere Scheußlichkeit gekennzeichnet waren, erhielten später die Bezeichnung „Köpenicker Blutwoche". In ihrem Verlauf wurde auch das Mitglied des SPD-Parteivorstandes und des Reichstages, Johannes Stelling, umgebracht. Derart krönten die Terroristen, was sie die „Vernichtung des Marxismus" nannten.

Gegen Ende Juni und Anfang Juli gaben die bürgerlichen Parteien, die im Weimarer Staat zu verschiedenen Zeiten und in unterschiedlichen Kombinationen an der Macht beteiligt gewesen waren, binnen weniger Tage ihre Auflösung bekannt. Ihr Einfluß war bereits vordem gegen Null gesunken, das Parteileben erloschen. Ihre Funktionäre, von den Ereignisse überrollt oder an den Rand des Geschehens gespült, erwiesen sich, von Ausnahmen abgesehen, als alles andere denn als Kämpfernaturen. Die Mitgliedschaft war geschrumpft. Hatten sich die einen der früheren Parteigänger zurückgezogen, suchten andere Anschluß an die „neue Zeit" zu halten. Keine Leitung dieser Parteien unterließ es, in ihrer letzten Verlautbarung ihre Mitglieder aufzufordern, sich hinter die „nationale Regierung" zu stellen.

Auch die DNVP, einst Konkurrent und Rivale, dann Wegbereiter des Aufstiegs der NSDAP und sechs Monate lang deren Koalitionspartner, räumte das Feld. Hugenbergs Versuch, seine Partei, gestützt auf konservative Kreise des Großgrundbesitzes, der Finanzoligarchie und des preußisch-deutschen Militarismus, zu behaupten, und auch er selbst waren vollständig gescheitert. Um systemgefährdende Experimente zu verhindern, wurde die DNVP nicht mehr gebraucht. Diese Gefahr war in den Oberschichten ohnehin überschätzt worden. Im Verlauf eines halben Jahres war praktisch erwiesen, daß die enge Führungsgruppe um Hitler selbst die gewünschte Garantie bot. Wirtschaftliche Experimente waren ausgeblieben, und in Kreisen der Industriellen standen deutschnationale Kräfte in Verdacht, großagrarische Sonderinteressen durchsetzen zu wollen. Damit fiel der politische Kurswert Hugenbergs. Als er, nachdem er auf außenpolitischer Bühne eigenmächtig agiert hatte, seine sämtlichen Ministerposten verlor, schuf das keinerlei Erregung. Rasch geriet der „Wirtschaftsdiktator", dem einzig ein bedeutungsloses Reichstagsmandat belassen wurde, in Vergessenheit.

Das Kabinett verabschiedete am 14. Juli ein „Reichsgesetz gegen die Neubildung von Parteien". Es bestimmte: „In Deutschland besteht als einzige politische Partei die Nationalsozialistische Arbeiterpartei."[35] Betätigung für eine andere Partei oder Versuche einer Neugründung waren fortan mit Gefängnis- und Zuchthausstrafen bedroht. Damit wurde die Monopolstellung der NSDAP, die terroristisch bereits durchgesetzt war, nun auch juristisch verankert. Die offizielle Propaganda feierte die Beseitigung des Parteienpluralismus als historische Tat. Endlich werde die innenpolitische Zerrissenheit der Deutschen beseitigt, die als das Resultat des Wirkens von ausländischen Mächten, von Juden und deren deutschen Helfern hingestellt worden war. In Wirklichkeit hatten nicht Parteien die inneren Kämpfe verursacht, sondern ihre Existenz wie ihr Wirken drückten das Vorhandensein von unterschiedlichen, teils unversöhnlichen Interessen aus. Die waren selbst von den Demagogen der NSDAP nicht zu bestreiten. Doch sie wurden für ausgleichbar erklärt, wobei die Monopolpartei, die angeblich selbst keinerlei Sonderinteressen verfocht, dem gesamten Volke und der ganzen Nation diene. Die NSDAP beanspruchte, „Volkspartei" zu sein und alle anderen Parteien überflüssig zu machen.

Diesen Namen vermochte sie selbst im Hinblick auf die soziale Zusammensetzung ihrer Mitglieder nur mit Einschränkungen zu beanspruchen und, was den Inhalt ihrer Politik anging, zu keinem Zeitpunkt ihrer Existenz zu rechtfertigen.

Kurz bevor das Gesetz über das Parteimonopol der NSDAP erlassen wurde, hatte Hitler am 2. Juni die Bildung einer neuen Reichsleitung der NSDAP verfügt. So wenig wie mit der kurzlebigen Zentralkommission, die nie als Gremium hervorgetreten war, sollte nun ein kollegiales, den Parteiführer beratendes Organ entstehen. „Reichsleitung" blieb einzig Sammelbegriff für die Gruppe der im Parteigefüge höchstgestellten Personen, welche den Titel eines Reichsleiters der NSDAP vom „Führer" verliehen bekamen und damit auch nach außen hin zu ihm in ein besonderes Dienst- und Vertrauensverhältnis gesetzt wurden. An ihrer Spitze stand Heß, der seit dem 21. April zum „Stellvertreter des Führers" in Parteiangelegenheiten avanciert und an die Spitze eines in Berlin eingerichteten „Verbindungsstabes" gesetzt worden war, der die Funktion von Kontaktstelle und Puffer zwischen der Münchener Parteizentrale und den obersten Reichsbehörden auszufüllen hatte.[36] Mit dem SA-Stabschef Röhm und dem HJ-Führer von Schirach wurden der Reichsorganisationsleiter Ley, Reichs-

Am Ziel ihrer Karrieren: Der neue „Männerbund" mit der „Reichsfrauenführerin"

schatzmeister Schwarz, Reichspropagandaleiter Goebbels, Reichsgeschäftsführer Philipp Bouhler, die Parteirichter Walter Buch und Wilhelm Grimm, der Schriftführer Karl Fiehler, der Leiter des Agrarpolitischen Apparats Darré, der für das Rechtsamt zuständige Hans Frank, der für Schulung, Presse und Verlage verantwortliche Rosenberg sowie Max Amann, Leiter des expandierenden Zentralverlages der NSDAP, und Reichspressechef Otto Dietrich zu Reichsleitern bestimmt. Die gleiche Rangstufe erklommen bis 1936 der Leiter des Kolonialpolitischen Amtes und Reichsstatthalter von Bayern, Franz Xaver Ritter von Epp, der Leiter des Stabsamtes beim „Stellvertreter des Führers", Martin Bormann, der Reichsinnenminister und Leiter der - dem Namen nach noch weiterexistierenden, jedoch funktionslosen – NSDAP-Reichstagsfraktion, Frick, der Reichsführer SS, Himmler, der die Nachfolge Röhms als SA-Stabschef antretende Viktor Lutze und der Reichsarbeitsdienstführer Konstantin Hierl.

Einzig der Mann, der auf dem Gebiet der Ämteranhäufung alle anderen Mitführer Hitlers übertraf, 1933 Reichsluftfahrtminister, in der Nachfolge Papens Preußischer Ministerpräsident und Innenminister, Chef des Geheimen Staatspolizeiamtes (Gestapa) geworden war und weiter dem Reichstag präsidierte, blieb ohne diesen Rang und Ehrentitel. Dadurch wurde jedoch seine Sonderstellung in der Partei- und Staatshierarchie noch herausgehoben. Göring besetzte an Hitlers Seite auch den Platz von dessen intimstem Berater. Wo der „Führer" den ersten seiner Paladine in den folgenden Jahren auch noch hinstellte, überall wurde der populäre, als gemütlich geltende brutale Faschist der „Macher". Er verrichtete, was ihm aufgetragen wurde, und trieb voran, wer ihm bei- oder untergeordnet war.

Mit dem Gesetz, das die Diktatur als ein Einparteienregime etablierte, schloß die erste Etappe in deren Konsolidierungsprozeß ab. Es war gelungen, schneller als es selbst die Hauptakteure erwartet hatten, die politische Situation im Deutschen Reich von Grund auf zu verändern. Die Parteien hatten aufgehört zu existieren. Das parlamentarische Regiment und dessen Zubehör waren abgeschafft. Nichts erinnerte mehr daran, daß anderthalb Jahrzehnte zuvor in Deutschland eine Revolution stattgefunden hatte, aus der eine bürgerliche Republik hervorgegangen war. Vor allem aber: Die deutsche Arbeiterbewegung, die in ihrem revolutionären wie in ihrem reformistischen Flügel international höchstes Ansehen genossen und größte Erwartungen geweckt hatte, war in eine von niemandem in diesem Tempo und in diesem Ausmaß erwartete Niederlage gestürzt worden. Dieser Erfolg stärkte die Autorität der NSDAP-Führer und namentlich diejenige Hitlers unter den Angehörigen der traditionellen Eliten, in den führenden Kreisen von Industrie, Handel und Banken und bei den Großagrariern, unter den führenden Militärs und auch in der großenteils nationalkonservativen Intelligenz. Mehr noch: Es war den Machthabern gelungen, in weiten Kreisen der Bevölkerung einen Stimmungswechsel zu erzeugen und nach Jahren der Perspektivlosigkeit Hoffnungen auf einen sozialen und wirtschaftlichen Aufstieg zu wecken. Dem kam das Abflauen der zyklischen Krise zugute, das einen Rückgang der Arbeitslosigkeit bewirkte.

Von den Leitern der Wirtschaftsverbände war die Stabilisierung der neuen Machtverhältnisse keineswegs nur beobachtet worden. Auch diejenigen unter den Wirtschaftsführern, welche die NSDAP und Hitler nicht favorisiert, sondern andere politische Lösungen gewünscht oder erwartet hatten, besaßen nun ein Interesse daran, die nach dem 30. Januar eingetretenen Veränderungen, von denen sie profitierten oder doch Vorteil noch zu gewinnen hofften, unumkehrbar zu machen. Dabei vermieden sie wie üblich euphorische Töne. Sie berücksichtigten, daß die politische Führungsgruppe auch selbst demonstrative Umarmungen durch Industrielle und Bankiers nicht wünschen konnte. Sie bevorzugten die Publikation von im Tone zurückhaltenden, ja geradezu bescheidenen Erklärungen derart, daß sich auch „die Wirtschaft" hinter die nationale Regierung stellen und deren Arbeit unterstützen werde. Mit Dank- und Ergebenheitsadressen ließ sich der erwünschte Eindruck verstärken, auch die Kapitalmächtigen würden sich der neuen, über Klassen und Schichten stehenden Herrschaft unterordnen. In dieser Diktion schrieb Gustav Krupp von Bohlen und Halbach schon am 24. März 1933, einen Tag nach der Annahme des Ermächtigungsgesetzes, an Hitler, der Reichsverband der deutschen Industrie werde „alles tun, um der Reichsregierung bei ihrem schweren Werke zu helfen".[37]

Gewiß gehörte zu den Folgen des politischen Wandels auch, daß sich die großen Kapitaleigner und die Leiter industrieller und finanzieller Großunternehmen auf die neue Situation einzustellen hatten. Im Vorteil war, wer bereits seit längerem Verbindungen zu den jetzt zu Staatsmännern avancierten NSDAP-Führern der oberen und mittleren Ebene besaß. Doch wiesen diese auch den Spätergekommenen schon aus eigenem Interesse nicht ab. Hitler und die ihn umgebende und beratende politische Spitzengruppe begriffen, daß die Befestigung der Massenbasis des Regimes, da sozial grundstürzende Maßnahmen nicht beabsichtigt waren, von der raschen Beschaffung von mehr Arbeitsplätzen abhing, die nicht allein den „heilenden" Kräften spontaner Entwicklung überlassen bleiben konnten. Und schon diese Kalkulation allein bewirkte ein praktisches Zusammenrücken von politischen und Wirtschaftsführern. Kurt Schmitt, der Hugenbergs Platz als Reichswirtschaftsminister einnahm, nicht zu den „alten" Mitkämpfern Hitlers gehört hatte, aber sich als Manager aus der Versicherungsbranche auf die Praxis des kapitalistischen Wirtschaftens verstand, setzte den von ihm geladenen Wirtschaftsführern auseinander, daß die Regierung und Hitler selbst nicht beabsichtigten, von Staats wegen in die private Wirtschaft unnötig einzugreifen, sondern daß sie auf den Sachverstand und die Initiative der Könner setzten. Damit war noch einmal versichert, daß die kleinbürgerlichen politischen Konjunkturritter, die nach lukrativen Posten strebten, jedenfalls vor den Toren der privaten Kapitaleigner gebremst werden würden. Teils funktionierten die traditionellen Verbindungen zwischen den Apparaten des Staates und der Großwirtschaft weiter, teils mußten neue Bande vor allem zu einflußreichen Stellen und Personen des Parteiapparates geknüpft werden. Wer sich in der Personage der NSDAP-Führungsgruppe auskannte, konnte die Tatsache, daß Hitler am 14. Juli Wilhelm Keppler, den Leiter des „Freundeskreises" als seinen persönlichen Wirtschaftsberater in die Reichskanzlei berief und ihm zugleich die Wirtschaftsapparate der Partei unterstellte, als weiteren untrüglichen Beweis dafür nehmen, daß die auf eine an den Interessen des Mittelstandes orientierten Funktionäre keine Chance besaßen, Einfluß auf grundlegende wirtschaftliche Entscheidungen zu gewinnen. Deutlicher noch sprach davon am Tage danach die Zusammensetzung eines Generalrates der deutschen Wirtschaft, der zwar auf Dauer keine Bedeutung gewann, dessen Namensliste mit Krupp, Thyssen, Vögler, Carl Bosch, Siemens, Reinhart, Schröder und August Diehn jedoch klarstellte, wie auch im „Dritten Reich" die Gewichte verteilt bleiben würden.

Während die Wirtschaftsverbände sich öffentlich in allgemeinen Wendungen für die Regierung aussprachen, versorgten sie, Gesamt- und Gruppeninteressen des Kapitals präzise vertretend, Partei- und Regierungsstellen mit Expertisen, Memoranden, Eingaben und brieflichen Ratschlägen. Je angesehener Name und Stellung der Absender, um so höher der Rang der Adressaten; Krupp von Bohlen und Halbach, der Saarindustrielle Hermann Röchling, der Kalimagnat August Rosterg und andere richteten ihre Vorschläge an Hitler, Himmler, Papen und weitere führende Politiker. Zugunsten der Machthaber fiel ins Gewicht, daß die Großindustriellen ihre weitreichenden Auslandsverbindungen in deren Dienst stellten und als Bürgen für die Solidität des Regimes und für die Einhaltung der im internationalen Verkehr üblichen Geschäftsgrundlagen auftraten.

Schließlich wußten die führenden Kapitalisten, daß ihre Verbindungen zu den neuen Machthabern sich pekuniär befestigen ließen. Der sich rasch ausweitende Apparat der NSDAP mit einer zunehmenden Zahl von hauptamtlichen Mitarbeitern verschlang immer größere Geldsummen. Sie wurden zu einem Teil von der wachsenden Mitgliedermasse aufgebracht, in der sich nun auch viele Gutverdienende mit entsprechend höheren Beitragspflichten befanden. Eine andere Geldquelle bildeten die Staatskassen, aus denen sich die neuen Herren skrupellos bedienten. Dazu gaben nun Industrielle und Bankiers ihre „Adolf-Hitler-Spende der deutschen

Wirtschaft". Dieser Schöpfung lag auch die Berechnung zugrunde, durch eine Zentralisierung der Zuwendungen aus den Kreisen des Kapitals den fortgesetzten finanziellen Anbetteleien unterer Dienststellen und Organisationen der NSDAP zu entgehen und gleichzeitig die wirkungsvollste Verwendung der Gelder zu sichern. Die neue Praxis, in der sich modifiziert die frühere der finanziellen Stützung von verbündeten und auch von konkurrierenden Parteien fortsetzte, schloß Zuwendungen an Teilorganisationen der NSDAP nicht aus. Davon profitierte insbesondere der Reichsführer SS. Dessen besondere Stellung und Macht konnten alsbald daran wahrgenommen und gemessen werden, daß er und seine Mitarbeiter Zug um Zug mit den Organen der Politischen Polizei den wichtigsten Teil des Repressivapparats besetzten und die Führung der SS, während der Zentralapparat der NSDAP seinen Sitz in München behielt, nach Berlin umzog.

Daß die wichtigste Geldsammlung der Wirtschaftsführer den Namen Adolf Hitler erhielt, bezeugte den Willen, den Ausbau des Regimes als „Führerstaat" zu befördern. Die frühe Teilnahme an dieser Heraushebung des Reichskanzlers drückte Einverständnis, auch Anpassung, Anbiederung und nicht zuletzt das Wissen aus, welche Bedeutung dem fortschreitenden Bewußtseins- und Stimmungswechsel in der Bevölkerung zukam. Hitler wurde von Millionen – um es mit einem erst später geprägten Begriff zu sagen – als Hoffnungsträger angesehen. Kein Politiker des Weimarer Staates hatte auch nur einen Moment lang dieses Ansehen genossen. Die vertrauensselige Ausrichtung aller Blicke und Erwartungen auf diesen einen Mann, der sich als ein aus dem Volke aufgestiegener und ihm auf Gedeih und Verderb verbundener Führer darzustellen verstand, besaß für den Machtausbau viele Vorteile. So titulierte Krupp Hitler bereits im Mai 1933 als „Führer der Nation". Der Vorstandssprecher der Daimler-Benz AG sprach in einem kurzen Text, der sich an die Betriebsbelegschaften wandte, von der „gewaltigen Tat unseres Führers", der die Einheit des Volkes herstelle, „vom gigantischen Aufbauprogramm des Führers" und schließlich von „der großen Führeridee", die „Arbeitsgemeinschaft aller" herzustellen.[38] Goebbels verfügte über die schrillste Stimme unter allen Lobhudlern Hitlers. Doch er und seine Mitarbeiter im Propagandaministerium hätten nie bewirken können, was der vielstimmige Chor zustandebrachte. Mit namhaften Wirtschaftsführern stilisierten Publizisten, Journalisten und die künstlerisch unbedeutende Gruppe von Parteidichtern Hitler vom Partei- zum Volks- und Staatsführer, der den Deutschen „erstanden" oder ihnen gar „gesandt" worden sei. Millionen erhielten so wieder eine politische Kultfigur. Hitler wurde ihnen von der Propaganda, die allen Wandlungen unausgesetzt historische Bedeutung zusprach, auf die Rangstufe des von Generationen verherrlichten Preußenkönigs Friedrichs II. und des nicht minder verklärten „Eisernen Kanzlers" Otto von Bismarck gestellt. Zudem

Ein verbrecherisches Regime wird errichtet

tat der an seine „Sendung" längst glaubende „Führer" das Seinige, sich als Mittelpunkt und Beherrscher allen Geschehens zu präsentieren. Daß die Deutschen auf die eine Person und nicht auf die eine und einzige Partei fixiert wurden, besaß, wiewohl Hitler sich mit der NSDAP und insbesondere mit deren „alten Kämpfern" in salbungsvollen Reden und durch Gesten der Treue untrennbar verbunden zeigte, einen schwer zu überschätzenden Vorteil. So wurde möglich gemacht, daß die „Volksgenossen" ihre Sympathien teilten. Kritik am anmaßenden Gehabe von Führern, an Vetternwirtschaft und Korruption, an der Verschleuderung und dem Mißbrauch von Staats- und Parteigeldern, an der Inkompetenz derer, die einzig aufgrund ihres Parteibuchs einträgliche Posten erlangt hatten, beschädigte das Ansehen Hitlers nicht und traf das Regime nicht frontal.

Während Hitler die Rolle des Erlösers von Millionen des eingelullten Volkes geübt spielte, wurde er zur ersten Vertrauensperson jener Gewinne und Verluste nüchtern oder kalt abwägenden, sich ihres Eigengewichts sichern Wirtschaftsführer. Das drückte sich bereits Mitte 1933 in einem Vorschlag aus, der Reichskanzler möge die Leitung des Wirtschaftsministerium selbst übernehmen.[39] Dafür zeigte Hitler aber keinerlei Neigung. Zum einen lag ihm die Materie nicht, die ihm als trocken galt. Zum anderen waren die wirtschaftlichen Fortschritte noch keineswegs so beschaffen, daß er seinen Namen mit ihnen hätte eng verbinden wollen. Die erwähnte Einsetzung Schmitts ließ der NSDAP, nicht – wie im Fall Hugenbergs – die Möglichkeit der Distanzierung, aber doch des Taktierens. Nicht jeder Entschluß in Wirtschaftsfragen ging direkt zu ihren Lasten.

Kapitel 10
Partei und Staat, SA und Wehrmacht

Seit der Machtübergabe war noch kein halbes Jahr vergangen, und die politischen Verhältnisse im Deutschen Reich hatten sich grundstürzend verändert. Die Republik gehörte der Vergangenheit an. Die Politikergruppe um Hitler saß so fest im Sattel wie keine ihrer Vorgängerinnen. Sie verfügte über erweiterte und verläßliche Beziehungen zu den einflußstärksten Schichten der Gesellschaft, insbesondere in Kreise der Großbourgeoisie und der Reichswehrgeneralität. Damit war ein stabiles Fundament des Herrschaftssystems geschaffen, dessen definitive Ausgestaltung jedoch erst noch bevorstand. Zugleich, und nicht weniger wichtig, besaß das Kabinett eine Massenbasis, welche diejenige der NSDAP im Jahre 1932 bereits erheblich übertraf. Die Mitgliedschaft dieser Partei und ihrer Gliederungen bildete den Kern jener Millionen, die den eingetretenem Wandel begrüßten, mit den vollzogenen Veränderungen aber bei weitem nicht zufriedengestellt waren und an die Verkündigungen weiteren sozialen Aufstiegs glaubten.

Unter den Gegnern des Faschismus, die das Ausmaß ihrer Niederlage sich zu einem erheblichen Teil noch nicht klargemacht hatten, herrschte weithin Ratlosigkeit; auch Verwirrung und Resignation machten sich in ihren Reihen angesichts des nationalen Einheits- und Aufbruchstaumels breit. Die Gruppen der Illegalen, die sich aus Resten der Arbeiterparteien formiert hatten und versuchten, Menschen mit Warnungen zu erreichen oder sie gar gegen das Regime zu mobilisieren, sahen sich mehr und mehr ins Abseits der Entwicklung gedrängt. Sie kämpften gegen den Massenstrom unter der Drohung des Gestapozugriffs und der Konzentrationslagerhaft an. Und sie hofften darauf, daß innere Widersprüche das System in Konflikte stürzen, Ernüchterung schaffen und Enttäuschung hervorrufen würden, wodurch sich ihnen neue Chancen für ihr Wirken und die Zurückgewinnung ihres verlorenen Einflusses eröffnen müßten.

Doch die neuen Machthaber ließen keine Momente der Unentschlossenheit und der Schwäche erkennen. Rasch hatten sie das große Korps der Beamtenschaft auf ihren Kurs und dessen Verwirklichung eingeschworen. Die Zahl der materiellen und ideellen Nutznießer des Wandels wuchs unausgesetzt. Allein die Verdrängung der Regimegegner und von Juden aus ihren Berufen und Tätigkeiten schuf Tausende von Arbeitsplätzen und Aufstiegsmöglichkeiten insbesondere für Zugehörige der Intelligenz und sogenannter geistiger und freier Berufe, die jetzt als „Arbeiter der Stirn" von den „Arbeitern der Faust" unterschieden und zugleich mit diesen demagogisch vereint wurden. Die Propaganda behauptete, der neue Staatsbau sei ein Werk für die Ewigkeit. Die Bezeichnung „Drittes Reich" und mehr noch die Benennung „Tausendjähriges Reich" sollten den Glauben wecken, daß die Entscheidung des 30. Januar historisch und unwiderruflich sei. Die Gegner des Faschismus lägen am Boden, ohne sich je wieder erheben zu können. Goebbels hatte schon im Frühjahr seinen Berliner Untergebenen zugerufen: „Wir gehen nie mehr! Wir bleiben!" Und seinen Mitarbeitern im Reichsministerium für Volksaufklärung und Propaganda versicherte er pathetisch, die errungenen Positionen gemeinsam mit eigenem Blute verteidigen zu wollen, so daß sie nur als Leichen aus der Wilhelmstraße fortgeschafft werden könnten.[1]

Die Fortschritte bei der Etablierung der faschistischen Staatsmacht und insbesondere die Selbstauflösung der politisch schon erledigten rivalisierenden bürgerlichen Parteien dienten Hitler und der Führungsgruppe der NSDAP im Juli/August zur Begründung einer Kampagne, die ihrer Gefolgschaft klarmachen sollte, daß eine neue Etappe der Entwicklung erreicht und die „nationalsozialistische Revolution" beendet sei. Die Aktion stellte einen weiteren und diesmal entschiedeneren Versuch dar, Funktionäre und Mitgliedschaft von NSDAP und SA von aller ihr nicht befohlenen politischen Aktion abzuhalten, sie vollständig zu disziplinieren und von Tätigkeitsfeldern zu verweisen, die Domäne von Entscheidungen und Handlungen der Partei- und Staatsführer sein und bleiben sollten.

Den Auftakt dieser Kampagne gab am 5. Juli 1933 eine Rede Hitlers vor den Reichsstatthaltern, jener kleinen Gruppe von Führern, in deren Händen sich auf regionaler Ebene Staats- und Parteimacht verknüpften und von denen deren abgestimmter Einsatz gesteuert wurde. Die Kernaussage der Rede lautete, die Revolution sei kein permanenter Zustand und daher müsse jetzt der „Strom der Revolution in das sichere Bett der Evolution" übergeleitet werden.[2] Hitler trug damit den vielen, drängender erhobenen Forderungen Rechnung, die aus Kreisen des Kapitals und auch von konservativen Politikern und Ideologen erhoben worden waren und in den folgenden Monaten immer wieder laut wurden. Deren Denkweise wurde von der Überlegung bestimmt, daß die SA – und manche meinten, das gelte auch für die ganze NSDAP – zwar für die Bekämpfung und Liquidierung der Arbeiterbewegung und die Beseitigung der Republik unentbehrlich gewesen wären, jetzt aber als überflüssig und einzig störend zu betrachten seien. Einer dieser Ideologen, er bezahlte auch diese Einmischung später mit dem Tode, appellierte unumwunden an Hitler, als er schrieb: „Wer die Revolution als rechtlosen Zustand forterhalten möchte, ist in Wahrheit kein Revolutionär, sondern ein bewußter oder unbewußter Förderer der Anarchie... Nichts stellt deshalb an das Fingerspitzengefühl und an die Nerven des revolutionären Führers größere Anforderungen als die Bestimmung des Zeitpunktes, in welchem der Staat die Volksbewegung abdankt."[3] Das war nicht die Herangehensweise Hitlers und seiner Mitführer, und derart wünschten sie nicht belehrt zu werden. Zum einen bildete die von ihnen geschaffene Massenbewegung, wenn sie ihrer nur Herr blieben, das stärkste Unterpfand für die Erhaltung ihrer neugewonnenen Stellung auch und gerade in unvorhersehbaren Wechselfällen. Und zum anderen konnte die Methode, der Gegenrevolution die Tarnkappe der Revolution überzustülpen, keineswegs für immer entbehrt werden, wie sich schon 1934 wieder zeigte, als erneut mit dem Revolutionsbegriff gerasselt wurde. Für den Moment allerdings war die demagogische Parole den Herrschaftszwecken undienlich. Dies um so mehr, als in vielen Parteikreisen verlangt wurde, den politischen zum sozialen Wandel weiterzutreiben. Kurz vor Hitlers Wenderede hatte im Juni 1933 der Stabschef der SA in einem Artikel, in dem die Führertreue der SA immer wieder beteuert wurde, davon geschrieben, daß bisher nur die „nationale Revolution" verwirklicht sei und der Sieg der „nationalsozialistischen Revolution" erst noch erkämpft werden müsse.[4] Damit waren zwei gänzlich unvereinbare Losungen für die praktische Politik formuliert. Obwohl sich die Autorität des SA-Führers mit der Hitler nicht messen konnte, jener mit diesem auch gar keinen Konflikt suchte, entsprach die Parole Röhms doch dem Gefühl des „einfachen" Partei- und SA-Mitglieds weit mehr als die demobilisierende Weisung, den Weg ins „sichere Bett" einzuschlagen. Das eben wollten sich die Unbefriedigten erst noch bereiten.

Der naheliegende Grund, den Hunderttausende von SA-Leuten dafür hatten, bestand in der Tatsache ihrer Arbeitslosigkeit. Daher war es kein Vorwand, wenn die ersten Zahlungen der „Adolf-Hitler-Spende der deutschen Wirtschaft" von den Industriellen und Bankiers mit dem Bemerken eingetrieben wurden, das Geld sollte für Zuwendungen an erwerbslose Mitglieder der SA Verwendung finden. Und es stellte so etwas wie eine Rückversicherungsprämie dar, wenn Unternehmer der in ihren Kreisen gewiß nicht geliebten Organisation auch direkt Geld für die Anschaffung von Wintermänteln überwiesen. Carl Duisberg sorgte dafür, daß Vorschußzahlungen der IG Farben AG für diese „Spende" erfolgten, zudem stellte der Konzern 1933 auch Geld für ein Wohnungsbeschaffungsprogramm zugunsten von Münchener SA-Leuten zur Verfügung. So verband sich die Forderung, das „Ende der Revolution" zu akzeptieren, mit Bestrebungen, die sich auf das Gelingen eines besonderen Kunststücks richteten. Eine Masse aktivistisch erzogener Faschisten, die den „nationalen Sozialismus" erwartete, sollte durch Wohlfahrtsmaßnahmen zum Stillhalten veranlaßt werden.

In den folgenden Tagen des Juli und im August wurden auf mehreren Weisungs- und Befehlslinien die aus der Hitlerrede folgenden Devisen bekanntgegeben und praktische Sicherungen gegen politische Extratouren geschaffen. In der Münchener NSDAP-Zentrale erfolgte die Liquidierung der bisherigen wirtschaftspolitischen Abteilung, das gleiche geschah auf den Gauebenen. Otto Wagener, der aktivste unter den mittelständischen Funktionären, verlor seine Ämter und Befugnisse, während der als Hitlers Berater in Wirtschaftsfragen bewährte Keppler aufstieg. Heß verbot am 15. Juli in einer besonderen Weisung die Erörterung von wirtschaftspolitischen Fragen in den Mitgliederversammlungen der Partei.[5] Der „Kampfbund des gewerblichen Mittelstandes" wurde am 7. August der Deutschen Arbeitsfront eingegliedert, was seiner Auflösung gleichkam. Seine Mitglieder gehörten darin seit 1934 den Reichsbetriebsgemeinschaften des Handwerks oder des Handels an, die auf die Politik des Reichswirtschaftsministeriums so einflußlos blieben wie die anderen Gemeinschaften in der DAF-Struktur.

Die Mitgliederzahl der SA wuchs zunächst vor allem durch die Überführung des Stahlhelm in deren Reihen noch einmal stark an. Vergessen und durch das neue Kräfteverhältnis erledigt waren die Unvereinbarkeitsbeschlüsse des Jahres 1930, als zuerst die NSDAP erklärte, es dürfe nicht Stahlhelmmitglied sein, wer der Partei angehörte, worauf eine entsprechende Verlautbarung der Führer des Wehrverbandes gefolgt war.[6] Doch schon am 10. Juli erhielten die Sturmabteilungen eine Mitgliedersperre auferlegt. Anfang August folgte die Auflösung der SA-Hilfspolizei. Göring kündigte bei Verstößen gegen die Staatsgesetze unnachsichtige Strafverfolgung an, verband seine Drohung aber mit der Versicherung, frühere Straftaten würden unverfolgt und unbestraft bleiben.

Die Zurücknahme der wohlfeilen und zugkräftigen Parolen von der „nationalsozialistischen Revolution" war indessen auch zweischneidig. In Wirklichkeit hatte sich doch nichts ereignet, wodurch das Unterste in der Gesellschaft zuoberst gekehrt worden wäre. Die Eigentums- und Produktionsverhältnisse waren unangetastet geblieben. Trusts und Konzerne, Banken und Börsen, Warenhäuser und Genossenschaften, selbst - und das mußte die einfältigsten, antisemitisch hoch aufgeladenen unter den NSDAP-Mitgliedern besonders erhitzen - Firmen und Geschäfte, deren Eigentümer jüdischer Herkunft waren, existierten weiter. Eine neue Gesellschaft der „Volksgemeinschaft" war nicht einmal in Sicht. Kurzum: Wer in einem Augenblick, da so viele „alte Kämpfer" soziale Veränderungen erst noch erwarteten, das „Ende der Revolution" proklamierte, mußte Unzufriedenheit erzeugen. Damit rechneten auch die Parteiführer. Zudem würde mit dem bevorstehenden Winter saisonbedingt die Zahl der Arbeitslosen, die noch immer mit vier Millionen angegeben wurde, erneut anwachsen. Die Ausrufung der „Arbeitsschlacht", wie die Anstrengungen zur Eindämmung der Erwerbslosigkeit kriegerisch genannt wurden, erschien als die wesentlichste unter allen Maßnahmen, die Beruhigung schaffen und verhindern sollten, daß die Zahl der Gefolgsleute des Regimes zurückging.

Zunächst wurde die Senkung der Arbeitslosenziffer auch von der Hitlerregierung in den Bahnen betrieben, welche die Regierungen Papen und Schleicher betreten hatten. Zum lärmenden Ereignis der „Arbeitsschlacht" aber machte die Regierung Hitler noch im Jahre 1933 den Baubeginn der „Reichsautobahnen", obgleich die Zahl der auf ihren Baustellen Beschäftigten niemals mehr als 120.000 Arbeiter und Angestellte überschritt. Hitler verrichtete im September, als die Arbeiten am Streckenabschnitt bei Frankfurt a. M. begannen, den symbolischen ersten Spatenstrich selbst. Darauf folgte im März 1934 die gleichzeitige Eröffnung von 15 Bauplätzen durch die zuständigen Gauleiter der NSDAP. Während in anderen kapitalistischen Staaten ohne viel Aufhebens begonnen wurde, das veraltete und mitunter noch mittelalterlichen Handelswegen folgende Straßennetz durch moderne Verbindungswege zu ersetzen, nutzten die Machthaber in Deutschland die Gelegenheit, sich als weitschauende Planer und moderne Techniker zu feiern. Dabei griffen sie auf Vorarbeiten zurück, die seit Jahren auch hier existierten. Es wurde eine eigene Oberste Behörde geschaffen, der Generalinspekteur für das Straßenwesen. An deren Spitze trat der Bauingenieur Fritz Todt, ein Weltkriegsoffizier und alter Gefolgsmann der NSDAP, der 1934 auch das Amt Technik in der Reichsleitung der NSDAP und den Nationalsozialistischen Bund Deutscher Techniker leitete. Um den Fahrzeug- und Autobahnbau veranstalteten sie eine wirkungsvolle Propaganda. Dabei sollten die – gemessen selbst am mittelfristigen Bedarf überdimensionierten – Fernverkehrsstraßen am wenigsten ihren Erbauern dienen. Die lebten in primitiven Wohnlagern, waren vielfach unzureichend gekleidet und mußten gegen geringen Lohn schwerste körperliche Arbeit verrichten. Es war schwer, Aktivisten der Partei zu bewegen, sich unter die Tiefbau- und ungelernten Arbeitskräfte zu begeben, die von den Arbeitsämtern in die Baulager verpflichtet wurden. So traten die Gliederungen der Partei vorwiegend in Erscheinung, wenn ihre Mitglieder entlang der fertiggestellten Pisten bei den pompösen Einweihungsfeiern als deren Kulisse Menschenspaliere zu bilden hatten. Den Vorteil der Verbindungsstrecken genoß alsbald die sich motorisierende soziale Oberschicht, doch wurde den „Volksgenossen" seit 1933 der Bau eines „Volksautos" versprochen, mit dem auch sie alsbald auf den „Straßen des Führers" fahren würden. Der geplante direkte Nutzen für die Wehrmacht blieb später gering. Sie bevorzugte für ihre Massentransporte die Schienenwege.[7] Aber der Bau der Autostraßen wurde vor allem zum

Partei und Staat, SA und Wehrmacht

Exerzierfeld für den massenhaften Einsatz von Menschen bei Militärbauten wie dem West- und später dem „Atlantikwall" und selbst noch in der Endphase des Krieges, als entlang der Reichsgrenze von 1937 Erdgräben und -löcher gegraben wurden. Schon der Bau der Autostraßen entwickelte sich zu einem grandiosen Geschäft für die Baustoff- und namentlich die Zementindustriellen.

Besondere Anstrengungen wurden im Herbst 1933 unternommen, die Zahl der arbeitslosen Mitglieder von NSDAP-Organisationen, namentlich aus den Reihen der SA, zu vermindern. Zu diesem Zweck leitete die NSDAP-Reichsleitung eine Kampagne ein, um insbesondere „alte Kämpfer" bevorzugt auf Arbeitsplätze zu bringen. Die lokalen Organisationen der Partei wandten sich deshalb direkt und drängend an die Leiter privatkapitalistischer und öffentlicher Betriebe und Verwaltungen. Doch zeitigte das nur unbefriedigende Ergebnisse, zumal die Unternehmer nicht die Absicht hatten, Beschäftigte mitzuschleppen, für die sie tatsächlich keinen Bedarf hatten. Viele erwerbslose Parteimitglieder mußten weiter auf den verheißenen „Dank des Vaterlandes" warten. Ihre Erwartungen und die Resultate des Wandels fielen weit auseinander. In den Reihen der SA drückte sich die Unzufriedenheit schließlich in dem Verlangen nach der „zweiten Revolution" aus, die in das „vierte Reich", das wirklich „nationalsozialistische", führen sollte. Der Widerspruch zwischen NSDAP-Führung und der Masse ihrer aktivsten Gefolgsleute entwickelte sich nicht explosionsartig, doch begann er die Machtstabilisierung zu behindern. Seine Lösung wuchs sich zu einer Teilaufgabe im Konsolidierungsprozeß der Diktatur aus.

Das Problem, wie die unbefriedigten Hunderttausende von Gefolgsleuten mit führergläubiger Geduld gewappnet werden konnten, gewann aber erst dadurch seine Schärfe, daß es sich mit anderen ungelösten und umstrittenen Fragen der Ausgestaltung der neuen politischen Machtverhältnisse verwob. Darüber bildeten sich im Stab der SA unter Röhm Vorstellungen und Pläne, die ihrerseits destabilisierende Folgen nach sich ziehen konnten. Denn sie betrafen die Beziehungen der neuen politischen Führung zur Beamtenschaft, der Wirtschaftselite und den Spitzen der Reichswehr, die sich zunächst so zufriedenstellend und komplikationslos angelassen hatten. Die ehrgeizigen Ziele Röhms und einiger ihm ergebener SA-Kommandeure liefen darauf hinaus, die SA zur entscheidenden Organisation im Staat zu machen. Sie beanspruchten das Recht, den gesamten Staatsapparat durch SA-Kommissare zu kontrollieren. Dies konnte angesichts der Inkompetenz der meisten SA-Führer nur zu Störungen und zu chaotischen Zuständen in Behörden und Verwaltungen führen und mußte indirekt auch die Wirtschaft in Mitleidenschaft ziehen. Gefahrdrohender noch war die Absicht Röhms und seiner Vertrauten, Reichswehr und SA unter das Kommando eines Superministeriums zu stellen und auf diese

Weise sich selbst an die Spitze der Wehrmacht zu setzen. Das alarmierte die Reichswehrgeneralität.

Während Hitler zunächst, wie in vielen künftigen Fällen auch, das ungelöste Problem vor sich herschob und sich aus den Meinungsverschiedenheiten heraushielt, bis sie sich zur Entscheidungsreife entwickeln würden, mußte Reichsinnenminister Frick bereits im Sommer 1933 Auseinandersetzungen über die Bewaffnung der SA bestehen. Er und Blomberg lehnten Röhms Ansinnen ab, ihm zu überlassen, „ob und in welchem Umfang SA und SS bewaffnet auftreten" würden.[8] Reichsinnen- und Reichswehrminister verweigerten die Ausrüstung weiterer SA-Einheiten mit Karabinern und die Hergabe von Pistolen aus Heeresbeständen für 12.000 bis 20.000 SA-Führer. Beide beriefen sich zur Rechtfertigung ihrer Haltung auf denkbare Verwicklungen, die auf internationaler Ebene entstehen könnten, wenn die SA derart bewaffnet würde. Wiewohl dieses Kalkül mitspielte, ergab sich das Nein doch vor allem aus dem Desinteresse der Machthaber, die SA mit noch mehr Waffen zu versorgen, und das rührte aus Besorgnissen über ihre revoluzzerhaften Ansprüche und Umtriebe her.

Zunächst wurden die sich schürzenden Probleme des Regimes jedoch durch andere, in den Vordergrund tretende Entwicklungen und Ereignisse überlagert und verdeckt. Von ihnen ging auch eine ablenkende und aufschiebende Wirkung aus. Denn noch immer folgte eine von staatswegen vorgenommene Veränderung auf die andere und fand die Billigung der Parteigefolgschaft. Rasch wurde, nachdem kommunistische, sozialistische, sozialdemokratische, demokratische, liberale und auch konservative Gegner des Regimes aus den Kreisen der wissenschaftlichen und künstlerischen Intelligenz ins Exil gezwungen worden waren, die Ausrichtung und Neuorganisation von Wissenschaft, Kunst und Bildungswesen vorangetrieben. Unter der Leitung von Goebbels entstanden die Reichsfilm-, Reichstheater-, Reichsschrifttums-, Reichsmusik- und Reichsrundfunkkammer sowie eine weitere Organisation für bildende Künstler. Sie alle wurden unter dem Dach der Reichskulturkammer zusammengefaßt. Zu diesen Zwangsvereinigungen war nur zugelassen, wer nach den politischen Ansprüchen der Machthaber als zuverlässig und „deutsch" galt und also nicht zu den „Juden" gezählt wurde. Da Kammermitgliedschaft zugleich die Voraussetzung für jede berufliche Tätigkeit als Künstler oder Journalist war, schuf sich das Regime eine wirksame Kontrolle über einen großen Bereich des geistigen Lebens und neue Möglichkeiten, die in ihm Tätigen zu beeinflussen, sie auch materiell zu korrumpieren und sie organisiert an der Verbreitung der faschistischen Ideologie zu beteiligen. Zustimmung oder Nähe zum neuen politischen Kurs, blanker Opportunismus, Karrierismus, Konkurrenz und Rivalität und Spitzeltum trieben den Prozeß der

Partei und Staat, SA und Wehrmacht

Indienstnahme von Künstlern und Wissenschaftlern durch das Regime rasch voran. Zensur- und Kontrollmechanismen bewirkten Einschüchterung und halfen, das Monopol der systemkonformen Meinungsbildung zu schaffen. Auch nur unwillkommene Äußerungen und Darstellungen verschwanden aus Filmen und Museen, von Bühnen und Ausstellungen, aus Orchestersälen, Büchern, Zeitschriften, Zeitungen und Rundfunksendungen. Den Deutschen wurde weithin auch geistig die Uniform angezogen.

Noch 1933 wurde begonnen, die ohnehin nationalistisch ausgerichteten Schulbücher nach den „neuen" Lehren umzuschreiben. Die Lehrer in den allgemeinbildenden Schulen, Gymnasien und Lyzeen, vielfach deutschnational gesinnt, strömten in die NSDAP oder schlossen sich, weil dies sogleich und direkt nicht möglich war, dem schon 1927 gegründeten Nationalsozialistischen Lehrerbund (NSLB) an. Neben ihm existierte der Philologenverband weiter, in welchem die Lehrer der Gymnasien zusammengeschlossen waren. Dessen Fortbestand stellte jedoch nicht mehr als eine zeitweilige Konzession dar, mit der dem Dünkel dieser Lehrerminderheit und ihrer Befürchtung Rechnung getragen wurde, in einer gemeinsamen Organisation von der Mehrheit der Volksschullehrer beherrscht zu werden. Die Pädagogen bildeten insgesamt alsbald jenen Teil der Beamtenschaft, der sich am stärksten in der NSDAP organisierte. Und sie stellten darin wiederum einen weit überproportionalen Teil der Hoheitsträger und Amtswalter.

Während sich seit dem Januarende 1933 in der Innenpolitik eine Veränderung an die nächste reihte, schien auf dem Felde der Außenpolitik, abgesehen von Wirtschaftsverhandlungen, nahezu Stagnation zu herrschen. In der Tat waren die Machthaber mit der Entscheidung innenpolitischer Fragen vollbeschäftigt. Die Szene wechselte überraschend im Oktober. Das Kabinett beschloß, aus dem Völkerbund auszutreten. Sieben Jahre zuvor war die Aufnahme des Deutschen Reiches in die Genfer Organisation als ein Erfolg und ein Schritt zur internationalen Gleichstellung gefeiert worden. Nun wurde der provokatorische Beschluß über den Austritt damit begründet, Deutschland würden in Fragen der Kriegsrüstung gleiche Rechte verwehrt. Indessen war die Mitgliedschaft im Völkerbund für Politiker und Militärs ein Hindernis auf dem Wege zum Massenheer, das ohne Verletzung fundamentaler Bestimmungen des Versailler Vertrags nicht aufgebaut werden konnte. Zugleich wünschten die Machthaber, sich auch jeder Debatte über die Rechte der in Deutschland lebenden Menschen, über das Leben der Minderheiten zu entziehen.

Der außenpolitische Schritt war von einer Flutwelle nationalistischer Propaganda begleitet. Die Regierung beschloß eine Volksabstimmung, durch die ihre Entscheidung vom Volke gebilligt werden sollte. Da der am 5. März gewählte Reichstag nach dem Ausschluß der Kommunisten, dem

Verbot der Sozialdemokratie und der rudimentären Fortexistenz der „Fraktionen" jener Parteien, die sich inzwischen aufgelöst hatten, sich nicht einmal zu einer demonstrativen Zusammenkunft eignete, wurde gleichzeitig dessen „Neuwahl" angesetzt. Sie sollte das Bild der geeinten Nation noch verstärken. Die Kampagne setzte die NSDAP-Mitgliedschaft erneut in Bewegung. Doch konnte sich in deren Reihen die Stimmung einstiger Wahlkämpfe nicht ausbreiten. Gegenkräfte, die legal zu agieren vermochten, existierten nicht mehr. Politischer Randale waren die Subjekte und Objekte genommen.

Für den Reichstag wurde eine alternativlose gemeinsame Liste der Kandidaten zusammengestellt. Ihre Mehrheit setzte sich aus hochgestellten Führern der NSDAP und einigen mittleren Funktionären zusammen. Jedoch wurde auf ihr auch für wenige Nichtmitglieder der Partei Platz gelassen: für Minister und Militärs, für treue politische Verbündete wie den abgehalfterten Hugenberg sowie für einige „Gäste des Führers". Zu letzteren gehörten vor allem langjährige industrielle Förderer der Partei. Auf diese Weise gelangten Vögler, Thyssen, Springorum auf die „Kandidatenliste". Von Stauß, der um die NSDAP so hoch verdiente Bankier, kam erneut in das Gremium und diesmal sogar auf den Stuhl eines der Vizepräsidenten. Hitler konnte die unentbehrlichen Helfer seines Aufstiegs schon deshalb nicht vergessen, weil er sie auch an der Macht als Ratgeber und Stützen nicht entbehren wollte.

Frauen figurierten auf dem „Vorschlag" nicht, so daß von vornherein feststand, daß dieser Reichstag eine gänzlich maskuline Ansammlung sein werde. Dies und die Tatsache, daß Debatten bei den seltenen Sitzungen nicht stattfanden, sondern die Rolle der Mitglieder auf Beifallskundgebungen und das abschließende Absingen der Nationalhymnen, des Deutschland- und des Horst-Wessel-Liedes, beschränkt war, trug der Versammlung bald den Spottnamen „Deutschlands größter Männergesangverein" ein. Die Fernhaltung der Frauen von Orten, an denen politische Entscheidungen auch nur vorgetäuscht wurden, entsprach der faschistischen Auffassung von der Rolle der Frau in der Gesellschaft. Schon in der „Kampfzeit" war auf die Werbung von Parteigenossinnen geringer Wert gelegt worden. Ihr Anteil an der Mitgliedschaft betrug am Jahresanfang 1933 knappe 8 Prozent.[9] Und danach, als vor allem Männer in die NSDAP strömten, ging er noch weiter zurück. Doch drückte sich darin keine Distanz der weiblichen Bevölkerung gegenüber dem Regime aus. Das hatte einen Mann zum Propagandaminister, von dem, lange bevor er diesen Posten bezog, verkündet worden war, es sei Aufgabe der Frau, „schön zu sein und Kinder zur Welt zu bringen"; der Mann wäre der „Organisator des Lebens", die Frau sein „Ausführungsorgan".[10] Daß dieses Bild nicht abstieß, sondern noch Anziehungskraft besaß, ergab sich aus seiner Über-

Partei und Staat, SA und Wehrmacht

einstimmung mit seit langem und weit verbreiteten und daher fest verwurzelten Wert- und Rollenvorstellungen. Und zugleich wurde es in Kreisen des Kleinbürgertums und der Arbeiterschaft deshalb angenommen, weil, verstärkt durch die Weltkriegsfolgen, ein erheblicher Teil der werktätiger Frauen unter der doppelten Last des Verdienstzwangs und der Familienarbeit litt.

Die Farce von Abstimmung und Wahl, bei welcher der zu schlagende Feind nicht recht auszumachen und der „Sieger" vorherbestimmt war, richtete sich vor allem auf die Gewinnung derjenigen, die dem Regime mit Skepsis gegenüberstanden. Hitler machte sich wieder zum Zugpferd. Zum ersten Mal seit der Parteigründung sprach er in einem industriellen Großbetrieb. Sein Auftritt in einer Berliner Werkhalle des Siemens-Konzerns, vom Rundfunk übertragen, von Filmoperateuren aufgenommen, bezeugte verstärkte Anstrengungen, die Gunst der Arbeiterschaft zu erwerben. Hitler gab sich als Mann der Arbeit aus, die Reklamefachleute priesen ihn als einen deutschen Arbeiterführer. Die nahezu totale Macht über alle Instrumentarien der Meinungsbildung, zeitigte – nicht anders als spätere ähnliche Zustimmungsbekundungen, die 1936 nach der militärischen Rheinlandbesetzung und 1938 nach dem „Anschluß" Österreichs stattfanden - das beabsichtigte Ergebnis. Bei einer Abstimmungsbeteiligung von mehr als 96 Prozent stimmten am 12. November 1933 rund 95 Prozent für den Austritt aus dem Völkerbund.[11] Knappe 5 Prozent, das waren absolut 2.100.765 Stimmberechtigte, sprachen sich dagegen aus. Von den Stimmen für die Reichstagswahl wurden – Neinvoten waren nicht vorgesehen – 7,8 Prozent für ungültig erklärt.[12] Diese Zahlen reichten bei weitem aus, um dem Inland wie dem Ausland die um den „Führer" geeinte „Volksgemeinschaft" zu präsentieren.

Im Spätherbst 1933 rief der mit erkennbarer Verspätung anberaumte Prozeß gegen die angeblichen Reichstagsbrandstifter nationales und internationales Aufsehen wach. Das in Leipzig tagende Reichsgericht klagte zusammen mit dem Niederländer Marinus van der Lubbe das Mitglied des Exekutivkomitees der Kommunistischen Internationale, Georgi Dimitroff, zwei weitere bulgarische Kommunisten, Blagoj Popoff und Vasil Taneff, und den Vorsitzenden der KPD-Reichstagsfraktion Ernst Torgler an. Während die deutschnationalen Richter und Staatsanwälte den Eindruck eines korrekten Justizverfahrens zu wahren wünschten, suchten die deutsche Presse und der Rundfunk den Prozeß zu nutzen, um die vielgefächerte Internationale der Antikommunisten für sich zu mobilisieren. Hitler und seine Mitführer rühmten sich als Retter Europas vor dem Kommunismus, eine Rolle die sie sich bis zu ihrem Ende immer wieder zuschrieben. Göring und Goebbels, Parteiführer der unteren Ebene und Staatsbeamte wurden aufgeboten, die abenteuerliche Konstruktion der Anklage zu stützen.

Dennoch endete der Prozeß, vor allem dank Dimitroffs überlegener Verteidigung, die Wesen, Taktik und Ziele des Hitlerfaschismus bloßstellte, mit einem Fiasko. Während van der Lubbe, der – aus eigenen Stücken oder in einer Mischung von eigener Initiative und provokatorischer Lenkung, das bleibt bis heute unaufgeklärt – im Parlamentsgebäude einen Brand gelegt hatte, zum Tode verurteilt und hingerichtet wurde, mußte Torgler „wegen Mangels an Beweisen" freigesprochen werden. Aus dem Gerichtsgefängnis wurde er in ein Konzentrationslager verschleppt. Unumgänglich war auch der Freispruch Dimitroffs und seiner bulgarischen Mitangeklagten. Aber erst internationale Proteste und die Verleihung der sowjetischen Staatsbürgerschaft erzwangen deren Freilassung und ihre Ausreise in die UdSSR. Die Abrechnung, die Göring dem ihm geistig klar überlegenen Kommunisten im Gerichtssaal angekündigt hatte, konnte nicht stattfinden. Der Prozeßausgang verdeutlichte in einer Zeit, da den Machthabern alles zu gelingen schien, daß sie doch noch nicht imstande waren, sich über die massenhaften Proteste des Auslands hinwegzusetzen. Auch die Widerstandskämpfer im Reich, zumal Dimitroffs Genossen, konnten aus dessen Unerschrockenheit und der Tatsache, daß er der „Sieger von Leipzig" war, Mut schöpfen.

Während des Prozesses befaßte sich in Moskau die XIII. Tagung des Exekutivkomitees der Komintern mit den Aufgaben der Kommunisten im Kampf gegen Faschismus und Kriegsgefahr. Wilhelm Pieck berichtete über die Tätigkeit der KPD. Mit ihrer später Dimitroff zugeschriebenen Charakteristik des an die Macht gelangten Faschismus als der „offenen terroristischen Diktatur der am meisten reaktionären, chauvinistischen und imperialistischen Elemente des Finanzkapitals" gab das Gremium eine knappe Charakteristik des Staatstyps, der zuerst in Italien entstanden war, sich nun in Deutschland etablierte, seine nächsten Verwandten in ost- und südosteuropäischen Ländern schon besaß und von politischen Bewegungen auch in Westeuropa als Kampfziel betrachtet wurde. Diese Kennzeichnung war Resultat langer und kontroverser Debatten unter Marxisten und anderen materialistischen Theoretikern und verfolgte vor allem eine politisch orientierende Absicht. Mit ihr wurde ein Ansatz für die später als Volksfront bezeichnete antifaschistische Sammlungsbewegung gewonnen. Entschiedenere Konsequenzen für eine Neubestimmung der kommunistischen Politik wurden jedoch nicht gezogen. Auch Wunschdenken stand dem hindernd im Wege. Die Möglichkeit, daß der Sieg der Reaktion in Deutschland nur ein Intermezzo sein würde, war noch nicht ausgeschlossen worden. Vor allem aber hielten die Kommunisten noch immer an ihrer verfehlten Bewertung der Sozialdemokratie fest; sie galt auch in den Staaten, in denen der Faschismus an die Macht gelangt war, weiterhin als soziale Hauptstütze der bürgerlichen Gesellschaft. Der Emigrationsvorstand der

Partei und Staat, SA und Wehrmacht 289

Sozialdemokratie sagte in seinem Prager Manifest, das er am 28. Januar 1934 verabschiedete, seinerseits der „nationalsozialistischen Diktatur,... der deutschen Gegenrevolution" den Kampf bis zu ihrer Vernichtung an und formulierte: „Unsere Antwort lautet: totale Revolution, moralische, geistige, politische und soziale Revolution".[13] Doch vermied auch er eine ausdrückliche Neubestimmung des Verhältnisses zu den Kommunisten. Daß die „Differenzen" in der Arbeiterbewegung „vom Gegner selbst ausgelöscht" und „die Gründe der Spaltung" nichtig würden, war eine Illusion. Im Exil wie im Untergrund mußten die in ihrer Haltung ungebrochenen Funktionäre und Mitglieder der Arbeiterparteien aufeinander zugehen und einen neuen Ausgangspunkt für ihr Verhältnis zu gewinnen suchen.

Die Mehrheit der Deutschen war gegen Ende des Jahres 1933 indessen weit davon entfernt zu begreifen, daß sich mit der Befestigung der neuen Machtverhältnisse über ihnen Unheil anbahnte. Immer mehr glaubten an die Wendung zum Besseren. Die enthusiastische Stimmung war freilich schon der Ernüchterung gewichen, die auch in die Reihen derer Einzug gehalten hatte, die sich anfänglich einem blinden Erwartungstaumel hingegeben hatten. Die politischen Führer suchten, ohne die Chance zu durchgreifenden sozialen Verbesserungen, zumindest nachzuweisen, daß sie die akute Not energischer zu bekämpfen verstanden als ihre Vorgänger. In dieser Absicht wurde bei Herbstbeginn das „nationalsozialistische" Winterhilfswerk (WHW) ausgerufen, in dem sich der „Sozialismus der Tat" bewähren sollte.[14] Die Kampagne richtete sich auf die sofortige Hilfe für Arme, Hungernde und Frierende. Ihre wichtigsten Träger wurden Organisationen der NSDAP, die viele Gründe hatten, ihr gesunkenes Ansehen aufzubessern. Die 1931 gegründete, aus lokalen Anfängen in Berlin entstandene Nationalsozialistische Volkswohlfahrt (NSV), die von Erich Hilgenfeldt, einem ehemaligen Offizier geleitet wurde, der 1929 in die NSDAP eingetreten war, hatte anfänglich nur bedürftigen Parteimitgliedern und deren Angehörigen beigestanden. Nun trat sie in den Mittelpunkt der Aktion. Durch sie, und weil das WHW eine Dauereinrichtung wurde, gewann der „angeschlossene" Parteiverband erst Bekanntheit und Gewicht. Er warb permanent zahlende Mitglieder aus allen Volksschichten, die sich wie die Angehörigen aller anderen Organisationen mit besonderen Ansteckzeichen kenntlich machten. Er vergab zur Anbringung an Geschäfts- und Wohnungstüren Plaketten, die Spender auswiesen und sie auch vor anderen aufdringlichen Werbern oder weiteren Belästigungen schützen konnten.

Das Winterhilfswerk war keine Erfindung der NSDAP. Doch hatten in der Republik weder die vielen konkurrierenden politischen, kirchlichen und karitativen Organisationen noch die Kommunen propagandistisch und organisatorisch eine derart durchschlagende Aktion zustandebringen können. Die NSDAP, die auch das Monopol der Winterhilfe beanspruchte, zeigte mit der Kampagne, wie virtuos sie Korruption, Demagogie und Druck verbinden konnte. Sie schickte die Mitglieder von SA, SS und HJ mit Sammelbüchsen auf die Straßen, ließ sie treppauf, treppab an Wohnungstüren Geld und Nahrungsmittelspenden eintreiben und ordnete „Eintopfsonntage" an. Naziführer suppten auf öffentlichen Plätzen in Gulaschkanonen gekochte Gerichte, so ihre Anteilnahme am Leben von Millionen not- und hungerleidenden „Volksgenossen" bekundend. Im Stadtzentrum Berlins forderten Minister, höchste Parteiführer und Reichsbeamte von Passanten Geldspenden, und die populärsten von ihnen ließen sich im hochgestimmten Menschentrubel für eigene und des Regimes Reklamezwecke fotografieren.

Auf dem platten Land wurden von den Bauern WHW-Spenden erwartet, die nach Zentnern wogen. Personen, die sich verweigerten, sahen sich öffentlichen, mitunter in der NSDAP-Presse plazierten Angriffen als Gegner der „Volksgemeinschaft" ausgesetzt. In einzelnen Fällen veranstalteten WHW-Werber vor Gehöften Demonstrationen, beschimpften gebeunwillige Bauern in Sprechchören als Asoziale und demolierten ihnen auch Fensterscheiben. Derart trat zum Sog, den das Regime ausübte, der bei den verschiedensten Gelegenheiten und Anlässen fühlbare Anpassungsdruck. Er bewirkte, daß sich ständig mehr Deutsche dauernd oder in immer mehr Situationen dem Strom der Gefolgschaft anschlossen und ihn verbreiterten. Und umgekehrt gehörte zunehmend Überzeugtheit, Willenskraft und auch Findigkeit dazu, dem Sog wie dem Druck standzuhalten.

Das WHW, von Jahr zu Jahr methodisch perfektioniert, trieb riesige Geldsummen ein. Nach amtlicher Schlußrechnung betrugen sie 1933/34 358 Millionen RM, bei der letzten Sammlungskampagne vor Beginn des zweiten Weltkrieges 566 Millionen RM.[15] Mit Kartoffel- und Kohlenspenden, mit Tüten voller Mehl, Linsen und Graupen vermochten die Nazis nicht wenige verarmte, vereinsamte und hilflose Menschen für sich einzunehmen. Aus der Höhe der Spenden gewannen die Organisatoren und ihre Helfer zudem direkte Aufschlüsse über die Einsatzfreude der ausgesandten Sammler, die Haltung von Widerwilligen und differenzierte, in Mark und Pfennig sich ausdrückende Angaben über die politische Stimmung in der Bevölkerung.

Ein erheblicher Nebeneffekt des WHW im Winter 1933/34 bestand darin, daß es deren Akteure erneut zusammenführte und so von inneren Widersprüchen der Bewegung und von ungelösten Problemen der Machtkonsolidierung ablenkte. Auf die Weckung von volksgemeinschaftlichen Gefühlen, wofür die Machthaber keine Gelegenheit ausließen, zielte auch der schwülstige Weihnachtsrummel im Zeichen des Hakenkreuzes. Das Einkaufen von Geschenken wurde für die Zahlungskräftigen wegen seiner konjunkturbelebenden Wirkung zur nationalen Pflicht erklärt. Ein-

Partei und Staat, SA und Wehrmacht 291

schlägige Läden boten „Hitlerpuppen", Kinderspielzeug in SA-, SS- und HJ-Uniform, an und hielten die verschiedensten Waren mit Symbolen des Faschismus feil. Produktion und Verkauf von politischem Kitsch nahmen groteske Ausmaße an und drohten Gegenstand von Gespött zu werden. Reichspropagandaminister Goebbels schritt deshalb schließlich gegen die gröbsten Wucherungen ein.[16]

Eine besondere Gruppe von Hilfsbedürftigen wurde von der 1933 geschaffenen Nationalsozialistischen Kriegsopferversorgung (NSKOV) betreut, die Hans Oberlindober anführte. Vordem waren die Interessen von krank oder verkrüppelt aus dem Weltkrieg zurückgekehrten Soldaten und Offizieren und die der Kriegswitwen und -waisen vom Verband der Kriegsbeschädigten und Kriegshinterbliebenen vertreten worden. Die Neugründung ordnete sich einem umfassenderen Konzept zu. Es richtete sich darauf, bis dahin vornehmlich im politischen Umfeld der Deutschnationalen Partei agierende Verbände in das Parteigefüge der NSDAP einzugliedern und „gleichzuschalten". Auf dieser Linie war, wie erwähnt, bereits der Stahlhelmbund als „Reserve" der SA unterstellt worden. Ähnlich wurde mit dem Deutschen Reichskriegerbund „Kyffhäuser" verfahren, der seine Anfänge im Deutschen Kaiserreich hatte. Gleiche Absicht regierte, als die bestehenden und teils exklusiven Zusammenschlüsse von Offizieren des Weltkriegs Anfang 1934 im – kurzlebigen und 1938 aufgelösten – Reichsverband Deutscher Offiziere vereint wurden. Politisch ging es darum, in diesen militaristischen Groß- und Kleinverbänden, deren gemeinsames Kennzeichen ihre Frontstellung gegen die Arbeiterbewegung und gegen den Pazifismus sowie ihre Sowjet- und Judenfeindlichkeit war, Sonderbestrebungen zu unterbinden und sie dem vereinbarten Kurs von Regierung und Reichswehrführung zu unterwerfen. Nicht zuletzt wurden damit auch die Träger monarchistischer Traditionen und Propaganda getroffen.

Von allen Strukturwandlungen in diesem Teil des überkommenen Organisationsspektrums gewann der Zusammenschluß für die Kriegsverletzten und -krüppel des Weltkrieges besondere Bedeutung, der bis 1939 auf etwa 1, 6 Millionen Mitglieder anwuchs. Denn es mußte für die Opfer des letzten Völkermordens sorgen, wer einen neuen Krieg vorbereitete. Die zur Schau gestellte Zuwendung der NSDAP und des Staates zu den Kriegsversehrten wurde deren angeblicher Verhöhnung im Weimarer Staat gegenübergestellt. In den diffamierten Bildern von George Grosz und Otto Dix waren jedoch nicht, wie im Wissen um die Unmöglichkeit jedes Widerspruchs behauptet wurde, die Opfer des Krieges angeklagt, sondern der Krieg und seine Nutznießer bloßgestellt worden. Doch fiel es nicht schwer, viele nach der Heroisierung ihrer Kriegstaten verlangende Soldaten des Kaisers mit der Beteuerung zu gewinnen, sie stünden nun unter dem Schutz des Staates.

NSKOV-Mitglieder, ordengeschmückt, nicht wenige in SA-Uniformen in ihren Selbstfahrern sitzend, gehörten fortan in die erste Reihe der militaristischen Kundgebungen des Regimes. Sie waren es auch, die 1933 als Geschenk des „Führers" - der sich gewöhnlich mit dem für mehrfache Verwundungen gestifteten Kriegszeichen präsentierte - die ersten Radiogeräte vom Typ „Volksempfänger" erhielten. Der in einer vom Propagandaministerium beförderten Gemeinschaftsaktion eben produzierte leistungsschwache Empfänger, der das Hören des nächstgelegenen Mittelwellensenders und des Deutschlandsenders erlaubte, wurde in den folgenden Jahren millionenweise verkauft. Mit ihm eröffnete sich den Manipulatoren der Volksmeinung ein völlig neuer Zugriff auf die Bevölkerung bis zu den Einwohnern entlegener Ortschaften. Zugleich wurde eine relative Abschottung der weniger zahlungskräftigen, also der Masse der Rundfunkhörer vom Empfang ausländischer Stationen erstrebt und erreicht. Dieser anfängliche Nebeneffekt gewann vor allem in den Kriegsjahren an Bedeutung, als das Hören von „Feindsendern" und die Verbreitung ihrer Nachrichten zudem mit schweren Strafen bedroht und verfolgt wurden. Dennoch vermerkten die Berichterstatter des Sicherheitsdienstes bereits im Vorkrieg, daß die „Volksgenossen" namentlich in Krisenzeiten sich ihre Informationen über den Äther verschafften. Schließlich wurden die „Feindsender" im Verlauf des Krieges verstärkt und rückten gegen Kriegsende mit den eigenen Truppen näher an die Reichsgrenzen heran, so daß sie auch mit den einfachen Geräten, die längst im Volksmund „Goebbelsschnauzen" genannt wurden, empfangen werden konnten.-

Einen weiteren Schritt auf dem Wege zur Bestimmung der Machtverhältnisse und -anteile ging das Reichskabinett am 1. Dezember 1933 mit der Annahme des Gesetzes „zur Sicherung der Einheit von Partei und Staat".[17] Gegen Erwartungen, die sich nach dem Verbot der Sozialdemokratie und der Selbstauflösung der konkurrierenden bürgerlichen Parteien nun zumindest auf die Reduzierung der Rolle der NSDAP gerichtet hatten, wurde sie zur „Trägerin des deutschen Staatsgedankens" erklärt, die mit dem Staat unauflöslich verbunden sei. Damit war noch einmal bekräftigt, daß die expandierende Organisation mit ihren Gliederungen einen dauernden Platz im Herrschaftsgefüge beanspruchte. Daß die Partei sich nicht einfach als Hilfsorgan der Staatsführung betrachtete und ihre Führer nicht neben deren Apparat plaziert sein wollten, zeigte die Aufnahme weiterer Parteiführer in die Regierung an. Die Zahl der Minister, die zur NSDAP gehörte, erhöhte sich – inzwischen waren Kurt Schmitt, seit Jahresanfang „Parteigenosse", Kabinetts- und der Reichsarbeitsminister Seldte Parteimitglied geworden – von sechs auf acht. Heß und Röhm traten hinzu. Während der SA-Stabschef kein Ressort übernahm, stand Heß mit dem sich in unmittelbarer räumlicher Nachbarschaft der Reichskanzlei etablie-

Partei und Staat, SA und Wehrmacht 293

renden Amt „Stellvertreter des Führers" an der Spitze einer Schaltstelle zwischen Partei- und Staatsapparat. Er wurde alsbald an der Ausarbeitung aller Gesetzesvorlagen beteiligt und kam dadurch in die Lage, die Tätigkeit nahezu des gesamten Regierungsapparats zu kontrollieren. In Gemeinschaft mit dem Reichsinnenministerium wirkte Heß bei den Entscheidungen über die Einstellung, Beförderung und Entlassung von Beamten mit, wobei seine Zuständigkeit immer weiter auf die mittlere Beamtenschaft ausgedehnt wurde.

Die Neukonstruktion bedeutete keinen Schritt zur Unterstellung des Staates unter die Partei, räumte dieser aber eine Stellung ein, wie sie vordem keine andere in einem deutschen Staat besaß. Zum einen hatte das Amt spezifische Interessen der NSDAP gegenüber den Ministerien und anderen Obersten Reichsbehörden zur Geltung zu bringen. Zum anderen bildete es auch eine Auffang- und Abwehrstelle gegen immer wieder unternommene Versuche von Parteiführern in den Apparat des Staates nach eigenem Gutdünken hineinzuregieren und sich dazu auch der Methode zu bedienen, dessen Beamte unter Druck zu setzen. Führer und Behörden der Partei waren fortan strikt darauf verwiesen, den „Dienstweg" über Heß und dessen Amt zu nehmen. Dort wurden ihre Anliegen gefiltert und darauf geprüft, ob sie mit dem an der Staatsspitze vereinbarten Generalkurs übereinstimmten.

Im neuen Amt arbeitete Martin Bormann als Stabsleiter – was de facto der Stellung eines Staatssekretärs gleichkam – und Stellvertreter des „Stellvertreters des Führers". Der mit bürokratischer Befähigung ausgestattete „alte Kämpfer" hatte, ohne daß dies öffentlich besonders wahrgenommen werden konnte, bereits in der NSDAP-Reichsleitung eine wichtige und vertrauliche Rolle gespielt. Als der oberste Verwalter einer sogenannten Hilfskasse der NSDAP, aus der unterstützungsbedürftige Mitglieder Zuwendungen erhielten, die in hohem Maße aber der allgemeinen Parteifinanzierung diente, gehörte er zum Führerkern. Das drückte auch sein Parteirang als Reichsleiter aus. Die neue Stellung verkürzte Bormanns Nähe zu Hitler nochmals, der seinen Paladin auch dadurch ausgezeichnet hatte, daß er als dessen Trauzeuge fungierte. Und Bormann war seinerseits für den „Führer" auch in dessen als privat geltenden Geldgeschäften tätig gewesen. Da er sich zudem um die Gestaltung des oberhalb von Berchtesgaden gelegenen Territoriums zu einem Nobelsitz Hitlers und weiterer Angehöriger der höchsten Parteiprominenz verdient gemacht hatte, avancierte er zusätzlich in die Vertrauensstellung des „Leiters der Verwaltung Obersalzberg".[18]

Funktionäre und Mitglieder von NSDAP und SA begrüßten das neue Gesetz und mochten im Ministerrang von Heß und Röhm Beweis und Garantie dafür sehen, daß die „nationalsozialistische Revolution" weitergetrieben werden würde. Es war jedoch mehr als eine bloße Floskel, daß der Gesetzestext dem Parteigefolge ausdrücklich „erhöhte Pflichten" gegenüber dem Staat auferlegte. Die Getreuen sollten sich weiter freiwillig und unentgeltlich, persönliche und private Interessen hintansetzend, für die Befestigung der angeblich von ihnen „eroberten" Staatsmacht einsetzen und deren Gesetze selbst einhalten und ihre Respektierung allen abverlangen. Nach der erprobten und bewährten Methode, Drohung und Lockung, Forderung und Belohnung zu verbinden, wurde den „alten Kämpfern", deren Abneigung gegen die in der Masse an ihren angestammten Plätzen verbliebene Beamtenschaft des geschmähten „Systems" unüberwindlich war, eine eigene Gerichtsbarkeit in Aussicht gestellt. Jedoch unterblieb die Einführung dieser umstrittenen Sonderjustiz für NSDAP und SA. Gegen sie nahmen nicht nur Juristen Stellung, die traditionellen Vorstellungen verhaftet waren. Im Innen- und Justizministerium opponierten auch Parteigänger der NSDAP, erblickten sie darin doch die Preisgabe unentbehrlicher einheitlicher Prinzipien der Staatspraxis.

Ein Jahr nach der Errichtung der faschistischen Diktatur vollzogen sich in ihr gegenläufige Prozesse. Im Januar/Februar 1934 wurden weitere Maßnahmen zu ihrer Festigung durchgesetzt oder eingeleitet. Dazu gehörte die weitere Zentralisierung des Machtapparats auf Kosten der Länder, die erneut Rechte einbüßten. Die bedeutungslos gewordenen Länderparlamente und andere parlamentarische Körperschaften wurden aufgelöst. In Berlin etablierte sich eine Kommandozentrale für die gesamte, bis dahin föderal organisierte Politische Polizei. Zu ihrem Kommandeur wurde der Reichsführer SS Himmler ernannt, der sein Amt – von Göring eingeführt – am 20. April 1934 antrat. Dessen faktische Leitung übertrug er sogleich an Reinhard Heydrich, der zugleich Chef des Sicherheitsdienstes der SS und des einzigen Nachrichtenapparats der NSDAP blieb. Dieser nahm in sein Amt weitere bewährte SS-Führer mit, aber auch versierte Kriminalpolizisten wie den aus München stammenden Heinrich Müller, der später „Gestapo-Müller" genannt wurde. Zu den staatlichen Neuschöpfungen gehörte ein Sondergericht, das am 24. April 1934 durch Reichsgesetz geschaffen und zu dessen Sitz Berlin bestimmt wurde. Es erhielt die Bezeichnung „Volksgerichtshof" und stellte die Erfüllung einer frühen Forderung der NSDAP dar, deren Führer schon 1923 einen „Nationalgerichtshof" als Instrument der Rache und der Niederhaltung jedweden Widerstands in Aussicht gestellt hatten. Noch im Jahr seiner Gründung verhängte das Ausnahmegericht vier Todesurteile, die vollstreckt wurden. 1938 war die Zahl dieser Urteile auf 72 angestiegen.[19] Gestapo und Justiz suchten im Verein die geheimdienstliche Beobachtung, Überwachung und Verfolgung der Regimegegner lückenlos zu machen, wobei sie sich auf eine nach vielen Tausenden zählende Schar von schnüffelnden und denunzierenden „Volksgenossen", Mitglieder und Nichtmitglieder der NSDAP, zu stützen vermochten. Diese bildeten die unentbehrliche Hilfstruppe der hauptberuflichen Mitarbeiter der regionalen und lokalen Gestapostellen und versorgten sie zeitweise mit einer Masse von Anzeigen gegen Personen, die durch ihre Äußerungen oder ihr Verhalten auch nur eine Distanz zum Regime hatten erkennen lassen. Nicht so selten bildeten Wichtigmacherei und häufiger noch mißgünstige Gefühle gegen Verwandte, Nachbarn und Arbeitskollegen den Antrieb für derartige Denunziationen. Zu einem – freilich nicht zu quantifizierenden – Teil entsprangen sie jedoch der ebenso bedenkenlosen wie selbstgerechten Überzeugung, die Gegner der „Volksgemeinschaft" anzeigen zu müssen, um sie bestrafen und „erziehen" zu lassen.[20] Führten solche Meldungen zu Ermittlungen und vor Gericht, dann wurden von willfährigen Juristen zunehmend drakonische Strafen ausgeworfen, deren Zweck darin bestand, jedwede kritische Äußerung gegen die Politik der Machthaber gleichsam in den Untergrund zu verbannen.

In den Betrieben der Industrie und in privaten und staatlichen Verwaltungen wurde im Januar 1934 mit einem Arbeitsordnungsgesetz das Führer-Gefolgschafts-Prinzip eingeführt. Mit ihm erhielten Kapitaleigner und Manager das „Herr-im-Hause-Recht" zurück, das ihnen die Novemberrevolution entrissen hatte. Die Funktion eines Feigenblattes, welches dieses Machtverhältnis verdecken und zugleich den Anspruch der „Volksgemeinschaft" in die „Betriebsgemeinschaft" konkretisieren sollte, besaßen neugeschaffene „Vertrauensräte", welche an die Stelle der Betriebsräte gesetzt wurden. Dem rechtlosen Organ, dessen Mitglieder keine Beschlüsse fassen, geschweige sich an die Belegschaft wenden und ihr einheitliches Handeln anraten durften, stand der Betriebsführer vor. Diese „Räte" sollten vor allem Konflikte schon auf der Ebene der Betriebe im Keim ersticken und helfen, ein ganz auf Mehrarbeit orientiertes Klima zu schaffen. Die von der NSBO als Vertrauensräte benannten Kandidaten erlitten 1934 und 1935 bei Wahlen katastrophale Niederlagen, so daß schließlich auf die Abstimmungen ganz verzichtet wurde.

Trotz aller Machtbefestigung stellte sich nach einem Jahr Diktatur die Bilanz der Machthaber keineswegs nur auf der Habenseite dar. Unübersehbar war, daß die rasch und durch den Hinzutritt so vieler, darunter auch unerwarteter Helfer und Mitläufer erweiterte Massenbasis des Regimes auch Risse aufwies und Schwankungen unterworfen blieb. Selbst die Verläßlichkeit von NSDAP-Organisationen und ihres Kerns, den die vor dem Januar 1933 eingetretenen Mitglieder bildeten, verringerte sich. Unzufriedenheit erzeugte vor allem, daß die Regierung keine durchgreifenden Maßnahmen zur Beseitigung der Arbeitslosigkeit ergriffen hatte. Sie war zwar im Sommer 1933 erheblich zurückgegangen, stieg gegen die

Jahreswende 1933/34 jedoch wieder über die Vier-Millionen-Grenze. Die Löhne waren auf dem niedrigen Krisenniveau eingefroren, mitunter sogar noch gesenkt worden. Hingegen begannen Preise von Grundnahrungsmitteln zu steigen, so daß die Kaufkraft der Massen erneut schrumpfte. Dies wirkte wiederum negativ auf die Einkünfte der städtischen Kleinhändler und der Bauern, denen Aufkaufpreise zudiktiert wurden. Unausgesetzt suchten die Führer der Partei beruhigend und hinhaltend auf die Stimmung zu wirken. „Ihr dürft Euch nicht verlassen fühlen. Ihr dürft nicht glauben, daß wir nicht wüßten, wenn ihr noch Not und Bedrückung zu ertragen habt," schrieb Goebbels in seiner Parteizeitung und hielt es für notwendig zu versichern, „der Führer" sei dem Volke treu geblieben.[21]

Zu den taktischen Schritten, mit denen der Unmut gedämpft und weiteres Schrumpfen der Massenbasis aufgehalten werden sollte, gehörte im zeitigen Frühjahr eine Anordnung von Heß, die Partei- und Volksgenossen aufforderte, Beschwerden direkt an den „Führer" oder an ihn, seinen „Stellvertreter", zu richten und nicht zu befürchten, daß sie deswegen zur Rechenschaft gezogen werden würden.[22]

Je größer die Not, um so ärger die Ungeduld. Je höher die Erwartungen, um so tiefer jedoch die Enttäuschung. Das galt für die Aktivisten des Regimes, die sich so viel versprochen hatten und denen so viel versprochen worden war. Insbesondere in der SA, deren alte Mitglieder sich doch das Hauptverdienst an der „Machtergreifung" zurechneten, verschlechterte sich die Stimmung angesichts der Bilanz für das erste Jahr des „Dritten Reiches". Einst war ihnen die Sprengung der „Ketten des Weltimperialismus", die Zertrümmerung des „Systems des Kapitalismus" und dessen Ersetzung durch "eine neue sozialistische Ordnung" verheißen worden.[23] Nun erklärte ihnen Goebbels, daß Sozialismus „Ein- und Unterordnung" bedeute, und sie erfuhren praktisch, wie das gemeint war.[24] Statt ihr soziales Prestige erhöht und ihre politischen Rechte erweitert zu sehen, waren der SA die Befugnisse der Hilfspolizei wieder entzogen und Waffenzuteilungen verweigert worden. Hingegen hatten Parteiführer wie die Gau-, Kreis- und Ortsgruppenleiter eine Stellung gewonnen, die einflußstärker war oder zu sein schien als die der SA-Führer. Anfang 1934 formierte die NSDAP-Reichsleitung das Korps der Politischen Leiter. Ihm gehörten die Führer der NSDAP und ihrer Teilorganisationen bis in die untere Ebene an, gleichgültig, ob sie ihre Posten hauptberuflich oder nebenamtlich ausübten. Diese inzwischen nach Zehntausenden zählende Gruppe wurde während Großkundgebungen, die in allen Gauhauptstädten stattfanden, auf Hitler vereidigt. Eigens für sie ließ die Reichszeugmeisterei in München prunkvolle Uniformen entwerfen und anfertigen, die sich vom „schlichten Braunhemd" der SA aufdringlich unterschieden. Während die Angehörigen dieses Korps berechtigt wurden, Waffen zu tragen, verstärkten sich die Forderungen aus den Kreisen der Hochfinanz Großindustrie, des Junkertums und der Reichswehrgeneralität, die SA zu entwaffnen, die in ihrem Besitz befindlichen Pistolen, Gewehre, Karabiner, Maschinengewehre, Handgranaten einzuziehen.

In das Zentrum aller innerparteilichen Probleme rückte mithin die SA, ohne deren Disziplinierung die Geschlossenheit der faschistischen Herrschaft nicht erreichbar war. Auf seine Lösung drängten mehrere Kräfte, und diese taten das wiederum auch aus unterschiedlichen Interessenlagen. Bürgerliche und aristokratische Krise wünschten eine absolute Beruhigung im Innern und dauerhafte Sicherheiten gegen sozialrebellische Forderungen oder gar Eingriffe in ihre Eigentumsrechte. Die Möglichkeit eines gewalttätigen Umsturzes sollte ein für allemal ausgeschlossen werden. Generalität und Offizierskorps der Reichswehr verlangten, die Führungsgruppe um den Stabschef Röhm definitiv zu zähmen und das Versprechen einzulösen, die Reichswehr zum alleinigen Waffenträger zu machen.

Hitler und seine Mitführer befanden sich in keiner eindeutigen Situation. Auf die Befestigung ihrer Machtpositionen bedacht, bedurften sie einer stabilen, zuverlässigen und mobilisierbaren Massengefolgschaft. Doch schien sich diese Stütze in ein brüchiges Werkzeug zu verwandeln und den Dienst zu versagen. Propagandaminister Goebbels hatte das Verhältnis zu den Massen, die Parteimitgliedschaft eingeschlossen, anschaulich so beschrieben: „Der wahre Politiker steht dem Volke gegenüber wie der Bildhauer dem unbehauenen Marmor."[25] Nun schien es mit dessen Gestaltung Schwierigkeiten zu geben.

Die sichere Basis benötigte die oberste Führergruppe um Hitler zudem aus ganz aktuellen Gründen, denn sie hatte sich gegenüber Kräften nicht vollständig durchgesetzt, die andere Vorstellungen über die dauerhafte innere Ausgestaltung des Herrschaftssystems vertraten als sie selbst, die hofften, eigene Machtanteile zu vergrößern oder zurückzugewinnen. Noch waren die zu Beginn des Jahres 1933 begonnenen Veränderungen nicht abgeschlossen, noch galten ihre Ergebnisse nicht als festgeronnen. Dies steigerte auf allen Seiten das Bestreben, das Eisen zu schmieden, solange es eben nicht erkaltet war.

Die krisenhaften Erscheinungen wurzelten in einem Geflecht von widerstreitenden Interessen und konkurrierenden Kräften, die von der Spitze bis zum Boden der Gesellschaft reichten. Exklusive Wirtschaftsgruppen rangen um den dominierenden Einfluß auf Regierungsentscheidungen. Behörden, Institutionen und Organisationen trachteten, ihre Kompetenzen und Terrains abzustecken und gegeneinander fest abzugrenzen. Abweichende Auffassungen und Pläne betrafen selbst die künftige Rolle und Stellung Hitlers. Mit Hindenburgs fortschreitendem Siechtum gewannen sie an Bedeutung. Die geschwächten Altkonservativen hofften nach dessen absehbarem Ende das Kaisertum zu erneuern. Manchen galt die monarcho-faschistische Staatsform Italiens als Vorbild. Mit allen diesen Erwägungen verband sich der Gedanke an eine Begrenzung, wenn nicht an eine Verringerung der in Hitlers Person zusammengeballten Machtfülle. Auch die Bestimmung des Platzes der NSDAP wurde innerhalb der politischen und wirtschaftlichen Führungsschichten nicht als endgültig angesehen. In mancher Hinsicht wiederholen sich Meinungsverschiedenheiten, die in einer frühen Phase der Etablierung des italienischen Faschismus aufgetaucht waren und die auch dort das Verhältnis von Staats- und Parteimacht betroffen hatten. Noch bevor sie entschieden wurden, war richtig vorhergesehen worden: „Diese faschistische Organisation wird nicht verschwinden und man wird sie nicht auflösen, sondern sie wird, entsprechend transformiert, der Staatsstruktur einverleibt werden: die militärisch gegliederten Trupps werden fortbestehen, entweder in Form von Schulen zur vormilitärischen Ausbildung oder in Gestalt einer Miliz, jedenfalls so, daß sie leicht in ihrer ursprünglichen Form mobilisiert werden können; man wird sie behalten als spezielles Organ für den legalen Kampf des Staates gegen die Arbeiterschaft".[26] In Italien war diese Transformation erfolgt, in Deutschland war sie im Frühjahr 1934 erst noch zu bewerkstelligen.

Der Mehrheit der Bevölkerung und auch der NSDAP-Mitgliedschaft blieben Tragweite und Zuspitzung der Auseinandersetzungen verborgen. Ihre Ursachen, Triebkräfte und Ziele waren auch höchst undurchsichtig und die drückenden Alltagsprobleme beschäftigten die Menschen ganz. Umgekehrt spürten die Regierenden im Reich und in den Ländern die Unruhe unter ihren Gefolgsleuten. Überall in der Bevölkerung wuchs der Unmut, der sich vor allem gegen die saturierten Emporkömmlinge richtete, die sich gegenüber den Sorgen der kleinen Leute nichtachtend verhielten. Verdruß erregte das ungehemmte Wohlleben, das sich diejenigen einrichteten, die an die Futterkrippen gelangt waren. Die kleinbürgerlich gestimmte Kritik am Regime schwoll an und minderte die Funktionstüchtigkeit der NSDAP, zumal gerade Angehörige der Mittelschichten in den Parteiorganisationen zahlreiche Posten besaßen. Nach einer unvollständigen Statistik stellten in Berlin Händler und Handwerker wenigstens ein Viertel aller Ortsgruppenleiter der NSDAP.[27] Auch der starke Wechsel der Personen auf den unteren Parteiposten setzte die Autorität der NSDAP herab. Während die einen ihre Ämter aus Enttäuschung niederlegten, sahen andere sich durch ihre Vorgesetzten verdrängt, weil sie deren Befehle nicht bedingungslos ausführten. Dritte mußten wegen banaler Unfähigkeit weichen und besser geeigneten Neumitgliedern Platz machen.

Röhm und die Landsknechttypen in der SA-Führung waren aus der

Partei und Staat, SA und Wehrmacht 299

„Machtergreifung" durchaus nicht mit leeren Händen hervorgegangen. Sie saßen in gutdotierten Stellungen, kommandierten Stäbe und Ordonnanzen, fuhren in luxuriösen Dienstwagen daher und fanden – zuletzt noch auf dem Parteitag im September 1933 – viele Gelegenheiten, sich der Öffentlichkeit in neuem Glanz vorzuführen. Zugleich entging ihnen nicht, daß das spezifische Gewicht ihrer Organisation schon im Sinken begriffen war und weiter verlieren mußte. Die Quelle dieser Entwicklung lag nicht in ihrer Person, sondern im Wandel der Situation. In den veränderten Zeiten war der politische Kurswert der Haudegen und Totschläger aus der „Kampfzeit" gefallen. Indessen wollte sich die zu einem erheblichen Teil aus Weltkriegsoffizieren bestehende obere SA-Führerschaft nicht damit begnügen, eine Organisation zu kommandieren, die mit Sammelbüchsen der Winterhilfe klapperte oder sich auf Abruf als schmückende Kulisse der Macht zu formieren hatte. Beschäftigt von dem Gedanken an ihre eigene Karriere, ließen die sozialen Interessen ihrer Mannschaften Röhm und die Clique um ihn nicht weniger gleichgültig als Hitler oder Göring, sofern sich diese nicht zu eigenem Vor- oder Nachteil mobilisieren ließen.

Die Einordnung der SA in die Gesellschaft unter dem Hakenkreuz wurde erst dadurch vollends zum Problem, daß sich die Unzufriedenheit der Kommandeure und der Kommandierten überlappten und summierten. Zunächst stellte sich der SA-Stabschef noch während der Kampagne „Ende der nationalsozialistischen Revolution" demonstrativ an Hitlers Seite und dolmetschte seinen Untergebenen dessen kategorische Forderungen. Er appellierte an die braununiformierten Kohorten, „den guten Ruf der SA" nicht aufs Spiel zu setzen, sie habe ihren Einsatz ausschließlich gegen die Arbeiterbewegung zu richten.[28] Zur gleichen Zeit – Juli 1933 – aber erinnerte er in einem Artikel in den „Nationalsozialistischen Monatsheften" an den preußischen Marschall Blücher, der, als „er mit 100 Ehren und 1000 schönen Worten kaltgestellt wurde", gewarnt habe: „Die Politiker sollen nicht verderben, was der Soldat mit seinem Blute erkämpft habe!"[29] In den folgenden Monaten wurde immer deutlicher, daß die politischen Akzente von den faschistischen Führern unterschiedlich gesetzt wurden. Bis schließlich in Röhms Worten, die SA werde nicht der Mohr sein, der gehe, wenn er seine Schuldigkeit getan habe, Drohung und Anspruch mitschwangen. Der von ihm geführten Mannschaft und der ganzen Organisation sei noch zu geben, was ihnen aufgrund ihrer besonderen Verdienste während der „Kampfzeit" zustünde.[30] Das bedeutete jedoch nicht, wie später von Hitler gelogen wurde, daß die Unzufriedenheit an der SA-Spitze je in einen Putschplan gegossen worden wäre. Die Beschuldigung, sie habe ein Blutbad vorbereitet, war haltlos.

Zunächst ergriff die NSDAP-Führung eine Reihe sozialer, politischer und ideologischer Maßnahmen, um die Situation zu entspannen. Im März 1934 verkündete sie die „zweite Arbeitsschlacht", als deren Hauptziel die weitere Beseitigung der Erwerbslosigkeit bezeichnet wurde. Gleichzeitig gestanden Parteiführer und auch Hitler selbst öffentlich die miserable Lage weitester Volkskreise, in erster Linie der Arbeiter, ein, bezeichneten die Löhne als völlig unzureichend und geizten nicht mit neuen Versprechen. Auch die Parole von der „nationalsozialistischen Revolution", soeben erst in die hinteren Kammern des demagogischen Arsenals verbannt, wurde wieder hervorgeholt. Mit ihrer erneuten Verwendung in Reden Hitlers, Fricks, Goebbels' und andere Parteitribune wurde es schwer, scharf zu unterscheiden, wer mit ihr nur beliebig jonglierte und wer gesellschaftliche und politische Veränderungen einforderte.

Vor dem Diplomatischen Korps und Journalisten der Auslandspresse sprach Röhm am 18. April 1934 in einem Vortrag von Kräften, die mit äußerster Vorsicht das „rollende Rad der Revolution" rückwärts drehen wollten. Er bezeichnete die SA als das „unerschütterliche Bollwerk" der Revolution und sagte drohend, es werde den „Trägern des alten und noch älteren Systems", falls sie ihre ungewandelte Gesinnung zu betätigen wagten, von seinen Leuten „bestimmt und erbarmungslos das Genick" gebrochen werden.[31] Das zeugte nicht von Aussöhnungsbereitschaft mit den einstigen Rivalen und überzeugte, obwohl das Gegenteil beteuert wurde, nicht von dem Willen, sich mit den Ergebnissen des Wandels abzufinden.

Die Situation wurde noch unübersichtlicher, als die NSDAP-Reichsleitung im Mai und Juni 1934 eine Kampagne gegen nicht näher bezeichnete „Kritikaster und Miesmacher" begann und diese zur Zielscheibe ebenso wortreicher wie unflätiger Angriffe machte. Als Goebbels das politische Spektakel auf einer Kundgebung im Berliner Sportpalast eröffnete, bezeichnete er Kritik am Regime rundweg als „verbrecherische Haltung".[32] Der tönende Feldzug verfolgte ein doppeltes Ziel: Gegner und Kritiker des Regimes sollten eingeschüchtert und die Front der Gefolgschaft erneut fest zusammengeschlossen werden. Wie es in der Parteihymne hieß, sollte – „Rotfront" galt als vernichtet – nun die „Reaktion" zum Schweigen gebracht werden. Wüste Wortattacken trafen konservative Kreise und kirchliche Kräfte und richteten sich gegen die alte Staatsbürokratie. In aufputschenden Reden schleuderten höchstgestellte NSDAP-Führer gewaltgeladene Parolen gegen ungenannte Feinde. Die verstärkte antijüdische Hetze löste Aktionen gegen das Eigentum jüdischer Bürger aus. Erneut diente der Antisemitismus den Machthabern als eine Ersatzbefriedigung für ihre radikalsten und unruhigsten Anhänger. Hitler schwieg in dem Lärm.

Die Propagandaaktion stand mindestens in einer objektiven, möglicherweise auch in von ihren Initiatoren wohlberechneter Beziehung zur Vorbereitung eines Schlages gegen die Führungsspitze der SA. Während die Kundgebungen und die Verlautbarungen in der Presse die öffentliche

Partei und Staat, SA und Wehrmacht 301

Aufmerksamkeit beanspruchten und über deren Sinn noch gerätselt wurde, entstand insgeheim eine „Reichsliste unerwünschter Personen" mit den Namen von Politikern und anderen Personen, die als wirkliche oder potentielle Feinde des Regimes angesehen wurden. Sie sollten urplötzlich, so daß jedwede politische Komplikation ausgeschaltet wurde, dauernd zum Schweigen, also umgebracht werden. Hitler hatte sich, vor allem von der Reichswehrführung vorwärtsgedrängt, zu diesem Vorgehen nach langem Abwarten und Zögern entschlossen. Seine Entscheidung war auch durch eine Aufsehen erregende Rede des Vizekanzlers beschleunigt worden, deren Text von einem Vertrauten Papens stammte und dessen Verbreitung Goebbels nicht mehr vollständig verhindern konnte. Papens Auftritt in der Marburger Universität richtete sich direkt gegen die seit Wochen entfachte Kampagne und lehnte sie als Ausdruck einer falschen Frontstellung ab. Mehrfach verlangte er, sich unbedingt an den „antimarxistischen" Generalkurs zu halten. Der „soziale Umbruch habe marxistische Strömungen niederzukämpfen", während in alle anderen Richtungen der „innenpolitische Schlachtruf" verstummen müsse. Die Führung habe darüber zu wachen, daß „kein neuer Klassenkampf unter anderem Feldzeichen sich wiederhole". Dann drückte der Vizekanzler nahezu unumwunden die Sorgen der Großbürger und der Aristokratie aus. Es werde viel von der zweiten, die Revolution vollendenden Welle und „von der kommenden Sozialisierung gesprochen", sagte er, um zu fragen: „Haben wir eine antimarxistische Revolution erlebt, um das Programm des Marxismus durchzuführen?"

Inhalt und Diktion ließen keinen Zweifel daran, daß verlangt wurde, den gordischen Knoten zu durchhauen, sektiererische Positionen zu verlassen, die Angebote aller Fachkräfte zur Mitarbeit anzunehmen, unabhängig von ihrer politischen Vergangenheit, und sie nicht länger als „Reaktion" zu diffamieren und wegzustoßen. Als Widerruf seines eigenen Votums für die Einheit von Partei und Staat mußte es aufgefaßt werden, daß der Vizekanzler dem „Einparteiensystem" dauernde Berechtigung absprach. Nicht einmal als Instrument der Erziehung der Massen zu Zucht und Ordnung wollte Papen der NSDAP Bestand einräumen. In einem neuen Staatsbau, verkündete er, würden dessen eigene Ordnungskräfte ausreichen und Methoden „einer geschickten Beherrschung der Masse" überflüssig machen.[33]

So war nach der Reichstagsrede von Otto Wels am 23. März 1933 kein Politiker öffentlich aufgetreten. Der Schritt verletzte die Prinzipien der Zusammenarbeit in der Regierung, er stellte eine öffentliche Ermahnung Hitlers dar. Aus der Rede konnte entnommen werden, daß namentlich die Minister Heß, Goebbels und Röhm mit ihren Ämtern und Funktionen mit dem Fortschritt der von oben gelenkten „Revolution" alsbald überflüssig werden würden. Hitler schwieg und ließ sich, als er informiert wurde, nicht einmal im engsten Kreis zu Wutausbrüchen verleiten. Er war schlau genug zu wissen, daß er den ersten Schlag nicht gegen den „Kritikaster" führen konnte, der ihm zudem als Person nicht als ernstzunehmender Rivale galt. Diszipliniert, ja erledigt werden mußten diejenigen, gegen die sich auch Papen gewandt hatte. Sie gefährdeten seine Führerautorität und mit der Konfrontation gegen die Reichswehrführung eines der Fundamente des Systems. Ende Juni waren die Rollen unter seinen Vertrauten verteilt.

Am 30. Juni 1934 erfolgte im stillschweigenden Einvernehmen mit den Reichswehrgeneralen von Blomberg und Walther von Reichenau die blutige Aktion gegen die Führungsgruppe der SA um ihren Stabschef Röhm. In der Reichshauptstadt leitete sie Göring gemeinsam mit dem Reichsführer SS Himmler und Reinhard Heydrich. In der bayerischen Metropole, der Geburtsstätte der Partei, stellte sich Hitler persönlich an die Spitze. Die Hauptorte der Massaker waren das Zuchthaus Stadelheim in München, das nahe KZ Dachau und die einstige Kadettenanstalt Lichterfelde in Berlin, der Kaserne der im September 1933 geschaffenen „Leibstandarte" Hitlers, einer aus seiner Stabswache hervorgegangenen, inzwischen Regimentsstärke besitzenden Spezialeinheit der SS. Am frühen Morgen des Tages begab sich Hitler in das bayerische Bad Wiessee, wohin er – während die SA-Mannschaften soeben in ihren sommerlichen Jahresurlaub entlassen worden waren – deren höchste Kommandeure zu einer Tagung beordert hatte. Hitler, in dessen Gesellschaft sich auch Goebbels befand, begleitete ein SS-Kommando unter dem Befehl des SS-Führers Sepp Dietrich. Röhm und weitere ahnungslose SA-Führer wurden kurzerhand verhaftet, nach München gebracht und dort und in Dachau niedergeschossen. Röhm weigerte sich, Hand an sich zu legen. Hitlers Mordbefehl führte der Kommandant des KZ Dachau, Theodor Eicke, in einer Gefängniszelle aus. Vor und mit dem Stabschef wurden in München und in Berlin der Chef des Führungsamtes der SA, Fritz Ritter von Krausser, der Leiter des Politischen Amtes in der SA-Führung, Gruppenführer Georg von Detten, der bayerische SA-Obergruppenführer und Polizeipräsident von München, August Schneidhuber, der schlesische SA-Obergruppenführer Edmund Heines, der Berliner SA-Gruppenführer Karl Ernst und dessen Stabschef, sowie SA-Oberführer Hans-Joachim von Falkenhausen umgebracht. Mehrere der Ermordeten waren vor und nach dem 30. Januar 1933 zu hohen Ehren innerhalb der Partei und des Staates gelangt, gehörten dem Reichstag an und hatten Berufungen als Mitglieder des Preußischen Staatsrats erhalten.

Dem Massaker fielen in Berlin wie in München auch konservative Politiker, Beamte und Journalisten zum Opfer, die so wenig eine Verschwö-

Partei und Staat, SA und Wehrmacht 303

rergruppe gebildet hatten wie die SA-Führer. Doch standen sie in Verdacht, oppositionellen Zirkeln anzugehören. Während der Autor von Papens Rede, der schon vorher verhaftete Jung, der durch die Beseitigung des Parlamentarismus die „Herrschaft der Minderwertigen" verhindern wollte[34], in der Umgebung Berlins von Akteuren der neuen Elite erschossen wurde, töteten andere SS-Leute den Leiter der Pressestelle des Vizekanzlers, Herbert von Bose, bei der Besetzung und Durchsuchung von dessen Büro. Ermordet wurde auch der Mann, der als Reichsorganisationsleiter der NSDAP geholfen hatte, Hitler bis vor die Schwelle der Macht zu bringen, und der sich – offenbar nicht ohne Gedanken an seinen Rückruf durch Hitler – als Direktor eines chemischen Unternehmens der Schering AG ins Privatleben zurückgezogen hatte: Gregor Strasser starb im Gefängniskeller der eben errichteten Zentrale der Gestapo in der Berliner Prinz-Albrecht-Straße. So wäre auch sein Bruder Otto, der „revolutionäre Nationalsozialist", geendet, hätte er sich aus Furcht vor der Rache nicht rechtzeitig ins Ausland begeben. Die traf hingegen mit von Kahr einen Mann, der 1923, in der Frühphase der faschistischen Bewegung, Hitler im Stich gelassen hatte, als dieser auf dem Putschwege an die Macht zu gelangen hoffte.

Wer auch nur verdächtig war, Pläne gegen das Regime zu hegen, oder wer geeignet schien, eine personelle Alternative für die Machthaber zu sein, wurde liquidiert. Nicht jeder Mord geschah während dieser Stunden aufgrund vorvereinbarter Entschlüsse. Auch nackte Rachegelüste tobten sich aus. In ihren Wohnungen oder an ihren Arbeitsplätzen wurden Hitlers Vorgänger im Reichskanzleramt, von Schleicher, der ihm nahestehende General a. D. Kurt von Bredow, der das Ministeramt im Reichswehrministerium geleitet hatte, sowie der vormalige Zentrumspolitiker Ernst Klausener umgebracht, der in der Republik Chef der Polizeiabteilung im Preußischen Innenministerium gewesen war, inzwischen im Reichsverkehrsministerium arbeitete und in der Diözese Berlin an der Spitze der Katholischen Aktion, einer kirchlichen Bewegung gläubiger Laien, stand. Eine nie ermittelte Zahl von Personen wurde vorübergehend in „Schutzhaft" genommen und kam in die Gestapo-Gefängnisse. Unter ihnen befand sich Fritz Günther von Tschierschky, einer der Adjutanten Papens, und auch der als Wirtschaftsberater Röhms wirkende Heinrich Gattineau, dessen Bemühungen um die SA-Kasse mit dem Rang eines SA-Standartenführers belohnt worden waren. Doch hatte Gattineau 1932 als Leiter der Pressestelle der IG Farben AG im Auftrage von Carl Bosch Hitler besucht und geholfen, die Verbindung zwischen dem Chemietrust und der NSDAP-Führung herzustellen. Alsbald freigekommen, verließ er die SA, trat in die NSDAP ein und stieg als Manager weiter auf.[35]

Die völlig überraschte deutsche Öffentlichkeit erfuhr, der „Führer" habe einen Putschversuch rechtzeitig zerschlagen. Hindenburg dankte dem

Reichskanzler telegraphisch für sein Vorgehen. Das Reichskabinett billigte am 3. Juli 1934 durch das „Gesetz über die Maßnahmen der Staatsnotwehr"[36] die Morde nachträglich und erklärte sie für „rechtens", womit sie jedweder richterlichen Nachprüfung entzogen wurden. Reichswehrminister Blomberg lobte Hitler. Die gesamte Reichswehrführung schwieg zur Tötung zweier ihrer Generale. In einer Befehlshaberbesprechung am 5. Juli sah der Minister Grund, seinen Untergebenen eine zurückhaltende Kommentierung des Massakers anzuraten. Offenbar war ihm der Beifall mancherorts zu überschwenglich. Die Staatsanwaltschaften beschränkten ihre Tätigkeit - einer Weisung Görings gemäß - darauf, die Leichen zu identifizieren und mit den Namenslisten zu vergleichen, die ihnen von den Mördern übergeben wurden. Auch aus Kreisen der Wirtschaft erhielt Hitler Glückwünsche zum Erfolg seines "schnelles Zupackens". Dadurch sei, wie die schwerindustrielle „Deutsche Bergwerkszeitung" schrieb, die „Wirtschaft" gerettet worden.[37] In diesem und ähnlichen Kommentaren drückte sich Erleichterung aus. Die Ermordung der SA-Führer wurde als das Ende allen kleinbürgerlichen Revoluzzertums gewertet. Wer sonst zu Tode gekommen war, wurde offenbar den Spänen zugezählt, die beim Hobeln fallen. Die Machtverhältnisse waren klargestellt, das Vertrauen in Hitlers Fähigkeiten bestätigt worden. Am 13. Juli lieferte er dem Reichstag selbst das verlogene und von da an obligatorische Bild von seiner Großtat.

Einen Monat nach dem Blutbad, das anders als der mörderische Rachefeldzug gegen die antifaschistischen Arbeiter und deren Führer und Funktionäre im Ausland auch bürgerliche und kleinbürgerliche Schichten schaudern ließ, starb am 2. August Hindenburg. Außer Hitler gab es keinen Kandidaten für seine Nachfolge. Er übernahm das Amt, verweigerte sich aber dem aus der republikanischen Verfassung herrührenden Titel eines Reichspräsidenten. Fortan war er der „Führer und Reichskanzler", Staatsoberhaupt und Regierungschef und Oberkommandierender der Reichswehr. Deren Angehörige wurden, wie Blomberg vorgeschlagen hatte, auf seine Person – eine Verfassung existierte de facto nicht mehr – vereidigt. Die gleiche, auf die Person bezogene Eidesleistung wurde alsbald auch allen Beamten abverlangt.

Am 19. August 1934 ließen die Machthaber die Deutschen über das im Kabinett am Tage vor Hindenburgs Tod angenommene „Gesetz über das Oberhaupt des Deutschen Reiches" abstimmen, das Hitler zum Staatsoberhaupt erhoben hatte. Wiederum blieb den Stimmberechtigten nur das Ja oder das Nein oder der Boykott, der indessen für viele schon nicht mehr als folgenlos angesehen werden konnte. Ebenso mußte befürchtet werden, daß die Geheimhaltung des Abstimmungsverhaltens nicht mehr gesichert war. Dennoch verweigerten sich etwa 2 Millionen der Farce. Die Zahl der Neinstimmen betrug mehr als 4 Millionen. Rund 800.000 Stimmzettel wurden für ungültig erklärt.³⁸ Damit blieb das Ergebnis hinter den Erwartungen der Machthaber zurück, doch drückte sich in ihm keinerlei geschlossene oder gar aktionsfähige Opposition aus. Verglichen mit der Wählersumme von KPD und SPD im Jahr 1932/1933 konnten die Initiatoren gar zufrieden sein. Tags darauf erklärte Hitler, „der Kampf um die Staatsgewalt" sei beendet.³⁹

Im folgenden Monat fand der Parteitag in Nürnberg statt. In Hitlers dort verlesener Proklamation wurde behauptet, „die Revolution" habe „restlos erfüllt, was von ihr erwartet werden konnte". Daran schlossen sich die Drohung, jeder Akt der Gewalt gegen die Machthaber würde niedergeschlagen werden, und die Prophezeiung: „In den nächsten tausend Jahren findet in Deutschland keine Revolution mehr statt."⁴⁰ Die Drohung wurde am 20. Dezember durch ein vom Kabinett beschlossenes Gesetz „gegen heimtückische Angriffe auf Staat und Partei und zum Schutz der Parteiuniform" ausgeweitet. Demnach würde mit Gefängnis bestraft, wer, gleichgültig ob in privatem oder in öffentlichem Kreis, auch nur das „Ansehen" der NSDAP oder ihrer Gliederungen schädige oder sich über „leitende Persönlichkeiten" der Partei, deren Anordnungen oder Einrichtungen derart äußere, daß dadurch das „Vertrauen des Volkes zur politischen Führung" untergraben würde.⁴¹ Damit war dem Volke ein spezieller Maulkorb verpaßt und auch der dümmste Hoheitsträger oder Amtswalter, agierte er nur in Uniform, außerhalb der Kritik gestellt. Berief sich Hitler in den folgenden Jahren, wie es in seiner Proklamation an den Parteitag der NSDAP 1937 geschah, noch auf die Revolution, dann hob er als den größten Wandel nicht mehr soziale oder politische Veränderungen hervor, sondern die angeblich erfolgten biologisch-völkischen: „Die größte Revolution aber hat Deutschland erlebt durch die in diesem Lande zum erstenmal planmäßig in Angriff genommene Volks- und damit Rassenhygiene." Ihr erstrebtes Ziel sei die „Züchtung eines neuen Menschen", eine Kennzeichnung, die nur schlecht die Absicht verbarg, die Deutschen total im Sinne des Regimes zu manipulieren.⁴²

Auf den 30. Juni folgte eine Anzahl personeller „Führerentscheidungen". An die Spitze der SA hatte Hitler sogleich den Oberleutnant a.D.Viktor Lutze gestellt, einen SA-Obergruppenführer, der bis dahin Einheiten in Norddeutschland kommandiert hatte. Lutze wurde jedoch nicht in das Reichskabinett aufgenommen. Die im Gesetz vom 1. Dezember 1933 gegebene Begründung, wonach der Stabschef Ministerrang erhielt, damit die engste Zusammenarbeit der Dienststellen der SA mit den öffentlichen Behörden gesichert sei⁴³, hatte sich offenkundig erledigt. Nie erreichte der Röhm-Nachfolger Popularität und Macht seines Vorgängers, und das sollte er auch nicht. Papen demissionierte ruhmlos und unbeachtet, ein Nachfolger als Vizekanzler wurde nicht ernannt. Schacht, seit 1933 wieder

Präsident des Direktoriums der Reichsbank, erhielt zudem, zeitweilig mit außerordentlichen Vollmachten, kommissarisch die Leitung des Reichswirtschaftsministeriums. Ihm fiel die Aufgabe zu, den Übergang zur forcierten Rüstungswirtschaft zu organisieren, was die Lösung der angespannten Devisenlage verlangte. Im November 1934 wurde dem Leipziger Oberbürgermeister Carl Goerdeler, der früher Mitglied der DNVP gewesen und für deren Zusammenarbeit mit der NSDAP eingetreten war, zusätzlich erneut das Amt des Reichspreiskommissars übertragen. Seine Wahl konnte als weiteres Zeichen dafür gewertet werden, daß Hitler die Zusammenfassung aller Kräfte vorantrieb, welche Befähigung und Willen besaßen, die Politik der Aufrüstung entschlossen voranzubringen.

Die Verbrechen des 30. Juni stärkten das Regime und schlossen dessen Konsolidierungsprozeß ab. NSDAP-Führung, Reichswehrgeneralität und die Wirtschaftselite hatten sich enger noch verschworen. Zugleich war die Minderheit derjenigen konservativen Kräfte tödlich gewarnt, die noch von einer veränderten Machtteilung und von der Wiederkehr oder einer Neukonstruktion der Monarchie geträumt hatten. Die Ermordung einst hochgestellter Politiker und Militärs aufgrund von Befehlen des Reichskanzlers, ausgeführt mit dem Wissen und unter Beteiligung von weiteren Ministern, schließlich nachträglich gebilligt vom Gesamtkabinett stellte einen in der deutschen Geschichte beispiellosen Vorgang dar. Er machte deutlich, daß sich an der Staatsspitze eine skrupellose politische Clique formiert hatte, die kein Jota ihrer Macht preiszugeben bereit war und mit der Gestapo, der Justiz und Einheiten der SS auch über die Mittel verfügte, sie gegen jedermann durchzusetzen. Die Hitler und seinen Mitführern übertragene, teils von ihnen auch usurpierte Staatsmacht hatte ein besonderes Eigengewicht und der Repressivapparat eine ungekannte Qualität gewonnen.

Auf diese Veränderungen mußten sich auch alle Angehörigen der gesellschaftlichen Oberschicht einstellen. Ihre Möglichkeiten und die Methoden, Entscheidungen an der Staatsspitze zu fordern, zu beeinflussen und zu erreichen, hatten sich mit der Beseitigung des parlamentarischen Regimes verändert. Die Morde warfen auch die Frage ihres persönlichen Schutzes gegen staatliche Willkür auf. Umgekehrt erwies sich aber, ohne daß dies von der Öffentlichkeit wahrgenommen werden konnte, so daß das Bild vom „Führer aller Deutschen" unbeschädigt blieb, auch die Abhängigkeit der neuen politischen Führer von den Wünschen und dem Verlangen der alten zivilen und militärischen Eliten, ohne deren bereitwilliges Mittun sie keines ihrer Ziele erreichen könnten. Das Kommando über die Politische Polizei, die Verfügungsgewalt über Gefängnisse und Konzentrationslager gab der politischen Führungsclique mithin keine absolute Gewalt und niemand wußte das besser als Hitler. Er hatte sich wahrscheinlich noch vor Jahresfrist nicht vorstellen können, daß er unter einen so unausweichlichen Druck geraten könnte, wie er ihn in den Wochen und Monaten vor der Jahresmitte 1934 zu spüren bekam, als die vieljährigen Inhaber und Verwalter der etablierten Machtzentren, deren Titel und Rechte älter waren als die seinen und nicht annullierbar, ihn zum Entscheiden und Handeln zwangen. Nun freilich hatte er sich bewährt, ja rehabilitiert. Ein mitunter und nicht allein aus Charakterschwäche, sondern auch berechnend zaudernder, aber kein schwacher Diktator[44] war in die Wilhelmstraße gelangt.

Die Mordaktion, an der die NSDAP-Führer um Hitler in unterschiedlichem Grade beteiligt waren, manche wurden auch erst nachträglich vom Geschehen informiert, schloß die Reichsleiter enger zusammen. Zwar fehlte es in der zweiten Führerreihe zwischen Göring, Frick, Himmler, Goebbels, Heß, Ley und Rosenberg in den folgenden Jahren nicht an Macht-, Kompetenz-, und Rivalitätskämpfen, nicht an Rangeleien um die Nähe und das Ohr des „Führers", selbst nicht an bloßen politischen Eifersuchtsszenen. Doch war Hitlers Mitführern durch die Ereignisse des Frühjahrs 1934 noch einmal eingeprägt worden, daß sie, seit sie an die Hebel des Staates gelangt waren, unter Erfolgszwang standen. Jeder von ihnen blieb auf den Schulterschluß mit den Eliten dieser bürgerlichen Gesellschaft angewiesen. Das bedeutete auch, daß die Zeit vorbei war, da zwischen den „eigenen" obersten Führern aus der Kampfzeit und den neu hinzugekommenen Politikern von konservativer Herkunft, die mit einem erst später in Gebrauch gekommenen Ausdruck auch als „Seiteneinsteiger" erscheinen konnten, noch differenziert werden durfte. Die Biographien Schachts, Neuraths und der anderen Minister galten als die nationaler Männer an der Seite des Führers und sie selbst als dessen Vertrauenspersonen und waren in der Partei zu respektieren. Kam etwa Schacht zur Besichtigung eines Industriebetriebs, dann hatten die lokalen politischen Größen von NSDAP, SA, NSBO vor dem Manne mit dem Stehkragen nicht anders stramm und Spalier zu stehen, als wäre ihr Idol ihnen in persona erschienen.

Hitler wurde durch die auf ihn gehäufte Machtfülle noch stärker aus seiner nächsten Umgebung herausgehoben. Seine Stellung in Staat und Gesellschaft übertraf die Bismarcks und des selbstherrlichen letzten deutschen Kaisers, der im niederländischen Exil spätestens jetzt für sich und seine Söhne Hoffnungen auf die Rückkehr auf den Thron begraben haben dürfte. Dennoch war Hitlers Aufstieg, wenn er den Deutschen fortan auch und nicht zuletzt von diesem selbst als das Kommen eines Messias verklärt wurde, nichts weniger denn ein Wunder. Hitler brauchte sich nach knapp eineinhalb Regierungsjahren nicht mehr als zuverlässiger Politiker auszuweisen. Er hatte mit seinem Kabinett die Grundinteressen der bürgerlichen und aristokratischen Schichten und Gruppen – mit der Ausnahme der jüdischen – entschlossen durchgesetzt und binnen kurzem deren langgehegte Pläne verwirklicht, die Arbeiterbewegung vernichtet, die Arbeiterklasse entrechtet. Er hatte die Stellung von Generalität und Offizierskorps der Reichswehr und der Reichsmarine gehoben und ihnen die Perspektive auf weitere Karrieren eröffnet. Die ersten Schritte zur Wiederaufrüstung waren eingeleitet. Mit Hitlers Namen verband sich ein Wandel, an den noch Ende 1932 selbst optimistische Reaktionäre nicht geglaubt hatten. Er war nicht sein Werk allein, aber er hatte zweifelsfrei geführt. Die Urteile über ihn waren in den Kreisen, die so viel gewonnen hatten, beifällig bis enthusiastisch.

So kam Hitlers auch persönlich erweiterte Macht einer Anerkennung seiner Leistung gleich, mehr noch dem Eingeständnis seiner Unentbehrlichkeit. Die Republik ohne Hermann Müller oder Heinrich Brüning, das war stets denkbar gewesen. Dieses Regime ohne Hitler, das ließ sich nun mehr und mehr kaum denken. Seine Person wurde zu einer Bedingung des Bestandes, der Festigung und der künftigen Erfolge der faschistischen Diktatur. Zunächst war er der Orientierungs- und Bezugspunkt für die Spitze der Parteihierarchie, die Reichs- und Gauleiter und die Führer der Parteigliederungen und angeschlossenen Verbände ordneten sich ihm bedingungslos zu. Sie erkannten seine Rolle an und genossen, daß ein Abglanz des „Führers" auch auf sie fiel. Sie stärkten Hitlers Autorität in jeder Weise, sahen sie in seiner unantastbaren Stellung doch eine sichere Gewähr für die Behauptung ihres eigenen Machtanteils. Und darin täuschten sie sich nicht. Innerhalb dieser Führungsgruppe galt die Parole „Treue um Treue". Hitler beließ Gauleiter und andere höhere Führer auch dann noch auf ihren Posten, wenn sich aus dem Munde seiner engsten Vertrauten unabweisbare Kritik äußerte. Entscheidend war ihm die Gewißheit, auf einflußreichen Posten Leute zu wissen, die ihm in allen Situationen bedingungslos ergeben sein würden. Den Gauleiter der Kurmark Kube und den im Nordosten Bayerns etablierten „Frankenführer" Streicher löste er erst nach langem Zögern und unter Druck ab. Während er jenen im Kriege auf einen Posten des Herrschaftsapparats im eroberten Gebiet der UdSSR setzte, wollte er diesen nach Kriegsende wieder aus seiner exklusiven Verbannungsstätte, einem Gut, in die Öffentlichkeit zurückholen.

Unentbehrlich wie ihr Führer und im Regime fest plaziert war auch die NSDAP mit ihren Verbänden und Gliederungen. Niemand in den zivilen und militärischen Führungsschichten stellte ihre Existenz fortan noch in Frage, und selbst in der Stunde der Agonie des Regimes bei Kriegsende dachten die kurzzeitigen Erben Hitlers um den Großadmiral Dönitz noch daran, sich ihrer zumindest für eine gewisse Zeit weiter zu bedienen. In diesen alsbald erledigten Überlegungen dokumentierte sich noch einmal, daß die Partei als Stütze oder – wie häufig gesagt wurde – als „Säule" des Herrschaftssystems in alle Berechnungen eingegangen war, welche die

Befestigung und Erhaltung der Macht über die Volksmassen betrafen. Das bedeutete nicht, daß in den Oberschichten der Gesellschaft, die aus dem Wirken der NSDAP mit und nächst deren Führern den meisten Vorteil und Nutzen zogen, den mittleren und unteren Funktionären besondere Sympathie oder gar Wertschätzung entgegengebracht worden wäre. Die wurden – anders als die „Parteigrößen" den Ruf nie los, politischer Plebs zu sein. Auf ihn sah man in den Zirkeln der Elite, wenn das auch nicht zur Schau getragen wurde, nicht anders herab als auf die private Dienstbotenschaft – freilich mit dem Unterschied, daß er nicht beliebig ausgewechselt werden konnte. Die Hoheitsträger der unteren Kategorien und die aktiven Parteimitglieder mochten noch glauben, und das wurde ihnen unausgesetzt versichert, sie seien die führenden und lenkenden Kräfte in Deutschlands grandiose Zukunft. In Wirklichkeit waren sie die Zuarbeiter in einem Regime, auf dessen Wegen andere die Weichen stellten. Im Vorkrieg behinderten die sich dicht aneinanderreihenden Erfolge – oder auch Veränderungen, die dafür nur gehalten wurden – das Bewußtwerden dieser Rolle. Seit 1935/36 gab es immer wieder Gründe zu enthusiastischem Feiern, bei denen sich das Selbstwertgefühl erhöhte. Diese Erfolge erschienen als der Lohn für alle Anstrengungen des Alltags, welche die Vorgesetzten mit ihren Weisungen und Befehle verlangten. Erst im Krieg und vor allem seit der sich abzeichnenden Wende, als mehr und mehr Volksgenossen auf eine leise, aber doch spürbare Distanz zu diesen sie mit immer neuen Forderungen bedrängenden Aktivisten der Partei gingen, konnten die „einfachen" Mitglieder der NSDAP und ihrer Gliederungen nicht mehr verdrängen, daß sie ständig unbezahlte Mehrarbeit zu leisten hatten. Nie zuvor war in Deutschland die Vertrauensseligkeit und Gläubigkeit einer Parteimitgliedschaft von ihrer Führung, durch Heuchelei verdeckt, so schamlos ausgebeutet worden, wie es diesen „Parteigenossen" geschah. Dies und das Vergessen der genossenen eigenen materiellen und immateriellen Vorteile erzeugte unter Millionen viel später als „Mitläufer" eingestufter Parteimitglieder das falsche Bewußtsein, auch sie selbst seien Opfer ihrer einstigen Idole geworden. Doch hatten sie in Gemeinschaft jene Säule des Regimes gebildet, die ihm erst seine furchtbare und zunächst rasch zunehmende Funktionstüchtigkeit sicherte.

Die Millionen NSDAP-Mitglieder waren auf keinen zweiten Parteipolitiker so fixiert wie auf Hitler. An ihn glaubten sie noch, wenn sie im Blick auf andere Führer Zweifel an der getroffenen eigenen Entscheidung anfechten mochten. Diese Gläubigkeit bestärkte die Propaganda tagaus und tagein. Niemand war auch da rühriger als Goebbels. Er brachte Hitler den Deutschen so nahe, daß sie in ihm die bürgerlichen – nicht wenige mochten auch formulieren: die deutschen – Tugenden wieder erkannten, zu denen sie sich selbst erzogen glaubten.[45] Goebbels pries Hitler als Staatsmann, als Volksführer, aber auch als „bezaubernde Persönlichkeit". Bescheidenheit, Einfachheit, Zurückhaltung, Demut, Klarheit, Fleiß, Zähigkeit, übermenschliche Kraft, Stolz, Härte, Tapferkeit, Fanatismus seien die Eigenschaften des „Führers", die der Paladin in einer Rundfunkrede zu dessen 46. Geburtstag aufzählte und in der er sagte: „Man kann sich ihn in Pose überhaupt nicht vorstellen" und „Das ganze Volk aber liebt ihn, weil es sich in seiner Hand geborgen fühlt wie ein Kind im Arm der Mutter".[46] Wenn das kitschige Sprachbild auch die Wirklichkeit überzeichnete, so war das Ansehen Hitlers doch in weitesten Kreisen der deutschen Bevölkerung hochgestiegen, und der 30. Juni besaß daran seinen besonderen Anteil. Die Billigung der Morde durch Millionen auch außerhalb der NSDAP rührte direkt aus dem gewachsenen Unmut her, den die unübersehbare Entfernung der Führerschaft von ihren Gefolgsleuten erzeugt hatte. Aus deren Reihen sonnten sich zu viele ungeniert in der neugewonnenen Machtfülle. Sie traten anmaßend und herrisch auf und zeigten alle Eigenschaften von Parvenüs. Die einflußreicheren bewegten sich in der Öffentlichkeit geradezu majestätisch, um sie scharwenzelten Adjutanten, Ordonnanzen und weitere Bedienstete. Sie bezogen mit ihren Familien exklusive Quartiere. Ihre luxuriösen Dienst- und Privatautos ließen in der Zeit, da die Motorisierung des Straßenverkehrs erst begann und jedes motorisierte Gefährt ohnehin einen Gegenstand der Aufmerksamkeit bildete, erkennen, wie tief in die Partei- oder die Staatskasse gegriffen worden war und wie sehr sich die Inhaberschaft der neugewonnen Posten auszahlte. Die Verkaufsabteilung von Mercedes erlebte goldbraune Zeiten. In dem Wagentyp, in dem sich Hitler, selbst ein Autonarr, fahren ließ, wollten sich auch seine Paladine zeigen.

Hitler, schon zu einem Urbild von Einfachheit, Bescheidenheit und Selbstlosigkeit stilisiert, erschien vor diesem Hintergrund als der unerschrockene Reiniger der Bewegung von ihren – auch das ein eher die tatsächliche Situation beschönigendes Wort aus der Papenrede – Schlacken. Ihm wurde nun die Wahrnehmung eines Wächteramtes noch mehr zugetraut, er würde immer für Sauberkeit in allen Richtungen sorgen. Die dem OSAF selbst längst bekannte Tatsache, daß Röhm und Führer in seiner engsten Umgebung homosexuell waren, nun zur Anklage gemacht, tat ein übriges, in gut- und kleinbürgerlichen Keuschheits- und Sittlichkeitsvorstellungen erzogene Gemüter gegen die Massakrierten und für die Mörder einzunehmen. Weithin, berichteten Meldungen des Geheimdienstes, werde gehofft, daß am 30. Juni erst der Anfang gemacht worden sei und die kritische und rücksichtslose Inspektion des gesamten Korps der Hoheitsträger und der Politischen Leiter auf ihre Eignung als Führerschaft sich fortsetzen werde. Viele meinten, über die Beiseitegeschafften und die noch Beiseitezuschaffenden würde der Aufstieg erfolgen. Hitler, zum „getreuen

Ekkehart der Deutschen" erhoben, wurde Gegenstand eines Kults, der immer mehr Menschen erreichte und erfaßte. Der wirkte auf ihn selbst zurück, stärkte sein Sendungs- und Unfehlbarkeitsbewußtsein. Unter den Machtverschiebungen, die als ein Resultat des 30. Juni 1934 zwischen den Großorganisationen der Partei eintraten, war die zwischen SS und SA die wichtigste. An die auf etwa 3 Millionen angewachsenen Mitglieder der enthaupteten Organisation hatte Hitler noch am Mordtag einen schon an Lutze adressierten Tagesbefehl erlassen. Er enthielt 10 Forderungen, „Der Angriff" veröffentlichte sie unter der Überschrift „Der Luxus wird ausgerottet".[47] Hitler forderte Disziplin und Gehorsam, Sparsamkeit und Einfachheit, Vorbildlichkeit und „Sittlichkeit" und Schulung. Als eindrucksvoller Schlußpunkt plaziert, wurde den SA-Führern abverlangt, sich gegenüber der Wehrmacht bedingungslos treu zu verhalten. Damit war indirekt noch einmal gesagt, warum diejenigen sterben mußten, die nun bald verächtlich „Röhmlinge" genannt wurden. Nahezu nebenbei enthielt der Appell das Eingeständnis, daß Millionen Volksgenossen noch immer das Nötigste zum Leben fehle und der Abstand zwischen Not und Glück – der Demagoge vermied die Gegenüberstellung von Armut und Reichtum – ungeheuer groß sei.

Dabei war seit dem 30. Januar 1933 auch der Abstand in den Lebensverhältnissen der Führer und der „einfachen" Mitglieder und SA-Leute immer größer geworden, so daß die Behauptung, der Luxus werde ausgerottet, eine dreiste Unwahrheit darstellte. Auch der Führer Hitler, der dem Volke glaubhaft als ein anspruchsloser Mensch dargestellt wurde, war inzwischen ein reicher Mann geworden. In einer seiner letzten Steuererklärungen, 1935 wurde er von allen Zahlungen an den Fiskus befreit, gab Hitller 1933 seine Einkünfte 1.232.335 RM an. Im gleichen Jahr kaufte er, der sich schon in der „Kampfzeit" privat eine Neun-Zimmer-Wohnung im teuren Münchener Stadtzentrum angemietet hatte, Grundstück und Haus „Wachenfeld" auf dem Obersalzberg, das auf Staatskosten zwei Jahre später zum „Berghof" umgebaut und erweitert wurde.[48] Goebbels nannte ihn einen „einzigartigen Herrensitz". Dieser entwickelte sich zu einem zweiten Retgierungszentrum, in dem es Kasernen für eine 300 SS-Leute zählende Wachmannschaft, ein Gästehaus, ein Gut und ein Gewächshaus gab und auf dessen Terrain sich auch Göring, Martin Bormann und Albert Speer ansiedelten.

Wirkungsvoller noch als dieser nach dem Morden ergangene Tagesbefehl Hitlers war die Tatsache, daß die SA-Mannschaften durch die Ermordung einer ungewissen Zahl ihrer Führer verschreckt, irritiert, gedemütigt und – dies die Absicht – zunächst wie gelähmt waren. Sie hatten ihre Waffen – 651 schwere, 1.250 leichte Maschinen- und 177.000 Gewehre[49] – abzuliefern. Sie sahen sich urplötzlich als Mitglieder von Formationen, die nicht mehr als zuverlässig galten und erhielten dies tagtäglich bestätigt. In ihren Reihen wurde „gesiebt" und für die SA eine allgemeine Beförderungssperre verhängt. Dann begannen bis in das Jahr 1935 andauernde Versetzungen von Führern. Viele erhielten neue, meist von ihren bisherigen Wirkungsbereichen auch territorial weit entfernte Arbeitsgebiete, wodurch bestehende Cliquen und Klüngel aufgelöst und Möglichkeiten der Überwachung geschaffen wurden. Nicht nur für den Moment waren die Sturmabteilungen als selbständige politische Kraft ausgeschaltet. Erst in einem längeren Zeitraum löste sich mit der Stabilisierung der wirtschaftlichen Lage, dem Rückgang der Arbeitslosigkeit, dem Aufbau des Massenheeres und dem Ausbau des Reichsarbeitsdienstes auch das Unzufriedenheits- und Unruhepotential in den braununiformierten Formationen auf. Der Einfluß der „alten" Kämpfer, die bei vielen Gelegenheiten poussiert wurden, ging weiter zurück. Ein niederländischer Korrespondent charakterisierte den Kern der Veränderung knapp: „Die SA hat jedoch immer weniger Gewicht."[50]

Während Führer und Mannschaften der SA unter den Zwang neuer Bewährung gesetzt wurden, galten die SS-Formationen, die Himmler kommandierte, als absolut befehlsgehorsam. Sie hatten die Täter der Mordaktion gestellt, die nach der Devise handelten „SS-Mann - Deine Ehre heißt Treue". Sie hatten sich verhalten, wie es der OSAF von allen Untergebenen erwartete. Röhms Vorgänger Pfeffer von Salomon setzte den zu befolgenden Anspruch einem Kölner SA-Führer schon 1929 so auseinander: „Vor ihnen (den SA-Männern, K.P./M.W.) steht ein einziger: der Führer... Er befiehlt und du folgst ihm. Du fragst nicht, warum und wozu."[51]

Diese Haltung der Schwarzuniformierten und ihres Kommandeurs belohnte Hitler sofort. Er löste sie am 20. Juli, ihre eben erworbenen Verdienste ausdrücklich erwähnend, aus ihrer Unterstellung unter den SA-Stab und erklärte sie zur selbständigen, ihm direkt zugeordneten Organisation. Die SS wurde nach einer schon im Frühjahr getroffenen Absprache mit der Reichswehrführung zusätzlich bewaffnet und damit befähigt, ihre Rolle als Bürgerkriegsgarde – oder wie es offiziell hieß: als „Staatsschutzkorps" – in allen Eventualfällen zu spielen. Zu diesem Zweck wurden, indessen der SA-Mannschaftsbestand schrumpfte, ihre Formationen erweitert. 1935 zählte die Allgemeine SS, sie umfaßte diejenigen Einheiten, in denen der Dienst nebenamtlich versehen wurde, 175.000 Mitglieder. Nahezu um das Doppelte stärker war die Gruppe der „fördernden", d.h. vor allem der zahlenden Mitglieder. Damit wuchs auch der persönliche Machtanteil Himmlers. Ihn trieb der von Rasse- und Männlichkeitswahn geprägte Ehrgeiz, die von ihm Befehligten in Eliteformationen zusammenzufassen, die – fern jeden Vorsatzes, Wächter der „nationalsozialistische Revolution" sein zu wollen – der Verewigung des Herrschaftssystems zu dienen hatten. Zu diesem Plan gehörte, daß die Führerschaft der SS in alle

Machtorientiert und ehrgeizig: Himmler und Göring

Schalt- und Schlüsselstellen des Repressivapparats eindrang. Mit der Verwirklichung dieser Absicht war durch die Besetzung der Führungsposten in der politischen Polizei (Gestapo) und der Kommandozentralen im reorganisierten System der Konzentrationslager bereits begonnen worden. Zudem stellte die SS mit dem Reichssicherheitsdienst den Personenschutz für Hitler und seine Mitführer. Sie rekrutierte das Wachpersonal für die KZ ebenso wie für die Herrschaftszentralen in Berlin, München und am Obersalzberg, die als besonders schutzbedürftig galten. Dadurch und durch ihre polizeiähnliche Rolle bei Massenkundgebungen traten ihr Sonderauftrag und ihre unmittelbare Nähe zu den Machthabern weithin auch ins öffentliche Bewußtsein.

Alle diese Veränderungen schufen der SS einen neuen Platz in der Gesellschaft. Sie blieb Gliederung der NSDAP, aber sie wurde mit einem wachsenden Teil ihrer Führerschaft durch deren Doppelfunktionen und auch mit einer immer größeren Zahl ihres Mannschaftsbestandes Teil des Staats-, insbesondere von dessen Repressivapparats. Daß sich ausgewählte, erfolgs- und karrierehungrige Kader der SS mit der Ermittlung und Verfolgung aller als Regimegegner angesehenen Gruppen und Einzelnen befaßten, teils im Vorfeld und als Hilfsorgan der Justiz, teils in gänzlich eigener Machtvollkommenheit, erhöhte sukzessive das Ansehen der gesamten Organisation und vor allem den Einfluß ihrer Führerschaft, angefangen von Himmler und den Führern der sich vermehrenden zentralen SS-Ämter und -Hauptämter bis zu den Beamten an der Spitze der regionalen und lokalen Gestapostellen, die es vermochten, Menschen „verschwinden" zu lassen. Damit entstand auf einem Teilgebiet staatlicher Macht eine bisher in der deutschen Geschichte unbekannte Verschmelzung von staatlicher und Parteimacht, die sich äußerlich dadurch wahrnehmbar wurde, daß die Reichsführung der SS von München nach Berlin umzog, während die Reichsleitung der NSDAP und die Zentralen der anderen Verbände ihren Sitz in München behielten. Mit dieser Verschmelzung prägte sich der terroristische Charakter des Regimes weiter aus, aber es erfuhr dadurch keinen grundsätzlichen Wandel. Die von seinen Führern gewählte Kennzeichnung als „nationalsozialistischer Staat" bedeutete nicht, daß in ihm „die Nationalsozialisten" herrschten oder bestimmten, wenn auch die Parteipropaganda am Bild von der „führenden Kraft der Partei"[52] festhielt. Die Kennzeichnung traf nicht einmal in dem Sinne die Wirklichkeit, daß die mit Hitler in die Zentralen der Macht eingezogenen NSDAP-Führer den Staatskurs allein bestimmt hätten, den die an ihren Plätzen gebliebenen zivilen und militärischen Führer dann nur auszuführen hatten. Dazu wären diese Führer allein wegen des Mangels an Kenntnis und Kompetenz, und weil geeignete Kräfte aus den eigenen Reihen in ausreichender Zahl nicht zur Verfügung standen, nicht fähig gewesen. Sie waren sich schon vor dem 30. Januar bewußt, daß sie, sollten auf dem geplanten Wege nicht Einbrüche an staatlicher und gesellschaftlicher Wirkungskraft entstehen, mit der übergroßen Mehrheit der Angehörigen der alten Elite zusammenzuarbeiten hatten. Daß dies möglich sein würde, sich ihr Vorsatz also verwirklichen ließe und das neue Staatswesen dadurch von seinem Startmoment an eine besondere Schubkraft erhalten könnte, davon hatten sich Hitler und seine engsten Mitführer in den vielen Gesprächen auf dem Wege zur Macht bereits überzeugt.

So herrschten in Deutschland nach der Zerschlagung der Republik gemeinschaftlich Partei-, Militär- und zivile Führer, die auf sehr unterschiedlichen politischen und Lebenswegen zusammengeführt worden waren, sich nun aber durch ein gemeinsames innen- und außenpolitische Programm verbanden. Ihr Zusammenhalt blieb auch durch ihre weitgehend übereinstimmende nationalistische und imperialistische Grundüberzeugung gesichert. Begriffe wie der von der „nationalsozialistische Herrschaft" verschleierten diese Konstellation, reduzierten die Wirklichkeit und stellen bis heute nicht zuletzt ein sprachlich-begriffliches Hilfsinstrument dar, mit dem Fragen an die Geschichte eingeengt und fehlgelenkt werden.

Zugleich blieben sich die nun an das Ziel ihrer Machtwünsche gelangten höchsten NSDAP-Führer bewußt, daß ihr Aufstieg von anderen Quellen und Strömen bewirkt worden war als derjenige ihrer neuen Partner aus den Kreisen der Hochfinanz und des Hochadels, der Großindustrie und der Generalität. Ihre Macht war abgeleitet, deren Macht hingegen originär. Sie waren die Newcomer, diese die seit Jahrzehnten Erfahrenen und Alteingesessenen. Sie waren erst durch die konterrevolutionäre Wendung der deutschen Geschichte nach dem Weltkrieg zu einem politischen Faktor in der deutschen kapitalistischen Gesellschaft geworden, diese in ihr seit langem und fest verwurzelt.

Auch aus dieser ungleichen Situation entstand das Bedürfnis der Partei-

Partei und Staat, SA und Wehrmacht 315

führergruppe um Hitler, sich ihrerseits unerschütterliche Machtgrundlagen zu schaffen, die jedoch nicht in erster Linie im Eigentum an Kapital bestehen konnten. Sie ergriffen die Chance, den Zugriff auf jenen Teil des Staatsapparats zu monopolisieren, den nun die SS mit einem Teil ihrer Führer und Mannschaften besetzte, und diesen auch jeder formalen Kontrolle durch die Gesamtheit der Regierung und die Spitzen der Staatsbürokratie zu entziehen. Damit entstanden Voraussetzungen, terroristische Schläge gegen alle Opponenten zu führen. Diese Entwicklung rief bei manchen an herkömmlichen bürgerlichen Staats- und Rechtsvorstellungen orientierten Angehörigen der sozialen Oberschichten auch Unbehagen hervor, waren sie doch seit Generationen daran gewöhnt, ihre Interessen und ihre persönliche Integrität nach feststehenden Regeln durch ihre Rechtsanwälte privat und vor Gerichten wahrzunehmen und zu sichern. Doch wurden derlei Befürchtungen nicht bedeutsam, denn die Konfliktstoffe nahmen seit 1933 mit nahezu jedem Schritt der Etablierung des Regimes ab oder verloren an Gewicht.

Der Aufstieg der SS entsprang letztlich also einem Bündel von Widersprüchen, offenen und primären, wie denen zwischen den Machthabern und den Regimegegnern, verdeckten und sekundären, wie denen innerhalb der kooperierenden zivilen und militärischen, staatlichen und nichtstaatlichen Führern und Führungsgruppen, und er wurde vor allem durch das gemeinsame Zielkonzept der Eliten vorangetrieben, an dem sich ablesen ließ, das Herrschaftskrisen nicht ausbleiben konnten. Praktisch anerkannt wurde die veränderte Stellung des „Schwarzen Korps" übrigens dadurch, daß die erforderlichen Gelder für dessen wichtigste Institutionen und Einheiten seit 1934 aus dem Etat und von mehreren Haushaltstiteln auf die Konten der SS flossen. Dort sammelten sich auch immer mehr private Spenden, unter denen diejenigen besonders ansehnlich waren, die von den Angehörigen des zum „Freundeskreis des Reichsführers" umgewandelten und erweiterten einstigen Keppler-Kreis stammten.

Die Entscheidungen des 30. Juni und der folgenden Wochen hatten akute Herrschaftsprobleme des Regimes gelöst. Seinen politischen Hauptwiderspruch vermochten die Morde nicht aus der Welt zu schaffen. Er bestand darin, daß sich die Machthaber an den Interessen der sich vereinigenden neuen und alten Elitegruppen orientierten und nicht an denen der nach wie vor zumeist kleinbürgerlichen Massenbasis, die sich mehr und mehr durch Hinzustoßende aus Arbeiterschichten erweiterte. Daher mußten alle Organisationen und Formationen der NSDAP dazu beizutragen, daß dieser Widerspruch beherrschbar blieb. In der allen Parteimitgliedern gestellten Aufgabe, die Massen zu „erziehen", drückte sich der Vorsatz aus, alle Deutschen auf einen Weg mitzunehmen, der zu Krieg und Eroberung führte. Goebbels hatte bereits in einer Zeit, als an die

Machtübertragung noch nicht zu denken war, offenherzig formuliert, es gelte, „unser Volk so in Form zu bringen, daß wir den kommenden Weltentscheidungen als ... Schicksalsgemeinschaft entgegentreten können."[53]

Während die Staatspolitik Propaganda, Terror und Erfolgsbestechung kombinierte, hatten die Organisationen der NSDAP an der Basis der Gesellschaft vor allem den Part des Propagandisten zu spielen und die Masse des Volkes möglichst vollständig für die von der Führung gestellten Aufgaben zu mobilisieren. Die NSDAP mit ihren Gliederungen und Verbänden sollte nicht nur sich, sondern das ganze System gleichsam im Volke verankern. Je mehr Deutsche Mitglied einer oder – was sich häufte – mehrerer Organisationen der Partei wurden, um so größer auch der Prozentsatz des Volkes, der über diese Zugehörigkeit und durch Statuten, Weisungen und Befehle an den Staat zusätzlich gebunden und überwacht, diszipliniert und, nicht zuletzt durch die Aussicht auf Karrieren und Pöstchen, aktiviert werden konnte.

Die Hoheitsträger der mittleren und unteren Ebenen mußten umlernen. Sie hatten nicht Forderungen an den Staat zu stellen, sie waren nicht dessen Kontrolleure, sondern seine ersten „Diener". Und jedes Mitglied der Partei oder einer ihrer Gliederungen sollte so etwas wie ein Reklamefachmann des „Nationalsozialismus" sein, wenn nötig durch Rede und Vorbild die Volksstimmung heben und die Volkshaltung den jeweiligen konkreten und den Fernzielen der Machthaber anpassen helfen.

In dieser Rolle gerieten die Parteigenossen – nicht permanent, aber häufig gerade in den Situationen, in denen es auf ihre Rührigkeit ankam – unvermeidlich in Konflikte, wenn ihnen „Volksgenossen" die Unvereinbarkeit von Worten und Taten vorhielten, die alltägliche Erscheinungsform des weithin unverstandenen Widerspruchs zwischen der Klassennatur der faschistischen Herrschaft und ihrer Massenbasis. Das zwang Hoheitsträger und Amtswalter, vor allem die Funktionäre der DAF und des für die Erfassung der Bauern geschaffenen Reichsnährstandes, mitunter dazu, sich gegenüber ihren Vorgesetzten zu Fürsprechern von Veränderungen zu machen. Doch wurden nicht mehr als beruhigende Zugeständnisse vorgeschlagen. Das Ganze der Machtverteilung stand außerhalb aller weiteren öffentlichen Erörterung. Röhms Ende und auch Papens Abschiebung auf den Botschafterposten in Wien warnten.

In den Koordinaten des Gesamtplans, den Hitler den Spitzen der Reichswehr im Februar 1933 umrissen hatte, markierten die Ereignisse des 30. Juni ein wesentliches Datum. Es bezeichnete einen Durchgangspunkt, von dem an das System mit größerer Geschlossenheit und in rascherem Tempo auf seiner Bahn vorankam. Viele Deutsche meinten, es sei nun der entscheidende Schritt zum inneren Frieden gegangen worden. In Wirklichkeit beschleunigte sich ihr Marsch in den Krieg.

Kapitel 11
Terror, Demagogie und Organisationen

Nach der blutigen Aktion, die von den Machthabern verlogen „Röhm-Putsch" genannt wurde, in Ermangelung eines treffenden knappen Begriffs in der Geschichtswissenschaft als Röhm-Affäre bezeichnet wird, prophezeiten ausländische Beobachter dem Regime eine langwährende Herrschaftskrise. Sie glaubten, das Ereignis werde durch seine Nachwirkungen die Pläne der Machthaber für längere Zeit stören. Indessen markierten der 30. Juni und die danach ergriffenen Maßnahmen der Führungsgruppe um Hitler nicht eine Etappe in einer krisengeladenen Entwicklung sondern deren Abschluß. Nahezu nahtlos erfolgte der Übergang aus der nun beendeten Konsolidierungsphase in die Phase forcierter Aufrüstung. In die Vorkriegsjahre zurückblickend, erklärte Hitler 1939 großsprecherisch und in der Absicht, Glauben an die Unausweichlichkeit des Kriegssieges zu wecken: „Die zurückliegende Zeit ist wohl ausgenutzt worden. Alle Schritte waren folgerichtig ..."[1] Doch war das nicht bloße Großtuerei.

Seit 1934 wurde die Industrie Zug um Zug auf die Versorgung eines Massenheeres mit modernsten Waffen und modernster Logistik umgestellt. Drakonisch ließ Schacht im Rahmen des „Neuen Plans" Import und Export auf diese Bedürfnisse ausrichten und Erzeugung und Einfuhr für den zivilen Bedarf einschränken. Ein kompliziertes System staatsmonopolistischer Lenkungs- und Leitungsmaßnahmen, das beträchtlichen personellen und organisatorisch-bürokratischen Lenkungs- und Kontrollaufwand erforderte, garantierte den am stärksten in der Rüstung engagierten kapitalistischen Gesellschaften und Firmen die Belieferung mit importierten oder raren Rohstoffen und damit die Expansion ihrer Produktion und wachsende Gewinne aus stabilen und hochbezahlten Aufträgen des Staates und der Wehrmacht. Benachteiligt sahen sich demgegenüber zunehmend diejenigen Zweige der nichtmonopolistischen Industrie, die auf Rohstoffe aus dem Ausland angewiesen waren und für den zivilen inländischen Massenbedarf produzierten, während die Herstellung von Konsumgütern für Ausfuhrzwecke relativ begünstigt wurde, sollten sie doch die ständig überstrapazierte Devisenkasse auffüllen helfen.

Die im September 1933 geschaffene Zwangsorganisation „Reichsnährstand" drängte die Bauern zur Anspannung aller Kräfte, damit die eigene Erzeugung von Nahrungs- und Genußmitteln gesteigert wurde und deren Import gedrosselt werden konnte. Forciert wurde auch die Erzeugung von industriellen Rohstoffen, vor allem pflanzlicher und tierischer Fasern. Mit ihren Forderungen nach äußerster Kraftanstrengung fanden die Landwirtschaftsfunktionäre um Darré bei der bäuerlichen Bevölkerung zunächst offene Ohren und Zustimmung, existierte doch allenthalben das Bedürfnis, die eigenen Wirtschaften zu stabilisieren und die schweren Folgen der langdauernden Wirtschaftskrise zu bewältigen. Zudem wurden die Bauernschaft und deren gesellschaftliche Rolle im Geiste des „Blut- und-Boden"-Kultes verklärt. Die Bauern seien „Urquell" und „Urkraft" des Volkes. Deren Arbeitsfleiß und Anspruchslosigkeit wurden gerühmt, ihre verglichen mit der städtischen Bevölkerung größere Kinderzahl als Ausdruck gesunder Kraft und richtiger und vertrauensvoller Einstellung zur nationalsozialistischen Zukunft gelobt, auch antistädtische Ressentiments fanden Unterstützung, sofern sie dazu dienten, die Landflucht einzudämmen. So schuf sich das Regime auf dem Lande, wo die NSDAP bereits vor dem 30. Januar 1933 so einflußreich war, nun auch durch den Einsatz eines auf die Mentalität der Bauern zugeschnittenen ideologischen Instrumentariums eine breite Basis. Schon im Herbst 1933 und dann alljährlich organisierten die Nährstandsfunktionäre auf dem Bückeberg bei Hameln das „Reichserntedankfest". Dort versammelten sich Hunderttausende, nicht wenige in den Trachten ihrer Landstriche, und Hitler erschien als derjenige, der „den deutschen Bauern" gerettet habe.

Ohne daß die Nachwirkungen der Krise bereits überwunden waren, gelang es im Reich eine Atmosphäre des Aufbaus zu schaffen. Erste Spatenstiche und Grundsteinlegungen – wie die für das „Haus der deutschen Kunst" in München – erweckten den Eindruck des Aufbruchs in eine friedliche Zukunft und in ein von Existenzsorgen befreites Leben. Dabei konnte es kaum jemandem entgehen, daß die Masse der staatlichen Investitionen sich nicht auf den grell herausgestellten Wohnungs- und Siedlungsbau richtete, sondern in militärische Anlagen, Kasernen, Flugplätze, maritime Stützpunkte und deren Folgeeinrichtungen gelenkt wurde. Zu diesem Zweck erfolgten Zwangsverpflichtungen von Arbeitskräften, die vorerst noch in ausreichender Zahl vorhanden waren. Familien wurden auseinandergerissen, nicht wenige bezogen neue Wohnorte. Auf diese Weise gingen auch politische und persönliche Verbindungen verloren, die in den Zeiten der Republik entstanden waren, und den Machthabern eröffneten sich neue Möglichkeiten der Überwachung und Beeinflussung.

Der verbreiteten Aufbruchstimmung wirkte jedoch 1935 mehr und mehr entgegen, daß die Veränderungen wenig von „nationalem Sozialismus" spüren ließen. Die Masse der Arbeiter erlebte im Alltag die Fortsetzung der kapitalistischen Zustände unter den Bedingungen konjunktureller Belebung. Mehr noch: Die Löhne blieben auf dem niedrigen Krisenniveau. Hingegen begannen die Preise von Waren des Massenkonsums zu steigen. Die Lebensbedingungen von Arbeitern, die in Wohnlagern lebten, waren vielfach katastrophal. In den Großstädten nahmen Wohnungsnot und Wohnungselend zu. Gleichzeitig stiegen der Leistungsdruck, die Arbeitshetze und mit ihnen die Zahl der Arbeitsunfälle an. Eine verheerende Explosion in einer mitteldeutschen Sprengstoffabrik nahe Wittenberg signalisierte, daß auch an primitivsten, dem Schutz der Arbeiter hohnsprechenden Produktionsanlagen geschuftet wurde. Die Toten wurden als „Opfer der Arbeit" bezeichnet, die in einem großen Geschehen gebracht worden und unvermeidlich seien. Hitler begab sich zu den Witwen und Waisen, ihnen die Hand zu schütteln. Wie hier wurde der Weg ins Dritte oder auch ins Tausendjährige Reich durch die Presse, den Rundfunk und die Propaganda der Partei permanent als historisch dargestellt, nationalistisch verklärt und als Ausdruck der Volksgemeinschaft der Tat gefeiert. Das letzte bedeutete vor allem Ausbeutung der Bereitschaft zur Solidarität. Unter Hinweis auf die noch arbeitslosen „Volksgenossen" wurde den Arbeitenden abverlangt, sich den Bedingungen widerspruchslos zu unterwerfen, die ihnen von einer Unternehmerschaft, die den Aufschwung maximal nutzen wollte, im Verein mit den schon durch ein Gesetz vom 19. Mai 1933 eingesetzten staatlichen „Treuhändern der Arbeit" zudiktiert wurden. Deren wichtigste Funktion bestand darin, durch die Niedrighaltung der Löhne die kaufkräftige Nachfrage zu bremsen und so dabei zu helfen, den Massenkonsum und mit ihm die Aufwendungen für Devisen zu drosseln.

Auch Parteiführern und -funktionären, insbesondere denen der DAF, konnte die erneute Verschlechterung der Stimmung in weiten Bevölkerungskreisen nicht entgehen. Manche fürchteten nicht nur negative Wirkungen auf die wirtschaftliche Entwicklung, sondern auch für die Stabilität des Regimes. Es wuchs folglich der Druck der an der Basis der Gesellschaft tätigen Amtswalter auf die Parteispitze, Korrekturen zu veranlassen. Als sich Mitarbeiter des von Heß geleiteten Amtes „Stellvertreter des Führers" und der NSDAP-Reichsleitung gegenüber dem Reichswirtschaftsminister auch nur für geringe Lohnerhöhungen verwandten und die Versorgung mit Lebensmitteln garantiert wissen wollten, erklärte Schacht, der bald darauf zum Generalbevollmächtigten für die Aufrüstung avancierte, rüde, man könne sich zur Not auch mit Sand waschen, wenn fetthaltige Seife wegen Devisenmangels nicht zur Verfügung stehe.[2] Die Machthaber ließen sich durch derartige Forderungen um so weniger in eine defensive Haltung drängen, als der Unzufriedenheit jede Voraussetzung organisatorischer Sammlung und daher auch jede Dynamik fehlte.[3] Offensiv gaben sie, derart die Grundrichtung ihrer Politik bezeichnend, 1935 die Durchhalteparole aus: „Kanonen statt Butter".

Im Verlauf des Jahres 1935 zeichnete sich ab, daß das planmäßig angeschlagene hohe Rüstungstempo nur einzuhalten war, wenn drei Bedingungen hergestellt wurden. Die erste und grundlegende bestand in der Funktionstüchtigkeit des Terrorapparats, der alle Versuche von Antifaschisten und anderen Hitlergegner unterbinden mußte, sich zu organisieren und unter den Unzufriedenen Einfluß zu gewinnen. Die zweite hatten die Reichsleitung der NSDAP und die Führerschaft der Gliederungen zu gewährleisten. Sie sollten als die treuesten Diener des Staates die Millionengefolgschaft diszipliniert, befehlsgehorsam und einsatzbereit halten und deren geistigen und organisatorischen Einfluß auf alle parteilosen „Volksgenossen" verstärken. Dazu gehörte auch, daß immer mehr Deutsche als Mitglieder dieser Organisationen gewonnen oder in sie hineingedrängt wurden. Drittens mußte die Wirkung der nationalen und sozialen Demagogie auf die Bevölkerung gesichert bleiben. Das betraf die Arbeit des gesamten Propagandaapparats, der Verbände der Künstler und Schriftsteller, der Schulen und Hochschulen, setzte aber voraus, daß wirkliche Verbesserungen der Lebenslage der Massen erreicht oder doch Tatsachen geschaffen wurden, die sich als Erfolge ausgeben und als Bausteine weiterer Fortschritte vorweisen ließen.

Für die NSDAP stellte sich die Aufgabe, daß ihre Führer, Funktionäre und Mitglieder in der neuen Etappe die ihnen zugedachten Plätze einnahmen. Was für die SA in besonderer Weise galt, traf auch auf alle anderen Teile des Parteigefüges zu. Keine weitere Organisation mußte mit derart drakonischen Mitteln in die neuen Bahnen gezwungen werden wie die Braununiformierten. In keiner anderen waren derart drastische Wechsel an der Spitze notwendig. Keine war aber auch personell und ideologisch so auf ihre Rolle vorbereitet wie die SS. Der fraglos schwierigste Teil der neuen Aufgaben fiel der DAF zu. Sie hatte so etwas wie die Quadratur des Zirkels zu lösen. Sie sollte die Arbeiter und Angestellten zu immer intensiverer Verausgabung ihrer Arbeitskraft anfeuern, die Interessen der Betriebsführer vertreten und ihre Mitglieder für den „Nationalsozialismus" einnehmen, ja zu dessen Enthusiasten machen. Und dies alles sollte sie erreichen mit einem Korps von Amtswaltern, das dafür wenig vorgebildet und untrainiert und dessen Ansehen großenteils gering war. Zudem legten alle 1934 und 1935 unternommenen Versuche, die Stellung und die Rechte dieser bei weitem mitgliederstärksten zivilen Organisation des Regimes zu bestimmen und sie dadurch aufzuwerten. eher das Dilemma der Konstruktion bloß. So erklärt es sich, daß in der Reichswehrführung eine Studie angefertigt wurde, in der sich die Befürchtung aussprach, es könnte dieser Funktionärsapparat unter dem Druck der Arbeiterschaft gar einen Generalstreik organisieren und dieser das System aus den Angeln heben. Aus dieser Überlegung wurde geschlossen, daß die DAF gleichsam umkonstruiert und ganz auf ideologische Aufgaben orientiert werden müsse.

Terror, Demagogie und Organisationen

Nach langwierigen Auseinandersetzungen, die jenseits der Öffentlichkeit stattfanden, hatte Hitler am 24. Oktober 1934 die Verordnung „über Wesen und Ziel" der Arbeitsfront erlassen, in der die Bildung einer „Leistungsgemeinschaft" als deren einziges Ziel bezeichnet wurde. Um sie herzustellen, wurde die Organisation verpflichtet, „den Arbeitsfrieden dadurch zu sichern, daß bei den Betriebsführern das Verständnis für die berechtigten Ansprüche ihrer Gefolgschaft, bei der Gefolgschaft das Verständnis für die Lage und die Möglichkeiten ihres Betriebes geschaffen wird." Konflikte sollten im Betrieb behoben, und die Zahl der „Fälle" eingeschränkt werden, die der „Treuhänder der Arbeit" zur Entscheidung erhielt.[4] Kein halbes Jahr später folgte dem eine in Leipzig geschlossene Vereinbarung, unterzeichnet von Ley und den die Interessen der Kapitaleigner vertretenden Ministern Schacht und Seldte, in der auch das beratende Zusammenwirken in lokalen Gremien vorgesehen wurde. Den Unternehmern wurde darin ausdrücklich bescheinigt, daß „Betriebsbesichtigungen" durch Hoheitsträger und Amtswalter ihrer Genehmigung bedurften.[5] Die Funktion der Arbeitsfront wurde am deutlichsten in ihrem Totalitätsanspruch formuliert, „Soldaten der Arbeit" zu erziehen. Ley charakterisierte das Verhältnis der Betriebsführer genannten Kapitaleigner oder - beauftragten zu den DAF-Obmännern in diesem Sinne einprägsam und gleichermaßen entlarvend in einer „Grundsätzlichen Anweisung" so: „Friedrich Wilhelm I. schuf zum ersten Male den Begriff des etatmäßigen Feldwebels. Dieser ... war als der Fürsprecher der Mannschaft beim Kompanieführer gedacht, und so bildeten sich bis auf den heutigen Tag die Begriffe des 'Vaters der Kompanie' für den Kompanieführer und der 'Mutter der Kompanie' für den etatmäßigen Feldwebel ... So möchte ich das Verhältnis des Betriebsobmannes zum Betriebsführer angesehen haben."[6] Bei anderer Gelegenheit sprach der Reichsorganisationsleiter von der DAF als dem „Exercierplatz der Betriebs- und Volksgemeinschaft".[7] Wenn nach einem Zeugnis Leys, Hitler bei der Gründung dieser Arbeitsfront gesagt hatte, er wolle erst abwarten, was aus diesem „Wechselbalg" werde[8], so war diese Frage 1935 beantwortet. Ihre Hauptrolle spielte sie bei der Disziplinierung einer wachsenden Zahl von Mitgliedern, die im Frühjahr 1935 die 15 Millionengrenze erreicht haben soll, an ihren Arbeitsplätzen.

Allein auf diesem Wege wäre die DAF freilich in die Gefahr totaler Isolierung geraten. So dehnte sie ihre Aktivitäten auf Felder aus, die einerseits der Leistungssteigerung dienten, andererseits aber ihr auch in den Augen eines Teils ihrer Mitgliedschaft Existenzberechtigung und Ansehen verschafften. Sie wurde der Träger von Umschulungen und Weiterbildungen, wodurch sie auch dem alsbald bemerkbaren Mangel an geschulten Arbeitskräften abhalf, zugleich aber Aufstiegs- und bessere Verdienstmöglichkeiten eröffnen half. Ähnlich wirkte der von ihr in Gemeinschaft mit der Hitlerjugend, denn die Teilnehmer waren zum erheblichen Teil Jungarbeiter, organisierte Reichsberufswettkampf, in dessen Verlauf die Produktion gesteigert und Neuerungen eingeführt wurden. Eine spezielle Kampagne, für deren Leitung ein eigenes Amt unter Albert Speer eingerichtet wurde, fand unter der Devise „Schönheit der Arbeit" statt. Mit ihrem Eintreten für Pausenräume, für mehr Licht und Luft an Arbeitsplätzen und für dekorative Verschönerungen von Werkstätten und Büros machten sich die DAF-Funktionäre und Betriebsobmänner zu Vertretern berechtigter Forderungen und konnten bis zu einem gewissen Grade kompensieren, daß sie auf die Gestaltung der Grundbedingungen des Arbeitsprozesses keinen oder doch nur Einfluß nehmen konnten, wenn sie sich in Widerspruch zu ihren Weisungen begaben. Das riskierten wenige, wurde ihnen doch die Beschuldigung, sie würden zu überholten Praktiken des Klassenkampfes zurückkehren, sofort von Betriebsführern und staatlichen Treuhändern entgegengehalten. So beschränkten sie sich unter Speers Anleitung darauf, allzu grobe, vielfach noch aus dem 19. Jahrhundert überkommene Ausbeutungsmethoden zu kritisieren, die den Erfordernissen intensivierter Produktion nicht entsprachen und dem „Leistungskampf" abträglich waren. Viele Kapitalisten, insbesondere solche der modernen Industriezweige - Chemie, Elektrotechnik, Feinmechanik - sahen in dieser Seite der DAF-Politik ihre Interessen verwirklicht. Die Ausbeutung erhielt eine gesittete Kulisse und die Parole vom „nationalen Sozialismus" mit der These, es werde ein neues Verhältnis zwischen Führern und Geführten in der Wirtschaft geschaffen, ihre Argumente. Die Partei erschien derart als eine über den Gruppeninteressen stehende Kraft, und der Staat als ein ehrlicher Makler, der eine neue Sozialpolitik durchsetzte. Zu dieser Szenerie gehörte, daß Betriebe, z. B. die Zeiss-Werke in Jena, später zum „Nationalsozialistischer Musterbetrieb" erklärt wurden und führende Kapitalisten den Staatstitel „Pionier der Arbeit" erhielten.

Den propagandistischen Coup aber startete die DAF bereits 1933 mit der Gründung einer von ihr geleiteten Freizeitorganisation, die kurze Zeit nach dem italienischen Vorbild „Nach der Arbeit" genannt wurde. Der bald geänderte Name „Kraft durch Freude" (KdF) drückte klarer aus, und Kommentare sprachen unumwunden davon, daß den Organisatoren Lebensfreude nur Mittel zum Zweck war. Wie eine Maschine sollten Arbeiter und Angestellte regelmäßig geschmiert werden, damit sie wie jene zuverlässig funktionierten. KdF veranstaltete Theater- und Konzertbesuche, bot Veranstaltungen der leichten und seichten Unterhaltung an und zielte mit ihnen auf die Weckung volksgemeinschaftlicher Gefühle.

Die lautstärkste Propaganda entwickelte sich um das KdF-Reisen, das eigene Zugkraft gewann. Daß eine Minderheit von Industriearbeitern begann, ihren knappen Urlaub nicht auf häusliche Tätigkeiten zu verwen-

Terror, Demagogie und Organisationen 323

den, ihn auf einem Balkon oder arbeitend in einem Kleingarten zu verbringen, sondern Urlaubsreisen antrat, boten Presse und Film zum Beweis an, daß es im „nationalsozialistischen Deutschland" den Generaldirektoren wie den Arbeitern gleichermaßen möglich sei, sich von ihren Anstrengungen zu erholen. Während Schiffe der KdF-Flotte, später als Truppentransporter und Lazarettschiffe verwendet, auf einer Fahrt nach Madeira im französischen Le Havre ankerten, schrieben NSDAP-Zeitungen, nun könnten Frankreichs Arbeiter selbst sehen, was die Deutschen durch ihre „Revolution" gewonnen hätten. Ein wichtiger Nebeneffekt des KdF-Reisens entstand in landschaftlich bevorzugten Gegenden Deutschlands, z. B. in seinen ausgedehnten, vielfach zu den Elendsgebieten gehörenden Mittelgebirgen, dadurch, daß Besitzer kleiner Pensionen und Quartiervermieter zu bescheidenen Einkünften gelangten und für das Regime eingenommen wurden. Zudem entwickelten sich DAF und KdF zu Riesenunternehmen, in deren Büros Tausende beschäftigt wurden. Anfänglich diente ihnen das usurpierte Eigentum der verbotenen Gewerkschaften als materielle Basis, deren Unternehmen von Druckereibetrieben bis zu Banken, Immobilien von Stadthäusern bis zu Urlaubsheimen und Wanderquartieren und die auf den Konten beschlagnahmten Gelder. Zudem flossen die automatisch eingetriebenen Beiträge mit der wachsenden Mitgliederzahl reichlich.

Wenn auch nicht in gleichmäßig ansteigender Linie so wuchs doch allmählich die Massenbasis des Regimes und gewann nach der Mitte des Jahres 1934 an Stabilität. Die saisonbedingte Zunahme der Arbeitslosigkeit im Winter erwies sich nicht mehr als so dramatisch wie im Vorjahr. Eine wachsende Zahl von Deutschen spürte eine bescheidene Besserung ihrer Lebensverhältnisse gegenüber den Krisenjahren. Die zunehmende Zahl von Beschäftigten und die verlängerte Arbeitszeit ließen die Kaufkraft allmählich ansteigen. Davon profitierten die Händler wiederum. Viele glaubten den Machthabern, daß eine durchgreifende Änderung ihrer Lebensverhältnisse eintreten werde, wenn die letzten Erwerbslosen „von der Straße" verschwunden wären. Der verkündete Lohnstop wurde damit gerechtfertigt, daß erst alle „Volksgenossen" einen Arbeitsplatz erhalten müßten. Hoffnungsbereitschaft, Vertrauensseligkeit und Opfersinn breiter Volkskreise ließen sich ausnutzen. 1935 wurde die Erwerbslosigkeit durch die Einführung der allgemeinen Wehrpflicht, den Ausbau des Reichsarbeitsdienstes, den alle männlichen Jugendlichen abzuleisten hatten, und vor allem durch die Intensivierung der Aufrüstung weiter gesenkt. Zugleich aber wirkte deren Forcierung partiell negativ auf das Leben und die Interessen von Gruppen der Bevölkerung zurück. Die rigorose Aufwendung von Devisen für den Kauf von rüstungswichtigen Gütern ließ im Verlauf des Jahres eine zunehmende Krise in der Versorgung mit Grundnahrungsmitteln entstehen. Die Devisenbewirtschaftung schränkte Arbeits- und

Verdienstmöglichkeiten in Betrieben ein, die nicht kriegswichtige Waren produzierten. Unruhe schufen in diesem dritten Jahr der Diktatur aber vor allem die Versuche von Kräften und Organisationen der NSDAP in einer Art Sturmlauf nun die totale geistige Ausrichtung des ganzen Volkes durchzusetzen. Das führte zu Attacken gegen die beiden großen christlichen Kirchen sowie gegen kleinere Glaubensgemeinschaften, von denen diejenigen, die wie die Bibelforscher einen strikt pazifistischen Standpunkt verteidigten, sich zunehmenden Verfolgungen ausgesetzt sahen.

Um die eigenen Kräfte, deren Entwicklung und Einsatz langfristig steuern zu können, organisierte die Reichsleitung der NSDAP eine statistische Erhebung, die Anfang 1935 vorlag. Da ein zweites Unternehmen dieser Art nicht folgte, sind die damals ermittelten Zahlen die einzigen und relativ verläßlichen geblieben, die über die soziale Zusammensetzung des Führerkorps, des Funktionärskörpers und der Mitglieder Auskunft geben. Die Kategorien, denen die Erfaßten zugeordnet wurden, sind absichtsvoll so bestimmt worden, daß die Partei als eine in den Kreisen der Arbeiter und Angestellten breit verankerte Bewegung erschien.[9] Auch die NSDAP-Zugehörigkeit der Oberschichten und der Inhaber gehobener gesellschaftlicher Positionen im Staat und in der privaten Wirtschaft kann dieser Statistik nicht entnommen werden. Zu Jahresbeginn 1935 zählte die Reichsschatzmeisterei 2.493.890 Mitglieder, von denen 849.009 vor dem 30. Januar 1933 der NSDAP beigetreten waren. Von drei Parteiangehörigen waren zwei erst nach der „Machtergreifung" zur Gefolgschaft Hitlers getreten. Die Parteisperre des 1. Mai 1933 hatte den Strom der Bewerber nicht einmal in ein Rinnsal verwandelt. 30 Prozent der Mitglieder wurden als Arbeiter erfaßt, und jeweils nahezu 20 Prozent als Angestellte und in der Kategorie „Selbständige", die Handwerker, Händler, Angehörige der „freien Berufe", aber auch Kapitalisten erfaßte. 12,4 Prozent stellten die Beamten und die Lehrer, zu denen mithin jedes 8. Parteimitglied zählte. 10 Prozent machten die Bauern aus. Den Rest bildeten Rentner, Hausfrauen, Studenten und Schüler.[10]

Ein aufschlußreicheres Bild ergibt sich, wenn gefragt wird, in welchem Grade die einzelnen sozialen und Berufsgruppen sich in der NSDAP organisiert hatten. Die Beamten standen mit 20 Prozent an der Spitze, gefolgt von den „Selbständigen" mit 15 und den Angestellten mit 12 Prozent. Von 100 Arbeitern (worunter die in der Industrie und im Handwerk ebenso gefaßt sind wie die Arbeitslosen) waren nicht mehr als 5, von 100 Bauern (vom Kleinbauern bis zum Gutsherrn) waren gerade vier zur NSDAP gestoßen.[11] Um die erheblichen Abweichung in der Sozialstruktur der Partei von jener der Gesamtbevölkerung zu beheben, wurde vorgeschlagen, aus dem Kreis der Beamten, einschließlich der Lehrer und der Selbständigen, nur „wirklich verdiente, rassisch einwandfreie Volksgenossen" aufzunehmen, an deren Mitgliedschaft die Partei wegen der Aufgaben, die sie ausübten oder die ihnen übertragen werden sollten, ein Interesse besaß. „Mit erhöhter Energie" sollten vor allem Arbeiter und Bauern geworben werden. Nicht mehr wer zur Partei wolle, sondern wen sie wolle, sollte Aufnahme finden.[12] Für die politische Ausrichtung der Partei war diese soziale Struktur aber faktisch bedeutungslos. Zum einen war die Mitgliedschaft insgesamt von der Bestimmung des Kurses der NSDAP erklärtermaßen ausgeschlossen. Abstimmungen oder auch nur Befragungen fanden nicht statt. Das mitunter auch als „germanische Demokratie" etikettierte Führerprinzip verlangte Akzeptanz der Befehle und Weisungen. Allenfalls führten Stimmungsberichte dazu, daß die Parteispitze im Rahmen ihrer Politik reagierte. Da das Organisationsprinzip der NSDAP aber strikt einen territorialen Aufbau vorsah, konnten sich zwar in Versammlungen auf dem Lande Interessen von Bauern noch artikulieren, in den Städten aber befanden sich die Arbeiter, von den wenigen „reinen" Arbeiterquartieren abgesehen, bei Parteiabenden stets inmitten der Mehrheit von Beamten, Lehrern und „Selbständigen".

Seit dem 30. Januar 1933 hatte sich auch die Altersstruktur der NSDAP verändert. In der „Kampfzeit" war sie, ähnlich wie die Kommunistische Partei, durch die große Zahl junger Mitglieder geprägt. Nun aber stieg das Durchschnittsalter. Die Geburtsjahrgänge zwischen 1904 und 1913, deren Angehörige einen Teil ihrer Kindheit im Weltkrieg verbracht hatten, ohne noch als Soldaten eingezogen worden zu sein, machten mehr als ein Drittel (34, 1 Prozent) der Mitglieder aus. Der Krieg, die Inflations- und dann die Krisenjahre hatten einen erheblichen Teil ihres bisherigen Lebens geprägt. Für die Mobilisierungsfähigkeit der Mitgliedschaft war wesentlich, daß von drei Parteimitglieder zwei vierzig Jahre und jünger waren. Der Anteil dieser Altersgruppen an der NSDAP-Mitgliedschaft lag erheblich über dem in der Gesamtbevölkerung. Hingegen befand sich von den über Fünfzigjährigen ein ungleich geringerer Prozentsatz in der NSDAP, als ihr Bevölkerungsanteil ausmachte.[13]

Vom Charakter und dem nach dem 30. Januar 1933 eingetretenen Wandel der NSDAP zeugt stärker noch die Zusammensetzung ihres Führer- und Funktionärskorps. Dem wurden 502.662 Personen zugezählt, die als Politische Leiter galten. Mehr als die Hälfte von ihnen (55,9 Prozent) bekleideten vom Gau- bis zum Blockleiter Funktionen in der vertikalen Parteistruktur. Die Masse dieser Politischen Leiter gehörte den beiden untersten Ebenen an und führte einen Block oder eine Zelle. Der Rest (44,1 Prozent) war in Stäben des Parteiapparats tätig und von diesen waren wiederum 60 Prozent mit Aufgaben befaßt, welche die Führung von Gliederungen und angeschlossenen Verbänden betrafen oder sich auf besonderen Aktivitäten richteten.[14] Für die soziale Zusammensetzung dieses Kaders war charakteristisch, daß die Beamten und Lehrer, die den achten Teil der Mitgliedschaft ausmachten, mehr als ein Viertel (28 Prozent) der Politischen Leiter stellte. Und umgekehrt waren zwar mehr als 30 Prozent der Parteimitglieder als Arbeiter ausgewiesen, die aber nur knapp 15 Prozent des Korps der Politischen Leiter rekrutierten. Die Autoren der Statistik merkten in diesem Zusammenhang die Möglichkeit „einer langsamen, aber sicheren Verbeamtung der NSDAP" an, woraus sie Gefahren für den Kontakt mit den „Volksgenossen" entstehen sahen. Es müsse auch beachtet werden, daß die Parteimitglieder unter den Beamten zu 80 Prozent erst nach dem 30. Januar der Partei beigetreten wären.[15]

Zur Spitze der Hierarchie hin wich die soziale Zusammensetzung der Politischen Leiter von jener der Mitgliedschaft immer mehr ab. Im Kreis der Gauleiter bildeten frühere Arbeiter und Bauern eine Rarität. Hier dominierten wiederum die Beamten (darunter Lehrer und Offiziere) sowie Angestellte. Für sie gilt nahezu ausnahmslos, daß ihre Parteikarriere sie weit über ihre frühere soziale Stellung, insbesondere auch die ihrer Väter hinaushob. Aus der Spitze der Partei erwuchs nach 1933 eine neue gesellschaftliche Elite, die gemeinsam mit den herkömmlichen Oberschichten agierte und herrschte. Für jene galt aber anders als für diese, daß ihre neugewonnene Stellung absolut von der Behauptung des Regimes abhängig blieb. Das band sie bis in das Frühjahr 1945 mehr zusammen und an den Führer, als ihre vielbeschworenen gemeinsamen Taten aus der „Kampfzeit".

Für Zusammenhalt und Aktivität der NSDAP war von großer Bedeutung, daß sich mit der Parteizugehörigkeit eines erheblichen Teils ihrer Mitglieder auch deren Absicht verband, eine Karriere zu begründen, zu sichern oder fortzusetzen. Das galt nicht nur für ihre hauptberuflichen Funktionäre, sondern auch für die vielen Aktivisten aus der Beamten- und Angestelltenschaft. Hinzu kam die Befriedigung, die auch die Politischen Leiter auf den untersten Sprossen empfanden, im Besitze eines Zipfels der Macht und damit über ihresgleichen herausgehoben zu sein, Anordnungen und Weisungen übermitteln oder geben zu können. Dieses Korps war in weiten Teilen der Bevölkerung nicht sehr beliebt, zeichneten sich doch viele der Block- und Zellenleiter durch Wichtig- und Großtuerei, durch anmaßendes und hochamtliches Gehabe aus. Zudem standen sie in Verdacht, die Einwohnerschaft ihrer Zuständigkeitsbereiche zu bespitzeln. Sie wußten natürlich, wer bei den immer zahlreicheren Sammlungen wieviel spendete, wer die Hakenkreuzfahne an den Tagen zeigte, da die Häuser „zu beflaggen" waren, wessen Kinder sich in den Uniformen der Jugendorganisationen zeigten, an welchen Wohnungstüren sich Abzeichen befanden, die auf die Mitgliedschaft in NS-Organisationen hinwiesen u.a.m.

Terror, Demagogie und Organisationen 327

Nicht zuletzt überwachten sie auch die eigenen Mitglieder. So sorgten sie auf der untersten Stufe des Staats- und Gesellschaftsaufbaus dafür, daß die Partei in den Herrschaftsmechanismus eingegliedert und zugleich dessen weit in die Bevölkerung hinreichender Arm wurde.

In kurzer Zeit vollzog sich der Wandel der NSDAP in die Staatspartei. Praktisch bedeutete dies, daß ihre Mitglieder die staatliche Obrigkeit strikt zu respektieren hatten. Nicht die Kritik oder auch nur die Überwachung der Staatsorgane war ihre Aufgabe, sondern die „Erziehung" der „Volksgenossen" im Geiste des Regimes. Dies wurde von allen Mitgliedern und allen Gliederungen der Partei verlangt. Um dieser Forderung gerecht werden zu können, erfuhren sie selbst die verschiedensten Schulungen, die sie befähigen sollten, die „nationalsozialistische Weltanschauung" den Deutschen zu vermitteln. Jede Organisation schuf sich an ihrer Spitze und auf mittlerer Ebene Schulungsämter, gab Lehrmaterial heraus, richtete sich eigene Schulen ein, in denen sie Internatslehrgänge durchführte. So trat zum Bewußtsein und Genuß gewonnener Macht und erreichten Ansehens im Leiterkorps die Vorstellung, zu den Wissenden zu gehören und der Masse geistig voraus zu sein. In diesem verästelten Schulungssystem wurde ein erheblicher Teil der Politischen Leiter und anderen Funktionsträger mit den faschistischen Ideen über Volk und Rasse, Macht und Recht, Geschichte und Zukunft der Deutschen bekanntgemacht. Sie erwarben die Gewißheit, auf einer „ewigen Straße" in den vorderen Kolonnen zu marschieren – in das Tausendjährige Reich. Hinter diesem erhebenden Bewußtsein verblaßten Zweifel. Mit ihm gerüstet, wurden Belastungen und auch Strapazen hingenommen. Auf dem Wege in den „nationalen Sozialismus" wähnten sich viele im Parteivolk als die Vorausabteilung zu einem Ziel, dem auch andere auserwählte Völker zustreben würden. Hier lag in der Propaganda freilich so etwas wie ein wunder Punkt, denn es waren nicht die germanischen und nordischen Völker, die diese Rolle übernahmen, sondern irgendwelche „arischen" Partner. Den Schwierigkeiten wurde die Propagandathese gerecht, derzufolge es „junge" Völker seien, die dem „Nationalsozialismus" oder einem verwandten Ziel ansteuerten.

Doch hatte es mit der Bestimmung „volklichen" Jungseins ebenso seine Probleme. Dachte man allein an Italien, zu dessen Regime die Machthaber in Berlin engere Bindungen suchten, denn ohne seine Beihilfe konnte schon ein Nahziel, die Liquidierung Österreichs, nicht erreicht werden. Hitler hatte 1934, zunächst folgenlos, Mussolini besucht. Wer sich daran erinnerte, daß dieser es gewesen war, der 1915 laut zum Eintritt in den Krieg gegen das Deutsche Kaiserreich gerufen hatte, schwieg lieber. Das Führerkorps und die Mitgliedschaft der NSDAP übten sich ohnehin in der Tugend, die ihnen als die größte vorgegeben wurde: Glauben! Risse im ideologischen Gebälk des Regimes wurden, wenn überhaupt bemerkt, hingenommen. Im Zweifelsfall wußte der „Führer" um das Geheimnis, das er hütete.

Im dritten Jahr der Diktatur hatte die NSDAP im Herrschaftssystem und im besonderen im Programm der materiellen und ideologischen Kriegsvorbereitung ihren festen Platz gefunden. Die Massenpartei gehörte zum Herrschaftsapparat, bildete in ihm zugleich seine festeste Stütze und verfolgte keinerlei von der Staatspolitik abweichende Interessen oder Ziele. Deshalb existierte an der Parteispitze auch nicht einmal ein Gremium, dem vom obersten Führer dessen eigene Entschlüsse mitgeteilt oder gar begründet worden wären. Die Reichsleitung der NSDAP war nicht einmal ein Etikett, sondern eine vollständig inhaltsleere Bezeichnung. Der im Münchener „Braunen Haus" eingerichtete Saal für die „Senatoren" der Partei blieb funktionslos, denn solcherlei Amt wurde nie eingerichtet. Entscheidungs- und Machtbefugnisse innerhalb der Organisation und ihrer Ämter und Ressorts besaßen lediglich die einzelnen Reichsleiter, deren Umfang von der Zuteilung Hitlers und ihren Fähigkeiten und Möglichkeiten abhing, sie auf Kosten anderer zu erweitern. Wie die Entscheidungen fielen, blieb der Mitgliedermasse der Partei indessen gleichgültig. Sie war gegen demokratische Prinzipien angetreten und hatte sie innerhalb der Partei nie vermißt. Ausschlaggebend war aber, daß ihr der bisherige Weg als der richtige galt und sich ihr Vertrauen daher uneingeschränkt auf die in Berlin agierenden eigenen Führer richtete. Nicht nur auf Hitler, sondern – wenn auch mit dem verordneten und von seinen Mitführern eingehaltenen Abstand – ebenso auf den populären Göring, den als besonders intelligent und schlau geltenden Goebbels und den getreuen Heß, die aus der Gruppe der obersten Parteiführer herausragten.

Staat und NSDAP verschmolzen durch Arbeitsteilung und Personalunion zu einem Herrschaftsorganismus, der die ökonomischen, politischen und geistigen Machtverhältnisse sicherte, die Volksmassen für die Vorbereitung des Krieges mobilisierte und sie vom Ende des Jahres 1938 an dafür in einen Zustand „hysterischer Leidenschaft", so lautete eine Formulierung Hitlers, zu setzen trachtete. Im Deutschen Reich entstand eine an das Vorbild des italienischen Faschismus sich anlehnende, aber es nicht einfach kopierende Form kapitalistischen Herrschens und Regierens, die für die Durchsetzung der ökonomischen und politischen Interessen des Finanzkapitals einen geradezu idealen Raum schuf. Jedoch hätte es der deutschen Tradition ebenso widersprochen wie den Tarnbedürfnissen des „nationalen Sozialismus" und den Karriereabsichten der „alten Kämpfer", wären in diesem Herrschaftssystem namhafte Monopolisten in größerer Zahl direkt und an sichtbarer Stelle an das Staatsruder getreten. Hugenberg, Schmitt, Schacht, die Wirtschaftsminister des Regimes in der Zeit von

Terror, Demagogie und Organisationen 329

1933 bis 1938, die zur großkapitalistischen Oberschicht gehörten oder ihr zuzurechnen waren, bildeten Ausnahmen. Doch war es kein Zufall, daß ein Regime, welches sich mit dem Etikett „sozialistisch" schmückte, für die Betätigung des wichtigsten staatlichen Schalthebels der Wirtschaft Männer auswählte, die mit ihrer Biographie dafür bürgten, daß es gerade keine „sozialistischen Experimente" gab. Gleiches galt für den Mann, der vom ersten bis zum letzten Tag des Regimes als dessen Finanzminister wirkte, den Grafen Johann von Schwerin-Krosigk.

Die Ideologen des Regimes suchten den Massen weiszumachen, daß Kapitalisten, Grundbesitzer, Arbeiter und Bauern lediglich an unterschiedlichem, aber natürlichem Platz dem Ganzen, der Nation und der „Volksgemeinschaft", zu dienen hätten. Diesem Betrug halfen kapitalistische Aktionäre und Manager nach Kräften auf, indem sie sich in der Öffentlichkeit vor Hitler und anderen Politikern des Regimes, wenn auch als bevorzugte, so doch immer nur als Gehilfen der Staatsführung ausgaben, mit Ergebenheitsbekundungen nicht geizten und sich bei allen Gelegenheiten als verläßliche Diener eben dieses Ganzen präsentierten. Dieses Bild stützte auch ein antisemitischer Argumentationsstrang. Demzufolge waren die jüdischen Bankiers und industriellen Kapitalisten von blutswegen Gauner, die „arischen" – und das war hier ein Gleichwort für „deutschen" – hingegen, ebenso von blutswegen schwerarbeitend, erfindungsreich und grundsozial.

In Wirklichkeit hatte das deutsche Monopol- und Großkapital seit 1933 verglichen mit der Weimarer Republik an Einfluß auf den Staat und dessen die Wirtschaft betreffende Entscheidungen auf allen Stufen noch gewonnen, wenn auch Wege, Mittel und Formen dieser Einflußnahme sich partiell wandelten. Der Reichsstand der deutschen Industrie, wie der frühere Reichsverband jetzt hieß, die Wirtschafts- und Handelskammern, die Vereinigungen der Kapitalisten, welche die Interessen einzelner Industriezweige oder besondere außenhandelspolitische Belange verfochten, existierten fort. Von ihnen und aus den Konzernzentralen liefen die Informations- und Beratungsstränge in den zentralen wie in den regionalen und lokalen Staatsapparat, namentlich zu den entscheidenden Reichsministerien für Wirtschaft, Arbeit und Finanzen, zu den Obersten Reichsbehörden für den Straßen- und Städtebau und zu den Wehrmachtsaufträge vergebenden Waffenämtern des Heeres, der Luftwaffe und der Kriegsmarine. In den industriell bedeutsamen Ländern und Gauen entwickelten sich enge institutionelle und mitunter auch persönliche Beziehungen zwischen den Reichsstatthaltern und den Gauleitern der NSDAP und den einflußreichen Kapitalisten. Und die braunen Parvenüs fühlten sich sichtlich geehrt, wenn ihnen Mächtige der alten Elite ihre Aufwartung machten oder sie bei Besichtigungstouren in weltbekannten Werken ehrerbietig begrüßt wurden.

Diese neu entstehenden Beziehungen besaßen ihr Fundament in dem gemeinsamen Interesse, diesem Staat Dauerhaftigkeit zu verleihen und den eingeschlagenen Generalkurs zu sichern. Zugleich lagen ihnen viele direkte Vorteilsrechnungen zugrunde. Die der Kapitalisten ließen sich in Geldmengen ausdrücken, die der NSDAP-Führer in einem Gewinn von Ansehen, erwartete doch „der Führer" von jedem seiner Paladine auch wirtschaftliche Erfolgsmeldungen. Das stachelte einen Gauleiter wie Fritz Sauckel an, in Thüringen an den Aufbau eines staatseigenen Großunternehmens für die Rüstungswirtschaft zu gehen, das seine Basis zu einem Teil durch die brutale „Arisierung" von Waffenwerken in Suhl gewann. Da er seit dessen Gründung zudem als ein besonderes Organisationstalent galt, übertrug ihm Hitler später im Kriege die Aufgabe, Millionen von Menschen aus den besetzten Gebieten als Zwangsarbeiter nach Deutschland zu schaffen.

So wenig wie in kapitalistischen Staatsformen anderen Typs konnte sich die Zusammenarbeit zwischen Politikern und Wirtschaftsführern widerspruchsfrei vollziehen. Die archivalische Hinterlassenschaft einer Vielzahl von Konflikten diente später in Gerichtsprozessen und vor allem in der Geschichtsschreibung der Unternehmen zum Beweis dafür, daß es zwischen 1933 und 1945 wider Willen und Interesse der Kapitalisten eine Kommandowirtschaft gegeben habe, der Betriebseigner und Manager nicht entgehen konnten. In den meisten aller Fälle – ausgenommen alle jüdischen Bourgeois – betrafen diese Konflikte aber sekundäre Fragen und Erscheinungen. Manchen Unternehmern blieben die Forderungen der DAF lästig. Hindernisse ergaben sich aus der Bürokratisierung des Außenhandels und des Arbeitsmarkts. Ernsthafte Schwierigkeiten, die bis zu Sorgen um die Behauptung reichen konnten, ergaben sich für manchen kleinen und mittleren Eigentümer, wenn dessen Produktionsprofil weit außerhalb des Hauptstroms lag, an spezielle Auslandsmärkte gebunden war, erhebliche Devisen zum Einkauf von Rohstoffen erforderte.

Auf dem Parteitag 1935 erklärte Hitler, daß das Regime und er selbst sich auf zwei Säulen stützten, den Staat und die Partei - mitunter war auch von einer dritten Säule, dem Militär, die Rede. Diese erneute Betonung der Unentbehrlichkeit der NSDAP entsprang nicht bloß berechnendem Schielen nach den „alten Kämpfern", denen gegenüber es dem „Führer" nie an wohlfeilen Komplimenten mangelte. Das Festhalten an der historisch gewordenen Struktur der deutsch-faschistischen Herrschaft gründete sich auch auf Erfahrung, die nicht nur Hitler frisch im Gedächtnis geblieben war. Im Verlauf des Weltkriegs hatte sich gezeigt, daß je stärker der Staat breiteste Volkskreise belastete, um so wichtiger auch deren direkte Fesselung an eben diesen Staat wurde. Daran hatte es zwischen 1914 und 1918 auch organisatorisch gemangelt. Die Gründung der Vaterlandspartei, mit der diese Lücke geschlossen werden sollte, war spät erfolgt und hatte sich als ein Fehlschlag erwiesen. Die anfängliche ideologische Bindung von Massen an die Kriegspolitik, zu einem erheblichen Teil das Ergebnis der Wendung der sozialdemokratischen Politik, hatte sich so zunehmend gelöst. Dies bildete den geschichtlichen Hintergrund für die Praxis der NSDAP-Führung, der die bloße ideologische Kettung an den „Nationalsozialismus" wohl notwendig, aber allein nicht als ausreichend erschien. Würde sie hingegen durch die massenhafte Bindung an die NSDAP-Organisationen ergänzt, mußte sich eine stabilere Herrschaftskonstellation ergeben und mit ihr weitere Möglichkeiten geistiger Beeinflussung und praktischer Aktivierung. Das Kalkül lautete: der „Parteigenosse" würde ein verläßlicherer Gefolgsmann sein als der „Volksgenosse" und die aus eigenem Entschluß hervorgegangene Mitgliedschaft in einer der vielen Parteigliederungen ein festeres Gängelband schaffen, als es unorganisiertes Dasein bot, das freilich – und vor allem im Arbeitsprozeß – auch immer stärker von Staatsgesetzen und -verordnungen reglementiert wurde. Also verfocht die NSDAP-Reichsleitung ihr Konzept, die Bürger restlos und lebenslänglich durch die NSDAP zu erfassen. Es begann der Ausbau der NSDAP zu einer Parteiorganisation von beispiellosem Ausmaß. Zählte sie Ende 1934 etwa 2,5 Millionen Mitglieder, so dürfte sie sich zum Zeitpunkt ihrer größten Ausdehnung bei Kriegsende auf etwa 8 bis 9 Millionen erweitert haben. Keine andere Partei in den kapitalistischen Staaten Europas, die italienische faschistische eingeschlossen, besaß auch nur annähernd so viele Mitglieder, verfügte über eine derartige materielle Basis und war so reich und einflußreich wie die NSDAP. Daß sie nach der Kriegsniederlage zusammenbrach wie ein Kartenhaus, ließ die Bewunderung rasch vergessen, die ihr in den Vorkriegsjahren auch im Ausland entgegengebracht wurde. Zivile und militärische, politische und Wirtschaftsführer in anderen Staaten blickten auf dieses Gebilde, das den Eindruck eines Monolithen vermittelte, auch neidvoll und wünschten sich, Millionenmassen ebenso komfortabel und vollständig dirigieren zu können, wie es die Führer in Deutschland taten.

Mit dem Anwachsen der NSDAP gelangten seit dem Frühjahr 1933 viele Deutsche in die Parteireihen, deren geistige und emotionale Beziehungen zum Faschismus zumindest anfänglich labil waren. Sie erwarben das Parteibuch oder die Anwartschaft darauf aus Opportunitätsgründen. Manche schlossen sich unter mehr oder weniger offenem Druck einer Gliederung der Partei an, womöglich auch, um frühere Ablehnung oder Desinteresse vergessen zu machen. Insgesamt hatten sich Anfang 1935 im Durchschnitt des Reiches 7,3 Prozent aller Berufstätigen der NSDAP angeschlossen.[16]

Auch den Führern konnte nicht verborgen bleiben, daß das quantitative Anwachsen der Partei nicht nur Vorteile besaß. Entgegen allen Erklärungen, wonach die NSDAP die „Besten" des Volkes erfasse, stellte nur die SS außerordentliche Anforderungen an diejenigen, die sich um den Eintritt in das „Schwarze Korps" bewarben. Sie wünschte eine Auslese von körperlich starken und gesunden Faschisten zu rekrutieren, die sich besonders hohen Diszipin- und Leistungsforderungen unterwerfen wollten und konnten. Doch für die Partei selbst und alle ihre anderen Gliederungen existierten keine besonders hohen Barrieren, die Eintrittswillige ferngehalten oder gar abgeschreckt hätten. Folglich verringerte sich der Grad der politischen Verläßlichkeit ihrer Mitglieder und damit auch die Tauglichkeit und Verwendungsfähigkeit der einzelnen Organisationen bis hinab zur DAF, der schließlich alle Berufstätigen obligatorisch angehören mußten, sofern sie nicht durch den Reichsnährstand erfaßt wurden. Nichtsdestoweniger spielte jede dieser Organisation ihre Rolle im Herrschaftsapparat, und selbst in der Endkrise des Systems 1944/45 brach keine aus dem Machtgefüge heraus. Die NSDAP-Führung blieb imstande, sie alle so zu kontrollieren, daß ihre Tätigkeit sich nirgendwann verselbständigte. Zu diesem Zweck arbeiteten die Ämter der Reichsleitung, deren Leiter vielfach zugleich Führer der speziellen Gliederungen waren, auch mit der Gestapo zusammen.[17]

Es konnte nicht ausbleiben, daß es innerhalb dieses so vielverzweigten Parteigebildes immer wieder zu Auseinandersetzungen über Rechte und Kompetenzen von Personen, Institutionen und Organisationen kam. Dafür sorgten allein schon die ehrgeizigen Führer, die sich an der Spitze der von ihnen geführten Gliederung hervortun wollten, wenn es sich ergab auch auf Kosten einer benachbarten mit ähnlichen oder gleichen Aufgaben befaßten. Kein Zufall war es auch, daß sich Rivalitäten dort besonders zuspitzten, wo innerhalb der NSDAP-Spitze Intellektuelle sich gegenseitig den Rang des ersten Interpreten der „reinen" Lehre des Nationalsozialismus abzulaufen suchten und als deren erfolgreichste Propagandisten ins Rampenlicht drängten. Die Geschichte der Rangeleien zwischen den NSDAP-Reichsleitern Goebbels und Rosenberg steht dafür beispielhaft.

Verschärft wurden derartige Konflikte wie in allen ähnlichen Regimen dadurch, daß die Paladine nahezu ausnahmslos auch von einer ausgeprägten Gefallsucht gegenüber dem obersten Führer geleitet wurden und daher fortgesetzt Eifersüchteleien entstanden, um sich die jeweils höchste Gunst zu erwerben. Hitlers Machtgespür entgingen diese Vorgänge nicht. Nur selten griff er mäßigend ein. Zum einen wollte er in seinem unmittelbaren Umfeld diese Atmosphäre, solange sie vorwärtstrieb und weil sie auch seiner Vorstellung vom Vorrecht des Stärkeren und vom Prinzip der Auslese entsprach. Zum anderen war seine eigene Stellung nicht beschädigt, sondern gestärkt, wenn er – meist indirekt – als Schiedsrichter angerufen wurde. Der Masse der Parteimitglieder blieben diese Machtkämpfe innerhalb der Parteispitze verborgen. Vor ihnen standen oder marschierten die Führer – wie jeweils am 9. November, wo in München keiner fehlen wollte – in Reih' und Glied.

Doch entstanden Spannungen nicht nur innerhalb der Partei, sondern häufiger noch zwischen Ämtern und Dienststellen der NSDAP und Machtzentren des Staates. Sie rührten vor allem aus den jeweils unterschiedlichen Aufgaben her, die ihnen im Herrschaftssystem übertragen worden waren. Die Beziehungen zwischen den beiden „Säulen" zu harmonisieren, unnötige Reibungsverluste zu unterbinden, das eigennützige, besserwisserische und mitunter einfach borniert Hineinreden in Kompetenzen der Staatsbürokratie auszuschalten, blieb eine ständige Aufgabe der NSDAP-Reichsleitung und insbesondere des „Stellvertreters des Führers". Relativ einfach lagen die Verhältnisse dort, wo Partei- und Staatsämter in einer Hand vereinigt worden waren und deren Inhaber notwendig eine abwägende Haltung einnehmen mußte. Um nach den auf den 30. Januar folgenden und bis zu einem gewissen Grade gewollten Zeiten der Unsicherheit und der Unruhe die Staatsbeamten wieder in normale Arbeitsbedingungen zu stellen, mußten sie vor dauernden Forderungen geschützt werden. Folglich waren nur Hoheitsträger, also NSDAP-Führer von der Reichs- bis zur Ortsgruppenebene, noch berechtigt, in politischen Angelegenheiten mit staatlichen Stellen in Kontakt zu treten. Dieses Prinzip, das die Befugnisse der Block- und Zellenleiter und die der Führer in den Parteigliederungen, insbesondere in SA und HJ, einschneidend begrenzte, wurde zwar direkt und indirekt immer wieder verletzt. Das Ziel, die Funktionsfähigkeit der Staatsbürokratie zu gewährleisten, die Beamtenschaft vor willkürlichen Eingriffen unbefugter NSDAP-Führer und -Dienststellen zu schützen und ihnen Sicherheit in ihren Aktionen zu geben, konnte aber erreicht werden. Die Klagen endeten freilich nie, beispielsweise die von Schulleitern und Lehrern über die Herabsetzung ihres Ansehens durch HJ-Führer und über deren Eingriffe in das Schulleben.

Die gelegentlich vertretene Behauptung, die NSDAP und namentlich deren Führer hätten den Staat usurpiert, geht an der Wirklichkeit vorbei. Der Ausbau der Partei diente der Stabilisierung des Herrschaftssystems als Ganzes, er resultierte nicht aus der Absicht, den Staatsapparat zu ersetzen und er lag keineswegs nur im Interesse der Faschistenführer und ihrer „alten" Mitkämpfer. Deren eigennützige Interessen und Wünsche, die Teilhabe an der Macht sich auch in ihrem Privatleben zum Genuß werden zu lassen, unterschieden sich prinzipiell nicht von jenen, die auch Politiker in nichtfaschistischen Staaten verfolgten. Graduell mögen sich NSDAP-Führer aus staatlichen Fonds skrupelloser bedient haben, doch ist auch das nicht sicher, denn es fehlt in diesem Punkte eine Offenlegung, die verläßliche Vergleiche erlauben würde. Die Parteiführer waren oder wurden sich bewußt, daß sie mit der zumeist übernommenen Beamtenschaft in einem einheitlichen und arbeitsteiligen Herrschaftsgefüge wirkten und in ihm auch aufeinander angewiesen waren. Sie achteten selbst darauf, daß sich in ihrem Verantwortungsbereich die Kräfte potenzierten. Das gelang nicht in jedem Fall, und Effektverluste waren in diesem wie in jedem vergleichbaren Regime unvermeidlich, charakterisierten aber die faschistische Herrschaft nicht. Das Miteinander stellte den Normalfall dar, prägte den Alltag der Machtausübung. Das gelegentliche Gegeneinander ergab sich als eine unvermeidliche Begleiterscheinung nicht zuletzt aus der sich ins Fieberhafte steigernden Aktivität auf dem Weg in den Krieg.

Rasch lernten die NSDAP-Führer auf regionaler und lokaler Ebene auch, in welchen staatlichen Bezirken sie sich besser auch nur eines Versuchs der Einmischung enthielten. Das betraf in erster Linie die zentral geleitete Wirtschaftspolitik. Hjalmar Schachts Stellung als der Generalbevollmächtigte für die Aufrüstung war zeitweilig stark genug, daß er keine Auseinandersetzung mit nachgeordneten Potentaten der NSDAP zu scheuen brauchte, die sich auch nur marginal in Kompetenzen des Reichswirtschaftsministeriums oder der Reichsbank einzumischen suchten. Redner und Zeitungen der NSDAP konnten im Falle von Auseinandersetzungen über Fragen der Wirtschaftspolitik zwar populär auftrumpfen, doch blieb das folgenlos. So postulierte die Zeitschrift der SS „Über der Wirtschaft steht die Fahne!" und verstieg sich dann zu der These: „Wir fragen nicht, was die Wirtschaft mit unserem Glauben und Wollen praktisch anfangen kann."[18] Doch der Wirtschaftskurs wurde nicht aus der „nationalsozialistischen" Ideologie, sondern durch die imperialistische Zielsetzung von Krieg und Eroberung bestimmt und über ihn im Staatsapparat in Gemeinschaft mit führenden Kapitalisten entschieden und nicht in der NSDAP-Reichsleitung oder der Reichsführung SS. Damit erledigt sich auch das apologetische Bild, wonach der Staatsapparat und seine Beamten mäßigend, zurückhaltend, friedensuchend gewirkt hätten, die NSDAP-Führung mithin allein imperialistisch, abenteuerlich, kriegstreibend agiert hätte. Erst bei der Zusammenarbeit vermochte jene Stoßkräfte hervorzubringen, zu deren Vernichtung so viele Völker ihr Anstrengungen vereinen mußten.

Schon im Prozeß der Etablierung des Regimes waren auch eine erhebliche Zahl von Personalunionen entstanden, manche – wie die von Gauleitern und Reichsstatthaltern – gewollt und per Gesetz und also beibehalten, andere zufällig und späterhin wieder aufgehoben. Die ersteren dienten der dauerhaften Konzentration aller Kräfte und der Koordinierung der Tätigkeit von Staats- und NSDAP-Apparaten. Hitler stand seit 1933 an der Spitze der Regierung und der Partei. Goebbels war Reichspropagandaleiter der NSDAP und Reichsminister für Volksaufklärung und Propaganda. Heß, Stellvertreter Hitlers für die Angelegenheiten der NSDAP, erhielt -

wie erwähnt - Ende 1933 den Rang eines Ministers. Himmler führte die SS, war seit 1934 der Chef der Geheimen, seit 1936 der gesamten Sicherheitspolizei und wurde stellvertretender Reichsinnenminister. Darré figurierte als Reichsbauernführer und als Reichsminister für die Landwirtschaft. Personalunionen existierten auch regional und lokal. Gauleiter der NSDAP standen seit 1933 in Preußen als Oberpräsidenten an der Spitze der Staatsexekutive in den Provinzen. Diese Praxis setzte sich jedoch in Städten und Kreisen nicht fort. In die Landratsämter und Oberbürgermeistereien zogen nicht die Kreisleiter der NSDAP ein. Hier fächerten sich die Zuständigkeitsbereiche auf, damit sich die NSDAP-Führer auf mittlerer und unterer Ebene ganz auf Beeinflussung, Ausrichtung und Einsatz der Bevölkerung und deren Kontrolle konzentrieren konnten, woran sie ein Übermaß an bürokratischen Pflichten nur gehindert haben würde. Zudem brauchte das Regime namentlich in Großstädten auch versierte Kommunalpolitiker.

Im Verlauf des Jahres 1935 entstand auch Klarheit darüber, nach welchen Methoden die Mitgliedschaft der NSDAP künftig innenpolitisch eingesetzt werden sollte. Die anfängliche Praxis durch Angehörige der SA, der HJ, des NSBO und anderer Organisationen widerstrebende Personen und Erscheinungen demonstrativ zu bekämpfen, wurde im Frühjahr und Sommer 1935 erneut aufgenommen und verstärkt. Die illegal operierende KPD und andere Widerstandsgruppen im Untergrund waren damit freilich nicht mehr zu treffen. Nun richtete sich die Praxis der Einschüchterung und des Terrors in erster Linie gegen Personen, Gruppen und Aktivitäten der christlichen Kirchen, die nichts anderes taten, als das ihnen zugestandene Recht auf ihre Arbeit nach innen und außen wahrzunehmen. Dies erregte nicht nur den Unwillen der militant neuheidnischen Kräfte innerhalb der NSDAP. Es war besonders der Anspruch der Faschisten, die Jugenderziehung zu monopolisieren, der die Beziehungen zwischen der NSDAP und den Kirchen verschlechterte. Ihre Schärfe gewannen sie vor allem dadurch, daß insbesondere die Bindungen junger Katholiken an ihre Zusammenschlüsse sich vielfach als stabil erwiesen. Größere Erfolge zeitigten die Werbungen der Hitlerjugend zunächst nur in den Städten und dort an höheren Bildungseinrichtungen, den Gymnasien, Lyzeen und Oberrealschulen. Nicht eigenes Unvermögen, sondern die kirchliche Konkurrenz wurden als die Quelle der Mißerfolge angesehen. Die bloße ideologische Auseinandersetzung über Gottesglauben oder Rassenkult, deren geistiger Anführer der Parteiideologe Rosenberg war, versprach keinen durchschlagenden und vor allem keinen raschen Erfolg. Seit dem Frühjahr 1935 und im Verlaufe des Sommers richteten sich - von der faschistischen Bürokratie bald als „Einzelaktionen" bezeichnete und derart getarnte – Angriffe gehäuft auf Personen, Veranstaltungen und Einrichtungen der Kirchen. Sie wurden von Angehörigen der SA, SS und HJ teils in Uniform,

Öffentliche Bloßstellung wegen sog. Rassenschande

manchmal aber in sogenanntem Räuberzivil ausgeführt, die Zusammenkünfte in kirchlichen Gebäuden provozierend störten, Jugendheime und -herbergen demolierten, jugendliche Laienfunktionäre mißhandelten. Diese Gewaltakte, welche mit grundsätzlicher, wenn auch nicht öffentlicher Billigung der NSDAP-Reichsleitung stattfanden, schlugen indessen auch negativ auf die Kirchenpolitik der Machthaber zurück, erschwerten sie doch den kollaborationswilligen Kirchenoberen das vollständige Einschwenken auf die politische Linie der neuen Machthaber, deren Frontstellung gegen die atheistische Arbeiterbewegung und gegen den Bolschewismus ihren erklärten Beifall gefunden hatte.

Gleichzeitig waren diese „Einzelaktionen" geeignet, in der Mitgliedschaft von NSDAP-Organisationen das falsche Bewußtsein zu nähren, sie sollten durch die Bekämpfung von Feinden die „Revolution" weiter vorantreiben. Darin fühlten sich SS-Männer, SA-Leute und Hitlerjungen auch durch die antisemitischen Terrorakte bestätigt, die ihnen über Monate gestattet und zu denen sie von ihren unmittelbaren Vorgesetzten angestachelt und angeführt wurden. Sie durften daran gehen, die Verfolgung von Juden mit sadistischer Erfindungsgabe zu planen und durchzuführen. Im Juli und August 1935 hatten diese antikirchlichen und antijüdischen „Einzelaktionen" ein solches Ausmaß angenommen, daß sie erneut den Binnenhandel und die Profitinteressen der „Arier" störten, wiederum Rechtsunsicherheit schufen und auch den Widerwillen des Teils der deutschen nichtjüdischen Bevölkerung erregte, dem die Vertreibung der Juden auf dem Wege rassistischer Gesetzgebung keinerlei Skrupel erzeugte. Himmler befahl der SS daher, das Treiben zu beenden. Stabschef Lutze erließ einen entsprechenden Befehl an die SA.[19]

Diese Verbote galten unmittelbar nur den organisierten Krawallen gegen die „Juden" und die „schwarze Reaktion", wie die Kirchenführer genannt wurden. Doch sie gewannen darüber hinaus für die Verwendung von NSDAP-Organisationen prinzipielle Bedeutung. Sie bezeichneten das Ende des relativ eigenmächtigen Einsatzes von regionalen und lokalen Einheiten der SA, SS und HJ durch deren Führer. Es galt als erwiesen, daß diese Taktik ungeeignet war, „die erforderliche Einmütigkeit im Volke zu schaffen".[20] Das Recht, Teile der Bevölkerung in einem zwar vorgegeben allgemeinen Rahmen, aber dann nach eigenen Plänen zu terrorisieren, wurde lokalen und territorialen NSDAP-Führern auch später nicht mehr zugestanden. Sie hatten bei der Formierung der Bevölkerung fortan nicht

Antisemitische Massenveranstaltung 1935 im Berliner Sportpalast

weniger fordernd, aber leiser und unter Vermeidung allzu großen öffentlichen Aufsehens zu verfahren. Wer an Staatsfeiertagen die Fahne mit dem Hakenkreuz nicht aus dem Fenster heraushängte, dem wurden nicht die Fensterscheiben zertrümmert, sondern der wurde an seiner Wohnungstür vom zuständigen Funktionär mehr oder weniger höflich darauf hingewiesen, daß er es vergessen habe. Wer als Ladenbesitzer seine Schaufenster nicht mit Hitlerbildern oder anderen politischen Devotionalien schmückte, erhielt ähnlichen Besuch. Das Terrorsystem gewann eine relative Selbständigkeit. Seine wichtigsten kooperierenden Einrichtungen waren die Polizei, namentlich die Gestapo, die Organe der Justiz mit ihren Gefängnissen und Zuchthäusern und der Sonderbereich der Konzentrationslager, deren Leitung eine Zentrale in Oranienburg übernahm, die sich in unmittelbarer Nachbarschaft des KZ Sachsenhausen etablierte. Nur in Ausnahmefällen erhielten Formationen der Allgemeinen SS, SA oder HJ noch Befehle, in der Öffentlichkeit gewalttätig vorzugehen. Das geschah während der Aktion des Jahres 1938, die als „Reichskristallnacht" bezeichnet wird. Doch da ergingen die Befehle zum verbrecherischen Handeln von einer Zentrale aus und die Gestapo wachte darüber, daß die vorbezeichneten Aufgaben strikt ausgeführt und nicht eigenmächtig erweitert wurden.

Im September 1935 beging die NSDAP wie alljährlich ihren Reichsparteitag. Dessen Kulisse bildete ein riesiges, durch unausgesetzte Erweiterungen vergrößertes Gelände am Rande Nürnbergs. Zuerst nach Plänen der Architekten Paul Troost und dann nach denen des besonderen Hitler-Günstlings Albert Speer entstanden immer größere Aufmarschräume und Kundgebungshallen. Auf Straßen und Schienen bewegten sich Zehntausende uniformierter Angehöriger der NSDAP in die alte Kaiserstadt. In Zeltlagern kampierend, rückten die Kolonnen acht Tage lang zu immer neuen Demonstrationen aus, um Geschlossenheit und Stärke des Faschismus zu bekunden. Rundfunk und Film machten das Ereignis weithin bekannt. Die Anwesenheit ausländischer Faschisten und von Diplomaten verlieh ihm den Glanz internationaler Bedeutung. Die Veranstaltung von 1935 erhielt den Namen „Parteitag der Freiheit", was besagen sollte, Deutschland habe dank der NSDAP seine „Wehrfreiheit" wiedergewonnen. Im März 1935 war die allgemeine Wehrpflicht eingeführt und die geheim formierte Luftwaffe offen gezeigt worden. Nun trat die Wehrmacht mit manöverähnlichen Vorführungen zum ersten Mal auf einem NSDAP-Parteitag hervor und stellte das enge Zusammenwirken von Partei- und militärischer Führung zur Schau.

In den seit dem Reichsparteitag 1934 vergangenen Monaten hatten die Faschisten auch ihren ersten außenpolitischen Erfolg errungen. Bei der fälligen Abstimmung über die Zukunft des Saargebietes waren neun Zehntel der Bevölkerung des kleinen, wirtschaftlich wegen seines Kohlereichtums und seiner Eisen- und Stahlindustrie bedeutenden Landes dafür eingetreten, das Völkerbundregime zu beenden und das Territorium dem Deutschen Reich anzugliedern. Die einflußarme Organisation der NSDAP hatte sich während des Abstimmungskampfes in einer die bürgerlichen Parteien übergreifenden „Deutschen Front" gleichsam verkrochen. Viele Gliederungen der Partei, vor allem die NSV, unterstützten die Propaganda, die gerade den zahlreichen ärmeren Schichten die Aussicht auf ein besseres Leben in der „Heimat" ausmalten. Gegen diese Übermacht hatten mit wenigen antifaschistischen Christen nur die Kommunisten und Sozialdemokraten des Saargebietes, die, belehrt durch die Ereignisse im Reich neue Beziehungen vereinbarter Zusammenarbeit eingegangen waren, die Aufrechterhaltung des Status quo propagiert. Die verhängnisvolle Entscheidung war nicht zu verhindern. Im März 1935 konnte Hitler triumphierend in Saarbrücken einziehen. Josef Bürckel, der vom benachbarten Gau Rheinpfalz her die NSDAP-Organisation des Saargebietes bisher faktisch schon geleitet hatte, trat an die Spitze des neuen erweiterten Gaus.

Die Saareingliederung und der Wehrmachtsaufbau hatten im Reich Anfang 1935 zum ersten Mal seit den Monaten der „Machtergreifung" wieder ein nationalistisches Stimmungshoch bewirkt. Doch wie damals verflüchtigte es sich angesichts der Schwierigkeiten des Alltags rasch. Die niedrigen Löhne, die spürbare Teuerung als Folge der Rüstung und der sich ankündigende Mangel an Lebensmitteln erzeugten Unwillen im Volke. So war die Bilanz des Regimes zum Zeitpunkt des Parteitags widersprüchlich und das Verhältnis von NSDAP und Massen kompliziert. Die Auftritte, Reden und Befehle Hitlers und anderer Führer machten jedoch deutlich, daß der Kurs der Aufrüstung eingehalten und Defätismus verfolgt werden sollte. Der militante Reichsparteitag und ihm folgende Großveranstaltungen wie das „Reichserntedankfest", das alljährlich auf dem Bückeberg inszeniert wurde, atmeten eine Atmosphäre von wütendem Antikommunismus und aggressivem Antisowjetismus. Schon auf dem stets auch im Ausland beachteten Nürnberger Parteitag war lautstark verkündet worden, daß das Regime in der internationalen kommunistischen Bewegung seinen politischen Hauptgegner, in der Sowjetunion seinen staatlichen Hauptfeind erblicke. Dieses Bekenntnis der Machthaber drückte zum einen ihren unwandelbaren geistigen und politischen Standort aus. Es entsprach der in der „Kampfzeit" gesammelten Erfahrung, daß die Kommunisten ihrerseits entschiedene Antifaschisten waren, und der Erkenntnis, daß die UdSSR unter allen Großmächten den am meisten zu fürchtenden Gegenpart darstellte. Und schließlich war es stets darauf berechnet, die Politiker in Frankreich und Großbritannien davon zu überzeugen, daß Deutschlands Frontstellung und Aufrüstung nicht gegen sie, sondern gegen die

„Bedrohung aus dem Osten" gerichtet sei. Unmittelbar richtete sich der marktschreierische Antisowjetismus in dieser Phase insbesondere gegen jene bürgerlichen politischen Kräfte in Frankreich, die es angesichts der Aufrüstung Deutschlands für notwendig hielten, mit der UdSSR ein politisch-militärisches Bündnis zu schaffen und damit für das eigene Land Sicherheit zu gewinnen. Dem Konzept der kollektiven Sicherheit gegen den deutschen Imperialismus wurde die Parole des internationalen Zusammenschlusses gegen den „Bolschewismus" entgegengestellt. Er und die angeblich von Monat zu Monat wachsende Bedrohung durch die Rote Armee würden „die eigentliche Ursache der europäischen Beunruhigung darstellen", hatte es nur wenige Wochen nach der Wiedereinführung der allgemeinen Wehrpflicht und der Bekanntgabe der Luftrüstung in einer Veröffentlichung des Nachrichtendienstes der Anti-Komintern geheißen.[21] Das war eine Schöpfung, die Ende 1933 als eine getarnte Institution des Propagandaministeriums entstanden war und den speziellen Auftrag der ideologischen Beeinflussung und Zusammenfassung von antikommunistischen und antisowjetischen Kräften im Ausland erfüllte.

Den VII. Weltkongreß der Komintern, der wenige Wochen vor dem NSDAP-Parteitag stattgefunden und mit seinen Beschlüssen über die Strategie und Taktik des antifaschistischen Kampfes und gegen den drohenden Krieg den Mitgliedsparteien eine korrigierte Orientierung gegeben hatte, bedachten die Redner in Nürnberg mit wütenden Ausbrüchen des Hasses. Mit dem Schreckensbild, das sie vom materiellen Leben der Werktätigen in der UdSSR zeichneten, wurde indirekt die Befürchtung eingestanden, daß ihr „nationaler Sozialismus" an Fortschritten in der Sowjetunion gemessen werden könnte. Richtlinien des Propagandaministeriums bestimmten alsbald die Grundaussagen, auf die sich die Schilderung der „Verhältnisse in der Sowjetunion" immer wieder zu konzentrieren hatte. An der Spitze standen „die ständige Hungersnot", „die Versklavung und Ausrottung der Bauerntums" und „die Ausbeutung des russischen Volkes durch seine jüdischen Unterdrücker".[22] Demgegenüber behauptete die NSDAP-Propaganda, die deutschen Arbeiter und Bauern lebten - verglichen mit der UdSSR - in paradiesischen Zuständen. Deutschland sei „ein glückliches Land, ...weil wir fertig geworden sind mit dem Weltfeind," sagte der Münchner NSDAP-Gauleiter Wagner den internationalen Gästen auf einer Tagung im November 1936 und fügte dem hinzu, daß der „Kampf gegen den Bolschewismus nicht auf dem Verhandlungswege geführt werden kann". Dazu brauche es den „brutalen fanatischen Willen der Menschen".[23]

Der Reichsparteitag von 1935 hatte derart einen markanten Punkt im ideologisch-politischen Feldzug gegen die UdSSR bezeichnet. In der Anfangsphase des Regimes schlossen die Friedensbeteuerungen der Machthaber auch die Sowjetunion ein. Man wolle, hieß es da noch, auch mit ihr ungeachtet aller weltanschaulichen und politischen Gegensätze in Frieden leben. Nun wurde die These von der Bedrohung durch den sowjetischen Kommunismus permanent für außen- und innenpolitische Zwecke eingesetzt. Auf Deutschlands Straßen und in seinen Zeitungen erschien der „Bolschewismus" auf Plakaten, in Artikeln und Karikaturen als Ungeheuer, das so schon bald nach dem Ende des Weltkriegs in Erzeugnissen der Antibolschewistischen Liga zu sehen gewesen war. Damals ging es darum, den Schrecken vor der Revolution zu verbreiten. Nun diente die gleiche Methode dazu, den Deutschen die rasch steigenden Aufwendungen für die Hochrüstung plausibel zu begründen, zumal deren direkte Folgen sich für das Leben der arbeitenden Massen gegen Jahresende 1935 zum ersten Mal im Mangel an Lebensmitteln deutlich spürbar machten. Diese Propaganda bedeutete jedoch nicht, daß an der Staatsspitze bereits eine Entscheidung darüber getroffen worden wäre, in welche politisch-geographische Richtung der imperialistische Vorstoß zuerst führen solle. Daß er aber eines Tages die UdSSR zum Ziele haben würde und weiteste Gebiete Osteuropas mit ihren Bewohnern und Reichtümern einem „Großgermanischen Reich" einverleibt werden sollten, darüber gab es innerhalb der um Hitler gescharten Führung schon in dieser frühen Phase der Kriegsvorbereitung vollständige Übereinstimmung. Auslandspropagantisch kam es zunächst darauf an, die Westmächte über die Ziele der Militarisierung Deutschlands zu beruhigen. Hitler trat selbst in Aktion, um die öffentliche Meinung in Frankreich weiter zu spalten und zu verwirren. Er erklärte, die antifranzösischen Passagen in seinem Buch „Mein Kampf" wären aus der politischen Augenblickssituation der unmittelbaren Nachkriegszeit geschrieben worden und besäßen nun für das deutsch-französische Verhältnis keinerlei Verbindlichkeit mehr.

In der an das Korps der Politischen Leiter der NSDAP gerichteten Proklamation hatte Hitler 1935 in Nürnberg erklärt, die Partei hätte zu erziehen und zu überwachen. Erziehung bedeutete in erster Linie, alle Deutschen der „nationalsozialistischen" Ideologie zu unterwerfen und nicht nur marxistische, sondern auch liberale, demokratische, pazifistische, grenzüberschreitende solidarische und andere Auffassungen zu bekämpfen, weil sie der Zurichtung des ganzen Volkes auf den Eroberungskrieg im Wege standen. Erziehung gipfelte in einer praktischen Haltung, die sich dem „Führerwillen" und den Befehlen der von ihm ernannten Führer widerspruchslos unterwarf. Darauf liefen auch die Eidesformeln hinaus, die Soldaten, Beamte und die Angehörigen verschiedener NSDAP-Organisationen akzeptierten und auf die sie sich verpflichten ließen. Überwachung bedeutete, ein Kontrollnetz zu schaffen, das in jedes Haus und jede Familie reichte, und darin zu fangen, wer sich dieser Erziehung widersetzte oder ihr gar bewußt entgegenzuwirken suchte. Das Bild vom total manipulierten Deutschen zeichnete Hitler so: „... der Knabe, er wird eintreten in das Jungvolk, und der Pimpf, er wird kommen zur Hitler-Jugend, und der Junge der Hitler-Jugend, er wird einrücken in die SA, in die SS und in die anderen Verbände, und die SA-Männer und die SS-Männer werden eines Tages einrücken zum Arbeitsdienst und von dort zur Armee, und der Soldat des Volkes wird zurückkehren wieder in die Organisationen der Bewegung, die Partei, die SA und SS ..."[24] Der diesem Lebensplan zugrunde liegende Gedanke war klar: Schon im Kindesalter von 10 Jahren, in einem Entwicklungsstadium, dem es an eigenen Urteilskräften mangelte, sollte die NSDAP die Schüler und Schülerinnen fest in ihren ideologischen und organisatorischen Griff bekommen und sie als „Pimpfe" im „Deutschen Jungvolk" zugleich gegen andere, nichtfaschistische Einflüsse abschotten. Solange aber die Zugehörigkeit zur Hitlerjugend noch freiwillig blieb, und das war bis in das Jahr 1939 der Fall, hielt sich der Zustrom der Kinder und Jugendlichen in die „Fähnleins", „Gefolgschaften" und „Mädelschaften" in Grenzen. Daher wurde der Bereitschaft, das Braunhemd anzuziehen nachgeholfen. Wer die Beamtenlaufbahn einschlagen wollte, mußte Mitglied der Hitlerjugend sein, wurde im November 1935 bestimmt. Zur gleichen Zeit erging an alle Beamten die Aufforderung, ihre Kinder in die Jugendorganisation zu schicken.[25]

An Hitlers Bild vom Lebensweg des überzeugten Nationalsozialisten ließ sich auch ablesen, welche ihrer Gliederungen die NSDAP als ihre Kerntruppen ansah. Das waren die paramilitärischen, in denen beständig dem Wehrmachtsdienst vor- oder nachgearbeitet wurde. Weit über sie hinaus war seit 1933, fußend auf den bereits in der „Kampfzeit" existierenden Zusammenschlüssen um die Partei, ein abgestuftes System von Gliederungen, angeschlossenen Verbänden und „betreuten" Organisationen entstanden, mit dem alle Berufs- und Altersgruppen auf die eine oder andere Weise erfaßt werden konnten. Kein Volksgenosse konnte begründen, daß es in diesem Gefüge nicht auch eine Organisation gab, der er beitreten konnte und manche schlossen sich unter dem Druck der Werber einer der peripheren Formen – etwa der NSV – an, um den Eindruck der Ablehnung des Systems zu vermeiden.

Der strukturelle Aufbau dieses Parteigefüges, partiell entstanden aus dem Umbau des Organisationsschemas das sich zwischen 1925 und 1930 herausgebildet hatte, war 1934 und 1935 im wesentlichen abgeschlossen. Die vorgenommenen Ergänzungen zielten insbesondere auf die restlose Erfassung der Beamten und aller Sparten und Berufe der Intelligenz. 1934 wurde – wie erwähnt – der Reichsbund der Deutschen Beamten gegründet, an dessen Spitze Hermann Neef trat. Den Nationalsozialistischen Bund Deutsche Technik führte Fritz Todt an, der seit 1938 auch eine nach ihm benannte mobile Bauorganisation leitete, die eigens für die Errichtung militärischer Anlagen geschaffen wurde. 1935 begann der Nationalsozialistische Deutsche Dozentenbund unter den Professoren und Dozenten die NSDAP-Mitglieder zusammenzufassen. Nach der Vertreibung aller Hitlergegner und „Nichtarier" aus Richter-, Rechts- und Staatsanwaltschaft versammelten sich die Juristen 1936 im NS-Rechtswahrerbund. Ihn führte Reichsleiter Hans Frank, der sich auch Reichsrechtsführer nannte, während die ihm unterstehenden Juristen sich zur „Rechtsfront" formierten. Jede dieser neuen oder erweiterten Organisationen trat wie die alten mit eigenen Abzeichen, Enblemen, Fahnen und Uniformen hervor, so daß nicht nur eine unausgesetzt wachsende Summe von Beiträgen in die Parteikasse floß, sondern auch die Reichszeugmeisterei der NSDAP mit der Einkleidung und Drapierung dieser Mitglieder ihre lukrativen Geschäfte flott hielt.

Mit dem Fortschreiten der Kriegsvorbereitung und entsprechend den Bedürfnissen der Wehrmacht setzte die Umstrukturierung der paramilitärischen Verbände ein. Die Flieger-Stürme wurden aus der SA herausgelöst und 1937 zum NS-Fliegerkorps (NSFK) zusammengefaßt, auf dessen Entwicklung, da sie eine wichtige Personalreserve der rasch expandierenden Luftwaffe darstellte, Göring besonderen Einfluß nahm. 1938 entstand der NS-Reichskriegerbund, der Offiziere und Soldaten des ersten Weltkrieges zusammenfaßte und der als die Organisation derjenigen gedacht war, die ihren Wehrdienst hinter sich hatten. Militaristische Traditionen, die Verherrlichung von Soldatentum, Front- und Kriegsgeist wurden in seinen Gruppen gepflegt, die anders als viele andere Organisationen aktive Mitglieder auch in entlegenen Dörfern besaßen, in denen die Gedenktage an Schlachten und Siege weltlich wie kirchlich begangen wurden. Spät, 1938, erfolgte die Gründung eines NS-Altherrenbundes, der die einstigen Angehörigen reaktionärer studentischer Korporationen und Verbindungen in einer von der Partei „betreuten" Organisation zusammenschloß. Die Reichsleitung der NSDAP ging mit äußerster Konsequenz den Weg, auch die letzte politische Organisation außerhalb des Parteigefüges zu beseitigen oder sich einzugliedern. Dem lag nicht einfach nur totalitäres Machtgelüst zugrunde, sondern ebenso nüchterne Berechnung, konnte doch - wie Wilhelm Pieck 1935 sagte - „jede von ihr nicht direkt kontrollierte und geleitete Organisation sich in einen Konzentrationspunkt der Opposition verwandeln und in kritischen Zeiten zu einer Gefahr für das Regime werden".[26]

Der Ausbau der Spezialorganisationen entzog der NSDAP unvermeidlich Kräfte, die ihr an ihren traditionellen Wirkungsplätzen fehlten, verringerte jedoch ihr Interesse nicht, die Menschen in ihren Wohnorten, Straßen und Häusern zu erfassen und zu überwachen. Eine am 1. Mai 1936 verfügte Neuorganisation sollte das territoriale System der NSDAP-Blöcke und -Zellen funktionstüchtiger machen. Für die Struktur dieser organisatorischen Basen inmitten der Bevölkerung sollte künftig nicht mehr die Mitgliederzahl der Partei, sondern die Einwohnerzahl ausschlaggebend sein. Demnach hatte ein Blockleiter nicht mehr als 40 bis 60 Haushalte, der ihm vorgesetzte Zellenleiter nicht mehr als 4 bis 6 Wohnblöcke mit ca. 160 bis 480 Haushaltungen zu kontrollieren. Block- und Zellenleiter rückten zugleich, um ihre Autorität zu heben, in den Kreis der Hoheitsträger auf.[27]

Diese Regelung verstärkte den Führerbedarf auf der untersten Organisationsebene. Das neue System brauchte nach Angaben Leys allein 500.000 Faschisten und traf damit eine der schwächsten Stellen der NSDAP. Eine weitere Million aktiver Nazis wurde benötigt, wenn die territorial gegliederten Organisationen der DAF, die Nationalsozialistische Frauenschaft (NSF) und die Nationalsozialistische Volksfürsorge (NSV) funktionieren sollten. So viele einsatzfähige Mitglieder standen nicht zur Verfügung. Hinzu kam, daß gerade diese untersten Funktionen weder besonders beliebt, noch besonders angesehen waren. Vielfach bedeuteten sie das Treppauf- und Treppablaufen nach Feierabend oder an Wochenenden, um irgendwelche Nachrichten zu überbringen, Spenden einzutreiben oder die von der Reichspropagandaleitung herausgegebene einheitliche Hauswandzeitung „Parole der Woche" anzubringen.

Auch die Besetzung mittlerer und höherer Parteiposten bereitete der NSDAP-Reichsleitung zunehmend Schwierigkeiten, die sie durch die Einführung eines Schulsystems zu beheben gedachte, das von den Nationalsozialistischen Erziehungsanstalten (Napola) über die drei sogenannten Ordensburgen, neugeschaffene Internatsschulkomplexe, die in Krössinsee/Pommern, Sonthofen/Allgäu und Vogelsang/Eifel errichtet worden waren, bis zur Hohen Schule der NSDAP am Chiemsee/Bayern reichen und bis zum Jahre 1954 die erste Gruppe von hochgeschulten Führern bereitstellen sollte, die alle Ausbildungsstufen absolviert haben würden. Als der Idealweg, in dem Regime eine politische Karriere zu begründen und zu beginnen, galt jedoch alsbald der Eintritt in die SS. Namentlich jüngere Angehörige der Intelligenz, die sich bereits vor 1933 der „Bewegung" angeschlossen hatten und SA-Mitglieder geworden waren, erkannten rasch, daß sich mit dem Übertritt in die schwarzuniformierte Schutzstaffel eine aussichtsreichere Laufbahn eröffnete, wenn man sich nur deren besonderen Anforderungen unterwarf. Himmler und die ihn umgebende SS-Führergruppe beanspruchte, daß ihre Organisation die „lebendige Verkörperung der Nazi-Lehre von der Überlegenheit des nordischen Blutes" sei.[28] Damit war ein Ausleseprinzip verkündet. Mitglied des „Schwarzen Korps", wie sich die SS nannte und ihre seit 1935 herausgegebene

Terror, Demagogie und Organisationen

Wochenzeitung hieß, konnte nur werden, wer den Nachweis „arischer Abstammung" bis zurück in das Jahr 1750 erbrachte. Wem von den älteren Angehörigen das mißlang, der hatte die SS zu verlassen. Zudem hatten deren Angehörige eine körperliche Mindestgröße zu besitzen und „erbgesund" zu sein. Wie in manchen Armeen üblich, mußten sie vor ihrer Verheiratung die Genehmigung ihres Vorgesetzten einholen und dazu auch für ihre Braut biologische und politische Tauglichkeitszeugnisse beibringen. Das lief darauf hinaus, daß die Ehefrauen der SS-Angehörigen durchweg einer der Parteiorganisationen angehörten, meist sich in ihnen auch aktiv betätigten. Kinderreichtum galt als Hauptzweck der SS-Ehe.

Die Führung der SS verstand bald nach dem 30. Juni 1934 die Einheiten dieses Korps als die höchst disziplinierten und militärisch am besten geschulten in das Bild der Öffentlichkeit zu rücken und bei Paraden herauszustreichen, daß in dessen Reihen die Elite der Nation marschiere. Dazu trug bei, daß es an Geldern für ihre exklusive Ausstattung und Ausbildung nie fehlte. Wurde die SA zu Zeiten Röhms wegen ihres rabaukenhaften Benehmens abgelehnt und auch verachtet, die mit ihrem Aufbau immer öfter in die Öffentlichkeit tretende Wehrmacht von vielen Deutschen begrüßt, so wurden die Schwarzuniformierten in weitesten Kreisen der Bevölkerung mit Mißtrauen gesehen und auch gefürchtet. Das traf auf die Mitglieder der Allgemeinen SS, die ihren nebenamtlichen Dienst an ihren Wohnorten versahen, ebenso zu wie auf die kasernierten Formationen, in denen Freiwillige sich zu einem mindestens vierjährigen Dienst verpflichteten. Diese Haltung verstärkte sich mit der immer engeren und keineswegs geheimgehaltenen Verzahnung von SS und Polizei, insbesondere der Geheimpolizei. Himmler gestand 1935, freilich in ruhmrediger Absicht, selbst ein: „Ich weiß, daß es manche Leute in Deutschland gibt, denen es schlecht wird, wenn sie diesen schwarzen Rock sehen. Wir haben Verständnis dafür und erwarten nicht, daß wir von allzu vielen geliebt werden."[29]

Das Interesse an der Vergrößerung der SS-Einheiten und das Vorrücken der Organisation auf einen immer einflußreicheren Platz entsprang nicht ihrer Ideologie, ihren Dienstnormen und Lebensformen, sondern dem Bedürfnis des Regimes nach einem speziellen „Staatsschutzkorps", das in allen denkbaren Situationen im Frieden wie im Kriege bereitstand, oppositionelle Kräfte brutal niederzuhalten. Die SA, die 1933 bei der Etablierung der Macht unter allen NSDAP-Kräften die wichtigste Rolle gespielt hatte, war allein durch ihre Zahl, aber auch durch die Zusammensetzung ihrer Mitglied- und Unterführerschaft aus proletarisch-plebejischen und kleinbürgerlichen Kreisen für diesen Einsatz ungeeignet. Mehr noch galt das für die NSDAP als Ganze und ihren Anspruch, „Träger der nationalsozialistischen Volksgemeinschaft" zu sein. Die SS hingegen besaß in ihrem

Führerkorps in erheblicher Zahl Kader, die nach dem Weltkrieg in konterrevolutionären militaristischen Organisationen gestanden, mitunter in ihnen auch Karriere gemacht und also in bürgerkriegsähnlichen Auseinandersetzungen sich bewährt hatten. Ihr oberster Führer Himmler verkörperte diese Tradition in eigener Person. Er war Mitglied eines Freikorps gewesen und hatte sich dann der Organisation „Reichskriegsflagge" angeschlossen und mit ihr am Münchener Putsch 1923 teilgenommen. Sozial entstammten die SS-Führer und -Unterführer zumeist der Bourgeoisie, der bürgerlichen Intelligenz und dem Adel. Nicht wenige von ihnen hatten Universitäten oder Hochschulen besucht, davon wieder ein erheblicher Teil die juristischen Fakultäten. Das Gefühl und die Haltung der Überlegenheit gegenüber der Masse der Werktätigen brauchte diesen Faschisten nicht besonders anerzogen zu werden. Beides brachten sie in die SS mit. Auch der Drang, in der Gesellschaft durch die geforderte Bewährung aufzusteigen, war ihnen nach Herkunft und Lebensweg gleichsam eingepflanzt. So boten sie, die den Charakter der SS prägten, nach Intellekt und Psyche beste Voraussetzungen, den Auftrag zu erfüllen, das Volk zu überwachen und die „Gegner" zu bekämpfen. Ein Teil der Führer- und Unterführerschaft war zudem nicht nur durch ihre elitäre Ideologie, sondern auch praktisch durch die Teilnahme am Krieg und den Klassenkämpfen während der Novemberrevolution und im Weimarer Staat in hohem Grade moralisch enthemmt. Kommunisten, Sozialdemokraten, Republikaner und auch „Verräter" aus den eigenen Reihen zu traktieren und zu töten, bereitete ihnen keine Skrupel. Das hatten sie zuletzt durch ihre Rolle als Herren der Gestapo-Gefängnisse und der Konzentrationslager ebenso bewiesen wie durch ihren kalten Befehlsgehorsam bei den von ihnen verübten Morden während der „Röhm-Affäre".

So war der Marsch der SS in die Institutionen des Repressivapparates ebenso durch das Wesen dieses Staates wie durch ihren eigenen Charakter vorgezeichnet. Himmler, Heydrich und andere SS-Führer erkannten und nutzten ihre Chance, Schlüsselstellungen im Machtapparat zu besetzen und sich dem Regime insgesamt wie allen anderen Führern unentbehrlich zu machen. Sie wiesen mit Hitler, Göring und anderen 1935 Bestrebungen zurück, das Herrschaftssystem ausschließlich auf die herkömmlichen Unterdrückungsapparate (Polizei, Gerichte, Staatsanwaltschaften, Gefängnisse, Zuchthäuser) zu stützen. Vorschläge, die in diese Richtung wiesen, eine gewisse Normalität bürgerlicher Machtausübung anstrebten und der faschistischen Diktatur ein gesitteteres und rechtsstaatliches Äußeres geben sollten, kamen zu den Akten. An der durch kein Gesetz begrenzten Praxis, Menschen zu verhaften, Aussagen durch mittelalterliche physische und psychische Torturen zu erpressen, ihnen Prozesse und Verteidigung zu verweigern, sie in Gestapogefängnissen und Konzentrationslagern buchstäblich verschwinden zu lassen, wurde festgehalten. Unmittelbar traf dieser Terror eine Minderheit der Bevölkerung, doch wirkte er landesweit abschreckend. Das Schweigen derjenigen, die aus Haft und Lagern entlassen wurden, sprach mehr, als es deren Berichte hätten tun können. Und die Existenz der Konzentrationslager war seit ihrer Errichtung 1933 bekanntgemacht. Nicht nur, daß damals die Namen prominenter Gefangener triumphierend bekanntgegeben worden waren. In Zeitungsinseraten waren auch Ärzte, beispielsweise für „Konzentrationslager in der Nähe von Osnabrück", gesucht worden.[30]

Die unausgesetzt wachsenden finanziellen Aufwendungen für die sich verzweigende SS wurden durch ihre Mitglieder, durch Zuwendungen aus der Kasse der NSDAP-Reichsleitung und aus dem Staatshaushalt aufgebracht. Hinzu kamen die erheblichen und regelmäßigen Spenden von den Konten führender und namhafter Bankiers und Industrieller, die nun im „Freundeskreis des Reichsführers SS" zusammengefaßt waren. Aus dem Keppler-Kreis hervorgegangen, gehörten ihm seit 1935 etwa 40 Kapitaleigner und Manager deutscher Großunternehmen (u.a. Flick, Wintershall, Bosch, Oetker, IG-Farben, Siemens, Deutsche Bank, Dresdener Bank) an. Die Zugehörigkeit zum „Freundeskreis" schuf ihnen zusätzliche Verbindungen und Einflußlinien in die politischen Machtzentren. Sie ließen sich um so ergiebiger nutzen, je höher Himmler mit seinen engsten Mitarbeitern, zu denen Reinhard Heydrich, Heinrich Müller, Werner Best gehörten, in der Führerhierarchie aufstieg.[31]

In der Verwendung, welche die SS fand, seit sie 1934 zu einer separaten Organisation erklärt worden war, verkörperte sich wie in keiner zweiten Gliederung der NSDAP, daß die Machtapparate der Partei und des Staates zu einem Gebilde zusammenwuchsen und verschmolzen. Äußeres Zeichen dieses Vorgangs war, daß inmitten Berlins ein ausgedehnter Gebäudekomplex entstand, in dem die Zentralen der SS, ihres Sicherheitsdienstes und der Gestapo, seit 1939 das Reichssicherheitshauptamt (RSHA) etabliert waren.[32] Himmler und Heydrich nutzten ihre Stellungen als Inspekteur bzw. Leiter der Gestapo, um immer mehr versierte Angehörige der SS in deren zentrale und regionale Dienststellen zu schleusen. Dort trafen sie auf erfahrene und langgediente Beamten aus Republikzeiten und arbeiteten mit ihnen einträchtig zusammen, mitunter in einem Unterstellungsverhältnis. Eine Funktion der Allgemeinen SS bestand nun darin, das Kaderreservoir zunächst für die Gestapo, später für die gesamte Polizei zu sein.

Seit dem 9. Juni 1934 war durch einen Erlaß Hitlers der Sicherheitsdienst (SD) der SS zum „einzigen polizeilichen Nachrichten- und Abwehrdienst der NSDAP, ihrer Gliederungen und angeschlossenen Verbände" erklärt und allen anderen NSDAP-Organisationen, namentlich der SA, untersagt worden, weiter geheimdienstlich tätig zu sein.[33] Dieser Erlaß wurde zum Ausgangspunkt für eine Entwicklung, in deren Verlauf der SD auch und dann vorwiegend die Aufgaben des staatlichen Geheimdienstes übernahm. Außerhalb seiner Kompetenz blieb nur der militärische Bereich. Aus kleinen und nahezu unscheinbaren Anfängen entstand ein durchweg von SS-Leuten besetzter Apparat mit 3.000 bis 4.000 haupt- und nebenberuflichen Mitarbeitern.[34] Er verfolgte und analysierte die Aktivitäten und Bestrebungen der Hitlergegner unter dem Gesichtspunkt der von ihnen angewendeten Arbeitsmethoden, verfaßte Expertisen über die KPD, die SPD, andere illegale Gruppen der Arbeiterbewegung und deren Auslandverbindungen, über Kirchen und religiöse Sekten, über die jüdischen Organisationen und erstellte Berichte über Meinungen, Stimmungen und Haltungen in den verschiedensten Volkskreisen und in der NSDAP-Mitgliedschaft. In der Zentrale des Sicherheitsdienstes entwickelten sich Franz Six, Adolf Eichmann, Dieter Wisliceny und weitere SS-Offiziere zu Spezialisten der Judenverfolgung. Seit 1938/1939 koordinierte ihre Dienststelle die Maßnahmen, die sich auf die restlose Vertreibung der Juden aus Deutschland richteten.

Gestapo und SD blieben die wichtigsten, aber nicht die einzigen Schlüsselstellungen, die sich fest in den Händen von Kadern aus der SS befanden. 1934 wurde dieser auch die gesamte Leitung, Verwaltung und Bewachung der Konzentrationslager übertragen und dafür eine eigene Inspektion unter dem SS-Führer Ludwig Eicke geschaffen. Damit bot sich für Angehörige des Mannschaftsbestands, und gerade für die geistig und moralisch abgestumpftesten, die Möglichkeit, sich freiwillig zu den Wachtruppen – sogenannten SS-Totenkopfverbänden – zu melden, die in Kasernen in unmittelbarer Nachbarschaft der Lager stationiert und deren Familien in eigens für sie errichteten Siedlungen untergebracht waren. Als Standorte wurden folglich Dachau, Oranienburg/Sachsenhausen und das 1937 geschaffene KZ Buchenwald bei Weimar bestimmt. Nach der Liquidierung Österreichs kam als vierter Ort Linz in der Nähe des KZ Mauthausen hinzu. Die innerhalb der Lager Dienst taten, gelangten in die Reihen der Herrscher über Leben und Tod der Häftlinge. In den im Frühjahr 1936 auf 3.500 Angehörige nahezu verdoppelten Wachverbänden der Konzentrationslager, die bis Kriegsbeginn weiter auf etwa 8.000 bis 9.000 Mann anwuchsen, war die Dienstzeit ähnlich jener der Wehrmacht auf zwölf Jahre festgesetzt. Im Kriege fanden viele Einheiten und Angehörige der Totenkopfverbände Verwendung in den besetzten Gebieten, wo sie mit brutalem Terror das eroberte Hinterland zu „befrieden" hatten. Ihre Rolle in den Konzentrationslagern auf deutschem Gebiet übernahmen dann ältere und nicht fronttauglichen Angehörige der Allgemeinen SS.[35]

Angesichts der Entbehrungen und Strapazen, denen das Volk im Kriege unterworfen werden würde, konnten die Machthaber die Möglichkeit von Unruhen und Streiks nicht ausschließen. Doch waren sie fest entschlossen, wie Hitler in vielen seiner Reden ebenso drohend wie beschwörend sagte, dafür zu sorgen, daß sich „ein 9. November 1918" nie wiederholen werde. Um das zu verhindern, wurden zeitig spezielle militärische Verbände formiert, die sich erforderlichenfalls verläßlich gegen die eigene Bevölkerung einsetzen ließen. Unter der Bezeichnung SS-Verfügungstruppe entstand über mehrere Etappen eine mobile Bürgerkriegsgarde, die 1939 vollmotorisiert, gefechtsbereit und auch kriegsverwendungsfähig war. Ihre Angehörigen verpflichteten sich zu vierjährigem Dienst und waren in der Regel für ihn zuvor bereits in der Allgemeinen SS ausgebildet worden. Im Kriege sollte die Truppe entweder unter dem Kommando Himmlers im Innern oder, wenn die Lage im Reich es erlaubte, als Bestandteil der Wehrmacht verwendet und dem Oberkommando des Heeres unterstellt werden. Unter der Bezeichnung „Waffen-SS", die sich seit 1939 auf Himmlers Befehl einbürgerte, wurden Totenkopfverbände und Verfügungstruppe zusammengefaßt und mit Kriegsbeginn in Polen eingesetzt. Das war möglich, da sich das Regime als kriegsfest erwies. Zugleich ließ sich dieses ungeliebte und verbrechenbeladene Staatsschutzkorps durch seinen Einsatz als Fronttruppe propagandistisch aufwerten.

An welchem Platz und in welcher Spezialformation auch immer, die Angehörigen der SS waren durch besonderen Eid, exklusiven Auftrag und strikte, selbst ihre privaten Entscheidungen regelnde Befehle verbunden, hoben sich durch ihre an die italienischen Schwarzhemden erinnernde Uniform von den Uniformierten aller anderen Organisationen der NSDAP ab und pflegten gegenüber diesen ein Bewußtsein der Auserwähltheit. Sie sollten sich auch nach dem Willen ihres Reichsführers als ein Orden fühlen, der mit seinen außergewöhnlichen Rechten auch außergewöhnliche Pflichten auf sich nahm und dessen innere Bindungen stärker waren als seine äußeren, ausgenommen die an den „Führer". Viele von Mitgliedern der SS übernommene Aufgaben schlossen die Forderung nach ihrer strikten Geheimhaltung ein und verschafften den mit ihnen Betrauten Wissen, Kenntnisse und Einsichten, über die nur sie und ihre Vorgesetzten verfügten.

Die Autorität der SS verstärkte sich noch, als Himmler am 17. Juni 1936 zum Chef der gesamten Polizei avancierte. Die seit 1933 schrittweise betriebene Zentralisierung und Zusammenfassung der Polizeikräfte unter einem Kommando wurde damit abgeschlossen. Faktisch existierte von nun an ein besonderes Polizeiministerium, denn der Unterstellung unter den Reichsinnenminister im Range eines seiner Stellvertreter kam nur geringfügige praktische Bedeutung zu. Der „Reichsführer SS und Chef der Deutschen Polizei", als der Himmler jetzt figurierte, war imstande, alle

Entscheidungen von politischem Gewicht in direktem Kontakt mit Hitler zu treffen oder einzuholen. An der Seite des Polizeiministers erhielt der SD-Chef Heydrich den wichtigsten Arbeitsbereich, er leitete die zur Sicherheitspolizei (Sipo) zusammengefaßte Geheime Staats- und die Kriminalpolizei. Kurt Daluege kommandierte die Einheiten der Ordnungspolizei.

Stellung und Rolle der SS im Herrschaftsapparat und die zahlenmäßige Ausweitung ihrer Einheiten erzeugten auch in dieser Parteigliederung einen erheblichen Führer- und Offiziersbedarf. Namentlich jüngere Faschisten aus Kreisen des Bürgertums und der Intelligenz erblickten darin für sich Karrierechancen. Insbesondere zur Heranbildung des Nachwuchses für ihre bewaffneten Einheiten entstanden sogenannte SS-Junkerschulen, 1934 in Tölz, 1935 in Braunschweig und später in Klagenfurt. Die Allgemeine SS, die im Januar 1933 etwa 52.000 Mitglieder besessen hatte, formierte bei Kriegsbeginn 240.000 Angehörige. Sie gliederten sich in 104 Fuß- und 19 Reiterstandarten oder gehörten zu Nachrichten-, Kraftfahrzeug- und Sanitätseinheiten. Da die körperlichen Anforderungen an den Eintritt in die SS und den Dienst in ihren Einheiten ehrgeizig hoch gelegt waren, sollten sich ihre Angehörigen doch bei allen Wettkämpfen als die Besten hervortun, zählte diese Viertelmillion Männer zum bestgedrillten Teil der Bevölkerung des Reiches.[36] Das galt auch ideologisch, denn nirgendwo sonst in der NSDAP wurde die nationalsozialistischen Dogmen, vor allem die Rassenlehre, so gründlich gepaukt wie mit den Mitgliedern dieses Ordens. Auch in der Befolgung der in allen NSDAP-Organisationen geltenden wichtigsten Tugenden, dem Führerglauben und dem Befehlsgehorsam, hatte sich ein Angehöriger dieses „Schwarzen Korps" von niemandem übertreffen zu lassen.

Obwohl die SS eine immer mächtigere Stellung gewann, stand sie doch fest im Herrschaftssystem und nicht über ihm. Ebensowenig wurde sie zum Staat im Staate oder gar der Staat selbst. Der Platz der SS war in dem Regime, das wie alle neuzeitlichen Staaten hoch arbeitsteilig funktionierte, in Verhandlungen mit anderen staatlichen Machtfaktoren, insbesondere dem Innen-, dem Justiz- und dem Kriegsministerium (später dem OKW) abgesteckt und von Hitler sanktioniert worden. Auf weite Bereiche der Staatsführung besaß die SS wenig oder keinen Einfluß, so etwa auf die außenpolitischen und militärischen Entscheidungen im Vorkrieg, auf die Leitung der Rüstungswirtschaft und später auf Kriegs- und Feldzugsplanungen. Auch das Elite- und Sendungsbewußtsein, das im „Schwarzen Korps" herrschte, und selbst die abstrusen Lehren über Völker und Rassen ließen die Organisation nicht den Charakter einer Sekte annehmen. Die aus ihnen erwachsende Haltung, die frei von jeglichen humanen Rechtsnormen war, diente dem System und seinen imperialen Zielen in besonderem Grade. Sie praktizierte der SS-Wachmann in einem der KZ ebenso wie der SS-Arzt, der im Privatberuf eine Praxis in irgendeiner deutschen Stadt betrieb und seine Patienten nach den Prinzipien der „Auslese" und „Ausmerze" begutachtete. Die spezifische SS-Ideologie, eine äußerste Aufgipfelung der nationalsozialistischen, rechtfertigte jene Praxis, welche die Organisation, - wie Himmler es ausdrückte -, als „ein gnadenloses Richtschwert" gegen alle inneren und äußeren Feinde funktionieren ließ.[37] So sah Himmler auch seine persönliche Rolle. 1936 war er hinter Hitler und Göring etwa auf der dritten Stelle in der Staatsexekutive angekommen. Er war ein absolut verläßlicher Paladin seines „Führers" und weder in seiner Arbeit noch in seinem Privatleben erregte er je dessen Unwillen. Der Reichsführer setzte seinen ganzen Ehrgeiz und die widerwärtigen Gaben seiner bürokratischen Natur dafür ein, im Reich jeglichen Widerstand gegen den Kriegskurs zu liquidieren und die vollständigste Konzentration aller Kräfte auf die Vorbereitung des Eroberungszuges sichern zu helfen.

Die kriegsvorbereitenden Aufgaben auf dem Gebiet der Wirtschaft, im „Vierjahresplan" zusammengefaßt und von einer Behörde geleitet, der Göring vorstand, stellten an alle NSDAP-Organisationen zusätzliche Anforderungen. In erster Linie betrafen sie die Tätigkeit der DAF in den Rüstungsbetrieben und des Reichsnährstandes. Jetzt wurde vollends klar, was die von Hitler schon Ende 1934 in der Verordnung über die DAF gestellte Forderung besagte, die Belegschaften zu „Leistungsgemeinschaften" zu formen und unter Arbeitern und Angestellten „Verständnis für die Lage und die Möglichkeiten ihres Betriebes" zu schaffen.[38]

Die DAF-Mitglieder hatten widerspruchslos Lohnstopp hinzunehmen, sich der Verpflichtung zur Arbeit an Orten zu unterwerfen, die oftmals von den Wohnsitzen ihrer Familien weit entfernt lagen, zwangsweise Nacht- und Überstundenarbeit zu leisten und die sich mehrenden Abzüge vom Lohn für angeblich gemeinnützige Zwecke zu akzeptieren. Die Proletarier verwandelten sich nach einer - freilich glorifizierend gemeinten - Parole in „Soldaten der Arbeit". Intern, und nicht nur im obersten Parteizirkel, wurde über die weiteren Ziele bereits unumwunden geredet. Ley erklärte vor Amtswaltern und Gauobmännern, erst wenn die Deutschen über mehr Raum geböten, könnten die „sozialpolitischen Fragen" gelöst werden.[39] Eingedenk der Erfahrungen des November 1918 kreisten auch Leys Gedanken schon damals um die Frage, wie das Volk im Vorkrieg so in Form gebracht werden könne, daß es die Belastungen des Krieges aushalte. Im Widerspruch zur öffentlichen Propaganda der NSDAP, welche die Niederlage dem „Dolchstoß" zuschrieb, gestand der Reichsorganisationsleiter und DAF-Führer intern ein, daß die Herrschenden im Kaiserreich vor dieser Aufgabe versagt hätten und ihre Fehler nicht wiederholt werden dürften.

Hitler seinerseits traute insbesondere Ley zu, das Problem zu lösen. Er sorgte deshalb auch persönlich für dessen Aufwertung, nannte ihn seinen „größten Idealisten" und fand sich selbst ein, als 1938 der zweite der beiden KdF-Schiffsneubauten – der erste hatte den Namen des ermordeten NSDAP-Landesleiters in der Schweiz, Wilhelm Gustloff, erhalten – auf „Robert Ley" getauft wurde.

Trotz ihrer arbeiterfeindlichen Politik und vieler unpopulärer Maßnahmen konnte die DAF dazu beitragen, den Arbeitsfrieden im Interesse des Kapitals und der Aufrüstung zu erhalten, und antifaschistische Kräfte vermochten in den Jahren bis 1939 nur eine Anzahl örtlich eng begrenzter, kurzzeitiger Streiks auszulösen. Zu diesem Ergebnis trug vor allem der von Kapitalisten, Managern, DAF-Waltern und Gestapo-Beamten ausgeübte Druck auf die Arbeiter bei. Ein Teil der Arbeiter und Angestellten ließ sich indessen auch durch sozialpolitische Maßnahmen und sozialdemagogische Manöver des Regimes, der kapitalistischen Betriebsführer und der DAF-Bonzen betören.

Obwohl der Ausbau des Terrorapparates und die perfektionierten Methoden der Gestapo die Tätigkeit der illegalen kommunistischen und sozialistischen Gruppen sowie anderer Antifaschisten immer mehr erschwerte und viele Bürger von den Widerstandskämpfern auch gedanklich nicht mehr erreicht werden konnten, waren die Machthaber nach drei Jahren faschistischer Herrschaft mit den Ergebnissen der ideologischen Beeinflussung des Volkes unzufrieden. In der Führung wurde immer häufiger konstatiert, daß der Teil der Werktätigen, der noch unter den Bedingungen der bürgerlich-parlamentarischen Republik gearbeitet hatte, sich nie ganz faschistisch ummodeln lassen werde. Um so energischer wandten sich die Institutionen der Partei und des Staates der Jugenderziehung zu.

Langfristig hatte das Regime den jungen Menschen nichts zu bieten als die Aussicht, Rüstungsarbeiter, Krieger, Besatzungssoldaten und Kolonialverwalter zu sein. Doch es gelang Jugendführern und Lehrern einen wachsenden Teil und schließlich die übergroße Mehrheit der männlichen Schüler und Lehrlinge, einschließlich der aus dem Arbeitermilieu stammenden, darüber zu täuschen, welche Rolle ihnen zugedacht war. Und mehr noch: Viele fanden Gefallen und begeisterten sich bei den Gedanken, einst ein gefeierter Kriegsheld zu sein oder in fernen Kolonien Herr über die „Eingeborenen". Hinzu kam, daß das Regime schon auf seinem Weg in den Krieg jungen Leuten aus ärmeren Schichten der Bevölkerung soziale Aufstiegschancen eröffnen mußte und auch dadurch zusätzliche Anziehungs- und Bindungskräfte gewann. Der Bedarf an Facharbeitern für die Rüstungsindustrie schuf Lehrstellen und verlangte, eine größere Zahl von Schulabgängern in Berufsschulen solide zu unterweisen. Die Ausdehnung der Industrie, der Ausbau des Staatsapparates, der Wehrmacht und der NSDAP-

Organisationen erhöhte die Nachfrage nach Gefolgsleuten, die höhere Schulen und Fachschulen absolviert hatten. Die Propaganda der Machthaber feierte alle Veränderungen, mit denen diesen Notwendigkeiten Rechnung getragen wurde, als programmatische soziale Erfolge.

Nächst der faschistischen Schule war die Hitlerjugend (HJ) mit ihren vier Gliederungen - der Organisation gleichen Namens für die 14- bis 18jährigen männlichen Jugendlichen, dem Deutschen Jungvolk (DJ), dem die 10 bis 14 Jahre alten Knaben angehören sollten, dem Bund Deutscher Mädel (BDM) und dem Jungmädelbund (JM) für die entsprechenden Altersstufen - dazu bestimmt, die lückenlose Erfassung und Formierung der Jugend zu garantieren. An ihrer Spitze stand immer noch Baldur von Schirach, ein Hitler eifrig ergebener Faschist, der allerdings mit den Jahren die ohnehin demagogische These, wonach Jugend von Jugend geführt werden müsse, mit seinem eigenen Erscheinungsbild geradezu widerlegte. Schon 1933, wiewohl die HJ vorerst nur eine Minderheit der Jugendlichen rekrutierte, erhielt er den Titel „Jugendführer des Deutschen Reiches". Rasch waren die proletarischen Jugendorganisationen illegalisiert und auch die bürgerlichen Jugendverbände, soweit sie nicht als integrationsfähig galten, verboten. Schritt um Schritt wurde der Aktionsradius für die Jugendgruppen der katholischen und evangelischen Kirchen eingeschränkt. Doch einzig auf Verbots- und Zwangsmaßnahmen ließ sich der Ausbau der HJ nicht stützen, zumal der Masse der Arbeiter- und Bauernjugend aus ihrer Nichtzugehörigkeit keinerlei Nachteile erwuchsen. Um den nur schleppend anwachsenden außerschulischen Einfluß auf die Jugend zu erhöhen, wurde am 1. Dezember 1936 ein Gesetz erlassen, das die HJ zur Staatsjugendorganisation erklärte.[40] Doch vergingen noch einmal mehr als zwei Jahre, bis sie, wenn auch nicht gleichmäßig in allen Städten, Orten und Wohngebieten, soweit entwickelt war, daß die Absicht, von der Freiwilligkeit zum Zwang überzugehen, auch verwirklicht werden konnte. Die Jugenddienstordnung vom 25. März 1939 bestimmte, daß jeder für „arisch" befundene deutsche Jugendliche zum HJ-Dienst anzutreten hatte. Allen, die dieser Pflicht nicht nachkämen, wurde angedroht, daß sie durch die Ortspolizeibehörde vorgeführt werden könnten. Eltern und andere Erwachsene, die Kinder von der Jugendorganisation fernhielten, hatten Geld- und Gefängnisstrafen zu gewärtigen.[41] Um Gruppen, Cliquen und Banden von meist männlichen Jugendlichen aufzuspüren, zu überwachen, zu terrorisieren und der Polizei zuzuführen, bestand innerhalb der HJ eine Spezialorganisation mit der Bezeichnung „Streifendienst". Dessen Tätigkeit bildete eine Art Vorschule für den Eintritt in SS, SD oder Gestapo und die Angehörige dieser Sondereinheit verstanden sich auch als deren spezielles Nachwuchsreservoir .

Der „Dienst" in den Einheiten der HJ bedeutete für männliche Schüler,

Lehrlinge und Jungarbeiter vor allem, daß sie sich körperlichen Anstrengungen und Strapazen zu unterwerfen und eine vormilitärische Ausbildung zu bestehen hatten, wofür mit der Vergabe von Leistungsabzeichen zusätzlicher Anreiz geschaffen wurde. An zwei Nachmittagen pro Woche wurde unter Verzicht auf Arbeitszeit und Schulpflichten vor allem gedrillt, exerziert, marschiert, geschossen und ein der infanteristischen Grundausbildung ähnliches Programm absolviert. Sonntägliche Aufmärsche, Paraden, Kundgebungen, Kasernenbesuche, Geldsammlungen kamen hinzu.

Die HJ knüpfte aber auch an die technischen Interessen, den Drang nach jugendlichem Kräftemessen und abenteuerlichen Erlebnissen an, womit sie einen Teil der jungen Generation an sich zog und begeisterte. In Spezialeinheiten, die auf den Militärdienst in der Luftwaffe, der Kriegsmarine, den Nachrichten-, Pionier- und Sanitätstruppen vorbereiteten, wurde gebastelt, Segelflug trainiert, gesegelt, gemorst, gefunkt, ein mitunter theoretisch anspruchsvoller Unterricht und eine intensive, während Speziallehrgängen und auf Sonderschulen vertiefte Ausbildung betrieben.

Während der Wintermonate dienten „Heimabende" der ideologischen Ausrichtung, in deren Zentrum die nationalsozialistische, chauvinistische und rassistische Verhetzung der Jugendlichen stand. Am wichtigsten blieb überall die geistige und die psychische Einstellung auf den Krieg. Es wurde ein Gefühl der Zusammengehörigkeit geweckt, das nach Zwecken und Zielen nicht fragte, eine die Einzelgänger und Außenseiter terrorisierende Kameraderie gepflegt, eine Leistungsvorstellung geprägt, die hohl und verlogen war. „Hart wie Kruppstahl, zäh wie Leder und flink wie die Windhunde" lautete die Losung, die Hitler der deutschen Jugend gab.

Zugleich waren die Organisationen der männlichen Jugendlichen darauf aus, frühzeitig den geeigneten Führernachwuchs herauszufiltern und auf besondere Wege der Ausbildung zu lenken. Bereits 1933 waren aus Anlaß von Hitlers Geburtstag die dann unter die Aufsicht des neugebildeten Reichsministeriums für Wissenschaft gestellten Nationalpolitischen Erziehungsanstalten (Napola) geschaffen worden. Sie richteten sich in einstigen Kadettenanstalten und anderen Internaten, so in Plön, Köslin, Potsdam, später auch in Naumburg, Schulpforta, Bensberg und Oranienstein ein und erfaßten schließlich in 20 Anstalten dieser Art etwa 6.000 Zöglinge, die vorwiegend dazu bestimmt waren, den Offiziersnachwuchs für die Wehrmacht und die SS zu stellen. Unter der Regie der NSDAP-Reichsleitung und der Führung der HJ kamen als weitere Einrichtungen ähnlicher Art 1937 „Adolf-Hitler-Schulen" hinzu, deren spezielle Aufgabe es sein sollte, den Nachwuchs für Karrieren in den Parteiorganisationen zu gewährleisten. Ihre Absolventen waren dazu bestimmt, nach praktischen Einsätzen ihre weitere Schulung auf den Ordensburgen der NSDAP zu erhalten. In beiden Schultypen stand am Ende die Abiturprüfung und in beiden wurde besonderer Wert auf die sportliche und militärische Ausbildung gelegt. Die Rolle, jungen Leuten aus ärmeren Schichten eine Chance zum Aufstieg im Regime zu geben, erfüllte jedoch weder die eine noch die andere Einrichtung, wenngleich dies in der Propaganda immer wieder und nicht ohne Zugkraft behauptet wurde. In den „Adolf-Hitler-Schulen" befanden sich nach Angaben, die sich auf die Zeit ihrer Gründung beziehen, nur zu knapp 20 Prozent Schüler, die Kreisen von Arbeitern, Handwerkern und Bauern zugezählt werden konnten. In den Napola waren Söhne von Offizieren, darunter aus Kreisen des Adels, und aus anderen Beamtenfamilien weitaus überrepräsentiert.[42]

Wiewohl es das erklärte Ziel war, alle Kinder und Jugendlichen in der HJ zu erfassen, existierte zwischen deren Tätigkeit in den Städten und auf dem Lande ein erhebliches Gefälle. Nicht nur, daß Söhne und Töchter während der Erntezeit in den elterlichen Wirtschaften gebraucht wurden. Es fehlte in den Dörfern vielfach an geeigneten Jugendführern gerade für die Monate, in denen der „Innendienst" an sie auch unentbehrliche geistige Ansprüche stellte.[43] Innerhalb der Jugendorganisation wie auch in den meisten Schulen wurden Jungen und Mädchen streng getrennt erfaßt. Der gesellschaftliche Platz, der den „Volksgenossinnen" zugedacht war, Hausmagd, kinderreiche Mutter und erforderlichenfalls Samariterin in Kriegslazaretten zu sein, die Politik und den „Lebenskampf" aber den Männern zu überlassen, bestimmte die Ausbildung der weiblichen Jugend im BDM. Sie reichte von Koch-, Putz- und Flickkursen über Kinderversorgung bis zur Vermittlung von medizinischen Kenntnissen und besaß eine vergleichsweise zivilere Note. Doch da die Einheiten des BDM bei Parteiaufmärschen nicht fehlen durften, mußten ihre Führerinnen das Kommandieren und ihre Angehörigen das Marschieren erlernen. Das erweckte den Eindruck einer partiellen Gleichstellung mit den männlichen Jugendlichen und vermittelte ein Gefühl der Aufwertung in einer Gesellschaft, die von den politischen Führern um Hitler nach einem Wort des Ideologen Rosenberg als ein „zielbewußter Männerbund" angesehen und entsprechend formiert wurde.

Jedoch wurden auch die „Mädelschaften" auf Hilfsdienste für die Wehrmacht vorbereitet, sollten doch im Kriege möglichst wenig Soldaten im Hinterland eingesetzt werden. Da es wegen der zweijährigen militärischen Ausbildung der Männer zunehmend an Arbeitskräften mangelte, hatten Mädchen die Fehlenden bereits im Vorkrieg zu ersetzen. Das geschah nach einem 1938 erlassenen Gesetz im „Pflichtjahr", das vorwiegend von Städterinnen vor allem in bäuerlichen Wirtschaften oder in Haushalten abzuleisten war. Ebenso fanden die bis 1939 auf der Basis der Freiwilligkeit rekrutierten weiblichen Angehörigen des Reichsarbeitsdienstes vorzugsweise in der landwirtschaftlichen Produktion Verwendung. So wurden die jüngsten Jahrgänge der weiblichen Bevölkerung, wenn auch nicht in gleicher Vollzähligkeit und in einem ähnlichen Grade wie dies den gleichaltrigen männlichen Jugendlichen geschah, praktisch darauf vorbereitet, im Kriege dort zu arbeiten, wohin sie befohlen wurden. Die in allen Gliederungen der HJ immer wieder verkündete Parole „Du bist nichts, Dein Volk ist alles", besagte nichts anderes, als daß jeder Heranwachsende sich den Forderungen der jeweiligen Führer zu unterwerfen hatte. Diese aber brauchten ihr Wissen davon, was dem Volke nützte, vor niemandem zu begründen. Denn unter dem deutschen Volk wurde ohnehin nicht eine soziale, in sich differenzierte, vielfach zerrissene Großgruppe, sondern eine mythische Gemeinschaft verstanden. Wer irgendwelchen individuellen Interessen nachgehen wollte, hatte sich in diesem System bei den Führern „abzumelden" oder dafür eine Entschuldigung vorzubringen.

Deutschland verwandelte sich derart in ein auch mental kriegsbereites Land, was nicht bedeutete, daß alle seine Bewohner das auch nur wahrnahmen. Zudem dominierten lange Zeit die Friedensschwüre der Machthaber. Denen bot sich willkommene Gelegenheit, ihre Pläne ebenso vor der eigenen Bevölkerung wie vor der Weltöffentlichkeit zu vernebeln, als sie 1936 in Garmisch-Partenkirchen, Berlin und Kiel die Olympischen Winter- und Sommerspiele ausrichten konnten. Mit Unterstützung ausländischer Funktionäre im Internationalen Olympischen Komitee (IOC), von denen einige deutliche Sympathien für den Faschismus bekundeten, und durch geringfügige Zugeständnisse, zu denen die Aufnahme von wenigen jüdisch-herkünftigen Sportlern in die deutsche Mannschaft gehörte, kam das Regime in die Lage, Völkerfreundlichkeit vorzutäuschen. Vor allem in den Wettkampforten wurde vor die Wirklichkeit der Diktatur eine kunstvoll hergerichtete, festliche Kulisse geschoben. Die verschiedensten Gliederungen der NSDAP und Formationen der Wehrmacht konnten sich als organisierende und disziplinierte Kraft hervortun. Eine perfekte Regie beeindruckte ausländische Gäste. Das Regime schien geradezu darauf zugeschnitten, Gastgeber der „Jugend der Welt" sein zu wollen. Der schwarzamerikanischen Leichtathlet Jesse Owens wurde im Stadion gefeiert, als gäbe es in diesem Lande keinen Anflug von Rassismus.

Innenpolitisch nährten die vielen Siege deutscher Sportlerinnen und Sportler das Gefühl der eigenen Überlegenheit. Die Zugkräftigkeit der Spiele wurde dazu genutzt, den von nahezu allen NSDAP-Organisationen vorangetriebenen körperlichen Drill noch zu intensivieren. SA, SS und andere Gliederungen, welche mitunter auch auf diesem Feld um Rechte und Kompetenzen stritten, suchten sich besonders in der Pflege der militärischen Kampfsportarten gegenseitig zu übertrumpfen und den Nachweis der Unübertrefflichkeit zu erbringen. Aufgewertet wurde durch die Olympiadesiege auch die Stellung des staatlichen Reichssportkommissars

Hans von Tschammer und Osten und der 1933 geschaffenen NS Reichsbund für Leibesübungen Er war an die Stelle der verbotenen sozialistischen Sportorganisationen getreten und hatte sich alle bürgerlichen Sportverbände eingegliedert. Eine Ausnahme machten einzig die jüdischen Vereine, deren Betätigungsmöglichkeiten jedoch – zunächst auf dem Verwaltungswege – immer mehr eingeschränkt und die später ganz verboten wurden.

Die unausgesetzte Propaganda für den Massensport und die Erhöhung der Anforderungen im Schulsport blieben nicht ohne schwerwiegende ideologische Wirkungen. Körperliche Leistungskraft galt als eine Eigenschaft und Fähigkeit, die der geistigen vorzuziehen und ihr überlegen sei. Damit breitete sich, was ganz im Interesse der Machthaber lag, auch eine Intellekt- und Intelligenzfeindlichkeit in der Gesellschaft aus. Als ein Vorbild galt der militärisch noch verwendungsfähige Greis im Braunhemd. Bereits 1933 war das SA-Sportabzeichen gestiftet worden, an dessen Vergabe sich in den folgenden Jahren immer schärfere Bedingungen knüpften. Wer es erwerbe, erklärte Göring, der wie Hitler und anders als Himmler an solchem Kräftemessen freilich nicht teilnahm, „kämpft für Deutschlands Größe und Zukunft".[44] 1937 wurden Reichswettkämpfe der SA eingeführt, die „im letzten Ziel" dazu dienten, „die Wehrkraft des deutschen Volkes auf eine ungeahnte Höhe zu bringen."[45] Die SS-Führung unterwarf ihre aktiven Mitglieder den größten Strapazen und besaß den Ehrgeiz, sich auch sportlich als unübertrefflich zu präsentieren. Dabei wurden in ihren Reihen auch eher elitäre Kampfsportarten wie das Fechten gepflegt. Überall schritt die Militarisierung des Sports voran. Sie drückte sich knapp auch in der Parole für die Reichssportwettkämpfe des Nantionalsozialistischen Kraftfahrkorps (NSKK) aus: „Der NSKK-Mann ist Motorkämpfer". Dieser Sportbetrieb gipfelte alljährlich in den „NS-Kampfspielen", deren Einführung Hitler am 27. November 1936 verfügt hatte. Mannschaften der SS, SA und HJ maßen sich mit denen des Reichsarbeitsdienstes, der Wehrmacht und der Polizei, und auch dieser Vergleich machte Richtung und Ziel aller Anstrengungen deutlich.

Mit der Verherrlichung physischer Stärke, wozu die faschistische Kunst und insbesondere die Bildhauerei durch abscheulich-gigantomane Skulpturen beitrug, ging die viele Menschen quälende Diffamierung von körperlicher Schwäche oder gar Behinderung einher. Die Gesundheitspolitik, die auf die Auslese der Leistungsfähigen und Leistungsstarken und auf die „Ausmerze" der Schwachen gerichtet war, propagierten der 1929 gegründete NS-Deutsche Ärztebund und mit ihm die Reichsärztekammer, allgemeine illustrierte und medizinische Fachzeitschriften und viele Unterrichtsfilme. Den der NSDAP angegliederten Bund leitete seit 1932 Gerhard Wagner, der ein Jahr später auch zum Reichsärzteführer aufstieg. Gleich anderen schuf sich auch diese Organisation der Partei eine eigene zentrale Schulungsstätte, die in dem als Musterdorf des Regimes geltenden Alt-Rehse entstand. Wie ungeniert die antihumanen Ideen öffentlich verfochten wurden, ließ sich in einem „Gesundheitsbuch" nachlesen, das vom Reichsarzt der Hitlerjugend herausgegeben wurde: „Jeder Deutsche hat die Pflicht, so zu leben, daß er gesund und arbeitsfähig bleibt. Krankheit ist ein Versagen. Der Kranke ist nicht zu bemitleiden. Der Arzt ist nicht der barmherzige Samariter ..."[46] Der Arzt wurde zum „Gesundheitsführer" erklärt. Seine Sorge waren der arbeits- und kriegsfähige „Volksgenosse", die gebärfähige und -freudige „Volksgenossin", die Bekämpfung von Abtreibungen und die Ab- und Aussonderung der nach den ideologischen und staatlichen Maßstäben untauglichen Deutschen. Chronische Krankheit galt als Makel und Zeichen für die Nichtzugehörigkeit zur starken, herrschaftsberufenen „arischen" Rasse. Die Konsequenz dieser Grundsätze waren die bereits 1933 per Gesetz begonnene Zwangssterilisierung, die an etwa 400.000 Personen vollzogen wurde, und die Tötung angeblich oder wirklich unheilbar kranker „lebensunwerter" Menschen, die nach Kriegsbeginn aufgrund eines von Hitler auf den 1. September 1939 datierten Befehls in den Gaskammern ausgewählter psychiatrischer Anstalten umgebracht wurden.

In einer geheimen Denkschrift Hitlers vom 26. August 1936 hieß es: „I. Die deutsche Armee muß in 4 Jahren einsatzfähig sein. II. Die deutsche Wirtschaft muß in 4 Jahren kriegsfähig sein."[47] Damit waren die Ziele des umfassendsten rüstungswirtschaftlichen Programms bestimmt. Nach seinem Umfang übertraf es die Kette von Land- und Seekriegsrüstungen des deutschen Imperialismus aus der Zeit vor dem Weltkrieg bei weitem. Die Maßnahmen des – mit einer gefälschten Zielangabe – verkündeten Vierjahresplans bestimmte und koordinierte eine staatsmonopolistische Behörde, an deren Spitze Göring trat, der damit in der staatlichen Exekutive noch deutlicher auf den zweiten Platz hinter Hitler rückte. Daß sich dieser bei der Besetzung des nun für Jahre wichtigsten Amtes gerade für diesen seiner Mitführer entschieden hatte, erwuchs nicht nur aus dem Vertrauen auf die Entschiedenheit von dessen Vorgehen in jede Richtung, die ihm von seinem „Führer" bezeichnet wurde, sondern auch aus dem Wissen um dessen stabile Beziehungen zu führenden Industriellen. In seiner neuen Eigenschaft als Beauftragter für den Vierjahresplan – er behielt seine Stellung als Oberkommandierender der Luftwaffe – berief Göring einen rüstungswirtschaftlichen Generalrat. Ihm gehörten Offiziere der Waffenämter, höhere Beamte aus den einschlägigen Reichsministerien und Industrielle an, die - wie Carl Krauch von der IG Farben AG - im Verlauf der forcierten Kriegsvorbereitung und im Kriege zusätzlich zu ihrer ökonomischen Machtfülle in ihren eigenen Wirtschaftsimperien immense staatliche

Terror, Demagogie und Organisationen 359

Machtbefugnisse erhielten. Göring besaß in der NSDAP-Führung nach wie vor kein Ressort, doch genügte seine Autorität, um auch den Einsatz aller ihrer Gliederungen und Verbände auf die Ziele des Rüstungsplans zu lenken. Jedermann im Führungskorps der Partei wußte, daß er die besondere Gunst Hitlers genoß und seine Befehle durch den „Führer" gedeckt waren. Nicht zuletzt verstand er es, sich durch sein eigenes Auftreten, einer Mischung von weltmännischer Eleganz, herrschaftlichem Pomp, bühnenreifen Szenen und hemdsärmliger Brutalität in jenen Jahren das Ansehen eines großen Politikers zu verschaffen, dem gelinge, was immer er in die Hand nehme.

Die von Hitler 1936 in gestelzter Formulierung erhobene Forderung, wonach „das Ausmaß und das Tempo der militärischen Auswertung unserer Kräfte ... nicht groß und nicht schnell genug gewählt werden" könnte,[48] besagte im Klartext: Binnen kurzem sollte gegenüber den künftigen Kriegsgegnern ein Rüstungs- und Militarisierungsvorsprung erreicht werden, der für diese bis zum Kriegsbeginn uneinholbar sein und den Krieg entscheiden würde. Sollte das erreicht werden, mußte das schwierige Rohstoff- und Devisenproblem gelöst werden, denn vor allem reichten die eigenen Vorkommen an kriegswichtigen Erzen nicht aus. So trat in den Mittelpunkt auch der Anstrengungen aller NSDAP-Gliederungen die Teilnahme an der Kampagne, das Reich „autark" zu machen. In Deutschlands Städten und Dörfern wurden in Kundgebungen und Versammlungen, auf Plakaten und in den Kinos Losungen propagiert, die Konsumverzicht forderten, das Ausweichen auf Ersatzstoffe verlangten und die Wiederverwendung von Altem, statt den Kauf von Neuem anpriesen. Wer den eigentlichen Zweck von Parolen wie „Kampf dem Verderb" oder „Eßt mehr Fisch", die für sich genommen vernünftig klangen, bloßstellte, galt als Volksschädling und wurde von der Gestapo verfolgt. Diese nahm, um die Massen zu disziplinieren, auch Menschen vorübergehend in „Schutzhaft", die sich abfällig über Maßnahmen, Ergebnisse oder Politiker geäußert hatten. Die Methode, Personen wegen ihrer kritischen Äußerungen kurzfristig in Gestapo-Haft zu nehmen und sie einige Tage und Nächte in deren Gefängnissen verbringen zu lassen, erwies sich in ihrer Wirkung auf die Masse der „Volksgenossen" als abschreckender, denn die Gefangenschaft von Widerstandskämpfern in Konzentrationslagern. Denn dieser Masse lag jeder Gedanke an eine Frontstellung gegen das Regime inzwischen fern. Es herrschte das Bestreben vor, jeglichen Konflikt mit den Machthabern und deren Beauftragten im Wohngebiet und Betrieb zu vermeiden.

Seit 1935 zeigte sich für jeden nüchternen Beobachter in Deutschland und außerhalb seiner Grenzen, daß sich das Regime alternativlos für den Weg der Hochrüstung und des Krieges entschieden hatte, für einen Kurs, der von der politischen Führung, den höchstgestellten Militärs und den einflußstärksten Wirtschaftsführern gemeinsam gesteuert wurde. Göring erklärte vor Unternehmern im Dezember 1936: „Sieg oder Untergang. Wenn wir siegen, wird die Wirtschaft genug entschädigt werden. Es darf nicht kalkuliert werden, was es kostet. Wir spielen jetzt um den höchsten Einsatz." Noch ungeschminkter drückte er die größenwahnsinnigen Ziele des deutschen Imperialismus während einer Besprechung mit Luftfahrtindustriellen am 8. Juli 1938 aus: „... wenn wir den Kampf gewinnen würden. Dann ist Deutschland die erste Macht der Welt, dann gehört Deutschland der Markt der Welt, dann kommt die Stunde, wo Deutschland reich ist. Aber man muß was riskieren, man muß was einsetzen."[49]

Kapitel 12
Führer in den Zweiten Weltkrieg

1937/38 begannen die Kriegspläne der deutschen Machthaber schrittweise jene konkrete Gestalt anzunehmen, die von nun an ihre Innen- und Außenpolitik leitete. Schon entschlossen, begrenzte Kriege gegen schwache und isolierte Gegner zu beginnen, führten sie das „Dritte Reich" in die Etappe seiner Eroberungen ohne Krieg. Damit stürzten sie von einer politischen Krise in die folgende. Der Friede war permanent gefährdet, Europa immer wieder bis dicht an den Abgrund des Krieges gedrängt. Koordinierte Maßnahmen von Staat, NSDAP und Rüstungskapital hatten zu einem Tempo der Aufrüstung und der Militarisierung des Landes geführt, das von den Akteuren, aber vor allem auch von den Rivalen und Gegnern des faschistischen Staates für unmöglich gehalten worden war. Der Anteil der Rüstungsausgaben am Volkseinkommen stieg 1937 auf 22 Prozent und erhöhte sich 1938 um weitere 10 Prozent, so daß rund ein Drittel für die Vorbereitung der militärischen Aggression aufgewendet wurde. Der Rüstungsboom ließ die Gewinne steigen. Gleichzeitig führte er zu einem weiteren Absinken der Arbeitslosigkeit. Sie sank 1937 im Jahresdurchschnitt mit 912.312 Erwerbslosen erstmals unter die Einmillionengrenze. 1938 verminderte sie sich noch einmal um 50 Prozent.

Es verging keine propagandistische Rede Hitlers, Leys oder anderer Parteiführer, in der die faktische Beseitigung der Arbeitslosigkeit nicht als das Verdienst ihres Wirkens und als Ausdruck der verwirklichten Volksgemeinschaft ausgegeben wurde. Mit der Feststellung „Aber sie haben Arbeit geschaffen" gewannen viele Deutsche ihr wichtigstes Selbstberuhigungsmittel, wenn sie sich zu Zweifeln oder Einwänden gegen das Regime gedrängt sahen. Das vermeintlich überwiegend Gute wurde gegen das als unvermeidlich hinzunehmende Schlechte abgewogen und das Verbrecherische mehr und mehr verdrängt. Viel später mutierte diese Haltung in die wieder selbstberuhigende Behauptung, „nichts" gewußt zu haben.

So gewann das Regime an Stabilität, und Rüstungswirtschaft und Wehrmachtsaufbau machten rasche Fortschritte. Das nahm der Frage, wann und wie die sich häufende militärische Gewalt eingesetzt werden sollte, ihren allgemeinen Charakter. Am 5. November 1937 erklärte Hitler den Oberbefehlshabern der drei Wehrmachtsteile, den Generalen Fritsch und Göring und dem Admiral Raeder, die Jahre 1943 bis 1945 würden wegen der dann erreichten Stärke des Reiches zum Losschlagen am besten geeignet sein. Jedoch sollte jede Gelegenheit genutzt werden, schon vorher dessen Gebiet durch Eroberungen zu erweitern und dadurch günstigere ökonomische, demographische und militärgeographische Ausgangspositionen für einen großen Krieg zu gewinnen. Österreich und die Tschechoslowakei galten als die beiden europäischen Staaten, die als erste Opfer dieser Politik bestimmt wurden. Die Untätigkeit Englands und Frankreichs vorausgesetzt, hielt Hitler die Erreichung dieser Teilziele „bereits im Jahr 1938" für möglich.[1]

Über diese Pläne kam es vor allem wegen des vorgeschlagenen raschen Vorgehens zu Auseinandersetzungen. Darauf wurden Anfang Februar 1938 die Militärs und Politiker ausgeschaltet, die das Risiko eigenen Handelns dadurch zu vermindern wünschten, daß sie einen längeren Zeitraum für die Kriegsvorbereitung veranschlagten. Der Kriegsminister und – seit 1935 – Oberbefehlshaber der Wehrmacht, Generalfeldmarschall von Blomberg, der Außenminister von Neurath und der Oberbefehlshaber des Heeres, Generaloberst Werner Freiherr von Fritsch, verloren ihre Posten. Noch im Verlauf des Jahres hatte auch der Chef des Heeresgeneralstabs, General Ludwig Beck, seinen Posten zu räumen. Hitler übernahm den direkten Oberbefehl über die Wehrmacht, das ihm unterstellte Oberkommando der Wehrmacht (OKW) trat an die Stelle des Reichskriegsministeriums. Um sich gruppierte er Generalstäbler, die wie der 1939 an die Spitze des Wehrmachtführungsamtes gestellte Alfred Jodl und der schon 1938 zum Nachfolger Becks ernannte Franz Halder, der sich sogleich als ein ebenso leidenschaftlicher wie skrupelloser Projektant des Krieges gegen Polen, die Westmächte und die UdSSR erwies[2], mit ihm eines Sinnes waren.

Die Leitung der Außenpolitik erhielt Joachim von Ribbentrop, der seit 1930 mit der NSDAP verbunden und seit 1932 ihr Mitglied war. Als außenpolitischer Sonderberater Hitlers hatte er dessen Vertrauen erworben und diplomatische Aufträge - seit 1936 als Botschafter in London - ausgeführt. Ribbentrops Wahl, die eines Lakaien, garantierte, daß die Weisungen des „Führers", der sich selbst für einen überlegenen Diplomaten hielt und seine zögernden Gegenspieler in Paris und London bald nur noch verachtete, strikt befolgt wurden. Erreicht werden sollte, daß Großbritannien und in seinem Gefolge Frankreich während der nächsten außenpolitischen Aktionen Deutschlands stillhielten, und als Maximalziel galt, die beiden westeuropäischen Großmächte auseinander zu manövrieren. Das erste der beiden Ziele wurde erreicht, das zweite erwies sich als eine „germanische" Utopie, erwachsen aus Hitlers imperialer und rassistischer Spekulation, die angeblich blutsverwandten Engländer könnten mit einer Vereinbarung über die Abgrenzung der jeweiligen „Interessensphären" gelockt und als militärische Gegner ausgeschaltet werden.

Wenig später wurde das Wirtschaftsministerium, dessen Leitung Schacht schon im November 1937 entzogen und zeitweilig Göring übergeben worden war, mit einem NSDAP-Führer besetzt. Walther Funk, seit 1933 Staatssekretär im Propagandaministerium, paßte sich ganz in den alternativlosen Kriegskurs des Alles oder Nichts ein, den Schacht nicht mitsteuern wollte. 1939 trat Funk auch dessen Nachfolge als Reichsbankpräsident an. Dieses weithin Aufsehen erregende Revirement bezeichnete eine Verlautbarung das ZK der KPD als alarmierend, sollten mit ihm doch „alle im Staatsapparat noch vorhandenen Hemmungen" gegen die abenteuerlichste Kriegspolitik beseitigt werden.[3] Daß Hitler in den aus ihren Führungspositionen verdrängten Personen jedoch keine Gegner sah, machte er durch seine Verfahrensweise deutlich, die sich von der des 30. Juni 1934 kraß abhob. Schacht behielt seinen – freilich angesichts der faktischen Liquidierung jeder kollektiven Kabinettsarbeit – nun bedeutungslosen Platz als Regierungsmitglied. Blomberg konnte unbehelligt als Staatspensionär leben. Fritsch kehrte 1939 freiwillig in die Wehrmacht zurück; er kam vor Warschau um. Alle drei hatten die deutsche Politik während einer entscheidenden Wegstrecke dem Krieg nähergebracht.

Die für die Stimmung im Regime und die Haltung der Wehrmacht folgenlose Krise des Februar 1938, von den Machthabern zur „nationalen Konzentration" getüncht, schuf an der Staatsspitze eine verläßliche Basis für die Einheitlichkeit des Planens und Handelns und beseitigte Reibungsverluste. Von nun an wurden die Termine für die Auslösung militärischer Gewaltaktionen komplikationslos immer weiter vorverlegt. Dies bestimmte auch die Tätigkeit in allen Staatsverwaltungen und Aufgaben und Aktivität der NSDAP. Überstunden gehörten nicht nur in der Rüstungsproduktion, sondern auch in der Staats- und Parteibürokratie zur Tagesordnung. Pläne und Teilpläne für die annektionistischen Vorhaben mußten aus- und dann wieder und wieder umgearbeitet werden. Ein wachsender Teil der Bevölkerung und insbesondere die NSDAP-Mitgliedschaft sahen sich in dauernden Mobilisierungszustand versetzt. Die Parteigenossen hatten die wirtschaftliche Aufrüstung im Rahmen des „Vierjahresplanes" mitzutragen, sich selbst – vor allem wenn sie Mitglieder von paramilitärischen Organisationen waren – bei sportlichen und militärischen Übungen auf ihre Rolle als Soldaten vorzubereiten, an ihren Wohn- und Arbeitsorten Propaganda für die verschiedensten Sparmaßnahmen zu treiben, selbst Altstoffe zu sammeln, bei den verschiedensten örtlichen und regionalen Kampagnen mitzuwirken und jenes Jahresritual zu tragen, das in einer Kette von staatlichen und Feierlichkeiten der NSDAP bestand. Im Januar wurden der „Tag der Machtergreifung" und im Februar die Parteigründung gefeiert, im März fand der „Heldengedenktag" statt, im April war „Führers Geburtstag" zu bejubeln, am 1. Mai, dem „Tag der nationalen Arbeit", mußte massenweise aufmarschiert werden und über Sommerson-

Der Macht gewiß und triumphierend ...

nenwende, Parteitage, Erntedankfeste, das Gedenken an den gescheiterten Putsch 1923 setzten sich die Demonstrationen bis zur Wintersonnenwende fort. Ihnen allen war gemeinsam, daß sie der eigenen Bevölkerung wie dem Ausland vorführen sollten, daß es keinen anderen Staat gäbe, in dem die Führung und insbesondere „der Führer" und das Volk so miteinander verbunden wären wie in Deutschland. Das wurde als das Resultat der verbindlichen „nationalsozialistischen" Ideologie und des erzieherischen Wirkens der NSDAP dargestellt.

Dieses Bild glaubhaft zu verbreiten, verlangte von der organisierten Gefolgschaft immer mehr Zeit- und Kraftaufwand, mußten doch die Mitglieder von SA, SS, NSKK, NSFK und HJ bei alldem die Hauptlast tragen. Viele taten das, ohne zu murren, getragen von der Woge der wirklichen und vermeintlichen Erfolge und im Glauben, der Nation zu dienen. Ohnehin wurde ihnen der Glaube an deren unüberwindliche Kraft und an die Sendung ihres Führers unausgesetzt als die höchsten „deutschen" Eigenschaften gepriesen. Dennoch hörten auch Klagen wegen der andauernden Überbeanspruchung in den Parteireihen nie auf. Führer und Unterführer antworteten mit Disziplingeboten. Wenn nötig, halfen Verdächtigungen und Drohungen, Nach- und Strafexerzieren. Die Unterordnung unter die Kommandos wurde aber auch von der Furcht bewirkt, im Falle nachlassender Aktivität benachteiligt oder bestraft zu werden. Denn der

Führer in den Zweiten Weltkrieg 365

Dienst in den NSDAP-Organisationen galt seit 1933 vielfach als Bedingung, in der eigenen Berufslaufbahn voranzukommen und selbst zum Führer aufzusteigen. Also wurde das Befohlene widerspruchslos und exakt und „zackig" ausgeführt. Dies wiederum erfaßten die Parteibürokraten in Beurteilungen, ohne deren beifällige Aussagen niemand in den Apparaten der NSDAP und des Staates befördert wurde. Dieses System erzog zunächst auf Feldern, die für die meisten keine tieferen moralischen Konflikte verursachten, Schritt für Schritt willfährige Werkzeuge. Denn diese Methoden der Auslese bedeuteten für alle, die sich ihnen freiwillig oder gedrängt, begeistert oder berechnend unterwarfen, und darunter befanden sich besonders viele junge Angehörige der Intelligenz, einen permanenten moralischen Abstieg. Eigene Verantwortung wurde nicht mehr wahrgenommen. Sie lag bei den jeweils Vorgesetzten. Befehle und deren Befolgung prägten für Millionen deren selbstverständlichen Lebensalltag. Gleichzeitig machten sich die Folgen dieser Mobilisierung nicht nur in den Reihen der Parteiaktivisten erkennbar, denn sie erfaßte in unterschiedlicher Weise die Mehrheit der Bevölkerung. In einem Bericht, der auf Informationen aus dem Gesundheitswesen fußte, hieß es schon vor Kriegsbeginn: „In der Berichtszeit (das war das 1. Vierteljahr 1939 – d. Vf.) mehrten sich im gesamten Reichsgebiet die Fälle der Überarbeitung und nervösen Erschöpfung der werktätigen Bevölkerung."[4]

Fünf Jahre nach der „Machtergreifung" hatte sich das Führerkorps auf mittlerer und unterer Ebene bis zu einem gewissen Grade als eigene gesellschaftliche Gruppe konstituiert. Als solche wurde sie in weiten Kreisen der Bevölkerung auch gesehen und empfunden, wie vor allem die sich häufenden Klagen über das sich ausbreitende Bonzentum bezeugten. Obwohl diese Gruppe ganz verschiedenen Klassen entstammte und ihre Angehörigen in der NSDAP ihre Ämter meist ehrenamtlich versahen, fühlten sie sich gegenüber allen anderen „Volksgenossen" durch Befehlsgewalt und Titel, Stellung und Uniform, Rangzeichen und Ordensschmuck herausgehoben. Während der Stunden des „Dienstes" durften sie anweisen, kommandieren, Fronten abschreiten, Fahnen und Standarten tragen, ließen sie selbst sich militärisch grüßen, melden, berichten und bewundern. So fanden sie sich aus dem eintönigen und ermüdenden Alltag in Beruf und Familie auf feierliche Weise herausgerissen. Das gefiel vielen kleinbürgerlichen Naturen sehr, imponierte in ihren Familien und Freundeskreisen. Obendrein war ihre Autorität durch Führer gedeckt und durch Gesetze geschützt. Wer einen aus diesem Korps auch nur verbal angriff, attackierte die Partei als Ganze und war rasch zu den Feinden sortiert und entsprechend behandelt.

Von erheblichen Teilen der Bevölkerung wurde dieses untere und mittlere Führerkorps dennoch insgeheim verspottet und verachtet, wovon

Bezeichnungen wie „Goldfasane", „Lamettaträger" u.a. zeugen. Doch wurden diese Hoheitsträger mehr noch gefürchtet. Sie sammelten und besaßen über den Kreis der NSDAP-Mitgliedschaft hinaus Kenntnisse über das politische Verhalten der Menschen. Sie wußten, wer den Hitlergruß benutzte und wer bei den zivilen Begegnungsformen geblieben war, wer die Fahnen des Regimes an Häusern und aus Fenstern zeigte, wer bei den zahllosen Geldsammlungen nicht und wer wieviel spendete, wessen Kinder regelmäßig zum HJ-Dienst erschienen und wer Nachlässigkeit hinnahm, welche Familien Kirchen besuchten, wer der Luftschutzausbildung fernblieb und womöglich noch immer bei Juden kaufte oder als deren Hausangestellte arbeitete. Mit diesen Informationen bildeten sie den permanent verfügbaren verlängerten Arm der Gestapo, der unbürokratisch und auf direktem Verbindungswege eingriff. Die später sich selbst vielfach „kleine" Nazis nennenden Aktivisten waren imstande, Menschen ihrer unmittelbaren Umgebung im Wohnhaus oder am Arbeitsplatz ebenso Vor- wie Nachteile zu verschaffen. Die NSDAP-Funktionäre und mit ihnen nicht wenige der funktionslosen Mitglieder wirkten als das zahlenstärkste Kontrollorgan des Regimes und sie sahen keinen Grund, ihre Rolle zu verbergen.

Diese Tätigkeit gewann, je entschiedener der Kriegskurs verfolgt wurde, an Bedeutung, denn damit erhöhten sich die Ansprüche der Machthaber an die innere Geschlossenheit der Volksmassen und deren Leistung. Zugleich verschärfte sich die Verfolgung der Gegner. Himmler sagte Anfang 1937 vor Wehrmachtsoffizieren, im kommenden Kriege werde es den „vierten Kriegsschauplatz: Innerdeutschland" geben, der von Polizei und SS zu beherrschen sei. Dann würde eine „recht erhebliche Anzahl unsicherer Kantonisten" in Konzentrationslager gebracht werden.[5] Diese Praxis wurde bereits im Vorkrieg eingeführt. Antifaschisten und andere Hitler- und Kriegsgegner gelangten nach Ablauf ihrer Haftfrist nicht mehr auf freien Fuß. Der Justizvollzugsdienst übergab sie an die Gestapo, die sie in eines der Konzentrationslager verschleppte.

Mit dem Blick auf den Krieg erhöhte die SS die Anzahl ihrer Totenkopfverbände. Sie konzentrierte diese in Kasernen nahe der neuerrichteten großen Konzentrationslager, die an die Stelle einer Anzahl aufgelöster kleinerer Lager traten. Am 16. Juli 1937 wurde das KZ Buchenwald bei Weimar errichtet, dessen Name mit denen von Sachsenhausen, Dachau und dem Frauen-KZ Ravensbrück zum Inbegriff faschistischer Grausamkeit wurde. In diesen Lagern hielt das Regime im November 1938 nahezu 60.000 Menschen gefangen.[6] Unter ihnen befanden sich Atheisten, Christen und Juden, von denen die größte Zahl gefangengesetzt worden war, um sie zur Flucht aus dem Reich zu pressen, und die freigelassen wurden, wenn sie glaubhaft machen konnten, daß sie in kürzester Frist über die

Führer in den Zweiten Weltkrieg 367

Grenzen gehen würden. Die größte politische Gruppe unter den Gefangenen bildeten die Kommunisten, die mit wenigen Ausnahmen an den Ideen des antifaschistischen Kampfes auch in toddrohender Gefangenschaft festhielten und die begrenzten Möglichkeiten des eigenen Schutzes und der Hilfe für Mitgefangene nutzten. Zahlreiche Funktionäre der KPD – mit anderen Walter Stoecker, Ernst Schneller, Theodor Neubauer, Albert Kuntz, Matthias Thesen, Bernhard Bästlein, Ernst Grube und Rudolf Renner – befanden sich bereits seit dem ersten Jahr der faschistischen Diktatur in Haft. Nur wenige von ihnen überlebten die Konzentrationslager und – wie die kommunistischen Jugendfunktionäre Fritz Große und Erich Honecker – zehn und mehr Jahre Haft, bis sie befreit wurden.

Anfang 1938 sahen die Machthaber die Möglichkeit gekommen, den österreichischen Staat zu liquidieren. Wie in Deutschland so hatte sich nach dem ersten Weltkrieg auch in Österreich eine „nationalsozialistische" Bewegung gebildet. Ihr Hauptzweig hatte sich 1926 der Organisation im Deutschen Reich angeschlossen und Hitler unterstellt. Fünf Jahre später war unter Theo Habicht, vordem Kreisleiter der NSDAP in Wiesbaden und Mitglied des Deutschen Reichstag, der nun den Titel Landesinspekteur erhielt, eine eigene zentrale Leitung für die österreichischen Organisationen geschaffen worden, die ihre Anweisungen von der Münchener Reichsleitung erhielt. Das erste Ziel der österreichischen Hitlerfaschisten bestand darin, den Anschluß des Landes an das Reich durchzusetzen und Großdeutschland schaffen zu helfen. Damit war ihre Frontstellung gegen alle Kräfte, die ein souveränes Österreich behaupten wollten, im eigenen Lande ebenso fixiert wie die Rolle eines Kollaborateurs mit den reichsdeutschen Kräften.

Ähnlich wie in Deutschland fand die NSDAP in Österreich ihre Basis im städtischen und ländlichen Kleinbürgertum, besonders unter den armen und mittleren Bauern und den Landarbeitern, sowie unter den Arbeitslosen. Überproportional war ihr Anhang auch in der Studenten- und der Beamtenschaft. Die Partei schlug ihre Münze jedoch nicht nur aus der zerstörten oder unsicheren Lebenssituation vieler Österreicher. Während ihr Antisemitismus ihr im ganzen Lande Sympathisanten gewann, verhalf ihr die feindselige Haltung gegenüber den slawischen Nachbarn insbesondere in den grenznahen Gebieten im Osten und Süden des Landes zu aktiven Parteigängern.[7] Bei den Gemeindewahlen 1932/1933 erreichte die NSDAP durchschnittlich ein Fünftel bis ein Viertel aller Stimmen, vereinzelt jedoch – wie in Innsbruck mit 41 Prozent – auch spektakuläre Erfolge.[8]

Nach dem Sieg der NSDAP in Deutschland hofften Habicht und seine Mitführer, die an der Spitze einer Organisation von 43.000 Mitgliedern standen, von denen etwa 15.000 Wiener waren[9], mit Unterstützung aus dem Reich ihren „Anschlußplan" verwirklichen zu können. Abgesandte der Reichspartei, die in Deutschland in Staatsfunktionen aufgestiegen waren, erschienen in Österreich und glaubten nun, ihre Anhänger zur entscheidenden Schlacht mobilisieren zu können. Doch antwortete die Regierung in Wien darauf mit Ausweisungen und nahm einen Gewaltakt in Krems zum Anlaß, um die NSDAP am 19. Juni 1933 zu verbieten. Darauf setzte eine Fluchtwelle von Aktivisten der NSDAP ins Reich ein, wo die Eintreffenden im Lager Lechfeld bei Augsburg zusammengefaßt wurden und ihre militärische Ausbildung begann, die alsbald in mehreren Lagern unter dem Kommando von SA-Führern fortgesetzt wurde. Es entstand die „Österreichische Legion". Zur gleichen Zeit wurden aus Österreich geflohenen SS-Leute, ihre Organisation existierte anders als die in Deutschland erst seit Anfang 1930, unter der Tarnbezeichnung „Hilfswerk Dachau" in der Nachbarschaft des Konzentrationslagers versammelt.

Zunächst hatten sich in Wien die autoritären und klerikalfaschistischen Rivalen behauptet, die ihr selbständiges, mit dem Italien Mussolinis verbundenes Regime zwar politisch festigen konnten, aber die Folgen der zyklischen Krise nicht zu meistern vermochten. Die im Lande verbliebene Mehrheit der NSDAP-Mitglieder, die ihre stärksten Stützpunkte in Oberösterreich, der Steiermark und in Kärnten besaß, antwortete auf ihre Illegalisierung mit Aktivitäten, wie sie vor dem 30. Januar zeitweilig, wenn auch bei weitem nicht in gleichem Umfang, im Reich unternommen worden waren. 1933/1934 organisierten sie eine Serie von Sprengstoffanschlägen gegen staatliche Einrichtungen, Verkehrs- und Versorgungswege, sowie gegen das Eigentum politischer Gegner und gingen zum individuellen Terror über. Dagegen erwies sich das bloße Parteiverbot als unwirksam.

Am 26. Juli 1934 putschten die Nationalsozialisten in Wien und anderen Orten des Landes. Die Aktion, bei der Bundeskanzler Engelbert Dollfuß von Angehörigen der SS-Standarte 89 ermordet wurde, scheiterte rasch. Führer und Beteiligte des Putsches wurden ergriffen und abgeurteilt.

Die Machthaber in Berlin und München kamen nicht umhin, sich von dem Gewaltakt zu distanzieren. Sie beteuerten dem österreichischen Staat Loyalität und erklärten, dessen Selbständigkeit nicht antasten zu wollen. Gleichzeitig nahmen sie ihre in einer zweiten Fluchtwelle in das Reich gelangten österreichischen Parteigenossen auf, wodurch sich die Österreichische Legion nochmals und erheblich verstärkte. Sie wurde auf ihre spätere Verwendung zu einem günstigeren Zeitpunkt vorbereitet.

Das fehlgeschlagene Unternehmen bedeutete für die NSDAP in Österreich zunächst einen erheblichen Rückschlag, aber keineswegs ihr Ende. Alsbald wurde illegal mit ihrem Wiederaufbau begonnen. Habicht und andere Führer erhielten die Schuld an dem Debakel zugeschoben. Durch einen Befehl Hitlers wurde die Landesleitung von Heß am 3. August 1934 aufgelöst und deren Mitgliedern verboten, sich künftig noch um österreichische Angelegenheiten zu kümmern.[10] Fortan sollten die österreichischen Gaue der Münchener Reichsleitung direkt unterstellt bleiben. Wie nach dem Novemberputsch von 1923 in Deutschland ging die NSDAP in Österreich zu einer neuen Strategie über. Von nun an wurde jeder ihrer propagandistischen Schritte mit Bekenntnissen zur Eigenständigkeit Österreichs verbunden. Und wie nach 1923 war diese Wendung nicht unumstritten. Nach Erscheinungen der Konfusion, des Zerfalls und vieler Rivalitätskämpfe setzte sich jedoch, wenn auch bis 1938 nicht unangefochten, gegen den Landesleiter Leopold und dessen rabiate Anhänger eine Gruppe von NSDAP-Führern durch, welche fest auf die schrittweise Wiederzulassung ihrer Partei, das Eindringen in legale Organisationen und deren Unterwanderung und auf die Gewinnung von Positionen im Staatsapparat zum Zwecke von dessen Aushöhlung setzte. Diesen Kurs verfolgte ein Führerkreis um einflußreiche Gauleiter, zu dem Friedrich Rainer, Odilo Globocnik, Hugo Jury, Hermann Neubacher, der Bauernfunktionär Anton Rheintaller und der Rechtsanwalt Ernst Kaltenbrunner, der Führer der SS, gehörten. In dieser Gruppe, die das Vertrauen der Machthaber im Reich besaß, gewann der rennomierte und über vielerlei Beziehungen verfügende Wiener Rechtsanwalt Arthur Seyß-Inquart zunehmend an Bedeutung und bald entscheidendes Gewicht, vor allem, seit ihn die österreichische Regierung als ihren Unterhändler mit Politikern im Reich akzeptierte.

Den Einfluß der illegalen Partei begünstigte das zugkräftige Argument, das Reich blühe unter dem Nationalsozialisten und Österreicher Hitler auf, während sich unter dem Regime des Nachfolgers von Dollfuß sozial katastrophale Verhältnisse entwickelten, deren deutlichster Ausdruck die massenhafte Arbeitslosigkeit war. Sie wiederum führte die schwächsten Bauern in den Bankrott, so daß zwischen 1933 und 1937 71.135 Betriebe, das waren 16, 7 Prozent der Gesamtzahl, unter den Hammer gerieten.[11] Vor diesem Hintergrund verhießen die Agitatoren der Partei eine goldene Zukunft: „Wie eine erlösende, lebensspendende Sonne ... wird das Hakenkreuz auch über unser schönes Österreich aufgehen, und wir werden begeistert und jubelnd unseren Führer in seiner Heimat als unseren Erlöser begrüßen können."[12]

Die Mitglieder der NSDAP, ohne daß ihre Organisation wieder zugelassen wurde, gelangten rasch aus ihrer zeitweiligen Isolierung und wurden in der Gesellschaft angenommen. Zuerst erhielten sie die Möglichkeit eines legalen Zusammenschlusses um das „Hilfswerk Langoth", das harmlos nach dem gleichnamigen oberösterreichischen Landtagsabgeordneten benannt und dazu bestimmt wurde, die nach dem Putsch in soziale Notlagen geratenen Parteimitglieder zu unterstützen. Es gewährleistete den

Zusammenhalt weit über diese hinaus, indem es Spender bis in das Reichsgebiet mobilisierte. Dann agierten die Nationalsozialisten im renommierten Deutschen Club ebenso wie im Deutschen Schulverein, in Sportverbänden und Sängerbünden. Seit 1937 wurde ihnen sogar der Zutritt zur regimetreuen Vaterländischen Front nicht mehr verwehrt.

Im gleichen Jahr stellten sich die ersten deutlichen Ergebnisse der Taktik ein, in die Institutionen des Staates einzudringen, dadurch Einfluß auf die Regierungspolitik zu gewinnen und den der austrofaschistischen Konkurrenz zu schwächen, die sich dem „Anschlußgedanken" widersetzte. Diesem Vorgehen kam zugute, daß die wirtschaftliche Machtstellung deutscher Großunternehmen in Österreich, wo Stahl- und Elektrokonzerne bereits vor 1933 eine Schlüsselstellung besaßen, permanent wuchs. Auch innerhalb der österreichischen Oberschichten gewann das „großdeutsche" Projekt immer mehr Sympathisanten, die sich die Integration in eine Wirtschaft wünschten, die sich in beneidetem Aufschwung befand, so Anziehungskraft gewann und auch ihnen die Aussicht auf höhere Gewinne versprach. Die Reichsregierung konnte diese Entwicklung um so stärker fördern, als das Kabinett in Wien in eigenem Interesse und im Bewußtsein seiner inneren Schwäche und des Fehlens von äußerem Rückhalt keine scharfe Konfrontation mit dem stärkeren Rivalen wünschen konnte.

Zum einflußreichsten unter den legal operierenden Totengräbern Österreichs stieg Arthur Seyß-Inquart auf, welcher der NSDAP insgeheim seit 1932 angehörte. Mit der erwähnten Führergruppe bestimmte er die politischen Schritte in ständigem Kontakt mit den Machthabern in Deutschland. Vor allem hielt er die Verbindung mit Göring, der in einer Arbeitsteilung mit Hitler die Vorbereitungen des „Anschlusses" steuerte und dem mit Wilhelm Keppler dafür ein „alter Kämpfer" beigeordnet war, der sich schon vor 1933 im Reich bei der Sammlung von einflußreichen Förderern der Parteiziele hervorgetan hatte. Seyß wurde 1937 österreichischer Staatsrat und im Ergebnis des erpresserischen Druckes, den Hitler auf Bundeskanzler Kurt von Schuschnigg ausgeübt hatte, von diesem im Februar 1938 zum Innenminister berufen.

Zu diesem Zeitpunkt verstärkte die Reichsregierung ihren ökonomischen, politischen und ideologischen Druck auf Wien. Sie setzte die Wiederlegalisierung der NSDAP durch und drohte, als das Kabinett einen letzten Versuch unternahm, ein demonstratives Bekenntnis zu Österreichs Selbständigkeit auf dem Wege einer Volksabstimmung zu erhalten, mit dem militärischen Einfall. Das führte am 11. März 1938 die kampflose Kapitulation der österreichischen Regierung herbei. Auch außenpolitisch war ihre Situation infolge des inzwischen hergestellten Bündnisses zwischen Deutschland und Italien und des Desinteresses der Westmächte aussichtslos geworden, die auch in dieser Frage keinen Versuch mehr unternah-

Führer in den Zweiten Weltkrieg

men, die von ihnen nach dem Weltkrieg geschaffenen Zustände und Vereinbarungen zu verteidigen. Seyß-Inquart konnte sich am 11. März 1938 selbst zum Bundeskanzler ernennen. Das sollte der Liquidierung des Staates einen Anschein von Legalität verschaffen. Er rief die bereits mit ihren Marschbefehlen versehenen deutschen Streitkräfte ins Land.

Während die österreichischen NS-Organisationen in Wien, Klagenfurt, Graz und anderen Städten Rathäuser und andere Zentren der regionalen Staatsapparate in der Gewißheit besetzten, daß ihnen Widerstand nicht mehr geleistet werden würde, lief das „Unternehmen Otto" an. Die Wehrmacht überschritt die Staatsgrenze, ohne auf Widerstand des Bundesheers zu stoßen. Auf ihrem Wege in die Hauptstadt wurden die deutschen Truppen in Ober- und Niederösterreich von jubelnden Menschenmassen begrüßt. Hitler erschien in Wien, das er 1913 als ein gescheiterter junger Mann verlassen und 1927 in einer Rede als einen „faulen Brutofen von Bastarden" bezeichnet hatte, als Triumphator und Befreier. Für seinen Einzug war die Parole „Ein Volk - ein Reich - ein Führer" ausgegeben worden. Auf die Truppen der Wehrmacht folgten alsbald die zur Rache entschlossenen Einheiten der Österreichischen Legion unter dem Kommando des SA-Obergruppenführers Hermann Reschny. Die Annexion wurde zur „Heimkehr ins Reich" deklariert, in ein Reich, dem Österreich freilich nie zuvor angehört hatte.

Hinter der Fassade des „Blumenfeldzuges", wie die militärische Aktion glaubhaft genannt werden konnte, begann die brutale Jagd auf alle Hitlergegner. Sie richtete sich nicht nur wie fünf Jahre zuvor in Deutschland auf Kommunisten, Sozialisten und Sozialdemokraten, sondern auch gegen jene konservativen Politiker, Beamte und Militärs, die für Österreichs Selbständigkeit eingetreten waren. Am 1. April fuhr der erste Transport von Wien in das KZ Dachau, manche wurden von dort weiter nach Buchenwald geschafft. Noch 1938 begann in Mauthausen bei Linz in der Nachbarschaft von Steinbrüchen der Bau eines weiteren Konzentrationslagers, das wie die bereits im „Altreich" bestehenden grausige Berühmtheit erlangte. Im ganzen Land tobte sich eine Haß- und Rachekampagne gegen Antifaschisten und andere Anschlußgegner aus. In Wien wurden die jüdischen Einwohner über Wochen Demütigungen, Verfolgungen und Erpressungen ausgesetzt, die alles weit übertrafen, was bis dahin in den deutschen Territorien an antisemitischen Exzessen sich ereignet hatte. Wieder flohen lebensbedrohte Menschen zu Tausenden über die Grenze. Emigranten aus dem Deutschen Reich, die 1933 in Österreich Zuflucht gefunden hatten, mußten sich in ein zweites Exil retten.

Manche Vorgänge in den NSDAP-Gauen Wien, Ober- und Niederdonau, im Burgenland, der Steiermark und Kärnten, in Salzburg, Tirol und Vorarlberg ähnelten jenen in Deutschland im Jahre 1933. Wieder brannten

Bücher auf Scheiterhaufen. Erneut entstand das Gerangel um lukrative Posten zwischen und unter den Führern der NSDAP, der SA und der SS. Hinzu kam, daß nicht wenige Faschisten im „Altreich" eine Chance sahen und erhielten, sich in der „Ostmark" hervorzutun und dort ihre Karriere zu beschleunigen. Ein zweites Mal breitete sich Enttäuschung unter denen aus, deren Erwartungen unerfüllt blieben, weil sie als Haudegen des Terrors und der Illegalität für die jetzigen Anforderungen ungeeignet waren. Doch diesmal konnte sich auch nicht im Kleinen jene Konstellation wiederholen, die zu den Morden des 30. Juni 1934 geführt hatte. Den Unzufriedenen fehlte eine Führungsgruppe, zumal die Opponenten gegen den erfolgreichen Kurs bereits vor dem 11. März nach Deutschland gerufen und festgesetzt worden waren, wo sie alsbald mit Posten abgefunden wurden. Und wiederum setzte ein Zustrom von Zehntausenden in die NSDAP ein, der sich mit dem Anwachsen der Partei im zweiten Halbjahr 1937 bereits angekündigt hatte. Die Parteiorganisation, die am 30. Juni 1937 75.572 Mitglieder zählte, war bereits am Jahresende auf 105.035 angewachsen.[13]

Der Einmarsch in Österreich wurde für einige Tage zum Exerzierfeld für militärische Truppenbewegungen. Dann ergab sich die erste Gelegenheit, das Zusammenwirken der Institutionen des faschistischen Staates und der NS-Organisationen bei der Inbesitznahme eines fremden Landes zu erproben, denn es waren nahezu alle Reichsministerien und sämtliche Parteigliederungen damit beauftragt, das Territorium rasch und effektvoll dem Reich einzugliedern. Dafür lagen auch bei Gestapo und SD ausgearbeitete Pläne vor. Mit Himmler und Heydrich begab sich noch vor dem Eintreffen der Wehrmacht ein Spezialkommando der SS nach Wien, um den Repressivapparat zu etablieren. Ein Sonderauftrag führte auch den SD-Mitarbeiter Adolf Eichmann in Österreichs Hauptstadt. Er begann dort eine besondere Dienststelle einzurichten, die ein ebenso bürokratisches wie brutales Verfahren anwandte, um Juden zur Flucht zu zwingen und sie vordem durch die Erhebung der verschiedensten Zwangsabgaben weitgehend auszurauben. Das Stadtgebiet Wiens, in dem traditionell ein hoher Prozentsatz von Juden lebte, verwandelte sich in ein ghettoähnliches Sammellager. Dorthin flohen auch viele der wenigen Juden, die in den österreichischen Ländern außerhalb der Hauptstadt lebten und nun in der größeren Gemeinde Schutz und Hilfe suchten. Bald wurde die Praxis der Judenvertreibung aus den neugewonnenen Gebieten zum Vorbild für das Vorgehen auch im „Altreich".

Die NSDAP reorganisierte ihre Gau-Organisationen. Als deren Leiter, die später in Personalunion als Reichsstatthalter auch die Leitung der Staatsapparate übernahmen, wurden ausnahmslos Funktionäre ausgewählt, die sich in der letzten Etappe vor dem „Anschluß" bewährt hatten. An die

Führer in den Zweiten Weltkrieg

Spitze der „Ostmark", wie Österreich nun genannt wurde, trat als Generalbevollmächtigter Hitlers zunächst der aus dem Reich nach Wien beorderte und mit dem Titel eines Reichskommissars ausgestattete Josef Bürckel. Die Wahl fiel deshalb auf den Gauleiter der Saarpfalz, weil er die frischen Erfahrungen der Einverleibung des Saargebietes besaß und als unabhängig und rigoros genug galt, um sich gegen alle etwaigen österreichischen Sonderwünsche durchzusetzen. Gegenüber Bürckel verlor Seyß-Inquart als Reichsstatthalter der Ostmark rasch an Einfluß und sah sich 1939 nach der Aufgliederung des Gebiets – denn jede Erinnerung an eine Einheit Österreich sollte getilgt werden – zum Reichsstatthalter in Wien herabgestuft, bis er außerhalb des Landes Verwendung fand, an dessen Untergang er maßgeblich mitgewirkt hatte. Sein Nachfolger im Amt des Wiener Reichsstatthalters wurde 1940 der inzwischen für sein Amt als Reichsjugendführer sichtlich überalterte von Schirach.

Unter Bürckels Leitung und durch die Entsendung einer Vielzahl von Beamten aus den Reichsministerien, von NSDAP-Führern und Managern deutscher Konzerne nach Österreich vermochten die deutschen Machthaber, das Land binnen kurzem der materiellen Kriegsvorbereitung dienstbar zu machen. Durch die Aneignung der Bodenschätze Österreichs, insbesondere seiner reichen Eisenerzlager, verbreiterte sich zudem die Rohstoffbasis für die Aufrüstung. Die komplikationslose Eingliederung des Bundesheers in die Wehrmacht verstärkte deren Heer, vor allem auch dessen Bestand an Gebirgstruppen mit alpinen Erfahrungen, die sich später bei der Eroberung Norwegens, Jugoslawiens und weiterer Gebiete besonders hervortaten.

Das Eindringen in Österreich, von der Propaganda auch als die „Heimkehr" des Geburtslandes des „Führers" mit heimattümelnden und rührseligen Berichten gefeiert und verklärt, festigte die Stellung Hitlers, der NSDAP und der gesamten Führungsgruppe des Regimes erheblich. Nie zuvor verfügten die Machthaber über eine derartige Massenbasis unter den Deutschen. Die Verbrämung des Coups als nationale Tat wurde weithin akzeptiert und als Ausdruck deutschen Selbstbestimmungsrechts angesehen, das 1918 verloren gegangen, nun aber wiedergewonnen sei. Dies galt insbesondere als die Tat des „Führers". Hitler rückte auf die Rangstufe der „großen Deutschen". Er führe zu Ende, was Friedrich II. begonnen und Bismarck fortgesetzt habe. Seine Taten aber überträfen die seiner beiden verherrlichten Vorgänger. Bis heute vertreten deutsche Historiker und Publizisten die These, Hitlers Größe würde in der Nachwelt unbestritten sein, wenn er sich mit dem bis 1938 Erreichten beschieden hätte. Diese Sicht ignoriert nicht nur die von den deutschen und den österreichischen Nationalsozialisten schon bis dahin verübten Verbrechen. Sie läßt nicht allein den seit 1933 verfolgten Kriegs- und Eroberungsplan außer acht, der kein Einhalten vorsah oder erlaubte. Sie rechnet zudem Hitler einen Erfolg zu, den er wesentlich aufgrund der Schwäche und der Uneinigkeit jener Politiker erringen konnte, die an der Spitze derjenigen Staaten standen, gegen die sich die aggressiven Absichten richteten. Diese Kontrahenten an der Spitze der Großmächte Westeuropas ließen ihre deutschen Rivalen zunächst gewähren, begünstigten und unterstützten sie. Das geschah in der Erwartung, es werde das große Unternehmen allein auf Kosten der UdSSR erfolgen und deren Vernichtung herbeiführen.

Deshalb entschieden sich die Staatsmänner Großbritanniens und Frankreichs in der Mitte der dreißiger Jahre für eine Außenpolitik, die Deutschland beschwichtigen sollte und seine Ansprüche bis zu einem gewissen Grade befriedigte. Sie begaben sich auf jenen ebenso eigensüchtigen wie kurzsichtigen Kurs, der später als „Münchener Politik" bezeichnet wurde. Sie erkannten nicht, daß ihre Absicht, den Aggressor von sich weg- und auf die Sowjetunion hinzulenken, an den allseitigen Expansionsgelüsten deutscher Imperialisten und deren Vorsatz eine Grenze finden mußte, zur weltbeherrschenden Vormacht aufzusteigen. Das anglo-französische Konzept durchkreuzte die von der Regierung der UdSSR angestrebte Politik der kollektiven Sicherheit. Anstatt die kriegs- und eroberungslüsternen deutschen Machthaber zu mäßigen, erlaubte ihnen die Appeasement-Politik Eroberungen ohne Krieg und half, nicht nur das Regime zu stabilisieren. Sie ließ Zivilisten und Militärs an seiner Spitze zunehmend kühner werden und machte sie auf größere Abenteuer versessen. Auch deren engste Gefolgschaft in den NS-Organisationen lebte wochenlang in Hochstimmung. Sie war nur jener vergleichbar, welche 1914 die ersten Siegesmeldungen von den Schlachtfeldern des Weltkriegs hervorgerufen hatten.

Das Ende Österreichs hätte vor allem für die europäischen Kleinstaaten in Mittel-, Ost- und Südosteuropa eine Warnung sein können. Bedroht waren nun in erster Linie die Tschechoslowakei und Polen. In beiden Staaten lebten deutsche Minderheiten, geschlossen oder verstreut inmitten der tschechischen und polnischen Bevölkerungsmehrheit. Auf deren Mobilisierung für die Außenpolitik des Reiches richtete sich die Aufmerksamkeit, kaum daß die Hakenkreuzfahnen über Wien wehten. Für diese Politik existierten in der Tschechoslowakei alle Voraussetzungen. Zwar mußte die dortige Deutsche Nationalsozialistische Arbeiterpartei (DNSAP) sich im Herbst 1933 auflösen, um ihrem Verbot zuvorzukommen, doch war augenblicklich die Sudetendeutsche Heimatfront formiert worden, die mehr als deren bloßen Ersatz bildete. Unter der Führung des aus der Deutschen Turnerschaft organisationserfahrenen Konrad Henlein trat sie als ein „überparteilicher" Zusammenschluß hervor, bekannte sich zur Demokratie und zur Achtung der Staatsgesetze und vermied jeden Eindruck, ein Instrument der Berliner Politik zu sein. In Wirklichkeit wurde

Führer in den Zweiten Weltkrieg 375

sie von der NSDAP und weiteren Organisationen im Reichsgebiet und auch direkt über die deutsche Botschaft in Prag finanziell aufgepäppelt und unterstützt. 1935, als sie sich an den Parlamentswahlen beteiligte, in Sudetendeutsche Partei (SdP) umbenannt, errang sie 15 Prozent der Stimmen, wurde damit stärkste Partei und zog mit 40 Abgeordneten in die Nationalversammlung ein. Zu ihren Förderern gehörte auch der in europäischen Ländern und in Übersee wirkende „Volksbund für das Deutschtum im Ausland" (VDA). Seine Vorgeschichte reichte bis in das Kaiserreich zurück. Seit 1937 stand an seiner Spitze der Professor und General a.D. Karl Haushofer, der ein Mentor und Freund von Rudolf Heß war. Führer und Aktivisten des VDA versammelten sich alljährlich im Deutschen Reich. Ihre Zusammenkünfte, harmlos als Feste der Verbundenheit mit der alten Heimat aufgemacht, fanden in Stuttgart statt, das von den Machthabern den Beinamen „Stadt der Auslandsdeutschen" erhalten hatte. Auch mit der Hilfe dieses Bundes gelang es, Millionen Auslandsdeutsche als „Bazillenträger des Faschismus" zu benutzen.[14]

Die großdeutschen Aktivisten unter den Sudetendeutschen begleiteten den Einzug Hitlers in Wien ihrerseits mit Demonstrationen unter der Losung „Heim ins Reich". Obwohl die Machthaber in Berlin nun als nächsten außenpolitischen Schritt die Tschechoslowakische Republik beseitigen, das Reich wiederum vergrößern, dem gefürchteten Frankreich einen wichtigen Verbündeten nehmen und sich eine verbesserte geographische Lage für die Verwirklichung ihrer aggressiven Pläne in Ost- und Südosteuropa schaffen wollten, waren sie noch nicht bereit, diese Maximalforderung zu unterstützen. Das weitere Vorgehen wurde mit Henlein, der wiederholt mit Hitler zusammentraf und ständigen Kontakt zu anderen an dem Coup gegen die CSR beteiligten Stellen – dem Auswärtigen Amt unter Ribbentrop, der Volksdeutschen Mittelstelle der SS u.a. – unterhielt, mehrstufig festgelegt. Zunächst würde die Prager Regierung durch Forderungen unterhalb der Schwelle der Lostrennung der Sudetengebiete unter Druck gesetzt werden. Bei ihrem Vorgehen rechneten die deutschen Machthaber auch auf die antitschechischen Gruppen aus Nationalisten und Faschisten unterschiedlicher Couleur, die ihren Rückhalt in den nationalen Gruppen der Slowaken, Ungarn und Ruthenen besaßen und denen ebenfalls die Rolle von „Fünften Kolonnen" zugedacht war. Denn es ging von Anfang an keineswegs um das Wohl und Wehe der deutschen Minderheit, sondern um die vollständige Liquidierung des Staates, die Erreichung eines Ziels, das Hitler und andere NSDAP-Führer schon in der „Kampfzeit" immer wieder ausgesprochen hatten.

Die Hauptrolle bei der Destabilisierung des Vielvölkerstaates, in dem die tschechische Bourgeoisie den bestimmenden, aber einen schwindenden Einfluß besaß, war den Deutschen zugedacht, die in den an Deutschland und die eben gewonnene „Ostmark" angrenzenden Gebieten lebten, und bis zur Zerschlagung der Habsburger Monarchie am Ende des Weltkriegs Angehörige der herrschenden Nation gewesen waren. Sofort nach der Liquidierung Österreichs rief die SdP zur Auflösung aller mit ihr konkurrierenden deutschnationalen Organisationen auf und erhielt einen erheblichen Zulauf. Am 23./24. April 1938 präsentierte sie auf ihrem Parteitag in Karlsbad der Prager Regierung den mit Hitler, Heß, Ribbentrop und weiteren NSDAP-Führern abgestimmten Katalog von Forderungen. Gleichzeitig stachelte sie die Mitglieder ihres Freiwilliger Selbstschutzes (FS), einer paramilitärischen Organisation nach dem Beispiel der SA, zu Provokationen gegen Tschechen und die Organe und Vertreter der Staatsmacht sowie gegen antifaschistisch gesinnte deutsche Bewohner und aus dem Reich geflohene Hitlergegner an. Schon 1933 hatten Terroristen in Marienbad den aus Braunschweig vertriebenen Philosophieprofessor Theodor Lessing an seinem Arbeitsplatz ermordet. Die Henlein-Leute entfachten eine antitschechische Hysterie, die tschechische Staatsorgane zu unmittelbaren Gegenmaßnahmen herausforderte und zwang. Die wiederum lieferten dann den Stoff für die These, daß Verhandlungen mit der Regierung aussichtslos wären und ein ungestörtes Leben der deutschen Minderheit unter dem Prager Regiment unmöglich sei. Was der SdP ähnlich wie den NSDAP-Organisationen in Österreich den Wind in die Segel blies, waren auch die sozialen Auswirkungen der sich hinschleppenden ökonomischen Krise, unter der in dem jungen Staat, der über keine gefestigte nationale Wirtschaft verfügte, breite Bevölkerungsschichten und mit ihnen auch viele Angehörige der deutschen Minderheit litten oder benachteiligt waren. Die Arbeitslosen erhofften sich im Reich Beschäftigung und Verdienst, die Kleinbürger bessere Geschäfte, die deutschen Bourgeois gesicherte und höhere Gewinne.

Ohne die Absicht, offene Rechtsfragen der deutschen Minderheit in der Republik lösen zu wollen, verhandelten Vertreter der SdP mit der Prager Regierung. Sie steigerten jedoch – die „Heim-ins-Reich" Parole noch zurückhaltend - ihre Forderungen sukzessive, bis sie die „vollkommene Autonomie für die deutsche Bevölkerung" verlangten. Und die Terroristen sorgten dafür, daß der Welt die angeblich chaotischen, nach Veränderung schreienden Lebensumstände der Sudetendeutschen vorgeführt werden konnten. Im Reichsgebiet berichteten die Zeitungen im September Tag für Tag von den angeblichen Untaten gegen die vorgeblich friedlichen Sudetendeutschen. Sie schrieben von „tschechischen Mordorgien" und „weglagernden Messerhelden" und machten dafür die „hussitisch-bolschewistischen Verbrecher in Prag" verantwortlich, eine ebenso absurde wie absichtsvolle Kennzeichnung der Prager Regierung und des Staatspräsidenten Edvard Benes, die als Vorposten „Moskaus" dargestellt und isoliert

werden sollten.¹⁵ Hitler hetzte im September auf dem Reichsparteitag der NSDAP – es wurde der letzte Aufmarsch dieser Art – „gegen die bolschewistischen Kriminellen in Prag" und bediente sich zum ersten Mal gegen ausländische bürgerliche Politiker eines Angriffsstils, den er zuvor nur in den politischen Kämpfen im Reich und gegen die Führer der UdSSR gebraucht hatte.¹⁶
Dann eskalierten die Forderungen der SdP-Führer rasch. Nun zielten sie auf den Anschluß der Grenzgebiete an „Großdeutschland".¹⁷ Die zu spät ergriffenen Maßnahmen der Prager Regierung ließen sich bereits nicht mehr wirksam durchsetzen, denn Henleins Anhänger beherrschten schon ganze Städte und Gemeinden. Manche Aktivisten der SdP mußten ihr Heil dennoch in der Flucht über die Reichsgrenze suchen, wo deren Eintreffen benutzt wurde, um die nationalchauvinistische Kampagne weiter hochzuheizen. Die Machthaber in Berlin beanspruchten im September 1938 nicht nur das Recht, als „Schutzmacht" der angeblich von der Vernichtung bedrohten Deutschen aufzutreten. Sie drohten offen mit dem militärischen Überfall. Auf ihn war die Wehrmacht seit den Apriltagen vorbereitet. Es sollte nach einem Plan „Grün" der erste Blitzkrieg gewonnen werden. Anders als im Falle Österreichs, als die Nachteile eines Bruderkrieges erwogen worden waren, hatten sich Hitler und die militärische Führung des Reichs entschlossen, einen Krieg gegen den schwächeren Nachbarn zu riskieren und dabei die Leistungsfähigkeit der eigenen Militärmacht zu erproben.

Henlein, am 14. September 1938 ebenfalls in das Reichsgebiet übergewechselt, formierte das „Sudetendeutsche Freikorps", dessen Kommandostab sich in einem Schloß im bayerischen Donndorf in der Nähe Bayreuths etablierte. Das Korps wurde mit Waffen aus ehemals österreichischen Beständen nicht nur für den Kriegsfall ausgerüstet, sondern seine entlang der Grenze stationierten Angehörigen zu Terrorakten auf tschechisches Territorium entsandt. Nach Hitlers persönlicher Instruktion sollte eine dauernde Beunruhigung entlang „der ganzen Front" erzeugt werden.¹⁸ Zollhäuser und Grenzwachen und andere staatliche Einrichtungen wurden überfallen. Doch die gewaltsame Eroberung der Grenzlande der Tschechoslowakei wurde unnötig. Die Regierungschefs Großbritanniens, Frankreichs, Italiens und Deutschlands beschlossen am 29. September 1938 in München, die von der deutschen Staatsführung verursachte „Sudetenkrise" dadurch zu beheben, daß sie die CSR zwangen, dem Reich die geforderten Gebiete zu überlassen. Der diplomatischen Erpressung und dem Verrat durch ihren militärischen Verbündeten, Frankreich, hatte die Prager Regierung nichts entgegenzusetzen. Im Oktober konnte die Wehrmacht mit den an Schlesien, Sachsen, Bayern und die „Ostmark" angrenzenden Gebiete kampflos die Befestigungsanlagen besetzen, die dem

Oberkommando des Heeres als schwer einnehmbar gegolten hatten. Damit war das Tor zur Tschechoslowakei, die mit zweieinhalb Millionen Deutschen eine dreiviertel Million tschechischer Einwohner, 40 Prozent ihres industriellen Potentials, nahezu ihre gesamte Braunkohlen- und fast die Hälfte ihrer Steinkohlenproduktion verlor, militärisch aufgestoßen und der erste Schritt zu ihrer vollständigen Vernichtung getan.

Angesichts der „Heimkehr der Sudetendeutschen" überschlug sich zum zweiten Mal binnen weniger Monate die hochgepeitschte nationalistische Stimmung. Aus der SdP wurde, was sie de facto bereits geworden war, eine Gauorganisation der NSDAP, die am 7. November 1938 feierlich in die Gesamtpartei aufgenommen wurde. Henlein wurde ihr Gauleiter. Triumphierend zog mit der Wehrmacht das „Sudetendeutsche Freikorps" in die okkupierten Gebiete ein. Es bildete fortan den Kern der SA-Gruppe „Sudetenland". An der Besetzung der Gebiete, welche der Tschechoslowakei entrissen wurden, hatte sich auch die reichsdeutsche SA-Standarte „Feldherrnhalle" beteiligt, die Regimentsstärke besaß und deren Ehrenkommandeur Göring war.[19] Diese Einheit erhielt 1938 das Recht, Soldaten zu rekrutieren und sie „mit den eigenen Führern" auszubilden, war jedoch nicht als Keimzelle eines SA-Heeres neben der regulären Wehrmacht gedacht. Die Existenz dieses SA-Regiments symbolisierte jedoch, daß die in den Sturmabteilungen inzwischen forcierte militärische Ausbildung im Heer als vollwertig galt.

Keinen Augenblick gedachten sich die Regierenden in Berlin und die im Innern der „Resttschechoslowakei" lebenden deutschen Faschisten jedoch mit dem leicht Gewonnenen zufrieden zu geben. Noch im Oktober verfaßte Erich Kundt, Abgeordneter und Fraktionsführer der SdP im Parlament der CSR, eine geheime Denkschrift, die sich mit dem „Einbau des tschechischen Volkes in den Dienst des Reiches" und der „politischen Eroberung des böhmisch-mährischen Raumes befaßte", solange die Einsetzung eines Reichsstatthalters in Prag unmöglich sei. Derart werde das „deutsche Schwert praktisch ... mit seiner Spitze bis in die Ukraine und auch in Richtung des rumänischen Erdöls reichen."[20] Himmler erklärte wenig später auf einer Besprechung der SS-Gruppenführer, mit dem Gewinn Österreichs und des Sudetenlandes seien „das Fundament und der Anfang" geschaffen. Das Ergebnis der weiteren Anstrengungen würde „entweder das großgermanische Imperium oder das Nichts" sein. Aus der Kriegspolitik solle „das größte Reich" hervorgehen, „das von dieser Menschheit errichtet wurde und das die Erde je gesehen hat".[21] Jeder Schritt der deutschen Außenpolitik wurde in den Führungskreisen der NSDAP und an der Staatsspitze daran gemessen, wie nahe das Reich dem Punkte gekommen sei, da der Krieg gegen die mächtigeren Rivalen eröffnet werden konnte.

Führer in den Zweiten Weltkrieg 379

Offiziell ließen die Faschistenführer jedoch noch immer verlauten, Deutschland wolle territoriale Ansprüche bis auf die „Kolonialfrage" nicht mehr stellen, mit der es aber, wie Hitler in Gesprächen mit ausländischen Gästen versicherte, keine Eile habe. Diese dilatorische Behandlung der Forderung nach den als Folge der Weltkriegsniederlage verloren gegangenen Kolonien besaß zwei Gründe. Zum einen stand ihre Rückgewinnung im deutschen Aggressionsprogramm nach der Schaffung eines Großreichs im Zentrum und Osten Europas nur an zweiter Stelle. Erst diese Basis galt als Voraussetzung für über den Kontinent hinausgreifende Eroberungen. Zum anderen sollten zu nachdrückliche Kolonialforderungen unterbleiben, um die Regierung in London möglichst lange auf dem Kurs der Appeasement-Politik zu halten.

Diplomatische Lässigkeit und politische und ideologische Vorbereitung auf die Rückgewinnung insbesondere des einstigen afrikanischen Kolonialbesitzes schlossen einander indessen nicht aus. Nach 1933 hatten die Machthaber die Dachorganisation gleichgeschaltet, in der die zahlreichen Verbände zusammengeschlossen waren, welche schon während der Weimarer Republik den „Kolonialgedanken" wachhielten und die Rückgewinnung der Gebiete propagierten, die das Kaiserreich spät erobert hatte. Ohne Eile wurde sie in den Reichskolonialbund umgewandelt. Das geschah unter der maßgeblichen Mitwirkung des früheren Kolonialoffiziers und späteren Reichswehrgenerals Franz Xaver Ritter von Epp, der 1933 zum Reichsstatthalter in Bayern aufgestiegen war und schon seit 1932 in der NSDAP-Reichsleitung das Kolonialpolitische Referat leitete. Es wurde am 5. Mai 1934 durch einen Erlaß von Heß zum selbständigen Kolonialpolitischen Amt aufgewertet. Das sei jedoch, wie Epp äußerte, nicht gleichbedeutend damit, daß nun „auf die große Negertrommel der kolonialen Werbung"[22] geschlagen werde. Auch als 1935/36 der Reichskolonialbund in eine von der NSDAP „betreute" Organisation umgewandelt wurde, blieb er eine Randerscheinung im Organisationsgefüge. Zwar durften die „alten Afrikaner", einstige Angehörige der Kolonialtruppen des Kaisers, bei Paraden in ihren traditionellen Uniformen aufmarschieren, doch hatten sie sich ebenso wie nach überseeischer Expansion drängende kapitalistische Unternehmen und Verbände dem stufenweisen außenpolitischen Gesamtkonzept zuzuordnen. Und dies bedeutete nicht mehr, als daß sie sich zunächst noch mit Geduld zu wappnen hatten. Doch wurde der Bund nun auch zu einer Massenorganisation ausgebaut, dem sich bis zum Kriegsbeginn etwa eine Million Mitglieder anschlossen.

Daß der Vorstoß in die Randgebiete der Tschechoslowakei nur der erste Akt der totalen Vernichtung des Nachbarstaates gewesen war, offenbarte sich im März 1939. Die Wehrmacht besetzte die „Resttschechei". Den militärischen Coup unterstützten 60.000 SA-Männer, denen SA-Führer Lutze dafür dankte, daß sie die Straßen für das Heer schnee- und eisfrei gehalten und geholfen hatten, die Okkupation rasch zu vollziehen. Aus den böhmischen und mährischen Teilen des tschechoslowakischen Staates wurde das „Protektorat" gebildet und dem „Großdeutschen Reich" einverleibt. Auf dem slowakischen Territorium entstand ein klerikal-faschistischer Satellit des Deutschen Reiches. Als „Reichsprotektor" zog der frühere Außenminister von Neurath auf die Prager Burg, 1941 folgte auf ihn der Chef der Sicherheitspolizei und des SD, Heydrich, dessen Name zum Synonym für die Qualen des tschechischen Volkes unter der deutschen Okkupation wurde. Als beider Stellvertreter agierte alle Jahre Karl Hermann Frank, der sich schon als der zweite Mann nach Henlein um die Zerschlagung des Staates so verdient gemacht hatte.

Im Hochgefühl ihrer Siege und ihres Machtzuwachses, erreicht durch die so einfach gelungene Vernichtung zweier vor den Südostgrenzen des Reiches gelegener Staaten, feierten Machthaber und fanatisierte Anhänger am 20. April 1939 den 50. Geburtstag Hitlers. In einer Proklamation Görings hieß es: „Adolf Hitler ist der größte Deutsche aller Zeiten". Er habe „unbeugsamen Willen", „geniale Geisteskraft" und „überragende Staatskunst" bewiesen. Göring wandte sich an den „Allmächtigen", Heß an den „Höchsten" und Himmler an „Gott und das Schicksal", um ein langes Leben für Hitler zu erbitten Die Parteipropaganda stellte ihn jetzt als gottgesandten Führer hin, plazierte ihn auf eine nebelhafte Stufe zwischen Überirdischen und Irdischen und schrieb ihm Taten zu, die wenigstens ans Wunderbare grenzen würden. Nun sahen sich nicht nur die Hunderttausende von Parteimitgliedern in ihrer Entscheidung für das Hakenkreuz bestätigt. Auch viele früheren Skeptiker und selbst Gegner des Faschismus gelangten zu der Überzeugung, daß Deutschland den richtigen Führer besäße.

An jenem Tage, dem NSDAP und Wehrmacht das Gepräge gaben und der die Volksmassen auf das Kommende vorbereitete, ohne daß die Friedensbeteuerungen aufgegeben wurden, zeigte sich die Funktion des Führerkultes besonders deutlich. Mehrere Aufrufe verlangten in stereotyper Diktion, Hitler zu folgen, „wohin er uns auch führt". Heß sagte vor 1.600 der höchsten Parteiführer, Hitler werde selbst dann Erfolg haben, „wenn die Hetzer in der Welt es zum Äußersten treiben sollten".[23] Zwei Parolen kennzeichneten besonders deutlich, daß der Hitlerkult nun auf die Erzeugung eines bedingungslosen Führer-Gefolgschafts-Verhältnisses in Kriegszeiten ausgerichtet wurde. Die eine, bereits in der kritischen Situation des Herbstes 1938 geprägt, lautete: „Führer befiehl, wir folgen." Die andere postulierte: „Der Führer hat immer recht." Diese gedanken- und bedingungslose Marschbereitschaft sollten in erster Linie die „Hoheitsträger" sichern. Diese mit dem Wachstum der Partei und ihrer Gliederungen immer mehr angewachsene Gruppe, die von den Reichsleitern bis zu den Blockleitern alle NSDAP-Führer umfaßte, bestand inzwischen aus 41 Gau-, 808 Kreis-, 28.376 Ortsgruppen- und 89.378 Zellen- und 463.048 Blockleiter, und umfaßte insgesamt mehr als 580.000 Naziführer.[24] Am deutlichsten war an „Führers Geburtstag" die Sprache des Wehrmachtsaufmarsches. Er bildete den Mittel- und Höhepunkt des Festes und wurde als die größte Truppenparade in der deutschen Geschichte gefeiert. Sie führte durch das Zentrum Berlins über die eigens für diesen Zweck fetiggestellte Ost-West-Achse, die nach Plänen Speers gebaut worden und dazu bestimmt war, künftigen Siegesparaden Kulisse zu sein. Der „Völkische Beobachter" schrieb am Tage danach : „Deutschlands Wehrmacht ist vollendet."[25] Die Vereidigung von Hunderttausenden politischer Leiter der NSDAP, vor allem aus den Organisationen in Österreich und im Sudetengau, schloß die bombastischen Feierlichkeiten ab, die im ganzen Reich stattgefunden hatten.

Kaum in Prag, konzentrierten sich die Machthaber in Berlin, angetrieben von dem Bewußtsein, daß die Zeit gegen sie arbeite, weil die Rivalen nun ihrerseits ihre Rüstung verstärkten, auf ihren Plan zur Vernichtung Polens. Nach dem Muster der „Sudetenkrise" sollte auch im polnischen Staat eine Situation heraufbeschworen werden, die den Vorwand zur Intervention gab. Indessen waren die Bedingungen, den östlichen Nachbarstaat durch die Aktionen seiner deutschen Minderheit sturmreif zu machen, ungleich ungünstiger als in der Tschechoslowakei. Eine der SdP vergleichbare Parteiorganisation existierte nicht. Die polnischen Staatsbürger deutscher Nationalität lebten in mehr oder weniger großen Gruppen verstreut im Lande, einige von ihnen näher an der Grenze zur UdSSR als an der zum Deutschen Reich. Bewohnern auf Inseln gleich, wünschten sie zumeist nicht, sich das Meer zum Feinde zu machen. Zugleich hatte der Bruch des Münchener Abkommens am 15. März 1939 die europäische Situation zu verändern begonnen. Die deutsche Führung sah, daß an eine „Wiederholung der Tschechei", wie Hitler sich ausdrückte, „nicht zu glauben" war. Er erklärte: „Es wird zum Kampf kommen."[26] Bewußt steuerten die zivilen und militärischen Führer um Hitler nun auf den Krieg zu, während viele Deutsche nach den jüngsten außenpolitischen Erfahrungen glaubten, es würde die Politik weiter am Rande des Krieges entlang gesteuert werden können. An der Staatsspitze wurde zunächst noch gehofft und davon ausgegangen, Polen würde sich isolieren und dann militärisch zerschlagen lassen, ohne daß die westeuropäischen Großmächte eingriffen.

Da, anders als im Falle der Tschechoslowakei, die antipolnische Politik nicht durch eine Vertretung der deutschen Minderheit eröffnet werden konnte, trat im März 1939 die Reichsdiplomatie in Aktion. Die Regierung in Warschau erhielt die deutschen Forderungen präsentiert. Wie die deutschen Politiker gegenüber der CSR vorgegangen waren, so verfuhren sie auch diesmal, freilich mit weniger Aussichten auf ihre Glaubwürdigkeit. Sie verlangten die „Heimkehr" Danzigs ins Reich, das seit 1919 eine selbständige Freie Stadt war und unter der Aufsicht eines Beamten des Völkerbundes stand, und eine exterritoriale Auto- und Eisenbahnverbindung durch das polnische Gebiet nach Ostpreußen. Das wurde abgelehnt und prompt gingen die Machthaber in Berlin dazu über, nach der eben mit Erfolg praktizierten Methode nun Spannungen zwischen Deutschen und Polen zu schüren und diese wiederum zu benutzen, um in Deutschland durch großaufgemachte Presseberichte eine hysterische antipolnische Stimmung zu entfachen. Die ließ sich um so leichter wachrufen, als die ohnehin vorhandene antislawische Gesinnung und Haltung von Millionen durch die Gebietsabtretungen des Versailler Vertrags verstärkt und auch durch die Politik der Weimarer Kabinette gefördert worden war.

In Danzig meinten die Führer der NSDAP, das Kräfteverhältnis ähnlich falsch beurteilend wie jene in Österreich, bereits 1933, den Völkerbundstatus aufheben und den „Anschluß" an das Reich durchsetzen zu können. Darauf hatten die Politiker in Warschau gegenüber dem militärisch noch schwachen Deutschland mit einer unmißverständlichen militärischen Warnung geantwortet. Was sie jedoch nicht zu verhindern vermochten, war das weitere Anwachsen der Danziger NSDAP. Als am 28. Mai 1933 das Stadtparlament, der Volkstag, gewählt wurde, gewann die NSDAP 107.331 Stimmen, die gegenüber 1930 einen absoluten Gewinn von nahezu 75.000 Wählern und 50, 03 Prozent bedeuteten. Hermann Rauschning, der sich rechtzeitig von den Deutschnationalen abgewandt und der aufsteigenden Partei zugesellt hatte, gelangte an die Spitze der Regierung der „Freien Stadt". Seitdem geriet die Stadt zunehmend in die Hände der NSDAP, an deren Spitze 1930 als Gauleiter der aus Bayern stammende „alte Kämpfer" Albert Forster entsandt worden war.

Als 1935 erneut gewählt wurde, verfehlte die NSDAP zwar die begehrte Zweidrittelmehrheit, vergrößerte ihren Anhang aber noch einmal um 32.082 Stadtbewohner und gelangte zu 57, 3 Prozent der Wählerstimmen.[27] Die NSDAP beherrschte die Stadt, die seit 1937 so etwas wie eine Miniaturausgabe des „Dritten Reiches" darstellte.[28] Die Stadtregierung traf ihre Entscheidung aufgrund eines ihr erteilten Ermächtigungsgesetzes. Nach der Kommunistischen hatte sie 1936 auch die Sozialdemokratische Partei verboten. Mit unbedeutender Verzögerung wurden die meisten politischen Schritte der Machthaber im Reich nachvollzogen. Regelmäßig erschienen aus dem Reich Parteiführer, um in Massenkundgebungen zu sprechen. Danziger Faschisten nahmen in Deutschland an den Aufmärschen und Kundgebungen des Parteitags teil. Bis zu den antijüdischen terroristischen Aktionen wurde dem Beispiel der Reichspartei gefolgt. In der alten Hansestadt eine

„Heim-ins-Reich"-Welle zu erzeugen, antipolnischen Nationalchauvinismus zu entfachen und SA und SS gegen Einrichtungen loszulassen, die Polen in Danzig vertraglich unterhielt, bedurfte es nur eines Parteibefehls.

Den zweiten Herd, an dem sich Unruhe stiften, die polnische Regierung, aber auch nationalistische antideutsche Kräfte Polens provozieren ließen, bildete die deutsche Minderheit. Zu ihr gehörte nach nicht völlig verläßlichen Zählungen etwa eine dreiviertel Million Menschen. Mobilisierbar waren vor allem deren vor den Grenzen Oberschlesiens, Brandenburgs und Pommerns wohnende Gruppen. Wie schon in der CSR verband sich einem Teil von ihnen mit dem Gedanken an die „Heimkehr" die doppelte Erwartung des wirtschaftlichen und sozialen Vorteils und der erneuten Zugehörigkeit zur herrschende Nation, der sie bis 1919 angehört hatten. Nationalistische Aktivisten aus dieser Minderheit wurden auf deutschem Gebiet rasch zu Terroristen und Diversanten ausgebildet. Sie hatten „Zwischenfälle" zu organisierten und sich auf ihre Rolle für den Moment vorzubereiten, da die Wehrmacht in Polen einfallen würde und sie im polnischen Hinterland die Verteidigung desorganisieren sollten.

Von Tag zu Tag wurden Haß und Hader hochgepeitscht und Gewalttaten verübt und angezettelt. Wieder einmal, so das Bild, mußten Deutsche angeblich vor der physischen Vernichtung bewahrt werden. Nun lautete die Parole „Sicherung des Lebens der deutschen Volksgruppe". Ungeniert und kriegsdrohend mischte sich die Berliner Regierung in die inneren Angelegenheiten des Nachbarstaates ein. Gleichzeitig betonte die deutsche Propaganda unausgesetzt den angeblichen Willen zur Verständigung auf dem Wege von Verhandlungen. Daran war Hitler jedoch so wenig gelegen wie ein Jahr zuvor seinen sudetendeutschen Unterhändlern in Prag. Freimütig gestand er dem italienischen Außenminister Galeazzo Graf Ciano im August 1939, daß es nun darum gehe, „den alten Germanenweg nach Osten" zu beschreiten, und das erscheine „auch aus wirtschaftlichen Gründen angezeigt".[29]

Auf diesen Krieg hatte sich die NSDAP mit allen ihren Organisationen und Gliederungen seit Jahren nicht nur ideologisch, sondern auch praktisch vorbereitet. Im Stab des Stellvertreters des Führers arbeitete unter der Leitung von Heß und Martin Bormann eine Abteilung Mobilisierung. Sie legte Mitte Mai 1938 einen Mobilmachungsplan „Einsatz der Partei und der angeschlossenen Verbände im A-Falle"[30] vor. Das geheime Dokument ließ erkennen, daß im Führerkreis über die Härte der Strapazen, denen das Volk im Kriege ausgesetzt sein würde, deutliche Vorstellungen bestanden: Begriffe wie „Hinterland" und „Front" würden sich sehr relativieren und die Einwohner der deutschen Städte bald unter dem Bombenkrieg zu leiden haben. Aus der angenommenen Kriegsentwicklung wurde die Doppelfunktion der NSDAP abgeleitet: sie sollte die Kriegsmoral - gesprochen wurde von der „seelischen Haltung im Kriege" - stärken und helfen, die Kriegsgegner im Innern niederzuhalten und auszuschalten. Um dies erreichen zu können, mußte der Parteiapparat der NSDAP intakt gehalten werden. Vom Kreisleiter der NSDAP an aufwärts sollte daher kein politischer Leiter Militärdienst leisten.

In allen Maßnahmen dieses Plans spiegelten sich die Erfahrungen des Weltkriegs und das die Nationalchauvinisten noch immer ernüchternde Erlebnis der Novemberrevolution. Durch eine möglichst niedrige physische und psychische Belastung der Zivilbevölkerung, insbesondere der Frauen, wollten die Machthaber bei längerer Kriegsdauer den Verfall der Stimmung vermeiden. Zu diesem Zweck war selbst daran gedacht, die Tätigkeit der KdF-Organisation auch im Kriege fortzusetzen. Frauen und Kinder sollten sich in einer Zeit ablenken können, in der das Schicksal der Väter und Männer aufs äußerste ungewiß sein und nicht wenige von ihnen an den Fronten sterben würden. Auch die Terminologie dieses Mobilisierungsplans bezeugte, daß sich seine Autoren geistig bereits ganz in eine durch einen total geführten Krieg bestimmte Welt hineingedacht hatten. Begriffe wie „Kriegerfrauen", „Kriegskindergärten", „Kriegerfamilien" gehörten fest zum internen Sprachgebrauch der NSDAP. Der Plan regelte selbst den Einsatz der Partei für den Fall, daß Teile des Reichsgebietes von Kriegsgegnern besetzt werden würden. Er nahm damit Weisungen vorweg, die im Frühjahr 1945 ergingen, um in den von den alliierten Truppen befreiten Gebieten Deutschlands die Partei als Untergrundorganisation zu erhalten und sie für die Fortsetzung des aussichtslos gewordenen Widerstands einzusetzen.

Auf dem Kurs in den Krieg erhielt auch die SA ihren endgültigen Platz im Regime. „Die schwierige Aufgabe, der SA eine positive, sie voll in Anspruch nehmende Aufgabe zu geben", wurde nun gelöst.[31] Die Sturmabteilungen übernahmen die vor- und die nachmilitärische Ausbildung ihrer Mitglieder. Darauf hatte sich die SA, da nicht wenige ihrer ehemaligen Führer 1934/35 in die Reihen der Wehrmacht getreten waren, um das Offiziers- und Unteroffizierskorps aufzufüllen, durch den Ausbau eigener Schulungsstätten bereits vorbereitet. Zwischen 1934 und 1939 absolvierten etwa 22.000-25.000 SA-Führer eine der drei in München, Dresden und Wien bestehenden Reichs- oder eine der 22 territorialen Schulen, über welche die SA-Gruppen verfügten. Außerdem existierten spezielle Ausbildungsstätten für die Kommandeure der Marine-, der Nachrichten- und der Sanitäts-Stürme. Da die SA vor Kriegsbeginn schätzungsweise 2 bis 2,5 Millionen Mitglieder erfaßte - allein in Hamburg konnten etwa 100.000 SA-Männer aufgeboten werden[32] -, nicht alle im aktiven Dienstalter und manche wegen anderer Aufträge nicht verfügbar, bildete sie gemeinsam mit den älteren Jahrgängen der Hitlerjugend ein erhebliches Reservoir kriegerisch vorgebildeter Männer, auf das die Rekrutierungsstellen der Wehrmacht zurückgreifen konnten. Am 21. Januar 1939 bestimmte Hitler, der SA nicht nur die gesamte vor- und nachmilitärische Ausbildung der eigenen Mitglieder, sondern der gesamten männlichen Bevölkerung vom 17. bis zum 45. Lebensjahr zu übertragen.[33] Als Initiator diese Maßnahme wurde nicht der SA-Stabschef, sondern bezeichnenderweise der seit 1938 amtierende neue Oberbefehlshaber des Heeres, Walther von Brauchitsch, bezeichnet. Auf diese Weise wurde demonstriert, daß die Röhm-Affäre ganz der Geschichte angehörte. Nach den Maßstäben der Generalität galt die SA jetzt als zuverlässig und ihr Führerkorps Generalen und Offizieren nicht mehr als Konkurrent. Die neugewonnene enge Verbindung zeigte vielmehr an, wie weit die Faschisierung der Generalität vorangeschritten war. Es wurde nicht mehr als anstößig empfunden, mit den blutbesudelten Verfolgern von Antifaschisten und anderen Hitlergegnern zu kooperieren und mit Kommandeuren zusammenzuwirken, die soeben noch ihre Mitglieder zu brutalen Aktionen gegen die Juden angeführt hatten. Schon wenige Monate nachdem diese neue Stufe der Zusammenarbeit bekanntgegeben worden war, knüpfte der Generalstabschef des Heeres daran bereits weitreichende Hoffnungen. Mit Bezug auf den bevorstehenden Überfall auf Polen sagte er im April 1939, daß „die Besetzung des Landes in weitem Maße von den paramilitärischen Formationen der Partei vorgenommen" werden würde.[34]

Die Berliner SA-Formationen feierten den Führer-Erlaß, der „alle deutschen Männer der Disziplin und der politischen Beeinflussung der Hitlerpartei" unterstellen und sie „dauernd im halbmobilen Zustand" halten sollte,[35] mit einem Fackelzug. Schon im Mai 1939 befahl SA-Stabschef Lutze, die Wehr- und Jungwehrmannschaften der SA zu formieren und sie nach Waffengattungen zu gliedern. Ihre Angehörigen sollten bei unverkürzter Arbeitszeit monatlich eine zehnstündige militärische Ausbildung erhalten. Deren Beginn wurde auf den Oktober 1939 festgesetzt. Das OKW befahl, SA- und NSKK-Führer durch das Heer weiterzubilden. Zum neugebildeten Wehrstab bei der SA-Führung wurde je ein Offizier aus Heer, Luftwaffe und Marine detachiert. Diese und andere Planungen in den Apparaten der NSDAP und des Staates drückten aus, in welchem Grade bereits im Vorkrieg der Blick für die Grenzen eigener Möglichkeiten durch illusionäre und auch schon größenwahnsinnige Vorstellungen getrübt oder auch ganz verstellt wurde. Es breiteten sich, verursacht und vorangetrieben von den Entscheidungen an der Staats- und Parteispitze und insbesondere durch die Forderungen Hitlers Aktionismus und Hektik aus, und die karrierelüsternen zivilen und militärischen Führer und Funktionäre suchten sich durch die Ausführung der Befehle und Weisungen gegenseitig zu übertreffen.

Auch die anderen NSDAP-Organisationen schufen sich ihre Pläne für den A-(d. h. den Kriegs-)Fall. Während der Massenaushebung von Arbeitern für die Wehrmacht sollte die DAF dafür sorgen, daß die Produktion auf die Kriegsanforderungen umgestellt wurde und die Arbeiter in den Betrieben nach der Devise handelten: „Höchste Pflichterfüllung bei geringsten Ansprüchen". In der DAF-Bürokratie war beabsichtigt, eine „Arbeitskriegsstammrolle" einzurichten. Durch sie sollten, „wie die Wehrmacht ihre Wehrmachtsangehörigen für eine Mobilisierung erfaßt hat"[36], ausnahmslos alle männlichen und weiblichen Arbeitskräfte registriert werden. Würden, was unvermeidlich war, auch Facharbeiter zum Kriegsdienst in der Armee herangezogen, dann ließe sich auf diese Weise der Zwangseinsatz des verbleibenden Potentials zweckmäßig planen. Offenkundig bestand auch der Ehrgeiz der Funktionäre, die ihren Platz an der künftigen „Heimatfront" sahen, in der Planung eines perfekten Krieges. Jedoch: Nicht alle Vorhaben ließen sich in den verbleibenden wenigen Monaten bis zum Beginn des Krieges noch ausführen oder auch nur in Angriff nehmen. Daran hinderte zum einen die fehlende Zeit, zum anderen aber auch die Absicht, die Stimmung der Bevölkerung nicht durch allzu drastische Militarisierungsschritte vorzeitig zu verschlechtern.

Bereits am Vorabend des Krieges zeigte sich auch in der Tätigkeit der NSDAP, daß die künftige Entwicklung in Widersprüche führen mußte, die nicht aufzulösen sein würden. Die bevorstehende Mobilisierung der kriegsdienstfähigen Männer ließ sich im Parteiapparat, in dem ein erheblicher Teil von Angehörigen der jüngeren Jahrgänge tätig war, faktisch nicht kompensieren. Zugleich machte sich bemerkbar, daß die gesteigerten Anforderungen, welche die vielen Spezialorganisationen der NSDAP an ihre Mitglieder stellten, deren Verwendung in den Wohngebieten einschränkten oder unmöglich machten. In den Ortsgruppen fehlte es daher an Unterführern. Dafür geeignete Parteimitglieder waren in der SA, der SS und anderen paramilitärischen Verbänden, in den forciert ausgebauten Einheiten des Luftschutzes, in der „Organisation Todt" und bei anderen Tätigkeiten beschäftigt, die Vorrang besaßen. Damit zeichnete sich ab, daß die NSDAP als Instrument der Führung und Überwachung der gesamten Bevölkerung gerade in den dicht besiedelten Wohngebieten der Mittel- und Großstädte funktionsgeschwächt sein würde. Die aber galten nach den Erfahrungen des Weltkriegs als die problematischen Zonen.

Dieser sich abzeichnenden Kalamität suchte die NSDAP dadurch zu begegnen, daß sie 1937 die nie verschlossenen Tore der Partei, denn alle nach der Machtübergabe verfügten Sperren gegen die Aufnahme neuer Mitglieder enthielten stets zahlreiche Ausnahmeregelungen, weit aufstieß. Der Schritt trug der Tatsache Rechnung, daß ideologische Bindungen sich festigten, wenn sie durch organisatorische verstärkt würden. Wer „Parteigenosse" war, hatte sich auch außerhalb der Arbeitsprozesse in höherem

Maße Weisungen und Befehlen zu unterwerfen als die Nichtmitglieder und geriet somit unter einen festeren Griff der Machthaber und aller von diesen bestellten Vorgesetzten. Das galt in Abstufungen und selbstverständlich wurden die Angehörigen der exklusiven Oberschichten – Fabrikdirektoren, Großgrundbesitzer – von den unteren Parteiführern nicht in der gleichen Weise behandelt und herumkommandiert wie die proletarische oder kleinbürgerliche Mitgliedschaft.

Mit ihrer Vergrößerung stellte sich die NSDAP auch quantitativ auf die Bedingungen des Krieges ein. Bewerber um das Parteibuch gab es nach vier und fünf Jahren faschistischer Macht genug. Sie kamen vor allem aus der Beamtenschaft, dem Kleinbürgertum, den Kreisen der Studenten und Akademiker, so daß ein Wandel in der sozialen Zusammensetzung der NSDAP, wie er 1935 als wünschenswert bezeichnet wurde, nicht erreicht werden konnte. Jedoch machte es der Zustrom der NSDAP-Reichsleitung möglich, das Ortsgruppensystem zu verändern. Ley verkündete Anfang 1938 den Grundsatz, jede Ortsgruppe so klein wie möglich zu halten und ihr nicht mehr als etwa 1.000 Haushalte zuzuordnen.

Damit wurde eine Entwicklung weitergetrieben, die Hitler bereits auf dem Parteitag 1935 bezeichnet hatte, als er davon sprach, die Partei solle „die restlose Betreuung und weltanschauliche Durchdringung des ganzen Volkes" sichern. Daraufhin hatte Ley am 1. Mai 1936 angeordnet, die Größe der Parteieinheiten nach der Zahl der Haushalte zu bestimmen. Auf der untersten Stufe sollte der Blockleiter der NSDAP nicht mehr als 40 bis 60 Haushalte „betreuen".[37] Über jeden von ihnen führte er eine „Haushaltungskarte", die einen raschen informativen Zugriff über die Tätigkeit und die Zugehörigkeit aller Familienmitglieder zu den NS-Organisationen ermöglichte. Das Ziel formulierte das Rundschreiben des Organisationsleiters der NSDAP im Gau Main-Franken unumwunden. Die Partei müsse „die Beherrscherin des Volkes" werden und gewährleisten, daß „die Staatsführung zu allen Zeiten – in guten wie in bösen Tagen" dieses Volk hinter sich wisse.[38]

Die neue Struktur und Orientierung erforderte eine immer größere Zahl von Funktionären. In Bremen, einem Kreis der NSDAP, der zum Gau Weser-Ems gehörte, stieg die Zahl der Ortsgruppen und Stützpunkte von 29 im Jahre 1934 auf 56 im Jahr 1939.[39] In einer Großstadt wie Düsseldorf, die zugleich die Hauptstadt eines NSDAP-Gaus war, wurden 1939 insgesamt 263 Dienststellen der Partei öffentlich ausgewiesen, diejenigen des Gaus, des Kreises und der Ortsgruppen sowie der entsprechenden Gliederungen. Im Stadtgebiet existierten 24 Ortsgruppen, die sich in 556 Zellen und 3.450 Blocks gliederten, so daß – ohne Stellvertreter und Helfer – allein für den Basisteil der NSDAP 4.300 Leiter notwendig waren.[40] An der Spitze einer Ortsgruppe sollten nach den Vorstellungen der Reichsleitung aber hinter deren Leiter jeweils Funktionäre für Organisation, Propaganda, Schulung, Kasse, Presse, Luftschutz und Personal sowie ein Funk-Film-Bildwart tätig sein. Deren Zahl, die freilich an vielen Orten nicht erreicht wurde, vergrößerte sich erheblich durch die parallelen Strukturen von NSV, NSF, NSKOV u.a. Gliederungen und Verbänden. In Familien, deren Mitglieder zu den Parteiaktivisten gehörten, herrschte angesichts der permanenten Anforderungen und einander jagender Kampagnen Dauerbeschäftigung für die NSDAP. In einem Volkswitz wurde auf die an ein Mitglied aus solcher Nazifamilie gerichtete Frage, wann sie einander denn wegen der ununterbrochenen Einsätze überhaupt noch sähen, geantwortet: „Auf dem Reichsparteitag".

Fieberhaft arbeiten alle NSDAP-Gliederungen daran, die totale geistige Führung des Volkes zu gewinnen und es auch emotional in Kriegsbereitschaft zu versetzen. Presse und Rundfunk, Literatur und Film wirkungsvoller und raffinierter ausnutzend als noch in der ersten Zeit nach der Machtübernahme, orientierte sich die NSDAP in ihrer Propaganda seit 1938 um. War bis dahin immer wieder erklärt worden, die fleißigen und begabten Deutschen wollten nur von „den Anderen" in Ruhe und Frieden gelassen und gleichberechtigt behandelt werden, dann würden sie, ein „faustisches" Volk, sich ihr einträchtiges und schönes „nationalsozialistisches" Leben schon einrichten, so traten nun neue Bilder in den Vordergrund der Propaganda. Der erstrebte Wohlstand könne in den eigenen Grenzen wegen der angeblichen Überbevölkerung des Reiches nicht geschaffen werden. Es fehle an Land. Der Gewinn der benötigten Gebiete – etwa die Rückgewinnung der Kolonien – bliebe den Deutschen aber durch ihre mißgünstigen Gegner verwehrt, die schon jetzt und zunehmend das anziehende Beispiel weiteren deutschen Aufstiegs fürchteten.

In aller Öffentlichkeit sprach Hitler vom Landreichtum der einen und vom deutschen Landmangel in Reichstagsreden am 30. Januar und am 28. April 1939. Das wirkte wie ein Signal für die Verstärkung der „Kolonialpropaganda", auf die viele Funktionäre aus den zusammengeschlossenen Organisationen seit langem gehofft hatten. Im Mai fand eine „Reichskolonialtagung in Wien" statt, für die Ritter von Epp einen Aufruf erließ, in dem er erklärte, die „Binnenkolonisation" in der eben gewonnenen „Ostmark" und die „Überseekolonisation" würden sich nicht ausschließen, sondern einander ergänzen. Im Juni wurde in Dresden eine Kolonialausstellung eröffnet. Auf einer „großdeutschen" Tagung der Forstwirtschaft wurde auf den „Holzreichtum unserer Kolonien" Bezug genommen.[41] Hitler bezeichnete am 10. November 1938 in einer geheimen Rede vor Führern der NSDAP und Spezialisten der Meinungsbildung das Ziel der Propagandaarbeit unumwunden. Es müsse erreicht werden, daß „die innere Stimme des Volkes selbst langsam nach der Gewalt zu schreien" beginnt.[42]

Dieser Devise folgend, trat die Friedensdemagogie, ohne daß sie bis in das Jahr 1945 je aufgegeben worden wäre, in den Hintergrund, die Einstimmung auf den Krieg aber in den Vordergrund aller Propaganda. Mit ihr befaßten sich jede Organisation und jede Gliederung der NSDAP zuerst im Hinblick auf die eigene Mitgliedschaft. In den Zentralen produzierten die einschlägigen Abteilungen massenhaft Broschüren, deren Inhalt als die absolute Wahrheit meist in todlangweiligen Schulungsstunden an die Mitglieder weitergegeben und von ihnen ohne Debatte aufgenommen wurde. Die weltanschauliche Propaganda zielte auf die Verbreitung der Lehren von der bevorrechtigten „arischen" Rasse, zu deren vollständigstem Gegenbild die Juden herhalten mußten, auf die geopolitische These von den Deutschen als „Volk ohne Raum" und auf die sozialdarwinistische Interpretation der Weltgeschichte als ständigem Kampf des Stärkeren gegen die Schwächeren. In dem aggressiven Denkgebäude figurierte der Krieg als eine selbstverständliche, geradezu naturgesetzliche Erscheinung und mehr noch: als die eigentliche Bewährungsstunde der Nation und vor allem ihrer jüngeren Generationen. Die müßten sich ihr „Lebensrecht" angeblich erst noch erkämpfen. Unverblümt wurde auf die angeblich ungenutzten riesigen landwirtschaftlichen Gebiete Osteuropas verwiesen, die geradezu auf den „deutschen" Pflug zu warten schienen. Insbesondere den männlichen Jugendlichen, Söhnen von Landarbeitern und Bauern, sollte suggeriert werden, ihre Zukunft läge jenseits der deutschen Grenzen. Die feudalen Eroberungen, durch welche die Slawen ostwärts gedrängt worden waren, galten als jene geschichtliche Traditionslinie, die fortgesetzt werden müsse. In einer Denkschrift des Oberbefehlshabers des Heeres vom August 1937 wurde konstatiert, daß „die Ziele eines deutschen Sieges nur in Ost-Eroberungen liegen können" und die „Oststaaten" durch überlegene Heereskräfte tödlich getroffen werden sollten.[43]

Dennoch waren und blieben die Resultate aller auf die Erzeugung von Kriegsstimmung gerichteten Anstrengungen, in die sich die Literatur, die Spielfilmproduktion und die zur bloßen Agitation verkommenen bildenden Künste einordneten, hinter den Ansprüchen der Machthaber zurück. Die Erinnerungen an die Leiden und Folgen des Weltkriegs war in weiten Volkskreisen doch nicht zu verdrängen. Zudem nährten andere Einflüsse die Hoffnungen auf friedliche Jahre und ein angenehmes Leben. Die Aktivitäten der Organisation „Kraft und Freude" erweckten sogar den Eindruck, sie wären greifbar nahe. Zu deren Propagandaschlagern gehörten 1939 die Berichte vom Fortschreiten der Bauten für das „Seebad der 20.000", das in einer Bucht auf der Insel Rügen entstand, und der Beginn des Sparens für den „KdF-Wagen", der 1940 in dem Werk vom Band laufen sollte, das in Fallersleben errichtet wurde.

Jedoch mischten sich in den Wunsch, in Frieden zu leben, die Feindbilder der NS-Propaganda und taten ihre Wirkung. Das monströseste war das von der „jüdischen Weltverschwörung", und an den Juden im Reich wurde seit 1933 von staats- und parteiwegen exerziert, wie mit Feinden umzugehen war. Während gegen sie gerichtete Gesetze immer mehr jüdische Deutsche zur Emigration zwangen, die von dem „Frankenführer" Gauleiter Streicher herausgegebene antisemitische Wochenzeitschrift eine wüste Hetze gegen das „internationale Judentum" betrieb und es des Strebens nach Weltherrschaft zieh, in den Schulungen der NSDAP und ihrer Gliederungen die Juden verteufelt wurden, waren 1935 nach einer Flut von gewalttätigen Angriffen, im Parteijargon „Einzelaktionen" genannt, während des Reichsparteitages die „Nürnberger Gesetze" von Hitler vor einer Versammlung des Reichstags begründet und von Göring verkündet worden. Beschimpft, gedemütigt, drangsaliert und verfolgt besaß die Minderheit immer weniger Möglichkeiten, sich in ihren Berufen zu betätigen, ihren Geschäften nachzugehen oder ihre Kinder auszubilden. Juden wurde, organisiert von Parteiführern der regionalen und lokalen Ebenen, das Betreten von Ortschaften, Stadtteilen und Landschaften – vorzugsweise von Erholungsgebieten und Urlaubsgegenden – verboten, um diese dann für „judenrein" zu erklären.

Die Verfolgten besaßen inzwischen keine Möglichkeit mehr, sich auch nur gegen die infamsten Verleumdungen durch die Organe des Staates und die NSDAP zu schützen. Ihre Ausgrenzung aus der Gesellschaft schritt, sich beschleunigend, fort. Mit Zuchthausstrafen ahndeten Gerichte die sogenannte Rassenschande, worunter sexuelle Beziehungen zwischen „Ariern" und „Nichtariern" verstanden wurden. Dies trieb das sich ausbreitende Spitzel- und Denunziantentum der NSDAP in eine weitere Dimension. In den Schulungssystemen der Partei erfuhr die Rassenlehre eine ständige Aufwertung. Sie drückte sich auch darin aus, daß auf dem Reichsparteitag 1938 das Rassenpolitische Amt der NSDAP erstmalig anderen Ämtern dadurch gleichgestellt wurde, daß es eine eigene Sondertagung durchführen konnte. Gleichzeitig wurde beklagt, daß die entsprechenden Ämter in den Gauen noch nicht genügend ausgebaut und personell besetzt wären.[44]

Die antisemitische Praxis bildete eine Art Vorschule, in der die deutsche Bevölkerung auf den Umgang mit Angehörigen jener Völker eingestellt und vorbereitet wurde, die im Kriege in die Gewalt der Wehrmacht, der Polizei- und SS-Truppen und der Zivilverwaltungen der Eroberer geraten sollten. Diese Funktion der Judenverfolgungen machte die blutige Nacht vom 9. zum 10. November 1938 deutlich. Schon während seiner Rede auf dem Parteitag 1935 hatte Hitler gedroht, seiner gewaltbereiten Gefolgschaft in der SA das Signal zum Losschlagen gegen die Juden zu geben. Nun wurde ein in Paris verübtes Attentat eines jungen verzweifelten Ju-

Führer in den Zweiten Weltkrieg

den auf einen deutschen Diplomaten zum Anlaß genommen, den Sturmabteilungen diesen Befehl zu erteilen. Er erging von München, der „Hauptstadt der Bewegung", aus, wo die traditionelle Feier zum Gedenken an den Putsch von 1923 die höchsten Führer der NSDAP und der SA vereinte. Augenblicklich rückten im gesamten Reichsgebiet die nächtlich mobilisierten Einheiten der SA aus, mancherorts durch Angehörige weiterer faschistischer Organisationen noch verstärkt. Sie zündeten die Synagogen an oder verwüsteten sie brachial. Sie zerstörten Geschäftshäuser und Läden der jüdischen Deutschen und ermordeten eine nie exakt festgestellte Zahl von ihnen. In den folgenden Tagen wurden, eskortiert von Trupps der SA und der SS, mehr als 20.000 jüdische Männer und Jünglinge in die Konzentrationslager Dachau, Sachsenhausen und Buchenwald verschleppt. Dort wurden viele von ihnen umgebracht oder gingen, medizinisch unversorgt und mißhandelt, zugrunde. Doch wer versprach und nachweisen konnte, er wolle Deutschland sofort verlassen, gelangte noch einmal aus der Gewalt von Gestapo und SS. Daran wurde der Platz des Pogroms deutlich. Er markierte den Übergang zur forcierten Vertreibung der Juden aus Deutschland, dessen Bevölkerung bis zum Beginn des Krieges wie ein Block hinter dem „Führer" ausgerichtet sein sollte. Um das Ziel der Massenaustreibung der Juden zu erreichen, wurde ihnen nahezu jede Möglichkeit genommen, im Reich ihren Unterhalt nach eigener Entscheidung zu verdienen. Da die in Deutschland verbleibenden jedoch den „Ariern" nicht zur Last fallen sollten, wurden diejenigen, die kein Land ihrer Zuflucht fanden, zur Zwangsarbeit verpflichtet.

Während der „Reichskristallnacht", wie die terroristische Aktion genannt wurde, zeigte sich, wie viele SA-Leute auf einen bloßen mündlichen Befehl ihrer niederen Kommandeure hin bereit waren, in – wenn auch unsicheren – Friedenszeiten Menschen, die vielfach zu ihrer näheren oder ferneren Nachbarschaft gehörten, roh, brutal und bestialisch zu behandeln. Nur eigenmächtige Akte, die sich während des Verbrechens zugetragen hatten, wie unter die „Rassenschande" kategorisierte Vergewaltigung von Frauen und persönliche Bereicherung, wurden von Parteigerichten später verfolgt und meist mit milden Strafen geahndet. Der Minderheit der Täter und der Masse der Gleichgültigen stand die ablehnende Haltung vieler Deutscher gegenüber, die jedoch die wilden Zerstörungen mehr beklagten als das Menschen zugefügte Unrecht und Unheil. Nur sehr wenige wagten, in der Atmosphäre des hochgepeitschten Antisemitismus den Bedrohten Sympathie und Anteilnahme zu bekunden oder ihnen gar praktisch zu helfen.

So wurden die Deutschen zwischen dem März 1938 und dem März 1939 durch die Maßnahmen der Außen- und der Innenpolitik an die Drohung mit der Gewalt und auch an deren Anwendung gewöhnt. Sie erlebten eine Politik, die ihre wirklichen oder auch nur vermeintlichen Gegner vor die Alternative stellte, zu weichen oder bekriegt zu werden. Dieses Vorgehen trug Erfolg auf Erfolg ein. Am stärksten wirkte es auf das Denken der fanatisierten Anhänger in den Parteireihen und auch in die Führungsgruppe um Hitler selbst zurück. Unausgesetzt gab es an den Stammtischen der Parteigenossen etwas zu feiern und zu begießen. „Deutschland, Deutschland über alles ..." wurde in der Kette der Parteikundgebungen nicht als überschwengliches vaterländisches Bekenntnis gesungen, das sich in den Hymnen vieler Länder findet, sondern als trotzig-trutzige und programmatisch gedachte Herausforderung, adressiert an alle schon markierten Feinde. Und die Forderung „Die Straße frei ..." im zur zweiten Nationalhymne erhobenen Horst-Wessel-Lied richtete sich nun nicht mehr gegen die vernichteten, dezimierten, illegalisierten inneren Gegner, sondern erhielt jetzt schon den Sinn, der Wehrmacht die Straßen der Eroberung freizumachen. Hitler hatte im November 1937 vor den Oberbefehlshabern der Wehrmacht noch insgeheim davon gesprochen, daß ein großes „Weltgebilde" unter faschistischer Führung geschaffen werden solle.[45] Mit diesem Plan verband sich die Vorstellung, das Endziel in einer Kette von Kriegen zu erreichen, die von mehreren Generationen geführt werden müßten, zunächst um das Weltreich zu schaffen, später um es zu verteidigen und ihm Dauer zu verleihen.

Es entsprach dem Programm des stufenweisen Aufstiegs zur weltbeherrschenden Macht, daß die NSDAP alles unternahm, um „soldatische" Gesinnung und Kriegsgeist zu verbreiten. An die Seite der Tugend, ein eifriger Arbeiter zu sein und sozialen Frieden zu halten, trat die Tugend, welche der Jugend als höchste hingestellt wurde: ein todesmutiger Krieger zu werden. Die HJ lernte, daß Krieg und Feldschlacht erst die eigentliche Lebenserfüllung brächten. Nur eine männliche Generation, die dem Kriegstod gegenübergestanden habe, galt als vollwertig. Zum ständigen Dienst in den Jugendeinheiten gehörten Kampf- und sogenannte Geländespiele, bei denen Härte und Ausdauer eingedrillt wurden. In der Propaganda wurden die Nichtachtung des eigenen Lebens verherrlicht und die brutalste Kriegführung gerechtfertigt. Die „Helden" des uneingeschränkten U-Boot-Krieges, die ohne Rücksicht auf Besatzung und Passagiere im Weltkrieg Handelsschiffe torpediert hatten, waren der HJ ebenso bekannt und galten ihr gleichermaßen als Vorbilder wie die Zeppelinflieger, welche ihre Bomben auf Londons Einwohnerschaft geworfen hatten. Viele männliche Jugendliche wurden in der HJ wie in der Schule auf Vorbilder fest fixiert, die ihnen Kriegstaten und -ruhm als die größten Erlebnisse erscheinen ließen. Ihre Helden waren der preußischen Major Ferdinand von Schill und seine Offiziere, der Tiroler Andreas Hofer und die antinapoleonischen, habsburgtreuen österreichischen Bauern, vor allem die ordengeschmückten Offiziere des Weltkriegs, der in seinem Flugzeug umgekommene Manfred von Richthofen und die Kapitäne der zu sogenannten Hilfskreuzern umgerüsteten Handelsschiffe, in deren Kampfesweise sich die Abenteuer der Seeräuber zu erneuern schienen.

Gemäß dem Plan, für Großdeutschland in Osteuropa ein Kolonialreich zu erobern, besetzten in einer grotesken Verquickung mit dem Antisemitismus der Antikommunismus und die Feindschaft gegen die UdSSR den zentralen Platz aller Propaganda. Den Heranwachsenden, von denen nur wenige einen Kommunisten oder Sozialdemokraten kannten – denn wer von diesen wollte das Risiko einer bedachten oder unbedachten Denunziation eingehen – und kaum jemand mit einem Juden auch nur gesprochen hatte, wurde ein blutigrotes Zerrbild vom „jüdischen Bolschewismus" vorgezeichnet. Die Angehörigen aller Jahrgänge der HJ sahen in Gemeinschaftsvorführungen den 1933 gedrehten Film „Hitlerjunge Quex", der zur Zeit der Weltwirtschaftskrise in einem Proletarierviertel Berlins spielte. Er charakterisierte den kommunistischen Vater des Helden und dessen Genossen als eine „Verbrecherbande", heruntergekommen und hemmungslos, verschlagen und brutal, zu jedem Mittel greifend, mit dem „Deutschland" geschadet werden könne. Der Film kam einer an die Jugendlichen gerichteten Aufforderung gleich, die eigenen engsten Verwandten der Gestapo auszuliefern, falls sie den Sohn oder die Tochter gegen das Regime beeinflußten oder erzogen.

Wie die Juden waren auch die Kommunisten in der Lügenwelt dieser Propaganda einfach Untermenschen. Die gegen sie zielende Hetze erreichte seit 1936 mit der Berichterstattung über den Spanischen Bürgerkrieg einen widerwärtigen Höhepunkt. Die Legionäre aus Deutschland und Italien, von den Regierungen in Berlin und Rom zur Unterstützung der putschenden Franco-Faschisten entsandt, wurden als Befreier der Spanier vom „Bolschewismus" hingestellt. Als die Angehörigen der „Legion Condor" nach der Zerschlagung der Republik im Mai 1939 nach Deutschland zurückkehrten, fanden Empfänge und Paraden statt. Auf einer von ihnen trugen Hitlerjungen Schilder mit den Namen der in Spanien umgekommenen Wehrmachtsangehörigen voran. Sie galten der HJ als die aktuellsten Vorbilder. Daß im fernen Land Soldaten des „anderen Deutschland" gekämpft hatten, die in den Internationalen Brigaden die Ausbreitung des Faschismus verhindern wollten, ahnten sie nicht einmal.

Das Hauptziel der antikommunistischen Hetze aber bildeten die Sowjetunion und die KPdSU. Am Propagandamonopol der Machthaber brach sich jede objektive Nachricht von den wirtschaftlichen und gesellschaftlichen Veränderungen in der UdSSR. Großaufgemacht verbreiteten der „Völkische Beobachter" und die längst den Pressemarkt beherrschenden Zeitungen der NSDAP die Meldungen über die „Moskauer Prozesse" und deren Urteile. Sie wurden in das Trugbild vom „Koloß auf tönernen Füßen" eingebaut, das schon vor den Prozessen erzeugt worden war und lange vor dem Überfall dazu beitrug, daß sich zivile und militärische Führer über den bereits in „Mein Kampf" fixierten Zug nach dem Osten folgenschweren Illusionen hingaben. Sie verfielen bis zu einem gewissen, wenn auch nicht bei allen gleich hohen, Grade ihrer eigenen Propaganda, derzufolge sich das russische Volk seit der Oktoberrevolution in den Händen einer „jüdisch-bolschewistischen Clique" befand. Das illustrierte beispielsweise das Plakat einer antijüdischen und antikommunistischen Ausstellung, auf dem das Zerrbild eines Juden in orthodoxer Tracht, mit einer Landkarte der UdSSR unter dem Arm und der Knute in der Hand, zu sehen war. Die nach 1933 heuchlerisch abgegebenen Erklärungen, wonach jedes Volk nach seiner Fasson selig werden könne, waren zu den Akten gelegt. Die Hitlerjungen sangen „Siehst Du im Osten das Morgenrot, ein Zeichen zur Freiheit, zur Sonne ...", „In den Ostwind hebt die Fahnen..." und „Nach Ostland geht unser Ritt ...".

Mit dem Aufbau ihres weitverzweigten Systems von Organisationen hatte sich die NSDAP die Möglichkeit verschafft, einen erheblichen Teil der Bevölkerung auf dem Wege der mündlichen Propaganda zu erreichen. Der wurde noch verbreitet durch die vielgegliederten Schulungssysteme für Beamte, Studenten, Angehörige der Polizei u.a., die in oder nach der Arbeitszeit, an Wochenenden oder in kurzzeitigen Lehrgängen oder in „Lagern" erfaßt wurden. Das bot die Möglichkeit, unverblümt und ohne Rücksichten auf Erfordernisse der außenpolitischen Taktik zu reden, die, wie die Beobachter des Sicherheitsdienstes vor Kriegsbeginn bemerkten, von den meisten Volksgenossen nicht verstanden wurden. Auf diese Weise konnte der Widerspruch gemildert werden, der sich zwischen der mit dem Blick auf das Ausland öffentlich verbreiteten Heuchelei und der faschistischen Ideologie und dem Interesse, im Volke kriegerischen Geist zu erzeugen, permanent auftat. Zu beseitigen war er nicht.

Je entschiedener es auf den Kriegsbeginn zuging, um so ungehemmter wirkte die vom Propagandaministerium instruierte Presse, dabei Hitlers Forderung vom November 1938 folgend, dagegen, „daß sich in den Gehirnen vieler Menschen die Auffassung festsetzt, daß das heutige Regime an sich identisch sei mit dem Entschluß und dem Willen, den Frieden unter allen Umständen zu bewahren".[46] Im letzten Vorkriegsjahr setzte sich das Sterben der gleichgeschalteten Zeitungen fort, die nicht zu den Verlagen der NSDAP gehörten. Traditionelle Blätter wie die einst von deutschnationalen Kreisen der Zentrumspartei herausgegebene „Germania", die „Kreuzzeitung" und das „Berliner Tageblatt" stellten ihr Erscheinen an. Ihr Ende hatte sich auch dadurch beschleunigt, daß die Herausgeber der Zeitungen im NSDAP-Eigentum barsche Methoden des einträglichen Anzeigengeschäfts praktizierten, denen die Konkurrenz wenig entgegensetzen konnte.⁴⁷ Damit fielen den Zeitungen des Parteikonzerns unter Reichsleiter Amann und denen, die in der Regie der Gauleitungen herausgegeben wurden, neue Bezieher zu und sie vergrößerten die Geldeinnahmen der NSDAP.

Trotz aller Anstrengungen blieb das Resultat der ideologischen Kriegsvorbereitung - gemessen an den Zielen der Machthaber - widersprüchlich und unbefriedigend. Zwar war die Mehrheit des Volkes nach sechs Jahren faschistischer Diktatur nicht nur organisatorisch, sondern auch ideologisch fest im Griff der Staatsführung. Zwar billigte und bejubelte sie die ohne Krieg gelungenen Eroberungen, die nach Großdeutschland geführt hatten, die sie als nationale Taten verstand und nicht als imperialistisch zu begreifen vermochte. Sie verband den Begriff der geographischen, demographischen und machtpolitischen Größe mit vagen Vorstellungen von eigenem Vorteil und Genuß. Aber diese Mehrheit wollte keinen zweiten Weltkrieg. Bis in die Augusttage 1939 und bis weit in die Reihen der NSDAP hinein glaubten viele, Hitler werde alles, was ihnen noch wünschenswert und gerecht zu sein schien, auf diplomatischem Wege erreichen. Hatte er das Saargebiet erhalten, Österreich „angeschlossen", die Sudeten „heimgeführt", ganz Böhmen und Mähren zu einem „Protektorat" des Reiches gemacht, im März eben noch das Memelgebiet gleichsam en passant von Litauen erhalten, warum sollten ihm nicht auch Danzig und polnische Gebiete zugestanden und überseeische Kolonien gewährt werden, von denen „die Anderen" soviel besaßen? Zweifelnde Fragen hatten sich auch bei den Anhängern des Regimes nur eingestellt, als der Vorstoß nach Prag unternommen worden war, hatten doch manche das Hitler-Wort „Wir wollen gar keine Tschechen'", gesprochen während der „Sudetenkrise", im Ohr behalten. Doch wich die Parteipoganda darauf von der nationalen Begründung der Expansionen auf die These von der Verwirklichung der „mittelalterlichen Reichsidee" und auf die Phrase von der „Zusammengehörigkeit des deutschen und des böhmischen Raumes" aus, die es angeblich rechtfertigten, die von Tschechen bewohnten böhmisch-mährischen Länder zu besitzen.⁴⁸ Wesentlich wurde, daß die Mehrheit der Deutschen die von den Machthabern an andere Staaten erhobenen Forderungen für berechtigt hielt. Damit war eine Voraussetzung dafür geschaffen, daß wenig später auch der Krieg, so wenig er gewünscht, doch für gerecht gehalten wurde.

Dennoch zählten zu den ungelösten Problem der Kriegsvorbereitung nicht nur ökonomische und militärische, sondern auch ideologische, die zum ureigenen Arbeitsfeld der NSDAP gehörten. Eines davon betraf die Einstellung der Bevölkerung zu den Verbündeten, mit deren Kräften bereits im Ersten Weltkrieg nach dem Urteil der deutschen Nationalisten nicht die besten Erfahrungen gemacht worden waren. Lebendig war auch die Erinnerung an die Unzuverlässigkeit des Bündnissystems und namentlich an den „italienischen Treubruch" 1915, als sich die Regierung in Rom auf die Seite der Entente gestellt hatte und sich dann mit der Gewinnung Südtirols schwach belohnt sah. Jedenfalls blieb die Volksstimmung mit nationalistischen Vorurteilen gegenüber den Italienern geradezu gespickt, wenn auch des „Führers" neuer Freund, der „Duce", nicht nur in der NSDAP-Mitgliedschaft als ein großer Politiker und würdiger Partner angesehen wurde. Er hatte für die vertragliche Bindung der beiden Staaten, die 1936 im Schatten der Eroberung Abessiniens zustandegekommen war, den Namen „Achse Berlin-Rom" gefunden und war 1937 bei seinem Staatsbesuch während triumphaler Fahrten in München, Berlin und Essen von Hunderttausenden mit blinder Begeisterung begrüßt worden. Zwischen der NSDAP und mancher ihrer Gliederungen und Verbände, der DAF und der HJ und den entsprechenden Organisationen Italiens waren ebenso engere Verbindungen geknüpft worden wie zwischen industriellen und militärischen Führern. Der Grundpreis dafür war der Verzicht auf jede Revision des Status von Südtirol gewesen. Doch galten nach der Ideologie der Machthaber und vieler Deutscher diese Italiener eben doch „rassisch" als nicht so hochwertig und leistungsfähig wie die „Nordischen" unter den angeblichen Ariern, eher als verweichlicht und wenig arbeitsam. Das betraf auch deren Soldaten, die zwischen 1915 und 1918 kaum große Schlachten gewonnen und eben erst so lange Zeit gebraucht hatten, um sich die Äthiopier zu unterwerfen.

Ähnlich abschätzig wurde der zweite ferne Verbündete, Japan, betrachtet. Mit dessen Regierung war am 25. November 1936 der Antikominternpakt abgeschlossen worden, dessen Partner sich verpflichteten, ihre antikommunistische und antisowjetische Politik zu koordinieren. Auch diese Annäherung erforderte von der NSDAP- und der Führergefolgschaft manche gedankliche Kapriole und ein Umsortieren des politischen Gefühlshaushalts. Zum einen ließen sich die Japaner schwer der Lehre von der „arischen" Herrenrasse zuordnen, und zum anderen hatten auch sie sich 1914 mit dem klaren Ziel imperialistischer Bereicherung den deutschen Kriegsgegnern zugesellt und dadurch Deutschland aus seinen territorialen Positionen in Südostasien und in Ozeanien verdrängen können. Von diesem Teil einstigen deutschen Kolonialbesitzes schwieg die deutsche Propaganda nun ebenso wie von Südtirol.

Fehlte es schon den wichtigsten Verbündeten in Deutschland an Popularität, so stand es um das Verhältnis zu den Regierungen und der Bevölkerung jener südosteuropäischen Staaten noch schlechter, die sich aus wirtschaftlichen Interessen, aber auch in Frontstellung zur UdSSR auf das immer mächtigere Deutsche Reich orientierten. Bis zu einem gewissen

Grade wurde diese Lage aber durch maßlose Selbstüberschätzung kompensiert. Von den spektakulär aufgemachten Stapelläufen deutscher Schlachtschiffe bis zu den bejubelten Seriensiegen der deutscher Sportler während den Veranstaltungen der Olympiade, von der Verherrlichung technischer Erfindungen bis zu den Ergebnissen von Masseneinsätzen des Reichsarbeitsdienstes und der eigens für die Errichtung militärischer Bauten geschaffenen „Organisation Todt" (OT) wurde alles einem Selbstbildnis vom deutschen Volk zugeordnet, dem jeder nüchterne und ernüchternde Vergleich mit gleichzeitigen Erscheinungen abging. Erst in diesem Kontext erklärt sich die Wirksamkeit von Parolen wie „Der Starke ist am mächtigsten allein" oder „Viel Feind, viel Ehr'" oder auch „Und wenn die Welt voll Teufel wär'". Die Propaganda der NSDAP deklarierte alle erreichten und alle zu erstrebenden Erfolge des Regimes zu einem Resultat des Glaubens und des Willens. Wer zweifelte, dem fehlte es an dem einen oder dem anderen oder an beidem. Nicht nur an der Spitze des Reiches waren die Maßstäbe schon im Vorkrieg verloren gegangen. Das voluntaristische Denkmuster wirkte in breiten Volkskreisen prägend. Bald schien seine Tauglichkeit durch die „Blitzsiege" bestätigt.

Vor Beginn des Krieges wurde auch die Auslandsorganisation der NSDAP (AO) aktiviert. Sie existierte seit 1931, wurde zuerst durch Hans Nieland von einer Zentrale im verkehrsgünstigen Hamburg aus geleitet und gewann allmählich und in den einzelnen Ländern mit erheblichen Unterschieden an Einfluß in den deutschen Minderheiten. Da unter diesen sogenannten Auslandsdeutschen sich nicht wenige befanden, die zu Reichtümern und auch zu vielfältigen Beziehungen gelangt waren, spielte die AO – so beispielsweise ihre Landesgruppe Schweiz – anfänglich auch als Finanzquelle der NSDAP eine wichtige Rolle. Später flossen zum Ausbau der Stützpunkte Gelder aus München und Berlin in die umgekehrte Richtung. Unter Ernst Wilhelm Bohle avancierte die Auslandsorganisation zu einem selbständigen Gau, der sich in Landes-, Kreis- und Ortsgruppen gliederte und dem „Stellvertreter des Führers" Heß direkt unterstellt wurde. Hinter der harmlos drapierten Fassade verbarg sich bald ein legaler Apparat, der mit den politischen und militärischen Geheimdiensten im Reich zusammenarbeitete und für sie Mitarbeiter, Operationsbasen und Tarnungsmöglichkeiten schuf. Die Regierungen vieler Staaten sahen diesem Treiben untätig zu, das immer mehr darauf ausgerichtet wurde, „durch Korruption faschistische Agenturen in der Presse, im Staats- und Militärapparat zu schaffen."[49] Das rächte sich bitter, als die Wehrmacht Staaten wie Holland angriff und Mitglieder der AO als Diversanten und dann als Kollaborateure in Aktion traten.

Schon vor dem Kriege verfügte die NSDAP über Beziehungen zu wesensgleichen oder verwandten Parteien im Ausland, wie der Mussert-Bewegung in den Niederlanden und der Partei Oswald Mosleys in Großbritannien. Ihr Dasein diente der NSDAP als Beweis für den faschistischen Aufbruch in vielen Nationen. So erschienen die von Mussolini und Hitler geführten Bewegungen als die Vorboten und Vorkämpfer für ein neues und „junges" Europa. Umgekehrt nutzten die bedeutungsarmen faschistischen Parteien die Existenz der ihnen als Vorbild geltenden Regime in Deutschland und Italien, um sich selbst eine große Zukunft zu prophezeien. In Wirklichkeit verknüpfte die Staatsparteien in Deutschland, Italien und seit 1939 in Spanien mit den kleinen, ihnen verwandten Parteien und Gruppen in anderen Ländern kein einigendes Band. Sie alle verfochten die spezifischen Interessen von Fraktionen der sozialen Oberschichten in ihren jeweiligen Ländern, seien es großbürgerliche oder adlige, und bewegten sich programmatisch in sehr verschiedenen und keineswegs auf einen ideologischen Nenner zu bringenden nationalistischen und imperialistischen Traditionslinien. Geeint waren sie sämtlich durch ihre militante Stellung gegen Demokratie und Sozialismus und durch ihren fanatischen Antisowjetismus.

Für die Gründung einer faschistischen Internationale, eines Staatsgrenzen übergreifenden organisierten Zusammenschlusses nach dem Beispiel der Arbeiterparteien und der Gewerkschaften oder pazifistischer und radikaldemokratischer Organisationen reichte diese Basis nicht aus. So blieben die auf mehrere Länder gerichteten Aktivitäten der NSDAP im Vorkrieg auf eine Initiative von Julius Streicher begrenzt, der den Plan einer antijüdischen Internationale verfolgte, aber damit nicht weit gelangte. Dennoch ging von der brutalen Verfechtung antijüdischer Praktiken in Deutschland auf Antisemiten in anderen Staaten eine anziehende Wirkung aus und erzeugte in diesen Kreisen Interesse und Sympathie für das ganze Regime. An eine breitere Öffentlichkeit des Auslands suchten Ley und die DAF mit der Gründung der internationalen Organisation „Freude und Arbeit" zu gelangen. In mehreren Staaten wurden Ausstellungen veranstaltet, welche das schöne neue Leben der deutschen Arbeiter vorführten und derart für den „Nationalsozialismus" warben. Das Werbemotiv „Deutschland arbeitet!" konnte zudem von dem Kriegsplan ablenken. Da ordneten sich auch die internationalen Aktivitäten der Nationalsozialistischen Kriegsopferversorgung (NSKOV) und des Kyffhäuser-Soldatenbundes ein, unter deren Beteiligung es zu Treffen deutscher mit britischen und französischen Teilnehmern an den Schlachten des Weltkriegs kam. Sie beschworen, nicht wieder gegeneinander kämpfen zu wollen, und gedachten gemeinsam ihrer umgekommenen Kameraden.

So gelang es der NSDAP in den Jahren bis 1939 auf den verschiedensten Wegen, politische Fäden in Staaten zu ziehen, die danach Ziel und Opfer der Aggression wurden. Der Kern aller Initiativen bestand darin, Menschen in allen Schichten für bestimmte Seiten der Ideologie und Politik der deutschen Machthaber einzunehmen, sie bei Besuchen von der Einheit von Volk und Führung zu überzeugen und damit zu beeindrucken, ihnen die wahren Ziele des deutschen Imperialismus zu verbergen und derart eine partielle geistige und emotionale Entwaffnung der Bevölkerung in den Nachbarstaaten, insbesondere in den direkt vor der deutschen Westgrenze gelegenen, zu erreichen. Dabei arbeitete die NSDAP mit Institutionen des Staates, insbesondere dem Auswärtige Amt und dem Propagandaministerium zusammen, wurde von ihnen informiert, geleitet, unterstützt und mitunter auch direkt finanziert.

Viel hatte die NSDAP in den Vorkriegsjahren im Interesse der Befestigung der Kapitalmacht in Deutschland erreicht und es zudem vermocht, diese Veränderungen als Schritte in den „nationalen Sozialismus" auszugeben. In welchem Grade auf diesem in den Krieg führenden Weg im Lande krisenhafte und kritische Zustände entstanden waren, blieb den meisten Deutschen unbekannt. Das Informationsmonopol war nur durch das Abhören ausländischer Sender zu durchbrechen und in begrenzterem Umfang durch das Lesen ausländischer Zeitungen, gegen die der Markt nicht völlig abgeschottet worden war. Die Masse der Bevölkerung nahm nur in kleinen Auschnitten, am eigenen Arbeitsplatz, in der Wohngegend oder durch privat und gesprächsweise gewonnene Nachrichten wahr, daß sich die Disproportionen in der Volkswirtschaft häuften und zuspitzten. Das Angebot von besser bezahlten Arbeitsplätzen in den Städten erhöhte die Landflucht. Da zudem die Herstellung von Fahrzeugen und Maschinen für die Agrarproduktion im Interesse der Rüstung gedrosselt wurde, hatte dies zur Folge, daß ungeachtet aller Forderungen und auch Anreize die Erzeugung von Nahrungsmitteln mit der wachsenden Bevölkerung nicht Schritt hielt. Immer mehr Menschen wohnten in den Städten in schlechten, nicht selten auch in menschenunwürdigen Behausungen, da der Wohnungsbau wegen der Errichtung von Militärbauten auf das niedrigste Niveau gebracht worden war. Die Militarisierung der Gesellschaft und die Aufblähung ihrer zivilen und militärischen Apparate entzogen anderen Bereichen Arbeitskräfte im Übermaß und schufen viele Mißverhältnisse. Weite ländliche Gebiete waren medizinisch nicht mehr ausreichend versorgt. Die Zahl der Schüler in den Volksschulklassen wuchs, weil es an Lehrernachwuchs mangelte. Die verschiedensten Ansprüche von Partei und Staat an junge Leute ließen deren Leistungen in Schule, Studium und Beruf absinken. Hinter der Fassade der Erfolge schürzten und verknoteten sich massenhaft soziale Probleme. Nach den Vorstellungen der Machthaber würden sie sich alle durch den Krieg und den Preis des als gewiß geltenden Sieges lösen. An ihm wurde nicht gezweifelt, zumal sich in Jahrzehnten geschulte und weltkriegserfahrene Militärs dafür verbürgten.

Er würde vor allem von einem „mit allem Komfort der Neuzeit ausgerüsteten Heer" errungen werden.[50] In den sechseinhalb Vorkriegsjahren hatte sich die NSDAP gegenüber ihrem Zustand am Ende der „Kampfzeit" erheblich verändert. Die staatstragende Massenpartei war in allen Volksschichten verankert, wenn auch ungleichmäßig. Noch immer waren in ihr die kleinbürgerlichen Schichten prozentual weit überrepräsentiert, die proletarischen und bäuerlichen am wenigsten erfaßt. In den Städten stellte sich das Zahlenverhältnis von Mitgliedern und Nichtmitgliedern der Partei nur in den Wohngegenden der Reichen und Begüterten für die Führer befriedigend dar. Doch würde auf deren Bewohnern im Kriege nicht die Hauptlast liegen. Die gesellschaftlichen Funktionen der NSDAP ließen, verglichen mit der Zeit vor dem 30. Januar 1933, Kontinuität und Bruch erkennen. Sie galt als der Hort der „reinen" nationalsozialistischen Lehre und als die Kraft, die sie in das Volk zu transportieren hatte. Sie sollte auf allen Stufen das Funktionieren von Staatsapparaten sichern helfen, wobei das direkte Eingreifen in deren Tätigkeit nur Führern und Funktionären erlaubt war, die doppelte Stellungen einnahmen oder besondere Rechte besaßen. Der Mehrzahl der Mitglieder fiel die Aufgabe zu, die Masse der Bevölkerung immer aufs neue zu mobilisieren, damit alle vom Staat gestellten Aufgaben erfüllt wurden. Sie hatte das Volk zu überwachen und war so etwas wie das Glacis der repressiven Staatsorgane, denn es sollte für keinen „Volksgenossen" einen toten Winkel geben, in dem er sich der Sicht und dem Zugriff der Macht entziehen konnten. Sie war schließlich beauftragt, den Führernachwuchs für die eigenen Reihen und für die verschiedensten zivilen und militärischen Verwendungen heranzubilden und hatte sich für die Ausgewählten zu verbürgen.

Die Wahrnehmung dieser Rolle wurde durch die im Herrschaftssystem keineswegs fest umrissene Stellung der NSDAP teils erleichtert und teils auch erschwert. Eine Reichsverfassung wurde nicht geschaffen und also blieb auch der Platz der Partei unbestimmt. Immer wieder umschrieben ihn die Führer wortreich. Die NSDAP, hieß es, befehle und diene dem Staat. Eine andere Formulierung lautete: Die Partei sei der Staat und der Staat sei die Partei. Eine dritte besagte: Partei und Staat wären eins. Die Masse der Mitglieder und Funktionäre, gleichsam das Fußvolk der NSDAP, hatte weder in der Partei noch im Staat irgend etwas mitzuentscheiden, sollte aber unausgesetzt für beide aufgrund von Weisungen und Befehlen sich einsetzen. Eine Minderheit von Führern hatte im Zentrum und auf gewichtigen regionalen und lokalen Stufen der Macht bestimmenden Einfluß erlangt, regierte und dirigierte gemeinsam mit den traditionellen Eliten den Weg, den die Deutschen nun gingen. Diese Verteilung von Einfluß und Macht verzerren und verschleiern viele mehrdeutige Begriffe.

„Monopolpartei" besagt nicht, daß die NSDAP im Staate je das Machtmonopol besessen hätte, sondern einzig, daß sie allein als legale Partei existierte. „Führerstaat" ist mißverstanden, wenn gemeint wird, daß „der Führer" in diesem Staat allein entschieden habe. Vielmehr lagen die Entscheidungen bei einer horizontal wie vertikal differenzierten Gruppe, zu der Partei-, Wirtschafts-, Militär- und andere Führer, etwa solche auf dem Gebiet des kulturellen Lebens, gehörten. In diesem Sinne kann von einer „Polykratie" gesprochen werden. Deren Eigenart bestand auf einer Anzahl von Gebieten darin, daß die Kompetenzfelder nicht fest abgesteckt waren und sich partiell überlappten. Dies hat in manchen Fällen als Folge von ungleichgerichtetem Handeln die Effekte herabgesetzt oder neutralisiert, jedoch nicht in ein Herrschaftschaos gemündet. Dagegen spricht allein schon das von keinem seiner Gegner im In- und Ausland für möglich gehaltene Ausmaß und Tempo, in dem das Herrschaftssystem kriegsbereit gemacht wurde. Vielmehr haben die permanenten Konflikte zwischen Führern und den ihnen unterstellten Partei- und staatlichen Einrichtungen die jeweiligen Initiativen vorangetrieben und auch beflügelt und also die Vorstellung widerlegt, daß einzig hochgeordnete Machtsysteme „preußischen Typs" eine ideale Dynamik entwickeln könnten. Das deutschfaschistische System ließ an den Schalthebeln dieser Führerpyramide in den Grenzen des Generalkurses viel Raum für Eigeninitiative, für Konkurrenz und Rivalität. Es hat nicht nur, wie Hitler in Düsseldorf 1932 versprochen hatte, den Wirtschaftsführern eine diktatorische Stellung wieder verschafft, sondern aus der Praxis des Kampfes um den höchsten kapitalischen Gewinn auch seinerseits Vorgehens- und Verhaltensweisen übernommen. Sie erforderten nicht zuletzt eine Neuorientierung der Beamtenschaft auf allen Ebenen staatlicher Organisation. Sie war von permanenten Konflikten zwischen Führern der NSDAP und Beamten begleitet, wobei jene die Erfolge des Regimes für sich beanspruchten, diese aber für alle wirklichen oder vermeintlichen Fehlleistungen verantwortlich gemacht werden sollten. Hitler, der oberste aller Antreiber auf dem Kriegspfad, hat je nach seiner Bewertung des Notwendigen die gegen die „Bürokraten" gerichtete Kritik angestachelt, sie dann aber auch wieder dämpfen müssen.

Was der vereinten Aktion von NSDAP und Staat nicht vollends gelang, war die „Ausrottung des Marxismus" und die Ausschaltung jedweder Opposition. Doch war die Wirksamkeit gegnerischer Kräfte bis zu einem solchen Grade eingeschränkt worden, daß ihre Existenz keinen Faktor mehr bildete, der für die politischen Entscheidungen an der Staatsspitze von Bedeutung gewesen wäre. Die Verluste die in den Reihen der Hitlergegner durch den Zugriff der Gestapo entstanden, waren nicht ersetzbar. Die Kommunisten verzeichneten die schwersten. Viele ihrer Führer und

Aktivisten befanden sich in Zuchthäusern oder Konzentrationslagern, manche waren bereits ein zweites Mal in die Fänge der Geheimpolizei geraten. Wer als Regimegegner oder gar als Angehöriger einer Gruppe von Widerstandskämpfern aus der Haft entlassen wurde, geriet unter die schärfste Überwachung und auf die Listen mit den Namen derer, die im Krisenfall erneut ergriffen und gefangengesetzt werden sollten. So sahen sich alle Gruppen und Kreise des Widerstands in immer tiefere Illegalität gedrängt und isoliert. Sie mußten erleben, daß sich keine ihrer Hoffnungen auf eine Erschütterung der Herrschaft, die als Folge innerer oder äußerer Komplikationen erwartet worden war, erfüllt hatten.

Damit drängte sich die Frage nach den Perspektiven und den Methoden des antifaschistischen Kampfes auf. Unter dem doppelten Druck, den zum einen die permanente Bedrohung, zum anderen die gewonnene Stabilität des ganzen Regimes erzeugte, war die Separierung der oppositionellen Kräfte innerhalb und außerhalb der Arbeiterschaft nur in Ausnahmefällen zu überwinden. Schon aus Gründen ihrer Sicherheit schotteten sich die Gleichgesinnten ab. Der bevorstehende Krieg würde die Handlungsspielräume noch einmal einengen. Denn, so charakterisierten die Teilnehmer einer KPD-Konferenz die Situation im Januar 1939, im Westen wie im Osten schaffe das Hitlerregime eine Lage, da das deutsche Volk über Nacht in einen „furchtbaren und hoffnungslosen Krieg" gestürzt werden kann.[51] Der sich an dieses Alamsignal knüpfende Vorsatz, diesen Absturz durch Aktionen von Kriegsgegnern, die sich zum Massenwiderstand steigern sollten, unmöglich zu machen, war moralisch aller Ehren wert, besaß aber politisch keinerlei Erfolgsaussichten.

Kapitel 13
Mobilmachung der „politischen Soldaten"

Etwas anders als sonst nahm sich das Bild aus, das die eilig herbeigerufenen Abgeordneten des Reichstages in den Vormittagsstunden des 1. September 1939 schauen durften: Ihr „Führer", den sie fast nur in der braunen Parteiuniform oder im zivilen Frack kannten – je nach Gelegenheit und Zweck seines Auftretens –, erschien im feldgrauen Tuch der Wehrmacht, als er verkündete, daß seit 4 Uhr 45 gegen Polen marschiert und „zurückgeschossen" werde. Seine pathetisch-theatralische Rede enthielt auch eine Tirade, die sich auf seinen symbolischen Kleidungswechsel bezog: Er habe „wieder jenen Rock" angezogen, der ihm seit dem Kriegsausbruch von 1914 immer „der heiligste und teuerste" gewesen sei, und er wolle nichts anderes mehr sein als der „erste Soldat des Deutschen Reiches".

Auch in allen anderen Teilen seiner Rede verwies Hitler nachdrücklich auf den verlorenen Weltkrieg von 1914/18; den sorgfältig vorbereiteten Überfall auf Polen bezeichnete er als schicksalhafte Notwendigkeit zur „Verteidigung" Deutschlands. Der Krieg sei dem Vaterland aufgezwungen worden, es gehe lediglich um einen „Abwehrschlag" gegen Polen und um die „Wiederherstellung der deutschen Souveränität". Künftig dürfe „im Osten der Friede kein anderer" sein als der an den übrigen Grenzen Deutschlands, wobei der Westwall „für alle Zeiten die Grenze des Reiches nach dem Westen" sein würde.[1]

Hitler wollte mit solchen und anderen Behauptungen glauben machen, das Kriegsinteresse Deutschlands sei territorial begrenzt und richte sich lediglich darauf, die „Unruhestifter in Warschau" zu zwingen, endlich Frieden zu geben und zu halten. Die Beteuerung, es gäbe über die mit Polen zu regelnden Fragen hinaus keinerlei weitere deutsche Forderungen an irgendjemanden, richtete sich insbesondere an die Regierungen Großbritanniens und Frankreichs. Deren Appeasement-Politik hatte das faschistische Regime in Deutschland bislang erheblich gestärkt; nun spekulierte Hitler auf eine Fortsetzung.[2]

Am ersten Kriegstag sprach der „Führer" auch nicht von jenen geheimen Einsätzen deutscher Spezialkommandos gegen den Sender Gleiwitz und in anderen deutsch-polnischen Grenzorten, die einen Vorwand zum Losschlagen hatten liefern sollen. Mit keinem Wort äußerte er sich zu dem, was langfristig ins Visier genommen worden war und wofür mit dem Über-

Verteidiger Deutschlands?

fall auf den östlichen Nachbarstaat ein entscheidender Schritt getan wurde: Vorherrschaft Deutschlands in Europa und in der Welt, Ausweitung der Grenzen des Großdeutschen Reiches durch militärische Eroberung und Eingliederung fremder Gebiete, Errichtung brutaler Okkupationsregime zu hemmungsloser wirtschaftlicher Ausplünderung der besetzten Länder, Sicherung der Macht in einem „Großgermanischen Reich" durch terroristische Unterdrückung jedweder Opposition und physische Vernichtung von Widerstandskämpfern, barbarischer Massenmord und Ausrottung anderer Völker, insbesondere der europäischen Juden. Und selbstverständlich „vergaß" Hitler zu erläutern, daß ihm – und ebenso einem großen Teil der führenden deutschen Militärs – die Situation im Spätsommer 1939 für die Entfesselung eines Krieges so günstig wie nie zuvor und später nicht mehr möglich erschienen war.

Die weitgespannten expansionistisch-rassistischen Kriegsziele[3] und die Tatsache, daß diese alle materiellen und personellen Voraussetzungen Deutschlands weit überstiegen, sollten für das weitere Wirken und die Entwicklung der NSDAP bestimmend werden. Zu deren Situation und Aufgaben fiel am 1. September 1939 jedoch kein Wort. Die zu erwartenden neuen Aufgaben der Partei blieben ungenannt. Nicht einmal der für den 2. bis 11. September 1939 anberaumte und mit großem Aufwand vorbereitete „Parteitag des Friedens" – er sollte großartiger und prächtiger werden als alle anderen zuvor[4] – fand eine Erwähnung, nachdem das Spektakel[5] drei Tage zuvor ohne jede Angabe von Gründen abgesagt worden war. Hitler schien eine grundsätzlich neue Orientierung seiner Parteigenossen nicht notwendig zu sein, traten diese doch, überzeugt von der Notwendigkeit eines Verteidigungskrieges, teilweise sogar begeistert, in jeder Hinsicht gerüstet und auf die weiteren Aufgaben umfassend getrimmt, in den Krieg ein. Der bereits zwei Jahre zuvor eingerichtete Mobilisierungs-Apparat der NSDAP[6] lief – ausgelöst durch das Stichwort „P 111" – sofort auf vollen Touren. Seine Wirksamkeit demonstrierte den hohen Grad der Militarisierung, der von allen Organisationen und Institutionen der Partei bereits im Rahmen ihrer zielstrebigen Vorbereitung auf den Krieg erreicht worden war. Seit langem hatten ihre Mitglieder und insbesondere ihre Funktionäre als „politische Soldaten" gegolten.[7] Nunmehr verstand es sich nahezu von selbst, daß sie aktiv an der sogenannten „Heimatfront" wirken und es als ihre vornehmste Pflicht betrachten sollten, vorbildlich jedes nur denkbare Opfer zu bringen, Opfer, die angeblich geringer sein würden, als sie von allen vorangegangenen Generationen bereits erbracht worden seien.[8]

Die Erinnerung der Deutschen an die Entbehrungen und die Schrecken des erst 15 Jahre zuvor beendeten Weltkrieges hatten nicht beiseite geschoben werden können. Die meisten reagierten zunächst nüchtern, zurückhaltend und bedrückt auf den Kriegsbeginn. Allerdings drängten zahlreiche männliche Parteimitglieder danach, so rasch wie möglich in der Wehrmacht dienen zu können. Sie meldeten sich freiwillig, sei es aus Überzeugung oder auch nur mit der karrierefördernden Absicht, der Einberufung zuvorzukommen. Der Führung des Reiches ging es jedoch in erster Linie um den Einsatz der Parteigenossen an der „inneren Front": Sie wußte, daß sich die Kriegsbegeisterung in Grenzen hielt, und orientierte sich auch deshalb darauf, einen neuen November 1918 mit jedem Mittel zu vermeiden. In zahlreichen Reden und Verlautbarungen wurde immer und immer wieder das Gespenst einer Revolution beschworen. Die NSDAP führte daher in den ersten Wochen und Monaten des Krieges eine Kampagne unter dem beschwörenden Motto durch „Wir kapitulieren nicht!", was unter Parteigenossen auf Befremden und Unverständnis stieß.[9]

War die NSDAP bis dahin auf die Unterstützung der allseitigen Kriegsvorbereitung orientiert gewesen, so stand sie nunmehr vor der Aufgabe, ihren Apparat und insbesondere den von ihr unmittelbar organisierten Massenanhang direkt für die Kriegführung an den Fronten sowie für den Aufbau neuer Machtapparate in den bis Ende September 1939 eroberten polnischen Gebieten zu nutzen. Es galt, das diktatorische Herrschaftssystem auf einen wirksamen Einsatz aller ökonomischen, politischen und militärischen Kräfte umzustellen, um auch weiterhin zu siegen, zu rauben, zu plündern und gleichzeitig – wie es im „Völkischen Beobachter" am 22. September 1939 wiederum hieß – „alle nur denkbare Sorge" zu tragen,

„einen November 1918 zu verhindern". Die Befürchtungen, die Deutschen würden nicht oder nur unter Protest in den Krieg marschieren, erwiesen sich zwar als weitgehend unbegründet, doch bestimmten sie in hohem Maße den „Kriegseinsatz" der Partei.

Vehement stellte die NSDAP ihr außerordentlich großes personelles und materielles Potential in den Dienst des Krieges. Auf der Grundlage der sorgfältig ausgearbeiteten Pläne begann ihre Führung, die einzelnen Organisationen und Institutionen der Partei den neuen Bedingungen und Aufgaben anzupassen. Sie trachtete danach, sich – ihrem Selbstverständnis entsprechend – auch im Krieg als eine der ausschlaggebenden „Säulen" des Regimes zu bewähren. Erst am dritten Tag des Krieges richtete Hitler – gemeinsam mit weiteren Aufrufen an das deutsche Volk, die Wehrmacht, die Soldaten des Ostheeres und an die der Westarmee – einen gesonderten Appell an die Partei: Diese habe ihre „höchste Aufgabe" darin zu sehen, Reich und Volk in „unzerstörbarer Einigkeit" zu erhalten. Ihre Funktionäre seien dafür verantwortlich und hätten vorbildlich die gleichen Opfer auf sich nehmen, wie sie die Gemeinschaft zu tragen habe. Der Appell mündete in die unverhohlene Drohung: „Wer sich den Gemeinschaftsanforderungen widersetzt, aus der Gemeinschaftsleistung sich entfernt oder wer glaubt, sie gar sabotieren zu können, wird dieses Mal unbarmherzig vernichtet ... Das Jahr 1918 wird nicht wiederkehren."[10]

Dennoch meinte so mancher Parteigenosse, mit dem symbolischen Uniformwechsel des „Führers" sei die bisher behauptete Gleichrangigkeit der beiden „Säulen" des Reiches aufgehoben, die Wehrmacht bevorzugt und die Partei benachteiligt worden. Hitlers „Stellvertreter" hielt es für angebracht, keine zwei Wochen später in einem Rundschreiben das Recht zum Tragen des „feldgrauen" Tuches auf jene Hoheitsträger und Parteimitglieder zu beschränken, die an der Front oder im „Feindgebiet" stünden. Heß verkündete, es sei wünschenswert, daß die Parteiuniform auch während des Krieges im „üblichen Umfang" getragen werde.[11] Offensichtlich befürchtete er einen Einflußverlust der Partei, da Veränderungen in deren vielfältigen Tätigkeitsbereichen zu erwarten waren, möglicherweise auch erhebliche Einschränkungen für einzelne Parteiverbände und ihre Hoheitsträger. Insgesamt sollte sich jedoch im Verlauf des neuen Krieges die Bedeutung der NSDAP für das Regime und seine Kriegführung erhöhen. Die größte und militanteste Partei, über welche die Eliten der deutschen Gesellschaft je verfügt hatten, konnte sogar Schritt für Schritt ihren Platz in der deutschen Gesellschaft vergrößern, soweit sie sich in der Lage zeigte, die Stabilität des Herrschaftssystems zu gewährleisten, der Diktatur die erforderliche politische und soziale Manövrierfähigkeit zu sichern und sich an die wechselnden Bedingungen des Krieges anzupassen. Sowohl Inhalt und Umfang der ihr zugedachten Aufgaben als auch ihr unermeßlich größer, in alle Bereiche der deutschen Gesellschaft hineinreichender Apparat – er umfaßte fast 180.000 hauptberufliche und nahezu eine Million ehrenamtlicher Kräfte – ließen sie eine andere, weitaus gewichtigere Rolle spielen, als dies bürgerlichen Parteien und Verbänden während des Ersten Weltkrieges und der Weimarer Republik möglich gewesen war. Sie funktionierte – wie beabsichtigt – als „Rückgrat der inneren Front", und dies bis in die Agonie des Dritten Reiches hinein.

Unter den irreführenden Schlagworten „Menschenführung"[12] und „Betreuung aller Volksgenossen" wandte sich die Partei seit dem 1. September 1939 verstärkt der Bespitzelung und Überwachung der Massen zu. Von der Bevölkerung wurden nicht mehr allein widerspruchslose Unterordnung unter das Regime und die Unterstützung seiner Kriegspolitik, sondern aktiver militärischer Einsatz auf den Schlachtfeldern sowie blinde, fanatische Opferbereitschaft für die Front verlangt. Unmittelbar vor der Entfesselung des Zweiten Weltkrieges hatte sich in diesem Sinne z.B. auch die großbürgerliche „Frankfurter Zeitung" geäußert und die „Menschenführung" als eine der zentralen Aufgaben der NSDAP bezeichnet: „Aus der gestaltlosen ‚Masse' will die moderne Menschenführung die gegliederte Volksgemeinschaft machen, ein kraftvolles *und nicht etwa nur passiv* gedachtes Instrument, das die politische Führung trägt, indem es sich ihr unterordnet."[13]

Nach dem Überfall auf Polen, der zwei Tage später von England und Frankreich mit einer Kriegserklärung beantwortet wurde, betrachteten es die Führer der NSDAP als ein vordringliches Anliegen, mit den zur Verfügung stehenden terroristischen Mitteln alle Kriegsgegner zu verfolgen sowie vorhandene oder potentiell mögliche Antikriegsstimmungen in der deutschen Bevölkerung zu unterdrücken. Jeglicher Widerstand und selbst die leiseste Opposition gegen das neuerliche Völkermorden sollten gebrochen, die Deutschen noch stärker der absoluten Gewalt unterworfen werden. Unter den Bedingungen des Krieges wuchs daher innerhalb des von der NSDAP geschaffenen Systems aller nationalsozialistischen Organisationen vor allem das Gewicht der SS noch weiter an, jener Parteigliederung also, die als ihr entscheidendes Repressionsorgan galt und sich bereits in besonderer Weise mit den entsprechenden staatlichen Einrichtungen verflochten hatte. Reinhard Heydrich, Chef der Sicherheitspolizei und des Sicherheitsdienstes der SS, übermittelte bereits am ersten Tag des Krieges fernschriftlich an alle Staatspolizeileitstellen den Auftrag, „staatsfeindliche und staatsgefährdende Umtriebe, namentlich auf kommunistisch-marxistischer Grundlage sowie im Rahmen der sogenannten Volksfrontpolitik, mit allen zu Gebote stehenden Mitteln zu bekämpfen und niederzuhalten. Größte Aufmerksamkeit ist kommunistischen Schmierereien, Hetzaposteln, etwaigen Zusammenschlußbestrebungen usw. zu schenken.

Hierbei Betroffene sind festzunehmen und in Schutzhaft zu überführen."[14] Zwei Tage später gab er einen Runderlaß über die „Grundsätze der inneren Staatssicherung während des Krieges" heraus, in dem es hieß: „Jeder Versuch, die Geschlossenheit und den Kampfwillen des deutschen Volkes zu zersetzen, ist rücksichtslos zu unterdrücken. Insbesondere ist gegen jede Person sofort durch Festnahme einzuschreiten, die in ihren Äußerungen am Sieg des deutschen Volkes zweifelt oder das Recht des Krieges in Frage stellt." Zugleich wurde die „wirksame Niederhaltung jeder defaitistischen Bewegung" zur persönlichen Aufgabe der Leiter aller Staatspolizeileitstellen erklärt. „Besonders verdächtige" Personen sollten speziell überprüft werden, „da gegebenenfalls auf höhere Weisung brutale Liquidierung solcher Elemente erfolgen" werde.[15] Diesem Erlaß, der am 20. September und 24. Oktober ergänzt wurde, folgten die „präventive" Verhaftung von etwa 2.000 Kommunisten sowie vielfältige andere Maßnahmen, die einer weiteren politischen und moralischen Einschüchterung auch des eigenen Massenanhangs dienten.

Die in Deutschland bestehenden Repressionsapparate wurden am 27. September 1939 zum Reichssicherheitshauptamt (RSHA) zusammengefaßt. In seinen sieben Ämtern[16] fällten SS-Führer wie Reinhard Heydrich, Ernst Kaltenbrunner, Otto Ohlendorf, Heinrich Müller, Walter Schellenberg, Eichmann u.a. ihre verbrecherischen Entscheidungen. Die Herausbildung völlig neuer Institutionen vollzog sich keineswegs zufällig vorrangig im Bereich der terroristischen Einrichtungen der nationalsozialistischen Partei und des Staates. Himmler bemerkte zwar sibyllinisch, durch die Zusammenfassung des SD, der Gestapo und der Kriminalpolizei zum RSHA würde deren „Stellung in der Partei und in der staatlichen Verwaltung nicht geändert"[17], doch wuchs die SS nunmehr endgültig aus ihrer Rolle einer „Schutzorganisation" der NSDAP und Parteiformation heraus. Sie entfaltete sich zu einem „Schutzkorps" des ineinander verflochtenen Diktaturapparates von Staat und Partei, obwohl ihr offizieller Status nach wie vor der einer Gliederung der Partei blieb.[18] Dank ihrer „besonderen" Aufgabenbereiche, ihrer organisationsspezifischen Voraussetzungen und ihrer kompromißfeindlichen Ordensideologie erhöhte sich nicht nur das Gewicht der SS innerhalb des Machtapparates, sondern auch ihre relative Selbständigkeit gegenüber dem Staatsapparat. Selbst gegenüber dem „Korps der Politischen Leiter" in der NSDAP nahm sie nunmehr eine sich verstärkende Stellung ein. Ihr weiterer Weg war damit vorgezeichnet: Der Aufbau der Waffen-SS zu einer selbständigen militärischen Formation, in der vor allem die bisherigen SS-Verfügungstruppen und die sogenannten Totenkopfverbände zusammengefaßt wurden, die 1943 erfolgende Übernahme des Reichsinnenministeriums und 1944 des Ersatzheeres der Wehrmacht durch Himmler erscheinen daher nicht nur als ein Resultat des unvorhergesehenen Kriegsverlaufes, sondern ebenso als logische Folge jener Maßnahmen, die im Vorfeld des Krieges und bei Kriegsbeginn getroffen worden sind. Die weitere Ausprägung terroristischer Grundzüge des Regimes erfolgte auch auf Initiative einzelner Reichsleiter der NSDAP und wurde von einzelnen NS-Organisationen in unterschiedlichem Maße getragen. Die deutschen Eliten, auch die ökonomisch Mächtigen in Industrie und Bankwesen, nahmen sie – zumindest billigend – in Kauf. In der Regel unterstützten und förderten sie diese Entwicklung, wie insbesondere aus der Tätigkeit des „Freundeskreises des Reichsführers SS" hervorgeht.[19] Es lag in der Logik der Kriegspolitik und der inneren Widersprüche des Herrschaftssystems, daß mit der Verschärfung des Terrors dessen Institutionen ausgebaut und mit außerordentlichen Vollmachten ausgestattet werden mußten. Hinzu traten zahlreiche weitere Ursachen, die mit dem Krieg und seinem Verlauf zusammenhingen, sowie subjektive Faktoren. Letztere beeinflußten maßgeblich die konkrete Ausformung der Resultate. Dennoch können die Vorstellungen und Bestrebungen einzelner Parteiführer nicht als die letztlich entscheidenden Triebkräfte dieses Prozesses betrachtet werden.

Die Reichsleitung der NSDAP erklärte in den ersten Septembertagen des Jahres 1939, die bisherige Struktur der Parteigliederungen und der angeschlossenen Organisationen bleibe „grundsätzlich bestehen", müsse sich aber den „besonderen Anforderungen" anpassen.[20] Dem dienten Maßnahmen, die den Apparat der Partei strafften und stärker als bisher zentralisierten. So wurde der Kreis der gegenüber allen anderen Organisationen weisungsberechtigten „Hoheitsträger" der NSDAP auf diejenigen eingeschränkt, die im sogenannten Mobilisierungs-Dienst der NSDAP standen. Sie erhielten detailliert neue und erweiterte Sondervollmachten zugesprochen.[21] Am 1. September ernannte Hitler 16 der 40 NSDAP-Gauleiter zu „Reichsverteidigungskommissaren", die in ihrem Gebiet als Reichsstatthalter wirkten. Indessen wurden auch völlig neue Institutionen geschaffen. So entstand am 7. Oktober – nur wenige Wochen nach der militärischen Zerschlagung Polens – das Amt des „Reichskommissars für die Festigung des deutschen Volkstums", das von Himmler geleitet wurde. Unter seiner Regie wurden ca. eine Million Polen und Juden von Haus und Hof vertrieben, um Platz für deutsche „Siedler" zu schaffen. Auch sogenannte Eindeutschungsaktionen sollten dazu beitragen, eine „ethnische Neuordnung" Europas durchzusetzen. Unter dem verlogenen Motto „Deutsches Blut kehrt heim" betrieben SS- und Parteidienststellen gemeinsam die geplante „Germanisierung" eroberter Gebiete. Einige Ämter in der NSDAP-Reichsleitung – z.B. das Hauptamt für Kommunalpolitik, das Hauptamt für Technik, das Reichsrechtsamt u.a. – wurden im September angewiesen, ihre Arbeit zu unterbrechen. Sie galten nicht als „kriegswichtig", jedoch machte Heß im November 1939 diese Stillegungsaktion wieder rückgängig.[22]

Unter den Führern des Reiches gab es zu Beginn des Krieges – ähnlich wie 1933/34 – auch Auffassungen, daß ein umfassender Einsatz der NSDAP und eine Erweiterung ihrer Betätigungsfelder nicht unbedingt erforderlich wären. Manche plädierten dafür, vor allem die hohen personellen Forderungen der Wehrmachtführung zu unterstützen. Ihnen gegenüber warnte Ley sehr eindringlich, niemand „möge die Belastung der Nerven und die seelischen Konflikte unterschätzen, die der Dienst in der inneren Front" erfordere.[23] Nachdrücklich wurde erklärt, die Partei stehe „neben der Wehrmacht"[24], was besagen sollte, daß der „inneren Front" die gleiche Bedeutung beizumessen sei wie der äußeren. Ganz in diesem Sinne wurden die Hoheitsträger beauftragt, die Angehörigen gefallener Soldaten und Offiziere von deren „Heldentod auf dem Felde der Ehre" zu informieren und dies nicht anderen Institutionen zu überlassen.[25] Entsprechend der Forderung von Heß, wie im bisher üblichen Maße auch die Parteiuniform zu tragen, hob die Presse nun auch alle Kriegsdienstleistungen führender Parteigenossen stark hervor. Todesanzeigen für die auf dem „Felde der Ehre" gefallenen Politischen Leiter erschienen in großer Aufmachung. Aufmerksam registrierte der SD kritische Äußerungen aus der Bevölkerung über die „in der Heimat gebliebenen Mitglieder der Partei", die – im Gegensatz zu den Soldaten an der Front – nicht sterben würden, sondern nur in den „Schützengräben der Volksgemeinschaft" stünden. Sogar die Abkürzung des Parteinamens wäre gelegentlich so buchstabiert worden: N wie Nutznießer, S wie Schmarotzer, D wie Devisenschieber, A wie Angeber und P wie Polizeispitzel.[26]

Obgleich die Mitgliedschaft derer, die aus den Reihen der NSDAP und ihres „Korps der Politischen Leiter" sowie aus der DAF und der SA zum Kriegsdienst an den militärischen Fronten einberufen wurden, formell ruhte, sollten sie – nach den Vorstellungen der Reichsleitung – in der Wehrmacht die nationalsozialistische Ideologie verbreiten helfen. Heß strebte an, daß „möglichst jeder politische Kämpfer auch Waffenträger der Nation" werde. Am 11. November 1939 trafen der Stellvertreter des Führers und das von Generaloberst Wilhelm Keitel geleitete OKW eine Vereinbarung über einen geregelten, sich jeweils über sechs Monate erstreckenden „Personalaustausch" zwischen Wehrmacht und Partei. Davon versprachen sich die Beteiligten eine Gewährleistung der „Einheit zwischen der kämpfenden Truppe und der politischen inneren Front".[27] Übereinstimmend zeigten sie sich unzufrieden mit der Haltung und der Disziplin vieler Soldaten; sie stützten sich auf die Erfahrungen im Ersten Weltkrieg, daß „mit Strafen allein eine disziplinierte Truppe weder geschaffen noch erhalten werden kann"[28], und verlangten nach einer intensiven politisch-ideologischen und weltanschaulichen Beeinflussung der Wehrmachtsangehörigen. Zwar genügte das zwischen dem OKW und dem „Beauftragten des Führers für die gesamte weltanschauliche Schulung und Erziehung der NSDAP" geschlossene Arbeitsabkommen bald nicht mehr den Anforderungen, da es sich mehr oder weniger in formalrechtlichen Fragen des Verhältnisses der Partei zur Wehrmacht erschöpfte. Erst im weiteren Kriegsverlauf, als sich die zunehmenden militärischen Niederlagen demoralisierend auszuwirken begannen, kam es zu einer nicht unbeträchtlichen Erweiterung von Vollmachten und Einfluß der NSDAP in der Wehrmacht, in der Ende 1943 die Institution des Nationalsozialistischen Führungsoffiziers (NSFO) geschaffen wurde.

Für die NSDAP spielte von Kriegsbeginn an – neben der Aufgabe, die Kriegführung durch den Ausbau ihres Apparates und durch eine rasche Anpassung aller NS-Organisationen an die neuen Bedingungen zu stützen – auch das Anliegen eine wesentliche Rolle, durch einen intensivierten Einsatz ihrer Propagandamittel die „innere Front" sichern zu helfen. Inhalt, Richtung und Einsatz der nationalsozialistischen Propaganda fixierte Goebbels – vermutlich in seiner Funktion als Reichspropagandaleiter der Partei – noch vor dem Abschluß des mehrwöchigen Feldzuges gegen Polen in einer Denkschrift unter dem bezeichnenden Titel „Gedanken zum Kriegsbeginn 1939".[29] Aus seiner Rückschau auf den Ersten Weltkrieg schlußfolgerte der Verfasser, „daß sich die heutige Lage weder auf militärischem, noch wirtschaftlichem aber vor allem auch nicht auf politischem Gebiet mit 1918 vergleichen" lasse. Trotz dieser optimistischen Einschätzung der innenpolitischen Situation und der Stellung der Volksgenossen zur NSDAP betonte er in seiner Denkschrift, daß die „Kampfentschlossenheit ... kein Gefälle nach abwärts erfahren" dürfe. Notwendig sei deren „fortgesetzte Steigerung mit immer bewußterer und zäherer Erfassung des politischen Kampfzieles". Gesteigerte Kampfbereitschaft sei herstellbar, wenn durch die Propaganda *„die heutige Ausgangssituation immer mehr verdeutlicht, die negativen Einflüsse ausgeschaltet und das positive Kriegsziel klar herausgestellt werden".* Die Denkschrift setzte die „seelische Bereitschaft" der Massen als Bedingung für den Krieg voraus, „wie lange er auch dauern sollte". Zu diesem Zweck müsse der Eindruck erweckt werden, „daß die heutige Kriegführung nicht wie in den Jahren 1917 und 1918 einen wirtschaftlichen Raubbau und ein Ausbluten der Bevölkerung bedeutet, sondern sich eine Art Normalisierung einstellt, die wohl vollkommen auf die Kriegsaufgaben abgestellt ist, aber dennoch die Erhaltung der wirtschaftlichen und die möglichste Schonung der biologischen Substanz gewährleistet".[30]

Im Grunde orientierten die Führer der NSDAP sich bereits zu dieser Zeit auf eine lange Dauer des Krieges und auf den Krieg als „Normalzustand". Sie glaubten, die Folgen andauernder militärischer Auseinandersetzungen bewältigen zu können, wenn es weniger Verluste der Wehrmacht und unter der deutschen Bevölkerung als befürchtet geben und sich der schreckliche „Kohlrübenwinter" des Ersten Weltkrieges nicht wiederholen würde.

Damit war formuliert, daß die Wirksamkeit der Propaganda in unmittelbarer Abhängigkeit sowohl vom Terror als auch von der sozialen Situation größerer Teile der Deutschen gesehen wurde. Die Reichspropagandaleitung verschickte im September 1939 an alle Gauleiter und Gaupropagandaleiter „Richtlinien für die Durchführung der Propaganda der NSDAP". Diese standen unter dem Motto „Die kämpfende und opfernde Heimatfront" und bezeichneten es als „eine unendlich schwierige Aufgabe" der politischen Leiter, nunmehr auch „den letzten Volksgenossen zum rastlosen und straffen Einsatz aller Kräfte heranzuziehen." Bewußt war daher Anfang September 1939 auf die Organisierung von Demonstrationen und Kundgebungen verzichtet worden, deren Aufgabe es gewesen wäre, einen dem August 1914 vergleichbaren nationalistischen Begeisterungstaumel unter der deutschen Bevölkerung vorzutäuschen; erst nachdem auf den Schlachtfeldern in Polen, danach in Dänemark und Norwegen (April 1940), den Benelux-Staaten und Frankreich (Mai/Juni 1940) Siege errungen worden war, begannen die Parteigenossen – und mit ihnen nahezu die Gesamtheit der Deutschen – zu feiern und siegestrunken zu jubeln.

Die Richtlinien sahen im einzelnen umfangreiche Maßnahmen vor, mit deren Hilfe die „allgemeine politische Propaganda" erstens durch eine „Aufklärung zur Verbrauchslenkung" sowie zweitens durch die „Propaganda der Tat" ergänzt werden sollte. Den Mitgliedern der NSDAP wurde auferlegt, Verstößen gegen die – seit 1937 vorbereitete und am 28. August 1939 für die deutsche Bevölkerung überraschend eingeführte – Rationierung von Lebensmitteln und anderer Waren[31] „vorzubeugen", weil – so die Begründung – „die Unkenntnis in der Handhabung leicht zu Unzufriedenheit und Nörgelei führen" könne.[32] Als „Propaganda der Tat" galten ferner die „Betreuung" von Wehrmachtseinheiten durch NSDAP-Ortsgruppen, Altmaterialsammlungen und „Erntehilfe". Im Rundfunk sollte eine neue Sendereihe „Stunde der Partei" eingerichtet werden, gedacht vor allem als Anleitung für die Block- und die Zellenleiter. Diese Parteifunktionäre sollten ihre „Betreuungs"-Funktion in Verbindung mit der Ausgabe von Lebensmittelkarten, der Auszahlung von Kinderbeihilfen, der Kassierung von Spenden für das neu geschaffene Kriegs-Winterhilfswerk[33] erfüllen. Sie erhielten die Anweisung, in jedem Haushalt die Einhaltung der nunmehr mit drakonischen Strafandrohungen verbundenen neuen Vorschriften gegen das Abhören ausländischer Rundfunksender zu überwachen. Gleichzeitig sollten sie beobachten, ob die Häuser „luftschutzbe-

Mobilmachung der „politischen Soldaten"

reit", die Fenster verdunkelt, das erforderliche Luftschutzgerät bereit gestellt und die „Selbsschutzkräfte" (Luftschutzwarte, Hausfeuerwehren, Laienhelferinnen und Melder) einsatzfähig sind. NSDAP-Funktionäre sollten nicht nur den Hinterbliebenen gefallener Soldaten die Todesnachricht überbringen, sondern an Begräbnissen teilnehmen, „bei denen auch Pfarrer anwesend sind"[34], sowie Kriegerwitwen und -waisen betreuen. Eine ebenfalls in den ersten Kriegstagen verbreitete Anordnung von Heß machte die NSDAP-Ortsgruppenleiter persönlich dafür verantwortlich, „daß in keinem Orte der Kampfwille, die Entschlossenheit zum Durchhalten und die Bereitschaft zu Entbehrungen und Opfern erlahmen". Wenn von „schlechter Stimmung" der Bevölkerung gesprochen werden müsse, so sei dies nur „der Beweis für die Unfähigkeit des Hoheitsträgers".[35] Fast alle Gauleiter machten sich auf den Weg zu „Frontbesuchen". Sie starteten eine Aktion „Feldpostsammelbriefe der Partei" und erwogen den Versand von Feldpostpaketen direkt durch die Partei, um den zu befürchtenden Folgen einer nicht funktionierenden Feldpost entgehen zu können.[36]

Die umfangreiche Propagandamaschinerie des Regimes verbreitete in den ersten Kriegsmonaten den Tatsachen widersprechende Behauptungen über die Ursachen des Krieges. Im Mittelpunkt stand die These, der Krieg sei den Deutschen aufgezwungen worden; er müsse geführt werden, um endgültig das mit dem Versailler Vertrag an Deutschland verübte Unrecht wiedergutmachen zu können. In Hitlers geheimer Ansprache vor Wehrmachtsgenerälen vom 23. November 1939 wurden demgegenüber die weiteren Kriegsziele und Aggressionsvorbereitungen deutlich benannt: Im Unterschied zu den Kriegen des 19. Jahrhunderts würde es heute um den „Rassenkampf" gehen sowie „um Ölfelder, Gummi, Erdschätze usw." gerungen. Grundsätzlich habe er „die Wehrmacht nicht aufgestellt, um nicht zu schlagen. Der Entschluß zum Schlagen war immer in mir. Früher oder später wollte ich das Problem lösen ... Ich werde angreifen und nicht kapitulieren ... Mein Entschluß ist unabänderlich. Ich werde Frankreich und England angreifen zum günstigsten und schnellsten Zeitpunkt. Verletzung der Neutralität Belgiens und Hollands ist bedeutungslos. Kein Mensch fragt danach, wenn wir gesiegt haben." Freie Hand im Westen zu haben, sei für die Zukunft wichtig, denn nur unter dieser Voraussetzung könne Rußland entgegengetreten werden. Unmißverständlich erklärte er, den Nichtangriffsvertrag mit Moskau nur so lange halten zu wollen, wie es „zweckmäßig" sei.[37]

Über die wahren Kriegsziele[38] fiel in der Öffentlichkeit kein Wort. Nur ein verschwindend kleiner Teil der deutschen Bevölkerung hatte sich so viel Realitätssinn bewahrt, um sich ein richtiges Bild zu machen, das auch illegalen Flugblättern antifaschistischer Widerstandsgruppen zu entnehmen war. So hieß es beispielsweise in einem Aufruf von Gewerkschaftern, kommunistischen und sozialdemokratischen Arbeitern des Siemens-Konzerns an die Arbeiter in den Rüstungsbetrieben und an die Bevölkerung Berlins vom Herbst 1939: „Es ist kein gerechter Krieg, weil er nicht für die Ehre und Freiheit unseres Volkes geführt wird, sondern für die Unterdrückung anderer Völker, für die Annexion anderer Länder. Hitler führt ihn, um neue Rohstoffquellen und neue Absatzmärkte für die Großindustrie zu erobern. Er führt ihn mit dem Ziel, die Arbeiter anderer Länder derselben Ausbeutung durch das deutsche Großkapital zu unterwerfen, unter der ihr selber schon leidet. Ein derartiger Krieg ist gegen das Volk, es ist ein imperialistischer Krieg ..." Es könne keinen Frieden geben, solange der Faschismus regiert „und die Macht der wahren Herren Deutschlands, der Krupp, Thyssen, Siemens, Klöckner nicht vollkommen gebrochen ist".[39]

Verschleierung und Idealisierung der eigenen Ziele gingen in der nationalsozialistischen Propaganda Hand in Hand mit einer völlig verzerrten Darstellung der Kriegsinteressen Großbritanniens und Frankreichs: Der Kampf müsse auf Leben oder Tod geführt werden, da die Gegner nach einer „Vernichtung" Deutschlands streben würden. Goebbels erklärte – trotz des raschen Sieges über Polen und des faktisch nicht geführten, daher „komisch" genannten Krieges an der Westfront – in seiner am 22. Dezember 1939 von allen Rundfunksendern übertragenen Weihnachtsansprache, daß Deutschland einen „totalen Krieg" führen müsse. Dieser umfasse „Front und Heimat wenn nicht mit denselben Opfern, so doch mit denselben nationalen Verpflichtungen". Seine Rede gipfelte in der Behauptung, es gehe „in diesem Krieg um unsere nackte Existenz." Bei einer Niederlage werde Deutschland „als Großmacht abdanken und das Volk zugrunde gehen".[40] Gleichzeitig bemühten sich die Propagandisten der Partei und ihrer Gliederungen, den militärischen Sieg Deutschlands als unausbleiblich darzustellen. Immer wieder tauchten Formulierungen auf wie: „Unsere Waffen sind an Zahl und Güte unerreicht! Unsere innere Ordnung ist vorbildlich!" oder: „Den Waffen und der Moral der deutschen Wehrmacht kann keine Kraft der Welt widerstehen." Ein weiteres, auf fanatische Kriegsbereitschaft zielendes und häufig verwandtes Argument lautete: Durch die Partei und den „Führer" sei im Gegensatz zu den „unklaren" Befehlsverhältnissen im ersten Weltkrieg eine straffe und verantwortungsbewußte Führung vorhanden.[41] Immer wieder wurde an jene Vorwürfe angeknüpft, die Hitler bereits in „Mein Kampf" gegen die deutsche Führung während des Ersten Weltkrieges erhoben hatte.

Ende September 1939 begann die NSDAP wieder einmal, die sozialen Aspekte ihres Programms stärker hervorzuheben. Offensichtlich begegnete sie damit der Unruhe und Mißstimmung in weiten Teilen der Bevölkerung über die am 4. September ergangene Kriegswirtschafts-Verordnung. Sie hatte die Erhebung von Kriegszuschlägen zur Einkommensteuer, Lohn-

Mobilmachung der „politischen Soldaten" 415

senkungen und „Kriegspreise" angekündigt. In seinen geheimen Lageberichten stellte der SD fest, daß selbst NSDAP-Mitglieder verärgert auftreten und in Rüstungsbetrieben allzu häufig den Wunsch äußern würden, wegen erhöhter Arbeitszeit und -intensität vom „Parteidienst freigestellt" zu werden.[42] Die DAF pries während der Monate Oktober und November 1939 die angeblichen sozialen Leistungen und sozialpolitischen Ergebnisse des Regimes und behauptete, der Kapitalismus in anderen Ländern wäre dazu niemals fähig, woraus sich einer der Gründe für „englisch-jüdische Mißgunst" gegenüber dem deutschen Volke ergeben würde. Der „Völkische Beobachter" sprach am 20. November davon, daß der „deutsche Sozialismus ... Englands Geldsackherrschaft" bezwingen werde, und wies als Bilanz von zehn Kriegswochen aus: „Trotz der Kriegszeit wesentliche soziale Verbesserungen. Nacht- und Feiertagszuschläge werden wieder bezahlt." Die deutsche Regierung mußte mehrere Milliarden Reichsmark, die eigentlich für die Finanzierung des Krieges vorgesehen waren, für „Sicherung des sozialen Friedens" verwenden.[43] Folgerichtig lautete seit Kriegsbeginn der entscheidende Grundsatz, daß „nichts im Kriege wichtiger sein kann als der innere Friede, über den wir alle gemeinsam zu wachen haben".[44]

Selbst die teilweise und nur nach Zögern im November 1939 erfolgte Zurücknahme der Kriegswirtschaftsverordnung verbuchte die NSDAP als ein Ergebnis ihrer Sozialpolitik. Nachdem am 26. September Ley im zentralen Organ der DAF eine größere Artikelserie über die Vorbereitung auf den Krieg („Die DAF hat vorgesorgt") angekündigt hatte, erhielt bereits die zweite Folge dieser Serie eine andere Stoßrichtung. Der neue Titel lautete: „Das alles, deutscher Arbeiter, will dir die englisch-jüdisch-plutokratische Herrenschicht rauben!"[45] Anfang 1940 verkündete Ley in einem weiteren Leitartikel, die militärische Auseinandersetzung würde zwar eine Unterbrechung des „sozialistischen Aufbaus" bedeuten, der Krieg ihn aber zugleich vorantreiben und auf eine neue Stufe stellen, ja sein „großer Wegbereiter" sein.[46] Einen gewissen Abschluß und Höhepunkt dieser Propagandakampagne bildete die anläßlich des 20. Jahrestages der Verkündung des Parteiprogramms im Februar 1940 verbreitete These, das zwei Jahrzehnte zuvor verkündete 25-Punkte-Programm sei erfüllt und Deutschland ein „Volks- und Sozialstaat" geworden. Die Führung der NSDAP versprach in diesem Zusammenhang, nach dem Krieg eine großzügige Altersversorgung einrichten zu wollen. Auch in dieser Hinsicht knüpfte sie an Hoffnungen und Illusionen vieler Deutscher an, mit deren Leichtgläubigkeit spekulierend. Ähnlich wie vor dem 30. Januar 1933, als alle Versprechungen an die Bedingung geknüpft waren: „Wenn wir die Macht haben ...", waren sie jetzt an die Formel gebunden: „Nach dem Siege ..." Als Hitler am 30. Januar des Jahres 1940 im Berliner Sportpalast auftrat, bezeichnete er alles, was er seitdem geschaffen habe – ausdrücklich erwähnte er dabei die Partei, Arbeitsfront, SA und SS – als „ein Mittel zum Zweck". Die nationalsozialistische Bewegung müsse der Zukunft dienen, für sie „kämpfen, wenn notwendig fallen, niemals kapitulieren!"[47] Auch in der Folgezeit – je nach militärischer und innenpolitischer Situation – verstärkte oder verminderte sich die Intensität der Lobpreisungen des „deutschen Sozialismus". Im Frühjahr 1940, als Dänemark, Norwegen, die Niederlande, Belgien, Luxemburg und Frankreich überfallen und brutalen Okkupationsregimen unterworfen wurden, spielte die soziale Demagogie nur eine geringe Rolle. Deren Anteil an der Propaganda der NSDAP nahm erst wieder zu, als im Sommer 1940 nach den breit organisierten Siegesfeiern starke Friedenshoffnungen unter der werktätigen Bevölkerung aufkeimten, als unter dem Stichwort „Neuordnung Europas" weitgreifende Kriegszielplanungen erfolgten und die unmittelbaren Vorbereitungen zum Überfall auf die UdSSR begannen. Die Partei erklärte wieder einmal, nach den bereits errungenen militärischen Siegen müsse der „Helm fester gebunden" und weiter gekämpft werden. Ley, von Hitler nicht zufällig gerade in dieser Zeit erneut als „größter Idealist in der deutschen Arbeiterschaft" bezeichnet, verkündete im September 1940 den „sozialistischen Durchbruch unserer Zeit" und sogar den Sieg des deutschen „Staatssozialismus".[48] Einige Wochen später, kurz vor seiner Ernennung zum Reichskommissar für den sozialen Wohnungsbau, legte Ley dar, was die Partei angeblich für die Zeit nach dem endgültigen „Siege" in sozialpolitischer Hinsicht plane. Da wurde von einem großzügigen Wohnungsbauprogramm gesprochen – allerdings ohne konkrete Angaben und ohne die Tatsache zu erwähnen, daß die Schaffung neuen Wohnraums in der Zeit des Westwallbaus und durch andere kriegsvorbereitende Maßnahmen faktisch zum Erliegen gekommen war. Da wurde von einer Reichslohnordnung für alle Berufe und von einem System sozialer Gesundheitspflege geredet und angekündigt, nach Kriegsende würden 6,5 Mrd. RM für zusätzliche soziale Leistungen (neue Seebäder und Erholungsschiffe) aufgewendet. Nicht zuletzt versprach die NSDAP, daß die freie Arbeitsplatzwahl – vor dem Krieg schon völlig aufgehoben – wieder hergestellt würde.[49] Einer der Gauleiter, Fritz Sauckel aus Thüringen, behauptete gar: „Wir gewinnen den Krieg für die deutsche Arbeiterschaft."[50] Möglicherweise sollte mit solchen propagandistischen Mitteln auch Erinnerungen an die Tatsache entgegengewirkt werden, daß der Erste Weltkrieg den deutschen Oberschichten hohe Gewinne einbrachte und diesen wie eine „Badekur" bekam, so hatte es damals Hindenburg formuliert, während die Massen hungerten, froren und verarmten.

In den ersten eineinhalb Jahren nach Kriegsbeginn ließ die Reichspropagandaleitung allein mehr als zwei Millionen Broschüren, sieben Millio-

Mobilmachung der „politischen Soldaten" 417

nen Plakate, 67 Millionen Flugblätter sowie 60 Millionen Zeitschriften, Wandzeitungen und Handzettel verbreiten. Unter ihrer Regie fanden 200.000 öffentliche Versammlungen und Betriebskundgebungen, 30.000 Lichtbilderveranstaltungen und 45.000 Filmabende statt. Der Reichsautozug „Deutschland", eine mobile technische Anlage zur Durchführung von Veranstaltungen unterschiedlichster Art, legte bis Anfang 1941 für 50 Großeinsätze eine Strecke von 360.000 km zurück.[51] Mitglieder der NSDAP, die als Kriegsberichterstatter in Presse und Rundfunk vom Frontgeschehen zu berichten hatten, wurden in sogenannten Propaganda-Kompanien zusammengefaßt. Indessen verstärkte die NSDAP im ersten Jahr nicht nur in quantitativer Hinsicht ihren propagandistischen Einsatz, sie zentralisierte zugleich dessen Leitung und bemühte sich um eine effektivere Koordinierung aller auf diesem Gebiet tätigen Dienststellen der Partei und des Staates. Dies erfolgte vor allem durch die Einrichtung der sogenannten Ministerkonferenz, die seit September 1939 täglich zwischen 11 und 12 Uhr bei Goebbels stattfand. In ihr wurden die wichtigsten Propagandainstitutionen – das Reichsministerium für Volksaufklärung und Propaganda, die Reichspropagandaleitung der NSDAP, die Abteilung Wehrmachtspropaganda im OKW, die Presseabteilung und die rundfunkpolitische Abteilung im Auswärtigen Amt sowie der Rundfunk – zusammengefaßt und einheitlichen Richtlinien unterworfen. Zunächst für etwa 20, nach dem Überfall auf die UdSSR für fast 50 Teilnehmer wies Goebbels detailliert an, wie Berichte über Kriegsereignisse und andere Nachrichten für die Massenmedien aufzubereiten, darzustellen und zu kommentieren waren.

Goebbels, der in Abstimmung mit dem Stab des „Stellvertreters des Führers" für die einheitliche Ausrichtung der Propaganda verantwortlich war, ließ sich bei seinen Zentralisierungsmaßnahmen auch davon leiten, die taktische Fragen betreffenden und subjektiv gefärbten Gegensätze zu Max Amann, Reichsleiter der NSDAP für die Presse, und zu Otto Dietrich, Reichspressechef der NSDAP und Pressechef der Regierung, zu seinen Gunsten entscheiden zu können. In gleicher Weise richteten sie sich gegen Alfred Rosenberg, den „Beauftragten des Führers für die Überwachung der gesamten geistigen und weltanschaulichen Schulung und Erziehung der NSDAP". Dieser wollte die Goebbels-These vom „Propagandakrieg" durch die vom „Seelenkrieg"[52] ergänzt oder sogar ersetzt wissen. Ihm ging es um eine langfristig wirksame ideologische und weltanschauliche Beeinflussung des deutschen Volkes, die naturgemäß oft in unüberbrückbaren Widerspruch zu den auf den Tag und auf einzelne Ereignisse bezogenen Parolen von Goebbels geriet. Auch über die Schulungsarbeit innerhalb der NSDAP gab es Kompetenzgerangel vor allem zwischen Ley, der ihre Notwendigkeit noch über die der Propaganda stellte[53], und Rosenberg. Letzterer verlangte als „Beauftragter des Führers" im September

1939, daß ihm und seiner Dienststelle der gesamte Schulungsapparat der Partei, vor allem aber das Hauptschulungsamt beim Reichsorganisationsleiter der NSDAP angegliedert werden müsse. Damit wäre er in allen Fragen, die als weltanschaulich bezeichnet werden konnten, für die Arbeit verschiedener Reichsministerien (u.a. Inneres, Äußeres, Erziehung, Propaganda, kirchliche Angelegenheiten) maßgebend gewesen. Dieses Ansinnen entsprang in hohem Maße dem persönlichem Machtstreben und den Eifersüchteleien Rosenbergs[54] sowie dem Bedürfnis zahlreicher „Hoheitsträger", sich in ihrem eigenen Einsatz an der „inneren Front" gegenseitig zu übertreffen und neue Karrierestufen zu erklimmen. Generell standen jedoch alle Rangeleien und Streitereien in engem Zusammenhang mit den Konzentrationsbedürfnissen des nationalsozialistischen Machtgefüges, das effektiv gestaltet und von sich überschneidenden Kompetenzbereichen bereinigt werden sollte. Im Januar 1940 erhielt Rosenberg jedoch von Hitler nur den „endgültigen" Auftrag, die Gründung einer „Hohen Schule" – einer Art Parteiuniversität – vorzubereiten. Die Schulungsarbeit für die NSDAP und die ihr angeschlossenen Verbände – ausgenommen die Gliederungen, die über eigene Schulungsämter verfügten – durften weiter von Ley organisiert werden.

Unbeschadet dessen geriet auch im ersten Kriegsjahr die Massenbasis der NSDAP nicht ins Wanken. Im Gegenteil: Sie erhielt 1939/40 mit jedem Sieg, den die Wehrmacht errang, wachsenden Zuspruch. Das zeigte sich bereits, als der Widerstand der polnischen Armee in einem Feldzug von wenigen Wochen hatte gebrochen werden können, und noch stärker, als im Frühjahr 1940 zunächst Dänemark und Norwegen und anschließend Frankreich, Belgien, Luxemburg und die Niederlande überfallen und zu alsbaldiger Kapitulation gezwungen wurden. Insbesondere wirkte sich die Tatsache aus, daß Frankreich – als „Erbfeind" Deutschlands hingestellt – überraschend rasch geschlagen werden konnte und ein Triumph über den britischen Rivalen nur noch eine Frage der Zeit zu sein schien. Die Folgen der militärischen Siege auf die Stimmung der deutschen Bevölkerung waren unverkennbar: Nach den Blitzsiegen überspülte eine große Welle nationalistischer Begeisterung das ganze Land, getragen vom stimulierenden Gedanken, man sei doch endlich wieder wer und gehöre in der Welt sogar zu den einflußreichsten Mächten. Ebenso fand die Lobpreisung des deutschen Soldaten als des besten weit und breit großen Anklang. Kaum jemand wollte an der ihm zugeschriebenen Unbesiegbarkeit zweifeln. Die Verehrung einzelner „Helden" nahm insbesondere unter Jugendlichen kultische Formen an. Als ihr Vorbild galten u.a. Kapitänleutnant Günther Prien, der mit seinem U-Boot in den Ankerplatz der britischen Flotte eindrang und in der Bucht von Scapa Flow am 14. Oktober 1939 das Schlachtschiff „Royal Oak" versenkte, der Jagdflieger Werner Mölders

Mobilmachung der „politischen Soldaten"

„Germania" – Hauptstadt eines deutschen Weltreiches

oder Generalleutnant Eduard Dietl, der sich im Feldzug gegen Norwegen hervortat.

Auf die Vertiefung solcher Stimmungen zielte auch die Wiederaufnahme der gigantomanischen Baupläne. Am Tage des Waffenstillstandes mit Frankreich befahl Hitler, den bei Kriegsbeginn unterbrochenen Ausbau Berlins erneut in Gang zu setzen, was er als den „bedeutendsten Beitrag zur endgültigen Sicherstellung unseres Sieges" bezeichnete.[55] Für „Germania" als der Hauptstadt des künftigen Weltreiches war die Anlage einer riesigen Straßenachse, der Bau eines monumentalen Triumphbogens und einer Kuppelhalle, in der 180.000 Menschen Platz finden sollten, vorgesehen. In München, der „Hauptstadt der Bewegung" sollte neben den in den dreißiger Jahren bereits entstandenen Parteibauten am Königsplatz ein kolossaler Bahnhof sowie ein monströses, 175 Meter hohes „Denkmal der Partei" geschaffen werden, das die Frauenkirche weit überragt hätte. Ähnliches war für alle fünf „Führerstädte" vorgesehen, weitere 41 Städte galten als „Neugestaltungsstädte".[56]

In der deutschen Bevölkerung schien im Sommer 1940 die anfängliche Furcht vor einem unerwünschten Verlauf und den Folgen des Krieges weitgehend verflogen zu sein. Der Mythos von der „Unbesiegbarkeit der Wehrmacht", die Legende von Hitler als „größtem Feldherrn aller Zeiten" und die Hoffnungen auf einen kommenden „Endsieg" beeinflußten selbst jene Deutschen, die bis dahin immer noch eine gewisse Distanz zum Regime gewahrt hatten. Teile der Bevölkerung verspürten auch materielle Vorteile der räuberischen Annexions- und Okkupationspolitik. Viele ließen sich als „kleine" Nutznießer des Krieges korrumpieren, von Feldpostpäckchen aus den okkupierten und schamloser Ausplünderung unterworfenen Gebieten beeindrucken, und hielten den Raubzug der „Großen" aus Industrie und Banken für gerechtfertigt. Im Sommer 1940 konnte die NSDAP sich der Zustimmung der Massen völlig sicher sein. Ihr Einfluß auf das Denken und Fühlen der Deutschen hatte sich gegenüber 1938/39 wesentlich erhöht. Die Anhängerschaft breitester Kreise erwies sich als stabil wie nie zuvor.

Zugleich keimten Hoffnungen auf ein baldiges Kriegsende. Friedenserwartungen – erweckt auch durch die Propaganda der Partei und ihre Zukunftspläne – begannen das Stimmungsbild zu prägen. Dennoch sah die Führung des Reiches den Zeitpunkt für weitere Eroberungen und zur Realisierung ihrer rassepolitischen Absichten als günstig an. Auf der Grundlage ihrer ersten, zu eigener Überraschung leicht errungenen militärischen Erfolge und der ungefährdeten inneren Situation gingen die deutschen Eliten im Sommer und Herbst 1940 daran, ihre Vorstellungen vom Kriege und seiner Ausdehnung zu erweitern, sie genauer und umfassender als bisher zu fixieren. Sie planten jetzt die Gewinnung weiterer Territorien, Einflußbereiche, Rohstoffquellen und Märkte im Rahmen einer politischen Herrschaft über das „neugeordnete" Europa. Die nationale Unterdrückung anderer Völker und die Errichtung einer barbarischen Fremdherrschaft in Osteuropa erschien in den Reihen der deutschen Eliten kaum jemandem mehr als ein politisches Problem, auch nicht als ein moralisches. Aus zahlreichen Plänen einzelner Institutionen, vor allem der Reichsgruppe Industrie, formte sich ein komplexes und weitreichendes Programm für die „Neuordnung" Europas. Danach sollten einige der okkupierten Länder zusammen mit Großdeutschland ein „Großgermanisches Reich" von ungeheurer Ausdehnung bilden. Anderen europäischen Ländern (z.B. Dänemark, Norwegen, der Slowakei und einem auf französischem Boden zu schaffenden Staat Burgund) war eine begrenzte Souveränität zugedacht. Sie sollten als „Schutzstaaten" dem faschistischen Reich angegliedert sein. Darüber hinaus war die Existenz von Satellitenstaaten vorgesehen, die auf militärischem, wirtschaftlichem und außenpolitischem Gebiet eng an Deutschland gebunden sein sollten. Dazu zählten vor allem Finnland, Ungarn, Rumänien und Bulgarien. Gemeinsam mit den Plänen für ein riesiges deutsches Kolonialreich in Afrika sowie zur Schaffung bzw. zeitweisen Duldung anderer „Großräume" in Übersee bildeten die Pläne zur „Neuordnung" Europas den Kern eines unvergleichlich anmaßenden Weltherrschaftsprogramms.

Die konkreten Planungsarbeiten für die „Neuordnung" der kapitalistischen Länder Europas hatten begonnen, als die Feldzüge der Jahre 1939 und 1940 erfolgreich abgeschlossen worden waren. Demgegenüber stellten jene detaillierten Pläne, die von einzelnen Konzernen und industriellen Gruppen und Vereinigungen, von Institutionen des Staates, der Wehrmacht und der NSDAP für die Zeit nach einer Eroberung europäischer Teile der UdSSR ausgearbeitet wurden, bereits einen unmittelbaren Bestandteil aller Vorbereitungsarbeiten für den Überfall dar.[57] Die NSDAP war daran in unterschiedlichster Weise beteiligt, durch eigene Ausarbeitungen diverser Ämter der Reichsleitung ebenso wie durch die Tätigkeit führender Nationalsozialisten in Planungsgremien, aber auch durch die Mitwirkung beim Aufbau des Herrschaftsapparates in den okkupierten Gebieten. Gestützt auf die offenkundige Arbeitsteilung mit Ministerien und Industriellen-Gremien strebte sie selbst keine Zusammenfassung aller wirtschaftlichen, politischen und militärischen Kriegszielplanungen unter ihrer Leitung an.

Die Ausarbeitung der „Neuordnungspläne" verknüpfte sich – trotz grundsätzlicher Übereinstimmung aller Beteiligten – im Frühjahr und Sommer 1940 wiederum mit Auseinandersetzungen über die Rolle, welche die Partei insgesamt bzw. in einzelnen Bereichen einnehmen sollte. Einige der NSDAP-Politiker verbanden die angestrebte Potenzierung der Kräfte des Regimes mit der Vorstellung, die nationalsozialistischen Organisationen dürften nicht so pronounciert als führende Kraft in Staat und Wehrmacht auftreten. Sie beabsichtigten, der Partei eher wenig populäre, zusätzliche Mobilisierungsaufgaben zuzuweisen. In diesem Sinne forderte Fritz Nonnenbruch – Leiter des Wirtschaftsteils im „Völkischen Beobachter" – im April 1940 die notwendige Anpassung der Aufgaben der NSDAP an die

Bedingungen des Krieges, was er als Reform der Verwaltungsmethoden, nicht der Verwaltung selbst bezeichnete. Diese Reform müsse, so erläuterte er mit offenen Worten, damit beginnen, daß die NSDAP „alle die Aufgaben auf sich nimmt, die kein staatlicher Verwaltungsapparat bewältigen kann. Der Staat kann nicht aufrufen zum Kohleschippen, ohne zu bezahlen – die Politischen Leiter haben die Schaufel selbst in die Hand genommen ... Die Partei ist eine derartige Reserve von gewaltigstem Umfange".[58] Diese Orientierung wurde aus den großen Schwierigkeiten in der Brennstoffversorgung während des zurückliegenden Winters abgeleitet, sie bezog sich aber vor allem darauf, wie empfindlich die deutsche Bevölkerung anfänglich auf solche Kriegslasten reagiert hatte. Das „unbezahlte Kohleschippen" der Parteigenossen galt Nonnenbruch nicht allein als eine ganz profane Profitquelle, sondern auch als ein Mittel zur Lösung des erwarteten Arbeitskräfteproblems, von dem allerdings zum damaligen Zeitpunkt an der Parteispitze kaum jemand annahm, daß es nur kurze Zeit später zu einer Schlüsselfrage der weiteren deutschen Kriegführung werden sollte.

Nachdem mehrere Monate lang weder im „Völkischen Beobachter" noch in den anderen Presseorganen ein direkter Artikel über die NSDAP erschienen war, begannen im Juni und Juli 1940 einige Parteiführer öffentlich zu monieren, daß in der Berichterstattung über die militärischen Siege die „Leistungen der Partei" in den Hintergrund getreten seien. Sie opponierten damit auch gegen eine Anweisung, die Goebbels am 29. Mai 1940 gegeben hatte. Ihr zufolge sollte die NSDAP für die Dauer des Krieges ihre Berichte über Parteiversammlungen und -veranstaltungen „auf ein Minimum einschränken".[59] Ein paar Tage später verbot er der Presse die Veröffentlichung von Bildern, die bei Frontbesuchen von „Parteigenossen in zivilen Stellungen" entstanden waren.[60] Es charakterisiert die Stimmung, daß ein SD-Bericht für den Monat Juli 1940 ausdrücklich vermerkte, in Parteikreisen habe man aus Hitlers Reichstagsrede vom 19. Juli vor allem jene Passage mit besonderer Genugtuung aufgenommen, in der „die wichtige Schlüsselstellung der Partei" betont worden sei. Als begrüßenswert empfand man auch Hitlers Aussage, „daß ohne die Partei all das nicht möglich gewesen wäre, was in den letzten Jahren geschaffen wurde, und daß auch die Wehrmacht ihren jetzigen Stand nur der jahrelangen Vorarbeit der Partei verdanke".[61] Angesichts der militärischen Erfolge und in der Erwartung eines baldigen Endsieges spielte für manche Hoheitsträger der Partei auch der Gedanke eine Rolle, welches Verdienst ihnen dann persönlich zugesprochen werden würde.

Der „Völkische Beobachter" veröffentlichte in der Zeit vom 4. Juli bis zum 1. September 1940 eine fünfzehnteilige Artikelserie „Die Partei im Kriege".[62] Alle Autoren hoben hervor, daß erst durch die Erfassung und

Mobilmachung der „politischen Soldaten"

die ständige Beobachtung aller Menschen durch die Blockleiter die „Blitzaktionen der inneren Front" zum Erfolg geführt werden konnten.[63] Ausgangspunkt der ruhmredigen Betrachtungen waren wiederum Erinnerungen an das militärische und politische Fiasko des Ersten Weltkrieges sowie an die damals „verfehlte Volksführung". Der Gauleiter von München-Oberbayern, Adolf Wagner, führte die Niederlage von 1918 und die Novemberrevolution hauptsächlich auf die „Differenz zwischen Front und Heimat", zwischen Militär und Zivilbevölkerung, zwischen der Reichsleitung und den Volksmassen zurück. Seine Schlußfolgerung lautete, es sei seit der Entfesselung des Zweiten Weltkrieges „die vornehmste Aufgabe der politischen Führung", den „*Einklang zwischen Front und Heimat*" herzustellen. Erst daraus ergebe sich „die Begriffsbestimmung des *totalen Krieges*". Ley stellte mit Genugtuung fest, „daß es keine Heimat *hinter* der Front mehr und deshalb ... auch keine Meuterei in der Heimat hinter der Front" geben würde. Die Front könne „von hinten *nicht* erdolcht werden, weil der totale Krieg *unser gesamtes Volk in eine* Abwehrfront hineinzwingt, in der die Führung, ob Offizier der Wehrmacht oder Politischer Leiter der Partei, *vor* dem Volk und *vor* den Soldaten steht."[64] Wenn nach dem Sieg über Frankreich vom „totalen" Krieg gesprochen wurde, dann meinten die obersten Parteiführer vor allem die Weiterführung des Krieges gegen Großbritannien und die Vorbereitung des Überfalls auf die UdSSR. Zugleich ging es ihnen um die Ausgestaltung und Sicherung des deutschen Okkupationsregimes in den besetzten europäischen Ländern, zu denen inzwischen Österreich, die tschechischen Gebiete Böhmen und Mähren, Polen, Dänemark, Norwegen, Belgien, Luxemburg, die Niederlande und große Teile Frankreichs zählten und zu denen im Frühjahr 1941 – kurz vor dem Überfall auf die Sowjetunion – noch Jugoslawien und Griechenland hinzukamen.

Das Kriegs- und Eroberungsprogramm der NSDAP zielte auf unwiderrufliche, „tausendjährige" Lösungen. Es schloß ein je nach Lage und Voraussetzungen differierendes System von Okkupationsregimen ein, in dem die nationalsozialistischen Organisationen einen im einzelnen recht unterschiedlichen Platz einnehmen sollten. Die Rolle der NSDAP in der deutschen Besatzungs- und Okkupationspolitik bestimmte sich aus dem Vorgehen des Regimes in den jeweiligen eroberten Gebieten. Das kam bereits unmittelbar nach dem Sieg über Polen zum Vorschein.[65] Auf dem Boden des zerschlagenen polnischen Staates entstanden der „Reichsgau" Danzig-Westpreußen unter Albert Forster, der bis dahin den Gau Danzig geleitet hatte, und der „Reichsgau" Warthegau, der Arthur Greiser (von 1934 bis 1939 Danziger Senatspräsident) unterstellt wurde. Diese Regelung entsprach dem Verfahren, in dessen Ergebnis 1938/39 die sieben österreichischen Gaue sowie der Gau Sudetenland entstanden waren. Hier wie da wurden die Parteidienststellen nach dem Vorbild des „Altreiches" aufgebaut. Im Unterschied zu zahlreichen Gauen in Deutschland stimmten in den neuen Gebieten die Grenzen der Staats- und der Parteistrukturen überein. Dies erlaubte den Hoheitsträgern der NSDAP einen direkteren Zugriff auf die Verwaltung, insbesondere auf die Sektoren öffentliche Fürsorge, Jugend- und Betriebspolitik. Die SS sicherte sich den entscheidenden Einfluß auf die als „Volkstumspolitik" umschriebene Ausrottungs-, Siedlungs- und Eindeutschungspolitik für das anvisierte „Großgermanische Reich", wobei sich ein stetes Mit-, Neben- und Gegeneinander der verschiedenen Behörden von Staat, NSDAP und SS ergab.[66]

In einer Reihe anderer Fälle dehnten sich die im „Altreich" bestehenden NSDAP-Grenzgaue auf eroberte Gebiete aus. Dies galt für Oberschlesien und Ostpreußen, denen polnische Landstriche zugeordnet wurden. Ebenso betraf dies Luxemburg, Elsaß, Lothringen und Eupen-Malmedy. Hier konnten die Gauleiter Josef Grohé (Köln-Aachen), Gustav Simon (Koblenz-Trier), Joseph Bürckel (Westmark) und Robert Wagner (Baden) ihre regionale Machtposition erheblich verstärken. Vor dem Krieg war bereits in ähnlicher Weise mit dem Memelland sowie mit dem Protektorat Böhmen und Mähren verfahren worden. Letzteres erfuhr allerdings eine Aufteilung der NSDAP-Kreisleitungen auf die vier Grenzgaue Bayerische Ostmark, Sudetenland, Ober- und Niederdonau. Im weiteren Kriegsverlauf wurden in Kärnten/Krain, in Bialystok sowie in der „Operationszone Alpenvorland" ähnliche Regelungen getroffen. Größtenteils entstanden dort, wo sogenannte Reichskommissariate geschaffen wurden – das Amt in Norwegen übernahm der Essener Gauleiter Josef Terboven, das in den Niederlanden Artur Seyss-Inquart – sowie im Generalgouvernement Polen, in Belgien und nach dem 22. Juni 1941 auch in der Sowjetunion „Arbeitsbereiche der NSDAP", deren Leitung in der Regel auch den Chefs der staatlichen Zivilverwaltung oblag. Ihre Betätigungsfelder erstreckten sich jedoch nur auf jene Deutsche, die aus dem Reichsgebiet kamen und als Verwaltungsbeamte und -angestellte, als Eisenbahner, Förster, Zöllner usw. und zum Einsatz in den eroberten Länder verpflichtet worden waren, darüber hinaus auf Erfassung und „Betreuung" der in den jeweiligen Territorien lebenden „volksdeutschen" Bevölkerungsteile. In den „Arbeitsbereichen" sollte auch der Tendenz zur „Überspezialisierung" des nationalsozialistischen Organisationensystems entgegengewirkt werden und die „Partei als Einheit" fungieren.[67] Etwas ungünstiger gestalteten sich Möglichkeiten der NSDAP, direkt an der Herrschaft in jenen Gebieten beteiligt zu sein, die einem Militärbefehlshaber unterstellt waren (Dänemark, später auch Griechenland, Italien, Albanien und Ungarn). In den besetzten Teilen Frankreichs besaß – neben dem bei der Vichy-Regierung akkreditierten deutschen Botschafter Botschafter Otto Abetz – auch die Auslandsorganisation

Mobilmachung der „politischen Soldaten"

der NSDAP größere Machtbefugnisse. Ferner verfolgte hier der sogenannte Einsatzstab des Reichsleiters Rosenberg spezielle Ziele: den Raub von Kunstschätzen und Kulturgütern aus Frankreich, wo bis März 1941 Kunstwerke im Werte von über einer Milliarde Reichsmark gestohlen wurden.

Nicht nur als Ziel der in Osteuropa tätigen Funktionäre der NSDAP benannte Hitler „die möglichst schnelle Eindeutschung" der besetzten Gebiete. Er ermutigte und ermächtigte zu brutalster Germanisierungspolitik auch in einigen westlichen Landstrichen: „Die Männer der Partei werden das schon richtig machen. Ein Lehrgeld wird bezahlt werden müssen: Mißgriffe sind unvermeidlich; aber was macht das schon, wenn mir in zehn Jahren gemeldet wird: Danzig, Elsaß-Lothringen ist deutsch, wobei allerdings in Colmar drei und vier, dort fünf und da zehn Mißgriffe vorgekommen sind."[68]

Überall und unabhängig von der konkreten Organisationsform des besatzungspolitischen Apparates[69] maßen die Funktionäre der NSDAP auch der Zusammenarbeit mit den faschistischen Parteien der besetzten Länder Bedeutung zu; allerdings blieb die Unterstützung für diese zumeist verbaler Natur.[70] Zunächst existierten gewisse Hoffnungen auf ein gemeinsames Vorgehen – beispielsweise als 1942 Vidkun Quisling als Chef der norwegischen Nasjonal Samling zum Ministerpräsidenten ernannt oder in den Niederlanden die National-Socialistische Beweging zur „Staatspartei" erklärt und damit „germanische" Gemeinsamkeiten postuliert wurden – doch bald erwies sich solches Vorgehen nur als Konzession, deren Wirksamkeit zudem im weiteren Kriegsverlauf nachließ. Es gehörte zwar zu den ideologisch-programmatischen Anliegen der Partei, die Zusammenarbeit mit kollaborationswilligen Kräften zu organisieren, doch in der Praxis ging es ihr vorrangig um ein möglichst wirkungsvolles und reibungsloses Zusammenspiel zwischen den an der Okkupationspraxis beteiligten Wirtschaftsverbänden, der Wehrmacht und der Polizei. Die Gewinnung von „Freiwilligen" aus den besetzten Gebieten für den militärischen Einsatz spielte zunächst keine Rolle. Die in die Waffen-SS eingegliederte französische „Division Charlemagne" und die skandinavische „Division Wiking" zählten bis 1942 nicht mehr als 5.000 Mann. Erst 1943/44 beteiligten sich über 300.000 Mann aus 37 Nationen am „europäischen Kreuzzug gegen den Bolschewismus", getrieben von Abenteuerlust und ruhmsüchtigem Streben nach Anerkennung und materiellem Gewinn, motiviert vor allem auch durch die Hoffnung, an der Seite der Deutschen selbst in den dauernden Besitz der Staatsmacht zu gelangen sowie die nationale und faschistische „Erneuerung" ihrer Herkunftsländer bewirken zu können.[71]

Der seit den ersten Kriegserfolgen ansteigende große personelle Bedarf erhöhte die Aufstiegschancen zahlreicher Mitglieder der NSDAP. Sie boten sich selbst Parteigenossen, die vor 1939 kaum Aussicht auf „Beförderung" gehabt hatten oder wegen krimineller Delikte und politischer Unzuverlässigkeit in Ungnade gefallen waren und nun hohe Ämter einnehmen durften. Gerade solche Kräfte zeichneten sich häufig durch ein besonders hohes Maß an Brutalität und Skrupellosigkeit aus, um sich in den Augen ihrer Vorgesetzten hervorzutun. Überall setzten sie das antisemitische Programm der NSDAP, in Polen – nach dem 22. Juni 1941 vor allem auf sowjetischem Territorium – auch ihre antislawische Politik in grauenvolle Realität um.

Wie auch immer sich die NSDAP und ihre Verbände in den okkupierten Gebieten organisierten, in ihnen wurden die hier tätigen Mitglieder, welche formell weiter den Ortsgruppen der Partei in Deutschland angehörten, erfaßt, geschult und überwacht. In der Öffentlichkeit begründete die Partei die Notwendigkeit ihrer „Arbeitsbereiche" mit dem Argument, sie müsse „immer wieder die seelische Widerstandskraft der draußen arbeitenden Volksgenossen" erneuern und „den stets notwendigen Kontakt unserer auf verantwortlichem Posten jenseits der Grenzen stehenden Männer mit Volk und Reich" gewährleisten. Nur so könne der Gefahr einer Zersplitterung der deutschen Kräfte außerhalb des Reiches „ein für allemal vorgebeugt" werden."[72] Der NSDAP- „Arbeitsbereich" im Generalgouvernement Polen erfaßte etwa 30.000 Parteimitglieder. Zusätzlich wurde die „Deutsche Gemeinschaft" aus etwa 100.000 sogenannten Volksdeutschen gebildet, die als ein der NSDAP angeschlossener Verband galt. Beide Organisationen stellten eine zusätzliche Kraft für das Wirken und die Absicherung des Besatzungsregimes dar, die hauptsächlich in der wirtschaftlichen Ausplünderung des Gebietes, der Ausbeutung aller seiner Resourcen für die Kriegwirtschaft, in der Zwangsverpflichtung und Ausbeutung von Arbeitskräften, im Terror gegen Widerstandskämpfer und Partisanen sowie schließlich auch in der Realisierung des Massenmordprogramms an den europäischen Juden bestand. Die Führer der NSDAP erläuterten unverblümt in ihren internen Besprechungen, die Partei müsse das „Befriedungsprogramm" in hohem Tempo und unter Nutzung aller sich bietender Gelegenheiten verwirklichen. In diesem Sinne äußerte sich z.b. Hans Frank als Generalgouverneur in Polen und Leiter des dortigen „Arbeitsbereiches der NSDAP" am 30. Mai 1940. Nach dem Beginn der Offensive in Frankreich sei es nicht mehr erforderlich, auf das Gerede zu achten, daß es in Polen „ein Mordregime" gäbe. Er bedauerte, daß es in einer Zeit, in der „das Weltscheinwerferlicht" auf dem Generalgouvernement gelegen habe, „von uns ja nichts Derartiges in großem Ausmaße geschehen konnte", um hinzuzufügen: „Aber mit dem 10. Mai (d.h. mit dem Beginn des Feldzuges gegen Frankreich, K.P./M.W.) ist uns nun diese Greuelpropaganda vollkommen gleichgültig. Jetzt müssen wir den Augenblick benutzen, der uns zur Verfügung steht ... Für uns alle als Nationalsozialisten bringt aber diese Zeit die Verpflichtung mit sich, dafür zu sorgen, daß aus dem polnischen Volk kein Widerstand mehr emporsteigt."[73] Nachdem in allen okkupierten Gebieten Europas nationalsozialistische Organisationen begonnen hatten, mit den prodeutschen und faschistischen Kräften des jeweiligen Landes zusammenzuarbeiten, verlagerte sich die Tätigkeit der Auslandsorganisation der NSDAP weitgehend in andere Länder. Dieser Teil der NSDAP, der unter Leitung von Bohle als eigener Gau galt und sich an der Organisierung der berüchtigten „Fünften Kolonnen" beteiligte, konzentrierte seine Tätigkeit nun auf andere Kontinente, vor allem auf Südamerika. Die Auslandsorganisation leistete gemeinsam mit dem Kolonialpolitischen Amt der NSDAP umfassende Vorarbeit für jene Zeit, in der es dann auch ein deutsches Kolonialreich in Übersee geben sollte. Das Kolonialpolitische Amt der NSDAP übernahm im März 1940 auch die bis dahin vom Reichsbund der Deutschen Beamten geleiteten Ausbildungskurse für künftige Kolonialbeamte.[74] Heß beauftragte Bohle am 2. November 1940, „alle Vorbereitungen für den Aufbau der Parteiorganisation in den Kolonien zu treffen", sowie mit der Suche nach Kadern, „die geeignet und gewillt sind, in den zukünftigen Kolonien tätig zu sein".[75]

Seit dem Sommer 1940 versuchte die NSDAP, ihren Apparat weiter den Bedingungen des Krieges anzupassen. Dazu gehörte, nachdem am 16./ 17. Mai die ersten Bomben auf das Ruhrgebiet und am 8. Juni auf Berlin gefallen waren, auch die Übernahme von Aufgaben des Luftschutzes.[76] Am 13. Dezember ordnete Heß an, Reichsmarschall Göring – ihm unterstand als Oberbefehlshaber der Luftflotte auch der Reichsluftschutzbund – sei durch die „Dienststellen der Partei ... mit allen Kräften zu unterstützen." Die Ortsgruppen und Zellen sollten Streifendienste zur Überwachung der Verdunkelung organisieren, den Bau von Luftschutzräumen überprüfen, das Verhalten der Bevölkerung in den Schutzkellern kontrollieren sowie den Opfern Hilfe gewähren.[77] Angesichts der Schwierigkeiten, die beim weiteren Ausbau des Apparates der NSDAP und den Bestrebungen auftraten, ihn zentralistisch zu beherrschen, wurde häufig auch dessen Schwerfälligkeit beklagt. Die einzelnen Maßnahmen zur Anpassung der Parteiverbände an die Bedingungen des Krieges wirkten sich auf die Dienststellen innerhalb der NSDAP-Reichsleitung sowie auf das Verhältnis zwischen den Reichs- und den Gauleitern der Partei in unterschiedlichem Maße aus. Fast überall stärkten sich die Machtpositionen der in ihren Territorien unangefochten herrschenden „Hoheitsträger". Mehr und mehr galt der von Heß geleitete Stab „Stellvertreter des Führers" nur noch als eine Institution unter anderen. Sein realer Einfluß verringerte sich. Veränderungen im politischen Gewicht einzelner Teile des Organisationsgefüges ergaben sich nicht zuletzt auch aus der Tatsache, daß sich Hitler kaum noch um die unmittelbaren Angelegenheiten der Partei kümmerte – seine

Arbeitskraft wurde vor allem von militärischen Belangen absorbiert – und engeren Kontakt zur Generalität der Wehrmacht als zum Korps der Politischen Leiter seiner Partei hielt.

Neben Hitler als dem offiziellen Parteiführer, Göring als dem Vorsitzenden des am 30. August 1939 geschaffenen Ministerrates für die Reichsverteidigung und designiertem Nachfolger des Diktators, Bormann, Ley, Ribbentrop und Goebbels gehörten in dieser Zeit auf der obersten Ebene der Parteihierarchie auch Schwarz, Bouhler, Amann und einige andere zu den einflußreichsten, wenn auch nicht immer in der Öffentlichkeit agierenden Parteiführern. Amann verdankte seine Position dem Konzentrationsprozeß, der sich in der Presse vollzogen hatte und allein dem Franz-Eher-Verlag als dem Zentralverlag der NSDAP zugute gekommen war. Bei Bouhler als dem Leiter der 1934 eingerichteten „Kanzlei des Führers", an die alle Eingaben an Hitler persönlich bzw. an ihn als Chef der NSDAP zu richten waren, liefen 1939 bis 1942 alle Fäden der ersten großen, industriemäßig durchgeführten Mordaktion des Regimes zusammen: Er, Bormann, Hitlers „Begleitarzt" Karl Brandt, der 1942 zum Generalkommissar für das Sanitäts- und Gesundheitswesen avancierte, und Reichsgesundheitsführer Leonardo Conti, der Nachfolger des im März 1939 verstorbenen Reichsärzteführers Gerhard Wagner, bildeten einen Hitler direkt unterstellten Stab zur Realisierung des „Euthanasie-Programms". Diesem Programm zur Ermordung geisteskranker, mit Mißbildungen behafteter oder schlicht als erbkrank bezeichneter Menschen fielen in den ersten beiden Kriegsjahren – nach Feststellungen im Nürnberger Hauptkriegsverbrecherprozeß – mindestens 100.000 Menschen zum Opfer. Für die Ermordung von 70.273 „unnützen Essern" rechneten Parteigenossen der NSDAP eine jährliche Ersparnis von 88.543.980 RM sowie von 33.733.003,40 kg Lebensmittel aus.[78]

Reichsschatzmeister Schwarz konnte seinen Einfluß in dem Maße festigen und ausbauen, in dem es ihm gelang, die Finanzen der Partei für die deutsche Kriegführung zu verwenden. Die NSDAP stützte sich auf die Mittel, die ihr aus der „Adolf-Hitler-Spende der deutschen Industrie" und aus der DAF zuflossen, wobei allein die Jahreseinnahmen der Arbeitsfront zwischen 340 und 500 Millionen RM ausmachten. Nach 1939 wurden in zunehmendem Maße staatliche Zuschüsse zu einer der wichtigsten Quelle der Parteifinanzierung, was formell als „Rückerstattung der verauslagten Barbeträge" verschleiert und dem Prüfungsrecht des Obersten Rechnungshofes entzogen wurde. Nach Angaben eines Vertreters des Reichsfinanzministeriums vom Februar 1940 habe die Partei „einige hundert Millionen" erhalten.[79] Durch das Abkommen vom 18. März 1941 zwischen dem Rechnungshof des Deutschen Reiches und dem Reichsschatzmeister wurden das arbeitsteilige Zusammenwirken, zugleich auch die gegenseitige Rechnungsprüfung zwischen der Partei, allein repräsentiert durch Schwarz, und dem Staat vereinbart. Demgegenüber ging das Aufkommen an Mitgliedsbeiträgen erheblich zurück, da während des Dienstes in der Wehrmacht die Mitgliedschaft ruhte. Die Zentralisierungsbestrebungen des Regimes betrafen auch den Rundfunk. Schritt für Schritt setzte Goebbels ein einheitliches „Reichsprogramm" durch. Ley ließ seit 1939 für Funktionäre und Mitglieder der NSDAP sogenannte Reichsschulungswochen vorbereiten und erstmalig 1941 nach einheitlichen Vorgaben durchführen. Sie sollten besonders auf solche Gegenden konzentriert sein, „in denen wirtschaftliche und soziale Probleme schwerwiegender Art vorliegen". Außerdem hätten sie sich vor allem auf jene Landstriche zu erstrecken, deren Bevölkerung sich aus weltanschaulich-religiösen Motiven und sonstigen Gründen „gegenüber dem Ideengut des Nationalsozialismus merkbar verschließt".[80] Der Reichsorganisationsleiter empfand es wie ein Dorn im Auge, daß in einigen, vorwiegend ländlichen katholischen Teilen Deutschlands verstärkt Prozessionen, Wallfahrten und kirchliche Missionswochen stattfanden und die Ergebnisse der Winterhilfswerk-Sammlungen von denen der kirchlichen Sammlungen „auffallend" übertroffen wurden.[81]

In der Schlußphase der militärischen und wirtschaftlichen Vorbereitungen auf den antisowjetischen Kreuzzug vollzogen sich an der Spitze der NSDAP wesentliche Veränderungen. Es entstanden neue Voraussetzungen für ihre Bestrebungen, den Parteiapparat effizient zu gestalten und die Parteigenossenschaft für den Kriegseinsatz zu mobilisieren. Am 11. Mai 1941 unternahm Heß mit seinem aufsehenerregenden Flug nach England auf eigene Faust einen von vornherein aussichtslosen Versuch, das britische Reich zur Kapitulation zu bewegen und Verhandlungen über die Einstellung des Krieges zwischen beiden Ländern anzubahnen. In der nationalsozialistischen Propaganda wurde die Aktion, deren Scheitern sich rasch erwies, als bedauerliche „Sinnesverwirrung" und als ein „Alleingang" des Mannes bezeichnet, der bislang in der Partei nach Hitler den zweiten Platz eingenommen hatte. Das Amt „Stellvertreter des Führers" wurde umgebildet. An seine Stelle trat die „Partei-Kanzlei". Ihre Leitung übernahm Martin Bormann, der nun – bürokratisch-effizient, servil, anpassungs- und durchsetzungsfähig – seine Stellung in der Parteispitze ausbauen konnte, die er sich bereits als Chef des Stabes bei Heß zielstrebig, systematisch und geschickt geschaffen hatte. Am 29. Mai 1941 wurde er sogleich in die Reichsregierung und den Ministerrat für die Reichsverteidigung aufgenommen. Vor allem auf zentraler Ebene trieb er den Prozeß der Zusammenführung von Teilen des Partei- und des Staatsapparates voran. Nunmehr direkt neben Hitler an der Spitze des gesamten Parteiapparates stehend, verstand er es zunehmend, seine eigene Stellung rasch zu untermauern, und diesen mit seinen Vertrauensleuten zu besetzen.

Nach Bormanns Vorstellungen sollte die Partei-Kanzlei zu einem „politischen Generalstab" des Reiches ausgebaut werden. Wie kaum ein anderer Führer der NSDAP – von Himmler abgesehen – erreichte Bormann eine unerhört große Machtfülle. Er konnte sich auf ein in vieler Hinsicht nahezu blindes Vertrauen Hitlers stützen, dem er als „Privatsekretär" unentbehrlich wurde. Da er sich zumeist im Führerhauptquartier aufhielt, wo alle wesentlichen Entscheidungen gefällt wurden, stand er Hitler zur Verfügung, wann immer dieser seiner bedurfte. Bormann avancierte in dem absolut auf die Person Hitlers zugeschnittenen Herrschaftssystem in eine monopolartig genutzte Stellung: Er galt als alleiniger Vertreter der NSDAP bei Gesetzgebung und Personalpolitik des Staates. Dies hatte zwangsläufig Rückwirkungen auf parteiinterne Auseinandersetzungen, die er häufig zu seinen Gunsten und gegen die Ambitionen von Ley, Goebbels, Rosenberg und anderen entscheiden konnte.

Die Partei-Kanzlei entwickelte sich zur entscheidenden Zentrale des gesamten Apparates der NSDAP. Sie nahm bald, auch als Folge von Bormanns enger und direkter Zusammenarbeit mit den Gau- und einigen Reichsleitern, den dominierenden Platz in der Parteihierarchie ein. Sie trug wesentlich dazu bei, daß das Regime seinen folgenschweren Einfluß auf die überwältigende Bevölkerungsmehrheit auch im weiteren Verlauf des Krieges aufrechterhalten konnte.

Deutsche Besatzungstruppen in Weißrußland

Kapitel 14
Auf dem Kreuzzug gegen den „jüdischen Bolschewismus"

Im Morgengrauen des 22. Juni 1941 begann der deutsche Überfall auf die UdSSR. Mit ihm sollte jenes abenteuerliche, in vieler Hinsicht illusionäre Unternehmen fortgesetzt und zu Ende geführt werden, dessen Anliegen die NSDAP bereits zwei Jahrzehnte zuvor als eine ihrer wichtigsten Forderungen in das Parteiprogramm aufgenommen hatte: Gewinnung von „Land und Boden (Kolonien)". Spätestens seit Hitlers offenherziger Darlegung in seinem Buch „Mein Kampf" konnte jeder wissen, daß dieser „Führer" – an die Macht gekommen – nach der Eroberung Polens auch einen Krieg gegen „Rußland" vorbereiten und erbarmungslos führen würde. Stets hatte er die Eroberung von „Lebensraum" und dessen „Germanisierung" im Visier, obgleich in den dreißiger Jahren aus Gründen der Diplomatie und zwischen 1939 und 1941 mit Rücksicht auf den Nichtangriffsvertrag öffentlich davon nicht geredet wurde. Dennoch konnte jedem klar sein, daß Hitler die Zerschlagung des „jüdischen Bolschewismus" als eine entscheidende Voraussetzung zur Verwirklichung seiner Ziele betrachtete.

Führende Parteifunktionäre bemühten sich, die viele wiederum überraschende Wendung zu rechtfertigen, indem sie erklärten, es handele sich um einen alten Konflikt, der jetzt erneut aufgebrochen sei. „Hei lewet noch – der alte Feind", überschrieb Ley nahezu triumphierend seinen Artikel im Organ der DAF, in dem er in antisemitischer Manier sowohl gegen die UdSSR als auch gegen England argumentierte.[1] In einem Leitartikel des „Völkischen Beobachters" hieß es, als hätte es den Vertrag vom 23. August 1939 nie gegeben: „Nationalsozialismus und Bolschewismus stehen sich wie Feuer und Wasser in einer grundsätzlichen Feindschaft gegenüber, die in der Geschichte der nationalsozialistischen Bewegung vom ersten Augenblick an stets eine ausschlaggebende Rolle gespielt hat."[2] Ungeachtet der Tatsache, daß die Führungsclique um Hitler zielstrebig auf diesen Krieg hingearbeitet hatte, stellte sie den Bruch des Paktes vom August 1939 als einen notwendigen präventiven Schlag gegen die angeblich expansionistische Ziele verfolgende UdSSR hin. Behauptet wurde – seither vielfach widerlegt und dennoch immer wieder aus der Versenkung geholt[3] –, die Sowjetunion habe „mit Sabotage und Zersetzungspropaganda die Vernichtung des nationalsozialistischen Deutschlands" vorbereitet.[4] Den offenkundigen Widerspruch aufzulösen, der zwischen der gebetsmühlenartig wiederholten Aussage, Deutschland drohe ein Vernichtungskrieg aus dem Osten, und der Verheißung bestand, der russische „Koloß" stehe auf tönernen Füßen und werde rasch besiegt sein, schien keiner der Parteigenossen bereit oder gar willens zu sein.

Die NSDAP und ihre Gliederungen betrieben eine aufwendige rassistisch-antisemitische und antibolschewistische Propagandakampagne, die für einige Monate sozialpolitische Parolen spürbar in den Hintergrund treten ließ. Sie ging Hand in Hand mit erneut gesteigerter Verfolgung antifaschistischer Kräfte in Deutschland, die sich nach dem Überfall auf die UdSSR um neue und wirksame Aktionen bemühten. Nicht allein die Zahl der verbreiteten Flugblätter stieg an, in einzelnen Widerstandsorganisationen kam es in wachsendem Maße zur Zusammenarbeit von Kommunisten, Sozialdemokraten, Gewerkschaftern, parteilosen Arbeitern, Angestellten, Intellektuellen und bürgerlichen Hitlergegnern. Von der gewaltsamen Ausschaltung aller oppositionellen Kräfte versprach sich die NSDAP eine totale Befriedung der „inneren Front" in Deutschland, ohne dies jedoch wirklich erreichen zu können. Allein im zweiten Halbjahr 1941 verhaftete die Gestapo über 70.000 Personen. Die Justiz des Dritten Reiches (ohne die Wehrmachtsgerichtsbarkeit) verkündete mehr Todesurteile als bislang; war bis 1941 in ca. 1.000 Fällen das höchste Strafmaß verhängt worden, so stieg ihre Zahl in den folgenden Jahren auf 16.000. Zwei Drittel aller Todesurteile wurden vollstreckt.[5]

Die deutsche Presse bejubelte seit Ende Juni 1941 die zunächst rasch aufeinanderfolgenden Schlachtensiege. Erfolg auf Erfolg konnte sie vermelden, wobei jeder in ihrer Darstellung immer größer, entscheidender und sensationeller als der vorhergehende erschien. Hitler erklärte am 3. Oktober 1941: „Bis zum heutigen Tage ist jede Aktion genau so planmäßig verlaufen wie einst im Osten gegen Polen, dann gegen Norwegen und endlich gegen den Westen und auf dem Balkan." Obwohl der Zeitplan des geplanten Blitzkrieges bereits durcheinander geraten war, verkündete er, daß nunmehr auch dieser Gegner „gebrochen" sei und sich „nie mehr erheben" werde.[6] Angesichts des bis dahin nahezu unaufhaltsamen Vordringens der Wehrmacht und des Verschweigens der – erstmalig seit Kriegsbeginn sehr hohen – eigenen Verluste wurden solche offiziellen Mitteilungen und Einschätzungen geglaubt. Vereinzelt hatten sich zwar warnende Stimmen erhoben, jedoch nahmen große Teile des deutschen Volkes die Fehlurteile der Regierenden und der Militärs für bare Münze. Der Sicherheitsdienst konnte in seinen Berichten erleichtert und mit Befriedigung vermerken, daß der Beginn des Krieges gegen Rußland unter der deutschen Bevölkerung zwar „größte Überraschung", jedoch keine „ausgesprochene Schockwirkung" hervorgerufen habe: „Die Bevölkerung ist sich der Schwere und Tragweite dieses Kampfes bewußt, vorherrschend ist aber eine ruhige, gefaßte Zuversicht, Ängstliche Gemüter äußern zwar, es werde große Schwierigkeiten haben, diese riesigen Räume zu erobern. Letzten Endes kommt aber doch immer wieder das große Vertrauen zu der Unüberwindlichkeit deutschen Soldatentums zum Ausdruck."[7] Die NSDAP pries sich selbst im Sommer und Herbst 1941 als die „beste" antikommunistische Organisation der Welt. Sie stand an der Spitze eines breit gefächerten Gefüges von Verbänden und Institutionen, in denen – differenziert und in Abhängigkeit vom jeweiligen Platz der einzelnen Einrichtungen – unablässig „Beute"- und kolonialistische Zukunftspläne geschmiedet wurden. Auch ihr war das von Hitler am 16. Juli 1941 zunächst intern formulierte Ziel vorgegeben, „den riesenhaften Kuchen handgerecht zu zerlegen", damit ihn Deutschland „erstens beherrschen, zweitens verwalten und drittens ausbeuten" konnte. Vor allem über Göring – am 29. Juni 1941 erhielt er außerordentliche Vollmachten zur Leitung des gesamten Apparates für die wirtschaftliche Ausplünderung und Kolonisierung der Sowjetunion – nahmen Parteifunktionäre Einfluß auf die Ausarbeitung und die Fertigstellung der Dokumente, die eine grundlegende Orientierung für die Ausplünderung und die Unterjochung der sowjetischen Bevölkerung enthielten. Dazu gehörten u.a. die als „Grüne Mappe" bezeichnete „Richtlinie für die Führung der Wirtschaft in den neubesetzten Ostgebieten" und die „Wirtschaftspolitischen Richtlinien für die Wirtschaftsorganisation Ost, Gruppe Landwirtschaft" – Dokumente, die ein anschauliches Bild von der Ungeheuerlichkeit der Kriegszielplanung des deutschen Faschismus bieten. Einige Ämter der NSDAP-Reichsleitung – darunter das Rassenpolitische Amt und das Rassen- und Siedlungshauptamt – sowie das Amt des Reichskommissars für die Festigung deutschen Volkstums, in dem sich der Agrarpolitiker und Professor der Berliner Universität Konrad Meyer als Planungschef hervortat, bereiteten den langfristigen „Generalplan Ost" vor.[8] Dieser heute nur noch in Bruchstücken bzw. in der Fassung von 1941 bekannte Plan wurde am 12. Juni 1942 von Himmler bestätigt und seit Ende 1942 als „Generalsiedlungsplan" bezeichnet. Das ihm zugrunde liegende rassistische Konzept zielte auf die „Dezimierung der slawischen Bevölkerung um 30 Millionen" und die Zwangsausweisung großer Teile vor allem der russischen Bevölkerung nach Sibirien. 80 bis 85 Prozent der Bevölkerung Polens, 64 Prozent der Bevölkerung der Westukraine und 75 Prozent der Bevölkerung Weißrußlands sollten aus ihren angestammten Siedlungsgebieten vertrieben werden. Seine Verfasser betrachteten lediglich ca. 14 Millionen Menschen, die in diesen Gebieten lebten, als „eindeutschungsfähig". Die Kosten der Vertreibung und der Neuansiedlung von mindestens 10 Millionen Deutschen – dafür war ein Zeitraum von 20 Jahren vorgesehen – wurden mit ca. 46 Milliarden RM beziffert.

Die NSDAP trat bei der Errichtung des deutschen Okkupationsregimes in den besetzten Gebieten der UdSSR weniger als die SS in Erscheinung. Das ergab sich aus der Situation und der vorläufigen Zielstellung und entsprach den unterschiedlichen Aufgaben ihrer einzelnen Bestandteile innerhalb des Herrschaftsmechanismus. Dennoch beteiligten sich zahlreiche Parteifunktionäre und -mitglieder daran, jene umfangreichen Pläne Wirklichkeit werden zu lassen, die von den verschiedensten staatlichen Institutionen, Wehrmachtdienststellen, Betrieben und anderen Einrichtungen bereits vor dem Überfall auf die UdSSR ausgearbeitet worden waren.[9] Der als „Ostexperte" der Partei geltende und zugleich im Raub von Kunstschätzen[10] erfahrene Rosenberg erhielt einen weiteren Funktionsbereich zugesprochen: Bereits am 20. April 1941 war er „Beauftragter für die zentrale Bearbeitung der Fragen des osteuropäischen Raumes" geworden, am 17. Juli 1941 ernannte Hitler ihn zum „Reichsminister für die besetzten Ostgebiete". Auf des Ministers Initiative wurden auf sowjetischem Boden vier „Reichskommissariate" geschaffen, untergliedert in über 30 General- und zahlreiche Hauptkommissariate. An der Spitze dieser neuen Verwaltungsorgane standen Parteimitglieder, die bislang andere Einrichtungen der NSDAP geleitet hatten. Als Stellvertreter des neuen Ministers, der sich mit seinen personellen Vorschlägen bei Hitler nur teilweise durchsetzen konnte, fungierte Alfred Meyer, Gauleiter von Westfalen-Nord. Hinrich Lohse, Gauleiter von Schleswig-Holstein, stand dem „Reichskommissariat Ostland" vor, das die baltischen Republiken sowie einen Teil Bjelorußlands erfaßte. Generalkommissar „Weißrutheniens" wurde Wilhelm Kube, der sich – nachdem er zeitweilig in Ungnade gefallen war – formell auch wieder mit dem Titel eines Gauleiters schmücken konnte. Den größten Teil der Ukraine beherrschte Erich Koch, Gauleiter von Ostpreußen, als Reichskommissar. Diese Methode, besonders aktive und erfahrene NSDAP-Mitglieder der „Zivilverwaltung" in den okkupierten sowjetischen Gebieten zur Verfügung zu stellen, setzte sich auch auf mittlerer und unterer Ebene fort. Jedoch zeigte sich bald, daß es an verfügbaren Leuten mangelte, wie der Rückgriff auf namenlose Unterführer aus dem Apparat der DAF zeigte.

Die Mittel und Methoden der deutschen Kriegführung gegen die UdSSR waren grausam und brutal; und sie wurden dies nicht erst als Antwort auf den Widerstand der Roten Armee und den Kampf der Partisanen. Daher erhielten – bevor noch die politische Verwaltung Rosenbergs langfristige Ziele anvisieren konnte – die beabsichtigte dauerhafte Unterjochung, die hemmungslose wirtschaftliche Ausplünderung und die „polizeiliche Sicherung" der besetzten Gebiete Vorrang vor allen anderen Aufgaben. Davon zeugte bereits der Erlaß Hitlers über die „Hoheitsrechte der Wehrmachtsbefehlshaber in den besetzten Gebieten" vom 25. Juni 1941. Ihm folgte vier Tage darauf der Erlaß über die Befugnisse des „Beauftragten für den Vierjahresplan in den neu besetzten Ostgebieten". In gleiche Richtung wiesen die Erlasse über „die Zivilverwaltung der besetzten Ostgebiete" vom 17. Juli 1941 und über „die polizeiliche Sicherung der besetzten Ostgebiete" vom gleichen Tage. In der Besprechung Hitlers vom 16. Juli 1941 mit Göring, Lammers, Rosenberg, Keitel und Bormann erklärte Göring gegen Rosenberg, der – obgleich sehr zurückhaltend formuliert – Überlegungen zur Gewinnung von Teilen der Bevölkerung und zur Ausnutzung nationaler Widersprüche einzubringen versuchte. Rosenbergs Vorstellungen über eine gewisse „kulturelle Betreuung" der sowjetischen Bevölkerung in der Ukraine wurde entgegengehalten, daß zunächst ausschließlich an die „Sicherung unserer Ernährung" gedacht werden müsse, „alles andere könne doch erst viel später kommen".[11]

Die Errichtung und das Funktionieren des Okkupations- und des Ausplünderungsapparates in den besetzten Teilen der Sowjetunion hielt Hitler für „sehr schwierig". Er meinte daher, daß sie nicht dem Heere und von ihm zu errichtender Zivilverwaltungen zugemutet werden könne.[12]

In Übereinstimmung mit Rosenberg ging es ihm keineswegs darum, einen „Kreuzzug" zur „Befreiung" der russischen, weißrussischen, ukrainischen und baltischen Bevölkerung vom „jüdischen Bolschewismus" zu führen. Der Krieg sollte deutscher Weltpolitik und Weltherrschaft dienen. Nachdrücklich unterschied er zwischen den öffentlich benannten und den zu verschweigenden deutschen Zielen. Die Erklärungen, die Deutschland vor der Welt abzugeben hätte, hätten sich nach ganz anderen Gesichtspunkten zu richten. Ganz in diesem Sinne stellte er am 16. Juli 1941 offenherzig-skrupellos klar: „Wesentlich sei es nun, daß wir unsere Zielsetzung nicht vor der ganzen Welt bekanntgäben; dies sei auch nicht notwendig, sondern die Hauptsache sei, daß wir selbst wüßten, was wir wollten ... Wir müßten hier genau so vorgehen, wie in den Fällen Norwegen, Dänemark, Holland und Belgien. Auch in diesen Fällen hätten wir nichts über unsere Absichten gesagt und wir würden dies auch weiterhin klugerweise nicht tun. Wir werden also wieder betonen, daß wir gezwungen waren, ein Gebiet zu besetzen, zu ordnen und zu sichern; im Interesse der Landeseinwohner müßten wir für Ruhe, Ernährung, Verkehr usw. usw. sorgen; deshalb unsere Regelung. Es soll auch nicht erkennbar sein, daß sich damit eine endgültige Regelung anbahnt! Alle notwendigen Maßnahmen – Erschießen, Aussiedeln usw. – tun wir trotzdem und können wir trotzdem tun. Wir wollen uns aber nicht irgendwelche Leute vorzeitig und unnötig zu Feinden machen. Wir tun also lediglich so, als ob wir ein Mandat ausüben wollten. Uns muß aber dabei klar sein, daß wir aus diesem Gebiet nie wieder herauskommen."[13]

Erst später, als die Hoffnung gescheitert war, auch die UdSSR in einem blitzkriegsartigen Handstreich überwältigen zu können, modifizierten sich Rosenbergs Auffassungen. Er reagierte damit vor allem auf die Kriegswende, die auf den Schlachtfeldern vor Moskau im Dezember 1941 begann und sich bei Stalingrad im Winter 1942/43 vollzog, in einer Situation, in der sich der objektive Widerspruch zwischen der Aufgabe, einerseits das schwindende Hinterland zu festigen, andererseits es noch schärfer auszubeuten, außerordentlich vertiefte. Erfahrungen, die er als Reichsminister für die besetzten Ostgebiete mit den unterschiedlichen Praktiken der Okkupationspolitik gesammelt hatte, ließen ihn versuchen, solche Formen der Ausplünderung der okkupierten Gebiete zu finden, die nach seiner Auffassung langfristig wirksam sein könnten. Dadurch geriet er in Gegensatz zu Hitler und anderen Teilen der NSDAP-Führung, die – entsprechend ihrer Urteile und ihrer Rolle – gleichsam die andere Seite des Widerspruchs vertraten und zur Fortsetzung des Krieges eine hemmungslose, d.h. eine nur für bestimmte Zeit mögliche Ausplünderungspolitik betrieben. Rosenbergs Einfluß auf Entscheidungen der Partei- und Staatsspitze, insbesondere Hitlers, Görings und Himmlers ging folgerichtig zurück, weil seine Vorschläge rascher als die der anderen an praktischer Bedeutung verloren.

Wie in den Zeiten zuvor leitete die NSDAP ihre hauptsächlichsten Betätigungsfelder auch jetzt aus der Sorge um die Stabilität der „inneren Front" ab. Zu diesem Zweck legte u.a. ihr Reichsorganisationsleiter im Herbst 1941 zwei Denkschriften des Arbeitswissenschaftlichen Instituts der DAF vor, in denen er den Deutschen einen „unmittelbar fühlbaren sozialen Aufstieg" versprach. Sie trugen bezeichnenderweise die Titel „Raum formt Sozialpolitik" und „Erwägungen zur Nutzung der eroberten Gebiete durch das deutsche Volk".[14] In ihnen wurde für eine primitive Ausbeutungswirtschaft im einverleibten „entbolschewisierten Ergänzungsraum" plädiert, die erst später und gleichsam auf lange Sicht „durch eine planmäßige Anpassung der Wirtschaftsstruktur an die Bedürfnisse des deutschen Volkes" ersetzt werden sollte.[15] Diese Vorstellungen von einer riesigen und ertragreichen deutschen Kolonie im Osten waren anmaßend und ungeheuerlich. Eine allzu lautstarke Behandlung in der Öffentlichkeit hätte jedoch dazu geführt, die Diskrepanz zwischen den tatsächlichen Zielen und der Propaganda erkennbar zu machen. Daher sah sich Goebbels zu dieser Zeit veranlaßt, alle „Ausführungen, Vorhersagen usw. über die künftige staatsrechtliche Gestaltung des heutigen Sowjet-Staates oder einzelner Teile und Gebiete desselben" grundsätzlich zu untersagen. Jede Festlegung auf ein konkretes Ziel sei zu vermeiden. In einem „Aufklärungs- und Redner-Informationsmaterial" der Reichspropagandaleitung ließ er im Sommer 1941 verlauten, daß auch „keinerlei Ausführungen über das rohstoff- und ernährungspolitische Gebiet" gemacht werden dürfen. Ebenso verbot er alle Mitteilungen darüber, „was die Sowjet-Union auf diesem oder jenem Gebiet erzeugt hat, wie auch Mutmaßungen, daß Deutschland nach der Besetzung gewisser Gebietsteile auf diesem oder jenem rohstoff- und ernährungspolitischem Gebiet nun eine Entlastung erfahren wird. Solche Ausführungen würden nur zu unbegründeten Hoffnungen und damit zu späteren Enttäuschungen führen."[16] Erst ein knappes Jahr danach hielt er es für angebracht, jene ungeschminkte Erklärung zu veröffentlichen, wonach es sich im Kampf gegen Rußland um einen „Krieg für Getreide und Brot, für einen vollgedeckten Frühstücks-, Mittags- und Abendtisch, ... um Rohstoffe, um Gummi, um Eisen und Erze" handelte.[17]

Auch auf anderen Gebieten machte sich in den Orientierungen der Reichs- und Gauleiter für die Parteiverbände unmittelbar nach dem 22. Juni eine gewisse Unsicherheit bemerkbar.[18] Goebbels meinte, es seien jetzt keine öffentlichen Veranstaltungen, sondern lediglich Mitgliederversammlungen in den Ortsgruppen der Partei durchzuführen.[19] Während einige die seit langem gebrauchte Liedzeile „Führer befiehl, wir folgen" und den Glauben an einen „Endsieg" als entscheidend betrachteten, sahen sich andere veranlaßt, das überkommene Feindbild vom notleidenden „jüdisch-bolschewistischen" Rußland noch stärker als bisher zu verbreiten. Dessen Realitätsgehalt sei nunmehr, da deutsche Soldaten alles selbst in Augenschein nehmen könnten, endgültig erwiesen. Das „Sowjetparadies" wurde auch in zahlreichen Feldpostbriefen von NSDAP-Mitgliedern in den schwärzesten Farben gemalt, das Bild von den Russen regelrecht entmenschlicht und nur noch von „Untermenschen" oder „Bestien" gesprochen.[20] Die sowjetischen Menschen seien durch die „Rassenmischung" zwar minderwertig, doch zugleich durch den technischen Fortschritt sehr gefährlich geworden, orakelte Rosenberg. Deutschland stehe „die Steppe plus Slawe plus europäische Technik gegenüber, der berittene Mongole und der motorisierte Untermensch."[21] Ein an der Seite der Deutschen kämpfender flämischer Soldat fragte in einem Brief, wann die 170 Millionen Russen „wieder zu *Menschen* gemacht werden können?"[22] Nicht einmal von einer solchen Haltung ließ ein NSDAP-Kreisobman aus dem oberschlesischen Pleß etwas erkennen, als er schrieb: „Ich sehe jedenfalls ein unterernährtes rachitisches Russenkind lieber, als ein gut genährtes gesundes, vollbusiges Russenweib."[23] Indessen konnten diese Auffassungen, in den ein pures chauvinistisches Verständnis von deutscher „Größe" zum Vorschein kam, nicht einmal der eigenen Politik dienlich sein. Das Bestreben, die Gefährlichkeit des Gegners maßlos zu übertreiben, schloß dessen Unterschätzung in keiner Weise aus. Allerdings bereiteten die gegensätzlichen Thesen von der „jüdisch-bolschewistischen Weltgefahr" einerseits und vom russischen „Koloß auf tönernen Füßen" andererseits nicht nur der Kriegführung, sondern der Parteipropaganda und vor allem auch der Wehrmachtpropaganda bei den Fronttruppen erhebliche Schwierigkeiten. Rosenberg bemühte sich, den deutschen Überfall auf die UdSSR in eine 1600jährige Geschichte deutscher Besiedelung und Beeinflussung slawischer Gebiete einzuordnen: Er bedeute eine geschichtliche Korrektur des Rückzuges der Goten aus den südrussischen Gebieten im Jahre 375. Darüber hinaus verwandte er ein Argument, das mit seinen antikirchlichen Positionen und dem weltanschaulichen Kampf der Partei wenig übereinstimmte. Die neuen Eroberungen im Osten – so erklärte er – böten auch die Möglichkeit, eine „Re-Christianisierung" einzuleiten. Doch schien ihm dies nicht sonderlich bedeutsam zu sein. Daß er sich lediglich von taktischen Erwägungen leiten ließ, erhellt seine eindeutige, obgleich nur wenig in die offiziell verbreiteten Propagandathesen passende Schlußfolgerung: „Wir führen ... heute nicht einen 'Kreuzzug' gegen den Bolschewismus, allein um die 'armen Russen' vor diesem Bolschewismus für alle Zeiten zu erretten, sondern um deutsche Weltpolitik zu treiben und das Deutsche Reich zu sichern. Wir wollen nicht nur das zeitweilige bolschewistische Problem lösen, sondern auch die Probleme, die über diese Zeiterscheinung hinausreichen ..."[24]. Bei einem Schulungslehrgang für Führer und Unterführer aller Gliederungen der NSDAP ließ Rosenberg am 27. Oktober 1941 wissen, daß im Osten keine Zivilverwaltung, sondern eine neue Regierung installiert werde, weil „wir ... nicht mehr aus diesem Raum herausgehen wollen."[25]

Bereits vor dem Einfall in die UdSSR waren im Reichsgebiet spezielle Formationen erneut zusammengestellt worden, die – wenn auch noch nicht in gleichem Maßstab – schon bei der Zerschlagung und Okkupation Polens hinter der Wehrmacht mordend für die „Befriedung" des Landes gesorgt hatten, das einen Teil des deutschen Kolonialreiches im Osten Europas bilden sollte. Als der Eroberungszug bevorstand, der die Masse des „Lebensraums" in deutsche Hand bringen sollte, waren vier Einsatzgruppen der Sicherheitspolizei und des SD formiert worden, die dem Oberkommando des Chefs des RSHA Heydrich unterstanden und von vier seiner engen Mitarbeiter kommandiert wurden. Ihre Aufgabe formulierte Heydrich nach der erfolgten mündlichen Instruktion und am 2. Juli 1941 schriftlich so: „Zu exekutieren sind alle Funktionäre der Komintern (wie überhaupt die kommunistischen Berufspolitiker schlechthin), die höheren, mittleren und radikalen unteren Funktionäre der Partei, des Zentralkomitees, der Gau- und Gebietskomitees, Volkskommissare, Juden in Partei- und Staatsstellungen, sonstige radikale Elemente (Saboteure, Propagandeure, Heckenschützen, Attentäter, Hetzer usw.)."[26] Logistisch den Wehrmachtsbefehlsstellen unterstellt, in deren Rücken sie operierten und mit denen sie Hand in Hand arbeiteten, hatten diese Gruppen jeden Gedanken an Widerstand im okkupierten Hinterland schon vorbeugend blutig zu ersticken, um eine Bedingung für den Blitzsieg herzustellen, die gefangen genommenen Politischen Kommissare der Roten Armee – das waren zu einem erheblichen Teil Angehörige der sowjetischen Intelligenz – auszusondern und zu erschießen, nach der schon in Polen geübten Praxis alle anderen Angehörigen der Intelligenz des Landes, die insbesondere als Anhänger des Regimes galten und der Absicht des Widerstandes verdächtigt wurden, umzubringen und die gleichermaßen aus „rassischen" und aus politischen Gründen als besonders gefährliche Feinde geltenden Juden zu vernichten.

Damit begannen die in Kommandos gegliederten Einsatzgruppen schon in den ersten Tagen nach dem Eindringen auf das sowjetische Territorium. Wo sie auftauchten, hinterließen sie die Spur der Mordstätten und Massengräber, die sie von den Küsten der Ostsee bis zu denen des Schwarzen Meeres durch das eroberte Gebiet zogen. Gleichzeitig begannen sie – da sie das Erschießen der Juden nicht überall gleichzeitig verüben konnten – gemeinschaftlich mit den sich etablierenden Zivilverwaltungen des Rosenberg-Ministeriums und unter Mithilfe der Wehrmacht, Juden, wie es in Polen schon geschehen war, in Ghettos zusammenzupferchen, die eine Art Depot ihrer schon vermerkten und versammelten Opfer darstellten. Ihre Insassen gingen, je länger je mehr, massenhaft an Seuchen und Hunger und auch an der rücksichtslosen Auspowerung ihrer körperlichen Kräfte zugrunde. Denn in den Grenzen der Ghettos wurden Produktions- und Reparaturbetriebe, namentlich auch für den Wehrmachtsbedarf eingerichtet, in denen die Arbeiter sich ebenso zu Tode schuften mußten wie ihre Leidensgenossen in nahe den Vernichtungslagern gelegenen Gruben und Fabriken auf dem Wege der „Vernichtung durch Arbeit" ums Leben gebracht wurden. Davon profitierten die SS- und die Reichskasse direkt oder durch die Verleih dieser Zwangsarbeiter an profitsüchtige Unternehmen, von denen die Betriebe der IG Farben AG, weil in der unmittelbaren Nachbarschaft von Auschwitz gelegen, nur die bekanntesten und berüchtigtsten wurden.

In den Verbrechen der Einsatzgruppen und der mit dem gleichen Auftrag entsandten anderen Polizeiverbände ging zum einen die blutige Saat des auf dem Wege von wiederkehrenden Schulungen in allen NSDAP-Organisationen und insbesondere in der SS und der Polizei verbreiteten Rassenchauvinismus auf, dem das „bolschewistische Judentum" als der Erzfeind der „germanischen", „arischen", „nordischen" – die mitunter willkürlich verwendeten Bezeichnungen für diese Erfindung wechselten – Rasse galt. Doch verwirklichte sich in dieser in der europäischen Geschichte beispiellosen Praxis nicht ein bloßer Vernichtungsdrang, der seine Wurzel in einer irrationalen Vorstellung von eigenen Rechten, eigener Sendung und eigener Auserwähltheit besaß. Das rationale Kalkül des Massenmordens an Juden und Slawen erwuchs aus berechneten Kriegszielen, zu deren Hauptfaktoren die „Germanisierung" des eroberten Landes und die Dezimierung seiner bisherigen Bewohner gehörte. Nach den Vorstellungen der Raum- und anderer Planer lebten in dem künftigen deutschen Kolonialreich im Osten, das sich in Hitlers und anderer NSDAP-Führer Träumen von einer Weltherrschaft häufig mit dem Beispiel der britischen Kronkolonie Indien verband, zu viele und zu viele gefährliche Menschen. Der geschätzte Bedarf an Arbeitssklaven lag weit unter der Zahl der Einwohner der russischen und ukrainischen Gebiete, in welche die Wehrmacht vordrang und die nie wieder geräumt werden sollten. Ebenso knapp wie barbarisch drückten sich Plan und Handlungsvorsatz in den Worten aus: „Die Slawen sollen für uns arbeiten. Soweit wir sie nicht brauchen, mögen sie sterben."27

Den Slawen gegenüber zählten die jüdischen Einwohner von vornherein und ausnahmslos zu den völlig Überflüssigen, den unnützen Essern, den intelligenten und hinterlistigen Kriminellen usw. In diese Kategorie der „Lebensunwerten", d.h. für die eigenen ausbeuterischen Zwecke absolut Unbrauchbaren, ordneten die Massenmörder auch die Sinti und Roma ein, die – angefangen vom „Anschluß" Österreichs – ihnen in wachsender Zahl in die Hände gefallen waren. Die Vernichtung von Millionen, aktiv, indem sie umgebracht wurden, passiv, indem sie in landwirtschaftlich wenig ergiebige und unwirtliche Regionen abgedrängt und dem Hungertod überlassen werden sollten, gehörte mithin nicht nur wahnhaft, sondern zugleich zweckvoll und zielgerichtet zu den Aufgaben, die von den bewaffneten deutschen Einheiten arbeitsteilig verwirklicht wurden. In ihnen mordeten einträchtig überzeugte fanatische Rassisten und völlig gedankenlose Mordgesellen, die jeden Mordbefehl ausführten, die ihnen ihre Vorgesetzten erteilten. Es lag in der Vorgeschichte der Einsatzgruppen- und der anderen Polizeibataillone begründet, daß in ihrem Offizierkorps wie in ihrem Mannschaftsbestand die Mitglieder von NS-Organisationen – gemessen an der deutschen Gesamtbevölkerung – überproportional vertreten waren, von ihnen also nicht schlechthin vom „Durchschnitt" der Deutschen gesprochen werden kann. Die Befehlshaber der Gruppen und Kommandos waren zu einem erheblichen Teil bereits an der blutigen Verfolgung der deutschen Antifaschisten beteiligt gewesen. Doch zeigte sich zugleich, daß auch diejenigen ihrer Angehörigen befehlsgemäß funktionierten, die bis dahin keine besondere Nähe zur Ideologie und Praxis des Regimes hatten erkennen lassen.

Im eroberten Territorium der UdSSR begann im Juni 1941 die Politik des Massenmords an den europäischen Juden, die später – verkürzt und wohl irreführend – „Holocaust" und „Shoah" genannt worden ist. Seit etwa

Auf dem Kreuzzug gegen den „jüdischen Bolschewismus"

Mitte August wurden von den eingesetzten deutschen Verbänden in Städten und Dörfern systematisch auch Frauen, Kinder und Säuglinge getötet. Zur gleichen Zeit liefen im Reichsgebiet und dann im gesamten von der Wehrmacht eroberten und besetzten Gebiet die Vorbereitungen an, die weithin bereits erfaßten Juden zu Vernichtungsorten und -stätten zu deportieren und umzubringen. Im November 1941 verließen die ersten Eisenbahnzüge mit deutschen und österreichischen Juden Deutschland und verbrachten ihre über das ihnen zugedachte Schicksal betrogenen Insassen „nach Osten". Diese von nun an fortdauernde, sich auf das gesamte Okkupationsgebiet und schließlich auch in die Länder der Verbündeten erstreckende Aktion des Judenmords verlangte und erhielt viele Helfer. In Deutschland waren an ihr nicht nur die Beamten der Gestapo-Stellen und die Polizeikommandos, welche die Züge begleiteten und die Verschleppten bewachten, sowie die Bediensteten der Bahnhöfe und des Fahrpersonals der Reichsbahn beteiligt. Trupps der SA und der Allgemeinen SS eskortierten die Juden auf dem Weg von ihren Wohnungen zu den in Turn- und Betriebshallen eingerichteten Sammelplätzen, und Täter und Opfer konnten am hellichten Tage von den Bewohnern der Städte und Ortschaften beobachtet werden. Dann wurden die Zusammengetriebenen und deren Gepäck visitiert und ihnen alles abgenommen, was sie nicht mitführen durften. Bereitstehende Mitglieder der NSV erhielten diese gestohlenen Gegenstände gegen Quittung und mit der Bestimmung, sie an bedürftige Volksgenossen zu verteilen. Über diese unmittelbar Beteiligten waren überall die verschiedensten Leute damit beschäftigt, die Hinterlassenschaft der Juden zu liquidieren: Hausbesitzer, Möbelspediteure, Gerichtsvollzieher, Versteigerer, Bank- und Sparkassenangestellte, Mitarbeiter von Meldebehörden u.a.m. Die Verschleppung der Juden hatte viele Nutznießer. Ihr Kreis reichte von den beziehungsreichen Führern und Funktionären nationalsozialistischer Organisationen, die sich in ihnen genehme Häuser und Wohnungen setzten, was freilich in vielen Fällen bereits seit 1939 während der Zusammendrängung der Verfolgten in „Judenhäusern" geschehen war, bis zu den „ausgebombten" Ariern, die mit Wohnraum, Mobiliar und anderen Haushaltsgegenständen aus dem geraubten jüdischen Besitz „entschädigt" wurden.

Am 20. Januar 1942 begab sich auch Martin Bormanns Stellvertreter zu der Tagung, auf der die Maßnahmen der Judendeportation zwischen den Befehlshabern im RSHA und den Staatssekretären mehrerern anderer oberster Reichsbehörden koordiniert wurden und die unter der Bezeichnung „Wannsee-Konferenz" in die Geschichte des Massenmords an den europäischen Juden eingegangen ist. Um den SS-Obergruppenführer Heydrich und ihm direkt unterstellte SS-Offiziere (Heinrich Müller oder „Gestapo-Müller", Adolf Eichmann u.a.). versammelten sich höchste Beamte, von denen die einen langjährige Mitglieder der NSDAP waren (Justizstaatssekretär Freisler seit 1925), andere ihre Karrieren im Staatsdienst schon zu Zeiten der Weimarer Republik begonnen und aus taktischen Gründen mit ihrem Parteieintritt bis 1933 gewartet hatten. Manche im Kreis derer, die sich bereits darauf verständigten, daß auch die Juden Großbritanniens, Schwedens und anderer neutraler Länder in die tarnend als „Endlösung der Judenfrage" bezeichnete Vernichtung einbezogen werden müßten, bekleideten als Mitglieder der SS und der SA hohe Ehrenränge: Gerhard Klopfer von der Parteikanzlei stieg wenige Tage nach der Konferenz zum SS-Brigadeführer auf, Martin Luther vom Auswärtigen Amt war SA-Oberführer und brachte es später auch noch bis zum Rang eines Brigadeführers, Alfred Meyer war in Personalunion NSDAP-Gauleiter und Staatssekretär Rosenbergs in dessen Ministerium für die besetzten sowjetischen Gebiete und besaß den Rang eines SA-Obergruppenführers, Staatssekretär Erich Neumann, der die Vierjahresplan-Behörde vertrat, gehörte ebenso wie der Staatssekretär im Reichsinnenministerium Wilhelm Stuckart zu den SS-Oberführern.

Zusammensetzung der Teilnehmer und Verlauf dieser beispiellosen Tagung machen sinnfällig, daß die zur aktiven SS-Elite gehörenden Führer und ihre Komplizen mit den Ehrenrängen, was ihre ideologische und moralische Verfassung anlangte, als Schreibtischtäter einhellig wirkten und fakisch austauschbar waren. Denn keiner der Teilnehmer der Beratung, wiewohl sie alle das später bestritten, konnte im Zweifel gewesen sein, welchen Plan sie da beraten und gutgeheißen hatten. Die von Eichmann gefertigte Niederschrift faßte die Ausführungen Heydrichs so zusammen: „Unter entsprechender Leitung sollen im Zuge der Endlösung die Juden in geeigneter Weise im Osten zum Arbeitseinsatz kommen. In großen Arbeitskolonnen, unter Trennung der Geschlechter, werden die arbeitsfähigen Juden straßenbauend in diese Gebiete geführt, wobei zweifellos ein Großteil durch natürliche Verminderung ausfallen wird. Der allfällig endlich verbleibende Restbestand wird, da es sich bei diesem zweifellos um den widerstandsfähigsten Teil handelt, entsprechend behandelt werden müssen, da dieser, eine natürliche Auslese darstellend, bei Freilassung als Keimzelle eines neuen jüdischen Aufbaues anzusprechen ist." Offen wurde auch über den unmittelbar praktischen Nutzen des Judenmords gesprochen, denn aus „Gründen der Wohnungsfrage und sonstiger sozialpolitischer Notwendigkeiten" sollte in Europa als erstes das Reichsgebiet einschließlich Böhmen und Mähren „durchgekämmt" werden.[28]

Der unmenschliche Plan ließ sich aber erst verwirklichten, weil zudem aus dem unteren Offizierkorps der SS und ihren Mannschaftsdienstgraden jene Tätergruppen formiert werden konnten, die – beginnend im Reichsgau Wartheland gelegenen Kulmhof seit Dezember 1941 zunächst in dafür

Auf dem Kreuzzug gegen den „jüdischen Bolschewismus"

präparierten Lastwagen, dann in den stationären Tötungsanlagen von Auschwitz, Belzec, Treblinka, Sobibor – Hunderttausende und schließlich etwa 3 Millionen Juden umbrachten. Insgesamt fielen den Mördern mindestens 5.290.000, wahrscheinlich aber mehr als 6 Millionen – jüdischer Menschen zum Opfer. Und erneut traten bei der Verwertung der letzten Habe der Getöteten „wohltätige" Organisationen in Aktion. NSV und Winterhilfe erhielten wieder Kleidungsstücke zur Verwertung und Verteilung, während sich das Reichsfinanzministerium und die Reichsbank in den Besitz der Großbeute, der Wertsachen aus Edelmetallen und selbst in den des Zahngolds der Ermordeten, brachten, um zusätzliche Mittel der Kriegsfinanzierung zu gewinnen.

War schon die Vorbereitung des Angriffs auf die UdSSR mit einer Verstärkung der Rassen- und Herrenmenschen-Propaganda einhergegangen, so verstärkte sie sich nach dem Beginn des Ostfeldzugs. Nun sollte sie die Verbrechen, von denen Zehntausende deutscher Soldaten Augenzeigen wurde und Hunderttausende verläßlich erfuhren, offensiv rechtfertigen. Daran beteiligten sich auch höchstgestellte Wehrmachtsbefehlshaber. Generalfeldmarschall von Manstein erließ am 20. November 1941 einen Befehl, in dem es u.a. hieß: „Das jüdisch-bolschewistische System muß ein für allemal ausgerottet werden. Nie wieder darf es in unseren europäischen Lebensraum eingreifen ... Für die Notwendigkeit der Sühne am Judentum, dem geistigen Träger des bolschewistischen Terrors, muß der Soldat Verständnis aufbringen. Sie ist auch notwendig, um alle Erhebungen, die meist von Juden angezettelt werden, im Keime zu ersticken."[29] Himmler kleidete das in die Worte: „Das Gebiet der Welt, das keine Juden hat, ist gefeit gegen jede Revolution."[30] Nach einer kaum mehr als siebenjährigen Zusammenarbeit hatte sich das Denken von Berufsmilitärs demjenigen der Organisatoren des Massenmords an der Spitze des „Schwarzen Korps" so weit angenähert, daß es jedenfalls in seinen barbarischen Konsequenzen nicht mehr unterscheidbar war.

Vor dem „Freundeskreis des Reichsführers SS" erklärte am 8. Juli 1942 der SS-Gruppenführer Ohlendorf, auf dessen Befehl allein in der Ukraine 90.000 Menschen durch die von ihm befehligte Einsatzgruppe D ermordet wurden, daß „alle Mittel recht (sind), die zum Erfolg führen", und der Krieg „nicht im Zeichen der Menschlichkeit" gegenüber anderen Völkern betrieben werden könne.[31] Auch wenn das Ausmaß und die Methoden dieser Verbrechen nur wenigen Deutschen konkret bekannt waren, so wußten doch viele und namentlich die politischen, wirtschaftlichen und militärischen Führungskräfte, was geschah; sie wußten jedenfalls erheblich mehr, als die Überlebenden unter ihnen nach 1945 zuzugeben bereit waren.[32]

In der NSDAP galt nach dem Beginn des Krieges gegen die UdSSR eine der ersten unter den vielfältigen, mehr und mehr von der Partei-Kanzlei initiierten Maßnahmen dem Zuwachs an Parteimitgliedern. Entgegen früheren – verschwommenen und kaum eingehaltenen – Festlegungen erklärte Reichsschatzmeister Schwarz, daß für neue Mitglieder keine Aufnahmesperre mehr bestünde.[33] Jedoch schien das Vertrauen, daß sich die gewünschte Masse von Einzelbewerbern finden würde, nicht allzu groß zu sein. Daher wurden neue Rituale praktiziert und der individuelle Spielraum, sich für eine Mitgliedschaft in der Partei oder einer ihrer Gliederung selbständig entscheiden zu können, weiter eingeschränkt. Die Partei nutzte und verschärfte den Gruppendruck auf den einzelnen, dem immer weniger ausgewichen werden konnte. Am 28. September 1941 wurden 150.000 Angehörige der HJ und des BDM in die NSDAP aufgenommen und „deren Gliederungen ... überwiesen".[34] 1942 fand eine solche Aktion der „Übernahme" im September statt, 1943 wurde sie auf den 20. April und 1944 sogar auf den 24. Februar vorgezogen. Die meisten der so gewonnenen männlichen Mitglieder erhielten in der Regel eine sofortige Einberufung zur Wehrmacht oder zum Arbeitsdienst, so daß kaum mit einer Lösung der Probleme des Parteiapparates gerechnet werden konnte. Mancher der neu Eingetretenen mag sogar gehofft oder gewußt haben, daß sein Schritt faktisch bedeutungslos bleiben würde.

Gleichzeitig mehrten sich die Versuche, innerparteiliche Auseinandersetzungen und das folgenlose Geschwätz bei den Parteiabenden zurückzudrängen und die Schlagkraft der NSDAP an der „inneren Front" zu erhöhen. Hitler forderte, wie Bormann am 3. September 1941 Ley wissen ließ, die NSDAP müsse wieder ihre „alte Beweglichkeit" zeigen und „dürfe jetzt nur mehr Dinge behandeln, die die Geschlossenheit zu verstärken geeignet seien".[35] Daher blieben auch jene Überlegungen einzelner Parteifunktionäre unerörtert, die sich in Denkschriften und Briefen mit der Situation der NSDAP befaßten und Vorschläge zu ihrer Reorganisation unterbreiteten. Unter dem Motto: „Die Bewegung ist auf dem besten Wege zu verzopfen" sah z.b. ein 1942 erarbeiteter Plan Gotthard Urbans – er war Stabsleiter bei Rosenberg – nicht nur die Konzentration der Reichsleitung der NSDAP auf zehn Mitglieder, sondern auch deren Tätigkeit in größerer „Gemeinschaft" als bisher vor. Als Reichsleiter – deren Reihenfolge auch Aufschluß über ihren Rang in der Partei bietet – waren vorgesehen: 1. der Reichsorganisationsleiter, 2. der Reichsleiter für die Sicherung der Einheit der nationalsozialistischen Weltanschauung (mit den Gebieten Wissenschaft und Kultur, weltanschauliche Gegner, Nationalsozialismus und Ausland), 3. ein Reichsleiter für soziale Gestaltung, 4. ein Reichsleiter für Volksaufklärung, 5. der Stabschef der SA, 6. der Reichsführer SS, 7. ein Reichsleiter für Jugenderziehung, 8. ein Reichsleiter des Obersten Ehren- und Disziplinargerichtes, 9. der Reichsleiter der Partei-

Kanzlei und 10. der Reichsschatzmeister.[36] Praktisch hätte dies die Schaffung eines Gremiums bedeutet, dem Ley, Rosenberg, Goebbels, Lutze, Himmler, Schirach bzw. dessen seit dem 8. August 1940 amtierender Nachfolger Axmann, Buch, Bormann und Schwarz angehört hätten.

Insbesondere die Forderung, Reichsleiter dürften nur direkt dem „Führer" unterstehen, richtete sich eindeutig gegen die wachsende Rolle der Partei-Kanzlei sowie gegen Bormann persönlich, der sich auf die Gauleiter stützte und eine wirkungsvolle Personalpolitik betrieb.[37] Vereinzelt wurde auch die unter der Bevölkerung weit verbreitete Kritik am Bestreben zahlreicher „Hoheitsträger" der Partei, sich persönlich zu bereichern, sich Villen, Güter, Kunstgegenstände, Schmuck usw. anzueignen und ein kostspieliges Leben zu führen, aufgegriffen.[38] In der Regel berührten solche „kritische" Stimmen niemals das System, immer nur die Frage nach den möglichen negativen Auswirkungen auf den Masseneinfluß der nationalsozialistischen Organisationen. Allzu offensichtliche Mißstände wurden intern und kaum konsequent bereinigt, wie sich bei der Abschiebung Streichers als Gauleiter von Franken gezeigt hatte.[39]

Das Hinausschieben langfristig wirksamer und auf die Wirksamkeit nationalistischer Bewegungen spekulierender Besatzungsmaßnahmen spiegelte indessen im Grunde die unmittelbaren Profitinteressen der deutschen Kriegswirtschaft wider, die in der „Grünen Mappe" ihren Niederschlag gefunden hatten. Darin hieß es eindeutig, den Hungertod und die Zwangsarbeit von vielen Millionen Sowjetbürgern einkalkulierend, daß alle Maßnahmen zu treffen seien, die „notwendig sind, um die *sofortige und höchstmögliche Ausnutzung der besetzten Gebiete* zugunsten Deutschlands herbeizuführen. Dagegen sind alle Maßnahmen zu unterlassen oder zurückzustellen, die dieses Ziel gefährden könnten ... Soviel wie möglich Lebensmittel und Mineralöl für Deutschland zu gewinnen, ist *das wirtschaftliche Hauptziel der Aktion".*[40] Vor allem sollte die gesamte Wehrmacht aus den besetzten Ostgebieten ernährt werden. Auf einer Beratung über „Wirtschaftspolitik und -organisation" in den okkupierten Teilen der UdSSR erklärte Göring am 8. November 1941: „Auf lange Sicht gesehen werden die neubesetzten Ostgebiete *unter kolonialen Gesichtspunkten* und mit kolonialen Methoden wirtschaftlich ausgenutzt."[41] Im Grunde bekräftigte er mit dieser Orientierung die bereits vor dem Überfall getroffene Entscheidung, die Wehrmacht solle sich allein aus den Ressourcen der Sowjetunion ernähren, auch für den anstehenden längeren Krieg, der unweigerlich Versorgungsprobleme im „Altreich" hervorrufen und die Kriegsstimmung der Deutschen beeinträchtigen mußte.

Der vielgestaltig kombinierte Einsatz des Apparates von Staat und Partei, mit dessen Hilfe die wirtschaftliche Ausplünderung der eroberten Gebiete und deren „Germanisierung" gesichert werden sollten, brachte für die Bevölkerung der UdSSR furchtbare Entbehrungen und Opfer. SS und Wehrmacht führten gemeinsam und arbeitsteilig einen Vernichtungsfeldzug gegen die Völker der UdSSR, ganz im Sinne Hitlers, der bereits am 17. März 1941 erklärt hatte: „Die von Stalin eingesetzte Intelligenz muß vernichtet werden. Die Führungsmaschinerie des russischen Reiches muß zerschlagen werden. Im großrussischen Reich ist Anwendung brutalster Gewalt notwendig."[42]

Extremster und militantester Antikommunismus verknüpfte sich mit der rassistisch-antisemitischen Diskreditierung der slawischen Völker als „minderwertig". Ganz im Sinne der Hitlerschen Orientierung, daß sich der Krieg gegen die UdSSR sehr von dem im Westen unterscheide und im Osten „Härte mild für die Zukunft" sei, gingen die vier Einsatzgruppen, die die Bezeichnung A bis D erhalten hatten und etwa je 1.000 Mann stark waren[43], in den besetzten Ostgebieten vor. Die sich Schritt für Schritt ausweitenden Konzepten einer aktiven und sofortigen Vernichtung großer Teile der Bevölkerung in den besetzten Ostgebieten verschränkten sich mit solchen einer passiven und längerfristigen Ausrottung durch Hungertod, Seuchen und Verdrängung. Der Massenmord geriet in immer stärkerem Maße zum konstitutiven Element nationalsozialistischer Kriegsziele und Kriegsstrategie; die Kriegsführung und die Vernichtung vieler Millionen Menschen – Juden und Slawen, häufig als „jüdisch-bolschewistische Untermenschen" abgetan – stellten nunmehr die beiden Seiten einer Medaille dar. Die zu diesen Zwecken erteilten Befehle, die in jeder Hinsicht geltendes Völkerrecht verletzten, sahen auch eine Zusammenarbeit mit nationalistischen und kriminellen Elementen in den besetzten Gebieten vor, wobei es den Dienststellen der NSDAP und der Zivilverwaltung kaum gelang, eine breite Kollaborationsbewegung hervorzurufen.[44]

Die Sowjetarmee machte durch deutsche Rechnungen einen ersten Strich, als sie im Dezember 1941 in der Schlacht vor Moskau den Vormarsch der Wehrmacht stoppen konnte. Auch für die NSDAP und ihre Tätigkeit bedeutete diese erste große und daher nicht zu verheimlichende militärische Niederlage und das nun offenkundige Scheitern der deutschen Blitzkriegsstrategie einen folgenreichen Einschnitt. Sie stand zum ersten Mal seit Kriegsbeginn vor einem Scherbenhaufen der militärstrategischen Pläne des Regimes. Da an den Expansions- und Weltmachtzielen kein Jota abgestrichen werden sollte, mußte es sich jetzt auf einen kräftezehrenden Krieg von langer Dauer und an mehreren Fronten einstellen. Aus den Blitzkriegen war – fast wie in den Jahren 1914 bis 1918 – ein Krieg des Massenaufgebots von Menschen und Kriegsmaterial geworden. Dafür besaß Deutschland mit seinen schwächeren Verbündeten jedoch ungleich schlechtere materielle, technische und personelle Voraussetzungen als die UdSSR und die sich Ende 1941 formierende Antihitler-Koalition, zu deren beiden Haupt-

Auf dem Kreuzzug gegen den „jüdischen Bolschewismus" 447

mächten nach dem japanischen Überfall auf Pearl Harbor und der deutschen Kriegserklärung an die die USA vom 11. Dezember 1941 das an materiellen Ressourcen reichste Land der Erde hinzutrat, das zudem mit seinen nahezu 180 Millionen Einwohnern Massenheere formieren und auf mehreren Kriegsschauplätzen einzusetzen vermochte.

Dem kriegswirtschaftlichen Potential Deutschlands waren hingegen unübersteigbare Grenzen gesetzt, die unter den Bedingungen eines langen und angespannten Krieges immer deutlicher zutage treten mußten.[45] Dennoch blieb die Mehrheit der Funktionäre und Mitglieder der NSDAP auch nach den deprimierenden Meldungen an der Jahreswende 1941/ 1942 bei der Vorstellung vom erreichbaren, ja sicheren und also nur aufgeschobenen Endsieg. Viele von ihnen wollten sich nicht einmal eingestehen, daß die Wehrmacht in der Schlacht vor Moskau eine Niederlage erlitten hatte, so wie sie auch später die Schlachten bei Stalingrad an der Wolga und im Kursker Bogen und an anderen Fronten als kriegwendende Entscheidungen kaum zu akzeptieren bereit waren. Von ihren Bemühungen zeugten auch die Ergebnisse der mit großem Aufwand betriebenen Sammlungen für das Winterhilfswerk 1941/42 und 1942/43. Diese erbrachten mit 1,2 bzw. 1,6 Mrd. RM die bislang höchsten Summen, was allein 40 Prozent der seit 1933/34 gesammelten Spenden ausmachte.[46] Allerdings waren davon nahezu 10 Prozent direkt von den Löhnen und Gehältern abgezogen worden. Im Winter 1943/44 soll sogar ein Betrag von 1,7 Mrd. RM erbracht worden sein.[47]

Auch unter den Bedingungen eines langen und unter Einsatz aller Mittel geführten Krieges bestand die hauptsächlichste Aufgabe der nationalsozialistischen Organisationen in der Sicherung der für ihre Zielsetzungen erforderlichen innenpolitischen Voraussetzungen. Seit dem Winter 1941/ 42 versuchte die NSDAP, ihre gesamte Tätigkeit an die grundlegend veränderte Kriegssituation anpassen. Hitler zauderte jedoch, Entscheidungen zu treffen, die tief in das Leben der Rüstungsarbeiter und der Frauen der Frontsoldaten eingriffen. Seine Hemmungen und Befürchtungen ergaben sich aus deren absehbaren Folgen für die Wirksamkeit des Systems der politischen Massenbeeinflussung und der Herrschaftsorganisation. Hitlers Zögern traf sich mit der Furcht, eingeleitete Veränderungen vielleicht nicht mehr steuern zu können, mit der Sorge zahlreicher „Hoheitsträger" der Partei, ihren Aufgaben nicht mehr gewachsen zu sein oder durch Einsparungen ihre Positionen und Pfründen zu verlieren. Das Bestreben, im herkömmlichen Partei- und Dienstrott zu verharren, rührte auch aus der im Laufe der Jahre erwachsenen Trägheit und Behäbigkeit vieler Amtsinhaber und mitunter schlicht aus deren Unfähigkeit, der sich von nun an dramatisch verändernden Situation gerecht zu werden.

Tatsächlich sahen sich nur wenige Parteifunktionäre – trotz der von allen als bedrohlich empfundenen Krise nach der militärischen Niederlage vor der sowjetischen Hauptstadt – veranlaßt, Strukturen und Führungsprinzipien der NSDAP kritisch unter die Lupe zu nehmen und auf grundsätzliche Veränderungen zielende Vorschläge zu unterbreiten. Sie stießen auf wenig Gegenliebe der Parteioberen. Zwar fixierte Rosenberg – angeregt von Hans Heinrich Lammers, dem Chef der Reichskanzlei – „Gedanken über einen Partei- und Reichssenat", doch ging er kaum über organisatorisch-technische Aspekte zur Regelung einer Nachfolgeschaft für Hitler hinaus.[48] Einen ernster zu nehmenden Vorstoß wagte ein kleiner Kreis um den in Bremen residierenden Leiter des Gaues Weser-Ems Carl Röver. Vor seinem mysteriösen Tod[49] im Jahre 1942 hatte er in einer umfangreichen Denkschrift deutlich die „Vor- und Nachteile des Führerprinzips" beschrieben. Es müsse, so forderte er u.a. – eine Möglichkeit geben, „leistungsschwache Führer" absetzen zu können. Ebenso hielt er eine regelmäßige Zusammenrufung des höheren Parteiführerkorps für notwendig, dem bei solchen Treffen, wie das noch in der jetzt wieder vielberufenen „Kampfzeit" der Fall gewesen sei, Gelegenheit zur „Aussprache" gegeben werden müsse. Davon versprach sich Röver auch Einfluß auf ein Ende der Kompetenzstreitigkeiten zwischen verschiedenen Parteiführern, welche „die Autorität der Reichsleitung und damit der gesamten Partei erheblich" in Mitleidenschaft gezogen hätten.[50]

Solche Vorschläge, die auf eine Überwindung des bürokratisierten Arbeitsstils der NSDAP zielten und nicht nur ihre zeitweilige Anpassung an veränderte Bedingungen bedeutet hätten, wurden zwar intern debattiert, jedoch nie verwirklicht. Auch im weiteren Kriegsverlauf erfolgte keine klare Abgrenzung der Kompetenzen und Aufgaben, welche den einzelnen Ämtern und Dienststellen der Partei zustanden. Die Grundsätze ihrer Zusammenarbeit wurden nicht verbindlich bestimmt. Ebensowenig fiel eine grundsätzliche Entscheidung gegen die Personalunionen von Partei und Staat. Sicherungen gegen den Aufstieg „despotischer Führer" – die Röver für erforderlich hielt – wurden nicht geschaffen. Das von ihm als notwendig erachtete „freie" und „offene" Auftreten der Mitglieder gegenüber den Politischen Leitern scheiterte an dem bewahrten Prinzip strikten Befehlsgehorsams. Nicht einmal die für alle Institutionen und Organisationen ins Visier genommene einheitliche, an den bestehenden Gauen orientierte Gestaltung aller staatlichen und militärischen Verwaltungsstrukturen kam zustande. Ungehört verhallten ebenso die – von vornherein illusionären – Empfehlungen, SA, NSKK, NSFK, RAD und DAF stärker mit der NSDAP zu verknüpfen, den Reichsnährstand aufzulösen und einen Nationalsozialistischen Bauernbund zu gründen sowie ein Sozialamt der NSDAP zu schaffen. Die meisten dieser Vorschläge widerspiegelten nicht mehr als die Bereitschaft einzelner, auf eine nach ihrer Auffassung effizientere Ausgestaltung der Partei zu drängen, um so die krisenhaften Stimmungen beseitigen und die Gefahr der weiteren Entfremdung zwischen Führern und Geführten bannen zu können. Offensichtlich sollten die Parteimitglieder durch ein in Grenzen gewährtes „Mitspracherecht" aktiviert und die nach ihrem Verständnis unnötigen Reibungsflächen im Führungsapparat des Regimes überwunden werden. Die Parteispitze hielt jedoch auch weiterhin starr an den gewählten Prinzipien und eingefahrenen Strukturen fest. Es liest sich wie eine Rechtfertigung auch dieses Verhaltens, was Goebbels am 2. August 1942 in einem gegen Großbritannien gerichteten Artikel unter dem Titel „Auch der Versuch ist strafbar" publizierte: „Risiken, die tödliche Gefahren in sich bergen, soll man im Kriege nur dann auf sich nehmen, wenn man durch eine Notlage dazu gezwungen wird, die sonst keinen Ausweg mehr bietet. Eine solche Notlage ist ... für uns nicht gegeben."[51]

Dennoch betrafen die Ereignisse an der Jahreswende 1941/1942 nicht nur die Kriegsaufgaben der NSDAP. An der Regimespitze mußte eine weitreichende Umorganisation, Neugruppierung und Zentralisation der Institutionen und Apparate eingeleitet werden, welche die Kriegswirtschaft lenkten. Angestrebt wurde die restlose Mobilisierung aller personellen und materiellen Kräfte und Reserven im Reich und in den unterjochten Ländern. Im Rahmen dieses Programms sollten auch Einrichtungen der NSDAP verkleinert werden, um Männer und Frauen für die direkte Verwendung in der Wehrmacht freizumachen und an materiellem Aufwand zu sparen. Obgleich darin eine wichtige Voraussetzung für den erhofften Sieg gesehen wurde, hielten sich die Einschränkungen für die meisten Gliederungen und angeschlossenen Verbände der Partei durchaus in erträglichem Rahmen. Sie wurden jedoch propagandistisch geschickt genutzt, um den Eindruck zu erwecken, die Partei gehe auch in der neuen Phase des Krieges voran. In der Zeit von Januar 1941 bis März 1942 verringerte sich der Bestand an hauptberuflichen Kräften der NSDAP, die als „unabkömmlich" bezeichnet wurden und nicht zur Wehrmacht einberufen werden durften, lediglich von 16.800 auf 16.087[52], also um etwas mehr als vier Prozent. Im Apparat der Partei kam es jedoch kaum zu größeren Veränderungen, was Hitler ein Jahr darauf veranlaßte, noch einmal zu fordern, daß die in seinem Erlaß angedeuteten Maßnahmen „verstärkt durchzuführen" seien. Mit Nachdruck hob er hervor, daß auch in der Partei „alle nicht für kriegswichtige Zwecke eingesetzten Kräfte" für die Wehrmacht freizusetzen wären.[53] Daraufhin ging die Zahl der „unabkömmlichen" Parteifunktionäre bis zum April 1943 zunächst bis auf 13.886 zurück, stieg von da an jedoch ständig und erreichte im Mai 1944 die Höhe von 20.964.[54] Die von Hitler am 25. Januar 1942 befohlene „Vereinfachung der Verwaltung" hatte nichts weiter zur Folge, als daß mehrere Ämter geschlossen, andere zusammengelegt wurden. Der neue „Kriegsorganisationsplan der DAF" vom 26. Januar 1942 verbot alle „nicht unbedingt kriegswichtigen" Arbeiten und hob faktisch die vielgepriesenen sozialen Leistungen der „Kraft durch Freude"-Einrichtungen auf.

Zwar blieb der personelle Abbau des Parteiapparates nach wie vor minimal, doch erhöhten sich die ihm übertragenen Aufgaben weiter. Eine von ihnen ergab sich auch aus den besatzungs- und innenpolitischen Folgen der Zwangsmobilisierung deutscher und ausländischer Arbeitskräfte für die Kriegswirtschaft. Seit 1942 hatte sich die NSDAP verstärkt an den Maßnahmen zur Lösung des Arbeitskräfteproblems zu beteiligen, d.h. bei einer der Quadratur des Kreises gleichenden Aufgabe mitzuwirken, gleichzeitig den personellen Bedarf der Wehrmacht und der Rüstungsproduktion zu decken. Infolge des gescheiterten Blitzkrieges, der wachsenden Menschen- und Materialverluste an der Ostfront wuchsen sich Beschaffung, Einsatz und die verstärkte Ausbeutung von Arbeitskräften zu einem der ökonomischen und politischen Schlüsselprobleme der gesamten deutschen Kriegführung und Kriegswirtschaft aus. Die Widersprüche zwischen den Weltherrschaftszielen einerseits und den unzureichenden Mitteln, sie zu realisieren, ließen das Regime auch in dieser Frage zu extrem gewaltsamen und militärisch-repressiven Mitteln greifen. „Mit den vielfältigen Aspekten des Arbeitskräfteproblems – Ersatzgestellung für die Wehrmacht, Zwangsarbeit, ‚Auskämmungen' und ‚Umsetzungen' von Arbeitskräften, UK-Stellung und Reklamation von Facharbeitern, Frauenarbeitspflicht, Leistungssteigerung, Lohnstopp – waren zu jener Zeit in der Tat alle maßgeblichen wirtschaftlichen, politischen und militärischen Stellen des faschistischen Regimes befaßt. Jede durchgreifende Maßnahme mußte hier nicht nur Interessen verletzen und Kompetenzen beschneiden, sondern auch ernsthafte politische Probleme für die Faschisten provozieren."[55] Alle Aufgaben und Maßnahmen der NSDAP dienten letztlich einer sinnlosen Verlängerung des Krieges, so auch die Verfügung über den Zwangsarbeitseinsatz der HJ vom 5. Februar 1942 für den „Landdienst", den „Osteinsatz" und in der Rüstungsindustrie. Allein für den Ernteeinsatz wurden im Verlauf des Jahres 1942 etwa 1.373.000 Mädchen und 577.000 Jungen aufgeboten – im Vergleich zum Jahre 1939 die doppelte Anzahl.

Gegensätzliche Auffassungen innerhalb des faschistischen Staates und der NSDAP-Führung über die Schaffung eines neuen Amtes, eines sog. „Menschendiktators", bestanden vor allem zwischen dem OKW und dem Reichsministerium für Bewaffnung und Munition, dessen Leitung in der Nachfolge des tödlich verunglückten Fritz Todt am 9. Februar 1942 von Hitler an Albert Speer übertragen worden war. Speer nahm in der Hierarchie einen maßgeblichen Rang ein, er besaß bei Hitler als Architekt ebenso wie als Organisator hohes Ansehen und verfügte über gute Verbindungen zu Gauleitern und Reichsstatthaltern⁵⁶ Er verschaffte in seinem – von Todt bereits angebahnten – System der Organisation der Kriegswirtschaft den Eignern und Managern zunehmend Einfluß. Ihm standen führende Kräfte der Reichsgruppe Industrie zur Seite, deren Bestreben nach einem ihre Macht steigernden System der „Selbstverwaltung der Wirtschaft" er Rechnung trug und mit deren Hilfe er auch höhere Machtbefugnisse kriegswirtschaftlicher Kommandozentralen erreichte.

Die Forderung von Ley, der DAF die Lenkung des Einsatzes der ausländischen Arbeitskräfte zu übertragen und ihn zum Beauftragten für den Arbeitseinsatz zu ernennen⁵⁷, wurde abgelehnt. Das entscheidende Argument hierfür dürfte von Speer in einer Besprechung mit Hitler genannt worden sein: Nach seiner Auffassung stelle es „eine schlechte Konstruktion" dar, wenn „dieselbe Organisation, die die Interessen des Arbeiters zu vertreten hat, gleichzeitig auch die oft dagegenlaufenden Interessen des Staates vertritt".⁵⁸ Am 21. März 1942 erfolgte die Ernennung Fritz Sauckels zum „Generalbevollmächtigten für den Arbeitseinsatz". Die Wahl fiel auf den thüringischen Gauleiter, der seinen Ehrgeiz und seine Skrupellosigkeit bereits vielfach in der Partei unter Beweis gestellt hatte und als „Stiftungsführer" des Gustloff-Rüstungskonzerns über Erfahrungen skrupellosester Managertätigkeit verfügte. Zudem zeigte er sich bereit, den bei der Lösung des Arbeitskräfteproblems entstandenen Rivalitäten zwischen den Gauen entgegenzutreten. Mit diesem neuen Auftrag stieg Sauckel wie kaum ein anderer aus dem Kreis der Gauleiter zu einem ministerähnlichen Rang in die oberste Führungsschicht des Regimes auf.⁵⁹

Die Aufgabe von Hitlers neuem „Generalbevollmächtigten für den Arbeitseinsatz" bestand im umfassenden und radikalen Ausbau des Systems der Zwangsarbeit. Zur Mobilisierung deutscher, vor allem aber ausländischer Arbeitskräfte für die deutsche Kriegswirtschaft stand ihm ein neugeschaffenes Machtorgan zur Verfügung, das mit allen Vollmachten für eine betrügerische Werbung bzw. für Massendeportationen aus den okkupierten Ländern ausgestattet war. Von „Freiwilligkeit" oder „Anwerbung" der ausländischen Arbeiter konnte schon vor Sauckels Ernennung, danach aber erst recht nicht mehr die Rede sein. Am 23. Dezember 1942 meldete er, daß die zwei Millionen Einberufungen zur Wehrmacht im Verlauf des Jahres 1942 der Zahl nach mehr als ausgeglichen worden seien. Der Industrie und Landwirtschaft im Reichsgebiet waren über drei Millionen ausländische Zwangsarbeiter, darunter 1.750.000 Kriegsgefangene, 570.000 französische, belgische und holländische Arbeiter sowie 1.480.000 „Ostarbeiter" aus Polen und der UdSSR zur Verfügung gestellt worden.. Insgesamt befanden sich zu diesem Zeitpunkt etwa sechs Millionen Zwangsarbeiter aus fast allen europäischen Ländern in Deutschland. Im August 1944 waren auf dem Gebiet des „Großdeutschen Reiches" 7.615.970 ausländische Zivilarbeiter und Kriegsgefangene als im Arbeitseinsatz beschäftigt gemeldet; hinzu kamen etwa 500.000 überwiegend ausländische KZ-Häftlinge.[60] Vor allem die sogenannten Ostarbeiter vegetierten unter den entwürdigendsten Lebensbedingungen in stacheldrahtumzäunten Barackenlagern bei völlig unzureichender Verpflegung dahin. Viele der aus fast 20 europäischen Ländern stammenden Frauen, Männer und Jugendlichen, die auf Sauckels Befehl bis zum Ende des zweiten Weltkrieges nach Deutschland verschleppt worden sind, kamen ums Leben, ein nicht geringer Teil von ihnen in Konzentrationslagern, wohin sie nach Fluchtversuchen oder auch wegen geringfügiger Delikte verschleppt worden waren.[61]

Sauckel bestimmte auch weitgehend, welche Aufgaben die einzelnen Verbände der NSDAP bei der „Anwerbung, Beratung, Unterbringung, Ernährung und Behandlung ausländischer Arbeiter und Arbeiterinnen" – so der Titel einer Anordnung vom 7. Mai 1942 – zu erfüllen hatten. Vor allem die DAF und der Reichsnährstand wurden zur „Betreuung" herangezogen. Dafür erließ der GBA spezielle Weisungen. Eine davon besagte, daß die DAF nur in Verbindung mit der SS „Wach- und Betreuungspersonal" stellen dürfe, wenn es sich um Arbeitslager mit „Ostarbeitern" aus der UdSSR handele. Die Gauleiter der NSDAP erhielten das Recht zugesprochen, die Tätigkeit der DAF und des Reichsnährstandes in den Lagern zu kontrollieren.[62] Offensichtlich oblag auch das Verhalten der deutschen Bevölkerung gegenüber den Ausländern der Überwachung. Während diejenigen, die den von Männern entblößten klein- und mittelbäuerlichen Betrieben als Arbeitskräfte zugeteilt wurden, mitunter menschliche Behandlung erfuhren, und es in den Industriewerken gelegentlich die heimliche Solidarität älterer deutscher Arbeiter gab, dominierten in den Arbeitslagern brutale Ausbeutung und Mißhandlung, die nach dem Kriege zwar einige Betriebsführer vor die Schranken von Gerichten führten, größtenteils aber nicht geahndet wurden und kaum Entschädigungen der Opfer durch die Unternehmen zur Folge hatten. Bormann ordnete am 26. August 1942 an, wie die Partei zur Überwachung „fremdvölkischer" Arbeitskräfte einzusetzen sei. Die Forderung, daß sich diese „ständig beobachtet fühlen" müssen, verlange, so erklärte er später, eine „strengere Überwachung". Die Partei habe die Bevölkerung immer wieder zu „belehren" und zu verhindern, daß Deutsche – wie in „vielen Fällen" geschehen – „ihre völkische Würde und Zurückhaltung vermissen" lassen. Empört zeigte er sich über „falsches Mitleid und Gutmütigkeit".[63]

Unter dem Druck des Arbeitskräftemangels veränderte sich in den Konzentrationslagern der Charakter des Häftlingseinsatzes. Oswald Pohl, Chef des SS-Wirtschaftsverwaltungshauptamtes, formulierte in einem Brief vom 30. April 1942 an Himmler, daß sich die „Mobilisierung aller Häftlingsarbeitskräfte *zunächst* für Kriegsaufgaben (Rüstungssteigerung) und später

Auf dem Kreuzzug gegen den „jüdischen Bolschewismus" 453

für Friedensaufgaben ... immer mehr in den Vordergrund" schiebe.[64] Seit 1942, als die Konzentrationslager dem Wirtschaftsverwaltungshauptamt des RSHA unterstellt wurden und das faschistische Prinzip „Vernichtung durch Arbeit" zu grauenvoller Realität des Lager-Alltags geriet, schufen die NSDAP und insbesondere die SS dem Regime wachsende Profitmöglichkeiten. Sie kamen der Industrie – die Namen von Krupp, Flick, Siemens stehen noch für viele andere –, der Staatskasse – aus ihr bedienten sich NSDAP und SS – und der SS direkt über ihre Finanzverwaltungen in den Konzentrationslagern zugute. Der verstärkte Ausbau wirtschaftlicher Machtpositionen durch die SS infolge ihres Monopols an den Arbeitskräften aus den Konzentrationslagern wurde jedoch dadurch etwas behindert, daß die „erwirtschafteten" Mittel von den Lagerkommandanten direkt an die Reichskasse überwiesen werden mußten. Das SS-Wirtschaftsverwaltungshauptamt registrierte lediglich die entsprechenden Aufstellungen.[65]

In den 15 großen Konzentrationslagern stieg 1942 die Zahl der Häftlinge sprunghaft an. Die SS „vermietete" in zunehmendem Maße Häftlinge an Betriebe, die zum Teil neue Werke neben den Lagern aufbauten oder Lager in der Nähe bereits bestehender Werke errichteten. Der Tagespreis betrug in der Regel für einen Facharbeiter sechs RM und für einen Hilfsarbeiter vier RM. Allein diese Festlegung ließ die Gewinne enorm anwachsen. Das KZ Dachau nahm auf diese Art und Weise monatlich zwei Millionen RM ein. Die „Vermietung" der männlichen Häftlinge des KZ Buchenwald als Arbeitssklaven erbrachte innerhalb von 21 Monaten die Summe von 84.877.929,31 RM. Die Höhe des gesamten Profits, den das System der Konzentrationslager für deutsche Unternehmen und für den Staat ergab, ist nicht bekannt. Das Geschäftsergebnis der Profiteure läßt sich jedoch bestimmen, wenn von den Rentabilitätsberechnungen der SS für einen einzelnen Häftling – Gewinn von 1631 RM bei einer durchschnittlichen Lebensdauer von neun Monaten – ausgegangen wird.[66]

Ihren Anteil am Profit nutzte die SS u.a. für den Aufbau und die Erweiterung eigener wirtschaftlicher Unternehmungen, zu denen bald 150 kleine und mittlere Betriebe zählten, die alle dem Wirtschaftsverwaltungshauptamt des RSHA unterstanden. Die bereits 1938 entstandene Deutsche Erd- und Steinwerke GmbH (DEST) erhöhte ihren Gesamtumsatz, der 1941 etwa 5,1 Millionen RM betrug, im Jahre 1943 auf 14,8 Millionen RM. Im gleichen Zeitraum kletterte der Umsatz der Deutschen Ausrüstungswerke GmbH (DAW) von 5,3 Millionen RM auf 23,2 Millionen RM. Der Gesamtumsatz der SS-eigenen Betriebe belief sich 1943 auf 86,7 Millionen RM.[67]

Zweifellos besaßen aber die wirtschaftlichen Einrichtungen der DAF, die über ein Barvermögen von 1,1 Mrd. RM verfügte, als Finanzquelle des Regimes für die Kriegsfinanzierung ein größeres Gewicht. In ihnen waren, einem „Leistungsbericht 1943" zufolge, etwa 200.000 Werktätige beschäftigt. Das Stammkapital der Bank der Deutschen Arbeit, des Volkswagenwerkes, einiger Werften, von acht Versicherungen, Wohnungs- und Baugenossenschaften und des Gemeinschaftswerkes der DAF betrug 500 Millionen RM. Die in 135 Versorgungsringen zusammengefaßten 12.500 Verkaufsstellen der von der DAF übernommenen genossenschaftlichen Einrichtungen verzeichneten 1943 einen Umsatz von 813 Millionen RM und damit eine Steigerung von 3,9 Prozent gegenüber dem Vorjahr. Die Bank der Deutschen Arbeit, das größte Unternehmen der DAF, steigerte ihre Bilanzsumme von 3,7 Mrd. RM im Jahre 1942 auf 4,5 Mrd. RM im Jahre 1943. Im gleichen Zeitraum wuchsen ihre Umsätze von 51,5 Mrd. RM auf 68 Mrd. RM, d. h. um 33 Prozent. Sie verfügte über Tochterbanken in Brüssel und Amsterdam sowie über Bankvertretungen in Paris, Warschau und Riga.[68]

Während des Jahres 1942 steigerte die NSDAP ihre Kriegspropaganda und die dafür eingesetzten Aufwendungen in einem Ausmaß, das kaum noch übertroffen werden konnte. Die Ausgaben des Goebbels-Ministeriums, das in einem gigantischen Neubau im Zentrum Berlins etabliert war, beliefen sich 1942 auf über 330 Millionen RM, während sie 1939 nur knapp 100 Millionen RM betragen hatten. Im Frühjahr 1942 organisierte es die Ausstellung „Das Sowjetparadies", die zunächst im Berliner Lustgarten – wo Antifaschisten einen Brand legten, der jedoch nur geringfügigen Schaden anrichtete – und dann als Wanderausstellung in anderen Städten gezeigt wurde. Die Reichspropagandaleitung überschwemmte Deutschland mit antikommunistischen und antisowjetischen Broschüren, Plakaten, Klebezetteln und anderen Agitationsmitteln. Ihr Inhalt fand sich auch in den zahllosen Artikeln und Reden von Goebbels und bestimmte die gesamte „weltanschauliche" Schulungsarbeit der NSDAP. Für letztere verkündete Rosenberg Themen wie „Die Neuordnung Europas" (1941|42) und „Der Schicksalskampf im Osten" (1942/43), auf die sich alle Veranstaltungen zu konzentrieren hatten.[69]

Die enorm gesteigerte antikommunistische Propaganda wurde mit der ebenfalls anwachsenden Verbreitung der national- und rassenchauvinistischen Leitsätze über die angebliche Unbesiegbarkeit des deutschen „Herrenvolkes" verbunden und war von unermüdlich wiederholten Lobpreisungen des „heroischen" Kampfes deutscher Soldaten und einiger besonders herausgestellter „Helden" begleitet. Zu ihnen zählten jetzt vor allem der Befehlshabers des deutschen „Afrikakorps" General Erwin Rommel, später auch SS-Obersturmbannführer Otto Skorzeny und der Jagdflieger Oberst Hans-Ulrich Rudel.

In die Propaganda des Regimes mischten sich neue Töne: Mögliche Konsequenzen einer Niederlage wurden angedeutet und der „Verlust" dessen, was es an sozialen Leistungen gab, angedroht. Wieder einmal verstärkte sich die Lobpreisung des „deutschen Sozialismus", der mit allen Mitteln verteidigt werden müsse. Zum Jahrestag der Errichtung der Hitlerdiktatur 1942 zählte „Der Angriff" auf zwei Seiten alle sozialen Maßnahmen auf, mit denen seit 1933 eine Verbesserung der Lage der Werktätigen erreicht worden sei. Sinn und Zweck dieser Propaganda bestand vor allem darin, zur Hergabe aller physischen und psychischen Kräfte anzustacheln, wobei unter den deutschen Facharbeitern das Interesse ausgenutzt werden konnte, durch äußerste Anstrengungen und den Nachweis ihrer Unentbehrlichkeit in den Rüstungsbetrieben, eine sogenannte Uk-Stellung (für „unabkömmlich") zu erreichen und der drohenden Einberufung zur Wehrmacht zu entgehen. Die DAF veranstaltete allein im Jahre 1942 mehr als 50.000 Betriebsappelle sowie 961 Veranstaltungen in Großbetrieben, die unter der Losung „Schafft Waffen – schafft Munition" stattfanden. Die DAF konnte in einem „Leistungsbericht" konstatieren: „Im Jahre 1917 gingen durch politische Streiks nahezu zwei Millionen Arbeitstage verloren. Im Jahre 1918 waren es fünf Millionen Arbeitstage. Im Kriegsjahr 1942 wurden ungezählte Millionen von Arbeitstagen zusätzlich gewonnen, noch nicht eingerechnet die Arbeitsleistung der Millionen von eingesetzten ausländischen Arbeitskräften."[70]

Die Organisationen der NSDAP bemühten sich im Verlaufe des Jahres 1942 intensiv darum, aus ihrer Kriegführung und Vernichtungspolitik propagandistischen und psychologischen Nutzen für die Sicherung der „inneren Front" zu ziehen. Lautstark rechtfertigten sie in der Öffentlichkeit den sich auch gegen Teile der deutschen Bevölkerung richtenden Terror.[71] Goebbels hielt am 23. März 1942 eine Rede in Berlin vor den Kreis- und den Ortsgruppenleitern der NSDAP, in der er erklärte, die Situation im dritten Kriegsjahr mache härtere und radikalere Maßnahmen in der Innenpolitik notwendig. In der Presse erschienen fast täglich Gerichtsurteile gegen sogenannte Hamsterer, Schleichhändler und Schieber, die als „Kriegswirtschaftsverbrecher" bezeichnet wurden. Todesurteile gegen „Schwarzhörer" und „Gerüchtemacher" sollten davon abschrecken, Nachrichten des Moskauer oder des Londoner Rundfunks zu hören und die Wahrheit über Kriegsverlauf und faschistische Verbrechen zu verbreiten. Am 29. März 1942 drohte Goebbels in einem seiner wöchentlich erscheinenden Leitartikel in der Zeitschrift „Das Reich" jedem, der die Kriegführung störe, härteste Strafen an: „Jetzt wird Fraktur geredet."[72]

Wenige Tage vor der Veröffentlichung dieser Drohung, am 26. März, hatte sich Hitler vom Reichstag zum „Obersten Gerichtsherrn" ernennen lassen, was allererlei Verwunderung erzeugte, da er es faktisch bereits war. Offensichtlich sollte die Willkürpraxis des „Führerstaates" noch einmal gesetzlich fixiert werden; jedenfalls wurde dem Diktator das Recht zugesprochen, gegen alle oppositionellen Kräfte vorgehen zu können –

„*ganz gleich, wie immer auch formale Auffassungen der Justiz dem widersprechen mögen*".[73] Solche keinerlei Einschränkungen unterliegende Machtbefugnis konnte das Regime in seiner Gesamtheit stärken, unabhängig von Rivalitäten und sich verändernden Machtkonstellationen zwischen den verschiedenen Teilen des Herrschaftsapparates.

Insbesondere die Partei-Kanzlei gewann an Einfluß: Am 16. Januar 1942 legte Hitler erneut deren „Recht" gesetzlich fest, auf die gesamte Gesetzgebung und die Verordnungspraxis sowie auf die Personalgelegenheiten der Beamten entscheidend einzuwirken. Ende März bestimmte der „Führer" ferner, die „Hoheitsträger der Partei" seien auf allen Ebenen bei der Ernennung von Beamten einzuschalten. Ein paar Monate darauf versicherte Hitler den Gau- und Reichsleitern, seine alten Parteigenossen seien die „Garanten" des Sieges sowohl in der Heimat als auch an der Front. Mit dem Blick auf die Krise nach der Schlacht vor Moskau und zu Beginn des Jahres 1942, als „beinahe die deutsche Nation zusammengebrochen sei", wollte er der Partei bestätigen, daß in den entscheidenden Stunden sie allein „durch ihr mutiges Eingreifen" die Dinge wieder „in das richtige Gleis gebracht" habe. Goebbels notierte daraufhin in seinen Tagebüchern: „Überhaupt kann man beim Führer feststellen, daß er sich, je länger der Krieg dauert, umso enger an die Partei anschließt (sic!), weil die Partei allein in der Lage ist, die Kräfte zu mobilisieren, die für den schweren Einsatz unsere ganzen Volkes notwendig sind."[74]

Zwar erreichte die NSDAP im Jahre 1942 an der „inneren Front", daß die überwiegende Mehrheit der deutschen Bevölkerung immer noch mit einem siegreichen Ausgang des Krieges rechnete und dafür sich mit allen Kräften einzusetzen bereit zeigte. Als die Wehrmacht nach dem Beginn ihrer Sommeroffensive, gleichsam alles auf eine Karte setzend, erfolgreich auf Stalingrad marschierte, auf dem Elbrus gar die deutsche Flagge hissen konnte, und an Nordafrikas Küste die britische Schlüsselstellung Suez in Bedrängnis geriet, machten sich unter den Parteigenossen und nahezu allen Deutschen sogar neue Hoffnungen auf einen siegreichen Ausgang des Krieges bemerkbar. Die optimistische Stimmung gehe über das normale Maß hinaus, konstatierte Goebbels am 23. Oktober 1942 in seinem Tagebuch. Im Spätsommer 1942 hatte Hitlers Imperium seine größte Machtausdehnung erreicht, und noch wies das Bündnis der Achsenmächte in Europa und im Fernen Osten kaum Risse auf.

Jedoch: In die Hoffnungen mischten sich erneut Zweifel. Der Propagandachef meinte in einer Art Vorahnung wenige Wochen vor der sowjetischen Gegenoffensive, die zum deutscher Desaster von Stalingrad führte, man könne „etwas das Frösteln bekommen, wenn man die wahre Lage kennt und sich demgegenüber vorstellt, welches Bild das Volk darüber hat."[75] Anfang November sah sich der „Wüstenfuchs" Rommel nach der

Auf dem Kreuzzug gegen den „jüdischen Bolschewismus"

Schlacht von El-Alamein zum Rückzug gezwungen, Ende November 1942 war die Einschließung der 6. Armee an der Wolga erfolgt, und bereits im August hatten britisch-amerikanische Invasionsstreitkräfte an der marokkanischen und algerischen Küste landen können. Im Pazifik brachen die amerikanischen Streitkräfte die japanische Überlegenheit zu Wasser und in der Luft. Unter dem Eindruck dieses Kriegsverlaufes begannen sich auch in Deutschland die Zeichen einer Krise des Regimes und der Partei zu mehren.

„Herrenmenschen" in Aktion: Vernichtungskrieg in den okkupierten Gebieten der Sowjetunion

Kapitel 15
„Aktivierung" für den totalen Krieg

In den ereignis- und folgenreichen Monaten am Ende des Jahres 1942 und Anfang 1943 – mithin in der Zeit, da sich in der Schlacht um Stalingrad und auf anderen Kriegsschauplätzen die Wende des Zweiten Weltkrieges vollzog – ging das Hitlerregime offen zu seinem seit langer Zeit erwogenen Konzept einer „totalen" Kriegsführung über. Dieser Begriff – in der Kriegslehre seit langem gebräuchlich – erhielt jetzt erst seine eigentliche Bedeutung. Sie betraf das Leben der Deutschen wie der nach Deutschland Verschleppten und ebenso die gesamte Tätigkeit der NSDAP. Den Krieg fortsetzen zu wollen, bedeutete jedoch zwangsläufig, ihn auch an der inneren Front „total" zu führen. Daher startete die NSDAP eine neue Kampagne, die unter der Parole stand: „Aktivierung der Partei" und eine „geistige" Mobilmachung der Deutschen für den totalen Krieg forderte. Mit Hilfe des einen wie der anderen wollte sie – noch rücksichtsloser und umfassender als bisher, in Aktionen von bislang nicht gekanntem Ausmaß von „Kriminalität und Torheit"[1] – die vorhandenen Kräfte für einen Ausweg aus der Krise an den militärischen Fronten mobilisieren und die „innere Front" stabilisieren. Um neue militärische Offensiven auf den Schlachtfeldern vorbereiten zu können, sollte vor allem die Rüstungsproduktion maximal erweitert werden, eine Aufgabe, die 1943 und bis in das zeitige Frühjahr 1944 hinein sogar weitgehend erfüllt werden konnte. Die Ausbeutung der nach Deutschland deportierten ausländischen Zwangsarbeiter verschärfte sich maßlos. Im Reich unterlagen mehr und mehr Arbeitskräfte einer Zwangsverpflichtung zugunsten der rüstungswirtschaftlich ausschlaggebenden Unternehmen. Zunehmend – obgleich nicht ohne Bedenken, die sich sowohl aus Postulaten der nationalsozialistischen Ideologie ableiteten als auch aus der Furcht vor den möglichen Rückwirkungen auf die Stimmung der Ehemänner in der Wehrmacht – galt dies auch für Frauen. Bis Juni 1943 wurden kleine Geschäfte und gewerblicher Einrichtungen aller Art geschlossen. In der Industrie betrafen solche Maßnahmen rund 3.000 Betriebe, die als weniger wichtig für die Kriegsführung angesehen wurden. Der Lebensstandard der deutschen Bevölkerung begann sich merklich zu reduzieren. Und nicht zuletzt nahm der Terror gegen alle Regime- und Kriegsgegner neuen Umfang an; allein 1943 wurden mehr als 5.000 von ihnen hingerichtet.

Parallel zur militärischen Krise bahnte sich auch eine Erschütterung der

"Aktivierung" für den totalen Krieg

innenpolitischen Verhältnisse an. Der Widerspruch zwischen den weitgespannten Expansionsabsichten und den entschwindenden Möglichkeiten, sie zu verfolgen, trat nun unabweisbar ins Bewußtsein vieler Deutscher. An den Platz der bislang hauptsächlich gestellten Frage, wann der Sieg eintreten werde, trat die nach dem Ende des Krieges und nach den Folgen der absehbar werdenden Niederlage. Besorgt registrierten Partei- und Staatsämter diese Veränderungen in der Stimmung unter der Bevölkerung und unter den Soldaten. Die Klagen über die "Inaktivität" der Partei, ihre bürokratisch-verwaltungsmäßige Führungstätigkeit, den "unzeitgemäßen" Lebensstil einer Reihe von Reichs- und Gauleitern und über Fälle von Korruption häuften sich.[2] Zwar erbrachten der Übergang des Regimes zur "totalen" Mobilmachung und die "Aktivierungs"-Kampagne der Partei zeitweilige und teilweise sogar erhebliche Erfolge, jedoch ließ sich die generelle krisenhafte Entwicklung des nationalsozialistischen Herrschaftssystem lediglich hinauszögern und nicht mehr aufhalten. Die Sorge um zunehmende Erscheinungen der Kriegsmüdigkeit nahm zu. Hektik griff um sich. Die Zahl einander widersprechende Erlasse und Anordnungen wuchs. Zudem wurde deren Tonlage immer schriller, stetig verloren sie an Wirkungskraft. Es häuften sich notwendig die Meinungsverschiedenheiten über die "ideale" Lösung, mit ihnen und dem sich verengenden Handlungsspielraum gewannen divergierende Interessen, alte und neue Rivalitäten einzelner Reichs- und Gauleiter sowie von Wehrmachts- und Wirtschaftsführern ein neues Gewicht. Erbitterte Machtkämpfe waren die Folge. Dies alles prägte sowohl die weitere Tätigkeit der NSDAP als auch ihr sich negativ färbendes Bild in der Öffentlichkeit.

Hitler befahl am 13. Januar 1943 in seinem geheimen "Erlaß über den umfassenden Einsatz von Männern und Frauen für Aufgaben der Reichsverteidigung" die Einstellung aller kriegsunwichtigen Arbeiten und eine Meldepflicht für alle Personen, die bislang noch nicht für der Arbeitseinsatz erfaßt worden waren.[3] Außerdem wies er an, alle Dienststellen des Staates und der Partei hätten die Erfüllung der bisherigen Festlegungen, wer als "unabkömmlich" gelten und nicht zum Wehrdienst eingezogen werden durfte, eingehend zu kontrollieren. Die Bemühungen des mit der "Überprüfung des Kriegseinsatzes" beauftragten Generals Walter von Unruh erhielten im Volksmund die spöttische Bezeichnung "Heldenklau-Aktion", angelehnt an die populäre Figur des "Kohlenklau" aus der Kampagne, die das Einsparen von Energie bezweckte. Am 15. Januar 1943 – das Ende der Schlacht um Stalingrad stand unmittelbar bevor – erklärte Speer in einem Aufruf an die Rüstungsindustriellen, daß es der Ernst der Lage erforderlich mache, "nicht bei halben Maßnahmen stehen zu bleiben".[4] Mit Vertretern der Großindustrie beriet er am 29. Januar 1943 auf einer Tagung der Reichsarbeitskammer über die Maßnahmen, welche vor allem die Rüstungsindustriellen von der „totalen" Mobilmachung erwarteten. Danach sprach er auf jener bekannten, von Hitler einberufenen Posener Tagung der Reichs- und Gauleiter der NSDAP, die am 5. und 6. Februar 1943 stattfand und das Führungskorps der Partei auf die politischen und wirtschaftlichen Hauptaufgaben des „totalen" Krieges orientierte. Neben Speer, der die strikteste Zentralisierung aller Befugnisse in seiner Hand forderte und damit die die regional begrenzten Machtinteressen der Gauleiter traf, referierten auch General von Unruh, Herbert Backe, amtierender Landwirtschaftsminister, Albert Ganzenmüller, Staatssekretär im Reichsverkehrsministerium, sowie Sauckel und Ley. Diese Tagung diente zugleich der einheitlichen Ausrichtung der Parteiinstanzen auf Reichs- und Gauebene.[5] Ihr folgte in den Gauen und Kreisen eine Vielzahl ähnlicher Veranstaltungen.

Als Goebbels, der unter den Führenden der Partei am nachdrücklichsten auf die Radikalisierung von Rüstungswirtschaft und Innenpolitik drängte[6], am 18. Februar 1943 im Berliner Sportpalast vor fanatisierten Anhängern der Partei den Übergang zum „totalen Krieg" verkündete[7], hatte die Führung der NSDAP bereits zahlreiche Schritte zur Anpassung ihrer Ämter und Organisationen an die veränderten Kriegsbedingungen eingeleitet. Das Hauptamt für Erzieher und der NS-Lehrerbund, das Hauptamt für Beamte und der Reichsbund der Deutschen Beamten, das Kolonialpolitische Amt und der Reichskolonialbund, das Außenpolitische Amt und der NS-Dozentenbund waren von Bormann schon am 12. Februar „auf Kriegsdauer stillgelegt" worden. NS-Frauenschaft, NS-Kriegsopferversorgung und NS-Volkswohlfahrt sollten ihre „Kartei einstellen".[8] Alle anderen Ämter und Organisationen der Partei unterlagen der „Aktivierungs"-Kampagne, um die es auch ging, als am 15. und 16. Februar alle „Reichsredner" in Berlin zusammengefaßt und auf neue Versammlungs- und Veranstaltungsaktionen vorbereitet wurden. Diese müßten, wie verkündet wurde, „ausschließlich auf antibolschewistische Parolen umgestellt" werden. Dazu erließ das Hauptamt Propaganda der Reichspropagandaleitung eine eigene, sehr detaillierte „Anweisung für die antibolschewistische Propaganda-Aktion". Die Parolen lauteten: „Nur Deutschland kann den Bolschewismus schlagen und Europa retten", „Die Folgen einer bolschewistischen Herrschaft würden das ganze Volk treffen", „Nur totale Kriegführung führt zum Sieg" und „Wir werden siegen, weil uns Adolf Hitler führt!"[9] Ebenso wurde die Losung „Totaler Krieg – kürzester Krieg" verwendet, die allerdings im Grunde auch ein Eingeständnis der sich im Reich ausbreitenden Kriegsmüdigkeit bedeutete. Auf Plakaten, die in Millionen-Auflagen gedruckt und verbreitet wurden, hieß es: „Sieg oder bolschewistisches Chaos", „Totaler Krieg führt zum totalen Sieg" und „Jedes Opfer, ein Schritt zum Sieg".[10] Mehr und mehr wurde in den Blick zu rücken versucht, daß sich alle

Anstrengungen Deutschlands als ein Beitrag zur Verteidigung Europas verstünden und die Europäer fest an seiner Seite zu stehen hätten. Auch dies lief auf eine totale Mobilisierung der Ressourcen aller besetzten Gebiete hinaus.

Nach der Schlacht um Stalingrad standen Entscheidungen darüber an, was nun eigentlich an der Ostfront geschehen sollte, wie versucht werden sollte, das von umfangreichen Partisanenkämpfen unsicher gewordene Hinterland dieser Front zu stabilisieren, ob und wie jetzt die Kollaborateure zu mobilisieren wären. Erneut brachen intern in der NSDAP Auseinandersetzungen auf, als einige ihrer Funktionäre versuchten, der militärischen Schwäche und den Schwierigkeiten der deutschen Okkupationspolitik in den besetzten Ostgebieten nicht allein durch eine Übersteigerung bisher verwendeter Propaganda-Klischees, sondern auch durch Modifikationen der offiziell propagierten Konzepte zu begegnen. Ihre Vorschläge betrafen insbesondere die Möglichkeit, die unterjochten Völker ideologisch an ihre neuen Herren zu binden. Dem entsprach beispielsweise der im Reichsministerium für die besetzten Ostgebiete geäußerte Wunsch, Rosenberg möge sich analog zu Sauckel zu einem „Reichskommissar für die geistige Kriegführung" mit den entsprechenden Vollmachten berufen lassen.[11] Dies ließ sich ebensowenig realisieren wie der Vorschlag, einen zentralen Reichsrat für Ostforschung zu schaffen, den die groß angelegte, insgesamt jedoch erfolglose „Osttagung der deutschen Wissenschaft" bereits im März 1942 unterbreitet hatte. Allerdings erreichte Goebbels, daß die deutsche Rußlandpropaganda zusammengefaßt und ihm auch die Propaganda-Dienststellen des Rosenbergschen Ostministerium unterstellt wurden.[12]

Die erbittert ausgetragenen Streitereien entbrannten um den Entwurf einer „Proklamation an die Ostvölker" und betrafen vor allem die Frage, ob man die Russen nicht doch besser als „Helfer" zu betrachten denn als „Heloten" zu verachten habe. Bisher, so wurde erklärt, sei leider kein „großer geistiger Propagandaaufmarsch im Kampf um die Seele der Russen" erfolgt, stattdessen habe man diesen immer wieder Anlaß geboten, für sich auszunutzen, daß in Deutschland offiziell verbreitet würde, man wolle „die Russen zu Kolonialsklaven degradieren".[13] Mit der „Proklamation" sollte diesen nun verkündet werden, daß Deutschland bereit sei, sich für die „Gleichberechtigung der Ostvölker in der europäischen Völkerfamilie" einzusetzen. Zweifellos hätte dies gegenüber dem parteioffiziellen Bild von den rassisch minderwertigen, friedensgefährdenden und jüdisch-bolschewistisch verseuchten Russen eine weitgehende Veränderung bedeutet. Insofern ging es nicht um taktisch-vordergründige Fragen, nicht um die Bewertung der nationalsozialistischen Propaganda als richtig oder ihre Zwecke verfehlend. Die Verfechter der neuen Linie wollten Hitler dazu bringen, einige Grundgedanken der geplanten Ostproklamation in seine Rede zum 10. Jahrestag des 30. Januar 1933 hineinzunehmen. Sie stimmten in gewisser Hinsicht auch mit Goebbels überein, der allerdings Zweifel geltend machte: Er hielt es zwar durchaus für „zweckmäßig, wenn der Führer selbst in einer Art von Rahmenproklamation dem russischen Volke in den besetzten Gebieten einige Avancen machte, etwa des Inhalts, daß seine religiöse Freiheit garantiert, daß es nicht zu einem Sklavendasein verurteilt wird, daß ihm nach einer Bewährung in diesem Kriege der Eintritt in das kommende Europa nicht verwehrt werden soll, und ähnliches. Aber man muß sich auch klar darüber sein, daß, wenn man weitergehende Entscheidungen mit der Autorität des Führers fällt, die ganze Verwaltungs- und Militärmaschinerie eine andere Richtung einnehmen wird und es dann sehr schwer ist, in den besetzten Gebieten da, wo es notwendig ist, mit der harten Hand zu regieren. Gewiß ist die Partisanengefahr ständig im Steigen begriffen. Aber ich glaube nicht, daß man ihrer durch eine mildere Behandlung Herr wird. Die Russen sind im allgemeinen einen starken Tobak gewöhnt."[14] Eugen Hadamowsky, Stabsleiter in der Reichspropagandaleitung, schlug am 26. und 27. Januar 1943 seinem Chef daher vor, wenigstens „zu verhindern, daß sich in der Führerproklamation zum 30. Januar negative Erklärungen finden, die die Ostvölker verletzen und degradieren." Konkret erläuterte er, es dürfe nicht länger „von Sumpfmenschen, Barbaren, Bestien und Kolonialpolitik geredet werden." Hadamowsky wollte aber noch mehr erreichen: „Wenn über die Vermeidung negativer Äußerungen hinaus ein positiver Satz in der Führerproklamation zum 30. Januar gesagt werden kann, so wäre dies ein weiterer Fortschritt und eine Vorbereitung der künftigen Proklamation an die Ostvölker." Sibyllinisch riet er dazu, daß sich die notwendige Propaganda zur Vorbereitung und zur Verbreitung der Ostproklamation „dann an dieses Führerwort vorläufig anhängen" könne. Hadamowsky beabsichtigte auch, dem „mystischen Begriff Europa" einen konkreten und der Kriegssituation angemessenen Inhalt zu geben.[15]

Die Hoffnungen auf Hitler und dessen Rede zum 10. Jahrestag seines Regierungsantritts erwiesen sich als vergeblich. Mit Mühe suchten die Verfechter einer neuen Orientierung gegenüber den Ostvölkern nach einem „positiven" Satz in der Hitlerschen Rede. Hadamowsky gab schließlich vor, ihn dort gefunden zu haben, wo Hitler von einer Alternative gesprochen hatte: „Entweder es siegen Deutschland, die deutsche Wehrmacht und die mit uns verbündeten Länder und damit Europa, oder es bricht von Osten her die innerasiatisch-bolschewistische Welle über den ältesten Kulturkontinent herein, genauso zerstörend und vernichtend, wie dies in Rußland selbst schon der Fall war." Neu war daran eigentlich nur die Rücksichtnahme auf Japan beim Attribut „inner"-asiatisch.[16] Auf der NSDAP-

„Aktivierung" für den totalen Krieg 463

Gauleitertagung vom 8. Februar 1943 kam es sogar noch schlimmer. Hitler, der offensichtlich begriffen hatte, daß eine solche Passage nicht nur ins Leere stoßen, sondern geradezu ein entlarvendes Eingeständnis sein würde, bewertete die Krise nach der verlorenen Schlacht um Stalingrad lediglich als eine „psychologische" Krise, die dem Versagen der verbündeten Armeen geschuldet sei. Sie stelle keine materielle Krise dar und könne nur von der Partei überwunden werden.[17] Die sowjetischen Soldaten bezeichnete er ganz im Stile der „Bestien"-Kampagne als „Halbaffen auf Panzern". Die Reichspropagandaleitung ließ sich dennoch nicht davon abhalten, am 15. Februar ein geheimes Rundschreiben an alle Reichsleiter, Gauleiter und Gaupropagandaleiter mit den modifizierten Orientierungen für die vorbereitete Ostproklamation zu versenden.[18] Selbst die Partei-Kanzlei sprach sich nicht gegen die Ostproklamation aus, sie verbot lediglich in vage gehaltenen Worten ihre Anwendung auf das Generalgouvernement Polen, wo jedoch die „Gleichstellung des Polentums mit den Juden auf Grund der alten Denunziationsformel: Pole gleich Jude, ausgeschaltet werden" müsse.[19]

Daß sich in der Praxis nichts änderte, machte der ostpreußische Gauleiter Erich Koch in seiner Eigenschaft als Reichskommissar der besetzten Ukraine am 5. März 1943 deutlich, als er in Kiew eine Rede vor seinen Untergebenen hielt und die „slawischen Untermenschen" beschimpfte: „Wir sind das Herrenvolk und müssen hart aber gerecht regieren. Ich werde das Letzte aus diesem Lande herausholen. Ich bin nicht gekommen, um Segen zu spenden ... Nun regen sich einige Leute auf, daß die Bevölkerung vielleicht nicht genug zu essen kriegt. Das kann die Bevölkerung nicht verlangen ... Wir sind wahrlich nicht hierher gekommen, um Manna zu streuen, wir sind hierher gekommen, um die Voraussetzungen des Sieges zu schaffen. Wir sind ein Herrenvolk, das bedenken muß, daß der geringste deutsche Arbeiter rassisch und biologisch tausendmal wertvoller ist als die hiesige Bevölkerung."[20] In die gleiche Kerbe hieb Göring, als er am 28. April auf einer Besprechung mit Vertretern der besetzten Gebiete mitteilte, Hitler habe ihm alle Vollmachten zur Entscheidung von Wirtschaftsfragen erteilt und seine Grundsätze zur Durchführung des „Führer"-Erlasses vom 13. Januar 1943 gebilligt. Daher komme eine milde Behandlung der Bevölkerung in den besetzten Gebieten nicht infrage, sondern sei „ein fundamentaler Irrtum". Der Lebensstandard der Slawen müsse unter den der Deutschen gedrückt werden, und eventuell könnten sie nach dem Kriege für eine „europäische Neuordnung" gewonnen werden.[21] Die Pragmatiker der Partei behielten das letzte Wort.

Um den Krieg fortsetzen zu können, wurde ein verstärkter Einsatz der NSDAP-Mitglieder gefordert. Sie müßten, so erklärte Bormann in einem Rundschreiben am 1. März 1943, noch mehr als bisher „zu einem aktivistischen Einzelkämpfer" erzogen werden und „der Motor für die Umstellung der Heimat auf die totale Kriegführung" sein.[22] Die Partei habe „die rücksichtslose Entschlossenheit und Bereitschaft im Volke weiter anzufachen, zu tragen und zu lenken." Wie in den Jahren vor 1933 wurden die Parteimitglieder mit sogenannten Generalmitgliederappellen, Propagandamärschen, Versammlungen, Familienabenden und Lebensfeiern ständig in Bewegung gehalten. Die Partei-Kanzlei ordnete auch die Wiedereinführung der „Sprechabende" der NSDAP als „eines in der Kampfzeit bewährten Führungs- und Erziehungsmittels" an. Nicht allein den Ablauf dieser Veranstaltungen schrieb die Partei-Kanzlei bis ins letzte Detail vor, es hieß auch: „Jede negative Kritik ist sofort schärfstens zu unterbinden. Fragen, die nicht in den Rahmen der Parteiarbeit hineingehören – wie z. B. der militärischen Kriegführung, der Außenpolitik, der Kirchenpolitik usw. – sind ebenfalls von vornherein auszuschließen. Es ist nicht entscheidend, daß jeder anwesende Parteigenosse, der in der Aussprache etwas zu sagen hätte, zu Wort kommt: Für die Wirkung des Abends werden vielmehr die anfeuernden Worte des Redners sowie das gemeinsame Bekenntnis zu den Forderungen des totalen Krieges ausschlaggebend sein."[23] In der Schulung, so hatte Bormann sich bereits am 5. Februar 1943 gegenüber Rosenberg geäußert, komme es nicht auf großes Theoretisieren, sondern darauf an, das erforderliche Rüstzeug für die tägliche Kleinarbeit zu vermitteln und „Kampfgeist" zu wecken. Lehrgänge und Tagungen seien auf ein Mindestmaß zu reduzieren. Gleichzeitig mahnte er, Rosenberg möge doch endlich die Kompetenzstreitigkeiten mit Ley und dem Hauptschulungsamt des Reichsorganisationsleiters beenden.[24]

Ungeachtet dieser Bemühungen verzeichneten die internen Lageberichte während des Sommers 1943 in der deutschen Bevölkerung einen „neuen Stimmungseinbruch". Das „Tief unserer allgemeinen Stimmungslage"[25] resultierte vor allem aus der sich verschlechternden militärischen Situation. Auf allen Kriegsschauplätzen reihte sich eine Niederlage an die andere; die neue Offensive der Wehrmacht im Osten, die sich ohnehin nur auf einen relativ begrenzten Abschnitt erstreckt hatte, endete erfolglos in der größten Panzerschlacht des Zweiten Weltkrieges im sogenannten Kursker Bogen. Deutschland verlor nach dieser Niederlage endgültig die militärische Initiative im Osten. Auf Sizilien landeten amerikanische Truppen, am 25. Juli 1943 wurde Mussolini entmachtet und gefangengesetzt. Über Deutschland ging Nacht für Nacht ein immer weniger abzuwehrender Bombenhagel nieder, der zu erheblichen materiellen Schäden führte. Immer deutlicher stellte sich heraus, daß der „Festung Europas", von der seit dem Herbst 1942 in der deutschen Presse gesprochen wurde, das „Dach" fehlte.

In dieser Situation erhob Goebbels Bedenken gegen die Art und Weise, in der die Partei „aktiviert" werden sollte: „Es ist nicht richtig, in so kritischen Zeiten allzu große Menschenmassen zusammenkommen zu lassen; im Gegenteil, man muß sie dezentralisieren, statt sie zu zentralisieren. Jedes Massenaufgebot bietet ungeheure Schwierigkeiten und Gefahrenmöglichkeiten, deren man im entscheidenden Augenblick nur durch Polizeigewalt Herr werden kann. Dazu fehlen uns aber die nötigen Polizeikräfte, und es ist auch psychologisch nicht ratsam."[26] Als Berliner Gauleiter ließ er stattdessen eine kleine und im Wortsinne schlagkräftige „Organisation B (Brachialgewalt)" aufbauen; Aktivisten der Partei sollten in ihr zu Dreiergruppen zusammengefaßt werden, unauffällig Lokale vor allem in den Arbeitervierteln kontrollieren und brutal „gegen Defaitisten im öffentlichen Leben" vorgehen. Eine solche praktisch handelnde Truppe, so meinte er, könne mehr ausrichten als „das ewige Geschwätz der Kritiker" an der Partei und für das ganze Reichsgebiet Vorbild sein. Selbst Einsprüchen Himmlers gegen einen „Recherchen-Einsatz" von 700 Mann der neuen Truppe in Gaststätten des Berliner Westens wollte er sich nicht beugen.[27]

Trotz der Bedenken von Goebbels sah die Partei-Kanzlei für den Herbst des Jahres 1943 vor, die Mitglieder der NSDAP zu Aufmärschen und öffentlichen Kundgebungen zu versammeln. Die Anordnungen 55/43 und 56/43 vom 29. bzw. 30. September 1943 trugen die bezeichnenden Titel „Aktivierung der Parteimitglieder – Durchführung von Propagandamärschen" sowie „Generalmitgliederappelle zum verstärkten Führungseinsatz der gesamten Parteigenossenschaft". Ihnen war bereits am 16. September ein Rundschreiben zur „Kriegseinsatzpflicht der Parteigenossen" vorausgegangen, das mit dem Ausschluß aus der NSDAP und mit öffentlicher Anprangerung drohte, sollten Parteigenossen „in der Zeit der höchsten Bewährung" versagen. Wie in der Kampfzeit – die Erinnerung an sie wurde auch in diesem Zusammenhang regelrecht strapaziert – sollten die Parteimitglieder „durch ihren unerschütterlichen Glauben an den Sieg" dem Volk über alle „Tagesstimmungen hinweghelfen."[28] Endlich solle „die Heimat ihr wahres Gesicht" zeigen, ließ Sauckel fordern.[29] Den Umfang dieser Kampagne verdeutlicht ein Bericht des NSDAP-Kreisleiters von Trier, in dessen Gebiet vom 1. September bis 30. November 1943 durchgeführt wurden: zwei Großkundgebungen mit 9.200 Teilnehmern, 71 öffentliche Versammlungen mit rund 20.000 Teilnehmern, 120 Generalmitgliederappelle mit 25.600 Teilnehmern, zwei Behördenpflichtappelle mit 5.500 Teilnehmern, 24 Betriebsappelle mit 8.450 Teilnehmern, fünf Aufmärsche der HJ, 60 Gedenkstunden der NSDAP zum 9. November anläßlich des gescheiterten Münchener Putsches 1923, 60 Dorfgemeinschaftsabende zum Erntedankfest.[30] In welchem Ausmaß diese Veranstaltungsflut die Deutschen erfaßte, zeigt das Beispiel des Gaues Thüringen. In ihm lebten eineinhalb Millionen Menschen, doch wurden hier allein im zweiten Quartal des Jahres 1944 über 17.500 Veranstaltungen mit 2,6 Millionen Besuchern durchgeführt.

In einer vom Reichsorganisationsleiter herausgegeben Disposition für Reden in den Parteiveranstaltungen hieß es, „Der Parteigenosse zweifelt nicht ... ein standfester Parteigenosse macht die Moral seiner Umgebung kugelsicher."[31] Als Redner traten häufig Fronturlauber, fanatische Offiziere und Träger des „Ritterkreuzes" auf. Das Motto hieß: „Die Front spricht zur Heimat". Zugleich suchten einzelne nationalsozialistische Einrichtungen, kulturelle Unterhaltungs- und Entspannungsmöglichkeiten für den Krieg „weitgehend auszunutzen und einzusetzen".[32] Es fanden auch zahllose „Mütterehrungs"- und „Volksweihnachts"- und andere Feiern der NSDAP statt. Sie sollten auch im Rahmen der Partei – und nicht nur in dem vor rigorosen Eingriffen weitgehend geschützten staatlichen Unterhaltungs- und Amüsierbetrieb – wenigstens für ein paar Stunden den sich zunehmend verdüsternden Alltag vergessen machen. In den Veranstaltungen von Ortsgruppen der NSDAP wurde erneut dazu aufgefordert, Briefe und Päckchen an Einheiten der Wehrmacht und der SS zu versenden. Allerdings durften die Schreiben kein Wort über die zunehmenden Versorgungsschwierigkeiten im Hinterland, über die Auswirkungen des Bombenkrieges und ebensowenig über die Stimmung der Bevölkerung sowie über oppositionelle Regungen von Teilen der Bevölkerung enthalten. Allen wurde nachdrücklich geraten, den „Frontkämpfern" – oder umgekehrt den Familien in der Heimat – nicht unnötig das Herz schwer zu machen.

Zu einer der gewichtigsten Aufgaben der Mitglieder und Funktionäre der NSDAP gehörten auf der unteren Ebene noch mehr als in den vorangegangenen Jahren die Bespitzelung von Nachbarn, Freunden und Bekannten sowie die Unterstützung des Terrors von Gestapo und SD. Unter dem Deckmantel der „Betreuung" fiel ihnen nicht nur zu, die Stimmung und Haltung der Bevölkerung zu erkunden, sondern auch die Pflicht, alle anzuzeigen, die am Sinn des Krieges zu zweifeln begannen, dessen siegreichen Ausgang in Frage stellten oder sogar für seine rasche Beendigung eintraten. Das von der Führung geforderte Denunziantentum wurde von großen Teilen der Bevölkerung, darunter insbesondere von Parteigenossen, akzeptiert und vielfach praktiziert. Es erreichte in den krisenhaften Jahren nach 1942 einen neuen Höhepunkt. Unterschiedlichste Beweggründe, Nachbarn, Bekannte oder andere anschwärzen zu wollen, spielten eine Rolle: Das verinnerlichte Verständnis für die offiziell propagierten Erfordernisse der „deutschen Volksgemeinschaft", die Angst vor eigener Strafverfolgung, die Möglichkeit zur Instrumentalisierung für persönliche Streitfälle und Machtrangeleien, gesellschaftliche Ressentiments, sozialer

Neid, Rachegefühle, Zorn, Mißgunst, Genugtuung darüber, als „kleiner Mann" oder „kleine Frau" auch eine Waffe gegen andere anwenden zu können. Angezeigt wurden wie in der Vorkriegszeit sogenannte Fälle wegen „Rassenschande", jedoch standen jetzt im Vordergrund die schwer zu verbergende, von den gesetzten Normen abweichende Behandlung von Kriegsgefangenen und anderen Zwangsarbeitern, die Beschaffung von Lebensmitteln auf illegalem Wege und andere Kleinkriminalität, sowie alles, was als „Drückebergerei" und „Gerüchtemacherei" zu deuten geboten war, regimekritische Äußerungen, das Abhören ausländischer Sender, Verstöße gegen die in der Kampagne „Der Feind hört mit" propagierten Grundsätze, „Verweigerung des Hitler-Grusses" und anderes.³³ Als Massenphänomen trug die Denunziationsbereitschaft vieler Deutscher auch in dieser Phase des Krieges beträchtlich zum Funktionieren des Systems bei. Die Furcht, in Gesprächen an einen Spitzel zu geraten, war weit verbreitet. Und das wiederum bewirkte, daß nahezu jeglicher Gedankenaustausch und damit die Feststellung von übereinstimmenden kritischen Meinungen unterblieb. Darüber hinaus glaubten viele nach wie vor an die Einheit von Führer- und Volksinteressen und sahen diejenigen, die das nicht taten, als Feinde an. Zwischen den Machthabern und den Partei- und Volksgenossen hatte sich ein komplexes Beziehungsgeflecht herausgebildet, das mitunter als „Komplizenschaft"³⁴ oder sogar sogar völlig ungerechtfertigt als „Manipulation von unten" gedeutet wird, die auschlaggebender als die „von oben" gewesen sei.³⁵ In auffälliger Weise wandten sich die Denunzianten weniger an die eigentlich zuständige Gestapo, sondern an lokale Dienststellen der NSDAP³⁶, was auf die (in der Geschichtsschreibung oft unterschätzte) Rolle der NSDAP im Alltag und für das Hitlerregime schließen läßt. Es darf vermutet werden, daß ein großer Teil der denunziatorischen Meldungen von Parteimitgliedern oder deren Ehefrauen stammte, doch dies blieb bislang unerforscht.

Zu den während des Krieges anwachsenden Aufgaben der NSDAP-Mitglieder gehörte es auch, in den Rüstungsbetrieben Stimmungen und Verhalten der Arbeiter zu kontrollieren und die verlängerten Arbeitszeiten zu rechtfertigen. Sie hatten Altmaterial zu erfassen, zum Einsatz bei Frühjahrsbestellung und Ernte sowie für Aufräumungs- und Reparaturarbeiten nach alliierten Luftangriffen zur Verfügung zu stehen. Auch andere „Kriegshilfsdienste" aller Art waren zu leisten und zu organisieren, darunter in Einsatzstäben für „Katastrophenfälle", bei der sogenannten Heimatflak und bei Streifendiensten, als Luftwaffenhelfer und in Werkschutzkompanien, bei Alarm- und Nachrichtendiensten, in den neugebildeten Staffeln Politischer Leiter sowie bei der Bewachung der aus den okkupierten Gebieten verschleppten Arbeitskräfte der DAF bzw. des Reichsnährstandes.

Schließlich übernahm die NSDAP auch Betätigungsfelder des „Luftschutzes", nachdem die britische Luftwaffe Ende März 1942 beim Angriff auf Lübeck erstmals eine Stadt in Deutschland durch ein Flächenbombardement in Schutt und Asche gelegt hatte und ähnliche Angriffe auf Köln, Bremen, Wilhelmshaven, Mainz, Kassel und Düsseldorf folgen ließ. Um die von den Alliierten beabsichtigte, allerdings kaum erreichte, vom Regime dennoch stets ins Kalkül gezogene „Verunsicherung" in der deutschen Bevölkerung eindämmen zu können, sollten vor allem Blockwarte, Zellen- und Ortsgruppenleiter mit ihrem Auftreten für die „Aufrechterhaltung einer ruhigen, zuversichtlichen Haltung der Bevölkerung" sorgen. Es gelte, wie es hieß, „jede Panikstimmung" zu vermeiden.[37] Die Einhaltung der Bestimmungen für den Bau und das Aufsuchen von Luftschutzbunkern wurde von ihnen kontrolliert, ebenso das Verhalten der Menschen bei und nach den Luftangriffen. Hitler verfügte außerdem, daß die NSDAP „weitgehend für den Aufbau der Heimatflakbatterien einzusetzen" sei, die Luftwaffe bei der „Erfassung des notwendigen Personalbedarfs" zu unterstützen sowie die örtliche SA- und HJ-Führung dafür zu mobilisieren habe.[38] Die Propagandaämter wurden angewiesen, den Einsatz von sechzehnjährigen Schülern als Luftwaffenhelfer zu einem „spontanen Bekenntnis der Jugend zum Einsatz für den Sieg" umzumünzen.[39] Ein Jahr später, als bereits über eine Million Wohnungen total zerstört waren – am Ende des Krieges belief sich diese Zahl auf 3,37 Millionen –, wurde der 1933 als selbständige Organisation geschaffene Reichsluftschutzbund sogar direkt in die NSDAP eingegliedert.

Diese Anpassung der Aufgaben- und Tätigkeitsbereiche der NSDAP an die Bedingungen des totalen Krieges war auch durch eine Veränderung ihrer rechtlichen Stellung innerhalb des Regimes eingeleitet und ermöglicht worden. Als Körperschaft des öffentlichen Rechts unterlag sie – wenngleich nur formal – immer noch den bestehenden Gesetzen. Als sich dieser Zustand für die Partei negativ bemerkbar machte und in den weiteren Krisensituationen sogar hemmend auswirken konnte, hatte Hitler mit seinem Erlaß vom 12. Dezember 1942 diesen rechtlichen Status aufgehoben. Seither wurde die Rechtsstellung der NSDAP ausschließlich aus den ihr vom „Führer" gestellten und raschen Veränderungen unterliegenden Aufgaben abgeleitet. Dem Machtmißbrauch und der Willkür des Parteiapparates standen damit endgültig alle Türen offen. Gleichzeitig waren der Begriff „Politischer Leiter" präzisiert und der Kreis jener nationalsozialistischen Funktionäre, die zum Korps der Politischen Leiter in der NSDAP gehörten, erweitert worden. Darüber hinaus hatten alle Gauleiter am 1. Dezember 1942 die Aufgaben von Reichsverteidigungskommissaren übertragen bekommen.

Alle diese Maßnahmen standen in engem Zusammenhang mit dem fortschreitenden Zentralisierungsprozeß des Apparates der NSDAP. Die Partei-Kanzlei konnte ihren Einfluß stetig erweitern. Sie schränkte die Befugnisse von Reichsleitern ein[40] und erweiterte die der Gauleiter, welche zugleich einer stärkeren Kontrolle unterworfen wurden.[41] Systematisch, konsequent und skrupellos in der Wahl der Mittel verstärkte die Partei-Kanzlei, die sich selbst als „politischen Generalstab" verstanden wissen wollte, ihre Befehlsmacht über alle Teile der Partei, ihrer Gliederungen und angeschlossenen Organisationen. Ihr Chef avancierte am 12. April 1943 zum „Sekretär des Führers", eine Auszeichnung, die ihn weit über den Rang anderer Reichsleiter der Partei erhob und besagte, daß jede Weisung Bormanns und jede seiner Unterschriften durch Hitler selbst gedeckt wurden. Die Befugnisse des „Sekretärs" reichten auch über die Partei hinaus. Bormann übermittelte Sonderaufträge, Weisungen und Meinungsäußerungen Hitlers an Regierungsmitglieder und staatliche Dienststellen.[42] Selbst für Reichsleiter und Reichsminister – mit der Ausnahme von Göring, Himmler und Goebbels – führte der Weg zu Hitler alsbald nur noch über ihn.

Seit seinem Amtsantritt hatte sich Bormann – mit Unterstützung des Reichsschatzmeisters der Partei – um die Durchsetzung einheitlicher Besoldungsrichtlinien in der NSDAP bemüht. Das brachte teilweise Gehaltserhöhungen von 30 bis 40 Prozent für die hauptamtlichen Kräfte mit sich. Damit standen diesen zusätzliche finanzielle Mittel zur Verfügung, die sie zu fortgesetzter persönlicher Bereicherung, aber auch zum Erwerb rar gewordener Lebens- und Genußmittel auf dem sich sprunghaft entwikkelnden „schwarzen" Markt verwendeten, nachdem ihnen der amtierende Reichsbauernführer und Reichslandwirtschaftsminister Herbert Backe „wegen der Auswirkungen auf die Stimmung der Bevölkerung" zusätzliche Lebensmittelrationen gestrichen hatte.[43]

Die Partei-Kanzlei gliederte sich in drei große Abteilungen und in zahlreiche Referate.[44] Die Abteilung I zeichnete für die interne Geschäftsführung und für das Personalbüro der Kanzlei verantwortlich. Helmut Friedrichs[45] leitete die zweite, die sogenannte Parteirechtliche Abteilung, über die alle Angelegenheiten der Partei, ihrer Gliederungen und angeschlossenen Verbände liefen. Sie dirigierte alle Tätigkeit der Parteimitglieder, die in 28.376 Ortsgruppen, 89.378 Zellen und 397.040 Blöcken organisiert waren. Die größte Abteilung war die dritte, die sogenannte Staatsrechtliche Abteilung, die für alle Belange staatlicher Art sowie für die Verbindung zum RSHA und zum „Apparat in den okkupierten Gebieten" zuständig war. Sie stand ab 1941 unter der Leitung von Gerhard Klopfer[46] und umfaßte sechs Gruppen mit 39 Referaten. Darunter befand sich auch das wichtige Referat III B 4, das u.a. der Anleitung der Gauwirtschaftsberater[47] diente und dem die Gauwirtschaftskammern unterstanden.

Bormann verstand es, die Partei-Kanzlei systematisch zur Führungs- und

Befehlszentrale des gesamten Apparates der NSDAP auszubauen. Sie errang während des Übergangs zur totalen Kriegführung an der „inneren Front" weitreichende Machtbefugnisse und stabilisierte die 1942 nachlassende Funktionstüchtigkeit der Parteiorganisationen. Ihr standen die Berichte und Analysen eines ausgedehnten Agenten- und Spitzelnetzes zur Verfügung. Dazu gehörten vor allem die „Meldungen aus dem Reich", die der Sicherheitsdienst aus dem von allen regionalen Dienststellen der Partei, von der DAF, dem Amt Rosenberg, dem Reichsinnenministerium – fußend auf den Berichten von Landräten, Oberbürgermeistern, Regierungs- und Oberpräsidenten –, vom Reichspropagandaministerium und anderen Ämtern gelieferten Einschätzungen erarbeitete und die umfangreiches, detailliertes und aussagekräftiges Material enthielten. Sie wurden zwei- bis dreimal wöchentlich einem kleinen Kreis von Parteifunktionären und Beamten zur Verfügung gestellt.

Mit ihren etwa 500 bis 600 hauptberuflichen Mitarbeitern entwickelte sich die Partei-Kanzlei – nach dem Zentralbüro der DAF – zur zweitgrößten Dienststelle der NSDAP. Die Zahl ihrer Anordnungen und Verfügungen nahm enorm zu. Ihre Mitarbeiter führten verstärkt Inspektionen und Sondereinsätze aller Art durch. Eifrig wachte die Parteizentrale darüber, daß sich ihr Personalbestand trotz der Einberufungen zur Wehrmacht nicht verringerte. Höhere Politische Leiter der NSDAP wurden nur noch ernannt bzw. befördert, wenn sie vorher auch einen Informationskurs der Partei-Kanzlei absolviert hatten. In deren Ämtern hatten sie 6 bis 12 Monate Dienst zu leisten, wenn sie für einen hauptamtlichen Einsatz auf Gauebene vorgesehen waren. Das galt vor allem für die Anwärter auf den Posten eines stellvertretenden Gauleiters. Dieser war noch bis 1942 in den wenigsten Gauen besetzt worden, bedeutete nun aber infolge der häufigen Übernahme zusätzlicher Ämter durch die Gauleiter (hauptsächlich in den okkupierten Gebieten) eine erhebliche Machtposition.[48] Mehr als je zuvor fanden 1943 und Anfang 1944 unter der Regie der Partei-Kanzlei Tagungen der Reichs- und der Gauleiter der NSDAP statt, auf denen diese über die allgemeine Situation, einzelne Probleme und neue Maßnahmen informiert wurden. Für die stellvertretenden Gauleiter wurde festgelegt, daß sie keine anderen Ämter ausüben durften.[49]

Zu ihren Aufgabenbereichen gehörten u.a. der Aufbau sogenannter Parteibereitschaften zur Bekämpfung von Luftnotständen, die Organisation und Kontrolle des Einsatzes der Parteigenossen allgemein und insbesondere im Luftschutz, die Führung der aus den Reihen der Parteifunktionäre rekrutierten militärähnlichen „Politischen Staffeln", die Ausrichtung aller Partei- und Volksgenossen „auf ihre kriegsnotwendigen Aufgaben", ferner die „Gestaltung des inneren Parteiaufbaues, die Tätigkeit als Beauftragter für alle kriegswichtigen Sammlungen der Partei, die immer schwieriger werdenden Erfordernisse der Ausrüstung der Politischen Leiter und die anderen damit im Zusammenhang stehenden organisatorischen Arbeiten".[50] Allerdings entbrannten um die vorgesehenen „Staffeln" rasch Streitereien, als diese in Schwaben gegründet worden waren und in der Ukraine geschaffen werden sollten; die SS schritt ein und verhinderte die Bildung solcher bewaffneten und den Hoheitsträgern der Partei unterstehenden Einsatzbereitschaften.[51]

Im Zusammenhang mit der umfassenden Kampagne zur „Aktivierung der Partei" untersuchten 1942/43 einzelne Parteifunktionäre auch die Situation und die Grenzen der innenpolitischen Wirksamkeit ihrer Partei. In ihren Analysen kam häufig neben der oftmals anzutreffenden Selbstbeweihräucherung und Selbstüberschätzung – der persönliche Stil Hitlers prägte auch den der anderen neben ihm – offen zum Ausdruck, daß es der NSDAP nicht in dem erwarteten Maße gelungen war, ihre vielfältigen Aufgaben zu erfüllen. Der offen zutage tretende Gegensatz zwischen den ausgedehnten Expansions- und Okkupationszielen und den geringen Möglichkeiten, sie erfolgreich zu realisieren, widerspiegelte sich auch in den Einschätzungen über die Ergebnisse des Einsatzes der Partei. Stimmen der Unzufriedenheit mehrten sich auch in den eigenen Reihen. Ein Gauleiter schob die Schuld für die Anzeichen einer Krise in der NSDAP auf die Mitglieder: „Die augenblickliche Parteigenossenschaft stellt noch keine aktivistische Kampfgruppe dar." Im Hinblick auf die erwartete lange Kriegsdauer forderte er eine Überprüfung aller Angehörigen der NSDAP sowie die Einführung einer neuen Disziplinar- und Strafordnung.[52]

Ein Kreisleiter aus Württemberg beschied sich mit der Klage: „An sich sollten die Parteigenossen ... eine Auslese darstellen. Es wird aber kaum zu verhindern sein, daß bei dem gegenwärtigen Mangel an Menschen auch Männer und Frauen zum Zuge kommen, die unseren Wünschen nicht ganz entsprechen."[53] Für das Generalgouvernement Polen forderte ein Vertreter der Partei-Kanzlei sogar die „Neubildung des Parteiapparates", da die NSDAP dort lediglich „ein Nebeninstrument der staatlichen Verwaltung und eine Fahnenträger- und Aufmarsch-Organisation" sei.[54] Offensichtlich spielten auch persönliche Querelen eine Rolle, die sogar zum Vorschlag führten, die Partei im Generalgouvernement aufzulösen.[55] Im Juni 1943 wurden alle „Mobilisierungs-Beauftragten" der NSDAP über die Handhabung der „Uk-Stellung" von Parteifunktionären instruiert; dabei erhielten sie auch die Order, „besonders ins Auge springende politisch unzuverlässige Elemente" an die Front zu schicken. Etwas später hieß es dazu noch: „Wir haben ... keinen Anlaß, uns mit den Uk-Gestellten auch noch Miesmacher und Defaitisten in der politisch schon schwach genug besetzten Heimat zu erhalten."[56]

Bei einer Amtsleiterbesprechung im Rosenberg-Ministerium für die besetzten Ostgebiete wurde der Propaganda, wie sie die Partei betreibe, jede weltanschauliche „Beständigkeit" abgesprochen und erklärt, sie „spreche an dem wirklichen Gefühl der Menschen vorbei."[57] In einer schriftlichen „Beurteilung der bisherigen Propaganda" stellte ein Bereichsleiter des gleichen Amtes fest, daß nur bedingt von „einem roten Faden" gesprochen werden könne. Leider werde die „Absicht, das Volk bei Stimmung zu halten, als ein um jeden Preis zu erreichendes Ziel" angesehen. Darunter habe „die Substanz gelitten, da man heute angriff, was man gestern verteidigt hatte oder auch umgekehrt ... Bei dem denkenden Teil unserer Volksgenossen stößt diese Propagandamethode jedoch auf Ablehnung".[58] Solche Einschätzungen richteten sich auch aus persönlichen Gründen gegen Goebbels, entsprachen aber weitgehend den Tatsachen. Daß die von der Partei ausgehende geistige Beeinflussung vielen, an die sie sich richtete, immer verdächtiger wurde, gestand unfreiwillig auch die Reichspropagandaleitung ein, als sie die Gaupropagandaleiter u.a. anwies, im Impressum von Broschüren nicht mehr erkennen zu lassen, daß diese „parteiamtlich" bestätigt worden sind, da das bisherige Impressum mit dem Namen der NSDAP „selbstverständlich" die Wirkung der Broschüre herabsetze. Das gleiche träfe „auch für Plakate zu, die einen rein politisch aufklärenden Text enthalten".[59]

Wie diese Denkschriften und andere Materialien zeigen, begannen selbst Männer an der Spitze der NSDAP die Vertrauenskrise und mögliche Auswirkungen der sich mehrenden Stimmen über die Schwächen der NSDAP zu erkennen. Sie suchten nach Konzepten, wie die Probleme am besten beseitigt werden könnten. Angesichts der sinkenden Bereitschaft größerer Teile der Bevölkerung, noch länger den Krieg und seine Folgen ohne Murren hinzunehmen, entwickelten führende Ideologen des Regimes heftig umstrittene Konzepte zur Stabilisierung der „Heimatfront". Die meisten gruben ihre alten Affekte gegen den Staat und die Bürokratie aus – ungeachtet der Tatsache, daß dort inzwischen ebenfalls Mitglieder der NSDAP saßen – und wollten nunmehr wirklich, wie es in der alten Parole geheißen hatte, dem „Staat befehlen". Sie orientierten darauf, staatliche Institutionen und Parteiämter noch enger zusammenzuführen und den Einfluß der Partei zu erhöhen. Doch selbst Bormann – so bedacht er auch auf die Stärkung aller Machtpositionen der Partei war und für die „Einheit von Partei und Staat" Sorge getragen hatte – befürchtete nunmehr erhebliche Nachteile und Gefahren, die sich aus der vielfältigen „Übernahme immer weiterer Aufgaben durch Parteistellen bzw. Männer der Partei" ergäben. Diese würden „geradezu erdrückt von Tagesaufgaben, vom Bürokram, von Dingen, die mit Politik und Menschenführung nicht entfernt, geschweige denn unmittelbar etwas zu tun haben. Die Männer verlieren die weite Schau, verkennen Wesentliches und Unwesentliches." Bormann schlußfolgerte daraus, daß eine „Vereinigung von Partei- und Staatsämtern ... das Ende der Partei" bedeuten würde: Die Partei verschwinde in der Führung des Staates, die dann wieder in der Hand der Beamtenschaft läge. Aber auch er besaß kein anderes Konzept und meinte, daß spätestens nach dem Kriege „Aufgaben,die nicht tatsächlich zum Aufgabenbereich der Partei gehören, wieder abgestoßen werden" müßten.[60]

In den kritischen Reflexionen und in den Überlegungen, wie die NSDAP am besten an die neuen Bedingungen anzupassen sei, blieb die Person Hitlers weitgehend aus dem Spiel; im Gegenteil, die kultische und immer mystischere Formen annehmende Verehrung des „Führers" wurde bewußt auf die Spitze getrieben. Gezielte Flüsterpropaganda sollte an den langjährigen Kult um den „Führer" anknüpfen und neue Stimmungen zugunsten des Regimes wecken: „Wenn das der Führer wüßte ...", „Der Führer weiß schon, was er tut", „Der Führer wird die versprochenen Wunderwaffen schon zum günstigsten Zeitpunkt einsetzen", „Der Führer läßt uns nicht im Stich" u.ä.m. Die Wirkung solcher Parolen erlaubte es dem Regime, den in der Bevölkerung über die Kriegsdauer, den Lebensstil und das anstößige Auftreten einzelner Parteigrößen weit verbreiteten Unmut zu verkraften und ihm alle systemgefährdenden Momente zu nehmen. Der ins Unermeßliche gesteigerte Kult um den über alle Kritik erhabenen „Führer" bot vielen Deutschen Halt in schwerer Zeit und stärkte Hoffnungen auf eine immer wieder versprochene und nur von Hitler zu erreichende Kriegswende. Jedoch vermochte auch er nicht zu verhindern, daß sich die vielfältigen Erscheinungen eines distanzierten Verhältnisses zur NSDAP mehrten, insbesondere zu deren lokalen und regionalen Institutionen.

Bormann vertrat wie der verstorbene Gauleiter Röver und andere auch die Auffassung, daß durch die weitgehende Einheit von Partei- und Staatsämtern die „Dynamik der Partei flöten" gehe.[61] Ihm schien es gefährlich zu sein, daß die NSDAP – nachdem sie jahrelang alle „Erfolge" sich selbst zugeschrieben hatte – jetzt immer mehr und auf allen Ebenen mit den Schwierigkeiten und Mißständen identifiziert wurde. In der Praxis betrieb er jedoch eine völlig entgegengesetzte Politik und fand keinen Ausweg aus einer Situation, in die sich die Partei seit den dreißiger Jahren mit ihrer Orientierung auf die „Einheit von Partei und Staat" bzw. durch die Parole" Die Partei befiehlt dem Staat" selbst gebracht hatte. Auf der Ebene der Reichsleitung der NSDAP und der obersten Ebene des Staatsapparates blieb alles unangetastet, was nach dem 30. Januar 1933 an Ämtern zusammengeführt worden war; folglich ließen sich die praktizierten Prinzipien für untergeordnete Ebenen weder beschränken noch aufheben. Zum Funktionieren des Diktaturregimes bedurfte es strikt hierarchisch aufgebauter Strukturen und Mittel, und das nicht nur „oben", sondern auch auf der regionalen und der örtlichen Ebene. Aus solchen Beweggründen resultierte wohl auch die „Treue", die Hitler selbst jenen Gauleitern an den Tag legte, die sich als ungeeignet oder unfähig erwiesen hatten. Das Regime beruhte nicht zuletzt auf der Macht seiner Exponenten in den einzelnen Territorien, deren Stellung es in jeder Situation zu festigen hatte. Über die staatliche Funktion der Gauleiter ist tatsächlich nie ernsthaft debattiert worden, lediglich über die Personalunionen von Partei und Staat auf der untersten Ebene.

Die seit Ende 1942 betriebenen innenpolitischen Kampagnen der NSDAP trugen im Verlauf des Jahres 1943 dazu bei, das Regime und seine Kriegführung abzusichern. Noch zeigten sich die Partei und der gesamte Machtapparat der Situation gewachsen, auch wenn sich die Anzeichen eines zurückgehenden Einflusses auf die deutsche Bevölkerung mehrten. Die geheimen „Meldungen aus dem Reich" des SD berichteten seit dem Sommer 1943 von abfälligen Äußerungen gegen die NSDAP sowie über „starke Kritiksucht"[62] und das „Verschwinden von Parteiabzeichen an den Revers". Ganz offensichtlich sank die Disziplin selbst der Parteimitglieder. Bormann verpflichtete sie 1943 noch einmal, das Parteiabzeichen ständig zu tragen, was Ley am 2. März 1944 durch die Anordnung ergänzte, es sei auch auf der Überkleidung, Arbeitskleidung und Dienstkleidung anzubringen.[63]

Mit wachsender Besorgnis registrierte die NSDAP auch die politischen Witze, die unter den Massen die Runde machten und ein gewisses Barometer der Stimmung darstellten. In einem dieser Witze hieß es, wer der Partei fünf neue Mitglieder zuführe, dürfe selbst austreten, wer jedoch zehn neue Mitglieder werbe, bekomme sogar eine Bescheinigung, daß er nie in der Partei gewesen sei. Eine andere Version lautete: „Tausche goldenes Ehrenzeichen gegen Siebenmeilenstiefel".[64] Als der italienische faschistische Großrat am 25. Juli 1943 die Absetzung Mussolinis beschlossen hatte, sei – wie ein SD-Bericht meldete – in der Bevölkerung geschlußfolgert worden: „Wenn man eine solche Partei, die in mehr als 20 Jahren groß geworden ist, so ohne weiteres beiseite schieben kann, dann wird es auch einmal um die NSDAP übel bestellt sein, wenn die Feinde des Nationalsozialismus den Versuch unternehmen, den Führer kaltzustellen."[65] Die Meldung des SD vom 25. Juni 1943 liest sich wie ein Resümee: „Zu beobachten ist eine stetige Entwicklung zur negativen Seite hin, die aufzuhalten Propagandamaßnahmen und Reden führender Männer nicht in der Lage zu sein scheinen."[66] Und in einem weiteren Bericht über die Einstellung von Jugendlichen zur Partei wurde deren „Gleichgültigkeit und mangelnde innere Bereitschaft" festgestellt, der NSDAP beizutreten.[67]

Bormann erließ am 6. Dezember 1943 erneut eine Anordnung zu „Sinn und Ziel der Aktivierung der Partei". In ihr warnte er davor, die an die NSDAP gestellten Aufgaben nur als vorübergehenden Auftrag zu betrachten; es gelte vielmehr, „nun die begonnenen Aktivierungsmaßnahmen fortzusetzen".[68] Wie wenig allerdings erreicht werden konnte, belegt die Tatsache, daß er halbes Jahr danach, am 24. Juni 1944, erneut von den Politischen Leitern auf mittlerer und höherer Ebene verlangte, „auch in Zukunft alle Ansätze von Schwäche und schwankender Haltung mit allen zur Verfügung stehenden Mitteln abzustellen". Diese Anordnung erhielt durch einen der 42 Gauleiter die bezeichnende Konkretisierung: „Da wo mit den Mitteln der Aufklärung, Propaganda und Schulung Andersdenkende nicht zu belehren sind, ist das *Abstempeln zum Volksverräter und Wehrkraftzersetzer* das einzig beste Mittel, das stets die gewünschte Wirkung erzielt."[69] Die Funktionäre der NSDAP und aller nationalsozialistischen Organisationen wurden verpflichtet, nicht nur alles zu tun, um Widerstand zu unterbinden, sondern auch rasch und hart gegen „Meckerer", „Unruhestifter", „Defaitisten" und „Gerüchtemacher" vorzugehen. In einem anderen Zusammenhang forderte Bormann, die Mitglieder der Parteiformationen müßten es verstehen, alle „immer wieder von neuem Glauben und Zuversicht zu beleben und die mitzureißen, deren Haltung erschüttert scheint".[70]

Indessen schien es nicht nur so zu sein: Die Krisenanfälligkeit des Regimes war während des Jahres 1943 zu einer unübersehbaren Tatsache geworden. Die NSDAP versuchte ihr auch mit einer Entscheidung zu begegnen, die am 24. August 1943 gefällt wurde. Hitler übertrug das bis dahin von Frick verwaltete Reichsinnenministerium an den Reichsführer SS Himmler. Damit vereinigte dieser alle Repressivorgane in seiner Hand. Anerkennung und Unterstützung kam dem neuen Minister sofort von führenden Großunternehmern zu. Friedrich Flick, Heinrich Bütefisch und Hermann Schmitz (IG Farben), Karl Ritter von Halt (Deutsche Bank), Ewald Hecker (Präsident der Industrie- und Handelskammer Hannover, Ilseder Hütte AG), Emil Meyer (Dresdener Bank), Friedrich Reinhart (Commerzbank), Hellmut Roehnert (Rheinmetall Borsig AG) und August Rosterg (Wintershall AG) begrüßten seine neuen Vollmachten und überwiesen ihm mehr als eine Million RM. Im Begleitschreiben des Bankiers Kurt von Schröder hieß es: „Eine starke Hand ist jetzt für die Führung dieses Ministeriums notwendig, und es wird deshalb allseitig, insbesondere aber von Ihren Freunden dankbar empfunden, daß der Führer Ihnen diese Aufgabe übertragen hat."[71] Mit der Übernahme dieser Machtposition verstärkte sich Himmlers Einfluß auch gegenüber der NSDAP. Von besonderer Bedeutung erwies sich, daß ihm nunmehr auch die Gauleiter in ihrer Funktion als Reichsverteidigungskommissare unterstellt waren.

Trotz aller krisenhaften Entwicklungsprozesse blieb die NSDAP eine intakte Organisation, die von ihren Mitgliedern viel verlangte und verlangen konnte. Dennoch wuchs die Unzufriedenheit ihrer Führung mit den

Die Gaueinteilung der NSDAP 1940

Gau	Sitz	Gau	Sitz
1. Baden	Karlsruhe	21. Oberdonau	Linz
2. Bayr. Ostmark	Bayreuth	22. Ost-Hannover	Lüneburg
3. Berlin	Berlin W 9	23. Ostpreußen	Königsberg
4. Westpreußen	Danzig	24. Pommern	Stettin
5. Düsseldorf	Düsseldorf	25. Saarpfalz	Neustadt
6. Essen	Essen	26. Sachsen	Dresden
7. Franken	Nürnberg	27. Salzburg	Salzburg
8. Halle-Merseburg	Halle	28. Schlesien	Breslau
9. Hamburg	Hamburg	29. Schleswig-Holstein	Kiel
10. Hessen-Nassau	Frankfurt/M.	30. Schwaben	Augsburg
11. Kärnten	Klagenfurt	31. Steiermark	Graz
12. Koblenz-Trier	Koblenz	32. Wien	Wien
13. Köln-Aachen	Köln	33. Süd-Hann.-Braunsch.	Hannover
14. Kurhessen	Kassel	34. Thüringen	Weimar
15. Magdeburg-Anhalt	Dessau	35. Tirol	Innsbruck
16. Mainfranken	Würzburg	36. Weser-Ems	Oldenburg
17. Mark Brandenburg	Berlin W 57	37. Westfalen-Nord	Münster
18. Mecklenburg	Schwerin	38. Westfalen-Süd	Bochum
19. München/Oberbay.	München	39. Württembg.-Hohenz.	Stuttgart
20. Niederdonau	Krems	40. Sudetenland	Reichenberg
		41. Auslandsorganisation	

Die Gauleiter der NSDAP 1943

1.	Baden	Robert Wagner
2.	Bayreuth	Fritz Wächtler
3.	Berlin	Joseph Goebbels
4.	Danzig-Westpreußen	Albert Forster
5.	Düsseldorf	Friedrich Karl Florian
6.	Essen	Josef Terboven
7.	Franken	Karl Holz
8.	Halle-Merseburg	Joachim Albrecht Eggeling
9.	Hamburg	Karl Kaufmann
10.	Hessen-Nassau	Jacob Sprenger
11.	Kärnten	Friedrich Rainer
12.	Köln-Aachen	Josef Grohé
13.	Kurhessen	Karl Weinreich
14.	Magdeburg-Anhalt	Rudolf Jordan
15.	Mainfranken	Otto Hellmuth
16.	Mark Brandenburg	Emil Stürtz
17.	Mecklenburg	Friedrich Hildebrandt
18.	Moselland	Gustav Simon
19.	München/Oberbayern	Adolf Wagner
20.	Niederdonau	Hugo Jury
21.	Niederschlesien	Karl Hanke
22.	Oberdonau	August Eigruber
23.	Oberschlesien	Fritz Bracht
24.	Ost-Hannover	Otto Telschow
25.	Ostpreußen	Erich Koch
26.	Pommern	Franz Schwede-Coburg
27.	Sachsen	Martin Mutschmann
28.	Salzburg	Gustav Adolf Scheel
29.	Schleswig-Holstein	Hinrich Lohse
30.	Schwaben	Karl Wahl
31.	Steiermark	Siegfried Uiberreither
32.	Sudetenland	Konrad Henlein
33.	Süd-Hannover-Braunschweig	Hartmann Lauterbacher
34.	Thüringen	Fritz Sauckel
35.	Tirol-Vorarlberg	Franz Hofer
36.	Wartheland	Arthur Greiser
37.	Weser-Ems	Paul Wegener
38.	Westfalen-Nord	Alfred Meyer
39.	Westfalen-Süd	Paul Giesler
40.	Westmark	Josef Bürckel
41.	Wien	Baldur von Schirach
42.	Württemberg-Hohenzollern	Wilhelm Murr
43.	Auslandsorganisation	Ernst Wilhelm Bohle

Ergebnissen der Geführten: In einem Material des Schulungshauptamtes beim Reichsorganisationsleiter hieß es, angesichts der mehr als sieben Millionen Parteigenossen dürfe eigentlich die „schlechte Stimmung innerhalb des deutschen Volkes ... unmöglich sein.".[72] Es war daher sicher auch kein Zufall, daß sich der Reichsorganisationsleiter gerade in dieser Zeit intensiv um eine exakte zahlenmäßige Übersicht über die Parteigenossen bemühte. Ende 1943 legte Ley einen umfangreichen Bericht über „Einsatz und Bewährung der Parteigenossen im Wehr- und anderweitigen Kriegsdienst seit dem 1.9.1939 nach dem Stande vom 1.5.1943" vor. In ihm wurden im einzelnen 42 Gaue ausgewiesen, ferner 14 „erreichbare" Landesgruppen, der Arbeitsbereich Generalgouvernement, der Arbeitsbereich Niederlande sowie die Ortsgruppe „Braunes Haus". Die Zahl der Mitglieder belief sich auf 6.542.261, wobei ausdrücklich Erwähnung fand, daß rund 100.000 Mitglieder in der Liste nicht erfaßt worden seien. Unter dem Begriff „Verluste" tauchten 226.726 Parteigenossen auf, so daß die Zahl der noch Lebenden 6.315.535 betrug. Gefallen seien 159.958 (70,6 %), an Kriegsverletzungen gestorben 22.231 (9,8 %) und vermißt bzw. in Gefangenschaft geraten 44.537 (19,6 %). Gleichzeitig wurde angegeben, daß 2.638.710 Parteigenossen zur Zeit im Wehr- oder Kriegsdienst stünden. Der errechnete Prozentsatz von 40,3 bezog sich auf die Gesamtzahl der Mitglieder und berücksichtigte nicht die „Verluste"; offensichtlich war man bemüht, einen besseren Eindruck zu vermitteln. Von besonderem Interesse ist ferner die Aufschlüsselung derer, die einen Kriegsdienst oder einen allgemeinen, im Bericht nicht näher definierten, Wehrdienst leisteten. Der Anteil ersterer betrug 8,6 %, der letzterer 91,4 %. Noch nicht einmal jedes zehnte Parteimitglied stand also an den militärischen Fronten. Hinzu kam die bemerkenswerte Tatsache, daß die Hälfte aller Parteimitglieder (3.277.482 = 50,1 %) bis dahin weder einen Wehr- noch den Kriegsdienst geleistet hatte. Davon waren 1.035.715 (28,1 %) Politische Leiter, die ihre Funktionen sowohl in der Partei als auch in den Gliederungen und angeschlossenen Verbänden ausübten. 756.245 (20,6 %) wurden schlicht als Gliederungsangehörige und 1.884.865 (51,3 %) in allgemeinster Weise als „Beitragszahler" ausgewiesen.[73]

Am 24. Dezember 1943 – es handelte sich inzwischen um den fünften Weihnachtstag im Verlaufe des Krieges, kurze Zeit zuvor hatte die sowjetische Winteroffensive begonnen, war das deutsche Schlachtschiff „Scharnhorst" versenkt worden und Berlin erlebte an diesem Tage einen besonders schweren Bombenangriff, verbunden mit dem Einsatz von Langzeitzündern – hielt es der „Völkische Beobachter" für erforderlich, in großer Aufmachung die Leistungen der Partei darzustellen. Unter dem Titel „Der Kriegseinsatz der Partei" wurde berichtet, daß es 6,5 Millionen männliche Parteigenossen gäbe, von denen sechs Prozent bereits einen Einsatz an den militärischen Fronten hinter sich gebracht hätten. Zur Zeit stünden 40 Prozent in den Reihen der Wehrmacht, der SS oder „in einem ähnlichen Einsatz" (!). Eine überdurchschnittliche Zahl von ihnen sei ausgezeichnet worden, die der Uk-gestellten Parteigenossen dagegen gering.[74] Konkretere Angaben blieben aus. Die verschwommenen Formulierungen weckten Unmut in der Bevölkerung. Beschönigend meldete der SD am 6. Januar 1944 unter der Rubrik „Entwicklung der öffentlichen Meinung", dieser Artikel sei nicht nur sehr notwendig gewesen, sondern habe „besondere Wirkung ... erzielt." Dennoch befürchteten die Beobachter, „die langsam sich schließende Kluft zwischen Partei- und Nichtparteigenossen" könne neu aufgetan werden. Selbst die Hoffnung der Parteiführung, die aufklärende Herausstellung der großen Opfer, welche die Partei bringe, werde ihr nützlich sein, machte der Bericht zunichte: „Man erwarte gar nicht, daß die Partei in diesem Kriege des ganzen Volkes unbedingt mehr Lasten trage. Es gehe den Volksgenossen nur um einen gleichmäßigen Einsatz und um eine gerechte Verteilung und Einhaltung der Beschränkung und Anforderungen."[75]

Kapitel 16
„... bis alles in Scherben fällt"

Die Bilanz des Kriegsjahres 1943 fiel für das Hitlerregime verheerend aus: Während der großen Sommer- und Herbstschlachten war der Wehrmacht auf allen Kriegsschauplätzen – an der deutsch-sowjetischen Front, an der nordafrikanischen Küste, in Italien, zur See und in der Luft – eine Niederlage nach der anderen beigebracht worden. Nahezu alle Versuche, die Wende des Krieges aufzuhalten, hatten mit Fehlschlägen geendet, insbesondere die groß vorbereitete Offensive im Osten nach der Panzerschlacht bei Kursk. Allein an der Ostfront waren 144 Divisionen verloren gegangen und Verluste von fast zwei Millionen Toten, Verwundeten und Vermißten sowie an einer unübersehbaren Menge von Kriegsmaterial zu verzeichnen. Die Kampfstärke der deutschen Infanteriedivisionen betrug im Herbst nur noch 30 bis 50 Prozent. Ebensowenig gelang es, die Erschütterungen aufzufangen, die der von Deutschland geführte Mächteblock seit dem Sturz Mussolinis erlitt, und die politischen Auswirkungen der militärischen Mißerfolge zu mindern. Mit großer Sorge betrachtete die deutsche Führung auch die Ausweitung der gezielten Angriffe britischer und amerikanischer Bomberverbände gegen Städte und Rüstungsanlagen in Deutschland, die sich schließlich seit dem Frühjahr 1944 insbesonders auf die deutsche Flugzeugindustrie, die Produktion in den Ölraffinerien und Hydrierwerken, das Transportwesen und die motorisierten Wehrmachtsverbände nachhaltig auswirkten. Dem konnte auch durch die zunehmende Verlagerung einiger rüstungswirtschaftlicher Betriebe in unterirdische Fabrikanlagen kaum begegnet werden.

In den ersten Monaten des Jahres 1944 veränderte sich dieses Bild kaum, jedoch verschlechterte sich die Lage an den Fronten drastisch: Die Wehrmacht sah sich vor allem zum weiteren Rückzug aus den besetzten sowjetischen Gebieten gezwungen. Truppen der UdSSR überschritten am 4. Januar die alte polnische Zwischenkriegsgrenze und trieben einen 300 km tiefen Keil zwischen die deutschen Heeresgruppen Mitte und Süd. Im April 1944 mußte die Ukraine geräumt werden, was rüstungswirtschaftlich schwerwiegende Folgen nach sich zog. Die Krim ging im Mai verloren, im Juni durchbrachen sowjetische Truppen die Frontlinien der Heeresgruppe Mitte und erreichten im Spätsommer Ostpreußen. Die Verbände, die nach der Befreiung Mussolinis und der am 15. September 1943 erfolgten Gründung der faschistischen „Republica Sociale Italiano" große Teile Italiens besetzt hatten, mußten Anfang Juni 1944 Rom aufgeben und sich mehr und mehr zurückziehen. Schließlich begann am 6. Juni 1944 die seit langem und mit großer Spannung erwartete Errichtung der „Zweiten Front", als die westlichen Alliierten in der Normandie landeten. In kurzer Zeit führten sie 86 Divisionen mit 619.000 Soldaten und 95.000 Fahrzeugen in den Kampf gegen 56 deutsche Divisionen und eine völlig unzureichend ausgerüstete Luftwaffe. Binnen weniger Monate befreiten sie große Teile Frankreichs und Belgiens; noch im Jahre 1944 überschritten sie die Westgrenze des Reiches.

Mit gewaltigem propagandistischem Aufwand hatte das Regime den Deutschen vor der Invasion angekündigt, daß Hitler, sobald die westlichen Alliierten an der Atlantikküste landen würden, endlich die angekündigten „Wunderwaffen" einsetzen, „Vergeltung" üben und so die Wende des Krieges zugunsten Deutschlands erzwingen werde. Dies war nicht ohne Wirkung geblieben: Am 1. Juni berichtete der SD, in der Bevölkerung halte die Enttäuschung darüber an, daß „die Invasion auch im Mai noch nicht erfolgt" sei und die Vorstellung, mit einem entscheidenden Waffengang im Westen würde in der „Gesamtkriegslage eine Wendung zu unseren Gunsten eintreten", dazu beitrage, *die „weitere Entwicklung allmählich recht mutlos zu betrachten.*"[1] Hitler fügte am 5. Juni seiner Erklärung zum kampflosen Rückzug deutscher Truppen aus der italienischen Hauptstadt den großsprecherischen Satz hinzu: „Das Jahr der Invasion wird dem Gegner an der entscheidenden Stelle eine vernichtende Niederlage bringen."[2] Eine Woche später sprachen die Berichterstatter von einem „reinigenden Gewitterschlag", der die „langaufgestaute Spannung hinweggefegt" habe, sowie von einem „allgemeinen Stimmungsumschwung", von dem „außer einigen Intelligenzlern eigentlich nur Frauen" nicht erfaßt worden seien. Der Beginn der Kämpfe an der „zweiten Front" sei in der Bevölkerung begrüßt worden: „Die meisten Volksgenossen empfinden darüber Genugtuung und Freude, weil man in der erfolgten Invasion doch irgendwie die unmittelbare Herannahung einer Entscheidung sieht, die positiven Kreise sind fest davon überzeugt, daß wir die gelandeten Feinde vertreiben können werden und sehen darin die Möglichkeit, den Krieg zu gewinnen. Die anderen Volksgenossen sagen sich, daß im Falle des Gelingens der Invasion doch der Krieg bald zu Ende sei ..."[3]. Die Hoffnungen auf neue militärische Erfolge und kriegsentscheidende Wirkungen der „Wunderwaffen" zerschlugen sich jedoch rasch. Zwar wurden am 12. Juni die ersten rückstoßgetriebenen Flugbomben gegen England abgeschossen und lautstark als Mittel der „Vergeltung" für die Bombardierung deutscher Städte gepriesen, doch weder die „V1", noch die von Goebbels Ende Juli angekündigte, aber erst ab 8. September eingesetzte „V2"[4] konnten den Kriegsverlauf wesentlich beeinflussen.

Auf Deutschland kam unvermeidlich eine totale militärische Niederlage zu, das Kriegsende konnte allenfalls hinausgeschoben werden. Diese Entwicklung bedeutete ein Menetekel für jene Partei, die aus dem Ersten Weltkrieg gekommen war und die Deutschen in das zweite Völkermorden geführt hatte. Seit Mitte 1944 geriet die NSDAP unaufhaltsam in eine Niedergangsspirale und in die Phase ihrer Agonie. Dennoch unternahm sie alles, was noch in ihren Kräften stand, um für ihre verantwortungslose und opferreiche Politik des „Durchhaltens" die notwendige Stabilität der „inneren Front" zu sichern. Richtete sich der Blick einzelner Reichsleiter und anderer Parteifunktionäre auf die Nachkriegszeit, geschah dies im Wahn, doch noch den „Endsieg" erringen zu können. Viele leitete nicht mehr als die trügerische Hoffnung, auch im Falle der Niederlage seien ihre persönlichen Machtpositionen aufrecht zu erhalten, mehr noch aber die Furcht, von den Siegern für ihre Untaten bestraft zu werden; angesichts ihrer Raub- und Mordaktionen in weiten Teilen Europas und in Kenntnis der Tatsache, daß die Alliierten in umfangreichen Listen die Namen deutscher Kriegsverbrecher zusammentrugen, wußten sie, was ihnen blühen würde.

Zwar beteiligten sich einzelne Mitglieder der NSDAP auch in unterschiedlichsten, z.t. neugeschaffenen Institutionen und Gremien an der Ausarbeitung von Plänen und Konzepten für die Nachkriegszeit, jedoch galten die Aktivitäten der meisten Parteifunktionäre hauptsächlich der Suche nach Möglichkeiten, Macht und Einfluß auf den Massenanhang zu behalten. Es gelte, so hieß es in einem internen Material der Partei-Kanzlei, „die seelischen Kräfte des deutschen Volkes *für die Gefahren und für die Gestaltung des kommenden Friedens hart und bereit zu machen*".[5] Bald ging es nur noch um das eigene „Überleben", für das mancher auch Argumente sammelte, um anderen die Schuld an der Niederlage zuzuweisen und eine Neuauflage der „Dolchstoß"-Legende vorzubereiten.[6] Nur wenige Parteiführer erstrebten inhaltliche Modifikationen der bisher betriebenen Politik, die meisten beließen es bei einem Versuch, neue Varianten ihrer bisherigen Schlagworte und Parolen ins Spiel zu bringen.

Goebbels, der sich ebenso energisch wie intrigant darum bemühte, die innere Führung des Reiches in seine Hand zu bringen und sie völlig zu radikalisieren[7], ging im Frühjahr 1944 daran, eine neue „antibolschewistische Kampagne über das deutsche Volk und über die europäische Öffentlichkeit hinrasen zu lassen, die sich sehen lassen kann."[8] Prononcierter als zuvor wurde davon gesprochen, es sei das hauptsächlichste Kriegsziel, Europa vor dem Bolschewismus zu „schützen"; es gehe um die „europäische Solidarität" gegen Rußland, auch um einen „europäischen Sozialismus", der von einem antikommunistischen „Europäischen Staatenbund" oder von einer „Europäischen Wirtschaftsgemeinschaft" getragen werden solle. Die zahlreichen Denkschriften, Memoranden und Erfahrungsberichte, deren Verfasser in den Jahren 1944 und 1945 besorgt nach neuen Wegen suchten undVeränderungen der deutschen Außen- und Okkupationspolitik empfahlen, boten kaum konkrete und vor allem keine realisierungsfähigen Vorschläge. Diese wurden stets von den sich überstürzenden Ereignissen überholt, noch bevor sie in praktische Politik umzusetzen gewesen wären – die unabweisbare Entscheidung fiel auf den Schlachtfeldern. An der Aussichtslosigkeit der militärischen Situation und am bevorstehenden Ende vermochten sie nichts zu ändern.

In der NSDAP verstärkten und verschärften sich daher während der letzten Kriegsjahre die Auseinandersetzungen in dem Maße, wie ihre Fähigkeit abnahm, dem bevorstehenden Untergang sowie den Zweifeln an einer Kriegsentscheidung zugunsten Deutschlands entgegenwirken zu können. Selbst in der Partei-Kanzlei wurden in verstärktem Maße unterschiedliche konzeptionelle Varianten erwogen und Meinungsverschiedenheiten ausgefochten. Die Divergenzen betrafen – im Vergleich zu den dreißiger und frühen vierziger Jahren – immer weniger allein Fragen von taktischem Rang. Sie verliefen durch den gesamten Machtapparat und lagen häufig auch quer zu den bisherigen Linien innerparteilicher Querelen.[9] Doch die Realität holte die verschiedensten Überlegungen, Vorschläge und Wünsche immer wieder ein. Ihre Maßnahmen erwiesen sich zunehmend als untauglich und ließen erkennen, wie wenig diese durchdacht, wie schlecht sie vorbereitet waren und wie häufig sie auch einander widersprachen. Entscheidungen fielen in der Regel zugunsten extremster Lösungen; das faschistische Regime faschisierte sich gleichsam ständig weiter.

Unter den Bedingungen der beiden letzten Kriegsjahre erreichten die Rivalitätskämpfe zwischen den verschiedenen Gruppierungen aus Industrie, Staatsapparat, Wehrmachtführung und NSDAP einen neuen Höhepunkt. Nur wenige aus ihren Reihen zielten auf einen politischen Umsturz, andere wollten selbst kein Risiko eingehen und erst nach Kriegsende für ein modifiziertes bzw. auch für ein neues politisches Regime bereitstehen, während die in der NSDAP oder mit ihrer Hilfe Aufgestiegenen sich für die Nachkriegszeit kaum eine Zukunftschance auszurechnen vermochten und nichts anderes praktizieren wollten als den von Hitler verordneten Kurs des bedingungslosen „Durchhaltens". Die deutschen Eliten standen 1944 nach wie vor mehrheitlich hinter dem Partei- und Staatsapparat, auf Gedeih und Verderb an ihn gebunden und unfähig – zum größten Teil auch unwillig –, sich von ihm zu lösen. Ihre Beziehungen zu den maßgeblichen Kreisen der NSDAP um Hitler, Bormann, Speer, Funk, Himmler und den Gauleitern festigten sich sogar noch.[10] Trotz divergierender Interessen standen sie zumindest bis Mitte 1944 noch relativ geschlossen jener von Claus Schenk Graf von Stauffenberg, Carl Goerdeler, Ludwig Beck u.a.m. repräsentierten, in ihren Zukunftsvorstellungen sehr unterschiedlichen Gruppierung entgegen, die das Attentat vom 20. Juli 1944 auf Hitler vorbereitete und willens war, das Regime zu stürzen und einen sofortigen Ausweg aus dem Krieg zu suchen, der die von den Alliierten geforderte bedingungslose Kapitulation und die totale Niederlage vermied.

Angesichts der Unmutsäußerungen und der Zweifel an der Möglichkeit eines „Endsieges", die vor allem im Zusammenhang mit dem Sturz Mussolinis eingesetzt hatten und sich 1944 verstärkten[11], wurde in allem, was das Regime und die führenden Politiker der NSDAP unternahmen, die Tendenz immer spürbarer, über die absehbare Kriegsniederlage hinaus und um jeden Preis wenigstens die Staatsmacht zu erhalten und das Funktionieren eines möglichst intakten Staatsapparates – sowohl nach innen als auch nach außen – zu gewährleisten. Allerdings machten sich jene Verfasser von Denkschriften, die selbst dem Machtapparat in Partei- oder Regierungsfunktionen dienten und neue Lösungen und Varianten als Ausweg aus der immer ungünstiger werdenden Situation vorschlugen, kaum Gedanken über die Existenz und die Rolle der NSDAP in einem deutschen Nachkriegsstaat. Obwohl sich viele von deren Funktionären an den Nachkriegsplanungen beteiligten, ist in der bisherigen Forschung wenig darüber bekannt geworden, welche Pläne sie in dieser Zeit über ihre künftige organisationspolitische Rolle hegten. Den Mächtigen der Wirtschaft ging es hauptsächlich um die Rettung der Wirtschaft vor einem Zusammenbruch durch eine wirtschaftspolitische Überlebensstrategie, die z.B. in der Denkschrift „Kriegsfinanzierung und Schuldenkonsolidierung" – von Ludwig Erhard im März 1944 der Leitung der Reichsgruppe Industrie vorgelegt[12] – oder in deren „Programm für die Bearbeitung wirtschaftlicher Nachkriegsprobleme vom Standpunkt der Industrie" vom November/Dezember 1944[13] zum Ausdruck kam. Alle Überlegungen, die im Verlauf des Jahres 1944 für eine deutsche Nachkriegsstrategie angestellt wurden, verdichteten sich nicht zu einem Konzept über das Fortbestehen bzw. über Veränderungen in Einsatz und Funktion der Partei.[14]

Dies ist in hohem Maße auf die Tatsache zurückzuführen, daß offensichtlich für die Mehrzahl der politisch und wirtschaftlich Agierenden die Fortexistenz der NSDAP in keiner Hinsicht zur Debatte stand. Mehr oder weniger stillschweigend galt ihnen die Partei nicht allein als stets und ständig beschworener „Garant" des Sieges, sondern auch als eine unantastbare Voraussetzung jeglichen wirtschaftspolitischen, staatlichen und politischen „Überlebens". Bewußt oder unbewußt schienen sich alle darin einig zu sein, daß jede Absicht, ja selbst nur ihre Andeutung des Gedankens, die Stellung der Partei und ihrer Organisationen im politischen Herrschaftssystem müsse reduziert werden, die innere Krisenhaftigkeit der

Diktatur verstärkt und dem antifaschistischen Widerstand neue Kräfte zugeführt hätte. Im Rahmen ihrer Überlegungen für einen Ausweg aus den innenpolitischen Konsequenzen der bevorstehenden militärischen Zerschlagung gingen auch die oppositionellen Kreise, deren Aktionen am 20. Juli 1944 im Attentat auf Hitler und in einem rasch zerschlagenen Putschversuch gipfelten, nicht davon aus, im Falle ihres Erfolges die NSDAP zu verbieten. Im politischen Herrschaftssystem Deutschlands gab es nichts Vergleichbares, was sofort an ihre Stelle gesetzt oder rasch neu geschaffen hätte werden können, sofern ernsthafte gesellschaftliche Erschütterungen vermieden werden sollten.

General Erwin von Witzleben, für den die Attentäter den Oberbefehl über die Streitkräfte vorgesehen hatten[15], wollte mit seinem ersten Befehl nach einem gelungenen Staatsstreich den Eindruck erwecken, als hätte „eine gewissenlose Clique frontfremder Parteiführer" Hitler ermordet.[16] Im zweiten Befehl des Unternehmens „Walküre", der am Nachmittag des 20. Juli den Wehrkreisbefehlshabern übermittelt wurde, war indessen vorgesehen, daß neben den Ministern, Oberpräsidenten, Polizeipräsidenten, höheren SS- und Polizeiführern auch alle Gau- und Kreisleiter der NSDAP sowie die Leiter der Propagandaämter in Gewahrsam zu nehmen seien. In den Vorstellungen Carl Goerdelers und Ludwig Becks ging es in erster Linie darum, Hitler sowie eine Reihe besonders diskreditierter Führer der Partei, der SS und der Regierung zu beseitigen. Unter einer neuen Staatsführung sollte die nationalsozialistische Partei in einem Mehrparteiensystem einen durchaus wichtigen Platz einnehmen. Goerdeler orientierte mit seiner These, der Marxismus habe abgewirtschaftet und könne „nicht wieder Grundlage einer Partei werden"[17], auf die Existenz lediglich mehrerer bürgerlicher Parteien. Von dieser Position hoben sich allerdings Stauffenberg und andere an der Verschwörung beteiligte Offiziere weitgehend ab. Sie wollten nicht allein die Person Hitlers ausschalten, ihnen ging es um die Liquidierung des gesamten Diktaturregimes.[18] Nach ihren Vorstellungen sollten die NSDAP den neuen militärischen Befehlshabern unterstellt und die Waffen-SS in das Heer eingegliedert werden. Ferner planten sie die Verhaftung und Aburteilung führender Parteiaktivisten.

Obwohl das Regime in der rigorosen Verfolgung und haßerfüllten Aburteilung der Attentäter vom 20. Juli 1944 „längst lahmgelegte Handlungspotentiale"[19] neu zu beleben schien, bedeuteten die Ereignisse vom 20. Juli 1944 für viele Parteifunktionäre und -mitglieder einen regelrechten Schock. Aufgefordert, sich in unzähligen Treuebekenntnissen zu dem durch die „Vorsehung" geretteten Hitler zu ergehen, mochte sie wohl nachdenklich stimmen, daß sich unter den Oppositionellen auch aktive „alte Kämpfer" der NSDAP wie Fritz-Dietlof von der Schulenburg, Caesar von Hofakker und Wolf-Heinrich Graf von Helldorf befunden hatten und sogar für

Nach dem Attentat vom 20. Juli 1944

hohe Ämter in der neuen Regierung vorgesehen waren.[20] Ihre frühere begeisterte Zustimmung zur NSDAP und zum Regime war seit langem einer kritischen Sicht auf den „Führer" und die Partei gewichen, sie entschieden sich nunmehr, gegen Hitler zu handeln und sich an einem Umsturzversuch zu beteiligen. Was Helldorf gegenüber Stauffenberg bekannt hatte, deckte sich mit Gedanken, die auch manch anderen Parteigenossen bewegten und die besagten: Die Ideen, die wir früher vertraten, sind richtig gewesen, jetzt jedoch in ihr Gegenteil verkehrt worden, die Führungsschicht der Partei herrsche nunmehr „im Zeichen von Korruption und Bonzentum über das Volk". Indessen gewann nur bei einem verschwindend geringen Teil der Mitglieder ähnlich wie bei Helldorf die Sorge um Deutschlands Zukunft „Oberhand" über die "Treuebindung an den Führer".[21]

Im letzten Jahr ihrer Existenz verfolgte die NSDAP einzig und allein die Taktik des bedingungslosen „Durchhaltens" und der Aufopferung nicht allein bis zur letzten Patrone, sondern ganz und gar bis zum letzten Atemzug. Krieg, „so lange wir atmen", forderte Goebbels am 25. Juni 1944 in seiner Wochenzeitung „Das Reich". Noch im Frühjahr 1945 fanden sich Parolen an ausgebrannten Fassaden wie „Mauern können brechen, aber unsere Herzen nicht" oder „Alles können sie uns vernichten, nur nicht den Glauben an den Endsieg".[22] Vielfach wurde in der Partei lediglich improvisiert, getrieben von den Ereignissen nahm die Hektik ihrer Aktionen zu. In internen Äußerungen häuften sich seit Mitte 1944 die Klagen über ein zu hohes Maß an „Tagesarbeit". Viele Parteigenossen – sich selbst bemitleidend – sahen die NSDAP „dem deutschen Volke gegenüber in einen außerordentlich großen Mißkredit" und in die Rolle eines „Prügelknaben der Öffentlichkeit" gedrängt.[23] In seinem Bericht vom 4. August 1944 an den Reichsschatzmeister der NSDAP hielt der SD „einige Modifikationen" der Benachrichtigung von Angehörigen gefallener oder vermißter Soldaten für angebracht. Es seien „gewisse Schwierigkeiten" aufgetreten, die „für politische Gegner einen Ansatzpunkt" bieten. Die Parteiarbeit der „Hoheitsträger" würde erschwert, wenn diese noch länger die Todesnachrichten persönlich überbrächten und sich – wie auf dem flachen Lande „allgemein gebräuchlich" – als „Todesengel", „Totenvogel", „braune Hiobspost" oder „Schreckgespenst" bezeichnen lassen müßten.[24]

Für den unbefriedigenden Zustand ihrer Organisation machten manche Parteigenossen, darunter auch ein Mitarbeiter der Partei-Kanzlei, das Hervortreten einiger „Rabauken" und die Verherrlichung des „hemmungslosen Mannes" in der Parteipropaganda verantwortlich. Die Partei habe leider ihre Hand über „eine Unzahl von Kreaturen, die alles andere als Vorbild waren", halten müssen.[25] Im Amt Rosenberg führten Mitarbeiter auch den 20. Juli 1944 „auf einen ungenügenden Einsatz der Partei in diesem Kriege" zurück.[26] Das von ihnen gewünschte Ausweichen auf die „reinen politischen Führungsaufgaben", die dem „Verwalten" gegenübergestellt wurden, fand nicht statt, im Gegenteil: Die Tatsache, daß die Partei und ihre Verbände den verläßlichsten und wohl auch den beweglichsten Teil des gesamten politischen Herrschaftsapparates im Reich bildeten, sowie die Bereitwilligkeit, jede sich bietende Möglichkeit wahrzunehmen, um den Zeitpunkt der endgültigen Zerschlagung ihres Regimes hinauszuzögern, führten zwangsläufig zu einer verstärkten Übernahme staatlicher und auch militärischer Aufgaben durch die Politischen Leiter und die Mitglieder der NSDAP. Ein Mitarbeiter der Partei-Kanzlei betrachtete dies zwar als „Erstarrung" der NSDAP, die überwunden werden müsse, um die Partei wieder „in Fluß zu bringen", meinte jedoch, es reiche nicht aus, „soweit als irgend möglich" zwischen Staats- und Parteiamt zu trennen. Seine Ausarbeitung trug den vieldeutigen Titel „Was die Partei tun muß, um mit dem Eintritt der Waffenruhe als Bewegung dem Volke wiedergeschenkt zu werden". Gefordert wurde, nicht länger duldsam zu sein gegenüber einem Menschentypen, „den die letzten zehn Jahre zu einer ungeahnten Macht haben kommen lassen." Gemeint waren „Parteipfaffen" und „Parteiberserker"; ersterer resultiere aus der „Fehlentwicklung in der Konstruktion des Parteigebäudes und in der Ausrichtung der Parteiarbeit", mache „aus der Partei einen Staat" stelle den Apparat nur „auf die Minderbegabten" ab, letzterer tue „robust Falsches" und richte mehr Schaden an, „als wenn nichts geschieht".[27] Irgendeine praktische Bedeutung erlangten solche Erörterungen nicht mehr.

Unter den 1944/45 vom Kriegsverlauf diktierten Bedingungen erlahmten zwar die Geschlossenheit und Dynamik der NSDAP und verlor sie in der Öffentlichkeit an Autorität und Ansehen, jedoch büßte sie ihren unmittelbaren Einfluß auf das alltägliche Leben der Deutschen kaum ein. Ihre unmittelbare, alltägliche und lebensbedrohliche Bedeutung für den einzelnen nahm dagegen noch zu.[28] Selbst die auf der untersten Ebene wirkenden Parteifunktionäre konnten jetzt direkte Entscheidungen über Leben und Tod treffen und taten dies zumeist in größter Willkür und Selbstherrlichkeit. Die Politischen Leiter der NSDAP hatten sich an ihre Macht gewöhnt, mußten aber nun wie nur wenige andere wegen ihrer Stellung und Rolle die Folgen einer Kriegsniederlage fürchten. Von den eigenen Zukunftsängsten getrieben, hetzten sie sich und die Bevölkerung weiter in die Katatrophe. Auch ohne den Befehl „von oben" bemühten sie sich, auch noch das letzte aus sich und den Parteigenossen herauszuholen.

Vor allem in quantitativer Hinsicht weiteten sich die von der NSDAP wahrzunehmenden Aufgaben vor dem Kriegsende noch einmal aus. Innerhalb des gesamten Herrschaftsapparates wuchsen der Anteil und die Bedeutung der NSDAP und einzelner Gliederungen bzw. angeschlossener Verbände sogar in einem Ausmaß, das den Anschein erweckte, als würde sie sich voll und ganz über den Staat und die Wehrmacht erheben. Im stets spannungsgeladenen Verhältnis zwischen Partei und Staat vollzogen sich jedoch auch in der letzten Phase des Krieges kaum grundsätzliche Veränderungen – es dehnten sich lediglich die Funktions- und Aufgabenbereiche der NSDAP aus. Ihre Führer setzten die verbliebenen Parteiformationen und Parteimitglieder gleichsam als eine Art Feuerwehr in all jenen Situationen ein, von denen sie meinten, die Mittel der Wehrmacht und der Staatsbürokratie würden zu ihrer Bewältigung nicht ausreichen.

In erster Linie wurde der Einsatz aller verfügbaren Parteikräfte für die Rüstungsproduktion verlangt. Damit war jedoch eine generelle Unterordnung der NSDAP unter die Interessen der Kriegswirtschaft und den diese lenkenden Machtapparat verbunden. Vor allem Albert Speer als Leiter des Reichsministeriums für Bewaffnung und Munition, dessen Verantwortungsbereich sich seit dem 2. September 1943 aufgrund des Hitler-Erlasses über die „Konzentration der Kriegswirtschaft" auf die gesamte „Rüstung und Kriegsproduktion" erstreckte, machte sich zum Sprecher derjenigen, die die NSDAP in erster Linie als eine Organisation zur Schaffung der politischen Bedingungen für eine gesicherte Rüstungsproduktion sowie für die

Durchsetzung rücksichtslosester, totaler Prinzipien der Kriegswirtschaft betrachteten. In einer Denkschrift – die er in seinen „Erinnerungen" allerdings nicht erwähnt[29] – hatte er Hitler Anfang 1944 Vorschläge zur weiteren Steigerung der Rüstungsproduktion vorgelegt. Für sein Ministerium forderte er darin neue Befugnisse und begründete dies damit, daß eine planvolle Lenkung der Gesamtproduktion nur möglich sei, wenn man „die Verteilung der Kohle, des Stromes, des Gases, der Arbeitskräfte ebenso wie des Stahles, der Metalle, der Betriebsmittel und der Transportmöglichkeiten ... und gleichzeitig die vielen Dienststellen, die dem Betriebsführer Vorschriften, Maßregeln, Verhaltungen und Ratschläge geben", in seinem Hause zusammenfassen würde. Speer ging davon aus, daß eine Steigerung der Produktion zwar außerordentlich schwierig, für die „Durchhalte"-Strategie aber unabdingbar wäre. Daher wollte er „den Kreis der an der Rüstung mitarbeitenden Kräfte" vergrößern, und zwar *durch die verstärkte Einschaltung der Partei,* insbesondere der Gauleiter als Reichsverteidigungskommissare, der DAF und des GBA". Diese „Aktivierung aller erforderlichen Kräfte" sei er jedoch nur durchzuführen bereit, wenn er wüßte, „daß insbesondere die Gauleiter als Reichsverteidigungskommissare und ihre Beauftragten ebenso wie alle anderen in Frage kommenden Stellen ... in allen Fragen meines Ressorts und meiner Aufgabenstellung *auch wirklich bedingungslos meinen fachlichen Weisungen entsprechen'*[30] Wie am 6. Oktober 1943 in seiner Rede, die Speer vor den Gauleitern gehalten hatte, verfolgte er auch am 9. Juni 1944 in einer Ansprache an „Hoheitsträger" der Partei die gleiche Linie: Es ging ihm um weitere Stillegungen in der Konsumgüterindustrie sowie um die Überführung weiterer Arbeitskräfte in die Rüstungsproduktion.

In den Auseinandersetzungen um die Frage, ob vorrangig die Rüstungsindustrie oder die Wehrmacht personell gestärkt werden solle, widersprach Bormann der Forderung des OKW, die NSDAP solle sich vor allem stärker für die zahlenmäßige Vergrößerung der Wehrmacht einsetzen. In der Partei-Kanzlei vertraten allerdings führende Mitarbeiter einen gegensätzlichen Standpunkt, was aus aufschlußreichen Randbemerkungen Bormanns für Friedrichs und Klopfer vom 29. Juni 1944 hervorgeht. Diese hatten sich für den Vorschlag Keitels vom 20. Mai 1944 ausgesprochen, sogenannte Gaukommissionen unter Führung bzw. entscheidender Mitsprache der Gauleiter zu schaffen, deren Aufgabe es sein sollte, „Menschen unmittelbar für den Wehrdienst zu benennen". Bormann wandte dagegen ein, die „Einschaltung der Gauleiter würde an den bestehenden Verhältnissen" nichts ändern, denn schon jetzt ginge Speer „lächelnd" über deren Meinungen hinweg. Außerdem sei die „stimmungsmäßige Belastung, die sich in der Bevölkerung aus der teilweise seltsamen Handhabung der Uk-Stellungen ergeben" hätte, für die Gauleiter zu groß.[31] Keitel ließ dennoch nicht locker und schrieb an Bormann, er sehe in der Partei „die einzige Kraft, die letzten Möglichkeiten auszuschöpfen ..."³²

Innerhalb des politischen Herrschaftssystems veränderten sich im Verlauf des Jahres 1944 und während der letzten Kriegsmonate der Platz und der Machtanteil einzelner seiner Bestandteile. Den größten Bedeutungszuwachs erhielt die aus der NSDAP bereits weitgehend hinausgewachsene SS, deren Führer – zugleich seit kurzem Reichsinnenminister – am 21. Juli 1944, dem Tage nach dem Attentat, zum Chef des Ersatzheeres ernannt wurde. Die angesichts der krisenhaften Entwicklung sich umfassender und komplizierter gestaltende Aufgabe, die Macht des Regimes zu sichern, konnte nur mit einem sich mehr und mehr verbreiternden, immer stärker zentralisierten, gleichgeschalteten Apparat bewältigt werden. Dazu besaß die SS – offiziell immer noch eine Gliederung der NSDAP – die günstigsten Voraussetzungen. Die Erweiterung ihres machtpolitischen Gewichts verstärkte auch die organisationsspezifischen Eigenständigkeitstendenzen und bewirkte neue Spannungen mit der Partei-Kanzlei sowie mit einer Reihe von Reichs- und Gauleitern. Himmler versuchte, seine ministeriellen Machtbefugnisse gegenüber den in ihren Gebieten nach Belieben schaltenden und waltenden Reichsstatthaltern und Reichsverteidigungskommissaren durchzusetzen, was angesichts der Verquickung aller entscheidenden Ämter bei den Gauleitern auch Eingriffe in deren Tätigkeit als Parteiführer mit sich brachte. Dies stieß bei Bormann und Goebbels auf energischen Widerstand[33]; möglicherweise erklärt sich so der Vorschlag, den Goebbels dem „Führer" am 23. Januar 1945 unterbreitete, dieser solle Himmler zum Oberbefehlshaber des Heeres ernennen.[34]

Der Machtzuwachs der SS erstreckte sich mehr und mehr auch auf den militärischen Bereich. Hitler lehnte alle Vorstöße des Parteiapparates ab, aus den eigenen Reihen militärische Gruppen zu formieren. Die Partei, so belehrte er beispielsweise den Propagandaminister, sei „zur Führung der Heimat, aber nicht zur Führung der Front da." Gegen dessen Auffassung, in kritischen Situationen müsse auch die Partei zu den Waffen greifen und sich an der Front bewähren, meinte Hitler, die Waffen-SS sei eine „ausgesprochene nationalsozialistische Kampforganisation" und mit ihr „genügend Gelegenheit" zum Einsatz der Parteiaktivisten gegeben.[35] Die zahlenmäßige Stärke der seit Ende 1939 existierenden Waffen-SS, für die von den Gau- und den Kreisleitern der NSDAP besonders geworben wurde[36], hatte sich stetig erhöht. Die 40 Divisionen der Waffen-SS mit 910.000 Mann machten Ende 1944 zwar nur etwa 10 Prozent der Wehrmacht aus, sie verfügten aber mit einem Viertel aller Panzerdivisionen und mit einem Drittel der Panzergrenadierdivisionen über die schlagkräftigsten Einheiten. Zudem wurden sie auch besser mit Waffen und Munition als die übrigen Teile der Wehrmacht ausgerüstet. Allerdings unterstanden sie während

"... bis alles in Scherben fällt" 491

des Einsatzes an der Front der Wehrmacht und wurden von deren Befehlshabern dirigiert. Bei den verlustreichen und fluchtartigen Rückzügen „bewährten" sie sich als sogenannte Eingreifverbände. Die unmenschliche Kampfführung der SS-Divisionen, ihr Fanatismus und ihre Skrupellosigkeit machten sie für die deutsche Kriegführung unentbehrlich. Außerdem verwirklichten sie ihren „Europa"-Gedanken auf besondere Weise: Fast die Hälfte aller Divisionen bestand aus Angehörigen nationalistischer und antikommunistischer Organisationen anderer europäischer Länder.

Das „Schwarze Korps" entfaltete sich als das wichtigste Instrument der deutschen Massenmord- und Ausrottungspraxis während des Zweiten Weltkrieges und insbesondere in dessen letzter Periode. Wie sich die SS in ihrer Gesamtheit als verbrecherische Organisation erwies, so erwiesen sich auch zahlreiche ihrer Angehörigen immer stärker als politische Kriminelle, die skrupellose und barbarische Befehle erteilten, empfingen und befolgten. Das Gesicht dieser Gliederung der NSDAP wurde auch von solchen Typen geprägt wie Rudolf Höß, dem Kommandanten des Vernichtungslagers Auschwitz, Jürgen Stroop, der als führender Offizier der Waffen-SS das Warschauer Ghetto dem Erdboden gleichmachen ließ, Odilo Globocnik, der als SS- und Polizeiführer im Distrikt Lublin wütete und mit der Vernichtung der jüdischen Bevölkerung im Generalgouvernement Polen beauftragt war, Herta Oberhäuser, die als Ärztin verbrecherische medizinische Experimente an Häftlingen des Konzentrationslagers Ravensbrück vornahm, von Scharführer Martin Sommer, der im Zellenbau des Konzentrationslagers Buchenwald mit sadistischer Lust Gefangene zu Tode prügelte, aber auch von den vielen „kleinen" SS-Leuten, die ihre Machtbefugnisse gegenüber den ausländischen Zwangsarbeitern oder an den KZ-Häftlingen erprobten, als diese am Kriegsende noch den zu „Todesmärschen" gezwungen wurden.

In Deutschland richtete sich der Terror insbesondere gegen den wachsenden Widerstand und jedwede oppositionelle Regung, gegen „Arbeitsniederlegungen" ausländischer Zwangsarbeiter, aber auch deutscher Arbeiter und schließlich selbst gegen kleinste Vergehen auf kriegswirtschaftlichem Gebiet. Die Zahl von Verhaftungen und Todesurteilen nahm zu. Gegen jede Form von Widerstand und Opposition gingen die Politischen Leiter der Partei, die Wehrmachtsgerichte, die Gestapo und die Justiz mit den allerhärtesten, drakonischsten Maßnahmen vor. Unmittelbar nach dem 20. Juli brachten die Schergen mehr als 160 am Attentat auf Hitler und seiner Vorbereitung Beteiligte um, 110 wurden hingerichtet und 15 zum Selbstmord getrieben. Nachdem bereits in der ersten Julihälfte über 1.000 Antifaschisten einer großen Verhaftungswelle zum Opfer gefallen waren, nahm das Regime den Umsturzversuch zum Anlaß, unter dem Codewort „Gitter" eine Ausrottungs-Aktion zu starten, die für rund 5.000 Menschen den Tod bedeutete. Im Sommer 1944 befanden sich über 520.000 Häftlinge in den Konzentrationslagern und mehrere Millionen in den Arbeits- und Vernichtungslagern. Auf direkte Weisung Hitlers wurde am 18. August der seit März 1933 gefangene KPD-Vorsitzende Ernst Thälmann im KZ Buchenwald erschossen. Die letzten Erschießungen von Kommunisten, Sozialdemokraten, christlichen Demokraten, Liberalen und konservativen Hitlergegnern fanden noch im April 1945 statt. Gestapo und NSDAP gingen jeder noch so belanglosen Denunziation nach, jeder Deserteur wurde mit unnachgiebiger Strenge abgestraft, konnte man seiner habhaft werden. Wie an den Fronten und im Bombenkrieg forderte auch die terroristische Praxis gegen das eigene Volk gerade im letzten Kriegsjahr die höchste Zahl an Opfern.

Aus der Vielzahl der NS-Organisationen entwickelten sich einige direkt zu Bestandteilen und Hilfstruppen der militärischen Formationen, andere wurden in verstärktem Maße zu „Kriegshilfsdiensten" herangezogen. SA, NSKK und NSFK verloren an Bedeutung, da ihnen kaum noch einsatzfähige Mitglieder zur Verfügung standen. Ihre Tätigkeit beschränkte sich mehr und mehr auf die Unterstützung der Wehrmacht in Deutschland durch die Mobilisierung älterer und nicht mehr dauernd kriegsverwendungsfähiger Männer. Dagegen erweiterten sich die Aufgaben solcher Verbände wie der NS-Frauenschaft[37], mit deren Hilfe ein großer Teil der weiblichen Bevölkerung in die Rüstungsproduktion und in Hilfsdienste für die Wehrmacht eingegliedert wurde, der NSV[38], die aus der deutschen Bevölkerung ältere Menschen, Kriegsversehrte und jene „betreute", die aus den luftkriegsgefährdeten Gebieten in andere, vor allem ländliche Regionen evakuiert wurden. Die Hitlerjugend formierte aus Kindern und Jugendlichen zahlreiche Sondereinheiten und verstärkte die militärische Ausnutzung der Nachrichten-, Marine-, Flieger- und Motor-HJ. Der HJ-Streifendienst wurde ausgebaut, er wirkte als Kontroll- und Terroreinheit und vertiefte seine Zusammenarbeit mit Gestapo und SS.[39]

Alle Gliederungen und Verbände, von denen keine „kriegsentscheidenden" Aktionen zu erwarten waren, hatten – soweit dies noch nicht geschehen war – ihre Tätigkeit einzustellen und ihre Ämter in der Reichsleitung der NSDAP zu schließen. Dieser Prozeß – umschrieben als „Vereinfachung" und „Einschränkung" – kam auch einer Umverteilung personeller Einflußsphären innerhalb der Führung des Dritten Reiches gleich. Neben Bormann und Himmler konnten Goebbels (seit dem 3. April 1944 Stadtpräsident von Berlin und seit dem 25. Juli 1944 „Reichsbevollmächtigter für den totalen Kriegseinsatz"[40]) und die skrupellosesten unter den Gauleitern ihren Einfluß erhöhen. Ihnen gegenüber vermochten sich Rosenberg, der Minister ohne Land, Ley, der DAF-Chef in Zeiten, da die Rüstungsbetriebe sich auch für die Deutschen in nackte Arbeitshäuser verwandelt hatten und die Organisation direkt von Bormann ihre Weisungen erhielt, Göring, der aus seiner führenden Position in der Rüstungswirtschaft sukzessive ausgeschaltet worden war und sich als Oberbefehlshaber der Luftwaffe diskreditiert hatte, und andere trotz ihrer hohen Ränge immer weniger durchzusetzen. Sie verloren ihren Einfluß als Ratgeber Hitlers und damit auf dessen Entscheidungen.

Um den militärischen Niederlagen entgegenwirken und die Kampfkraft der Wehrmacht erhöhen zu können, versuchte der Führungskreis um Hitler, die Prinzipien der Kampagne zur „Aktivierung der Partei" auch auf den militärischen Bereich zu übertragen. Aufgrund eines Befehls, den Hitler am 22. Dezember 1943 erteilt hatte, entstand die Institution des „Offiziers für nationalsozialistische Führung". Sie sollte die als unzureichend angesehene politische Beeinflussung der Soldaten durch die bisherige „wehrgeistige" Arbeit ersetzen und „eine allgemeine politische Aktivierung des Offizierskorps" erreichen. Zu diesem Zweck formierte sich innerhalb des OKW ein eigener Stab (NSF/W), dem im Jahre 1944 fast 100 Offiziere angehörten und der die Tätigkeit von 1076 hauptamtlichen und 47332 nebenamtlichen NS-Führungsoffizieren zu lenken hatte.[41] In der Partei-Kanzlei bildete sich ein unter Leitung von Willy Ruder stehender Arbeitsstab, dem die Zusammenarbeit der NSDAP mit dem OKW-Stab (NSF/W) oblag und der die NS-Führungsoffiziere auszuwählen hatte. Darüber hinaus war er auch für deren Schulung und Einsatz zuständig. Gemeinsam mit Rosenberg, der sich als „Beauftragter des Führers für die Überwachung der gesamten geistigen und weltanschaulichen Schulung und Erziehung der NSDAP" bemüht hatte, die neue Institution seiner Dienststelle anzugliedern oder eine „Akademie für wehrgeistige Forschung und Erziehung" zu schaffen, veranstaltete der Arbeitsstab der Partei-Kanzlei bis Ende 1944 in Krössinsee 13 Lehrgänge mit 2435 Teilnehmern. Rosenbergs Rednertruppe hielt monatlich 1300 Vorträge vor Wehrmachtangehörigen. Die Schulungsarbeit stellte nur einen kleinen Teil der Aufgaben des NS-Führungsoffiziers dar. Mit der Einrichtung des NSFO, der den Wehrmachtkommandeuren direkt unterstellt wurde, strebte die Partei vor allem eine Konzentration der sogenannten Truppenbetreuung an, die im einzelnen von der DAF und der „Kraft durch Freude"-Organisation, dem Propagandaministerium, der Dienststelle Rosenbergs u.a.m. betrieben wurde. Das Schwergewicht, so erklärte Bormann, liege jedoch „besonders bei längerer Dauer des Krieges ... in einer für die Truppe notwendigen politischen Aktivierung, Willensbildung und einfachen, aber zwingenden politischen Führung".[42]

In der Tätigkeit der NS-Führungsoffiziere kam eine neue Stufe der Gemeinsamkeit von Partei und Wehrmacht zum Ausdruck. Alle Vorstellungen von einem „unpolitischen Soldaten", die von Reichswehrgenerälen gegen die Weimarer Republik propagiert worden waren, wichen nun endgültig der totalen ideologischen Beeinflussung aller Wehrmachtsangehörigen durch das Regime. Die Idee eines Einsatzes der NSFO in der Wehrmacht entsprang einem wachsenden Mißtrauen gegen die Masse der Soldaten und deren militärische Führer, die als unfähig oder als unwillig eingeschätzt wurden, weniger den Aversionen oder gar einer „Feindschaft" der NSDAP gegenüber der Wehrmachtführung. Dokumente des OKW und aus der Feder anderer Generale und Offiziere belegen deren Bereitschaft zu verbrecherischer Kriegführung ebenso wie die zu ihrer politisch-ideologischen Rechtfertigung. Die weitreichenden Auseinandersetzungen zwischen einzelnen Repräsentanten von Partei und Wehrmacht bezogen sich vor allem auf taktische und organisatorische Fragen. Allerdings zielten die Überlegungen einiger Parteiführer auch – wie Goebbels gelegentlich formulierte – auf eine „Reform der Wehrmacht an Haupt und Gliedern".[43] Sie vermochten jedoch das gemeinsame Interesse nicht zu verdecken, das in der weiteren Sicherung der politischen und der geistigen Voraussetzungen des militärischen Kampfes bestand. Manche der Überlegungen und Konzepte, die in den Streitereien zwischen Partei und Wehrmacht vorgetragen wurden, waren von vornherein illusionär und glichen Träumereien.

Gemeinsam war den Führungen von Wehrmacht und NSDAP die Furcht, daß der 20. Juli 1944, aber auch der mutige Schritt jener Offiziere und Soldaten, die den Weg an die Seite des Nationalkomitees „Freies Deutschland" und des Bundes Deutscher Offiziere gefunden hatten, als Beispiel gelten und sich zuungunsten der Kriegführung auswirken könnten. In einer Besprechung vom 7. Januar 1944 über die Aufgaben der NS-Führungsoffiziere erklärte Hitler: „Das Gefährlichste, was momentan an der Front stattfindet ... sind ohne Zweifel die Aufrufe, die von General Seydlitz kommen."[44] Nach Ruders Worten, der am 23. Februar 1944 vor den Reichs- und Gauleitern referierte, richteten sich die von den NSFO zu betreibende „dauernde politische Aufklärung" und die zu verwendenden „schlagkräftigen Parolen" gegen „das immer stärker verbreitete Gift des Feindes ..."[45]

Selbst als in den letzten Kriegsmonaten eine Eingliederung des NS-Führungsstabes der Wehrmacht in die Partei-Kanzlei erwogen wurde – eine Entscheidung fiel nicht mehr –, bedeutete dies keinen „Sturmangriff" der NSDAP auf die „Machtstellung" der Militärs[46], sondern lediglich den Versuch, mit Hilfe organisatorischer Veränderungen einen höheren Grad der „Aktivierung" und der „Fanatisierung" der Soldaten zu erreichen. Insgesamt konnte auch die Institution des NS-Führungsoffiziers die krisenhafte Entwicklung nicht zum Stillstand bringen; immer mehr Soldaten und Offiziere erkannten, wie aussichtslos die Fortsetzung des Krieges sein mußte und welchen verbrecherischen Zielen sie geopfert werden sollten. Am 7. Juli 1944 wurde ein Zentrales Sonderstandgericht für die Wehrmacht geschaffen, das allein über die „politischen Straftaten" deutscher Offiziere und Soldaten zu urteilen hatte. Waren bis 1943 durch die Militärgerichte etwa 4.000 deutsche Soldaten zum Tode verurteilt worden, so vervielfachte sich in der letzten Periode des Krieges die Zahl Todesurteile. Da exakte Unterlagen fehlen, kann sie nur geschätzt werden, wobei von etwa 30.000 bis 40.000 auszugehen ist.[47]

Auch an der „inneren Front" trat im Sommer 1944 der Krieg in seine blutigste und terroristischste Phase. Bormann ordnete am 12. August 1944 eine „Aktion zur rücksichtslosen Ausmerzung aller Verräter, Defätisten und ähnlicher Handlanger des Feindes" an. Die Funktionäre und Mitglieder der NSDAP wurden verpflichtet, der Gestapo alle Personen zu melden „die in Vergangenheit oder Gegenwart durch ihr Verhalten Anlaß zu Zweifeln an ihrer nationalsozialistischen Haltung und weltanschaulichen Festigkeit gegeben haben". Seine Anordnung ergänzte Bormann mit einem Rundschreiben, in dem die Reichsstrafprozeßordnung dahingehend ausgelegt wurde, daß jeder „Parteigenosse" und jeder „Volksgenosse" jeden anderen Bürger auf bloßen Verdacht hin „vorläufig festnehmen" dürfe.[48]

Die Partei-Kanzlei forderte Mitte 1944 indirekt, aber unverkennbar zur Lynchjustiz gegenüber Piloten abgeschossener feindlicher Jagdbomber" auf. Kreis- und Ortsgruppenleitern der NSDAP wurde in geheimen Anweisungen „strengstens" untersagt, diese gefangen zu nehmen und vor der Wut der Bevölkerung zu schützen. Grundsätzlich hätten sie von einer polizeichen Verfolgung derjenigen abzusehen, die sich zu solchen Aktionen hinreißen lassen würden.[49] Die damit verbundene Instrumentalisierung von Empörung und Zorn der Deutschen über den Luftkrieg potenzierte ebenfalls die Wirkung des von vielen unkritisch angenommenen Arguments der Parteipropaganda, sie müßten bis zum „Endsieg" kämpfen, da ihnen und der gesamten Nation sonst vollständige Vernichtung durch die Kriegsgegner drohe. Jetzt müsse erst recht gekämpft werden, wurde verlautbart.

Mit solchen Appellen und anderen Mitteln erreichte die NSDAP, daß es bis zum Schluß unter der deutschen Bevölkerung keine Bewegung für einen Waffenstillstand vor der völligen Niederlage gab. In striktem Gegensatz zu den Bemühungen der Obersten Heeresleitung am Ende des Ersten Weltkrieges, den Frieden herbeizuführen, als noch kein Soldat der Entente eine deutsche Grenze überschritten hatte, suchte die Führung des Reiches keine dem auch nur annähernd vergleichbare Lösung. Der eingeschlagene Weg führte in die totale Katastrophe. Die große Mehrheit der Bevölkerung – trotz wachsender Unzufriedenheit und Sorge um die Folgen der barbarischen deutschen Kriegführung, trotz aller Hoffnungen auf ein baldiges Kriegsende – folgte dem Regime apathisch, entnervt und resignierend. Auch die Masse der deutschen Soldaten fiel ihm weder rechtzeitig noch „fünf Minuten vor zwölf" in den Arm. Sie unterstützte die verantwortungslose Fortsetzung des Krieges bis zur unumgänglichen Kapitulation, was in der letzten Kriegzeit die umfangreichsten Opfer unter den Wehrmachtsangehörigen forderte. Von den 3,8 Millionen Soldaten und den 1,65 Millionen deutschen Zivilisten, die den von Deutschland entfesselten Krieg mit ihrem Leben bezahlten, starben in den Monaten Juli 1944 bis Mai 1945 mehr als in den vorangegangenen Jahren.[50]

In den Sommer- und Herbstmonaten des Jahres 1944 begann schließlich der Landkrieg dorthin zurückzukehren, von wo er ausgegangen war. In dem Maße, wie es den Alliierten gelang, die Grenzen Deutschlands im Osten und im Westen zu erreichen und sie zu überschreiten, steigerte sich auch die Furcht vor Unruhen und Aufständen der deutschen und der zwangsweise nach Deutschland verschleppten ausländischen Arbeiterinnen und Arbeiter. Hitler hatte zwar Ende Juni 1944 in Reden vor Generalen und Offizieren sowie vor Industriellen seinen Zuhörern versichert, daß es „im heutigen Deutschland keine Revolution geben" könne[51], doch erhielt die NSDAP, deren Gauleitern Himmler im September 1944 besondere SS-Alarmeinheiten zur „Bekämpfung innerer Unruhen" zur Verfügung stellte, selbst immer mehr militärische Mittel, um ihre Funktionsfähigkeit auch in der letzten Kriegsphase aufrechterhalten zu können. Ein Rundschreiben Bormanns, in dem die Aufgaben der NSDAP im Falle einer Besetzung deutscher Gebiete durch Truppen der Alliierten festgelegt wurden, wies alle Parteigenossen an, sich bei „Unruhen und Aufständen Fremdvölkischer ... soldatisch an den Brennpunkten der Ereignisse" einzusetzen.[52] Dementsprechend veranlaßte die Partei-Kanzlei die Bewaffnung der Politischen Leiter. Vom OKW wurden im Herbst 1944 zu diesem Zweck 40.000 Pistolen, 3.000 Handgranaten, 500 Gewehre und 150 Maschinengewehre zur Verfügung gestellt. Darüber hinaus befanden sich mehr als 100.000 Pistolen im Besitz der „Hoheitsträger".[53] Daß diese Waffenmenge keineswegs ausreiche, um militärisch etwas bewirken zu können, erhellt das mit seiner Verteilung verknüpfte Ziel: Einsatz in Auseinandersetzungen mit nicht länger gehorchenden, unbotmäßigen Deutschen und nach Deutschland verschleppten ausländischen Zwangsarbeitern.

Um den „totalen" Kriegseinsatz aller Partei- und Volksgenossen organisieren und forcieren zu können, versuchte die Partei-Kanzlei im Sommer 1944, den Apparat der NSDAP personell wieder zu vergrößern. Dies begründete Bormann in einem Schreiben vom 19. August: „Noch weit eindringender und umfassender als bisher muß der Zusammenhalt zwischen den Volksgenossen täglich aufs neue sichergestellt werden. Es wäre ebenso töricht wie verantwortungslos, wenn wir Mitarbeiter, die für diesen

Aufgabenbereich notwendig und wichtig sind, freigäben. Einrichtungen der Partei, die zur Aufrechterhaltung und Festigung des Gemeinschaftsgefühls, des Widerstandswillens und der Einsatzbereitschaft des Volkes dienen, dürfen deshalb keinesfalls eingeschränkt werden. Die täglich neue Festigung des Volksgefüges ist von kriegsentscheidender Bedeutung. Durch Einschränkungsmaßnahmen in den Reichsleitungsdienststellen sollen für die praktische Parteiarbeit besonders in den Kreisleitungen Kräfte freigestellt werden."[54] Hitler verfügte, daß die durch Einberufungen zur Wehrmacht entstandenen Lücken im Korps der Politischen Leiter „schnellstens geschlossen" werden sollten.[55] Die Zahl der „Unabkömmlichen" im Apparat der NSDAP (ohne die SS) erhöhte sich von 13.886 im Mai 1943 auf 20.964 im Juni 1944. Die Zahl der hauptberuflichen männlichen Führer wurde mit 37.192 angegeben. Davon waren im Juli 1944 beschäftigt: 8.782 unmittelbar im Parteiapparat, 1.381 in der SA, 643 im NSKK, 2.964 in der HJ, 14.094 in der DAF, 8.484 in der NSV und 844 in anderen Gliederungen und Verbänden (wiederum ohne SS). 10.550 galten als Mitarbeiter der NSDAP-Reichsleitung und der Partei-Kanzlei, während 26.642 in den Gau- und Kreisleitungen tätig waren.[56] Insgesamt beschäftigte die Partei 48.638 Männer in ihrem Apparat. Hinzuzurechnen waren weitere 140.000 Frauen, die hauptberuflich für die NSDAP arbeiteten, davon etwa 60.000 in der NSV. Als ehrenamtliche Kräfte und Mitarbeiter der NSDAP galten etwa drei Millionen Mitglieder.

Bis zum Oktober 1944 wurden weitere Parteiämter stillgelegt, darunter jene, die für die Statistik und für die Gemeinschaftshäuser zuständig waren. Allein durch die Einschränkung des kulturellen Veranstaltungswesens der „Kraft durch Freude"-Organisation wurden 12.000 Mitarbeiter für andere Zwecke „frei" gesetzt. Der Mitgliedsbeitrag sollte nur noch vierteljährlich einkassiert werden. Auf solche Einschränkungen verwies der Reichsorganisationsleiter, als er Ende 1944 eine informative und für das Selbstverständnis der NSDAP aufschlußreiche Übersicht zusammenstellte. In ihr listete er alle neu übernommenen Aufgaben der Partei im einzelnen auf: die Altmaterialerfassung, die durch das Werk „Mutter und Kind" erweiterte NSV-Arbeit, die Betreuung der „Rückwanderer aus dem Osten und Westen", die Evakuierung von Städtern, die erweiterte Kinderlandverschickung, die Bekämpfung der Folgen feindlicher Luftangriffe, die Übernahme des Selbstschutzes, die Verpflegung und Betreuung der Bevölkerung nach Luftangriffen, die Unterbringung und Versorgung der Bombengeschädigten, die Organisation und Leitung der sogenannten Schanzarbeiten in den Grenzgebieten, den Aufbau und die Führung des „Deutschen Volkssturms".[57] Dennoch war es reiner Selbstüberschätzung geschuldet, wenn Ley im Rückblick auf das Jahr 1944 zu der Schlußfolgerung gelangte, die totale Führung der Partei sei „auf allen Gebieten zum Durchbruch gebracht" worden.[58]

Zu den am 25. Juli 1944 in Hitlers Erlaß über den „totalen Kriegseinsatz" angekündigten Maßnahmen gehörte auch der Auf- und Ausbau sogenannter Selbstschutzkräfte. Ihre Führung, ihr organisatorischer Ausbau und ihr Einsatz wurden nicht den Reichsverteidigungskommissaren, sondern den Dienststellen der NSDAP übertragen. Nunmehr gehörten neben dem Luftschutz auch der Stellungsbau und das Anlegen sogenannter Panzersperren in den unmittelbaren Kompetenzbereich der Partei. Nicht nur in den östlichen Gebieten trieben deren Hoheitsträger die Bevölkerung zum Anlegen von Gräben und sonstiger behelfsmäßiger Verteidigungsanlagen entlang der Grenzen von 1937 an, obwohl diese für moderne Waffentechnik keinerlei Hindernis bedeuteten. Auch an der deutschen Westgrenze sollte mit den Mitteln eines „Volksaufgebotes" die Verteidigungsbereitschaft des 600 km langen und mit 1.000 Bunkern bestückten Westwalls hergestellt werden. Hier bemühten sich die Gauleiter, insbesondere Erich Koch als Vorbild hinzustellen, der in Ostpreußen die Losung ausgegeben hatte: „Lieber schippen als räumen!" In der Bevölkerung herrschte jedoch die Meinung vor, daß – wie der SD am 24. September aus Düsseldorf berichtete – der „ganz groß aufgezogene Einsatz der Partei nur inszeniert worden sei, um dem Geltungsbedürfnis der Gauleiter zu genügen, die nicht hinter den Gauleitungen im Osten zurückstehen wollten." Statt der für den Einsatz am Westwall vorgesehenen eine Million Männer und Frauen konnten lediglich 200.000 mobilisiert werden.[59]

Mit seinem Erlaß vom 25. September 1944 übertrug Hitler schließlich den Hoheitsträgern der NSDAP die Bildung und Formierung des „Deutschen Volkssturmes".[60] Diesem letzten militärischen Aufgebot sollten alle als „waffenfähig" eingeschätzten Männer im Alter von 16 bis 60 Jahren angehören, die nicht zur Wehrmacht eingezogen werden konnten. Den Ortsgruppen der NSDAP oblag es, die Erfassungslisten zu führen. Mit Hilfe eines eigenen, von Friedrichs geleiteten Arbeitsstabes lenkte die Partei-Kanzlei den Aufbau des Volkssturmes, der nach ihren Plänen aus sechs Millionen Angehörigen sowie einem umfangreichen weiblichen Hilfsdienst bestehen sollte. Seine Gliederung entsprach der territorialen Struktur der NSDAP. Vorgesehen waren vier „Aufgebote": das erste für den direkten Einsatz im militärischen Kampf – vor allem an der deutsch-sowjetischen Front; das zweite, das sich weitgehend mit den „Werkscharen" der DAF deckte, für den Einsatz zu Sicherungsaufgaben in kriegswichtigen Betrieben; das dritte zur Erfassung aller „Ungedienten"; das vierte zum Einsatz von Kriegsversehrten, Kranken und Gebrechlichen für Wachdienste. Die Schießausbildung des Volkssturmes erfolgte durch die SA, der militärische Einsatz durch die SS.

Am 19. Oktober 1944 verkündete der „Völkische Beobachter", jetzt komme „die Armee von Deutschlands größten Idealisten" sowie „des Deut-

"... bis alles in Scherben fällt"

"Deutscher Volkssturm" – das letzte Aufgebot der Jüngsten und der Ältesten

schen Reiches stärkste Wunderwaffe" zum Einsatz. Die Hoffnung, mit einem solchen Wort vielleicht alle Enttäuschungen egalisieren zu können, die es über die unzulänglichen Wirkungen der lautstark gepriesenen „Vergeltungs"-Raketen V 1 und V 2 und den ausbleibenden Zerfall der Antihitlerkoalition gab, erfüllte sich nicht. Nunmehr von der „stärksten Wunderwaffe" zu sprechen, erwies sich angesichts der militärischen Belanglosigkeit des Volkssturmes regelrecht als verlogene Behauptung. Das letzte Mittel der NSDAP trug lediglich zur Verlängerung des Krieges bei, und es diente auch eher dazu, die gesamte männliche Bevölkerung außerhalb der Wehrmacht total zu erfassen, zu kontrollieren und zu disziplinieren. „Zu einem Jahre 1918 wird es niemals kommen", hatte Hitler noch im Juni 1944 den bei ihm versammelten Wirtschaftsführern versichert.[61]

Die unzulängliche Ausrüstung des Volkssturms mit Kleidung und Nahrungsmangel veranlaßten Bormann, Funk, Goebbels und Himmler, für die Zeit vom 7. bis 28. Januar 1945 zu einer neuerlichen „Volksopfer"-Sammlung aufzurufen. Als Trägerin der Aktion habe die Partei zu fungieren. Das Motto lautete: „Der Führer erwartet Dein Opfer für Wehrmacht und Volkssturm". Nicht einmal jeder Volkssturmmann konnte mit einem Gewehr für den Fronteinsatz versehen werden. Fünf Schuß Munition pro Karabiner und einige „Panzerfäuste" – das stellte oft die Bewaffnung ganzer Einheiten des Volkssturms dar. Manche von ihnen lösten sich beim ersten Kampf auf oder erkannten die Sinnlosigkeit weiterer Kampfhandlungen, dennoch wirkte auch der Volkssturm bis in die letzten Kriegswochen hinein systemstabilisierend. Große Teile der Bevölkerung distanzierten sich lediglich stillschweigend, nur partiell von ihrem Regime; selbst die wachsende Erkenntnis, daß der Krieg verloren war, führte nicht zu einer generellen Aufhebung der Bindungen an das Hitlerregime. Ihr Wissen um die im Krieg von den Deutschen begangenen Verbrechen, so allgemein und unbestimmt es auch war, ließ sie Revanche und Vergeltung der Siegermächte erwarten und keinen anderen Ausweg aus eigener Verstrickung und Mitverantwortung suchen.

Ab November 1944 baute die NSDAP auch sogenannte Wehrmachthelferinnenkorps auf. Außerdem formierte sie „Kriegshilfsmannschaften" für Einrichtungen wie die Heimatflak, Scheinwerferbatterien, Stadt- und Landwacht und die Werkschutz-Alarmkompanien. Schließlich rief sie zur Bildung von „Werwolf"-Gruppen auf, die als Partisanen in den bereits von alliierten Truppen besetzten Gebieten terroristische Aktionen gegen die Alliierten und gegen „verräterische" Deutsche durchführen sollten. Diese und andere Zwangsmaßnahmen sollten die gesamte „Volksgemeinschaft" einschließlich der weiblichen Bevölkerung", unter ausdrücklichem Verzicht auf das Prinzip der Freiwilligkeit, in den „totalen Kriegseinsatz" integrieren. Einen geschlossenen Einsatz von Parteiformationen verbot Bormann jedoch ausdrücklich[62], offensichtlich aus Furcht, die Partei würde damit ihre Kontrollmöglichkeiten verringern oder gar verlieren. Allerdings konnte er nicht verhindern, daß immer wieder einzelne Reichsleiter mit solchen Vorstellungen auftraten.[63]

Obwohl Bormann am 26. November 1943 nachdrücklich eine „Einschränkung des amtlichen Erlaß- und Verkündungswesens" verlangt hatte[64], bürokratisierte sich während der letzten beiden Kriegsjahre der Führungsstil der NSDAP in außerordentlich hohem Maße. Kaum ein anderer trug allerdings so erheblich dazu bei wie er selbst. Je weniger die aus dem Führerhauptquartier und der Parteizentrale erteilten Befehle umgesetzt werden konnten und zu wirksamen Ergebnissen führten, desto mehr wurde Papier beschrieben. 1944 verschickte die Partei-Kanzlei – von Goebbels später spöttisch als „Papierkanzlei" bezeichnet[65] – allein 478 Rundschreiben, 471 Bekanntgaben, 423 Anordnungen sowie zahlreiche weitere Verfügungen und Führungsbefehle. Sie gingen bis ins kleinste Detail und waren oft überholt, als sie die Empfänger erreichten. Häufig widersprachen sie einander auch – ein Ausdruck wachsender Unfähigkeit, die Partei zu organisieren und zu leiten. Zugleich kam darin eine sich immer mehr vertiefende Kluft zwischen Mitgliedern und Führern der NSDAP zum Vorschein.

Mehr und mehr verlor die Propaganda an Wirkung. Großer Teile der deutschen Bevölkerung bemächtigte sich diffuser Mißmut und Unzufriedenheit. Apathie und Resignation verbreiteten sich. Viele trieb unabhängig von politischen oder ideologischen Erwägungen das Bedürfnis, einfach die eigene Existenz zu retten und irgendwie zu überleben. Als diese Stimmungen auch auf die Mitglieder der NSDAP übergriffen, suchten ihre Führer einen Ausweg in immer neuen und immer strikteren Befehlen gegenüber den eigenen Anhängern. Sie sahen nun auch keinerlei Möglichkeit mehr, neue Mitglieder zu gewinnen. Daher ordnete Schwarz am 30. September 1944 die „Einstellung" von Mitgliederaufnahmen an, wovon nur „Kriegsversehrte" ausgenommen werden sollten.

Nach der am 16. Dezember 1944 begonnenen Ardennen-Offensive – Hitler ließ für sie die letzten militärischen Reserven in der Absicht aufbieten, die Siegeszuversicht der Alliierten zu erschüttern und die Antihitlerkoalition zu sprengen – und nach ihrem raschen Scheitern stand das Regime zu Beginn des Jahres 1945 vor seiner vollständigen militärischen Niederlage. Sowjetische Truppen begannen am 12. Januar 1945 eine Generaloffensive, in deren Verlauf sie mit massiven Schlägen erreichten, daß es für die Wehrmacht im Osten bis zum März keine zusammenhängende deutsche Front mehr gab. Auch die Verteidigungsstellungen in den west- und süddeutschen Gebieten hielten nicht stand. Das Hitlersche Konzept des Krieges bis zum „letzten Atemzug" sah zunächst keinerlei Evakuierung der deutschen Bevölkerung aus den Gebieten vor, die von den Alliierten nach dem Überschreiten der Reichsgrenzen einer Besetzung unterliegen würden. Erst als die auf dem Boden der UdSSR und Polens praktizierte Rückzugs-Taktik der „verbrannten Erde" auch auf Deutschland angewandt werden sollte, organisierte das Regime hektische Aktionen. Die Massenflucht aus den östlichen Gebieten geriet zu einem Chaos. Sie bedeutete für die nun zum eiligen Verlassen von Haus und Hof getriebene – und dazu allerdings auch bereite – Bevölkerung große physische und psychische Belastungen. Die Flüchtlingstrecks kollidierten häufig unentwirrbar mit zurückmarschierenden Wehrmachtseinheiten.[66] Vielen der Flüchtenden brachte dies ebenso den Tod wie die Bemühungen der Marine[67], sie mit ihren Kriegsschiffen aus dem von sowjetischen Truppen eingekesselten Ostpreußen über die zum Kampfgebiet gewordene Ostsee in andere Teile Deutschlands bzw., als auch dies nicht mehr möglich war, nach Dänemark zu bringen.[68] So erfroren Kinder, Frauen und Greise während der Trecks oder ertranken in den eisigen Fluten der Ostsee.

Die mit der Organisation und Durchführung der Flucht unmittelbar beauftragten Gau- und Kreisleiter der Partei konnten sich in den östlichen Gebieten auf die vorherrschenden Befürchtungen der Bevölkerung stützen. Die jahrelange antibolschewistische Propaganda war an ihr nicht spurlos vorüber gegangen. Und daß die Soldaten der Roten Armee Rache würden nehmen wollen für alles, was ihrer Heimat, ihren Frauen und Kindern angetan worden war und was sie auf ihrem Marsch über tausende Kilometer verbrannter Erde hatten sehen müssen, wurde wie selbstverständlich erwartet. Dennoch war das Erschrecken groß, als tatsächlich Vergeltung geübt wurde, wenn auch bei weitem nicht in dem Ausmaß, wie dies die Goebbels-Propaganda oder auch spätere Darstellungen glauben machen wollten.[69]

Die Agonie der NSDAP besaß viele Gesichter: Die braune Parteiuniform verschwand fast völlig aus dem Straßenbild. In striktem Widerspruch zu ihren eigenen Aufrufen an die Bevölkerung, dem Ansturm des Feindes standzuhalten, erwiesen sich zahlreiche „Hoheitsträger" kaum als „standhaft". Eigennützig bemühten sich die meisten Politischen Leiter einzig und allein um die Rettung ihres persönlichen Besitzes. Gauleiter Bürckel wählte im September 1944 den Freitod, nachdem ihm der Vorwurf gemacht werden konnte, er würde zwar einen ausschweifenden Lebensstil pflegen, den Gau Westmark jedoch nur zögernd auf die Verteidigung vorbereiten. Andere flüchteten als erste aus den frontnahen Gebieten, unter ihnen im Winter 1944/45 die Gauleiter Greiser, Grohé, Schwede-Coburg und im April 1945 Wächtler. Während erstere lediglich beschimpft wurden[70], wurde letzterer von seinem Stellvertreter Ludwig Ruckdeschel denunziert und auf Befehl Hitlers „wegen Feigheit vor dem Feind" erschossen.[71] In der Partei-Kanzlei häuften sich die Berichte über das „Versagen" von Gau-, Kreis- und Ortsgruppenleitern. Demgegenüber wurden „positive" Beispiele – so der besonders barbarische Einsatz des Breslauer Gauleiters Karl Hanke und des Görlitzer Kreisleiters Bruno Malitz, die sich beide zuvor im Reichspropagandaministerium bzw. im Berliner Gau ihre Sporen verdient hatten – groß herausgestellt.[72]

Die relative Ruhe vor dem letzten Sturm, die an der Westfront im Januar und Februar und an der Ostfront von Ende Januar bis Mitte April herrschte, nutzte die NSDAP zu zahllosen Appellen an ihre Mitglieder, den Zusammenbruch aufzuhalten. Die Partei-Kanzlei ordnete zudem sogenannte Sondereinsätze der Politischen Leiter der Partei an. Diese sollten sich mehrere Wochen in „Frontgauen" aufhalten, den Volkssturm betreuen, das Zusammenwirken zwischen der Wehrmacht und den örtlichen bzw. regionalen Dienststellen der NSDAP regeln oder die letzteren sogar ersetzen. Für Gebiete, in denen die „örtlichen Hoheitsträger ihren Aufgaben nicht gerecht" wurden, organisierte Bormann im Februar und März 1945 eine „Sondereinsatz"-Gruppe aus Mitarbeitern seiner eigenen Behörde. Außerdem verpflichtete er jeden „innerdeutschen" Gau, fünf „bewährte Führungskräfte" abzustellen. Für diesen Sondereinsatz wurde eigens eine Zentralstelle eingerichtet, die sich im 1936 errichteten Olympischen Dorf bei Berlin niederließ. Den Beteiligten war das Tragen von Wehrmachtuniformen vorgeschrieben, eine Tarnung, über die manche mit bitteren Worten klagten.[73] Die Partei-Kanzlei sicherte die Einsätze personell ab und begleitete sie mit einer Vielzahl von Rundschreiben und Anordnungen, in denen die Parole „siegen oder fallen" vielfältig variiert wurde. In einem Rundschreiben „Betr. Zuverlässigkeit und Disziplin in der Arbeit der Partei" vom 1. Februar 1945 hieß es: „Alle Befehle und zentralen Anweisungen sind unter allen Umständen bindend. Ihre Ausführung ist mit Entschlossenheit und notfalls mit drakonischen Mitteln durchzusetzen."[74] Am 23. Februar forderte Bormann den Ausschluß jedes Mitgliedes und Leiters aus der NSDAP, der durch sein Verhalten zeige, „daß er sich von der NSDAP zu distanzieren versucht". Wer vor dem Feind fliehe, solle den staatlichen Gerichten bzw. dem Standgericht übergeben werden.[75] Am 1. April hieß es: „Ein Hundsfott ..., wer nicht bis zum letzten Atemzuge kämpft. Er wird als Fahnenflüchtiger geächtet und behandelt."[76] Zusätzlich verschickte Bormann in seinen Rundschreiben auch die von Admiral Karl Dönitz für seinen militärischen Bereich wöchentlich herausgegebenen Lageberichte, in denen am 27. März u.a. gefordert worden war: „Springen wir jedem deutschen Menschen ins Gesicht, der jetzt in seiner Treue zum nationalsozialistischen Staat und zum Führer auch nur im geringsten wankend werden will."[77] Mitunter trieb die Anweisungs- und Kontrollsucht der Partei-Kanzlei auch seltsame Blüten: In ihren Materialien zum Bau von Panzersperren ließ sie verlauten, es sei unzweckmäßig, Holz „in faulendem Zustand" zu verwenden, da „hiermit keine Widerstandsfähigkeit gewährleistet ist."[78]

Am 10. März 1945 übertrug das RSHA den SD-Abschnitten und -Außenstellen auch die Aufgabe, das Funktionieren der NS-Organisationen in den Gauen und Kreisen zu überwachen; alle „Beobachtungen", die in Widerspruch zu den Anordnungen Bormanns stünden, seien „sofort zu melden."[79] Ernst Kaltenbrunner, seit dem 30. Januar 1943 als Nachfolger Heydrichs Chef des Reichssicherheitshauptamtes[80], informierte Bormann im März 1945 über den zu konstatierenden völligen Zerfall des Apparates der Partei und das „Versagen" zahlreicher Hoheitsträger. Anhand einzelner Beispiele[81] wurde belegt, daß sich zwischen der Partei und „der breiten Masse des Volkes" eine Kluft aufgetan hätte, die „Vertrauenskrise" rasch um sich greife und diese „auch die Person des Führers" nicht mehr ausnehme. Bormann – offensichtlich immer noch in Illusionen befangen – veranlaßte dieser Bericht zu einer geharnischten Kritik und dem Vorwurf, Kaltenbrunner habe zu stark verallgemeinert.[82] Auch Goebbels notierte erst am 4. April – inzwischen war im Westen für Millionen der Krieg schon zu Ende – in seinen Tagebüchern, es sei ein starker Vertrauensschwund in der Bevölkerung spürbar und die Partei habe „ziemlich ausgespielt".[83] Funktionäre und Mitglieder der NSDAP wußten zumeist, daß mit dem unmittelbar bevorstehenden militärischen Sieg der Alliierten und dem Kriegsfinale unvermeidlich auch das totale Aus ihrer Organisation verbunden war. Überlegungen, die noch 1944 in der Partei-Kanzlei zu den Themen: „Das Ausmaß des Kreises der Parteifunktionäre, die mit dem Ende des Krieges in den Ruhestand treten" und „Was die Partei tun muß, um mit dem Eintritt der Waffenruhe als Bewegung dem Volke wiedergeschenkt zu sein" angestellt worden waren[84], spielten in den letzten Kriegsmonaten des Jahres 1945 keine Rolle mehr. Goebbels urteilte gegen Ende des Krieges keineswegs zu hart über die Partei-Elite, als er in kleinem Kreise schimpfte: „Das ist doch im besten Fall menschlicher Durchschnitt. Kein einziger hat die Qualitäten eines mittelmäßigen Politikers, geschweige denn das Format eines Staatsmannes. Sie sind doch alle die Schreier aus dem Bürgerbräukeller geblieben, die sie immer waren. Und viele von ihnen haben noch das bißchen Verstand, das sie einst zur Bewegung führte, in zwölf Jahren Wohlleben versoffen. Diese Meute bösartiger Kinder, die jeder gegen jeden intrigieren, die nur auf ihr persönliches Wohl und auf ihre Stellung beim Führer bedacht sind, und die Summe all dieser ihrer Handlungen 'Regieren' nennen, sie tun und lassen heute, da der Führer sie nicht mehr am festen Zügel führt, was sie wollen."[85] Wieder einmal suchte er die Schuld bei anderen, vor allem bei jenen, die nach Überlebenschancen suchten und nicht im Untergang allein ihr Heil zu finden trachteten.

Im März und April 1945 sollte neben dem von Ley geplanten „Freikorps Adolf Hitler", das 10.000 Politische Leiter umfaßte, vor allem aus HJ-Angehörigen der „Werwolf" gebildet werden. Goebbels dachte an dessen militärischen Einsatz an der Front bzw. in den bereits von den Alliierten besetzten Teilen Deutschlands und wollte „diese Partisanentätigkeit ... ohne Rücksicht auf inner- oder außenpolitische Hemmungen" in seine Hand nehmen, für sie eine eigene Zeitung herausgeben sowie einen „Rundfunksender mit starken Strahlungsanlagen" zur Verfügung stellen. Ihm ging es um eine systematische Aktion des „Werwolfs", der bis dahin nur durch die Ermordung des von den Amerikanern eingesetzten Bürgermeisters von Aachen und einzelne Attacken in Erscheinung getreten war.[86] Vorstellungen wie diese und viele andere zur Verteidigung des Regimes durch die „Kinderhelden" des Reichsjugendführers Axmann blieben jedoch zumeist schon im Ansatz unerfüllbar. Der Krieg ließ sich um keinen Preis mehr fortsetzen. Etwas aussichtsreicher nahm sich dagegen der gleichfalls abstruse, doch eher auf die Zukunft orientierte Versuch der SS aus, als einzige noch intakte Organisation die Aktion „Überlebensträger", d.h. die Flucht, das „Untertauchen" und die finanzielle Ausstattung verantwortlicher Führer für die Nachkriegszeit vorzubereiten. Aus den Reihen ihrer

Führung stammte auch der Gedanke, eine „deutsche Freiheitsbewegung (volksgenossische Bewegung)" zu konstituieren. Diese sei „als Bewegung der Frontsoldaten aus der alten nationalsozialistischen Bewegung herausgewachsen" und müsse sich von „einer verrotteten Parteibürokratie und einem mancherorts eingerissenen korrupten Bonzentum", von „einem undeutschen einseitigen Führerprinzip", von einer Politik des „Abenteuers, der Experimente und des weltanschaulichen Starrsinns" sowie vom „verantwortungslosen, leichtfertigen Vergeuden der deutschen Volkskräfte" lossagen. In unerschütterlicher Treue zu Hitler, so hieß es, sollte Himmler als Reichskanzler fungieren und eine „feste Regierung" bilden. Diese wiederum werde ergänzt „durch die Mitentscheidung des Volkes, durch Volksentscheid und indirekte Wahl von Personen und nicht Parteien".[87] In seinen Verhandlungen mit dem schwedischen Grafen Folke Bernadotte zeigte sich Himmler sogar bereit, die NSDAP einschließlich der SS auflösen bzw. deren Namen durch „Partei der Nationalen Einheit" zu ersetzen. So sinnlos diese und ähnliche Überlegungen auch waren – sie nährten sich aus der Hoffnung auf einen Zerfall der Antihitlerkoalition, der den Abschluß eines Separatfriedens im Westen und die Weiterführung des Krieges gegendie UdSSR ermöglicht hätte.

In der letzten Phase ihres Bestehens bot die NSDAP ein Bild sowohl der Auflösung als auch des potenzierten Verbrechens. Ihre Führer taten alles, um die deutsche Bevölkerung in den eigenen Untergang einzubeziehen und zu opfern. Die Parole vom Marschieren „... bis alles in Scherben fällt" galt nun auch für Deutschland selbst, das nach dem bezeichnenden Selbstverständnis des „Führers" nicht wert sei, ohne ihn und seine Partei weiterzuexistieren. Mit seinem „Nero"-Befehl vom 19. März wies Hitler an, sämtliche Industrie- und Versorgungseinrichtungen im Reichsgebiet zu zerstören und damit zu verhindern, daß diese von den gegnerischen Truppen benutzt werden können. Das hätte die Vernichtung auch der ökonomischen Substanz deutscher Wirtschaftseliten bedeutet; kein Wunder, daß es schließlich gerade um diesen Befehl zu großen Meinungsverschiedenheiten kam. Vor allem Speer suchte ihn zu umgehen und aufzuheben, wobei er sich nicht zuletzt auf Klopfer, den Vertreter Bormanns in der Partei-Kanzlei, stützen konnte.[88] Am 30. März mußte sich Hitler, widerwillig und schon nahezu wie betäubt von den Ereignissen, damit einverstanden erklären, die Industrie nur zu „lähmen" anstatt wie ursprünglich vorgesehen auch auf sie die Taktik der „verbrannten Erde" anzuwenden. Speer wurde beauftragt, die dafür nötigen Durchführungsbestimmungen herauszugeben.

Die strategische Konzeption der traditionellen deutschen Eliten orientierte auf eine Zusammenarbeit mit den Westmächten, galt der Wiederherstellung von Verbindungen zu den Konzernen im Ausland und sah die Vernichtung belastender Papiere sowie die Verlagerung materieller Werte von Ost nach West vor. Sie diente der Sicherung neuer Startbedingungen für die Zeit nach dem Kriege. In ihr blieb kein Platz für die total gescheiterte und in jeder Hinsicht diskreditierte NSDAP. 1918 hatte es genügt, daß sich die bürgerlichen Parteien neu formierten und die Firmenschilder wechselten. 1945 stand mehr auf dem Spiel: Die NSDAP war in jeder Hinsicht ein untaugliches Instrument geworden, denn ihr Name und ihre Tätigkeit verknüpften sich nun mit der größten Niederlage, die Deutschland in seiner Geschichte hatte hinnehmen müssen, mit dem Ludergeruch der barbarischsten Verbrechen, die je begangen worden sind, mit der Aussicht, niemals wieder eine größere politische Rolle spielen zu können.

Im Juli 1944 hatte kaum ein Teil der deutschen Oberschichten versucht, sich von der NSDAP und ihrem „Führer" zu lösen[89] – im April und Mai 1945 dominierte dieses Bestreben in allen Teilen der Wirtschaftseliten. Ihre Haltung ergab sich nicht zuletzt aus der Kenntnis des Beschlusses der Alliierten über die vollständige Vernichtung der NSDAP, der Anfang Februar 1945 in Jalta gefaßt worden war. Jetzt begriffen zahlreiche Parteiführer, sofern sie nicht ihr persönliches Ende mit dem des Regimes zu verknüpfen bereit waren, daß sie nach der Niederlage ausgespielt haben würden. Sie hielten sich ihre Entscheidungen offen, brachten ihre Familien in Sicherheit – meist nach Bayern und nach Tirol – und flüchteten selbst in westliche Richtung.

Die Masse der Parteifunktionäre und -mitglieder sorgte sich fast ausschließlich um sich selbst. Um nicht erkannt zu werden, verbrannten sie vieles von dem, was sie hätte belasten können: Parteiausweise, Uniformen, Hitlerbilder und sonstige Devotionalien, die zwölf Jahre lang in Hülle und Fülle geschaffen und verbreitet worden waren. Die meisten verzichteten auch auf eine politische Zukunft, um des eigenen „Überlebens" willen. Vielen ging es um die Rettung dessen, was sie selbst im Laufe der Zeit dank ihrer hohen Gehälter und der Führergeschenke ergaunert und zusammengeraubt hatten. Die Summen auf den rechtzeitig im Ausland eingerichteten Konten gingen in die Millionen. Lebensversicherungen waren vor allem mit amerikanischen, schwedischen und schweizerischen Gesellschaften abgeschlossen worden. In Deutschland hatte man sich den Besitz zahlreicher Grundstücke gesichert. Als zehn Jahre nach Kriegsende bei Westberliner Privatbanken Geheimkonten von Göring, Frick, Goebbels, Ley, Ribbentrop, Kaltenbrunner, Freisler und einigen anderen mehr entdeckt wurden, sollen sich allein diese Guthaben auf fast 20 Millionen RM belaufen haben. Immer wieder sorgten in der Nachkriegszeit – selbst noch im Jahre 1997 – Funde aus geheimen Schließfächern und Mitteilungen über den Umgang von Banken vieler Länder mit „Raubgold" für neue Erkenntnisse darüber, was und wie Angehörige der NSDAP sich zu retten versuchten. Welche Wege – „ratlines"[90] – sie im einzelnen gefunden ha-

"*... bis alles in Scherben fällt*"

ben, wer ihnen dabei half – z.B. Vertreter des katholischen Klerus, des Roten Kreuzes und diverser Geheimdienste – und welche Organisationsstrukturen dafür entwickelt worden sind, bedarf nach wie vor der eingehenden geschichtswissenschaftlichen Erhellung.

Die 25jährige Geschichte der NSDAP ging mit dem 8. Mai 1945, dem Tag der bedingungslosen Kapitulation, zu Ende. Noch bevor Mitglieder und Anhänger völlig mit ihr brechen konnten, zerfiel die Parteispitze in der zweiten Aprilhälfte. Die Hierarchie der Führungsclique löste sich in dem Maße auf, wie Hitlers Macht und Autorität dahin schwanden. Als ihm Goebbels, Ribbentrop, Himmler, Speer, Axmann, Ley, Bormann und einige Wehrmachtsgeneräle am 20. April zum 56. Geburtstag gratulierten, glich die Szenerie eher einem Kondolenzakt. Den Donner der Kanonen von den nur noch 30 km entfernten Fronten in den Ohren, erwarteten sie im Bunker der Reichskanzlei lediglich eine Weisung, wo und wann man sich an einem sicheren Ort wiederfinden werde. Hitler entschied sich jedoch am 22. April, unter keinen Umständen die belagerte Hauptstadt zu verlassen. Obwohl er und seine Paladine wußten, daß der Krieg verloren war, nutzten die ihn umgebenden Generäle nicht die Gelegenheit, ihn zu beenden, im Gegenteil: Keitel, Jodl und andere verlängerten mit ihren Konzepten und Versprechungen den Krieg immer noch weiter.[91]

Der Zerfall der NSDAP-Führung spiegelte sich besonders deutlich in dem sich abrupt verändernden Verhältnis zwischen Hitler, Göring und Himmler wider. Der designierte Nachfolger wurde aus der Partei ausgestoßen, nachdem er per Funkspruch aus der „Alpenfestung" in Süddeutschland ultimativ angekündigt hatte, er werde am 23. April, 22 Uhr, die „Gesamtführung des Reiches" übernehmen, da Hitler offensichtlich in Berlin seiner „Handlungsfreiheit beraubt" sei. Im Bunker kursierte das Gerücht, Göring wolle nach Paris fliegen und mit General Dwight D. Eisenhower, dem amerikanischen Oberbefehlshaber sämtlicher alliierten Truppen in Westeuropa, Friedensverhandlungen aufnehmen. Der Reichsmarschall habe erklärt, daß nur er dafür in Frage komme, weil er nicht mit den „Sünden der NSDAP" und den Untaten in den Konzentrationslagern belastet sei. Prompt wurde gegen ihn ein SS-Kommando in Marsch gesetzt, um den „Hochverräter" in Berchtesgaden zu verhaften.[92] Als Hitler in den Abendstunden des 28. April von Himmlers Kontakten zum Kontaktmann der schwedischen Regierung, Graf Bernadotte, und seinem Kapitulationsangebot an die westlichen Alliierten erfuhr, geriet er nicht nur außer sich vor Wut über den „schamlosesten Verrat der deutschen Geschichte", sondern verstieß auch den nun un-„getreuen Heinrich" aus der Partei.[93] Gleichzeitig ließ er Hermann Fegelein, den Verbindungsoffizier des SS-Reichsführers im Führerhauptquartier, nach kurzer Vernehmung durch den Chef der Gestapo, Heinrich Müller, am 27. April exekutieren.[94] In seinem „politischen Testament", das Hitler am 29. April 1945 seiner Sekretärin Traudl Junge aus dem Stegreif diktierte und in dem er ein letztes Mal seinen rassistisch-antisemitischen Wahnvorstellungen Ausdruck verlieh, setzte er zwar Bormann als „Parteiminister" einer neuen Reichsregierung ein, benannte aber keinen Nachfolger für sich als Parteiführer der NSDAP. Von der NSDAP sprach er lediglich in seinem privaten Testament – diese sollte sein Vermögen erben. Ahnungsvoll setzte er hinzu, daß es dem Staat zu übergeben sei, wenn die Partei nicht mehr existieren würde. Danach hob er auch seinen popularitätsbesessenen Grundsatz auf, sich nicht mit einer Frau zu verbinden, da er immer das Idol aller deutschen Frauen hatte bleiben wollen, und heiratete seine langjährige, aber stets versteckte Geliebte Eva Braun. In Kenntnis der Hinrichtung Mussolinis durch italienische Partisanen entzog er sich schließlich am Nachmittag des 30. April der Verantwortung durch Selbstmord.

Ihre Verbrechen besiegelten auch Goebbels, Himmler, Terboven, Simon, Sprenger, Rust, Murr, Telschow, Meyer, Ley, Globocnik, Henlein, Conti und andere mit dem Suizid; die einen vor ihrer Gefangennahme, andere nach der Kapitulation der Wehrmacht vom 8. Mai 1945 oder in dem Moment, als ihre Identität trotz Tarnung festgestellt worden war, mancher erst in den Gefängnissen der Alliierten oder – so Göring – nach dem Todesurteil, das der Internationale Militärgerichtshof in Nürnberg gegen ihn ebenso wie gegen Ribbentrop, Kaltenbrunner, Rosenberg, Hans Frank, Frick, Streicher, Sauckel, Seyß-Inquart, Keitel, Jodl verhängt hatte. Im Prozeß gegen die deutschen Hauptkriegsverbrecher wurden ferner Haftstrafen gegen Heß, Dönitz, Funk, Neurath, Raeder, Schirach und Speer verhängt. Von Bormann fehlte jede Spur; erst später konnte nachgewiesen werden, daß er bei seinem Versuch, noch in letzter Minute aus Berlin auszubrechen, ums Leben gekommen war.[95] Andere Reichsleiter, Gauleiter, „Hoheitsträger" und SS-Führer standen später vor alliierten Gerichten. Einige wurden zum Tode verurteilt (Eigruber, Karl Hermann Frank, Greiser, Höß, Ohlendorf) oder waren nach ihrer Inhaftierung standrechtlich oder auf der Flucht erschossen worden (Hanke, Robert Wagner). Eine Reihe von NSDAP-Funktionären wurde in den Nürnberger Nachfolgeprozessen sowie in den sogenannten Spruchkammerverfahren deutscher Gerichte zu Haftstrafen, Arbeitslager und teils auch Vermögensentzug verurteilt, unter ihnen Amann, Buch, Esser, Fritzsche, Funk, Hofer, Kehrl, Keppler, Klagges, Koch, Lohse, Scheel, Schwarz. Manch einer kam auch ohne jede Bestrafung davon ...[96]

Dem Überleben der NSDAP hatte auch die Anordnung der Partei-Kanzlei vom 8. April 1945 zur Abgrenzung der Funktionen zwischen Partei und Staat dienen sollen. Die Politischen Leiter der NSDAP, die gleichzeitig als Landräte oder Oberbürgermeister fungierten, wurden angewiesen, sich

"... bis alles in Scherben fällt" 509

Auf der Anklagebank fehlen Hitler, Himmler, Bormann und Goebbels

auf ihre Parteifunktion zu beschränken. Dieser Befehl zielte darauf, solche Personen in Schlüsselfunktionen des Verwaltungsapparates einzusetzen, die sich in den letzten zwölf Jahren nicht oder nicht allzu stark kompromittiert hatten. Auf diese Weise sollten Verwaltungen geschaffen oder vorbereitet werden, die eventuell auch nach der militärischen Besetzung Deutschlands weiterexistieren konnten.[97] Hoffnungen richteten sich auch in diesem Zusammenhang auf ein für möglich gehaltenes Übereinkommen mit den USA und Großbritannien, das erlaubt hätte, die Reste der Wehrmacht zu erhalten und den Krieg gegen die Sowjetunion fortzusetzen.
  Auf dieser Linie bewegte sich auch Dönitz, den Hitler am 30. April 1945 als seinen Nachfolger bestimmt hatte. Der von Speer vorgeschlagene und noch nach der Befreiung in Flensburg agierende Großadmiral und Ober-

befehlshaber der Marine verbot daher die NSDAP nicht, sondern hob lediglich am 2. Mai mit einer verschwommenen Formulierung die „Einheit von Partei und Staat" auf, weil die NSDAP „vom Schauplatz ihrer Wirksamkeit abgetreten" sei.[98] In seiner Ansprache vor dem Offizierskorps am 9. Mai hieß es noch einen Tag nach der deutschen Kapitulation: „Wir haben die eifrigsten Wächter zu sein über das Schönste und Beste, was uns der Nationalsozialismus gegeben hat, die Geschlossenheit unserer Volksgemeinschaft ... Mögen wir auch manche Form des Nationalsozialismus abschaffen, oder mögen andere Formen vom Gegner abgeschafft werden, so ist doch der beste Inhalt des Nationalsozialismus, die Gemeinschaft unseres Volkes, unter allen Umständen zu wahren."[99] Worum es Dönitz dabei in Wirklichkeit ging, offenbarten seine Anweisung zur „Ausrichtung des Offizierskorps" vom 15. Mai 1945, in der es hieß: „Die wahre Volksgemeinschaft, die der Nationalsozialismus geschaffen hat, muß erhalten werden; der Wahnsinn der Parteien, wie er vor 1933 herrschte, darf nicht wieder Platz greifen"[100], sowie eine Denkschrift aus der von Dönitz geleiteten „Geschäftsführenden Reichsregierung", die nachdrücklich bedauerte, daß die „Arbeit der weltanschaulichen Schulung der NSDAP" ruhe, und der Illusion huldigte: „Wir sind nicht am Ende, sondern in der Mitte eines großen Krieges."[101]

Das Ende der NSDAP ging mit der militärischen Niederlage des Regimes einher. Augenblicklich sprachen die Sieger ein striktes Verbot dieser Partei und aller ihrer Organisationen aus, was ihren Kriegszielen entsprach, möglicherweise aber auch deshalb erfolgte, weil sie mehr Widerstand befürchteten, als sich tatsächlich formierte. Der erste Befehl des sowjetischen Stadtkommandanten von Berlin vom 2. Mai 1945 ordnete die Auflösung der Partei und ihrer Organisationen an und untersagte jegliche Betätigung. Als die Vertreter der UdSSR, der USA und Großbritanniens in Potsdam über Maßnahmen berieten, die gewährleisten sollten, daß nie wieder von deutschem Boden ein Krieg ausgeht, legten sie im Interesse aller Völker, auch des deutschen Volkes, demokratische Grundsätze fest. Zu ihnen gehörten u.a. folgende wichtige Maßnahmen: „Die nationalsozialistische Partei und ihre Gliederungen sowie die von ihnen kontrollierten Organisationen zu vernichten, alle Nazidienststellen aufzulösen ... Die Naziführer, die einflußreichen Anhänger der Nazis und das Leitende Personal der Nazidienststellen und -organisationen sowie beliebige andere Personen, die eine Gefahr für die Besetzung und ihre Ziele darstellen, sind zu verhaften und zu internieren." Besondere Hervorhebung fand in diesem Dokument – wie auch in den Verlautbarungen aller antifaschistischen Kräfte Deutschlands und der Welt – die Forderung, Garantien und Sicherheiten dafür zu schaffen, daß eine solche Partei wie die NSDAP niemals mehr und „in keinerlei Form wieder auferstehen" darf und „jegli-

„... bis alles in Scherben fällt" 511

che nazistische oder militaristische Betätigung oder Propaganda zu verhüten" ist.[102] Diese Festlegungen – ebenso wie andere, welche die Internierung Politischer Leiter und die gerichtliche Verfolgung ihrer Untaten betrafen – resultierten insbesondere aus der Furcht vor Kriegen, die erneut von Deutschland angezettelt werden könnten; sie lagen jedoch auch völlig im Interesse der Deutschen selbst, hatten sie sich doch wie noch nie zuvor von einer Partei samt ihrem „Führer", denen sie weitgehend Zustimmung zollten, in den größten Eroberungs- und Vernichtungskrieg führen, in eine einzigartige Welle mörderischer Verbrechen an anderen Völkern hineinziehen und sich selbst in den Abgrund der Unmenschlichkeit führen lassen.

Nachwort

Auf den Seiten dieses Buches dominiert die Darstellung der Ereignisse und Prozesse in ihrer zeitlichen Abfolge. Hinter ihr tritt – mit wenigen Ausnahmen – die Polemik gegen Auffassungen anderer Historiker zurück, die über Wesen, Charakter und Rolle der NSDAP ganz oder erheblich anders urteilen als die Verfasser. Mit diesem Verfahren wollten wir vermeiden, daß die Abhandlung unnötig befrachtet wird. Hier nun, den Band beschließend, sollen jedoch Fragen noch einmal und anders ins Blickfeld gerückt werden, die im Verlauf unserer Darstellung zwar – und manche mehrfach – berührt wurden, eingehendere Beschäftigung aber eben deshalb verlangen, weil sie umstritten sind. Zu viele Interessen verweben sich mit den jeweiligen Standpunkten.

Abweichende und unvereinbare Urteile gelten einer Frage, die sich gleichsam dreifach auffächert: Trifft die Kennzeichnung der NSDAP als „Volkspartei" zu oder gehörte diese in die Reihe der bürgerlichen und läßt sie sich begründet den faschistischen Parteien zurechnen? Anders ausgedrückt: Welche Interessen verfocht diese Partei, die zehn Jahre nach ihrer Gründung zu einer Massenpartei wurde, schließlich etwa jeden 10. Staatsbürger des Deutschen Reiches als ihr Mitglied erfaßte und sich eine weit größere Zahl von Deutschen in ihren sogenannten Gliederungen und Verbänden organisatorisch anschloß und unterstellte? Wie verhielten sich die Parteiinteressen einerseits zu den Interessen der Volksmassen in jener Zeit und andererseits zu denen der sozialen Oberschichten, namentlich der Eigner des Kapitals? Oder bediente die Politik dieser Partei gar weder diese noch jene und stellte einzig ein politisch-organisatorisches Gebilde zugunsten ihrer Führer und Funktionäre dar, die allein ihren Schnitt hätten machen können? Die Erörterung dieses Fragefächers betrifft auch den historischen Platz der NSDAP und verbindet sich dem Gedanken an eine Wiederholbarkeit von Entwicklungen, welche in der ersten Hälfte unseres Jahrhunderts über die Bewohner weitester Teile Europas soviel Unheil brachten. Gerade aus der Vorstellung einer solchen „Wiederkehr" der Geschichte werden Befürchtungen und Ängste geboren, die sich jüngst insbesondere in Deutschland ausbreiten.

Wenn unter Volkspartei eine politische Partei verstanden wird, die ihre Mitglied- und Wählerschaft aus allen Klassen, Schichten und Gruppen der Bürger eines Staates gewinnt und dies zu einem erheblichen prozentualen Anteil an der Gesamtbevölkerung, dann verdient keine andere Partei in der deutschen Geschichte diese Kennzeichnung in solchem Maße wie die

Nachwort 513

NSDAP. Sie übertraf – vor allem nachdem sie sämtlichen Rivalen und Gegnern das Existenzrecht per Staatsgesetz entzogen und sich das Monopol gesichert hatte – alle bis dahin agierenden Parteien durch die Zahl ihrer Mitglieder bei weitem. Und sie wies eine extrem heterogene soziale Struktur auf. In ihren Reihen (und unter ihren Wählern) konnten die Inhaber und Direktoren von Banken und Industriewerken ebenso angetroffen werden wie Bankboten und Hofarbeiter. Ihr Mitgliedsbuch besaßen Adlige und Großgrundbesitzer ebenso wie Kleinbauern und Gutsknechte. Zwar wich die soziale Zusammensetzung der NSDAP zu allen Zeiten von jener der Bevölkerung des Reiches beträchtlich ab und die sogenannten Unterschichten waren in ihr mit einem geringeren Anteil vertreten, als sie ihn an der Gesamtbevölkerung besaßen. Aber unter dem Hakenkreuz fehlte keine Klasse, Schicht oder Gruppe der Deutschen.

Der Anspruch, Volkspartei zu sein, gründet sich aber in Vergangenheit und Gegenwart nicht nur auf den verwirklichten Vorsatz, eine Gefolgschaft aus allen Bereichen der Gesellschaft zu formieren. Zu ihm gehört auch die Anmaßung, ausnahmslos die Interessen des ganzen Volkes zu vertreten. Das beanspruchte niemand dreister als die NSDAP. Nichts wurde in ihrem Namen größer geschrieben, als „Deutsche" Partei zu sein, und das meinte: die Partei, die nach ihrem Programm und mit ihren Zielen allein berechtigt sei, für Deutschland und die Deutschen zu sprechen und für sie zu handeln. Sie nannte sich zwar auch Arbeiterpartei, doch diese Kennzeichnung wurde durch die Apostrophierung aller "Schaffenden", durch Phrasen wie die von den „Arbeitern der Stirn und der Faust" permanent aufgeweicht und verwischt. Die Behauptung, in einer von sozialen, politischen, geistigen Gegensätzen und Spannungen erfüllten Gesellschaft die Interessen aller zu bedienen, sich über sie zu erheben und die Rolle des über den widerstreitenden Kräften stehenden Maklers zu spielen, ist ohnehin und immer Illusion, Betrugsversuch oder eine Mischung von beidem. Im Falle Hitlers und der Politikergruppe um ihn war sie ein Großbetrug, der über Jahre glückte. Erst als die Zeche bezahlt werden mußte, dämmerte einer Mehrheit der Deutschen auf, daß ihr Leben, ihr Eigentum, ihre Ersparnisse, ihre Kräfte und vielfach auch ihre Gesundheit und ihre Zukunft verwirtschaftet worden waren.

Kommen also die Interessen der Massen in Betracht und nicht nur Zahlenverhältnisse, wird niemand die NSDAP rechtens eine Volkspartei nennen können. Ihr Programm und ihre Praxis erwiesen sich als extrem volksfeindlich. Davon zeugten die etwa fünf Millionen Toten, die das deutsche Volk beklagte, und die elenden Zustände, in denen die Überlebenden sich wiederfanden. Dieses feindliche Verhältnis entstand nicht erst von einem späten Zeitpunkt des Wirkens der NSDAP an. Es existierte seit den Tagen ihrer Gründung. Diese Partei etablierte sich innenpolitisch als eine gegenrevolutionäre, außenpolitisch als eine aggressiv-revanchistische und geistig als eine Kraft, die sich gegen jede Anstrengung sperrte, nach der fatal beendeten Geschichte des Kaiserreichs neue Wege zu beschreiten. Sie bewegte sich vielmehr in der Traditionslinie, die der deutsche Vorkriegsimperialismus geschaffen hatte, und stellte deren Fortführung und äußerste Aufgipfelung dar.

Die NSDAP gab nicht einmal vor, *alle* Schichten des Volkes zu vertreten. Im Sprachgebrauch der deutschen Faschisten besaß der Begriff „deutsches Volk" stets eine eingeschränkte Bedeutung. Hunderttausende waren in Ideologie und Programmatik dieser Partei aus dem „Volksganzen" bereits abgesondert, lange bevor ihnen das auch praktisch widerfuhr. Die jüdischen Deutschen – obwohl sie über Generationen dessen Teil geworden waren – zählte die NSDAP per definitionem nicht zum Volk, sondern schrieb ihnen eine ominöse „jüdische Rasse" zu und erklärte sie zu Volksfeinden. Die politischen Gegner – vor allem Kommunisten, Sozialisten, Sozialdemokraten – wurden als unter vorgeblich jüdischem Einfluß entartet angesehen. Seit 1933 galten sie als vogelfrei und verwirkten ihr Lebensrecht, wenn sie sich nicht beugten. Vom deutschen Volk ausgegrenzt und zu Zehntausenden vernichtet wurden Deutsche, die als körperlich oder geistig Behinderte für die Zwecke der Machthaber unbrauchbar waren und angeblich unwertes Leben verkörperten. Diese Ermordeten gehörten zum Volk nicht anders als die Gesunden und die Starken. Der Diffamierung, Ausgrenzung und Verfolgung verfielen neben den Homosexuellen und den Bibelforschern auch diejenigen, die zu „Arbeitsscheuen" oder „Berufsverbrechern" erklärt wurden oder es wirklich geworden waren. Die deutschen Faschisten vernichteten auch hunderttausende Angehörige des eigenen Volkes oder bestimmten sie zur dauerhaften schikanösen Isolierung und zum Siechtum.

Verdient die NSDAP, die also keine Volkspartei war und sein konnte, aber die Charakteristik als eine bürgerliche, genauer als großbürgerliche Partei, die vorherrschend Belange der Mächtigen unter den Unternehmern im Bankwesen, in der Industrie und auf anderen Feldern der Wirtschaft verfocht? Das wird hartnäckig und auch mit dem Verweis bestritten, daß sich in der Geschichte der NSDAP in Wort und Gesten massenhaft Zeugnisse aggressiver Antibürgerlichkeit finden. Doch weshalb, um den Kronzeugen zu bemühen, kritisierte Hitler das deutsche Bürgertum vor allem? Nicht wegen der Rigorisität der Durchsetzung seiner ökonomischen und politischen Interessen, sondern wegen eines von ihm festgestellten angeblichen Mangels an Konsequenz bei der Verfolgung imperialer Ziele. Den glaubte er vor allem auf dem Wege in den ersten Weltkrieg und dann während der Kriegsjahre feststellen zu können. Nach seinem Urteil fehlte es den Führungsschichten der kapitalistischen Gesellschaft in Deutsch-

Nachwort

land an dem Willen, im Innern wie nach außen brutal und barbarisch vorzugehen, und dies hätte dann auch auf die verachtete und einzig als Instrument geschätzte Masse abgefärbt.

Diese Kritik mündete in der Forderung an die zivilen und militärischen Führungsgruppen, die Geschlossenheit der deutschen Volksgemeinschaft auf dem Weg in den nächsten Krieg zu sichern. Dazu sei das eigene Beispiel ebenso nötig, wie die Überwindung roher, aus der Zeit des frühen Kapitalismus herrührender und historisch antiquierter Formen der Ausbeutung und deren Ersetzung durch eine als modern angesehene Praxis. Deren wesentlicher Inhalt bestand in der äußersten Leistungssteigerung der Arbeiter und Angestellten. Die Politik der totalen politischen Unterwerfung der Lohnabhängigen und die zeitgemäße „Vergoldung" ihrer Ketten – das wurde hauptsächlich mit der Forderung nach einer „Nationalisierung des Arbeiters" gemeint und dann auch erfolgreich betrieben.

Die Regierungspraxis der „nationalsozialistischen" Führer hatte, wie schon die Gesetzgebung des ersten Jahres erwies, mit Sozialismus nichts, mit Maximierung der Profite alles zu tun. Auf dem Wege in den Krieg und während der Kriegsjahre erzielten Bankiers und Rüstungsindustrielle aus der Verwertung der entrechteten deutschen und der dann zwangsweise herbeigeschafften ausländischen Arbeitskräfte überreiche Gewinne. Daß sich die Beziehungen zwischen den Mächtigen der Politik und den Herren der Wirtschaft einträchtig entwickelten, schloß abweichende Meinungen, Spannungen und Konflikte nicht aus. Doch blieben sie bis in die Agonie des Systems von sekundärer Natur. Das offenbarte der 20. Juli 1944, als – in Erwartung der militärischen Niederlage und um den Krieg zu beenden – eine kleine Minderheit von konservativen und anderen Regimegegnern den obersten Partei- und Staatsführer beseitigen wollte. In dieser Fronde waren Angehörige des Bank- und Industriekapitals, von wenigen Exoten an der Peripherie der Verschwörer abgesehen, nicht auffindbar. Zwar rechneten auch sie nicht mehr mit dem Kriegssieg, doch zogen sie es vor, sich auf den Übergang von der Kriegs- zur Nachkriegswirtschaft vorzubereiten.

Gemessen an den Inhalten und den Endzielen ihrer Politik war die NSDAP eine Partei, die zweifelsfrei die Interessen der ökonomisch Mächtigen in der kapitalistischen Gesellschaft vertreten hatte. Das tat sie schon in ihren frühen Jahren, als sie sich gegen die Revolutionäre stellte, die über diese Gesellschaft hinaus wollten, und sich den nicht eben zahlreichen Republikanern konfrontierte, die eine soziale Demokratie wünschten. Und in dieser Rolle verblieb sie mit ihrer Politik der Expansion, als Deutschland zur Europa und weiteste Teile der Erde beherrschenden Macht werden sollte. Bereits im Stadium seiner Vorbereitung erforderte der Versuch, zumal wieder gegen eine Übermacht „angetreten" wurde, Eingriffe in wirtschaftliche Belange, die als Domäne von Kapitaleignern galten. Doch waren davon die Geschäfte der kleinen und mittleren Unternehmerschaft, die keine Möglichkeit der Beeinflussung von Grundsatzentscheidungen im Staatszentrum besaß, aber gleichwohl von der Beseitigung der Gewerkschaften und der Reglementierung der Arbeitsbedingungen profitierte, ungleich zahlreicher negativ betroffen als diejenigen der Großindustrie, des Trägers der Aufrüstung. Es war eine nachträgliche Verschleierung der tatsächlichen, aktiven und bis in die Phase der siegreichen Feldzüge vorwärtstreibenden Rolle der deutschen Bank- und Industrieführer, daß sie den materiellen Segen, der ihnen aus Kriegsvorbereitung und Krieg zufloß, als eine Art unverlangtes Geschenk und die Millionen billigster ausländischer Arbeiter als ihnen zwangsweise aufgedrängte Belegschaften hinzustellen suchten, die sie hätten annehmen müssen, weil ihnen ihre deutschen Arbeiter für die Wehrmacht und die verschiedensten anderen direkten Kriegsdienste weggenommen worden seien.

Die Politik der Führungsgruppe um Hitler und der von ihr dirigierte Einsatz der NSDAP kennzeichneten diese als bürgerliche Partei. Zugleich wurde schon früh erkannt, daß die NSDAP innerhalb des herkömmlichen Parteienspektrums einen neuen Typ verkörperte. Dies zeigte sich an der Art und Weise, mit der sie ihre Mitglieder für die Gewinnung und später die Behauptung der Macht einsetzte. Das wurde an der Skrupellosigkeit und Brutalität deutlich, mit der sie ihre Gegner bekämpfte, vor Terror, Totschlag und Mord nicht zurückschreckend. Das ließ sich an ihrer Frontstellung gegen Aufklärung und Humanismus ebenso erkennen wie an ihren in Wort und Schrift offen und massenhaft verbreiteten menschenfeindlichen, national- und rassenchauvinistischen Lehren und insbesondere auch an der Propagierung eines mörderischen Antisemitismus. Und das war – last but not least – an Inhalt und Methoden ihrer sozialen Demagogie ablesbar, die das Versprechen einer beispiellosen Revolution und eines aus ihr hervorgehenden solidarischen Zusammenlebens der Deutschen einschlossen. Daß das Wesen und die Ziele dieser Partei lange im Dunkeln gelegen hätten, war eine spätere und tatsachenwidrige Behauptung, entsprungen aus dem Bedürfnis nach Selbstrechtfertigung. Auch in einer Zeit, als die „Konturen von Auschwitz" sich noch nicht abzeichneten, waren Grundsätze, Vorhaben und Zielstellung dieser Partei doch für jeden abstoßend genug, der sich wie immer begründeten humanistischen Ideen und Gefühlen der Mitmenschlichkeit verpflichtet fühlte.

Daß die NSDAP eine neue Gesellschaft schaffen wollte, wird von Verfechtern der Totalitarismusdoktrin, die „kommunistische" und „nationalsozialistische" Programmatik und Wirklichkeit zur Deckung bringen möchte, aber nicht nur von ihnen allein, wieder und wieder behauptet. Historische Tatsachenbeweise können dafür nicht beigebracht werden. Diese soll die

Nachwort

Hypothese ersetzen, eine nichtkapitalistische Gesellschaft ganz eigener Art sei zwar nicht entstanden, jedoch habe sie das Zielprojekt gebildet, das nach dem Endsieg verwirklicht werden sollte. Der gedankliche Griff nach einer Geschichte, die sich nicht ereignet hat, ist in sich fragwürdig. Doch weisen alle Zukunftspläne dieses „Europa unter dem Hakenkreuz" als nichts anderes aus, denn einen vom Atlantik bis zum Ural reichenden Herrschaftsbezirk des deutschen Imperialismus, in dem deutsche Großunternehmer, deutsche Großagrarier und deutsche Großbankiers vor- oder allein herrschen sollten, unterstützt von einer ausgewählten Zahl von Kollaborateuren. Die Führer und Funktionäre der NSDAP und der von ihren Kadern besetzte Staats-, Verwaltungs- und Kolonialapparate würden dafür die organisatorische Basis und das terroristische Gerüst liefern. Das entstand seit 1939 bereits in den besetzten Gebieten und erstreckte sich dann von den Niederlanden bis in die Sowjetunion. In dem Großreich, der fest im Visier befindlichen Frucht des „Endsiegs", waren den deutschen Mittelschichten und der Arbeiterschaft sozial und materiell privilegierte Plätze zugedacht. Deren Inanspruchnahme sollten sie sich als willenlose zivile und militärische Büttel der modernen Sklavenhalter immer neu verdienen, sei es im vergrößerten und stets expandierenden „germanischen" Kernland oder in den Protektoraten, Generalgouvernements und Reichskommissariaten.

Diese Gesellschaft, die den einen Lebensrechte zuteilte, anderen begrenzte, dritten entzog und deutsche Herrenmenschen züchten wollte, trug – auch gemessen an frühen und anderen zeitgenössischen Formen kapitalistischer Existenz – aufs äußerste verbrecherische Züge. Sie nahm Praktiken der Unterdrückung und Ausbeutung aus der Feudalzeit sowie aus der antiken und der modernen kolonialen Sklavenhalterei in sich auf. Unzweifelhaft auch, daß sich die vielen Parvenüs an der Spitze der NSDAP, wie sich das schon im Lebensstil des Reichsprotektors in Prag und des Generalgouverneurs in Krakau abzeichnete, sich in diesem gedachten Reich persönlich schamlos und in einem Ausmaß bereichert haben würden, demgegenüber ihre Sitze am Obersalzberg, in Karinhall, auf Schwanenwerder sich vergleichsweise genügsam ausgenommen haben würden. Doch bei all ihren sich abzeichnenden Besonder- und Eigenheiten führte das imperiale Projekt über die gesellschaftliche Ordnung, deren hauptsächliche Antagonisten Kapital und Arbeit bilden, nicht und nirgendwo hinaus. Schon in ihrer Konzeption stellte sie eine von deren Variationen dar.

Gewiß, die Wirklichkeit des „Dritten Reiches" – um zu ihr zurückzukehren – entsprach zu keinem Zeitpunkt uneingeschränkt den Wünschen und Interessen aller Kapitaleigner und Wirtschaftsführer. Doch liegt darin keine Besonderheit dieses Staatswesens. Solche Totalübereinstimmung liegt schon deswegen außerhalb jeder Regierungsmacht, weil diese Interessen

– letztlich als Folge der Konkurrenz – selbst uneinheitlich und widerspruchsvoll sind. Folglich stehen den Historikern massenhaft Zeugnisse zu Gebote, die von Einwänden, Kritik, Unzufriedenheit und auch von Konflikten zwischen „Wirtschaft und Politik" zeugen. Sie lassen sich mit wenig Aufwand zu Beweisen angeblich unüberbrückbarer Gegensätze aufblasen. Besonders zahlreich sind überlieferte Belege für Beschwerden über die Tätigkeit einzelner Parteiorganisationen und von Parteiführern der mittleren und unteren Ebene. Da diesen zumeist Unverstand, Anmaßung, Eigenmächtigkeit, populistisches Verhalten und – summa summarum – Abweichungen von der Linie der obersten Führer nachgewiesen und vorgeworfen werden, bestätigen diese Dokumente in aller Regel nur die Übereinstimmung im Ganzen, das Ja zum Generalkurs. Wie zudem die Geschichte solcher Konflikte beweist, endeten sie zumeist mit der Disziplinierung der NSDAP-Funktionäre, welche die Beziehungen zwischen der Führungsgruppe und den Wirtschaftsführern störten.

War die NSDAP eine faschistische Partei? Vordergründig zielt die Frage nur auf die Verwandtschaft der deutschen Partei mit jener italienischen, die diesen Namen führte und 1922 unter Mussolinis Führung zunächst Italien in einer Koalition regierte und dann ihr Parteimonopol errichten konnte. Im weiteren Sinne führt sie zur Analyse von Gemeinsamkeiten, die sich in politischen Organisationen Großbritanniens ebenso auffinden lassen wie in Staaten des Baltikums. Denn nach dem ersten Weltkrieg entstanden in allen Regionen Europas und selbst in Amerika Parteien, die dem erfolgreichen italienischen Vorläufer oder Zeitgenossen ähnelten. Während sich die einen noch harmlos Nationale Sammlung oder Nationale Front nannten, gaben sich andere militante Namen, hießen Pfeilkreuzler oder Eiserne Garde. Überall waren sie das Produkt aufs äußerste zugespitzter sozialer und politischer Kämpfe. In jedem Lande besetzten sie im Spektrum der politischen Organisationen den am weitesten rechts gelegenen Platz. Sie gebärdeten sich in Ländern der Sieger wie in denen der Besiegten als aggressive Nationalisten und verbargen ihre Ansprüche auf Land und Bevölkerung ihrer Nachbarstaaten vor niemandem. Sie trugen überall Charakterzüge, die von der Tradition der Staaten und Völker geprägt waren, in denen sie agierten. Die drückten sich auch in ihren Zielen aus, welche in Abhängigkeit von der politisch-geographischen Lage und den wirtschaftlichen und demographischen Potenzen der betreffenden Länder formuliert wurden. Unterschiedlich war auch ihr Verhältnis zu den jeweiligen Kirchen. Und um das Banalste zu sagen: Natürlich konnten diese Kräfte weder in Ungarn noch in Rumänien beabsichtigen, die Herren des Mittelmeers oder gar Europas zu werden, wie es ihre italienischen und deutschen Gesinnungsgenossen und Vorbilder vorhatten. Ihre außenpolitischen Ziele erscheinen aber nur in solchem unhistorischen Vergleich

Nachwort

bescheiden. Durchweg präsentierten sich die Parteien, die sich überall auch als die „junge" Kraft ausgaben, der allein die Zukunft gehören könne, als extrem sozial und sozialrevolutionär. Sie proklamierten, in ihren Ländern für einen neuen Staat und für eine völlige Neuordnung der gesellschaftlichen Verhältnisse zu kämpfen. Überall ähnelten sich – selbstredend in Abhängigkeit von ihrer Stärke – die Methoden ihres politischen Kampfes, die menschenverachtend und verbrecherisch waren. Und in jedem Staat versuchten sie, ihren Anhängern in personam einen Befreier und Erlöser zu offerieren, wie es die Italiener mit ihrem „Duce" und die Deutschen mit ihrem „Führer" taten.

Die Erfolge dieser Parteien waren höchst unterschiedlich. Die meisten führten in ihren Staaten eine Randexistenz, blieben nicht mehr als eine Fußnote der Geschichte und wären meist ganz vergessen, hätten sie nicht – wie in Norwegen und Kroatien – in der Zeit der deutschen Besatzung eine ruchlose Rolle gewinnen können. Ihr Aufstieg war nur zu einem Teil durch die Kräfte bedingt, die sie selbst zu mobilisieren vermochten. Ausschlaggebend wurde, wie groß der Bedarf der sozialen Oberschichten nach politischen Rettern war. Wo sich die am Ende des ersten Weltkriegs erschütterten Machtverhältnisse mit herkömmlichen Kräften und konservativen Methoden – solche des parlamentarischen Regiments eingeschlossen – befestigen ließen, schwand der Kurswert dieser parteipolitischen Newcomer und Erfolgsritter mehr oder weniger rasch. Wo – wie in Frankreich – eine machtvolle Volksbewegung gegen sie mobil machte, wurden sie auf ihrem Vormarsch gestoppt. In Österreich schwächten sich rivalisierende faschistische Parteien gegenseitig.

Ist also auch das Erfolgsbild dieser Parteien des europäischen Faschismus höchst ungleich, so gilt das nicht für ihr Wesen. Ihre geschichtliche und politische Frontstellung war und blieb gegen die im Gefolge des ersten Weltkriegs erstarkende Arbeiterbewegung ausgerichtet. Sie konzentrierten ihren Haß und ihre propagandistischen Aktivitäten gegen Sowjetrußland und später gegen die Union der Sozialistischen Sowjetrepubliken. Ausnahmslos auf die Etablierung diktatorischer Regime orientiert, wandten sie sich gegen die Ideen des politischen Liberalismus und der Demokratie, gegen den Parlamentarismus und die bürgerlichen Freiheiten. Mit ihrer Aktion mehr als durch ihre Programme drückten sie Interessen von sozialen Klassen und Schichten aus, die nach dauerhaften Sicherungen ihres Eigentums an den Produktionsmitteln, ihrer sozialen und politischen Machtstellung, ihrer Privilegien und auch ihrer Person verlangten. Diese mehr oder weniger großen Gruppen konnten im einen Falle stärker industriell, im anderen noch vorwiegend agrarisch geprägt sein. Einheitlich wurde das Prinzip von Führer und Gefolgschaft, von Befehl und Gehorsam verkündet und praktiziert. Das entsprach nicht nur der Rolle dieser

Parteien, sondern auch der Verachtung, die der neue Führertyp den Massen entgegenbrachte.

Bei allen und vielen ins Auge springenden Unterschieden zwischen diesen Parteien überwog das Gemeinsame ihrer Herkunft, ihrer Ideologie, ihrer Programmatik, ihrer Kampfmethoden und ihrer Ziele bei weitem. Die nationalen Besonderheiten, zum einen bedingt durch Traditionen, zum anderen und mehr noch durch historisch-konkrete Interessenlagen, verdecken diesen Tatbestand ebenso wie der Umstand, daß es ihre Führer nur in Italien und in Deutschland vermochten, sich ohne ausländische Intervention an der Staatsmacht zu etablieren. Doch der Sieg dieser beiden wie die mehr oder weniger marginale Existenz der anderen gehörten und charakterisierten die Krise der europäischen Gesellschaft in der ersten Hälfte des zwanzigsten Jahrhunderts. In ihr besetzten die faschistischen Parteien – und auch das begründet die Benutzung einer gemeinsamen Kennzeichnung für sie alle – einen in seinem Kern wesensgleichen Platz. Sie boten sich zu deren Überwindung an. Wo sie an die Staatsmacht gelangten, lösten sie dieses Versprechen durch die vernichtenden Schläge gegen die Arbeiterbewegung ein. Als sie jedoch bei dem Versuch scheiterten, faschistische Großreiche zu schaffen, wurden sie auf dem alten Kontinent selbst zu Verursachern krisenhafter Zustände. Nicht nur sie selbst gingen in diesen unter – der italienische Faschismus zerbrach 1943, der deutsche war zwei Jahre darauf militärisch geschlagen. Mit ihrem Ende und der Enthüllung beispielloser Untaten und Verbrechen war auch das Renommee restlos aufgebraucht, das der Faschismus vor allem als Vorkämpfer für eine neue „totale" Ordnung und gegen den „Bolschewismus" vor allem während der Vorkriegsjahre jenseits der italienischen und deutschen Staatsgrenzen im Bürger- und Kleinbürgertum sowie unter Angehörigen der Intelligenz gewonnen hatte.

Ist dieses Renommee des Faschismus auf Dauer verbraucht oder nicht doch – in welcher Form und in welchem Grade auch immer – revitalisierbar? Können Parteien vom Typ der von Mussolini und Hitler geführten in Europa oder jenseits von dessen Grenzen als Massenparteien wieder- oder neu erstehen? Oder sind insbesondere die Bewohner des alten Kontinents, die Nachfahren der Gefolgschaften wie die Opfer der Regime, ein für alle Mal davor geschützt, einem „Nationalsozialismus" massenhaft Sympathien entgegenzubringen? Die Frage drängt Historiker auf den ungeliebten Platz des Propheten. Sicher erscheint einzig zweierlei. Die kapitalistische Gesellschaft steht am Ende dieses Jahrhunderts nicht einfach vor „neuen Herausforderungen", sondern hat seit den siebziger Jahren bisher ungekannte krisenhafte Zustände in Vielgestalt hervorgebracht, die sie nicht zu meistern vermag. So wahrscheinlich wie deren Zuspitzung, so ungewiß deren politische Folgen. Und: Einmal gewonnene geschichtliche

Nachwort

Erfahrungen, Herrschaftserfahrungen zumal, gehen im Verlauf der Geschichte nicht einfach verloren. Sie verbleiben im Gedächtnis derer, die sie gemacht haben, und das über Generationen. Anreiz und Antrieb, die Bewältigung von sozialen und anderen Krisen- und Bedrohungszuständen mit Hilfe eines modifizierten oder partiellen Rückgriffs auf Praktiken der Faschisten zu versuchen, sich bei ihnen nicht Uniformen und Fahnen, aber Ideen und Methoden auszuborgen, existieren und scheinen sich zu verstärken. Sie sind in Bezirken anzutreffen, die als die „Mitte der Gesellschaft" gelten. Diese Beobachtung sollte ausreichen, sich nicht allein und nicht in erster Linie durch den Seitenblick auf jene zu beunruhigen, die als Randgruppen Skandal auf Skandal und – entsetzlich und herausfordernd genug – Gewalttat auf Gewalttat häufen, so schon wieder eine Blutspur in die deutsche Geschichte ziehen und dabei doch ein Häuflein nur abgeben, dem es an Einigkeit, Programmatik, einer Führerfigur und daher an Anziehungskraft ermangelt. Nein, das zunächst abgewiesene Erbe des Faschismus wird an anderer Stelle längst auf seine Verwendbarkeit schon durchgesehen und sortiert, und seine Teilstücke sind unter anderen Namen in der Erprobung.

Abkürzungen

ADGB	Allgemeiner Deutscher Gewerkschaftsbund
AO	Auslandsorganisation der NSDAP
BArch	Bundesarchiv Berlin
BDM	Bund Deutscher Mädel
BayHStA	Bayerisches Hauptstaatsarchiv München
BVP	Bayerische Volkspartei
BzG	Beiträge zur Geschichte der Arbeiterbewegung
DAF	Deutsche Arbeitsfront
DAP	Deutsche Arbeiterpartei
DDP	Deutsche Demokratische Partei
DJ	Deutsches Jungvolk
DNVP	Deutschnationale Volkspartei
DSP	Deutschsozialistische Partei
DVFP	Deutschvölkische Freiheitspartei
DVP	Deutsche Volkspartei
EKKI	Exekutivkomitee der Kommunistischen Internationale
FS	Freiwilliger Selbstschutz
GdA	Geschichte der deutschen Arbeiterbewegung, 8 Bände, Berlin 1966
GBA	Generalbevollmächtigter für den Arbeitseinsatz
GeStA	Geheimes Preußisches Staatsarchiv Berlin-Dahlem
Gestapo	Geheime Staatspolizei
HJ	Hitlerjugend
JM	Jungmädelbund
IMG	Prozeß gegen die Hauptkriegsverbrecher vor dem Internationalen Militärgerichtshof, Nürnberg, 14. November 1945 bis 1. Oktober 1946
KdF	Kraft durch Freude
KI/Komintern	Kommunistische Internationale
Napola	Nationalpolitische Erziehungsanstalten
NSBO	Nationalsozialistische Betriebszellenorganisation
NSDAP	Nationalsozialistische Deutsche Arbeiterpartei
NSDStB	Nationalsozialistischer Deutscher Studentenbund
NSF	Nationalsozialistische Frauenschaft
NSFK	Nationalsozialistisches Fliegerkorps
NSFO	Nationalsozialistischer Führungsoffzier
NSF/W	Nationalsozialistischer Führungsstab im OKW
NSKK	Nationalsozialistisches Kraftfahrkorps
NSLB	Nationalsozialistischer Lehrerbund
NSV	Nationalsozialistische Volkswohlfahrt
OHL	Oberste Heeresleitung

Abkürzungen

OKW	Oberkommando der Wehrmacht
RAD	Reichsarbeitsdienst
RGBl	Reichsgesetzblatt
RGO	Revolutionäre Gewerkschaftsopposition
ROL	Reichsorganisationsleiter
RSHA	Reichssicherheitshauptamt
SA	Sturmabteilung
SAP	Sozialistische Arbeiterpartei
SD	Sicherheitsdienst
SdP	Sudetendeutsche Partei
SS	Schutzstaffel
StA	Staatsarchiv
ThHStA	Thüringisches Hauptstaatsarchiv Weimar
unpag.	unpaginiert
USPD	Unabhängige Sozialdemokratische Partei Deutschlands
VB	Völkischer Beobachter
VDA	Verein (ab 1933: Volksbund) für das Deutschtum im Ausland
VfZ	Vierteljahreshefte für Zeitgeschichte
WHW	Winterhilfswerk
WTB	Wolffsches Telegraphenbüro
ZfG	Zeitschrift für Geschichtswissenschaft

Anmerkungen

Anmerkungen zu Kapitel 1

1 Erst in der folgenden Zeit trat das hohe Maß an personeller, programmatischer und organisatorischer Kontinuität im Übergang vom tradierten Parteien- und Lagersystem des Kaiserreichs zu dem der Weimarer Republik deutlich in Erscheinung. Aus der Fülle der Literatur sei hier lediglich verwiesen auf Karl Rohe: Entwicklung der politischen Parteien und Parteiensysteme in Deutschland bis zum Jahre 1933. In: Oscar W. Gabriel/Oskar Niedermayer/Richard Stöss (Hg.): Parteiendemokratie in Deutschland, Bonn 1997, S. 54 ff. Siehe auch Macht und Ohnmacht der Weimarer Republik. Von einem Autorenkollektiv unter Leitung von Manfred Weißbecker, Berlin 1990, S. 11 ff. und 27 ff.

2 Die Vf. verwenden die Begriffe deutscher Faschismus und Nationalsozialismus als nahezu identisch. Sie teilen in keiner Weise den häufig anzutreffenden Standpunkt, der Faschismus-Begriff sei überholt oder gar unwissenschaftlich und seine Verwendung würde dazu beitragen, die Verbrechen des Nationalsozialismus zu verharmlosen. Gegen diese vor allem von Karl Dietrich Bracher und Renzo de Felice entwickelte Position hat jüngst Walter Laqueur (Faschismus. Gestern – heute – morgen, Berlin 1997, S. 14 ff.) eingewandt, es gäbe trotz vieler Bedenken keinen besseren Begriff. Die Vf. halten ihn insbesondere für die vergleichende und sozialgeschichtliche Forschung für unverzichtbar, betonen jedoch, daß mit ihm wesentlich mehr gemeint ist als die immer wieder zitierte und stets verkürzt wiedergegebene Definition des XIII. Plenums des Exekutivkomitees der Kommunistischen Internationale vom Dezember 1933. (Siehe dazu Kapitel 9)

3 So z.B. in seiner materialreichen, wenn auch verdeckt apologetischen Arbeit Georg Franz-Willing: Die Hitlerbewegung. Der Ursprung 1919-1922, Hamburg und Berlin 1962, S. 63. In seinen späteren, offen rechtslastig geratenen Büchern verfolgte der Vf. diesen Gedanken nicht mehr. Siehe u.a. Georg Franz-Willing: Nationalsozialismus, Rosenheim 1993, S. 5 f.

4 Anton Drexler: Mein politisches Erwachen. Aus dem Tagebuch eines deutschen sozialistischen Arbeiters, München 1919, S. 25. Zu Drexler siehe vor allem Albrecht Tyrell: Vom „Trommler" zum „Führer". Der Wandel von Hitlers Selbstverständnis zwischen 1919 und 1924 und die Entwicklung der NSDAP, München 1975, S. 21 ff. und 182 ff.; Werner Maser: Die Frühgeschichte der NSDAP. Hitlers Weg bis 1924, Frankfurt/M. und Bonn 1965, S. 150 f.; Reginald H. Phelps: Anton Drexler – der Gründer der NSDAP. In: Deutsche Rundschau, 87. Jg. (1961), S. 1134 ff.

5 Deutschvölkisches Jahrbuch 1920 Hrsg. Mit Unterstützung deutschvölkischer Verbände von Georg Fritz, Weimar 1920

6 Joachim C. Fest: Hitler. Eine Biographie, Frankfurt a.M. 1973, S. 170

7 Karl Nuß: Militär und Wiederaufrüstung in der Weimarer Republik. Zur politischen Rolle und Entwicklung der Reichswehr, Berlin 1977, S. 26

8 Siehe Edgar Hartwig: Alldeutscher Verband. In: Lexikon zur Parteiengeschichte. Die bürgerlichen und kleinbürgerlichen Parteien und Verbände in Deutschland (1789-1945). In vier Bänden. Hg. von Dieter Fricke (Leiter des Herausgeberkollektivs),Werner Fritsch, Herbert Gottwald, Siegfried Schmidt und Manfred Weißbecker (fortan: Lexikon zur Parteiengeschichte), hier Bd. 1, Leipzig 1983, S. 13 ff.

9 Siehe Manfred Weißbecker: Deutsche Vaterlandspartei. In: Lexikon zur Parteiengeschichte, Bd. 2, Leipzig 1984, S. 391 ff.

Anmerkungen 525

10 Siehe Dirk Stegmann: Zwischen Repression und Manipulation. Konservative Machteliten und Arbeiter- und Angestelltenbewegung 1910-1918. Ein Beitrag zur Vorgeschichte der DAP/NSDAP. In: Archiv für Sozialgeschichte, Bd. XII (1972), S.386

11 Drexler, Erwachen, S. 12

12 Man könne das „Völkische" nur mit dem Herzen begreifen, so erklärte Ludendorff, aber „nicht jeder" habe ein „Herz". In: Das Deutsche Tageblatt. Wahlbeilage, 4. 5. 1924. Siehe auch Martin Broszat: Die völkische Ideologie und der Nationalsozialismus. In: Deutsche Rundschau, 84. Jg. (1958), S. 53 ff.

13 Siehe Rudolf von Sebottendorff (d. i. Rudolf Glauer): Bevor Hitler kam. Urkundliches aus der Frühzeit der nationalsozialistischen Bewegung, München 1933

14 Hermann Gilbhard: Die Thule-Gesellschaft.Vom okkulten Mummenschanz zum Hakenkreuz, München 1994, S. 11

15 Siehe Manfred Weißbecker: Deutschsozialistische Partei. In: Lexikon zur Parteiengeschichte, Bd. 2, S. 547 ff.; Tyrell, Vom „Trommler" zum „Führer", S. 65 ff.

16 Max von Gruber: Bevölkerungspolitik und Rassenhygiene. In: Süddeutsche Monatshefte, Februar 1919, S. 325

17 Siehe Rüdiger Stutz: Die politische Entwicklung Eduard Stadtlers von 1918 bis 1933. Ein Beitrag zur Geschichte des Rechtsextremismus in der Weimarer Republik. Diss. phil. Jena 1985. Siehe auch Manfred Weißbecker: Antibolschewistische Liga. In: Lexikon zur Parteiengeschichte, Bd. 1, S. 66 ff.

18 Eduard Stadtler: Als Antibolschewist 1918/19. Lebenserinnerungen, Bd. 3, Düsseldorf 1936, S. 76 f. und 28

19 Siehe Christoph H. Werth: Sozialismus und Nation. Die deutsche Ideologiediskussion zwischen 1918 und 1945. Mit einem Vorwort von Karl Dietrich Bracher, Wiesbaden 1996

20 Walter Mohrmann: Antisemitismus. Ideologie und Geschichte im Kaiserreich und in der Weimarer Republik, Berlin 1972, S. 78

21 Zit. nach Stegmann, Zwischen Repression und Manipulation, S. 408. Hervorhebung durch die Vf.

22 Uwe Lohalm: Völkischer Radikalismus. Die Geschichte des Deutschvölkischen Schutz- und Trutzbundes 1919-1923, Hamburg 1970, S. 36 ff.

23 Hans Günther: Der Herren eigner Geist. Die Ideologie des Nationalsozialismus. In: ders., Der Herren eigner Geist. Ausgewählte Schriften, Berlin/Weimar 1981, S. 78

24 Diese Charakterisierung wurde erstmals von Palmiro Togliatti verwendet (Lektionen über den Faschismus, Frankfurt a.M. 1973, S. 19). Sie findet sich, allerdings beschränkt auf die Zeit bis 1933, auch bei Wolfgang Schieder: Die NSDAP vor 1933. Profil einer faschistischen Partei. In: Die NSDAP als faschistische „Volkspartei". Geschichte und Gesellschaft, H. 2/1993, S. 145. Siehe ferner Wolfgang Horn: Der Marsch zur Machtergreifung. Die NSDAP bis 1933, Düsseldorf 1972, S. 88 ff.

25 Julius Deutsch: Die Faschistengefahr, Wien 1923, S. 4; Siehe auch Paul Kampffmeyer: Der Faschismus in Deutschland, Berlin 1923

26 Protokoll des Gründungsparteitages der Kommunistischen Partei Deutschlands (30. Dezember 1918 - 1. Januar 1919), Berlin 1972, S. 318

27 George L. Mosse: Der Erste Weltkrieg und die Brutalisierung der Politik. Betrachtungen über die politischen Rechte, den Rassismus und den deutschen Sonderweg. In: Demokratie und Diktatur. Geist und Gestalt politischer Herrschaft in Deutschland und Europa. Hrsg. von Manfred Funke, Hans-Adolf Jacobsen, Hans-Helmuth Knütter und Hans-Peter Schwarz, Bonn 1987, S. 127 ff., 136 und 128. Siehe auch Jörg Stange: Zur Legitimation der Gewalt innerhalb der nationalsozialistischen Ideologie. Ein Beitrag

zur Erklärung der Verfolgung und Vernichtung der Anderen im Nationalsozialismus, Frankfurt a. M. 1987

28 So urteilt Karl Dietrich Bracher: Geschichte und Gewalt. Zur Politik im 20. Jahrhundert, Berlin 1981, S. 107

29 Dies wird häufig, aber unrichtig der Faschismusforschung in der DDR unterstellt. Siehe z.B. Hans-Ulrich Thamer: Nationalsozialismus und Faschismus in der DDR-Historiographie. In: Aus Politik und Zeitgeschichte, B. 13/1987, S. 29

30 Siehe dazu ausführlich Kurt Gossweiler: Faschismus und Arbeiterklasse. In: Faschismusforschung, S. 110 ff. und 122 f.; ders.: Kapital, Reichswehr und NSDAP 1919-1924, Berlin 1982, S. 35 ff.

31 Dokumente und Materialien zur Geschichte der deutschen Arbeiterbewegung. Reihe II, Bd. 3, Berlin 1958, S. 37 (fortan: Dokumente und Materialien)

32 Siehe Günter Wirth, Manfred Weißbecker: Bayerische Volkspartei. In: Lexikon zur Parteiengeschichte, Bd. 1, S. 156 ff.

33 Siehe die informative Übersicht in: München – „Hauptstadt der Bewegung". Bayerns Metropole und der Nationalsozialismus. Hrsg. von Richard Bauer u.a., München 1993, S. 53 ff.

34 Sebottendorf an Hoffmann vom 10.4.1919. In: BayHStA II, MA 99902, Bl. 1

35 Siehe Heinrich Hillmayr: Roter und Weißer Terror in Bayern nach 1918. Ursachen, Erscheinungsformen und Folgen der Gewalttätigkeiten im Verlauf der revolutionären Ereignisse nach dem Ende des Ersten Weltkrieges, München 1974. Die überlieferten Zahlen beweisen, daß es sich um eine unübersichtliche und bewußte Irreführung handelt, wenn die NSDAP ihren Terror mit der Notwendigkeit einer Abwehr des „roten Terrors" begründete. Die Tatsachen sprechen eine andere Sprache: Die Revolution von 1918/19 vollzog sich zunächst außerordentlich gewaltarm und zählt zu den unblutigsten Revolutionen der Geschichte. Am 3.11.1918 starben acht Demonstranten, als ein Marineoffizier in Kiel auf sie schießen ließ; am 9.11. wurde in Berlin ein junger Kommunist vor der Maikäfer-Kaserne erschossen. Blut begann in größerem Maße zu fließen, als am 7.12. in der deutschen Hauptstadt ein erster Putschversuch gegen die Revolution stattfand und als die berüchtigten Plakate gegen die Spartakusgruppe auftauchten: „Schlagt ihre Führer tot! Tötet Liebknecht! Dann werdet ihr Frieden, Arbeit und Brot haben!" Als konterrevolutionäre Truppen den sogenannten Weihnachtsputsch gegen die Volksmarinedivision organisierten und sich diese im Berliner Marstall verteidigte, gab es 67 Tote. Darunter befanden sich 11 Matrosen und 56 Angehörige der gegen sie eingesetzten Truppen. Beide Putschaktionen bildeten ein Fanal für die nunmehr beginnenden und sich rasch verstärkenden bewaffneten Auseinandersetzungen. In ihrem Verlauf sind bis zum Mai 1919 Tausende von Arbeitern brutal ermordet worden, die meisten in Berlin nach den Januarkämpfen und dem Generalstreik von Anfang März sowie in Bayern nach der Münchener Räterepublik vom Ende April. Das Schreckgespenst des „roten Terrors" – von der NSDAP immer und immer wieder beschworen – war in dieser Zeit wie auch danach weitgehend eine Erfindung derjenigen, die selbst kein anderes Mittel als das des Terrors kannten, um ihre Ziele – sowohl real als auch präventiv – gegen die junge Weimarer Republik durchzusetzen. Die in diesem Zusammenhang häufig zitierten Lichtenberger Beamtenmorde stellten sich schon damals als ein Schwindel heraus. Von 60 bis 150 Ermordeten war in der Presse die Rede. Tatsächlich waren zwei Kriminalbeamte ums Leben gekommen, einer in den bewaffneten Auseinandersetzungen, und über die Todesart des anderen konnte offiziell nichts festgestellt werden. Die Aburteilung von sieben Mitgliedern der Thule-Gesellschaft und weiterer drei Personen (bei denen Waffen und gefälschte Stempel von Institutionen der Räterepublik gefunden worden waren und die sich als Spione gegen die Räterepublik betätigt hatten) durch ein in arger Bedrängnis handelndes Revolutionstribunal in München erfuhr in der bürgerlichen Presse und erst

Anmerkungen

recht in der nationalsozialistischen Propaganda als „Geiselmord" eine völlig unzulässige Überhöhung. Siehe dazu Manfred Weißbecker: „... da ist ein guter Stahlhelm und die Faust das beste Mittel". Zu einigen Wurzeln und Entwicklungstendenzen des Terrors der NSDAP in der Weimarer Republik. In: Sozialistische Demokratie, Rechtsstaatlichkeit, Persönlichkeit und staatsbürgerliche Mitgestaltung. Wissenschaftliche Beiträge der Friedrich-Schiller-Universität Jena, Jena 1990, S. 93 ff. Gegen die These vom „Geiselmord" wendet sich vehement auch Gilbhardt, Die Thule-Gesellschaft, S. 121 f.

36 Aus einem Erlaß des Gruppenkommandos. Zit. nach Franz-Willing, Die Hitlerbewegung, S. 37

37 Nuß, Militär und Wiederaufrüstung, S. 75 und 73

38 Franz-Willing, Die Hitlerbewegung, S. 107

39 BayHStA, II, MA 99902, Bl. 338

40 Fritz von Trützschler: Grün-Weiß-Schwarzer Wimpel, München 1919. Zit. nach Die Atmosphäre bei Adolf Hitler's Arbeitsbeginn 1919. Mitteilungen seines Propheten und Kärrners Fritz v.T. (d.i. Fritz von Trützschler, Major a.D.) Ein Beitrag zur Vorgeschichte der Deutschen Revolution, München 1933, S. 9

41 Zit. nach ebenda, S. 21 und S. 26

42 Siehe die Liste in Ernst Deuerlein: Hitlers Eintritt in die Politik und die Reichswehr, in: VfZ H. 2/1959, S. 187

43 Nach § 13 des Reichsvereinsgesetzes vom 19.4.1908 besaß die Polizei das Recht, Beauftragte in Versammlungen zu entsenden, was allerdings durch Artikel 123 der Weimarer Verfassung über die Versammlungsfreiheit eingeschränkt worden war.

44 Zum folgenden siehe Kurt Pätzold/Manfred Weißbecker: Adolf Hitler. Eine politische Biographie, Leipzig 1995; Brigitte HAmann: Hitlers Wien, München und Zürich 1996; Anton Joachimsthaler: Hitler in München 1908-1920, Frankfurt a.M. 1992

45 Anton Joachimsthaler: Hitlers Eintritt in die Politik und die Anfänge der NSDAP. In: München – „Hauptstadt der Bewegung", S. 72

46 BayHStA I, Sonderabgabe I, 1478, Bl. 74

47 Maser, Die Frühgeschichte, S. 175. Siehe auch Albrecht Tyrell (Hrsg.): Führer befiehl ... Selbstzeugnisse aus der „Kampfzeit" der NSDAP. Dokumentation und Analyse, Düsseldorf 1969, S. 379 f.

48 BayHStA, I, Sonderabgabe I/1478, Bl. 74

49 Der aufschlußreiche Brief vom 24.9.1920 ist vollständig abgedruckt bei Gossweiler, Kapital, Reichswehr und NSDAP, S. 554 ff. Hervorhebungen durch die Vf.

50 Lohalm, Völkischer Radikalismus, S. 294 ff.

51 Friedrich von Rabenau: Seeckt. Aus seinem Leben 1918-1936, Leipzig 1940, S. 194

52 In der antisemitischen, von Theodor Fritsch herausgegebenen Zeitschrift „Hammer. Blätter für deutschen Sinn", 19. Jg. (1920), S. 124, hieß es in einer Rückschau auf den Kapp-Putsch: „Die heutigen Zeiten sind nicht mehr danach, daß hochgeborene, feudale Herren in exklusiven Klubs Staatsaktionen ausbrüten und sie dann dem ungefragten Volke aufzwingen können. Die Massenstimmung ist heute unbedingt als ein nicht auszuschaltender Faktor mit in Rechnung zu setzen."

53 Siehe Reginald H. Phelps: Hitler als Parteiredner im Jahre 1920. In: VfZ, H. 2/1963, S. 294 ff. Joachimsthaler (Hitlers Eintritt in die Politik, S. 77) vermutet, daß sich die DAP mit ihrem neuen Namen deutlicher von der DSP abheben wollte.

Anmerkungen zu Kapitel 2

1. Adolf Hitler, Mein Kampf. Zwei Bände in einem Band. ungekürzte Ausgabe, München 1939, S. 406
2. Ebenda, S. 541
3. Der vollständige Text ist hier auf S. 34-37 abgedruckt.
4. Hitler, Mein Kampf, S. 188
5. Siehe Werth, Sozialismus und Nation, S. 229
6. Otto Strasser: Mein Kampf, Frankfurt a.M. 1969, S. 26
7. Werth, Sozialismus und Nation, S. 228
8. Hitler, Mein Kampf, S. 510
9. „Sowenig eine Armee taugen würde, deren einzelne Soldaten durchgehend Generäle wären..., sowenig taugt eine politische Bewegung als Vertretung einer Weltanschauung, wenn sie nur ein Sammelbecken 'geistreicher' Menschen sein möchte. Nein, sie braucht auch den primitiven Soldaten, da sonst eine innere Disziplin nicht zu erzielen ist. Es liegt im Wesen einer *Organisation,* daß sie nur bestehen kann, wenn einer höchsten geistigen Führung eine breite, mehr gefühlsmäßig eingestellte Masse dient. Eine Kompanie von zweihundert geistig ganz gleich fähigen Menschen wäre auf die Dauer schwerer zu disziplinieren als eine solche von hundertneunzig geistig weniger fähigen und zehn höhergebildeten." Ebenda, S. 509
10. Ebenda, S. 514
11. Ebenda, S. 512. Hervorhebung durch die Vf.
12. Alfred Rosenberg: Wesen, Grundsätze und Ziele der NSDAP, München 1922. Zit. nach der Ausgabe von 1933, S. 12
13. Ebenda, S. 16
14. Adolf Hitler, Mein Kampf, S. 306 ff.
15. Rosenberg, Wesen, Grundsätze und Ziele, S. 41
16. Ebenda, S. 19
17. So prangerte Hitler die Parteien u.a. als „vermoderten, faulen Diätenpolyp" oder als „Organisationen antinationaler Erbärmlichkeit und Niedertracht" an (Völkischer Beobachter, 6.3.1921 und 15.3.1921) In: Hitler. Sämtliche Aufzeichnungen 1905-1924. Hg. von Eberhard Jäckel zusammen mit Axel Kuhn, Stuttgart 1980, S. 330 und 349 (fortan: Hitler. Sämtliche Aufzeichnungen)
18. So schrieb z.B. Rosenberg im „Völkischen Beobachter" vom 22.10.1921: „Wenn alle Parteien die völkische Grundlage und das Ziel bekannt haben, dann kann die Nationalsozialistische Deutsche Arbeiter*partei* verschwinden." Hitler erklärte in dieser Zeitung am 25.11.1922: „Unsere Partei ist keine Organisation, sondern der verkörperte glühende Glaube an unser Volk."
19. So fordert z.B. Zitelmann, den Nationalsozialismus nicht als Antimarxismus zu interpretieren, sondern als eine konkurrierende und alternative Bewegung zu den deutschen Arbeiterparteien. Rainer Zitelmann: Hitler. Selbstverständnis eines Revolutionärs, Stuttgart 1987, S. 475
20. Siehe Werth, Sozialismus und Nation, S. 229
21. Adolf Hitler. Reden, Schriften, Anordnungen. Februar 1925 bis Januar 1933. Hg. vom Institut für Zeitgeschichte. (fortan: Hitler. Reden, Schriften, Anordnungen) Bd. II (Vom Weimarer Parteitag bis zur Reichstagswahl, hrsg. und kommentiert von Bärbel Dusik), Teil 2 (August 1927 – Mai 1928), München u.a. 1992, S. 771 f.

Anmerkungen 529

22 Dies wurde von Antifaschisten klarsichtig erkannt. Siehe 25 Punkte. Das Programm der NSDAP, hg. von der Kommunistischen Partei Deutschlands, Berlin 1932, S. 5 und 110

23 Siehe Kurt Pätzold/Manfred Weißbecker (Hg.): Stufen zum Galgen. Lebenswege vor den Nürnberger Urteilen, Leipzig 1996, S. 182 f.

24 Von Hermann Duncker unterzeichnetes Rundschreiben der Abteilung Bildung der KPD an alle Kommunistischen Studentenfraktionen (Kostufras) vom 29.1.1923, in: ThHStA Weimar, Sammlungen F, Nr. 2039, Bl. 82 f.

25 Die Rote Fahne, 23.4.1923

26 Hitler, Mein Kampf, S. 189 ff.

27 Siehe Wolfgang Heise: Aufbruch in die Illusion. Zur Kritik der bürgerlichen Philosophie in Deutschland, Berlin 1964, S. 321 f.

28 Ebenda, S. 324

29 Siehe S. F. Oduev: Auf den Spuren Zarathustras. Der Einfluß Nietzsches auf die bürgerliche deutsche Philosophie, Berlin 1977, S. 17

30 Siehe Manfred Riedel: Nietzsche in Weimar. Ein deutsches Drama, Leipzig 1997; Werner Schubert: Friedrich Nietzsche und seine Nachwelt in Weimar, Leipzig 1997

31 Heinrich von Treitschke: Ein Wort über unser Judenthum. Separatabdruck aus dem 44., 45. und 46. Band der Preußischen Jahrbücher, Berlin 1881

32 Siehe Daniel Frymann (d. i. Heinrich Claß): Wenn ich der Kaiser wär, Leipzig 1912, bes. S. 36 f., 63, 71, 76, 99, 106 und 108

33 Siehe Bruno Hipler: Hitlers Lehrmeister. Karl Haushofer als Vater der NS-Ideologie, St. Ottilien 1996

34 Siehe Joachim Petzold: Konservative Theoretiker des deutschen Faschismus. Jungkonservative Ideologen in der Weimarer Republik als geistige Wegbereiter der faschistischen Diktatur, Berlin 1978, S. 8 f.

35 Ausführlich dazu Pätzold/Weißbecker, Adolf Hitler, S. 103 ff. Siehe auch Christian Zentner (Hg.): Adolf Hitlers „Mein Kampf". Eine kommentierte Auswahl, München 1974

36 Hitler, Mein Kampf, S. 87

37 Ebenda, S. 69, 184 und 351

38 Ebenda, S. 68 ff. und 149

39 Ebenda, S. 329 ff.

40 Ebenda, S. 68 und 316

41 Ebenda, S. 315

42 Ebenda, S. 185

43 Ebenda, S. 186

44 Ebenda, S. 497 f. und 493

45 Ebenda, S. 369

46 Hitlers Zweites Buch. Ein Dokument aus dem Jahre 1928, eingel. und kommentiert von Gerhard L. Weinberg, Stuttgart 1961. Siehe neuerdings Gerhard L. Weinberg, Christian Hartmann, Klaus A. Lankheit (Hg.): Adolf Hitler. Außenpolitische Standortbestimmung nach der Reichstagswahl Juni-Juli 1928. München 1995

47 Hitler, Mein Kampf, S. 736 und 741

48 Ebenda, S. 742

49 Siehe Jochen Thies: Architekt der Weltherrschaft. Die „Endziele" Hitlers, Düsseldorf 1976

50 Siehe Weltherrschaft im Visier. Dokumente zu den Europa- und Weltherrschaftsplänen des deutschen Imperialismus von der Jahrhundertwende bis Mai 1945, hg. u. eingel. von Wolfgang Schumann und Ludwig Nestler unter Mitarbeit von Willibald Gutsche und Wolfgang Ruge, Berlin 1975, S. 15 ff. und passim. (fortan: Weltherrschaft im Visier) Siehe auch Europastrategien des deutschen Kapitals 1900 bis 1945. Hrsg. von Reinhard Opitz, Köln 1977. (fortan: Opitz, Europastrategien)

51 Feder behauptete dennoch, der Faschismus stehe „in schärfster Opposition zu der heutigen Welt des Kapitalismus". An die Stelle dieser „untergehenden Gesellschaft" werde die NSDAP eine „universalistische Gesellschaftsordnung" setzen, in der eine „Bedarfsdeckungswirtschaft" existieren solle. Feder grollte gegen „die Blutsauger von Bank und Börse", die „Börsenpiraten", die „Raubzüge des Finanzkapitals" sowie gegen „mammonistische Herrschaft" und die „Tyrannis des Leihkapitals". Die Banken nannte er „moderne Raubritterburgen". Gottfried Feder: Das Programm der NSDAP und seine weltanschaulichen Grundlagen, München 1932

52 Alfred Rosenberg: Der Mythus des 20. Jahrhunderts. Eine Wertung der seelisch-geistigen Gestaltenkämpfe unserer Zeit, München 1935, S. 21 f.

53 Ebenda, S. 215 f.

54 Siehe Walther Darré: Das Bauerntum als Lebensquell der Nordischen Rasse, München 1929; ders.: Neuadel aus Blut und Boden, München 1930; Joseph Goebbels: Das kleine abc des Nationalsozialisten, Elberfeld 1925; ders.: Die zweite Revolution. Briefe an Zeitgenossen, Zwickau 1926; ders.: Der Nazi-Sozi. Fragen und Antworten für den Nationalsozialisten, Elberfeld 1926; ders.: Wesen und Gestalt des Nationalsozialismus, Berlin 1934; Gregor Strasser: Freiheit und Brot. Ausgewählte Reden und Schriften eines Nationalsozialisten, Teil I: Idee, Berlin 1928; ders.: Hammer und Schwert. Ausgewählte Reden und Schriften eines Nationalsozialisten, Teil II: Kampf, Berlin 1928; Julius Streicher: Kampf dem Weltfeind. Reden aus der Kampfzeit. Gesammelt und bearb. von Heinz Preiß, Nürnberg 1938

55 Siehe Jost Hermand: Der alte Traum vom neuen Reich. Völkische Utopien und Nationalsozialismus, Frankfurt a.M. 1988

56 Diese und die anderen Expertisen der Statistischen Abteilung der Deutschen Reichsbank über die NSDAP befinden sich in: BArch, Abt. R, Deutsche Reichsbank, Handaktensammlung, Nr. 6788

Anmerkungen zu Kapitel 3

1 Siehe Erwin Könnemann: Einwohnerwehren und Zeitfreiwilligenverbände. Ihre Funktion beim Aufbau eines neuen imperialistischen Militärsystems (November 1918 bis 1920), Berlin 1971, S. 155 f.

2 Einen guten Einblick in die Themen und Inhalte der Veranstaltungen bietet die Dokumentation: Hitler. Sämtliche Aufzeichnungen, S. 117-298

3 Franz-Willing, Die Hitlerbewegung, S. 200 und 2 ff.

4 Darauf verwies sehr früh Clara Zetkin: Der Kampf gegen den Faschismus. Bericht auf dem III. Erweiterten Plenum des Exekutivkomitees der Kommunistischen Internationale. 20. Juni 1923. In: Clara Zetkin, Zur Theorie und Taktik der kommunistischen Bewegung, Leipzig 1974, S. 299 f.

5 BayHStA I, Sonderabgabe I, 1486, unpag. Wie schwierig es ist, aus den überlieferten Angaben exakt auf die Zugehörigkeit zu einzelnen Klassen und Schichten zu schlie-

Anmerkungen

ßen, beweist u.a. die Tatsache, daß diese Liste rund 70 unterschiedliche Berufsbezeichnungen enthält. Siehe auch Michael Kater: Zur Soziographie der frühen NSDAP, in: VjZ H. 2/1971, S. 193

6 BayHStA I, Sonderabgabe I, 1486, unpag.
7 Hitler, Mein Kampf, S. 514
8 Zetkin, Der Kampf gegen den Faschismus, S. 325
9 Tyrell, Vom „Trommler" zum „Führer", S. 175 ff. Siehe auch Gilbhardt, Die Thule-Gesellschaft, S. 158 ff.
10 So z.B. Henry Ashby Turner, Jr.: Die Großunternehmer und der Aufstieg Hitlers, Berlin 1985
11 Franz-Willing, Die Hitlerbewegung, S. 182
12 Siehe Georg Franz-Willing: Krisenjahr der Hitlerbewegung 1923, Preußisch-Ohlendorf 1975, S. 22. f.
13 Thomas Trumpp: Zur Finanzierung der NSDAP durch die deutsche Großindustrie. Versuch einer Bilanz. In: Geschichte in Wissenschaft und Unterricht, 32. Jg. (1981), H. 4, S. 225
14 Jens Petersen: Hitler – Mussolini. Die Entstehung der Achse Berlin – Rom 1933 – 1936, Tübingen 1973, S. 14 f.
15 Zit. nach Franz-Willing, Die Hitlerbewegung, S. 100
16 BayHStA/I, Sonderabgabe I, 1475, Bl. 2a und 7
17 Konrad Heiden: Geschichte des Nationalsozialismus, Hamburg 1932, S. 53 f.
18 Wolfgang Ruge: Deutschland von 1917 bis 1933. Lehrbuch der deutschen Geschichte (Beiträge), 3. Aufl., Berlin 1978, S. 176 f.
19 Tyrell, Vom „Trommler" zum „Führer", S. 126 ff.
20 Bei einem gerichtlichen Nachspiel erhielt Hitler Ende 1921 Aktenmaterial von Mayr, einem der „dunklen Hintermänner", zur Verfügung gestellt. Die Justiz nahm es hin, daß Mayr erklärte, es sei ein rein privates Aktenstück gewesen. BayHStA I, Sonderabgabe I, 1475, Bl. 15
21 BayHStA I, Sonderabgabe I, 1475, Bl. 1 und 1a
22 Tyrell, Vom „Trommler" zum „Führer", S. 125 f.
23 Zit. nach Helm Stierlin: Adolf Hitler. Familienperspektiven, Frankfurt,/M. 1975, S. 156
24 Zit. nach Franz-Willing, Die Hitlerbewegung, S. 122 f.
25 Peter Longerich: Die braunen Bataillone. Geschichte der SA, München 1989, S. 21
26 Siehe Bernhard Mahlke: Organisation Consul. In: Lexikon zur Parteiengeschichte, Bd. 3, S. 549 ff.
27 Wirtschaftspolitische Aufbau-Korrespondenz, Nr. 16 vom 21.4.1922, S. 1. In: BArch, Abt. R, NS 26, Nr. 1263
28 Zit. nach Ernst Röhm: Die Geschichte eines Hochverräters, München 1928, S. 144
29 Franz-Willing, Die Hitlerbewegung, S. 217 und 222
30 Siehe Herbert Gottwald: Deutsche Vereinigung. In: Lexikon zur Parteiengeschichte, Bd. 2, S. 404 ff.
31 Faschismus – Bolschewismus – Demokratie. In: Deutsche Wacht. Wochenschrift der Deutschen Vereinigung, Nr. 32 vom 10.12.1922, S. 129
32 Zit. nach Franz-Willing, Die Hitlerbewegung, S. 221
33 Zit. nach Maser, Die Frühgeschichte der NSDAP, S. 356
34 BArch, Abt. R, NS 26, Nr. 1263

35 Am 30.7.1923 berichtete der deutsche Botschafter in Rom, Konstantin Freiherr von Neurath, daß 298 faschistische Organisationen unter den im Ausland lebenden Italienern existieren würden, darunter in München der unter der Leitung von Major Grammacini und Konsul Renzetti agierende Fascio di Monaco (Baveria). BayHStA I, MInn 73566 (unpag.)
36 Zetkin, Der Kampf gegen den Faschismus, S. 292 und 301
37 BayHStA I, Sonderabgabe 1509. Abgedruckt in Tyrell, Führer befiehl ..., S. 47 ff. Da in der Denkschrift vom Sieg der italienischen Faschisten gesprochen wird, ist sie mit Sicherheit erst nach dem 28. 10. 1922 zu datieren.
38 Zit. nach Tyrell, Führer befiehl ..., S. 54
39 Eberhard Czichon: Wer verhalf Hitler zur Macht? Zum Anteil der deutschen Industrie an der Zerstörung der Weimarer Republik, Köln 1967, S. 15
40 Maser, Die Frühgeschichte der NSDAP, S. 396
41 Ebenda, S. 389
42 Ebenda, S. 394
43 Zit. nach Ruge, Deutschland von 1917 bis 1933, S. 218
44 Siehe Macht und Ohnmacht der Weimarer Republik, S. 83 ff.
45 Zit. nach Ernst Deuerlein: Der Hitler-Putsch. Bayerische Dokumente zum 8.19. November 1923, Stuttgart 1962, S. 210
46 Hitler. Sämtliche Aufzeichnungen, S. 1050
47 Zu den einzelnen Aktionen der Putschisten und zum Ablauf der Ereignisse siehe Harold J. Gordon, Jr.: Hitlerputsch 1923. Machtkämpfe in Bayern 1923-1924, Frankfurt a.M. 1971; Hans Hubert Hofmann: Der Hitlerputsch. Krisenjahre deutscher Geschichte 1920-1924, Nymphenburg 1961; Carl Christian Bry: Der Hitler-Putsch. Berichte und Kommentare eines Deutschland-Korrespondenten (1922-1924) für das „Argentinische Tag- und Wochenblatt". Hrsg. von Martin Gregor-Dellin, Nördlingen 1987
48 Hitler äußerte Anfang November 1923 zu Seißer, jetzt müsse etwas geschehen, sonst würden die Mannschaften aus wirtschaftlicher Not ins Lager der Kommunisten getrieben. Siehe Fest, Hitler. Eine Biographie, S. 258
49 BayHStA I, Sonderabgabe I, 1490, Bl. 3
50 Wilhelm Hoegner: Die verratene Republik. Geschichte der deutschen Konterrevolution, München 1958, S. 103

Anmerkungen zu Kapitel 4

1 BayHStA I, Generalstaatskommissar 93, Bl. 27
2 BArch, Abt. R, Sammlung Schumacher, Nr. 374, unpag.
3 Siehe Kurt Finker: Frontbann. In: Lexikon zur Parteiengeschichte, Bd. 3, S. 716 ff.
4 BayHStA I, Generalstaatskommissar 93, Bl. 16. Hervorhebung durch die Vf.
5 Siehe Werner Fritsch: Deutsche Demokratische Partei. In: Lexikon zur Parteiengeschichte Bd. 1, S. 574 ff.
6 Siehe Wolfgang Ruge: Deutsche Volkspartei. In: Lexikon zur Pateiengeschichte, Bd. 2, S. 413 ff.
7 Siehe Wolfgang Ruge: Deutschnationale Volkspartei. In: Ebenda, S. 476 ff.
8 Siehe Bernhard Mahlke: Stahlhelm – Bund der Frontsoldaten. In: Lexikon zur Parteiengeschichte, Bd. 4, S. 145 ff.

# Anmerkungen 533

9 Siehe Kurt Finker: Vereinigte vaterländische Verbände. In: Ebenda, S. 315 ff.
10 Siehe Max Wolkowicz: Arbeitsausschuß Deutscher Verbände. In: Ebenda, Bd. 1, S. 102 ff.
11 Siehe hierzu vor allem Otto Gritschneder: Bewährungsfrist für den Terroristen Adolf H. Der Hitler-Putsch und die bayerische Justiz, München 1990
12 Protokoll der Ministerratssitzung vom 4. 3. 1924. In: BayHStA I, Ministerium des Innern 73699
13 Hans von Hülsen: Zwillings-Seele. Denkwürdigkeiten aus einem Leben zwischen Kunst und Politik, Bd. 1, München 1947, S. 207 ff.
14 Der Hitler-Prozeß vor dem Volksgericht in München, Teil II, München 1924, S. 104
15 In der Sitzung des Geschäftsführenden Ausschusses des ADV vom 31.1. und 1.2.1925 erklärte Claß, er sei der Ansicht, „daß eine solche Sache, die so groß war und jetzt am Boden liege, nicht mehr zum Leben zu erwecken sei, und hält es für ausgeschlossen, daß die hierzu erforderlichen Mittel zusammenkommen." BArch, Abt. R, Alldeutscher Verband, Nr. 138, Bl. 53
16 Siehe Hellmuth Auerbach: Hitlers politische Lehrjahre und die Münchener Gesellschaft 1919-1923, in: VfZ, (1977), H. 1, S. 42; Jürgen Falter, Thomas Lindenberger und Siegfried Schumann: Wahlen und Abstimmungen in der Weimarer Republik. Materialien zum Wahlverhalten 1919-1933, München 1986, S. 91
17 Zu den Kreisen mit dem höchsten Stimmenanteil für die Nationalsozialisten gehörten die fränkischen Städte Ansbach (47%), Neustadt (42%), Coburg (42%), und Weißenburg (41%). Ebenda, S. 133
18 Siehe Jürgen Falter: Hitlers Wähler, München 1991, S. 27
19 Zit nach K. G. W. Luedecke: I knew Hitler. The Story of a Nazi who escaped the Blood Purge, London 1937, S. 217 f.
20 Die berechtigte Frage, weshalb der „Legalitätskurs" der NSDAP zu keinem Zeitpunkt von den höchsten Justizorganen der Weimarer Republik in Frage gestellt wurde, behandelt Klaus Rüffler: Vom Münchener Landfriedensbruch bis zum Mord von Potempa. Der „Legalitätskurs" der NSDAP, Frankfurt a.M. 1994. Er konstatiert auf S. 333: „Die Legalitätsthese, die ursprünglich von der NSDAP zur Rechtfertigung ihres Verhaltens in Verfolgung ihres offiziellen Legalitätskurses entwickelt worden war, fand mangels entgegenstehender Rechtsprechung ihre Anhänger ... Die Legalität der NSDAP in den Jahren 1919 bis 1933 ist lediglich als eine, auf entsprechende Versicherungen, Eide und Schwüre gestützte, politische Propagandataktik zu qualifizieren, die der NSDAP ihr Überleben in der Weimarer Republik sichern sollte. Ein legales Verhalten der NSDAP hat es bis 1933 nicht wirklich gegeben."
21 Siehe Manfred Weißbecker: Deutschvölkische Freiheitspartei. In: Lexikon zur Parteiengeschichte, Bd. 2, S. 550 ff.
22 BayHStA I, Sonderabgabe I, 1481, Bl. 45 f.
23 An seine Stellung im Oktober 1923 anknüpfend, hatte Hitler auch vor dem Gericht am Ende des Prozesses erklärt, es sei lediglich sein Ziel gewesen, „Wegbereiter zu sein der großen deutschen Freiheitsbewegung". Bewußt verschwieg er, daß er in der Nacht des Putsches als „Reichskanzler" zu amtieren vorgegeben hatte.
24 Siehe Heiden, Geschichte des Nationalsozialismus, S. 187
25 Hitler. Reden, Schriften, Anordnungen, Bd. I, (Februar 1925 – Juni 1926), München 1992, S. 7 ff.
26 Dokumente und Materialien, Bd. 8, S. 56
27 Siehe Helga Grebing/Klaus Kinner (Hg.): Arbeiterbewegung und Faschismus. Faschismus-Interpretationen in der europäischen Arbeiterbewegung, Essen 1990; Wolfgang

Pyta: Gegen Hitler und für die Republik. Die Auseinandersetzung der deutschen Sozialdemokratie mit der NSDAP in der Weimarer Republik, Düsseldorf 1989; Michael Ruck: Bollwerk gegen Hitler? Arbeiterschaft, Arbeiterbewegung und die Anfänge des Nationalsozialismus, Köln 1988

28 BArch, Abt. R, NS 1, vorl. Nr. 340, Bl. 91

29 Zit. nach Reinhard Kühnl: Die nationalsozialistische Linke 1925-1930, Meisenheim am Glan 1966, S. 16

30 Zit. nach ebenda, S. 299

31 Joseph Goebbels: Das russische Problem. In: Nationalsozialistische Briefe, Nr. 1/1925. Brief vom 15.11.1925 (unpag.) Dazu und zum folgenden siehe Manfred Weißbecker: „Wenn hier Deutsche wohnten ..." Beharrung und Veränderung im Rußlandbild Hitlers und der NSDAP. In: Das Rußlandbild im Dritten Reich. Hrsg. von Hans-Erich Volkmann, Köln u.a. 1994, S. 19 ff.

32 Gregor Strasser: Zu den außenpolitischen Zielen des Jungdeutschen Ordens. In: Nationalsozialistische Briefe. Brief vom 15.1.1926

33 Joseph Goebbels: Ost-oder West-Orientierung. In: Ebenda

34 Siehe Gerhard Schildt: Die Arbeitsgemeinschaft Nord-West. Untersuchungen zur Geschichte der NSDAP 1925/26, Phil. Diss., Freiburg i. Br. 1964, S. 149 f.

35 Siehe ebenda, S. 149. Schildt schreibt die Äußerung der fragwürdigen Überlieferung Otto Strassers zu. Siehe auch Ralph Georg Reuth: Goebbels, München/Zürich 1990, S. 97

36 Schildt, Die Arbeitsgemeinschaft, S. 151

37 Hitler. Reden, Schriften, Anordnungen, Bd. I, S. 294 ff.

38 Kühnl, Die nationalsozialistische Linke, S. 48 ff.

39 Hitler. Reden, Schriften, Anordnungen, Bd. I, S. 439 ff.

40 Horn (Der Marsch zur Machtergreifung, S. 431) macht darauf aufmerksam, daß jede Autorität in der NSDAP eine „abgeleitete" gewesen ist und daher zu ihrer Rechtfertigung und Stabilisierung „immer wieder neuer Impulse, das heißt der kontinuierlichen Bestätigung durch den 'Führer'" bedurfte.

41 Hitler. Reden, Schriften, Anordnungen. Bd. II, Teil 1 (Juli 1926 – Juli 1927), München 1992, S. 7 ff.

42 Ebenda, S. 297 ff. Siehe auch Werner Jochmann: Im Kampf um die Macht. Hitlers Rede vor dem Hamburger Nationalklub von 1919, Frankfurt a.M. 1960; Kurt Gossweiler: Hitler und das Kapital 1925-1928. In: ders., Aufsätze zum Faschismus. Mit einem Vorwort von Rolf Richter, Berlin 1986, S. 466 ff. Gossweiler kennzeichnet hier (S. 468) Hitlers Vortrag als eine „Modellrede".

43 Hervorhebung durch die Vf.

44 Siehe ders., Faschismus und Arbeiterklasse. In: Faschismusforschung. Positionen, Probleme, Polemik. Hg. von Dietrich Eichholtz und Kurt Gossweiler, Berlin 1980, S. 118

45 Siehe Dirk Stegmann: Zum Verhältnis von Großindustrie und Nationalsozialismus 1930-1933. Ein Beitrag zur Geschichte der sog. Machtergreifung. In: Archiv für Sozialgeschichte, Bd. XIII (1973), S. 413. Der Vf. setzt sich hier auch kritisch-empirisch auseinander mit Henry Ashby Turner, Jr.: Faschismus und Kapitalismus in Deutschland. Studien zum Verhältnis von Nationalsozialismus und Wirtschaft, Göttingen 1972. Zu Turners Buch (Die Großunternehmer und der Aufstieg Hitlers, Berlin 1985) siehe die Rezension von Jürgen John/Manfred Weißbecker in: Deutsche Literaturzeitung, H. 5-6/1987, Sp. 437 ff.

46 Henry Ashby Turner, Jr.: Hitlers geheime Broschüre für Industrielle, 1927. In: ders.: Faschismus und Kapitalismus in Deutschland, S. 33 ff.

Anmerkungen 535

47 Zit. nach Hitler. Reden, Schriften, Anordnungen, Bd. II, Teil 2 (August 1927-Mai 1928), S. 501 ff. Hervorhebung durch die Vf.

48 So urteilte L. Alfred: Die organisatorische Struktur der nationalsozialistischen Bewegung und ihre Methoden des Eindringens in die Massen. In: Die Kommunistische Internationale, 1931, S. 532

49 Zu den erheblichen Wirkungsmöglichkeiten der Gauleitungen siehe u.a. Hanna Behrend: Die Beziehungen zwischen der NSDAP-Zentrale und dem Gauverband Süd-Hannover-Braunschweig 1921-1933. Ein Beitrag zur Führungsstruktur der nationalsozialistischen Partei, Frankfurt a.M./Bern 1981, S. 266

50 Siehe Wolfgang Schäfer: NSDAP. Entwicklung und Struktur der Staatspartei des Dritten Reiches, Hannover und Frankfurt a.M. 1956, S. 11

51 Völkischer Beobachter, 21./22.8.1927

52 Nach einer statistischen Übersicht über die Berufszugehörigkeit der neu eingetretenen NSDAP-Mitglieder galten als Landwirte: 1925 = 5,5 %, 1926 = 8,7 %, 1927 = 6,9 %, 1928 = 13,2 %, 1929 = 16,0 % und 1930 = 15,5 %. In: BArch, Abt. R, Sammlung Schumacher, 376

53 Siehe Joachim Bons: Nationalsozialismus und Arbeiterfrage. Zu den Motiven, Inhalten und Wirkungsgründen nationalsozialistischer Arbeiterpolitik vor 1933, Pfaffenweiler 1995, S. 274 ff.

54 Siehe Tyrell, Führer befiehl ..., S. 352

55 Siehe Michael Kater: Sozialer Wandel in der NSDAP im Zuge der nationalsozialistischen Machtergreifung. In: Faschismus als soziale Bewegung. Deutschland und Italien im Vergleich. Hg. von Wolfgang Schieder, Hamburg 1976. S. 30; siehe auch Tyrell, Führer befiehl ..., S. 379 f., und Bildtafel VI/VII

56 Peter Manstein: Die Mitglieder und Wähler der NSDAP 1919-1933. Untersuchungen zu ihrer schichtmäßigen Zusammensetzung, Frankfurt a.M. 1988, S. 199

57 So urteilten Jürgen Falter/Michael H. Kater: Wähler und Mitglieder der NSDAP, S. 155

58 Kater, Zur Soziographie der frühen NSDAP. Neue Forschungsergebnisse zur Soziographie des Nationalsozialismus 1925 bis 1933. In: Geschichte und Gesellschaft, H. 2/ 1993, S. 159

59 Peter Merkl: Political Violence under the Swastika, Princeton/New Jersey 1975, S. 66 f.; Christoph Schmidt: Zu den Motiven „alter Kämpfer" in der NSDAP. In: Die Reihen fest geschlossen. Beiträge zur Geschichte des Alltags unterm Hakenkreuz. Hg. von Detlev Peukert und Jürgen Reulecke unter Mitarbeit von Adelheid Gräfin zu Castell Rüdenhausen, Wuppertal 1981, S. 26 f. Schmidt verweist zugleich (S. 39) auf die Tatsache, daß um die Jahreswende 1935/36 zahlreiche „alte Kämpfer", die zwischen 1925 und 1928 der Partei beigetreten waren, aus Enttäuschung und dem Gefühl, nach 1933 zurückgesetzt worden zu sein, sich nicht mehr für die NSDAP aktiv betätigten.

60 Schmidt, Zu den Motiven, S. 21

61 Stellungnahme zu einem Antrag Heinemanns an den Parteitag 1927. In: BArch, Abt. R, NS 26, vorl. Nr. 390

62 Zit. nach Tyrell, Führer befiehl ..., S. 294 f.

63 Ebenda, S. 127

64 Die Tagebücher von Joseph Goebbels. Teil 1 (1924-1941). Hg. von Elke Fröhlich im Auftrag des Instituts für Zeitgeschichte und in Verbindung mit dem Bundesarchiv, München 1987, Bd. 1, S. 226 (21.5.1928)

65 Siehe Rainer Zitelmann: Adolf Hitler. Eine politische Biographie, Göttingen und Zürich 1989, S. 53 ff.

66 Tyrell, Führer befiehl ..., S. 382 f.

Anmerkungen zu Kapitel 5

1. Die Rote Fahne, 24. Juli 1930
2. George W. F. Hallgarten/Joachim Radkau: Deutsche Industrie und Politik von Bismarck bis in die Gegenwart, Reinbek 1981, S. 189
3. Rundschreiben der NSDAP-Gauleitung Ostpreußen vom 28. Juli 1929 und Rundschreiben Nr. 21 der NSDAP-Gauleitung Schleswig-Holstein. In: GeStA Berlin, Rep. 77, Tit. 4043, Nr. 296, Bl. 174 f. und Bl. 540
4. Mitteilungen der DNVP-Zentrale vom August 1930. In: BArch, Abt. R, DNVP, Nr. 393, Bl. 21 ff.
5. So die NSDAP im Urteil von Jakob Wilhelm Reichert, Hauptgeschäftsführer des Vereins Deutscher Eisen- und Stahlindustrieller, vom September 1930. Zit. nach Ursachen und Folgen. Vom deutschen Zusammenbruch 1918 und 1945 bis zur staatlichen Neuordnung Deutschlands in der Gegenwart. Eine Urkunden- und Dokumentensammlung, hg. von Herbert Michaelis und Ernst Schraepler, Bd. 7, Berlin o. J., S. 358 (fortan: Ursachen und Folgen), und Moritz Klönne (zit. nach Deutsche Allgemeine Zeitung, 4. 12. 1929)
6. Gerhard Neuber: Faschismus in Berlin. Entwicklung und Wirken der NSDAP und ihrer Organisationen in der Reichshauptstadt 1920-1934, Phil. Diss. Humboldt-Universität Berlin, 1976, S. 106 f.
7. Nationalsozialistische Monatshefte, April 1930, Heft 1. Zit. nach Staat und NSDAP 1930-1932. Quellen zur Ära Brüning. Eingeleitet von Gerhard Schulz. Bearbeitet von Ilse Maurer und Udo Wengst, Düsseldorf 1977, S. 28 (fortan: Ära Brüning)
8. Vorträge auf der deutschen Nachrichtenkonferenz in Berlin über die Entwicklung der Nationalsozialistischen Deutschen Arbeiterpartei am 28./29,. April 1930. In: Ära Brüning, S. 13 ff., hier S. 44. Während der Konferenz befaßten sich übrigens drei Referate mit der KPD und zwei mit der NSDAP.
9. Ebenda, S. 35
10. Ebenda, S. 45
11. Veröffentlichungen des Reichsverbandes der deutschen Industrie (Berlin) 1930, Nr.50, S. 37f., 41
12. Nationalsozialistische Briefe, 23.6.1929
13. BArch, Abt. R, Reichsinnenministerium, Nr. 26 065, Bl. 4
14. Schreiben vom 17.7.1929. In: Ebenda, Bl. 2
15. Der Angriff, 26.1.1930
16. Verhandlungen des Deutschen Reichstages, Bd. 427, S. 4386
17. Völkischer Beobachter, 19.6.1930. Zum Verlauf des Prozesses siehe Erich Landsberg: Der Richter von Schweidnitz. In: Die Weltbühne, 31.12.1929
18. Völkischer Beobachter, 15.1.1930
19. Ära Brüning, S. 84 und Dietfrid Krause-Vilmar (Hg.): Lehrerschaft, Republik und Faschismus 1918-1933, Köln 1978, S. 223 u. 243 f.
20. So im Aufruf „Die Sozialisten verlassen die NSDAP" vom 4. Juli 1930. Zit. nach Reinhard Kühnl; Der deutsche Faschismus in Quellen und Dokumenten, Köln 1979, S. 126 (fortan: Kühnl, Quellen)
21. Der nationale Sozialist, 12.4.1930; Schleswig-Holsteinische Tageszeitung, 8.4.1930; Der Angriff, 6.4.1930
22. Ernst Thälmann: Reden und Aufsätze zur Geschichte der deutschen Arbeiterbewe-

Anmerkungen

gung, Bd. II. Auswahl aus den Jahren November 1928-September 1930, Berlin 1956, S. 475

23 Völkischer Beobachter, 25./26.5.1930
24 Zit. nach Ursachen und Folgen, Bd. 8, S. 328
25 Turner, Jr.: Faschismus und Kapitalismus, S. 106, Anm. 41
26 Propaganda-Rundschreiben Nr. 16 der NSDAP-Gauleitung Groß-Berlin. In: BArch, Abt. R, Reichsinnenministerium, Nr. 26 605, Bl. 306
27 Zit. nach Kühnl, Quellen, S. 84
28 Ära Brüning, S. 131
29 John W. Wheeler-Bennett: Die Nemesis der Macht, Düsseldorf 1959, S. 248
30 Referenten-Denkschrift des Preußischen Innenministeriums. Zit. nach Ursachen und Folgen, Bd. 8, S. 328
31 Der nationale Sozialist, 4.7.1930
32 Zit. nach Das Daimler-Benz Buch. Ein Rüstungskonzern im „Tausendjährigen Reich", Hg. Hamburger Stiftung für Sozialgeschichte des 20. Jahrhunderts, Nördlingen 1987, S. 115
33 Zit. nach Joachim Petzold: Die Demagogie des Hitlerfaschismus, Berlin 1982, S. 330. Dort der gesamte Text des mehrstrophigen Gedichts, das die Überschrift „Appell an die SA-Kameraden" trug und in einer hektographierten Zeitung mit dem Namen „Der Freiheitskämpfer" gedruckt worden war.
34 Rede von Joseph Goebbels, gehalten am 1.7.1930 auf der Generalversammlung des NSDAP-Gaus Berlin. In: Der Angriff, 3.7.1930
35 Der Angriff, 6.7./17.7.1930
36 Thälmann, Reden und Aufsätze, S. 465
37 Ebenda, S. 484
38 Ebenda, S. 478
39 Ebenda, S. 520
40 Revolutionäre deutsche Parteiprogramme. Vom Kommunistischen Manifest zum Programm des Sozialismus. Hg. und eingel. von Lothar Berthold und Ernst Diehl, Berlin 1965, S. 122 und 124
41 Protokoll der Verhandlungen des Parteitages der Sozialdemokratischen Partei in Leipzig (31. Mai - 5. Juni 1931), Berlin 1931, S. 19
42 Ära Brüning, S. 70
43 Horst Matzerath/Henry Ashby Turner, Jr.: Die Selbstfinanzierung der NSDAP 1930-1932. In: Geschichte und Gesellschaft, 3. Jg., H. 1/1977, S. 65
44 Zit. nach Heinrich A. Winkler: Unternehmerverbände zwischen Ständeideologie und Nationalsozialismus. In: VfZ, 17. Jg., H. 4/1969, S. 367
45 Faksimile der Einladung für den 3.3.1931. In: Katalog zur Ausstellung „1933 - Wege zur Diktatur". Hg. Staatliche Kunsthalle Berlin und Neue Gesellschaft für bildende Kunst, Berlin 1983, S. 175
46 Schreiben Schulenburgs an Schleicher vom 21.9.1930. Zit. nach Volker Hentschel: Weimars letzte Monate. Hitler und der Untergang der Republik, Düsseldorf 1978, S. 35
47 Völkischer Beobachter, 18.9.1930
48 Sein Artikel trug die Überschrift „An die Gewehre!". In: Der Angriff, 20.7.1930
49 Ebenda, 18. 9./28.9.1930
50 Völkischer Beobachter, 19.9.1930

51 Zit. nach Schultheß' Europäischer Geschichtskalender, 1930, München 1931, S. 199 (fortan: Schultheß)
52 Wilhelm Pieck: Reden und Aufsätze. Auswahl aus den Jahren 1908 bis 1950, Bd. I, Berlin 1950, S. 127
53 BArch, Abt. R, Reichsinnenministerium, Nr. 25 065, Bl. 231
54 Heinrich Brüning: Memoiren 1918-1934, Stuttgart 1970, S. 191 f.
55 Reichsministerbesprechung am 30. Oktober 1930. In: BArch, Abt. R, R 43 I/1447. Siehe auch Ära Brüning, S. XXXVI
56 Adolf Hitlers Antwort an Gustave Herve. Zit. nach Schultheß, 1930, S. 217 ff.
57 OMGUS. Ermittlungen gegen die Dresdner Bank – 1946 -. Bearbeitet von der Hamburger Stiftung für Sozialgeschichte des 20. Jahrhunderts, Nördlingen 1986, S. XIV
58 Zit. nach Schultheß, 1930, Ebenda, S. 239 ff.
59 OMGUS. Ermittlungen gegen die Dresdner Bank, S. XV
60 Der Prozeß gegen die Hauptkriegsverbrecher vor dem internationalen Militärgerichtshof, Nürnberg 14.11.1945 - 2.10.1946 (Amtlicher Text in deutscher Sprache) 42. Bde. (fortan IMG), Bd. IX, S. 277
61 Protokoll der Vernehmung Schachts durch amerikanische Untersuchungsbehörden am 20. Juli 1945. In: Czichon, Wer verhalf Hiler zur Macht? S. 59 f.
62 Louis P. Lochner: Die Mächtigen und der Tyrann, Darmstadt 1955, S. 124
63 Dorothy Thompson: Kassandra spricht. Antifaschistische Publizistik 1932-1942, Leipzig 1988, S. 46
64 So auch die Experten in der Volkswirtschaftlichen Abteilung der Reichsbank in ihrer ersten Analyse der NSDAP und ihrer wirtschaftspolitischen Programmatik, die vom 25.9.1930 stammt, also unter dem Eindruck des Wahlergebnisses zusammengestellt worden war. Zit. nach Heinz Habedank: Die Reichsbank in der Weimarer Republik. Zu der Rolle der Zentralbank in der Politik des deutschen Imperialismus 1919-1933, Berlin 1981, S. 197
65 Die Ausarbeitung aus der Volkswirtschaftlichen Abteilung der Reichsbank trägt das Datum 15. 11. 1930. Zit. nach ebenda, S. 197 f.
66 Völkischer Beobachter, 30.12.1930. Bejahend hatten die Umfrage u.a. Generaloberst Hans von Seeckt, Hjalmar Schacht und der deutschnationale Großgrundbesitzer Elard von Oldenburg-Januschau beantwortet.
67 GeStA Berlin, Rep. 77, Tit. 4043, Nr. 283, Bl. 180
68 Berliner Börsen-Zeitung, 11.11.1930
69 Ebenda, 15.11.1930
70 Peter Bucher: Der Reichswehrprozeß. Der Hochverrat der Ulmer Reichswehroffiziere 1929/30, Boppard 1967, S. 262 f.
71 Verhandlungen des Deutschen Reichstages, Bd. 444, S. 874 f.
72 So nach einer Niederschrift des Ministerialrats Pritsch über die Besprechung am 19.2.1932. In: Ära Brüning, S. 185
73 Dieter Kolbe: Reichsgerichtspräsident Dr. Erwin Bumke. Studien zum Niedergang des Reichsgerichts und der deutschen Rechtspflege, Karlsruhe 1975, S. 93 f.
74 Zu weiteren Einzelheiten siehe Thomas Hanna-Daoud: Die NSDAP und der Film bis zur Machtergreifung, Köln 1996, S. 23 ff.
75 Schreiben Wilhelm Groeners an Reichskanzler Brüning vom 10.11.1930. In: Ära Brüning, S. 170
76 So nach Aufzeichnungen des Generalmajors Curt Liebmann über die Besprechung

Anmerkungen 539

vom 25.10.1930 im Reichswehrministerium, die sich eigens mit der Lage nach dem Leipziger Hochverratsprozeß beschäftigte. In: Ära Brüning, S. 166

77 So wiederum nach Aufzeichnungen des Generalmajors Curt Liebmann von einer Ansprache Hammersteins vor Offizieren des Gruppenkommandos 2 (Kassel) am 24.4.1931. In: Ära Brüning, S. 194

Anmerkungen zu Kapitel 6

1 Völkischer Beobachter, 18.2.1931
2 Völkischer Beobachter, 1.4.1931
3 Den Begleitbrief an Paul von Hindenburg und Wilhelm Groener hatte Otto Wels, der Parteivorsitzende der SPD, im Namen einer „Terrorabwehrstelle beim Parteivorstand der SPD" am 22.12.1931 unterzeichnet.
4 Siehe auch: BArch, Abt. R., Reichsinnenministerium, Nr. 26067, Bl. 17ff.
5 Der Angriff, 11.5.1931
6 Deutsche Allgemeine Zeitung, 2.4.1931 und Ursachen und Folgen, Bd. 7, S 398 f.
7 Der Angriff, 22.4.1931
8 Schreiben Max Schlenkers an Paul Reusch vom 7.1.1932. Zit. nach Petzold, Die Demagogie des Hitlerfaschismus, S. 317
9 Czichon, Wer verhalf Hitler zur Macht? S. 48
10 Gregor Strasser: Der letzte Abwehrkampf des Systems. Artikelserie im Völkischen Beobachter, 3./4.10., 12.5.1931
11 Der Angriff, 9.11.1931
12 Martin Broszat: Der Staat Hitlers. Grundlegung und Entwicklung seiner inneren Verfassung, München 1978, S. 50
13 Rundschreiben des Gauleiters des NSDAP-Gaus Ostmark für die Monate Juli, September, Oktober, Dezember 1930. In: BArch, Abt. R, Reichsinnenministerium, Nr. 26 066, Bl. 289 ff.
14 Illustrierter Beobachter, 31.1.1931
15 Völkischer Beobachter, 6.5.1931
16 Völkischer Beobachter, 22.10.1930
17 Stellungnahme zu einem Antrag des NSDAP-Gaus Schleswig-Holstein, abgedruckt in Tyrell: Führer befiehl ..., S. 296
18 Völkischer Beobachter, 15./16.11.1931
19 Brief des NSDAP-Kreisleiters in Neuß a. Rh., Wilhelm Börger, an Gregor Strasser vom 16. April 1931. Börger beklagte, daß es schwierig sei, die Fragen der „Herren von der Industrie" zu beantworten. Strasser antwortete am 6.5.1931. Beide Briefe in Tyrell, Führer befiehl ..., S. 303
20 Rundschreiben der NSDAP-Gauleitung Rheinland vom 21.2.1931. In: BArch, Abt. R., Reichsinnenministerium, Nr. 26 066, Bl. 364
21 SA-Tagesbefehl vom 29.8.1930. Zit. nach Heinrich Bennecke: Hitler und die SA, München 1962, S. 251
22 Ebenda, S. 252
23 Bericht des Oberpräsidenten der Provinz Sachsen vom 5.7.1931 bzw. vom 7.7.1931. In: BArch, Abt. R, Reichsinnenministerium, Nr. 26 067, Bl. 101 f.

24 Kurt Tucholsky: Die deutsche Pest. In: Ausgewählte Werke, Bd. 6, S. 217
25 Schreiben Rudolf Breitscheids an Herbert von Dirksen, 13.4.1931. Zit. nach Wolfgang Ruge: Weimar -Republik auf Zeit, Berlin 1969, S. 270
26 Ted Harrison: „Alte Kämpfer" im Widerstand. Graf Helldorff, die NS-Bewegung und die Opposition gegen Hitler. In: VfZ, 45. Jg., H. 3/1997, Heft 3, S. 391 ff.
27 BArch, Abt. R, Reichsinnenministerium, Nr. 26 065, Bl. 16
28 Völkischer Beobachter, 17.10.1930; Der Angriff, 19.10.1930
29 Für Ende 1932 wurde die Mitgliederzahl mit 258.210 angegeben, Berliner Börsen-Zeitung, 2.9.1937
30 Im Preußischen Innenministerium angefertigter Vermerk, der sich auf das Rundschreiben des NSDAP-Gaus Köln-Aachen vom 1.10.1932 bezieht. In: GeStA Berlin, Rep. 77, Tit. 4043, Nr. 295, Bl. 193
31 Verordnungsblatt der Reichsleitung der NSDAP, 27.7.1931
32 Der Angriff, 6.5.1931
33 BArch, Abt. R, Reichsinnenministerium, Nr. 26 067, Bl. 109
34 Der Angriff, 5.3.1931
35 Zit. nach Lexikon zur Parteiengeschichte, Bd. 3, Leipzig 1985, S. 487
36 StA Potsdam, Herrschaft Boitzenburg, Pr. Br. Rep. 37, Bl. 20f., mit der Niederschrift, die Hitlers Gesprächspartner über die Unterhaltung anfertigte, um sein Resümee zu Werbezwecken an deutschnationale Großagrarier zu versenden.
37 Kurt Gossweiler, A. Schlicht: Junker und NSDAP 1931-1932. ZfG, H. 4/1967, S. 655
38 Bericht von J. W. Reichert über die Veranstaltung vom 16.10.1931 und den Begleitbrief an Friedrich Flick vom 21.10.1931. In: Fall 5. Anklageplädoyer, ausgewählte Dokumente, Urteil des Flick-Prozesses. Hg. von Karl-Heinz Thieleke, eingeleitet von Klaus Drobisch, Berlin 1965, S. 292 f.
39 Rundschreiben des NSDAP-Gauleiters von Ost-Hannover, Telschow, an sämtliche Kreisleiter vom 28.7.1931. Zit. nach Ursachen und Folgen, Bd. 8, S. 354
40 Schreiben der Kanzlei Adolf Hitlers an den Bundesvorsitzenden des Stahlhelm Franz Seldte vom 13.3.1931. In: BArch, Abt. R, Stahlhelm, Nr. 301, Bl. 162
41 Aufruf Adolf Hitlers vom 8.4.1931, in: Völkischer Beobachter, 11. 4. 1931
42 Bericht über die Rede von Joseph Goebbels auf dem NSDAP-Gautag in Berlin am 4.3.1931. In: GeStA Berlin, Rep. 77, Tit. 4043, Nr. 10, Bl. 119
43 Der Angriff, 11.8.1931
44 Völkischer Beobachter, 11.8.1931
45 Polizeibericht über eine Rede Loepelmanns am 12.8.1931. In: GeStA Berlin, Rep. 77, Tit. 4043, Nr. 302, Bl. 223
46 Ebenda
47 Schreiben des Preußischen Ministers des Innern an den Reichsminister des Innern vom 21.7.1931. BArch, Abt. R, Reichsinnenministerium, Nr. 26 067, Bl. 156 f.
48 Der Angriff, 15.7.1931
49 Kommuniqué der DNVP-Pressestelle Über die Parteiführerzusammenkunft. Zit. nach Vorwärts, 11.7.1931
50 Der Angriff, 8.9.1931
51 Schreiben Gregor Strassers an Ernst Schlange vom 12.9.1931. Zit. nach Tyrell, Führer befiehlt..., S. 343 ff.
52 Niedersächsischer Beobachter, 3.10.1931

Anmerkungen 541

53 BArch, Abt. R, Reichsinnenministerium, Nr. 26 067, Bl. 302
54 Das Schreiben Cunos an Hindenburg vom 5.10.1931 ist abgedruckt bei Fritz Klein: Zur Vorbereitung der faschistischen Diktatur durch die deutsche Großbourgeoisie 1929-1932. In: ZfG, H. 6/1953, S. 897
55 Zit. nach Otto Köhler: ... und heute die ganze Welt. Die Geschichte der IG-Farben und ihrer Väter, Hamburg 1986, S. 202. Diese Worte waren nicht unbedingt auf Hitler gemünzt – auch Brüning gehörte zu der apostrophierten Generation –, aber sie schlossen jedenfalls den NSDAP-Führer nicht aus.
56 Schultheß, 1931, S. 224
57 Deutscher Geschichtskalender. Begr. von Karl Wippermann, hrsg. von Friedrich Purlitz und Siegfried H. Steinberg, 47. Jg. (Januar - Dezember 1931, Abt. A: Inland), Leipzig (1932), S. 461 f.
58 Zit. nach Werner Jochmann: Nationalsozialismus und Revolution. Ursprung und Geschichte der NSDAP in Hamburg 1922-1933. Dokumente, Frankfurt a.M. 1963, S. 349
59 Der Brief Hitlers an Groener datiert vom 14.11.1931. In: Ära Brüning, S. 213
60 Joseph Goebbels: Von Harzburg nach Braunschweig. In: Der Angriff, 21.10.1931
61 Polizeibericht über die Versammlung vom 24.11.1931. In: GeStA Berlin, Rep. 77, Tit. 4043, Nr. 302, Bl. 227 f.
62 Zu den Einzelheiten des Verrats, der einen Racheakt darstellte, siehe Ulrich Herbert: Werner Best. Biographische Studien über Radikalismus, Weltanschauung und Vernunft, 1903-1989, Bonn 1996, S. 115
63 Berliner Lokalanzeiger, 27.11.1931
64 Der Angriff, 28.11.1931
65 BArch, Abt. R, Reichsinnenministerium, Nr. 26 067, Bl. 423
66 Herbert, Best, S. 129 f.
67 Hentschel, Weimars letzte Monate, S. 39
68 Auf dem „Boxheimer Hof" planten sie den Umsturz. In: „tat", Nr. 48, 27.10.1981
69 Völkischer Beobachter, 1./2.1.1931
70 Völkischer Beobachter, Sondernummer 23 (März 1932)
71 Verfügung Adolf Hitlers vom 21.10.1931. In: Völkischer Beobachter, 27.10.193
72 Dienstanweisung Adolf Hitlers vom 12.12.1931 (Verordnungsblatt der Reichsleitung der NSDAP vom 17.12.1931) In: BArch, Abt. R, Reichsinnenministerium, Nr. 26 067, Bl. 406 a
73 Völkischer Beobachter, 1./2.11.1931
74 Probleme des Machtkampfes. Überlegene Taktik sichert den Sieg. In: Vorwärts, 3.12.1931

Anmerkungen zu Kapitel 7

1 Völkischer Beobachter, 3./4.1.1932
2 Ära Brüning, S. 210. Über das Treffen war auch in der Presse berichtet worden.
3 Ära Brüning, S. 270 ff.
4 Wolfgang Ruge: Hindenburg. Porträt eines Militaristen, Berlin 1974, S. 408
5 Zit. nach ebenda
6 Turner, Jr., Faschismus und Kapitalismus, S. 138

7 Daran war einzig wahr, daß ihm eine Rundfunkrede versagt wurde. Hitler „Mein Programm", d.i. eine ebenso vielseitige wie nichtssagende Darstellung seiner Ziele, die von der NS-Pressekonferenz am 2.4.1932 für die zweite Phase des Wahlkampfes an die Parteizeitungen mit der Auflage ausgesendet wurde, sie einheitlich am 5.4. zu veröffentlichen. Das Zitat in Hitler. Reden, Schriften, Anordnungen, Bd. V, Teil I, München 1986, S. 14

8 Broszat, Der Staat Hitlers, S. 70 f.

9 Schreiben von Karl Haniel an Gustav Krupp von Bohlen und Hallbach, 20.1.1932. Zit. nach Trumpp, Zur Finanzierung der NSDAP durch die deutsche Großindustrie, S. 229 ff.

10 Adolf Hitler: Vortrag vor westdeutschen Wirtschaftlern im Industrie-Klub zu Düsseldorf am 27. Januar 1932, München o. J., S. 31

11 Turner, Jr.: Faschismus und Kapitalismus, S. 139

12 GeStA Berlin, Rep. 77, Tit. 4043, Nr. 302, Bl. 230 f.

13 Ebenda, Nr. 295, Bl. 183 f.

14 Schreiben des Oberpräsidenten der Rheinprovinz an den Preußischen Minister des Innern vom 10.2.1932. In: Ebenda, Nr. 295, Bl. 141

15 Die Weltbühne, 1932, II, S. 674

16 Peter Graßmann im „Vorwärts", 20.7.1930. Zit. nach Josef Schleifstein: Die „Sozialfaschimus-These". Zu ihrem geschichtlichen Hintergrund, Frankfurt/M. 1980, S. 59

17 Friedrich Stampfer im „Vorwärts", 3.12.1931

18 GeStA Berlin, Rep. 77, Tit. 4043, Nr. 299, Bl. 625 f.

19 Verordnungsblatt der Obersten SA-Führung, 1. Jg., Nr. 5. In: Ebenda, Rep. 77, Tit. 4043, Nr. 326, Bl, 15

20 Zu Hitlers langem Schwanken vordem siehe Dietrich Orlow: The History of The Nazi Party, Volume I 1919-1933, Newton Abbot 1969, 245 ff.

21 Manfred Overesch: Die Einbürgerung Hitlers 1930. In: VfZ, 40 Jg., H.4/1992, S. 543 ff.

22 Carl von Ossietzky: Gang eins. In: Die Weltbühne, 1.3.1933. Zit. nach Sämtliche Schriften, Bd. VI: 1931-1933. Hg. von Gerhard Kraiker, Gunther Nickel u.a., Reinbek 1994, S. 326

23 GeStA Berlin, Rep. 77, Tit. 4043, Nr. 301, Bl. 233

24 Redner-Information Nr. 1/1932 (15.2.1932), hrsg. von der NSDAP- Reichspropagandaleitung. In: Ebenda, Rep. 77, Tit. 4043, Bl. 195 ff.

25 Monatliches Rundschreiben 2/32. In: GeSTA Berlin, Rep. 77, Tit. 4043, Bl. 205

26 So in einer Rede vom 7.3.1932. Zit. nach Adolf Hitler in Franken, o. O., o. J., S. 179

27 So u.a. in einer Rede in Würzburg am 6.4.1932 in der zweiten Phase des Wahlkampfes. In: Hitler. Reden, Schriften, Anordnungen, Bd. V, Teil I, München 1986, S. 34

28 Orlow, History of the Nazi Party, Volume 1, S. 250

29 Rundschreiben Nr. 3 der NSDAP-Gauleitung Westfalen-Süd (15.3.1932). In: GeStA Berlin, Rep. 77, Tit. 4043, Nr. 301, Bl. 214

30 Rundschreiben Nr. 4 der NSDAP-Gauleitung Westfalen-Süd (24.3.1932). In: Ebenda, Bl. 217

31 Rundschreiben Nr. 5 der NSDAP-Gauleitung Westfalen-Süd (1.4.1932). In: Ebenda, Bl. 218 f.

32 Sonderanordnung vom 24.3.1932. In: Ebenda, Bl. 224

33 Rundschreiben Nr. 3 der Gauleitung Westfalen-Süd (15.3.1932). In: Ebenda, Bl. 214

Anmerkungen

34 Zit. nach Eiserne Front gegen die Gefahr des Faschismus. In: „tat", Nr. 51, 18.12.1981
35 Völkischer Beobachter, 26.4.1932
36 Völkischer Beobachter, 4.5.1932
37 Hessische Volkswacht, 7./8.5.1932
38 Schreiben Groeners an Brüning vom 10.4.1932. In: Ära Brüning, S. 313
39 Hitler. Reden, Schriften, Anordnungen, Bd. V, Teil I, München 1986, S. 54
40 Bericht des Preuß. Ministers des Innern an den Reichsminister des Innern vom 20.4.1932 sowie Mitteilung der amtlichen Pressestelle im Bayerischen Staatsministerium des Äußern vom 21.4.1932. In: Ära Brüning, S. 318 f.
41 Auch Groener hatte in einem privaten Brief vom 2.4.1932 geäußert, es sei „am besten, die sogenannte Eiserne Front gleich" mit zu verbieten. In: Ära Brüning, S. 307
42 Brief des ehem. Kronprinzen Wilhelm an Groener vom 14.4.1932. In: Ära Brüning, S. 317 f.
43 Hans Rall: Wilhelm II. Eine Biographie, Graz 1995, S. 373
44 Hentschel, Weimars letzte Monate, S. 46
45 Brief Wilhelm Kissels an Jakob Werlin, München vom 18.5.1931 und von Hitler an Wilhelm Kissel vom 13.5.1932. Zit. nach Roth/Schmid, Die Daimler-Benz AG 1916-1948, Dok. 39 b, S. 121, und Anm. 1 zu Dok. 39 b, S. 418
46 Dazu im einzelnen Czichon: Wer verhalf Hitler zur Macht? S. 24 ff.
47 Deutsche Allgemeine Zeitung, 29.9.1930 und Ruge, Republik auf Zeit, S. 258
48 Helfferich zufolge handelt es sich um den Text einer Notiz von Kranefuß. Er zitiert sie in seinen apologetischen Erinnerungen. Siehe Emil Helfferich: 1932-1946. Tatsachen. Ein Beitrag zur Wahrheitsfindung, Jever 1969, S. 10
49 Näheres bei Petzold, Die Demagogie des Hitlerfaschismus, S. 317 f.
50 Zit. nach ebenda, S. 320
51 Avraham Barkai: Sozialdarwinismus und Antiliberalismus im nationalsozialistischen Wirtschaftskonzept. Zu Henry A. Turner Jr. „Hitlers Einstellung zur Wirtschaft". In: Geschichte und Gesellschaft, 3. Jg. 1977, S. 417. Danach arbeiteten Feder und Funk an einem Wirtschaftlichen Aufbauprogramm. Siehe auch Gottfried Feder: Kampf gegen die Hochfinanz, München 1934
52 Turner Jr., Faschismus und Kapitalismus S. 18, Anm. 25
53 Zit. nach Joachim Petzold: Monopole – Mittelstand – NSDAP. Zu ideologischen Auseinandersetzungen zwischen den Interessenvertretern des Mittelstandes und des Monopolkapitals in der faschistischen Partei 1932. In: ZfG, H. 9/1980, S. 874 f.
54 Reinhard Vogelsang: Der Freundeskreis Himmler, Göttingen 1972, S.24 ff. und 157
55 Rundfunkrede Papens vom 20.7.1932. In: Schultheß, 1932, S. 122.
56 Die Weltbühne, 16.8.1932
57 VB, 23.6.1932
58 Zu Bernhard Köhler siehe Jouko Jokisalo: „... den Arbeiter für die NSDAP zu gewinnen". Zur Ideologie und Massenbasis des deutschen Faschismus 1933-1939, Oulu 1988, S. 75 ff.
59 Zu Ottokar Lorenz siehe ebenda, S.183 ff.
60 Völkischer Beobachter, 15.6.1932
61 Erlaß Hitlers vom 9.6.1932. In: Völkischer Beobachter, 9.6.1932
62 Völkischer Beobachter, 4.5.1932
63 Völkischer Beobachter, Sondernummer 23 (März 1932)

64 Diese Begründung gab der Reichsinnenminister von Gayl vor den Staats- und Ministerpräsidenten der Länder und Landesministern. In: Ära Brüning S. 330
65 Die Rote Fahne, 26.5.1932
66 Die Antifaschistische Aktion. Dokumentation und Chronik. Mai 1932 bis Januar 1933. Hg. und eingel. von Heinz Karl und Erika Kücklich, Berlin 1965, S. 33 ff.
67 Leon Schirmann: Justizmanipulationen. Der Altonaer Blutsonntag und die Altonaer bzw. Hamburger Justiz 1932-1994, Berlin 1995, S. 10 ff.
68 Die Weltbühne, 19.7.1932
69 Der Oberpräsident der Provinz Hessen-Nassau an den Preußischen Minister des Innern vom 5. 8. 1932. In: GeStA Berlin, Rep. 77, Tit. 4043, Nr. 305, Bl. 243
70 Ebenda, Nr. 301, Bl. 287
71 Ministerialblatt für die innere Verwaltung, Runderlaß vom 29.7.1932, S. 773
72 Hanna-Daoud, Die NSDAP und der Film, S. 308 ff.
73 Völkischer Beobachter, 29.7.1932
74 Zit. nach Kurt Gossweiler: Die Strasser-Legende, Berlin 1994, S. 15

Anmerkungen zu Kapitel 8

1 Vermerk (über polizeiliche Ermittlungen) o.D. In: GeStA Berlin, Rep. 77, Tit. 4043, Nr. 301, Bl. 548 ff.
2 Paul Kluke: Der Fall Potempa. In: Vierteljahrshefte für Zeitgeschichte, 5. Jg., 1957, H. 3. S. 279 ff.
3 Broszat, Der Staat Hitlers, S. 57
4 So in einer Ausarbeitung, die Wagner gut hieß und am 4.8.1932 an Strasser weitergab. Siehe Petzold, Die Demagogie des Hitlerfaschismus, S. 326. Der vollständige Text ist abgedruckt in Petzold, Monopole – Mittelstand – NSDAP, S. 873 f.
5 Ulrich Wörtz: Programmatik und Führerprinzip. Das Problem des Strasser-Kreises in der NSDAP, Diss. Erlangen-Nürnberg 1966, S. 194 f.
6 Rede vom 4.9.1932. In: Adolf Hitler in Franken, S. 194
7 Niederschrift des Staatssekretärs Otto Meißner über die Unterredung Paul von Hindenburgs mit Adolf Hitler am 13. 8. 1932. In: BArch, Abt. R, Büro des Reichspräsidenten, Nr. 47, Bl. 182 ff.
8 Völkischer Beobachter, 16.8.1932
9 Brief Hjalmar Schachts an Adolf Hitler vom 29.8.1932. In: IMG, Bd. XXXVI, S. 536 f.
10 Czichon, Wer verhalf Hitler zur Macht?, S. 27 ff.
11 Völkischer Beobachter, 17. und 20./21.8.1932
12 Das Deutsche Reich von 1918 bis heute. Hg. von Cuno Horkenbach, Jg. 1932, S. 291
13 Zit. nach Werner Mittenzwei: Der Untergang einer Akademie oder die Mentalität des ewigen Deutschen. Der Einfluß der nationalkonservativen Dichter an der Preußischen Akademie der Künste 1918 bis 1947, Berlin 1992, S. 355 f.
14 Zu den Verhandlungen Zentrum-NSDAP siehe Rudolf Morsey: Die deutsche Zentrumspartei. In: Erich Matthias und Rudolf Morsey: Das Ende der Parteien, Düsseldorf 1960, S. 317
15 Clara Zetkin: Eröffnungsrede als Alterspräsidentin des Reichstages vom 30. August 1932. In: Ausgewählte Reden und Schriften, Bd. III, Berlin 1960, S. 418

Anmerkungen 545

16 Niederschrift über den Empfang des Reichstagspräsidiums durch den Reichspräsidenten am 9.9.1932. In: BArch, Abt. R, Büro des Reichspräsidenten, Nr. 47
17 Zetkin, Eröffnungsrede, S. 415
18 Der Angriff, 7.10.1932
19 Information Nr. 5 des NSDAP-Reichspropagandaleiters. Zit. nach Vorwärts, 1.11.1932
20 Für die falsche politische Münze, mit der auch die italienischen Schwarzhemden Mussolinis auf dem Wege zur Macht gehandelt hatten, war bereits der Begriff des „schwarzen Bolschewismus" geprägt worden.
21 Bericht des Regierungspräsidenten in Königsberg vom 19.10.1932. In: GeStA Berlin, Rep. 77, Tit. 4043, Nr. 301, Bl. 380 f.
22 Hierzu und zum BVG-Streik siehe Frank Deppe/Witich Roßmann: Wirtshaftskrise, Faschismus, Gewerkshaften. Dokumente zur Gewerkshaftspolitik, Köln 1983, S. 201ff.; Jürgen Harrer/Witich Roßmann: Gewerkschaften in der Weimarer Republik. In: Frank Deppe/Georg Fülberth/Jürgen Harrer (Hg.): Geschichte der deutschen Gewerkschaftsbewegung, Köln 1989, S. 178-342, hier S. 320 ff. und Wolfgang Ruge, Deutschland 1917-1933, Berlin 1982 S. 454 ff.
23 Siehe auch Bärbel Hebel-Kunze: SPD und Faschismus. Zur politischen und organisatorischen Entwicklung der SPD 1932-1935, Frankfurt/M., S. 47
24 Niederschrift über die Besprechung Paul von Hindenburgs mit Hitler am 19.11 1932. Zit. nach ZfG, H. 3/1958, S. 550 f.
25 So das Mitglied des Ausschusses Dietrich (Weimar) in der Debatte am 10.11 1932. Zit. nach Deppe/Roßmann, Wirtschaftskrise, S. 223
26 Deutsche Allgemeine Zeitung, 7.11.1932
27 Falter, Hitlers Wähler, S. 367
28 Eidesstattliche Erklärung Kurt von Schröders vor der amerikanischen Untersuchungsbehörde vom 21.7.1947. Zit. nach Geschichte der deutschen Arbeiterbewegung, 8 Bde., Berlin 1966 (fortan: GdA), Bd. 4, S. 606
29 Hans Jäger: Die Nationalsozialistische Arbeiterpartei. In: Internationale Pressekorrespondenz, Nr. 46, 3.6.1932, S. 1451
30 Aufruf Hitlers vom 6.11.1932. In: Völkischer Beobachter, 8.11.1932
31 Ebenda
32 Aufruf Hitlers vom 6.11.1932. In: Ebenda
33 In seinem ablehnenden Antwortbrief an von Papen auf dessen Einladung zu erneuten Gesprächen über eine Beteiligung der NSDAP an seiner Regierung. Zit. nach Kühnl, Quellen, S. 167
34 Czichon, Wer verhalf Hitler zur Macht?, S. 64
35 Zit. nach Ursachen und Folgen, Bd. 8, S. 676
36 Schreiben Wilhelm Kepplers an Kurt von Schröder vom 13.11.1932. Zit. nach Czichon, Wer verhalf Hitler zur Macht?, S. 65 f.
37 Albert Schreiner: Die Eingabe deutscher Finanzmagnaten, Monopolisten und Junker an Hindenburg für die Berufung Hitlers zum Reichskanzler (November 1932), In ZfG, 4. Jg., 1956, S. 366 ff.
38 Schreiben von Friedrich Reinhart an Staatssekretär Otto Meissner, 21.11.1932. In: Czichon, Wer verhalf Hitler zur Mavcht?, S. 71 f.
39 Schreiben von Hermann von Lüninck an Staatssekretär Otto Meissner vom 2.6.1932 und ders. an Kurt von Schroeder, 15.11.1932. In: Ebenda, S. 62 f. u. 68 f.
40 Eingabe von Industriellen, Bankiers und Großgrundbesitzern an Paul von Hindenburg vom November 1932. In: IMG. Bd. XXXIII. S. 531 ff.

41 BArch, Nachlaß Bracht, Nr. 2, Bl. 129 f.
42 Zit. nach Akten der Reichskanzlei. Kabinett Schleicher, S. 223, Anm. 10
43 In der erwähnten Analyse von Hans Jäger waren im Juni 1932 unter den Städten, unter deren Arbeiterschaft die NSDAP besondere Erfolge hatte verbuchen können, an erster Stelle Chemnitz und Plauen genannt worden. In: Jäger, Der Aufstieg der NSDAP, S. 1450
44 Die Tagebücher von Josef Goebbels, Sämtliche Fragmente. Hg. von Elke Fröhlich, Teil I, Bd. 2, München 1987, S. 276. Eintrag vom 10. November 1932
45 Eingabe von Industriellen, Bankiers und Großgrundbesitzern an Paul von Hindenburg vom November 1932. In: IMG, Bd. XXXIII, S. 531 ff.
46 Bert Hoppe: Der Reichslandbund und die Regierung Schleicher 1932/1933. In: VfZ, 45. Jg., H. 4/1997, S. 634
47 Die Wahrheit über Hitlers Verhalten und Vorgehen in der Regierungskrise, Berlin 1932, S. 12
48 Carl von Ossietzky: Der Flaschenteufel. In: Die Weltbühne, 10.1.1933. Zit. nach Sämtliche Schriften, Bd. VI, 1931-1933. Hg. von Gerhard Kraiker, Gunther Nickel u.a., Reinbek 1994, S. 447
49 Ebenda, S. 445
50 Rede Ernst Thälmanns auf dem Bezirksparteitag der KPD Wasserkante am 4.12.1932. Zit. nach Die Antifaschistische Aktion, S. 320
51 Zit. nach Hentschel, Weimars letzte Monate, S. 79, Fußn. 62
52 Zit. nach Ruge, Hindenburg, S. 465
53 Ursachen und Folgen, Bd. 8, S. 719 f.
54 Schultheß, 1933, S. 220
55 Völkischer Beobachter, 17.12.1932
56 Die Weltbühne, 27.12.1932
57 Deutscher Geschichtskalender, 48. Jg., Januar-Dezember 1932, Abt. A: Deutschland, Leipzig (1933), S. 258
58 Bericht des Oberpräsidenten der Provinz Pommern vom 16.12.1932 an den Preußischen Minister des Innern. In: GeStA Berlin, Rep. 77, Tit. 4043, Nr. 301, Bl. 515 ff.
59 Westdeutscher Beobachter, 4.1.1933; GeStA Berlin, Rep. 77, Tit. 4043, Nr. 301, Bl. 602. Die Führung der Preußischen Polizei reagierte auf die Provokation in Köln lediglich mit dem Hinweis, daß ein öffentliches geschlossenes Auftreten von Polizeibeamten zugunsten der NSDAP unterbleiben solle.
60 Eidesstattliche Erklärung des Kurt von Schröder vom 21.7.1947. Zit. nach Czichon, Wer verhalf Hitler zur Macht?, S. 78
61 Schreiben Wilhelm Kepplers an Kurt von Schröder vom 26.12.1932. Zit. nach ebenda, S. 76 f.
62 So in seiner Rede am 7.9.1932 in einem Münchener Zirkus. In: Hitler. Reden, Schriften, Anordnungen, Bd. V, Teil I, München 1986, S. 343
63 Ebenda
64 Schreiben Wilhelm Kepplers an Kurt von Schröder vom 19.12.1932. Zit. nach ebenda, S. 75
65 Völkischer Beobachter, 7.18.1.1933
66 Vogelsang, Der Freundeskreis Himmler, S. 44
67 Turner Jr., Faschismus und Kapitalismus, S. 150

Anmerkungen 547

68 Zit. nach Hebel-Kunze, SPD und Faschismus, S. 61 f.
69 Czichon, Wer verhalf Hitler zur Macht?, S. 79
70 Es erschien in den USA 1932. Hier zit. nach Thompson, Kassandra spricht, S. 59
71 Westdeutscher Beobachter, 16.1.1933
72 Zit. nach Rudolf Morsey: Zur Entstehung, Authenzität und Kritik von Brünings Memoiren von 1918-1934, Opladen 1975, S. 27. Die Textstelle findet sich – Morsey zufolge – im Manuskript, wurde aber von den Herausgebern der Memoiren nicht in den Buchtext übernommen.
73 Schultheß, 1933, S. 27
74 Walter Ulbricht auf einer Bezirkskonferenz der KPD in Berlin nach den Novemberwahlen 1932. In: Zur Geschichte der deutschen Arbeiterbevvegung. Aus Reden und Aufsätzen, Bd. I: 1918-1933, Berlin 1953, S. 646
75 Es war ein sicher unbeabsichtigtes Eingeständnis dieser am Ende so unkämpferischen und unspektakulären „Machtergreifung", daß Goebbels sie im Titel seines Tagebuchs benannte: „Vom Kaiserhof zur Reichskanzlei".
76 Das hat Ruge in seiner Monographie mit dem Titel „Republik auf Zeit" Jahr für Jahr des Weimarer Staates nachgewiesen.
77 Akten der Reichskanzlei. Kabinett von Papen, Bd. 2, S. 975 ff.

Anmerkungen zu Kapitel 9

1 Vorwärts (Berlin), 31. 1. 1933 (Morgenausgabe)
2 Zit. nach GdA, Bd. 5, S. 441
3 Die ursprünglichen Zahlenangaben waren von der Reichsleitung aus Werbegründen, aber auch, weil infolge der hohen Fluktuation ein exakter Überblick offenbar nicht existierte, höher angegeben worden. Erst als die Bürokratie in der Reichsleitung bis zum Jahresanfang 1935 in Ordnung gebracht worden war, ergab sich die obengenannte Zahl, die das explosionsartige Wachstum der Mitgliedschaft in den Krisenjahren anzeigte. Noch am 1. Januar 1930 hatte die NSDAP nach der gleichen Quelle 129.000 Mitglieder rekrutiert.
4 IMG, Bd.XXV, S.374 ff.
5 Aufruf der KPD vom 30. Januar 1933: „Heraus auf die Straße! Legt die Betriebe still! Antwortet sofort auf den Anschlag der faschistischen Bluthunde mit Streik, mit dem Massenstreik, mit dem Generalstreik!". Zit. nach GdA, Bd. 5, S. 441 f.
6 Aufzeichnung der Ansprache Adolf Hitlers am 3. Februar 1933 vor Befehlshabern der Reichswehr und der Reichsmarine über die innen- und außenpolitischen Ziele des faschistischen Regimes. Zit. nach Gerhard Förster u. a.: Der preußisch-deutsche Generalstab 1640-1965. Zu seiner politischen Rolle in der Geschichte, Berlin 1966, S. 514 f.
7 Befehl des SA-Gruppenführers Mitte (Dessau), Hans von Tschammer und Osten, vom 13. Februar 1933 (im Dokument fälschlich 13. Januar 1933). In: GeStA Berlin-Dahlem, Rep. 77, Tit. 4043, Nr. 301, Bl. 694
8 Runderlaß des Preußischen Ministers des Innern vom 17. Februar 1933 über die „Förderung der nationalen Bewegung". In: Ebenda, Nr. 123
9 Diese Hilfspolizei war eine zeitweilige Einrichtung und existierte bis zum 8. August 1933.
10 IMG, Bd. XXXV, S. 42 f.

11 Verordnung des Reichspräsidenten zum Schutz von Volk und Staat. In: RGBI, 1933,Teil 1, Nr.17, S.83
12 Mit der Ablehnung eines auch nur für propagandistische Zwecke bestimmten Wirtschaftsprogramms in diesem Moment nahm Hitler einen Vorschlag auf, den Schacht 1932 erteilt hatte.
13 Gerhard Neuber: Faschismus in Berlin. Entwicklung und Wirken der NSDAP und ihrer Organisationen in der Reichshauptstadt (1920-1934), Phil. Diss., Humboldt-Universität Berlin 1976, S. 173 f.
14 Siehe z. B. die Meldung über die Errichtung des KZ Dachau, in: VB, 21. 3. 1933, oder den Bericht Über die Einlieferung führender badischer Sozialdemokraten in ein Konzentrationslager, in: Völkischer Beobachter, 17. März 1933
15 Sigrun Mühl-Benninghaus: Das Beamtentum in der NS-Diktatur bis zum Ausbruch des Zweiten Weltkriegs. Zu Entstehung, Inhalt und Durchführung der einschlägigen Beamtengesetze, Düsseldorf 1996 (=Schriften des Bundesarchivs), S. 108
16 Schreiben der Reichsleitung der NSDAP an die Gauleitung Württemberg der NSDAP vom 17. März 1934. Zit. nach Karl Heinz Roth/Michael Schmidt: Die Daimler-Benz AG 1916-1948. Schlüsseldokumente zur Konzerngeschichte, Nördlingen 1987, S. 128
17 Zu den Folgen, die sich im Hinblick auf die Auseinandersetzung um die Parteiämter ergaben, siehe Ian Kershaw: Hitler. Popularität. Mythos und Realität im Dritten Reich. In: Hans Mommsen/Susanne Willems: Herrschaftsalltag im Dritten Reich. Studien und Texte, Düsseldorf 1988, S. 61 u. Anm. 8.
18 Der Angriff, 20. 5. 1933
19 Manfred Weißbecker: Nationalsozialistische Arbeiterpartei Deutschlands. In: Lexikon zur Parteiengeschichte, Bd 3, Leipzig 1985, S. 500
20 Aufruf Adolf Hitlers an die NSDAP. In: Völkischer Beobachter, 11./12.3.1933
21 Schreiben Paul Henrichs' an Julius Flaschner vom 13. März 1933. In: Betriebsarchiv der Zeiss-Werke Jena, Nr. 7885
22 Völkischer Beobachter, 28. März 1934
23 Dieses Amt hatte er allerdings 1933 nur kurze Zeit bis zu seinem frühen Tod als Folge eines Unfalls inne.
24 IMG, Bd. IX., S. 583.
25 Zum Charakter des 1. April 1933 siehe Kurt Pätzold: Faschismus, Rassenwahn, Judenverfolgung. Eine Studie zur politischen Strategie und Taktik des faschistischen deutschen Imperialismus (1933-1935), Berlin 1975, S. 53 ff.
26 Anordnung der Politischen Zentralkommission vom 7. April 1933. In: BArch, Abt. R, Reichsinnenministerium, Nr. 25 794/1, Bl. 130 f. Die erste Fassung der Anordnung (Meldung von WTB, Nr. 810) untersagte lediglich Eingriffe in Wirtschaftsunternehmen. Die zweite (WTB, Nr. 811) sprach von einer Ergänzung und gestattete, „gegen Gewerkschaften vorzugehen", was de facto einer Aufforderung gleichkam.
27 Die Bezeichnung wechselte. Zunächst erinnerte sie Hitler wohl an die Rolle Gregor Strassers und war abgeschafft worden. Am 11. November 1934 wurde dieser Titel für Ley wieder eingeführt.
28 Schreiben Roland Brauweilers, Geschäftsführendes Präsidialmitglied der Vereinigung der deutschen Arbeitgeberverbände e. V., an Franz von Papen vom 31. März 1933 mit Denkschrift betr. die Liquidierung der Gewerkschaftsbewegung. In: BArch, Abt. R, R 53, Nr. 80, Bl. 127 ff.
29 Wortprotokoll der 5. Tagung der Reichsarbeitskammer am 24. November 1936 in Berlin. Zit. nach Tim Mason: Sozialpolitik im Dritten Reich. Arbeiterklasse und Volksgemeinschaft, Opladen 2./1978, S. 179 ff.

# Anmerkungen 549

30 Völkischer Beobachter, 7. Juli 1933
31 Zit. nach Mason, Sozialpolitik, S. 36
32 Das Archiv, Jg. 1934/1935, Bd. I, Berlin o.J., S. 235
33 Jochen Eckhardt: Die Tätigkeit der Deutschen Arbeitsfront im faschistischen Betrieb 1936-1939. Ein Beitrag zum Verhältnis Faschismus an der Macht und Arbeiterklasse. Phil. Diss., Humboldt Universität Berlin, 1980
34 Siehe dazu auch die dem Aufsatz von Tilla Siegel: Rationalisierung statt Klassenkampf. Zur Rolle der Deutschen Arbeitsfront in der nationalsozialistischen Ordnung der Arbeit beigegebenen Dokumente. In: Mommsen/Willems, S. 151ff.
35 RGBL, 1933, Teil I, Nr. 81, S. 479
36 Später schien Hitler die Heß betreffende Entscheidung seinen „Stellvertreter" offenbar nicht genügend herauszuheben, so daß er am 22. September 1933 verfügte, dieser habe den Titel eines Reichsleiters wieder abzulegen.
37 Schreiben Gustav Krupps von Bohlen und Halbach an Adolf Hitler vom 24. März 1933. In: BArch, Abt. R, R 2, Nr. 21 573
38 Aufruf Wilhelm Kissels zum Jahreswechsel 1933/1934, 31. Dezember 1933. Zit. nach Roth/Schmidt, Die Daimler-Benz AG 1916-1948, S. 126 f.
39 Archivum Glowna Komisja Badania Zbrodni Hitlerowskich w Polsce, Warschau, Krupp-Prozeß, Dok. IK-6567

Anmerkungen zu Kapitel 10

1 Rede des Reichsministers Goebbels zur Fahnenweihe im Propagandaministerium am 4. Juli 1933, o.O., o.J., S. 5
2 Rundschreiben des Reichsinnenministers Wilhelm Frick vom 11.7.1933 an alle Reichsstatthalter. In: Schultheß, NF 49, 1933, S. 169 f., Ursachen und Folgen, Bd. IX, S. 233 f. und WTB Telegramme, Nr. 1679, 11. Juli 1933
3 Edgar J. Jung: Sinndeutung der deutschen Revolution 1933, Oldenburg i. O. 1933, S. 29, 33 f.
4 Ernst Röhm: Die SA und die deutsche Revolution. In: Nationalsozialistische Monatshefte, 1933, 4, S. 251-254
5 Verordnungsblatt der NSDAP, 15. Juli 1933
6 Ära Brüning, S. 75
7 Erhard Schütz/Eckhard Gruber: Mythos Reichsautobahn. Bau und Inszenierung der „Straßen des Führers" 1933-1941, Berlin 1996
8 Schreiben Ernst Röhms an Wilhelm Frick vom 8. Juli 1933. In: BArch, Abt. R, Reichsinnenministerium, Nr. 25 794/1, Bl. 222. Zur Geschichte des Konflikts und seinen vielfältigen und verwickelten Dimensionen siehe Kurt Gossweiler: Die Röhm-Affäre. Hintergründe – Zusammenhänge – Auswirkungen, Köln 1983
9 Michael Kater: Quantifizierung und NS-Gesellschaft. In: Geschichte und Gesellschaft, H. 3/1977, S. 451 ff.
10 Das erste Zitat entstammt dem von Josef Goebbels verfaßten Roman „Michael" (S. 41), das zweite seinem vorgeblichen politischen Tagebuch „Vom Kaiserhof zur Reichskanzlei", S. 72.
11 In absoluten Zahlen: Es beteiligten sich 43.452.613 Personen (= 96,3 Prozent der Berechtigten) an der Abstimmung. 40.601.577 (= 95,1 Prozent) der Stimmscheine wurden als Ja gewertet.

12 In absoluten Zahlen: Es nahmen 42.988.152 Personen (=95,2 Prozent der Berechtigten) Personen an der Wahl teil. 39.638.789 Stimmen wurden mit Ja gewertet, 3.349.363 für ungültig erklärt.
13 Zitiert in: GdA, Bd. 5, S. 458 ff.
14 Rede von J. Goebbels zur Eröffnung des 1. WHW am 27. September 1933. In: VB, 28. 9. 1933
15 BArch, Abt. R, NS 26, vorl. Nr. 261, unpag.
16 Ebenda, Reichsministerium für Volksaufklärung und Propaganda, Nr. 749
17 RGBl, 1933, Teil I., Nr. 135, S. 1016
18 Lew Besymenski: Auf den Spuren von Martin Bormann, Berlin 1965, S. 31f., sowie Ulrich Chaussy: Nachbar Hitler. Führerkult und Heimatzerstörung am Obersalzberg, Berlin 1995, S. 69 f.
19 Günther Wieland: Das war der Volksgerichtshof. Ermittlungen – Fakten – Dokumente, Berlin 1989, S. 23 u. 45
20 Das Thema „Denunziation" ist jüngst in vielen lokalen Studien untersucht worden und hat manche Autoren zu der Verallgemeinerung geführt, daß es die Denunzianten waren, die eine besondere Stütze des Regimes gebildet und dessen Repressivapparat zu seinen Aktionen erst vorangetrieben hätten. Derart erscheint der „pflichtbewußte Volksgenosse" geradezu als Urheber des Terrors und der Vorteile, die das Regime aus ihm zog. Das stellt die Verhältnisse indessen auf den Kopf. Die von der NSDAP zweckvoll geschaffene Atmosphäre stachelte das „private" Spitzelwesen an und gab den Denunzianten geradezu die Gewißheit, Gutes und Notwendiges zu verrichten.
21 Der Angriff am Montag, 15.1.1934
22 Anordnung vom 18.4.1934. In: Gossweiler, Die Röhm-Affäre, S. 450
23 So der seinerzeitige Reichspropaganda- und Gauleiter der NSDAP in einem Aufruf an die Erwerbslosen vom September 1931. In: Georg Wilhelm Müller (Hg.): Wetterleuchten. Aufsätze aus der Kampfzeit von Josef Goebbels, Bd. 2, München 1943, S. 203
24 Josef Goebbels: Revolution der Deutschen. 14 Jahre Nationalsozialismus, Oldenburg 1933, S. 67
25 Müller, Wetterleuchten, Bd. 2, S. 273
26 Umberto Terracini: Die faszistische „Revolution". In: Internationale Pressekorrespondenz, Nr. 217, 11.11.1922, S. 1545 ff u. 14.11.1922, S. 1551 ff.
27 Neuber, Faschismus in Berlin, S. 194.
28 SA-Befehl Ernst Röhms vom 31.7.1933. In: BArch, Abt. R, Reichsjustizministerium, Nr. 5429
29 Zit. nach Gossweiler, Die Röhm-Affäre, S. 418
30 Siehe Pätzold, Faschismus, Rassenwahn, Judenverfolgung, S. 164 f.
31 Das Thema der Rede lautete: Das Wesen der SA und ihre Aufgaben in der nationalsozialistischen Revolution. Zit. nach Kühnl, Quellen, S. 241 f.
32 Rede von Joseph Goebbels am 11.5.1934. In: Völkischer Beobachter, 12.5.1934
33 Die wesentlichen Teile der Papen-Rede in der Fassung, wie sie vorab für die Presse referierend ausgegeben wurde, zitiert und kommentiert neuerdings Joachim Petzold: Franz von Papen. Ein deutsches Verhängnis, Berlin 1995, S. 211 ff.
34 So der Titel eines Buches von Edgar Julius Jung. Siehe Petzold, Die Demagogie des Hitlerfaschismus, S. 293
35 Otto Köhler: ... und heute die ganze Welt. Die Geschichte der IG-Farben und ihrer Väter, Hamburg 1986, S. 205 ff. und 223 ff.

Anmerkungen

36 RGBl., 1934, Teil I, S. 529
37 Deutsche Bergwerkszeitung, 8.7.1934
38 Zu den Ergebnissen im einzelnen: Schultheß, 1934, S. 218. Der Niederländer Henrik Jan Nordewier kommentierte das Abstimmungsergebnis in seinem Bericht vom 19. September 1934 u.a. mit den Worten: „...daß das 'Ergebnis', durch Zwang erzielt, nachträglich nicht noch geschönt wurde, glaubt selbst der Dümmste nicht." In Paul Stoop (Hg.): Geheimberichte aus dem Dritten Reich 1933-1935, Berlin 1990, S.146
39 Carl Rühle: Das Dritte Reich, Bd. II, Berlin 1935, S. 278
40 Zit. nach Kühnl, Quellen, S. 242 f.
41 Zit. nach ebenda, S. 266 f.
42 Proklamation Hitlers vom 7.9.1937. In: Domarus, Bd. I/2, S. 717
43 So § 2 des Gesetzes zur „Sicherung der Einheit von Partei und Staat". RGBl, 1933, Teil I., Nr. 135, S. 1016
44 Über diese Kennzeichnung durch Hans Mommsen haben sich immer wieder Kontroversen ergeben. Siehe Ian Kershaw: Der NS-Staat. Geschichtsinterpretationen und Kontroversen im Überblick, Reinbek bei Hamburg 1988, S. 125 ff.
45 Ian Kershaw: Hitler. Popularität. Mythos und Realität im Dritten Reich. In: Mommsen/Willems, Herrschaftsalltag, S. 33
46 Josef Goebbels: Rundfunkansprache zum Geburtstag Hitlers am 20. April 1935. Zit. nach Mommsen/Willems, Herrschaftsalltag, S. 56 f.
47 Ausgabe vom 30. Juni 1934. Faksimile in Reinhard Rürup (Hg.): Topographie des Terrors. Gestapo, SS und Reichssicherheitshauptamt auf dem „Prinz-Albrecht-Gelände". Eine Dokumentation, Berlin 1989 (5., für die Ausstellung in der DDR eingerichtete Auflage) S. 67. sowie Domarus, S. 401 f.
48 Chaussy, Nachbar Hitler, S. 73 f.
49 Karl Dietrich Bracher, Wolfgang Sauer, Gerhard Schulz: Die nationalsozialistische Machtergreifung, Köln 1960, S. 947
50 Information von H. J. Nordewier für die niederländische Regierung vom 24. November 1934. In Stoop, Geheimberichte, S. 153
51 Brief vom 28. Dezember 1929, der in der Denkschrift des Reichsministeriums des Innern über die hochverräterischen Unternehmen der NSDAP vom 12. August 1930 wiedergegeben wurde. Zit. nach Ära Brüning, S. 145
52 Im § 3 des Gesetzes „Zur Sicherung der Einheit von Partei und Staat" war die NSDAP als „die führende und bewegende Kraft des nationalsozialistischen Staates" charakterisiert worden.
53 Josef Goebbels: Wege ins Dritte Reich. Briefe und Aufsätze für Zeitgenossen, München 1927, S. 33

Anmerkungen zu Kapitel 11

1 Bericht des Oberstleutnants i. G. Rudolf Schmundt über eine Besprechung Adolf Hitlers mit den Befehlshabern und weiteren Offizieren der drei Wehrmachtsteile vom 23. Mai 1939. Zit. nach Kühnl, Quellen, S. 297
2 Protokoll einer Beratung Hjalmar Schachts mit den Reichsbeauftragten der Außenhandelsüberwachungsstellen vom 13. Dezember 1934. In: BArch, Abt. R, Deutsche Reichsbank, Handaktensammlung, Nr. 31, 170

3 So das Urteil von H.J. Nordewier in seinem Bericht vom 9. Oktober 1935. Stoop, Geheimberichte, S. 191

4 Organisationsbuch der NSDAP. Hrsg. Der Reichsorganisationsleiter der NSDAP, Dr. R. Ley, München 1936, S. 185 ff.

5 Hans Biallas/Gerhard Starcke: Leipzig, das Nürnberg der Deutschen Arbeitsfront, München 1935, S. 8 ff.

6 Längere Auszüge aus der vom September 1936 stammenden Anweisung Leys in Reinhard Giersch: Die „Deutsche Arbeitsfront" (DAF) – ein Instrument zur Sicherung der Herrschaft und zur Kriegsvorbereitung des faschistischen deutschen Imperialismus (1933-1938), Diss. Jena, 1981, S. 230 ff.

7 Reinhard Giersch: Deutsche Arbeitsfront. In: Lexikon zur Parteiengeschichte, Bd 1, Leipzig 1983, S. 561

8 Tilla Siegel: Rationalisierung statt Klassenkampf. Zur Rolle der DAF in der nationalsozialistischen Ordnung der Arbeit. In: Mommsen/Willems, Herrschaftsalltag, S. 102

9 Zu den Problemen bei der Auswertung der offiziellen Parteistatistik siehe Eike Hennig: Bürgerliche Gesellschaft und Faschismus in Deutschland. Ein Forschungsbericht, Frankfurt a.M. 1977, S. 164, 172 f.

10 Der Reichsorganisationsleiter der NSDAP (Hrsg.), Partei-Statistik. Stand: 1935 ohne Saargebiet, Bd. I, München o.J., S. 70

11 Ebenda, S. 60

12 Ebenda, S. 56

13 Ebenda, S. 155 u. 162

14 Ebenda, Bd. II, S. 7

15 Ebenda, Bd. II, S. 154 ff.

16 Martin Broszat: Der Staat Hitlers. Grundlagen und Entwicklung seiner inneren Verfassung, München 1969, S. 254

17 Laut Geschäftsverteilungsplan der Gestapo wurde die NSBO bereits 1934 ständig überwacht. Eine Anordnung Bormanns vom 26.6.1935 bestimmte, daß Gestapo-Dienststellen zu allen größeren Veranstaltungen der NSDAP und ihrer Gliederungen einzuladen waren. IMG, Bd. IV, S. 42 f.

18 Das Schwarze Korps, 12.9.1935

19 Befehl Heinrich Himmlers vom 16.8.1935. In: Barch, Abt. R, Filmsammlung, Nr. 3672. Schreiben Viktor Lutzes an Adolf Hitler vom 22.8.1935. In: Ebenda, NS 10, Nr. 7

20 Wilhelm Pieck: Der neue Weg zum gemeinsamen Kampf für den Sturz der Hitlerdiktatur. In: Gesammelte Reden und Schriften, Bd. V (Februar 1933 bis August 1939), Berlin 1972, S. 253

21 2. Jg., Nr. 1, 2. April 1935. Zit. nach Gerhard Kade: Die Bedrohungslüge. Zur Legende von der „Gefahr aus dem Osten", Berlin 1982, S.100 f.

22 Richtlinien für die antibolschewistische Propaganda vom 24.3.1937. Zit. nach Kade, Die Bedrohungslüge, S. 106

23 Protokoll der Antikomintern-Tagung vom 4. bis 10.11.1936 in München. Zit. nach Kade, Die Bedrohungslüge, S.105

24 Zit. nach IMG, Bd. IV, S. 148

25 Siehe Mühl-Benninghaus, Das Beamtentum in der NS-Diktatur, S. 110 f.

26 Pieck, Der neue Weg zum gemeinsamen Kampf, S. 255

27 Laut einer Anordnung von Rudolf Heß vom 25.10.1934 war das Recht, Abmachungen politischer Natur mit staatlichen Organen zu treffen, auf die faschistischen Hoheitsträ-

Anmerkungen 553

ger (Reichs-, Gau, Kreis- und Ortsgruppenleiter der NSDAP) begrenzt. IMG, Bd. IV, S. 42. Über die Erweiterung des Kreises der Hoheitsträger: Völkischer Beobachter, 11.11.1937

28 IMG, Bd. IV, S. 199

29 Rede Heinrich Himmlers „Die Schutzstaffel als antibolschewistische Kampforganisation" auf dem Reichsbauerntag in Goslar am 12. November 1935. In: Dokumente der Deutschen Politik. Hrsg. von Paul Meier-Benneckenstein, Bd. 3: Deutschlands Weg zur Freiheit 1935, bearb. v. Axel Friedrichs, Berlin 1940, S. 43 ff.

30 Ein Faksimile der vom Preußischen Ministerium des Innern aufgegebenen Annonce findet sich in: Medizin und Nationalsozialismus. Tabuisierte Vergangenheit – Ungebrochene Tradition? Hg. von Gerhard Bader, Ulrich Schultz, Frankfurt 1987, S. 73

31 Klaus Drobisch: Der Freundeskreis Himmler, in: ZfG, H. 2/1960, S. 372 f.

32 Siehe Topographie des Terrors.

33 Peter-Alfons Steiniger: Der Nürnberger Prozeß, Bd. I, Berlin 1962, S. 311

34 IMG, Bd. IV, S. 190

35 Hans Buchheim, Martin Broszat u.a: Anatomie des SS-Staates. Gutachen des Instituts für Zeitgeschichte, Bd 1: Hans Buchheim: Die SS – das Herrschaftsinstrument. Befehl und Gehorsam, München 1979, S, 162 ff.

36 IMG, Bd. IV, S. 189

37 Ebenda, S. 186

38 Verordnung Adolf Hitlers vom 24. Oktober 1934, in: VB, 25.10.1934

39 Rede von Robert Ley auf der 5. Tagung der Reichsarbeitskammer am 23./24.10.1936. Zit. nach Mason, Sozialpolitik, S. 188 u. 190

40 RGBl, 1936, Teil I, Nr. 113, S. 999

41 RGBl, 1939, Teil I, Nr. 66, S. 710

42 Erhard Naake: Die Heranbildung des Führernachwuchses im faschistischen Deutschland. In: ZfG, H. 2/1973, S. 183

43 Diese Lage beklagte auch ein Bericht des Sicherheitsdienstes am Vorabend des Krieges. Siehe Heinz Boberach (Hg.): Meldungen aus dem Reich. Die geheimen Lageberichte des Sicherheitsdienstes der SS 1938-1945, Herrsching 1984, Bd. 2, S. 285 (Erster Vierteljahresbericht 1939)

44 Völkischer Beobachter, 7.5.1938

45 Nationalsozialistische Korrespondenz, 21.7.1938

46 Zit. nach Medizin im NS-Staat. Täter, Opfer, Handlanger, München 1993 (=Dachauer Hefte 4), S. 61

47 Geheime Denkschrift Adolf Hitlers vom 26. August 1936 über den Vierjahresplan. In: BArch, Abt. R, Filmsammlung 414/601 (IG-Farben-Prozeß, Dok. NI-4955)

48 Ebenda

49 IMG, Bd. XXXVIII, S. 379 f.

Anmerkungen zu Kapitel 12

1 Niederschrift des Obersten Friedrich Hoßbach vom 10.11.1937 über die Kriegszielbesprechung in der Reichskanzlei vom 5.11.1937. In: IMG,Bd.XXV, S.403 ff.

2 So in seiner etwa in der zweiten Aprilhälfte 1939 gehaltenen Rede vor einem hoch-

vertraulichen Kreis von Offizieren. Wiedergabe einer Mitschrift bei Christian Hartmann/Sergej Slutsch: Franz Halder und die Kriegsvorbereitungen im Frühjahr 1939. Eine Dokumentation. In: VfZ, H. 3/1997

3 „Kundgebung des Zentralkomitees der KPD" zu den Ereignissen vom 4. Februar 1938. In: Rundschau über Politik, Wirtschaft und Arbeiterbewegung, 1938, Nr. 6, S. 5

4 Meldungen aus dem Reich, Bd. 2, S. 271

5 IMG, Bd. XXIX, S.221 f.

6 Heinz Kühnrich: Der KZ-Staat. Die faschistischen Konzentrationslager 1933 bis 1945, Berlin 2./1980, S. 212 f.

7 Helmut Konrad: Die Verankerung von Ständestaat und Nationalsozialismus in den sozial schwächeren Gruppen 1934-1938. In: Felix Kreissler (Hg.):, Fünfzig Jahre danach – Der Anschluß von innen und außen gesehen, Wien 1989, S. 159

8 Winfried Garscha: Die NSDAP Österreichs im März 1938 – Regierungspartei oder Fünfte Kolonne. In: Kreissler, Fünfzig Jahre danach, S. 154

9 Harry Slapnicka: Oberösterreich, als es „Oberdonau" hieß. 1938-1945, Linz 1978, S. 55

10 Faksimile der Anweisung in Harald Walser: Die illegale NSDAP in Tirol und Vorarlberg 1938. Mit einem Vorwort von Anton Pelinka, Wien 1983, S. 79

11 Michael Mooslechner/Robert Stadler: Landwirtschaft und Agrarpolitik. In: Emmerich Tálos/Ernst Hanisch/Wolfgang Neugebauer (Hg.):, NS-Herrschaft in Österreich 1938-1945, Wien 1988, S. 83

12 So in einem Flugblatt, das im Januar 1938 in Wien verbreitet wurde. Zit. nach Garscha, Die NSDAP Österreichs, S. 153

13 Gerhard Jagschitz: Von der „Bewegung" zum Apparat. Zur Phänomenologie der NSDAP 1938-1945. In Tálos u.a., NS-Herrschaft in Österreich, S. 515. Erheblich andere Zahlen gibt Harry Slapnicka an. Für den Februar 1938 nennt er nur 33.485 Mitglieder. Demnach hätte die NSDAP den Bestand vom Januar 1933 bei weitem noch nicht wieder erreicht. Dann sei sie bis zum 21.11.1938 auf 127.056 angewachsen, hätte sich also nahezu vervierfacht. Slapnicka, S. 55 f.

14 Diskussionsrede Otto Niebergalls. In: Die Berner Konferenz der KPD (30. Januar - 1. Februar 1939). Hrsg. und eingel. von Klaus Mammach, Berlin 1974, S. 107

15 Gerhart Hass: Münchner Diktat 1938 – Komplott zum Kriege, Berlin 1988, S. 199

16 Ursachen und Folgen, Bd. XII, S. 320

17 IMG, Bd.III, S.93

18 IMG, Bd. XXXVI, Dok. 366 EC, S. 357 ff. und Hass, Münchner Diktat 1938, S. 223

19 Völkischer Beobachter, 28.10.1938

20 Zit. nach Die faschistische Okkupationspolitik in Österreich und der Tschechoslowakei (1938-1945). Dokumentenauswahl und Einleitung von Helma Kaden, Berlin 1988, S. 95f. (=Europa unterm Hakenkreuz. Die Okkupationspolitik des deutschen Faschismus (1938-1945). Achtbändige Dokumentenedition. Hg. von einem Kollegium unter Leitung von Wolfgang Schumann und Ludwig Nestler)

21 Rede Heinrich Himmlers auf der Gruppenführerbesprechung am 18.11.1938 im Führerheim der SS-Standarte „Deutschland". In: BArch, Abt. R, NS 19, Nr. 422

22 Franz Ritter von Epp: Ein Leben für Deutschland. Hrsg. von Joseph H. Krumbach, München 1939, 261 f.

23 Völkischer Beobachter, 20./21.4.1939

24 Der Hoheitsträger, H. 8/1939

25 Ausgabe vom 21.4.1939

Anmerkungen

26 Bericht des Oberstleutnants i. G. Rudolf Schmundt über die militärische Lagebesprechung in der Neuen Reichskanzlei am 23.8.1939. Zit. nach Kühnl, Quellen, S. 297

27 Wolfgang Ramonat: Der Völkerbund und die Freie Stadt Danzig 1920-1934, Osnabrück 1979, S. 351 u. 381

28 Herbert S. Levine: Hitler's Free City. A History of the Nazi Party in Danzig 1925-1939, Chicago 1973, S. 100

29 IMG, Bd. III, S. 260

30 Arbeitspläne der Reichsleitung der NSDAP für den Einsatz der Partei und der ihr angeschlossenen Verbände im A-Falle, hrsg. von der Abt. M des Stabes des Stellvertreters des Führers, 16. 5. 1938. In: Barch, Abt. R, Filmsammlung, Nr. 5581. Siehe auch Manfred Weißbecker/Gert Noack: „Die Partei als Rückgrat der inneren Front". Mobilmachungspläne der NSDAP für den Krieg (1937 bis 1939). In: Der Weg in den Krieg. Studien zur Geschichte der Vorkriegsjahre (1935/36 bis 1939). Hg. von Dietrich Eichholtz und Kurt Pätzold, Berlin 1989, S. 67 ff.

31 Rede Viktor Lutzes in Goslar. In: Völkischer Beobachter, 16.1.1939

32 Werner Jochmann/Hans-Dieter Loose (Hg.): Hamburg. Geschichte der Stadt und ihrer Bewohner, Bd. II, Hamburg 1986, S. 293

33 Der Erlaß Hitlers wurde zum Anlaß für eine Demonstration der Einheit von Wehrmacht und SA genommen. Vgl. Völkischer Beobachter, 28.1.1939. Die Durchführungsbestimmungen ergingen im Mai 1939. Im Oktober sollte mit der militärischen Ausbildung begonnen werden, Völkischer Beobachter, 27.5.1939

34 Hartmann/Slutsch, Franz Halder und die Kriegsvorbereitungen im Frühjahr 1939, S. 493. Die Bemerkung bezog sich ebenso, wenn nicht in erster Linie, auf die SS-Verfügungstruppe, die dann vor allem in Gestalt der sogenannten Einsatzgruppen in Polen mörderisch operierte.

35 Pieck, Die gegenwärtige Lage, S. 584

36 Grundgedanken über ein Übereinkommen zwischen dem Reichskriegsministerium und der Deutschen Arbeitsfront betr. „die Regelung einer Zusammenarbeit bzw. einer Arbeitsteilung über die im Rahmen des Vierjahresplans erforderlichen Maßnahmen für die Sicherstellung der für wehrpolitische und wehrwirtschaftliche Zwecke erforderlichen deutschen Arbeitskraft". Geheimer Entwurf. o. D. In: BArch, Abt. R, Filmsammlung, Nr. 5457

37 Anordnung Nr. 12 des Reichsorganisationsleiters, 1. Mai 1936. Zit. nach Reinhard Mann: Protest und Kontrolle im Dritten Reich. Nationalsozialistische Herrschaft im Alltag einer rheinischen Großstadt, Frankfurt 1987, S. 164

38 Rundschreiben vom 26.11.1936, Zit. nach ebenda, S. 166

39 Herbert Schwarzwälder: Geschichte der Freien Hansestadt Bremen, Bd. 4 (1933-1945), Bremen 1995, S. 282

40 Ebenda, S. 168

41 Deutschland-Berichte der Sozialdemokratischen Partei Deutschlands (Sopade) 1934-1940. Sechster Jahrgang 1939, Nördlingen o.J., S. 697 (Alle Zitate im Bericht vom 6.6.1939)

42 Rede Adolf Hitlers vor der deutschen Presse. In: VfZ , H. 2/1958, S. 182 f.

43 Denkschrift des Generalobersten Werner von Fritsch an Generalfeldmarschall Werner von Blomberg vom August 1937. Zit. nach Der zweite Weltkrieg. Dokumente. Ausgewählt und eingel. von Gerhard Förster und Olaf Groehler, Berlin 1972, S. 29

44 Meldungen aus dem Reich, Bd. 2, S. 107 (Jahreslagebericht 1938 des Sicherheitshauptamtes)

45 IMG, Bd. XXV, S. 403 ff.

46 Rede Adolf Hitlers vor der deutschen Presse, S. 182 f.
47 Siehe Meldungen aus dem Reich, Bd. 2, S. 289 (ErsterVierteljahreslagebericht des Sicherheitshauptamtes)
48 Ebenda, S. 287 u. 289
49 Wilhelm Pieck: Was wird das Jahr 1937 bringen? In: Gesammelte Reden und Schriften, S. 414
50 Hartmann/Slutsch, Franz Halder und die Kriegsvorbereitungen im Frühjahr 1939, S. 486
51 Der Weg zum Sturze Hitlers und der Kampf um die neue, demokratisdhe Republik. Resolution der Berner Konferenz. In: Die Berner Konferenz der KPD, S. 117 u. 119

Anmerkungen zu Kapitel 13

1 Der großdeutsche Freiheitskampf. Reden Adolf Hitlers vom 1. September 1939 bis 10. März 1940. Hg von Philipp Bouhler, München 1940, S. 19 ff.
2 Siehe Sie reden vom Frieden und rüsten zum Krieg. Friedensdemagogie und Kriegsvorbereitung in Geschichte und Gegenwart. Hrsg. von Reinhard Kühnl und Karen Schönwälder, Köln 1986, S. 190 f.
3 Siehe generell dazu Ralph Giordano: Wenn Hitler den Krieg gewonnen hätte. Die Pläne der Nazis nach dem Endsieg, Berlin 1990
4 Obwohl bereits 1938 erkennbar geworden war, daß sich die Kapazität der Stadt Nürnberg erschöpft und die Ritual der Parteitagsveranstaltungen sich abgenutzt hatten, war 1939 mit Hochdruck daran gearbeitet worden, die neue Kongreßhalle, die Verbindungsstraße zwischen dem Märzfeld und der Luitpoldarena, das Stadion sowie 10 neue Zeltstädte für 520.000 Teilnehmer fertigzustellen. Die Reichsbahn sah Fahrpläne für 1.000 Sonderzüge vorgelegt. Allein 26.000 SS-Männer waren vorgesehen, um entlang der Marschroute für „Ordnung" zu sorgen. Siehe Hamilton T. Burden: Die programmierte Nation. Die Nürnberger Reichsparteitage, Gütersloh 1967, S. 237 f.; Yvonne Karow: Deutsches Opfer. Kultische Selbstauslöschung auf den Reichsparteitagen der NSDAP. Akademie Verlag, Berlin 1997. Das hinderte Hitler nicht, von künftigen Parteitage und weiteren Neubauten für mindestens zwei Millionen Teilnehmer zu träumen, wobei er vorschlug, die Verbände nicht mehr in Reihen mit 12, sondern mit 16 Mann marschieren zu lassen. Burden, S. 239
5 Sie reden vom Frieden und rüsten zum Krieg, S. 137 f.
6 Siehe Weißbecker/Noack, „Die Partei als Rückgrat der inneren Front", S. 67 ff.
7 Vor dem Krieg wandte Ley diesen Begriff, mit dessen Verwendung die traditionelle Unterscheidung zwischen Militärorganisation und Zivilgesellschaft aufgehoben werden sollte, lediglich auf die Mitglieder des Korps der Politischen Leiter der NSDAP an. Siehe Der Freiheitskampf, 15.5.1939. Zu dem im Konservatismus der Weimarer Republik wurzelnden Leitbild des „politischen Soldaten" siehe Bernd Wegner: Hitlers Politische Soldaten. Die Waffen-SS 1933-1945. Leitbild, Struktur und Funktion einer nationalsozialistischen Elite. Vierte, durchgesehene und verbesserte Auflage, Paderborn 1990, S. 36 ff.
8 Der großdeutsche Kampf, S. 27
9 Meldungen aus dem Reich 1938-1945, Bd. 3, S. 581
10 Der Großdeutsche Freiheitskampf, S. 35. Hitler versicherte auch später immer wieder, daß es in Deutschland keine Revolution mehr geben würde. In seiner Rede vor Generalen und Offizieren am 22.6.1944 erklärte er: „Die Meinung, es wäre heute denkbar,

Anmerkungen 557

daß, sagen wir, 46 Gauleiter so abdanken, wie damals 23 Fürsten abgedankt haben, ist geradezu kindisch." BArch, Abt. R, Filmsammlung, Nr. 14437 (Bl. 41)

11 Rundschreiben Nr. 171/39 vom 13.9.1939. In: BArch, Abt. R, Filmsammlung Nr. 13716

12 Darunter wurde Propaganda, Schulung, Organisation und Personalpolitik verstanden. Siehe Das Gesicht der Partei, Sonderdruck. Hg. vom Reichsorganisationsleiter/Hauptschulungsamt der NSDAP, o.O., o.J., S. 7

13 Frankfurter Zeitung, 9.7.1939. Hervorhebung durch die Vf.

14 BArch, Abt. R, Filmsammlung Nr. 1629. Am 24.10.1939 legte er außerdem fest, daß es während der Kriegszeit „im allgemeinen" keine Entlassungen von Häftlingen aus der Schutzhaft geben dürfe. Ebenda, Nr. 2436

15 Zit. nach Dokumente des Verbrechens. Aus den Akten des Dritten Reiches. Hrsg. von Helma Kaden und Ludwig Nestler, Bd. 1: Schlüsseldokumente, Berlin 1993, S. 117 f.

16 Die Ämter der RSHA trugen folgende Bezeichnungen: Amt I, Personal Amt II : Organisation, Verwaltung, Recht, Amt III: Sicherheitsdienst Inland, Amt IV: Gegnerforschung und -bekämpfung, Amt V: Verbrechensbekämpfung (Kriminalpolizei) Amt VI: Sicherheitsdienst Ausland, Amt VII: Weltanschauliche Forschung und Auswertung

17 BArch, Abt. R, Filmsammlung Nr. 2436

18 Dennoch läßt sich die SS kaum als eine von der NSDAP „emanzipierte Organistion" bezeichnen. Siehe Armin Nolzen: Die Rolle der NSDAP in der nationalsozialistischen Besatzungspolitik im Zweiten Weltkrieg. Vortrag auf Einladung der Berliner Gesellschaft für Faschismus- und Weltkriegsforschung e.V., gehalten am 3.5.1997 (Manuskript), S. 4

19 Siehe Vogelsang, Der Freundeskreis Himmler. Eine Mitgliederliste vom November 1939 findet sich in BArch, Nachlaß Wilhelm Börger, Nr. 9, Bl. 59 ff.

20 Der Angriff, 6.9.1939

21 Heß-Anordnung Nr. 170/39 vom 15.9.1939. In: BArch, Abt. R, Filmsammlung Nr.13716

22 Heß-Anordnung Nr. 222/39 vom 21.11.1939. In: Ebenda

23 Der Angriff, 6.9.1939

24 So u.a. der „Völkischer Beobachter" am 13.10.1939

25 Akten der Parteikanzlei. Rekonstruktion eines verlorengegangenen Bestandes. Hrsg. vom Institut für Zeitgeschichte München, Teil II, Bd. 3. Bearbeitet von Peter Longerich, München u.a. 1992, Regest Nr. 32946 und 32989. In den folgenden Jahren wich diese Haltung der Furcht, es könne zu „unliebsamen Szenen" kommen und die Partei diskreditieren, wenn ihre Amtswalter die zahlreicher werdenden Todesnachrichten überbringen. Siehe Die Tagebücher von Joseph Goebbels. Im Auftrag des Instituts für Zeitgeschichte und mit Unterstützung des Staatlichen Archivdienstes Rußlands hrsg. von Elke Fröhlich. Teil II, Diktate 1941-1945 (fortan: Die Tagebücher von Joseph Goebbels, Teil II), Bd. 10, Oktober bis Dezember 1943. Bearbeitet von Volker Dahm, München u.a. 1994, S. 191 f.

26 Meldungen aus dem Reich, Bd. 3, S. 547

27 Schreiben von Heß an die Mob.-Beauftragten der Gauleitungen vom 16.11.1939. In: BArch, Abt. R, Sammlung Schumacher, Nr. 253

28 Ebenda, Filmsammlung Nr. 11264

29 Ebenda, NS 10/ 37, Bl. 232. Bemerkenswert ist dabei der Satz: „Die Entscheidung wird Voraussicht nach nicht auf militärischem Gebiet fallen."

30 Ebenda, Bl. 222 ff. Hervorhebung durch die Vf.

31 Siehe Dietrich Eichholtz: Geschichte der deutschen Kriegswirtschaft, Bd. 1, Berlin 1969

32 BArch, Abt. R., Filmsammlung Nr. 2373
33 Das Ergebnis des ersten Kriegs-WHW belief sich auf 680717428 RM und übertraf damit das Ergebnis von 1933/34 um das Doppelte. BArch, Abt. R, NS 26/261
34 Akten der Partei-Kanzlei der NSDAP, Teil II, Bd. 3, Regest Nr. 33070
35 BArch, Abt. R, NS 26/261, Filmsammlung Nr. 14645; siehe auch Der Blockleiter muß wissen ..., hg. vom Gauorganisationsamt der NSDAP/Gau Thüringen, Weimar 1939, S. 19
36 Akten der Partei-Kanzlei der NSDAP, Teil II, Bd. 3, Regest Nr. 33070 und Bd. 4, Regest Nr. 40027
37 Zit. nach Dokumente zur deutschen Geschichte 1939-1942. Hrsg. von Wolfgang Ruge und Wolfgang Schumann. Bearbeitet von Gerhart Hass, Klaus Drobisch und Anke Wappler unter Mitarbeit von Gisela Fischer, Berlin 1977, S. 30
38 Siehe Weltherrschaft im Visier. Dokumente zu den Europa- und Weltherrschaftsplänen des deutschen Imperialismus von der Jahrhundertwende bis 1945. Hg. und eingeleitet von Wolfgang Schumann und Ludwig Nestler unter Mitarbeit von Willibald Gutsche und Wolfgang Ruge, Berlin 1975, vor allem S. 231-257; Europastrategien des deutschen Kapitals. Hg. von Reinhard Opitz, Köln 1977, vor allem S. 608-651
39 Das andere Deutschland (Buenos Aires), 1940, Nr. 21, S. 16 f.
40 Völkischer Beobachter, 23.12.1939
41 Richtlinien und Anordnungen für den Einsatz der NSDAP im Kriege. In: BArch, Abt. R, NS 6, Bd. 146
42 Zit. nach Meldungen aus dem Reich, Bd. 2, S. 331
43 So z.B. Josef Winschuh in der „Deutschen Allgemeinen Zeitung", 8.10.1939
44 Zit. nach Deutschland im zweiten Weltkrieg. Hg. von einem Autorenkollektiv unter der Leitung von Wolfgang Schumann und Gerhart Hass, Bd. 1, Berlin 1974, S. 201. Die „Wachsamkeit" der Partei erstreckte sich auch auf den Umgang deutscher Mädchen und Frauen mit polnischen Kriegsgefangenen. Im badischen Senfelden wurden z.B. drei Mädchen zu fünf Tagen Haft verurteilt, weil sie mit Gefangenen getanzt hatten. Erst recht wurden geschlechtliche Beziehungen verfolgt. Siehe Meldungen aus dem Reich, Bd. 3, S. 514
45 Der Angriff, 4.10.1939
46 Der Angriff, 24.1.1940
47 Der großdeutsche Freiheitskampf, S. 149 f. und S. 157
48 Der Angriff, 24.9.1940 und 1.10.1940. Zu den Bemühungen Leys, das System der DAF-Organisationen auf die okkupierten Gebiete zu übertragen und die rigorose Politik der Gewinnung von ausländischen Arbeitskräften für die deutsche Rüstungswirtschaft durch „einen enormen sozialarbeiterischen Integrationseifer abzufedern" siehe Karl Heinz Roth: Die Sozialpolitik des „europäischen Großraums" im Spannungsfeld von Okkupation und Kollaboration (1938-1945). Bisherige Forschungen – Quellenprobleme – erste Ergebnisse. In: Europa unterm Hakenkreuz. Achtbändige Dokumentenedition, Ergänzungsband 1. Okkupation und Kollaboration (1938-1945). Beiträge zu Konzepten und Praxis der Kollaboration in der deutschen Okkupationspolitik. Zusammengestellt und eingeleitet von Werner Röhr. Berlin und Heidelberg 1994, S. 522 ff. (Zitat auf S. 518) und S. 522 ff.
49 Völkischer Beobachter, 5.11.1940
50 Gausonderdienst. Die innere Front. Gau Thüringen, hrsg. vom Gaupresseamt der Gauleitung Thüringen der NSDAP, 18.10.1940
51 Völkischer Beobachter, 26.2.1941

# Anmerkungen

52 So lautete der Titel eines Memorandums von Rosenberg, dem Göring am 2.10.1939 zustimmte und Hitler vorgelegt wurde. BArch, Abt. R, Filmsammlung, Nr. 13672

53 Am 20.10.1939 schrieb er an Heß: „Mehr noch als in Friedenszeiten empfinden die Parteigenossen die Notwendigkeit, auf Antworten fragen zu können und gegen Angriffe gerüstet zu sein. Es hat sich vielfach gezeigt, daß die Schulung als fast noch wichtiger als die Propaganda empfunden wird, weil sie eben erst die wissensmäßigen und überzeugungsfähigen Voraussetzungen für die Kleinarbeit in der Partei schafft ... Doch möchte ich nicht unerwähnt lassen, daß der weltanschauliche Gegner heute sehr stark am Werk ist und bei unserer Untätigkeit an Boden zu gewinnen droht." In: BArch, Abt. R, NS 22/713 (unpag.)

54 Stufen zum Galgen, S. 168 f.; siehe auch die (subjektive Momente erheblich überbewertende) Darstellung von Reinhard Bollmus: Das Amt Rosenberg und seine Gegner. Zum Machtkampf im nationalsozialistischen Herrschaftssystem, Stuttgart 1970, S. 123 ff.

55 Zit. nach Jost Dülffer: Deutsche Geschichte 1933-1945. Führerglaube und Vernichtungskrieg, Stuttgart 1992, S. 130

56 Ebenda, S. 118 f.; siehe auch Kunst im 3. Reich. Dokumente der Unterwerfung. Hrsg. vom Frankfurter Kunstverein, Frankfurt a.M. 4./1975, S. 46 ff.

57 Siehe Die Kriegsziele Hitlerdeutschlands im zweiten Weltkrieg und die Ursachen ihres Scheiterns. Diskussionsmaterial für das internationale Historiker-Kolloquium in Weimar vom 26. bis 31. Mai 1975. Ausgearbeitet von einem Autorenkollektiv unter Leitung von Wolfgang Schumann, (o. O., 1975), S. 39

58 Völkischer Beobachter, 25.4.1940; Heß hatte bereits am 16.1.1940 eine Anordnung für den „Einsatz der Partei im Interesse der Kohleversorgung" erlassen, in der es hieß: „Das Fehlen des warmen Heimes muß sich auch stimmungsmäßig aufs schärfste auswirken." BArch, Abt. R, Filmsammlung Nr. 13695. In den SD-Berichten wurde mit Befriedigung vermerkt, daß nach dem Einsatz der Partei und ihrer Gliederungen „zur Behebung örtlich schwerer Mängel in der Kohleversorgung" im Winter 1939/40 das Vertrauen der Betroffenen in die NSDAP gewachsen sei und ihr nicht mehr die Schuld an der Kohleknappheit angelastet würde. Meldungen aus dem Reich, Bd. 3, S. 731

59 Kriegspropaganda 1939-1941. Geheime Ministerkonferenzen im Reichspropagandaministerium, hg. und eingel. von Willi A. Boelcke, Stuttgart (1966), S. 369

60 Ebenda, S. 384

61 Zit. nach Meldungen aus dem Reich, S. 90

62 Die einzelnen Beiträge erschienen am 4.7. („Die Partei im Kriege", Teil I), 6.7. („Die Partei im Krieges. Ein Besuch beim Stellvertreter des Gauleiters"), 9.7. („Sinn und Inhalt der geistigen Rüstung"), 12.7. („Zeit der großen Bewährung"), 15.7. („Die Initiative der Partei"), 17.7. („Die soziale Bewährung"), 19.7. („Die Arbeit der Ortsgruppe"), 21.7. („Auf dem Kampfplatz der Seelen"), 24.7. („Jugend hilft"), 26.7. („Die Front der Schaffenden"), 2.8. („‚Kraft durch Freude' ist nicht mehr wegzudenken"), 9.8. („Neue Wege der Leibesertüchtigung"), 13.8. („Waffe Propaganda"), 1.9. („Ein Jahr Bewährung der Heimat")

63 Völkischer Beobachter, 19.7.1940

64 Der Angriff, 10.9.1940. Hervorhebung durch die Vf.

65 Siehe Protokoll der Amtschefbesprechung des RSHA vom 7.9.1939. Zit. nach Deutschland im zweiten Weltkrieg, Bd. 1, S. 188

66 Dazu siehe vor allem die instruktiven Überlegungen von Nolzen, Die Rolle der NSDAP, S. 5 ff.

67 In diesem Sinne äußerte sich Hans Frank als Chef des Generalgouvernements in Polen am 12.4.194: „Wichtig sei vor allem, daß sich die Nationalsozialisten hier nicht

in Verbände und Gliederungen der NSDAP auflösten. Hier gebe es eine Überspezialisierung der Bewegung in diesem Sinne nicht. Er liebe es nicht, wenn sich auf diesem Boden die Angehörigen einzelner angeschlossener Verbände oder Gliederungen besonders heraushöben oder abgesondert von den anderen betätigten ...". Diensttagebuch des deutschen Generalgouverneurs in Polen 1939 – 1945. Hrsg. von Werner Präg und Wolfgang Jacobmeyer, Stuttgart 1975, S. 165

68 Zit. nach Speer, Erinnerungen, S. 466

69 Siehe dazu vor allem die verdienstvolle Reihe Europa unterm Hakenkreuz. Die Okkupationspolitik des deutschen Faschismus (1938-1945). Achtbändige Dokumentenedition. Bd. 1-6 hg. von Werner Bleyer u.a., ab Bd. 8 vom Bundesarchiv. Berlin und Berlin/Heidelberg 1988-1993. Siehe auch den Ergänzungsband 1: Okkupation und Kollaboration (1938-1945). Beiträge zu Konzepten und Praxis der Kollaboration in der deutschen Okkupationspolitik. Zusammengestellt und eingeleitet von Werner Röhr, Berlin/Heidelberg 1994. Zusammenhängend informiert über das Wechselverhältnis von Besatzungspolitik und Kapitalinteressen Bd. 8 der Reihe Europa unterm Hakenkreuz. Analysen, Quellen, Register. Zusammengestellt und eingeleitet von Werner Röhr. Hg. vom Bundesarchiv, Heidelberg 1996

70 Ebenda, S. 36 f.

71 Siehe George L. Mosse: Gefallen für das Vaterland. Nationales Heldentum und namenloses Sterben, Stuttgart 1993, S. 249 ff.

72 Die innere Front. Kriegssonderdienst der Nationalsozialistischen Parteikorrespondenz, 16.7.1940

73 Diensttagebuch des deutschen Generalgouverneurs in Polen, S. 211

74 Siehe Deutschland im zweiten Weltkrieg, Bd. 1, S. 418

75 BArch, Abt. R, Filmsammlung Nr. 13695

76 Siehe Olaf Groehler: Bombenkrieg gegen Deutschland, Berlin 1990

77 Anordnung 95/40 „Einsatz der Partei im Luftschutz". In: BArch, Abt. R, Filmsammlung 13695. Einige Monate später verfügte Hitler, die NSDAP sei „weitgehend für den Aufbau der Heimatflakbatterien einzusetzen" und habe die Erfassung des hierfür „notwendigen Personalbedarfs ... in jeder Beziehung zu erleichtern." In: Ebenda, Nr. 13721 P. Schließlich wurde Ende 1944 der bis dahin formell selbständig agierende Reichsluftschutzbund direkt in die Partei eingegliedert.

78 Siehe Friedrich Karl Kaul: Nazimordaktion T 4. Ein Bericht über die erste industriemäßig durchgeführte Mordaktion des Naziregimes, Berlin 1973, S. 169 ff.; Ernst Klee (Hg.): Dokumente zur „Euthanasie", Frankfurt a.M. 1985

79 Besprechungsnotiz vom 22. 2. 1940 im „Stab des Stellvertreters des Führers" über Kosten der Freimachung für die Wehrmacht, ZStA, Film Nr. 14442

80 BArch, Abt. R, NS 22/28. (unpag.)

81 Vertrauliche Informationen an alle Gauleitungen. Hg. von der Parteikanzlei. Folge 24 vom 28.5.1941. In: Ebenda, NSD 3/6-2/1

Anmerkungen zu Kapitel 14

1 Der Angriff, 25.6.1941

2 Völkischer Beobachter, 23.6.1941

3 Zu den Auseinandersetzungen um die Präventivkriegsthese siehe vor allem Gerd R. Ueberschär: Hitlers Entschluß zum „Lebensraum"-Krieg im Osten. Programmatisches

Anmerkungen

Ziel oder militärstrategisches Kalkül? In: Der deutsche Überfall auf die Sowjetunion. „Unternehmen Barbarossa" 1941. Hg. von Gerd R. Ueberschär und Wolfram Wette, Frankfurt a.M. 1991, S. 13 ff.; Wolfram Wette: Die propagandistische Begleitmusik zum deutschen Überfall auf die Sowjetunion am 22. Juni 1941. In: Ebenda, S. 45 ff. Wettes Untersuchungen belegen, daß in entscheidenden Besprechungen Hitlers mit führenden Politikern und Militärs nicht von einem „antibolschewistischen Feldzug" oder vom „Präventivkrieg" gesprochen worden ist: „Statt dessen dominierte hier die nackte Sprache der Machtpolitik: beherrschen – verwalten – ausbeuten. Auch von 'erschießen', 'aussiedeln', 'ausrotten, was sich gegen uns stellt' war die Rede. Mit anderen Worten: Das Bedürfnis der Menschen nach Erklärung versuchten die NS-Propagandisten mit Formeln abzusättigen, die mit der Wahrheit nichts zu tun hatten, aber im Wertesystem der Empfänger positive Reaktionen auslösten." (S. 63)

4   Völkischer Beobachter, 23.6.1941
5   Enzyklopädie des Nationalsozialismus. Hrsg. von Wolfgang Benz, Hermann Graml und Hermann Weiß, Stuttgart 1997, S. 96
6   Völkischer Beobachter, 4.10.1941
7   Meldungen aus dem Reich, Bd. 7, S. 2426 f. (Nr. 196 v. 23.6.1941)
8   Siehe Mechthild Rösler und Sabine Schleiermacher (Hg.) unter Mitarbeit von Cordula Tollmien: Der „Generalplan Ost". Hauptlinien der nationalsozialistischen Planungs- und Vernichtungspolitik, Berlin 1993. Siehe auch Dietrich Eichholtz: Geschichte der deutschen Kriegswirtschaft 1939-1945, Bd. 2, Berlin 1985, S. 430 ff.; Götz Aly und Susanne Heim: Vordenker der Vernichtung. Auschwitz und die deutschen Pläne für eine neue europäische Ordnung, Frankfurt a.M. 1993, S. 394 ff.; Rolf-Dieter Müller: Hitlers Ostkrieg und die deutsche Siedlungspolitik, Frankfurt a.M. 1991, S. 83 ff.
9   Siehe Die Kriegsziele Hitlerdeutschlands, S. 35 ff.
10 Der für den Kunstraub zuständige „Einsatzstab Reichsleiter Rosenberg" (ERR) war Mitte 1940 ins Leben gerufen worden. Siehe Charles de Jaeger: Das Führermuseum. Sonderauftrag Linz, Esslingen und München 1988, S. 73, 100 und 109 f.
11 Fall Barbarossa. Dokumente zur Vorbereitung der faschistischen Wehrmacht auf die Aggression gegen die Sowjetunion (1940/41), ausgewählt und eingel. von Erhard Moritz, Berlin 1970, S. 333
12 Ebenda, S. 286
13 Zit. nach Der Überfall auf die Sowjetunion, S. 276
14 Zit. nach Ronald Smelser: Robert Ley. Hitlers Mann an der „Arbeitsfront". Eine Biographie, Paderborn 1989, S. 259
15 Zit. nach Roth, Die Sozialpolitik des „europäischen Großraums", S. 526
16 BArch, Abt. R, NS 18/38, Bl. 3
17 Siehe Reuth, Goebbels, S. 504
18 Zum Folgenden siehe Weißbecker, „Wenn hier Deutsche wohnten ...", S. 37 ff.
19 BArch, Abt. R, NS 18/38, Bl. 6
20 Als ein besonders übles Machwerk ist zu nennen Friedrich Didier (Bearb.): Ich sah den Bolschewismus. Dokumente der Wahrheit gegen die bolschewistische Lüge. Thüringer Soldaten schreiben an ihren Gauleiter und Reichsstatthalter, Weimar 1942
21 BArch, Abt. R, NS 8/64, Bl. 98
22 Europas Soldaten berichten über die Sowjetunion, o.O. 1942, S. 58
23 BArch, Abt. R, NS 18/139, Bl. 2
24 Ebenda, NS 8/64, Bl. 110
25 Ebenda, Bl. 99 und 103

26 Zit. nach Helmut Krausnick: Judenverfolgung. In: Hans Buchheim, Martin Broszat, Hans-Adolf Jacobsen und Helmut Krausnick: Anatomie des SS-Staates, Bd. 2, München 1967, S. 300

27 Zit. nach dem Urteil des IMT gegen die deutschen Hauptkriegsverbrecher. In: Der Nürnberger Prozeß. Ausgewählt und eingeleitet von P.A. Steininger, Bd. I, Berlin 1957 S. 188

28 Zit. nach Kurt Pätzold/Erika Schwarz: Tagesordnung Judenmord. Die Wannsee-Konferenz am 20. Januar 1942. Eine Dokumentation zur Organisation der „Endlösung", Berlin 1992, S. 102 ff.

29 IMG, Bd. XXXIV, S. 130 f., Dok. 4064-PS

30 BArch, Abt. R, Filmsammlung, Nr. 15061

31 Zit. nach Alwin Ramme: Der Sicherheitsdienst der SS. Zu seiner Funktion im faschistischen Machtapparat und im Besatzungsregime des sogenannten Generalgouvernements Polen, Berlin 1970, S. 220

32 Belege finden sich dafür vor allem in den Berichten lokaler Behörden der nationalsozialistischen Organisationen. Auf sie stützt sich David Bankier: Die öffentliche Meinung im Hitler-Staat. Die „Endlösung" und die Deutschen. Eine Berichtigung, Berlin 1995, S. 141 f.

33 Völkischer Beobachter, 6.7.1941

34 Völkischer Beobachter, 29.9.1941

35 BArch, Abt. R., NS 22, vorl. Nr. 714, unpag.

36 BArch, Abt. R, Filmsammlung, Nr. 13689 P

37 Siehe Jochen von Lang: Der Sekretär. Martin Bormann. Der Mann, der Hitler beherrschte. Unter Mitarbeit von Claus Sibyll, Stuttgart 1977, S. 248 ff.

38 Das gilt nicht nur für Göring, dessen Prunksucht in aller Öffentlichkeit bekannt war, sondern für zahlreiche Parteiführer, z.b. auch für die Ausgestaltung ihrer Amtssitze und Privatwohnungen durch Heydrich, Frank und Greiser bei Prag, Krakau und Posen

39 Siehe Stufen zum Galgen, S. 266 ff.

40 Zit. nach Fall Barbarossa, S. 365. Hervorhebungen durch die Vf.

41 BArch, Abt. R, Filmsammlung, Nr. 13754

42 Fall Barbarossa, S. 291

43 Siehe Fall 9. Das Urteil im SS-Einsatzgruppenprozeß, gefällt am 10. April 1948 in Nürnberg vom Militärgerichtshof II der Vereinigten Staaten von Amerika. Hrsg. von Kazimierz Leszczydski mit einer Einleitung von Dr. Siegmar Quilitzsch, Berlin 1963, S. 31 ff.

44 Nolzen, Die Rolle der NSDAP, S. 12

45 Deutschland im zweiten Weltkrieg, Bd. 2, Berlin 1976, S. 279

46 Berichte über die Ergebnisse des Winterhilfswerks. In: BArch, Abt. R, NS 26/261 (unpag). Sie weisen im einzelnen aus:

```
1933/34 -   358.136.041 RM
1934/35 -   367.425.485 RM
1935/36 -   364.499.387 RM
1936/37 -   415.150.513 RM
1937/38 -   418.988.301 RM
1938/39 -   566.352.584 RM
1939/40 -   680.717.428 RM
1940/41 -   916.240.096 RM
1941/42 - 1.208.793.752 RM
1942/43 - 1.595.743.508 RM
=         6.892.047.095 RM
```

Das Aufkommen von 1941/42 setzte sich zusammen aus

A) Sammelergebnisse beim Reichsbeauftragten
- Opfer von Lohn und Gehalt   93.724.452,66 RM
- Spenden von Firmen und Organisationen 32.223.057,42 RM
- Spende der Reichsbahn   15.000.000,00 RM
- Spende der Privat- und Kleinbahnen   109.405,00 RM
- Sammlung zum Tag der Deutschen Polizei 819.284,25 RM
- Sammlung zum Tag der Wehrmacht   7.923.630,87 RM
- WHW-Lotterie   11.000.000.00 RM
- Spendenkarten   3.273.536,97 RM
- Sonstige Spenden und Einnahmen   11.612.299,45 RM

                                        175.235.666,62 RM

B) Sammelergebnisse bei den Gaubeauftragten
- Opfer von Lohn und Gehalt   142.615.702,63 RM
- Spenden von Firmen und Organisationen 237.850.224,60 RM
- Opfersonntage   236.986.628,73 RM
- Reichs- und Straßensammlungen   188.270.071,02 RM
- Sammlung zum Tag der Deutschen Polizei 56.152.125,96 RM
- Sammlung zum Tag der Wehrmacht   49.057.016,51 RM
- Gau-Straßensammlungen   39.662.565,25 RM
- Gau-Veranstaltungen   18.281.010,72 RM
- Sonstige Geldspenden und Einnahmen   46.523.620,08 RM

                                      1.015.398.965,50 RM

47 Die Tagebücher von Joseph Goebbels, Teil II, Bd. 15, bearb. von Maximilian Gschaid, München u.a. 1995, S. 261
48 BArch, Abt. R, Filmsammlung, Nr. 13677
49 In Bremen gab es sogar das Gerücht, Hitler habe die Ermordung Rövers befohlen. Inge Marßolek, René Ott: Bremen im Dritten Reich. Anpassung, Widerstand, Verfolgung. Unter Mitarbeit von Peter Brandt, Hartmut Müller, Hans-Josef Steinberg, Bremen 1986, S. 502
50 BArch, Abt. R., Filmsammlung, Nr. 380
51 Joseph Goebbels: Das eherne Herz. Reden und Aufsätze ausden Jahren 1941/42, München 1943, S. 417 f.
52 BArch, Abt. R, Filmsammlung, Nr. 14587
53 „Erlaß des Führers über den umfassenden Einsatz von Männern und Frauen für Aufgaben der Reichsverteidigung vom 13.1.1943". In: Ebenda, Sammlung Schumacher, Nr. 253, unpag.
54 Ebenda, Filmsammlung, Nr. 14588
55 Dietrich Eichholtz: Die Vorgeschichte des „Generalbevollmächtigten für den Arbeitseinsatz" (mit Dokumenten). In: Jahrbuch für Geschichte, Bd. 9, Berlin 1973, S. 356
56 Die Tatsachen stehen im Gegensatz zu der Behauptung, daß Speer die Reorganisation der Rüstungswirtschaft „unter weitgehender Ausschaltung der Parteiinstanzen und gleichsam gegen deren Willen durchgezogen" habe. Siehe W. J. Mommsen: Diskussionsbeitrag zu: Horst Matzerath und Heinrich Volkmann: Modernisierungstheorie und Nationalsozialismus. In: Geschichte und Gesellschaft, Sonderheft 3, Göttingen 1977, S. 107
57 Brief von Ley an Göring vom 5.3.1942. In: BArch, Abt. R, NS 22/ 976, unpag,

58 Zit. nach Eichholtz, Die Vorgeschichte, S. 367
59 Siehe Stufen zum Galgen, S. 297 ff.
60 Ulrich Herbert: Arbeit, Volkstum, Weltanschauung. Über Fremde und Deutsche im 20. Jahrhundert, Frankfurt a.M. 1995, S. 129. Siehe auch ders.: Fremdarbeiter-Politik und Praxis des „Ausländer-Einsatzes" in der Kriegswirtschaft des Dritten Reiches, Berlin und Bonn 1985
61 Siehe Eva Seeber: Zwangsarbeiter in der faschistischen Kriegswirtschaft, Berlin 1964
62 BArch, Abt. R, Filmsammlung, Nr. 5581
63 Bekanntgabe Bormanns vom 9.2.1944. In: Ebenda, Nr. 13719
64 SS im Einsatz. Eine Dokumentation über die Verbrechen der SS, Berlin 1967, S. 406. Hervorhebung durch die Vf.
65 Siehe Walter Bartel: Gutachten über Rolle und Bedeutung des KZ Dora-Mittelbau und die Funktion der SS bei der A 4-Produktion. Schriftenreihe des Präsidiums der Vereinigung der Verfolgten des Naziregimes, Frankfurt a.M. Main, H. 13/1970, S. 16
66 Siehe Kühnrich, Der KZ-Staat, S. 86
67 Enno Georg: Die wirtschaftlichen Unternehmungen der SS, Stuttgart 1963, S. 137
68 BArch, Abt. R, NS 5/33, unpag, Im Vergleich dazu sind folgende Zahlen von Interesse: Die Bilanzsumme der Deutschen Bank stieg 1942/43 von 7,5 Mrd. RM auf 8,7 Mrd. RM, die der Dresdner Bank von 5,7 Mrd. RM auf 6,7 Mrd. RM.
69 Ebenda, NS 22, vorl. Nr. 30, unpag.
70 Ebenda, NS 26, Bd. 319, unpag.
71 Siehe Klaus Drobisch u. a.: Juden unterm Hakenkreuz. Verfolgung und Ausrottung der deutschen Juden 1933-1945, Berlin 1973, S. 287
72 Zit. nach Wolfgang Bleyer u.a.: Deutschland von 1939 bis 1945. Lehrbuch der deutschen Geschichte (Beiträge), Beitrag 12, 2. überarb. Aufl., Berlin 1975, S. 201 f.
73 Ebenda. Hervorhebung durch die VF.
74 Die Tagebücher von Joseph Goebbels, Teil II, Bd. 6, September - Dezember 1942. Bearb. von Hartmut Mehringer, München u.a. 1996, S. 42 und 46 ff. (2.10.1942)
75 Ebenda, S. 169 f. (23.10.1942)

Anmerkungen zu Kapitel 15

1 So urteilt der amerikanische Historiker Dietrich Orlow in seinem Buch „The History of The Nazi Party 1933-1945", Pittsburgh 1973, S. 411
2 Siehe u.a. Die Tagebücher von Joseph Goebbels, Teil II, Bd. 7, Januar – März 1943, bearb. von Elke Fröhlich, München u.a. 1993, S. 487 ff. (6.3.1943); Lothar Gruchmann: Korruption im Dritten Reich. Zur „Lebensmittelversorgung" der NS-Führerschaft. In: VjZ, H. 4/1994, S. 571 ff.
3 Siehe Deutschland im zweiten Weltkrieg, Bd. 3, Berlin 1979, S. 188 f.
4 Zit. nach Bleyer u.a., Deutschland von 1939 bis 1945, S. 274
5 Weitere Tagungen der Reichs- und Gauleiter fanden am 7.5., 6.10., 11.11.1943 und 26.2.1944 statt.
6 Goebbels fand Verbündete in General Kurt Zeitzler, dem kurz zuvor neu ernannten Generalstabschef des Heeres, und in Rudolf Schmundt, dem Chefadjutanten der Wehrmacht bei Hitler. Nach einem Gespräch mit beiden im Führerhauptquartier bezeich-

Anmerkungen 565

nete er ihre Absprachen als „Komplott, das sich sehen lassen kann" und notierte: „Ich freue mich, daß ich auf diese Weise entgegenwirkende Tendenzen von vornherein abschirmen kann. Die Herren versprechen mir, jeden, der im Führerhauptquartier mit gegenteiligen Ansichten erscheint, schon vor seiner Unterredung mit dem Führer so fertigzumachen, daß er keine Gefahr mehr darstellt." Zu seinen Bundesgenossen zählte er „die Elite von Partei und Wehrmacht", die es schon zuwege bringen werde, die Elite des Staates zu den notwendigen Einsichten zu zwingen. Die Tagebücher von Joseph Goebbels, Teil II, Bd. 7, S. 165 ff. (23.1.1943)

7 Die Rede wurde sofort mit einer Auflage von einer Million Exemplaren gedruckt. Die NSDAP-Ortsgruppen hatten sie zu verbreiten und auch an die von ihnen betreuten Soldaten zu verschicken. BArch, Abt. R, Filmsammlung, Nr. 1662. Goebbels hatte schon geraume Zeit zuvor die totale Kriegführung als „das Problem des Tages" bezeichnet und gemeint: „Wir muten der vordersten Front zuviel und der hintersten Heimat zuwenig zu. Mit kleinen Handgriffen ist das nicht mehr zu bewerkstelligen., sondern man muß schon radikale Eingriffe machen, um hier den gewünschten Ausgleich herbeizuführen. Ich plädiere für eine Einstellung der gesamten Industrie für die zivile Versorgung, die nicht unbedingt kriegsnotwendig ist; alle Luxuslokale und Luxusgeschäfte sind zu schließen, unter allen Umständen muß der Frauenarbeitsdienst eingeführt werden." Die Tagebücher von Joseph Goebbels, Teil II, Bd. 7, S. 52 und 50 (5.1.1943)

8 Rundschreiben Nr. 24/43 vom 12.2.1943. In: BArch, Abt. R, Sammlung Schumacher, Nr. 253. Im März 1943 begann – durch mehrere Gauleiter dazu angeregt – die Partei-Kanzlei ferner, die Auflösung des Nationalsozialistischen Reichskriegerbundes vorzubereiten. Dessen Vermögen sollte in einer Kyffhäuser-Stiftung aufgehen, der auch das Denkmal übergeben wurde. Gleichzeitig kaufte die Partei den das Denkmal umgebenden Wald auf und schenkte ihn der Stiftung. Akten der Partei-Kanzlei, Teil 1, Regest Nr. 16535

9 BArch, Abt. R, Filmsammlung, Nr. 1622

10 Ebenda

11 Ebenda, NS 8/241, Bl. 72

12 Siehe ebenda, R 6/85

13 Brief von Haegert an Goebbels vom13.4.1942. In: Ebenda, NS 18/224 (unpag.)

14 Die Tagebücher von Joseph Goebbels, Teil II, Bd. 7, S. 110 (14.1.1943)

15 BArch, Abt. R, NS 18/417 (unpag.)

16 Ebenda, NS 18/770 und 417

17 Die Tagebücher von Goebbels, Teil II, Bd. 7, S. 289 ff. (8.2.1943)

18 Text auszugsweise in Wolfgang Michalka (Hg.): Das Dritte Reich. Dokumente zur Innen- und Außenpolitik, Bd. 2, München 1985, S. 212 f.

19 BArch, Abt. R, NS 18/417

20 Zit. nach Michalka, Das Dritte Reich, S. 214

21 Akten der Partei-Kanzlei der NSDAP, Teil 1, Regest Nr. 16872

22 Verfügungen, Anordnungen, Bekanntgaben, hg. von der Parteikanzlei, München (1944), Bd. IV, S. 5.

23 BArch, Abt. R, Filmsammlung, Nr. 5581

24 Ebenda, Nr. 13718

25 Die Tagebücher von Joseph Goebbels, Teil II, Bd. 9, Juli - September 1943, bearb. von Manfred Kittel, München u.a. 1993, S. 148 (23.7.1943) und S. 234 (7.8.1943) In diesem Zusammenhang vermerkte der Tagebuchschreiber auch, daß „hier und da schon ziemlich ausgiebig" Kritik an Hitler geübt werde.

26 Die Tagebücher von Joseph Goebbels, Teil II, Bd. 9, S. 143 (22.7.1943); Im Herbst erklärte er sich den Mißerfolg von Demonstrationsmärschen der SA durch Berlin so: „Das liegt daran, daß die Bevölkerung nicht über den Anteil der SA und der Partei am Bluteinsatz in diesem Kriege orientiert ist. Ich habe deshalb immer den Standpunkt vertreten, daß, bevor die Partei in geschlossenen Demonstrationsaufmärschen auftritt, sie zuerst der Bevölkerung einmal klarmachen muß, wie stark sie am Kriege beteiligt ist und einen wieviel höheren Prozentsatz sie bei den Blutverlusten stellt als die übrige Bevölkerung; dann erst, wenn das der Bevölkerung klar ist, wird man auch wieder mit Fug und Recht die Mannschaft des Nationalsozialismus geschlossen auf der Straße zeigen können." Ebenda, Teil II, Bd. 10, Oktober - Dezember 1943, bearb. von Volker Dahm, München u.a. 1994, S.143 (21.10.1943). Diese Auffassung hinderte Goebbels jedoch keineswegs daran, selbst eine „Kampfversammlungswelle im alten Stil" für den März 1944 vorzusehen. Er wollte diese in einer Zusammenkunft aller Kreispropagandaleiter eröffnen. Ebenda, S. 505 (19.12.1943)

27 Die Tagebücher von Joseph Goebbels, Teil II, Bd. 9, S. 298 f. (16.8.1943), S. 380 (28.8.1943) und S. 410 (2.9.1943)

28 BArch, Abt. R, NS 6/167. Diese Forderungen waren auch mit der Einschätzung verbunden, daß die Stimmung in Deutschland „auf keinen Fall allein mehr mit mechanischen Propagandamitteln zu lenken" sei. Daher sollte „seitens der Partei wie in der Kampfzeit eine äußerst rege und lebendige Mundpropaganda" betrieben und eine „Initiative zur Stärkung der Propagandaarbeit von Mann zu Mann" eingeleitet werden.

29 Thüringer Gauzeitung, 1.11.1943

30 Zit. nach Franz Josef Heyen: Nationalsozialismus im Alltag. Quellen zur Geschichte des Nationalsozialismus vornehmlich im Raum Mainz-Koblenz-Trier, Boppard 1967, S. 309

31 Schulungs-Unterlagen. Hg. vom Reichsorganisationsleiter der NSDAP, Nr. 9/1943, S. 5. Verbunden war dies mit dem Eingeständnis, im Winter 1942/43 hätte manche am Sieg gezweifelt und das Parteiabzeichen abgelegt. (S. 4)

32 Verfügungen, Anordnungen, Bekanntgaben, S. 177 f.

33 Siehe Robert Gellately: Die Gestapo und die deutsche Gesellschaft. Die Durchsetzung der Rassenpolitik 1933-1945, Paderborn 1993; differenzierter urteilt Gisela Diewald-Kerkmann: Politische Denunziation im NS-Regime oder die kleine Macht der „Volksgenossen", Bonn 1995

34 Ebenda, S. 14

35 So äußerte sich Gellately in Teil 2 der BBC-Fernsehserie „Die Nazis", die am 23.11.1997 vom Sender N3 ausgestrahlt worden ist.

36 Darauf verweist Diewald-Kerkmann, Politische Denunziation, S. 179

37 BArch, Abt. R, Filmsammlung, Nr. 13695

38 Ebenda, Nr. 13721 P

39 Ebenda. Nr. 1622

40 Wie vorsichtig die Partei-Kanzlei diesen gegenüber taktierte, geht aus einer Bemerkung hervor, die Friedrichs Rosenberg übermittelte: „Die Partei-Kanzlei habe nicht den Ehrgeiz, alles allein zu machen; es komme ihr nur darauf an, ausgleichend zu wirken und die Gesamtinteressen der Partei nach außen zu vertreten. Schwierigkeiten seien entstanden dadurch, daß die Mitarbeiter der Parteikanzlei häufig wechselten; er bitte um Verständnis dafür, daß die Parteikanzlei habe ja ihre Mitarbeiter immer wieder an Stellen abzugeben, wo Politische Leiter gebraucht würden." Aktenvermerk über Gespräch von Vertretern Rosenbergs bei Friedrichs am 29.9.1944. In: BArch., Abt. R., Filmsammlung, Nr. 13684

Anmerkungen

41 Siehe Peter Hüttenberger: Die Gauleiter. Studie zum Wandel des Machtgefüges in der NSDAP, Stuttgart 1969, S. 196

42 Peter Longerich: Hitlers Stellvertreter. Führung und Kontrolle des Staatsapparates durch den Stab Heß und die Partei-Kanzlei Bormann, München u.a. 1992, S. 167

43 Akten der Partei-Kanzlei, Teil 1, Regest Nr. 16578

44 Ausführlich dazu Longerich, Hitlers Stellvertreter, S, 179 ff. Eine Übersicht über Organisation und personelle Besetzung befindet sich ebenda, S. 265 ff.

45 Friedrichs war ursprünglich als Gaugeschäftsführer in Kurhessen tätig gewesen.

46 Klopfer war erst 1933 der NSDAP beigetreten. Am 20.1.1942 nahm er als Vertreter der Partei-Kanzlei an der Wannsee-Konferenz teil.

47 Siehe Gerhard Kratzsch: Der Gauwirtschaftsapparat der NSDAP. Menschenführung, „Arisierung", Wehrwirtschaft im Gau Westfalen-Süd. Eine Studie zur Herrschaftspraxis im totalitären Staat, Münster 1989

48 Ende 1998 wird erstmalig eine Gesamtübersicht über alle Gauleiter, deren Stellvertreter und sonstige mit der Führung beauftragte Personen vorliegen, verbunden mit biographischen Angaben und statistischen Materialien zur Entwicklung der einzelnen NSDAP-Gaue. Diesen Hinweis verdanken die Vf. Pavlat Jaromir.

49 BArch, Abt. R, Filmsammlung, Nr. 13721

50 Schreiben des Reichsorganisationsleiters der NSDAP Robert Ley an den Gauleiter von Baden Robert Wagner vom 3.5.1944. In: BArch, Abt. R, Filmsammlung, Nr. 3869

51 Akten der Partei-Kanzlei, Teil 1, Regest Nr. 17232

52 BArch, Abt. R, Filmsammlung, Nr. 380

53 Ebenda, NS 22/ 29

54 Bericht von Hoffmann an Bormann vom 20.8.1942. In: Ebenda, Filmsammlung, Nr. 14440

55 Franks Widerpart, der Höhere SS- und Polizeiführer Ost, SS-Obergruppenführer Krüger, übermittelte am 2. Januar 1943 einen Bericht von Globocnik (SS-Gruppenführer und Distriktstandortführer Lublin der NSDAP) an die Partei-Kanzlei. Dieser enthielt den Vorwurf, Personalpolitik werden ohne Rücksicht auf Parteiinteressen gehandhabt. Außerdem monierte er, daß einige der Stützpunkte der NSDAP, die von SS-Führern und alten Parteigenossen eingerichtet worden waren, durch Frank aufgelöst worden seien. Der Generalgouverneur habe stattdessen Beamte herangezogen, obwohl sie keine zureichende „Parteiqualität" aufgewiesen hätten. Siehe Akten der Partei-Kanzlei der NSDAP, Bd. 1, Regest Nr. 16444 a

56 Vorgang „Einschaltung der Partei bei Uk-Stellungen". In: BArch, Abt. R., Filmsammlung Nr. 14438

57 Ebenda, Nr. 13693

58 Ebenda, Nr. 13730

59 Ebenda, Nr. 1662

60 Aktenvermerk Bormann für Friedrichs und Klopfer vom 14.4.1942. In: Ebenda, Nr. 14588

61 Aktenvermerk Bormanns für Friedrichs und Klopfer vom 14. 4. 1942. In: Ebenda, Nr. 14588

62 Meldungen aus dem Reich, Bd. 14, S. 5446 (8.7.1943)

63 BArch, Abt. R, Filmsammlung, Nr. 13673

64 Meldungen as dem Reich, Bd. 14, S. 5621 (16.8.1943)

65 Ebenda, S. 5542 (29.7.1943)

66 BArch, Abt. R, NS 6/411, unpag.
67 Meldungen aus dem Reich, Bd. 14, S. 5603 ff. (12.8.1943)
68 BArch, Abt. R, Filmsammlung, Nr. 13720. Hervorhebung durch die Vf.
69 Ebenda, Dienststelle Rosenberg, Nr. 4, Bl. 171 f. Hervorhebung durch die Vf.
70 Führungshinweis Nr. 17 der Parteikanzlei, durch die Gauleitung Baden an die Funktionäre im Gau mitgeteilt am 25. 5. 1944. In: Ebenda, Nr. 10913,
71 Zit. nach Wolfgang Bleyer: Staat und Monopole im „totalen Krieg". Der staatsmonopolistiscbe Machtapparat und die „totale Mobilisierung" im ersten Halbjahr 1943, Berlin 1970, S. 185
72 Schulungs-Unterlage. Hg. vom Reichsorganisationsleiter, Hauptschulungsamt, o.O. 1943, S. 3
73 BArch, Abt. R, Filmsammlung 19602/38264 (Bl. 593-608). Ley übergab den Bericht am 5.2.1944 an Hitler
74 Völkischer Beobachter, 24.12.1943
75 Meldungen aus dem Reich, Bd. 17, S. 6220 (6.1.1944)

Anmerkungen zu Kapitel 16

1 Ebenda, S. 6563 (1.6.1944)
2 Ebenda, S. 6576 (8.6.1944)
3 Ebenda, Bd. 17, S. 6572 f. (8.6.1944)
4 Joseph Goebbels: Die Frage der Vergeltung. In: Das Reich, 23.7.1944. Offensichtlich reagierte Goebbels damit auch auf die Enttäuschung über den Einsatz der V1, der in Südengland geringere Wirkungen als erwartet hervorrief. Die neuen Waffen seien mit der V1 „gar nicht mehr vergleichbar."
5 BArch, Abt. R, Filmsammlung, Nr. 13669. Hervorhebung durch die Vf.
6 Auf einer Veranstaltung in München soll Gauleiter Wagner gesagt haben, wenn der Krieg gewonnen werde, sei dies das Verdienst der Partei, wenn er verloren ginge, trage die Wehrmacht die Schuld. Gerüchte besagten, er sei daraufhin von Offizieren tätlich angegriffen worden und die hierbei erlittenen Verletzungen hätten zu seinem Tod am 12.4.1944 geführt. Meldungen aus dem Reich, Bd. 17, S. 6643 (13.7.1944)
7 Siehe Elke Fröhlich: Hitler und Goebbels im Krisenjahr 1944. Aus den Tagebüchern des Reichspropagandaministers, Wiesbaden 1990, S. 12
8 Die Tagebücher von Joseph Goebbels, Teil II, Bd. 12, April - Juni 1944. Bearb. von Hartmut Mehringer, München u.a. 1995, S. 194 ((27.4.1944)
9 Siehe Die Kriegsziele Hitlerdeutschlands, S. 68 ff.
10 Joachim Piskol: Konzeptionelle Pläne und Maßnahmen der deutschen Monopolbourgeoisie für den Übergang vom imperialistischen Krieg zum imperialistischen Frieden und zur Rettung ihrer Machtgrundlagen aus der faschistischen Niederlage (1943-1945), Phil. Diss., Berlin 1972, S. 237
11 Zahlreiche SD-Meldungen aus dem Reich spiegeln dies aufschlußreich wider.
12 Ludwig Erhard: Kriegsfinanzierung und Schuldenkonsolidierung. Faksimiledruck der Denkschrift von 1943/44. Mit Vorbemerkungen von L. Erhard, Th. Eschenburg und G. Schmölders, Frankfurt a.M. u.a. 1977
13 Anatomie des Krieges. Neue Dokumente über die Rolle des deutschen Monopolkapi-

Anmerkungen 569

tals bei der Vorbereitung und Durchführung des zweiten Weltkrieges. Hg. und eingel. von Dietrich Eichholtz und Wolfgang Schumann, Berlin 1969

14 Zu den Nachkriegsplanungen siehe vor allem Wolfgang Schumann: Die wirtschaftspolitische Überlebensstrategie des deutschen Imperialismus in der Endphase des zweiten Weltkrieges, in: ZfG, H. 6/1979, S. 499; Deutschland im zweiten Weltkrieg, Bd. 6, Berlin 1985, S. 191 ff.; Finker, Der 20. Juli 1944, S. 229 ff.; Hans Mommsen: Verfassungs- und Verwaltungsreformpläne der Widerstandsgruppen des 20. Juli 1944. In: Der Widerstand gegen den Nationalsozialismus. Die deutsche Gesellschaft und der Widerstand gegen Hitler, München und Zürich 1985, S. 570 ff.; Karl Heinz Roth: Wirtschaftliche Vorbereitungen auf das Kriegsende und Nachkriegsplanungen. In: Dietrich Eichholtz: Geschichte der deutschen Kriegswirtschaft 1939-1945. Bd. III: 1943-1945. Unter Mitarbeit von Hagen Fleicher, Manfred Oertel, Berthold Puchert und Karl Heinz Roth, Berlin 1996, S. 509 ff.

15 Zu Witzleben siehe Kurt Finker: Der 20. Juli 1944. Militärputsch oder Revolution? Berlin 1994, S. 82 ff.

16 Zit. nach Daniil Melnikow: 20. Juli 1944. Legende und Wirklichkeit, Berlin 1966, S. 193

17 Gerhard Ritter: Carl Goerdeler und die deutsche Widerstandsbewegung, Stuttgart 1955, S. 558

18 Siehe Kurt Finker: Stauffenberg und der 20. Juli 1944, Berlin 7./1989, S. 146 f.

19 Fröhlich, Hitler und Goebbels, S. 13

20 Finker, Stauffenberg und der 20. Juli 1944, S. 245

21 Zit. nach Wolfgang Venohr: Patrioten gegen Hitler. Der Weg zum 20. Juli 1944. Eine dokumentarische und szenische Rekonstruktion, Bergisch Gladbach 1994, S. 193 f. Zu Helldorf siehe auch: Ted Harrison, „Alte Kämpfer" im Widerstand. Graf Helldorff, die NS-Bewegung und die Opposition gegen Hitler. In: VjZ, H. 3/1997, S. 422 ff. Siehe auch Ulrich Heinemann: Widerstand als politischer Lernprozeß. Caesar von Hofacker und der 20. Juli 1944. In: Von der Aufgabe der Freiheit. Politische Verantwortung und bürgerliche Gesellschaft im 19. und 20. Jahrhundert. Festschrift für Hans Mommsen zum 5. November 1995, Berlin 1995, S. 451 ff.; Ulrich Heinemann: Ein konservativer Rebell. Fritz-Dietlof Graf von der Schulenburg und der 20. Juli 1944, Berlin 1990

22 Meldungen aus dem Reich, Bd. 17, S. 6739 (Ende März 1945)

23 Briefentwurf für Rosenberg vom 5.9.1944. In: BArch, Abt. R, Filmsammlung, Nr. 13669. Er gipfelte in der Erklärung, der totale Kriegseinsatz sei in seiner bisherigen Form auf halbem Wege stecken geblieben, weil „die letzte große weltanschauliche Fundierung" fehle und die Probleme nur auf dem Verordnungswege gelöst würden. Das Volk verspüre leider nicht mehr „den lebendigen Willen des Führers".

24 Meldungen aus dem Reich, Bd. 17, S. 6688 ff. (4.8.1944). Der Bericht zitierte einen Politischen Leiter der NSDAP mit den Worten: „Es wird meines Erachtens zu viel Wert auf die Überbringung gelegt, statt zu bedenken, *welcher Zweck verfolgt wird.* Der Zweck der Benachrichtigung ist doch der, es soll *nicht der Priester* mit seiner Salbaderei zuerst den Trost spenden, mit leerem Judengeschwätz, sondern der *Hoheitsträger soll als Freund kommen* und praktisch helfen, nicht nur mit leeren Worten. Dazu braucht er aber nicht Briefträger zu sein." (Ebenda, S. 6691)

25 Das Ausmaß des Kreises der Parteifunktionäre, die mit dem Ende des Krieges in den Ruhestand treten. Vorlage an Pg. Friedrichs vom 12.4.1944. In: BArch, Abt. R, Filmsammlung, Nr. 13684. In der Vorlage hieß es u.a.: „Überall draußen macht man die Erfahrung, daß die Wirkung selbst einer wunderbaren Haltung von 95 deutschen Menschen zerstiebt vor der Auswirkung der Untaten, die sich im gleichen Raum fünf Hemmungslose leisten ... Die Not, in welche wir – um der Aufrechterhaltung unseres

Prestiges willen – vor allem dem Staat gegenüber geraten waren, zwang uns, koste es was es wolle, an unseren Schützlingen Gutes zu finden. So entstand die fromme Lüge vom Werte des Rabauken und der Bedeutung des Propagandisten für unsere Zeit. Diese Meinung vor uns aufrechterhalten zu können, gingen wir schließlich so weit, Gespenster zu sehen, indem wir die Vorstellung in uns nährten, als sei der Geist der Zeit, wenn auch an allen Ecken und Enden im deutschen Volk, so doch an *einer* Stelle in keiner Weise zur Geltung gekommen: wir redeten uns ein, im Bereiche der staatlichen Machtausübung gäbe es auf der ganzen Linie nur Verständnislosigkeit und intellektuellen Kampf, so daß es auf dem Parteisektor des wilden Mannes bedürfe, wenn das Gleichgewicht der Kräfte zum Segen des Ganzen gewährleistet sein soll."

26 BArch, Abt. R, Filmsammlung, Nr. 13669

27 Vorlage an Pg. Dr. Klopfer vom 13.4.1944. In: Ebenda, Nr. 13684

28 Siehe Wolfgang Schumann: Politische Aspekte der Nachkriegsplanungen des faschistischen deutschen Imperialismus in der Endphase des zweiten Weltkrieges. In: ZfG 5/1979, S. 406 f.

29 Albert Speer: Erinnerungen, Frankfurt/Main u.a. 1969. Siehe zu Speer vor allem Gitta Sereny: Das Ringen mit der Wahrheit. Albert Speer und das deutsche Trauma, München 1995

30 „Führervorlage" vom 25.1.1944. In: Ebenda, Film Nr. 3385. Hervorhebung durch die Vf.

31 Brief Friedrichs an Bormann vom 29. 6. 1944 mit handschriftlichen Randbemerkungen Bormanns. In: Ebenda, Nr. 14437

32 Brief Keitels an Bormann vom 12.7.1944. In: Ebenda, Nr. 14437

33 Bormann habe große Schwierigkeiten mit Himmler, notierte Goebbels am 18.4.1944, weil dieser sich „mehr Macht, insbesondere auch auf dem Parteisektor, anzueignen versucht. Das muß etwas abgestoppt werden, denn Himmler hat soviel an Einfluß und Autorität, daß er sich damit zufrieden geben könnte." Die Tagebücher von Joseph Goebbels, Teil II, Bd. Bd. 12, S. 127. So scheiterte auch Himmlers Versuch, durch eine Kommission des Reichsinnenministeriums in den Gauen prüfen zu lassen, ob diese nicht noch mehr an Evakuierten und Umquartierten aufnehmen könnten. Goebbels konterte: „Es geht nicht an, daß ein Gauleiter in seiner Macht durch Beamte des Innenministeriums überprüft wird. Es muß sich ein anderer Weg finden lassen, um zum selben Ergebnis zu kommen." Ebenda, S. 195 (27.4.1944)

34 Ebenda, Bd. 15, S. 194 f. (23.1.1945). Goebbels war sich bewußt, direkt in Befugnisse Hitlers einzugreifen und argumentierte: „Das Heer hat einen Oberbefehlshaber dringend nötig; denn die Tatsache, daß der Führer sein Oberbefehlshaber ist, bedeutet zwar für das Heer eine große Ehre, aber die Interessen des Heeres sind dadurch natürlich wenig gewahrt, da der Führer ja über den Teilinteressen der einzelnen Wehrmachtteile steht."

35 Ebenda, S. 197 (23.1.1944)

36 Eine entsprechende Anordnung existierte bereits seit dem 19. 1. 1940. Siehe BArch, Abt. R., Filmsammlung Nr. 13695

37 Siehe Jill Stephenson: The Nazi Organisation of Women, London und New York 1981

38 Siehe Herwart Vorländer: Die NSV. Darstellung und Dokumentation einer nationalsozialistischen Organisation, Boppard am Rhein 1988

39 Siehe Arno Klönne: Hitlerjugend. Die Jugend und ihre Organisation im Dritten Reich, Hannover und Frankfurt/Main 1956, S. 24. Zu den Funktionsschwächen der HJ und der in agrarisch oder kleinstädtisch geprägten Regionen begrenzten HJ-Sozialisation siehe ders.: Jugend im Dritten Reich. Die Hitler-Jugend und ihre Gegner, Düsseldorf, Köln 1984, S. 134 ff.

Anmerkungen 571

40 Die unmittelbar nach dem Attentat auf Hitler vom 20.7.1944 erfolgte Ernennung zum „Reichsbevollmächtigten für den totalen Kriegseinsatz" verband Hitler allerdings mit einer Reihe von Einschränkungen. Siehe Dieter Rebentisch: Führerstaat und Verwaltung im Zweiten Weltkrieg. Verfassungsentwicklung und Verwaltungspolitik 1039-1945, Stuttgart 1989, S. 516 ff.

41 Bericht „Ein Jahr NS-Führung in der Wehrmacht". In: BArch, Abt. R, Filmsammlung, Nr. 14438. Für die hauptamtlichen NSFO waren zu diesem Zeitpunkt sogar 1251 Stellen vorgesehen, die binnen kurzem um 253 erweitert werden sollten. Außerdem arbeiteten 96 NSFO im OKW, wovon nur 74 Parteigenossen waren. Bericht: Ein Jahr NS-Führung in der Wehrmacht. In: BArch., Abt. R, Filmsammlung, Nr. 14438

42 Ebenda, Filmsammlung, Nr. 13718

43 Darunter verstand er vor allem das Auswechseln von „40- oder 50.000 unbrauchbarer Offiziere" sowie eine Überholung der Wehrmacht „durch Zivilkommissare seitens der Partei". Die Tagebücher von Joseph Goebbels, Teil II, Bd. 12, S. 519 und 522 (22.6.1944). Später forderte er, aus der Wehrmacht selbst eine Millionen Soldaten zum unmittelbaren Fronteinsatz „herauszupressen". Ebenda, Bd. 15, S. 199 (23.1.1945)

44 Zit. nach Gerhard L. Weinberg: Adolf Hitler und der NS-Führungsoffizier (NSFO), in: VjZ, 12. Jg. (1964), H. 4, S. 453

45 Zit. nach Waldemar Besson: Zur Geschichte des Nationalsozialistischen Führungsoffiziers (NSFO), in: Ebenda, 9. Jg. (1961), H. 1, S. 110

46 Ebenda, S. 79

47 Manfred Messerschmidt und Fritz Wüllner: Die Wehrmachtjustiz im Dienste des Nationalsozialismus. Zerstörung einer Legende, Baden-Baden 1987, S. 143; siehe auch Gerhard Paul: Ungehorsame Soldaten. Dissens, Verweigerung und Widerstand deutscher Soldaten (1939-1945), St. Ingbert 1994. Durch Goebbels ist belegt, daß Hitler trotz der großen Zahl an Todesurteilen mit der Wehrmachtjustiz nicht zufrieden war. Die Tagebücher von Joseph Goebbels, Teil II, Bd. 15, S. 199 (23.1.1945)

48 BArch, Abt. R, Filmsammlung, Nr. 13673

49 Rundschreiben Bormanns vom 30.5.1944. In: IMT, Bd. 25, S. 112 ff. (Dok. PS-057); siehe auch ebenda, Bd. 37, S. 602 (Dok. L-154)

50 Siehe Laurence Rees: Die Nazis. Eine Warnung der Geschichte, München und Zürich 1997, S. 241

51 BArch, Abt. R, Filmsammlung,, Nr. 14437

52 Ebenda, Nr. 13720

53 Aktenvermerk betr. Bewaffnung der NSDAP vom 30.8.1944 über ein Gespräch zwischen Bormann und Himmler. In: Ebenda, Nr. 14588. Himmler wandte sich allerdings gegen regelrechte bewaffnete Parteiformationen, wie sie im Gau Schwaben aufgebaut worden seien.

54 Ebenda, Film Nr. 13673. Dem waren offensichtlich Auseinandersetzungen in der Parteikanzlei vorausgegangen, in denen das Argument auftauchte, es sei „auf jeden Fall ein Unding, den sogenannten Generalstab der Partei stellen- und personalmäßig zu erhalten und dafür im Lande keine fähigen Kreisleiter, Gauhauptamtsleiter und dergleichen zu haben." Niederschrift über eine Besprechung in der Parteikanzlei vom 7./ 8.1944. In: Ebenda, Nr. 13684

55 Ebenda, Film Nr. 13719

56 Übersicht der zur Verfügung stehenden hauptberuflichen Angehörigen der Partei, ihrer Gliederungen und angeschlossenen Verbände (Juli 1944). In: Ebenda, Nr. 14588.

57 Übersicht über die Einsparungsmaßnahmen der Partei vom 18.10.1944. In: Ebenda, Nr. 13729

58 Im einzelnen argumentierte Ley: „Die Partei führt den Staat. Die Partei trägt die Rüstung und Produktion. Die Partei mobilisiert das Landvolk. Die Partei baut Schutzwälle in Ost, Süd und West. Die Partei organisiert den Volkssturm. Die Partei ist die Seele des deutschen Widerstandes. Die Partei ist Deutschland." Ley zum 1.1.1945. In: Der Hoheitsträger, 69. Folge

59 Siehe dazu Klaus-Dietmar Henke: Die amerikanische Besetzung Deutschlands, München 2./1996, S. 124 ff.

60 Zum Folgenden siehe Klaus Mammach: Der Volkssturm. Bestandteil des totalen Kriegseinsatzes der deutschen Bevölkerung 1944/45, Berlin 1981; Franz W. Seidler: Deutscher Volkssturm. Das letzte Aufgebot 1944/45, München 1989

61 Siehe Die Tagebücher von Joseph Goebbels, Teil II, Bd. 15, Januar - April 1945. Bearb. von Maximilian Gschaid, München u.a. 1995, S. 569 (29.6.1944)

62 BArch, Abt. R, Filmsammlung, Nr. 13719

63 Noch in den letzten Kriegswochen wollte Ley 10.000 Mitglieder zu einem „Freikorps Adolf Hitler" zusammenfassen. Siehe Die Tagebücher von Joseph Goebbels, Bd. 15, S. 637 f. (30.3.1945)

64 Rundschreiben 167/43 vom 26.11.1943. In: BArch., Abt. R, Filmsammlung, Nr. 13720

65 Die Tagebücher von Joseph Goebbels, Teil II, Bd. 15, Januar - April 1945. Bearb. von Maximilian Gschaid, München u.a. 1995, S. 677 (4.4.1945) In dieser Eintragung hieß es, daß die Partei „im Westen ziemlich ausgespielt" habe und ein starker Vertrauensschwund festzustellen sei. Ferner schrieb er: „Von Bormann laufen wieder eine Unmenge von neuen Erlassen und Verfügungen ein. Bormann hat aus der Parteikanzlei eine Papierkanzlei gemacht. Jeden Tag versendet er einen Berg von Briefen und Akten, die der heute im Kampf stehende Gauleiter praktisch nicht einmal mehr durchlesen kann. Zum Teil handelt es sich dabei um durchaus nutzloses Zeug, das für den praktischen Kampf gar nicht verwertbar ist. Auch in der Partei verfügen wir nicht über eine klare, mitten im Volke stehende Führung ..."

66 Siehe dazu neuerdings die quellenmäßig gut fundierten Untersuchungen von Bernhard Fisch: Nemmersdorf. Oktober 1944. Was in Ostpreußen tatsächlich geschah. Mit einem Nachwort von Ralph Giordano und einem Vorwort von Wolfgang Wünsche, Berlin 1997

67 Siehe Fritz Brustat-Naval: Unternehmen Rettung. Letztes Schiff nach Westen, Herford 3/1970

68 Siehe Fritz Petrick: Deutsche „Flüchtlinge" in Dänemark Februar 1945 - Februar 1949. In: Fritz Petrick (Hg.): Kapitulation und Befreiung. Das Ende des Zweiten Weltkrieges in Europa, Münster 1997, S. 51 ff.

69 Siehe Fisch, Nemmersdorf, S. 141 ff. und S. 160 ff. Der Vf. gibt den entsprechenden Kapiteln seines Buches die Titel „Was Goebbels aus Nemmersdorf machte" und „Wie die Goebbelspropaganda in die Geschichte einging".

70 Siehe Die Tagebücher von Joseph Goebbels, Teil II, Bd. 15, S. 193 und 210 (23.1.1945), S. 283 (31.1.1945), S. 672 (4.4.1945)

71 Werner Meyer: Götterdämmerung. April 1945 in Bayreuth, Percha am Starnberger See 1975, S. 201 ff.

72 Goebbels bezeichnete Hanke als eine „richtige Führerpersönlichkeit". Und zu Malitz notierte er: Wenn alle Kreisleiter so wären, könnten „die Sowjets praktisch nicht weitermarschieren". Die Tagebücher von Joseph Goebbels, Bd. 15, S. 365 (12.2.1945). Siehe auch die Auszüge aus der 1948 erhobenen Anklage gegen Malitz in Karl-Heinz Gräfe und Hans-Jürgen Töpfer: Ausgesondert und fast vergessen. KZ-Außenlager auf dem Territorium des heutigen Sachsen, Dresden 1996, S. 61 ff.

Anmerkungen 573

73 Einer der Beteiligten fragte in seinem Erfahrungsbericht vom 22.3.1945, ob es denn überhaupt erforderlich sei, „daß wir uns zur Durchführung der polischen Aufgaben in Wehrmachtsuniformen tarnen" und schrieb: „Ich halte einen derartigen Einsatz für viel wirkungsvoller und erfolgreicher, wenn die Männer der Partei-Kanzlei auch draußen bei der Fronttruppe als Politische Leiter auftreten." In: BArch, Abt. R, Filmsammlung, Nr 13720
74 Ebenda, Nr. 373
75 Ebenda
76 Ebenda, Nr. 521
77 Ebenda.
78 Henke, Die amerikanische Besetzung Deutschlands, S. 124
79 BArch, Abt. R, Filmsammlung, Nr. 373. Im einzelnen ging es um die Meldung von Verstößen gegen Bormanns Anordnung betr. Verhalten der Parteiführerschaft in Gebieten, die vom Feind besetzt werden (23.1.1945), gegen die Rundschreiben betr. Verhalten führender Parteigenossen in feindbedrohten Gebieten (27.1.1945) und betr. Bekämpfung beunruhigender Gerüchte über die Frontlage (1.2.1945) sowie gegen die Anordnung betr. Zuverlässigkeit und Disziplin in der Arbeit der Partei (1.2.1945)
80 Siehe Peter Black: Ernst Kaltenbrunner. Vasall Himmlers. Eine SS-Karriere, Paderborn u.a. 1991; Stufen zum Galgen, S. 119 ff.
81 Siehe Meldungen aus dem Reich, Bd. 17, S. 6732-6740
82 BArch, Abt. R, Filmsammlung, Nr. 521
83 Die Tagebücher von Joseph Goebbels, Teil II, Bd. 15, S. 672 (4.4.1945)
84 BArch, Abt. R, Filmsammlung, Nr. 13684
85 Zit. nach Wilfried von Oven: Finale furioso. Mit Goebbels bis zum Ende, Tübingen 1974, S. 640
86 Die Tagebücher von Joseph Goebbels, Bd. 15, S. 637 (30.3.1945)
87 Entwurf. Die deutsche Freiheitsbewegung (volksgenossische Bewegung). Berlin, 3.4.1945. In: BArch, Abt. R, Filmsammlung, Nr. 1831
88 Speer, Erinnerungen, S. 462
89 Siehe Karl Heinz Roth: Wirtschaftspolitische Nachkriegsprogramme des 20. Juli. In: Kapitulation und Befreiung. Das Ende des Zweiten Weltkriegs in Europa. Hrsg. von Fritz Petrick, Münster 1997, S. 10 ff.
90 Von mehreren hundert „Rattenlinien", auf denen führende NSDAP-Mitglieder aus Deutschland und Osteuropa „herausgeschmuggelt" wurden, spricht Christopher Simpson: Blowback. America's Recruitment of Nazis and Its Effects on the Cold War, New York 1988, S. 176 (deutsch: Der amerikanische Bumerang – NS-Kriegsverbrecher im Sold der USA, Wien 1989)
91 Olaf Groehler: 1945. Die Neue Reichskanzlei. Das Ende, Berlin 1995, S. 14
92 Ebenda, S. 40 f.
93 Ebenda, S. 56 ff. Nach dem Urteil Groehlers habe Hitler sich in die Idee verrannt, daß nur die ungehorsamen Generäle Schuld an der Katastrophe trügen, während die Parteiführer treu zu ihm stünden: „Doch in Wirklichkeit ist es genau umgekehrt. Kein General verweigert offen den Gehorsam, während die Spitzen der Partei, von Göring bis Himmler, mindestens den Ungehorsam proben. Bormann folgt dieser Lesart nur zum Teil. Er wittert überall Verrat ..." (S. 56 f.)
94 Siehe Andreas Seeger: „Gestapo-Müller". Die Karriere eines Schreibtischtäters, Berlin 1996, S. 66
95 Seine Leiche wurde am 7./8. 12.1972 zweifelsfrei identifiziert. Nach Angabe des Amts-

gerichts Berchtesgaden und der Staatsanwaltschaft Frankfurt/Main ist er am 2.5.1945 gestorben. Siehe Enzyklopädie des Nationalsozialismus. Hg. von Wolfgang Benz, Hermann Graml und Hermann Weiß, Stuttgart 1997, S. 824

96 Siehe u.a. zu diesem Thema Die Haltung der beiden deutschen Staaten zu den Nazi- und Kriegsverbrechen. Eine Dokumentation, Berlin 1965; Martin Hirsch, Norman Paech, Gerhard Stuby (Hg.): Politik als Verbrechen. 40 Jahre „Nürnberger Prozesse", Hamburg 1986. Zur Entwicklung in der BRD siehe insbesondere Jörg Friedrich: Die kalte Amnestie. NS-Täter in der Bundesrepublik, Frankfurt a.M. 1984. Zur Entwicklung in der SBZ siehe den trotz teilweise fragwürdiger Bewertungen sehr informativen Band von Ruth-Kristin Rößler (Hg.): Entnazifizierungspolitik der KPD 1945-1948. Dokumente und Materialien, Goldbach bei Aschaffenburg 1994

97 Siehe Bleyer u.a., Deutschland von 1939 bis 1945, S. 431

98 Zit. nach Marlis Steinert: Die 23 Tage der Regierung Dönitz, Düsseldorf und Wien 1967, S. 283

99 Zit. nach ebenda, S. 284

100 BArch, Abt. R, Filmsammlung, Nr. 1831

101 Michael Buddrus: „Wir sind nicht am Ende, sondern in der Mitte eines großen Krieges". Eine Denkschrift auds dem Zivilkabinett der Regierung Dönitz vom 16. Mai 1946. In: VjZ. H. 4/1996, S. 605 ff. Die Denkschrift verfaßte Helmut Stellrecht, der seit 1941 in Rosenbergs „Beauftragten"-Amt gearbeitet hatte. Nach seiner Auffassung sollte es 1945 darum gehen, „die Fehler zu bessern und nicht alles Geschaffene in einem zu beseitigen." Die Westmächte müßten verstehen lernen, daß nur der Nationalsozialismus als „eine leidenschaftliche und gelebte Weltanschauung" erfolgreich gegen den Kommunismus „aufkommen" könne: „Die Niederlage und die Zersetzung nach dem ersten Weltkrieg hat den Sturm der nationalsozialistischen Bewegung geboren. Was wird und muß die viel größere Niederlage und die viel größere Zerrüttung aller Verhältnisse durch diesen Krieg gebären? Entweder einen Sturm des Bolschewismus über Deutschland weg nach dem Westen hin, oder einen noch leidenschaftlicheren Protest gegen den Niedergang. Was mag allein das Drama der Schörner-Armee (gemeint war deren Kapitulation vor der Roten Armee am 10.5.1945 in Prag, K.P./M.W.) für Wirkungen in der Seele von Offizier und Mann hervorrufen, die sich in politischen Leidenschaften der kommenden Jahre umsetzen." Ebenda, S. 626

102 Zit. nach Karl Bittel: Vom Potsdamer Abkommen zur Viermächte-Konferenz, Berlin 1953, S. 71 f.

Bildnachweis: Bild der Geschichte Nr. 1/1989; Der Führer in Weimar 1925-1938; Marlies Steinert, Hitler; Kurt Pätzold/Manfred Weißbecker, Adolf Hitler; dies., Hakenkreuz und Totenkopf; Wehrmachtsverbrechen; Privatarchiv.

Personenregister

Der Name Adolf Hitler wurde wegen seiner häufigen Nennung nicht in das Personenregister aufgenommen

Abetz, Otto 424
Ahlwardt, Hermann 108
Amann, Max 55, 56, 179, 203, 273, 395, 417, 428, 508
Arenberg, Prinz von 69
August Wilhelm, Prinz von Preußen 115, 131
Axmann, Arthur 445, 504, 507
Backe, Herbert 460, 469
Bästlein Bernhard 367
Bauer, Max 29
Bechstein, Carl 57
Beck, Ludwig 362, 484, 485
Beckmann, Engelbert 229
Beggel, Karl 27
Beimler, Hans
Benes, Edvard 376
Berchthold, Josef 55, 75, 98
Bernadotte, Folke Graf 505, 507
Best, Werner 166, 347
Bingel, Rudolf 199
Bismarck (-Schönhausen), Gottfried Graf von 200
Bismarck, Otto Fürst von 276, 307, 373
Blomberg, Werner von 249, 284, 302, 304, 362, 363
Börger, Wilhelm 539/19
Bohle, Ernst Wilhelm 397, 427, 477
Bolz, Eugen 220, 256
Bormann, Martin 117, 273, 293, 311, 383, 428, 429, 430, 435, 441, 445, 452, 460, 465 f., 469, 474 f., 483, 489, 490, 492, 493, 495, 496, 499, 500, 502, 503, 505, 507, 508, 552/17, 570/33, 573/79, 573/93
Borsig, Ernst von 68
Bosch, Carl 275, 303
Bose, Herbert von 303
Bouhler, Philipp 273, 429
Bracher, Karl Dietrich 524/2
Bracht, Fritz 477
Brandt, Karl 428
Brauchitsch, Walther von 385
Braun, Eva 508
Braun, Otto 157, 191
Brauweiler, Roland
Brecht, Bertolt 14
Bredow, Kurt von 303
Rudolf Breitscheid 147
Bruckmann, Hugo 57, 94

Brückner, Helmuth 86, 111
Brüning, Heinrich 111, 113, 114, 117, 125, 126, 129, 131, 134, 135, 136, 148, 157, 159, 161, 164, 167, 168, 172, 174, 175, 176, 177, 179, 189, 192, 193, 197, 201, 208, 210, 217, 218, 219, 233, 242, 308, 541/15
Brunner, Alfred 17, 57, 58
Buch, Walter 273, 445, 508
Bürckel, Josef 339, 373, 424, 477, 502
Bütefisch, Heinrich 475
Burhenne, R. 57
Chamberlain, Houston Stewart 46, 51
Ciano, Galeazzo Graf 383
Claß, Heinrich 17, 46, 164
Clemencau, Georges Benjamin
Coburg, Herzog von 69, 71
Conti, Leonardo 428, 508
Cuno, Wilhelm 65, 70, 162, 251
Darré, Richard Walther 52, 98, 203, 209, 273, 318, 335
Darwin, Charles 46
Detten, Georg von 302
Deutsch, Julius 18
Dickel, Otto 58, 59
Diehn, August 275
Dietl, Eduard 419
Dietrich, Otto 96, 204, 273, 417
Dietrich, Sepp 302
Dietrich (Weimar) 545/25
Dimitroff, Georgi 287, 288
Dincklage, Karl 86
Dingfelder, Johannes 30
Dix, Otto 291
Dönitz, Karl 308, 503, 508, 509, 510
Dollfuß, Engelbert 369
Drexler, Anton 12, 13, 15, 21, 25, 27, 28, 57, 58, 59, 60, 75, 76
Duesterberg, Theodor 164, 187, 190
Duisberg, Carl 162, 178, 280
Duncker, Hermann 43, 529/24
Ebert, Friedrich 64, 65, 78, 79
Eckart, Dietrich 16, 21, 25, 53, 55, 56, 57, 60, 61
Eggeling, Joachim Albrecht 477
Ehrhardt, Hermann 62, 63
Eichmann, Adolf 348, 372, 408, 441, 442
Eicke, Ludwig 348
Eigruber, August 477, 508
Eisenhower, Dwight D. 507

Eisenstein, S. M.
Eisner, Kurt 18, 21
Eitel Friedrich, Prinz von Preußen 163
Eltz von Rübenach, Paul Freiherr 249
Epp, Franz Xaver Ritter von 55, 63, 273, 379, 388
Erhard, Ludwig 484
Ernst, Karl 148, 302
Erzberger, Matthias 18, 63
Esser, Hermann 27, 60, 75, 82, 84, 89, 91, 508
Esser, Thomas 220
Eulenburg-Hertefeld, Friedrich Svend Fürst 155
Falkenhausen, Hans-Joachim von 302
Feder, Gottfried 16, 21, 25, 26, 51, 57, 75, 90, 102, 169, 182, 198, 199, 234, 235, 530/51, 543/51
Fegelein, Hermann 507
Fehrenbach, Konstantin 59
Felice, Renzo de 524/2
Fiehler, Karl 203, 273
Flick, Friedrich 200, 475
Florian, Friedrich Karl 477
Florin, Wilhelm 182, 243
Fobke, Hermann 86
Forster, Albert 382, 423, 477
Frank, Hans 126, 133, 169, 203, 273, 343, 426, 508, 559/67, 562/38, 567/55
Frank, Karl Hermann 380, 508
Franzen, 136
Frauendörffer, Max 203
Freisler, Roland 148, 442, 506
Frick, Wilhelm 54, 75, 78, 81, 112, 113, 127, 133, 134, 136, 138, 149, 160, 161, 163, 192, 198, 214, 242, 232, 248, 249, 254, 270, 284, 300, 307, 475, 506, 508
Friedrich II. von Preußen 276, 373
Friedrich-Wilhelm I. von Preußen 321
Friedrichs, Helmut 469, 489, 498, 566/40, 567/45
Fritsch, Theodor 46, 527/52
Fritsch, Werner Freiherr von 361, 362, 363
Fritzsche, Hans 508
Funk, Walther 132, 156, 186, 199, 203, 235, 363, 483, 499, 508, 543/51
Gansser, Emil 55, 57, 68
Ganzenmüller, Albert 460
Gareis, Karl 18
Gattineau, Heinrich 303
Gayl, Wilhelm Freiherr von 544/64
Geßler, Otto 70
Giesler, Paul 477
Globocnik, Odilo 491, 508, 567/55
Gobineau, Joseph Arthur de 46

Goebbels, Joseph 52, 61, 86, 88, 90, 92, 106, 112, 114, 126, 128, 133, 136, 138, 139, 143, 148, 149, 152, 166, 170, 178, 179, 204, 209, 221, 230, 232, 241, 250, 273, 276, 279, 284, 287, 291, 296, 297, 300, 301, 302, 307, 309, 311, 328, 332, 411, 414, 417, 422, 428, 429, 430, 436, 437, 445, 449, 454, 456, 460, 461, 462, 464 f., 465, 469, 472, 477, 480, 482, 490, 492, 494, 499, 500, 503, 504, 506, 507, 508, 547/45, 549/10, 564/6, 565/25, 566/26, 568/4, 570/33/34, 571/43, 572/65, 572/72
Goerdeler, Carl 306, 484, 485
Göring, Hermann 55, 69, 74, 75, 120, 128, 131, 132, 139, 160, 162, 166, 167, 177, 181, 185, 186, 195, 209, 220, 232, 234, 240, 242, 248, 249, 254, 255, 257, 265, 273, 281, 287, 288, 294, 299, 302, 304, 307, 311, 313, 328, 343, 346, 351, 357, 358, 359, 360, 361, 363, 370, 378, 380, 427, 428, 433, 435, 436, 445, 463, 469, 493, 506, 507, 508, 559/52, 562/38, 573/93
Goldschmidt, Jacob 131
Goltz, Joachim von der 164
Goltz, Rüdiger Gf. von der 163
Gossweiler, Kurt 534/42
Graefe, Albrecht von 82
Grammacini, Major 532/35
Grandel, Gottfried 56
Grass, Fritz 220
Greiser, Arthur 477, 502, 508, 562/38
Grimm, Hans 219
Groehler, Olaf 573/93
Groener, Wilhelm 22, 137, 147, 162, 177, 193, 194, 539/3, 543/41
Grohé, Josef 184, 237, 424, 477, 502
Große, Fritz 367
Grosz, George 291
Grube, Ernst 367
Gruber, Kurt 98
Gruber, Max von 16
Günther, Hans F. K. 113, 303
Gürtner, Franz 249
Gustloff, Wilhelm 352
Haake, Heinz 86
Haase, Ludolf 86
Habicht, Theo 367
Hadamowsky, Eugen 462
Halder, Franz 362
Haller, Johannes 210
Halt, Karl Ritter von 475
Hammerstein-Equord, Kurt Freiherr von 137

Personenregister

Hanfstaengl, Ernst 57, 75
Haniel, Karl 180, 181
Hanke, Karl 477, 502, 508, 572/72
Harrer, Karl 21, 28
Haushofer, Karl 375
Hecker, Ewald 199, 229, 475
Heimberg, Werner von 22
Heines, Edmund 302
Held, Heinrich 83
Helldorf, Wolf-Heinrich Graf von 148, 485 f.
Helfferich, Emil 198, 199, 543/48
Hellmuth, Otto 477
Henlein, Konrad 374, 375, 377, 379, 380, 477, 508
Henrichs, Paul 264
Herle, Jacob 197
Hermine, Gemahlin des ehem. Kronprinzen Wilhelm von Preußen 194
Heß, Rudolf 16, 46, 55, 61, 63, 83, 152, 185, 198, 199, 219, 235, 237, 240, 266, 272, 281, 293, 296, 301, 307, 319, 328, 334, 375, 376, 379, 380, 383, 397, 406, 410, 427, 429, 508, 549/36, 552/27, 559/53, 559/58
Heydrich, Reinhard 140, 168, 294, 302, 346, 347, 350, 372, 380, 407, 408, 438, 441, 442, 503, 562/38
Hierl, Konstantin 143, 273
Hildebrandt, Friedrich 86, 477
Hilgenfeldt, Erich 289
Himmler, Heinrich 152, 168, 189, 229, 237, 273, 275, 294, 302, 307, 312, 313, 335, 344, 345, 346, 347, 349, 350, 357, 366, 372, 378, 408, 409, 430, 433, 436, 442, 445, 452, 469, 475, 483, 490, 492, 496, 499, 505, 508, 570/33, 571/53, 573/93
Hindenburg, Oskar von 241, 242
Hindenburg, Paul von Beneckendorff u. 15, 78, 84, 111, 114, 138, 157, 162, 164, 167, 168, 174, 175, 176, 177, 178, 183, 186, 187, 189, 190, 191, 193, 195, 201, 209, 214, 215, 218, 220, 227, 228, 229, 231, 232, 233, 234, 236, 246, 248, 249, 256, 297, 304, 539/3
Höß, Rudolf 491, 508
Hofacker, Caesar 485
Hofer, Andreas 392
Hofer, Franz 477, 508
Holz, Karl 477
Honecker, Erich 367
Horn, Wolfgang 534/40
Hugenberg, Alfred 94, 95, 106, 114, 126, 155, 161, 163, 164, 165, 175, 177, 221, 228, 231, 232, 239, 242, 246, 248, 249, 250, 256, 271, 274, 328

Jäger, Hans 546/43
Jaromir, Pavlat 567/48
Joachimsthaler, Anton 527/53
Jörns, 168
Jodl, Alfred 362, 507, 508
Jordan, Rudolf 477
Jünger, Ernst 46
Jung, Edgar 46
Junge, Traudl 508
Jury, Hugo 477
Kaas, Ludwig 246
Kästner, Erich 102
Kahr, Gustav Ritter von 53, 54, 71, 72, 73, 74, 76, 79, 303
Kalckreuth, Eberhard Graf von 164, 229
Kaltenbrunner, Ernst 408, 503, 506, 508
Kapp, Wolfgang 28, 29, 53, 69
Kaufmann, Karl 86
Keitel, Wilhelm 410, 435, 489 f., 507, 508
Keppler, Wilhelm 95, 196, 198, 199, 217, 237, 239, 275, 281, 347, 370, 508
Kerrl, Hanns 191, 220, 508
Keyserlingk (-Camerau), Robert Graf von 229
Kirdorf, Emil 68, 94, 95, 240
Kissel, Wilhelm 196
Klagges. Dietrich 508
Klausener, Ernst 303
Kleemann, Wilhelm 178
Klein Dr. (Ürdingen) 182
Klintzsch, Johann Ulrich 55, 62
Klopfer, Gerhard 442, 469, 489, 505, 567/46
Koehler, Bernhard 203
Knilling, Eugen Ritter von 65, 69
Koch, Erich 267, 434, 463, 477, 498, 508
Körner, Oskar 60
Kramer-Klett, Freiherr von
Kranefuß, Fritz 198, 199, 543/48
Krauch, Carl 358
Krausser , Fritz Ritter von 302
Kriebel, Hermann 70, 78, 79
Krüger, SS-Obergruppenführer 567/55
Krogmann, Carl Vincent 199
Krohn, Friedrich 21
Krupp von Bohlen und Halbach, Gustav 29, 178, 180, 240, 257, 274, 275, 276
Kube, Wilhelm 193, 209, 267, 308, 434
Kundt, Erich 378
Kuntz, Albert 367
Lagarde, Paul Anton de 46
Lammers, Hans Heinrich 435, 448
Langbehn, Julius 46
Lauterbacher, Hartmann 477
Le Bon, Gustave 46

Lehmann, Julius Friedrich 15
Lenard, Philipp 209
Lenk, Gustav Adolf 63
Lessing, Theodor 376
Ley, Robert 86, 90, 169, 202, 204, 236, 268, 272, 307, 321, 351, 352, 361, 387, 398, 410 ,415, 416, 417, 418, 423, 428, 429,430, 431, 444, 445, 451, 460, 464, 474, 477, 492, 504, 506, 507, 508, 548/ 27, 556/7, 558/48, 572/58/63
Liebknecht, Karl 117, 123, 168, 243, 526/ 35
Litz, Valentin 68
Litzmann, Karl 233
Löbe, Paul 133
Löpelmann 159
Loeper, Wilhelm 236
Lohse, Hinrich 86, 236, 434, 477, 508
Lorenz, Ottokar 203
Lossow, Otto Hermann von 70, 71, 72 f., 74, 79
Lotter, Michael 21
Lubarsch 163
Lubbe, Marinus van der 257, 287
Ludendorff, Erich 15, 29, 55, 57, 68, 70, 71, 74, 75, 76, 78, 79, 82, 83, 84, 525/ 12
Ludwig Ferdinand, Prinz von Bayern 71
Luedecke, Kurt 57, 69
Lüninck, Hermann von 162, 229
Luther, Martin 442
Lüttwitz, Walther Freiherr von 23, 29, 163
Lutze, Viktor 273, 305, 337, 379 f., 385, 445
Luxemburg, Rosa 18, 117, 168, 243
Maikowski, Hans Eberhard 255
Malitz, Bruno 502, 572/72
Manstein, Erich von 443
Maurice, Emil 55
Mayr, Karl 22, 24, 26, 27, 28, 53, 531/20
Meißner, Otto 229, 241, 242
Meyer, Alfred 200, 434, 442, 447, 508
Meyer, Emil 199, 475
Meyer, Konrad 433
Möhl, Arnold von 22, 23, 24, 53
Mölders, Werner 418
Moeller van den Bruck, Arthur 46
Mommsen, Hans 551/44
Morsey, Rudolf 547/72
Mosisch Ernst 124
Mosley, Oswald 398
Muchow, Reinhold 265
Müller, Heinrich 294, 347, 408, 441, 507
Müller, Hermann 110, 119
Murr, Wilhelm 477, 508

Mussolini, Benito 57, 60, 65, 110, 132, 163, 215, 218, 221, 327, 474, 480, 484, 508, 518, 520, 545/20
Mutschmann, Martin 154, 156, 204, 236, 267, 477
Neef, Hermann 262, 342
Neubacher, Hermann
Neubauer, Theodor 367
Neumann, Erich 442
Neurath, Konstantin Freiherr von 249, 362, 380, 508, 532/35
Nicolai, Helmut 169
Nieland, Hans 397
Nietzsche, Friedrich 46, 51
Nonnenbruch, Fritz 421, 422
Nordewier, Henrik Jan 551/38
Oberhäuser, Herta 491
Oberlindober, Hans 291
Ohlendorf, Otto 408, 443, 508
Oldenburg-Januschau, Elard von 538/66
Oppen(-Dannenwalde). Joachim von 229
Ossietzky, Carl von 102, 127, 186, 233
Papen, Franz von 192, 201 f., 204, 205, 207, 209, 215, 218, 219, 220, 221, 227, 228, 229,230, 231, 232, 234, 238, 240, 242, 248, 256, 273, 275, 301, 302, 303, 305, 316, 550/33
Petzold, Joachim 550/33
Pfeffer von Salomon, Franz 86, 89, 91, 138, 144, 312
Pflaumer, Oskar 255
Philipp, Prinz von Hessen 131
Pieck, Wilhelm 127, 174, 288, 343
Pöhner, Ernst 54, 68, 78, 79
Poensgen, Ernst 163, 181
Pohl, Oswald 452
Popoff, Blago 287
Prien, Günther 418
Pückler, Graf 108
Quisling, Vidkun 425
Raeder, Erich 361, 508
Rainer, Friedrich 477
Rathenau, Walther 18, 59, 63, 117
Rauch, Hans 220
Regendanz, Wilhelm 163
Reichenau, Walther von 302
Reichert, Jacob Wilhelm 536/5
Reinhardt, Fritz 203
Reinhart, Friedrich 199, 229, 475
Reismann-Crone, Theodor 96
Renner, Rudolf 367
Rentelen. Adrian von 203, 213 f.
Renzetti, Konsul 532/35
Reschny, Hermann 371
Reusch, Hermann 195, 196, 199

Personenregister

Reusch, Paul 29, 229
Ribbentrop, Joachim von 242, 362, 376, 428, 506, 507, 508
Richthofen, Manfred von 393
Riehl, Walther 58
Roder, Lorenz 76, 77
Röchling, Hermann 275
Röhm, Ernst 22, 23, 27, 56, 63, 70, 72, 74, 78, 80, 81, 82, 84, 120, 138, 139, 165, 179, 181, 214, 272, 273, 280, 283, 284, 293, 297, 298, 299, 300, 301, 302, 303, 310, 316, 345
Roehnert, Hellmut 475
Rohr(-Mantze), Gustav von 229
Röver, Carl 208, 448, 473, 563/49
Rommel, Erwin 454, 456 f.
Rosenberg, Alfred 16, 39, 51, 52, 55, 76, 82, 98, 167, 176, 216, 269, 273, 307, 332, 335, 355, 417, 418, 425, 430, 434, 435, 436, 438, 442, 444, 445, 448, 454, 461, 464, 470, 492, 493, 508, 528/18, 559/52, 561/10, 566/40, 574/101
Rosterg, August 200, 229, 275, 475
Rothacker, Erich 210
Rothermere, Harold Sydncy Harmsworth 130
Ruckdeschel, Ludwig 502
Rudel, Hans-Ulrich 454
Ruder, Willy 493
Rüffler, Klaus 533/20
Ruge, Wolfgang 547/76
Rust, Bernhard 86, 236, 508
Sacket, Frederic M. 167
Sauckel, Fritz 152, 218, 267, 330, 416, 451, 452, 460, 461, 477, 508
Schacht, Hjalmar 131, 132, 155, 163, 164, 197, 199, 214, 216, 217, 228, 229, 231, 240, 257, 306, 307, 317, 319, 321, 328, 334, 362 f., 538/66, 548/12
Schäfer, Hermann 166
Schäffer, Fritz 220
Scharrer, Eduard 57
Scheel, Gustav Adolf 477, 508
Scheer, Reinhard 72
Scheidemann, Philipp 14
Schellenberg, Walter 408
Schemm, Hans 108
Scheubner-Richter, Max Erwin von 55, 57, 64, 65
Schieder, Wolfgang 525/24
Schill, Ferdinand von 392
Schirach, Baldur von 272, 353, 373, 445, 477, 508
Schlageter, Albert Leo 70
Schlange, Ernst 86, 161

Schleicher, Kurt von 120, 125, 137, 177, 195, 201, 214, 227, 228, 232, 233, 236, 238, 240, 242, 303
Schlenker, Max 230
Schmidt, Christoph 535/59
Schmidt, Heinrich 200
Schmitt, Kurt 274, 328
Schmitz, Hermann 162, 475
Schmundt, Rudolf 564/6
Schneidhuber, August 302
Schneller, Ernst 367
Schnitzler, Georg von 257
Schönerer, Georg Ritter von 46
Schreck, Julius 55
Schröder, Kurt Freiherr von 200, 225, 229, 237, 239, 240, 275, 475
Schüssler, Rudolf 27
Schulenburg, Friedrich Werner von der 125
Schulenburg, Fritz-Dietlof von der 485
Schulz, Paul 169, 204
Schumann, Walter 265
Schuschnigg, Kurt von 370
Schwarz, Franz Xaver 184, 273, 428, 444, 445, 501, 508
Schwede-Coburg, Franz 477, 502
Schwerin von Krosigk, Lutz Graf 249
Sebottendorff, Rudolf von 15, 22
Seeckt, Hans von 28, 29, 73, 76, 163, 538/66
Seißer, Hans Ritter von 71, 74, 79, 532/48
Seldte, Franz 164, 249, 321
Severing, Carl 136, 157, 173, 191
Seydlitz, Gertrud von 69
Seyß-Inquart, Arthur 370, 371, 373, 424, 508
Siemens, Carl Friedrich von 140, 178, 275
Sighele, Scipio 46
Silverberg, Paul 178, 214
Simon, Gustav 424, 477, 508
Simpson, Christopher 573/93
Six, Franz 348
Sobernheim, Curt 178
Sogemeyer, Martin 163
Solmssen, Georg Adolf 178
Sommer, Martin 491
Speer, Albert 268, 311, 322, 338, 381, 450, 451, 459, 460, 480, 489, 505, 507, 508, 509, 563/56
Spengler, Oswald 46, 58
Sprenger, Jacob 477, 508
Springorum, Fritz 196, 229, 230, 240, 286
Stadtler, Eduard 16
Stauffenberg, Claus Graf Schenk von 484, 485, 486
Stauß, Emil Georg von 131, 163, 286

Stegerwald, Adam 256
Stegmann, Dirk 534/45
Stein, J. H. 225
Steinbrinck, Otto 200
Stelling, Johannes 270
Stellrecht, Helmut 574/101
Stennes, Walter 122, 139
Stinnes, Edmund 153
Stinnes, Hugo 29, 68, 71
Stoecker, Adolf 46
Stoecker, Walter 259, 367
Stöhr, Franz 112, 133, 135
Strasser, Gregor 52, 55, 82, 85, 86, 87, 88, 90, 91, 111, 112, 122, 133, 139, 140, 141, 143, 161, 169, 179, 198, 199, 202, 203, 204, 209, 210, 215, 220, 232, 233, 234, 235, 303, 544/4, 548/27
Strasser, Otto 85, 86, 113, 121, 122, 139, 234, 303
Streicher, Julius 52, 67, 76, 82, 84, 89, 308, 390, 398, 445, 508
Stresemann, Gustav 70
Stroop, Jürgen 491
Stuckart, Wilhelm 442
Stürtz, Emil 477
Tafel, Paul 21
Taneff, Vasil 287
Techow, Ernst 117
Telschow, Otto 86, 477, 508
Terboven, Josef 424, 477, 508
Thälmann, Ernst 114, 122, 123, 148, 189, 206, 233, 243, 261, 492
Thesen, Mathias 367
Thomas, Georg 269
Thorez, Maurice 243
Thyssen, Fritz 68, 96, 115, 132, 153, 163, 179, 181, 229, 230, 275, 286
Todt, Fritz 203, 282, 450, 451
Togliatti, Palmiro 525/24
Torgler, Ernst 287
Treitschke, Heinrich von 46
Treviranus, Gottfried 129, 167
Troost, Paul 115, 338
Trotzki, Leo 182
Tschammer und Osten, Hans von 254
Tucholsky, Kurt 147/237

Turner, Jr., Henry Ashby 534/45
Uiberreither, Siegfried 477
Unruh, Walter von 459, 460
Urban, Gotthard 444
Vahlen, Theodor 86
Viktor, Prinz zu Wied 131
Vögler, Albert 153, 162, 179, 181, 199, 229, 240, 257, 286, 275
Voll Anton 56
Wächtler, Fritz 477, 502
Wagener, Otto 182, 198, 199, 203, 281
Wagner, Adolf 165, 190, 340 ,423, 477, 544/4, 568/6
Wagner, Gerhard 203, 357 f., 428
Wagner, Robert 424, 477, 508
Wahl, Karl 477
Warmbold, Hermann 162, 214
Wassermann, Oscar 130, 178
Weber, Christian 63
Weber, Friedrich 79
Wegener, Paul 477
Weinert, Erich 102
Weinreich, Karl 477
Wels, Otto 123, 252, 261, 299, 539/3
Werlin, Jakob 121
Wessel, Horst 237, 243, 286
Wette, Wolfram 561/3
Wiegand, Karl von 167
Wilhelm II. von Preußen 49, 132, 194
Willikens, Werner 203
Winnig, August 219
Wirth, Joseph 54, 59, 80, 113, 136
Wisliceny, Dieter 348
Witthoeft, Heinrich 200
Wittke, Willy 109
Witzleben, Erwin von 485
Woermann, Kurt 229
Wrede, Fürst Karl 63
Wulle, Reinhold 82
Young, Owen D. 104, 140
Zander, Elsbeth 98
Zauritz, 255
Zeitzler, Kurt 564/6
Zetkin, Clara 220, 530/4
Zitelmann, Rainer 528/19

Bitte beachten Sie die folgenden Seiten

Reinhard Kühnl
Der deutsche Faschismus in Quellen und Dokumenten

Arno Klönne
Jugend im Dritten Reich
Die Hitler-Jugend und ihre Gegner

Broschur, 540 S., EUR 12,68 [D]
ISBN 3-89438-250-3

Wer hat die Nazis an die Macht gebracht? Wem hat das genützt? Warum haben so viele mitgemacht? Wer hat an Rüstung, Krieg und Zwangsarbeit profitiert? Wer hat Widerstand geleistet? Reinhard Kühnl hat 380 Dokumente zusammengetragen, die zeigen, wie es wirklich war. Ein Standardwerk für Schule, Studium und politische Bildung sowie für alle, die gängige Legenden selbst überprüfen wollen. »Ein nützliches, aktuelles Nachschlagewerk.« (Leipzigs Neue)

Gebunden, 327 S., EUR 17,38 [D]
ISBN 3-89438-184-1

Auf der Grundlage zahlreicher Dokumente und Berichte behandelt Arno Klönne in seinem Standardwerk über nationalsozialistische Jugenderziehung Organisationsstruktur, Leitbilder und Praktiken der Hitler-Jugend, Wehrerziehung und Jugend im Krieg, soziale Demagogie und Wirksamkeit faschistischer Jugenderziehung, Jugendwiderstand, oppositionelle Jugendkulturen und Jugendgruppen. Mit einer Zeittafel und einer Auswahlbibliographie im Anhang.

PapyRossa Verlag
Luxemburger Str. 202 – 50937 Köln
Tel.: (02 21) 44 85 45 – Fax: (02 21) 44 43 05
mail@papyrossa.de
www.papyrossa.de

Gebunden, 766 S., EUR 15,24 [D]
ISBN 3-89438-183-3

Gebunden, 540 S., EUR 24,54 [D]
ISBN 3-89438-208-2

Jahrhundertelang nährten Christen den Haß auf Juden, gaben ihnen Schuld an Unglück und Katastrophen. Wie kam es zu diesem Haß? Wie konnte er schließlich den Weg bereiten für die »Endlösung der Judenfrage«? Rudolf Hirsch und Rosemarie Schuder zeigen in ihrer reich illustrierten Darstellung, aus welchen gesellschaftlichen, ideologischen und sozialpsychologischen Quellen sich vom Mittelalter bis zur Shoah Judenhaß und Antisemitismus speisten.

Farbentragend und schlagend, frauenfeindlich und elitär, völkisch und reaktionär: Die Deutsche Burschenschaft als Prototyp des korporierten Männerbunds und des studentischen Verbindungswesens. Ihre sozio-kulturellen und organisatorischen Eigenheiten verknüpft Dietrich Heither mit ihrer politischen Entwicklung. Ein Beitrag zur Rechtsextremismusforschung wie zur Geschlechtergeschichte. »Gründliche Untersuchung.« (Die ZEIT) – »Eine fundierte Studie.« (Neues Deutschland)

PapyRossa Verlag
Luxemburger Str. 202 – 50937 Köln
Tel.: (02 21) 44 85 45 – Fax: (02 21) 44 43 05
mail@papyrossa.de
www.papyrossa.de

Das TINA-Prinzip.

TINA-Prinzip. TINA steht für „There is no alternative". Das ~ war das bedeutendste Totschlag-Argument —> *Maggie Thatchers* zur Durchsetzung ihrer (vermeintlich) alternativlosen Politik. Problem: In der Realität und erst recht im Denken gibt es immer Alternativen. Bessere und schlechtere. Was sich langsam rumspricht.

Es gibt Alternativen.

Blätter für deutsche und internationale Politik

Kostenloses Probeheft:
Blätter Verlag, Postfach 2831, 53018 Bonn
Telefon 0228/650 133, Fax 0228/ 650 251
www.blaetter.de - blaetter@t-online.de

Die führende politische Monatszeitschrift.